Åbo
Helsingfors
Stockholm
Reval
Nowgorod
Nowgorod
Wologda
Jaroslawl
Wolga
Nishnij-
Nowgorod
Kasan
KASAN
Twer
Wolga
Moskau
ZARENTUM MOSKAU
Rjasan
Tula
Riga
ORDEN
Düna
DEUTSCHER
Witebsk
Smolensk
Königsberg
Wilna
Njemen
Minsk
GRFSM.
LITAUEN
anzig
Kursk
CHANAT DER KRIM
CHANAT ASTRACHAN
Wolga
KGR. POLEN
Bug
Warschau
Brest
Pripet
Weichsel
Kiew
Lemberg
Krakau
Dnjepr
Dnjestr
Bug
Asow
CHANAT
(osman. Vasall)
slawa
Theiß
Prut
Jedisan
Fsm.
Jassy
Moldau
(poln. Vasall)
Ofen
Debrecen
R. UNGARN
Siebenbürgen
Budschak
Krim
Kaffa
Tiflis
Belgrad
Fsm. Walachei
(osman. Vasall)
Bukarest
Donau
Dobrudscha
Schwarzes Meer
Batum
Jerewan
Sarajewo
OSMANISCHES REICH
Bulgarien
Varna
Trapezunt
Monte-
negro
(osman. Vasall)
Sofia
Erzurum
Cattaro
Skopje
Konstantinopel
Albanien
Angora
Saloniki
Anatolien
Ägäisches Meer
Korfu
(venez.)
Smyrna
Konya
Adana
Chios
(genues.)
Aleppo
Kephalonia
(venez.)
Athen
Andros
(venez.)
Zante
(venez.)
Morea
Nauplia
Naxos
(venez.)
Antiochia
Euphrat
Tigris
Bagd
Rhodos
(Johanniter)
Cerigo
(venez.)
Zypern
(venez.)
Nikosia
Kreta
(venez.)
Beirut
Damaskus
Arabien
telmeer
Jerusalem
MAMELUKEN
Benghasi
Alexandria

Geschichte und Geschehen

Oberstufe
Nordrhein-Westfalen

Autorinnen und Autoren:
Tobias Arand (Heidelberg)
Daniela Bender (Hanau)
Michael Brabänder (Groß-Gerau)
Christine Dzubiel (Bonn)
Michael Epkenhans (Bardowick)
Rüdiger Fleiter (Leipzig)
Benedikt Giesing (Düsseldorf)
Andreas Grießinger (Konstanz)
Mathias Gröbel (Darmstadt)
Philippe Imbsweiler (Kirkel)
Andrej Keller (Heuchelheim)
Georg Langen (Köln)
Carsten Müller (Leipzig)
Heinz Niggemann (Wetter)
Joachim Rohlfes (Bielefeld)
Ulrike Salbaum (Jettingen-Scheppach)
Stefanie Schneider (Recklinghausen)
Volker Sinemus (Göttingen)
Daniel Stange (Wetzlar)
Tobias Stankowski (Bonn)
Sonja Stankowski (Swidnica)
Reinhard Sturm (Diekholzen)
Anna Treu (Wiesbaden)
Martin Thunich (Wathlingen)
Michael Vachek (Wiesbaden)
Franz-Josef Wallmeier (Bonn)
Martin Wicke (Köln)
Hartmann Wunderer (Wiesbaden)

Ernst Klett Verlag
Stuttgart · Leipzig

Umschlagbild: Aktuelles Foto von der East Side Gallery in Berlin. Im Frühjahr 1990 bemalten über 100 Künstler aus aller Welt ein über einen Kilometer langes Teilstück der Berliner Mauer entlang der Berliner Mühlenstraße mit Variationen zum Thema Mauerfall und deutsch-deutsche Teilung. Auf dem Foto ist rechts eines der bekanntesten Motive der East Side Gallery zu sehen, gestaltet vom persischen Künstler Kani Alavi.

1. Auflage 1 5 4 3 2 1 | 15 14 13 12 11

Alle Drucke dieser Auflage sind unverändert und können im Unterricht nebeneinander verwendet werden.
Die letzte Zahl bezeichnet das Jahr des Druckes.

Autorinnen und Autoren:
Kapitel 1: Anna J. Treu, Martin Wicke
Kapitel 2: Dr. Michael Brabänder, Ulrike Salbaum
Kapitel 3: Georg Langen, Dr. Heinz Niggemann, Ulrike Salbaum
Kapitel 4: Dr. Rüdiger Fleiter, Philippe Imbsweiler
Kapitel 5: Prof. Dr. Michael Epkenhans, Tobias Stankowski
Kapitel 6: Prof. Dr. Michael Epkenhans, Andrej Keller
Kapitel 7: Prof. Dr. Michael Epkenhans, Daniel Stange
Kapitel 8: Dr. Tobias Arand, Daniela Bender, Prof. Dr. Michael Epkenhans, Mathias Gröbel, Tobias Stankowski
Kapitel 9: Daniela Bender, Mathias Gröbel, Reinhard Sturm, Dr. Hartmann Wunderer
Kapitel 10: Dr. Andreas Grießinger, Prof. Dr. Joachim Rohlfes, Volker Sinemus, Martin Thunich
Kapitel 11: Dr. Andreas Grießinger, Dr. Carsten Müller, Sonja Stankowski, Martin Wicke
Leitfragen und Arbeitsvorschläge: Stefanie Schneider
Methodenseiten: Martin Wicke
Orientierungsseiten: Michael Vachek
Testen, trainieren, kreieren: Christine Dzubiel, Dr. Benedikt Giesing
Geschichte erinnern: Franz-Josef Wallmeier (Kapitel 6), Martin Wicke (Kapitel 9 und 10), Dr. Carsten Müller (Kapitel 11)
Einleitung Elementarwissen: Dr. Benedikt Giesing
Elementarwissen: Dr. Hartmann Wunderer
Probeklausur im Buch: Dr. Benedikt Giesing
Probeklausuren unter www.klett.de: Christine Dzubiel, Dr. Benedikt Giesing
Operatorenübersicht: Stefanie Schneider
Glossar: Dr. Hartmann Wunderer

Redaktion: Dr. Björn Opfer-Klinger, Lorenz Richter, Tim Schmalfeldt (Berlin)
Herstellung: Kerstin Heisch
Bildassistenz: Katja Schnürpel

Satz: Medienbüro Schaltwarte, Leipzig
Reproduktion: Meyle + Müller, Medien Management, Pforzheim
Kartenbearbeitung: Ingenieurbüro für Kartografie Joachim Zwick, Gießen
Illustrationen/Grafiken: Sandy Lohß, Chemnitz
Druck: Offizin Andersen Nexö, Leipzig

Printed in Germany
ISBN 978-3-12-430089-8

9 783124 300898

Inhalt

Abitur kompakt

•⊣⊢• Fakultative Themen

Geschichte und Geschehen auf einen Blick

Der **Problemaufriss** bietet einen Einstieg in das Thema.

Die **kontrastiven Bilder** laden zu ersten Diskussionen ein.

Unter **„Was Sie in diesem Kapitel erwartet"** sehen Sie, wie das Kapitelthema erarbeitet werden wird.

Die im **Online-Link** angegebene Ziffer führt auf www.klett.de zu Karten, Quellen und weiteren Zusatzmaterialien.

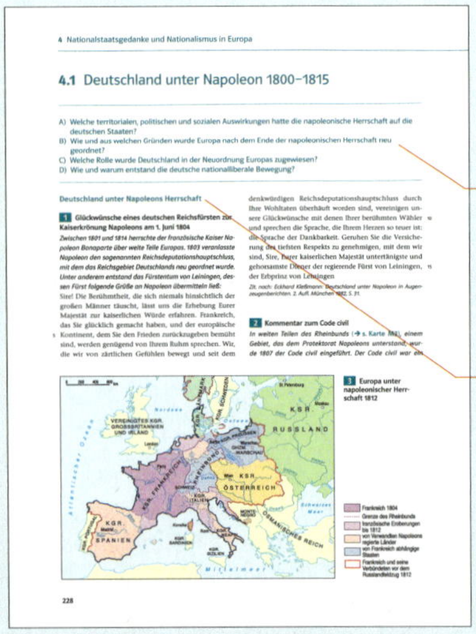

Nach Auftaktdoppelseite und Orientierungsdoppelseite folgen Materialseiten.

Die **Leitfragen** bieten einen roten Faden für die Erarbeitung des Materials und des Grundwissens.

Zwischenüberschriften gliedern die Materialien in übersichtliche Sinneinheiten.

Die drei **Anforderungsbereiche** der operatorenbasierten **Arbeitsvorschläge** sind durch blaue Punkte markiert.

Auf den Grundwissenseiten finden sich die Verfassertexte des Buchs.

In der **Randspalte** werden wichtige historische Persönlichkeiten vorgestellt.

Randspaltenverweise machen auf thematisch passende Materialien aufmerksam.

Das **Glossarsymbol** verweist auf das Glossar ab Seite 642.

Die Methodenseiten fassen die wichtigsten Methoden zusammen.

Die **Arbeitsschritte** aller Methodenseiten ähneln sich, sodass Sie nie den Überblick verlieren.

Die **Ausrufezeichen** kennzeichnen die bei dieser Quellengattung besonderen Arbeitsschritte.

Als Merkhilfe sind die wichtigsten **Schlagwörter** hervorgehoben.

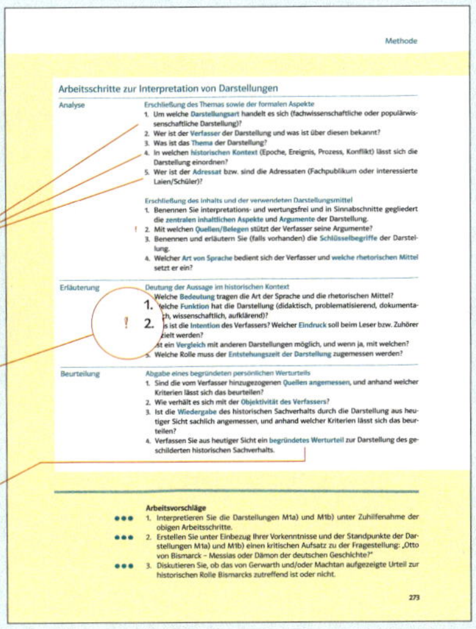

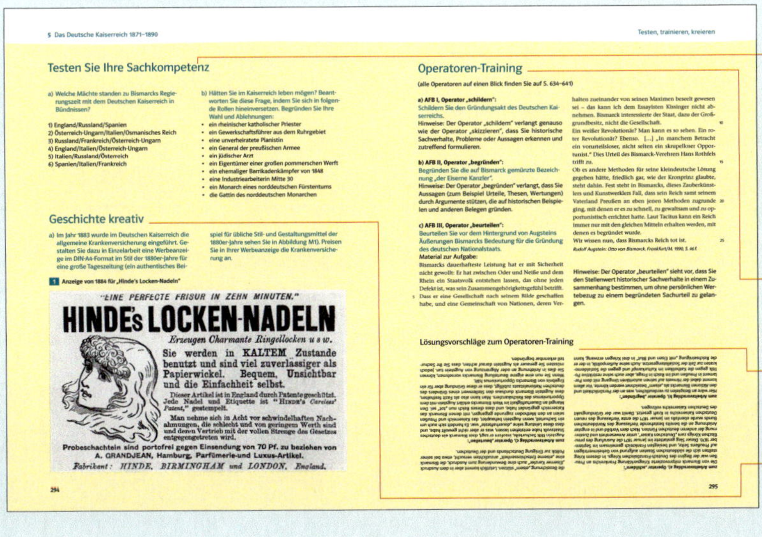

Den Kapitelabschluss bildet jeweils die Doppelseite „Testen, trainieren, kreieren“.

Ihre **Sachkompetenz** können Sie hier auf unterhaltsame Weise testen.

Das **Operatoren-Training** stellt alle Operatoren für das Fach Geschichte vor, gibt Hinweise und **Lösungsvorschläge** für die Beantwortung der Beispielfragen.

„**Geschichte kreativ**“ lädt dazu ein, einen neuen Blick auf die Themen des Kapitels zu werfen.

Abitur kompakt auf einen Blick

Den Abschluss des Buchs bilden die 54 Seiten von „Abitur kompakt“. Diese Seiten unterstützen Sie dabei, sich optimal auf das Zentralabitur vorzubereiten.

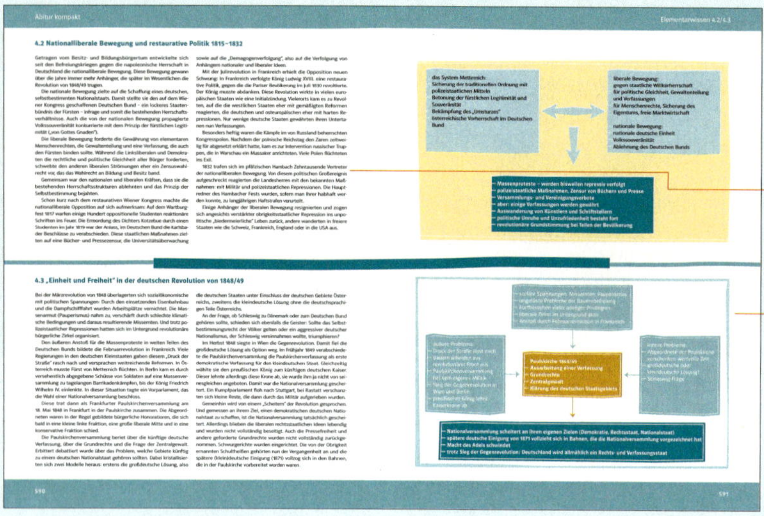

Das Elementarwissen fasst die Inhalte jedes Unterkapitels zusammen.

Kurztexte rekapitulieren die wichtigsten Ereignisse, Strukturen und Prozesse.

Visualisierungen bringen das Thema auf den Punkt.

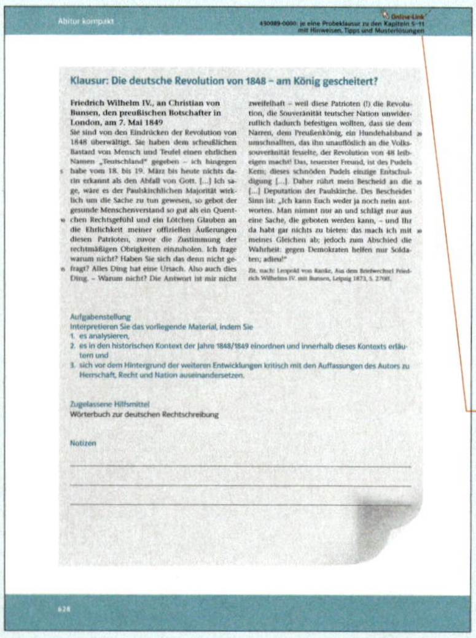

Die Probeklausur zeigt an einem realistischen Beispiel, was Sie im schriftlichen Abitur erwarten könnte.

Konkrete **Hinweise, Tipps** und **Musterlösungen** folgen auf die Klausur.

Über den **Online-Link** finden Sie unter www.klett.de sieben weitere Probeklausuren – zu jedem Hauptkapitel des Buches eine.

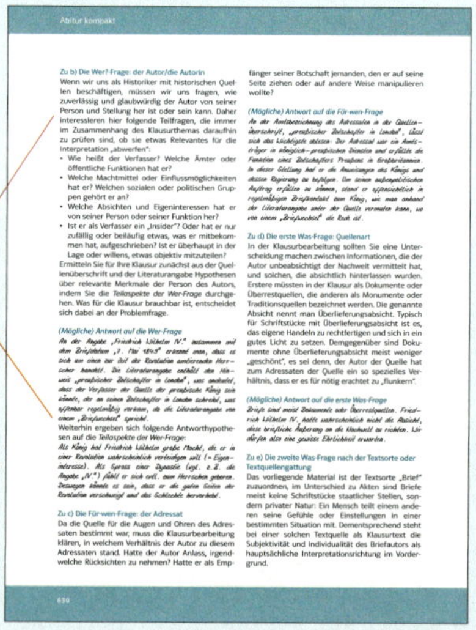

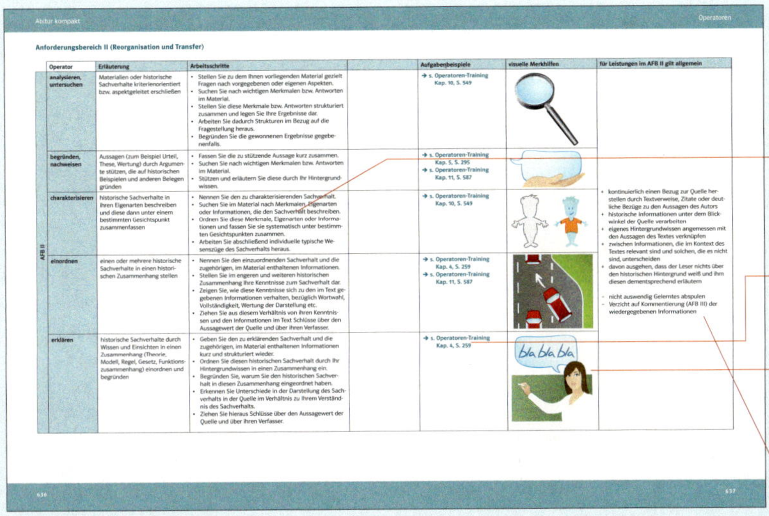

Hier werden Ihnen alle Operatoren für das Fach Geschichte vorgestellt.

Nach dem **Anforderungsbereich**, dem **Operator** und dessen offizieller **Erläuterung** finden Sie **Arbeitsschritte**, die Ihnen beim Umgang mit dem Operator helfen.

Die Verweise leiten Sie zu **Aufgabenbeispielen** auf den „Testen, trainieren, kreieren"-Seiten.

Visuelle Merkhilfen unterstützen beim Einprägen.

Hier werden Sie über die **Gemeinsamkeiten** der Operatoren eines Anforderungsbereichs informiert.

Ab Seite 642 findet sich das Glossar mit integriertem Sachregister. Hier finden Sie kurze Texte zu allen Begriffen, die im Grundwissen mit dem Symbol ⇒ gekennzeichnet sind.

Dem Glossar angeschlossen ist ein zweiseitiges Personenregister.

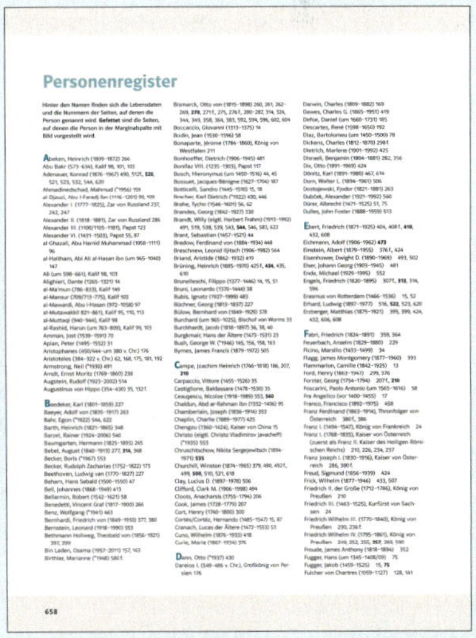

1 Zeitenwende 1500 – Geburtsstunde des „modernen“ Menschen?

Problemaufriss

Aus der Rückschau zeigt sich, dass etwa zwischen Mitte des 14. und Mitte des 16. Jahrhunderts es ausgehend von Italien in großen Teilen Europas zu tief greifenden Wandlungsprozessen kam. Diese betrafen, regional mit unterschiedlichen Geschwindigkeiten, nahezu sämtliche Bereiche des Lebens. Die Abgrenzung von alten Weltbildern bewirkte nicht nur neue wissenschaftliche und technische Möglichkeiten, sondern stellte auch die Wahrnehmung des Individuums und der Welt in Frage. Aber kann hier wirklich von einer „Zeitenwende“ vom scheinbar „rückständigen Mittelalter“ zur angeblichen modernen „Frühen Neuzeit“ gesprochen werden?

Methode

Das sich verändernde neue Zeitgefühl äußerte sich in hohem Maße in künstlerischen Werken. Die Analyse von Bildquellen, vor allem von Gemälden, bildet so häufig einen wichtigen Schlüssel zum Selbstverständnis jener Zeit.

Was Sie in diesem Kapitel erwartet

Durchbrechung des alten Weltbilds *Holzschnitt von Camille Flammarion, Paris 1888. Im 19. Jahrhundert wurde die Vorstellung von einem „dunklen Mittelalter" herausgebildet, wonach die Bildung der Antike unter den Verwüstungen der Völkerwanderung sowie der dogmatischen Zensur der christlichen Kirche verschwunden sein soll. Dahinter stand das Bedürfnis der „aufgeklärten" Neuzeit, sich polemisch von der vorhergehenden Zeit abzugrenzen.*

Der Nürnberger Schreibmeister und Mathematiker „Johann Neudörffer mit seinem Sohn"
Ölgemälde 101 × 92 cm von Nicolas Neufchatel, 1561. Mithilfe exakter Beobachtungen überträgt der Schüler die Beziehungen komplexer geometrischer Körper in sein Schulbuch.

Online-Link
430089-0101
alle Online-Materialien zum Kapitel 1

Politik

Das Detail eines Freskos von Gozzoli um 1460 zeigt Lorenzo de Medici (1449–1492). Als Stadtherren von Florenz und als Großherzöge der Toskana verfügten die Medici im Italien der Renaissance über vielfältige Einflussmöglichkeiten.

1300 — 1350

um 1300
in Oberitalien entstehen unabhängige Stadtstaaten, die sich zu blühenden Wirtschaftszentren entwickeln

1339–1453
Hundertjähriger Krieg zwischen England und Frankreich

1356
in der Goldenen Bulle werden wesentliche Elemente der Rechtsordnung des Heiligen Römischen Reichs kodifiziert

1387–1417
das Große Schisma spaltet die (katholische) Kirche

Kultur/ Gesellschaft

Im Dom von Florenz, Werk des Renaissance-Architekten Filippo Brunelleschi (1377–1446), fanden neue Bauformen ihren Ausdruck.

1300 — 1350

1313
der humanistische Dichter Giovanni Boccaccio wird geboren

1314–1321
Dante verfasst die „Göttliche Komödie“

1322
Papst Johannes XXII. verbietet die Verwendung der Mehrstimmigkeit in der Kirchenmusik

1324
das Langhaus der Kathedrale in York wird vollendet

1332
der arabische Historiker Ibn Chaldun wird geboren

um 1370
kulturelle Blüte in China unter der Ming-Dynastie

1383
John Wiclif übersetzt das Neue Testament ins Englische

Wirtschaft/ Erfindungen/ Entdeckungen

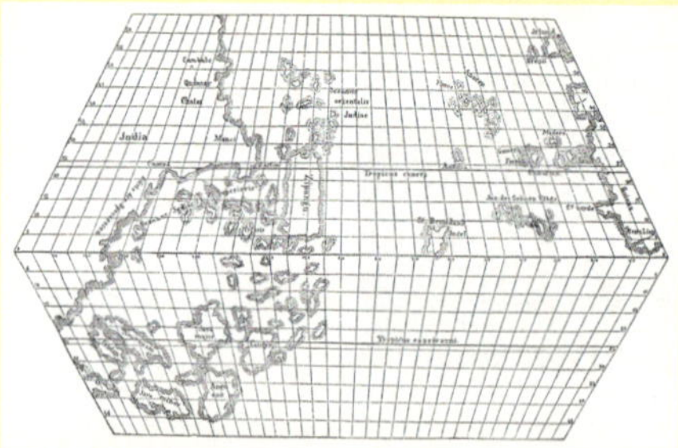

Der Kartograf Paolo Toscanelli (1397–1482), ging davon aus, dass Indien auf dem Seeweg nach Westen zu erreichen sei. Als Christoph Kolumbus diese Vorstellungen überprüfte, „entdeckte“ er 1492 Amerika. Abgebildet ist die Weltkarte Toscanellis.

1300 — 1350

um 1300
das moderne Bankgeschäft entwickelt sich in Florenz

1306
in Bologna wird erstmalig eine Leiche öffentlich seziert

1340
Entstehungsjahr des ersten heute bekannten Dokuments mit doppelter Buchführung (Genua)

1347–1353
die Pest dezimiert die Bevölkerungszahl Europas um ein Drittel

um 1370
Blüte der Tuchherstellung in Flandern

1400 – 1450 – 1500 – 1550 – 1600 – 1650

- **1402** Chengzu wird chinesischer Kaiser und dehnt den chinesischen Machtbereich aus
- **1453** Konstantinopel wird von osmanischen Truppen eingenommen
- **1455–1485** Rosenkriege in England
- **1469** die Hanse führt einen Seekrieg gegen England
- **1492** Ende der muslimischen Herrschaft auf der Iberischen Halbinsel
- **1495** mit der Reichsreform sollen die Institutionen des Heiligen Römischen Reichs modernisiert werden
- **1509** der Bankier Jakob Fugger finanziert mit 170 000 Dukaten den Krieg zwischen Maximilian I. und Venedig
- **1519–1524** Hernán Cortéz erobert das Aztekenreich
- **1524–1526** Deutsche Bauernkriege
- **1524–1537** unter Francisco Pizarro wird das Inkareich erobert
- **1529** Belagerung Wiens durch osmanische Truppen
- **1569** der Papst ernennt Cosimo I. (di Medici) zum Großherzog der Toskana
- **1618–1648** Dreißigjähriger Krieg

1400 – 1450 – 1500 – 1550 – 1600 – 1650

- **1400–1500** Frührenaissance in Italien
- **um 1412** Filippo Brunelleschi entdeckt die Perspektive in der Malerei
- **1415** Jan Hus wird wegen seiner reformatorischen Lehre als Ketzer verbrannt
- **16. Jahrhundert** städtische Lateinschulen treten in Konkurrenz zu kirchlicher Bildung
- **1486** Sandro Botticelli malt „Die Geburt der Venus“
- **1486/87** der Dominikanermönch Heinrich Kramer verfasst den „Hexenhammer“
- **um 1503** Leonardo da Vinci malt die „Mona Lisa“
- **1514** Niccolo Macchiavelli veröffentlicht „Il Principe“ („Der Fürst“)
- **1516** der Humanist Erasmus von Rotterdam veröffentlicht eine kritische Ausgabe des griechischen Neuen Testaments
- **1517** Martin Luther veröffentlicht seine 95 Thesen
- **1524** der Reformator Zwingli lässt die katholische Messe in Zürich abschaffen
- **1543** der Astronom Nikolaus Kopernikus wendet sich gegen das geozentrische Weltbild
- **1569** Gerhard Mercator fertigt seine große Weltkarte an
- **1633** der Astronom Galileo Galilei muss seine Erkenntnisse über die Bewegung der Erde widerrufen

1400 – 1450 – 1500 – 1550 – 1600 – 1650

- **1388** Gründung der Kölner Universität
- **1397** das Bankhaus Banco Medici wird in Florenz gegründet
- **1398** der Elbe-Trave-Kanal wird fertiggestellt
- **um 1450** Johannes Gutenberg erfindet den Buchdruck mit beweglichen Lettern
- **1492** Kolumbus geht auf den Bahamas an Land und meint er sei in Indien
- **1494** Untergang der Banco Medici
- **1498** Vasco da Gama glückt die Seereise nach Indien
- **1511** der Portugiese Afonso de Albuquerque erobert Malakka/Malaysia als Stützpunkt im Gewürzhandel
- **1519** der Bankier Jakob Fugger ermöglicht durch massive finanzielle Unterstützung die Königswahl Karls V.
- **1519–1522** erste Weltumsegelung unter Fernando Magellan
- **1546** die Fugger-Firma erreicht den Höhepunkt ihres Vermögens

1.1 Politische Zustände an der Schwelle zur Neuzeit

A) Entstand in den norditalienischen Stadtstaaten ein neues politisches Selbstverständnis?
B) Unter welchen Bedingungen veränderte sich die Herrschaftsstruktur des Heiligen Römischen Reichs Deutscher Nation?

Das Florenz der Medici – ein moderner Weg von Herrschaft?

1 Die Herrschaftsstruktur von Florenz

Der Historiker Volker Reinhardt (geb. 1954) skizziert 2009 das Machtgefüge im republikanischen Florenz:

1425 hatte, grob gerechnet, ein Fünftel der volljährigen männlichen Florentiner politische Basisrechte; sie durften wählen und sich wählen lassen. Wählen: das hieß, sie wurden ungefähr alle fünf Jahre dazu aufgerufen, in einem sogenannten *squittinio* diejenigen zu benennen, die zur politischen Klasse dazu gehören sollten. Wer hier bestätigt wurde, dessen Name durfte in die Lederbeutel gesteckt werden, aus denen alle zwei Monate die Prioren, die neun Mitglieder der *signoria*, der Stadtregierung, und der mit ihr beratenden und kooperierenden Sechzehner- und Zwölfergremien gezogen wurden. Voraussetzung dafür war die Mitgliedschaft in einer Zunft (*arte*), vorzugsweise in einer der großen, die drei Viertel der *signoria* besetzten; unter diesen *arti maggiori* waren die Korporationen der Großkaufleute, Textilproduzenten und Bankiers die bei Weitem mächtigsten. […]

Den Unterbau dieser Führungsgremien bildeten die Räte der Kommune und des Volkes, in denen die Mittelschicht stark vertreten war. Dementsprechend hatten diese beiden Gremien wenig unmittelbare Kompetenzen, wohl aber das Recht, neue Gesetze auf ihre Vereinbarkeit mit der Tradition der Republik zu überprüfen. Zudem ließen sich bei passender Gelegenheit durch entsprechende Agitation „Volkszorn“ und „Druck der Straße“ schüren.

Als Patriziat, das heißt als „Väter“ der Republik, verstanden sich die ca. zweitausend Florentiner, die aus dem Kreis der großen Zünfte für die genannten drei führenden Ämterkollegien, die *tre maggiori*, wählbar waren. Doch wirklich einflussreich waren sie dadurch noch nicht. Im Gegenteil: Die Mehrzahl derjenigen, die die Hürde des *squittinio* überwunden hatten, konnte zwar darauf hoffen, ein- oder zweimal im Leben für acht Wochen als Prior im Palazzo della Signoria zu amtieren (und zu wohnen), doch war ihre faktische Teilhabe an den Staatsgeschäften damit auch schon erschöpft. Die maßgeblichen Persönlichkeiten der Republik aber hatten andere Mittel und Wege, ihren Willen im Gemeinwesen geltend zu machen. Sie wurden von den *tre maggiori* in die sogenannte *pratiche*, die hinter den Kulissen die wichtigen Geschäfte diskutierten, vorberieten und damit die Weichen stellten. Zu dieser „Schattenregierung“ zählten durchgehend etwa siebzig Patrizier aus den führenden Geschlechtern. Klein, wie dieser Zirkel der *primi* (wörtlich: der Ersten) war, kannten sich seine Mitglieder sehr genau; man koalierte miteinander, heiratete untereinander oder betrachtete sich als Konkurrenten, im schlimmsten Fall als Feind. Aufnahme in diese Spitzengruppe fanden die *primi* nicht als Einzelperson, sondern als Mitglied einer Familie.

[…]

Abstammung und Ämterhäufung waren für Rang und Einfluss in höchstem Maße bedeutsam, doch nicht alleine ausschlaggebend. Von Anfang an war auch wirtschaftliche Potenz ein eminent wichtiges Kriterium. Das lag zum einen daran, dass die Spitzenpositionen der Republik zwar ehrenvoll, doch nicht lukrativ waren; Verdienstausfälle während der Amtszeit wurden nicht ersetzt. Vor allem aber war Vermögen die Voraussetzung dafür, sich mit anderen Patriziern auf nutzbringende Weise zu vernetzen. *Do ut des*, ich gebe, damit du gibst – dieses Grundgesetz des politischen Lebens begünstigte naturgemäß diejenigen, die nicht nur einen Stammbaum, sondern auch harte Währung in die Waagschale zu werfen hatten. Umgekehrt musste, wer reich bleiben wollte, in der Politik aktiv werden. Wer sich von ihr fernhielt, hatte damit zu rechnen, über kurz oder lang mehr Steuern zu bezahlen als diejenigen, die die Geschäfte der Republik bestimmten, keine öffentlichen Aufträge mehr zu erhalten und am Ende zahlungsunfähig zu werden. Obwohl sie sich zur Rechtfertigung ihres *furor politicus*, der Leidenschaft für die Staatsgeschäfte, stets aufs Gemeinwohl beriefen, betrachteten die führenden Patrizier die *res publica*, die „öffentliche Sache“, als *cosa nostra*, als „unsere Angelegenheit“.

Volker Reinhardt: Geld und Freunde. Wie die Medici die Macht in Florenz eroberten, Darmstadt 2009, S. 14 f. und 17.

2 Anbetung der Heiligen drei Könige

Fresco von Fra Angelico (um 1400–1455), ca. 1439–1445. Cosimo di Medici (1389–1464) finanzierte die Restaurierung des Dominikanerklosters San Marco. Dafür erhielt Cosimo, neben einem päpstlichen Ablassbrief, zwei Zellen des Klosters, die er mit Fresken ausmalen ließ. Eines davon ist die „Anbetung der Heiligen drei Könige". Cosimo ließ sich dort selbst verewigen. Als Gelehrter aus dem Morgenland (Bildmitte mit roter Kappe) trägt er astrologische Instrumente.

3 Die Sintflut und der Rückgang des Wassers

Fresco von Paolo Uccello (um 1397–1475), 1446. 215 × 510 cm. Teil des Zyklus mit Szenen aus dem Leben Noahs in der Kirche Santa Maria Novella. Der Stifter der Fresken, Cosimo de Medici, tritt hier als Retter vor der Sintflut (rechts) im Bündnis mit Gott auf.

4 Anbetung der Heiligen drei Könige

1473–1475. Altarbild von Sandro Botticelli (1445–1519). Das Bild (111 × 134 cm) wurde von dem Bankier Gaspare di Zanobi del Lama für die Grabkapelle der Familie in der Klosterkirche Santa Maria Novella in Auftrag gegeben.
Der Maler integriert die wichtigsten Mitglieder der Familie Medici. Cosimo de Medici „der Ältere" kniet als Weiser aus dem Morgenland vor der Jungfrau Maria. Dessen Sohn, Piero I. de Medici „der Gichtige" kniet mit rotem Mantel als zweiter Weiser in der Bildmitte. Piero zugewandt kniet als dritter Weiser dessen Bruder Giovanni di Cosimo de Medici. Neben Giovanni steht der zweite Bruder, Giuliano I. in dunklem Gewand. Als Anführer der linken Menschengruppe, in hellem Gewand, beobachtet der Enkel Cosimos, Lorenzo „der Prächtige", die Szene. Ganz rechts hat sich der Künstler wahrscheinlich, den Betrachter anblickend, selbst verewigt.

5 Die Herrschaft der Medici in Florenz

Der florentinische Staatsmann und Geschichtsschreiber Francesco Guicciardini (1483–1540) schrieb im Alter von 26 Jahren das Werk „Florentinische Geschichte". Darin betrachtet er die Verhältnisse in Florenz aus der Sicht des vornehmen Bürgers:

Lorenzo de Medici war 43 Jahre alt, als er starb, und hatte 23 Jahre an der Spitze der Regierung gestanden. […] Und weil die Größe dieses Mannes einzigartig war und Florenz niemals einen Bürger gehabt hat, der ihm gleich gewesen wäre, auch sein Ruhm nach seinem Tode wie Zeit seines Lebens weit verbreitet war, scheint es mir nicht unangebracht, seine Art und seinen Charakter näher zu kennzeichnen. […]

Lorenzo hatte viele vorzügliche Eigenschaften, daneben auch einige Fehler, die aber teils natürlich, teils unvermeidlich waren. Er genoss so großes Ansehen, dass man wohl sagen kann, dass die Stadt zu seiner Zeit zwar nicht frei, aber überreich an allem Ruhm und Glück war, die eine Stadt überhaupt haben kann. Dem Namen nach war sie frei, in Wirklichkeit aber stand sie unter der Alleinherrschaft eines ihrer Bürger. Seine Taten waren, obwohl teilweise tadelnswert, doch ruhmvoll und so großartig, dass sie Bewunderung erregen, aber mehr beim Betrachten, als wenn man nur von ihnen hört. Denn es fehlt dabei der Klang der Waffen, es fehlen die Kriegskunst und die militärische Zucht, die den Ruhm der Alten ausmachten. Das lag nicht an seinem persönlichen Unvermögen, sondern an der verschiedenen Art und Gewohnheit der Zeiten. [...] Keiner von seinen Gegnern, auch von denen, die ihn herabzusetzen pflegten, hat je geleugnet, dass in ihm ein überragender und einzigartiger Geist wohnte. Jeder hat bezeugen müssen, dass in den dreiundzwanzig Jahren seiner Herrschaft über die Stadt ihre Macht und ihr Ruhm ständig zugenommen haben, sodass nur ein Tor dies bestreiten könne, und das in einer Stadt, wo größte Redefreiheit herrscht und wo es von kritischen und unruhigen Geistern nur so wimmelt. [...] Für ihn zeugen die Freundschaft und das große Vertrauen, die er bei vielen Fürsten Italiens und außerhalb genoss: Mit Papst Innozenz, König Ferdinand, Herzog Galeazzo, König Ludwig [*von Frankreich*], schließlich mit dem Sultan [...]. Für ihn zeugen seine öffentlichen und privaten Reden, alle voll Scharfsinn und Witz, mit denen er vielerorts und häufig größte Erfolge erzielte. Für ihn zeugen auch seine Briefe, die überaus geistvoll sind, und alles das erscheint umso glänzender, als es einer vorzüglichen Beredsamkeit und einem höchst eleganten Stil verbunden war. [...]

Er verlangte nach Ruhm und Ansehen mehr als irgendein anderer. Man könnte ihn tadeln, dass er sich von diesem Wunsch selbst in den kleinsten Dingen in übertriebener Weise beherrschen ließ. Er duldete nicht, dass irgendein Mitbürger ihn in Versen, Lustspielen oder Aufsätzen parodierte oder imitierte, und war sehr aufgebracht, wenn dagegen verstoßen wurde. Ebenso aber auch in großen Dingen; wollte er doch in jeder Hinsicht mit allen Fürsten Italiens wetteifern und ihnen gleichstehen. [...] Trotzdem war diese Ruhmsucht, aufs Ganze gesehen, lobenswert, bestand doch eine der Ursachen, warum sein Name und sein Ruhm allerorten, auch außerhalb Italiens gefeiert wurden, in seinem Bestreben, Florenz an Künsten und Fähigkeiten über jede andere Stadt Italiens zu erheben. So vor allem auf dem Gebiet der Wissenschaft; er errichtete in Pisa wieder eine Hochschule der Rechtswissenschaft und der freien Künste, und als man ihm mit vielen Gründen darlegte, dass sie an Zahl der Studenten mit Padua und Pavia nicht wetteifern könne, gab es zur Antwort, es genüge ihm, wenn der Lehrkörper besser sei als an den anderen Hochschulen. Deshalb holte er die ausgezeichnetsten und berühmtesten Männer Italiens dorthin, zahlte ihnen die höchsten Gehälter und scheute keine Kosten und keine Mühe, sie zu gewinnen. [...] Dieselbe Gunst erwies er der Dichtkunst, Musik, Architektur, Malerei, Bildhauerei, allen reinen und angewandten Künsten, so dass die Stadt überreich war an geistiger Kunst. [...]

Was seinen Charakter mehr als alles andere belastete, war sein Misstrauen. Das entsprang wohl weniger seiner Natur als dem Bewusstsein, eine freie Stadt zu beherrschen, in der die Geschäfte von den Regierenden gemäß den Gesetzen des Staates und unter dem Schein und in den Formen der Freiheit geführt werden mussten. Deshalb bemühte er sich anfangs, als er gerade erst Fuß zu fassen begann, soviel wie möglich solche Bürger heranzuziehen, von denen er wusste, dass sie wegen ihrer vornehmen Abkunft, ihres Reichtums, ihrer Macht und ihres Rufes allgemein geachtet seien. Diesen wurden, wenn sie aus solchen Häusern und Familien stammten, die dem herrschenden System zuverlässig ergeben waren, die Gesandtschaften, Sonderaufträge und ähnliche Ehrenämter übertragen; gleichwohl traute er ihnen nicht, sondern ergänzte die Signoria mithilfe von Wahlen und Ämterkauf. Die geheimsten Sachen vertraute er nur solchen an, die ihm ihr Ansehen verdankten, damit sie ohne seine Unterstützung auf keinen Anhang zählen konnten. [...]

Das gleiche Misstrauen bewog ihn, dafür zu sorgen, dass nicht etwa die einflussreichen Männer sich untereinan-

6 Lorenzo de Medici (1449–1492)
Gemälde von Giorgio Vasari (1511–1574).

der verschwägerten. Er suchte solche Ehen anzubahnen, die ihm unverdächtig waren, und zwang gelegentlich, um Verbindungen zu hintertreiben, vornehme junge Männer, eine Frau zu heiraten, die sie sonst nicht genommen hätten. Es kam schließlich dahin, dass keine irgend bedeutsame Familienverbindung ohne seine Mitwirkung und Erlaubnis geschlossen werden konnte. [...] Fasst man alles zusammen, so muss man abschließend sagen, dass unter ihm die Stadt ihre Freiheit verloren hat, wenngleich man keinen besseren und angenehmeren Tyrannen hätte finden können. [...]

Francesco Guicciardini: Storie Fiorentine, Kap. 9. Zit. nach: Wolfgang Lautemann/Manfred Schlenke (Hrsg.): Geschichte in Quellen, Band III., München 1966, S. 15 ff. Übers. Fritz Dickmann.

7 Der Einzelne und der Staat

Francesco Guicciardini (1483–1540), florentinischer Politiker und Historiker, schreibt über das politische Erbe der Renaissance:

Dass Alleinherrschaft eines guten Fürsten der Herrschaft mehrerer oder selbst vieler – auch wenn diese trefflich sind – vorzuziehen sei, gilt allgemein als richtig. Die Gründe dafür hat man oft gehört und doch wissen wir, dass die Alleinherrschaft sich leichter als die anderen Herrschaftsformen vom Guten zum Schlechten wandelt und dass sie dann schlimmer ist als alle diese andern, besonders wenn die Erbfolge diesen Wandel bewirkt; denn nur selten folgt einem weisen und trefflichen Vater ein ähnlich gearteter Sohn. Drum wollt ich gerne, dass mir die Leute einmal erklären, was eine neu gegründete Stadt unter Berücksichtigung all dieser Umstände und Gefahren sich wünschen sollte: Herrschaft eines, weniger oder vieler.

Hat die Volksherrschaft auch große Mängel und Nachteile, so halten doch treffliche Männer sie in unserer Stadt für das geringste Übel.

Von den drei Herrschaftsformen – der Herrschaft eines Fürsten, mehrerer Großer oder der breiten Masse – ist wohl die zweite für Florenz am allerschädlichsten; sie ist der Stadt ebensowenig ursprünglich und dort ebenso schlecht einzuführen, wie die Gewaltherrschaft eines Fürsten, dazu kommt noch, dass der Ehrgeiz und die Streitsucht der regierenden Herren dieselben Übel mit sich brächten, wie die Gewaltherrschaft und darüber hinaus die Stadt in verschiedene Lager zerspalten würde, während keiner der Vorzüge der Tyrannis den Bürgern zugute käme.

Die Gleichheit im Volksstaat leidet nicht, wenn ein Bürger sich durch Zuneigung oder Achtung einen größeren Ruf erwirbt als andere, wenn es nur beim Volk steht, ihm diese Ehrenstellung zu verleihen und wieder zu entziehen. Ohne solche Hilfe vermag sich auch ein Volksstaat nur schwer zu halten. Wie nützte es unserer Stadt, wenn die Florentiner Tröpfe das endlich erkannten.

Freiheitsrechte werden nicht verliehen, um jedermann an der Herrschaft zu beteiligen, da dies nur denjenigen zusteht, die dazu fähig und würdig sind, sondern um die Einhaltung guter Gesetze und nützlicher Ordnungen zu gewährleisten, was eben deshalb in einem freien Staatswesen sicherer gelingt, als unter der Herrschaft eines Mannes oder weniger Großer. Unserem Staat macht es so viel zu schaffen, dass die Bürger es nicht einsehen und sich nicht damit zufrieden geben, wenn sie frei und sicher leben, sondern auch noch alle an der Herrschaft teilnehmen wollen.

Die Freiheit im Staat gewährleistet Gerechtigkeit; denn sie dient in erster Linie dazu, dass keiner von anderen unterdrückt wird. Freilich gibt es auch Monarchien und Oligarchien, in denen das Recht geachtet wird und deren Untertanen sich keine Freiheit zu wünschen brauchen. Die Weisen und Philosophen der Alten zogen mit gutem Grund nicht die freien Staaten den anderen entschieden vor, sondern stellten jene in den Vordergrund, die am besten die Wahrung von Recht und Gerechtigkeit gewährleisten.

Die Menschen neigen von Natur zum Guten, wenigstens so, dass alle, denen das Üble nicht gerade Nutzen oder Vorteil bringt, eher das Gute als das Schlechte tun. Da ihre Natur jedoch nicht unüberwindlich ist und unzählige Gelegenheiten sie zum Bösen verlocken, verraten sie oft aus Eigennutz ihre Natur. Weise Gesetzgeber erfanden drum Strafe und Auszeichnung als Zaum und Sporn, nicht um die Leute zu vergewaltigen, sondern zur Rettung der eigenen Natur, und der Staat, der diese Mittel nicht genügend anwendet, zählt die wenigsten glücklichen Bürger, was wir täglich in Florenz erfahren.

Francesco Guicciardini: Das politische Erbe der Renaissance („Ricordi"), Geordnet durch Ernesto Grassi, übersetzt von Karl Joseph Partsch, Bern 1946, S. 50 ff.

Das Heilige Römische Reich Deutscher Nation wandelt sich

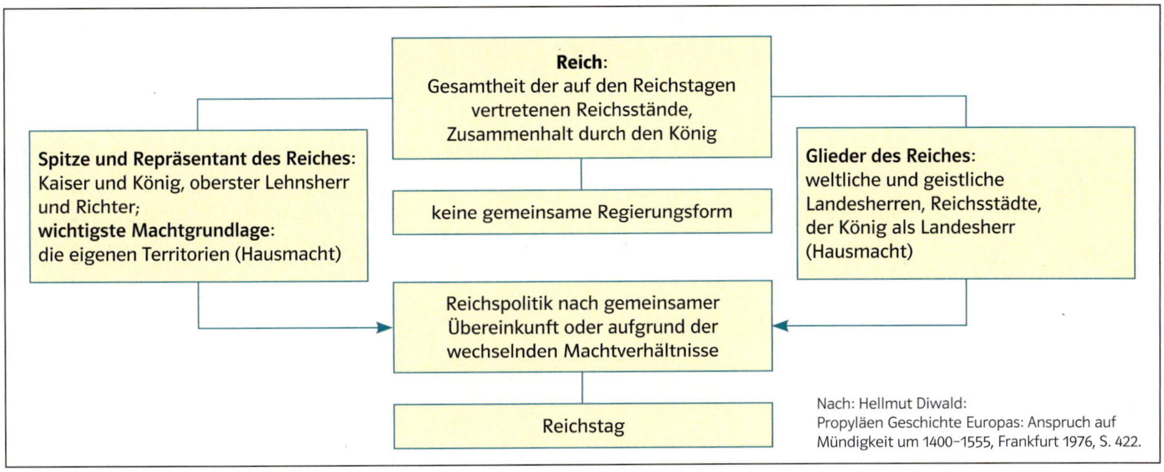

8 **Die politische Struktur des Heiligen Römischen Reichs Deutscher Nation im 15. Jahrhundert**

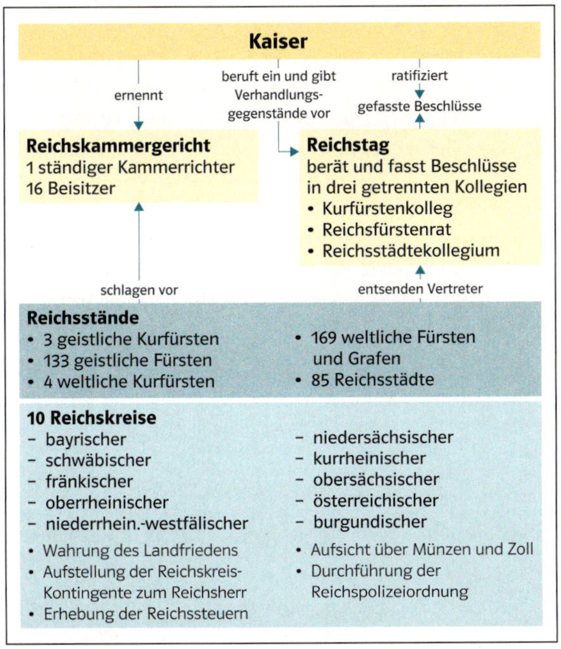

9 **Die politische Struktur des Heiligen Römischen Reichs Deutscher Nation nach der Reichsreform 1494**

10 Das Reich – ein Monstrum?

Der deutsche Staats- und Völkerrechtslehrer Samuel von Pufendorf (1632–1694) schreibt in seiner (in Latein verfassten) Abhandlung „Über die Staatsform des Deutschen Reiches" (1667):

Es bleibt also nichts anderes übrig, als dass wir sagen, Deutschland sei, wenn man es nach den Regeln der Staatslehre einordnen will, ein unregelmäßiges Gebilde und einem Monstrum ähnlich (monstro simile), das im Laufe der Zeit durch den fahrlässigen Leichtsinn der Kaiser, durch den Ehrgeiz der Fürsten und die Unruhe der Geistlichen aus einem normalen Königreich in eine so wenig kunstgerechte Form umgewandelt worden ist, dass es weder eine auch nur beschränkte Monarchie ist noch, genau genommen, irgendeine Körperschaft oder ein System von mehreren, durch ein Bündnis verknüpften Staaten darstellt, sondern eher ein Mittelding zwischen beiden. Dies erzeugt einen steten Zündstoff durch zehrende Krankheit und innere Umwälzungen, indem einerseits der Kaiser danach trachtet, die Herrschaft wieder an sich zu reißen, andererseits die Stände nach der unbeschränkten Libertät streben. […] So kann Deutschland nicht anders als durch größte Bewegungen und eine gänzliche Umwandlung aller Verhältnisse wieder in eine richtige Monarchie umgestaltet werden; überdies neigt es nach der entgegengesetzten Seite, nämlich zu einer Art Föderativsystem. Sieht man von jenem gegenseitigen Widerstand zwischen Kaiser und Ständen ab, so ist Deutschland in Wahrheit schon jetzt eine Körperschaft oder ein System von Bundesgenossen, die durch einen ungleichen Bund verknüpft sind, weil nämlich die besagten Stände verpflichtet sind, den Kaiser zu ehren und ihm Reverenz zu erweisen. [...] Wir können also die Verfassung Deutschlands am richtigsten bezeichnen, wenn wir sagen, dass sie einem System mehrerer Staaten nahe kommt, von denen einer mit monarchischem Schein ausgestattet ist und als Fürst und Bundesoberhaupt hervorragt, dass aber diese Bundes-Körperschaft von schweren Krankheiten heimgesucht ist.

Zit. nach: E. Büssem/M. Neher (Hrsg.): Arbeitsbuch Geschichte. Neuzeit 1. Quellen. München 1977, S. 283 ff.

11 „Ein Körper aus Haupt und Gliedern"

Die Historikerin Barbara Stollberg-Rilinger schreibt über die Struktur des Heiligen Römischen Reiches Deutscher Nation (2006):

Wenn die Zeitgenossen selbst das Reich auf den Begriff bringen wollten, sprachen sie zumeist metaphorisch von einem Körper aus Haupt und Gliedern. Der Kaiser war das Oberhaupt, das den Körper überhaupt erst zu einem Ganzen machte. Die gemeinsame Bindung an den Kaiser stellte das älteste verbindende Element der Reichsverfassung dar. Er war oberster Lehnsherr, oberster Richter, oberster Wahrer von Friede und Recht. Allerdings war er alles andere als ein absoluter Herrscher, er stand nicht über den Gesetzen. Gemäß der traditionellen konsensorientierten Rechtsauffassung konnte er nichts an der hergebrachten Ordnung willkürlich ändern, sondern war stets auf Rat und Zustimmung der Betroffenen angewiesen. Weder hatte er das Recht, noch hatte er die Macht, gegen den Konsens der Reichsglieder etwas durchzusetzen. [...]

Dem Kaiser als Oberhaupt wurde die Gesamtheit der Glieder gegenübergestellt; die offizielle Formel lautete: Kaiser und Reich. Bei diesen Gliedern handelte es sich um Herrschaftsträger verschiedener Art: Kurfürsten, Fürsten, Grafen, Prälaten, Ritter, Städte. [...] Die Reichsglieder waren extrem unterschiedlichen Charakters: Personen und Korporationen, Klöster und städtische Kommunen, Geistliche und Weltliche, Mächtige und Mindermächtige. Das Spektrum reichte von großen Reichsfürsten auf der einen Seite, die über ganze Konglomerate von Territorien nahezu unabhängig herrschten und mit den europäischen Herrscherdynastien verschwägert waren, bis hinunter zu kleinen Reichsrittern auf der anderen Seite, die nur über ein paar Dörfer die Niedergerichtsbarkeit ausübten. [...]

Aber das Reich bestand nicht nur aus den unmittelbaren Gliedern. Die meisten Reichsstände übten ihrerseits Herrschaft über Territorien aus, in denen es wiederum andere Herrschaftsträger gab, nämlich ebenfalls Adelsfamilien, Klöster, Stifte und Kommunen, die ihnen ihrerseits als konsensberechtigte Landstände gegenübertraten. Diese „landsässigen" oder „mediaten" Stände standen zu Kaiser und Reich aber eben nur in einem mittelbaren Verhältnis. Die Landstände verhielten sich zu ihrem Landesherrn ähnlich wie die Reichsstände zum Kaiser. Wie diese dem Kaiser, so leisteten die Landstände dem Landesherrn ihre Abgaben, wie die Reichsstände auf Reichstagen, so übten die Landstände auf Landtagen Partizipationsrechte aus. [...] Das Reich war also alles andere als ein homogener Untertanenverband. Anders als bei moderner Staatlichkeit, wo alle Bürger ein einheitliches Staatsbürgerrecht genießen, alle hoheitliche Gewalt beim Staat konzentriert ist und allein von seinen Organen ausgeübt wird, wurde im Reich auf verschiedenen Ebenen autonome Herrschaft ausgeübt, und ein Glied hatte immer andere „Rechte und Freiheiten" als das andere. Über diese heterogene Vielfalt von Reichsgliedern und deren Untertanen übte der Kaiser keine einheitliche Gewalt aus. Das Reich besaß deshalb auch kein festes Territorium mit eindeutigen Gebietsgrenzen, wie es moderne Karten suggerieren. Im Laufe des Spätmittelalters und der Frühen Neuzeit vollzog sich allerdings ein Prozess zunehmender Territorialisierung; das heißt, Herrschaft verwandelte sich von einer Vielzahl verschiedener Herrschaftsrechte über Personen zu einer einheitlichen Herrschaft über ein bestimmtes Gebiet (samt allen darauf lebenden Personen). Diese territoriale Herrschaft wurde aber vor allem von einzelnen Reichsfürsten als Landesherren in ihren jeweiligen Ländern ausgebildet und nicht vom Reich in seiner Gesamtheit. Das Reich war bis zu seinem Ende kein Territorialstaat, sondern ein Personenverband, ein komplexes hierarchisches System von Personen und Korporationen, an deren Spitze der Kaiser stand und dem Ganzen symbolische Einheit und Legitimität verlieh.

Barbara Stollberg-Rilinger: Das Heilige Römische Reich Deutscher Nation. Vom Ende des Mittelalters bis 1806. München 2006, S. 14–17.

12 „Das hailig Römisch reich mit seinen gelidern"

Holzschnitt von Hans Burgkmair d. Ä., 1510.

Diese Darstellung will den Aufbau des römisch-deutschen Reiches im Spätmittelalter zeigen. In Form des Quaternionenadlers mit einem vielfältig variierten Vierer-Schema, das auf die Zahlensymbolik zurückgreift – 4 als heilige Zahl –, werden die bestehenden Hierarchien des Reiches abgebildet. Der doppelköpfige Adler galt seit 1433 als Wappentier des Kaiserreiches.

In der obersten Reihe befinden sich die Wappen der Kurfürsten, darunter die der Herzöge, Markgrafen, Landgrafen, Burggrafen, Grafen, Bannerherren, Freiherren, Ritter, Städte und Dörfer. Die hier aufgeführten Wappen sind nur eine Auswahl und spiegeln nicht die tatsächliche Zusammensetzung der Reichsstände wider.

13 Kaiser und Reich

Im Heiligen Römischen Reich Deutscher Nation gab es keine Reichsverfassung. Nur gewisse Reichsverfassungselemente existierten, die sich aus allgemein anerkannten Rechtsgrundsätzen und Rechtsgewohnheiten zusammensetzten, und deren Kern seit 1356 die Goldene Bulle als eine Art Reichsgrundgesetz bildete :

II. Von der Wahl eines römischen Königs

1. Nachdem aber die mehrgenannten Kurfürsten [die Erzbischöfe von Mainz, Köln und Trier; der König von Böhmen; der Pfalzgraf bei Rhein; der Herzog von Sachsen; der Markgraf von Brandenburg] oder ihre Gesandten in die Stadt Frankfurt eingezogen sind, sollen sie [...] einen gerechten, redlichen und tüchtigen Mann zum römischen König und künftigen Kaiser [...] wählen zum Heil der Christenheit. [...]

2. [Die Eidformel:] „Ich [...] schwöre [...], dass ich gemäß der Treue, zu der ich gegen Gott und das Heilige Römische Reich verpflichtet bin, nach all meinem Verstand und meiner Einsicht mit Gottes Beistand der Christenheit ein weltliches Oberhaupt wählen will, das heißt einen römischen König und künftigen Kaiser, der hiezu geeignet ist, so wie mein Verstand und meine Einsicht mich leiten und gemäß der obbesagten Treue, und dass ich meine Stimme und meinen Wahlentscheid abgeben werde ohne alle Verabredung, Belohnung, Entgelt oder Versprechen oder wie immer dergleichen genannt werden mag – so wahr mir Gott helfe und alle Heiligen." [...]

4. Nachdem aber sie oder die Mehrzahl von ihnen an diesem Ort gewählt haben, muss eine solche Wahl gleich gehalten und geachtet werden, wie wenn sie von ihnen allen ohne Gegenstimme einhellig vollzogen wäre. [...] Und weil Nachfolgendes nach alter anerkannter und löblicher Gewohnheit bisher stets unverbrüchlich beobachtet worden ist, bestimmen auch wir und verordnen aus kaiserlicher Machtvollkommenheit, dass wer besagtermaßen zum römischen König gewählt worden ist, sogleich nach vollzogener Wahl, bevor er in irgendwelchen Angelegenheiten oder Geschäften aus Vollmacht des Heiligen Reiches seine Tätigkeit beginnt, allen und jeden geistlichen und weltlichen Kurfürsten, die bekanntlich die nächsten Glieder des Heiligen Reiches sind, alle ihre Privilegien, Briefe, Rechte, Freiheiten und Vergünstigungen, alten Gewohnheiten und auch Würden und alles, was sie vom Reich bis zum Tag seiner Wahl empfangen und besessen haben, ohne Verzug und Widerspruch durch seine Briefe und Siegel bestätigen und bekräftigen soll; und alles Vorerwähnte soll er ihnen erneuern, nachdem er mit den kaiserlichen Infeln[1] gekrönt worden ist. Diese Bestätigung aber wird der Gewählte einem jeden Kurfürsten besonders erstlich als König ausstellen und darnach als Kaiser erneuern; und er soll gehalten sein, alle Kurfürsten insgesamt und einen jeden von ihnen im Besondern dabei keineswegs zu benachteiligen, sondern im Gegenteil huldreich fördern.

Zit. nach: Deutsche Geschichte in Quellen und Darstellung. Band 2: Spätmittelalter 1250–1495. Hrsg. v. Jean-Marie Moeglin u. Rainer A. Müller. Stuttgart 2000, S. 199 ff.

1 Infeln: Hoheitszeichen wie vor allem die Kaiserkrone

14 Die Wahlkapitulation Karls V. (1519)

Im Jahre 1519 sahen die Kurfürsten sich vor die Aufgabe gestellt, einen König und Kaiser zu wählen, der innerhalb des Reiches eine Autorität aufrichtete, die aber ihre eigenen Rechte als Landesherren weder schmälerte, noch ihnen gefährlich wurde. Überdies sollte er in der Lage sein, das Reich aus dem bestehenden Konflikt zwischen Frankreich und Spanien – Burgund – Neapel – Habsburg ohne Machtverluste herauszuhalten. Zur Wahl standen der Erzherzog Karl von Österreich, Herrscher über Burgund, Spanien und Neapel; Friedrich der Weise, Kurfürst von Sachsen sowie Franz I., König von Frankreich. Trotz der verlockenden Angebote und Versprechungen des Franzosen wurde der Habsburger gewählt. Die drohende Auseinandersetzung zwischen Karl und Franz I. versuchten die Kurfürsten durch einen Vertrag von Deutschland fernzuhalten, in den sie zugleich die verfassungsmäßigen Sicherungen aufnahmen, auf die es ihnen und den anderen größeren Reichsfürsten ankam. Dieser Vertrag ist die sogenannte Wahlkapitulation, auch Wahlverschreibung genannt, die Karls Bevollmächtigte 1519 unterzeichneten und die Karl vor der Krönung in Aachen 1520 beschwor.

Wir Karl der Fünfte von Gottes Gnaden erwählter Römischer König, [...] bekennen öffentlich und tun jedermann kund: [...] dass Wir Uns [...] aus freiem, gnädigem Willen mit [...] Unseren lieben Freunden, Neffen und Kurfürsten dieser nachfolgenden Artikel verständigt und paktweise vereinigt, vertragen, diese angenommen, bewilligt und zu halten zugesagt haben, alles wissentlich in Kraft dieses Briefes. [...]

[3] Wir sollen und wollen auch insbesondere die zu früheren Zeiten abgeschlossenen [Übereinkünfte wie] die Goldene Bulle, den Königlichen Landfrieden und andere Ordnungen und Gesetze des Heiligen Reichs bestärken, erneuern und nötigenfalls mit Rat Unserer und des Reichs Kurfürsten, Fürsten und anderer Stände verbessern, wie es die zeitlichen Umstände und die Lage des Reichs erfordern werden.

[4] Darüber hinaus [wollen Wir] ein löbliches, ehrliches Regiment mit frommen, tapfern, verständigen, redlichen Personen Deutscher Nation neben etlichen Kurfürsten und Fürsten [...] aufrichten und stellen, damit die Mängel, Gebrechen und Plagen allenthalben im Heiligen Reiche abgestellt, gebessert und in gut Wesen und Ordnung gebracht werden. [...]

[5] Und bei allem sollen und wollen Wir die Deutsche Nation, das Heilige Römische Reich und die Kurfürsten, als die vorrangigen Glieder desselben, [sowie] auch andere Fürsten, Grafen, Herren und Stände bei ihren höchsten Würden, Rechten und [feudalen] Nutzungsrechten, Macht und Gewalt, jeden nach seinem Stand und Wesen, belassen ohne Unsere und jedermanns Einschränkung und Behinderung.

[6] Und [Wir wollen und sollen] ihnen zudem ihre Regalien, herrschaftliche Gewalten, Freiheiten, Privilegien, Pfandschaften und Nutzungsrechte, auch die Gebräuche und guten Gewohnheiten, so wie sie bisher gepflegt oder in Übung gewesen sind, zu Wasser und zu Lande, in guter, beständiger Form ohne jede Weigerung bestärken und bestätigen, sie auch dabei als Römischer König handhaben, schützen und schirmen, doch jedermann an seinen Rechten unbeschadet lassen.

[7] Wir lassen auch zu, dass sie, die gedachten sechs Kurfürsten, zu bestimmten Zeiten gemäß der Goldenen Bulle und deren das Heilige Reich betreffenden Regelungen zusammenkommen mögen, wenn von ihrer Seite das Bedürfnis besteht und so sie ein schwerwiegendes Anliegen haben, um dieses zu bedenken und zu beratschlagen, und dass Wir [diese Zusammenkunft] auch nicht verhindern noch stören und deswegen keine Ungunst noch Widerwillen gegenüber ihnen insgesamt oder ei-

nem Einzelnen schöpfen noch entfachen, sondern uns in diesem und anderem gemäß der Goldenen Bulle gnädig und ohne Tadel halten sollen und wollen. [...]

[13] Wir sollen und wollen Uns darüber hinaus in Zeit dieser Unserer Regierung friedlich und nachbarlich gegenüber den benachbarten und christlichen Mächten verhalten, keinen Streit, keine Fehde noch Krieg in oder außerhalb des Reichs in seinem Namen anfangen oder unternehmen, noch irgendein fremdes Kriegsvolk ins Reich führen, ohne vorherige Kenntnis, Rat und Bewilligung der Reichsstände, zumindest aber der sechs Kurfürsten. Wenn wir aber des Reichs wegen oder das Heilige Reich angegriffen und bekriegt werden, alsdann dürfen wir Uns dagegen aller Hilfe bedienen. [...]

[15] Wir sollen und wollen auch Unsere Königlichen und des Reichs Ämter am Hof und sonst im übrigen Reich mit keiner andern Nationalität außer geborenen Deutschen, die nicht niederen Standes noch Wesens sind, sondern namhafte [bekannte/anerkannte], redliche Leute [aus dem Stand] von Fürsten, Grafen, Herren vom Adel und sonstige Personen tapferen, guten Herkommens, besetzen und versehen, auch die oben genannten Ämter bei ihren Ehren, Würden, Gefällen, Rechten und Nutzungsrechten belassen und denselben nichts entziehen oder entziehen lassen in irgendeiner Art ohne böse Absicht.

Zit. nach: Ulrich Köpf (Hrsg.): Deutsche Geschichte in Quellen und Darstellung. Band 3: Reformationszeit 1495–1555. Stuttgart 2001, S. 75 ff.

Arbeitsvorschläge

○○● a) Skizzieren Sie die im republikanischen Florenz um 1425 ausgeprägten Herrschaftsstrukturen. Klären Sie anschließend die gesellschaftlichen, politischen und wirtschaftlichen Hintergründe für dieses Machtgefüge (M1).

○●● b) Umreißen Sie die Bedeutung der Medici für die Stadt Florenz (M2, M3, M4, M5).

○●● c) Erstellen Sie ein Persönlichkeitsprofil von Lorenzo de Medici als bedeutendstem Repräsentanten der Familiendynastie. Zeigen Sie anhand dessen den Grund für deren politischen wie wirtschaftlichen Erfolg auf (M5, M6).

●●● d) Überprüfen Sie die Feststellung Guicciardinis, dass die Stadt Florenz unter Lorenzo de Medici „ihre Freiheit verloren hat, wenngleich man keinen besseren und angenehmeren Tyrannen hätte finden können" (M5).

●●● e) Geben Sie in eigenen Worten den Argumentationsverlauf von M7 wieder. Nehmen Sie anschließend vor dem Hintergrund sowohl zeitgeistlicher als auch gegenwärtiger staatstheoretischer Auffassungen persönlich dazu Stellung.

○●● f) Vergegenwärtigen Sie sich – zunächst mit Fokus auf die Stellung des Kaisers und der übrigen Herrschaftsträger – die politischen Herrschaftsstrukturen im Heiligen Römischen Reich Deutscher Nation im 15. Jahrhundert (M8, M9, M12, M13). Erklären Sie anschließend die in M10 und M11 angesprochenen Schwachstellen dieser Staats- und Herrschaftsform.

●●● g) Vergleichen Sie die Darlegungen in M10 und M11 auf Gemeinsamkeiten und / oder Unterschiede. Nehmen Sie anschließend zu den Aussagen persönlich Stellung.

●●● h) Erörtern Sie den geschichtlichen Hintergrund und politischen Stellenwert der Wahlkapitulation Karls V.

Grundwissen: Politische Zustände an der Schwelle zur Neuzeit

Die Existenz eines Staats mit abgesteckten Grenzen, kommunalen und zentralen Behörden und einheitlichen Gesetzen ist für uns heute Normalität. Doch der Weg zur modernen Staatlichkeit war lang und vollzog sich in unterschiedlichen Geschwindigkeiten, in Ost- und Südostasien wesentlich früher als in Europa, im Mittelmeerraum schneller als in Nord- oder Osteuropa. Was aber war der „Staat“ im 15. und 16. Jahrhundert, jener Zeit, die von vielen Historikern „Frühe Neuzeit“ genannt wird?

Die Herausbildung der europäischen Staatenwelt

Europa des 14. Jahrhunderts war von vielen Krisen und Umbrüchen erschüttert. Der deutsche Kaiser und der Papst konnten ihren universellen Machtanspruch gegenüber aufstrebenden Städten und den Landesfürsten immer weniger verteidigen. Klimakrisen, Umweltkatastrophen und Epidemien erschütterte das bisherige Weltbild vieler Menschen. Sich verändernde Wissenschaften, Denkrichtungen und neue Erfindungen (➔ s. Kap. 1.3–1.4) schufen neue Möglichkeiten von Kommunikation und Verwaltung sowie Vorstellungen von Herrschaft. Diese entwickelten sich zunächst in den kleinen Stadtstaaten Italiens, wie z. B. Florenz, Venedig, Mantua oder Genua. Aber auch Landesfürsten setzten in kompakten, geschlossenen Territorien staatliche Strukturen durch. An Universitäten ausgebildete Fachleute arbeiteten in zentralen Institutionen und begannen Gesetze auszuarbeiten und Steuern einzutreiben. Historiker nennen dies „institutionelle Flächenstaaten“. Beispiele dafür sind Portugal, Frankreich oder England, aber auch das neu entstehende Osmanische Reich, wohingegen in Osteuropa diese Prozesse wesentlich zeitverzögerter einsetzten.

15 Europa Anfang des 16. Jahrhunderts

Neues politisches Selbstverständnis in den Stadtstaaten Italiens

Die norditalienischen Städte, an den wichtigsten Kommunikations- und Handelswegen des Mittelmeers gelegen, entwickelten als erstes ein neues politisches Selbstverständnis. Der Anspruch auf Oberhoheit des Kaisers des Heiligen römischen Reichs wurde dort nunmehr ebenso ignoriert, wie die des Papstes. Bereits in neuen Formen des Geld- und Warenhandels Vorreiter (➔ **s. Kap. 1.5**), waren diese Städte reich geworden. Großkaufleute, Bankiers und Tuchhersteller beanspruchten politische Mitsprache und setzten republikanische Strukturen durch. Dabei bildeten sich mächtige ⇨ Familienclans heraus, die oft über viele Generationen die Geschicke ihrer Stadt lenkten. Dabei herrschte unter ihnen häufig Rivalität und nicht selten Hass – man denke an Shakespeares „Romeo und Julia", das in den norditalienischen Städten Mantua und Verona verortet ist. Dabei wachten sie eifersüchtig darüber, dass keine neuen Familien zu mächtig wurden.

Das Florenz der Medici – von der Stadtrepublik zur Monarchie

➔ 1 S. 16
➔ 5 S. 18

Eine solche neue Familie waren die Medici. In Florenz basierte der Reichtum der Stadt auf einer hoch entwickelten Wollindustrie. Mächtige Familien der Wollhändler und Großkaufleute hatten bereits Ende des 13. Jahrhunderts zusammen mit den wichtigsten Zünften die Kontrolle über die Stadt übernommen. Sie bildeten eine neue Exekutivgewalt („Signoria"). Das Wahlverfahren für die wichtigsten Ämter stellte sicher, dass nur Angehörige bedeutender Familien politischen Einfluss ausüben durften. Führende Familien konnten allerdings durch wirtschaftlichen Misserfolg durchaus ins Abseits geraten. Andere konnten durch unternehmerisches und taktisches Geschick bis zur Spitze vorstoßen.

Die Medici entstammten ursprünglich der bürgerlichen Mittelschicht, die seit 1360 als Bankiers auftraten. Es gelang ihnen, zu den wichtigsten Finanziers des Vatikans aufzusteigen, was ihnen große Gewinne und Ansehen einbrachte. Ihren wachsenden Reichtum verbanden sie mit politischen Intrigen, einer klugen Heiratspolitik und dem Aufbau von Beziehungsnetzwerken (⇨ Patronage). Als es ihnen zudem gelang, durch Steuerversprechungen den Rückhalt der einfachen Leute zu gewinnen, schaffte es Cosimo di Medici (1389–1464) im Jahr 1434 an die Spitze der Signoria. Cosimo verstand es, die Institutionen der Republik mit eigenen Gefolgsleuten zu besetzen. Mittels einer geschickten Steuerpolitik konnte er viele der „alten" Familien schwächen. Unter seinem Enkel Lorenzo (1449–1492) erreichten die Medici den Gipfel ihrer Macht. Unter ihm wurde Florenz ein wichtiger Vermittler in den zahlreichen Konflikten der Apennin-Halbinsel. Lorenzos großzügige Förderung der Künste und Kontakte zu Humanisten trugen ihm den Beinamen „der Prächtige" ein.

16 Stadtansicht von Florenz 1490
Aus der Werkstatt von Francesco Rosselli.

17 Hinrichtung des Predigers Girolama Savonarola 1498 auf dem Marktplatz. Im Hintergrund der Palazzo della Signoria, der Sitz der Stadtregierung
Anonymes, zeitgenössisches Gemälde. 101 × 117 cm.

→ 2 – 4 S. 17 f.

Der Personenkult der Medici und deren Prachtentfaltung standen allerdings im immer größeren Gegensatz zum republikanischen Ideal der Stadt und der sozialen Situation der kleinen Leute. In den 1490er-Jahre erhielt der Protest mit dem neuen, sittenstrengen Vorsteher des Klosters San Marco, ⇨Girolamo Savonarola (1452–1498), eine radikale Stimme. 1494 wurden die Medici durch einen Aufstand aus der Stadt vertrieben. Unter Savonarola wurde die Republik neu errichtet, die jedoch von den fanatischen Anhängern Savonarolas kontrolliert wurde, die jeden weltlichen Prunk verbieten ließen. 1512 kehrten die Medici mit Unterstützung Spaniens und des Papstes nach Florenz zurück. Geschwächt von jahrzehntelangen Machtkämpfen wurde die Republik 1532 endgültig abgeschafft. Alessandro di Medici (1510–1537) begründete mit Unterstützung des Kaisers das erbliche Herzogtum Toskana. Oberitalien, das zum Schlachtfeld des Machtkampfs zwischen Frankreich und den Habsburgern geworden war, verlor im 16. Jahrhundert zunehmend seine politische und wirtschaftliche Bedeutung. Als oligarchische Stadtrepubliken überlebten nur Venedig, Genua und das kleine Lucca.

→ 8 – 10 S. 21
→ 1 S. 22

Das Heilige Römische Reich deutscher Nation – ein unregierbarer Staatenbund?

Das vom eigenen Anspruch her wichtigste Reich Europas war das Heilige Römische Reich deutscher Nation. Dieses befand sich jedoch seit dem Ende der Staufer-Dynastie 1254 in einer politischen Krise. Erst mit der Dynastie der Luxemburger im 14. Jahrhundert und der Habsburger, die dann bis zum Ende des Reichs 1806 die Kaiserkrone tragen sollten, bildete sich wieder eine stärkere Ordnungsmacht heraus.
Inzwischen hatten aber viele Landesfürsten damit begonnen, die Zeit schwacher Könige dafür zu nutzen, ihre Gebiete zu kompakten, abgerundeten Herrschaftsgebieten auszubauen und diese auch vollständig weiter zu vererben, anstatt das Erbe unter den Söhnen aufzuteilen. Mittels der ⇨Fehde scheuten viele Landesfürsten auch nicht davor zurück, sich durch Gewalt neue Gebiete anzueignen.

→ 13 S. 23

18 Das goldene Siegel von Kaiser Karl IV. (1316–1378)

Eine weitere Folge war, dass das Reich zunehmend die Kontrolle über Oberitalien verlor und sich mit Frankreich im Westen und dem Osmanischen Reich im Osten starke Mächte etablierten. Die Bedeutung der deutschen Kaiserwürde war infragegestellt.

In dieser Situation war an die Herausbildung einer starken Erbmonarchie wie in England oder Frankreich nicht zu denken. Das Heilige Römische Reich blieb eine Wahlmonarchie, die lange Zeit in mittelalterlichen Strukturen verhaftet blieb. Erst Mitte des 14. Jahrhunderts waren mit dem Luxemburger Karl IV. ein deutscher Kaiser wieder stark genug, Reformen anzustoßen. 1356 wurde in der „Goldenen Bulle", einer Urkunde, die nach ihrem goldenen Siegel benannt wurde (s. M18), das zukünftige Wahlverfahren festgelegt. Fortan wählten („kürten") drei geistliche (Mainz, Trier und Köln) und vier weltliche Fürsten (Böhmen, Pfalz, Sachsen und Brandenburg) das deutsche Reichsoberhaupt. Der Papst verlor, sein seit dem MA bestehenden Mitspracherecht.

Der Kaiser galt zwar als höchster Wahrer von Frieden und Recht, der insbesondere dem verheerenden Fehdewesen ein Ende setzen sollte, direkt konnte er aber trotzdem nur über seine eigenen Länderein verfügen. Er blieb somit in vielen wichtigen Fragen auf die Unterstützung einer Mehrheit der Fürsten und Adligen angewiesen. Auf diese Weise entstand kein machtpolitischer Kernraum, sondern in Gestalt der wichtigsten Fürstentümer viele regionale Machtzentren. Der Kaiser konnte keinen zentralen Verwaltungsapparat aufbauen oder reichsweit gültige Steuern und Gesetze durchsetzen.

Kaiser Maximilian I. (1459–1519)
Gemälde von Albrecht Dürer 1519.

→ 14 S. 24

Die Reichsreform von Maximilian I.

Ende des 15. Jahrhunderts hatten es die Habsburger geschafft, sich ihre Stammlande, unter anderem durch Fehden, beträchtlich auszubauen. Mit Kaiser Maximilian I. bestieg somit 1493 ein Kaiser den Thron, der mehr als seine Vorgänger in der Lage war, Veränderungen gegenüber den Landesfürsten durchzusetzen. Auf zwei Reichstagen in den Jahren 1495 und 1500 stimmten die Reichsstände drei Reformen zu:

1. Für das gesamte Reich wird ein ewiger Landfrieden verkündet. Recht darf nicht mehr über Fehden durchgesetzt werden. Recht wird nur noch über Gerichte gesprochen.
2. Als höchste Instanz wird dafür ein Reichskammergericht gebildet, welches über die Wahrung des Rechts zu wachen hat. Die Mitglieder des Reichsgerichts sollten größtenteils durch die Reichsstände ausgewählt werden.
3. Das Reich wird in Reichskreise (zunächst sechs, später zehn) eingeteilt. Diese sollten fortan über die Durchführung des Landfriedens wachen. Darüber hinaus hatten sie jedoch die Aufgabe, eine allgemeine Kopfsteuer einzuziehen, über die das Reich zukünftig seine Reichskriege (z. B. die ⇨ „Türkenkriege") finanzieren sollte.

Eine weitere Reform, durch die eine gemeinsame Regierung aus Kaiser und Reichsständen gebildet werden sollte, kam nicht mehr zur Ausführung. Nicht zuletzt die kleineren Fürsten befürchteten, dadurch gegenüber den sieben Kurfürsten ins Hintertreffen zu geraten.

Das Mitspracherecht des Reichstags wurde zwar gestärkt, doch blieb die Staatlichkeit des Reichs auch weiterhin unterentwickelt. Das Reich verfestigte eine föderative Struktur. Eine zentrale Staatlichkeit bildete sich stattdessen mehr und mehr in den jeweiligen Landesherrschaften heraus. Dort stritten die Landesherren mit den Landständen, d. h. Vertretern der Städte, der Ritterschaft und der Geistlichkeit. In einem zähen Ringen gelang es aber den meisten Landesherren, das Recht auf Abgaben- und Steuererhebung durchzusetzen, um so den Aufbau moderner Verwaltung, einer dauerhaften Residenz und eigener Söldnertruppen bezahlen zu können.

Bildquellen interpretieren

Bilder als historische Quellen

Bildquellen zählen mit den Textquellen zu den wichtigsten historischen Quellen. Alle Bildquellen wie beispielsweise Gemälde, Zeichnungen und auch Fotografien erfordern für ihre Interpretation ähnliche Arbeitsschritte (eine Ausnahme stellen Karikaturen dar, denen eine zusätzliche Mitteilungsfunktion zukommt ➔ s. S. 350).

Erkenntniswert von Bildern

Bilder lassen sich auf unterschiedlichen Ebenen interpretieren. Zum einen kann ein Bild verraten, welche Intention der Urheber beim Erschaffen des Werks hatte, welchem Anlass es diente usw. Zum Zweiten transportiert ein Bild auch Informationen über die Zeit, in der es entstanden ist. Auffällig sind dabei zunächst Informationen beispielsweise über die Kleidung oder Wohnbedingungen, Arbeit oder Technik der Zeitgenossen.

Noch interessanter – und komplexer zu entschlüsseln – sind aber die Informationen über die Sichtweise des Urhebers. Denn Bilder sind nicht nur Abbildungen vergangener Realität, sondern auch Deutungen. Sie zeigen, wie der Künstler etwas gesehen hat oder wie er es die Betrachter des Bildes sehen lassen wollte. Ein Bild kann – ob vom Urheber intendiert oder nicht – beispielsweise Geschlechterverhältnisse offenlegen, Herrschaftsvorstellungen rechtfertigen, religiöse Vorstellungen und politische Ideale einer Epoche darstellen und vieles mehr. Schon die Auswahl eines Bildmotivs ist ein aussagekräftiges Faktum. Jeder Künstler ist somit ein „Gefangener seiner Zeit", er sieht „mit den Augen seiner Epoche" und verrät dementsprechend viel über sie.

1 „Die Gesandten" *Doppelporträt (Öl/Harztempera auf Holz, 207 x 209 cm) von Hans Holbein dem Jüngeren, Frühjahr 1533.*

1. Himmelsglobus
2. Sonnenuhr
3. Quadrant zur Höhenmessung
4. Polyeder mit Sonnenuhrzifferblättern auf vier Flächen
5. Torquetum zur Bestimmung des Stands von Himmelskörpern
6. Handglobus
7. Zirkel
8. Rechenlehre für Kaufleute
9. Peter Apians 1527 in Ingolstadt erschienenes Werk „Eyn newe und wohlbegründete underweysung aller Kauffmanss Rechnung"
10. Johann Walthers „Geystliches Gesangsbüchlein"
11. Knickhalslaute
12. Futteral mit Flöten
13. Mosaikfußboden
14. verzerrter Totenschädel
15. silbernes Kruzifix mit der Inschrift „INRI"

Arbeitsschritte zur Interpretation von Bildquellen

Analyse

Erschließung des Themas sowie der formalen Aspekte

1. Um welche **Gattung** bzw. Art von Bild handelt es sich (Gemälde, Fotografie, Lithografie, Zeichnung, Holzschnitt usw.)?
2. ! Wer ist der **Urheber** bzw. der **Auftraggeber**? Was ist über diesen/diese bekannt?
3. Was ist das **Thema** des Bildes? Wie lautet der **Titel**?
4. In welchen **historischen Kontext** (Epoche, Ereignis, Prozess, Konflikt) lässt sich das Bild einordnen?
5. Wer ist der **Adressat** bzw. sind die Adressaten (Volk, Privatperson, Gruppe, Öffentlichkeit, Machthaber, Nachwelt, Institution)?
6. ! Handelt es sich um ein **Einzelbild** oder um den Bestandteil einer **Bildreihe**?

Erschließung der Inhalte und der verwendeten Darstellungsmittel

1. ! Welche **Bildelemente** sind zu erkennen (Personen, Orte, Gegenstände, Landschaften, Symbole), und wie sind diese dargestellt (Mimik, Gestik, Kleidung)?
2. ! Für welche Elemente der **Bildgestaltung** (Bildkomposition, Proportionen, Perspektive, Beziehungen der Elemente untereinander, Farbgebung, Kontraste, Lichtführung, Linien, Raum, Einstellung, Ausschnitt, Schrift) hat sich der Urheber entschieden?
3. ! Gab es **spätere Veränderungen** oder **Manipulationen** (Retuschen, Verfälschungen, Beschnitt), und wenn ja, welche?

Erläuterung

Deutung der Aussage im historischen Kontext

1. Welche **Aussagen** transportieren die Bildelemente und Gestaltungselemente?
2. Welche **Funktion** hatte das Bild (didaktisch, religiös, aufklärend, dokumentarisch, propagandistisch usw.)?
3. Was war die **Intention** des Urhebers? Welcher **Eindruck** sollte beim zeitgenössischen Betrachter erzielt werden?
4. Ist ein **Vergleich** mit anderen bildlichen und textlichen Quellen möglich?
5. Welche Rolle muss der **Entstehungszeit des Bildes** zugemessen werden?

Beurteilung

Abgabe eines begründeten persönlichen Werturteils

1. Ist das Bild **repräsentativ** für seine Zeit, und anhand welcher Kriterien lässt sich das beurteilen?
2. Ist die **Wiedergabe** des historischen Sachverhalts durch das Bild annähernd realistisch oder künstlerisch frei, und anhand welcher Kriterien lässt sich das beurteilen?
3. Verfassen Sie aus heutiger Sicht ein **begründetes Werturteil** zur Darstellung des gezeigten historischen Sachverhalts.

Arbeitsvorschläge

●●● 1. Interpretieren Sie das Holbein-Gemälde mithilfe der obigen Arbeitsschritte.

○●● 2. Erklären Sie die Zusammenstellung der Bildgegenstände vor dem Hintergrund der Entstehungszeit. Welche Absicht könnte der Künstler mit der Integration der Vanitas-Symbole (Kruzifix, verzerrter Totenschädel) verfolgt haben?

●●● 3. Beurteilen Sie, welchen Aufschluss uns das Gemälde über die Zeit der Renaissance vermittelt, und den historischen Stellenwert, der diesem demnach zuzumessen ist.

●●● 4. Interpretieren Sie anhand der Arbeitsschritte ein weiteres Renaissance-Gemälde (z.B. Hans Holbein „Der Kaufmann Georg Gisze“, s. **Online-Link** 430089-0101).

1.2 Ein neues Bild vom Menschen?

A) Wurde im 15. Jahrhundert das „Individuum" erfunden?
B) Veränderte die Verbreitung des Humanismus und der Renaissance die gesellschaftliche Stellung der Frau?

Neuer Blick auf den Menschen

1 Die Darstellung der Frau Welt am Wormser Dom
Frau Welt verkörpert die Sinnlichkeit der Welt, der der Mensch zum Opfer fällt. Vor ihr kniet anbetend ein Ritter, der von ihrer äußeren Erscheinung geblendet ist (linkes Bild). Sie offenbart ihre wahre Natur aber nur dem, der ihre Rückseite mit Kröten und Schlangen und dem ganzen Unrat der Welt sieht, also „hinter die Dinge schauen" kann (rechtes Bild).

2 Dekret des Bischofs Burchard von Worms

Der Wormser Bischof Burchard (um 965–1025) trug zwischen 1008 und 1012 eine umfangreiche Sammlung kirchlicher Lehrbeschlüsse zusammen, die im Hochmittelalter unter dem Titel „Dekret" (Erlass) weit verbreitet waren. Neben zahlreichen praktischen Bestimmungen lieferte Burchard auch eine Begründung herrschender Rechtssätze und Rechtsstrukturen.

Warum Gott die einen zur Freiheit und die anderen zur Knechtschaft bestimmt hat. Wegen der Sünde der ersten Menschen ist dem Menschengeschlecht durch göttliche Fügung die Strafe der Knechtschaft auferlegt worden, sodass [Gott] denen, für die er die Freiheit als nicht passend ansieht, in großer Barmherzigkeit die Knechtschaft zuerkennt. Und zwar hat der gerechte Gott gleichwohl um der Sünde des menschlichen Ursprungs willen das Leben des Menschen so unterschieden, dass er die einen zu Knechten, die anderen zu Herren einsetzte, damit die Möglichkeit zu freveln für die Knechte durch die Macht der Herren eingeschränkt würde. Wenn nämlich alle ohne Ehrfurcht wären, wer wäre dann da, der irgendeinen anderen vom Schlechten zurückhielte? Deshalb sind auch in den Völkern Fürsten und Könige erwählt worden, damit sie durch ihre Gewalt die Völker vom Schlechten abhalten und sie den Gesetzen unterwerfen, gottgefällig zu leben. Wie gering auch immer: Für das Maß der Strafe gibt es bei Gott kein Ansehen der Person, Gott, der auch diese Niederträchtigen und Verächtlichen der Welt und diejenigen, die nichts bedeuten, auserwählt, damit er dann die, die etwas bedeuten, vernichten kann, damit nicht alles Fleisch Ruhm gewinnt, das heißt, dass sich niemand vor Gott rühme. Der eine Gott nämlich trägt sowohl Herren als auch Knechten Rat und Hilfe an. Besser ist demütige Knechtschaft als stolze, ausschweifende Freiheit. Viele nämlich finden sich, die Gott frei dienen und niederträchtigen Herren unterstellt sind. Körperlich sind sie jenen unterworfen, seelisch überragen sie sie dennoch.

Zit. nach: Hiram Kümper und Michaela Pastors: Mittelalter. Fundus – Quellen für den Geschichtsunterricht, Schwalbach/Ts. 2008, Wochenschau Verlag, S. 71.

3 Pico della Mirandola: „Über die Würde des Menschen"

In Abgrenzung zum mittelalterlichen Denken setzte sich in Europa mit dem Zeitalter der Renaissance ein neues Menschenbild durch. Der italienische Philosoph Giovanni Pico della Mirandola (1463–1494) gehörte zu den bekanntesten Vertretern dieser Weltsicht, in dessen Zentrum nun das Individuum stand. Auf der Grundlage der antiken, aber auch arabischen Philosophie setzte er sich intensiv mit der Frage nach der menschlichen Freiheit auseinander. Der Versuch, seine Thesen in Rom öffentlich zur Diskussion zu stellen, scheiterte am Einspruch des Vatikans. In seiner ungehaltenen, posthum veröffentlichten Rede „Über die Würde des Menschen" (De hominis dignitate) heißt es:

Daher ließ sich Gott den Menschen gefallen als ein Geschöpf, das kein deutlich unterscheidbares Bild besitzt, stellte ihn in die Mitte der Welt und sprach zu ihm: „Wir haben dir keinen bestimmten Wohnsitz, noch ein eigenes Gesicht, noch irgendeine besondere Gabe verliehen, o Adam, damit du jeden beliebigen Wohnsitz, jedes beliebige Gesicht und alle Gaben, die du dir sicher wünschst, auch nach deinem Willen und nach deiner eigenen Meinung haben und besitzen mögest. Den übrigen Wesen ist ihre Natur durch die von uns vorgeschriebenen Gesetze bestimmt und wird dadurch in Schranken gehalten. Du bist durch keinerlei unüberwindliche Schranken gehemmt, du sollst nach deinem eigenen freien Willen, in dessen Hand ich dein Geschick gelegt habe, sogar deine Natur dir selbst vorbestimmen. Ich habe dich in die Mitte der Welt gesetzt, damit du von dort bequem um dich schaust, was es alles in dieser Welt gibt. Wir haben dich weder als einen Himmlischen noch als einen Irdischen, weder als einen Sterblichen noch einen Unsterblichen geschaffen, damit du als dein eigener, vollkommen frei und ehrenhalber schaltender Bildhauer und Dichter dir selbst die Form bestimmst, in der du zu leben wünschst. Es steht dir frei, in die Unterwelt des Viehes zu entarten. Es steht dir ebenso frei, in die höhere Welt des Göttlichen dich durch den Entschluss deines eigenen Geistes zu erheben. Müssen wir darin nicht zugleich die höchste Freigebigkeit Gott-Vaters und das höchste Glück des Menschen bewundern? Des Menschen, dem es gegeben ist, das zu haben, was er wünscht, und das zu sein, was er will. Denn die Tiere, sobald sie geboren werden, tragen vom Mutterleibe an das mit sich, was sie später besitzen werden. […]

Die höchsten Geister aber sind von Anfang an oder bald darauf das gewesen, was sie in alle Ewigkeiten sein werden. In den Menschen aber hat der Vater gleich bei seiner Geburt die Samen aller Möglichkeiten und die Lebenskeime jeder Art hineingelegt. Welche er selbst davon pflegen wird, diejenigen werden heranwachsen und werden in ihm ihre Früchte bringen. Wenn er nur die des Wachsens pflegt, wird er nicht mehr denn eine Pflanze sein. Pflegt er nur die sinnlichen Keime, wird er gleich dem Tiere stumpf werden. Bei der Pflege der rationalen wird er als ein himmlisches Wesen hervorgehen. […]

G. Pico della Mirandola: Über die Würde des Menschen. Übers. von H. W. Rüssel. Amsterdam und Leipzig 1940, S. 48 f.

4 Marsilio Ficinos humanistisches Menschenbild

Der Rückgriff auf Ideen der griechischen Antike war ein wesentliches Merkmal der neuen Denkrichtung des Humanismus. Der Gelehrte, Arzt und Philosoph Marsilio Ficino (1433–1499) übersetzte als erster die Werke Platons und die Schriften anderer griechischsprachiger Autoren vollständig ins Lateinische. Damit gab er der Verbreitung humanistischer Ideale einen entscheidenden Impuls. Über den humanistischen Menschen schrieb er:

Der humanistische Gelehrte umspannt den Himmel und die Erde; er lotet die Tiefen des Tartarus[1] aus. Weder ist ihm der Himmel zu hoch noch die Mitte der Erde zu tief. Er hat das Himmelsgewölbe vermessen und kennt die Kräfte, die es bewegen, ihre Bestimmung und ihre Wirkung, und hat ihren Umfang berechnet. Wer wollte leugnen, dass sein Genius dem Schöpfer der Himmelskörper fast gleichkommt und dass er, auf seine Weise, möglicherweise imstande ist, sie nachzuschaffen. Der Mensch will keinen über sich und keinen neben sich. Er wird das Dasein einer Oberherrschaft, die ihn ausschließt, nicht dulden. Vielmehr sucht er überall die Dinge zu beherrschen und verlangt für seine Arbeit Dank. Seine Überlegenheit auf allen Gebieten ist wie die Gottes. Und wie Gott, so beansprucht auch er Unsterblichkeit. […]

Karl Otmar Aretin und Friedrich Piel (Hrsg.): Die italienische Renaissance. München 1983, S. 40. Übers.: Erich Lessing.

1 Tartarus: Name der Unterwelt in der griech. Mythologie

5 Aus dem Psalter Heinrichs VIII. von England (1530)

Das Buch der Psalmen – auch Psalter genannt – ist ein Buch der christlichen Bibel. Der Überlieferung nach wurden die 150 Gebete oder Gesänge von König David zusammengestellt. In jüdischen Psalmenbüchern wurde David oft Harfe spielend abgebildet. In seiner Ausgabe der Psalmen ließ sich der englische König Heinrich VIII. (1491–1547) selbst in der Pose des Harfe spielenden David verewigen. Illustration von James Mallard.

6 „Die Natur hätte nicht mehr für ihn tun können"

Heinrich VIII. galt seinen Zeitgenossen als Inbegriff des idealen Renaissance-Herrschers, der mit körperlichen und geistigen Talenten verschwenderisch ausgestattet war. Es liegen uns viele Schilderungen vor, in denen der junge Herrscher überaus positiv beschrieben wird.

[…] Giustinian, der Botschafter von Venedig, [hielt] in einem geheimen Memorandum […] folgende Skizze Heinrichs fest: Seine Majestät ist neunundzwanzig Jahre alt und außerordentlich schön. Die Natur hätte nicht mehr für ihn tun können. Er ist weitaus schöner als irgendein anderer Herrscher der Christenheit, weit mehr als der König von Frankreich. Er hat eine sehr helle Hautfarbe und ist von wunderbar wohlproportioniertem Wuchs. Nachdem er gehört hat, dass Franz I. [König von Frankreich] einen Bart trägt, hat er den seinen wachsen lassen, und da er rötlich ist, hat er nun einen Bart, der wie Gold schimmert. Er besitzt viele Talente, ist ein guter Musiker, komponiert artig, ist ein hervorragender Reiter, ein geschickter Fechter, spricht gut Französisch, Latein und Spanisch, ist sehr religiös, hört drei Messen am Tage, wenn er zur Jagd geht, und manchmal fünf an den anderen Tagen. Er liebt die Jagd sehr und übt diese niemals aus, ohne nicht acht oder zehn Pferde zu strapazieren, die er auf dem Wege, den er nehmen will, für sich bereithalten lässt; wenn das eine erschöpft ist, besteigt er ein anderes, und bevor er zurückkehrt, sind alle erschöpft. Er liebt das Tennis, und es ist die schönste Sache der Welt, ihn dabei zu sehen, wie seine weiße Haut unter einem Hemd von feinstem Gewebe schimmert."

Diesem Bericht des venezianischen Botschafters ließen sich viele ähnlich enthusiastische Schilderungen an die Seite stellen; aber dies mag für unsere Schilderungen genügen: Der junge König Heinrich galt seinen Zeitgenossen als Inbegriff jugendlicher Schönheit und Kraft, als mit körperlichen und geistigen Talenten geradezu verschwenderisch ausgestattet.

Er sprach Latein, Französisch, Spanisch und ein wenig Italienisch. Um 1519 begann er darüber hinaus, wenngleich wohl nur kurzzeitig, mit dem Studium des Griechischen; seine theologischen Kenntnisse mögen geringer gewesen sein, als er selbst sie einschätzte, jedoch waren sie für einen König außergewöhnlich. Heinrich VIII. interessierte sich für Mathematik, für Geometrie und Astronomie, sein Herz allerdings gehörte der Musik. Er spielte selbst sehr gut die Flöte, die Laute und das Virginal, ein kleines englisches Spinett; er besaß eine starke, sichere Singstimme, er konnte vom Blatt singen, und früh schon nannte er eine umfangreiche Sammlung von kostbaren Musikinstrumenten sein eigen. Wenigstens zwei vollständige Messen, zwei Motette, eine große Zahl von Instrumentalstücken und Liedern komponierte Heinrich. Musik begleitete Heinrich, wohin er ging, auf den sommerlichen Progress, den traditionellen Zug des königlichen Hofes von Burg zu Burg, ja sogar auf das Schlachtfeld. Der junge König Heinrich VIII. schuf sich eine höfische Welt der Ritterlichkeit; sich selbst stilisierte er dabei zum Ideal des historisch längst überlebten kühnen Recken, zum tapferen, treuen und unbesiegbaren Streiter für Ehre, Ruhm und Unsterblichkeit.

Uwe Baumann: Heinrich VIII., Reinbek b. Hamburg 1991, S. 23 f.

7 Menschsein und Gelehrsamkeit

Der Philosoph Coluccio Salutati (1331–1406) war über 30 Jahre lang Kanzler von Florenz und bekleidete damit das wichtigste politische Amt des Stadtstaats. Wie alle Vertreter der Renaissance war er davon überzeugt, dass Bildung unentbehrlich sei, um dem Menschen dazu zu verhelfen ein vollendeter Mensch zu werden.

Es ist mehr in dem Wort Humanismus begriffen als man gemeinhin meint. Die besten Autoren nämlich – Cicero und andere mehr – gebrauchen diese Bezeichnung für Gelehrsamkeit und moralisches Wissen. Und das ist nicht verwunderlich. Außer dem Menschen findet man kein Lebewesen, das lernen kann. Da es also dem Menschen eigentümlich ist, zu lernen, und die Gelehrten mehr Menschliches besitzen als die Ungelehrten, bezeichneten die Alten folgerichtig mit Humanitas auch die Gelehrsamkeit. […]

Zit. nach: Christoph Helferich: Geschichte der Philosophie. Von den Anfängen bis zur Gegenwart und Östliches Denken, Stuttgart 1985, S. 88.

8 „Wer die Kunst nicht achtet, kann nicht viel Verstand besitzen"

Der italienische Diplomat und Schriftsteller Baldassare Castiglione (1478–1530) beschreibt in seinem Werk „Der Höfling" das Idealbild eines Menschen seiner Zeit und zeigt, auf welches Interesse die bildenden Künste in der humanistisch gebildeten Gesellschaft trafen.

Dieser [der vollkommene Mensch] soll nach also meinem Wunsch mehr als mittelmäßig gebildet sein, wenigstens in den, wie wir sie nennen, humanistischen Wissenschaften; nicht allein die lateinische, sondern auch die

9 Darstellung des Kardinals Bessarion als Kirchenvater Augustinus von Vittore Carpaccio (1502)

griechische Sprache soll er beherrschen, worin so viele Gegenstände auf göttliche Art behandelt werden. Er kenne die Gesänge der Dichter, nicht minder die Werke der Redner und Geschichtsschreiber und besitze die Fertigkeit, in Vers und Prosa zu schreiben, hauptsächlich in unserer Volkssprache, weil ihm außer dem eigenen Vergnügen auch die Fähigkeit nicht mangeln wird, die Damen zu unterhalten, die ziemlich allgemein solche Dinge lieben. [...]
Wahrlich wer die Kunst nicht achtet, kann nicht viel Verstand besitzen: das ganze Weltgebäude, den weiten Himmel, erstrahlend im Sternenschein, in der Mitte vom Meer umgeben, die Erde, wechselnd geteilt in Berge, Täler und Flüsse, geziert durch Bäume und liebliche Blumen und Kräuter, wir können es ein edles und großes Gemälde nennen, von Natur und Gott gefertigt. Wer solches nachahmen kann, verdient das höchste Lob, das aber nicht zu erlangen ist, außer durch Kenntnis gar vieler Dinger, wie wohl jeder weiß, der es versucht hat. [...] es genüge zu sagen, dass unserm Hofmann auch die Kenntnis der Malerei geziemt. [...]
Wenn er schon aus dieser Kunst keinen andern Nutzen oder kein Vergnügen zieht, hilft sie ihm doch, die Vollkommenheit alter und neuer Statuen, Vasen, Gebäude, Münzen, geschnittener Steine und dergleichen zu beurteilen, und lässt ihn auch die Schönheit lebender Körper empfinden, nicht allein in der Feinheit der Gesichtszüge, sondern auch im Ebenmaß des ganzen Leibs beim Menschen und bei jedem anderen Lebewesen. [...]

Baldassare Castiglione: Der Hofmann. Lebensart in der Renaissance. Aus dem Italienischen von Albert Wesselski, Berlin 1996, S. 50 ff.

Das Frauenbild in der Renaissance

10 Das Ideal der männlichen Frau

Grundsätzlich war die humanistische Bildung für alle gedacht, ohne Beschränkung auf eine soziale Schicht oder ein Geschlecht. Der Frau wurde damit in der Theorie der gleiche Bildungsweg wie dem Mann eröffnet. Da der Humanismus die Bewegung einer gesellschaftlichen Elite blieb, betraf die Frage der Mädchen- und Frauenbildung aber nur Mitglieder der gehobenen Schichten. Der Kulturhistoriker Jacob Burckhardt (1818–1897) schrieb über die Stellung der Frau in der Renaissance:

[...] Zum Verständnis der höhern Geselligkeit der Renaissance ist endlich wesentlich zu wissen, dass das Weib dem Mann gleich geachtet wurde. [...] Vor allem ist die Bildung des Weibes in den höchsten Ständen wesentlich dieselbe wie beim Mann. Es erregt den Italienern der Renaissance nicht das geringste Bedenken, den literarischen und selbst den philologischen Unterricht auf Töchter und Söhne gleichmäßig wirken zu lassen; da man ja in dieser neuantiken Kultur den höchsten Besitz des Lebens erblickte, so gönnte man sie auch gerne den Mädchen. Wir sahen, bis zu welcher Virtuosität selbst Fürstentöchter im lateinischen Reden und Scheiben gelangten. Andere mussten wenigstens die Lektüre der Männer teilen, um dem Sachinhalt der Antike, wie er die Konversation großenteils beherrschte, folgen zu können. [...]
Die Frau von Stande musste damals ganz wie der Mann nach einer abgeschlossenen, in jeder Hinsicht vollendeten Persönlichkeit streben. Derselbe Hergang in Geist und Herz, welcher den Mann vollkommen macht, sollte auch das Weib vollkommen machen. [...] Das Ruhmvollste, was damals von den großen Italienerinnen gesagt wird, ist, dass sie einen männlichen Geist, ein männliches Gemüt hätten. Man braucht nur die völlig männliche Haltung der meisten Weiber in den Heldengedichten [...] zu beachten, um zu wissen, dass es sich hier um ein bestimmtes Ideal handelt. Der Titel einer „virago"[1], den unser Jahrhundert für ein sehr zweideutiges Kompliment hält, war damals reiner Ruhm. Ihn trug mit vollem Glanz Caterina Sforza[2], Gemahlin, dann Witwe des Girolamo Riario[3], dessen Erbe Forlì sie zuerst gegen die Partei seiner Mörder, dann später gegen Cesare Borgia[4] mit allen Kräften verteidigt; sie unterlag, behielt aber doch die Bewunderung aller ihrer Landsleute und den Namen der „prima donna d'Italia". [...]

Jacob Burckhardt: Die Kultur der Renaissance in Italien, Stuttgart 1987, S. 425 ff.

1 *virago: männlich wirkende Jungfrau (lat.); positiv gewendet: Heldenjungfrau, abwertend: „Mannfrau"*
2 *Caterina Sforza (1463–1509): Gräfin von Forlì, einer Stadt in der nordital. Region Emilia-Romagna*
3 *Girolamo Riario (1443–1488): Herrscher über die Städte Imola und Forlì; Neffe von Papst Sixtus IV., verheiratet mit Caterina Sforza*
4 *Cesare Borgia (1475–1507): ital. Renaissanceherrscher*

11 Sind Männer und Frauen ebenbürtig?

In ihrem Werk „Das Buch von der Stadt der Frauen" (1405) setzt sich die Dichterin und Schriftstellerin Christine de Pizan (1365–1430) gegen das Frauenbild vieler Zeitgenossen zur Wehr. In einem fiktiven Dialog zwischen der Autorin und der „Frau Vernunft" heißt es:

[...] „Diejenigen, die Frauen aus Missgunst verleumdet haben, sind Kleingeister, die zahlreichen ihnen an Klugheit und Vornehmheit überlegenen Frauen begegnet sind. Sie reagierten darauf mit Schmerz und Unwillen, und so hat ihre große Missgunst sie dazu bewogen, allen Frauen Übles nachzusagen. Auf diese Weise glaubten sie, den Ruhm und die Ehre jener Frauen zu unterbinden und zu schmälern [...] Bei denjenigen, die von Natur aus zu übler Nachrede neigen und über jedermann herzie-

12 Quentin Massys: „Der Geldverleiher und seine Frau" (1514)
Öl auf Holz, 71 × 68 cm.

hen, ist es nicht weiter verwunderlich, wenn sie auch die Frauen schmähen. Auf jeden Fall versichere ich dir eines: wenn ein Mann Gefallen an der Beschimpfung des weiblichen Geschlechts findet, so liegt die Ursache hierfür in einer gewaltigen Niedrigkeit der eigenen Gesinnung, handelt er doch wider die Vernunft und die Natur. […]
Da es aber kaum ein bedeutendes Werk eines angesehenen Verfassers gibt, das nicht Nachahmer fände, so gibt es gar manche, die sich aufs Abschreiben verlegen. Sie meinen, das könne gar nicht schiefgehen, da andere bereits in ihren Büchern das gesagt haben, was sie selber sagen wollen – wie etwa die Frauenverunglimpfung; von dieser Sorte kenne ich eine ganze Menge. […] Wenn es üblich wäre, die kleinen Mädchen eine Schule besuchen und sie im Anschluss daran, genau wie die Söhne, die Wissenschaften erlernen zu lassen, dann würden sie genauso gut lernen und die letzten Feinheiten aller Künste ebenso mühelos begreifen wie jene. […]
Weißt du denn, weshalb Frauen weniger wissen? Ganz offensichtlich ist dies darauf zurückzuführen, dass Frauen sich nicht mit so vielen verschiedenen Dingen beschäftigen können, sondern sich in ihren Häusern aufhalten und sich damit begnügen, ihren Haushalt zu versehen. Nichts aber schult vernunftbegabte Wesen so sehr wie die Praxis, die konkrete Erfahrung auf zahlreichen und verschiedenartigen Gebieten. Das hängt mit der Struktur der Gesellschaft zusammen, die es erfordert, dass Frauen sich um das kümmern, was, wie ich dir zuvor erklärt habe, (ihnen von) den Männern aufgetragen wurde. Es reicht, wenn sie den gewöhnlichen Pflichten, zu denen sie erschaffen wurden, nachkommen. Und so schließt man vom bloßen Augenschein, von der Beobachtung darauf, Frauen wüssten generell weniger als Männer und verfügten über eine geringere Intelligenz. Und dennoch kann es nicht den geringsten Zweifel geben: die Natur hat sie mit ebenso vielen körperlichen und geistigen Gaben ausgestattet wie die weisesten und erfahrensten Männer, die in den Städten und Kommunen leben. Dies alles ist jedoch mit mangelnder Bildung zu erklären, auch wenn ich dir gesagt habe, unter den Männern und den Frauen seien manche eben klüger als andere. Dass es sehr gelehrte und über die Maßen kluge Frauen gegeben hat, werde ich dir im Folgenden darlegen, und zwar im Zusammenhang meiner These von der Ebenbürtigkeit weiblicher und männlicher Intelligenz. […]

Christine de Pizan: Das Buch von der Stadt der Frauen, Berlin 1986, S. 51 f., S. 94 f., S. 199. Übers.: Margarete Zimmermann.

13 Weibliche Berufstätigkeit in der Vormoderne

*Die Historikerin Bea Lundt (*1950) über die Möglichkeit weiblicher Teilhabe an der Arbeitswelt:*

Die späte Ehe macht die Berufsarbeit [für Frauen] für die Zeit bis zu der Verheiratung sogar fast zur Norm. Gerade der Blick in die Vormoderne zeigt, dass das geschlossene Konzept, den Beruf und die Lohnarbeit ganz der männlichen Sphäre zuzuordnen, der Realität nicht gerecht wird. Was typisch männlich ist und was weiblich, wird immer wieder neu ausgehandelt, definiert und vor allem auch getan: […]. Für eine Tätigkeit ist […] nicht allein ausschlaggebend, ob jemand ein Familienvater ist oder „nur" ein für häusliche Tätigkeiten bestimmtes schwaches Weib. Es ist etwa auch wichtig, welchem Stand er angehört, welcher Altersgruppe usw. […] Das gilt etwa für Frauen adliger Herkunft, denen als Regentinnen und Herrscherinnen eine Teilhabe an der herausgehobenen Position ihrer Familie zugestanden wird. Ohnehin gilt das Ehepaar ja als eine Arbeitseinheit, sodass Frauen nicht nur den Thron mit ihrem Gatten teilen, sondern auch in der Werkstatt ihrer Männer mitarbeiten, ohne ein Zunftmitglied zu sein. Doch gibt es Beispiele für Witwen, die den Betrieb ihres verstorbenen Mannes nicht nur erhalten, sondern selbständig und äußerst erfolgreich weiterführen. […]

Auch in der Ehe ist der Unterhalt zumeist nur gesichert, wenn alle arbeitsfähigen Personen sich am finanziellen Auskommen aktiv beteiligen, also auch einen Lohn nach Hause bringen. Typische weibliche Tätigkeiten sind Arbeiten im fremden Haushalt, als Hebamme oder Händlerin, die selbstproduzierte oder auch fremde Güter verkauft. Frauen profilieren sich vor allem in den Bereichen Ernährung, Sozialwesen oder Erziehung, auch die Prostitution bietet weibliche Verdienstmöglichkeiten. Für eine berufliche Karriere in Handel und Gewerbe ist es erforderlich, dass Frauen über Kapital verfügen. Zwar sind sie formal durch das Erbrecht benachteiligt, doch gilt schon für das Mittelalter, dass ihnen mehr und mehr auch materielle Güter übereignet und anvertraut werden.

Zusammen mit ihrem Mann üben Frauen öffentliche Ämter aus, etwa in Heil-, Pflege- und Lehrberufen; sie verwalten und leiten Heime, Spitäler und Schulen. Ein klassischer Frauenberuf ist die Gouvernante, die für die Kinder bei Hofe zuständig ist. Ab dem 7. Lebensjahr erhalten diese in der Regel eine eigene Erzieherin. Auch dafür wird oft ein Ehepaar eingestellt; […] Zahlreiche Tätigkeitsfelder, gerade auch im künstlerischen Bereich, bieten sich Frauen, die in ein Kloster eintreten. Außerhalb der Orden und Kirchen ist es schwierig, sich eine Existenz als Künstlerin aufzubauen. Weibliches Musizieren ist aber an zahlreichen Fürstenhöfen und in Bürgerfamilien gefragt. Auch Schriftstellerinnen sind belegt: […] Die meisten höheren Ausbildungsstellen bleiben Frauen freilich verschlossen. […]

Bea Lundt: Europas Aufbruch in die Neuzeit 1500–1800. Eine Kultur- und Mentalitätsgeschichte. Darmstadt 2009, S. 110 f.

Darstellungen: Die Renaissance – Beginn der Neuzeit?

14 Christoph Helferich zum Epochenbegriff „Renaissance" (1999)

Der Epochenbegriff „Renaissance" ist eine Entwicklung des 19. Jahrhunderts. Der Kunsthistoriker Jacob Burckhardt prägte in seinem Werk „Die Kultur der Renaissance in Italien" (1860) das Bild dieser Epoche als Beginn der Neuzeit in Abgrenzung zu dem als „dunkel" empfundenem Mittelalter. Heute wird die Frage, wann das Mittelalter endet und die Neuzeit beginnt, unterschiedlich beurteilt. Der Philosoph Christoph Helferich schreibt über die Renaissance:

Die Deutung der Renaissance als Anbruch der Neuzeit liegt von der Sache her nahe, insofern man diese Epoche zu Recht als „Zeitalter der Entdeckungen" bezeichnet hat. Das bezieht sich gleichermaßen auf die Geographie, die Stellung der Erde im Weltraum, auf Naturwissenschaft und Technik wie in der Kunst etwa die Entdeckung der Perspektive. Als symbolische Daten sei hier nur erinnert an Gutenberg (um 1445 Buchdruck mit beweglichen Lettern), Vasco da Gama (1498 Entdeckung des Seewegs nach Indien) und Kopernikus, dessen Hauptwerk 1543 erschien. Der Künstler emanzipiert sich vom Handwerker, der Name des Malers taucht auf dem Bild auf. Alles scheint plötzlich in Fluss zu geraten, und der deutsche Humanist Ulrich von Hutten (1488–1523) konnte schreiben: „Die Studien blühen, die Geister platzen aufeinander, es ist eine Lust zu leben." Zentrum der Studien in Italien ist Florenz, wo sich im Umkreis des Hauses Medici die bedeutendsten Künstler und Philosophen (diese Worte dürfen nicht allzu fachspezifisch verstanden werden) der Zeit versammelten. „Studium" heißt eigentlich „Bemühung" und in den „Bemühungen um das Menschsein" (studia humanitas), verstanden als Wiedererweckung der Alten in Wort und Tat, liegt der Fluchtpunkt der gemeinsame Nenner der Zeit. In welchem Sinne? Als Nachahmung eines unerreichbar hohen Vorbilds und Musters? Anlässlich seiner Neuausgabe der Aristotelischen Politik gibt Leonardo Bruni (1369–1444), Humanist und wie sein Lehrer Coluccio Salutati, Staatskanzler von Florenz, eine Antwort: et recipienda et in usum nostrum vertenda est – der antike Text ist sowohl aufzunehmen, zu rezipieren, als auch zum Nutzen der Gegenwart umzuwenden. „Rückgriff als Innovation" hat man dieses Verhältnis zu den Alten treffend bezeichnet. Ein Verhältnis also nicht der Wiederholung, sondern der produktiven Einholung der Antike ins Bewusstsein der Gegenwart. […]

Christoph Helferich: Geschichte der Philosophie. Von den Anfängen bis zur Gegenwart und Östliches Denken, 2. Aufl., Stuttgart 1999, S. 118.

15 Die Historikerin Bea Lundt über Epochenkonzepte (2009)

Für keine andere Epoche [gemeint ist die Renaissance] ist ein so vollständiger Aufbruch in den verschiedensten gesellschaftlichen Bereichen behauptet worden. Schon die monokausal[1] aneinandergereihte Kette innovativer Phänomene macht aber misstrauisch. Ohnehin sind Epochenkonzepte nicht „objektiv" der Geschichte immanent[2]. Solche Zäsuren[3] werden im Nachhinein in den Fluss der Geschichte hineingelegt und sie entsprechen primär nicht den Intentionen der Zeitgenossen, sondern der Nachgeborenen. Deren Geschichtsidentitäten verleihen sie eine historische Sinngebung und Weihe: etwa indem sie den eigenen Standort mit dem Glanz und der Patina[4] historischer Bewährtheit schmücken. Umgekehrt zu dieser Legitimierung wird aber auch Dubioses ins Vergessen getaucht, und damit vom unbewältigt Fortwirkenden abgelenkt.

Gerade Geschichten vom Anfang einer Entwicklung, die bis in die Gegenwart fortdauert, entstehen oft durch Rückprojektionen. Unter den Überlieferungen wird dann selektiv ausgewählt und just genau das Erwünschte wird als allgemeingültig wahrgenommen. […]

Wenn ich also verbreitete Bilder abgerufen habe, die assoziativ mit der Frühen Neuzeit verbunden werden, dann deshalb, um mir vorzubehalten, diese zu transformieren. Das populäre Verständnis von dieser Übergangsphase beruht oft genug auf zwei Faktoren: einem Feindbild gegenüber dem Mittelalter und einem naiven Fortschrittsglauben. Wird ein extremer Bruch zwischen den Zeiten vor und nach 1500 angenommen, so verleitet diese Zäsur dazu, den einen Teil, nämlich den vor 1500 als Ende von etwas zu definieren, das man gerne als überwunden sehen möchte. Der andere Strang aber, der nach 1500, wird mit einem „Wir"-Gefühl vereinnahmt und ausschließlich wohlwollend als Vorform einer gemeinsamen Sache verfolgt; schließlich rechnet man sich selber ja zur Neuzeit, von deren Anfang hier die Rede ist.

Bea Lundt: Europas Aufbruch in die Neuzeit 1500–1800. Eine Kultur- und Mentalitätsgeschichte. Darmstadt 2009, S. 13.

1 *monokausal: auf nur eine Ursache zurückgehend, sich auf nur eine Grundlage stützen*
2 *immanent: innewohnend, in etwas enthalten*
3 *Zäsur: Einschnitt, markanter Punkt in einer geschichtlichen Entwicklung*
4 *Patina: grünliche Ablagerung auf Kupfer, hier: Edelrost*

Arbeitsvorschläge

○○● a) Fassen Sie die in M2 beschriebene mittelalterliche Vorstellung vom Menschen und seiner Stellung in der Welt in eigenen Worten zusammen.

○●●/●●● b) Arbeiten Sie das in den Texten M3, M4, M7 und M8 deutlich werdende Menschenbild heraus und erläutern Sie, inwieweit es einen Bruch mit dem Menschenbild des Mittelalters (M2) darstellt. Erörtern Sie, welche Rolle die Bildung innerhalb des neuen Menschbilds einnimmt.

○○●/●●● c) Nennen Sie aus der Sicht eines Humanisten die Vorzüge Heinrichs VIII. (M5, M6) und prüfen Sie, inwieweit er Castigliones Idealbild eines Renaissancemenschen (M8) gerecht wird.

●●● d) Überprüfen Sie anhand von M10, M11 und M13, inwieweit von der Renaissance als „Zeit weiblicher Emanzipation" gesprochen werden kann.

○●● e) Arbeiten Sie heraus, welche Vorbehalte gegenüber Frauen bei Christine de Pizans Zeitgenossen bestanden und mit welchen Argumenten sie diese zu entkräften versucht (M11).

●●● f) Diskutieren Sie, inwiefern mit Blick auf die Berufstätigkeit (M13) von einer Frauenemanzipation gesprochen werden kann.

●●● g) Vergleichen und bewerten Sie die in M14 und M15 vorgebrachten Positionen in Bezug auf die These, die Renaissance sei der Beginn der Neuzeit.

Grundwissen: Ein neues Bild vom Menschen?

→ 2 - 3 S. 33
→ 6 S. 34
→ 13 - 14 S. 38

Giorgio Vasari (1511–1574)
Selbstporträt des italienischen Architekten und Hofmalers der Medici; gilt durch seine Biografien zeitgenössischer Künstler als einer der ersten Kunsthistoriker.

Renaissance – Wiedergeburt der Antike

Der Gedanke einer Wiedergeburt der Antike fand sich seit dem 14. Jahrhundert in den Werken vieler italienischer Künstler, Literaten und Philosophen. Der Maler, Baumeister und Künstlerbiograf Giorgio Vasari (1511–1574) führte für dieses Phänomen den Begriff „rinascità“ (Wiedergeburt) ein. Als Ausgangspunkt gelten die Stadtstaaten Oberitaliens wie Mailand, Venedig und Florenz, die durch ihren internationalen Handel reich und mächtig geworden waren. In ihnen hatten ehemalige Kaufleute oder Militärführer die Macht übernommen. Diese neuen Eliten hatten teilweise mehr politische und ökonomische Potenz als etablierte Herrscherhäuser, standen aber aufgrund ihrer nichtadligen Herkunft unter einem hohen Legitimationsdruck gegenüber ihren Untertanen, konkurrierenden Staaten und der Kirche. Um den eigenen Status zu erhöhen, wurden neue kulturelle Ausdrucksformen geschaffen. Zudem entwickelten die Eliten neue Ansprüche an ihren Lebensstandard und wollten ihren Reichtum und ihre Bildung zur Schau stellen. Es galt als erstrebenswert, den Einzelnen in seinem Leben und Wirken, Denken und Fühlen zu dokumentieren. Demzufolge wurde es Mode, Autobiografien zu schreiben, Biografien berühmter Persönlichkeiten zu verfassen oder sich per Brief selbst darzustellen.
Der Begriff ⇨ Renaissance ist eine Prägung des 19. Jahrhunderts und bezeichnet die Übergangsphase zwischen Mittelalter und Neuzeit. Zeitlich ordnet man die Renaissance vom späten 14. bis zur Mitte des 16. Jahrhunderts ein, allerdings ist die Renaissance kein einheitliches Phänomen, sondern ein komplexer Vorgang, der in den verschiedenen europäischen Ländern zeitlich verschoben stattfand.
Unser Verständnis von Renaissance wurde von dem Schweizer Kulturhistoriker Jacob Burckhardt (1818–1897) und dessen 1860 erschienenem Werk „Die Kunst der Renaissance in Italien“ geprägt. Darin beschrieb er den Italiener der damaligen Zeit als „vollendete Persönlichkeit“ und „modernen Menschen“. Der schwärmerischen Haltung Burckhardts wird mittlerweile ein kritischeres Renaissance-Bild entgegengesetzt. So wird unter anderem darauf hingewiesen, dass die Antike das ganze Mittelalter hinweg präsent geblieben ist. Die Renaissance gilt als „Zwischen- und Übergangsphase“, die es in ihrer Gegensätzlichkeit zu verstehen gilt, die aber durchaus eine Reihe deutlicher neuer Akzente setzte. Als mentale Merkmale der Epoche gelten eine säkulare, empirisch-kritische Haltung und das Streben nach Autonomie und Emanzipation.

→ 4 S. 34
→ 7 - 9 S. 35

Das Menschenbild des Humanismus

Humanistische Bildung, also die Kultivierung der Sprache durch antike Rhetorik und Poesie, galt seit Petrarca (1304–1374) als „studia humanitatis“ (Bemühungen um das Menschsein). Die Intellektuellen, die sich mit diesen Fächern beschäftigten, wurden demzufolge schon von ihren Zeitgenossen als Humanisten bezeichnet. Ein zentrales Thema des ⇨ Humanismus war die Würde des Menschen. In Kontrast zum mittelalterlichen Weltbild galt der Mensch als frei und fähig, sich selbst zu formen. So widmeten sich viele Humanisten der Herausgabe und Übersetzung antiker Werke. Man erschloss sich nach und nach die antike Philosophie (vor allem die Werke Platons und seiner Nachfolger), die Rechtslehre, Medizin, Naturwissenschaft und Technik der Antike. Um die antiken Schriften lesen, übersetzen und herausgeben zu können, war die Beherrschung der alten Sprachen unerlässlich. Als Ideal galt der Gelehrte, der Latein, Griechisch und Hebräisch beherrschte. Das Medium zur Verbreitung humanistischer Ideale war das Buch. Die seit Gutenbergs Erfindung des Buchdrucks Mitte des 15. Jahrhunderts rasch wachsende Zahl von Büchern und

Drucken förderte die Einrichtung von Bibliotheken auch außerhalb von Klöstern. Bald entwickelten sich Schulen und Universitäten, die sich die Lehre antiker Fächer zur Aufgabe machten. Die vergleichende Textkritik führte zur Schulung von Beobachtungsgabe und Urteilskraft und war die Voraussetzung für die Rekonstruktion der originalen Gestalt antiker Werke. Darüber hinaus führte das ausgeprägte Textbewusstsein auch zu einer selbstständigen Urteilsbildung und der Verantwortung des Einzelnen in Fragen der Religion und des gesellschaftlichen Lebens. Dieses Element des Humanismus war letztlich ein wichtiger Impuls für die Reformation. Allerdings blieb der Humanismus die Bewegung einer gesellschaftlichen Elite und erreichte nicht die breite Masse der Bevölkerung.

→ 1 S. 32
→ 10 - 11 S. 36

Caterina Sforza (1463–1509)
Gräfin von Forlì; außereheliche Tochter des Herzogs von Mailand Galeazzo Maria Sforza. Porträt von Lorenzo di Credi.

Frauen in Renaissance und Humanismus

Das humanistische Bildungsideal richtete sich grundsätzlich an beide Geschlechter. Zumindest in den oberen Ständen wurde das neue Konzept von Menschenwürde teilweise soziale Realität, sodass die Renaissance durchaus als eine „Zeit weiblicher Emanzipation" betrachtet werden kann. Vornehme Frauen traten in dieser Epoche verstärkt als Akteurinnen hervor, waren Mäzeninnen und Künstlerinnen, mischten aber auch handfest in politischen Belangen mit. Caterina Sforza (1463–1509), eine außereheliche Tochter des Herzogs von Mailand, verteidigte ihren kleinen Herrschaftsbereich in der Romagna gegen alle Gegner, bis sie sich der überlegenen militärischen Macht der Familie der Borgias ergeben musste. Von den Bewohnern Venedigs „die Tigerin" genannt, stand sie den männlichen Mitgliedern ihrer Familie in puncto Tapferkeit, Temperament, politischem Geschick, aber auch Grausamkeit nicht nach. 1484 besetzte sie nach dem Tod von Papst Sixtus IV. die Engelsburg, um die Wahl eines Papstes ihrer Wahl durchzusetzen. Nach dem Tod ihres ersten Mannes leitete sie die Verteidigung der Zitadelle von Forlì gegen die Aufständischen. Wenn es erforderlich war, führte sie hoch zu Ross ihre Truppen an und verteidigte sich mit dem Schwert in der Hand.

Eine Vertreterin humanistischer Gelehrsamkeit war Caritas Pirckheimer (1467–1532), die Äbtissin des Klarissenklosters in Nürnberg. Aus einer vornehmen Patrizierfamilie stammend hatte sie eine fundierte Bildung genossen und erregte mit ihren überragenden Lateinkenntnissen bereits als Vierzehnjährige Aufsehen. Nach ihrem Eintritt ins Kloster setzte sie ihren Austausch mit zeitgenössischen Humanisten fort. Ihr Bruder, der Nürnberger Humanist Willibald Pirckheimer unterstützte ihre Interessen. So sandte er seiner Schwester Bücher für die Klosterbibliothek, die ihr und ihren Mitschwestern die Möglichkeit gaben, auch hinter Klostermauern am Geistesleben teilzuhaben. Caritas war der Ansicht, dass nur durch das Studium der Texte im lateinischen Original eine intensive Auseinandersetzung mit dem Glauben möglich sei.

Einzelfälle wie diese dürfen nicht darüber hinweg täuschen, dass sich für den Großteil der Frauen wenig änderte. Ihre Sozialisation erfolgte weiterhin in Familie und Haushalt, ihre Lebensperspektive zielte auf Eheschließung und Mutterschaft ab. Frauen sahen sich mit männlichen Vorurteilen und rechtlichen Benachteiligungen konfrontiert. Die Kirche trug ihren Teil zu dem negativen Frauenbild bei und suchte ihnen jegliche Teilhabe am kirchlichen und öffentlichen Leben zu untersagen. Die Tätigkeitsbereiche der Frau sollten sich auf Ehe, Haushalt und Mutterschaft beschränken, doch sah die Realität meist anders aus: Da viele Männer ihre Familien aufgrund der wirtschaftlichen Verhältnisse und der weit verbreiteten Armut nicht ernähren konnten, mussten auch verheiratete Frauen zum Familieneinkommen beitragen. In Städten und Dörfern waren Frauen eine tragende Säule in Familie, Handwerksbetrieben und Bauernwirtschaften.

1.3 Folgen des neuen Welt- und Menschenbilds

A) Kann die Renaissance auch als Wiederentdeckung von Körper und Natur gedeutet werden?
B) Profitierte die christliche Kirche von der sich entwickelnden neuen Sicht auf die Welt und des Menschen?
C) Führten Humanismus und Renaissance zur konfessionellen Spaltung Europas?

Neues Selbstverständnis in Kunst und Naturwissenschaft

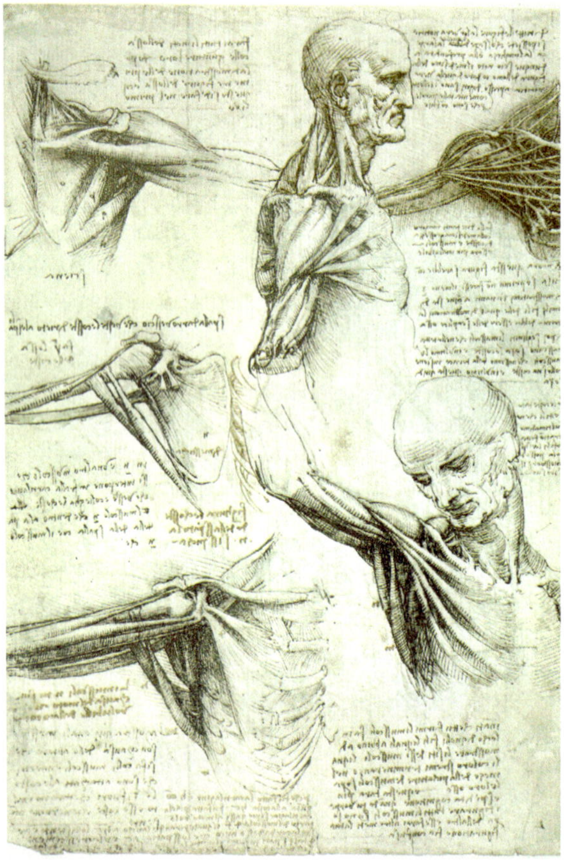

1 Anatomieblatt mit Schulterstudien (1510)
Leonardo da Vinci (1452–1519) widmete sich mit großer Sorgfalt der menschlichen Anatomie und erstellte auf der Grundlage eigenhändig sezierter Körper ein Buch mit anatomischen Zeichnungen. Kreide und Tusche, 29 × 20 cm.

2 Giorgio Vasari über Leonardo da Vinci
Giorgio Vasari (1511–1574) hat mit seinem 1550 erschienenem Werk „Lebensbeschreibungen der berühmtesten Maler, Bildhauer und Architekten“ die Kunstgeschichtsschreibung nachhaltig beeinflusst. Die darin enthaltene Biografie Leonardo da Vincis bestimmt noch heute unsere Vorstellung von diesem Ausnahmetalent:

Häufig kann man beobachten, wie die himmlischen Sphären auf ganz natürliche Weise reichste Gaben auf die Menschen hinabregnen lassen. Zuweilen vereinen sich allerdings auf übernatürliche Weise in einem einzigen Körper Schönheit, Anmut und Tugend im Übermaß, sodass dieser Mensch, wohin er sich auch wendet, in allen seinen Taten göttlich ist und sich, alle anderen hinter sich lassend, als etwas zu erkennen gibt, das in der Tat von Gott geschenkt und nicht durch menschliche Fähigkeiten erworben wurde. Solches sahen die Menschen in Leonardo da Vinci, der über seine nie genug gepriesene äußerliche Schönheit hinaus in all seinem Tun die Anmut schlechthin verkörperte. Wohin der Geist ihn auch lenkte, verhalf ihm seine Begabung, die schwierigsten Dinge mit Leichtigkeit zur Vollendung zu bringen. Große Tatkraft war bei ihm gepaart mit Geschick, Geist und Tüchtigkeit und immer gab er sich königlich und großherzig. Dabei verbreitete sich der Ruhm seines Namens rasch, sodass er nicht nur in seiner eigenen Zeit geschätzt wurde, sondern nach seinem Tod noch viel größeres Ansehen bei seinen Nachfahren genoss.

Wirklich bewundernswert und göttlich war Leonardo, Sohn des Messer Piero da Vinci, und er hätte großen Gewinn in den lettere[1] und ihren Prinzipien erzielen können, wäre er nicht derart wechselhaft und unbeständig gewesen. Dadurch kam es, dass er viele Dinge zu lernen begann und sie dann wieder aufgab. Beispielsweise fing er an, sich mit Arithmetik zu beschäftigen, und machte innerhalb weniger Monate dermaßen große Fortschritte, dass er den ihn unterrichtenden Lehrer mit seinen ständig vorgebrachten Zweifeln und Problemstellungen gründlich durcheinanderbrachte. Auch der Musik widmete er sich eine Weile und beschloss dann sehr bald, das Lyraspiel zu erlernen, wie es dem von Natur aus erhabenen und anmutigen Geist angemessen ist, und herrlich sang er aus dem Stegreif zum Klang des Instruments. Obwohl er sich derart vielen verschiedenen Dingen zuwandte, vernachlässigte er niemals das Zeichnen und plastische Arbeiten, die mehr als alles andere seine Phantasie anregten. […]

Er zeichnete sowohl Grundrisse als auch verschiedene Gebäudeansichten, und obgleich noch jung an Jahren, war er der erste, der eine Kanalisierung des Arno zwischen Pisa und Florenz vorschlug. In seinen Zeichnungen entwarf er Windmühlen, Walkmaschinen und andere Gerätschaften, die durch Wasserkraft angetrieben werden konnten, und da er die Malerei als Beruf gewählt hatte, übte er sich insbesondere im Wiedergeben der Natur. [...] Gott erfüllte jenen Geist mit so viel Anmut und ungeheurer Ausdruckskraft, und begleitet von seinem willigen Verstand und Erinnerungsvermögen verstand er es außerdem so gut, seine Idee in der Zeichnung auszudrücken, dass er jeden noch so kühnen Geist mit seinen Darlegungen bezwang und seinen Argumenten verwirrte. Tag für Tag fertigte er Modelle und Zeichnungen an, mit denen er vorführte, wie man mit Leichtigkeit Berge aushöhlen und durchbohren konnte, sodass man von einer Ebene zur nächsten gelangte. Auch zeigte er, wie man mithilfe von Winden und Schrauben imstande wäre, große Gewichte anzuheben und zu ziehen, und demonstrierte Methoden, Häfen trockenzulegen und Wasser aus großen Tiefen nach oben zu pumpen. Auf diese Weise war sein Hirn ständig damit beschäftigt, Neues auszutüfteln. [...]

Giorgio Vasari: Das Leben des Leonardo da Vinci. Neu übersetzt von Victoria Lorini, herausgegeben, kommentiert und eingeleitet von Sabine Feser. Berlin 2006, S. 17 ff.

1 lettere: ital. (Literatur-)Wissenschaften

3 Paracelsus über die Kunst der Medizin

Im Vorwort zu seinem „Ersten Buch der großen Wundarznei" gibt der Arzt Paracelsus (1493–1541) Einblick in seine Gedankenwelt und begründet seine Motivation, trotz mancher Zweifel und Krisen, weiterhin als Arzt tätig zu sein:

Ich habe je und je, mit großem Bemühen in fleißiger Arbeit mich bemüht, den Grund der Arznei[1] zu erfahren, ob sie eine Kunst geheißen werden dürfe oder sei, oder nicht, oder was an ihr sei. Dazu hat mich vielerlei Ursach bewegt, nämlich das Ungewisse ihres Tuns, nämlich in dem, dass so wenig Lob und Ehr samt dem Wenigen der Werke erschienen ist, dass so viel Kranke verdorben, getötet, erlähmt oder ganz verlassen worden sind, das sie nicht allein in einer Krankheit, sondern nahezu in allen Krankheiten so ungewiss war, dass doch bei meinen Zeiten kein Arzt gewesen ist, der doch nur ein Zahnweh oder noch ein minderes zu heilen vermochte, geschweige denn eine große Krankheit. Auch bei allen Alten wird in den Schriften solche Torheit gefunden, und ich habe dabei an den Fürstenhöfen, in den großen Städten, bei den Reichen gesehen, dass sie sich so groß Gut zu geben erbieten, und doch in der Hilfe der Ärzte, die in Seide, goldenen Ringen usw. gingen, nicht mit kleinen Namen, Pracht und Geschwätz, verlassen wurden. Auf solches hab ich mir mehrmals vorgenommen, diese Kunst zu verlassen, als sie im Grunde zu bedenken, weil sie niemand und keines andern gewiss sei; es sei nur ein Fabelwerk und ein Herauslocken des Pfennigs, und sei eine Kunst, die allein auf den Glauben gestellt sei. Wenn etwa einer ungefähr von selbst die Stunde der Genesung treffe, so schreibe man es – und doch unbillig – der Kunst zu, der es doch nicht zugehöre. Habe oft von ihr gelassen und mit Unwillen in ihr gehandelt. [...] Hab ihm viel nachgedacht, dass die Arznei eine ungewisse Kunst sei, die nicht gebührlich sei zu gebrauchen, nicht billig mit Glück zu treffen, einen mache sie gesund, zehn andere dagegen verderben, – was mir eine Ursache gegeben hat zu glauben, es sei ein Betrügnis[2] von Geistern, den Menschen so zu verführen und gering zu machen. Hab abermals von ihr gelassen, bin in andere Händel gefallen[3], jedoch aber wiederum in diese Kunst gedrungen. Hab gefunden den Spruch Christi: die Gesunden bedürfen keines Arztes, allein die Kranken. Das bewegte mich so viel, dass ich mir musste ein anderer Fürnehmen[4] setzen, nämlich dass die Kunst nach Inhalt des Spruchs Christ wahrhaftig, gerecht, gewiss, vollkommen und ganz wäre und in ihr nichts von Geisten zur Verführung und sie nicht des Glückes Schuld sei, sondern in Nöten eine bewährte und nothafte Kunst, allen Kranken nützlich und hilfreich zu ihrer Gesundheit.

Da ich mir solches vornahm und für mich fasste, war es vonnöten zu bedenken, was doch die Arznei wäre, die ich aus den Büchern und von andern gehört. Befand soviel, dass ihrer keiner diese Kunst im Grunde gewusst noch erfahren noch verstanden hat, und dass sie um die Kunst der Arznei gegangen sind und noch gingen, wie eine Katz um den heißen Brei, und dass sie lehrten, was sie selber nicht wussten, dass sie ihr Disputieren[5] nicht verstanden, außer dass sie die Kranken heimsuchten und beratschlagten.

Paracelsus: Der grossenn Wunderartzney das erst Buoch. In: Paracelsus: Werke, Medizinische Schriften II, besorgt von Will-Erich Peuckert. Darmstadt 2010, S. 385 ff.

1 Arznei: hier verstanden als das Feld der Medizin
2 Betrügnis: Betrug
3 in andere Händel fallen: sich mit anderen Dingen beschäftigen
4 Fürnehmen: Vorhaben
5 Disputieren: (sachliches) Streiten

4 Domenico Ghirlandaio: „Bildnis eines Greises und eines Knaben" (1488)
Der Alte bildet vermutlich einen Patrizier aus Florenz ab. Harztempera auf Holz, 62 × 46 cm.

Macht und Infragestellung der Kirche

5 „Von Plage und Strafe Gottes"

„Das Narrenschiff" (1494) ist eines der meistgedruckten Bücher deutscher Sprache. Bereits im Erscheinungsjahr wurden zahlreiche Nachdrucke veröffentlicht, das Buch wurde in mehrere Sprachen übersetzt und war ein „Bestseller" in ganz Europa. Das Werk von Sebastian Brant (1457–1521) brachte eine neue Literaturgattung mit eigenen Themen und Motiven hervor: die Narrenliteratur. Diese war bis weit ins 17. Jahrhundert verbreitet. Im 88. Kapitel des „Narrenschiffs" heißt es:

Ein Narr ist, wer für Wunder hält,
Dass Gott der Herr jetzt straft die Welt
Und Plag auf Plage schicket noch,
Dieweil wir seien Christen doch,
Und unter diesen viel geistliche Leut
Mit Fasten und Gebet allzeit
Ihm dieneten ohn Unterlaß.
Doch hör, kein Wunder dünkt mich das,
Weil du nicht findest einen Stand,
Mit dem es übel nicht bewandt,
Der nicht abnehme und verfalle.
Drum gilt des Weisen Spruch für alle:
„Weil du zerbrichst, was ich bereite,
So bleibt nur Reue für uns beide,
Und unsre Mühe ist verlorn!"
So spricht auch sonst der Herr mit Zorn:
„Wenn ihr nicht haltet mein Gebot,
Will ich euch geben Plag und Tod,
Krieg, Hunger, Pestilenz und Hitz,
Samt Teurung, Reif, Kalt, Hagel, Blitz,
Und mehren dies von Tag zu Tag;
Will nicht erhörn Gebet noch Klag;
Ob Moses auch und Samuel
Mich bäten, bin ich doch der Seel
So feind, die treibt mit Sünde Spott,
Dass Plag sie trifft – dieweil ich Gott!"
Schon an der Juden Land ward klar,
Dass es durch Sünd verloren war;
Wie oft sie Gott vertrieben hat
Um Sünde aus der heiligen Stadt.
Den Christen ging sie auch verlorn,
Weil sie verdienten Gottes Zorn.
Noch mehr Verlust muss ich besorgen,
Und dass es wird noch schlimmer morgen.

Sebastian Brandt: Das Narrenschiff. Studienausgabe, hrsg. von Joachim Knape, Stuttgart 2005, S. 415 f.

6 Glossar zu Hieronymus Boschs Gemälde „Das Narrenschiff"

Hieronymus Boschs „Narrenschiff" (M8) ist voller symbolischer Bedeutungen, die sich einem Zeitgenossen problemlos erschlossen, den heutigen Betrachter jedoch vor Probleme stellen. Mithilfe eines Glossars lässt sich der Sinn der Bildelemente deuten.

Becher, wurde beim Trinken von Hand zu Hand gereicht. Symbol der Zusammengehörigkeit. Ein Würfelbecher verweist auf das verrufene Würfelspiel und damit auf das Laster der Spielsucht.

Fass, Krüge, Hinweis auf Trunkenheit.

Früchte, Beeren oder Kirschen, Symbole der Fruchtbarkeit und körperlichen Liebe.

Laute, Symbol für das weibliche Geschlecht. Hinweis auf Unzucht.

Mönchsgewand, Kutte, Symbol für Armut, Weltabgeschiedenheit und Zugehörigkeit zu einer religiösen Gemeinschaft.

Nacktheit, stellt im symbolkundlichen Sinn den Menschen im „Urzustand" dar, ohne soziale und hierarchische Unterscheidungsmerkmale. Adam und Eva werden in ihrer „Ur-Unschuld" im Paradies vor dem Sündenfall nackt dargestellt. Zeichen für Zügellosigkeit und Sünde.

Narr, in vielen Märchen und Sagen erscheinende Gestalt, die mit den Hofspaßmachern alter Herrscherhöfe in Verbindung steht. Diese hatten „Narrenfreiheit" und durften straflos die Wahrheit sagen, wenn sie in Maske von Scherz, Satire und Schabernack gekleidet vorgetragen wurde. Hofnarren trugen groteske Kleider mit bunten Farben und auf dem Kopf eine Narrenkappe, an der manchmal „Eselsohren" angebracht waren. Das Narrenkostüm war mit Schellen besetzt. In den Händen hielten sie häufig ein Narrenzepter oder Narrenkolben. Die Narrenattribute sind Zeichen von Dummheit und unkontrollierter Sinnlichkeit. Till Eulenspiegel, der Schalksnarr der Volksbücher, ist seit dem 16. Jahrhundert populär.

Pfannkuchen, Hinweis auf Völlerei.

Schiff, Sinnbild für Reise und Überfahrt und damit auch Symbol für das Leben, die Lebensfahrt. Oft wird der Glaube oder die Kirche als Schiff symbolisiert, das durch die Wogen der weltlichen Gefahren sicher zum himmlischen Ziel trägt (Kirchenschiff). Manchmal ist das Schiff auch ein Symbol für den Staat.

Totenschädel, verweist als Todessymbol auf die Vergänglichkeit des irdischen Lebens.

Wasser, sehr vielseitiges Symbol. Lebenselement. Als einigendes oder erneuerndes Element kann es von Sünde reinwaschen. Es bedeutet aber auch Gefahr, Bedrohung und Sünde, da es nicht fassbar ist und als unergründbar galt. Das Wasser trägt ein Schiff, kann es aber auch zum Kentern bringen. Häufig wird Wasser im Zusammenhang mit Wahnsinn gesehen.

Kristin Land und Hans-Jürgen Pandel: Bildinterpretation praktisch. Bildgeschichten und verfilmte Bilder. Bildinterpretation II. Schwalbach/Ts. 2009, S. 146 f.

8 Hieronymus Bosch: „Das Narrenschiff" (zwischen 1488 und 1510)

Fragment vom linken Flügel eines Triptychons, Öl auf Holz 57,8 × 32,5 cm.

7 Ulrich von Huttens Kritik am Ablasshandel

Der deutsche Humanist Ulrich von Hutten (1488–1523) wurde ursprünglich als lateinischsprachiger Dichter bekannt. Hutten wandte sich jedoch der Politik zu und kritisierte in scharfen Worten die Verweltlichung der Kirche. In seinem Werk „Klag und Vermahnung gegen dem übermässigen unchristlichen Gewalt des Papstes zu Rom" (1520) äußert er sich über das Verhalten von Papst Julius II. (1443–1513) und die kirchliche Praxis, Gläubigen gegen einen Ablass den Erlass ihrer Sünden zu versprechen.

Hört zu ihr Deutschen, was ich sag,
aus Gottes Stiftung nimmer mag
bewiesen werd, uns schuldig sein,
dem Papst zu geben Geld hinein,
und um zu kaufen geistlich War,
Pfründ, Kirchen, Pfarren und Altar.
Gott hat gegeben all[e]s umsonst,
so kann nicht sein der göttlich Gunst,
wo man die Sakrament verkauft.
Keinen hat Gott ums Geld getauft.
Die Zwölf[1] er auch geheißen hat,
dem Geiz niemals zu geben statt.
Er sprach, ihr habt's umsonst erlebt,
drum auch umsonst den andern gebt.
Denn hätt er seinen Glauben feil
geboten je, und christlich Heil,

er hätt nicht weniger können ha[be]n,
als jetzt der Papst eintreiben kann.
War aber ihm ein schnödes Ding,
wo einer nur mit Geld umging.
Wo nun für Geld der Himmel steht,
wie kann dann wahr sein Gottes Red,
der spricht, dass eher möglich sei
zu einem Nadelöhr ginge hinein
ein ungefüges Kameltier,
als dass ein Reicher sich entbier
gen Himmel[2] und wohnen darin?
Denn wenn man solches glauben möcht,
dass Reichtum mehr als Armut döcht[3],
so wär nicht wahr, dass Gott geseit[4],
den Armen sei das Reich bereit.
Wo bleibt nun päpstlich Hinterlist,
durch die man überredet ist
zu kaufen Ablaß und Genad,
auf dass man uns des Gelds entlad.

Ulrich von Hutten: Klag und Vermahnung gegen dem übermässigen unchristlichen Gewalt des Papstes zu Rom und der ungeistlichen Geistlichkeit. In: Ders.: Deutsche Schriften, herausgegeben und mit Anmerkungen versehen von Peter Ukena. München 1970.

1 Die Zwölf: die zwölf Apostel
2 entbier gen Himmel: in die Höhe hebt
3 döcht: taugt
4 geseit: gesagt

9 Martin Luther: „Von der Freiheit eines Christenmenschen“ (1520)

Auf Anregung des päpstlichen Gesandten Karl von Miltitz (1490–1529), der zwischen dem Reformtheologen Martin Luther (1483–1546) und Rom vermitteln wollte, entstand das sogenannte Freiheitstraktat, in dem Luther eine Darstellung seines Glaubens verfassen sollte. Vor allem anhand der Schriften des Paulus und des Johannesevangeliums erläutert Luther die doppelte Natur des Christenmenschen:

[…] Zum ersten: Damit wir gründlich mögen erkennen, was ein Christenmensch sei und wie es getan sei um die Freiheit, die ihm Christus erworben und gegeben hat, davon Sankt Paulus[1] viel schreibt, will ich diese zwei Sätze aufstellen:

Ein Christenmensch ist ein freier Herr über alle Ding und niemand untertan.

Ein Christenmensch ist ein dienstbarer Knecht aller Ding und jedermann untertan.

Diese zwei Sätze sind klärlich Sankt Paulus Sätze: I. Kor.[2] 9 (19): „Ich bin frei in allen Dingen und hab mich zu eines jeden Knecht gemacht.“ Item Röm.[3] 13 (8): „Ihr sollt niemand etwas schuldig sein, denn dass ihr euch untereinander liebet.“ Liebe aber, die ist dienstbar und untertan dem, das sie lieb hat; so auch von Christo, Gal.[4] 4 (4): „Gott hat seinen Sohn ausgesandt, von einem Weib geboren, und dem Gesetz untertan gemacht.“

Zum andern: Diese zwei einander widersprechenden Sätze von der Freiheit und der Dienstbarkeit zu verstehen, sollen wir bedenken, dass ein jeglicher Christenmensch ist zweierlei Natur, geistlicher und leiblicher. Nach der Seele wird er ein geistlicher, neuer, innnerer Mensch genannt, nach dem Fleisch und Blut wird er ein leiblicher, alter und äußerer Mensch genannt. Und um dieses Unterschiedes willen wird von der Schrift einander Widersprechendes gesagt, wie ich jetzt gesagt habe, von der Freiheit und Dienstbarkeit. […]

Darum sind sie [die Gebote] nur dazu bestimmt, dass der Mensch drin sehe sein Unvermögen zu dem Guten und lerne an sich selbst verzweifeln, und darum heißen sie auch das Alte Testament und gehören alle ins Alte Testament. So beweist das Gebot: „Du sollst nicht böse Begierde haben“, dass wir allesamt Sünder sind und kein Mensch vermag zu sein ohne böse Begierde, er tue, was er will. Daraus lernt er an sich selbst zu verzagen und anderswo Hilfe zu suchen, dass er ohne böse Begierde sei und so das Gebot erfülle durch einen anderen, was er aus sich selbst nicht vermag. So sind auch alle anderen Gebote uns unmöglich. […] willst du alle Gebote erfüllen, deine böse Begierde und Sünde los werden, wie die Gebote zwingen und fordern, siehe da, glaube an Christum, in welchem ich dir zusage alle Gnade, Gerechtigkeit, Friede und Freiheit. Glaubst du, so hast du, glaubst du nicht, so hast du nicht. […]

[…] Aus dem allem folget der Beschluss, dass ein Christenmensch lebt nicht in sich selbst, sondern in Christo und seinem Nächsten, in Christo durch den Glauben, im Nächsten durch die Liebe. Durch den Glauben fähret er über sich in Gott, aus Gott fähret er wieder unter sich durch die Liebe, und bleibt doch immer in Gott und göttlicher Liebe, gleich wie Christus sagt, Johann. 1[5] (51): „Ihr werdet noch sehen den Himmel offenstehen und die Engel auf- und absteigen über den Sohn des Menschen.“

Siehe, das ist die rechte, geistliche, christliche Freiheit, die das Herz frei macht von allen Sünden, Gesetzen und Geboten, welche alle andere Freiheit übertrifft wie der Himmel die Erde.

Welche Gott uns gebe recht zu verstehen und behalten. Amen.

Zit. nach: Martin Luther: An den christlichen Adel deutscher Nation / Von der Freiheit eines Christenmenschen / Sendbrief vom Dolmetschen, hrsg. von Ernst Kähler, Stuttgart 1962, S. 125, 129 f., 150.

1 Sankt Paulus: Apostel Paulus, frühchristlicher Missionar
2 St. Paulus, 1. Kor.: Der erste Brief des Paulus an die Korinther, Buch des Neuen Testaments (NT)
3 Römer: Der Brief des Paulus an die Römer, Buch des NT
4 Galat.: Der Brief des Paulus an die Galater, Buch des NT
5 Johann. 1: Der erste Brief des Johannes, Buch des NT

10 Allegorische Satire auf das Leben der Mönche

Ein von den drei Lastern Hochmut (Superbia), Wollust (Luxuria) und Habsucht (Avaricia) am Gängelband geführter Mönch wird von einem durch die Armut (Paupertas) angetriebenen Bauern gezwungen, die Bibel zu „fressen"; Holzschnitt von Sebald Beham aus dem Jahr 1521.

11 Die Zwölf Artikel von Memmingen

Die Anfang 1525 vom Kürschnergesellen Sebastian Lotzer in Memmingen verfassten „Zwölf Artikel" stellen das zentrale Dokument des Bauernkriegs (1524–1526) dar und gelten heute als frühe Formulierung von Menschenrechten. Sie fasste die wesentlichen Beschwerden und Forderungen der aufständischen Bauern in prägnanter Form zusammen und fanden dadurch eine schnelle Verbreitung im gesamten Aufstandsgebiet.

Die begründeten und rechten Hauptartikel aller Bauernschaft [...]. Dem christlichen Leser Friede und Gnade Gottes durch das Christentum. Es sind viele Widerchristen, die jetzt und von wegen der versammelten Bauernschaft das Evangelium zu schmähen Ursach nehmen, sagend: Sind das die Früchte des neuen Evangeliums? Niemand gehorsam sein, an allen Orten sich erheben und aufbäumen, geistliche und weltliche Obrigkeiten zu reformieren, ja vielleicht sogar zu erschlagen? Allen diesen gottlosen, freventlichen Beurteilern antworten die nachfolgenden Artikel [...]. Zum ersten, ist das Evangelium nicht eine Ursache der Empörung oder Aufruhren, die weil es eine Rede ist von Christo, [...] dessen Wort und Leben nichts als Liebe, Friede, Geduld und Einigkeit lehrt. [...] So nun die Meinung aller Bauern ist, das Evangelium zu hören und demgemäß zu leben; wie mögen dann die Widerchristen das Evangelium eine Ursache der Empörung und des Ungehorsams nennen? Zum anderen ergibt sich klar und lauter, dass die Bauern, die in ihren Artikeln solches Evangelium zur Lehre und zum Leben begehre, nicht ungehorsam und aufrührerisch genannt werden dürfen. Wenn aber Gott die Bauern (die bange darum beten, nach seinen Worten leben zu dürfen) erhören will: Wer will den Willen Gottes tadeln?

Der erste Artikel

Zum Ersten ist unsere demütig Bitt und Begehr, auch unser aller Wille und Meinung, dass wir von nun an Gewalt und Macht haben wollen, dass eine ganze Gemeinde ihren Pfarrer selbst erwählen und kiesen[1] soll; auch Gewalt haben, denselbigen wieder abzusetzen, wenn er sich ungebührlich verhalten sollte.

Derselbige erwählte Pfarrer soll uns das heilige Evangelium lauter und klar predigen, ohne allen menschlichen Zusatz, Lehre und Gebot [...].

Der andere Artikel

Zum andern, nachdem der rechte Zehnt[2] auferlegt ist im Alten Testament und im Neuen vollkommen erfüllt: Nichtsdestoweniger wollen wir den rechten Korn-Zehnt gern geben, doch wie sich's gebührt. Soll man ihn nun – seiner Bestimmung entsprechend – Gott und den Seinen zuteil werden lassen, so gebührt er einem Pfarrer, der klar das Wort Gottes verkündet. Und wir sind willens, dass künftig, diesen Zehnt unsere Kirchen-Pröpste[3], die eine Gemeinde setzt, einsammeln und einnehmen sollen, dass sie davon dem Pfarrer, der von der ganzen Gemeinde erwählt wird, seinen gebührenden, auskömmlichen Unterhalt geben [...] und was übrig bleibt, soll man als Almosen verteilen [...]. Den kleinen Zehnten[4] wollen wir gar nicht geben. Denn Gott der Herr hat das Vieh dem Menschen abgabefrei erschaffen. Das erachten wir für einen ungebührlichen Zehnten, den die Menschen ersonnen haben. Darum wollen wir ihn nicht weiter geben.

Der dritte Artikel

Zum Dritten ist der Brauch gewesen, dass man bisher behauptet hat, wir seien Eigenleute[5], was zum Erbarmen ist, in Anbetracht dessen, dass uns Christus alle mit seinem kostbaren Blutvergießen erlöst und loskauft hat- den Hirten ebenso wie den Höchsten, keinen ausgenommen.

Darum ergibt sich aus der Schrift, dass wir frei sind, und deshalb wollen wir's sein. Nicht, dass wir völlig frei sein und keine Obrigkeit haben wollen: Das lehrt uns Gott nicht. [...] Vielmehr sollen wir nicht allein der Obrigkeit gehorsam, sondern wir sollen demütig gegen jedermann sein, auch gegen unsere erwählten und gesetzte Obrigkeit in allen gebührenden und christlichen Dingen freiwillig Gehorsam üben. Wir bezweifeln auch nicht, ihr werdet als wahre und rechte Christen uns aus der Leibeigenschaft gern entlassen oder uns aus dem Evangelium belehren, dass wir leibeign seien. [...]

Der achte Artikel

Zum Achten sind wir beschwert – und deren viele, die Güter innehaben –, dass diese Güter die Pachtzinse nicht aufbringen können und die Bauern das ihre darauf einbüßen und zugrunde gehen sehen. Wir begehren, dass die Herrschaft dieser Güter ehrbare Leute besichtigen lassen und nach Recht und Billigkeit einen Pachtzins genau festsetzten soll, damit der Bauer seine Arbeit nicht umsonst tue. Denn ein jeglicher Tagewerker ist seines Lohnes wert.

Der neunte Artikel

Zum neunten sind wir beschwert der großen Frevel[6] halben. Denn man stellt für sie fortgesetzt neue Strafsätze auf; und man straft uns nicht auf Grund des Tatbestandes, sondern setzt die Strafen fest zeitweilig mit großer Gehässigkeit, zeitweilig ganz nach Gunst. Wir wünschen, man möge uns auf Grund alter geschriebener Strafsatzungen strafen, je nachdem wie die Strafsache beschaffen ist, und nicht nach Gunst. [...]

Beschluss

Zum Zwölften ist unser Beschluss und unsere endgültige Meinung: Wenn einer oder mehr Artikel allhier aufgestellt sein sollten, die dem Worte Gottes nicht gemäß [...], so wollen wir davon abstehen, wenn man uns den Nachweis mit Begründung aus der Schrift[7] führt. Desgleichen wenn sich anhand der Schrift der Wahrheit gemäß noch weitere Artikel finden sollten, die wider Gott und eine Beschwernis für den Nächsten wären, die wollen wir uns auch vorbehalten und in unsere Beschlüsse mit aufgenommen haben [...].

Zit. nach: Wolfgang Lautemann und Manfred Schlenke (Hrsg.): Geschichte in Quellen, Bd. 3: Renaissance, Glaubenskämpfe, Absolutismus, München 1982, S. 145–148.

1 *kiesen: veraltet für wählen, küren*
2 *rechter Zehnt: der Zehnt ist eine etwa zehnprozentige, durch die Bibel überlieferte Abgabe an die Kirche; der rechte Zehnt musste von den Bauern auf Getreide entrichtet werden.*
3 *Kirchen-Pröbste: Laien, die mit der Verwaltung des Kirchenvermögens betraut waren.*
4 *kleiner Zehnt: Fleisch- oder Blutzehnt auf Tiere und tierische Erzeugnisse wie Eier, Milch, Butter und Honig.*
5 *Eigenleute: Leibeigene*
6 *große Frevel: „mittelschwere Vergehen", die teils mit Körperstrafen, teils mit Geldbußen bestraft wurden.*
7 *Schrift: hier: die Bibel*

Hexenverfolgung

12 Über die Durchführung von Hexenverfahren

Vom 15. bis 18. Jahrhundert kam es in Europa zu Hexenverfolgungen, in deren Verlauf etwa 60 000 Menschen – mehrheitlich Frauen – hingerichtet wurden. Das Kerngebiet der Hexenprozesse war das Heilige Römische Reich deutscher Nation. Die Historikerin Franziska Conrad schreibt über den Ablauf von Hexenverfolgungen und ihren Zusammenhang mit Herrschaftsstrukturen:

In der Regel beantragte die durch Krisen geängstigte Bevölkerung die Durchführung von Hexereiverfahren. Die Untertanen denunzierten Verdächtige und bezeugten deren angeblichen Schadenszauber. In manchen Gegenden übernahmen sog. Hexenausschüsse oder Hexenkommissare die Aufgabe, Indizien und Beweismaterial gegen verdächtige Personen zu sammeln. Die Bevölkerung setzte die Obrigkeit zuweilen unter Druck, indem sie mit Verweigerung von Steuern, Abgaben und Frondiensten droht. Die Personen, die zum Opfer von Denunziation wurden, waren in der Regel in der Dorfgemeinschaft schon länger heimlich oder offen verdächtigt worden. Wenn sich die Lage zuspitzte, nahmen Aggressivität, Neid, Missgunst zu; die Scheu, Mitbürger vor den Richter zu bringen, wurde immer geringer. Die aggressive Stimmung wurde angeheizt durch Berichte über Geständnisse von angeblichen Hexen, was zu regelrechter Massenpsychose führen konnte. [...]

Wenn die Obrigkeit dem Begehren der Bevölkerung nicht Rechnung trug, entstanden keine massenhaften Verfolgungen, denn üblicherweise wurden die Hexenprozesse vor den weltlichen Gerichten abgehandelt. Ob die weltlichen Obrigkeiten Hexenverfahren durchführten, war u.a. durch ihre politischen Interessen bestimmt. In Gebieten mit herrschaftlicher und gerichtlicher Zersplitterung zeigten sich die Obrigkeiten eher bereit zu Hexenprozessen als in größeren Territorien. Sie dokumentierten den größeren Territorialherren, dass sie die hohe Gerichtsbarkeit beanspruchten. Die heftigen Verfolgungen in kleineren und mittleren Territorien [...] belegen, dass die Verteidigung der hohen Gerichtsbarkeit als Zeichen staatlicher Autonomie die Obrigkeit geneigt machte oder sie sogar die Initiative zur Hexenverfolgung ergreifen ließ. In zentralisierten Flächenstaaten wie im Königreich Frankreich, in den weltlichen Kurfürstentümern, in den Herzogtümern Bayern und Sachsen und in den habsburgischen Erblanden fanden weniger Hexenverfolgungen statt, die gelehrten Juristen problematisierten die Rechtmäßigkeit der Verfahren und kontrollierten die unteren Rechtsprechungsinstanzen. [...]

Franziska Conrad: Hexenverfolgung. In: Geschichte lernen, Heft 107/2005, S. 16.

13 Hexenprozesse als Herrschaftsinstrument

Die Intensität der Hexenverfolgungen fiel in den verschiedenen Gebieten des Alten Reichs unterschiedlich aus. Der Arbeitskreis „Hexenprozesse in Kurmainz" schildert einen Fall von Hexenverfolgungen in Bodenheim, einem kleinen Ort bei Mainz, und die Gründe dafür:

1612–1615 kam es in dem bei Mainz liegenden Bodenheim zu einer schweren Verfolgung. Die Relation von Opferzahl zur Einwohnerzahl und die Verfolgungsdauer ist recht hoch, weswegen hier der Ort als ein herausragendes Beispiel vorgestellt wird. Bodenheim hatte damals ca. 300 Einwohner, so dass in zweieinhalb Jahren 17 % der erwachsenen weiblichen Bevölkerung den Prozessen zum Opfer fiel. Zudem führten die Prozesse zu vielen Verdächtigungen im Umland [...]. Die Prozesse begannen mit der Verhaftung der Witwe Merg Scholl am 8. Oktober 1612. Grund hierfür war eine Verdächtigung, nämlich die Anklage eines Bäckers, dass Scholl in der Backstube ein Kind so verzaubert habe, dass es verstorben sei. Im Frühjahr 1613 wurde Scholl verurteilt und mit zwei anderen Frauen verbrannt. Dieser bis 1615 dauernden Verfolgungswelle fielen 27 Menschen zum Opfer: 24 Frauen und ein Mann wurden verbrannt, zwei weitere Frauen waren im Gefängnis gestorben und eine „auf genügend Caution gelassen worden".

Dieser Prozess ist deswegen so interessant, weil sich an ihm die Verknüpfung von Herrschaftsrechten und Hexenverfolgung deutlich ablesen lässt. Hexenprozesse werden hier zur Durchsetzung von Herrschaft instrumentalisiert. Der Ort war mehrherrig: Er unterstand dem Mainzer Ritterstift St. Alban, dem Kurfürstentum Mainz und der Kurpfalz. Dies wird auch in den Prozessakten sehr deutlich. Die Unterstellung der Einwohner unter drei Herren führte aber zu beständigen Spannungen, zumal die Kurpfalz massiv versuchte, ihre Rechte gegen St. Alban durchzusetzen [...].

Geführt wurden die Prozesse auf Anordnung des Propstes von St. Alban, Anton Waldbott von Bassenheim (1572–1629) durch seinen Bodenheimer Amtmann Adam Ebersheim. Von der Gemeinde Bodenheim nahm auf der anderen Seite stets ein Schultheiß[1], von Mainzer wie von Bodenheimer Seite weitere Prozessbevollmächtigte teil. [...]

Ziel der Verfolgung waren nun vornehmlich kurpfälzische Leibeigene. Sie stammten aus einem Territorium, in welchem die Hexenverfolgung zu dieser Zeit abgelehnt wurde. Und so hatte die Gruppe der „Kurpfälzer" am Schluss der Verfolgung zwei Drittel der gesamten Opfer zu beklagen, obwohl sie nur ein Drittel der Einwohner stellten. Es drehte sich in der Auseinandersetzung nicht vornehmlich um die Hexerei, sondern um die Frage, wer in dem Ort Hinrichtungen durchführen dürfe und wer Herr über die meisten Leibeigenen im Orte sei. Erst durch den Einmarsch kurpfälzischer Truppen und die Befreiung von Verdächtigen kamen die Prozesse zu einem Ende. [...]

Ludolf Pelizaeus u. a. (Hrsg.): Hexenprozesse in Kurmainz: „Bestraffung des abscheulichen lasters der zauberey". CD-ROM, Dieburg 2004.

1 Schultheiß: Beamter, „der Schuld heischt", d. h. Abgaben einzieht oder für die Einhaltung rechtlicher Pflichten Sorge trägt

14 Georg I., Landgraf zu Hessen-Darmstadt an Wilhelm Landgraf zu Hessen-Kassel, 25. Juli 1582

In Darmstadt wurden 1582 zwei Jugendliche in Hexenprozesse verstrickt. Der 10-jährige Wolf Weber, Sohn der als Hexe mit sieben anderen Frauen Ostern 1582 in Darmstadt hingerichteten „alten Weberin", hatte das Schloss an der Gefängnistür seiner ebenfalls wegen Zauberei angeklagten Schwester Sarah geknackt. Auch die von ihm beschuldigte 16-jährige Anne, deren Großmutter bereits als Zauberin verbrannt worden war, gestand bereitwillig, was man von ihr erwartete. Dieser Fall führte zu einem Briefwechsel zwischen Georg I., Landgraf zu Hessen-Darmstadt, und seinem ältesten Bruder Wilhelm Landgraf zu Hessen-Kassel (M16).

Brüderliche Treue, und was wir mehr Liebes und Gutes vermögen zuvor, Hochgeborner Fürst, freundlicher lieber Bruder und Gevatter. E. L. [Euer Liebden] wollen wir freundlich nicht verhehlen, dass sich bei uns hier zu Darmstadt etliche schwere Fälle der Zauberei zugetragen. Denn wir haben seit vergangenem Ostern acht Weiber deswegen verbrennen lassen, dass sie nicht allein sich dem Teufel ergeben, mit demselben Hochzeit gehalten, getanzt und Unzucht getrieben, sondern auch Leuten und Vieh Schaden getan, laut ihren bis in den Tod gestandenen Aussagen. [...]

So bitten wir E. L. ganz freundlich, sie wollen mit ihren theologischen und gelehrten Räten konferieren, und uns Ihr und der Räte wirkliches und rechtliches Bedenken, was wir mit dem Knaben und dem Maidlein vornehmen sollen, freundlich mitteilen. Denn obwohl wir zweifeln, ob eins oder das andere seines Alters und der Eltern Verführung halber am Leben zu strafen sei, können wir nicht wissen, wie sonst gegen sie außerhalb der gesetzlichen Ordnung und Vorschriften zu verfahren und so zu handeln wäre, damit sie dadurch gebessert und dem Teufel aus dem Rachen wieder entzogen, daneben aber auch dem anderen jungen Volk ein schwer[1] Exempel statuiert werden möchte.

Thomas Lange und Eckhart G. Franz (Hrsg.): „... möchten verbrennet werden". Ausgrenzung und Gewalt gegen Ketzer, Juden, Hexen ... auch in der hessischen Geschichte. Materialien zur Ausstellung der Hessischen Staatsarchive zum Hessentag 1994 in Groß-Gerau 1994, Materialien 1b und 1e, Darmstadt 1994.

1 schwer: hier im Sinne von abschreckend gemeint

15 Landgraf Wilhelm an Landgraf Georg, 5. August 1582

Nun sind es zwar schwere Fälle, darin sich eine Obrigkeit wohl vorzusehen hat, damit sie nicht zu viel noch zu wenig tue. Viel mehr aber hat eine jede Obrigkeit in acht zu nehmen, dass sie durch Händel nicht zu Unglauben und Aberglauben Ursache und Anleitung geben wird. Denn der gemeine Pöbel ist ohnedies und von Natur aus zu Aberglauben geneigt. Wenn man dann unter sie lässt kommen, dass der Teufel durch solche Leute so viel kann ausrichten, so fallen sie dahin mit Haufen, und hört der Glaube bei ihnen gar auf, und was ihnen oder ihrem Vieh geschieht, das schreiben sie dann alles der Zauberei zu, und dadurch wird des Bezichtigens, Gefangennehmens, Richtens und Brennens kein Ende und darum [ist] sehr vorsichtig in diesen Dingen zu verfahren [...].

Aber wir können nicht unterlassen E. L. zu Gemüt zu führen, dass wir uns wissen zu erinnern, dass ums Jahr [15]62 ungefähr unser Schwager seliger, Herzog Christoph zu Württemberg, auch mit solchen Leuten einen großen Handel hatte; Ihrer etliche anfänglich ließ verbrennen, als aber hernach S. L. [Seiner Liebden] der Sachen tiefer bedacht, verfuhren S. L. gar weise damit und nahm andere Mittel vor, die Leute aus solcher Imagination zu bringen. Nämlich ließ die Abergläubischen durch die Prediger aus Gottes Wort strafen, und solch Vorgeben verachten und verlachen.

Denn wo der Teufel solche Macht hätte, wie ihn die armen verführten Leute lassen träumen, würde kein Mensch sich vor ihm enthalten können. Wenn sie aber mit natürlichen Stoffen, als in diesem Fall mit Eingebung von Blei, Asche, Gift, Kalk und dergleichen geschehen, Leuten und Vieh Schaden zufügten, so gebührt S. L. und ihren Beamten darauf zu sehen, dass sie der Gebühr nach gestraft werden. Da aber S. L. einzig auf der Zauberinnen Anzeige, die sie etwa in der Folter oder sonst tun, andere Leute sollen angreifen, [...] warum sollte man um Träume willen die Leute, die sonst keinen Schaden getan, martern? Viel weniger aber will ich gebühren, dass man auf des Teufels Anzeige, der der Vater der Lügen und der schärfste Feind der Menschheit ist, jemand sollte angreifen oder in Verdacht ziehen. [...]

Lange und Franz: a. a. O.

Arbeitsvorschläge

- ○●● a) Begründen Sie anhand vom M1 und M2, warum Leonardo da Vinci bis in die heutige Zeit als Universalgenie bezeichnet wird.
- ○●● b) Arbeiten Sie die von Paracelsus in M3 genannten Kritikpunkte an der damaligen Medizin heraus und erläutern Sie, welche Konsequenzen er daraus für sich zieht.
- ○○● c) Benennen Sie, welche menschlichen Verhaltensweisen der Autor des „Narrenschiffs" in M5 kritisiert und zeigen Sie auf, welche göttlichen Strafen deswegen drohen.
- ○●● d) Analysieren Sie mithilfe des Glossars M6 die Bildquelle M8. Begründen Sie, inwieweit in dem Bild Kritik an der katholischen Kirche zum Ausdruck gebracht wird.
- ○○● e) Geben Sie die Vorwürfe, die Ulrich von Hutten in M7 gegen den Papst erhebt, wieder und setzen Sie sie in Beziehung zur Kritik der Reformatoren an der katholischen Kirche.
- ○○●/○●● f) Fassen Sie die wesentlichen Aussagen Luthers in M9 zusammen und arbeiten Sie das Menschenbild Luthers heraus.
- ○●●/●●● g) Arbeiten sie heraus, inwieweit sich in den Zwölf Artikeln der Bauern (M11) reformatorisches Gedankengut erkennen lässt. Setzen Sie sich mit der These auseinander, die Zwölf Artikel seien eine frühe Formulierung von Menschenrechten gewesen.
- ○●●/●●● h) Erläutern Sie, welche Faktoren zu der hohen Opferzahl bei den Hexenverfolgungen in Bodenheim führten (M13). Vergleichen Sie Ihre Ergebnisse mit den Aussagen in M12.
- ○○●/●●● i) Zählen Sie anhand von M14 und M15 auf, was den Verdächtigen vorgeworfen wird. Vergleichen Sie die Einstellung der beiden Fürsten zu Hexen(prozessen) und die daraus resultierende Vorgehensweise gegen die Verdächtigen.

Grundwissen: Folgen des neuen Welt- und Menschenbilds

→ 1 – 2 S. 42
→ 4 S. 44
→ 6 – 8 S. 44 f.

Neue Perspektiven in Kunst und Architektur

Das in der Renaissance geweckte Bedürfnis nach einer Darstellung des Menschen als Individuum wurde auch durch die Kunst befriedigt, die Mensch und Natur in ihrer irdischen Schönheit möglichst vollkommen abbilden wollte. Künstler arbeiteten jetzt nicht mehr exklusiv für die Kirche, sondern für einen neu entstehenden freien Markt, in dem weltliche Eliten, die Kunstsammlungen aufbauten, eine immer wichtigere Rolle spielten. Damit änderte sich auch der Status der Künstler: Wurden sie im Mittelalter noch zu den Handwerkern gezählt, verstanden sie sich nun als individuelle Schöpfer, die ihre Werke erstmals signierten. Um die Bekanntesten unter ihnen wie Michelangelo (1475–1564), Tizian (1489–1576) oder Leonardo da Vinci (1452–1519) konkurrierten die Herrscher der damaligen Zeit. Auch Päpste und hohe geistliche Würdenträger engagierten bekannte Künstler, um ihr Ansehen zu steigern und ihre Kirchen und Residenzen auszustatten. Dafür benutzten sie oft kirchliche Einnahmen. So schrieb der Renaissancepapst Leo X. im Jahre 1517 für den Weiterbau des Petersdoms in Rom einen Ablass aus, der zum Auslöser für Luthers Thesenanschlag wurde. Viele Künstler beschränkten sich nicht auf eine Kunstform, sondern waren „uomo universale", umfassend gebildete Menschen, die sich auf den unterschiedlichsten Gebieten betätigten. Das bekannteste Beispiel ist Leonardo da Vinci, der unter anderem als Maler, Bildhauer, Architekt, Ingenieur und Erfinder tätig war.

Leonardo da Vinci (1452–1519)
Gilt als Universalgenie; vermutliches Selbstporträt des italienischen Malers („Mona Lisa"; „Das letzte Abendmahl"), Bildhauers, Architekten und Naturforschers aus dem Jahr 1512.

Die Malerei – insbesondere die Porträtmalerei – erlebte in der Renaissance eine Blütezeit, da unverwechselbare Persönlichkeitsmerkmale über sie am besten herausgearbeitet werden konnten. Das Bemühen um objektiv schöne Proportionen und eine wirklichkeitsgetreue Darstellung hatten nicht nur einen technisch-praktischen, sondern auch einen metaphysischen Sinn: Der Mensch als Träger von Würde und Wahrheit betrachtete es nun als selbstverständlich, die Welt aus sich heraus zu gestalten. Daraus resultierte auf künstlerischem Gebiet die Zentralperspektive, deren Hauptmerkmal eine mithilfe von Fluchtpunkten erzeugte Dreidimensionalität war. Aus dem je besonderen Blickwinkel eines konkreten Subjekts wurde mittels mathematischer Berechnungen ein räumliches Bild der Wirklichkeit konstruiert. Als Entdecker der Zentralperspektive gilt der Architekt und Bildhauer Filippo Brunelleschi (1377–1446).

→ 1 S. 42
→ 3 S. 43

Wiederentdeckung des Körpers und Übergang zur modernen Medizin

Im Gegensatz zum Mittelalter, in dem Neugier verpönt und als nicht gottgefällig verurteilt wurde, wurde mit Beginn der Renaissance auch auf medizinischem Gebiet verstärkt geforscht und experimentiert. Bildende Künstler trugen zur Erforschung der Anatomie bei, schließlich spielte in beiden Bereichen die exakte Wahrnehmung des Beobachters eine entscheidende Rolle. Berühmte Künstler der Renaissance wie Albrecht Dürer (1471–1528), Tizian (1477–1576) oder Raffael (1483–1520) untersuchten Leichen, um die Oberflächenmuskulatur, Körperformen und Körperfunktionen korrekt darstellen zu können. Im Falle von Leonardo da Vinci dokumentieren mehr als 200 Blätter mit anatomischen Skizzen sein ausgeprägtes Interesse am menschlichen Körper.

Vor der Renaissance beruhte die Anatomie, wie die Medizin insgesamt, auf der unüberprüften Übernahme der Erkenntnisse antiker Autoren. Besonders die Schriften und Lehrsätze des römisch-kleinasiatischen Arztes Galen (129–201) wurden jahrhun-

Paracelsus (1493–1541)
Bedeutender Arzt, Alchemist, Theologe und Philosoph; getauft als Theophrastus Bombastus von Hohenheim; Porträt von Quentin Massys aus dem Jahr 1537.

dertelang ungefragt rezipiert. Die bereits übliche Sektion von Leichen diente bis zu diesem Zeitpunkt nur dazu, Galens Lehre von den „Körpersäften" zu illustrieren: Dieser zufolge ließen sich alle Krankheiten auf eine Störung des Mischungsverhältnisses der vier Körpersäfte Blut, Schleim, gelbe und schwarze Galle zurückführen.
Neue Impulse erhielt die Medizin durch Paracelsus (1493–1541). Dieser bereiste ganz Europa und stand im Austausch mit führenden Humanisten seiner Zeit. Er lehrte entgegen der damaligen Gepflogenheiten in deutscher Sprache und verfasste eine Vielzahl medizinisch-theologisch-philosophischer Schriften, die größtenteils erst nach seinem Tod gedruckt wurden. Paracelsus ging davon aus, dass jede Krankheit ihre eigene Ursache habe und dementsprechend individuell behandelt werden müsse. Ferner stellte er Heilmittel auf chemischer Basis her, statt sich, wie vorher üblich, auf Heilkräuter zu beschränken. Wirksame Therapien und durchschlagende Heilerfolge begründeten seinen Ruhm, doch wurde er wegen seiner Ablehnung der herrschenden Lehrmeinung auch heftig angefeindet.
Andreas Vesalius (1514–1564) gebührt das Verdienst, mit seiner Forschung die Anatomie revolutioniert zu haben. Durch das exakte und unvoreingenommene Zerlegen, Betrachten und Beobachten menschlicher Leichen gelang Vesalius der Nachweis, dass Galen bisweilen aus der Sektion von Tieren falsche Schlüsse gezogen hatte. Vesalius untersuchte erstmals das Verhältnis der einzelnen Körperteile zum ganzen Körper, ihre Lage, Form, Größe, Beschaffenheit und ihre Verbindung zu anderen Körperteilen. Für sein Hauptwerk „De humani corporis fabrica" (1543) engagierte er herausragende Zeichner und Holzschneider. Vesalius, eigentlich Andreas Witnick, wurde als Sohn eines Apothekers in Brüssel geboren. Er studierte erst in Paris, dann an der angesehenen Universität von Padua, wo er in Medizin promovierte und Vorlesungen über Chirurgie und Anatomie hielt. Für seine Studenten ließ Vesalius Lehrtafeln über das Adernetz sowie Skelettdarstellungen anfertigen. Vesalius arbeitete als Leibarzt für Kaiser Karl V. (1500–1558) und dessen Sohn Philipp II. von Spanien (1527–1598) und wurde 1556 für seine Verdienste von Karl V. in den Adelsstand erhoben.

Kritik an der katholischen Kirche und Reformation

→ 7 S. 45
→ 9 – 11 S. 46 ff.

Seit dem Mittelalter wuchs die Unzufriedenheit mit der katholischen Kirche. Kritikpunkte waren die Verweltlichung der Kirche, ihr großer Reichtum, die schlechte Ausbildung der Kleriker und der Machtanspruch des Papstes. Die katholische Kirche schaffte es immer weniger, dem Heils- und Erlösungsbedürfnis der Menschen und ihrer Angst vor der ewigen Verdammnis gerecht zu werden. Schon vor der Reformation hatten Theologen wie John Wycliff (ca. 1320–1384) in England oder Jan Hus (1370–1415) in Böhmen eine Reform der Kirche an Haupt und Gliedern und eine stärkere Ausrichtung an der Heiligen Schrift gefordert. Auch viele Humanisten übten scharfe Kritik am Zustand der Kirche. Sie wollten den Glauben zu seinen Ursprüngen zurückführen und studierten deshalb die antiken religiösen und biblischen Texte, in denen sie das Ideal des christlichen Menschen in seiner wahren Form suchten. Einer der wichtigsten Vertreter des nordeuropäischen Humanismus war Erasmus von Rotterdam (1467–1536). Hoch gebildet und in vielen europäischen Ländern lernend und lehrend, besaß er eine umfassende Kenntnis griechischer und römischer Autoren sowie der Kirchenväter, deren Schriften er übersetzte und herausgab – so 1516 den griechischen Originaltext des Neuen Testaments.
In der Person des deutschen Reformators Martin Luther (1483–1546) verschmolz der individuelle Lebensweg eines Menschen mit den Strömungen der Zeit. Luthers drängende Frage, wie er angesichts seiner Sündhaftigkeit vor Gott bestehen könne, bewegte viele seiner Zeitgenossen. Der Katholizismus bot als Antwort die Heilsinstitution Kirche, die die Menschen zum Empfang der ⇒ Sakramente und zur Ver-

Martin Luther (1483–1546)
Mönch und Theologe; war Urheber und Lehrer der Reformation; Porträt von Lucas Cranach dem Älteren aus dem Jahr 1528.

richtung guter Werke anhielt, sich aber selbst von christlichen Moralvorstellungen weit entfernt hatte – am augenscheinlichsten mit den Verkauf von ⇨ Ablassbriefen. Luther setzte dem, ausgehend von seiner Paulus-Interpretation, eine neue Dimension von Innerlichkeit und persönlicher Verantwortung entgegen. Für die Gläubigen galt nun der Grundsatz: sola scriptura (nur die Schrift), sola fide (nur der Glaube), sola gratia (nur die Gnade) führen zu Gott. Die selbstständige Urteilsfähigkeit des Einzelnen wurde ein entscheidender Faktor für die Verwirklichung der lutherischen Reform. Ursprünglich als innerkirchlicher Disput gedacht, fanden Luthers 95 ablasskritische Thesen, ins Deutsche übersetzt und mit dem neuen Kommunikationsmittel Buchdruck verbreitet, 1517 rasche Verbreitung. Ab 1520 legte Luther in drei programmatischen Veröffentlichungen seine Theologie dar. Vielen gesellschaftlichen Gruppen wurde erst durch Luthers Schriften die Bedeutung des Evangeliums für ihre Lebenswelt bewusst.
Luthers Worte schienen die Erlösungsbotschaft zu enthalten, nach der jeder allein aus dem Glauben heraus vor Gott beurteilt wurde und nicht aufgrund von Stand, Vermögen oder Leistung. Der Bauernstand begründete daraufhin anhand der Bibel seine seit Langem bestehenden Forderungen nach weniger Diensten und Abgaben sowie größerer Autonomie der Dorfgemeinschaften. Als ihren Forderungen nicht nachgekommen wurde, versuchten sie diese in den Bauernkriegen (1524–1526) gewaltsam durchzusetzen, unterlagen jedoch den verbündeten katholischen und evangelischen Fürstenheeren. Luther, der den Staat als von Gott eingesetztes, notwendiges Zwangsmittel zur Züchtigung des Menschen betrachtete, nahm gegenüber den Aufständischen allerdings eine unversöhnliche Haltung ein.

Hexenverfolgungen – ein Widerspruch zum Humanismus?

→ 12 - 15 S. 48 ff.

Trotz der grundlegenden gesellschaftlichen Umwälzungen hielt der Großteil der Menschen weiter an überlieferten Vorstellungen fest. Der Glaube an überirdische Kräfte, dämonische Wesen und Magie war seit dem Spätmittelalter fester Bestandteil des Alltagslebens. Hexerei galt als Pakt mit dem Teufel, der überirdische Fähigkeiten verlieh, die zum Schaden anderer Menschen eingesetzt werden konnten. Davor musste man sich schützen, sei es durch spezielle Praktiken, sei es durch Ausschaltung der dämonischen Person.
Im 15. bis 18. Jahrhundert kam es in Europa zu Hexenverfolgungen, in deren Verlauf etwa 60 000 Menschen als Hexe oder Hexer hingerichtet wurden. Die Verteilung der Opfer fiel regional sehr unterschiedlich aus, jedoch lag das Zentrum der Verfolgungen im Gebiet des Heiligen Römischen Reichs Deutscher Nation. Es wurden mehrheitlich Frauen der Hexerei bezichtigt. Mittlerweile wurde nachgewiesen, dass in protestantischen Gebieten 80–90 % der Hingerichteten Frauen waren, während in katholischen Regionen unter den Opfern bis zu einem Drittel Männer waren. Die Hexenverfolgungen lassen sich bis heute kaum schlüssig erklären. Von der neueren Forschung wurden zahlreiche ältere Vorurteile und Erklärungen entkräftet. Der Hexenwahn gilt nun als Ausdruck der Zwiespältigkeit einer Gesellschaft, die an Traditionen festhielt und gleichzeitig zu etwas Neuem aufbrach. Vermutlich stand er im Zusammenhang mit verschiedenen Krisenphänomenen und den dadurch ausgelösten Ängsten. Zu erwähnen sind hier die durch eine Klimaveränderung („Kleine Eiszeit") ausgelösten Agrarkrisen und der dadurch verursachte Preisanstieg für Nahrungsmittel. Da sich existenzielle Krisen wie diese für die Menschen der damaligen Zeit nicht rational erklären ließen, suchten sie nach Sündenböcken. Ebenso wirkten sich kriegerische Auseinandersetzungen, unterschiedliche Herrschafts- und Rechtsstrukturen, sowie regionale Besonderheiten aus.

1.4 Erfindungen und neues Weltbild

A) Wieso war die Errungenschaft des Buchdrucks im 15. und 16. Jahrhundert so umstritten?
B) Inwiefern veränderte sich in dieser zeit der Blick vieler Menschen auf die Welt?

Wirkung und Folgen des Buchdrucks

1 Über die Erfindung der Buchdruckerkunst

Seitdem Johannes Gutenberg Mitte des 15. Jahrhunderts den Buchdruck mit beweglichen Lettern erfunden hatte, verbreitete sich die neue Technik schnell. Der deutsche Benediktiner Johannes Trithemius (1462–1516) berichtet Anfang des 16. Jahrhunderts in den „Annalen des Klosters Hirsau":

Zu dieser Zeit wurde in Mainz, einer Stadt Deutschlands am Rhein, und nicht in Italien, wie einige fälschlich berichten, jene wunderbare und früher unerhörte Kunst, Bücher mittels Buchstaben zusammenzusetzen und zu drucken, durch Johannes Gutenberg, einen Mainzer Bürger, erfunden und ausgedacht. Nachdem er beinahe sein ganzes Vermögen für die Erfindung dieser Kunst aufgewendet hatte, vollbrachte er, mit übergroßen Schwierigkeiten kämpfend, indem er bald in diesem, bald in jenem zu knappe Mittel besaß und schon nahe daran war, am Erfolg verzweifelnd, das ganze Unternehmen aufzugeben, doch endlich mit dem Rat und den Vorschüssen des Johannes Fust, ebenfalls Bürger von Mainz, die angefangene Sache. Demnach druckten sie zuerst das unter dem Namen „Catholicon" bezeichnete Wörterbuch [grammatisch-lexikalisches Werk in lateinischer Sprache aus dem 13. Jh.], nachdem sie die Züge der Buchstaben nach der Ordnung auf hölzerne Tafeln gezeichnet und die Formen zusammengesetzt hatten. Allein mit diesen Formen konnten sie nichts anderes drucken, eben weil die Buchstaben nicht von den Tafeln ablösbar und beweglich, sondern eingeschnitzt waren. Nach diesen Erfindungen folgten kunstreichere. Es gelang ihnen, die Formen aller Buchstaben des lateinischen Alphabets zu gießen. Diese Formen nannten sie Matrizen, und aus ihnen gossen sie hinwiederum eherne oder zinnerne, zu jeglichem Druck geeignete Buchstaben. Solche hatte man früher mit den Händen geschnitzt. Und in der Tat, wie ich vor beinahe dreißig Jahren aus dem Munde des Peter Schöffer von Gernsheim hörte, eines Mainzer Bürgers, des Schwiegersohnes des ersten Erfinders der Kunst, hatte die Buchdruckerkunst vom Anfang ihrer Entstehung an große Schwierigkeiten zu bekämpfen. Als sie nämlich beschäftigt waren, die Bibel zu drucken, hatten sie schon mehr als viertausend Gulden ausgegeben, bevor sie auch nur das dritte Quarternium [Lage von vier Bögen] zustande brachten. Der erwähnte Schöffer aber, damals Gehilfe, hernach Schwiegersohn des ersten Erfinders Fust, ein kluger gedankenreicher Kopf, dachte eine leichtere Art aus, Buchstaben zu gießen, und brachte die Kunst zur heutigen Vollendung. Diese drei hielten ihre Art und Weise zu drucken einige Zeit geheim, bis sie durch Gehilfen, ohne deren Mitwirkung die drei Männer die Kunst nicht selbst ausüben konnten, zuerst bei den Straßburgern und schließlich bei allen Nationen verbreitet wurde.

Zit. nach: Bernhard Pollmann (Hrsg.): Lesebuch zur deutschen Geschichte, Band II. Dortmund 1984, S. 13 f. In: Asmut Brückmann/Dietmar Schiersner: Historisch-Politische Weltkunde – Frühe Neuzeit. Stuttgart 2007, S. 27 f.

2 Lyoner Totentanz

Der Holzschnitt von Matthias Huß 1500 stellt die älteste bekannte Darstellung einer Druckereiwerkstatt dar. Die Darstellung ermahnt den Drucker und seine Mitarbeiter (Setzer, Farbauftrager, Buchhändler), dass auch sie sterblich sind.

3 Über den Wert von Büchern

Der italienische Humanist Polidorus Vergilius (1470–1555) schreibt 1499 über den Buchdruck:

Dieses Ereignis [Bibliotheksgründung] war in jeder Hinsicht ein großes Geschenk für die Menschen, jedoch reicht es in keiner Weise an das Geschenk heran, das unsere Generation erhalten hat: die neue Art zu schreiben. Wird doch an einem Tag von einem Menschen so viel Schriftliches gedruckt, wie kaum in einem ganzen Jahr mehrere schreiben könnten. Zufolgedessen ist eine so große Menge Bücher [...] auf uns eingeströmt, dass es kein bedeutenderes Werk mehr geben wird, das ein Mensch [...] vermissen müsste. Hinzu kommt noch, dass die Erfindung des Buchdrucks sehr viele griechische wie lateinische Autoren für alle Zukunft vor der Gefahr des Untergangs bewahrt hat. Darum darf man den Erfindern einer so wichtigen Sache nicht um seinen Ruhm betrügen, vor allem im Hinblick darauf, dass die Nachwelt wissen soll, wem sie den Empfang dieser göttlichen Wohltat zu verdanken hat.

Zit. nach: Hans Widman: Vom Nutzen und Nachteil der Erfindung des Buchdrucks – aus der Sicht der Zeitgenossen des Erfinders. Mainz 1973, S. 38 f. In: Achim Beyer/Jörgen Hartman et al.: Geschichte und Geschehen exempla. Leipzig 2003, S. 134.

4 Verbrennen „gottloser" Bücher
Gemälde von Pedro Berruguete, um 1501.

5 Folgen des Buchdrucks

Bereits Papst Innozenz VIII. (1432–1492) hatte 1487 die Bulle Inter multiplices zur Zensur „unfrommer Druckwerke" verabschiedet. Der Medici-Papst Alexander VI. (1431–1503) bestätigte diese Bulle 1501 abermals und schrieb dazu:

Da wir erkannt haben, dass durch die Buchdruckkunst sehr viele Bücher und Abhandlungen in den verschiedenen Teilen der Welt, namentlich in kölnischen, mainzischen, trierischen und magdeburgischen Sprengel, gedruckt worden sind, welche viele Irrtümer und verderbliche, ja selbst der christlichen Religion feindliche Lehren enthalten, so verbieten wir – bestrebt, einer derartigen verabscheuungswürdigen Verderbnis ohne Aufschub entgegenzutreten – allen Buchdruckern insgesamt bei Strafe der Exkommunikation und bei einer Geldstrafe, welche durch unsere ehrwürdigen Brüder, die Erzbischöfe von Köln, Mainz, Trier und Magdeburg oder deren geistliche Generalvikare aufzulegen und zu vollziehen ist, ernstlich, dass sie in Zukunft Bücher, Abhandlungen oder irgendwelche Schriften drucken oder drucken zu lassen irgendwo sich unterstehen, ohne zuvor darüber die Erzbischöfe oder genannte Stellvertreter um Rat zu fragen und ohne die besondere und ausdrückliche Erlaubnis ausgewirkt zu haben; und wir machen es jenen zur Pflicht, bevor sie solche Erkenntnis erteilen, das zu Druckende sorgfältig zu prüfen und fest darauf zu achten, dass nichts gedruckt werde, was dem strengen Glauben zuwider, gottlos oder Ärgernis erregend ist.

Zit. nach: Richard Leoning: Über Zensur und Pressefreiheit. Deutsche Rundschau 1891, S. 445.

Infragestellung des antiken Weltbilds

6 Kopernikus und das heliozentrische Weltbild

In der an den Papst Paul III. gerichteten Vorrede zu seinem Werk „Über die Umdrehungen der Himmelskreise" („De revolutionibus orbium coelestium") von 1543 äußert sich der Astronom Nikolaus Kopernikus zu seiner Vorgehensweise:

Ich dachte also lange Zeit über diese Unsicherheit der überlieferten mathematischen Lehren von der Berechnung der Umdrehungen der Weltsphären nach. Dabei empfand ich allmählich Widerwillen darüber, dass den Philosophen kein einigermaßen sicheres Gesetz für die Bewegungen der Weltmaschine bekannt sein sollte, die doch um unsertwillen vom besten und genauesten Werkmeister eingerichtet wurde, während dieselben Philosophen sonst hinsichtlich der geringsten Umstände dieses Kreislaufes so gründliche Untersuchungen anstellten. Daher machte ich mir die Mühe, die Bücher aller Philosophen, derer ich habhaft werden konnte, von neuem durchzulesen, um zu erforschen, ob einer vermutet habe, dass die Bewegungen der Weltsphären andere seien, als die Lehrer der Mathematik in den Schulen annehmen. Und in der Tat fand ich als Erstes bei Cicero, dass Hiketas der Meinung gewesen sei, die Erde bewege sich. Später entdeckte ich bei Plutarch, dass auch andere derselben Ansicht gewesen sind. […] Das war also für mich der Anlass, über die Beweglichkeit der Erde nachzudenken. Wenn auch diese Meinung absurd erschien, glaubte ich doch, dass wenn anderen vor mir die Freiheit zugestanden wurde, alle beliebigen Kreise zur Erklärung der Erscheinungen an den Gestirnen zu ersinnen, es auch mir

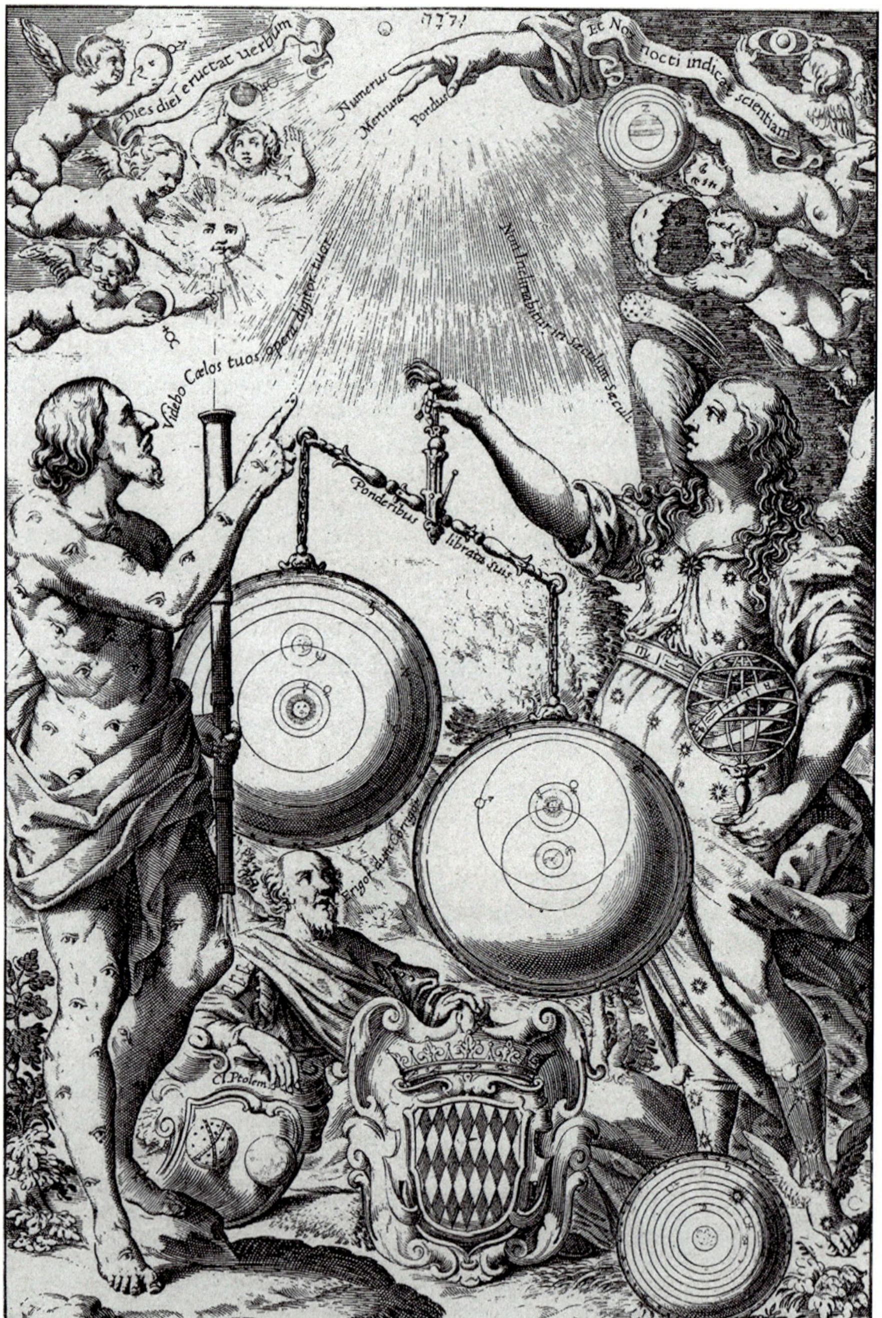

7 Die Weltsysteme von Ptolemäus, Tycho Brahe und Kopernikus

Frontispiz des Almagestum Novum von Ricciolo, 1651. Links an der Waage ist das kopernikanische System, rechts das des Tycho Brahe zu erkennen. Rechts unten befindet sich das ptolemäische System. Tychos Modell belässt die Erde im Mittelpunkt. Um diese dreht sich die Sonne, die wiederum von den Planeten umkreist wird. Hier wird dem System des Tycho Brahe der Vorzug gegenüber dem kopernikanischen gegeben, während das ptolemäische gleichsam auf dem Müll liegt. Die linke Gestalt in der erleuchteten Tageshälfte symbolisiert die Kunst der Beobachtung (Fernrohr), die rechte Gestalt in der Nacht die Astronomie mit der Armillarsphäre. Die Engel im Himmel tragen die Planeten (links: Mars, Venus, Sonne, Merkur; rechts: Saturn mit Ring, Jupiter mit Streifen und Monden, Mond der Erde, ein Komet). Die Hand Gottes ordnet die Welt nach Maß, Zahl und Gewicht.

ohne weiteres gestattet sei, auszuprobieren, ob bei den Umdrehungen der himmlischen Kugelschalen unter der Voraussetzung irgendeiner Bewegung der Erde Beweise gefunden werden könnten, die die früheren an Überzeugungskraft überträfen. Und so nahm ich die Bewegungen an, die ich später in meinem Werk der Erde zuschreibe, und fand durch vieles und langes Beobachten schließlich Folgendes heraus: Wenn die Bewegungen der übrigen Gestirne mit der Kreisbewegung der Erde zusammengesetzt und jeweils nach der Umlaufszeit eines jeden Gestirns berechnet werden, so ergeben sich heraus nicht nur die Erscheinungen bei jenen, sondern auch die Rangordnungen und Größen der Gestirne und aller Kreisbahnen, und der Himmel selber kommt in einen solchen inneren Zusammenhang, dass an keiner Stelle von ihm etwas verstellt werden kann, ohne seine übrigen Teile und das ganze Weltall in Unordnung zu bringen.

Jürgen Hamel: Nicolaus Copernicus. Leben, Werk und Wirkung. Heidelberg/Berlin/Oxford 1994, S. 307 f.

8 Melanchton über Kopernikus

Der Astronom Nikolaus Kopernikus (1473–1543) stieß mit seinen Schriften innerhalb kurzer Zeit eine intensive Diskussion an. Der Reformator Philipp Melanchthon (1497–1560) in seinen „Anfangsgründen der Naturlehre" (1549):

Unsere Augen bezeugen es, dass sich der Himmel in 24 Stunden herumbewegt. Und da haben nun einige, entweder aus Neuerungssucht oder um ihren Witz zu zeigen, sich ausgelassen, die Erde bewege sich, sie bestehen darauf, weder die achte Sphäre noch die Sonne bewege

9 Nikolaus Kopernikus
Anonymes Gemälde des 16. Jahrhunderts.

sich. Sie schreiben nämlich den übrigen Himmelskörpern eine Bewegung zu und versetzen auch die Erde unter die Gestirne. [...] Wenn auch scharfsinnige Meister vieles untersuchen, um den Witz zu üben, so ist es doch nicht schicklich, widersinnige Meinungen offen und frei im Ernst zu behaupten. Es ist ein Zeichen von guter Gesinnung, die von Gott gezeigte Wahrheit ehrfürchtig aufzunehmen und sich mit ihr zu beruhigen. Manche Physiker verlachen zwar einen, der göttliche Zeugnisse anführt. Trotzdem halten wir es für angebracht, Naturwissenschaft und Bibel zur Beurteilung zusammenzustellen und wegen der großen Dunkelheit des menschlichen Verstands uns bei dem göttlichen Ausspruch Rat zu holen, wo wir es nur immer können. Aufs Deutlichste versichert uns ein Psalm, dass die Sonne sich bewegt. Mit diesem klaren Zeugnis über die Sonne müssen wir uns zufrieden geben. [...] Und der Prediger Salomo sagt im ersten Kapitel: „Die Erde aber stehet ewiglich, die Sonne gehet auf und unter [...]“ Durch diese göttlichen Zeugnisse bestärkt wollen wir die Wahrheit festhalten und nicht dulden, dass durch die Gaukeleien von Leuten, die es noch für eine Ehrensache halten, die Wissenschaften durcheinanderzubringen, die Wissenschaften verwirrt und wir von der Wahrheit abgezogen werden. Bei der Umdrehung eines Kreises bleibt der Mittelpunkt unbeweglich, das ist allgemein bekannt. Die Erde befindet sich aber im Mittelpunkt der Welt, ganz wie das Zentrum des Weltalls, also ist die Erde unbeweglich.

Zit. nach: Adolf Kistner: Im Kampf um das Weltsystem (Kopernikus und Galilei). Voigtländers Quellenbücher Nr. 39. Leipzig 1912, S. 39–41.

10 Bodin über Kopernikus

Der französische Staatstheoretiker Jean Bodin (1530–1596) äußert sich in seinem letzten, 1596 erschienenen Werk „Universae naturae Theatrum“ zum kopernikanischen Weltbild:

Niemand mit Verstand oder mit der kleinsten Ahnung von Physik wird jemals glauben, dass die Erde schwer und groß um ihren eigenen Mittelpunkt und um den der Sonne hin- und herschwankt. [...] Würde sich die Erde bewegen, so würde weder ein senkrecht nach oben geschossener Pfeil noch ein von der Spitze eines Turmes fallen gelassener Stein senkrecht fallen, sondern entweder vorauseilen oder zurückbleiben. [...] Schließlich bleiben alle Dinge nach Aristoteles dort, wo sie einen ihrer Natur angepassten Ort finden. Da der Erde ein Platz zugewiesen worden ist, der ihrer Natur entspricht, kann sie nicht von einer anderen Bewegung als ihrer eigenen herumgeführt werden.

Zit. nach: Thomas S. Kuhn: Die kopernikanische Revolution. Braunschweig/Wiesbaden 1981, S. 195. Übers. H. Kühnelt

11 Bibel und Naturwissenschaft

Der Florentiner Mathematiker, Physiker und Astronom Galileo Galilei (1564–1642) schrieb im Jahr 1615 einen offenen Brief an Christina von Lothringen, Großherzogin der Toskana und Gemahlin seines Arbeitgebers Cosimo II. Medici:

Mir scheint, wir sollten in der Diskussion von Naturproblemen nicht von der Autorität der Bibeltexte ausgehen, sondern von der Sinneserfahrung und von notwendigen Beweisführungen. Denn die Heilige Schrift und die Natur gehen gleicher Weise aus dem göttlichen Wort hervor, die eine als Diktat des Heiligen Geistes, die andere als gehorsamste Vollstreckerin von Gottes Befehlen. Zudem ist es der Heiligen Schrift erlaubt (da sie sich dem Verständnis aller Menschen zuneigt), manche Dinge – soweit es die reine Wortbedeutung angeht – scheinbar abweichend von der absoluten Wahrheit zu sagen. Aber die Natur ist andrerseits unerklärlich und umwandelbar; sie überschreitet nie die Grenzen der Gesetze, die ihr auferlegt sind, so als ob es sie nicht kümmere, ob ihre dunklen Gründe und Wirkweisen dem Verstehen des Menschen greifbar sind oder nicht. Es ist klar, dass jene Dinge, natürliche Wirkungen betreffend, die entweder die Erfahrung der Sinne uns vor Augen stellt oder notwendige Demonstrationen uns beweisen, auf keinen Fall aufgrund von Schrifttexten, die wahrscheinlich etwas ganz anderes meinen, infrage gestellt oder gar verurteilt werden dürfen. Denn ein Ausdruck der Heiligen Schrift ist nicht an strikte Bedingungen gebunden wie jede Wirkung in der Natur; und Gott offenbart sich nicht weniger herrlich in den Wirkungen der Natur als in den heiligen Worten der Schrift.

Natürlich ist es nicht die Absicht des Heiligen Geistes, uns Physik oder Astronomie zu lehren oder uns zu zeigen, ob die Erde sich bewegt oder nicht. Diese Fragen sind theologisch neutral; wir sollten jedoch den heiligen Text respektieren und, wo es angebracht ist, die Ergebnisse der Wissenschaft benutzen, um seine Bedeutung zu erkennen.

Zit. nach: Alastair C. Crombie: Von Augustinus bis Galilei. Die Emanzipation der Naturwissenschaft. Köln/Berlin 1959, S. 433 f. Übers.: Hildegard Hoffmann.

12 Die Haltung der Kirche

Der neapolitanische Mönch Paolo Antonio Foscarini hatte in einer kleinen Schrift die heliozentrische Lehre und damit auch Galileis Ansichten gegen theologische Einwände verteidigt. Daraufhin schrieb ihm der römische Kardinal Robert Bellarmin (1542–1621), der auch theologischer Berater der Inquisition war, im Jahre 1615 einen Brief, in dem er die offizielle Haltung der Kirche zu diesem Problem darlegte:

Es scheint mir, dass Ihr und Signor Galilei klug tut, wenn Ihr Euch damit begnügt, nicht absolut, sondern ex suppositione (also hypothetisch) zu sprechen, wie es, wie ich immer geglaubt habe, Kopernikus getan hat. Denn wenn man sagt: Unter der Voraussetzung, dass die Erde sich bewege und die Sonne stillstehe, lassen sich alle Erscheinungen besser erklären als durch die Annahme der exzentrischen Kreise und Epizykel, so ist das sehr gut gesagt und hat keine Gefahr, und das genügt dem Mathematiker. Wenn man aber behaupten will, die Sonne stehe wirklich im Mittelpunkt der Welt und bewege sich nur um sich selbst, ohne von Osten nach Westen zu laufen, und die Erde stehe am dritten Himmel und bewege sich mit der größten Schnelligkeit um die Sonne, so läuft man damit große Gefahr, nicht nur alle Philosophen und scholastischen Theologen zu reizen, sondern auch unseren heiligen Glauben zu beleidigen, indem man die Heilige Schrift eines Fehlers überführt. [...] Aber ich werde nicht eher glauben, dass ein solcher Beweis geliefert sei, bis er mir vorgelegt wird. Es ist nicht die gleiche Sache, zu zeigen, dass die Erscheinungen durch die Annahme gerettet werden, die Sonne sei im Zentrum und die Erde in den Himmeln, als darzulegen, dass die Sonne wirklich im Zentrum ist und die Erde in den Himmeln. Ich glaube, dass der erste Beweis existieren mag, aber ich habe schwerste Bedenken, was den zweiten betrifft, und im Zweifelsfall soll man von der Auslegung der Schrift durch die Väter nicht abgehen.

Zit. nach: Albrecht Fölsing: Galileo Galilei. Prozess ohne Ende. Eine Biographie. Reinbek 1996, S. 299–301. In: Asmut Brückmann/Dietmar Schiersner: Historisch-Politische Weltkunde – Frühe Neuzeit. Stuttgart 2007, S. 51 f.

Arbeitsvorschläge

●●● a) Stellen Sie anhand von M1 bis M3 dar, inwiefern Johannes Gutenbergs Erfindung des Buchdrucks als technologische Revolution der Frühen Neuzeit angesehen werden muss.

○○●/●●● b) Fassen Sie die Argumente der Papstbulle gegen den Buchdruck zusammen. Überlegen Sie anschließend, welche weiteren Beweggründe den Papst zu deren Erlass veranlasst haben könnten (M5).

●●● c) Beurteilen Sie, welche Bedeutung Büchern (und somit auch der Erfindung des Buchdrucks) in der Vergangenheit zugemessen wurde und in der heutigen Zeit noch zugemessen werden muss.

○●●/●●● d) Erläutern Sie das neue Weltbild des Kopernikus (M6). Stellen Sie diesem anschließend die inhaltlichen Aussagen seiner Kritiker gegenüber und erläutern Sie deren kosmologische Vorstellungen.

●●● e) Informieren Sie sich über die unterschiedlichen Weltsysteme von Ptolemäus, Nikolaus Kopernikus und Tycho Brahe. Interpretieren Sie anschließend die Abbildung M7 unter Einbezug der gewonnenen Erkenntnisse.

○○●/○●● f) Nennen Sie die einzelnen Elemente des Bildes und erläutern Sie die verwendeten Symbole. Formulieren Sie anschließend die „Botschaft“ des Bildes aus der Sicht eines zeitgenössischen Betrachters (M9).

○○● g) Erläutern Sie anhand von M11 die Vorgehensweise und Ansichten Galileo Galileis. Erklären Sie anschließend anhand von M12, warum diese bei der katholischen Kirche auf Kritik und Ablehnung stießen.

●●● h) Erstellen Sie einen Antwortbrief Foscarinis an Bellarmin (M12).

●●● i) Beurteilen Sie den Umgang der katholischen Kirche mit Wissenschaftlern wie Galilei und deren Werken (M4, M12).

●●● j) Recherchieren Sie die Biographien des Nikolaus Kopernikus und des Galileo Galilei. Diskutieren Sie anschließend die These „Kopernikus und Galilei waren wissenschaftliche Revolutionäre“.

Grundwissen: Erfindungen und neues Weltbild

Bücher und Bildung im Mittelalter

Am weitreichenden und nachhaltigsten wirkte sich die Erfindung des Buchdrucks mit beweglichen Lettern über die eigentliche Epoche der Frühen Neuzeit auf die weitere Menschheitsgeschichte aus. Bis zu diesem Zeitpunkt hatte man noch entweder jede Seite und jedes Buch mühsam von Hand abschreiben müssen – eine Aufgabe, die vor allem Kleriker besorgten, da sie die nötigen Bildungsvoraussetzungen mitbrachten – oder jede Manuskriptseite mühsam in Spiegelschrift aus einer Holztafel für den späteren Druck von sogenannten Blockbüchern herausschnitzen müssen. Beides war nicht nur sehr zeitaufwändig und mühsam, sondern auch kostspielig. Zudem wurden die Drucktafeln bald rissig und ließen daher nur geringe Auflagen zu. Die Kenntnis des Lesens und Schreibens stellten somit Herrschaftswissen dar, über das vor allem Kleriker und Adelige verfügten. Ebenso besaßen im Mittelalter nur die Klöster, Universitäten und einige reiche Adelige Bücher und Bibliotheken. Der weitaus größte Teil der Bevölkerung (ca. 95 %) zählte zu den Analphabeten. An diesem allgemeinen Zustand der Lese- und Schreibunfähigkeit etwas zu ändern, hatte bislang kein wirkliches Interesse bestanden.

→ 1 S. 54

Johannes Gutenberg (1399–1468)
Erfinder des Buchdrucks mit beweglichen Lettern (um 1450). Kupferstich von 1683/84.

→ 2 – 5 S. 54 f.

Erfindung des Buchdrucks

Dies änderte sich erst mit dem Aufschwung des frühkapitalistischen Handels und Gewerbes. Hier entstand unter anderem bei Fernhandelskaufleuten wie den Medici und Fuggern erstmalig das Bedürfnis, Geschäftsvorgänge schriftlich zu dokumentieren. Dieser Umstand setzte schreib- und lesekundige Mitarbeiter voraus. Im ausgehenden Mittelalter erhöhte sich folglich die Zahl der Menschen, welche die Schule besuchten oder an den Universitäten studierten. Die Nachfrage nach Büchern nahm sprunghaft zu. Das billigere Papier, welches das teure Pergament zunehmend verdrängte, tat sein Übriges dazu, um das Bildungsmonopol des ersten Standes zu überwinden und einen folgenreichen gesellschaftlichen Innovationsprozess in Gang zu setzen.

Initiiert wurde dieser durch die Erfindung des Buchdrucks mit beweglichen Lettern durch Johannes Gutenberg (1399–1468) in Mainz. Um seine Erfindung bekannt und lukrativ zu machen, druckte Gutenberg zunächst die Bibel. Die Kirche war vorerst der wichtigste Auftraggeber. Bald folgten gedruckte Ablassbriefe, mit denen sich die Gläubigen gegen Geld Sündenvergebung kaufen konnten. Ebenso wurden früh Propagandaflugschriften gedruckt, um gegen die Bedrohung durch die Türken (→ s. Kapitel 2.8) zu mobilisieren.

Konsequenzen und Stellenwert der Erfindung

Von nun an konnten Bücher günstiger und schneller produziert werden. Waren von den Druckern zunächst noch weitgehend theologische Werke für kirchliche Kreise in kleiner und somit teurer Auflage gedruckt worden, so wandte man sich bald von dieser Geschäftspraxis ab, zumal humanistische Forscher und Gelehrte das Medium als eine Möglichkeit entdeckt hatten, ihre Forschungsergebnisse leichter, schneller, kostengünstiger und in weitaus größeren Stückzahlen zu verbreiten. Es entstanden nun Druckwerke unterschiedlichster Art: Bibeln, Rechtsbücher, Kräuterbücher, Romane, wissenschaftliche, medizinische und technische Abhandlungen. Fünfzig Jahre nach Erfindung des Buchdrucks gab es in 250 Städten Europas mehr als 1120 Druckereien und waren bereits 40 000 Titel in zehn Millionen Exemplaren gedruckt. Durch den Buchdruck wurde nicht nur der Aufschwung von Wissenschaft und Technik herbeigeführt, sondern auch die mediale Voraussetzung für die stark zunehmende Informationsverbreitung in allen Lebensbereichen gelegt. Erst mit dem Buchdruck verbreitete sich das neue Wissen rascher und war für breitere Bevölkerungsschichten und eine größere Leserschaft erreichbar. Viele Adlige, Gelehrte und reiche Bürger richteten sich nun Bibliotheken ein. Die massenhafte Verbreitung sorgte dafür, dass das Buch seinen Charakter als Luxusgegenstand allmählich verlor und zu einem allgemein zugänglichen Gebrauchsgegenstand wurde. Das Buch bildete somit das erste Massenmedium der Geschichte. Zudem kam der Erfindung des Buchdrucks auch eine politische und religiöse Bedeutung zu. Mit den neuesten Nachrichten, Flugblättern und Pamphleten, die nun in kürzester Zeit in der jeweiligen Landessprache gedruckt werden konnten, reagierten gesellschaftliche Interessengruppen auf aktuelle Ereignisse und nahmen so Einfluss auf die öffentliche Meinung. Zudem erschienen immer mehr Bücher in der jeweils eigenen Volkssprache und lösten das dort bisher vorherrschende Latein – deren Kenntnis wiederum nur den oberen Gesellschaftsschichten vorbehalten war – ab. Die Zeitgenossen waren somit nicht mehr darauf angewiesen, das zu glauben, was die Kirche oder weltliche Obrigkeit ihnen vorgab.

13 **Mittelalterliches Weltsystem nach der Vorstellung des Ptolemäus**
Faksimile nach Andreas Cellarius „Harmonia Macrocosmica", 1660.

Das alte Weltbild des Ptolemäus

Bereits in der Antike hatten einige Menschen die Auffassung vertreten, dass die Sonne im Mittelpunkt des Planetensystems stehe und sich die Erde wie auch alle anderen Planeten um diese drehe. Dagegen vertrat der griechische Philosoph Aristoteles (384–322 v. Chr.) die Ansicht, dass die Erde der Mittelpunkt des Kosmos sei. Diese Theorie wurde von dem im 2. Jh. n. Chr. in Alexandria tätigen Astronomen Claudius Ptolemäus ausgearbeitet und sollte sich im Laufe der Jahrhunderte durchsetzen. Ihr zur Folge war der Kosmos in zwei Bereiche – den irdischen und den himmlischen – unterteilt und durch die Sphäre des Mondes getrennt. In dem himmlischen Bereich, in dem göttliche Vollkommenheit und Unveränderlichkeit herrschte, drehten sich demnach auf konzentrischen, durchsichtigen und festen Kugelschalen (Sphären) alle anderen Himmelskörper – also auch die Sonne – um die Erde, welche stillstehend den Mittelpunkt des Universums bildete (geozentrisches Weltbild). Am laufen gehalten wurden diese Himmelskörper wiederum durch einen alles umfassenden göttlichen Beweger.

Das neue Weltbild des Kopernikus

→ 6 - 10 S. 55 ff.

Das geozentrische Weltbild blieb bis in die Frühe Neuzeit gültig, entsprach es doch den Vorstellungen der Bibel und katholischen Kirche, denen zur Folge der Mensch als göttliches Geschöpf auch im Zentrum dieses göttlich geschaffenen Universums leben müsse. An diesem Weltbild zu zweifeln bedeutete, Gott und somit die gesamten Glaubensgrundsätze der christlichen Religion in Frage zu stellen. Als Erster wagte dies der Astronom und Mathematiker Nikolaus Kopernikus (1473–1543), dem während seines Studiums Zweifel kamen, dass die Erde der Mittelpunkt des Kosmos sei. Ihm fiel auf, dass die Planetenbahnen nicht genau kreisförmig verliefen und sich die Gestirne mit unterschiedlichen Geschwindigkeiten bewegten. Aufgrund von jahrelangen Himmelsbeobachtungen und Berechnungen sowie auf der Basis griechischer Texte aus hellenistischer Zeit kam Kopernikus letztendlich zu dem Ergebnis, dass nicht die Erde, sondern die Sonne fest im Mittelpunkt des Universums stehen müsse. Dieser „neuen" heliozentrischen Theorie zur Folge kreiste die um sich selbst rotierende Erde mit anderen Planeten um ebenjene feststehende Sonne. Allerdings hielt Kopernikus weiter an der Existenz von unsichtbaren, aber festen Sphären fest, und auch die Vorstellung eines unendlichen Universums und des leeren Raums lag ihm völlig fern. Mit seiner Theorie, die erst kurz vor seinem Tod veröffentlicht wurde, schuf Kopernikus dennoch die Grundlage für das wissenschaftliche Weltbild der Neuzeit. Sein Name steht für eine tief greifende Wandlung auf wissenschaftlichem Gebiet: die „kopernikanische Wende".

Reaktion zeitgenössischer Gelehrter

→ 11 S. 58

Bestärkt wurde Kopernikus' Theorie durch den italienischen Mathematiker, Physiker und Astronom Galileo Galilei (1564–1642), welcher mithilfe eines neu entwickelten Fernrohrs und durch Beobachtungen des Nachthimmels die dessen Vorstellungen bestätigte. Andere zeitgenössische Gelehrte jedoch lehnten die Theorie des Kopernikus ab, da sie ihren augenscheinlichen Erfahrungen eklatant widersprach. So hielt der dänische Astronom Tycho Brahe (1546–1601) weiterhin am geozentrischen Weltbild fest – obgleich nach umfangreichen Beobachtungen und Messungen durch die Erkenntnis modifiziert, dass es keine undurchdringlichen Sphären am Himmel gab. Damit schuf Brahe wiederum die Voraussetzungen für die genaue Berechnung der Planetenbahnen durch Johannes Kepler (1571–1630). Nach dessen Berechnungen bewegten sich die nun von den vorgestellten Sphären befreiten Planeten nicht kreisförmig, sondern elliptisch um die Sonne.

14 Weltsystem nach den Vorstellungen des Kopernikus
Faksimile nach Andreas Cellarius' „Harmonia Macrocosmica", 1660.

→ 12 S. 58 f.

Haltung der Kirche

Das kopernikanische Weltbild widersprach allen biblischen Vorstellungen zum Schöpfungsprozess der Erde und forderte somit die Autorität der Kirche heraus. Mit der Aufgabe des geozentrischen Modells verlor in ihren Augen auch der Mensch seine Bedeutung als Krone der göttlichen Schöpfung, die ihm von der christlichen Theologie jahrhundertelang eingeräumt worden war. Die Kirche lehnte die kopernikanische Theorie daher grundlegend ab. Hatte Kopernikus noch bis zu seinem Tod aus Angst vor der Inquisition gezögert, seine Auffassungen zu publizieren, so mussten in den folgenden 200 Jahren auch alle diejenigen, die sich zum heliozentrischen Weltbild bekannten, mit kirchlicher Kritik und Verfolgung rechnen.

Ketzerprozess gegen Galilei

Als etwa Galilei seine Erkenntnisse veröffentlichte, reagierten die kirchlichen Autoritäten mit Gegenmaßnahmen. Galilei wurde 1616 vom höchsten kirchlichen Gericht ermahnt, seine astronomischen Ansichten aufzugeben. Obwohl er mit den kirchlichen Autoritäten immer wieder das Gespräch suchte, wurde er 1632 nach Rom zitiert, von dem Inquisitionstribunal als Ketzer angeklagt und ihm 1633 der Prozess gemacht. Unter Androhung der Folter und um dem Tod auf dem Scheiterhaufen zu entgehen, widerrief Galilei letztendlich alle seine Erkenntnisse. Dennoch wurde er zu lebenslanger Haft verurteilt, die später in Hausarrest umgewandelt wurde. Galileis wissenschaftlichen Schriften wurden verboten und verbrannt. Er selbst verbrachte seine letzten Lebensjahre verbittert und isoliert. So bestimmte das alte geozentrische Weltbild weiterhin lange Zeit das Bewusstsein der Menschen. Im 18. Jahrhundert begann sich das heliozentrische Weltbild allmählich durchzusetzen. Aber erst im Oktober 1992 bekannte sich die katholische Kirche mit einer posthumen Rehabilitation Galileis öffentlich zu ihrem Fehlurteil.

1.5 Frühkapitalismus und Monopolhandel

A) Was machten die Veränderungen im Wirtschaftsleben aus unserer heutigen Sicht so modern?
B) Welches waren die Schattenseiten der frühkapitalistischen Veränderungen?

Wirtschaftlicher Aufstieg Norditaliens

1 Bedeutung der Tuchindustrie für Florenz

Bericht des Florentiner Chronisten Villani (1276–1348) über die Zustände in seiner Heimatstadt 1336–1338:

Man zählte 1 500 adelige und reiche Bürger. [...] Das Gebiet von Florenz zählte ungefähr 80 000 Menschen. [...] Die Betriebe der Wollzunft waren zumindest in der Zahl von 200, sie stellten [jährlich] zwischen 70 000 und 80 000 Tuchstücke her, die einen Wert von mehr als 1 200 000 Gulden hatten. Ein gutes Drittel dieser Summe blieb in der Stadt. [...] Mehr als 30 000 Personen lebten davon. 30 Jahre früher waren es gut 300 Betriebe, welche mehr als 100 000 Tuche jährlich herstellten; aber diese Tuche waren grob [...] und weniger als die Hälfte wert. Denn in dieser Zeit führte man keine englische Wolle ein und man wusste noch nicht, wie man sie bearbeiten musste, was man erst später lernte.

Zit. nach: G. Fourquin: Histoire économique de l'occident medieval. Collection U. Paris 1969, S. 414. Übers.: Martin Wicke.

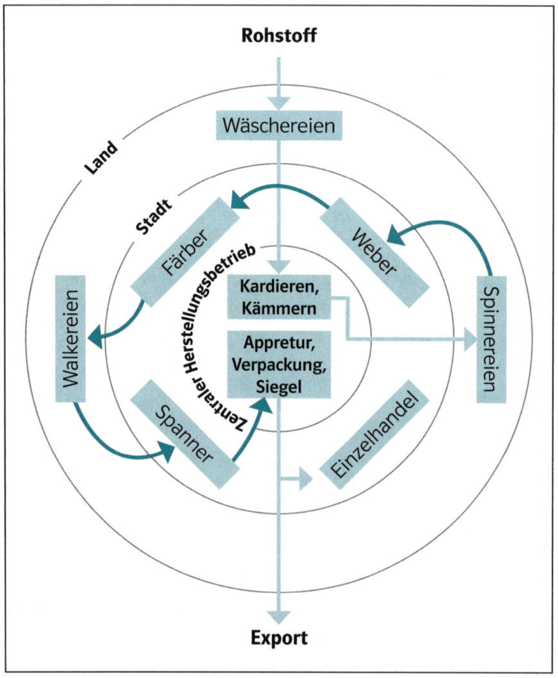

2 Grafik der verschiedenen Arbeitsvorgänge bei der Wollherstellung, der Arbeitsorganisation und der Aufteilung zwischen Stadt und Land

3 Schwierige Versorgung der urbanisierten Stadtbevölkerung

Nach Abebben der Pestepidemien nahm im 15. Jahrhundert die Stadtbevölkerung in Europa wieder zu. Dies stellte bald eine große Herausforderung dar, um z. B. Lebensmittel und billige Kleidung in ausreichender Menge in die Ballungsräume wie Norditalien oder Flandern bzw. wachsende Residenzstädte von Fürsten zu transportieren.

Einfache Leute aßen vor der Verbesserung ihrer Ernährung im 15. Jh. relativ wenig Fleisch, aber selbst „relativ wenig“ erreichte bei 200 000 Menschen [ungefähre Größe von Paris] eine beachtliche Größenordnung, besonders wenn man die großen Mengen hinzurechnet, die der Hof und der Adel konsumierten. Vor Einführung der Kühltechnik wurde das Vieh normalerweise dort geschlachtet, wo es verzehrt wurde, sodass man große Stückzahlen als Lebendvieh nach Paris treiben musste [...]. Die große Masse der Bevölkerung benötigte auch gewaltige Mengen preiswerter Kleidungsstücke. Davon stammte einiges von abgelegten Kleidungsstücken der Wohlhabenderen, die an ihre Dienstboten weitergegeben oder Flickschneidern verkauft wurden, die sie immer wieder umänderten. Einen anderen Teil stellte man neu aus billigerem Wolltuch her, wovon das meiste vor Ort gewoben wurde. [...]
Was für Paris galt, traf, wenn auch in geringerem Maße, auch auf andere Hauptstädte zu. Einige, wie zum Beispiel London, Neapel oder Palermo, konnten im Grunde aus ihren eignen Ländern mit den notwendigen Lebensmitteln und Brennstoff versorgt werden. Bei anderen war das nicht der Fall, und diese lösten die Entwicklung des Fernhandels mit Massengütern aus. [...]
Im Gegensatz zu Paris oder London, die im Wesentlichen von Frankreich beziehungsweise England ernährt werden konnten, mussten die Städte der Niederlande und Norditaliens häufig aus großen Entfernungen versorgt werden. [...] Wegen eines von der Küste bis nach Köln entlang verlaufenden Gürtels von Haupt- und Industriestädten war es häufig unmöglich, mehr als einen kleinen

Teil der Bevölkerung aus der Umgebung zu versorgen, [...]. Mitte des 15. Jhs. erreichte die Stadtbevölkerung von Flandern, Brabant und Holland zusammen 470000, und somit war am Ende des Jahrhunderts Ostseegetreide in diesen Städten wieder gefragt. Bis ins späte 15. Jh. war Brügge die bedeutendste Einfuhrstelle für die gesamte Region, aber einiges Getreide und Salz lief – in zunehmendem Umfang – über Antwerpen und Amsterdam und gelangte daher auf Binnenwasserwegen zu den Städten mit Bedarf. Gent, die größte Stadt in der Region und folglich der wichtigste Getreidekonsument, versuchte ein Monopol für alle Getreideimporte nach Flandern zu errichten, mit Ausnahme der für Brügge.

Im späten Mittelalter waren die Bewohner in den Städten des Manufakturgürtels zwischen Calais und Köln hauptsächlich auf die Fleischversorgung durch Rinder aus dem Gebiet westlich [...] von Utrecht und aus Friesland angewiesen. Das Vieh wurde zuerst nach Norden ins Brabant geführt, im Umland [...] gemästet und dann weiter zum Schlachten in die großen Städte getrieben. Im 15. Jh. wurden in Dänemark zusätzlich Rinder für die städtischen Märkte in Flandern, Brabant und Holland gehalten. Nach ihrem Verkauf auf den Viehmärkten Hamburgs wurden auch sie über das nördliche Brabant in die Städte getrieben. [...]

Norditalien wies eine noch höhere Bevölkerungskonzentration auf als die südlichen Niederlande und folglich waren dort die Probleme der Eigenversorgung entsprechend größer. Die Zahl der zu ernährenden Menschen war weitaus höher als in Paris. Obgleich sehr fruchtbar, konnten die ländlichen Gebiete der Toskana und der Lombardei mit ihren mittelalterlichen Erträgen die dortigen Städte

Entwicklung des modernen Bankwesens

4 Szene in einem italienischen Bankhaus

*Die obigen Abbildungen stammen aus der illustrierten Ausgabe der „Abhandlung über die sieben Sünden" (Tractatus de vitiis septem) vom Ende des 14. Jahrhunderts. Auf der **ersten Abbildung** weist der Besitzer der Bank (2. v. r.) mit grauem Haar als Zeichen seines Alters seine Angestellten zum Dienst am Kunden an. Ein wohlhabender Kunde (1. v. r.), an feiner Kleidung erkennbar, hebt Geld von der Bank ab. Die Inschrift auf der Tafel oben links lautet: „Ihr sollt Witwen und Waisen nicht bedrücken. Wenn sie zu mir schreien, so werde ich sie erhören. Dann wird mein Zorn entbrennen, dass ich euch mit dem Schwert töte und eure Frauen zu Witwen und eure Kinder zu Waisen werden." (Bibel, 2. Buch Mose K. 22, V. 21–23) Rechts daneben weist Christus mit der Geste der Rede, des Eingreifens, auf Gottes Gebot hin. Das Georgskreuz (oben rechts und links), rot auf weißem Grund, erinnert an die Kolonnaden des Palazzo San Giorgo in Genua, 1260 für den Handel erbaut. Die Geldtruhe hat vier Schlösser. Zur Sicherheit waren verschiedene Schlüsselhalter üblich. Das Schwert am Gürtel des sie füllenden Mannes führt die Sicherheit des Depots in der Bank vor. Auf der **zweiten Abbildung** sieht man links einen wohlhabend gekleideten Kunden eine Transaktion im Buch der Bank gegenzeichnen. Der Notar (2. v. l.) zeigt auf zwei zugehörige Spalten. Die Rechnungsbücher wurden offengelegt, um die Bankgeschäfte transparent zu machen.*

Nach: Geschichte lernen 130. „Weltwirtschaft", S. 13.; Bildanalyse von Roza Passos Faunce, University of Melbourne, 2008. Übers.: Wolfgang Geiger.

nicht einmal annähernd versorgen. Getreide musste aus anderen Gegenden am Mittelmeer über Venedig, Pisa und Genua importiert werden, ebenso Wein und Öl. Fleisch für die Städte nördlich der Apenninen lieferten Rinder aus ungarischer Züchtung. [...] Ungarn lieferte gleichermaßen auch Fleisch für die süddeutschen Städte. In der Toskana war Hammelfleisch wichtiger. Riesige Schafherden wurden von Süditalien heraufgetrieben. Von einigen einzelnen Unternehmern ist bekannt, dass sie bis zu 7000 oder 8000 Schafe und Ziegen pro Jahr zum Viehmarkt am Ufer des Arno brachten.

Peter Spufford: Handel, Macht und Reichtum. Laufleute im Mittelalter. Stuttgart 2004, S. 76 ff. Übers. Erwin Fink/Horst M. Langer

5 Der Historiker Niall Ferguson über den Aufstieg der Medici (2009)

Wohl kaum eine andere Familie hat jemals eine Epoche derart geprägt wie die Medici die Renaissance. Zwei Familienmitglieder wurden Päpste (als Leo X. und Klemens VII.), zwei wurden französische Königinnen (Katharina und Maria), andere trugen den Titel eines Herzogs [...] Die Medici förderten die ganze Bandbreite der Künste und Wissenschaften und deren Genies, von Michelangelo bis Galileo. Und ihre prächtige architektonische Hinterlassenschaft umgibt den Besucher von Florenz heute noch [...].

Aber woher kam all diese Pracht? Woher stammte das Geld, mit dem Meisterwerke wie Botticellis Geburt der Venus bezahlt wurden? Die Antwort ist einfach: Die Medici waren Devisenhändler und Mitglieder der Arte de Cambio, der Gilde der Geldverleiher. Sie wurden Bankiers (banchieri) genannt, weil sie, wie die Juden in Venedig, ihre Geschäfte buchstäblich auf Bänken abwickelten, die hinter auf die Straße gestellten Tischen standen. [...]

Bis in die 1390er Jahre waren die Medici, wie man mit Fug und Recht sagen kann, eher Gangster als Bankiers gewesen: ein kleiner Clan, der vor allem für Gewalttätigkeit und weniger für Leistungen in der Hochfinanz bekannt war. Zwischen 1343 und 1360 wurden nicht weniger als fünf Medici wegen Kapitalverbrechen zum Tod verurteilt. Dann setzte es sich Giovanni di Bicci de' Medici zum Ziel, die Medici zu einer ehrbaren, angesehenen Familie zu machen. Durch harte Arbeit, nüchterne Lebensführung und sorgfältige Kalkulation erreichte er, was er sich vorgenommen hatte. 1385 wurde er Geschäftsführer der römischen Niederlassung der von seinem Florentiner Verwandten Vieri di Cambio de' Medici geleiteten Bank.

In Rom gelangte Giovanni als Devisenhändler zu Ansehen. Der Vatikan war in Anbetracht der vielen verschiedenen Währungen, in denen er Gelder einnahm und ausgab, in vieler Hinsicht ein idealer Kunde. [...] Es gab damals eine Vielzahl von Münzsystemen mit Münzen aus Gold, Silber oder unedlen Metallen, so dass Fernhandelsgeschäfte oder Steuerzahlungen von Experten abhingen, die das Geld umrechnen und wechseln konnten. [...]

Von besonderer Bedeutung für die frühen Geschäfte der Medici waren Wechsel (cambium per literas), die sich im Mittelalter als Mittel für die Finanzierung von Handelsgeschäften herausgebildet hatten. Schuldete ein Kaufmann einem anderen eine bestimmte Summe, die er erst nach Abschluss einer weiteren Transaktion würde zahlen können, konnte der Gläubiger einen Wechsel auf den Schuldner ziehen und diesen entweder seinerseits als Zahlungsmittel einsetzen oder bei einem Bankier mit einem Abschlag gegen Bargeld eintauschen. Während die Erhebung von Zinsen als Wucher verurteilt wurde, stand es jedem geschickten Händler frei, mit solchen Transaktionen einen Gewinn zu erzielen. Darin bestand im Wesentlichen das Geschäft der Medici. Es gab keine Schecks – die Anweisungen wurden mündlich gegeben und in den Büchern der Bank festgehalten. Es gab keine Zinsen – die Einleger erhielten discrezione (entsprechend dem Jahresgewinn der Bank), um sie für das Risiko der Geldeinlage zu entschädigen. [...]

Der eigentliche Schlüssel zu ihrem Erfolg war Diversifikation und nicht so sehr schiere Größe. Während ältere italienische Banken monolithisch strukturiert waren und durch Zahlungsverzug eines einzigen Schuldners ins Wanken gebracht werden konnten, bestand die Medici-Bank im Grunde aus einer Vielzahl von Partnerschaften, von denen jede auf einem speziellen, regelmäßig neu ausgehandelten Vertrag beruhte. Niederlassungsleiter waren keine Angestellten, sondern Juniorpartner, deren Arbeit mit einem Gewinnanteil vergütet wurde. Dieser dezentrale Aufbau machte die Medici-Bank so profitabel. Mit einem Kapital von 20000 Florin im Jahr 1402 und nicht mehr als 17 Mitarbeitern erwirtschaftete sie zwischen 1397 und 1420 einen Gewinn von 151820 Florin – 6326 im Jahr, was einer Gewinnmarge von 32 Prozent entspricht. [...]

Niall Ferguson: Der Aufstieg des Geldes. Die Währung der Geschichte. Berlin 2009, S. 40–43. Übers. Klaus-Dieter Schmidt

6 N. Ferguson über den Export des italienischen Bankensystems (2009)

Das italienische Bankensystem wurde zum Vorbild jener Nordeuropäer, die in den folgenden Jahrhunderten die größten kommerziellen Erfolge erzielen sollten, insbesondere der Holländer und Briten, aber auch der Schweden. In Amsterdam, London und Stockholm setzte denn auch die nächste Welle finanzieller Innovationen ein, als dort die Vorläufer der modernen Zentralbanken entstanden. Im 17. Jahrhundert wurden drei völlig neue Institutionen geschaffen, die auf jeweils eigene Weise sowohl eine öffentliche als auch eine private finanzielle Funktion erfüllen sollten.

In Amsterdam wurde 1609 die Wisselbank (Wechselbank) gegründet, um die praktischen Schwierigkeiten zu lösen, die sich für die Kaufleute aus dem Umlauf verschiedener Währungen ergaben. Immerhin gab es in den Vereinigten Provinzen nicht weniger als 14 Münzstätten sowie ausländische Geldstücke in Hülle und Fülle. Indem sie es Kaufleuten ermöglichte, Konten in einer einheitlichen Währung einzurichten, wurde die Wisselbank zum Pionier auf dem Gebiet von Girokonten und Abbuchungen beziehungsweise Überweisungen, auf dem wir uns heute wie selbstverständlich bewegen. Damit konnten immer mehr Transaktionen abgewickelt werden, ohne dass sich die gehandelten Geldbeträge in Gestalt von Münzen materialisieren mussten. Kaufleute konnten jetzt Zahlungen einfach dadurch erledigen, dass sie die entsprechenden Beträge von ihren Bankkonten abbuchten und den Konten ihrer Handelspartner gutschreiben ließen. […]

Fast ein halbes Jahrhundert später, 1656, wurde in Stockholm die schwedische Riksbank gegründet. Sie erfüllte die gleichen Funktionen wie die Wisselbank, war aber auch als Lanebank gedacht, das heißt, sie sollte nicht nur den bargeldlosen Zahlungsverkehr ermöglichen, sondern auch Kredite vergeben. […]

Während in den Finanzzentren Nordeuropas die italienischen Bankverfahren verbessert wurden, hinkte ein Land bezeichnenderweise weit hinterher. Mit einem Überfluss an Edelmetall geschlagen, versäumte es das mächtige Spanien, ein komplexes Banksystem zu entwickeln. Stattdessen stützte man sich auf kurzfristige Vorauszahlungen von Antwerpener Kaufleuten für künftige Silberlieferungen. Der Gedanke, dass Geld in Wirklichkeit weniger mit Metallen als mit Kredit zu tun hat, wurde in Madrid nie ganz verstanden. Tatsächlich geriet die spanische Krone zwischen 1557 und 1696 bei der Rückzahlung ihrer Schulden, ob nun eines Teils oder der Gesamtheit, nicht weniger als 14 Mal in Zahlungsverzug. Vor diesem Hintergrund konnte auch alles Silber von Potosí die Kreditwürdigkeit Spaniens nicht stärken. In der modernen Welt fällt die Macht den Bankiers zu, nicht den Bankrotteuren.

Niall Ferguson: Der Aufstieg des Geldes. Die Währung der Geschichte. Berlin 2009, S. 45–49. Übers. Klaus-Dieter Schmidt

Herausbildung frühmoderner Handelsgesellschaften

7 Gut angelegtes Geld

Der Bankier Lorenzo de Medici begründete, warum seine Familie viel Geld für Kunst und Architektur ausgab, wie folgt: „Obwohl viele denken mögen, wir hätten ein Teil dieser Summe im eigenen Geldbeutel behalten sollen, bedaure ich die Ausgaben nicht, denn ich glaube, dass das Geld in der Förderung bedeutender öffentlicher Gebäude gut angelegt ist." (Aus den Steuerlisten der Stadt Florenz, 1457. Der Steuersatz entsprach ca. 0,5 % des jeweiligen Besitzes.)

Wer zahlte wie viel Steuern?

Zahl der Haushalte	Steuer pro Jahr
3 000 Arme, ohne Besitz	keine
die nur vom Lohn lebten	unter 1 Gulden
5 720	1–10 Gulden
1 689	10–50 Gulden
216	50–100 Gulden
3*	100 und mehr Gulden

* *Die Familien Medici (576 Gulden), Benci (132 Gulden) und Rucellai (102 Gulden).*

Was zahlten die Medici für öffentliche Bauten?	
1391–1434	36 000 Gulden
1434–1464	400 000 Gulden
1464–1471	263 000 Gulden

Wer schuldete den Medici Geld?	
der englische König, 1480–1500	30 000 Gulden
die Herzöge von Burgund, 1489	148 000 Gulden
der französische König, 1516	300 000 Gulden

Gewinne der Medici-Bank und ihrer Filialen	
Florenz	25 000 Gulden
Avignon	8 000 Gulden
London	17 000 Gulden
Rom	88 500 Gulden
Venedig:	63 000 Gulden
Wollbetriebe I + II	10 500 Gulden
Seidenbetrieb	19 000 Gulden

Zusammengestellt nach: R. de Roover: The Rise and Decline of the Medici Bank, 1397–1494. Cambridge/Mass. 1963, S. 29 ff., 69.

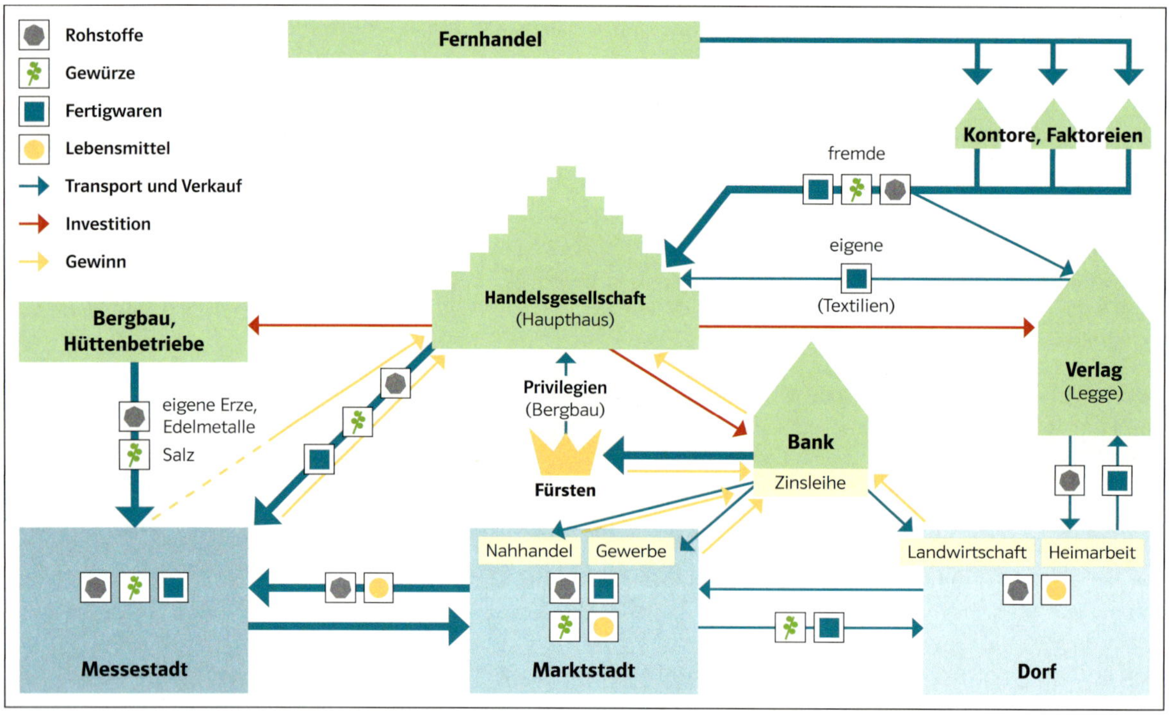

8 **Die Entwicklung einer Handelsgesellschaft im 15./16. Jahrhundert**

9 Ein Geschäftsvertrag aus der Zeit des Frühkapitalismus

Vertrag über eine Handelsgesellschaft auf 12 Jahre zwischen einem Kaufmann aus Leipzig und einem aus Antwerpen:

Wir, die Unterzeichnenden mit Namen […] bekennen mit diesem offenen Brief für uns und unsere Erben und tun kund all denen, die denselben sehen, hören oder lesen, dass wir […] uns zusammen verbunden haben und verbinden, einen Handel anzufangen auf den 1. Januar 1526 und in selbem Handel zu bleiben 12 Jahre lang. […]

Zum anderen haben wir uns vereint und sind damit wohl zufrieden, dass jeder von uns beiden Macht haben soll […], unser eigenes Kapital oder Geld […] in diesen Handel zu legen, es sei viel oder wenig. […] Jedoch soll verzeichnet werden, wie viel, auch auf welche Zeit […], auf dass wir in Beschluss unserer gemeinsamen Rechnung wissen mögen, einem jeden seinen gebührenden Teil [am Gewinn] zu überantworten. […]

Weiter haben wir uns vereint, dass alles Geld, das wir in diesem Geschäft als Kredit oder auf Zins aufnehmen mögen während der 12 Jahre oder so lange, wie wir miteinander handeln, und welcher Nutz oder Schaden damit geschaffen werde, es uns beide halb betreffen soll. Es soll auch einer allein von uns nicht Macht haben, Geld von andern Leuten in diesen unsern Handel zu legen, anzunehmen, es sei denn, er habe dasselbe dem andern vorher schriftlich mitgeteilt, auch muss der andere zuvor seine Zustimmung geben und also damit zufrieden sein. […]

Es soll auch unser jeder auf sein Geld zehren und Kost halten, wenn er zu Leipzig oder Antwerpen ist. Da jeder von uns tägliche Nahrung für seine Familie oder seine Bedürfnisse braucht, soll jeder jährlich bis zu 500 fl. [Florin = Gulden] rheinisch aus dem Geschäft herauszunehmen Vollmacht haben und nicht mehr. […]

Weiter ist unser Wille und unsere Meinung, dass wir alle drei Jahre am 1. Januar in unserem Handel eine Hauptrechnung [Bilanz] beschließen und halten wollen. […]

Nach Beschluss gemeiner Rechnung soll einer dem andern klar anzeigen, wo unser Gut, Schuld und Pfennwerte [Waren in kleinen Mengen für den Einzelverkauf] sind […], so dass man erfahren mag, welchen Gewinn oder Nutzen sie geschaffen haben. […]

Wer aber sieht, dass von uns einer im Handelsgeschäft gefangen wurde, soll er ihn mit einem Lösegeld von nicht höher als 500 fl. freikaufen. Sonst soll er vom privaten Geld und nicht von des Handels Geld zahlen.

Zit. nach: H. Helbig (Hrsg.): Quellen zur älteren Wirtschaftsgeschichte Mitteldeutschlands, III. Teil. Weimar 1953, S. 49 ff. In: Volkmar Wittmütz (Hrsg.): Politische und soziale Wandlungen am Beginn der Neuzeit. Frankfurt 1974, S. 34 f.

10 **Frühkapitalistische Handelsgesellschaften am Beispiel der Fugger um 1500**

11 Großkaufleute und Erzhandel

Der Kaufmann Jakob Fugger (1459–1525) war unter anderem aktiv im Bergbau und im Erzhandel. 1525 gewährte der sechs Jahre zuvor durch Fuggers Unterstützung gewählte Kaiser Karl V. (1500–1558) dem Erzgroßhandel in Deutschland folgendes Privileg:

Dieweil nun […] die Bergwerke, deren im Heiligen Römischen Reiche und deutschen Landen mehr denn sonst an einem Orte in der ganzen Christenheit erbaut werden, […] die größte Gabe und Nutzbarkeit ist, so der Allmächtige deutschen Landen mitgeteilt hat, nicht allein des großen Schatzes halber, so daraus durch viel Gold, Silber, Kupfer, Zinn, Quecksilber, Blei, Eisen und andere Metalle, welches sich […] jährlich auf zwanzigmalhunderttausend Gulden erstreckt, erbaut und gearbeitet wird, sondern da auch in deutschen Landen etliche hunderttausend Menschen […] sonst ihre notdürftige Nahrung nicht haben möchten. Allein aus dem Abbauen, Arbeiten und Schmelzen und außerdem durch den Transport dieser Metalle in viele Länder ernähren sich insgesamt viele andere Leute auf vielerlei Weise wie Fuhrmann, Wirt, Bürger und gemeiner Handwerksmann überall auf den Straßen, auf dem Land und in den Städten, desgleichen die Fürsten und Herren ihr Einkommen an Fronen und Wechseln, Zöllen und Mauten stark mehren und erhöhen, […] so sollen die Bergwerke […] durch alle Wege und Mittel […] gefördert werden.

Aber unter allen Vorsehungen und Mitteln, durch welche der Betrieb und die stattliche, fruchtbare und dauernde Unterhaltung der Bergwerke gefördert und gehoben werden mag, ist kein dienstlicheres und beständigeres gefunden worden, denn das Gold, Silber, Kupfer, Quecksilber und andere Metalle durch gute Ordnungen viel besser in einem guten und gültigen, gleichen und beständigen als in einem schlechten, geringen, niedrigen und ungleichen Wert zu verkaufen und zu kaufen, […] und also sie nicht in viele, sondern in eine oder wenige Hände zu verkaufen, kommen und verhantieren zu lassen, wie denn solches […] länger denn seit 40 Jahren in unserer Grafschaft Tirol […] der Gebrauch gewesen ist. (Daher, so erklärt der Kaiser, seien die Bestimmungen über Monopole und Fürkäufe auf den Erzhandel nicht anzuwenden.)

Zit. nach: Jakob Strieder: Studien zur Geschichte kapitalistischer Organisationsformen. München/Leipzig 1914, S. 375 f. In: Volkmar Wittmütz (Hrsg.): Politische und soziale Wandlungen am Beginn der Neuzeit. Frankfurt am Main 1974, S. 35 f.

12 **Allegorie auf den Handel**

Ausschnitt aus einem Holzschnitt von Jost Amman (16. Jahrhundert). Das Bild zeigt Tätigkeiten in einem großen Kaufmannshaus.

Monopolvorwurf und Kritik der Kirche

13 Das Monopolproblem vor dem Reichstag

Aus dem Bericht eines Reichstagsausschusses über Monopole (1522):

Erstlich von dem Ursprung des Wortes Monopolia. Monopolia ist ein kriegisch [griechisches] Wort, welches seinen Ursprung hat von dem Worte Monos, das ist allein, und Polonie, das ist Verkauf. Gleich als spräch jemands: Ich allein verkauf das oder jenes.

Item oben genannte Monopolia, Vereinigung, Verbindung, Gesellschaften und ihr Verkauf wird nicht allein allererst itzo dem gemeinen Nutzen unleidlich und unträglich erfunden, sondern sind dieselben wie früher durch den Römischen Kaiser und Rechtsetzer als sehr schädlich, verderblich und sträflich geachtet und erkannt, dass dieselben Übertreter alle ihre Güter verloren und darzu außerhalb ihrer Wohnung in ewigs Elend verurteilt sein sollen. [...]

Die Gesellschaften haben es besonders auf die Waren abgesehen, deren man am wenigsten entbehren mag; und wenn eine nicht reich genug ist, so nimmt sie eine andere zu Hilfe und beide bringen dann die betreffende Ware ganz in ihre Hand. Wenn ein armer kleiner Kaufmann von ihnen dieselbe aufgezwungene Ware kaufen und dann die Ware andernfalls seiner Nahrung nach vertreiben will, so sind ihm gedachte große Hantierer von Stund an auf dem Nacken, haben den Überschwall derselben Ware, können diese wohlfeiler, auch auf langen Borg hingeben; damit wird dieser Arme bedrängt, kommt es zu Schaden und etliche zum Verderb.

Welche Vorschläge sind nun zur Vermeidung genannter verbotener Fürkäufe zu machen?

1. Es sollen Gesellschaften oder einzelne Personen nur bis zu 20000, 40000 oder zum meisten 50000 Gulden Hauptgut (Kapital) zum Handel brauchen. [...]
3. Dieses Hauptgut darf nicht durch Gewinn vermehrt werden.
4. Es darf zu Handelszwecken kein Geld um Zinskauf entlehnt werden, da dies ungöttlich und wucherlich, auch gemeinem Nutzen nachteilig und schädlich ist.
5. Keinerlei Ware darf in eine Hand gebracht werden.
7. Kein Kaufmann darf auf einen Kauf mehr über 100 Zentner Pfeffer, 100 Zentner Ingwer und von keinerlei Spezerei, wie die Namen hat, über 50 Zentner kaufen; auch nach solchem Kauf in einem Vierteljahr derselben Ware keine mehr führen oder kaufen.

Harald Scherrinsky/Walter Wulf (Hrsg.): Renaissance, Reformation und Glaubenskämpfe. Frankfurt/Berlin/München 1975, S. 45. (sprachlich leicht dem heutigen Deutsch angepasst)

14 Plädoyer für große Handelsgesellschaften

Der Humanist Konrad Peutinger (1465–1547) schreibt 1530 in seinem Monopol-Gutachten an Kaiser Karl V.:

Der erste öffentliche Ratschlag [der Gegner der freien Wirtschaft] ist es ja, dass weder einer Gesellschaft noch irgendeinem einzelnen Kaufmann erlaubt sein soll, mehr als [...] höchstens 50000 Gulden Geschäftskapital zu haben, [...] und außerhalb seines eigenen Wohnsitzes mehr als drei Filialen zu besitzen, dass jeder einzelne Kaufmann zu jährlicher Rechenschaft gezwungen sein und dass es ihm nicht erlaubt sein soll, Kapital mit Zinsen [...] oder auf andere Weise zu vermehren usw. Es muss gewissenhaft vermerkt werden [...], dass, wenn nur in dieser einen, sehr strengen Art mit dem Kapital umgegangen werden darf, nicht nur die großen deutschen Handelsgesellschaften mit ihren Geschäften aus allen ausländischen Ländern und Provinzen vertrieben werden, sondern auch Reichtümer und Annehmlichkeiten, die etwa unserem deutschen Land und vielen Leuten hohen und niederen Stands zugefallen sind, verloren gehen würden. [....]

Es dürfte niemandem unbekannt sein, dass, je mehr und besser in Geld und Waren Geschäfte gemacht werden (von Monopolen und unerlaubten Geschäften abgesehen), desto größerer Nutzen daraus folgt. Nicht nur für den Kaufmann wegen der reichen Güter, die aufgrund von Geschäften nach Deutschland eingeführt werden [...], sondern auch für die heiligen Kaiser und Könige, alle Fürsten und Herren wächst der Gewinn. Deshalb können sie auch derartige Beschränkungen am wenigsten dulden. [...]

Der dritte Vorschlag ist, dass allen Kaufleuten für alle Waren ein bestimmter Höchstpreis taxiert und auferlegt werden müsse und dass der Verkaufspreis der Waren etc. nicht darüber, sondern darunter liegen solle. Dies verstößt nicht nur gegen das gemeine Recht, sondern zeugt auch von schlechtem Urteil in allgemeinen Geschäften. [...] Denn [...] das würde bedeuten, dass aller kaufmännischer Handel unmöglich wird. [...] Wer wollte wohl Geschäfte aushandeln, Anstrengungen aufwenden, sich und seine Habe Risiken aussetzen, wenn er seine Waren und Gewürze nicht, wie es ihm bequem ist, auf gebührende Art verkaufen könnte und auch nicht wagte, mehr einzukaufen als den auferlegten Gesamtwert? Die Anstrengung wäre ungeheuer, und sich deswegen Risiken auszusetzen, wäre ein Zeichen von Unverstand und schlechter Beratung.

Ernst W. Zeeden: Europa vom Ausgang des Mittelalters bis zum Westfälischen Frieden 1648. In: Studienbuch Geschichte, Band 5. Stuttgart 1981, S. 172 f.

15 **Abraham Aubry: „Der Teufel! das Geltt regirt nachsich die Weltt“**
Allegorie auf den Geldteufel, Kupferstich um 1600.

16 Von Kaufhandlung und Wucher

Martin Luther schrieb 1524 über den Kaufmannsstand:

Erstlich haben die Kaufleut unter sich ein gemeine Regel, das ist ihr Hauptspruch und Grund aller Finanzen, da sie sagen: Ich mag meine War so teur geben, als ich kann. Das halten sie für ein Recht, da ist dem Geiz [= Gier] der Raum gemacht und der Höllen Tür und Fenster alle aufgetan. Was ist das anders gesagt, denn so viel: Ich frage nichts nach meinem Nähesten. [...] Es kann damit der Kaufhandel nichts anders sein denn Rauben und Stehlen den andern ihr Gut. [...]

Es sollt nicht so heißen: Ich mag meine War so teur geben, als ich kann oder will, sondern also: Ich mag meine War so teur geben, als ich soll oder als recht und billig ist. Denn dein Verkaufen soll nicht ein Werk sein, das frei in deiner Macht und Willen ohn alle Gesetz und Maß stehe, als wärest du ein Gott, der niemand verbunden wäre, sondern weil solch dein Verkaufen ein Werk ist, das du gegen deinen Nähesten übest, soll es mit solchem Gesetz und Gewissen verfasset sein, dass du es übest ohn Schaden und Nachteil deines Nähesten. [...]

Darum will ich allhier etliche solcher Tücken und böse Stücke, so ich selbst vermerkt und durch fromme gute Herzen mir sind angezeigt, erzählen. [...]

Aufs erst machen etliche kein Gewissen davon, dass sie ihr War auf Borgen und Zeit teurer verkaufen denn um Bargeld, ja, etliche wollen keine War verkaufen um Bargeld, sondern alles auf Zeit. Und das alles darum, dass sie ja viel Gelds dran gewinnen. Hie siehest du, dass dies Stück gar groblich wider Gottes Wort, wider Vernunft und alle Billigkeit, aus lauter freiem Mutwillen des Geizs sündigt an seinem Nähesten, des Schaden er nicht achtet, und raubt und stiehlet ihm das Seine und sucht nicht seine ziemliche Nahrung, sondern seinen Geiz und Gewinn alleine drinnen. [...]

Item also ist auch das getan, dass etliche ihr Gut teurer verkaufen, denn es auf gemeinem Markt gilt und im Kauf gang und gäbe ist und steigern also die War aus keiner Ursach, denn dass sie wissen, dass desselbigen Guts keins mehr im Lande ist oder in Kurz keins mehr kommen wird und man es haben müsse. Das ist ein Schalkauge [= Arglist] des Geizs, das nur aufs Nähesten Notdurft siehet, nicht derselben zu helfen, sondern sich derselben zu bessern [sich mit derselben zu verbessern] und mit seines Nähesten Schaden reich zu werden. Das sind alles öffentliche Diebe, Räuber und Wucherer.

Item, dass etliche ein Gut oder War in eim Lande oder in einer Stadt ganz und gar aufkaufen, auf dass sie alleine solch Gut ganz und gar in ihrer Gewalt haben und darnach setzen, steigern und geben mögen, wie teur sie wollen oder können. Nu ist droben gesagt, dass die Regel falsch und unchristlich ist, dass jemand sein Gut so teur gibt, als er will und kann. Viel greulicher ist das, dass man darauf ein Gut alleine aufkauft, wilchs auch die kaiserlichen und weltlichen Rechte verbieten und heißen's Monopolia. Das sind eigennützige Käufe, die in Landen und Städten gar nicht zu leiden sind, und Fürsten und Herrn sollten solchs wehren und strafen, wenn sie ihr Amt wollten vollführen. Denn solche Kaufleut tun gerade, als wären die Kreaturen und Güter Gottes alleine für sie geschaffen und gegeben und als möchten sie dieselben den andern nehmen und setzen nach ihrem Mutwillen. […] Item, wenn etliche ihr Monopolia und eigennützige Käufe sonst nicht vermögen aufzurichten, weil andere da sind, die auch der gleichen War und Gut haben, fahren sie zu und geben ihr Gut so wohlfeil [billig, günstig], dass die andern nicht mögen zukommen und zwingen sie damit dahin, dass sie entweder nicht müssen feilhaben [zum Verkauf anbieten] oder mit ihrem Verderben [zu ihrem Schaden] so wohlfeil geben als jene. Also kommen sie doch zum Monopolion. Diese Leut sind nicht wert, dass sie Menschen heißen und unter Leuten wohnen. […]

Martin Luther: Von Kaufhandlung und Wucher. Zit. nach: Hutten/Müntzer/Luther, Band 2. Bearb. v. Siegfried Streller. Berlin/Weimar 1982, S. 184 f. In: Asmut Brückmann/Dietmar Schiersner: Historisch-Politische Weltkunde – Neuzeit. Stuttgart 2007, S. 73. (sprachlich leicht dem heutigen Deutsch angepasst)

Arbeitsvorschläge

○●● a) Erarbeiten Sie vor dem Hintergrund von M3 anhand von M1 und M2 die Bedeutung der Wollverarbeitung und des Tuchhandels im frühneuzeitlichen Florenz.

○○● b) Skizzieren Sie die Funktionsweise und Entwicklung des frühneuzeitlichen Bankwesens (M4, M6).

○●● c) Charakterisieren Sie die Bedeutung der Medici hinsichtlich der wirtschaftlichen, kulturellen und politischen Entwicklungen im frühneuzeitlichen Florenz (M5, M7). Stellen Sie diese anschließend in einem Kurzvortrag vor.

○●● d) Erläutern Sie die Funktionsweise und Vertriebswege der frühkapitalistischen Handelsgesellschaften im 15./16. Jahrhundert (M8, M10).

○●● e) Im 15. Jahrhundert erlebten viele Kaufleute in den großen Handelsstädten einen beträchtlichen Aufstieg zu Unternehmern und Bankiers. Im Deutschen Reich war dies u. a. die Familie der Fugger (M10). Informieren Sie sich über diese Familie und zeichnen Sie deren Geschichte in einem Zeitstrahl nach. (**Online-Link** 430089-0102)

○●●/●●● f) Erläutern Sie die Bedeutung und den Stellenwert des Erzhandels zur Zeit des Frühkapitalismus. Analysieren Sie vor diesem Hintergrund die Argumentation Kaiser Karls V., mit der dieser die Monopolisierung des Erzgroßhandels in Deutschland zu rechtfertigen sucht (M11). Diskutieren Sie anschließend dessen Beweggründe.

○○● g) Beschreiben Sie die einzelnen kaufmännischen Tätigkeiten, die sich M12 entnehmen lassen. Inwiefern kommt in dieser Abbildung auch der zeitgenössische Stellenwert des Handels als florierendem Wirtschaftszweig zum Ausdruck?

○●●/●●● h) Stellen Sie die Argumente in M13 jenen in M14 gegenüber. Erklären Sie diese vor dem Hintergrund zeitgenössischer religiöser und sozioökonomischer Wertauffassungen und beurteilen Sie deren Legitimität.

○○●/○●● i) Skizzieren Sie auf der Basis von M15 und M16 die Haltung der Kirche zum Kauf- bzw. Geldhandel und Zinswucher.

●●● j) Organisieren Sie ein Streitgespräch zwischen einem Vertreter des Kaufmannsstandes und einem Kleriker, in welchem deren jeweilige Standpunkte hinsichtlich der bereits erarbeiteten Problemfelder (Monopole, Handelsgewinne, Zinsnahme) deutlich werden.

Grundwissen: Frühkapitalismus und Monopolhandel

→ 1 - 2 S. 64
→ 8 S. 68

Entwicklung moderner Wirtschaftsformen in den oberitalienischen Stadtstaaten

Vor allem von den oberitalienischen Stadtstaaten, die sich im 12. und 13. Jahrhundert die Freiheit zur Selbstverwaltung erkämpft hatten, gingen in Europa die entscheidenden Impulse zur Entwicklung moderner Wirtschaftsformen aus. Als besonders profitable Umschlagszentren für Luxusgüter und Massenwaren erwiesen sich die verkehrsgünstig gelegenen Hafenstädte wie Genua und Venedig, deren Reichtum auf einem infolge der Kreuzzüge aufstrebenden Fernhandel mit dem Orient beruhte. Diese entwickelten sich zu florierenden Finanz- und Handelszentren, deren Wirtschaftspolitik ganz auf die Bedürfnisse des Mittel- und Überseehandels abgestimmt war.
Anders als Venedig oder Genua besaß Florenz keinen Mittelmeerhafen und konnte somit nicht vom Überseehandel profitieren. Die ökonomische Grundlage für den raschen wirtschaftlichen Aufstieg von Florenz bildeten die Wollindustrie, das Textilgewerbe sowie die aufstrebenden Handels- und Bankgesellschaften. Während seiner wirtschaftlichen Blütezeit gab es in Florenz rund 200 Wollmanufakturen. Die Rohwolle wurde aus England, Flandern oder Spanien importiert, in Betrieben in der Stadt oder dem städtischen Umland weiterverarbeitet und anschließend nach ganz Europa und in den Mittelmeerraum exportiert.

→ 4 - 7 S. 65ff.

Die Medici und die Entwicklung des modernen Geld- und Bankwesens

Da sich der aufstrebende Handel infolge nicht mehr als reiner Warentausch durchführen ließ, entwickelten Florentiner Kaufleute bereits um 1300 die Grundlagen des modernen Geld- und Bankwesens. Die Einführung der doppelten Buchführung machte die Geschäftsvorgänge der Unternehmen transparent und einsichtig. Zu den bedeutendsten Florentiner Handels- und Bankiersfamilien gehörte Anfang des 14. Jahrhunderts die der Medici. Diese betätigte sich zunächst erfolgreich im Woll- und Tuchhandel, um dann später mit einem weitreichenden Handelsnetz in das lukrative Bank- bzw. Geldgeschäft einzusteigen. Neben ihrer Hauptbank in Florenz verfügte sie auch über Filialen in Rom, Venedig, Mailand, Pisa, Genf, Lyon, Avignon, Brügge und London. Ihr wirtschaftlicher Erfolg machte die Medici auch zu den wichtigsten Geldgebern zahlreicher Fürsten und Bischöfe. Als Bankhaus des Papstes verwalteten sie dessen Finanzgeschäfte und die Gelder der Kirche. Durch ihr wirtschaftliches Potential und immenses finanzielles Engagement in der Stadt wurden die Medici rasch zur mächtigsten und einflussreichsten Familie in Florenz.

→ 9 - 11 S. 68f.

Frühkapitalismus in Deutschland

Im 15. Jahrhundert bildete sich auch in den deutschen Städten ein selbstbewusstes kaufmännisches Bürgertum heraus. Dessen gewinnorientierte Gesinnung fand ihren Ausdruck in einer Wirtschaftspraxis, die man als Frühkapitalismus bezeichnet und die ihren Ursprung im Groß- und Fernhandel hatte. Besonders in den süddeutschen Städten stiegen einzelne Kaufleute, die in den Finanz- und Wirtschaftszentren Oberitaliens ausgebildet worden waren, rasch zu bedeutenden Handelsherren auf. Diese gründeten mit ihren erworbenen kaufmännischen Kenntnissen nach italienischem Vorbild bedeutende Handelsgesellschaften mit einem zentralen Hauptkontor und einem Netz von Niederlassungen an europäischen und überseeischen Handelsplätzen. Häufig verbanden sie diese Handelsaktivitäten mit Geld- und Bankgeschäften, und investierten das dadurch gewonnene Kapital in den lukrativen Erzbergbau und das aufblühende Verlagssystem.

→ 13 - 14 S. 71

Jakob Fugger (1459–1525)
Auch genannt „der Reiche". War zu Lebzeiten der bedeutendste Bankier Europas. Gemälde von Albrecht Dürer um 1518.

Die Fugger als Beispiel einer Familiendynastie

Ein hervorragendes Beispiel für den rapiden wirtschaftlichen Aufstieg einzelner Kaufmannsfamilien sind die Fugger in Augsburg. Den Grundstock für deren Erfolg legte Hans Fugger. Dieser hatte sich 1367 in der freien Reichsstadt Augsburg als einfacher Tuchweber niedergelassen. Augsburg lag am Schnittpunkt wichtiger Handelswege zwischen Italien und dem nördlichen Europa und war besonders für seine Tuchproduktion bekannt. Die Fugger stiegen daher bald in den einträglicheren Tuchgroßhandel ein. Jakob der Jüngere (1469–1525) erkannte die Möglichkeiten der Kombination von Großhandel, Produktion und Finanzgeschäften, und realisierte diese konsequent gewinnbringend. Das Fuggerimperium unterhielt nun Niederlassungen in ganz Europa. Vor allem seine Investitionen in den Erzbergbau bescherten ihm hohe Gewinne, da ihm aufgrund des ihm vom Kaiser zugesprochenen alleinigen Abbaurechts (→ Monopol) keine Konkurrenz drohte. Dank der daraus erwachsenden Kapitalkraft wurde Jakob Fugger zum Bankier vieler Fürsten, Kaiser und Päpste. In Form von Kreditgeschäften finanzierte er deren enormen Finanzbedarf für repräsentative und militärische Zwecke. Damit machte er nicht nur Zinsgewinne, sondern steigerte auch stetig seinen Einfluss in der Herrschafts- und Wirtschaftspolitik.
Vor allem mit seinem großen Reichtum und seinem harten Geschäftsgebaren stieß Jakob Fugger bei den mittelständischen Kaufleuten in Nord- und Mitteldeutschland auf Neid und Missfallen. Diese warfen Jakob Fugger Monopolmissbrauch vor, weil er seine Monopolstellung zur Bekämpfung der Konkurrenz nutzte und die Preise dazu – je nach Bedarf – künstlich erhöhte oder senkte. Daher klagten sie ihn und andere Großkaufleute zwischen 1512 und 1530 mehrmals auf Reichstagen öffentlich des Monopolmissbrauchs an. 1523 verabschiedete der Reichstag schließlich ein Monopolgesetz gegen zu große Handelsfirmen. Jakob Fugger wurde infolge vor dem Reichskammergericht wegen Vergehens gegen das Monopolverbot angeklagt. Da jedoch Kaiser Karl V. selbst mangels ausreichender Steuereinnahmen von den finanziellen Anleihen der Großkaufleute – unter ihnen auch Jakob Fugger – abhängig war, schlug er die gegen die Großkaufleute gerichteten Verfahren jedes Mal nieder.

→ 15 - 16 S. 72 f.

Kritik der Kirche

Auch die Kirche verurteilte wiederholt scharf die Geschäftspraktiken der Großkaufleute. Im Sinne des Evangeliums galten Geldgeschäfte mit Gewinn und Geldverleih gegen Zins als unchristlich und wurden deshalb auch den als „Christusmördern" verfemten jüdischen „Wucherern" überlassen. Auch nach Ansicht des Reformators Martin Luther vertrug sich das auf dem Grundsatz des freien Wettbewerbs basierende ungezügelte Gewinnstreben des Kaufmannsstands nicht mit der christlichen Moral und dem Armutsideal der Kirche. Dieser prangerte daher wiederholt die monopolistischen Geschäftsmethoden des Kaufmannsstands – vor allem jedoch den mühelosen Gewinn durch Finanzgeschäfte – als unehrenhaft an, verurteilte jegliches Gewinnstreben und forderte die Rückkehr zu dem „gerechten Preis".

Niedergang der großen Handelshäuser

Zum Verhängnis wurden den großen Handelshäusern letztendlich deren rege Geschäftsverbindungen zu den großen Herrschaftshäusern, von denen viele häufig ihre Schulden nicht zurückzahlten bzw. zurückzahlen konnten, was langfristig zum unvermeintlichen Bankrott ihrer Geldgeber führen musste. Diese Zustände änderten sich erst, als im 17. Jahrhundert eine geordnete staatliche Wirtschafts- und Finanzpolitik entstand. Die nun regelmäßigen und gesicherten Steuereinnahmen machten die Herrschaftshäuser wiederum von Bankanleihen unabhängig. Die Handelshäuser als staatliche Banken wurden somit überflüssig.

1.6 Die europäische Expansion

A) Was haben Inder und Araber mit der portugiesisch-spanischen Idee zu tun, die gefahrvollen Weltmeere jenseits des Horizonts zu erkunden?
B) Waren europäischen Expeditionen über den Atlantik und in den Indischen Ozean ein weltgeschichtliches Ereignis?

Antriebskräfte zur Expansion

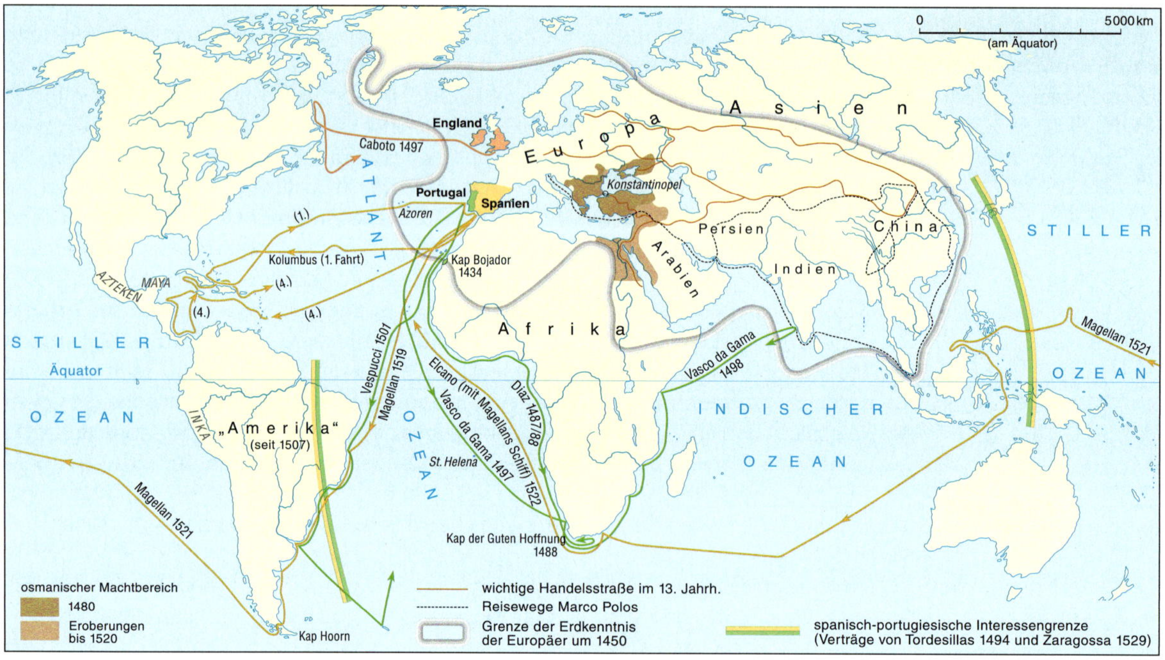

1 Europäische „Entdeckungsreisen" im 15. und 16. Jahrhundert

2 Die Motive eines Suchenden

Zu den maßgeblichen Vorreitern der europäischen Expansion nach Übersee zählte der portugiesische Prinz (port. Infante) Heinrich „der Seefahrer" (1394–1460). Dieser verband die mittelalterliche Kreuzzugsidee mit wissenschaftlichem Interesse, gründete Institutionen zur Erforschung neuer Karten und Instrumente für die Seefahrt und finanzierte immer wieder Erkundungsfahrten nach Süden entlang der afrikanischen Küste. Der portugiesische Hofchronist Damião de Góis (1502–1574) schrieb über Heinrich:

Dieser [Heinrich] war nicht nur ein sehr tapferer Ritter, sondern hatte auch großes Interesse für die Geisteswissenschaften, insbesondere für die Astrologie und Kosmographie. Um diese vornehmen [...] Künste besser ausüben zu können, wohnte er [...] in einem Teil des Algarve[1], und zwar auf dem Kap S. Vincente. [...] Von dort beschloss er seine Schiffe entlang der afrikanischen Küste auszuschicken. So wollte er sein Vorhaben verwirklichen, nämlich von diesen westlichen Gebieten den Seeweg nach dem Orientalischen Indien zu finden. Er war sich sicher, dass dieser bereits in früheren Zeiten gefunden worden war. Diese Sicherheit, die er durch seine Studien erworben hatte, und nicht durch göttliche Inspiration, wie behauptet worden ist, war die Voraussetzung, um eine so große Aufgabe in Angriff nehmen zu können. [...]

Dies lässt uns glauben, dass der Erfolg des Infanten auf das Studium der wahren Autoren [...] zurückzuführen ist, die er mit Ausdauer studierte. Ihren Wahrheitsgehalt aber schätzte er ein, wie man von Menschen Geschriebenes einschätzt. Er glaubte zwar, aber zweifelte auch zugleich, so wie man es allem gegenüber tun soll, was von Menschen und ihren Urteilen herrührt. Im [Urteil der Menschen] ist immer Glaube mit Zweifel gepaart. Mit dieser Gewissheit begann nun der Infant, auf eigene Kosten ausgerüstete Schiffe auf Entdeckungsreisen auszuschicken. Denn er wusste aus dem, was er gelesen hatte, dass z. B., wie Ariston[2] berichtete, nach der Belagerung von Troja Menelaos die Meerenge von Gibraltar passiert hat und [von dort] auf dem Seeweg [...] bis ins Rote Meer [...] gesegelt ist. Dieses enthält, nach einigen antiken Kosmographen, schließlich das Arabische und das Persische Meer mit den dazwischenliegenden Küsten. Und von dort gelangt man an eine Küste, die vom Persischen Meer bis nach Indien reicht: Auf diesem Roten Meer nahm Menelaos seinen Weg nach Indien. [...]

Unter dem Vorzeichen [...] dieser besagten Zeugnisse [und] auf der Basis von vielem anderen, was der Infant wusste, und aufgrund vieler Informationen, die er täglich von den Mauren aus Alarves und Azenegues bekam, die in afrikanischen Angelegenheiten bewandert waren, ließ er aufs Neue jene Schifffahrtswege entdecken, die bereits von den Menschen vergessen worden waren.

Zit. nach: Matthias Meyn (Hrsg.): Die großen Entdeckungen. München 1984, S. 53 f.

1 Algarve: die südlichste Region Portugals
2 Ariston: griechischer Philosoph des 3. Jahrhunderts v. Chr.

3 Gewürze, Missionare und Abenteuerlust

Noch während der Schlussphase der Reconquista gegen die Mauren auf der Iberischen Halbinsel – ein Kampf, der auch nach Nordafrika weitergetragen wurde – richtete sich der Blick Portugals und ab 1492 auch Spaniens auf den Atlantik. Der Historiker Björn Opfer erläuterte 2001 die Rolle des portugiesischen Prinzen Heinrich:

Seit eh und je zog es den Menschen zu neuen Welten, zum Abenteuer. Erträumter Reichtum, machtpolitisches Kalkül und tiefer Missionseifer, dies waren Motivationslinien, welche wagemutige Entdecker auf kleinen, Nussschalen ähnlichen Schiffen im 15. Jahrhundert auf die Weltmeere trieb. [...] Von großer Bedeutung für die beginnenden Entdeckungsfahrten waren zunächst die Entwicklung der astronomischen Navigation, die Verbesserung von Messinstrumenten sowie neue Erkenntnisse in Geographie und Kartographie. [...]

Der Drang nach Indien lag hauptsächlich in wirtschaftlichen Motiven begründet. [...] In Portugal ist der Ursprung der überseeischen Expansionspolitik im Jahr 1415 zu finden. Anders als in Mitteleuropa waren auf der Iberischen Halbinsel – wo damals noch immer mit dem Königreich von Granada eine arabische, oder wie die Portugiesen sie nannten, eine maurische Bastion existierte – der Kreuzzugsgedanke und der kriegerische Missionsgedanke stärker erhalten geblieben, In jenem Jahr unternahmen die drei Söhne des Königs Johann I. zusammen mit Kreuzfahrern aus halb Europa einen Eroberungszug gegen die arabische Hafenstadt Ceuta, welche gegenüber von Gibraltar an der nordafrikanischen Küste liegt und von wo die Araber 711 zu ihrem Sprung nach Europa angesetzt hatten. [...] Der jüngste dieser drei portugiesischen Prinzen war Heinrich, den man später „o navegador“ (den Seefahrer) nennen sollte. [...] In seinem Observatorium in Südportugal, welches er hoch oben auf windigen Klippen erbauen ließ, versammelte er die berühmtesten Astronomen, Kartographen, Navigatoren und Schiffsbauer um sich, Italiener, Spanier, Araber, Juden, Deutsche und später auch Afrikaner. Heinrich verschaffte sich so viele Briefe, Chroniken und Landkarten früherer Afrika- und Asienreisender, wie nur zu finden waren, und ließ sie auswerten. [...]

Das magische Hindernis war zunächst das sagenumwobene Kap Bojador. Bereits die Phönizier hatten im Altertum, zur Abschreckung etwaiger Handelskonkurrenten, fantastische Geschichten ausgestreut, welche von den Arabern aus derselben Motivation aufgenommen und ebenfalls weitergegeben wurden: Furcht erregende Seeungeheuer und Magnetberge, die sämtliche Nägel aus den Schiffen zögen; ein Meer, das sich dort zu einer sirupartigen Masse verwandele, oder aber am Ende der Welt zum berüchtigten Dunkelmeer würde. [...] Schließlich, im Jahre 1434, wurde der Mythos endlich bezwungen. [...] Für seine Expeditionen ließ Heinrich nach dem Vorbild arabischen Dhaus wendige Karavellen mit zwei oder drei Masten entwickeln, die in der Lage waren, gegen den Wind Zick-Zack zu segeln. [...]

Während 1445 die Schiffe Heinrichs bis zum Kap Verde, ein Jahr später an die Mündung des Senegal gelangten, erschien im östlichen Mittelmeer eine neue „islamische Bedrohung“ in Gestalt des kriegerischen Osmanischen Reiches. 1453 fiel das „Rom des Ostens“, die alte Kaiserstadt Konstantinopel [...]. Bald darauf sollte Otranto in Unteritalien verheert werden. Was für die europäischen Herrscher und Adeligen jedoch wahrscheinlich mindestens ebenso schwer wog wie diese militärische Bedrohung, war, dass begehrte Luxusgüter wie chinesische Seide, indische Juwelen oder fernöstliche Gewürze nun in Europa noch teurer wurden. Die Entdeckung eines Seewegs nach Indien, um die islamischen Staaten herum, wurde zur unverrückbaren Idee der großen abendländischen Handelshäuser und Fürstenhöfe.

Björn Opfer: Gewürze, Missionare und Conquistadoren. Portugal erobert die Meere. In: Vasco da Gama. Der Weg nach Ostindien. Nach zeitgenössischen Quellen bearbeitet von Rudolf Plitschke. Göttingen 2001, S. 10–15.

4 Vasco da Gama erreicht Ostindien 1498

Nachdem Bartholomäus Diaz 1487 das Kap der Guten Hoffnung erkundet hatte, entsandte der portugiesische König Manuel 1497 eine neue Expedition unter dem Befehl des jungen Adeligen Vasco da Gama (1469–1524). Unter dem Titel „Wegweiser über die Reise des Vasco da Gama" veröffentlichte der angebliche Augenzeuge Álvaro Velho einen Reisebericht.

Ankunft in Mosambik an der ostafrikanischen Küste:

Die Menschen hierzulande sind braun und haben einen guten Körperbau und gehören zur Sekte des Muhamed und sprechen maurisch; und ihre Kleider sind von Leinen und Baumwolle, sehr fein und vielfarbig gestreift und sind reich und sorgfältig gearbeitet, und alle tragen Turbane und Seidenbesatz, durchzogen mit Goldfaden, auf dem Kopf, und sie sind Kaufleute und treiben Handel mit weißen Mauren [Arabern], von denen vier Schiffe am Ort lagen, die Gold, Silber, Gewürznelken und Pfeffer und Ingwer führten und silberne Ringe mit Edelgestein und vielen Perlen und Rubinen, und die Bewohner dieses Landes tragen diese Dinge auch.

Und wie uns schien nach dem, was sie sagten, dass die Dinge alle durch Einfuhr dahin kämen, und dass besagte Mauren sie brächten, außer nur das Gold, und dass es davon weiter vorwärts, wohin wir führen, viel gebe, und der Edelsteine, Kostbarkeiten und Gewürze so viel dort zu finden sei, dass man nicht nötig hätte sie einzutauschen, sondern sie nur so in Körben zu sammeln. [...] Weiter sagten sie uns, dass der Erzpriester Johannes nicht weit von dort wohnt, und dass er viele Städte längs des Meeres hat, und dass die Bewohner selbiger Städte große Kaufleute sind und große Schiffe besitzen, dass aber der Erzpriester Johannes weit drinnen im Lande wohnt, und dass man dorthin nur auf Kamelen kommen kann. [...]

Ankunft in der westindischen Hafenstadt Kalikut:

Wir kamen alle, so viel wir auf den Schiffen waren, zu zwei und zwei oder zu drei und drei an Land, und jeder nahm sich von dem, was er hatte, mit, also Armbänder und Kleider und Zinn und Hemden, jeder, wie er es hatte, und sie verkauften, wenn sie es auch nicht so gut verkauften, wie wir bei unserer Ankunft gehofft hatten. Und wir kauften von dem, womit man in der Stadt handelte, Gewürznelken und Zimt und Edelsteine, und nachdem so jeder gekauft hatte, was er wollte, kehrte er zu den Schiffen zurück, ohne dass irgendjemand ihm etwas in den Weg legte. [...]

Abfahrt unter Schwierigkeiten: Wider Erwarten ließ der lokale Herrscher einige der Portugiesen an Land festhalten:

Über selbige Nachricht waren wir alle recht traurig, dieweil wir erstens ein paar von unseren Leuten in der Gewalt der Feinde sahen, und dann wegen des großen Hindernisses, das damit unserer Abfahrt in den Weg trat, und dann kränkte es uns auch sehr, dass ein christlicher König[1] so schmählich an uns handelte, und andererseits legten wir ihm wieder nicht so große Schuld bei, wie wir Grund gehabt hätten ihm beizulegen, weil wir bestimmt wussten, dass die Mauren, die hier wohnten, die Kaufleute von Mekka und vielen anderen Gegenden waren, die uns kannten, dass wir diesen sehr unbequem waren und dass selbige dem König sagten, wir wären Seeräuber, und sobald wir anfingen, nach selbigem Lande zu fahren, würde kein Schiff mehr von Mekka oder Cambaya [...] nach seinem Lande kommen können, so dass er keinen Gewinn mehr daraus ziehen würde, und wir würden ihm auch nichts geben, sondern ihm eher noch nehmen, und dadurch könne sein Lande zugrunde gerichtet werden. [...]

[Vasco da Gama nahm daraufhin Geiseln und presste dadurch die festgehaltenen Portugiesen frei.] An einem Mittwoch – es war der 29. besagten Monats August 1498 – beschloss der Kommandant, im Hinblick darauf, dass wir bereits gefunden und entdeckt hatten, wonach wir gefahren waren, Gewürze sowohl wie Edelsteine, und weil wir doch nicht in Frieden und Freundschaft mit den Bewohnern von dem Lande Abschied nehmen konnten, mit den anderen Kapitänen abzufahren und die Leute, die wir bei uns hatten, mitzunehmen [...] und so gingen wir ohne Verzug unter Segel und traten unseren Weg nach Portugal an, alle sehr froh, dass wir das Glück gehabt hatten, etwas so Großes zu finden, wie wir gefunden hatten.

Zit. Nach: Geschichte in Quellen. Band III. Hrsg. von Wolfgang Lautemann/Manfred Schlenke. München 1966, S. 53–56. Übers. Franz Hümmerich

1 Die Portugiesen hielten die Hindus zunächst für Christen.

5 Der Gewürzhandel im 15. Jahrhundert

Der Gewürzhandel war im Wesentlichen ein von Nichteuropäern betriebenes Geschäft im Raum des Indischen Ozeans, und die Europäer konnten sich an diesem asiatischen Handel nur am Rande beteiligen. Im westlichen Teil des Indischen Ozeans wurde er von arabischen und indischen Seefahrern beherrscht [...] Gewürze wurden größtenteils von chinesischen Kaufleuten durch die Straße von Malakka nach Kalikut gebracht, wo sie südindische Gewürze zusätzlich zu jenen, die sie auf den Inseln des heutigen Indonesiens gekauft hatten, für den chinesischen Markt mitnahmen. Die Kontrolle über die Straße von Malakka war für diesen Handel so bedeutend, dass der Portugiese Tomé Pires im frühen 16. Jh. in seinem Reisebericht Suma Oriental zu dem Schluss kam: „[...] Wer immer auch Herrscher von Malakka ist, er hat Venedig im Würgegriff." [...]

Der europäische Sektor des Gewürzhandels war zwar verhältnismäßig klein im Vergleich zum globalisierten Umfang, aber für die Beteiligten von großer Bedeutung. Im 15. Jh. konnten die Venezianer, die die letzte, kurze Etappe des Handelswegs ab Beirut oder Alexandria weitgehend beherrschten, üblicherweise mit einem Gewinn von 40 Prozent allein beim Transport der Waren über die halbe Länge des Mittelmeeres rechnen. [...] Indische und indonesische Gewürze konnten die Europäer durch nichts ersetzen, wenn sie sie haben wollten – und sie wollten sie haben.

Peter Spufford: Handel, Macht und Reichtum. Laufleute im Mittelalter. Stuttgart 2004, S. 234 f. Übers. Erwin Fink/Horst M. Langer

Die Situation in Südostasien um 1500

6 Größenvergleich zwischen einer Dschunke zur Zeit von Zheng He und einer portugiesischen Karavelle der Flotte Vasco da Gamas

Die genaue Größe der Hochseedschunken Anfang des 15. Jahrhunderts ist in der Wissenschaft umstritten. Frühere Schätzungen von 100–135 m Länge erscheinen heute als übertrieben. Man geht eher von 59–85 m mit einer Größe von 500–1 000 t aus. Eine portugiesische Karavelle war im 15. Jahrhundert etwa 20–25 m lang mit etwa 30–40 t Tragfähigkeit.

7 Höhepunkt und Niedergang der chinesischen Seemacht im 15. Jahrhundert

Nachdem die Karavellen des Portugiesen Vasco da Gama 1498 das Kap der Guten Hoffnung an der Südspitze Afrikas umsegelt und, sechs Jahre nach Kolumbus' Amerika-Reise, den Seeweg nach Indien erschlossen hatten, trafen die Seefahrer in Ostafrika auf Menschen, die sich weder von den brisanten Mitbringseln, den Perlen, Glöckchen und Korallenketten, noch von den stolzen Schiffen der Portugiesen sonderlich beeindruckt zeigten. Dorfälteste berichteten den Europäern von weißen „Geistern", die sie vor langer Zeit besucht hätten, in Schiffen, neben denen sich die Karavellen da Gamas wie Nussschalen ausmachten.

Nun gäbe es viele Erklärungen für diesen Spuk, schließlich war der Indische Ozean als „afro-asiatisches Mittelmeer" seit der Antike ein Seehandelsraum. Persische und arabische Schiffe segelten im 10. Jahrhundert regelmäßig bis China, und zwischen dem 6. und 12. Jahrhundert hatten muslimische Händler ihre Handelsbeziehungen entlang der ostafrikanischen Küste bis nach Madagaskar hin ausgedehnt. Doch Schiffe, die drei- oder viermal so lang waren wie Karavellen?

Das können nur die Schiffe der Chinesen gewesen sein, die Flotte Zheng Hes. 1405, vor genau 600 Jahren, stieß sie das erste Mal in See; bis 1433 unternahm sie unter Leitung des Admirals sieben weite Reisen und stellte dabei alles in den Schatten, was Europa aufzubieten hatte.

Zheng Hes Hauptreiserouten führten nach Südwesten über Siam bis nach Java, durch die Straße von Malakka über Ceylon bis ins südwestindische Handelszentrum Kalikut und nach Hormuz am Persischen Golf, Nebenrouten bis hinab nach Madagaskar und Timor. [...]
Seine Armada umfasste bis zu 300 Schiffe und zählte an die 28 000 Mann Besatzung. Die größten Einheiten, gewaltige, neunmastige „Schatzschiffe“, maßen in der Länge bis zu 120 und in der Breite bis zu 50 Metern. Das ist tatsächlich ein Vielfaches der Größe von Kolumbus' Santa Maria mit ihren 27 Metern Länge. [...]
Als die Portugiesen und andere Europäer zum Ende des Jahrhunderts in den Indischen Ozean eindrangen, war von Chinas Seemacht schon nichts mehr zu sehen. Zheng Hes Schiffe, selbst deren Logbücher hatte man vernichtet. Was war geschehen?
1424 starb der Kaiser; seine Nachfolger verloren das Interesse an der Schifffahrt. 1500 wurde gar der Bau von Schiffen mit mehr als zwei Masten zum Kapitalverbrechen erklärt und 1525 die Zerstörung aller hochseetauglichen Fahrzeuge angeordnet. Damit verschwand nicht nur die Schatzflotte, sondern auch der private Seehandel, der sich in ihrem Kielwasser entwickelt hatte; viele der nach Südostasien ausgewanderten Chinesen verloren die Verbindung zur Heimat, wo man diese Abtrünnigen misstrauisch betrachtete und ihnen zeitweilig hohe Strafen androhte. Was der grandiose Aufstieg zur Welthandelsmacht hätte werden können, endete in Schmuggel und Piraterie. Auf den Weltmeeren hatten sich China und Europa um 80 Jahre verpasst. Und als von 1513 an die ersten portugiesischen Schiffe auch vor Chinas Küste auftauchten, war der große Drache längst seiner Klauen entledigt und litt geduldig unter den nadelstichartigen Überfällen japanischer Freibeuter, die man abschätzig als „Zwergpiraten“ bezeichnete.
Warum aber, so wird bis heute diskutiert, hat China die mächtigste Flotte der Welt aufgestellt, nur um sie nach einigen Jahrzehnten wieder aufzulösen? Warum hat die größte Macht der Welt, deren Wirtschaftskraft und Technik ihresgleichen suchte, sich nach einigen Jahrzehnten unangefochtener Herrschaft über den Indischen Ozean auf sich selbst zurückgezogen und ist schließlich zum Opfer der aufstrebenden Kolonialmächte Europas, aber auch ihres Nachbarn Japan geworden?
Um einer Antwort näher zu kommen, muss man zunächst Europa betrachten. Was es damals einem anspruchsvollen Chinesen Neues zu bieten hatte – venezianische Brillengläser zum Beispiel –, hätte die aufwändige Umschiffung Afrikas oder Südamerikas kaum gerechtfertigt. Und sie war dafür auch gar nicht nötig, denn über die Levante, über die Seidenstraße und den Indischen Ozean gab es schon seit der Antike regen Warenaustausch. [...] Trotz leidvoller Erfahrungen mit fremden Barbaren, trotz der fast hundertjährigen Mongolenherrschaft, die der Ming-Dynastie vorausging, sah es sich als Reich der Mitte, als unangreifbares Zentrum der Welt. In den konfuzianischen Vorstellungen erschienen die Gold- und Gewürzgier spanischer und portugiesischer Eroberer, der britische Freibeutergeist und der Geschäftssinn der niederländischen Kompanien als plebejisch, als verachtenswert. China konnte sich mit einigem Recht als die große und zur Führung berufene Zivilisation in Asien und am Indischen Ozean verstehen, deren Reichtümer die Schatzflotten nach Nanjing („südliche Hauptstadt“) brachten. Währenddessen führte Zhu Di groß angelegte Feldzüge zu Lande, ließ das Wissen seiner Zeit in der 11 000-bändigen Yongle-Enzyklopädie niederschreiben, die Große Mauer vollenden und in Beijing („nördliche Hauptstadt“) eine Metropole errichten, wie sie die Welt noch nicht gesehen hatte.
Mit seiner Staatsflotte zeigte sich China als mächtiger, wohlwollender Hegemon, der „zehntausend Länder zu seinen Gästen“ machen und von den Anrainerstaaten des Indischen Ozeans nur das Beste wollte. Gegen unwillige Partner oder – wie ein feinsinniger Dichter es ausdrückte – „bedeutungslose Würmer, wert, zehntausendfach zu sterben“, ging Zheng He freilich mit starken Landungstruppen vor oder sorgte dafür, dass sie „weise“, also kooperationsbereitere Regimes erhielten. [...] So vereinte Zheng Hes Flotte viele Aufgaben. Sie verkörperte die Macht und die Machtansprüche des Yongle-Kaisers, sie war Handelsmission, schwimmender Marktplatz und naturkundliche Expedition. Sie brachte Tribute nach China und deren Überbringer zurück in ihre Heimat. Doch die Lasten, die der Kaiser seinem Land mit dem Bau und dem Unterhalt der Flotte auferlegte, waren immens. Schon der Bau eines einzigen Schatzschiffes muss etliche Wälder verschlungen haben. Dazu kam all das andere wertvolle Material – Metall, Seide, Lacke –, das benötigt wurde, um das Schiff zusammenzubauen und auszurüsten. Als nach dem Tod von Zheng Hes Gönner Zhu Di im Jahre 1424 Zhu Gaozhi die Macht übernahm, befahl dieser noch am Tag seiner Thronbesteigung, dem 7. September 1424, dass alle Fahrten der Schatzflotte, auch alle Reparaturen, sofort beendet werden sollten. Zugleich ordnete er an, den Einschlag von Hartholz für den Schiffsbau auf das Niveau der Zeit vor Zhu Di zu reduzieren. Der große Admiral wurde seiner Aufgaben enthoben und zum Militärkommandeur von Nanjing ernannt. [...] Doch Zhu Gaozhi lebte nur wenige Monate, und nachdem die Tributzahlungen an China stark zurückgegangen waren, befahl dessen Nachfolger Zhu Zhanji im Juni 1430, dass Zheng He noch einmal aufbrechen und die „fernen Länder jenseits des Meeres“ auf den rechten Weg zurückfüh-

ren sollte. Die bis zum Juli 1433 währende Mission verlief sehr erfolgreich. Einige der Schiffe erreichten Dschidda am Roten Meer. [...]
Mit dieser Fahrt ging die Ära der großen Flotte zu Ende. Viel spricht dafür, dass Zheng Hes Stolz schließlich ein Opfer der konfuzianischen Staatsphilosophie wurde, der privater Handel ebenso suspekt war wie die Vorstellung, dass es außerhalb der Welt, als deren Zentrum man sich verstand, noch eine neue gäbe, die man kolonisieren könnte. Manches spricht auch dafür, dass die Staatsmissionen zu See einem nüchternen Controlling auf Kosten und Nutzen nicht standgehalten hatten. Sicher ist nur, dass China die Chancen, die sich ihm zu Beginn des 15. Jahrhunderts boten, ungenutzt ließ, nicht zuletzt aus Stolz und Vorurteil.

Ulrich Baron: Die Schritte des Drachen. In: DIE ZEIT, Nr. 8, 17. Februar 2005. Online unter: http://www.zeit.de/2005/08/A-Zheng_He (Stand 31.07.2011)

8 Portugiesisches Handelsschiff im chinesischen Meer
Spanische und portugiesische Seefahrer, bald auch Händler aus den Niederlanden, Frankreich, England, später selbst aus Dänemark und Brandenburg stießen in die Karibik, den Pazifischen Ozean und nach Ostasien vor. Auf diese Weise gelangten zunehmend technische Standards der hoch entwickelten ostasiatischen Zivilisationen wie China, Japan, Korea oder Siam nach Europa. Chinesischer Wandschirm aus dem 16. Jahrhundert.

Wirtschaftliche Folgen der Expansion

9 Veränderungsprozesse infolge des portugiesischen Auftretens an der westafrikanischen Küste

Zum Teil direkt, zum Teil über einheimische Mittelsleute knüpften die in portugiesischen Dienst stehenden Seeleute Handelskontakte zu den Häuptlingen und Fürsten des Inlandes und richteten Faktoreien entlang der Küste ein, Von Arguim bis zur Buch von Benin wurden Gold, Sklaven und Elfenbein, die begehrtesten Objekte der Europäer, gegen Pferde, Textilien, Waffen und allerlei Gebrauchsgegenstände getauscht.
Zögernd zeichnete sich hier nun ab, was erst über ein Jahrhundert später von den europäischen Handelskontoren in großem Umfang erreicht wurde: das Anzapfen und Ableiten des innerafrikanischen Handelsverkehrs an die Küste. Im Norden setzte dieser Prozess schon früh und hoch in der Wüste ein. Aus Hoden beispielsweise, dem heutigen mauretanischen Wadan, leiteten die Portugiesen den Goldhandel mit dem Maghrib über die Küste um. In den Karavellen erwuchsen den Karawanen echte Konkurrenten. Die westlichen Transsahararouten wurden weniger frequentiert, der Lebensnerv der westsudanesischen Handelsstädte teilweise abgebunden. Im

Süden geschah zeitversetzt Ähnliches. Gold, Elfenbein und Sklaven wurden durch den Urwald entlang den großen Flüssen an die Küste transportiert und dort über See verhandelt. […]
El Mina, dann Accra, Abeokuta, Benin und Calabar waren die Namen der bedeutenderen dieser Umschlagplätze. Dahinter erstreckte sich eine uralte afrikanische Kulturlandschaft. Im Volta-Gebiet hatten aus dem Norden eingewanderte Akan kleine, unabhängige Reiche geschaffen, aus denen sich Bono im Takgiman-Gebiet hervorhob. Weiter im Osten, zwischen Ogun und Niger, lag das Benin-Reich. […] Sicher ist, dass die Portugiesen hier in der Flanke eines florierenden Handelsnetzes stießen. Die großen Flussläufe von Volta, Niger und Bennue verbanden die sudanesischen Steppenreiche von Timbuktu im Westen bis Kanem-Bornu am Tschad-See mit den Waldbauern und Handwerkern der Guineaküste. der einsetzende Seehandel mit den Europäern riss dieses Netz ein und führte langfristig zum Zusammenwachsen der kleinen autonomen Königreiche zu zentral geleiteten Staaten und zu wachsender Rivalität zwischen den Inland- und Küstenreichen. […]
Aus unseren Quellen wird deutlich, dass das 15. Jahrhundert zu diesen Entwicklungen erst den Keim legte. Der Sklavenhandel der Europäer, der sich ein Jahrhundert später zu einem immensen Dreieckshandel zwischen der Alten und Neuen Welt auswuchs […], steckte noch in seinen Kinderschuhen. In den erhaltenen Berichten dominieren noch exotische Neugierde, Interesse, ja Respekt für den afrikanischen Partner, seine politische, wirtschaftliche und künstlerische Leistung. Mit dem ersten direkten Sklaventransport von Westafrika zu den Westindischen Inseln im Jahre 1518 ist die düstere Wende zur Ausbeutung eines ganzen Kontinents durch die europäischen Kolonialmächte eingeleitet.

Hasso Beck in: Charles Verlinden/Eberhard Schmitt (Hrsg.): Dokumente zur Geschichte der europäischen Expansion. Bd. 1: Die mittelalterlichen Ursprünge der europäischen Expansion. München 1986, S. 292 f.

10 Rückwirkungen der „Entdeckungen" auf Europa

Die stärkste Rückwirkung der Entdeckungen auf lange Sicht bildete die zwar zögernd einsetzende und nur langsam fortschreitende, aber unaufhaltsame Verschiebung des politisch-kulturellen und wirtschaftlichen Schwerpunktes von Süd- und Mitteleuropa zu den atlantischen Anliegerstaaten. Allerdings hat die neuere Forschung die frühere Auffassung endgültig widerlegt, dass diese Verlagerung für das Wirtschaftsleben im Mittelmeer sehr schnell katastrophale Folgen gezeigt haben sollte. Es ist zwar richtig, dass die Portugiesen den Pfefferhandel an sich ziehen und über Lissabon leiten konnten, doch attackierte die venezianische Propaganda den Konkurrenten recht erfolgreich mit der Behauptung, der ohnehin zweitklassige portugiesische Pfeffer verlöre durch den langen Seeweg seine Qualität. Außerdem gelangten fast alle anderen Orientwaren (Korallen, Seide, Perlen, Teppiche, Essenzen, Zimt, Muskat usw.) nach wie vor über innerasiatische, dem portugiesischen Zugriff entzogene Landwege oder durch Schmuggel zur See ins Mittelmeergebiet. […]
Gleichzeitig profitierte der Mittelmeerraum vom allgemeinen Aufschwung des europäischen Handels im 16. Jahrhundert. Nicht nur Lissabon, Antwerpen und London entwickelten sich kräftig, auch Barcelona, Ragusa und Messina blühten auf; Livorno stieg am Ende des Jahrhunderts als Getreideumschlagplatz zum Rang Venedigs und Genuas empor. Geschickt passten sich die italienischen Kaufleute den neuen Verhältnissen an, eröffneten Filialen in den wichtigsten westeuropäischen Waren- und Geldhandelszentren. Bis etwa 1570 war Antwerpen […] Weltzentrum für den Warenhandel und europäische Finanzmetropole. Unmittelbar neben dem neuen Börsengebäude von 1531 befanden sich die Häuser der Genuesen, Venezianer und Florentiner, und es ist bezeichnend, dass mit dem Rückgang Antwerpens das italienische Genua wichtigste Finanz- und Bankstadt Europas wurde. […]
Wenn von den Auswirkungen der Entdeckungen die Rede ist, darf der wechselseitige Austausch von Pflanzen und Tieren ebenso wenig unerwähnt bleiben wie die Verbreitung bestimmter Kenntnisse, Techniken und mancher Lebens- und Ernährungsweisen. Die Europäer brachten nicht nur Pferde, Rinder und Schweine nach Amerika, sie führten auch Hammel, Hühner und Rentiere ein. Dagegen kam als einziges amerikanisches Nutztier der Truthahn nach Europa. Nutzpflanzen der Alten Welt gelangten in großer Zahl über den Atlantik: Wichtiger als Spargel, Sellerie und Salat waren bald Weizen, Zuckerrohr und – später – Kaffee. Orangen-, Zitronen- und Maulbeerbäume wurden ebenfalls sehr zeitig nach Amerika gebracht, ebenso Olivenbäume und Weinstöcke – Letztere zum Missvergnügen der spanischen Regierung, der an einer Konkurrenz für diese beiden Hauptausfuhrprodukte nicht gelegen war.
Umgekehrt gelangten viele Grundbestandteile der indianischen Küche nach Europa: Mais, Maniok, Erdnüsse, Kakao, Knoblauch, die Kartoffel. Auch Tabak, Ananas und Vanille sind in der Neuen Welt beheimatet; erst vor einem Jahrhundert begann die Bekanntschaft Europas mit der aus Mexiko stammenden Tomate.

Ilja Mieck: Europäische Geschichte der Frühen Neuzeit. Stuttgart 1994, S. 75 ff.

11 Vorstoß der Portugiesen in den Indischen Ozean

In der Phase der von Vasco da Gama eingeleiteten, frühen Flottenexpeditionen der Portugiesen nach Indien, die fast jedes Jahr stattfanden, gab es unbeschadet vieler Ähnlichkeiten hinsichtlich Warenpalette, Organisationsgrad und Effizienz des Fernhandels doch einen gewaltigen Unterschied zwischen europäischen und asiatischen Seehandelsaktivitäten: den im Wesentlichen friedlichen Charakter der Handelsschifffahrt im Indischen Ozean. Trotz jahrhundertelanger Seefahrertradition und hoch entwickelter, vielfältiger Schiffstechnologie gab es infolge der spezifischen Gesellschafts-, Staats- und Handelsstrukturen um 1500 – abgesehen von Piraten sowie einigen mamlukischen Galeeren im Roten Meer – kaum ozeantüchtige bewaffnete Schiffe in Asien. [...] Die Vorherrschaft auf dem Meer und die sehr gelegen kommenden Rivalitäten potenzieller Gegner erleichterten es den portugiesischen Kapitänen, Gouverneuren und Vizekönigen, ein Kolonialsystem an den Rändern der Großreiche Asiens aufzubauen. [...]
Portugals militärische Anstrengungen, die in recht kurzer Zeit zum Erfolg geführt hatten, sicherten nicht automatisch die angestrebten ökonomischen Vorteile, obwohl sich der Handel auf der Kaproute seit der zweiten großen Indienflotte als recht profitabel erwies. Hauptziel der Flottenexpeditionen in den Indischen Ozean und der Festsetzung an den wichtigsten Küstenplätzen war es ja, den Pfeffer- und Gewürzhandel Asiens zum Nachteil der etablierten einheimischen Kaufleute zu monopolisieren, den Karawanenhandel durch die Levante durch die Forcierung der Kaproute abzuwürgen und die Zwischenhandelsgewinne der Gujaratis, Perser, Araber, Venezianer, etc. in Monopolprofite für Lissabon zu verwandeln. Diese Pläne hätten eine lückenlose Kontrolle aller wichtigen Produktionsgebiete, Marktplätze, Umschlaghäfen und Seewege, aber auch die ständige Überwachung der eigenen Funktionäre erfordert, was im gesamten 16. jahrhundert unerreichbar blieb bzw. immer klarer als Illusion erkannt wurde. Besonders in Ostasien reichten die portugiesischen Machtmittel für die grandiosen Konzepte der Krone bei weitem nicht aus.
Bei den ersten Vorstößen portugiesischer Schiffe nach Malakka zur südchinesischen Küste war man seit 1514 auf eine friedliche Agrarbevölkerung gestoßen, die eine ähnliche Vorgangsweise wie in Afrika oder Indien zu erlauben schien. Während eine Delegation in die Hauptstadt aufbrach, begann eine andere Gruppe mit der Errichtung eines Forts, erhob Monopolforderungen und bestand auf Zwangsarbeit. Die anfänglich freundliche chinesische Zentralregierung reagierte heftig. Die Portugiesen wurden aus dem Land gejagt und ihre Flotte erlitt in den Jahren 1521 und 1522 empfindliche Niederlagen [...] erst auf friedlichem Weg und nach Vorarbeit von Privathändlern gelang es den Portugiesen später, regelmäßige Handelskontakte mit China und Japan aufzubauen.

Peter Feldbauer: Der Handel vor und nach der Kolonialexpansion Portugals. In: Dietmar Rothermund/Susanne Weiglin-Schwiedrzik (Hrsg.): Der Indische Ozean. Das afro-asiatische Mittelmeer als Kultur- und Wirtschaftsraum. Wien 2004, S. 89–92.

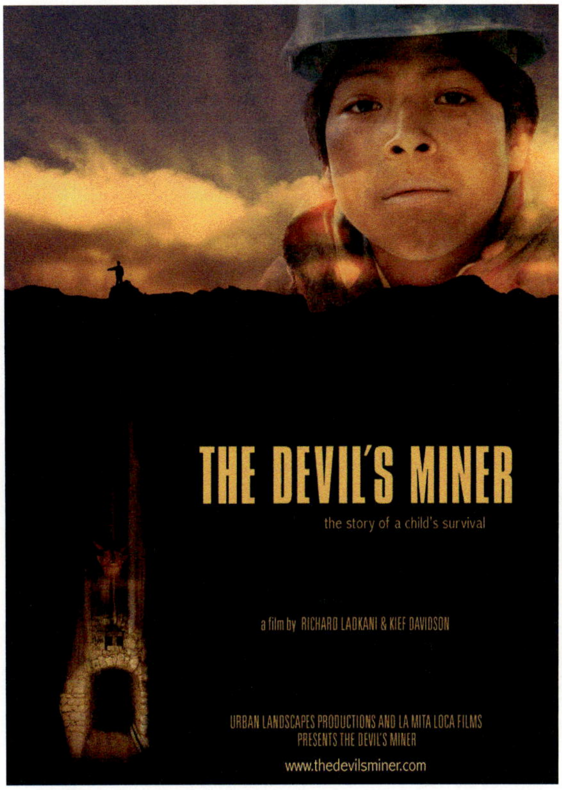

12 „Der Berg des Teufels"

Auch fünfhundert Jahre nach Ankunft der Spanier in Amerika und dem Beginn der Ausbeutung der Silbervorkommen von Potosí wird dort noch Silber abgebaut. Über den „Berg des Teufels" wurde 2005 ein Dokumentarfilm aus Sicht der dort in den Minen arbeitenden Kinder und Jugendlichen veröffentlicht.

13 Niall Ferguson: Der Geldberg in den Anden und seine Folgen für Europa (2009)

Während die Portugiesen in den Indischen Ozean vordrangen, gelangten spanische Expeditionen ab 1492 in die Karibik und „entdeckten" den amerikanischen Kontinent. Innerhalb weniger Jahrzehnte eroberten die Spanier das Inka- und Aztekenreich. In den Anden stießen sie dabei auf große Silber- und Goldvorkommen die ihnen ungeheuren

Reichtum verschafften. Über die Folgen schreibt der Wirtschaftshistoriker Niall Ferguson:

Die Legende von El Dorado – einem indianischen König, dessen Körper zu festlichen Anlässen mit Goldstaub bedeckt wurde –, trieb die Konquistadoren nach, wie sie es nannten, Oberperu, in eine kahle und neblige Hochgebirgsregion, in der man als Fremder nach Atem ringt. Dort fanden sie etwas, das mindestens ebenso wertvoll war wie das Gold des legendären Königs. Mit einer Höhe von 4824 Metern war der auf geradezu unheimliche Art symmetrische Cerro Rico – der „reiche Berg" – die unübertreffliche Verkörperung der mächtigsten aller Vorstellungen vom Geld: ein Berg aus solidem Silbererz. [...]

Anfangs zahlten die Spanier den Einwohnern der umliegenden Dörfer für die Arbeit in den Bergwerken einen Lohn. Aber die Bedingungen waren so hart, dass im späten 16. Jahrhundert ein Zwangsarbeitssystem (*la mita*) eingeführt werden musste, das alle Männer der 16 Gebirgsprovinzen im Alter von 18 bis fünfzig Jahren für jährlich 17 Wochen zur Arbeit verpflichtete. Die Sterblichkeit unter den Bergarbeitern war entsetzlich hoch, nicht zuletzt, weil sie ständig Quecksilberdämpfen ausgesetzt waren: Beim sogenannten Patio-Verfahren wurden gemahlenes Silbererz mit Quecksilber vermischt und gestampft, das so entstandene Amalgam dann gewaschen und schließlich erhitzt, um das Quecksilber zu verdampfen. Die Luft in den Bergwerksschächten war (und ist heute noch) giftig, und die Arbeiter mussten über primitive Treppen 200 Meter tief hinabsteigen, um nach stundenlangem Graben mit Säcken voller Silbererz auf dem Rücken wieder hinaufzusteigen. [...]

War Potosí für die dort Arbeitenden ein Ort des Todes, so war es für Spanien eine Quelle des Reichtums. zwischen 1556 und 1783 wurden 45 000 Tonnen Silber aus dem „reichen Berg" gefördert, in der Münzanstalt, der *Casa de Moneda*, in Barren und Münzen gegossen und nach Sevilla verschifft. [...]

Noch in der Epoche Karls des Großen wurden die Preise in Silberdenaren angegeben, Allerdings herrschte in Westeuropa zur Zeit seiner Kaiserkrönung im Jahr 800 ein chronischer Silbermangel. In den wesentlich weiter entwickelten Handelszentren des islamischen Kalifats, das sich über den südlichen Mittelmeerraum und den Nahen Osten erstreckte, war der Geldbedarf deutlich größer, so dass Edelmetalle aus dem zurückgebliebenen Europa abflossen. [...] Dieses Problem versuchten die Europäer auf zweierlei Weise zu lösen, einerseits, indem sie Arbeit und Waren ausführten, das heißt Sklaven und Holz in Bagdad gegen Silber und in Córdoba und Kairo gegen afrikanisches Gold eintauschten, und andererseits, indem sie Krieg gegen die islamische Welt führten und sie ausplünderten. In den Kreuzzügen wie auch bei späteren Eroberungen ging es mindestens ebenso sehr darum, die europäische Geldknappheit zu überwinden, wie darum, Heiden zum Christentum zu bekehren. [...]

Durch ihre reichen Silberfunde in Potosí und anderswo in der Neuen Welt (insbesondere in Zacatecas in Mexiko) schienen die Konquistadoren dieses jahrhundertealte Hemmnis überwunden zu haben. Erster Nutznießer war natürlich die kastilische Monarchie, die die Eroberungen finanziert hatte. [...] im späten 16. Jahrhundert, als die Silberlieferungen ihren Höhepunkt erreichten, bestritt sie 44 Prozent ihrer Ausgaben mit Mitteln aus dieser Quelle. Und indem Spanien seinen neugewonnenen Reichtum ausgab, sorgte es auf dem gesamten Kontinent für eine monetäre Stimulierung. Der spanische *real de a ocho*, der an den deutschen Taler angelehnt war (woraus man später das Wort „Dollar" ableitete), wurde zur ersten wahrhaft globalen Währung, mit der sich rasch ausweitende europäische Handel mit Asien finanziert wurden.

Aber auch alles Silber der Neuen Welt konnte weder die rebellischen Niederlande, noch England der spanischen Krone sichern, noch Spanien vor dem unaufhaltsamen wirtschaftlichen und politischen Niedergang bewahren. Wie König Midas mussten die spanischen Könige des 16. Jahrhunderts, Karl V. und Philipp II., feststellen, dass ein Überfluss an Edelmetallen ebenso sehr ein Fluch wie ein Segen sein kann. Und warum? Sie ließen derartig viel Silber für ihre Eroberungskriege fördern, dass es dramatisch an Wert verlor, das heißt, es büßte viel seiner Kaufkraft gegenüber anderen Waren ein. In der sogenannten „Preisrevolution", die zwischen den 1540er und den 1640er Jahren ganz Europa erfasste, stiegen die Nahrungsmittelpreise – die seit 300 Jahren keinen anhaltenden Aufwärtstrend gezeigt hatten – beträchtlich an. In England (dem Land, für das die besten Preisinformationen vorliegen) erhöhten sich die Lebenshaltungskosten in dieser Zeit um das Siebenfache [...]. In Spanien wirkte sich der Überfluss an Silber zudem als „Ressourcenfluch" aus, der einerseits den Anreiz für produktive Wirtschaftstätigkeiten zu beseitigen und andererseits geldgierige Autokraten gegenüber Repräsentationsorganen (im Fall Spaniens die Cortes) zu stärken pflegt.

Den Spaniern war nicht bewusst, dass der Wert von Edelmetallen nicht absolut ist. Geld ist nur das wert, was ein anderer dafür zu geben bereit ist. Seine Vermehrung macht eine Gesellschaft nicht reicher, auch wenn der Staat, der das Monopol auf die Geldherstellung besitzt, reicher werden mag. Wenn sonst alles beim Alten bleibt, treibt eine Vergrößerung der Geldmenge lediglich die Preise in die Höhe.

Niall Ferguson: Der Aufstieg des Geldes. Die Währung der Geschichte. Berlin 2009, S. 23–28. Übers. Klaus-Dieter Schmidt

14 Die Wirtschaftshistorikerin Helga Schultz über das „Wunder Europa?“ (1997)

Was ist naheliegender als die Frage, warum die Überwindung des agrarischen Gesellschaftssystems ausgerechnet den Europäern gelang, standen sie doch noch um 1500 keineswegs an der Spitze der Weltzivilisation.
Drei andere große Zivilisationen gab es zu dieser Zeit: das China der Ming-Dynastie [...]; das islamische Indien, das seit 1526 unter den mongolischen Mogulherrschern zentralisiert wurde; das Osmanische Reich der Türken, die ebenfalls aus dem Innern Asiens stammten. Die Osmanen hatten sich auf den eroberten arabischen und byzantinischen Gebieten um das Mittelmeer etabliert und die islamische Kultur der unterworfenen übernommen. Die Geschichte Europas vollzog sich in stetiger Auseinandersetzung und im Austausch vor allem mit dem benachbarten arabisch-islamischen Raum. Von dorther übernahmen die Europäer die indischen Zahlen mit der Null – eine Notwendigkeit für Bankwesen und Handel –, von dorther empfingen sie das weiterentwickelte antike Erbe in Chemie und Medizin, und auf diesem Wege kamen Neuerungen der Schmiedekunst, der Glasproduktion und des Schiffbaus nach Europa.
Seit Marco Polos abenteuerlichen Reisen gab es auch direkte Beziehungen ins ferne China. China kannte lange vor Europa den Kompass, das Schießpulver und den Buchdruck mit beweglichen Lettern, also jene drei Schlüsseltechnologien für Handel und Schifffahrt, Kriegführung und Literarisierung, die für die europäische Frühe Neuzeit unentbehrlich waren. Es kannte Jahrhunderte früher das Papier, das Porzellan und das Papiergeld. Wieweit alle diese Dinge in Europa übernommen oder selbständig noch einmal erfunden wurden, lässt sich nur bei späten Innovationen wie dem Porzellan genau nachvollziehen. Der technologische Vorsprung der asiatischen Zivilisationen war während des Mittelalters beträchtlich. Man geht davon aus, dass Europa am Ende des 15. Jahrhunderts aufholte, als es die meisten jener Erfindungen in seinen Besitz gebracht hatte und sie erfolgreicher anzuwenden begann als die alten Zivilisationen.
Warum konnte dies gelingen? Warum führte die Kenntnis des Kompasses und des Schießpulvers die Chinesen nicht zur Entdeckung und Eroberung der Welt? Im 14. bis 16. Jahrhundert hatten die Chinesen den ganzen Indischen Ozean befahren und Kolonien an der Küste Indochinas, der Westküste Indiens und am Persischen Golf gegründet. Mit dem Zerfall des Ming-Reiches fand diese Expansion plötzlich ein Ende. Warum zog der Buchdruck dort nicht die Literarisierung der Massen, die Rationalisierung der Welt und die Säkularisierung der Gesellschaft nach sich? Warum löste das Papiergeld in China nicht traditionelle Bindungen zugunsten der gefühllosen baren Zahlung auf? [...]

Helga Schultz: Handwerker, Kaufleute, Bankiers. Wirtschaftsgeschichte Europas 1500–1800. Frankfurt/M. 1997, S. 17 f.

Arbeitsvorschläge

- ○○● a) Beschreiben Sie den Inhalt der Karte M1.
- ○●● b) Arbeiten Sie anhand von M2 und M3 die Motivation der „Entdecker“ heraus.
- ●●● c) Recherchieren Sie den Autor von M3 und diskutieren Sie dann die Schwierigkeit der Quelle.
- ○○● d) Charakterisieren Sie den Augenzeugenbericht M4 unter der Frage, wie die Portugiesen im Indischen Ozean auftraten.
- ○●● e) Setzen Sie sich arbeitsteilig mit der Situation im Indischen Ozean und in Südostasien zum Zeitpunkt des portugiesischen Erscheinens in dieser Region anhand der Materialien M5 und M6 auseinander. Stellen Sie Ihre Ergebnisse gegenüber und erarbeiten Sie gemeinsam eine Mindmap.
- ●●● f) Versetzen Sie sich in die Perspektive des chinesischen Reiches der Ming-Dynastie auf Europa. Diskutieren Sie, welche Bedeutung China europäischen Mächten wie Portugal, Florenz oder dem Heiligen Römischen Reich beigemessen haben (M6, M7, M11).
- ○●● g) Erläutern Sie die Folgen der europäischen Expansion für die westafrikanischen Küstenregionen (M9).
- ○●● h) Analysieren Sie arbeitsteilig den Sachtext M13.
- ●●● i) Diskutieren Sie auf Basis von M8, M11 und M14, inwieweit die „Entdeckung“ des Seeweges nach Südostasien für Europa um 1500 tatsächlich einen Wendepunkt dargestellt hat.

Grundwissen: Die europäische Expansion

→ 2 - 3 S. 76 f.
→ 5 S. 78 f.

Motivation zum Aufbruch über das Meer

Für Portugiesen und Spanier bedeutete die Expansion über den Atlantik zunächst eine Fortsetzung der Kreuzzugsidee gegen die Mauren auf der Iberischen Halbinsel. Bereits in der ersten Hälfte des 15. Jahrhunderts versuchten sie an der marokkanischen Küste Fuß zu fassen. Dies hörte auch nach der Eroberung des maurischen Königreiches Granada 1492 nicht auf, trat doch das Osmanische Reich als neue muslimische Macht im Mittelmeer auf. Damit verbunden war die Idee, im Rücken der Araber und Türken ein christliches Königreich als Verbündeten zu finden. Die Basis dafür bot die Legende eines Christenreichs des Erzpriesters Johannes. Tatsächlich existierte am Oberlauf des Nils im Gebiet des heutigen Äthiopiens ein christliches Reich.
Neben dem Kreuzzugsgedanken existierte auch die Hoffnung, durch ⇒Missionierung den christlichen Glauben verbreiten zu können. Ein dritter Beweggrund für die Expansion bestand zudem in handfesten wirtschaftlichen Interessen. Aus Ostasien bezogen die abendländischen Fürsten- und Adelshöfe Luxuswaren wie Seide, Juwelen und vor allem Gewürze. Den Zwischenhandel im östlichen Mittelmeer dominierten bislang Venedig bzw. bald die Osmanen. Das relativ arme Portugal, aber auch Spanien wollten zu diesem Reichtum eine Direktverbindung finden.

Vorraussetzungen für die Hochseeschifffahrt

Die Expansion über den Atlantik wäre ohne nautische Fortschritte nicht möglich gewesen. Im 13. und 14. Jahrhundert waren zahlreiche wissenschaftliche Errungenschaften in diesem Bereich aus der arabischen Welt nach Europa gelangt. Mit neuen Messgeräten zur Navigation, aber auch einer verbesserten Kartenkunde waren die Seefahrer nicht mehr auf Küstenlinien als Orientierung angewiesen. Ebenso wichtig war die Erfindung neuer Schiffstypen. Neue Hinterruder, vor allem aber die Einführung verschiedener Segel nach Vorbild arabischer Schiffe, die es ermöglichten, auch gegen den Wind zu kreuzen, machten die Überwindung der westafrikanischen Gewässer bzw. die Überquerung des Atlantiks von Kolumbus 1492 erst möglich.

→ 6 - 7 S. 79 ff.

Die Situation im Indischen Ozean um 1500

Die portugiesischen Seefahrer trafen im Indischen Ozean auf einen pulsierenden Wirtschaftsraum, der die arabische Halbinsel ebenso mit einschloss wie das arabisch dominierte Ostafrika, Indien und die fernöstlichen Mächte wie Siam, China und sogar Japan. Allerdings fehlte in dieser Region eine dominierende Militärmacht. Die lange Zeit unbestrittene Großmacht Ostasiens China hatte sich in der zweiten Hälfte des 15. Jahrhunderts teilweise zurückgezogen. Indien war in zahlreiche Teilreiche zerstritten. Persien und das ägyptische Mamluken-Reich traten ebenfalls nicht als Seemächte auf. Die Portugiesen, bald darauf auch andere europäische Mächte, konnten sich daher mit stark bewaffneten Schiffen innerhalb weniger Jahrzehnte eine feste Position im Überseehandel des Indischen Ozeans erobern. 1511 eroberte Portugal das für den Gewürzhandel strategisch wichtige Malakka. Gegenüber China blieben die europäischen Mächte jedoch noch dreihundert Jahre lang nicht nur wirtschaftlich, sondern auch militärisch unterlegen.

Die Folgen der europäischen Expansion nach Südostasien

Der Zugang zum ostasiatischen Gewürzhandel, aber auch des westafrikanischen Gold- und Sklavenhandels bescherte den neuen europäischen Seemächten beträchtlichen Reichtum. Bisherige Handelswege wie die ⇒Seidenstraße verloren

15 Portugiesische Karte des Indischen Ozeans, Mitte 16. Jahrhundert

→ 9 - 11 S. 81ff.

an Bedeutung, ohne aber je ganz zu verschwinden. Es sollte allerdings nicht lange dauern, bis der Reichtum, besonders die Silberimporte Spaniens aus Amerika, auch negative Folgen zeitigte und zu schwerwiegenden Währungsverfallsprozessen und Teuerungen führte.
Langfristig profitierten die europäischen Seemächte im 16. und 17. Jahrhundert vor allem durch den nun erleichterten ⇨Wissenstransfer. Diese Neuaneignung von Wissen ermöglichte die technologische Rückständigkeit gegenüber den weiter entwickelten ostasiatischen Zivilisationen allmählich aufzuholen.

Spanische Eroberung Südamerikas – Teilung der Welt – Wirtschaftliche Folgen

→ 12 - 14 S. 83ff.

Während die Portugiesen den Seeweg nach Indien öffneten, stießen spanische Expeditionen nach Westen über den Atlantik vor. Anstatt nach Indien gelangten sie jedoch zu dem bislang in Europa unbekannten amerikanischen Kontinent.
Unter Vermittlung des Papstes Alexander VI. (1431–1503) einigten sich Portugal und Spanien 1494 im Vertrag von Tordesillas. Dieser schlug Spanien letztlich fast ganz Amerika als Besitz zu, wovon Spanien allerdings noch nichts ahnen konnte.
Zwischen 1519 und 1524 stießen spanische Abenteurer unter Hernán Cortéz auf das Aztekenreich und eroberten dieses. 1524 bis 1537 eroberten spanische ⇨Konquistadoren das südamerikanische Inkareich. Die dort gefundenen reichen Silbervorkommen verschafften Spanien im 16. Jahrhundert einen ungeheuren Reichtum. Der steigende Import des Edelmetalls verursachte jedoch bald in Europa eine rasche Entwertung des Geldes.

Testen Sie Ihre Sachkompetenz

a) Was gehört nicht zu den Neuerungen der Zeitenwende 1500?

- Buchdruck
- Ikonenmalerei
- Monotheismus
- Erfindung der Schrift
- Monopole
- Entdeckung, dass die Sonne ein Fixstern ist
- Dampfmaschine
- Feudalismus
- Telegrafen
- Entdeckung unseres Planetensystems
- Ketzerverbrennungen
- doppelte Buchführung
- Entwicklung des Wechselgelds
- Papiergeld
- Perspektive in der Malerei

Geschichte kreativ

„Nach Adam Riese macht das …"
In der 1. Hälfte des 16. Jahrhunderts verfasste der Mathematiker Adam Ries mehrere Rechenbücher für Händler und Kaufleute. Diese schrieb er auf Deutsch, und nicht – wie bis dahin üblich – in lateinischer Sprache. Damit wurden die Grundrechenarten auch für breitere Bevölkerungsschichten zugänglich. Adam Ries kann somit als Begründer des modernen Rechnens angesehen werden.
Sie können nun das „Rechnen auf der Linie" nach Adam Ries nachvollziehen. Dazu brauchen Sie ein Blatt Papier und einige kleine Steine, Knöpfe, Münzen oder anderes, was sich auf das Blatt legen lässt.

1 Adam Ries' „Rechnen auf der Linie". Hier ist die Zahl 137 zu sehen.

Auf das Blatt zeichnen Sie ein Raster wie in M1: Sie beginnen mit vier horizontalen Linien, wovon Sie die oberste mittig mit einem Kreuz markieren (damit soll Verwechslungen vorgebeugt werden).
Die horizontalen Linien kennzeichnen Sie nun mit den römischen Zeichen für die Zahlen 1 (I), 10 (X), 100 (C) und 1000 (M). Die Zwischenräume (Spatien) zwischen den horizontalen Linien haben den fünffachen Wert der darunterliegenden Linie. Diese Spatien werden auf der rechten Seite beschriftet, also mit V (5), L (50) und D (500). Anschließend teilen Sie die horizontalen Linien mit zwei senkrechten Linien.
Jetzt können Sie jede vierstellige Zahl legen, wobei gilt, dass auf einer Linie höchstens vier Steine liegen dürfen, in ein Spatium höchsten einer. Wird diese Zahl überschritten, wird stattdessen jeweils ein Stein auf die nächsthöhere Linie oder das nächsthöhere Spatium gelegt.
Recht einfach funktioniert auch das Addieren von zwei Zahlen, dafür gibt es die drei Spalten. In die beiden ersten Spalten werden die beiden Zahlen gelegt, in der dritten werden sie zusammengefasst.

a) Wie sehen die Zahlen 317, 823, 1639, 1765 und das Jahr 2011 aus?

b) Probieren Sie das Addieren zweier Zahlen aus:
264 + 328 = 1976 + 452 = 609 + 3281 =

c) Wie könnten Zahlen subtrahiert werden? Oder multipliziert?

d) Wenn Ihnen das jetzt zu viele Zahlen waren, überlegen Sie, warum gerade im 16. Jahrhundert dieses Rechenbuch eine so hohe Verbreitung fand.

Operatoren-Training

(alle Operatoren auf einen Blick finden Sie auf S. 634–641)

a) AFB I, Operator „nennen":

Nennen Sie mindestens drei westeuropäische Herrschaftsgebiete aus der Zeit der „Zeitenwende 1500", die in ihrer Ausdehnung und inneren Geschlossenheit mit Staaten des heutigen Europa vergleichbar sind.

Der Operator „nennen" erfordert wie der Operator „aufzählen", historische Informationen zielgerichtet zusammenzutragen, ohne seine eigene oder eine fremde Meinung dazu zu äußern.

b) AFB II, Operator „erläutern":

Erläutern Sie den Zustand und die Entwicklungsrichtung der europäischen Staatenwelt der frühen Neuzeit.

Hinweise: Der Operator „erläutern" erfordert, dass Sie historische Sachverhalte durch Wissen und Einsichten in einen Zusammenhang einordnen und dies – in Ergänzung zum bloßen „Erklären" – durch zusätzliche Informationen und Beispiele verdeutlichen. Mit „Zusammenhang" ist all das gemeint, womit man historische Einzelfakten in eine logisch nachvollziehbare Beziehung zueinander setzen kann. Derartige Zusammenhänge sind im einfachsten Fall bloße Regeln oder „Gesetzmäßigkeiten" (wie zum Beispiel, dass Personenverbände desto solidarischer zusammenhalten, je stärker sie von außen bedroht werden). In komplizierteren Fällen kann mit „Zusammenhang" eine Theorie oder ein Modell gemeint sein (zum Beispiel die kirchliche Theorie des „gerechten Preises", ➔ s. Grundwissen Kap. 1.5).

c) AFB I, Operator „aufzählen"; AFB II, Operator „gegenüberstellen":

Zählen Sie mindestens drei Eigenschaften auf, die Frauen nach Meinung der Hexenverfolger des 15. bis 17. Jahrhunderts angeblich hatten. Stellen Sie diesen Meinungen das Frauenbild des Humanismus gegenüber.

Beim Operator „aufzählen" sollen Sie Informationen zielgerichtet zusammentragen, ohne diese zu kommentieren.

Der Operator „gegenüberstellen" verlangt, dass Sie einen historischen Sachverhalt zutreffend formulieren und dann zusätzlich argumentierend gewichten.

Lösungsvorschläge zum Operatoren-Training

zum Arbeitsvorschlag a), Operator „nennen":

Mögliche Nennungen wären hier Frankreich, England, Portugal und Spanien. Diese Reiche näherten sich schon um die „Zeitenwende 1500" dem Modell eines „institutionellen Flächenstaats" an und beschritten damit den Weg zu moderneren Formen von Staatlichkeit.

zum Arbeitsvorschlag b), Operator „erläutern":

Die Zeitenwende 1500 zeigt mit Blick auf die Staatenwelt Europas vielfach eine langsame und schrittweise Entwicklung von einer Welt aus Personenverbandsstaaten hin zu einer Welt von institutionellen Flächenstaaten. Erstere werden durch persönliche Beziehungen zwischen Lehnsherren und Vasallen zusammengehalten, letztere durch in einem klar abgegrenzten Gebiet durchsetzungsfähige Zentralinstanzen mit eigenen Verwaltungsstäben. Ein Beispiel für erstere ist das Heilige Römische Reich Deutscher Nation, für letztere das Königreich Frankreich.

zum Arbeitsvorschlag c), Operator „aufzählen"; Operator „gegenüberstellen":

Gerade bei Frage c) mag es angesichts des aus heutiger Sicht haarsträubenden Hexenglaubens und mörderischen Hexenwahns der Zeitenwende schwer fallen, auf kritische Kommentare zu verzichten. Dennoch müssen Sie sich beim Operator „aufzählen" ganz auf die bloße Erwähnung derjenigen angeblichen Fraueneigenschaften beschränken, die die meist kirchlich beeinflussten Schriften der Hexenverfolger verbreiteten: listig, streitsüchtig, unsittlich, verführerisch, hochmütig, unehrlich, eitel, boshaft, gehässig etc. Verfassen Sie Ihren Text auf jeden Fall in vollständigen Sätzen!

Zum zweiten Teil der Aufgabe: Die Humanisten sahen die Frauen keineswegs als von Natur aus minderwertige oder defizitäre Wesen an. Sie gingen im Gegenteil davon aus, dass Frauen grundsätzlich mit denselben geistigen Fähigkeiten ausgestattet sind wie Männer und genau wie diese die vollendet gestaltete Krone von Gottes Schöpfung darstellen. Einzig und allein einer ungerechten Gesellschaftsordnung sei es anzulasten, wenn die Frauen dumm und unselbstständig blieben, weil ihnen etwa der Zugang zu Bildung und Eigentum verwehrt bliebe.

Diese Feststellung müssten Sie – dem Operator „gegenüberstellen" gemäß – nun noch „argumentierend gewichten", indem Sie etwa folgendes feststellen: Die Argumente der Humanisten sind gewichtiger als die der Hexenverfolger, da die Charaktereigenschaften des Menschen nach heutiger Kenntnis nur begrenzt von der Natur oder von seinem Geschlecht, sehr viel aber von seiner Erziehung und Sozialisation abhängen. Die Humanisten können Beobachtungen der gesellschaftlichen Wirklichkeit als Beleg für ihre Meinung anführen, während die Hexenverfolger sich auf Spekulationen über verborgene dunkle Mächte berufen zu können meinen. Derartige Argumente haben wenig Gewicht, falls es überhaupt Argumente sind.

2 Das christlich-europäische Abendland und der Islam

Problemaufriss

Christliche Kreuzfahrer und muslimische Sarazenen im erbitterten Kampf um den wahren Glauben. Stimmt dieses Bild? Standen sich im Mittelalter zwei Kulturen in Rivalität und gegenseitigem Ignoranz gegenüber? Wie viel an diesem Bild ist eine Konstruktion späterer Epochen?

Methode

Häufig werden historische Gegensätze, Entwicklungen und Konflikte mittels Karten dargestellt und scheinbar begründet. Karten sind jedoch gerade wegen ihrer scheinbaren Objektivität eine problematische Quellengattung.

Was Sie in diesem Kapitel erwartet

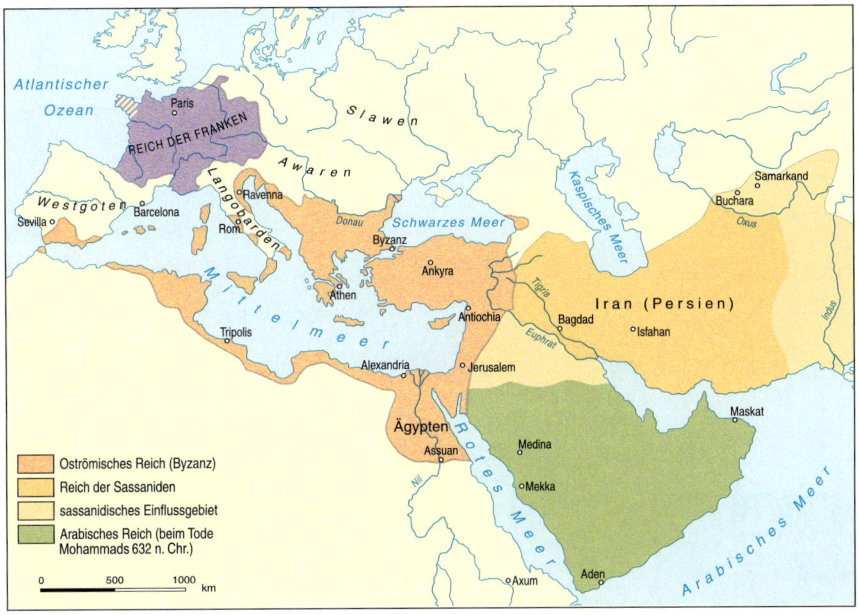

Der islamisch-arabische Machtbereich zur Zeit des Todes von Muhammad, 632 n. Chr.

Klett 430075, Seite ?

Veränderte Machtverhältnisse im Mittelmeerraum auf dem Höhepunkt der islamisch-arabischen Expansion um 800 n. Chr.

Online-Link
430089-0201
alle Online-Materialien zum Kapitel 2

Islamische Welt

Die Istanbuler Sultan-Ahmet-Moschee von 1616, auch bekannt als Blaue Moschee, ist eins der Glanzstücke osmanischer Architektur. Im 16. Jahrhundert, der Blütezeit des Osmanischen Reichs, war dieses der christlichen Welt wissenschaftlich, kulturell und militärisch überlegen.

400 600

632
Tod des Propheten Muhammad

635
Byzanz verliert Damaskus an die Araber

636
Sieg der Araber gegen Persertruppen

661–749/50
größte Expansion des Kalifenreichs von der Iberischen Halbinsel bis an den Indus

ab 749/50
Machtzerfall im Kalifenreich

750–809
wirtschaftliche und kulturelle Blüte im Abbasidenreich

756
Abspaltung von al-Andalus (Andalusien) vom Kalifat

Christliche Welt

Die Buchmalerei aus den „Chroniques des empereurs" von 1462 zeigt eine Kampfszene zwischen Kreuzfahrern und Arabern. Gängige Propagandabilder wie dieses begünstigten die Verbreitung eines stereotypen Bilds des Islam in der christlichen Welt.

400 600

475
Untergang des Weströmischen Reichs

6. Jahrhundert
verschiedene Konzilsbeschlüsse diskriminieren Juden

732
Karl Martell siegt zwischen Tours und Poitiers und kann so die Araber zurückdrängen

Kunst/Wissenschaft

Medizinische Abhandlung arabischer Herkunft aus dem 9. Jahrhundert. Schon zu dieser Zeit wurden in der arabischen Welt in Kunst und Wissenschaft Glanzleistungen erbracht.

400 600

500
die Instabilität europäischer Gesellschaften führt dort zu einem Kulturverlust, gleichzeitig kulturelle Blüte in der arabischen Welt

754–775
kulturelle und wissenschaftliche Blütezeit auf der Iberischen Halbinsel unter dem Kalifen Almansor

700
der Dichter Omar ibn Abi Rabi'a verfasst Liebesgedichte

ab 750
durch Übersetzungen ins Arabische wird das Wissen der Antike bewahrt

78
Beginn der karolingischer Buchmalere

1000 1200 1400 1600 1800 2000

8.–11. Jahrhundert
Frühphase der Reconquista (Rückeroberung der Iberischen Halbinsel durch Christen)

10. Jahrhundert
das arabische Großreich verliert durch unabhängige Gegenkalifate seine Einheit

1147–1261
die Almohadenherrscher in Nordafrika und Spanien unterdrücken religiöse Minderheiten

um 1250
Einfall der Mongolen im Nahen Osten

1291
Rückeroberung des christlich besetzten Akkons und Ende der Ära der Kreuzzüge

1453
Eroberung Konstantinopels durch die Osmanen und Ende des Oströmischen Reichs

1520–1566
unter Sultan Süleyman dem Prächtigen erreicht das Osmanische Reich seine größte Ausdehnung

1683
osmanische Truppen belagern Wien

1830
Besetzung Algeriens durch Frankreich

1923
Ausrufung der Republik Türkei und Ende des Osmanischen Reichs

1945
Rückzug der (christlichen) Kolonialmächte aus ihren arabischen Kolonien

1948
Staatsgründung Israels und Beginn des Nahostkonflikts

1970er–1980er
durch die islamische Wende werden staatliche und gesellschaftliche Reformen auf Grundlage islamischer Lehren gefordert

1979
Islamische Revolution im Iran

1991
die Auflösung der UdSSR begünstigt die Gründung instabiler Staaten in muslimischen Gebieten

1997
die Taliban kontrollieren weite Teile Afghanistans

2001
Angriff der USA und Großbritanniens auf Afghanistan

2003
Irakkrieg

1000 1200 1400 1600 1800 2000

800
Karl der Große wird von Papst Leo III. zum Kaiser gekrönt

ca. ab 800
Judenprivilegien zur Förderung der Wirtschaft

11. Jahrhundert
die Kirchenreformbewegung verstärkt Ressentiments gegenüber Juden

ab 1120
Juden werden unter päpstlichen Schutz gestellt

1076
Papst Gregor VII. exkommuniziert mit Heinrich IV. erstmals einen König

1095
Papst Urban II. ruft zum (ersten) Kreuzzug auf (1095–1099)

1096
Judenpogrome während des Ersten Kreuzzugs

1122
mit dem Wormser Konkordat wird der Investiturstreit beendet

1338
ein Reichsgesetz verbietet die päpstliche Einflussnahme auf die Königserhebung

1348–1350
Judenpogrome in Europa aufgrund der Pestepidemie

ab 1500
beginnende Expansion europäischer Staaten nach Übersee

1517–1648
Phase der Reformation

ab Ende des 17. Jahrhunderts
Modernisierungsprozesse in europäischen Staaten

1798
Ägypten-Feldzug Napoleons

ab 1880
Beschleunigung der Industrialisierung in Europa und den USA

1880–1914
„Zeitalter des Imperialismus"

1962
die Kubakrise zwischen den USA und der UdSSR ist einer der Höhepunkte des Ost-Westkonflikts

1989/90
Ende des Ost-Westkonflikts

2001
Flugzeuganschläge in den USA am 11. September und Beginn des „Kriegs gegen den Terror"

1000 1200 1400 1600 1800 2000

800
das kulturelle Zentrum Bagdad hat rund 100 000 Einwohner, in Europa wird Wissen hauptsächlich in Klöstern weitergegeben

1085
nach der christlichen Rückeroberung Toledos werden arabische Schriften ins Lateinische übersetzt

ca. 1088
…e erste europäische Universi…ät wird in Bologna gegründet

ab 1095
durch die Kreuzzüge gelangt überlegenes medizinisches Wissen ins Abendland

1198
der arabische Philosoph Ibn Ruschd (Averroës) stirbt

12. und 13. Jahrhundert
durch den Fernhandel gelangen arabische Schriften nach Oberitalien und werden zu Geburtshelfern der Renaissance

1282
Papierherstellung in Deutschland, nachdem in Bagdad schon um 795 Papier verwendet wurde

1386
Gründung der ersten deutschen Universität in Heidelberg

um 1450
die Erfindung des Buchdrucks beschleunigt die Wissensverbreitung

1575
die Selimiye-Moschee in Edirne wird vollendet

1590
In Holland wird das zweilinsige Mikroskop entwickelt

1615
Galileo Galilei muss sich erstmals der Inquisition stellen

1769
James Watt verbessert die Dampfmaschine wesentlich

1869
Dimitri Mendelejew und Lohar Meyer entwickeln das Periodensystem

seit 1945
weltweite kulturelle und wirtschaftliche Amerikanisierung

1968
in Ägypten wird der Assuan-Staudamm vollendet

1996
in seinem Buch „The Clash of Cultures" prognostiziert der Politologe Samuel Huntington, dass unterschiedliche kulturelle Identitäten die hauptsächliche Ursachen zukünftiger Konflikte sein

2.1 Glaube und Herrschaft in der islamischen Welt

A) War der Siegeszug der arabischen Stämme im 7. und 8. Jahrhundert nur ein Erfolg militärisch überlegener Wüstenkrieger?
B) Wie entwickelte sich die islamische Herrschaft des Kalifats zwischen dem Spannungsverhältnis von Religion und Politik?

Die Frühphase der islamischen Expansion

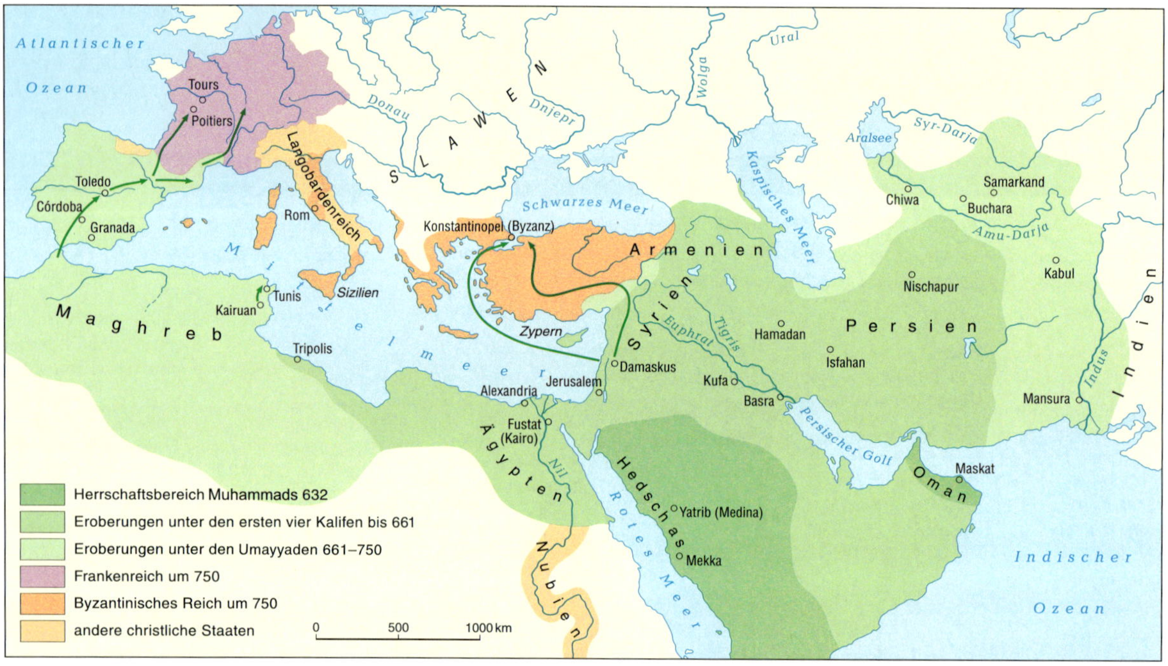

1 **Die Ausbreitung der islamisch-arabischen Herrschaft im 7. und 8. Jahrhundert**

2 Die Frühphase der islamischen Expansion

Nach dem Zusammenbruch des Weströmischen Reichs entstanden um das westliche Mittelmeer herum kleinere Reiche eingewanderter germanischer Völker wie der Westgoten, Franken und Langobarden. Im Osten führte Byzanz die römische Tradition fort. Im 7. Jahrhundert entwickelte sich dann plötzlich in Gestalt arabischer Wüstenstämme ein neuer Machtfaktor. Der Orientalist Albert Hourani (1915–1993) erläutert die rasante Ausweitung des islamischen Machtbereichs in den Jahren nach dem Tod Muhammads:

In einem Zeitraum von wenigen Jahren waren die politischen Grenzen im Nahen Osten verändert worden, und das Zentrum des politischen Lebens hatte sich vom reichen, dicht bevölkerten Gebiet des Fruchtbaren Halbmondes[1] in eine Kleinstadt [Mekka] verschoben, die am Rande der Welt von Reichtum und hoher Kultur lag. Der Wandel war so abrupt und unerwartet, dass er einer Erklärung bedarf. Von Archäologen entdecktes Material weist darauf hin, dass der Wohlstand und die Stärke der mediterranen Welt zerfielen, zum einen durch Barbareninvasionen, durch das Nachlassen landwirtschaftlicher Erträge und das Schrumpfen städtischer Märkte. Sowohl das byzantinische [oströmische] als auch das sassanidische [persische] Reich waren durch Pestepidemien und lange Kriege geschwächt. Byzanz hatte seine Kontrolle über Syrien erst nach dem Sieg über die Sassaniden im Jahre 629 wiederhergestellt, aber sie blieb zerbrechlich. Das arabische Heer, das in die beiden Reiche einmarschierte, war keineswegs eine Stammeshorde, sondern eine gut organisierte Streitmacht, und eine Anzahl der ihr angehörenden Soldaten hatte militärische Erfahrung im Dienste der großen Reiche oder während der Kämpfe nach dem Tod des Propheten erworben. Der Einsatz von Kamelen als Fortbewegungsmittel verschaffte ihnen einen Vorteil bei Feldzügen über große Entfernungen. Die Aussichten auf Land und Reichtum verbanden sie zu einer Interessengemeinschaft, und vielen verlieh die glühende Überzeugung, dem rechten Glauben zu dienen, eine besondere Art Stärke.

Albert Hourani: Geschichte der arabischen Völker. Aus dem Englischen von Manfred Ohl und Hans Sartorius. Frankfurt 2002, S. 45 f.

1 niederschlagsreicher Gebietsstreifen nördlich der Syrischen Wüste

3 Das Verhältnis von Glaube und Macht

Innerhalb des expandierenden islamisch-arabischen Reiches bildete sich ein anderes Verhältnis zwischen Religion und Politik heraus, als im benachbarten christlichen Byzanz oder dem Frankenreich. Der islamische Gelehrte Abu Muhammad ibn Qutaiba (828–899) beschreibt dieses Verhältnis mit folgender Metapher:

Der Islam, die Regierung und das Volk sind wie das Zelt, die Stange, die Schnüre und die Pflöcke. Das Zelt ist der Islam; die Stange ist die Regierung; die Schnüre und Pflöcke sind das Volk. Kein Teil kommt ohne die anderen aus.

Zit. nach: Bernard Lewis (Hrsg.): Der Islam von den Anfängen bis zur Eroberung von Konstantinopel. Bd. 1: Die politischen Ereignisse und die Kriegführung. Aus dem Englischen von Hartmut Fähndrich. Zürich und München 1981, Nr. 47, S. 265.

4 Geistliche und weltliche Gewalt im Islam

Der US-amerikanische Islamwissenschaftler Bernard Lewis (geb. 1916) schreibt in seinem Werk über die Geschichte des Mittleren Osten:

Muslime regierten, nahmen Steuern ein und führten Krieg – wie andere auch. Weit mehr als bei anderen spielte bei all diesen Tätigkeiten jedoch ihre Religion eine Rolle. Insbesondere zwischen Christen und Muslimen war der Unterschied in dieser Hinsicht tiefgreifend. Drei Jahrhunderte hindurch, bis zur Bekehrung Konstantins des Großen, bildeten die Christen eine Minderheit. Sie waren ständig Verdächtigungen und oft sogar Verfolgungen durch den Staat ausgesetzt. Während dieser Zeit entwickelten sie ihre eigenen Institutionen, aus denen schließlich die Kirche wurde. Muhammad, der Begründer des Islam, war sein eigener Konstantin. Unter ihm wurde der Islam zu einem politischen ebenso wie einem religiösen System. […] Für den Propheten und seine Begleiter stellte sich daher die Alternative zwischen Gott und Kaiser gar nicht – eine Alternative, bei der sich zwar nicht Christus selbst, aber zahlreiche Christgläubige wie in einer Schlinge verfingen. Für die Lehre und Erfahrungswelt der Muslime gab es keinen Kaiser. Gott war das Oberhaupt des Staates, und sein Prophet Muhammad lehrte und herrschte in seinem Namen. In seiner Eigenschaft als Prophet hatte er keinen Nachfolger und konnte auch keinen haben. Als höchster Souverän der politisch-religiösen Gemeinschaft des Islam folgte ihm eine lange Reihe von Kalifen nach. […] Es existierte nicht wie im christlichen Reich eine Unterscheidung zwischen *imperium* [weltlicher Gewalt] und *sacerdotium* [geistlicher Gewalt], und es gab auch keine eigenständigen geistlichen Einrichtungen, keine Kirche mit einem eigenen Oberhaupt.

Bernard Lewis: The Middle East. 2000 Years of History from the Rise of Christianity to the Present Day. London 1995, S. 138. Übers. M. Brabänder

5 Die Kalifen – Nachfolger Muhammads

Der weitgereiste Diplomat und Historiker Abd ar-Rahman Ibn Chaldun (1332–1406) charakterisiert das Wesen des Kalifats im Vorwort zu seinem berühmten Geschichtswerk:

Die politischen Vorschriften führen lediglich zu den Vorteilen dieser Welt: „Sie kennen nur etwas Äußeres vom irdischen Leben“ (Koran 30,6). Was der Gesetzgeber [der Prophet Muhammad] aber für die Menschen bezweckt, ist ihr jenseitiges Heil. Entsprechend den göttlichen Gesetzen ist es nötig, die Menge zu den religiösen Gesetzesvorschriften zu leiten, in den Dingen dieser wie jener Welt. Diese Vorschrift besteht für diejenigen, welche sich mit den Religionsgesetzen befassen, nämlich den Propheten und seine Nachfolger, und das sind die Kalifen […]
Die Königsherrschaft ist natürlich; sie besteht darin, die Menge zu dem zu bringen, was die vernunftgemäße Anschauung erfordert, um weltliche Vorteile zu gewinnen und Schädliches abzuwehren. Das Kalifat besteht darin,

6 Golddenar des Kalifen al-Mutawakkil (847–860)

Auf der Rückseite ist ein Dromedar abgebildet, eine Erinnerung an die fernen Ursprünge der arabischen Beduinen in den Wüsten.

die Menge zu dem zu bringen, was der Gesichtspunkt des Religionsgesetzes im Hinblick auf ihre himmlischen *und* irdischen Vorteile erfordert, welche [Letztere] auf diese [Erstere] zurückgehen. Denn nach Auffassung des Gesetzgebers müssen alle irdischen Zustände hinsichtlich der Vorteile des Jenseits beurteilt werden. So ist das Kalifat tatsächlich eine Stellvertretung des Gesetzgebers [Gottes] bezüglich der Überwachung des Glaubens und der Lenkung der Welt durch ihn.

IbnChaldun: Ausgewählte Abschnitte aus der Muqaddima. Aus dem Arabischen von Annemarie Schimmel. Tübingen 1951, S. 109.

7 Die Pflichten des Kalifen

Der Rechtsgelehrte Bar-ad-Din ibn Gama'a (1241–1333) fasst die Aufgaben des Herrschers zusammen:

Dem Imam [hier: Kalifen] obliegt die Wahrnehmung folgender zehn öffentlicher Pflichten:

1. Die Religion soll er entsprechend den verankerten Prinzipien und dem Konsens der ersten Generation der Muslime erhalten. Wenn ein Neuerer auftritt oder ein Zweifler davon abweicht, muss ihm der Kalif die Beweise der Religion darlegen, ausführen, was richtig ist, und auf ihn die angemessenen Regeln und Strafen anwenden, so dass die Religion vor Schaden geschützt und die Gemeinde vor Irrtum bewahrt bleibt.

2. Die zwischen Prozessführern gefällten Urteile soll er ausführen und Streit zwischen Zankenden schlichten, damit Gerechtigkeit herrsche und niemand Unrecht begehe oder erleide.

3. Die Länder des Islams soll er verteidigen und sie vor fremdem Eindringen schützen, damit man ohne Gefahr für Leben und Besitz seinen Unterhalt verdienen und nach Belieben reisen kann.

4. Die gesetzlichen Strafen soll er durchsetzen zum Schutz der Gebote Gottes vor Verletzung und zur Wahrung der Rechte seiner Diener vor Schädigung und Vernichtung.

5. Die Grenzfestungen soll er mit angemessenem Nachschub und zu ihrer Verteidigung wirksamen Kräften versehen, damit der Feind sie nicht in einem Überraschungsangriff nimmt, sie entweiht oder das Blut von Muslimen oder Verbündeten vergießt.

6. Heiligen Krieg soll er gegen alle diejenigen führen, welche auch nach der Aufforderung, den Islam anzunehmen, ihn weiterhin ablehnen, bis sie entweder Muslime werden oder in das Schutzverhältnis[1] eintreten, damit Gottes Wahrheit über jede Religion die Oberhand gewinne.

7. Beute und Almosen soll er einsammeln, gemäß den Vorschriften des heiligen Gesetzes, wie sie in eindeutigen Texten und aufgrund von unabhängigem Urteil festgelegt sind, und zwar ohne Terror und Unterdrückung.

8. Die Gehälter und anderen vom Staatsschatz zu entrichtenden Gelder soll er ohne Verschwendung und ohne Knausrigkeit festsetzen und die Zahlungen pünktlich, weder zu früh noch zu spät, vornehmen.

9. Fähige und zuverlässige Männer soll er anstellen, die aufrichtig sind bei der Erfüllung der Aufgaben, die er ihnen überträgt, und im Umgang mit den Geldern, die er ihnen anvertraut; so werden die Aufgaben fachkundig ausgeführt und die Gelder gewissenhaft geschützt.

10. Mit der Überwachung aller Angelegenheiten und der Überprüfung aller Verhältnisse soll er sich selbst befassen, damit er so persönlich die Gemeinde regiere, den Glauben schütze und sich nicht auf Vertreter stütze, um für das eigene Vergnügen oder für den Gottesdienst Zeit zu haben.

Zit. nach: Bernard Lewis (Hrsg.): Der Islam von den Anfängen bis zur Eroberung von Konstantinopel. Bd. 1: Die politischen Ereignisse und die Kriegführung. Aus dem Englischen von Hartmut Fähndrich. Zürich und München 1981, Nr. 43, S. 257 f.

1 Schutzverhältnis: arab. dhimma, Institution des islamischen Rechts, das die Unversehrtheit von nichtmuslimischen Schutzbefohlenen (arab. dhimmis) festschreibt, sobald diese die muslimische Herrschaft und Überlegenheit anerkennen.

Das Verhältnis von Religion und Politik

8 Teilung der Gewalten im Islam?

Der Orientalist Albert Hourani gibt die Auffassung des maßgeblichen Theologen und Philosophen Abu Hamid Muhammad al-Ghazali (1058–1111) zur Frage wieder, ob der Kalif seine Macht delegieren darf:

Um die Bedingungen zu definieren, unter denen die Beziehung von Kalif, Sultan [Regierungschef] und *ulama* [den Religionsgelehrten] geregelt werden könnten, stellten al-Ghazali und andere, die in der religiösen Tradition standen, die Theorie auf, die Macht stehe dem Kalifen zu, ihre Ausübung könne jedoch auf mehr als seine Person verteilt werden. Das Kalifat (oder Immanat, wie die Theoretiker es üblicherweise bezeichneten) setze sich aus drei Elementen zusammen: der legitimen Nachfolge des Propheten, der Lenkung der weltlichen Geschicke der Gemeinschaft und der Wahrung des Glaubens. Nach al-Ghazalis Ansicht sollten diese drei Aspekte idealerweise in einer Person vereint sein, durften aber notfalls auch getrennt werden, wie es in seiner Zeit geschah. Der Kalif verkörperte die Nachfolge des Propheten; der Sultan stand an der Spitze der militärischen Macht und übte die Regierungsfunktionen aus; die *ulama* wachten über den Glauben und die religiöse Praxis.

Albert Hourani: Geschichte der arabischen Völker. Aus dem Englischen von Manfred Ohl und Hans Sartorius. Frankfurt 2002, S. 187.

9 Stammtafel Muhammads

Dessen Abkunft wird über seinen Großvater bis auf Noah und Seth zurückgeführt, Vorfahren, die er mit den Juden teilt. Neben dem Propheten – dargestellt mit verhülltem Gesicht – finden sich Bilder der ersten vier Kalifen. Osmanische Darstellung aus dem 16. Jahrhundert.

10 Kann es mehrere Kalifen geben?

Der einflussreiche Rechtsgelehrte Abu i-Hasan al-Mawardi (972–1058) äußerte sich im frühen 11. Jahrhundert zu der Frage, ob mehrere Kalifen gleichzeitig herrschen können:

Was nun die Aufstellung von zwei oder drei Imamen [hier: Kalifen] zur gleichen Zeit und im gleichen Land anlangt, so ist eine solche laut *idschma* [Konsens der Rechtsgelehrten] nicht zulässig. Wenn eine solche jedoch in den verschiedenen Ländern und weit auseinanderliegenden Städten vorgenommen wird, so ist diese – nach der Ansicht einer besonderen, von der Allgemeinheit abweichenden Gruppe – insofern zulässig, als es die Aufgabe des Kalifen ist, sich um die Angelegenheit der Muslime zu kümmern, und jeder Einzelne von ihnen eher in der Lage ist, in seinem Verwaltungsbezirk nach dem Rechten zu sehen. […] Die Hauptmasse der Muslime jedoch vertritt die Ansicht, dass die gleichzeitige Benennung zweier Kalifen in der gleichen Zeit nach der Scharia [islamisches Gesetz] nicht zulässig sei. Das ergäbe sich aus der Tradition: „Wenn die Leute zwei Kalifen die Huldigung leisten, dann tötet den einen der beiden!"

Zit. nach: Gerhard Hoffmann (Hrsg.): Die Blütezeit der islamischen Welt. Ein Lesebuch. München 1994, S. 47 f.

11 Einsetzung in das Kalifenamt

Nach dem Tod Muhammads kam der Nachfolgefrage eine zentrale Bedeutung zu und sie war äußerst umstritten. Al-Mawardi (➔ s. M10) stellt die unter den Sunniten (➔ s. M12) gängigen Auffassungen zusammen, wie der Kalif rechtmäßig in sein Amt kommt:

Das Imamat [hier: Kalifat] kann auf zweierlei Art übertragen werden: Entweder aufgrund einer Wahl durch Wahlmänner oder aufgrund einer Ernennung durch den vorhergehenden Kalifen. Hinsichtlich der Amtsübertragung aufgrund einer Wahl durch Wahlmänner sind die Gelehrten geteilter Meinung über die Frage der Anzahl der zur Wahl eines Kalifen nötigen Wahlmänner. […]

Wenn die Wahlmänner zur Wahl zusammentreten, prüfen sie die Qualifikationen der Kandidaten und schreiten dann zur Ernennung desjenigen unter ihnen, welcher der Würdigste ist, welcher am meisten den geforderten Bedingungen[1] genügt und welchem die Leute Gehorsam zu leisten am ehesten willens sind. Sie anerkennen ihn unverzüglich. […]

Wenn einer von zwei Kandidaten gewählt wird und sich dann beide um das Kalifat streiten, so ist das nach einigen Juristen so tadelnswert, dass beide dadurch disqualifiziert sind und das Kalifat einem anderen zu übertragen ist. Doch nach Ansicht der meisten Gelehrten und Juristen disqualifiziert ein solcher Streit nicht und ist das Streben nach dem Kalifat nicht an sich verwerflich. […]

Die Juristen sind uneinig darüber, wie man einen Streit zwischen zwei gleichermaßen qualifizierten Kandidaten beilegen kann. Die einen sagen, man solle das Los werfen und den Gewinner vorziehen. Andere sagen, die Wahlmänner dürfen frei wählen und ohne Los denjenigen ernennen, den sie vorzögen.

Zit. nach: Bernard Lewis (Hrsg.): Der Islam von den Anfängen bis zur Eroberung von Konstantinopel. Bd. 1: Die politischen Ereignisse und die Kriegführung. Aus dem Englischen von Hartmut Fähndrich. Zürich und München 1981, Nr. 43, S. 253–255.

1 geforderte Bedingungen: Rechtschaffenheit, umfassende Kenntnisse, körperliche Unversehrtheit, Urteilsvermögen, Mut und Stärke, Abstammung vom Stamm der Quraysh (dem Muhammad angehörte)

12 Streit um die Nachfolge des Propheten

Die Islamwissenschaftlerin Christine Schirrmacher erläutert die Spaltung zwischen Sunniten und Schiiten:

Aus der nach Muhammads Tod (632 n. Chr.) unmittelbar ausbrechenden Auseinandersetzung über die Nachfolgefrage ergab sich die geschichtlich und theologisch folgenschwerste Spaltung der islamischen Gemeinschaft in mehrere Gruppierungen, unter denen als bedeutendste die hervorgingen, die später als „Sunniten" und „Schiiten" bezeichnet wurden. Mit dem Begriff „Schiiten" sind die Anhänger Alis gemeint, des Vetters und Schwiegersohns Muhammads, die als Nachfolger eine Person aus der Familie des Propheten forderten und daher „Shi'at Ali" („Partei des Ali") genannt wurden. Die sunnitische Mehrheit verlangte lediglich einen fähigen Heerführer aus Muhammads Stamm, den Quraysh, machte aber gleichzeitig dessen bestätigende Wahl durch einen Rat und seine öffentliche Huldigung zur Bedingung. [...]
Der einzig verfügbare männliche, wenn auch nicht direkte Nachkomme Muhammads, Ali, konnte seinen Anspruch auf das Kalifat gegen die sunnitische Mehrheit jedoch zunächst nicht durchsetzen. In seiner Abwesenheit wurde noch im Jahr 632 Muhammads enger Vertrauter und Heerführer Abu Bakr zum ersten Kalifen (regierte 632–634 n. Chr.) gewählt, danach folgten Umar (634–644) und Uthman (644–656), die alle zur sunnitischen Anhängerschaft gehörten. Erst im Jahr 656 konnte Ali (656–661) als vierter Kalif für wenige Jahre die Macht erringen. Nach seinem Tod fiel die Führerschaft über die islamische Welt erneut an die Sunniten, die die Herrschaft mit der Dynastie der Umayyaden (661–749) und der Abbasiden (750–1258) für die sunnitische Mehrheit viele Jahrhunderte lang [faktisch] erblich machen konnten.

Christine Schirrmacher: Schiiten und Sunniten – Unterschiede islamischer „Konfessionen". Online unter: http://www.islaminstitut.de/uploads/media/Schiiten.pdf (Stand 31.07.2011)

13 Muhammad bestimmt seinen Schwiegersohn Ali zu seinem Nachfolger

Dieses Bild gibt die Sicht der Schiiten wieder; die Mehrheitsgruppe der Sunniten bestreitet den Sachverhalt.

14 Der Prophet Muhammad zum Gehorsam gegenüber dem Kalifen

Durch den Kalifen al-Muttaqi (940–944) sind folgende, dem Propheten zugeschriebene Aussprüche überliefert:

Hört und gehorcht, selbst wenn ein zottiger schwarzer Sklave über euch gesetzt ist. Wer auch versuchen sollte, meine Gemeinde zu teilen – schlagt ihm den Kopf ab. Wenn zwei Kalifen gehuldigt wird, töten den zweiten. Wer an seinem Herrscher etwas sieht, was er missbilligt, soll geduldig sein; denn wer sich selbst von der Gemeinde auch nur eine Spanne weit entfernt und dann stirbt, stirbt als Ungläubiger. Gehorcht euren Herrschern, was auch geschieht. Wenn ihre Befehle im Einklang stehen mit der Offenbarung, die ich euch brachte, werden sie dafür belohnt und ihr werdet für euren Gehorsam belohnt; wenn ihre Befehle nicht im Einklang stehen mit dem, was ich euch brachte, tragen sie die Verantwortung dafür, ihr aber seid ohne Schuld. [...]
Wenn ihr Herrscher über euch habt, die das Gebet, die Almosensteuer[1] und den heiligen Krieg für Gott anordnen, dann verbietet euch Gott, sie zu schmähen, und erlaubt euch, hinter ihnen zu beten. Wenn jemand gegen meine Gemeinde auftritt, wenn sie vereint ist, und sie zu teilen trachtet, töten ihn, wer immer es sei. [...] Gehorchen ist die Pflicht eines jeden Muslims, ob es ihm gefällt oder nicht, solange ihm nicht befohlen wird, eine Sünde zu begehen. Wenn ihm befohlen wird, eine Sünde zu begehen, muss er nicht gehorchen.

Zit. nach: Bernard Lewis (Hrsg.): Der Islam von den Anfängen bis zur Eroberung von Konstantinopel. Bd. 1: Die politischen Ereignisse und die Kriegführung. Aus dem Englischen von Hartmut Fähndrich. Zürich und München 1981, Nr. 40, S. 223 f.

1 *Almosensteuer: arab. zakat, Verpflichtung, einen bestimmten Teil des Besitzes Armen und Bedürftigen zu geben.*

15 Soll man einem schlechten Herrscher gehorchen?

Der Gelehrte Bar-ad-Din ibn Gama'a (➔ s. M7) schreibt zur Legitimität tyrannischer Kalifen:

Zu einer Zeit, da es keinen Imam [hier: Kalifen] gibt und ein Ungeeigneter das Kalifat erstrebt und die Bevölkerung durch seine Macht und seine Heere unter Druck hält [...], zu einer solchen Zeit ist seine Herrschaft gültig und man muss ihm Gehorsam leisten, damit die Eintracht unter ihnen gewahrt bleibt. Das ist selbst dann so, wenn er, nach richtiger Ansicht, unwissend und ungerecht ist. Wenn das Kalifat auf diese Weise, durch Gewalt und Übermacht, einem Mann übertragen ist, dann ein anderer auftritt, der den Ersten durch seine Macht und seine Heere überwältigt, dann ist der Erste abgesetzt und der Zweite wird, wie wir darstellten, zum Wohlergehen der Muslime und zur Bewahrung ihrer Einheit Kalif.

Zit. nach: Bernard Lewis (Hrsg.): Der Islam von den Anfängen bis zur Eroberung von Konstantinopel. Bd. 1: Die politischen Ereignisse und die Kriegführung. Aus dem Englischen von Hartmut Fähndrich. Zürich und München 1981, Nr. 44, S. 259 f.

16 Der Zerfall der Kalifenmacht

Der Tübinger Islam-Historiker Heinz Halm (geb. 1942) beschreibt den Prozess der Regionalisierung der Herrschaft im Gebiet des Islam:

Seit der abbasidischen Revolution[1] begann das Kalifenreich zu schrumpfen. Mit der Verwurzelung der islamischen Herrschaft in den Provinzen begannen sich die regionalen Sonderinteressen gegenüber der Zentralregierung bemerkbar zu machen. Die ungeheuren Entfernungen erschwerten die Kommunikation und damit eine direkte administrative Kontrolle der Randgebiete. Bagdad war nicht mehr in der Lage, Armeen zu unterhalten, die das Riesenreich zwischen den Pyrenäen und dem Indus hätten zusammenhalten können.

Die Regionalisierung der Herrschaft erfolgte nach zwei Mustern. Das eine war die Bildung von Staaten, die von Bagdad unabhängig waren. Die arabischen Kämpfer auf der Pyrenäenhalbinsel erkannten die neue Dynastie nicht an. 756 nahmen sie einen flüchtigen Umayyadenprinzen auf, der dem Massaker an seiner Familie entronnen war und sich nun als „Befehlshaber" (*amîr*) von al-Andalus – d. h. der islamischen Pyrenäenhalbinsel – etablierte und seine Herrschaft an seine Nachkommen weitergeben konnte. [...]

Das andere Modell wurde seit 800 in Kairuan praktiziert. Die arabische Lagerstadt im heutigen Tunesien war 761 von einer abbasidischen Truppe besetzt und Bagdad unterworfen worden; einen Offizier dieser Truppe, Ibn a-Aghlab, setzte der Kalif Harun ar-Raschid im Jahre 800 als Gouverneur und militärischen Befehlshaber (*amîr*) ein. Er wurde der Begründer einer *de facto* unabhängigen Gouverneursdynastie, der Aghlabiden (800–909), die mit dem Einverständnis des Kalifen, der der nominell anerkannte Oberherr blieb, den mittleren Maghreb[2] und Sizilien regierte. Der Emir schuldete dem Kalifen einen jährlichen Geldbetrag sowie – als Zeichen der Anerkennung seiner Oberhoheit – die Nennung seines Namens im Bittgebet am Ende der Freitagspredigt und auf den Münzen. Ähnliche, nominell Bagdad unterstehende Gouverneursdynastien etablierten sich später in Ägypten sowie in Ostiran und Zentralasien; sie schränkten die tatsächliche Macht des Bagdader Kalifen erheblich ein.

Heinz Halm: Die Araber. Von der vorislamischen Zeit bis zur Gegenwart. München 2004, S. 36–38.

1 abbasidische Revolution: Sturz der Umayyaden-Dynastie 749/750 n. Chr.
2 Gebiet Nordafrikas westlich von Ägypten

17 Grundlagen der islamischen Rechtsprechung

Der Bagdader Rechtsgelehrte und Prediger Abu l-Faradj ibn al-Djauzi (1116–1201) zitiert aus einer Ernennungsurkunde für einen Oberrichter:

Er [der Kalif] befiehlt ihm Gottesfurcht, denn das ist der schützende Schild. Er soll Gottes Schrift in allem, was er tut, zu seiner Richtschnur machen und danach sein Urteilen und Richten ordnen [...]. Er soll die Sunna[1] des Gottesgesandten Muhammad zum Gegenstand des Wunsches, den er anstrebt, und zum Vorbild, dem er folgt, machen. Er soll den Konsens beachten. Er soll sich an das Vorbild der rechtgeleiteten Kalifen halten. Er soll seine persönliche Entscheidung dort treffen, wo es weder Schrift noch Sunna oder Konsens gibt. Er soll zu seiner Gerichtsversammlung den bringen, dessen Wissen und Meinung er zur Hilfe nehmen kann. Er soll mit Blicken und Worten zwischen den Parteien schlichten, wenn sie vor ihn treten, und jedem der beiden ihren Anteil an seiner Gerechtigkeit und Billigkeit zukommen lassen, damit der Schwache vor seiner Ungerechtigkeit sicher ist und der Starke an seiner Zuneigung verzweifelt.

Er befiehlt ihm, seine Gehilfen und Gefährten, seine Sekretäre und Mittel, auf die er sich stützt, so zu beaufsichtigen, dass er verhindert, dass sie sich verbotener Lebensweise zuwenden, und sie davon abhält, sich verbotene Einnahmen zu verschaffen.

Zit. nach: Gerhard Hoffmann (Hrsg.): Die Blütezeit der islamischen Welt. Ein Lesebuch. München 1994, S. 51 f.

1 Sunna: arab., Brauch oder gewohnte Handlungsweise; im islam. Recht die Summe aller zu befolgenden Taten des Propheten.

Arbeitsvorschläge

○○● a) Geben Sie die auf der ersten Karte der beiden Auftaktseiten dargestellte politische Gliederung des Orients und Europas zurzeit Muhammads wieder.

○○● b) Zeigen Sie auf, in welchen Etappen sich das Herrschaftsgebiet des Islam bis zum Jahre 750 ausweitete (M1).

●●● c) Diskutieren Sie, inwiefern die Kennzeichnung der Grenzverläufe und die Verwendung einheitlicher Farbtiefen problematisch sind (M1).

○○● d) Geben Sie die internen und externen Gründe für die rasante Ausweitung des islamischen Machtbereichs wieder (M2).

○○● e) Beschreiben Sie, wie die politische und religiöse Sphäre im Islam einander zugeordnet sind (M3, M4).

○●● f) Erläutern Sie den Unterschied zu den christlichen Gesellschaften Europas (M3, M4).

●●● g) Vergleichen Sie die Besonderheiten des Kalifenamtes mit der gewöhnlichen Königsherrschaft (M5).

○●● h) Ordnen Sie die Pflichten des Kalifen den Bereichen Verwaltung, Militärwesen, Rechtspflege und Religion zu (M7).

●●● i) Diskutieren Sie mit ihren Mitschülern die Frage, mit welcher Epoche der europäischen Geschichte man diese Herrschaftsauffassung ansatzweise vergleichen kann (M4, M7).

○○● j) Geben Sie wieder, warum und in welcher Weise der Kalif nach der Meinung des Autors Herrschaftsbefugnisse an andere delegieren darf (M8).

●●● k) Vergleichen Sie diese Auffassung mit derjenigen von Bar-ad-Din ibn Gama'a (M7).

○●● l) Untersuchen Sie, ob die maßgeblichen islamischen Autoritäten die Aufteilung des Reiches unter mehrere Kalifen für möglich hielten (M10).

○○● m) Geben Sie wieder, über welche Eigenschaften ein Kandidat für das Kalifat verfügen muss und wie er in sein Amt gelangt (M11).

○○● n) Zeigen Sie auf, zu welchen Streitfällen es bei der Erhebung eines Kalifen kommen kann und welche Unklarheiten bestehen (M11).

○○● o) Stellen Sie dar, wie es zur Spaltung zwischen Sunniten und Schiiten kam (M12, M13).

●●● p) Vergleichen Sie den Konflikt zwischen Schiiten und Sunniten mit Konflikten im Christentum, z. B. zwischen katholischer und protestantischer Kirche (M12).

○○● q) Beschreiben Sie, inwieweit ein Muslim nach den Worten des Propheten zum Gehorsam gegenüber dem Herrscher verpflichtet ist (M14).

○●● r) Untersuchen Sie, ob die Gehorsamspflicht auch einem ungerechten Herrscher gegenüber besteht (M15).

○●● s) Arbeiten Sie Unterschiede/Gemeinsamkeiten zwischen M14 und M15 heraus.

○●● t) Untersuchen Sie, warum das einheitliche islamische Reich zerfiel und nach welchen Mustern die Herrschaft regionalisiert wurde (M16).

●●● u) Diskutieren Sie die Schwierigkeiten, den in diesem Text geschilderten Sachverhalt in einer Geschichtskarte darzustellen (M16).

○○● v) Nennen Sie die Quellen, aus denen ein Richter bei seiner Rechtsprechung schöpfen soll (M17).

○○● w) Geben Sie die weiteren Obliegenheiten eines Richters wieder (M17).

Grundwissen: Glaube und Herrschaft in der islamischen Welt

Die Frühphase der islamischen Expansion

→ 1 - 2 S. 94 f.

Bereits unter dem Propheten Muhammad (570–632) war der größte Teil der arabischen Halbinsel durch Kriege und Verträge für den Islam gewonnen worden. Als nach dessen Tod mehrere Stämme die geschlossenen Bündnisse aufkündigten, stellte der erste Kalif, Abu Bakr (632–634), die alten Zustände mit militärischer Gewalt wieder her. Seine Anhänger wurden dabei zu kampferprobten Kriegern.
Abu Bakrs Nachfolger, der Kalif Umar (634–644), richtete die neugewonnene militärische Kraft der Araber nach außen und gab der politischen Landschaft des Vorderen Orients in nur wenigen Jahren ein völlig neues Gesicht. Zwei Großreiche hatten sich bis dahin die Vorherrschaft über die Region geteilt: im Westen das Byzantinische Reich, das aus der östlichen Hälfte des Römischen Reichs hervorgegangen war, und im Osten das persische Reich der Sassaniden. Beide waren bis dahin von Süden her nie ernsthaft bedroht worden und erkannten die neuartige Gefahr daher zu spät. Auch waren sie durch innere Probleme und vorausgegangene Kämpfe gegeneinander erheblich geschwächt. So konnten die arabischen Stammesverbände im Jahre 635 die unter byzantinischer Herrschaft stehende syrische Hauptstadt Damaskus einnehmen. Als Byzanz ein Jahr später endlich ein großes Heer entsandte, wurde dieses am Fluss Yarmûk von den islamischen Reiterkriegern besiegt. Ganz Syrien und Palästina gingen damit dauerhaft für Ostrom verloren. Vermutlich noch im selben Jahr 636 wurde auch das Heer der Sassaniden von der neuen Militärmacht aus dem Süden besiegt. Für die Perser war die Niederlage noch katastrophaler als für Byzanz: Sie büßten einen Großteil ihres Staatsgebiets mitsamt der Hauptstadt ein, und sechs Jahre später wurde auch der Rest ihres Reichs von den Arabern erobert. Bis zum frühen 8. Jahrhundert reichten die dem Islam unterworfenen Gebiete von Spanien über Nordafrika (einschließlich Ägypten) bis zur Mündung des Indus. Die als *futûh* (= Öffnung, Eroberung) bezeichnete Phase hatte damit ihren Abschluss gefunden.

18 Muhammad und seine Anhänger ziehen nach Mekka *Osmanische Miniatur, zweite Hälfte des 16. Jahrhunderts*

Politik und Herrschaft: das Kalifat

→ 3 - 5 S. 95 f.
→ 7 S. 96

Die Trennung in eine politische und eine religiöse Sphäre war dem Islam größtenteils fremd. Der Prophet Muhammad war zugleich geistlicher *und* weltlicher Führer der *umma* (= Gemeinschaft der Gläubigen). Nicht anders verstanden sich seine Nachfolger, die Kalifen. Sie waren sozusagen Kaiser und Papst in einer Person. Ihre doppelte Aufgabe bestand darin, Recht und Ordnung in der diesseitigen Welt zu gewährleisten sowie die Gläubigen auf die jenseitige vorzubereiten. Die Maßstäbe dafür waren nicht willkürlich, sondern richteten sich nach den Vorschriften des Korans, dem beispielhaften Leben des Propheten (= Sunna) und den religiösen Gesetzen (= Scharia). Regierung und Verwaltung, Militär, Rechtspflege und Religion – kein Bereich war von der Zuständigkeit des Kalifen ausgenommen.

19 Die Abstammung der Kalifen (656–1517)

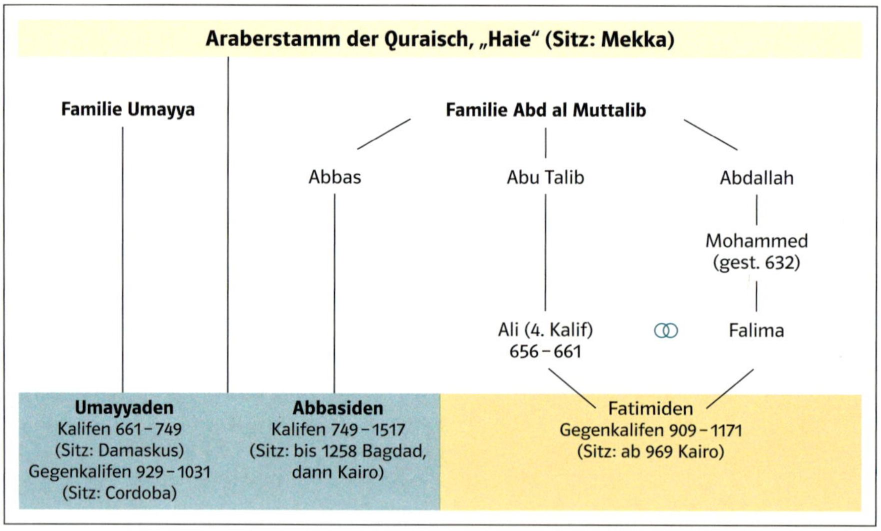

→ 8 S. 96
→ 10 S. 97

Diese auf den Kalifen ausgerichtete Auffassung beschreibt ein Ideal, das im Laufe der Zeit mit der Realität allerdings immer weniger übereinstimmte. Die vielfältigen Anforderungen der Staatsführung konnten von einer einzigen Person allein gar nicht bewältigt werden und so mussten die gelehrten Wächter der rechten Lehre den Erfordernissen der Praxis schließlich Zugeständnisse machen. Sie akzeptierten, dass der Kalif bestimmte Aufgaben an andere delegieren durfte – die Regierungsgeschäfte etwa an den Wesir bzw. Sultan, die Religions- und Rechtspflege an die *ulama* (= Religionsgelehrten). Nur musste zumindest grundsätzlich die Gesamtverantwortung in seiner Hand bleiben. Dieser Kompromiss war auch noch aus einem anderen Grund erforderlich geworden: Wegen der Größe des Reichs, aber auch wegen Machtverschiebungen am Hof nahm die reale Macht des Kalifen kontinuierlich ab und beschränkte sich schließlich auf repräsentative Funktionen.
An den Randgebieten des Reichs versuchten regionale Machthaber immer wieder (und nicht selten mit Erfolg), eigenständige, von der Zentrale in Damaskus bzw. Bagdad unabhängige Herrschaften zu errichten. Damit stellte sich die Frage, ob es denkbar und zulässig sei, das Kalifat auf mehrere Personen aufzuteilen. Die Mehrzahl der Rechtsgelehrten verneinte diese Möglichkeit und hielt an der Auffassung fest, dass es immer nur einen Nachfolger des Propheten geben könne. Dass es in der Praxis dennoch zur Errichtung von Gegenkalifaten kam, wurde von der herrschenden Rechtsmeinung nicht als rechtmäßig akzeptiert.
Die europäische Staatenwelt hatte um diese Zeit keine Ähnlichkeit mit dem gegenwärtigen Zustand. Osteuropa wurden mit dem Königreich Polen und dem Großfürstentum Moskau von Mächten geprägt, die es heute in dieser Gestalt nicht mehr gibt. Vor allem Polen hatte durch seine dynastische Verbindung mit dem Großfürstentum Litauen zu jener Zeit eine Ausdehnung und Macht wie niemals zuvor und danach.

Wie wurde man Kalif?

→ 11 S. 97

Der Prophet Muhammad hinterließ bei seinem Tod im Jahr 632 keinen Sohn. Auch hatte er keinen seiner Gefolgsleute dazu bestimmt, nach ihm die *umma* zu führen. Die Nachfolgeregelung war daher völlig offen – und ebenso umstritten. Einig war man sich darin, dass der Nachfolger (= *chalifa*, daher „Kalif“) Muhammads vorbildliche persönliche Eigenschaften verkörpern und dem gleichen Stamm wie der Prophet (den Quraysh aus Mekka) angehören musste. Die Gruppe der sogenannten

Schiiten (= „Shi'at Ali", d.h. Partei des Ali) ging noch darüber hinaus: Sie verlangte, dass der neue Herrscher aus Muhammads engerer Familie stammen müsse, und trat für dessen Vetter und Schwiegersohn Ali ein. Die Mehrheitsgruppe der Sunniten teilte diese Auffassung jedoch nicht und favorisierte eine freie Wahl des Nachfolgers. Doch auch damit blieben zentrale Fragen offen: Welche und wie viele Personen sollten wahlberechtigt sein? Bei welchen Mehrheitsverhältnissen war die Wahl gültig? Und welche Rolle sollte es spielen, wenn sich künftige Kalifen für eine bestimmte Person als ihren Nachfolger aussprachen?
Beim Tod des Propheten folgte ihm Abu Bakr (632–634), ein enger Vertrauter, als Herrscher über die *umma*. Nach ihm erlangten Umar (634–644), Uthman (644–656) und schließlich doch noch der anfangs gescheiterte Ali (656–661) das Kalifat. Sie repräsentierten aber jeweils nur eine bestimmte Gruppe der rivalisierenden islamischen Führungsschichten (frühe Gefährten des Propheten/Helfer aus Medina/später Bekehrte aus Mekka). Die Rechtmäßigkeit ihrer Herrschaft wurde daher immer wieder infrage gestellt und sowohl Uthmann als auch Ali fielen politisch motivierten Mordanschlägen zum Opfer. Mit Mu'awiya I. (661–680), dem fünften Nachfolger der Propheten, wurde das Kalifat schließlich erblich: Er begründete die Dynastie der Umayyaden (661–749) und verlegte die Hauptstadt in das syrische Damaskus. Unter den Umayyaden erreichte die Macht des arabischen Reichs ihren Höhepunkt. Ihr gewaltsamer Sturz durch das nachfolgende Herrschergeschlecht der Abbasiden (750–1258) läutete den allmählichen Niedergang des Kalifats ein.

Gehorsam gegenüber dem Kalifen und Niedergang des Kalifats

→ 12 - 16 S. 98 f.

Die Araber hatten dem Islam in nur wenigen Jahrzehnten ein riesiges Reich erobert. Schon früh stellten regionale Sonderinteressen und Streitigkeiten innerhalb der Führungseliten dessen Einheit auf die Probe. Für die verantwortlichen Staatsmänner und Gelehrten war die Verteidigung der *umma* gegen Spaltungstendenzen daher von größter Wichtigkeit: Wer sich dieser Gemeinschaft entgegenstellte, war kompromisslos zu bekämpfen. Daneben schärfte man den Gläubigen unbedingten Gehorsam gegenüber dem Kalifen ein. Dies sollte sogar dann gelten, wenn der Herrscher offenkundig schlecht regierte oder das Volk unterdrückte. In diesem Fall sollte Gott ihn im Jenseits zur Verantwortung ziehen, nicht aber die Menschen im Diesseits. Eine einzige Ausnahme gab es von der strengen Gehorsamspflicht für die Muslime: Den Befehl, eine Sünde zu begehen, durfte man verweigern.
Die neue Kalifen-Dynastie der Abbasiden ging auf einen Onkel Muhammads, Abbas, zurück; sie war mit dem Propheten also eng verwandt. War die politische Führungsschicht unter den Umayyaden noch ausschließlich arabisch geprägt, so fanden nun auch persische Elemente Zugang zu den Machtpositionen des Reichs. Am deutlichsten kam diese Entwicklung darin zum Ausdruck, dass unter den Abbasiden die Hauptstadt nach Osten, in den Iran, verlegt wurde: Kalif al-Mansûr (754–775) ließ den kleinen Ort Bagdad am Tigris zum neuen Zentrum des Reichs ausbauen. Mit Harun ar-Rashid (786–809), einem Zeitgenossen Karls des Großen, endete jedoch die Reihe starker Abbasiden-Herrscher. Schon vorher war es an den Rändern des Reichs zu Ablösungserscheinungen gekommen. Bereits im Jahre 756 hatte sich al-Andalus, das muslimische Spanien, von der Zentralgewalt abgespalten, und bald folgten weitere Gebiete im Westen und Osten. Zwar erkannten sie die Oberhoheit des Kalifen in Bagdad zumeist formell auch weiterhin an, doch änderte das nichts an der Tatsache, dass es sich faktisch um unabhängige Staaten handelte. Die Erosion der Kalifen-Herrschaft spielte sich aber auch in der Hauptstadt selbst ab. Mehr und mehr wurden die Abbasiden von einflussreichen Generälen und Provinzgouverneuren abhängig und so sanken die einst allmächtigen „Herrscher der Gläubigen" bis zum Beginn des 10. Jahrhunderts auf den Rang von Marionetten herab.

Karten interpretieren

Historische Karten und Geschichtskarten

Grundsätzlich wird in der Geschichtswissenschaft zwischen historischen Karten und Geschichtskarten unterschieden. Historische Karten sind in der Vergangenheit entstandene Karten. Sie können selbst als Quellen angesehen werden. Geschichtskarten dagegen stellen aus heutiger Sicht politische, wirtschaftliche, kulturelle und gesellschaftliche Verhältnisse der Vergangenheit dar. Oft sind sie mit einer gezielten Mitteilungsabsicht des Autors verbunden, d. h. ihnen liegen – verdeckt oder offen – auch dessen Erkenntnisinteressen und Sichtweisen zugrunde. Mit der Zeit werden Geschichtskarten selbst zu historischen Karten, d.h. Quellen der Vergangenheit.

Statische und dynamische Karten

Geschichtskarten unterscheidet man in *statische Karten* und *dynamische Karten*. Statische Karten stellen einen Zustand zu einem bestimmten Zeitpunkt in der Vergangenheit dar. Dynamische Karten geben Auskünfte über Veränderungen innerhalb eines bestimmten historischen Zeitraums. Zudem wird zwischen *topografischen Karten*, die zur genauen Abbildung der Erdoberfläche dienen, und *thematischen Karten*, die ein bestimmtes Thema verbildlichen, unterschieden. Differenziert wird zudem zwischen einfachen Karten und komplexen Karten. Einfache Karten sind mit wenigen und eindeutigen Angaben versehen. Komplexe Karten sind mehrschichtig und mit verschiedenartigen Informationen zu unterschiedlichen Sachfeldern versehen.

1 Dreiteilung Europas um das Jahr 1000
Lateinisch-katholische, byzantinisch-orthodoxe und islamische Glaubensgebiete

Arbeitsschritte zur Interpretation von Karten

Analyse

Erschließung des Themas sowie der formalen Aspekte

1. Um welche **Kartenart** handelt es sich (historische Karte, Geschichtskarte, statisch, dynamisch, topografisch, thematisch, einfach, komplex)?
2. Wer ist der **Verfasser** der Karte und was ist über diesen bekannt?
3. ! Lassen sich **technische Besonderheiten** der Herstellung (Gravur, Lithografie, Kolorierung etc.) erkennen?
4. In welchem **Rahmen** ist die Karte veröffentlicht? In welchem Umfeld steht sie?
5. Was ist das **Thema** der Karte? Wie lautet der Titel bzw. Untertitel?
6. In welchen **historischen Kontext** (Epoche, Ereignis, Prozess, Konflikt) lässt sich die Karte einordnen?
7. Wer ist der **Adressat** bzw. sind die Adressaten? Wie bekamen oder bekommen sie Zugang zu der Karte?

Erschließung des Inhalts und der verwendeten Darstellungsmittel

1. ! Welcher **geografische Raum** ist auf der Karte dargestellt?
2. ! Welchen **Zeitpunkt** bzw. welchen **Zeitraum** stellt die Karte dar?
3. ! Aus welchen **Kartenschichten** (Topographische Basisdaten, Ländergrenzen, Städte; thematische Details: Rohstoffe, Schlachten, Entdeckungsfahrten usw.) besteht die Karte?
4. ! Was bedeuten die in der **Legende** angegebenen Farben und Symbole?

Erläuterung

Deutung der Aussage im historischen Kontext

1. ! Welche **Einzelinformationen** lassen sich der Karte entnehmen?
2. ! Welche **Beziehungen** bestehen zwischen diesen Einzelinformationen?
3. ! Welche **Ursachen, Entwicklungen** und **Folgen** lassen sich aus der Karte ablesen?
4. Was war bzw. ist die **Botschaft** des Verfassers? Welcher **Eindruck** sollte bzw. soll beim Betrachter erzielt werden?
5. Welche Rolle muss der **Entstehungszeit** der Karte zugemessen werden?
6. Welche **Funktion** hatte oder hat die Karte in ihrem historischen Kontext?

Beurteilung

Abgabe eines begründeten persönlichen Werturteils

1. ! Welche **Schlüsse** (Hypothesen) lassen sich aus der Karte ziehen?
2. ! Wo liegen die Grenzen der **Aussagefähigkeit** der Karte?
3. ! Welche kartografischen **Informationen fehlen**?
4. ! Welche **Aspekte** (thematisch, quantitativ, chronologisch, räumlich) **fehlen**?
5. ! Wie könnte man die **Aussagekraft** der Karte **verbessern**?

Arbeitsvorschläge

●●● 1. Interpretieren Sie die Karte M1 unter Zuhilfenahme der obigen Arbeitsschritte.

●●● 2. Prüfen Sie, welche weitergehenden Fragen sich aus der Karte ergeben. Recherchieren Sie entsprechende Antworten, indem Sie weitere Hilfsmittel (z.B. Darstellungen, Lexika, Internet) hinzuziehen.

2.2 Minderheiten unter muslimischer Herrschaft

A) Wurden Juden und Christen als Minderheiten privilegiert oder als Nichtmuslime verfolgt?
B) Inwieweit veränderte sich der Umgang des muslimischen Kalifats mit Minderheiten im Laufe seiner Herrschaftsetablierung?

Der Islam und andere Religionen

1 Christus auf einem Esel neben Muhammad auf einem Kamel
Muhammad erkannte Jesus, neben Abraham und Moses, als seinen Vorgänger an, dessen Botschaft er jedoch durch seine eigene ersetzte. Persische Miniatur aus dem 18. Jahrhundert

2 Der Koran und die Andersgläubigen
Im Laufe seines Wirkens äußerte sich Muhammad mehrmals über den Umgang mit Nichtmuslimen. Dies geschah am Anfang seines Wirkens, als er hoffte, viele Stämme in der Region von Mekka und Medina für den Islam bekehren zu können, aber auch, als sich bei Medina jüdische Stämme einer Missionierung und einer Unterordnung unter seiner Vorherrschaft verweigerten. Während der Eroberungszüge unterwarfen die Araber immer mehr Gebiete mit einer Vielzahl von Religionen, u.a. unterschiedlichen Ausprägungen des Christentums. In der heiligen Schrift steht über das Verhältnis zu anderen Religionen:

Sure 9,5: Und wenn nun die heiligen Monate abgelaufen sind, dann tötet die Heiden, wo (immer) ihr sie findet, greift sie, umzingelt sie und lauert ihnen überall auf! Wenn sie sich aber bekehren, das Gebet verrichten und die Almosensteuer geben, dann lasst sie ihres Weges ziehen! Gott ist barmherzig und bereit zu vergeben.

Sure 9,29: Kämpft gegen diejenigen, die nicht an Gott und den jüngsten Tag glauben und nicht verbieten, was Gott und sein Gesandter verboten haben, und nicht der wahren Religion angehören – von denen, die die Schrift erhalten haben – (kämpft gegen sie), bis sie kleinlaut aus der Hand Tribut entrichten!

Sure 9,30: Die Juden sagen: „Uzair [Esra] ist der Sohn Gottes." Und die Christen sagen: „Christus ist der Sohn Gottes." Das sagen sie nur so obenhin (ohne dass damit ein realer Sachverhalt gegeben wäre). Sie tun es (mit dieser ihrer Aussage) denen gleich, die früher ungläubig waren. Diese gottverfluchten (Leute)! Wie können sie nur so verschroben sein!

Sure 9,31: Sie haben sich ihre Gelehrten und Mönche sowie Christus, den Sohn der Maria, an Gottes statt zu Herren genommen. Dabei ist ihnen (doch) nichts anderes befohlen worden, als einem einzigen Gott zu dienen, außer dem es keinen Gott gibt. Gepriesen sei er!

Der Koran. Stuttgart u.a. 1982, S. 151–154. Übers. Rudi Paret

3 Der Islam und andere Religionsgemeinschaften

Der Gelehrte As-Sahrastānī (1075–1153) setzt sich mit dem Wesen der nichtmuslimischen Religionen auseinander:

Jene, die außerhalb der wahren Gemeinschaft und des islamischen Gesetzes stehen, aber ein göttliches Gesetz und Vorschriften, göttliche Verordnungen und Zeichen anerkennen, sind die Leute der Schrift. Sie sind aufgeteilt in jene, die ein wirklich geoffenbartes Buch wie die Thora[1] und das Evangelium besitzen, weshalb die Offenbarung sie als Leute der Schrift anspricht, und jene, die eine zweifelhafte Schrift besitzen, wie die Magier[2] und die Manichäer[3]. Denn die Schriftblätter, die Ibrahim [Abraham] herabgesandt worden waren, wurden wegen Neuerungen, die die Magier eingeführt haben, wieder in den Himmel emporgeholt. Doch ist es erlaubt, Abkommen und Schutzverträge mit ihnen abzuschließen, und werden sie neben die Juden und Christen gestellt. Sie sind also auch Leute der Schrift. Doch ist es nicht erlaubt, Heiratsbeziehungen zu ihnen zu knüpfen oder ihre Opfer zu essen, da ihnen die Schrift weggenommen worden ist. […]

Die Juden und die Christen sind die beiden großen Gemeinschaften der Leute der Schrift. […] Die Muslime haben verdeutlicht, dass diese beiden Gemeinschaften [die Offenbarung] verändert und abgewandelt haben. Isa [Jesus] bestätigte nämlich nur das, was Musa [Moses] gebracht hatte. Beide sind Boten, die das Kommen unseres Propheten Muhammad ankündigten.

Zit. nach: Gerhard Hoffmann (Hrsg.): Die Blütezeit der islamischen Welt. Ein Lesebuch. München 1994, S. 216 f.

1 Thora: Heilige Schrift des Judaismus
2 Magier: Anhänger einer alten iranischen Religion (Mazdaismus/ Zoroastrismus)
3 Manichäer: Anhänger einer jüngeren iranischen Religion (Manichäismus)

4 Juden, Christen und der Islam

Der amerikanische Orientalist Bernard Lewis (geb. 1916) kennzeichnet die Sicht des Islam auf das Verhältnis der großen Religionen zueinander:

Aus der Sicht der muslimischen Tradition war die Mission Muhammads nicht etwas Neues, sondern eine Fortsetzung – eine weitere und diesmal endgültige Phase im langen Kampf zwischen Monotheismus[1] und Vielgötterei. Für die Muslime war Muhammad das Siegel der Propheten, der letzte in einer langen Reihe von Gott ernannter Apostel, von denen jeder ein Buch der Offenbarung mitgebracht hatte. Diese waren die Thora, die Psalmen und das Evangelium aus den Händen von Moses, Davids und Jesus. Muhammad war der Letzte und Größte von ihnen, und das Buch, das er brachte, war der Koran. Dieser vervollständigt und ersetzt alle vorherigen Offenbarungen. Aus Sicht der Muslime waren sowohl der jüdische als auch der christliche Glaube zur Zeit ihrer Entstehung wahre Religionen, frühere Phasen in der gleichen Abfolge von Missionen und Offenbarungen. Durch den Apostel Muhammad wurden diese Offenbarungen jedoch hinfällig. Ihre Wahrheiten waren auch in seiner Botschaft enthalten, und was diese nicht umfasste, war nicht wahr – sondern das Ergebnis von Verzerrungen und Verfälschungen dieser früheren Schriften durch ihre unwürdigen Bewahrer.

Bernard Lewis: The Middle East. 2000 Years of History from the Rise of Christianity to the Present Day. London 1995 (Paperback 2000), S. 219 f. Übers. M. Brabänder

1 Monotheismus: Glaube an nur einen Gott

Juden und Christen unter islamischer Herrschaft

5 Der „Vertrag des Umar"

Der Vertragstext geht angeblich auf den Kalifen Umar (634–644) zurück. Als dieser Syrien eroberte, mussten die dortigen Christengemeinden der Überlieferung nach das folgende, auch für die Zukunft maßgebliche Vertragsformular akzeptieren (hier die wichtigsten Punkte):

Als Ihr gegen uns zogt, erbaten wir von euch Sicherheitsversprechen für uns, unsere Nachkommen, unseren Besitz und die Mitglieder unserer Gemeinde, und wir verpflichteten uns euch gegenüber zu Folgendem:
Wir werden in unseren Städten oder in deren Umgebung weder neue Klöster oder Kirchen bauen, noch werden wir, sei es bei Tag oder bei Nacht, diejenigen instand setzen, welche verfallen sind oder in muslimischen Vierteln liegen.
Wir werden unsere Tore für Durchziehende und Reisende weit offen halten. Wir werden alle bei uns durchreisenden Muslime drei Tage lang aufnehmen und verpflegen. Wir werden weder in unseren Kirchen noch in unseren Wohnungen einem Spion Unterschlupf gewähren oder ihn vor den Muslimen verstecken.
Wir werden unsere Religion weder öffentlich kundtun noch jemanden dazu bekehren. Wir werden keine Verwandten daran hindern, zum Islam überzutreten, wenn sie das wollen.
Wir werden den Muslimen Achtung erweisen, und wir werden uns von unseren Sitzen erheben, falls sie zu sitzen wünschen.
Wir werden nicht danach trachten, den Muslimen zu ähneln, indem wir irgendwelche ihrer Kleidungsstücke nachahmen.
Wir werden keine Sättel besteigen, keine Schwerter umgürten und irgendwelche Waffen weder tragen noch mit uns führen.
Wir werden uns, wo immer wir auch sein mögen, gleich bekleiden, und wir werden uns den Gurt [als Unterscheidungsmerkmal] um die Hüfte binden.
Wir werden unsere Kreuze oder Bücher weder in den Straßen noch auf den Märkten der Muslime zur Schau stellen. Wir werden die Glocken in unseren Kirchen leise läuten. Wir werden unsere Stimmen beim Gottesdienst im Beisein von Muslimen nicht erheben; auch beim Totengeleit werden wir unsere Stimmen nicht erheben. Wir werden auf den Straßen und Märkten der Muslime keine Lichter zeigen. Wir werden unsere Toten nicht in der Nähe von Muslimen begraben.
Wir werden keine Häuser bauen, die höher sind als die der Muslime.

Zit. nach: Bernard Lewis (Hrsg.): Der Islam von den Anfängen bis zur Eroberung von Konstantinopel. Bd. 2: Religion und Gesellschaft. Aus dem Englischen von Hartmut Fähndrich. Zürich und München 1982, Nr. 74, S. 271–273.

6 Im Kampf um die Vorherrschaft über die reiche Oase Medina befiehlt Muhammad die Hinrichtung der männlichen Mitglieder des besiegten jüdischen Stammes Banu Quraiza
Nachdem seine Macht gesichert war, kehrte er wieder zur Toleranzpolitik gegenüber Andersgläubigen zurück.

7 Religiöse Toleranz und Herrschaftskonsolidierung

Der deutsche Orientalist Albrecht Noth (1937–1999) denkt über die Bedeutung des Umgangs des Islam mit anderen Religionen nach:

Die Abmachungen […] lassen bereits in den Anfängen eine Verhaltensweise der Eroberer erkennen, die außerordentlich weitreichende Konsequenzen haben sollte: ihre Bereitschaft (und Fähigkeit) zum Kompromiss und Arrangement. Eine muslimische Ökumene [Gesamtheit der Gläubigen] – so lässt sich hier schon generalisierend feststellen – ist wesentlich durch Vereinbarungen und Verträge zustande gekommen und nicht durch eine praktizierte Missionskriegs-Mentalität. Den Muslimen ist anscheinend sehr schnell deutlich geworden, dass die autochthone [einheimische] Bevölkerung in den Regionen ihrer ersten Vorstöße zu großen Teilen wenig Grund und Neigung zur Loyalität [Treue] gegenüber den Repräsentanten der jeweiligen politischen Ordnungen hatte, in die sie eingebunden war, daher auch keine großen Anstrengungen unternahm, diese ernsthaft zu verteidigen. Der Grund hierfür ist vor allem in bereits seit langer Zeit schwelenden und zum Teil erbittert ausgetragenen

Religionskonflikten zwischen Provinzbevölkerung und herrschender Staatsgewalt zu suchen [...] Eine politische Neuorientierung, möglicherweise ein Wechsel in der Herrschaft, konnten daher großen Teilen der autochthonen Provinzbevölkerung in Syrien/Palästina und im Irak durchaus als attraktiv erscheinen, falls sie sich unter Voraussetzungen vollzogen, die eine Verbesserung ihrer Lebensumstände versprachen.
In dieser Situation war es nun von höchster Bedeutung, dass die allmählich vordringenden Muslime von der eingesessenen Bevölkerung in den Provinzen der Großreiche durchweg Unterwerfung, nicht aber Konversion zum Islam verlangten [...]. Religionsfreiheit hatte aus den eben genannten Gründen für viele der von der muslimischen Eroberung betroffenen Untertanen der beiden zentralistischen Großreiche bis dato nicht bestanden, der Herrschaftswechsel brachte somit in einem wesentlichen Bereich erhebliche Vorteile, ja die muslimischen Eroberer wurden mitunter regelrecht als Befreier begrüßt. Es verwundert daher auch nicht, dass die Muslime in der autochthonen Bevölkerung immer wieder auf Bereitschaft stießen, ihnen bei der Errichtung, Erhaltung und dem Ausbau ihrer Herrschaft behilflich zu sein.

Albrecht Noth: Die islamisch-arabische Expansion. In: Maria Haarmann (Hrsg.): Der Islam. Ein Lesebuch. München 2001, S. 71–74.

8 Möglichkeiten und Grenzen

Der US-amerikanische Islamwissenschaftler Mark Cohen (geb. 1943) beschreibt die Gratwanderung erfolgreicher Christen und Juden im islamischen Herrschaftsbereich:

Für den Islam waren Juden und Christen Ungläubige, auch wenn sie als *dhimmis* [Schutzbefohlene] geschützt waren. Die herrschende Gruppe der Muslime behandelte sie daher mit Geringschätzung und Verachtung. Dies stand in Übereinstimmung mit ihrer religiösen Unterordnung und ihrem niederen Rang in der muslimischen Gesellschaft. Trotzdem überschritten die Juden (und Christen) im täglichen Leben regelmäßig die Grenzen der gesellschaftlichen Hierarchie und waren – wenn auch zeitlich begrenzt und manchmal kaum spürbar – Muslimen in vergleichbaren Lebensumständen praktisch gleichgestellt. Zwar konnten sie jederzeit den Zorn der Muslime und sogar deren Verfolgung auf sich ziehen. Trotzdem erfreuten sich Juden (und Christen) in den frühen und klassischen Perioden des Islam einer nachhaltigen Sicherheit. [...]
Berufliche Integration und wirtschaftliche Leistung waren manchmal riskant. Ihr Erfolg verführte einige Juden (und Christen) dazu, dass sie sich allzu sehr außerhalb der Nische zu Hause fühlten, die ihr niedriger religiöser Rang ihnen zuwies. Oft missachteten sie dann die Beschränkungen ihres *dhimmi*-Status. Manch ein muslimischer Herrscher schien das zu dulden und sah über diese flagranten Verstöße gegen die Klauseln des Umar-Paktes (➔ s. M5) hinweg. Wenn solche Umstände zusammentrafen, führte das bei den Muslimen oft zu Unmut und verschärfte die latente religiöse Geringschätzung der Ungläubigen. Die Folge waren Ausschreitungen.
Die Zweischneidigkeit im Verhältnis von Muslimen und *dhimmis* kommt beispielhaft in der exponiertesten Position zum Ausdruck, in der *dhimmis* in Erscheinung traten: dem Staatsdienst. Auf diesem Feld war der Unterschied zwischen Theorie und Praxis viel stärker ausgeprägt als im Bereich des Handels. Als Angestellte der Regierungen, ganz zu schweigen vom Amt des ersten Ministers, übten *dhimmis* eine Macht über Muslime aus, die zu den Vorschriften angemessener Unterordnung in einem krassen Widerspruch standen. Viele der schmerzhaftesten Episoden von Unterdrückung und Verfolgung, die Juden und Christen durchmachen mussten, gehören in diesen Zusammenhang. Sie nahmen ihren Ausgang in der Erbitterung der Muslime darüber, dass *dhimmis* ihre prominente Position in einer Weise zur Schau stellten, die mit den Einschränkungen aufgrund ihres religiösen Ranges absolut unvereinbar war.

Mark Cohen: Under Crescent and Cross. The Jews in the Middle Ages. Princeton 1996, S. 195 f. Übers. M. Brabänder

9 Ein Trauerzug mit Folgen

Der Bagdader Prediger und Rechtsgelehrte Abu l-Faradj ibn al-Djauzi (1116–1201) berichtet von einem Zusammenstoß in der Hauptstadt:

Im Frühjahr 1013 verstarb die [christliche] Tochter des Arztes Abu Nuh al-Ahwazi, die Ehefrau von Abu Nasr ibn Isra'il, dem Sekretär von al-Munasih Abu ‚l-Haidja'. Ihr Trauerzug fand am Tage statt, mit Klageweibern, Trommeln und Oboen, mit Mönchen, Kreuzen und Kerzen. Da trat ein Muslim auf, missbilligte das und bewarf den Trauerzug mit Steinen. Einer der Sklaven des Munasih fiel über den Muslim her und hieb ihm mit einer Keule so über den Kopf, dass er ihn erschlug und Blut floss. Da flohen die Christen mit dem Trauergeleit in die Kirche im Griechenviertel. Die Muslime folgten ihnen, plünderten die Kirche und die meisten der benachbarten Christenhäuser. Ibn Isra'il aber kehrte in sein Haus zurück. Da griffen sie ihn an, und er ergriff die Flucht vor ihnen. Doch wurde Ibn Isra'il aus seinem Versteck geholt und schließlich zum Hause von al-Munasih gebracht. Da brach der Krieg zwischen der Volksmenge und den Sklaven von al-Munasih aus und steigerte sich so, dass die Korane auf den Märkten aufgestellt und die Moscheetüren geschlossen wurden. [...] Dann traf das Schreiben des Kalifen an al-Munasih ein, in dem er das Geschehene missbilligte, die Angelegenheit als ungeheuerlich bezeichnete, Ibn Isra'il suchte und seine Auslieferung verlangte. [...] Das Volk überfiel eine Schar von Christen und tötete sie. Weitere Schreiben erreichten al-Munasih, bis er bereit war, Ibn Isra'il in den Kalifenpalast zu bringen. Der Kalif hielt das Volk von ihm ab und erlegte den *dhimmis* die Binde [als Kennzeichen] auf. Dann ließ er im Monat Mai Ibn Isra'il frei.

Zit. nach: Gerhard Hoffmann (Hrsg.): Die Blütezeit der islamischen Welt. Ein Lesebuch. München 1994, S. 219 f. Übers. Gerhard Hoffmann/Holger Preissler

10 Grenzüberschreitung

Der Kalif al-Mutawakkil (847–861) ließ um 850 folgenden Erlass veröffentlichen:

Dem Herrscher der Gläubigen ist zu Ohren gekommen, dass Männer ohne Urteilsvermögen und Einsicht bei ihrer Arbeit die Hilfe von *dhimmis* suchen; sie machen sie zu ihren Vertrauten, geben ihnen gegenüber Muslimen den Vorzug und räumen ihnen Autorität über die Untertanen ein. Sie [die dhimmis] unterdrücken sie und erheben die Hände gegen sie in Tyrannei, Arglist und Hass. Der Herrscher der Gläubigen [...] hat beschlossen, seinen Beamten in den Provinzen und Städten zu schreiben, sie sollten bei ihrer Tätigkeit keine *dhimmis* mehr beschäftigen oder sie teilhaben lassen an den Pflichten und Vollmachten, die ihnen vom Herrscher der Gläubigen übertragen und anvertraut worden sind.

Gleichzeitig gab der Kalif den Befehl:

Sämtliche Christen und [anderen] *dhimmis* müssen honigfarbene Kapuzen und Gürtel tragen, beim Reiten Sättel mit hölzernen Steigbügeln und zwei hinten befestigten Kugeln benutzen; ihre Kappen müssen von anderer Farbe als die der Muslime und mit zwei Knöpfen versehen sein. [...] Sämtliche neu erbauten Kirchen sind zu zerstören, und ihnen ist der zehnte Teil der Häuser zu nehmen. Wenn der Platz ausreicht, soll dort eine Moschee entstehen. [...] Die *dhimmis* sollen Teufelsbilder an ihre Haustüren nageln, um sie damit von den Wohnstätten der Muslime zu unterscheiden.

Bernard Lewis: Die Juden der islamischen Welt. Vom frühen Mittelalter bis ins 20. Jahrhundert. Aus dem Englischen von Liselotte Julius. München 1987, S. 50 f.

11 Ein christlicher Wesir unter Muslimen

Der Geograf Yaqut al-Hamawi (1179–1229) berichtet über folgenden Vorfall:

Zum Richter Isma'il ibn Ishaq kam der Wesir [leitender Minister] Abdun ibn Sa'id, der Christ war. Der Richter erhob sich vor ihm und hieß ihn willkommen. Doch bemerkte er, dass die Zeugen und die sonstigen Anwesenden es ihm nicht gleichtaten. Als der Wesir gegangen war, sprach Isma'il ibn Ishaq zu ihnen: „Ich habe eure Ablehnung gespürt. Gott der Erhabene aber spricht: ‚Gott verbietet euch nicht, die pietätvoll und gerecht zu behandeln, die euch nicht wegen der Religion bekämpft oder euch nicht aus euren Wohnstätten vertrieben haben' (Koran 60,8). Dieser Mann entscheidet über die Angelegenheiten der Muslime. Er ist zwischen uns und unserm Kalifen ein Gesandter. Es gehört [dieses Handeln] zu [unserer] Pietät." Da schwieg die Menge.

Gerhard Hoffmann (Hrsg.): Die Blütezeit der islamischen Welt. Ein Lesebuch. München 1994, S. 217. Übers. Gerhard Hoffmann/Holger Preissler

12 Staatsbürger zweiter Klasse

Der Orientalist Bernard Lewis interpretiert den Rechtsstatus der dhimmis:

Das Verhältnis zwischen dem islamischen Staat und den nichtmuslimischen Gemeinden wurde im Gesetz wie in der Praxis durch einen Pakt, die sogenannte *dhimma*, geregelt; die Nutznießer dieses Vertrages bezeichnete man als Vertragsvolk oder – kürzer – als *dhimmis* [Schutzbefohlene]. Die Bestimmungen die *dhimma* erkannten diesen Gemeinden einen gewissen Status zu, sofern sie den Primat des Islam und die Überlegenheit der Muslime eindeutig bejahten. Dies drückte sich in der Einrichtung der Kopfsteuer und der Unterwerfung unter eine Reihe von Beschränkungen aus, die im Einzelnen vom heiligen Gesetz definiert wurden.

In fast jeder Hinsicht war die Lage der Nichtmuslime unter traditioneller islamischer Herrschaft wesentlich leichter als die von Nichtchristen oder selbst von ketzerischen Christen im mittelalterlichen Europa, ganz zu schweigen von gewissen Geschehnissen im neuzeitlichen Europa oder auch im heutigen Nahen Osten. Doch ihr Status war legal und sozial unterprivilegiert oder, wie man heute sagen würde, der von Staatsbürgern zweiter Klasse. Gegenwärtig beinhaltet dieser Ausdruck eine formale Verurteilung und ist zum Schlagwort für das Verhalten einer herrschenden Gruppe geworden, die in derselben Gesellschaft eine andere auf unverantwortliche Weise diskriminiert. Die Formulierung verdient jedoch eingehendere Prüfung. Staatsbürgerschaft zweiter Klasse ist, wenn auch zweitklassig, immerhin noch eine Art der Staatsbürgerschaft. Damit sind einige, freilich nicht alle Rechte verbunden, und das ist sicherlich besser als gar keine.

Bernard Lewis: Die Juden in der islamischen Welt. Vom frühen Mittelalter bis ins 20. Jahrhundert. Aus dem Englischen von Liselotte Julius. München 1987, S. 28 f., 62.

13 Modell der im Jahr 330 eingeweihten Grabeskirche in Jerusalem
Das Modell zeigt das Gotteshaus Mitte des 12. Jahrhunderts. Nach Beschädigungen infolge kleinrer Brände und Erdbeben wurde die Kirche Mitte des 16. Jahrhunderts abgerissen.

Arbeitsvorschläge

○○● a) Geben Sie wieder, wie der Koran die nichtmuslimischen Religionen einteilt und welche Behandlung durch die Muslime er vorschreibt (M2).

○○● b) Beschreiben Sie, in welcher Hinsicht Judentum und Christentum kritisiert werden (M2).

○●● c) Erläutern Sie, was der Islam unter „Leuten der Schrift" versteht und welche Unterscheidung er dabei trifft (M3).

○○● d) Geben Sie das islamische Verständnis der jüdischen und christlichen Lehre wieder (M3, M4).

○●● e) Ordnen Sie die Bestimmungen des Vertrags einer der drei Kategorien zu: Sicherheit/religiöse Diskriminierung/soziale Diskriminierung. Erläutern Sie ihren Zweck (M5).

○●● f) Untersuchen Sie, inwiefern die Behandlung der unterworfenen dhimmis durch die Muslime zur Festigung der islamischen Herrschaft beitrug (M7).

○○● g) Beschreiben Sie den Spielraum, der Christen und Juden für gesellschaftlichen Aufstieg unter der Herrschaft des Islam tatsächlich zur Verfügung stand (M8).

○●● h) Erklären Sie unter Heranziehung von M5 und M8, warum es zum Ausbruch der in M9 geschilderten Ausschreitungen kam.

○○● i) Schildern Sie den weiteren Verlauf und das Ende des Konfliktes. Entwickeln Sie einen anderen möglichen Ausgang (M9).

●●● j) Vergleichen Sie den in M9 geschilderten Vorgang mit dem in M10.

●●● k) Vergleichen Sie den in M10 wiedergegebenen Erlass des Kalifen mit den Bestimmungen des Umar-Paktes (M5).

○●● l) Erklären Sie vor dem Hintergrund von M9 das Verhalten der beteiligten Muslime bei dem in M11 geschilderten Vorfall.

●●● m) Geben Sie die Auffassung des Autors von M12 wieder und nehmen Sie Stellung dazu.

Grundwissen: Minderheiten unter muslimischer Herrschaft

Der Islam und andere Religionen

➔ 1 – 3 S. 106 f.

Für Muslime ist der Islam die einzige wahre Religion. Bereits der Prophet Muhammad war sich aber bewusst, dass bestimmte Glaubensrichtungen mit seiner Lehre eng verwandt waren. Dies hatte zur Folge, dass er andere Religionen grundsätzlich in zwei Gruppen einteilte. Keine Toleranz gab es gegenüber solchen, die mehrere Götter verehrten. Diese „Götzendiener" hatten grundsätzlich nur die Wahl zwischen dem Übertritt zum Islam und dem Tod. Anders verhielt es sich mit Gemeinschaften, deren Glaube wie der Islam selbst auf einer göttlichen Offenbarung beruhte und die ebenfalls nur einen einzigen Gott verehrten. Zu diesen sogenannten Schriftbesitzern zählten in erster Linie Juden (Thora) und Christen (Evangelium). Ihnen wurde der Charakter von echten, wenn auch früheren und unvollkommenen Vorläufern des Islam zugestanden. Die ihnen eigenen Offenbarungen galten als glaubwürdig, doch waren sie aus Sicht des Islam unvollständig und zudem durch falsche Auslegungen verzerrt worden. Wegen ihrer Nähe zum Islam wurde Juden und Christen das Recht zugestanden, unter muslimischer Herrschaft ihren Glauben beizubehalten. Unter bestimmten Bedingungen ließen die neuen Herren die jüdischen und christlichen Gemeinden weitgehend in Ruhe und erlaubten ihnen, auch ihre inneren Angelegenheiten selbst zu regeln. Zumeist entschieden sich die unterworfenen „Schriftbesitzer" erst im Verlauf von Generationen dazu, zum Islam überzutreten. In vielen Regionen des ➔ *dar al-Islam* („Haus des Islam") dauerte es daher Jahrhunderte, bis die Muslime zur Mehrheitsbevölkerung wurden.

Juden und Christen im Islam

➔ 4 – 8 S. 107 ff.

Wie sah das Verhältnis zwischen siegreichen Muslimen und unterworfenen Christen bzw. Juden konkret aus? Die wesentlichen Bedingungen wurden in einem Vertrag festgehalten, der die andersgläubigen Gemeinschaften zu „Schutzbefohlenen" (*dhimmis*) machte. Gegen äußere Gefahren wurden sie von den herrschenden Muslimen verteidigt, mussten aber grundsätzlich die Vorrangstellung des Islam anerkennen und eine besondere Kopfsteuer entrichten; dies hatte schon Muhammad selbst bestimmt. Dazu kam eine ganze Reihe diskriminierender sozialer und rechtlicher Bestimmungen, die im Einzelfall variierten. Sie machten die *dhimmis* zu Bürgern zweiter Klasse. Beispielsweise durften sie keine Waffen tragen und mussten Muslimen jederzeit mit Ehrerbietung begegnen. Sie hatten an ihrer Kleidung erkennbar zu sein und waren vor Gericht gegenüber den Muslimen benachteiligt. Bei ihrer Religionsausübung mussten die *dhimmis* sich unauffällig verhalten (z. B. auf lautes Glockenläuten und die öffentliche Zurschaustellung ihrer religiösen Symbole verzichten) und sie durften keine neuen Gotteshäuser bauen.

Die freie Religionsausübung und weitgehende Selbstverwaltung, die der *dhimmi*-Status mit sich brachte, waren für die Betroffenen dennoch von unschätzbarem Wert. Gerade die Bewohner der Randprovinzen des byzantinischen und sassanidischen Reiches waren wegen religiöser Differenzen mit den Zentralen oft verfolgt und unterdrückt worden. Die neue religiöse Toleranz unter der Herrschaft des Islam erschien demgegenüber geradezu als eine Befreiung, und so dachten die Unterworfenen zumeist gar nicht daran, sich für die Wiederherstellung der alten Zustände einzusetzen. Darin liegt ein wichtiger Grund für die Tatsache, dass dem Islam einmal unterworfene Gebiete nur ganz selten wieder verloren gingen, obwohl die Muslime anfangs nur einen verschwindend geringen Bevölkerungsanteil ausmachten.

14 Jerusalem als heilige Stadt aller drei „Buchreligionen"
Während die Juden an der Klagemauer beten und christliche Pilger zur Grabeskirche kommen, verehren die Muslime den Felsendom. Auf dem zentralen Platz des Tempelbergs in Jerusalem errichtete der Umayyaden-Kalif Abd al-Malik (646–705) im Jahr 72 der Hedschra (691/692 n. Chr.) den Felsendom als Wallfahrtsort. Dabei dienten christliche Bauten als Vorbild. Die osmanischen Sultane ließen den Felsendom Mitte des 16. Jahrhunderts mit farbigen Fliesen verkleiden.
Die Bedeutung des Felsendoms ist umstritten. Meist wird er als jener Ort gedeutet, von dem aus der Prophet Muhammad seine mystische Himmelsreise antrat. Nichtmuslimische Historiker sehen in ihm einen Prachtbau, mit dem die Umayyaden die Herrschaft der Muslime über die christliche Stadt Jerusalem symbolisieren wollten.

→ 9 S. 109 f.
→ 11 - 13 S. 110 f.

Möglichkeiten und Grenzen des Zusammenlebens

Die zahlreichen Einschränkungen für Juden und Christen im *dar al-Islam* wurden in der Praxis meist weniger streng gehandhabt, als ihr Wortlaut es vermuten lässt. Viele *dhimmis* brachten es zu Wohlstand, und nicht selten gelang ihnen der Aufstieg zu einflussreichen, ja führenden politischen Ämtern. Gerade in den ersten Jahrhunderten des Kalifats lässt sich eine Tendenz hin zu mehr Toleranz erkennen; erst die Kreuzzüge führten einen Umschwung herbei. Mit wachsendem wirtschaftlichem und sozialem Erfolg der Andersgläubigen stieg aber auch ihr Risiko. Setzten sie sich nämlich zu offensichtlich über die Grenzen hinweg, die ihre rechtliche Stellung ihnen vorschrieb, konnte dies bei ihren muslimischen Mitbürgern leicht als Provokation empfunden werden. Manchmal entstanden so auch gewaltsame Ausschreitungen.
Aber auch vonseiten des Staates wurden *dhimmis*, welche die ihnen gebührenden Beschränkungen missachteten, immer wieder belangt. Dies war zumeist dann der Fall, wenn ein frommer, ehrgeiziger Herrscher die Versäumnisse seines nachlässigen Vorgängers wettmachen wollte. Typische Beispiele sind die Kalifen Umar II. (717–720) und al-Mutawakkil (847–861). Sie setzten Christen und Juden zwar keinen Verfolgungen aus, sorgten aber dafür, dass die Bedingungen des *dhimmi*-Vertrags wieder strikt eingehalten wurden. Wirklich gefährlich wurde es für die andersgläubigen Gemeinden nur, wenn eine fanatisch-rigorose Richtung des Islam an die Macht kam, die keinerlei Abweichung vom rechten Glauben duldete. Dies geschah jedoch äußerst selten. Ein solcher Fall ist in den Almohaden (Herrschergeschlecht 1147–1261) greifbar, die von der Mitte des 12. Jahrhunderts an über hundert Jahre lang das westliche Nordafrika sowie das muslimische Spanien beherrschten.

2.3 Glaube und Herrschaft im europäischen Mittelalter

A) War der Investiturstreit eine notwendige Folge der kirchlichen Reformbewegung?
B) Wer ging aus dem Investiturstreit als Sieger hervor – der Kaiser oder die Kirche?

Papsttum und Kaisertum im Investiturstreit

1 Das sakrale Königtum des Hochmittelalters

Nach seiner Wahl im Jahr 1024 reiste der neue König Konrad II. (um 990–1039) nach Mainz, um die Weihe zu empfangen. Dabei richtete der Erzbischof folgende Worte an ihn:

Zur höchsten Würde bist du gelangt: Du bist ein Stellvertreter Christi. Nur wer ihn nachahmt, ist ein wahrer Herrscher. Es kommt dir zu, auf diesem Königsthron die unvergänglichen Ehren im Auge zu behalten. Auf der Erde zu herrschen ist ein großes Glück; im Himmel zu triumphieren aber das höchste. Gott erwartet gewiss nicht wenig von dir, doch wünscht er sich in erster Linie Folgendes: Gib dem Land, das immer zu dir aufschaut, Recht, Gerechtigkeit und Frieden. Verteidige die Kirchen und die Geistlichen, beschütze die Witwen und Waisen. Durch diese und andere gute Taten wird dein Thron hier und in Ewigkeit gefestigt.

Wipos Gesta Chuonradi imperatoris. In: MGH SS rer. Germ. Bd. 61: Die Werke Wipos. Hrsg. von Harry Bresslau. Hannover und Leipzig 1915, S. 22 f. Übers. M. Brabänder

2 Der König als Richter über die Päpste (1046)

Wegen Machtkämpfen in Rom war die Situation an der Spitze der Kirche unklar. Ein Chronist berichtet:

1044: Die Römer jagten Papst Benedikt wegen seiner Verbrechen davon und machten spontan einen gewissen Silvester zum neuen Papst. Diesen konnte Benedikt mithilfe einiger Leute jedoch vertreiben. Kaum auf den Heiligen Stuhl zurückgekehrt, trat Benedikt freiwillig vom Papsttum zurück und gab seine Zustimmung, dass im Jahre 1046 ein gewisser Gratian, der sich Gregor [VI.] nannte, zum Papst geweiht wurde. [...] 1046: Als König Heinrich [III.] nach Italien zog, reist ihm Gratian, den die Römer nach der Vertreibung seines Vorgängers zum Papst gemacht hatten, entgegen. Heinrich empfing ihn in Piacenza zunächst ehrenvoll, erklärte ihn danach aber auf einer Synode in Sutri für abgesetzt. An seiner Stelle wurde [Bischof] Suidger von Bamberg, obwohl er nicht recht wollte, unter Zustimmung aller zum neuen Papst gewählt.

Die Chronik Hermanns von Reichenau. Zit. nach: http://flaez.ch/hermannus/chronicon.html. Übers. M. Brabänder (Stand 31.07.2011)

3 Die Vorrechte des Papstes laut Gregor VII. (1075)

Die Kirchenreformbewegung kämpfte seit dem 10. Jahrhundert um die Unabhängigkeit der Kirche von der weltlichen Gewalt. Für die Päpste ging es dabei vor allem um die Einsetzung (Investitur) von Bischöfen, die bisher Kaiser und Könige vorgenommen hatten. Der energische Papst Gregor VII. (1073–1085) ging über diesen Streitpunkt aber weit hinaus. Er hielt seine Leitsätze in einem privaten Dossier fest, dem „Dictatus Papae". Hier ein Auszug:

- Einzig der römische Bischof [der Papst] kann Bischöfe absetzen und sie auch wieder einsetzen.
- Er allein darf über die kaiserlichen Abzeichen verfügen.
- Alle Fürsten haben allein die Füße des Papstes zu küssen.
- Ihm ist es erlaubt, Kaiser abzusetzen.
- Seine Entscheidungen können von niemandem aufgehoben werden, während er allein die Beschlüsse aller anderen aufheben darf.
- Über ihn darf niemand Recht sprechen.
- Die römische Kirche hat nie geirrt und sie wird nach Aussage der Heiligen Schrift auch in Zukunft niemals irren.
- Wer mit der römischen Kirche nicht übereinstimmt, kann nicht als rechtgläubig gelten.
- Der Papst kann Untertanen von ihrem Treueid gegenüber ungerechten Herrschern lösen.

Das Register Gregors VII., Buch 2, Nr. 55 a. In: MGH Epp. sel. Bd. 2, 1. Hrsg. von Erich Caspar. Berlin 1920, S. 202–208. Übers. M. Brabänder

4 „Steige herab" (1076)

Papst Gregor VII. hatte König Heinrich IV. (1056–1106) wegen der eigenmächtigen Einsetzung von Bischöfen mehrfach ermahnt und schließlich Berater des Königs exkommuniziert. Dieser berief daraufhin eine sogenannte Synode (Kirchenversammlung) nach Worms ein und richtete von dort den folgenden Brief an den Papst:

Heinrich, König nicht durch widerrechtlichen Thronraub, sondern durch rechtmäßige Einsetzung von Gott, an Hildebrand, nicht mehr den Papst, sondern den falschen Mönch.

Diesen Gruß hast du für das von dir angerichtete Chaos verdient, von dem du keinen Stand in der Kirche verschont hast. Allen brachtest du Verwirrung statt der gebührenden Ehrenstellung, Schimpf und Schande statt des päpstlichen Segens. Von allem, was vorgefallen ist, will ich nur das Empörendste erwähnen. Du wagtest es, die hervorragendsten Männer der heiligen Kirche anzutasten, nämlich Erzbischöfe, Bischöfe und Priester – Gesalbte des Herrn also! Mehr noch: Wie Knechte, die keine Ahnung davon haben, was ihr Herr tut, hast du sie unter deinen Füßen zertreten. Der Applaus des Pöbels war dir dabei sicher. […]

Auch mich hast du angetastet – obwohl ich, wenn auch unwürdig unter Gesalbten der Kirche, zum Königtum gesalbt wurde! Obwohl die Überlieferung der heiligen Kirchenväter lehrt, dass Gott allein ein Urteil über mich zusteht und dass ich für kein Verbrechen abgesetzt werden darf; es sei denn, ich fiele vom Glauben ab, was Gott verhindern möge. […]

Durch diesen Fluch und das Urteil aller unserer Bischöfe sowie unser eigenes bist du verdammt. Steige herab und verlasse den apostolischen Stuhl, auf den du mit unlauteren Mitteln gelangt bist. Möge ein anderer den Thron des heiligen Petrus in Besitz nehmen; jemand, der Gewalttätigkeit nicht durch vorgespielte Gläubigkeit zu verstecken sucht, sondern die wahre Lehre des heiligen Petrus verbreitet.

Ich, Heinrich, König von Gottes Gnaden, rufe dir mit allen unseren Bischöfen zu: steige herab, steige herab!

Carl Erdmann (Hrsg.): Die Briefe Heinrichs IV. (MGH Deutsches Mittelalter: Kritische Studientexte.) Leipzig 1937. Nr. 12, S. 15 ff.. Übers. M. Brabänder

5 Der Papst als Richter über den König (1076)

Papst Gregor VII. fasste seine Antwort während einer Ostersynode in Rom in die Form eines Gebets an den Apostel Petrus:

[…] Ich bin davon überzeugt, dass es Dir durch Deine Gnade und nicht etwa durch meine Verdienste gefallen hat und auch weiterhin gefällt, dass das Dir in besonderem Maße anvertraute christliche Volk mir gehorcht; denn ich bin Dein Stellvertreter. Durch Deine Gnade wurde mir von Gott die Macht gegeben, zu binden und zu lösen im Himmel und auf Erden. Auf diese Zuversicht baue ich, wenn ich zur Ehre und Verteidigung Deiner Kirche im Namen des allmächtigen Gottes, des Vaters, des Sohnes und des Heiligen Geistes, durch Deine Macht und Autorität dem König Heinrich, dem Sohn Kaiser Heinrichs, der sich mit unerhörtem Hochmut gegen deine Kirche erhoben hat, die Herrschaft über das ganze Reich der Deutschen und über Italien entziehe. Alle Christen löse ich vom Band des Eides, den sie ihm geschworen haben oder noch schwören werden, damit niemand ihm weiterhin wie einem König diene. Wer nämlich darauf aus ist, die Ehre Deiner Kirche zu beeinträchtigen, der soll selbst den Rang einbüßen, den er bis dahin innehatte. Er [König Heinrich] hat es versäumt, wie ein Christ zu gehorchen. Er ist auch nicht zu Gott zurückgekehrt, den er verlassen hat: Stand er doch in Kontakt mit exkommunizierten Personen und setzte sich, wie Du selbst bezeugen kannst, über meine Ermahnungen hinweg, die ich zu seinem eigenen Wohl an ihn richtete. An Deiner Stelle spreche ich daher den Kirchenbann über ihn aus, im Vertrauen auf Dich, damit die Völker wissen und erfahren, dass Du Petrus bist und auf Deinem Felsen der Sohn des lebendigen Gottes seine Kirche gebaut hat; die Tore der Hölle mögen sie nicht überwinden.

Das Register Gregors VII., Buch 3, Nr. 10a. In: Erich Caspar (Hrsg.): MGH Epp. sel. Bd. 2, 1., Berlin 1920, S. 270 f. Übers. M. Brabänder

6 Heinrich IV. vor dem Burgtor zu Canossa

Historiengemälde 383 × 236 cm von Eduard Schwoiser (1826–1902), 1862.

7 Der Tag von Canossa, Januar 1077

Die Exkommunikation des Königs nutzten einige mächtige Fürsten in Deutschland für einen Aufstand. Heinrich IV. geriet in die Enge und musste um jeden Preis einen Ausgleich mit dem Papst herbeiführen. In der Absicht, ihn um Vergebung zu bitten, zog der König im Winter 1076/77 über die Alpen. Gregor VII. hatte sich auf die Burg Canossa zurückgezogen und wollte erst nichts davon wissen, seinen Gegenspieler zu empfangen. Der Chronist Lampert von Hersfeld berichtet über die dramatischen Vorgänge:

Nach langem Bitten und Flehen ließ sich der widerwillige Papst umstimmen. Er erlaubte, dass Heinrich unter folgenden Bedingungen bei ihm erscheinen dürfe: Er müsse für das Geschehene ernsthaft Buße tun und die Schuld, die er durch die Verunglimpfung des Papstes auf sich geladen habe, jetzt durch die Befolgung der päpstlichen Beschlüsse sühnen.

Heinrich näherte sich also, wie man es ihm aufgetragen hatte. Jene Burg besaß drei Mauern, und er wurde in den zweiten Mauerring hineingelassen. Alle seine Begleiter mussten draußen bleiben. Vom Morgen bis zum Abend stand er da und wartete auf den päpstlichen Urteilsspruch – barfuß, hungrig und ganz schlicht, ohne alle königlichen Gewänder oder Herrschaftszeichen. Auch am zweiten und dritten Tag lief es so. Am vierten Tag wurde er endlich zum Papst vorgelassen, und nach lang andauerndem Tadel erfolgte schließlich unter [mehreren] Bedingungen die Lösung vom Kirchenbann.

Lamperti Hersfeldensis Annales. In: Oswald Holder-Egger (Hrsg.): MGH SS rer. Germ. Bd. 38: Lamperti monachi Hersfeldensis Opera. Hannover/Leipzig 1894, S. 291 ff. Übers. M. Brabänder

8 Folgen für das Kaisertum

Der Erlanger Historiker Werner Goez (1929–2003) denkt über die Tragweite des Investiturstreits für das weltliche Herrscheramt nach:

Der ideelle Verlust, den das Kaiser- und Königtum erfahren hatte, war zumindest in Deutschland und Oberitalien nicht mehr auszugleichen. Es war allerdings nicht so sehr Canossa, welchem hierbei entscheidende Bedeutung zukam, sondern Rom, wo Gregors VII. Gegenschlag auf die Provokation von Worms [siehe M4] erfolgt war, *„von der alles Unheil, das wir nun erleiden, seinen Anfang nahm“*, wie Erzbischof Gebhard von Salzburg seinem Amtsbruder Hermann von Metz schrieb. Die Fastensynode des Jahres 1076 [siehe M5] mit der erstmaligen Absetzung und Exkommunikation eines gesalbten und gekrönten christlichen Königs durch den Papst bildete einen der größten Wendepunkte in der Geschichte des Mittelalters; Canossa war die Konsequenz daraus. So sahen es bereits die Zeitgenossen. Der Gregorianer Bonizo von Sutri beschrieb das Echo auf die bislang unerhörte Tat Gregors: *„Als die Kunde vom Bann des Königs dem Volk in die Ohren drang, erzitterte unser ganzer römischer Erdkreis.“* [...]

Gegen allen höfisch-diplomatischen Brauch bezeichnete [der Papst seinen Gegenspieler] als den „König der Deutschen“ und stellte den Salier damit in eine Reihe mit den anderen Königen der lateinischen Christenheit. Damit entkleidete er Heinrich und sein herrscherliches Amt, das „imperium Romanum“, das für Gregor lediglich ein „regnum Teutonicum“ war, ein „deutsches Königtum“, der Unvergleichlichkeit. Für Gregor – das ließ er 1075 im „Dictatus Papae“ [siehe M3] ausdrücklich niederschreiben – galt allein das Papsttum als einzigartig, weil der römische Bischof als Nachfolger des Apostelfürsten Petrus durch göttliche Einsetzung der Sachwalter Christi auf Erden war.

Werner Goez: Kirchenreform und Investiturstreit. Stuttgart 2008, S. 192 ff.

9 Das Ende des Investiturstreits – das Wormser Konkordat (1122)

Gregor VII. und Heinrich IV. erlebten den Ausgang des Konflikts nicht mehr. Erst unter Papst Kalixt II. und König Heinrich V. konnte ein Ausgleich erzielt werden. Der Berliner Historiker Heinrich August Winkler (geb. 1938) würdigt diesen Kompromiss in seiner Bedeutung für den weiteren Verlauf der europäischen Geschichte:

Vorbereitet wurde der Friedensschluss oder, wohl treffender, Waffenstillstand von Worms durch die Beilegung des Investiturstreits in Frankreich und England, wo er viel weniger dramatisch verlaufen war als in Deutschland. In beiden westeuropäischen Königreichen kam dabei jene Unterscheidung zwischen „Spiritualien“ und „Temporalien“, zwischen den geistlichen und den weltlichen Elementen des Bischofsamtes, zur Anwendung. [...] Heinrich V. verzichtete auf die Investitur mit Ring und Stab; er gestand die freie Bischofwahl zu, die freilich in Gegenwart des Königs oder seiner Beauftragten stattfinden sollte, so dass dem weltlichen Herrscher ein beträchtlicher Einfluss auf den Wahlausgang zukam. In Deutschland sollte die Investitur der Regalien[1] der kirchlichen Weihe des Bischofs vorausgehen. [...]

Die Trennung von geistlicher und weltlicher Gewalt war eine der Bedingungen für alles, was es seit dem 11. Jahrhundert im Okzident an Fortschritt gab. Bis zur modernen Gewaltenteilung, der Trennung von gesetzgebender, ausführender und rechtsprechender Gewalt, war es zwar noch ein weiter Weg. Aber ohne die Urform der Gewaltenteilung, wie sie beim Ausgang des Investiturstreits vereinbart wurde, wäre die spätere Ausdifferenzierung der politischen Sphäre nicht vorstellbar gewesen. Die

Säkularisierung [= Verweltlichung], von der das Mittelalter noch weit entfernt war, wurde erst möglich, nachdem der Herrschaftsbereich des Papstes von dem des Kaisers oder Königs abgehoben und Macht durch Gegenmacht vertraglich begrenzt worden war. Mit diesem Trennungsstrich zog der christliche Westen nach über einem Jahrtausend praktische Konsequenzen aus dem Wort des Religionsstifters: „So gebt dem Kaiser, was des Kaisers ist, und Gott, was Gottes ist." Der Dualismus zwischen geistlicher und weltlicher Gewalt, der für den Okzident bestimmend blieb, war im Ansatz bereits ein Pluralismus: die Voraussetzung dafür, dass sich Widerspruch entfalten und den Gang der Entwicklung beeinflussen konnte.

Heinrich August Winkler: Geschichte des Westens. Von den Anfängen in der Antike bis zum 20. Jahrhundert. München 2009, S. 55–61.

1 Hoheitsrechte des Königs oder seiner Beauftragten

10 Widersprüche auch nach dem Wormser Konkordat

Auch nach dem gefundenen Kompromiss in Worms (➔ s. M9) dauerte es vielerorts noch Jahre, bis die neuen Regelungen akzeptiert wurden. Im hier dargestellten Dachmedaillon des Kölner Heribert-Schreins aus den 1160er-Jahren ist es noch der Kaiser, der oben dem Heiligen Heribert die erzbischöflichen Insignien überreicht, während der Papst (unten) zusieht.

11 Papst Innozenz III. über das Verhältnis von päpstlicher und kaiserlicher Macht (1198)

Gott, der Schöpfer aller Dinge, hat zwei große Lichter am Himmelsgerüst befestigt: ein bedeutenderes für den Tag und ein geringeres für die Nacht. In gleicher Weise hat er für das Gebäude der universellen Kirche, die mit himmlischem Namen benannt wird, zwei hohe Würden geschaffen: eine bedeutendere für die Seelen (also sozusagen für den Tag) und eine geringere für die Körper (also sozusagen für die Nacht). Es handelt sich dabei um die päpstliche Würde und die königliche Gewalt. Der Mond empfängt sein Licht von der Sonne; er ist ihr in Umfang und Beschaffenheit, in Lage und Wirkungskraft deutlich unterlegen. Genauso verhält es sich mit der königlichen Gewalt, die ihre Würde und ihren Glanz von der päpstlichen Autorität empfängt.

Kurt Aland und Carl Mirbt (Hrsg.): Quellen zur Geschichte des Papsttums und des römischen Katholizismus. Bd. 1. Tübingen 1967, Nr. 599, S. 311. Übers. M. Brabänder

12 Papst Bonifaz VIII. über den Vorrang des Geistlichen (1302)

Zwei Schwerter hat die Kirche in ihrer Gewalt, ein geistliches und ein weltliches. Letzteres wird *für* die Kirche, Ersteres *von* der Kirche geführt. Ersteres liegt in der Hand des Priesters, Letzteres in der der Könige und Ritter – es ist aber auf Wunsch und Weisung des Priesters zu führen. Es gehört sich nämlich, dass das eine Schwert dem anderen untergeordnet ist; die weltliche Gewalt muss sich der geistlichen unterwerfen. [...] Dass aber die geistliche Macht jede weltliche an Würde und Erhabenheit in den Schatten stellt, muss man umso eindeutiger zugeben, als das Weltliche überhaupt vom Geistlichen überragt wird. Dies sehen wir ganz deutlich am Kirchenzehnten, an Segen und Heiligsprechung, am allgemeinen Ansehen, das diese Macht genießt, und an ihrer Verfügung über all diese Dinge. Die Wahrheit ist doch: Die geistliche Gewalt hat die weltliche einzusetzen und über sie zu richten, wenn sie nicht gut ist.

Kurt Aland und Carl Mirbt (Hrsg.): Quellen zur Geschichte des Papsttums und des römischen Katholizismus. Bd. 1. Tübingen 1967, Nr. 746, S. 459. Übers. M. Brabänder

13 Das Papsttum und die deutsche Königswahl

Im Jahre 1198 kam es in Deutschland nach dem Tod Heinrichs VI. zu einer Doppelwahl: Kurz hintereinander wurden Otto IV. (aus der Dynastie der Welfen) und Herzog Philipp von Schwaben (ein Staufer) von rivalisierenden Gruppen zu Königen erhoben. Innozenz III. (1198–1216) nahm für sich das Recht in Anspruch, die strittige Wahl zu entscheiden. Er begründete dies in einem Schreiben aus dem Jahr 1202 folgendermaßen:

Jene Fürsten, denen dies nach Recht und alter Gewohnheit zukommt, haben das Recht und die Macht, den König zu wählen, der danach zum Kaiser erhoben wird. Dies erkennen wir pflichtgemäß an. Dieses Recht und diese Macht verdanken sie allerdings dem apostolischen

Stuhl [= dem Papst], der das römische Kaisertum in der Person Karls des Großen von den Griechen auf die Germanen übertragen hat. Aber auch die Fürsten müssen etwas anerkennen und tun dies ja auch, wie sie in unserer Gegenwart bekannt haben: Das Recht, den zum König Gewählten und zum Kaiser zu Erhebenden zu prüfen, steht *uns* zu. Denn wir sind es, die ihn salben, weihen und krönen. Es ist doch allgemein üblich, dass demjenigen die Prüfung einer (gewählten) Person zusteht, der auch das Auflegen der Hände vollzieht. Nehmen wir einmal an, die Fürsten wählten nicht nur in einer zwiespältigen Wahl, sondern sogar einmütig einen Frevler oder Exkommunizierten, einen Tyrannen oder Dummkopf, einen Häretiker oder Heiden zum König. Müssten wir dann etwa auch eine solche Person salben, weihen und krönen? Das ist völlig ausgeschlossen! [...]
Dass es uns nach Recht und Gewohnheit zusteht, bei einer strittigen Wahl eine Entscheidung zugunsten einer der Parteien herbeizuführen, ist offenkundig. Zuvor haben wir nämlich mit Ermahnungen auf beide Seiten eingewirkt und ihnen genügend Zeit für eine Einigung gegeben. Außerdem haben beide Parteien mehrfach die Salbung, Weihe und Krönung von uns verlangt. Wenn nun die Fürsten trotz Ermahnung und Bedenkzeit nicht zu einer Einigung finden können oder wollen – soll dann der apostolische Stuhl auf seinen Vogt [= Schutzherrn] und Verteidiger verzichten? Soll dann ihre Schuld als Strafe auf ihn zurückfallen?

MGH LL Const.II. Hrsg. von Ludwig Weiland. Hannover 1896, Nr. 398, S. 505 f. Übers. M. Brabänder

14 Papst und Kaiser in Eintracht
Noch im 14. Jh. finden sich idealisierte Darstellungen einer gleichberechtigten Eintracht zwischen Papst und Kaiser, wie hier in der Kapelle Santa Maria Novella in Florenz. Die darin enthaltene Hoffnung erfüllte sich jedoch nicht mehr.

Das Ende des Streits zwischen weltlicher und geistlicher Macht

15 Das Reichsgesetz „Licet iuris" (1338)

Beim letzten großen Streit um die päpstlichen Rechte an der deutschen Königswahl führte König Ludwig IV. (um 1282–1347) auf einem Reichstag in Frankfurt ein Gesetz herbei, das die Ansprüche des Papstes zurückwies:

Wohl erklären die Zeugnisse beider Rechte[1] offensichtlich, dass die kaiserliche Würde und Gewalt unmittelbar von Gott ihren Ausgang nehmen und Gott durch die Kaiser und Könige der Welt dem Menschengeschlecht seine Rechte gegeben hat und dass der Kaiser allein kraft der Wahl derer, denen sie zukommt, wahrer Kaiser wird und keiner anderen Konfirmation [Bestätigung] oder Approbation [Billigung] bedarf, da er ja in weltlichen Dingen auf Erden keinen Oberen hat, sondern ihm alle Nationen Untertan sind und der Herr Jesus Christus selbst befohlen hat: „Gebt Gott, was Gottes, und dem Kaiser, was des Kaisers ist." Und doch haben einige von Geiz und Ehrgeiz verblendet, [...] lügnerisch und fälschlich behauptet, dass die kaiserliche Würde und Gewalt vom Papst stamme und dass der zum Kaiser Gewählte kraft der Wahl weder wahrer Kaiser noch König sei, solange er nicht vom Papst oder apostolischen Stuhl konfirmiert, approbiert und bekräftigt sei. Und durch solche verkehrten Behauptungen und pestbringenden Dogmen erregt der Teufel Streitigkeiten, verursacht Hader, bereitet Kampf und Aufruhr.
Um solches Übel zu vermeiden, erklären wir daher mit Rat und Zustimmung der Kurfürsten und anderen Fürsten des Reiches:

1. Die kaiserliche Würde und Gewalt ist unmittelbar von Gott allein.
2. Nach Recht und seit alters bewährter Gewohnheit des Reiches ist einer, der von den Kurfürsten des Reiches einmütig oder mit ihrer Mehrheit zum Kaiser oder zum König gewählt ist, sofort durch die Wahl allein wahrer König und als römischer Kaiser zu rechnen und zu nennen, und ihm gebührt von allen dem Imperium Untertanen Gehorsam.
3. Er hat die volle Gewalt, die Güter und Rechte des Reiches zu verwalten und alles Übrige zu tun, was dem wahren Kaiser zukommt, und er bedarf dazu weder des Papstes noch des apostolischen Stuhles noch irgendeines anderen Approbation, Konfirmation, Autorität oder Zustimmung.

Zit. nach: Wolfgang Lautemann (Hrsg.): Geschichte in Quellen. Bd. 2: Mittelalter (Reich und Kirche). München 1978, Nr. 701, S. 771 f.

1 beide Rechte: gemeint sind das kirchliche und das weltliche Recht

16 Der Ausklang des Konflikts

Der Gießener Mittelalter-Historiker Peter Moraw (geb. 1935) beschreibt den Ausklang des Konflikts zwischen Papsttum und Kaisertum:

Das politische Kräftespiel im lateinischen Europa und bald auch darüber hinaus wurde immer mehr zu einer ineinandergreifenden Situation. Große Konflikte, die zwei Gegner gleichsam auf einer isolierten Bühne austrugen, sollte es bald nicht mehr geben. Nach einer letzten großen Anstrengung am Anfang und teilweise noch während des 14. Jahrhunderts zog sich das Papsttum immer mehr vom Machtspiel der großen europäischen Geschichte zurück. Es war einfach zu wenig, was in einer immer mehr nach Truppenzahlen und Geldsummen rechnenden und wertenden Welt von der Kurie bereitgestellt werden konnte. Unauffällig verließ der Papst gerade auch die Bühne der deutschen Geschichte. Die Reformation wird dieses Faktum, nachdem es schon im Mittelalter stattgefunden hatte, im nächsten, im 16. Jahrhundert für jedermann offenkundig machen. An den großen Wandlungen der Reichsverfassung am Ende des Mittelalters hatten die Päpste keinen Anteil mehr, was in jeder beliebigen historischen Phase des Mittelalters zuvor seit den Saliern[1] unmöglich und undenkbar gewesen wäre.

Peter Moraw: Kaisertum und Kaisergedanke im lateinischen Europa in Antike und Mittelalter. In: Wahl und Krönung. Hrsg. von Bernd Heidenreich. Frankfurt a. M. 2006, S. 54.

1 Salier: deutsche Königsdynastie 1024–1125

Arbeitsvorschläge

○○● a) Geben Sie wieder, wie der Erzbischof von Mainz die Stellung des Königs beschreibt (M1).

○○● b) Schildern Sie die Situation an der Spitze der Kirche vor dem Eingreifen König Heinrichs III. sowie dessen Vorgehensweise zur Klärung der Lage (M2).

○●● c) Charakterisieren Sie das Machtverhältnis zwischen König/Kaiser und Papst zu dieser Zeit (M2).

○●● d) Ordnen Sie der Stellung des Papstes auf Basis des Dictatus Papae von Gregor VII. den drei Sachbereichen zu: Allgemeines/Stellung innerhalb der Kirche/Verhältnis zur weltlichen Gewalt (M3).

○○● e) Geben Sie wieder, welche Vorwürfe König Heinrich IV. gegen den Papst erhebt und was für ihn daraus folgt (M4).

○●● f) Analysieren Sie, wie Gregor VII. sein Vorgehen gegen Heinrich IV. rechtfertigt, welche Vorwürfe er gegen den König erhebt und welche Maßnahmen er gegen ihn ergreift (M5).

○○● g) Geben Sie anhand des Berichts des Lampert von Hersfeld wieder, wie der König die Lösung vom Kirchenbann erreichte (M7).

○●● h) Untersuchen Sie das Historiengemälde M6 auf der Basis der auf S. 30 f. beschriebenen methodischen Arbeitsschritte. Identifizieren Sie die Protagonisten und bewerten Sie anschließend, wie der Künstler sie dargestellt hat.

●●● i) Nehmen Sie Stellung zu der Frage, welche Bedeutung dem letztlich gefundenen Kompromiss zwischen Papst und Kaiser in Gestalt des Wormser Konkordats beigemessen werden kann und welche Folgen der Investiturstreit für das Herrschaftsverständnis in Mitteleuropa hatte (M8, M9).

●●● j) Vergleichen Sie das Verhältnis von Kaiser und Papst in den Darstellungen M11 und M12.

○○● k) Geben Sie anhand von M13 wieder, welche Rechte der Papst für sich nach dem Tod Heinrichs VI. beansprucht und wie er dies begründet.

●●● l) Vergleichen Sie das Reichsgesetz von 1338 (M15), das die Erhebung zum römisch-deutschen König und Kaiser regelte, mit M13.

○○● m) Beschreiben Sie anhand der Darstellung von Moraw (M16), wie der Konflikt zwischen geistlicher und weltlicher Gewalt sein Ende fand.

Grundwissen: Glaube und Herrschaft im europäischen Mittelalter

→ 1 - 2 S. 114

Papsttum und Kaisertum bis zum Investiturstreit

In der Organisation der frühen christlichen Kirche kam dem Bischof von Rom noch keine herausragende Bedeutung zu. Als sich das Papsttum im 8. Jahrhundert von den germanischen Langobarden bedroht sah, setzte es seine Hoffnung auf das fränkische Herrschergeschlecht der Karolinger. Deren Oberhaupt Pippin konnte im Jahre 751 dank päpstlicher Zustimmung das fränkische Königtum erringen. Im Gegenzug befreite er als „Schutzherr der Römer" (*Patricius Romanorum*) den Papst aus der Bedrohung durch die Langobarden. Das Bündnis zwischen Papsttum und Karolingern konnte weiter gefestigt werden, als Pippins Sohn Karl der Große (768–814) im Jahre 800 durch Papst Leo III. zum Kaiser gekrönt wurde. Nach dem Untergang des weströmischen Reiches in den Wirren des 5. Jahrhunderts war das abendländische Kaisertum damit sozusagen neu entstanden.

Dem Papsttum brachte diese Entwicklung zwar Sicherheit gegen äußere Bedrohungen, jedoch keinen Zuwachs an Macht und Bedeutung. Im Gegenteil: Gerade Karl der Große fühlte sich aufgrund seiner neuerlangten Würde zu selbstherrlichen Eingriffen in innerkirchliche Angelegenheit ohne Weiteres berechtigt. An diesem grundsätzlichen Übergewicht der weltlichen Macht änderten auch der Zerfall des Fränkischen Reiches und der Übergang des Kaisertums auf die deutschen Königsdynastien der Ottonen (919–1024) und Salier (1024–1125) nichts. Aus Sicht der Könige und Kaiser dieser Zeit kamen ihre Herrschaftsrechte unmittelbar von Gott und sie fühlten sich für die Ordnung der Kirche selbst verantwortlich. So setzte beispielsweise König Heinrich III. (1039–1056) im Jahre 1046 gleich drei konkurrierende und als unwürdig befundene Päpste ab und suchte persönlich einen geeigneten Nachfolger aus.

→ 3 - 9 S. 114 ff.

Kirchenreform, Papstrevolution und der Konflikt mit der weltlichen Gewalt

Vom östlichen Frankreich ging zu Beginn des 10. Jahrhunderts eine Bewegung aus, die schließlich ungeahnte Folgen haben sollte. Viele Klöster und Kirchen waren in der späten Karolingerzeit in die Hand von Laien geraten, also weltlichen Adligen ohne geistliche Weihe. Diese benutzten den kirchlichen Besitz für ihre eigenen Zwecke, was von den Betroffenen zunehmend als Missbrauch empfunden wurde. Von fortschrittlichen Klöstern nahm eine Reformbewegung ihren Ursprung, die unter dem Motto „Freiheit für die Kirche" den Einfluss der Laien zurückzudrängen versuchte. Aber auch kirchenintern war der Reformbedarf groß. Priester und Mönche hielten sich vielfach nicht mehr an die geistlichen Regeln. Besonders verbreitet war der Verstoß gegen das Zölibat, also die Ehelosigkeit des Klerus. Auch war es üblich geworden, kirchliche Ämter und Würden gegen Bestechungsgelder zu vergeben.

Mit großem Nachdruck gingen die Reformer gegen diese Missstände vor. Einen entschiedenen Förderer fanden sie in dem deutschen König Heinrich III. (1017–1056) Er setzte nacheinander eine ganze Reihe von Päpsten ein, die der Reformbewegung entstammten und ihr nun auch in Rom den Weg bereiten sollten. Dieser als ➔„Papstrevolution" bezeichnete Vorgang ging aber schon bald weit über Heinrichs Absichten hinaus. Dass das Papsttum seine innerkirchliche Position ausbaute und sich selbst an die Spitze einer streng hierarchischen Ordnung setzte, war für den König noch unproblematisch. Zum Konflikt musste es allerdings kommen, als Papst Gregor VII. (1073–1085) die Forderung „Freiheit für die Kirche" auch auf die Einsetzung – die sogenannte Investitur – der Bischöfe bezog und die Laieninvestitur –

die Einsetzung von Nicht-Klerikern ins Bischofsamt – 1075 für unzulässig erklärte. Gerade für die deutschen Könige war dieses Verbot nicht akzeptabel. Sie waren es seit vielen Jahrzehnten gewohnt, Bischöfe selbst einzusetzen, weil sie ihnen zugleich wichtige weltliche Herrschaftsrechte übertrugen. Ein wesentlicher Teil der Reichsverwaltung beruhte auf dieser Politik; wie sollte der König da das Recht der Investitur aus der Hand geben?
König Heinrich IV. (1056–1106) ließ das päpstliche Verbot außer Acht und setzte auch weiterhin Bischöfe ein. Papst Gregor VII. reagierte darauf mit ungewöhnlicher Schärfe, indem er dem Herrscher mit dem Ausschluss aus der Kirche (➔ Exkommunikation) drohte. Es kam zum Eklat: Im Jahr 1076 erhob eine Kirchenversammlung in Worms unter Leitung König Heinrichs schwere Vorwürfe gegen Gregor VII. und befahl ihm, den päpstlichen Stuhl zu verlassen. Als Reaktion darauf vollzog der Angegriffene die bereits angedrohte Exkommunikation des Königs und löste alle Treueide, welche die Fürsten an Heinrich banden. Zum ersten Mal hatte ein Papst damit einen König abgesetzt. Da in Deutschland einige mächtige Fürsten die Situation für einen Aufstand gegen den König nutzten, wurde es für Heinrich IV. gefährlich. Um seine Krone zu retten, lenkte er gegenüber dem Papst ein: Im Winter 1076/77 zog er über die Alpen, unterwarf sich Gregor VII. bei Canossa und erreichte damit die Loslösung vom Kirchenbann. Schon nach wenigen Jahren brach der Konflikt jedoch in aller Schärfe erneut aus; keiner der Hauptbeteiligten sollte sein Ende noch erleben. Erst im Jahre 1122 schlossen König Heinrich V. und Papst Kalixt II. einen Kompromissfrieden, das ➔ Wormser Konkordat. Es griff einen Lösungsansatz auf, mit dem zuvor schon der Konflikt um die Investitur in England und Frankreich beigelegt werden konnte. Dieser Ansatz beruhte auf der Unterscheidung zwischen den zwei Seiten der bischöflichen Amtsgewalt: der geistlichen (*spiritualia*) und der weltlichen (*temporalia*). Nur mit den ➔ „Temporalien“ durfte der König die Bischöfe künftig belehnen. Vorher hatte eine freie Wahl stattzufinden, bei der er oder ein von ihm Bevollmächtigter allerdings anwesend sein durfte.

17 Heinrich IV. küsst Gregor VII. die Füße
Holzschnitt von Lucas Cranach d. Ä. aus dem Passional Christi und Antichristi, Wittenberg 1521.

➔ 11 - 13 S. 117 f.
➔ 15 - 16 S. 118 f.

Päpstlicher Machtanspruch, Königswahl und der Ausklang des Konflikts

Seit dem Investiturstreit stand für die Päpste fest, dass sie der weltlichen Macht übergeordnet waren. Gern benutzten sie bildliche Vergleiche, z. B. wurden die beiden Gewalten als zwei Schwerter bezeichnet. Dabei sei das weltliche nur im Auftrag und im Interesse der Kirche zu führen, war ihr also untergeordnet und von ihr abhängig. Da in Deutschland das Königtum eng mit dem Kaisertum verknüpft war (es stellte sozusagen seine Vorstufe dar), ließ eine Einmischung der Päpste nicht lange auf sich warten. Im Jahre 1198 wurden zwei konkurrierende Fürsten zu Nachfolgern des verstorbenen Kaisers Heinrich VI. gewählt. Diese unklare Lage nutzte Papst Innozenz III. (1198–1216) geschickt aus. Er nahm für sich das Recht in Anspruch, die beiden Thronbewerber auf ihre Geeignetheit hin zu prüfen und damit den Wahlausgang zu entscheiden. Seine Begründung: Da die spätere Kaiserkrönung traditionell dem Papst zustehe, müsse dieser rechtzeitig sicherstellen, dass ein geeigneter Mann erhoben werde. Nach langem Streit wiesen die deutschen Königswähler, die sogenannten Kurfürsten, diesen Anspruch des Papstes im Jahr 1338 schließlich zurück. Noch im gleichen Jahr wurde ihr Standpunkt in verschärfter Form als Reichsgesetz beschlossen.
Die kontroversen Auffassungen über das Verhältnis von geistlicher und weltlicher Gewalt waren damit nicht zu einem Ausgleich gebracht worden. Dennoch verblasste der Konflikt in der folgenden Zeit immer mehr. Das Papsttum konnte mit der steigenden materiellen Macht der Könige letztlich nicht mithalten und durch die Reformation im 16. Jahrhundert wurde es in seinen Grundlagen erschüttert. Dem Anspruch der Päpste auf politische Vorherrschaft war damit jede Basis entzogen.

2.4 Minderheiten im mittelalterlichen Abendland

A) Warum versuchten Bischöfe und Fürsten möglichst viele Juden zum Zuzug in ihre städtischen Siedlungen zu bewegen?
B) Waren Juden im ausgehenden Mittelalter das Opfer von Strukturveränderungen in Kirche und Wirtschaft?

Juden im Fränkischen Reich

1 Konzilsbeschlüsse zum Umgang mit Juden aus dem frühen Fränkischen Reich

Aus der Zeit nach dem Untergang des Römischen Reichs sind für die ehemaligen nördlichen Provinzen kaum Nachrichten über das Fortbestehen der jüdischen Gemeinden überliefert. Am aussagekräftigsten sind vereinzelte Beschlüsse regionaler Konzile (= Kirchenversammlungen):

– Kanon [= Beschluss] XV des Konzils von Épône, 517:
Sowohl Geistlichen als auch Laien ist es verboten, gemeinsam mit Juden zu speisen. Auch möge sich niemand mit einem unserer Kirchenleute das Brot reichen, der sich durch eine Mahlzeit zusammen mit Juden verunreinigt hat.

– Kanon XIX des Konzils von Orléans, 533:
Kein Christ soll eine Jüdin und kein Jude soll eine Christin zur Ehefrau nehmen, denn wir haben bestimmt, dass zwischen solchen Personen die Ehe ungültig ist. Wer sich trotz einer Ermahnung weigert, eine solche Verbindung zu beenden, ist ohne Zweifel zur Gnade des christlichen Abendmahls nicht mehr zuzulassen.

– Kanon XIV des Konzils von Orléans, 538:
Allen Christen verbieten wir, dass sie mit Personen jüdischen Glaubens ein intimes Verhältnis eingehen. Wenn jemand gegen dieses Gebot verstößt, soll er ohne Ansehen der Person bis zur Auflösung des Verhältnisses der Exkommunikation anheimfallen.

– Kanones XIII–XVI des Konzils von Mâcon, 583:
Es soll nicht erlaubt sein, dass man Juden zu Richtern oder Steuereintreibern über Christen macht. Dadurch könnte nämlich – was Gott verhüten möge – der Eindruck entstehen, dass die Christen ihnen unterworfen sind.

Juden soll es gemäß einem Edikt König Childeberts [575–596] nicht erlaubt sein, von Karfreitag bis Ostern die Straßen und Märkte zu benutzen, da dies einer Verhöhnung der Christen gleichkäme. [...]

Kein Sklave christlichen Glaubens soll künftig im Besitz eines Juden bleiben müssen. Jeder Christ hat das Recht, einem solchen Sklaven für elf Solidi [= kleine Goldmünzen] entweder die Freiheit zu schenken oder ihn in seinen eigenen Besitz zu überführen. Es wäre nämlich eine Schande, wenn Menschen, die Christus der Herr durch sein eigenes Blut erlöst hat, in den Fesseln seiner Verfolger gefangen bleiben sollten.

Zit. nach: Friedrich Maaßen (Hrgs.): MGH LL Sectio III: Concilia. Bd.1: Concilia Aevi Merovingici., Hannover 1893, S. 22, S. 64, S. 78, S. 158 f. Übers. M. Brabänder

2 Ecclesia und Synagoga

Replikat einer beliebten mittelalterlichen Doppel-Allegorie: die Gegenüberstellung der christlichen Kirche (lat. Ecclesia) und der jüdischen Synagoge in der Kathedrale von Chartres aus dem 13. Jahrhundert.

3 Schutzbrief Kaiser Ludwigs des Frommen für zwei Juden (vor 825)

Alle unsere Lehnsleute und Untertanen [...] sollen wissen, dass wir diese Juden, den Rabbi Domatus und seinen Neffen Samuel, in unseren Schutz genommen haben. Kraft der vorliegenden Urkunde erteilen wir deshalb euch selbst, euren Untergebenen sowie euren Nachfolgern den Befehl, dass niemand die genannten Juden aus irgendeinem ungerechtfertigten Vorwand belästigen oder sie in Rechtsstreitigkeiten verwickeln soll. Auch sollt ihr zu keiner Zeit wagen, ihnen etwas von dem Eigentum, das sie rechtmäßig zu besitzen scheinen, wegzunehmen oder sie darin zu beeinträchtigen. Ferner soll sich niemand unterstehen, von den genannten Juden Zollabgaben, Pferde-,

Herbergs-, Trink- oder Wegegeld, Ufer-, Tor-, Brücken- oder Reisezoll sowie Zehrgeld zu verlangen. Darüber hinaus haben wir ihnen gestattet, mit ihrer Ware Handel zu treiben und sie zu verkaufen, an wen sie wollen. Auch soll es ihnen erlaubt sein, ihrem eigenen Recht gemäß zu leben. [...]

Zit. nach: Karl Zeumer (Hrsg.): MGH LL Sectio V: Formulae. Formulae Merowingici et Karolini Aevi., Hannover 1886, S. 309 f. Übers. M. Brabänder

Pogrome in der Zeit der Kreuzzüge

4 Die Folgen des 1. Kreuzzuges für die jüdischen Gemeinden in Deutschland (1096)

Noch bevor sich die großen Ritterheere auf den Weg ins Heilige Land machten (➔ s. Kap. 2.5), nahmen ungeordnete Gruppen meist einfacher Leute den Kreuzzugsaufruf des Papstes auf. Als sie auf die wohlhabenden jüdischen Gemeinden im Rheinland und in Lothringen stießen, kam es trotz des Einschreitens der Bischöfe zu Massakern. Über die Vorgänge in Worms im Mai 1096 berichtet der jüdische Gelehrte Salomo bar Simson:

Es geschah, als die Kreuzfahrer durch die Städte kamen, in denen Juden lebten, da sprachen sie zueinander: „Wohlan, wir haben uns auf den weiten Weg zum Heiligen Grab gemacht, um unsere Rache an den Muslimen zu vollziehen, dabei sind es doch die Juden, die unter uns wohnen, deren Väter Christus grundlos ans Kreuz geschlagen und getötet haben. Wir wollen zuerst an ihnen Rache üben und sie vertilgen." Daraufhin überfielen sie die jüdische Gemeinde von Worms. Diese hatte sich in zwei Gruppen geteilt: Die einen waren in ihren Häusern geblieben, die anderen zum Bischof geflüchtet. Da erhoben die Kreuzfahrer sich wie die Wölfe der Wüste gegen die daheim Gebliebenen und plünderten sie aus, Jung und Alt. Sie zerstörten die Häuser, raubten und machten Beute. Sie nahmen die Thora-Rolle, traten sie in den Schmutz, zerrissen und verbrannten sie. Nach sieben Tagen wurden auch diejenigen in Schrecken versetzt, die noch im Palast des Bischofs waren; die Kreuzfahrer misshandelten sie wie die vorigen und übergaben sie dem Schwerte. [...] Sie ließen keinen übrig außer ganz wenigen, die sie zur Taufe gezwungen hatten. An die 800 betrug die Zahl der Getöteten.

Zit. nach: Eva Haverkamp (Hrsg.): Hebräische Berichte über die Judenverfolgungen während des Ersten Kreuzzugs. Hannover 2005, S. 252–276 (leicht vereinfacht).

5 Das hochmittelalterliche Papsttum und die Juden

Auch nach dem 1. Kreuzzug kam es immer wieder zu Ausschreitungen gegen Juden. Schließlich reagierte Papst Alexander III. (1159–1181) auf diese Situation und nahm die Juden unter seinen Schutz:

Obwohl die Juden lieber in ihrer Verstocktheit verharren, als die verborgene Bedeutung der Schriften der Propheten kennen zu lernen und so zur Erkenntnis des christlichen Glaubens und des Heils zu gelangen, wollen wir, weil sie uns dennoch um unseren Schutz und unsere Hilfe gebeten haben, aus der Güte christlicher Frömmigkeit heraus [...] ihre Bitten anhören und ihnen den Schild unseres Schutzes gewähren.

So setzen wir fest, dass kein Christ sie gegen ihren Willen zwingen darf, zur Taufe zu kommen [...] Es soll es auch kein Christ wagen, ohne das Urteil der Landesherrschaft Juden zu verletzen, sie zu töten, ihnen ihr Vermögen wegzunehmen oder ihre guten Gewohnheiten [...] abzuändern. Vor allem soll niemand sie bei der Feier ihrer Feste durch Steinwürfe oder Stockschläge belästigen, und es soll niemand Dienstleistungen von ihnen erzwingen, die sie bisher nicht zu erbringen gewohnt waren. Um der Verirrung und Schlechtigkeit niederträchtiger Menschen entgegenzutreten, bestimmen wir außerdem, dass niemand es wagen soll, einen jüdischen Friedhof zu schänden oder zu überfallen oder, um Geld zu erhalten, die Leichname wieder auszugraben.

Zit. nach: Julius Schoeps/Hiltrud Wallenborn (Hrsg.): Juden in Europa. Ihre Geschichte in Quellen. Bd.1: Von den Anfängen bis zum späten Mittelalter. Darmstadt 2001, Nr. 48, S. 114 f.

6 Der König verkündet einen Landfrieden. Dieser soll auch die Juden (links) schützen.
Illustration aus dem Sachsenspiegel, um 1230.

7 Bestimmungen des Vierten Laterankonzils (1215)

Das Vierte Laterankonzil unter der Leitung von Papst Innozenz III. war die wohl wichtigste Kirchenversammlung des

Mittelalters. Mit Blick auf die Juden wurde dabei verordnet:

– Kanon 67: Je mehr sich die Christen gegenüber der Eintreibung von Wucherzinsen zurückhalten, umso mehr werden sie dabei von den Juden in Bedrängnis gebracht, sodass das Vermögen der Christen rasch zur Neige geht. [...] Falls die Juden in Zukunft weiterhin überhöhte Zinsen von Christen erpressen, sollen sie von deren Gemeinschaft ausgeschlossen werden [...].

– Kanon 68: In einigen Gegenden kann man Juden und Sarazenen[1] durch ihre besondere Kleidung von den Christen unterscheiden. In anderen Regionen ist aber eine solche Unordnung entstanden, dass die verschiedenen Gruppen nicht mehr auseinanderzuhalten sind. Es kommt daher gelegentlich vor, dass Christen mit jüdischen oder sarazenischen und Juden oder Sarazenen mit christlichen Frauen irrtümlicherweise Beziehungen eingehen. Damit diese Leute sich für solch ausschweifende und verwerfliche Intimitäten künftig nicht mehr auf ein Versehen herausreden können, bestimmen wir: Juden und Sarazenen beiderlei Geschlechts müssen sich in jedem christlichen Land und zu jeder Zeit durch ihre Kleidung von der übrigen Bevölkerung unterscheiden. [...]

– Kanon 69: Es wäre widersinnig, wenn ein Lästerer Christi Amtsgewalt über Christen ausübte. [...] Wir verbieten daher, dass Juden öffentliche Ämter bekleiden, weil sie in einer solchen Funktion für Christen kaum zu ertragen sind. [...]

Zit. nach: H.J. Schroeder (Hrsg.): Disciplinary Decrees of the General Conncils: Text, Translation and Commentary, St. Louis 1937. Online unter: http://www.fordham.edu/halsall/basis/lateran4.html Übers. M. Brabänder (Stand 31.07.2011)

1 Sarazenen: in mittelalterlichen Quellen Sammelbezeichnung für Muslime

8 Jüdischer Arzt und sein Patient
Holzschnitt aus dem 17. Jahrhundert.

Das Ende der jüdischen Stadtkultur im Deutschen Reich

9 Die Judenverfolgungen während der großen Pest (1348–1350)

Seit Ende des 13. Jahrhunderts kam es in vielen Städten zu Unruhen zwischen Zünften und Patriziern oder zwischen Gesellen und Zunftmeistern. In diesen aufgeheizten sozialen und wirtschaftlichen Konflikten gerieten auch die jüdischen Gemeinden unter Druck.
Eine neue Dimension der Gewalt wurde um die Mitte des 14. Jahrhunderts erreicht. Von der Krim kommende Handelsschiffe schleppten die Pest in Italien ein. Eine verheerende Pandemiewelle überrollte daraufhin Europa. Auf der Suche nach einer Erklärung für diese Katastrophe richtete sich die Aufmerksamkeit der Zeitgenossen bald auf die Juden:

a) Es gab zu jener Zeit ein weit verbreitetes Gerücht, das keineswegs aus der Luft gegriffen sein kann, da ja laut Aristoteles' „Ethik" gilt: „Eine Sache, von der alle berichten, ist nicht völlig frei erfunden". Dieses Gerücht also besagt, dass das allgemeine Sterben seinen Ursprung in der Giftmischerei der Juden hat. [...] Erzählungen zufolge haben die Juden das Gift widerlicher Tiere zu Pulver zermahlen und damit kleine Säcke gefüllt, die sie dann in Brunnen und Quellen versenkten. Tatsächlich sollen Christen solche Säckchen bei Brunnenreinigungen gefunden haben. Die Juden wurden daher verbrannt, getötet, zerstückelt und auf jede nur denkbare Weise umgebracht.

Annales Matseenses. In: MGH SS IX. Hrsg. von Georg Heinrich Pertz. Hannover 1851, S. 829f. Übers. M. Brabänder

b) Auf das Rad geflochten [d.h. unter grausamster Folter] gestanden einige Juden, Gift verstreut und das Wasser vergiftet zu haben. Es kann also niemand mehr an ihrer Schuld zweifeln. Von Köln bis Österreich wurden alle Juden, Jung und Alt, für dieses Verbrechen verbrannt und erschlagen.

Heinrich von Diessenhofen: Chronik. In: Johann Friedrich Boehmer (Hrsg.): Fontes Rerum Germanicarum IV., Stuttgart 1868 [Nachdruck Aalen 1969], S. 69. Übers. M. Brabänder

10 Juden fliehen aus einer fränkischen Stadt
In der spätmittelalterlichen Agrarkrise und der wirtschaftlichen Umbruchsituation durch Einführung frühkapitalistischer Produktionsweisen (siehe Kap. 1.5) nahm der Konkurrenzkampf zwischen Gewinnern und Verlieren der Veränderungen zu. Dies verband sich vielerorts mit den antijüdischen Ressentiments und Weltuntergangsängsten während der Pestjahre. Nach blutigen Pogromen, denen Tausende zum Opfer fielen, kam es im 15. Jahrhundert schließlich in fast allen deutschen Städten zur Vertreibung der jüdischen Gemeinden. Ähnliches geschah auch im übrigen christlichen Europa. Die Könige von Spanien, Portugal und Frankreich vertrieben ihre gesamte jüdische Bevölkerung. Viele flohen nach Osteuropa, in die Stadtzentren der muslimischen Welt Nordafrikas oder in das Osmanische Reich. Darstellung in einer Handschrift hebräischer Klagelieder, Ende 14. Jahrhundert.

Arbeitsvorschläge

○●● a) Untersuchen Sie, welche Motive hinter den Konzilsbeschlüssen zum Umgang mit Juden stehen (M1).
○●● b) Analysieren Sie die Darstellung von Ecclesia und Synagoga (M2).
○○● c) Geben Sie die Vergünstigungen des kaiserlichen Schutzbriefs für die Empfänger wieder (M3).
●●● d) Vergleichen Sie die Bestimmungen mit denjenigen von M1. Erörtern Sie, warum der Kaiser Privilegien wie dieses gewährte (M3).
○●● e) Beschreiben Sie die Vorgänge in Worms im Jahre 1096 und zeigen Sie auf, wie die Kreuzfahrer ihr Vorgehen rechtfertigten. Arbeiten Sie weitere Motive für die Ausschreitungen heraus (M4).
○●● f) Der Papst nimmt die Juden in M5 gegen Verletzungen ihrer Integrität sowie gegen materielle Beeinträchtigungen in Schutz. Ordnen Sie die einzelnen Punkte diesen Kategorien zu.
○○● g) Geben Sie die Bestimmungen wieder, die das Konzil hinsichtlich der Juden traf, und schreiben Sie die Begründungen dafür auf (M7).
●●● h) Vergleichen Sie die Beschlüsse von M5 mit denen von M7.
○●● i) Beschreiben Sie und untersuchen Sie die Darstellung (M6).
○○● j) Geben Sie wieder, was man den Juden zurzeit des Schwarzen Todes vorwarf und welche Folgen das für sie hatte (M9).
●●● k) Erörtern Sie die Stichhaltigkeit der gegen die Juden erhobenen Anschuldigung (M9).

Grundwissen: Minderheiten im mittelalterlichen Abendland

→ 1 - 3 S. 122 f.

Juden im Fränkischen Reich

Mit den römischen Legionen waren in der Spätantike auch Juden nach Gallien und Germanien gekommen und in den *civitates* an Rhein, Maas und Donau sind jüdische Gemeinden für jene Zeit entweder nachgewiesen oder zumindest sehr wahrscheinlich. Der Niedergang des Römischen Reichs hatte für die jüdischen Ansiedlungen nördlich der Alpen dann aber gravierende Folgen. Besonders im Osten des Frankenreichs überdauerten nur wenige städtische Siedlungen diese Epoche. Damit waren wahrscheinlich auch die wenigen jüdischen Gemeinden verschwunden. Im Westen und Süden gerieten die verbliebenen jüdischen Gemeinden im christlichen Umfeld von Westgoten und Franken häufig unter Druck. Die Konzilsgesetzgebung der Merowingerzeit, eine der aussagekräftigsten Quellengattungen jener Epoche, enthält immer wieder diskriminierende, auf Separierung der Juden von den Christen abzielende Bestimmungen.

Seit dem späten 8. Jahrhundert änderte sich das Bild allmählich. Die karolingischen Herrschaftsträger zeigten sich an einem Ausbau der Fernhandelswege interessiert und dabei erwiesen sich jüdische Kaufleute aufgrund ihrer weiträumigen Vernetzung als unentbehrlich. Jüdische Fernhändler verbanden die neuen germanischen Reiche mit Nordafrika und dem Nahen Osten. Sie brachten von dort begehrte Luxuswaren und besaßen Erfahrung in der Geldwirtschaft. Solche kommerziellen Fachkräfte wurden von den Herrschern mit großzügigen Privilegien ausgestattet, was zu einem latenten Widerspruch in der Rechtssetzung der Karolinger führte: Einerseits übernahmen sie die gegenüber Juden repressive und diskriminierende Gesetzgebung der Konzile, andererseits aber erfreuten sich einzelne jüdische Geschäftsleute erheblicher Vergünstigungen. Proteste von Bischöfen gegen diese Praxis blieben nicht aus.

Die Epoche der Ottonen und Salier

Zahl und Bedeutung der jüdischen Ansiedlungen nahm auch nach dem Zerfall des Frankenreichs stetig zu. Im 11. Jahrhundert entstanden auf deutschem Gebiet zahlreiche neue Städte. Diese benötigten Fachleute, die sich mit Geldwirtschaft und Fernhandel auskannten. Ein solches Know-how brachten jüdische Siedler mit. Entlang des Rheins entstanden in Köln, Mainz, Worms und Speyer wirtschaftlich und kulturell blühende jüdische Gemeinden, die weit über die Grenzen des Deutschen Reichs ausstrahlten. Neben den Königen und Kaisern trugen nun auch die Bischöfe den ökonomischen Notwendigkeiten Rechnung: Sie milderten die diskriminierenden Konzilsgesetze ab und warben Juden mit weitreichenden Handels-, Autonomie- und Schutzprivilegien für ihre Residenzstädte geradezu an.

Trotz dieser für die Juden insgesamt günstigen Lage gab es aber weiterhin auch eine Schattenseite. Die alten antijüdischen Ressentiments bestanden fort und entluden sich in gelegentlichen Ausschreitungen. Durch die Kirchenreformbewegung des 11. Jahrhunderts (**→ s. Kap. 2.3**) wurden solche intoleranten Tendenzen noch verstärkt und führten geradewegs in die Katastrophe des Jahres 1096.

Im November 1095 hatte Papst Urban II. (um 1035–1099) zum Kreuzzug gegen die Muslime im Orient aufgerufen (**→ s. Kap. 2.5**). Von diesem Appell fühlten sich allerdings nicht nur Ritter, sondern auch zahlreiche Angehörige des dritten Standes angesprochen. Einige Gruppen dieses sogenannten Bauern- oder Volkskreuzzuges fielen als Erstes über die wohlhabenden jüdischen Gemeinden in ihrer Heimat her:

In Worms, Mainz, Trier, Köln, Regensburg, Prag und weiteren Orten wurden die Judenviertel geplündert, die Bewohner massakriert oder zur Taufe gezwungen - oft unter aktiver Teilnahme ihrer christlichen Mitbürger. Diese Massaker verstießen gegen alles kirchliche und weltliche Recht und in den meisten Fällen versuchten die Bischöfe, den bedrängten Juden Asyl zu gewähren. Trotzdem kamen Tausende ums Leben.

Das hochmittelalterliche Papsttum und die Juden

➔ 4 - 5 S. 123

Nach den Ausschreitungen des Jahres 1096 erkannte auch das Papsttum die Notwendigkeit, Vorkehrungen gegen die Wiederholung solcher Exzesse zu treffen. Laut der bis zum Ende des Mittelalters maßgeblichen Lehre des heiligen Augustinus galten die Juden als eine zu duldende Minderheit, da ihre Existenz dem Beweis der christlichen Wahrheit sowie der Möglichkeit ihrer späteren Bekehrung diene. Seit 1120 erließen die Päpste daher in regelmäßigen Abständen ⇨ Bullen, also päpstliche Urkunden, zum Schutz von Integrität und Autonomie der Juden. Zugleich lebte aber auch die gegenläufige, diskriminierende Tendenz fort, welche bereits die frühe Konzilsgesetzgebung geprägt hatte (➔ s. M1). Dieser auf Isolierung der Juden von den Christen abzielende Traditionsstrang fand 1215 eine Bestätigung in den Beschlüssen des großen Vierten Laterankonzils. Den Juden wurde nicht nur die Befähigung zur Bekleidung öffentlicher Ämter abgesprochen; das Konzil unterwarf sie auch kennzeichnenden Kleidungsvorschriften. Die bewusste Absonderung von der christlichen Mehrheitsbevölkerung wurde damit augenfällig.
Dies geschah in einer Zeit, in der die katholische Kirche zunehmend an Einfluss gewann und in Konkurrenz zur weltlichen Macht des Kaisers trat. Einher damit ging ein energisches Vorgehen gegen jegliche Abweichungen von der „reinen" christlichen Lehre des Papstes.

Der Niedergang der jüdischen Gemeinden im 14./15. Jahrhundert

➔ 9 - 10 S. 124 f.

Die zunehmende Ausgrenzung und Gewalt verschärfte die religiöse Intoleranz im christlichen Europa. Seit dem 13. Jahrhundert wuchs auch wieder der Druck auf die jüdischen Gemeinden. Dabei traten zwei neue Vorwürfe hinzu, die rasch zu Stereotypen wurden: der des *Ritualmords* (demnach töteten Juden kleine christliche Kinder, um deren Blut für Heilzwecke zu verwenden) und des *Hostienfrevels* (angeblich entwendeten und vernichteten Juden geweihtes christliches Abendmahls-Brot). Die sich daraus ergebende Gefährdungslage konnte leicht eskalieren und gewalttätige Übergriffe hervorrufen.
Den entscheidenden Einschnitt für die Entwicklung der jüdischen Gemeinden in Mitteleuropa brachte dann der Ausbruch der großen Pest im Jahre 1347. Über den bakteriellen Verbreitungsweg der mit Handelsschiffen von der Krim nach Europa eingeschleppten Krankheit wussten die Menschen jener Zeit natürlich nichts. Auf der hilflosen Suche nach Erklärungen machten sie schon bald die Juden als Sündenböcke aus und warfen ihnen vor, die Seuche durch die Vergiftung der Brunnen herbeigeführt zu haben. Das darauf folgende „Judenbrennen" kostete einem Teil der jüdischen Bevölkerung das Leben. Die Nachkommen der Überlebenden wurden im 15. Jahrhundert aus den Städten vertrieben.

2.5 Kreuzzüge – Gründe für den Zusammenstoß zweier Kulturen

A) Waren die Kreuzzüge ein „Heiliger Krieg“ christlicher Religionskrieger gegen die Ungläubigen?
B) Stellten die Kreuzfahrer für die muslimischen Herrscher eine gefährliche Bedrohung dar?

Ursachen und Motive der Kreuzzüge

1 **Machtverhältnisse in Europa und Vorderasien am Vorabend des 1. Kreuzzugs um 1096**

2 Der Kreuzzugsaufruf Papst Urbans II. (27. November 1095)

Die historische Rede des Papstes, gehalten während eines Konzils in Clermont (Südfrankreich), ist in vier Versionen überliefert. Dem Original am nächsten kommt vermutlich die des Chronisten und Kreuzzugsteilnehmers Fulcher von Chartres (1059–1127):

Ihr Söhne Gottes – mit großem Nachdruck habt ihr versprochen, untereinander den Frieden zu wahren und treu auf die Rechte der Kirche achtzugeben. Darüber hinaus gibt es aber noch eine weitere Aufgabe, für die sich euer Einsatz lohnt. Es handelt sich um eine Angelegenheit, die ebenso Gott wie euch selbst betrifft. Gerade erst habt ihr durch ihn Kräftigung und Motivation erfahren; also setzt eure Energie jetzt in Taten um. Es ist nämlich erforderlich, dass ihr euren Brüdern im Morgenland, die auf eure schon mehrfach erbetene Unterstützung angewiesen sind, schleunigst zu Hilfe kommt. Die meisten von euch wissen bereits, dass die Türken, ein persisches Volk, bis zum Mittelmeer und zum Bosporus vorgedrungen sind. Von den Grenzen des Byzantinischen Reiches aus haben diese Eindringlinge die christlichen Länder mehr und mehr eingenommen und die schon siebenfach besiegten Christen mit militärischer Gewalt überwunden. Dabei haben sie viele unserer Glaubensbrüder getötet oder in die Gefangenschaft verschleppt. Die Kirchen wurden zerstört und das Reich Gottes verwüstet. Wenn ihr zulasst, dass diese Türken noch eine Zeitlang so weitermachen, werden die Gottgläubigen auch in vielen weiteren Gebieten überrannt werden. Deshalb fordere ich euch auf, ich flehe euch an – nein, nicht ich, sondern Gott der Herr: Redet als Verkündiger Christi auf alle Menschen ein, gleichgültig welchem Stand sie angehören. Bringt durch unablässige Ansprachen Ritter und Fußvolk, Reiche und Arme dazu, dass sie den Christen im Orient rechtzeitig bei der Vertreibung dieses nichtswürdigen Volkes aus unseren Gebieten zur Hilfe eilen. Den Anwesenden sage ich es, den Abwesenden lasse ich es ausrichten, Christus aber befiehlt es.

Allen, die dort hinziehen und ihr dem Tod verfallenes Leben beenden [...], wird die Vergebung ihrer Sünden zuteil werden. Dies verspreche ich allen, die sich auf den Weg machen; denn von Gott wurde ich zu solchen Zugeständnissen ermächtigt. Was für eine Schande ist es doch, wenn ein so verachtenswertes, entartetes und Dämonen dienendes Volk die durch den wahren Glauben ausgezeichneten Verehrer des allmächtigen Gottes, die in Christi Namen erstrahlen, dermaßen überwältigt. Wie viele Vorwürfe werden euch von Gott selbst gemacht werden, wenn ihr denen nicht helft, die genauso wie ihr dem christlichen Bekenntnis zugerechnet werden. Brecht auf zum verdienstvollen Kampf gegen die Ungläubigen, der in einem Triumph enden wird! Dies gilt gerade für diejenigen, die es bisher gewohnt waren, endlose Fehden zu führen – und das auch noch gegen Christen! Wer bisher ein Räuber war, aus dem wird nun ein Soldat Christi! Wer einst gegen seine Brüder und Blutsverwandten kämpfte, soll nun mit dem Recht auf seiner Seite gegen die Barbaren in die Schlacht ziehen! Wer sich bisher für eine Handvoll Münzen als Söldner verkaufte, soll nun ewigen Lohn erhalten! Wer sich bislang zum Schaden für seinen Körper und seine Seele abmühte, soll sich nun für doppelte Ehre anstrengen! Ohne Zweifel werden hier die Traurigen und Armen, dort aber die Fröhlichen und Wohlhabenden sein; hier die Feinde Gottes, dort aber seine Freunde. Nichts soll den Aufbruch der Kreuzfahrer verzögern. Sobald sie ihre Besitztümer verpachtet und den Bedarf für die Reise zusammengestellt haben, sollen sie sich, von Gott geleitet, bei Anbruch des Frühlings entschlossen auf den Weg machen.

Fulcher von Chartres: Historia Hierosolymitana, Kap.3. In: Recueil des historiens des croisades. Historiens occidentaux. Bd. 3. Paris 1866, S. 323 f. Übers. M. Brabänder

3 Motive für die Entscheidung zum Kreuzzug

Der Kleriker und Kanzler des Königsreiches Jerusalem, Wilhelm von Tyrus (1130–1186), schreibt in seiner „Geschichte der Kreuzfahrerstaaten":

Es war offensichtlich, dass Gott der Herr hinter dem Unternehmen stand: Menschen jeden Alters ließen sich mit großem Eifer auf den päpstlichen Aufruf ein, auch wenn es dabei um eine beschwerliche und äußerst schwierige Angelegenheit ging. Dabei feuerten die Worte des Papstes nicht nur die Anwesenden zum Kreuzzug an. Seine Predigt ging weit und breit in die Welt hinaus und ermunterte auch diejenigen zum Kreuzzug, die sie nicht selbst gehört hatten. Zudem wurden die Bischöfe gemäß ihrem Auftrag zu eifrigen Förderern des Unternehmens. Sie reisten in ihren Bistümern umher, machten bei den Menschen für den Kreuzzug Werbung und verbreiteten so das Wort des Lebens unter den Völkern. Jedes Korn, das dabei zu Boden fiel, trug Früchte. So schien das Wort des Herrn wahrhaftig in Erfüllung zu gehen: „Ich bin nicht gekommen, um den Frieden zu bringen, sondern das Schwert" (Matth. X,34). Ehemänner trennten sich von ihren Frauen und umgekehrt; Väter verließen ihre Kinder, Söhne ihre Eltern. Kein Band der Liebe gab es, das stark genug gewesen wäre, diesen Eifer zu behindern. Viele Mönche verließen ihr Kloster, und Menschen, die sich um des Herrn willen freiwillig eingeschlossen hatten, kamen nun aus ihrem Gefängnis hervor.

Nicht bei allen Kreuzfahrern waren allerdings nur Frömmigkeit und klare Urteilskraft im Spiel, als sie ihren Entschluss trafen. Manche wollten einfach ihre Freunde nicht verlassen, andere nicht als antriebslos gelten. Wieder andere schlossen sich aus Leichtsinn an oder um Leute, bei denen sie hoch verschuldet waren, an der Nase herumzuführen. Aus ganz unterschiedlichen Gründen strömten die Menschen also herbei. Niemand im Abendland scherte sich dabei um Alter oder Geschlecht, Rang oder Stand; niemand ließ sich durch Warnungen von dem Vorhaben abschrecken. Alle gaben unterschiedslos ihr Wort und gelobten mit einem Herz und einer Stimme den Kreuzzug. [...]

Für alle, die sich zum Kreuzzug verpflichtet hatten, galt folgende, auch vom Papst unterstützte Vereinbarung: Sie wollten ihre Kleidung mit dem Zeichen des lebendig machenden Kreuzes kennzeichnen. Damit trugen sie die

Erinnerung an denjenigen auf ihren Schultern, dessen Leidensort sie aufsuchen wollten – sie eiferten Christus selbst nach.

Wilhelm von Tyrus: Historia Rerum Gestarum in Partibus Transmarinis I,16. In: Jacques P. Migne: Patrologiae cursus completus. Series Latina. Bd. 201. Paris 1855, S. 234–236. Übers. M. Brabänder

4 Der Kreuzzug der Armen

Der französische Benediktinermönch Guibert von Nogent (1053–1124) berichtet in seinem Geschichtswerk über den ersten Kreuzzug:

Nicht nur hochrangige Adlige und einfache Ritter zeigten Interesse an der Sache. Auch die armen Leute fühlten sich so stark zu dem Vorhaben hingezogen, dass keiner von ihnen seine geringen Mittel bedachte oder sich mit der Trennung von seinem Haus, seinen Weinstöcken und Äckern beschäftigte. Den besten Besitz verkauften sie sogar noch zu einem viel niedrigeren Preis, als wenn bitterste Kerkerhaft sie gefangen gehalten hätte und ein sofortiger Freikauf erforderlich gewesen wäre.

In jener Zeit war die Ernte überall schlecht ausgefallen, und sogar bei den Reicheren herrschte ein großer Mangel. Selbst wenn hin und wieder etwas zum Verkauf angeboten wurde, hatten die Menschen doch nichts oder kaum etwas, wovon sie es hätten kaufen können. Die Masse der Armen ernährte sich mehr und mehr von Kräutern und Wurzeln, und statt dieser kärglichen Nahrung gab es nur ganz selten einmal ein Stückchen Brot. [...] Während also jene wenig fruchtbare Zeit allen Menschen große Not brachte, kamen Unzählige auf den Gedanken auszuwandern. Verschiedene, viele Köpfe zählende Gruppen machten sich auf den Weg. Güter, die wertvoll zu sein schienen, als alle Menschen sesshaft waren, wurden bei diesem allgemeinen Aufbruch nun zu Spottpreisen zum Verkauf angeboten. [...]

Wen das Kreuzfahrtfieber noch nicht gepackt hatte, der machte sich über die anderen lustig, die ihr Hab und Gut verschleuderten. Völlig verarmt würden sie aufbrechen und in einem noch erbärmlicheren Zustand zurückkommen, so hieß es. Die gleichen Leute, die so sprachen, bereuten ihre Worte aber schon am nächsten Tag und tauschten ihren gesamten Besitz für ein paar Münzen ein, damit sie zusammen mit denen losziehen konnten, die sie gerade noch ausgelacht hatten. [...] Erstaunliche Dinge gab es zu sehen, über die man eigentlich hätte lachen

5 Verlauf des ersten Kreuzzugs 1096–1099

können. Einige einfache Leute beschlugen nämlich ihre Rinder mit Hufeisen, als seien es Pferde. Dann packten sie ihre Habseligkeiten mitsamt den Kindern in einen Karren und machten sich auf den Weg nach Osten. Und sobald sie an einer Burg oder einer Stadt vorbeikamen, fragten die kleinen Kinder, ob dies jenes Jerusalem sei, das Ziel ihrer Reise.

Guibert von Nogent: Gesta Dei per Francos. In: Recueil des historiens des croisades. Historiens occidentaux. Bd. 4, Paris 1879, S. 140–142. Übers. M. Brabänder

6 Traumziel, Wallfahrt, Abenteuer

Der deutsche Kreuzfahrt-Historiker, Hans-Eberhard Mayer (geb. 1932), geht in seiner „Geschichte der Kreuzzüge" auf weitere Motive der Kreuzritter ein:

Der bloße Klang des Namens Jerusalem muss für die Menschen des 11. Jahrhunderts einen magischen Glanz und Schimmer gehabt haben, den wir heute kaum mehr nachzuempfinden imstande sind. Jerusalem war das Schlüsselwort, das ganz bestimmte psychologische Reaktionen hervorbrachte und ganz bestimmte eschatologische [endzeitliche] Vorstellungen erweckte. Man dachte nicht nur an die Stadt in Palästina, wo sich das Leiden und Sterben, das Begräbnis und die Wiederauferstehung Jesu Christi abgespielt hatten. Mindestens ebenso sehr wuchs vor den Augen der Menschen das Bild des himmlischen Jerusalem empor, mit seinen saphirenen Toren, seinen edelsteingeschmückten Mauern und Plätzen [...] Solche Vorstellungen mussten umso wirksamer zugunsten des Kreuzzuges arbeiten, als sicherlich eine gute Anzahl von Kreuzfahrern nicht imstande war, zwischen dem irdischen und dem himmlischen Jerusalem zu unterscheiden, und meinte, man marschiere geradewegs auf jene Stätte unendlicher Freuden zu. [...]

Der Kreuzfahrer unterschied sich vom Pilger durch seine Waffen, aber der Kreuzzug war im Grunde nichts anderes als eine bewaffnete Wallfahrt, die mit besonderen geistlichen Privilegien ausgestattet war und als besonders verdienstvoll galt. Der Kreuzzug war eine konsequente Fortbildung der Pilgeridee. Niemandem wäre es eingefallen, zur Eroberung des Heiligen Grabes auszuziehen, wären nicht schon Jahrhunderte hindurch die Menschen immer und immer wieder dorthin gewallfahrt. Der ständige Pilgerstrom musste in der Christenheit den Wunsch aufkeimen lassen, das Grab Christi selbst zu besitzen, nicht um die Schwierigkeiten der Pilgerfahrt zu beseitigen, sondern weil der Gedanke, die Heiligen Stätten, das „Erbgut Christi", in der Hand der Heiden zu wissen, für die Menschen allmählich immer unerträglicher wurde. [...]

Man hat immer wieder auf die Abenteuerlust der Ritter und auf den Beutetrieb hingewiesen. Im Osten schien die Möglichkeit zu locken, rasch sein Glück zu machen und zu einer bedeutenderen Stellung zu kommen, als es in der alten Heimat möglich war. Die Eroberung Englands durch die Normannen 1066 hatte Ähnliches deutlich bewiesen. [...]. Nun sind Abenteuerlust und Beutetrieb individuelle Züge. Wir wissen aber von ökonomischen und sozialen Schwierigkeiten, die die ritterliche Klasse als Ganzes betrafen und die den Kreuzzug als Ausweg erscheinen ließen. [...] In Nordfrankreich entwickelte man die Primogenitur, das Erbrecht des Erstgeborenen. Den Nachgeborenen blieb es überlassen, sich selbst eine Versorgung zu suchen, entweder in der Kirche oder im Kriegsdienst. Es liegt auf der Hand, dass hier der Kreuzzug als Ventil für die zahlenmäßig anwachsende ritterliche Schicht wirken musste.

Hans Eberhard Mayer: Geschichte der Kreuzzüge. Stuttgart 2005, S. 21 f. S. 25, S. 34 f.

Der Gedanke des „Heiligen Kriegs"

7 Eine neue Sicht des Kriegs

Der Mönch Guibert von Nogent (➔ s. M4), ein Zeitzeuge des ersten Kreuzzugs, fasst die neue Einstellung zusammen:

Gott hat in unseren Tagen heilige Kriege geschaffen, damit der Ritterstand und das orientierungslose einfache Volk, die sich wie früher in heidnischer Zeit gegenseitig bekämpfen, auf eine neue Weise zum Heil gelangen können. Ritter werden nicht mehr wie bisher dazu gezwungen, das weltliche Leben ganz und gar aufzugeben, indem sie in ein Kloster eintreten oder eine geistliche Würde übernehmen. Nein – sie können ihrer gewohnten Freiheit und Gewohnheit sowie ihrer Lebensweise treu bleiben und trotzdem ein Stück weit die Gnade Gottes erlangen.

Guibert von Nogent: Gesta Dei per Francos. In: Recueil des historiens des croisades. Historiens occidentaux. Bd. 4. Paris 1879, S. 124. Übers. M. Brabänder

8 Entstehung und Bedeutung des „Heiligen Kriegs"

Der Bochumer Mittelalter-Historiker Nikolas Jaspert (geb. 1962) untersucht das neue Phänomen:

Die Kreuzzüge werfen heute ebenso wie in früheren Zeiten die Frage nach der Berechtigung des Krieges auf. Das Christentum gründet wesentlich auf dem friedlichen Wirken Christi. Es hatte daher im Gegensatz zum Islam – dessen Prophet sowohl ein geistlicher als auch ein militärischer Führer war – einen großen Gegensatz zu lösen: Es musste die widersprüchlichen Äußerungen der Bibel über den Krieg miteinander vereinbaren. [...] Der Klerus stellte ein Gedankengebäude zur Verfügung, das als Grundlage für den Krieg im Mittelalter und darüber hinaus diente – die Theorie vom gerechten Krieg. [...] Vier Kriterien mussten gegeben sein: die Kriegserklärung durch eine legitime Autorität, ein gerechtfertigter Kriegsgrund, das Fehlen einer anderen Lösungsmöglichkeit und eine angemessene Form der Kriegführung. [...]

Seit dem 9. Jahrhundert trafen neue Bedrohungen das Christentum: Die Angriffe der heidnischen Wikinger und Normannen, Ungarn und Slawen im Norden und Osten sowie der Muslime im Süden und Westen ließen nicht nur im griechischen Osten, sondern auch im lateinischen Westen den von Augustinus[1] angenommenen Fall immer wieder eintreten. Hier nun lässt sich in Einzelfällen sehr wohl eine theologische Auseinandersetzung mit dem Krieg feststellen – so auf der Iberischen Halbinsel, die zu Beginn des 8. Jahrhunderts von Muslimen erobert worden war. Im gebirgigen Norden (Asturien, León) verteidigten die Christen ihre Unabhängigkeit und begannen bald, ihr Herrschaftsgebiet allmählich nach Süden auszudehnen. Sie konnten darauf verweisen, dass es sich hierbei um ehemals christliche Territorien handelte, in denen obendrein noch Glaubensbrüder lebten. Dies allein reichte aus, um ihren Kampf zu rechtfertigen. In Asturien und León wurde ausdrücklich der Anspruch formuliert, einen gerechten Krieg, sogar einen Krieg *Deo auctoritate*[2] gegen eine aggressiv auftretende Religion zu führen. Chroniken des 9. bis 11. Jahrhunderts zeichnen die Auseinandersetzung nicht nur als gerechten, sondern sogar als geheiligten Krieg. [...]

9 Christus führt die Kreuzfahrer an
Französische Buchillustration um 1310.

Aus Sicht der meisten christlichen Zeitgenossen waren auch die Kreuzzüge mehr als gerechte Kriege, mehr als eine Verteidigung gegen einen ungerechten Angriff. Auch sie waren geheiligt, denn hier kämpfte man nicht nur für die Verteidigung des Christentums, sondern unmittelbar für Gott. Man erfüllte seinen Willen, war Werkzeug des Herrn. Die Teilnahme an einem solchen Krieg war daher nicht mehr eine bußwürdige, sondern eine heilbringende Handlung, man kann in diesem Zusammenhang sogar von „verdienstvoller Gewaltanwendung" sprechen.

Nikolas Jaspert: Die Kreuzzüge. Darmstadt 2006, S. 13 f.

1 Das Konzept des gerechten Krieges geht maßgeblich auf den Kirchenlehrer Augustinus (354–430), Bischof von Hippo Regius/Nordafrika, zurück.
2 Deo auctoritate: lat. mit Gottes Vollmacht

10 Heiliger Krieg und christliches Rittertum

Der mittelalterliche Geschichtsschreiber Radulf von Caen berichtet über die Wirkung von Urbans II. Predigt auf den normannisch-sizilischen Ritter Tankred von Tarent (1072–1112):

Schon als junger Mann war Tankred vom Streben nach Ruhm besessen. Um ihn zu erwerben, zog er sich zahlreiche Verwundungen zu und schonte weder sein eigenes Blut noch das des Feindes. Sein kluger Geist ruhte dabei jedoch nicht, und immer öfter quälte ihn die Sorge. Er sah nämlich, dass die Kämpfe, die er als Ritter führte, dem göttlichen Gebot zuwiderliefen. Der Herr gebietet nämlich, dass man dem Angreifer, der einem auf die eine Wange geschlagen hat, auch die andere hinhält; ein weltlicher Ritter dagegen verschont nicht einmal das Blut seiner eigenen Verwandten. Laut dem Gebot des Herrn sollen wir demjenigen, der uns den Rock wegnimmt, auch noch den Mantel geben; demgegenüber gehört es zur Lebensweise der Ritter, die Wertgegenstände der erschlagenen Gegner an sich zu nehmen. Diese widersprüchlichen Verhaltensregeln und der Gedanke, ob es nicht besser sei, dem Kampf abzuschwören, brachten die Kühnheit des klugen Mannes fast zum Erliegen.

Aber dann stellte Papst Urban allen christlichen Kämpfern, die gegen die Heiden in den Krieg ziehen wollten, die Vergebung sämtlicher Sünden in Aussicht! War Tankred zuvor wie gelähmt gewesen, so kehrte seine Tatkraft augenblicklich zurück. Er sammelte neue Kräfte, und eine verdoppelte Kühnheit öffnete ihm die Augen. Vorher konnte er sich nämlich nicht entscheiden, ob er dem Weg des Evangeliums oder dem der diesseitigen Welt folgen sollte. Nun war der Waffengebrauch in den Dienst Christi gestellt worden, und diese zweifache Gelegenheit zum Kampf war für Tankred eine unglaubliche Motivation.

Radulf von Caen: Gesta Tancredi in Expeditione Hierosolymitana. In: Recueil des historiens des croisades. Historiens occidentaux. Bd. 3, Paris 1876, S. 605 f. Übers. M. Brabänder

11 „Heiliger Krieg" versus „gerechter Krieg"

Der deutsche Mittelalter-Historiker Norbert Ohler (geb. 1935) definiert die Unterschiede:

Heilige Kriege unterscheiden sich von gerechten nach Ursache, Ziel, Intensität und Dauer, was fließende Übergänge nicht ausschließt. Ein Feind wird im gerechten Krieg wegen seiner (Un-)Taten bekämpft. Im Heiligen Krieg wegen seines Glaubens. Der gerechte Krieg soll den Frieden (wieder)herstellen, der Heilige Krieg gilt der Vernichtung oder wenigstens Unterwerfung eines Feindes, der meist als auch sittlich verworfen dargestellt wird. Im Idealfall läuft die Lehre vom gerechten Krieg auf Konfliktbegrenzung hinaus, die vom Heiligen Krieg auf Konfliktverschärfung. Ein Heiliger Krieg ist nicht in das Ermessen der Menschen gestellt, sondern gilt als Pflicht des Gläubigen, da die unbehelligte Existenz des Ungläubigen den gerechten Zorn Gottes errege. Im Heiligen Krieg wird kollektiver Hass geweckt, durch Propaganda geschürt und durch Verluste gesteigert mit dem Ergebnis, dass Kompromisse (fast) unmöglich sind und der Krieg bis zum endgültigen Sieg über den Feind verlängert wird.

Norbert Ohler: Krieg und Frieden im Mittelalter. München 1997, S. 68 f.

Die Kreuzzüge aus muslimischer Sicht

12 Die Kreuzzüge aus arabischer Sicht

Der Historiker Ibn al-Atir (1160–1233) erklärt die Entstehung des Kreuzzugsgedankens in seinem Geschichtswerk so:

Im Jahre 478 (1085/86 n. Chr.) nahmen die Franken Toledo und andere Plätze in al-Andalus [Spanien] ein, wie schon berichtet wurde: Das war das erste Mal, dass die Macht ihres Reiches deutlich wurde, dass sie islamisches Gebiet angriffen und einen Teil davon an sich rissen. Dann griffen sie im Jahre 484 (1091) Sizilien an und besetzten es, wie ich ebenfalls schon berichtet habe, und richteten ihr Augenmerk auf die afrikanische Küste, wo sie einige Erwerbungen machten, die ihnen wieder abgenommen wurden; später machten sie andere, wie man sehen wird. Als nun das Jahr 490 (1097) gekommen war, zogen sie gegen Syrien. Der Grund war der: Ihr König Balduin[1], ein Verwandter des Franken Roger, der sich Siziliens bemächtigt hatte, sammelte eine große Menge Franken und sandte eine Botschaft zu Roger: „Ich habe eine große Menge gesammelt und komme jetzt zu dir, um von deinem Gebiet aus die Küste Afrikas zu erobern und damit dein Nachbar zu werden." Roger versammelte daraufhin seine Gefährten und beriet diesen Vorschlag mit ihnen. „Beim Evangelium", sagten sie, „das ist gut für uns und für sie; so wird das Land für das Christentum gewonnen." [Roger lehnte jedoch ab:] „Wenn sie zu mir kommen, brauchen sie umfangreiche Ausrüstung, Schiffe, die sie nach Afrika bringen, und zusätzliche Truppen von mir. Wenn sie das Land dann erobern, gehört es ihnen, ihren Nachschub jedoch müssen sie aus Sizilien beziehen, so dass ich das Geld verliere, das die Ernte mir hier jährlich einbringt. Haben sie dagegen keinen Erfolg, kehren sie in mein Land zurück und machen mir Ungelegenheiten. Tamîm[2] wird dann sagen: ‚Du hast mich verraten und den Vertrag mit mir gebrochen‘, und die Verbindungen und Fahrten zwischen uns brechen ab. Afrika aber bleibt immer in unserer Reichweite, und wenn wir mächtig genug sind, nehmen wir es.“ Er ließ Balduins Boten kommen und sagte zu ihm: „Wenn ihr zum heiligen Krieg gegen die Muslime entschlossen seid, ist es das Beste, Jerusalem zu erobern: Ihr befreit es aus ihren Händen und habt den Ruhm davon. Was Afrika betrifft, so gibt es zwischen mir und den Leuten dort Verträge und Eide.“ Darauf rüsteten sich jene und zogen gegen Syrien. Eine andere Ansicht darüber ist: Als die Fatimiden[3] Ägyptens sahen, wie die Macht des Seldschuken[4]-Reiches wuchs und es sich Syriens bis nach Gaza bemächtigte – ohne dass noch eine Provinz zwischen ihnen und Ägypten verblieben wäre – und wie Atsiz[5] sogar in Ägypten einfiel und es bedrängte, sandten sie aus Furcht zu den Franken und forderten sie auf, gegen Syrien zu ziehen, um sich in seinen Besitz zu setzen und so einen Puffer zwischen ihnen und den Muslimen[6] zu bilden. Aber Gott weiß es am besten.

Francesco Gabrieli (Hrsg.): Die Kreuzzüge aus arabischer Sicht. München 1975, S. 41 f. Übers. Lutz Richter-Bernburg/Barbara von Kaltenborn-Stachau

1 *König Balduin: Fantasiegestalt, entstanden als Analogie zu verschiedenen Fürsten mit diesem Namen.*
2 *Tamîm: der Herrscher Tunesiens, Tamîm ibn Mu'izz (1061–1107)*
3 *Fatimiden: schiitische Herrscherdynastie Ägyptens, 969–1171*
4 *Seldschuken: türkisch-sunnitische Herrscherdynastie, 1040–1194*
5 *Atsiz: General des Seldschuken-Sultans Malikšâh, der 1076 Ägypten von Palästina aus angriff*
6 *Als Parteigänger der Schiiten werden die Fatimiden hier nicht als wahre Muslime gesehen.*

13 Die machtpolitischen Verhältnisse in Europa und dem Mittleren Osten Anfang der 1280er Jahre, kurz vor dem Fall der letzten Besitzungen der Kreuzfahrer

14 Ein heimkehrender Kreuzritter wird von seiner Frau begrüßt
Plastik auf dem Grab des Grafen Hugues de Vaudemont in Nancy, frühes 12. Jahrhundert.

Arbeitsvorschläge

○○● a) Beschreiben Sie die auf der Geschichtskarte M1 dargestellte machtpolitische Situation am Vorabend des 1. Kreuzzuges.

●●● b) Vergleichen Sie den islamischen Machtbereich jener Zeit mit der Lage 350 Jahre zuvor (➔ Kap. 2.1, M1). Was soll mit den Schraffierungen im unteren Teil angedeutet werden (M1)?

○○● c) Geben Sie wieder, wie Papst Urban II. in seinem Aufruf den Kreuzzug begründet. Zeigen Sie dabei auf, mit welchen Argumenten er die Menschen motivierte, sich am Kreuzzug zu beteiligen (M2).

○●● d) Untersuchen Sie die Wirkung des Kreuzzugsaufrufs auf die Zeitgenossen (M3, M4).

○●● e) Arbeiten Sie weitere Motive heraus, die zur Entscheidung zum Kreuzzug führten (M6).

○●● f) Untersuchen Sie, welche Bedeutung die Legalisierung des Krieges gegen „Ungläubige“ (vgl. M2) für die europäische Ritterschaft besaß (M7).

○●● g) Erläutern Sie die Elemente des „gerechten Krieges“ gemäß der mittelalterlichen Kirchenlehre (M8).

○○● h) Beschreiben Sie die Weiterentwicklung vom „gerechten“ zum „heiligen/geheiligten“ Krieg (M8).

○●● i) Erläutern Sie die Wirkung des neuen Konzepts vom „Heiligen Krieg“ auf die betroffenen Ritter (M10).

○●● j) Untersuchen Sie die bildliche Darstellung von M9 und setzen Sie sie in Bezug zu M10.

●●● k) Stellen Sie die Unterschiede zwischen „gerechtem“ und „heiligem“ Krieg einander gegenüber (M11).

○○● l) Geben Sie wieder, wie der arabische Chronist die Entstehung der Kreuzzugsbewegung erklärt (M12).

○●● m) Untersuchen Sie die Darstellung M12 mit Blick auf die Vorstellungen des Autors von den Zuständen im christlichen Abendland.

Grundwissen: Kreuzzüge – Gründe für den Zusammenstoß zweier Kulturen

→ 1 - 2 S. 128 f.

Der Kreuzzugsaufruf von Clermont

Im Jahre 1096 befand sich Papst Urban II. (um 1035–1099) auf einer Rundreise durch Südfrankreich. An mehreren Orten hielt er dabei Kirchenversammlungen ab, sogenannte Konzile. Als er Mitte November ein solches Konzil in Clermont eröffnete, deutete nichts darauf hin, dass es später weltberühmt werden sollte. Zu der großen Predigt des Papstes, die für den 27. November angesetzt war, kamen so viele Menschen, dass sie kurzerhand auf ein freies Feld vor der Stadt verlegt wurde. Die Zuhörer hatten den Weg nicht umsonst gemacht, denn mit dieser Rede läutete der Papst die Kreuzzugsbewegung ein.

Den Anlass bildete offenbar eine Gesandtschaft des Kaisers von Byzanz, die ein Jahr zuvor bei einem Konzil in Italien erschienen war. Die Gesandten baten um Unterstützung gegen die aus Innerasien stammenden türkischen Seldschuken, die 1071 die byzantinische Armee besiegt hatten und sich seitdem in Kleinasien ausbreiteten. Diesen Hilferuf griff der Papst in Clermont nun auf. In grellen Farben malte er das Wüten der Seldschuken in den von Christen bewohnten Regionen aus: Von der Ermordung und Verschleppung der Menschen sowie der Verwüstung der christlichen Kirchen handelte der erste Teil der Rede. Gleich mehrfach rief der Papst seine Zuhörer dazu auf, ihren unterdrückten Glaubensbrüdern im Osten zu Hilfe zu eilen und die als primitive Dämonen-Anbeter beschriebenen Türken zu bekämpfen. Als Lohn versprach der Papst den Kreuzfahrern das Wohlwollen Gottes, insbesondere die Vergebung ihrer Sünden. Ausdrücklich bezeichnete er den Kreuzzug als ein verdienstvolles Unternehmen und die Teilnehmer als „Soldaten Christi" – und löste damit eine Massenbegeisterung aus.

→ 3 - 4 S. 129 ff.
→ 6 S. 131

Motive für die Teilnahme am Kreuzzug

Was bewegte die Menschen dazu, sich auf ein so gefährliches und unüberschaubares Unternehmen einzulassen? Die Mischung der Motive war für jeden, der sich zum Kreuzzug entschloss, unterschiedlich. Insbesondere die wirtschaftliche und gesellschaftliche Position der angehenden Kreuzfahrer spielte dabei eine wichtige Rolle. Arme Leute, die nichts zu verlieren hatten, ließen sich besonders leicht vom Kreuzzugsfieber anstecken. Ohne die nötige Vorbereitung und Ausrüstung brachen viele von ihnen überstürzt und mit völlig naiven Vorstellungen in Richtung Osten auf – und scheiterten schon nach kurzer Zeit. Missernten und Hungersnöte ließen den Zug im Namen Christi ebenso als einen willkommenen Ausweg erscheinen wie drückende Verschuldung. Auch Gruppenzwang ist als Grund für den Entschluss zum Kreuzzug in den Quellen mehrfach belegt.

Dass unter den religiösen Motiven die vom Papst versprochene Sündenvergebung eine herausragende Rolle spielte, liegt auf der Hand. Schwerer zu fassen ist für uns heute Lebende die allgemeine Begeisterung im Umfeld der Kreuzzugsbewegung. Die Chronisten vermitteln den Eindruck einer endzeitlichen Stimmung, in der für eine kühle Abwägung der Vor- und Nachteile kein Platz war. Nur so ist es zu erklären, dass sich viele Menschen zum Kreuzzug (also einem im Kern kriegerischen Unternehmen) entschlossen, die dafür eigentlich völlig ungeeignet waren – wie Mönche, Frauen und Kinder. Der Zielort des Zuges, Jerusalem, muss für die Teilnehmer eine geradezu magische Anziehungskraft gehabt haben. Zwar ist es umstritten, ob der Papst die Stadt in seiner Clermonter Rede erwähnte, doch war sie bald in aller Munde. Dabei beflügelten Assoziationen vom himmlischen Jerusalem als Ort unendlicher Freuden bei vielen die Fantasie. Andere wollten in direkter Nachahmung Christi die Stätte von dessen Leben und Leiden persönlich erfahren. Seit langem war Jerusalem zudem eines der wichtigsten Ziele für europäische Pilgerzüge und die Vorstellung vom Kreuzzug als einer bewaffneten Wallfahrt brauchte den damaligen Menschen nicht erst erklärt zu werden.

Vom „gerechten Krieg" zum „heiligen Krieg"

→ 7 - 11 S. 131 ff.

Für die Ritter, die eigentliche Zielgruppe des Kreuzzugsaufrufs, waren noch weitere Motive im Spiel. Für ihre Abenteuerlust und die Hoffnung auf Beute gab es in ihrer Heimat nur selten ein legales Betätigungsfeld. Auch fiel es vielen von ihnen schwer, ein Auskommen zu finden, wenn beispielsweise ein älterer Bruder den väterlichen Besitz erbte. Gemessen an der Friedensbotschaft des Evangeliums war die ritterliche Lebensweise insgesamt fragwürdig – schließlich war der „Beruf" eines Ritters der Kampf. Um diesen Widerspruch zu überwinden, hatte die Kirche schon früh die Lehre vom „gerechten Krieg" entwickelt. Danach wurde der Waffengebrauch als zulässig erklärt, wenn bestimmte entschuldigende Bedingungen erfüllt waren. So musste vor allem ein rechtfertigender Kriegsgrund vorliegen (also z. B. die Wiedererlangung von geraubtem Besitz), und der Kampf hatte der Wiederherstellung des Friedens zu dienen.

Die Weiterentwicklung der Idee vom „gerechten Krieg" ging von Spanien aus. Dort drängten die christlichen Königreiche im Norden der Halbinsel in langwierigen Kämpfen die Muslime zurück, die im frühen 8. Jahrhundert den größten Teil des Landes erobert hatten. Diesen Krieg gegen aggressive „Ungläubige" begriffen schon die Zeitgenossen als einen unmittelbaren, heiligen Auftrag Gottes. Und was für Spanien galt, das musste umso mehr für das ⇨ Heilige Land gelten, den Ort von Leben und Leiden Christi. So bezeichnete Papst Urban II. in Clermont den Kreuzzug als einen „verdienstvollen Kampf" und die Teilnehmer als „Soldaten Christi". Für die Kreuzfahrer konnte es keinen Zweifel geben: Sie waren Streiter Gottes in einer geheiligten Mission.

Die Kreuzzüge aus arabischer Sicht

→ 12 - 13 S. 133 f.

Von dem, was sich in Mitteleuropa im 11. Jahrhundert abspielte, wusste man in der arabischen Welt denkbar wenig. Die nördlichen, jenseits ihres eigenen Einflussbereichs liegenden Weltgegenden betrachteten die Muslime als barbarisch und unzivilisiert und schenkten ihnen kaum Aufmerksamkeit. Der Kreuzzug brach daher wie aus heiterem Himmel über die islamische Welt herein und seine anfänglichen Erfolge wären nicht denkbar gewesen, wenn Türken und Araber die Gefahr erkannt und sich geschlossen darauf vorbereitet hätten. Auch in den muslimischen Quellen werden die Vorgänge sehr stiefmütterlich behandelt; ein umfassendes Geschichtswerk über die Kreuzzüge etwa, wie es auf christlicher Seite in zahlreichen Versionen vorliegt, gibt es aus islamischer Sicht nicht. Die Ursache für den Kreuzzug vermuteten die dortigen Chronisten entweder in einer Verschwörung der christlichen Europäer gegen die *umma* oder in verräterischen Aktivitäten im eigenen Lager. Weitaus bedeutsamer als die Ursachen der Kreuzzüge waren für die Muslime deren Auswirkungen.

2.6 Zusammenleben von Menschen zweier Kulturen in den Kreuzfahrerstaaten

A) Wurden die Kreuzfahrerstaaten zu einem Bollwerk weit entwickelter christlich-abendländischer Kultur im östlichen Mittelmeer?
B) Gingen die Kreuzfahrerstaate unter, weil sich zu stark assimilierten?

Die Kreuzfahrer aus muslimischer Perspektive

1 Die Kreuzfahrer aus Sicht der Muslime

Der syrische Ritter, Schriftsteller und Diplomat Usama ibn Munqidh (1095–1188) charakterisiert die Kreuzfahrer:

Wer immer sich vertraut gemacht hat mit dem, was die Franken[1] angeht, kann nicht anders, als Allah, den Allmächtigen, rühmen und heilig halten; denn er hat in ihnen Tiere gesehen, die den Vorzug des Mutes und des Eifers im Kampf haben, aber keinen anderen, ebenso wie die Tiere uns überlegen sind an Kraft und im Angriff. [...] Bei den Franken findet man keinerlei Ehrgefühl oder Eifersucht. Wenn einer von ihnen mit seiner Frau auf der Straße geht und einen anderen trifft, nimmt der die Frau bei der Hand und zieht sie beiseite, um mit ihr zu sprechen, während ihr Mann dabeisteht und wartet, bis sie ihre Unterhaltung beendet hat. Wenn es ihm zu lange dauert, lässt er sie mit ihrem Gesprächspartner allein und geht.

Z. 1–6: Zit. nach: Régine Pernoud (Hrsg.): Die Kreuzzüge in Augenzeugenberichten. Aus dem Französischen von Hagen Thürnau. München 1980, S. 135; Z. 7–14: Zit. nach: Francesco Gabrieli (Hrsg.): Die Kreuzzüge aus arabischer Sicht. München 1975, S. 119. Übers. Lutz Richter-Bernburg/ Barabara von Kaltenborn-Stachau

1 *Franken: arabische Sammelbezeichnung für die Bewohner West- und Mitteleuropas*

2 Der Islamwissentschaftler Richter-Bernburg über Muslime und „Franken"

Grundsätzlich kennen die mehr oder weniger zeitgenössischen Muslime keine „Kreuzfahrer", sondern nur „Franken", teilweise mit ihren ethnisch-regionalen Untergruppen, doch prinzipiell immer mit diesem Volksnamen. Natürlich war damit auch die religiöse Zugehörigkeit bezeichnet, doch bestimmte diese nicht die Nomenklatur. Da andererseits der Name Franken seit Jahrhunderten in der arabisch-islamischen Bildungstradition bekannt war, verbanden sich damit schon vor dem Auftauchen der frühesten Kreuzfahrer[...] auch bestimmte mehr oder weniger stereotype Vorstellungen. Schon aufgrund der relativ nördlichen Herkunft aus fernen Ländern der Ungläubigen konnten sie kaum als achtunggebietende Gegner gelten, wenn man auch ihre militärische Schlagkraft zu respektieren lernte.

Lutz Richter-Bernburg: Eroberung und Verlust des Heiligen Landes aus muslimischer Sicht (1099–1291). In: Hans-Jürgen Kotzur (Hrsg.): Kein Krieg ist Heilig: die Kreuzzüge., Mainz 2004, S. 79.

3 Die Kreuzfahrerstaaten und Klein-Armenien zu Beginn des 12. Jahrhunderts

4 Wertschätzung tapferer Kreuzritter

Eine zeitgenössische Chronik berichtet über eine Episode während des Feldzugs des berühmten Sultans Saladin (1138–1193) gegen die befestigten Stätten der Kreuzfahrer:

Saladin machte keine Fortschritte bei Tyrus [1187/88]; es gab keinen Tag, an dem die Christen nicht gegen die Sarazenen ausfielen, zwei- oder dreimal, unter einem spanischen Ritter, der sich in Tyrus aufhielt und ein grünes Wappen führte. Wenn die Ritter einen Ausfall machten, kam es vor, dass alle sich versammelten, um ihm zuzusehen. Die Türken nannten ihn den Grünen Ritter. Er trug auf dem Helm ein Hirschgeweih. [...]
Als Saladin Tripolis belagerte, kam in Tyrus die Flotte des Königs Wilhelm [von Sizilien] an und mit ihr zweihundert Ritter. Da ließ der Markgraf [Konrad von Montferrat] Schiffe ausrüsten, um Tripolis zu Hilfe zu kommen, und befahl den Rittern des Königs Wilhelm, sie sollten der Stadt helfen. Mit den Rittern, die der Markgraf schickte, fuhren sie dorthin, und unter ihnen befand sich der Grüne Ritter. Als die Hilfstruppen in Tripolis angekommen waren und sich ein wenig ausgeruht hatten, machten sie einen Ausfall, und der Grüne Ritter war ganz vorn. Die Sarazenen waren sehr verwundert, als sie den Grünen Ritter sahen, und ließen Saladin wissen, dass er zu Hilfe gekommen sei. Saladin entbot ihn zu sich und rief ihm zu, er solle unter freiem Geleit kommen und mit ihm sprechen. Der Grüne Ritter ging hin, und Saladin bereitete ihm viel Freude und zeigte ihm seine Pferde und seinen Besitz. Er aber machte sich nichts daraus. Und Saladin sagte, wenn er bei ihm bleiben wolle, würde er ihm große Ländereien schenken. Aber der Grüne Ritter sagte, er wolle nicht bleiben, er sei nicht in dieses Land gekommen, um bei den Sarazenen zu sein, sondern im Dienste Unseres Herrn die Christenheit zu befreien; er wolle den Sarazenen schaden, so viel er könnte. Er verabschiedete sich und ging fort in die Stadt.

Zit. nach: Pernoud (Hrsg.): a. a. O., S. 217 f.

5 Christliche Frauen – nur Sklavinnen?

Ibn Munqidh (➔ s. M1) erzählt von einem Vorfall, der in seiner eigenen Familie seinen Ausgang nahm:

In das Haus meines Vaters (möge Allah sich seiner erbarmen!) hatte man einige gefangene junge Mädchen der Franken gebracht. [...] Mein Vater zeichnete ein blühendes junges Mädchen aus. Er sagte zu der Haushälterin: „Lass sie ins Bad gehen, beseitige die Unordnung ihrer Toilette und kleide sie für die Reise!" Die Haushälterin gehorchte. Mein Vater vertraute das junge Mädchen einem seiner Knappen an und ließ es zum Emir Schihâb ad-Dîn Mâlik ibn Sâlim ibn Mâlik, dem Herrn von Kal'at Dja'bar, führen, einem seiner Freunde, dem er schrieb: „Wir haben von den Franken Beute gemacht, von der ich dir einen Teil zuschicke." Das junge Mädchen gefiel dem Emir und bezauberte ihn. Er behielt sie für sich zurück, und sie brachte ihm einen Sohn zur Welt, den er Badrân nannte. Sein Vater setzte ihn ein als voraussichtlichen Erben. Er wuchs heran, und sein Vater starb. Badrân regierte die Stadt und die Untertanen, während seine Mutter das Recht behielt, zu befehlen und zu verbieten.

Zit. nach: Pernoud (Hrsg.): a. a. O., S. 133 f.

6 Ausbildung im christlichen Abendland?

Derselbe Geschichtsschreiber berichtet von seiner Freundschaft mit einem Kreuzritter:

Im Lager König Fulkos[1] gab es einen angesehenen fränkischen Ritter, der als Pilger aus ihrem Land gekommen war und anschließend dorthin zurückkehrte. Er lernte mich gut kennen und wurde mein enger Freund, nannte mich Bruder, und zwischen uns entwickelte sich herzliche Freundschaft. Als er sich einschiffen wollte, um nach Hause zurückzukehren, sagte er zu mir: „Mein Bruder, ich fahre in mein Land und möchte gern, dass du deinen Sohn (den ich bei mir hatte, einen Jungen von vierzehn Jahren) mit mir schickst, damit er die Ritter kennenlernt, Verstand und Ritterlichkeit erwirbt und als verständiger Mann zurückkehrt." So kam ich dazu, Worte zu hören, die wahrlich nicht aus dem Munde eines verständigen Mannes kommen konnten! Wenn mein Sohn in Gefangenschaft geraten wäre, hätte das nicht schlimmer für ihn sein können, als ins Land der Franken zu ziehen. Ich antwortete: „Bei deinem Leben, das ist auch mein Wunsch! Mich hindert nur, dass seine Großmutter, meine Mutter, ihn sehr liebt und nicht mit mir gehen ließ, bevor ich ihr geschworen hatte, ihn ihr zurückzubringen." „Lebt deine Mutter noch?", fragte er. „Ja." „Dann handle nicht gegen ihren Willen."

Zit. nach: Gabrieli (Hrsg.): a. a. O., S. 124 f.

1 König Fulkos von Jerusalem (1092–1144)

7 Toleranz und Intoleranz

Über das Verhalten christlicher Ritter in Fragen des Glaubens schreibt Ibn Munqidh (➔ s. M1):

Hier ist ein Beispiel für die Rohheit der Franken (Gott strafe sie): Als ich mich in Jerusalem aufhielt, ging ich gewöhnlich in die Moschee al-Aqsâ[1]. An ihrer Seite liegt ein kleiner Betraum, den die Franken in eine Kirche umgewandelt haben. Wenn ich in die Moschee al-Aqsâ kam, wo sich die Templer[2], meine Freunde, eingerichtet hatten, stellten sie mir immer den kleinen Betraum zur Verfügung, damit ich dort meine Gebete verrichten konnte. Eines Tages trat ich dort ein, sagte *Allâhu akbar* und stand, um mit dem Gebet zu beginnen. Da stürzte ein Franke herbei, ergriff mich, drehte mich mit dem Gesicht nach Osten[3] und sagte: „So betet man!“ Sofort schritten einige Templer ein, griffen und entfernten ihn, während ich mein Gebet wieder aufnahm. Er wartete aber einen Augenblick ab, in dem sie nicht achtgaben, stürzte sich wieder auf mich, drehte mich nach Osten und sagte: „So betet man!“ Wieder griffen die Templer ein, entfernten ihn und entschuldigten sich mit den Worten bei mir: „Er ist ein Fremder, der erst in diesen Tagen aus dem Frankenland gekommen ist und noch nie jemanden gesehen hat, der sich beim Gebet nicht nach Osten [wie die Christen] gewandt hätte.“

Zit. nach: Francesco Gabrieli (Hrsg.): Die Kreuzzüge aus arabischer Sicht. Aus dem Italienischen von Barbara von Kaltenborn-Stachau. München 1975, S. 122.

1 *Moschee al-Aqsâ: Bis zur Rückeroberung Jerusalems durch Saladin im Jahr 1187 war das Gebäude im Besitz der Tempelritter.*
2 *Templer: einer der drei großen Ritterorden im Heiligen Land (1118–1312)*
3 *Muslime beten grundsätzlich mit dem Gesicht nach Mekka gerichtet.*

Die Kreuzfahrer im muslimischen Umfeld

8 Anpassung an die orientalische Lebensart

Einige Kreuzfahrer, die sich im Heiligen Land niederließen, öffneten sich der Lebensweise der Einheimischen. Von einem solchen Fall berichtet Ibn Munqidh (➔ s. M1) in seiner Autobiografie:

Es gibt unter den Franken einige, die sich im Lande angesiedelt und begonnen haben, auf vertrautem Fuße mit den Muslimen zu leben. Sie sind besser als die anderen, die gerade neu aus ihren Heimatländern gekommen sind, aber jene sind eine Ausnahme, und man kann sie nicht als Regel nehmen. Hierzu so viel: Einmal schickte ich einen Gefährten in einem Geschäft nach Antiochia, dessen Oberhaupt Todros ibn as-Safî war, mit dem ich befreundet war und der in Antiochia eine wirksame Herrschaft ausübte. Er sagte eines Tages zu meinem Gefährten: „Ein fränkischer Freund hat mich eingeladen. Komm doch mit, dann siehst du ihre Gebräuche.“ „Ich ging mit“, erzählte mein Freund, „und wir kamen zum Hause eines der alten Ritter, die mit dem ersten Zug der Franken gekommen waren. Er hatte sich von seinem Amt und Dienst zurückgezogen und lebte von den Einkünften seines Besitzes in Antiochia. Er ließ einen schönen Tisch bringen mit ganz reinlichen und vorzüglichen Speisen. Als er sah, dass ich nicht zulangte, sagte er: ‚Iss getrost, denn ich esse nie von den Speisen der Franken. sondern habe ägyptische Köchinnen und esse nur, was sie zubereiten: Schweinefleisch kommt mir nicht ins Haus!‘ Ich aß also, sah mich aber vor, und wir gingen. Später überquerte ich den Markt. als eine fränkische Frau mich belästigte und in ihrer barbarischen Sprache mir unverständliche Worte hervorstieß. Eine Menge Franken sammelte sich um mich, und ich war schon meines Todes sicher: Da erschien der Ritter, erkannte mich, kam herbei und sagte zu der Frau: ‚Was hast du mit diesem Muslim?‘ ‚Er hat meinen Bruder Urso getötet‘, erwiderte sie. Dieser Urso war ein Ritter aus Apamena, der von einem Soldaten aus Hama getötet worden war. Er fuhr sie an: ‚Das hier ist ein Bürger, ein Kaufmann, der nicht in den Krieg zieht und sich nicht aufhält, wo man kämpft.‘ Dann herrschte er die Menge an, die sich angesammelt hatte. Sie zerstreute sich, und er nahm mich bei der Hand. So hatte die Tatsache, dass ich bei ihm gespeist hatte, zur Folge, dass mir das Leben gerettet wurde.“

Zit. nach: Gabrieli (Hrsg.): a. a. O., S. 121 f.

9 Die heiligen Stätten der „Buchreligionen“ Judentum, Christentum und Islam in Palästina

10 Fremdheit und Vertrautheit

Der Mainzer Historiker Ernst-Dieter Hehl (geb. 1944) analysiert die Unterschiede in den Verhaltensweisen erfahrener und unerfahrener Kreuzfahrer:

Die Kreuzzüge und die nachfolgende Errichtung der Kreuzfahrerstaaten als eine im Grund kriegerische Auseinandersetzung zwischen der christlichen und muslimischen Welt hatten einen Effekt, den man aufgrund des religiösen Gegensatzes leicht übersieht. Aus politischer und militärischer Notwendigkeit lernte man sofort [...] Vereinbarungen zu schließen, die belastbar waren. [...] Im Heiligen Land konnten sich so Lebensumstände entfalten, die dem landläufigen Bild eines prinzipiellen Gegensatzes zwischen Christen und Muslimen völlig widersprechen. [...]

Der Neuankömmling aus dem lateinischen Europa, den man doch so dringend benötigte, sah häufig genug nur religiöse Verwahrlosung, und zwar aufseiten der Christen. Der islamische Beobachter notiert hingegen, wie die schon länger ansässigen Franken sich zumindest in einigen Fällen um zivile Umgangsformen zwischen Christen und Muslimen bemühten und dabei auch auf die islamischen Religionsvorschriften Rücksicht nahmen. Doch gleichzeitig fiel ihm auch das völlige Unverständnis auf, mit dem erst kürzlich angekommene Franken dem gegenüberstanden. [...]

Als sich die spanische Reconquista[1] wiederholt durchfahrender Kreuzfahrer bei Belagerungen muslimischer Städte bediente, lässt sich mehrfach beobachten, dass die Belagerten zu Abkommen mit dem örtlichen Anführer kommen wollten. Mit diesem ließen sich Vereinbarungen treffen, die selbst die weitere Existenz von Moscheen und die ungestörte Religionsausübung erlaubten. Mit den Kreuzfahrern, die sich an diesen Kämpfen beteiligten, schien das kaum machbar. Die Normannen, die aus eigener Kraft das muslimische Sizilien eroberten, haben derartige Verträge mit den besiegten Muslimen geschlossen. Im Heiligen Land selbst ist eine Fülle von Vereinbarungen zwischen den christlichen und muslimischen Herrschaftsträgern belegt. Aber sobald Kreuzfahrerheere dort tätig waren, verschoben sich die politischen Koordinaten, religiös begründeter Kampf trat in Konkurrenz zur zeitweiligen Lösung des Konflikts durch einen politischen Vertrag. Kreuzfahrer, die lange genug im Heiligen Land bleiben, haben sich vertraglichen Zwischenlösungen nicht verschlossen.

Ernst-Dieter Hehl: Die Kreuzzüge. Feindbild – Erfahrung – Reflexion. In: Hans-Jürgen Kotzur (Hrsg.): Kein Krieg ist Heilig: die Kreuzzüge., Mainz 2004, S. 243 f.

1 Reconquista: Rückeroberung der zu Beginn des 8. Jahrhunderts an die Muslime verlorenen Gebiete Spaniens

11 Die Kreuzfahrer schlagen Wurzeln

Der Kleriker Fulcher von Chartres (1059–1127) war Teilnehmer und ein wichtiger Chronist des ersten Kreuzzugs. Über seine Landsleute, die sich im Heiligen Land niederließen, schreibt er zusammenfassend:

Betrachte doch, wie Gott in unserer Zeit den Okzident in den Orient verwandelt hat: Wir waren Abendländer und sind jetzt zu Menschen des Morgenlands geworden. Wer ursprünglich Römer oder Franzose war, ist hier ein Bewohner Galiläas oder Palästinas, und wer einst in Reims oder Chartres lebte, aus dem ist ein Bürger von Tyrus oder Antiochia geworden. Schon denken wir nicht mehr an unsere Herkunftsländer, und viele von uns kennen sie nicht einmal mehr. Der eine besitzt bereits ein eigenes Haus und Dienerschaft praktisch wie nach heimischem Erbrecht; der andere hat eine Frau geheiratet, die nicht etwa aus seinem Herkunftsland stammt, sondern eine Syrerin, Armenierin oder sogar eine Sarazenin [Muslimin] ist und die Gnade der Taufe empfangen hat. So mancher hat seinen Schwiegervater und seine Schwiegertochter bei sich oder seinen Schwiegersohn, Stiefsohn oder Stiefvater. Andere wiederum wohnen mit ihren Neffen oder Großneffen zusammen. Der eine besitzt Weinberge, der andere Felder. Man bedient sich abwechselnd verschiedener Sprachen, die den unterschiedlichen Völkerschaften bekannt und zum gemeinsamen Besitz geworden sind. Gegenseitiges Vertrauen verbindet Menschen, denen die Abstammung des jeweils anderen unbekannt ist. So steht geschrieben: „Der Löwe und das Rind teilen sich die gleiche Nahrung." Wer früher ein Fremder war, ist quasi zu einem Einheimischen geworden.

Fulcher von Chartres: Historia Hierosolymitana, Kap. 37. In: Recueil des historiens des croisades. Historiens occidentaux. Bd. 3. Paris 1866, S. 468. Übers.: M. Brabänder.

12 Die Kreuzfahrer und die Kultur des Islam

Der Kieler Kreuzfahrt-Historiker Hans-Eberhard Mayer (geb. 1932) umreißt die Grenzen für eine Verschmelzung der Kreuzfahrer mit der Kultur des Islam:

Kulturell blieb die fränkische Gesellschaft im Osten meist provinziell und ganz und gar von Europa abhängig. Man schloss sich sorgsam von allen islamischen Einflüssen ab, die in Spanien und Sizilien die Kultur so reich befruchteten. Mit den Muslimen hatte man eine Koexistenz [Nebeneinander], aber keine Symbiose [Zusammenwirken]. Schon die Zahl derer, die in der Oberschicht Arabisch lernten, war verschwindend gering. Die Umgangssprache war Französisch. [...] Über Äußerlichkeiten der Kleidung, der Heilkunde und des zivilisatorischen Komforts ging die Annäherung an den Islam nicht hinaus. Die Wissenschaft hatte in *Outremer*[1] überhaupt keinen Raum. Das heißt nicht, dass die Franken nicht Bedeutendes geleistet hätten, nur haben sie kaum Eigenes entwickelt.

Hans Eberhard Mayer: Geschichte der Kreuzzüge. Stuttgart 2005, S. 225.

1 Outremer: zeitgenössischer Begriff für die Kreuzfahrerstaaten

13 Wechsel zwischen den Kulturen?

Der Syrer Ibn Munqidh (➔ s. M1) berichtet über den Lebensweg eines in muslimische Gefangenschaft geratenen Christen:

Unter den fränkischen Frauen, die in das Haus meines Vaters gebracht wurden, befand sich eine Alte mit einer ihrer Töchter, die jung und wohlgestaltet war, und einem kräftigen Sohn. Der Sohn wurde Moslem, und sein muslimischer Glaube war echter Art, nach dem, was er im Gebet und Fasten zur Schau trug. Er erlernte die Kunst der Bearbeitung des Marmors in der Schule eines Künstlers, der das Haus meines Vaters mit Marmorpflaster versah. Als dann sein Aufenthalt sich hinzog, verheiratete ihn mein Vater mit einer Frau aus frommer Familie und lieferte ihm alles, was er brauchte für seine Hochzeit und seine Einrichtung. Seine Frau schenkte ihm zwei Söhne, die unter uns heranwuchsen. Sie waren fünf und sechs Jahre alt, als ihr Vater, der Arbeiter Raoul, dessen Freude sie waren, mit ihnen und ihrer Mutter fortging, wobei er alles, was es in seinem Hause gab, mitnahm, um sich zu den Franken in Apamea zu begeben. Er wurde wieder Christ, er und seine Kinder, nach Jahren des Lebens im Islam, des Gebets und des Glaubens. Könnte doch Allah, der Allerhöchste, die Welt von diesem Gezücht reinigen!

Régine Pernoud (Hrsg.): Die Kreuzzüge in Augenzeugenberichten. Aus dem Französischen von Hagen Thürnau. München 1980, S. 134 f.

14 Die wirtschaftliche Lage der Muslime in den Kreuzfahrerstaaten

Dem spanischen Muslim Ibn Djobaïr, der 1184 eine Pilgerfahrt nach Mekka unternahm, verdanken wir den folgenden Bericht:

Wir haben Toron[1] auf einer Straße verlassen, an der viele Bauernhöfe von Moslems lagen, die unter den Franken in großem Wohlstand leben – möge Allah uns vor einer ähnlichen Versuchung bewahren! Die Bedingungen, die man ihnen auferlegt hat, sind Abgabe der Hälfte der Ernte zur Zeit des Einbringens und Zahlung einer Kopfsteuer von einem Denar und sieben Kirats, ferner eine kleine Steuer auf Obstbäume. Die Moslems sind Herren ihrer Behausungen und verwalten sie, wie sie können. Solches ist das Grundgesetz für die Bauernhöfe und Marktflecken, die sie auf fränkischem Gebiet bewohnen. Die Herzen zahlreicher Moslems sind erfüllt von der Versuchung, sich hier anzusiedeln, wenn sie die Lage ihrer Brüder in den von den Mohammedanern verwalteten Distrikten sehen, denn der Zustand der Letzteren ist ganz das Gegenteil von angenehm. Das Unglück für die Moslems ist, dass sie in den von ihren Glaubensgenossen regierten Gegenden sich immer über die Ungerechtigkeiten ihrer Gebieter zu beklagen haben, während sie nicht anders als zufrieden sind mit dem Verhalten der Franken, auf deren Gerechtigkeit sie sich immer verlassen können. [...]
Wir haben gerastet in einem Marktflecken der Bannmeile[2] von Akkon. Der mit der Überwachung betraute Pächter war ein Moslem; er war von den Franken ernannt und hatte die Verwaltung des Ortes, der von Bauern bewohnt war.

Zit. nach: Pernoud (Hrsg.): a. a. O., S. 219

1 Toron: wichtige Burg der Kreuzfahrer im südlichen Libanon an der Straße von Tyrus nach Damaskus
2 Bannmeile: befriedete Schutzzone

15 Ibn Djabair über die Wirtschaftspolitik im Königreich Jerusalem ist folgende Nachricht überliefert:

Er [König Balduin von Jerusalem, 1100–1118] gab den Bürgern von Jerusalem eine große Freiheit und bestätigte sie durch eine mit seinem Siegel versehene Urkunde. Es bestand in der Stadt die Gewohnheit, hohe Zölle und Wegegelder für die Waren und die Leute zu nehmen, die in die Stadt kamen; und er bewilligte ihnen solche Freiheit, dass kein Lateiner und keine Ware, wie sie auch sein mochte, beim Betreten oder Verlassen von Jerusalem etwas zahlten und dass jeder in der Stadt ganz frei verkaufte und kaufte, was er wollte; und desgleichen bewilligte er den Syrern, Griechen und Armeniern und selbst den Sarazenen[1], dass sie Weizen, Gerste und alle Arten von Gemüse in die Stadt bringen konnte, ohne Zoll zu zahlen.

Zit. nach: Pernoud (Hrsg.): a. a. O., S. 213

1 Sarazenen: Bezeichnung der Kreuzfahrer für die arabische und maurische Bevölkerung des Mittelmeerraums

16 Die Nachwirkungen der Kreuzzüge in der arabischen Welt von heute

Der arabische Publizist Amin Maalouf (geb. 1949) beschreibt die Bedeutung der Kreuzzüge für die Gegenwart:

Die arabische Welt ist von den Franken fasziniert und fürchtet sie zugleich. Sie hat sie als Barbaren erlebt und besiegt, aber sie beherrschen heute die Welt, und die Araber bringen es nicht fertig, die Kreuzzüge einfach als ein längst abgeschlossenes Kapitel der Geschichte zu betrachten. Man ist oft erstaunt festzustellen, in welchem Maße die Haltung der Araber und der Muslime insgesamt dem Westen gegenüber noch heute von Vorkommnissen beeinflusst wird, die allgemein als vor sieben Jahrhunderten abgeschlossen gelten.

So beziehen sich, an der Schwelle zum dritten Jahrtausend, die politischen und religiösen Führungskräfte der arabischen Welt ständig auf Saladin, auf den Fall Jerusalems und seine Wiedereroberung. In der Volksmeinung und auch in gewissen offiziellen Reden wird Israel einem neuen Kreuzfahrerstaat gleichgestellt. [...] Man kann nicht verhindern, dass sich in einer ständig angegriffenen muslimischen Welt ein Verfolgungskomplex einstellt, der bei manchen Fanatikern die Form einer gefährlichen Besessenheit annimmt. Man denke nur an den Türken Mehmet Ali Agca, der am 13. Mai 1981 auf den Papst geschossen und dazu in einem Brief erklärt hat: „Ich habe beschlossen, Johannes Paul II., obersten Kriegsherrn der Kreuzritter, zu töten." Abgesehen von dieser individuellen Tat ist es klar, dass der arabische Orient den Westen als einen natürlichen Feind sieht. Gegen ihn ist jede feindselige Handlung, sei es auf politischem, militärischem oder wirtschaftlichem Gebiet, eine legitime Rache. Und zweifellos rührt der Bruch zwischen den beiden Welten von den Kreuzzügen her, die heute noch wie eine Schändung, eine Schmach empfunden werden.

Amin Maalouf: Der Heilige Krieg der Barbaren. Die Kreuzzüge aus der Sicht der Araber. Aus dem Französischen von Sigrid Kester. München 2008, S. 283 f. © Diederichs 1996

Arbeitsvorschläge

○○● a) Geben Sie wieder, wie der muslimische Autor die Franken charakterisiert (M1).

○●● b) Erläutern Sie diese Sichtweise vor dem Hintergrund von M2.

●●● c) Stellen Sie die in M4 bis M6 geschilderten Episoden der Einschätzung von M2 gegenüber.

○●● d) Untersuchen Sie die unterschiedlichen Verhaltensweisen der beteiligten Christen gegenüber dem betenden Muslim in M7.

○●● e) Der Autor von M8 bezeichnet den christlichen Ritter, über den er berichtet, als eine Ausnahme. Erläutern Sie, was er damit meint.

●●● f) Erklären Sie das Verhalten des fränkischen Ritters in M8 und stellen Sie es dem der Templer in M7 gegenüber.

○●● g) Der Historiker Hehl unterscheidet in M10 mit Blick auf die Kreuzfahrer zwischen Neuankömmlingen und solchen, die sich in den Übergangszonen zum islamischen Herrschaftsbereich (Palästina, Spanien, Sizilien) bereits niedergelassen haben bzw. von jeher dort lebten. Erläutern Sie den Sinn dieser Unterscheidung.

○●● h) Ordnen Sie die Personen in M7 und M8 den in M10 aufgezeigten Verhaltensmustern zu.

○○● i) Geben Sie wieder, wie der Chronist Fulcher von Cartres die Lebensweise der Kreuzfahrer beschreibt, die sich im Heiligen Land niedergelassen haben (M11).

○○● j) Zeigen Sie die Grenzen für die Integration der Kreuzfahrer auf (M12).

○●● k) Beurteilen Sie vor dem Hintergrund von M12 das Verhalten des christlichen Ritters in M8.

○●● l) Erläutern Sie das Verdammungsurteil des Autors im letzten Satz von M13.

○●● m) Untersuchen Sie unter Heranziehung von M12 das Verhalten des Raoul in M13.

○○● n) Beschreiben Sie die Lebensumstände der Muslime unter christlicher Herrschaft (M14).

●●● o) Beurteilen Sie die Motive für diese Verwaltungspraxis der Christen (M15).

○○● p) Geben Sie wieder, welche Rolle die Kreuzzüge in der heutigen Wahrnehmung des Westens durch die arabische Welt spielen (M16).

●●● q) Nehmen Sie Stellung zur Auswirkung dieses Geschichtsbilds auf das Zusammenleben der Völker in unserer Zeit und diskutieren Sie Möglichkeiten der konstruktiven Auseinandersetzung mit ihm (M16).

Grundwissen: Zusammenleben von Menschen zweier Kulturen in den Kreuzfahrerstaaten

➔ 1 S. 138
➔ 4 S. 139

Die Sicht der Muslime auf die Kreuzfahrer

Zu der Zeit, als im Westen die Kreuzzugsidee Gestalt annahm, war das kulturelle und zivilisatorische Gefälle vom muslimischen Orient zum christlichen Okzident enorm. Die Araber waren sich ihrer Überlegenheit in nahezu allen Bereichen von Wissenschaft, Technik und Kunst bewusst, ganz zu schweigen davon, dass sie den (aus ihrer Sicht) einzig wahren Glauben vertraten. An den Gebieten jenseits der Alpen waren sie daher nicht interessiert. Sie galten den Muslimen als kalt und nass, seine Bewohner dementsprechend als träge, dumpfe und rohe Barbaren. Für ihre Kampfkraft waren die Kreuzfahrer zwar geachtet und gefürchtet, doch sprach man ihnen schätzenswerte menschliche Eigenschaften ab. Sobald sich die „Franken" im Heiligen Land aber niederließen und Stück für Stück die orientalische Lebensart übernahmen, wurden Kontakte möglich; auch Eheschließungen mit ehemals christlichen, zum Islam übergetretenen Frauen kamen vor. Unerlässliche Voraussetzung für eine solche Annäherung war aus Sicht der Muslime jedoch, dass sich die Kreuzfahrer der islamischen Kultur und Lebensweise öffneten, nicht umgekehrt.

➔ 5 - 6 S. 139
➔ 8 S. 140
➔ 10 - 12 S. 141 f.

Das Verhalten der Kreuzfahrer gegenüber den Muslimen

Zwei klar unterscheidbare Verhaltensmuster der Kreuzfahrer im Orient treten in den Quellen immer wieder hervor. Neuankömmlinge aus Europa waren für Kontakte mit Muslimen zumeist nicht zu haben und verhielten sich ihnen gegenüber unnachgiebig, oft arrogant. Sie verstanden sich selbst als überzeugte, wenn nicht sogar fanatische Kämpfer für den christlichen Glauben und brachten aus ihrer Heimat ein regelrechtes muslimisches Feindbild mit. Wer sich jedoch über einen längeren Zeitraum im Heiligen Land aufhielt, sich dort sogar niederließ, änderte nicht selten sein Verhalten. Man entdeckte die Vorzüge orientalischen Komforts und Lebensstils und eignete sich schrittweise neue Verhaltensweisen an, die man sich nicht selten von den Muslimen abschaute. „Wir sind zu Orientalen geworden" – so fasste ein christlicher Chronist des 1. Kreuzzuges diese Entwicklung zusammen. Mit dem Hineinwachsen in ihr neues kulturelles Umfeld – man spricht von ➔ „Akkulturation" –

17 Zweikampf zwischen einem christlichen (l.) und einem muslimischen Ritter (r.)
Englische Darstellung um 1340.

→ 13 - 14 S. 142

richteten viele Kreuzfahrer auch ihr Verhalten gegenüber den alteingesessenen Muslimen neu aus. An die Stelle engstirniger Vorurteile konnte eine gelassenere und tolerantere Einstellung treten, gerade auch in Fragen der Religion.
Diese Annäherung hatte jedoch klare Grenzen. Zu einer Assimilation der Europäer oder einer echten Symbiose zwischen beiden Kulturen kam es nicht. Die „Franken" stellten selbst in den Kreuzfahrerstaaten nur eine kleine Bevölkerungsminderheit dar. Daher schotteten sie sich zur Bewahrung ihrer Identität gegenüber einer Vermischung mit islamischen Elementen weitgehend ab und blieben geistig auf Europa fixiert. So ist es zu erklären, dass die Kreuzfahrer und ihre Nachkommen nach der Vertreibung aus dem Heiligen Land dort mit Ausnahme von Bauwerken keine Spuren hinterlassen haben.
Wirtschaftlich ging es den Muslimen, die durch die Kreuzzüge unter christliche Herrschaft geraten waren, zumeist gut. Als Händler wurden sie nicht diskriminiert und selbst islamische Quellen räumen ein, dass die „fränkischen" Grundherren ihre abhängigen muslimischen Bauern fair behandelten und keine überhöhten Abgaben verlangten. Dies wäre allerdings auch riskant gewesen, da die Christen von den Muslimen an Bevölkerungszahl weit übertroffen wurden.

Nachwirkungen der Kreuzzüge

→ 16 S. 142 f.

Für die Menschen im Westen gehören die Kreuzzüge heute ebenso der Vergangenheit an wie etwa der Investiturstreit oder die Pestepidemie des 14. Jahrhunderts. Nicht so in der muslimischen Welt: Die Eroberung der auch für den Islam als heilig geltenden Stadt Jerusalem durch das Kreuzfahrerheer im Jahre 1096 und die nachfolgende Errichtung von Kreuzfahrerstaaten im Vorderen Orient stellen aus der Sicht vieler Muslime eine bis heute nachwirkende Schande dar. Auch waren die Kreuzzüge in ihren Augen nur der Auftakt einer seit Jahrhunderten andauernden Verschwörung des Westens gegen die islamische Welt, die in der Epoche des Kolonialismus ihren Höhepunkt fand und in der Gegenwart mit militärischen Mitteln (Kriege im Irak und in Afghanistan) wie durch kulturelle Verwestlichung fortgesetzt wird. Der frühere US-Präsident George W. Bush (2001–2009) wurde infolge seiner Außenpolitik in arabischen und amerikanischen Medien gleichermaßen als „Kreuzritter" dargestellt. (→ s. Kap. 2.8 und 3.6)
Die Erinnerung ist schwer belastet und vergiftet nachhaltig die Beschäftigung mit den gegenwärtigen Problemen der Weltpolitik. So kann Geschichte und der Umgang mit ihr auch zu einer Hypothek werden.

18 Moderner Kreuzzug?
US-Präsident George W. Bush (2001–2009) betonte seine starke christliche Überzeugung und verwendete häufig religiöse Motive in seinen Reden und nutzte gern sakrale Orte für seine öffentlichen Auftritte, wie auf diesem Foto eine Baptistische Kirche am 20. Januar 2003. Nach dem Anschlag vom 11. September 2001 rief er die USA und deren Verbündeten zum „Kreuzzug" gegen das „Böse" und den „Terror" auf. Häufig stellten ihn Medien bzw. die Presseabteilung des Weißen Hauses in Fotos in Predigerpose dar.

2.7 Wissenstransfer vom Orient zum Okzident

A) Bedeuteten die Erfahrungen aus den Kreuzzügen für Europa einen wissenschaftlichen und kulturellen Fortschritt?
B) Schufen die Kreuzzugserfahrungen die Grundlage für die wenig später in Italien einsetzende Renaissance?

Bewahrung und Weitergabe des antiken Wissens

1 Die zivilisatorische Überlegenheit der islamischen Welt

Die Übertragung wissenschaftlicher Erkenntnisse aus der islamischen Welt nach West- und Mitteleuropa war im Mittelalter sehr bedeutsam. Vor allem in der Medizin und der Mathematik, aber auch in der Astronomie waren die islamischen Forscher und Gelehrten führend. Der US-amerikanische Orientalist Bernard Lewis (geb. 1916) charakterisiert die islamische Zivilisation des Mittelalters:

Als die islamische Macht ihren Höhepunkt erreichte, gab es nur eine andere Zivilisation, die es mit dem hohen Grad, der Qualität sowie der Vielgestaltigkeit ihrer Leistungen aufnehmen konnte – China. Doch war die chinesische Zivilisation in ihrem Kern von regionaler Natur und auf Ostasien sowie eine bestimmte Volksgruppe beschränkt. […] Im Gegensatz dazu erschuf der Islam eine wahre Weltzivilisation. Viele Völker gehörten ihr an, sie war international, man könnte sogar sagen: interkontinental.

[…] Mit Blick auf die Künste und die zivilisatorischen Wissenschaften hatte der Islam den bis dahin höchsten Stand in der Geschichte der Menschheit erreicht. Er hatte das Wissen und die Fähigkeiten des Nahen Ostens, des antiken Griechenlands und Persiens geerbt. Diese hatte er um mehrere wichtige Innovationen aus ferneren Gegenden bereichert; etwa die Verwendung und Herstellung von Papier aus China und das Rechnen mit Dezimalstellen aus Indien. Die moderne Literatur und Wissenschaft lassen sich ohne diese beiden Errungenschaften nur schwer vorstellen. Im islamisch geprägten Nahen Osten wurden dem ererbten Bestand mathematischer Kenntnisse zum ersten Mal die indischen Zahlen hinzugefügt. Von dort kamen sie in den Westen, wo wir sie bis heute als „arabische Zahlen" bezeichnen und damit nicht an ihre Erfinder, sondern ihre Vermittler erinnern. Dieses reiche Erbe erweiterten die Gelehrten und Wissenschaftler der islamischen Welt und leisteten durch ihre eigenen Beobachtungen, Experimente und Gedanken einen ungeheuer wichtigen Beitrag. Für die meisten Künste und zivilisatorischen Wissenschaften ist festzuhalten, dass das mittelalterliche Europa ein Schüler und in gewissem Sinne abhängig von der islamischen Welt war.

Bernard Lewis: What Went Wrong? The Clash between Islam and Modernity in the Middle East. New York 2002, S. 6 f. Übers. M. Brabänder

2 Das maurische Spanien und der Wissenstransfer nach Europa

Der Tübinger Islam-Historiker Heinz Halm (geb. 1942) gibt einen Einblick in die Bedeutung islamischer Übersetzungstätigkeit für das christliche Europa:

Ebenso bedeutsam wie für die Araber selbst war ihre Rezeption [Übernahme] des antiken Erbes für das christliche Abendland, in dessen Klosterbibliotheken zwar die lateinische Literatur bewahrt wurde, die griechische aber allenfalls in lateinischer Übersetzung vorhanden war. Die Vermittlerrolle der Araber kann nicht hoch genug eingeschätzt werden. Das antike Schrifttum in arabischer Fassung fand seinen Weg nach Westeuropa vor allem über die Iberische Halbinsel […]. So hat der gelehrte Kleriker Gerbert von Aurillac – nachmals Papst Silvester II. (999–1003) – in seiner Jugend drei Jahre lang in der katalonischen Bischofsstadt Vich und im nahe gelegenen Kloster Ripoll studiert und dabei seine Kenntnisse in Mathematik und Astronomie – vor allem im Gebrauch von astronomischen Instrumenten wie dem Astrolab[1] und der Armillarsphäre[2] – mithilfe arabischer Quellen vertieft. Die christliche Rückeroberung von Toledo durch König Alfons VI. von Kastilien 1085 schuf ein weiteres Zentrum der Beschäftigung mit der arabischen Literatur. Im Umkreis des Erzbischofs Raimund I. (1126–1151) entfaltete sich nun eine rege Übersetzertätigkeit aus dem Arabischen ins Lateinische, die von gelehrten Klerikern aus ganz Europa getragen wurde. […] Die antike Mathematik und Astronomie nehmen in den über das islamische Spanien dem christlichen Abendland vermittelten antiken Werken eine zentrale Stellung ein. Dazu kamen die selbständigen Werke arabisch-islamischer Gelehrter, etwa die astronomischen Tabellen des Spaniers Maslama al-Madschriti („der Madrider", gest. um 1007), die der Engländer Adelard von Bath 1126 ins Lateinische übersetzte. […]

3 Schatz der Optik (arab. Kitab al-Manazir, lat. Opticae thesaurus)

Der arabische Gelehrte Abu Ali al-Hasan ibn al-Haitham, lateinisiert: Alhazen, (ca. 965–ca. 1040) verfasste u. a. eine siebenbändige Schrift über optische, physikalische und meterologische Fragen seiner Zeit. Teilweise griff er dabei Erkenntnisse antiker griechischer Philosophen auf. Die Abhandlung wurde Ende des 12. Jahrhunderts vom Arabischen ins Lateinische übersetzt. Die arabischen Erkenntnisse der Lichtbrechung und Lichtreflexion beeinflussten maßgeblich die Malerei und Architektur der europäischen Renaissance, später auch Wissenschaftler wie Johannes Kepler (➔ s. Kap. 1.2). *Kupferstich der Ausgabe des Thesaurus opticus 1572.*

Den größten Einfluss auf die abendländische Philosophie hat vielleicht der andalusische Aristoteliker Ibn Ruschd (latinisiert Averroës; 1126–1198) aus Cordoba ausgeübt, da sein umfangreiches Werk, ins Lateinische übersetzt, eine Welle des Aristotelismus in Westeuropa auslöste; eigentlich ist erst durch ihn Aristoteles im Abendland bekannt geworden.

Heinz Halm: Die Araber. Von der vorislamischen Zeit bis zur Gegenwart. München 2004, S. 45 f.

1 *Astrolab: Gerät zur Winkelmessung am Himmel*
2 *Armillarsphäre: Ringkugel; Gerät zur Messung von astronomischen Koordinaten*

4 Medizinischer Fortschritt aus dem Orient

Der Münsteraner Mittelalterhistoriker Kay Jankrift (geb. 1966) beschreibt den Stand der medizinischen Kenntnisse in der islamischen Welt des Mittelalters:

Die Erweiterung medizinischen Wissens im Abendland durch Übersetzungen aus dem Arabischen war beträchtlich. Im Zeitalter der Kreuzzüge hielt die rege Übersetzertätigkeit an. Der als Übersetzer im spanischen Toledo wirkende Italiener Gerhard von Cremona (1114–1187) übertrug Texte des Avicenna[1] (980–1037) ins Lateinische, die unter dem Titel *Canon medicinae* rasch den bis dahin als heilkundliches Grundlagenwerk herangezogene *Liber regius* an Bedeutung überflügelte. […] Bis zum Ende des 12. Jahrhunderts flossen so all jene Werke in den Westen, die für die kommenden Jahrhunderte den Kern universitärer Lehrstoffe bilden sollten. […]
An den Höfen der fränkischen Könige von Jerusalem wirkten viele erfahrene Heilkundige, vor allem Orientalen. So klagt etwa Wilhelm von Tyrus[2], dass sich König Amalrich[3] hauptsächlich mit griechischen, koptischen[4] und syrischen Heilkundigen und Ärzten aus solchen christlich-orientalischen Völkerschaften umgebe. […]

Dass die arabische Heilkunst im Zeitalter der Kreuzzüge Glanzleistungen in großer Zahl hervorbrachte, wird in dem Werk Usama ibn Munquidhs[5] an vielen Stellen deutlich. Bei einem Scharmützel mit den Franken erlitt ein Gefolgsmann des Emirs einen Schwerthieb ins Gesicht. Der Streich durchtrennte Augenbraue und -lid, Wange, Nase und Oberlippe, sodass die gesamte Gesichtshälfte auf seiner Brust hing. Seine Kampfgefährten übernahmen die medizinische Erstversorgung und verbanden die Wunde. Zurückgekehrt nach Schaizar[6], wurde die Verletzung genäht und behandelt, bis – so unterstreicht Usama – alles wieder so gewesen sei wie früher. Sein Auge hatte der Krieger aber unwiederbringlich eingebüßt. Ein derartig erfolgreiches Nähen der Wunde war nicht zuletzt durch ein bruchsicheres Nähmaterial möglich geworden, das der große Avicenna entdeckt und erstmals verwendet hatte: Borsten von Schweinen. Im Zeitalter der Kreuzzüge begann der Okzident, die Juwelen des medizinischen Wissensschatzes aus dem Orient zu erblicken.

Kay Jankrift: Krieger, Kranke und weise Ärzte. Medizin im Zeitalter der Kreuzzüge. In: Kein Krieg ist Heilig: die Kreuzzüge. Hrsg. von Hans-Jürgen Kotzur. Mainz 2004, S. 301–305.

1 Avicenna: latinisierte Form des arabischen Namens Ibn Sînâ; berühmter persischer Arzt und Wissenschaftler
2 Wilhelm von Tyrus: Kleriker und Kanzler des Königreiches Jerusalem (1130–1186); vgl. Kapitel 2.4, M3
3 Amalrich: König von Jerusalem 1163–1174
4 Kopten: Als Kopten bezeichnet man ägyptische Christen
5 Usama ibn Munquidhs: syrischer Ritter, Schriftsteller und Diplomat (1095–1188); vgl. Kapitel 2.5, M 1
6 Schaizar: mittelalterliche Stadt und Festung in Syrien

5 Wörter aus dem Arabischen

Alchemie, Algebra, Amulett, Aprikose, Artischocke, Atlasseide, Baldachin, Barchent, Chiffon, Damast, Dattel, Diwan, Estragon, Gitarre, Gurke, Jacke, Karaffe, Kattun, Kümmel, Laute, Limone, Mais, Marzipan, Matratze, Melone, Mütze, Muskat, Natron, Orange, Pantoffel, Pflaume, Pomeranze, Reis, Safran, Samt, Sirup, Sofa, Taft, Talisman, Tamburin, Tasse, Trompete, Zimt

Heinz Dieter Schmid (Hrsg.): Fragen an die Geschichte. Bd. 2: Die europäische Christenheit. Frankfurt 1981, S. 69.

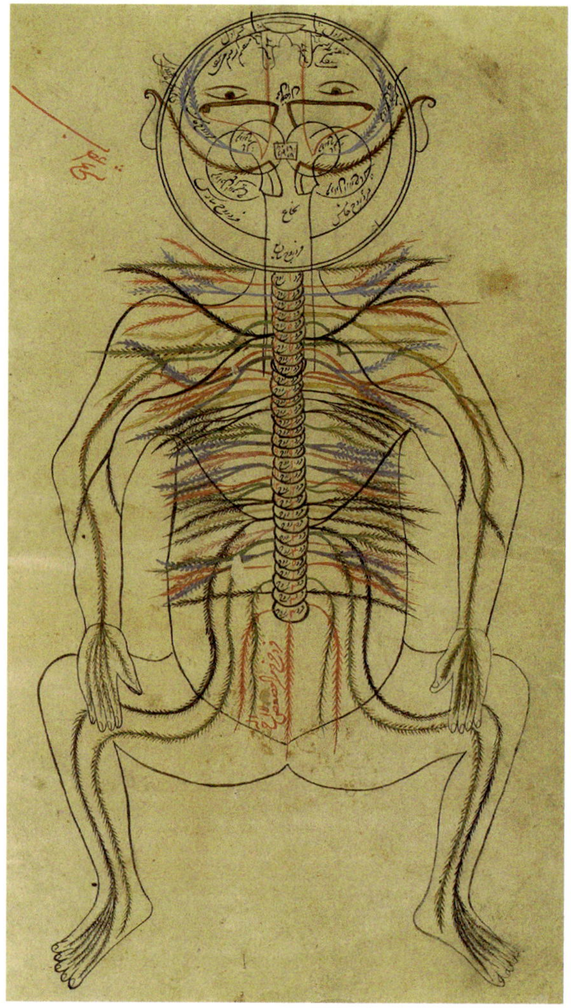

6 Arabische Anatomie

Schaubild des Nervensystems aus Avicennas Handbuch „Kanon der Medizin". Das Buch wurde im 12. Jahrhundert ins Lateinische übersetzt und war mehrere Jahrhunderte hindurch ein medizinisches Standardwerk.

Arbeitsvorschläge

○○● a) Beschreiben Sie, welche Eigenschaften die islamische Zivilisation auszeichneten (M1).

○○● b) Geben Sie wieder, welche Bedeutung die gelehrte Übersetzungstätigkeit im arabischen Spanien für das christliche Europa hatte (M2).

○○● c) Beschreiben Sie die Bedeutung der islamischen Medizin für das mittelalterliche Europa (M4, M6).

○●● d) Ordnen Sie die Begriffe Bedeutungsgruppen zu und erläutern Sie die Häufung arabischer Lehnwörter in diesen Zusammenhängen (M5).

Grundwissen: Wissenstransfer vom Orient zum Okzident

→ 1 - 6 S. 146 ff.

Bewahrung und Weiterentwicklung antiken Wissens

Als die arabischen Eroberungszüge um die Mitte des 8. Jahrhunderts ausklangen, waren mit Persien, Mesopotamien, Syrien und Ägypten Kerngebiete der antiken Zivilisation unter die Herrschaft des Islam geraten. Die Araber lernten dieses kulturelle Erbe bald zu schätzen. In zahlreichen Medresen (juristischen Lehranstalten), staatlichen Bibliotheken und astronomischen Observatorien wurden die Wissenschaften gepflegt. Den Bibliotheken kam neben der Sammlung und Aufbewahrung von Büchern die wichtige Aufgabe zu, Schriften anderer Kulturen ins Arabische zu übersetzen, um ihren Wissensschatz nutzbar zu machen. So gründete bereits der Kalif al-Ma'mun (813–833) in Bagdad ein „Haus der Weisheit", das sich ganz der Übersetzungstätigkeit widmete. In den folgenden Jahren wurde beispielsweise fast der gesamte Bestand der griechischen Naturwissenschaften, Mathematik und Medizin ins Arabische übersetzt, ebenso umfangreiche Partien der klassischen Philosophie (vor allem die des Aristoteles).

Dank dieser reichen Zuflüsse nahm der Stand der Wissenschaften in der islamischen Welt bald eine unangefochtene Spitzenstellung ein. Hätte es im Mittelalter Nobelpreise gegeben, wären sie wohl alle in den Orient gegangen. Das Arabische entwickelte sich zur universellen Wissenschaftssprache jener Zeit – ähnlich dem Englischen unserer Tage.

Auch im maurischen Spanien (arabisch: al-Andalus) gab es bald wichtige Zentren der Wissensvermittlung. Deren Bedeutung erkannten auch die christlichen Herrscher, als sie das Land in zähem Ringen von Norden her von den Muslimen zurückeroberten. So entstand in Toledo, das seit 1085 wieder in christlicher Hand war, eine von Krone und Kirche gleichermaßen geförderte Übersetzungsschule, die in den folgenden zwei Jahrhunderten alle bedeutenden wissenschaftlichen und philosophischen Schriften aus dem Arabischen ins Lateinische übersetzte. Viele von ihnen fanden anschließend ihren Weg in die Universitäten und Bibliotheken Europas und wirkten dort als Katalysatoren für die aufkeimenden Wissenschaften des Abendlandes.

Andere Schriften fanden über den Fernhandel im 12. und 13. Jahrhundert ihren Weg besonders in die norditalienischen Stadtstaaten und trugen zur Entstehung der Renaissance bei. (→ s. Kap. 1.2 und 1.3)

7 Messung des Sonnenstands mithilfe eines Astrolabiums
Bagdad, 13. Jahrhundert.

2.8 Vom Osmanischen Reich zu (k)einem „Kampf der Kulturen" Ende des 20. Jahrhunderts

A) Führten Europa und das Osmanische Reich gegeneinander einen „Kampf der Kulturen?
B) Welche Folgen brachte die Suche nach einem „islamischen Weg" im Zeitalter des „American of Life" und der Globalisierung?

Eine neue islamische Macht in Europa – das Osmanische Reich

1 Symbol einer neuen Kulturmacht im Osten
Unter dem Sultan Süleyman, genannt „der Prächtige" (1520–1566), erreichte das Osmanische Reich seine größte Ausdehnung. Ausdruck fand dies nicht zuletzt in den Bauwerken des bekanntesten osmanischen Architekten Sinan. Dazu gehörte u. a. die Selimiye-Moschee (1575) in Edirne (osmanische Hauptstadt 1368–1453), die zu den größten Kuppelbauwerken Europas zählt.

2 Die Islamwissenschaftlerin Gudrun Krämer beschreibt die Lage des Osmanischen Reichs in verschiedenen Jahrhunderten

Das Osmanische Reich war in seiner „klassischen Zeit" zwischen 1450 und 1600 die bedeutendste muslimische Macht der Welt mit einer florierenden, auf Landwirtschaft, Handel und Handwerk beruhenden Wirtschaft, einer wachsenden Bevölkerung und einer vergleichsweise starken Zentralverwaltung. Die Gesamtbevölkerung des Reiches wurde um 1600 auf etwa 18–20 Millionen Menschen geschätzt, von denen reichsweit rund 85 Prozent auf dem Land lebten, etwa 15 Prozent in den Städten (in Anatolien waren es weniger als 10 Prozent [...]). Mit rund 600 000 Einwohnern war Istanbul 1550 eine der größten Städte der Welt, deren Versorgung und Kontrolle zu den wichtigsten Aufgaben der Zentralregierung zählten. [...]

Unbestritten hatte das Osmanische Reich um 1600 seinen Zenit überschritten, wenngleich es seine Grenzen bis ins ausgehende 18. Jahrhundert erfolgreich verteidigte. Nicht umsonst aber steht hier „verteidigte": Kriege wurden an allen Fronten weiter geführt, aber die Expansion kam zum Stillstand, und die Kriege kosteten mehr, als sie an Beute, Steuern und Abgaben einbrachten. Hier zeigte sich, wie sehr das Reich ungeachtet seiner vergleichsweise entwickelten Verwaltung auf den Krieg gebaut war. [...]

Über die Missstände bei Hofe hinaus sind strukturelle Faktoren bekannt, die nicht alle durch die osmanische Regierung beeinflusst werden konnten und die einzeln und in der Summe zur Schwächung der osmanischen Wirtschaft, Armee und Verwaltung beitrugen: In den 1580er Jahren führte der vermehrte Zufluss von Silber aus Mittel- und Südamerika zu einer raschen Entwertung der einheimischen (Silber-)Währung. [...] Immer kostspieliger wurde zugleich der Unterhalt der Janitscharen[1], deren Zahl enorm anstieg (1595 waren es bereits 25 000, 1660 rund 54 000), während zugleich ihre militärische Leistungskraft deutlich zurückging. [...] Staatliche Sparmaßnahmen verschärften die Krise: Unbezahlte oder entlassene Offiziere und Soldaten sowie Madrasa-Absol-

3 **Das Osmanische Reich steigt zur neuen Macht im östlichen Mittelmeer auf**

venten[2] (softas), die keine Anstellung in der staatlichen Verwaltung fanden, schlossen sich zu bewaffneten Banden zusammen, die das flache Land unsicher machten. Die Krise wirkte sich vor allem in Anatolien aus, dessen bäuerliche Wirtschaft die Belastungen nicht verkraftete, zumal in den 1580er Jahren nach lang anhaltender Dürre die Pest wütete. [...] Zug um Zug verlor die Zentralregierung gegenüber den lokalen Eliten an Boden. [...]
Nach 1750 zeichnete sich der Aufstieg lokaler Notabelnfamilien[3] in Anatolien, Südosteuropa und den arabischen Provinzen deutlich ab, Vorbote regionaler Autonomie- und Unabhängigkeitsbestrebungen. Für den Zentralstaat bedeutete das selbstverständlich einen Verlust an Einnahmen, Prestige und Kontrolle: Für die lokale Bevölkerung hatte es nur dann negative Folgen, wenn Dezentralisierung sich mit mangelnder Sicherheit verband, nicht aber, wenn die lokalen Machthaber aus Eigeninteresse die lokale Wirtschaft und Kultur förderten. [...]

Gudrun Krämer: Geschichte des Islam. München 2005, S. 218 f., S. 225–228, S. 263, S. 276 f., S. 286 f.

1 *Janitscharen: Elitesoldaten im Osmanischen Reich*
2 *Madrasa: islamische Lehranstalt, sie vereinigt Lehrräume, Betsäle, Bibliothek und Wohnräume für die Studenten*
3 *Notabeln: Angehörige der sozialen Oberschicht*

Die islamische Welt gerät gegenüber den westlichen Industrienationen ins Hintertreffen

4 Die Spätphase des Osmanischen Reichs

Der Orientalist Albert Hourani (1915–1993) charakterisiert die unterlegene Position der islamischen Völker seit Ende des 18. Jahrhundert im Vergleich zu Europa.

Im neunzehnten Jahrhundert beherrschte Europa die Welt. Die industrielle Massenproduktion und die technischen Veränderungen bei Verkehrsverbindungen und Nachrichtenübermittlung – Dampfschiffe, Eisenbahn und Telegraf – führten zu einer Expansion des europäischen Handels und gleichzeitig zu einer militärischen Vormachtstellung der europäischen Staaten. Die französische Besetzung Algeriens in den Jahren 1830–1847 war die erste größere Eroberung eines arabischen Landes. Für die muslimischen Staaten und Gesellschaften bedeutete diese Niederlage, dass sie nicht länger in einer stabilen und unabhängigen kulturellen Einheit, dem Erbe ihrer Vergangenheit, leben konnten. Sie mussten von nun an die Kraft aufbringen, in einer Welt zu überleben, die von anderen beherrscht wurde. Die osmanische Regierung übernahm nach europäischem Vorbild neue Methoden zum Aufbau von Militär, Verwaltung und Rechtswesen. [...] Das Osmanische Reich verlor die meisten seiner europäischen Provinzen und wurde zunehmend ein türkisch-arabischer Staat. Während die religiöse und rechtliche Kultur des Islam bewahrt wurde, gewann eine neue Denkweise an Einfluss, mit der man die Gründe für die Stärke Europas zu erklären versuchte und zugleich

5 **Niedergang des Osmanischen Reiches im 18./19. Jahrhundert**

nachweisen wollte, dass die muslimischen Länder europäisches Gedankengut und europäische Methoden übernehmen konnten, ohne dabei ihrem Glauben untreu zu werden. [...] Ihr Anliegen war die Reform des islamischen Rechts und die Einführung gleicher Bürgerrechte für alle; sie suchten auch nach einer neuen Grundlage für das Osmanische Reich, aber am Ende des neunzehnten Jahrhunderts gingen von den Ideen des Nationalismus die größten Impulse aus. Abgesehen von seltenen, kurz aufflammenden Unruhen berührten die neuen Ideen das Leben der Menschen auf dem Land und in der Wüste kaum.

Das Ende des Ersten Weltkriegs brachte die endgültige Auflösung des Osmanischen Reiches. Aus den Ruinen entstand die Türkei, ein neuer unabhängiger Staat; die arabischen Provinzen gerieten unter britische und französische Kontrolle. Mit Ausnahme einiger Teile der Arabischen Halbinsel befand sich mittlerweile die gesamte arabischsprechende Welt im Machtbereich der Europäer. Die ausländische Herrschaft führte zu neuen Verwaltungsstrukturen und gewissen Fortschritten im Bildungswesen; sie förderte aber auch, besonders in den gebildeten Schichten der Gesellschaft, nationalistische Tendenzen. In einigen Ländern gelangte man mit den fremden Machthabern zu einer Einigung über eine begrenzte Selbstverwaltung, aber in anderen blieb es bei einer unversöhnlichen Opposition.

Albert Hourani: Die Geschichte der arabischen Völker. Von den Anfängen des Islam bis zum Nahostkonflikt unserer Tage. Frankfurt a.M. 5. Auflage 2006, S. 323 f. Übers. Manfred Ohl/Hans Sartorius

6 Orientierung am westlichen Modernisierungsmodell

Der Begründer der modernen Türkei, Kemal Atatürk (1881–1938), hatte das Ziel, einen modernen, an der westlichen Zivilisation orientierten türkischen Nationalstaat zu schaffen:

Die Reformmaßnahmen bringen drei grundsätzliche Folgerungen zum Ausdruck, die Atatürk aus dem Niedergang des Osmanischen Reiches und dem Scheitern des Modernisierungsprozesses gezogen hatte. Die europäische Zivilisation hatte sich der des Osmanischen Reiches überlegen gezeigt. Um die Türkei aus Unterlegenheit und Abhängigkeit zu befreien, hielt Atatürk eine konsequente Verwestlichung von Staat und Gesellschaft für geboten. Atatürk folgte damit einem Trend unter den Jungtürken[1], den einer ihrer Vertreter 1913 so beschrieben hatte: „Es

gibt keine zweite Zivilisation: Zivilisation bedeutet europäische Zivilisation, und sie muss eingeführt werden – mit ihren Rosen und ihren Dornen."
Zum Zweiten beendete er die Diskussion um die Identität der Türken und die Grundlagen ihres Staates durch Propagierung eines ausgeprägten Nationalismus. Das Türkentum wurde zur Nationalität der auf dem Gebiet des türkischen Staates lebenden Menschen erklärt. „Ne mutlu Türküm diyene" (Wie erhaben ist es zu sagen: Ich bin ein Türke), galt als zentrales Bekenntnis. Noch wenige Jahre zuvor hatte eine sich als „osmanisch" fühlende Elite die „Türken" unter den Untertanen als unwissende Bauern und Hirten verachtet. Erst seit Ende des 19. Jahrhunderts hatten türkische Intellektuelle und Literaten begonnen, Stolz auf ihr Volkstum zu entwickeln – wie es Untertanen anderer Ethnien längst getan hatten.
Die Entdeckung der „türkischen Kultur" und die Reinigung der türkischen Sprache bildeten Kernelemente der Kulturpolitik des neuen türkischen Staates. [...] Der dritte Grundsatz war eine konsequente Säkularisierung. Der Islam trat als Identifikationsmerkmal in den Hintergrund. Die Religion hatte den Modernisierungsprozess des Reiches blockiert. Die islamische Reichsidee hatte darüber hinaus das osmanische Staatswesen in immer neue militärische Auseinandersetzungen verwickelt. Nun sollte Religion zur Privatangelegenheit des Einzelnen werden. Der Abschaffung des Kalifats entsprach die Abschaffung des Islam als Staatsreligion in der Verfassung von 1928. 1937 wurde das Prinzip des Laizismus – der Trennung von Religion und Staat – in die Verfassung übernommen: „Der Türkische Staat ist republikanisch, nationalistisch, volksverbunden, etatistisch[2], laizistisch[3] und revolutionär."
Der „Kemalismus"[4] ist weder eine Ideologie noch ein detailliertes Programm für gesellschaftliche Umgestaltung, kann jedoch als erster Versuch eines „eigenen Entwicklungsweges" bezeichnet werden, der späteren Reformern und Revolutionären im Nahen und Mittleren Osten als Vorbild gedient hat. [...] Nirgendwo sonst aber ist die Transformation so radikal erfolgt, hat sie so anhaltende Wirkung gezeigt und wurde sie so kompromisslos durchgesetzt wie in der Türkei.

Udo Steinbach: Informationen zur politischen Bildung Nr. 277/2002. Hrsg. von der Bundeszentrale für politische Bildung, S. 11.

1 *Jungtürken: Die jüngtürkische Bewegung war eine um 1876 entstandene nationaltürkische Partei im Osmanischen Reich. Sie propagierte liberale Reformen nach westlichem Vorbild.*
2 *etatistisch: Adjektiv, beschreibt ein Prinzip, bei dem die Lösung gesellschaftlicher und wirtschaftlicher Probleme durch staatliche Regelungen erfolgen soll.*
3 *laizistisch: Adjektiv, beschreibt ein Modell, das auf einer strengen Trennung von Religion und Staat basiert.*
4 *Kemalismus: türkischer, durch Mustafa Kemal Atatürk geprägter Nationalismus*

7 Eine tiefe historische Zäsur

Gudrun Krämer (geb. 1953) schreibt über die tiefgreifenden Folgen des Zweiten Weltkriegs in der islamischen Welt:

Der Zweite Weltkrieg bedeutete für die islamische Welt eine tiefere historische Zäsur als der Erste: Erst jetzt zogen sich die Kolonialmächte, freiwillig oder unfreiwillig, rasch oder verzögert, aus ihren Kolonien zurück. Ägypten und Irak waren schon seit den 1930er Jahren nominell unabhängig. 1947 erlebte die traumatische Teilung Indiens und die Gründung Pakistans – des ersten Staates der Moderne, der von Muslimen für Muslime gegründet wurde. [...] Auch der Nahe Osten erlangte nun seine politische Unabhängigkeit. Hier aber verband sich das Kriegsende mit der Gründung des Staates Israel im Mai 1948 und der Niederlage der arabischen Armeen im ersten arabisch-israelischen Krieg von 1948/49 – eine Hypothek, an der die jungen Regime Jahrzehnte trugen. [...] Die Niederlage gegen Israel löste in der arabischen Welt eine Welle von Militärputschen aus, die 1949 in Syrien begann und 1969 in Libyen ein vorläufiges Ende fand. [...] Zum Zeitpunkt der Unabhängigkeit bildete das Militär in den jungen Staaten der Region den einzigen vergleichsweise modern und gut organisierten Apparat. [...]
Unabhängig von ihrer Ideologie etablierten [die neuen Machthaber] autoritäre, „neopatrimoniale" Regime, in denen die Staatsführung den Versuch unternahm, die Gesellschaft nach eigenen Vorstellungen umzugestalten. Dabei stützten sie sich auf die rasch ausgeweitete Armee, Bürokratie und Sicherheitsdienste, eine Einheitspartei und Massenorganisationen. Begünstigt wurde die Entwicklung durch die Einnahmen („Renten") aus natürlichen Ressourcen, vor allem Erdöl, der strategischen Lage und/oder außenpolitischem Handeln, die den Regimen zuflossen. Sie erlaubten ihnen, sich von ihren eigenen Gesellschaften weitgehend unabhängig zu machen und deren Zustimmung durch soziale und andere Leistungen zu gewinnen oder aber Widerspruch zu unterdrücken („Rentierstaat").

Gudrun Krämer: Geschichte des Islam. München 2005, S. 292–294.

Suche nach einem eigenen islamischen Weg

8 Legitimationsverlust „westlicher Modelle"

Die Regime in den arabischen Staaten verloren bis zum Anfang der 1970er Jahre immer mehr den Rückhalt in der Bevölkerung. Dadurch wurde die „islamische Wende" ermöglicht. Gudrun Krämer nennt die Ursachen für den Legitimitätsverlust der Regierungen:

Vielerorts war vom „Scheitern" des arabischen Sozialismus wie aller vom Westen übernommener Ideologien

(Liberalismus, Kommunismus, Demokratie) die Rede. Die Regime sahen sich einem stetig wachsenden Leistungs- und Erwartungsdruck ausgesetzt, den sie mit ihrer hochfliegenden Rhetorik selbst erzeugt hatten: Ein hohes Bevölkerungswachstum („Bevölkerungsbombe"), das vor allem den Anteil junger Menschen dramatisch ansteigen ließ, Landflucht und Urbanisierung, steigende Ansprüche an Qualität und Umfang staatlicher Dienstleistungen von der Versorgung mit Nahrung, Wasser und Wohnraum bis zum Schul- und Gesundheitswesen verschärften den Legitimations- und Leistungsdruck auf die Regime. Verlangt wurden nicht nur politische Unabhängigkeit, wirtschaftliche Entwicklung und soziale Gerechtigkeit, sondern auch kulturelle Authentizität. Die aber wurde in den 1970er und 1980er Jahren vornehmlich mit Bezug auf den Islam definiert. [...] In den Vordergrund aber schoben sich Bewegungen, die mit Berufung auf Koran und Sunna eine grundlegende Reform von Staat und Gesellschaft forderten und dabei unmittelbar in die Politik eingriffen. [...]

Gudrun Krämer: Geschichte des Islam. München 2005, S. 296.

9 Islamismus als „eigener Weg"

Der Journalist Albrecht Metzger (geb. 1945) über die Ziele des Islamismus:

Der Islamismus, oder der politische Islam, wie er auch genannt wird, glaubt durch den Rückgriff auf die Urquellen des Islams die Probleme der heutigen Zeit lösen zu können. Er verlangt von seinen Anhängern, aktiv auf die Errichtung eines islamischen Staates hinzuarbeiten, in dem Gott und nicht der Mensch der Souverän ist. Wie dieser Staat genau aussehen soll, ist vielfach unklar. Klar ist jedoch, dass diese Bewegung totalitäre Ansätze hat. Grundsätzlich lehnt der politische Islam Pluralismus, Individualismus und Demokratie ab. In seiner verblendeten Form läuft er Gefahr, in den Terrorismus abzugleiten – nämlich dann, wenn seine Anhänger glauben, die Errichtung der göttlichen Ordnung verlange einen permanenten Dschihad, in dem die vermeintlichen Feinde des Islams mit allen Mitteln bekämpft werden müssten. Der 11. September war die schreckliche Manifestation dieses verblendeten Islamismus.

Albrecht Metzger: Die vielen Gesichter des Islamismus. In: Aus Politik und Zeitgeschichte, B3-4/2002, S. 8.

10 Kampf der Kulturen?

Der US-Amerikaner Samuel P. Huntington (1927–2008) vertritt die These, dass es zwischen dem Westen und den islamischen Staaten zu einem „Kampf der Kulturen" komme.

Er [Huntington] vertritt die These, dass Nationalstaaten zwar die mächtigsten Akteure auf dem Globus bleiben, die grundsätzlichen Auseinandersetzungen der Weltpolitik aber zwischen Nationen und Gruppierungen aus unterschiedlichen Kulturen auftreten werden. Dementsprechend schlug er vor, Staaten nicht mehr nach ihrer politischen oder ökonomischen Struktur oder ihrer wirtschaftlichen Entwicklungsstufe zu klassifizieren, sondern aufgrund ihrer kulturellen und zivilisatorischen Stellung einzuordnen. Die künftige Welt werde demnach hauptsächlich von sieben oder acht großen Kulturen geprägt werden. Dazu zählte er die westliche, die konfuzianische, die japanische, die islamische, die hinduistische, die slawisch-orthodoxe, die lateinamerikanische und möglicherweise die afrikanische Kultur. Für ihn hat „der samtene Vorhang der Kulturen den Eisernen Vorhang der Ideologien abgelöst als bedeutsamste Scheidelinie in Europa". Besondere Aufmerksamkeit schenkte Huntington der „islamischen Zivilisation", deren Militanz ihm zufolge nicht nur seit über 1300 Jahren die westliche von der islamischen Welt trennt und deren jahrhundertelange militärische Auseinandersetzungen kaum nachlassen, sondern sich noch verstärken werden. Sie wird sich, so Huntingtons Prognose, im Norden gegen die christlichorthodoxen Slawen über die aktuellen Kämpfe zwischen Armeniern und Aserbaidschans oder Inguschen und Osseten hinaus ausdehnen. Im Süden richtet sich der arabische Islam gegen die schwarzen Christen, wie es Kämpfe im Tschad und Sudan bereits zeigen. Auch in Asien stehen auf der einen Seite der Konfliktlinie die Moslems und vertiefen in ihrem Kampf gegen die Hindus nicht nur die Gräben zwischen Pakistan und Indien, sondern auch in Indien selbst. Nach Huntingtons Fazit hat Islam „blutige Grenzen".

Mir A. Ferdowsi: Islamischer Fundamentalismus – (k)ein Kampf der Kulturen. In: Ders. (Hrsg.): Weltprobleme. Bonn 2007, S. 101 f.

11 Verschiedene Gesellschaften mit verschiedenen Hintergründen

Der Politikwissenschaftler Mir A. Ferdowsi (1946–2009) entkräftet 2007 die Thesen Huntingtons:

Erstens: Eine nüchterne Analyse der Ereignisse in der ehemaligen Sowjetunion und in Jugoslawien zeigt, dass es sich hier nicht primär um Kultur-, Zivilisations- und Konfessionskriege, sondern um den Zerfall von Vielvölkerstaaten als Ergebnis tiefgreifender ökonomischer und politischer Krisen handelt. Die daraus entstandenen ethnischen und territorialen Konflikte nahmen nirgends ihren Ausgang von religiösen Fehden oder Abgrenzungen, wenn sie auch später z. B. in Bosnien, Aserbaidschan und Armenien ein unübersehbares Element bildeten. [...]

Zweitens: Das Phänomen religiöser Erneuerungen ist eine weltumspannende Erscheinung, die sich durch alle religiösen und ethnisch-kulturellen Weltbilder hindurchzieht und in so unterschiedlichen soziopolitischen Kontexten vorzufinden ist, wie z. B. in der arabischen Welt, in Indonesien, der Türkei, dem Iran und in Form eines sich militant politisierenden Hindu-Fundamentalismus im indopakistanischen Subkontinent oder in Israel durch die Hardliner der „Gush Emunim" ebenso wie der „Kach-Bewegung", aber auch und vor allem in den USA, wo der Begriff „Fundamentalismus" zum ersten Mal in Umlauf kam. [...] Noch heute ist in den USA eines ihrer wichtigsten Themen, ob der Mensch Ergebnis der Evolution sei oder, wie in der Bibel beschrieben, als Geschöpf Gottes direkt von Adam und Eva abstamme. Die von Darwin vor 150 Jahren formulierten und inzwischen eigentlich hinlänglich bewiesenen Erkenntnisse sind allerdings ein Politikum ersten Ranges. Denn etwa 44 Prozent der Bevölkerung bekennen sich zur Adam-und-Eva-Variante und bibeltreue Biologiebücher sind im Amerika der Jahrtausendwende keine Seltenheit, wie z. B. in Georgia, Alabama und Tennessee.

Drittens: Der Islam ist keine geschlossene Einheit und die Islamisierungstendenzen sind hier weder überall gleich stark noch inhaltlich identisch. Wie eine genauere Betrachtung der Ideologie dieser Bewegungen [...] unschwer offenlegen würde, handelt es sich hierbei um Phänomene in verschiedenen Gesellschaften mit ganz verschiedenen Hintergründen, die je spezifische Formen aufweisen:

- Politik, die sich religiöser Begriffe oder Mythen zu politischen Zwecken bedient, also religiös, verbrämte Politik;
- religiöser Konservatismus, der sozial oft von einem religiösen Establishment getragen wird;
- Volksreligion oder Volksreligiosität, die man auch als Alltagsreligiosität bezeichnen könnte und die weitgehend unabhängig von politischen oder theologischen Debatten existiert.

Mir A. Ferdowsi: a. a. O., S. 102 f.

12 Nachbar oder Erzfeind?

Der Islamexperte Bernard Lewis beschreibt das positive Verhältnis der islamischen Gesellschaften zur USA um die Wende vom 19. zum 20. Jahrhundert und untersucht auch die Ursachen für den wachsenden Hass nach 1945:

Gegen Ende des 19. und im frühen 20. Jahrhundert wird den Vereinigten Staaten in Lehrbüchern und Enzyklopädien gleichermaßen wie in den Zeitungen dann mehr Raum gewidmet. Dennoch blieb das Interesse gering und beschränkte sich hauptsächlich auf die nichtmuslimischen Minderheiten. Die Texte über die Vereinigten Staaten in der allgemeinen Literatur sind insgesamt weder negativ noch positiv und erschöpfen sich in kurzen Darstellungen. [...] Der Zweite Weltkrieg, der Erdölboom und die politischen Entwicklungen der Nachkriegszeit führten zu einer erheblichen Verstärkung der amerikanischen Präsenz in den islamischen Ländern. Gleichzeitig kamen immer mehr Muslime in die Vereinigten Staaten, zunächst als Studenten, später als Lehrer, Geschäftsleute oder Touristen, und schließlich auch als Einwanderer. Das Kino und später das Fernsehen vermittelten Millionen Muslimen, für die der Name Amerika zuvor bedeutungslos gewesen war, einen Eindruck vom „American Way of Life" – oder zumindest einen Eindruck von einer Version dieses Lebensstils. In den unmittelbaren Nachkriegsjahren, als die europäische Konkurrenz am Boden lag und die japanische noch nicht entstanden war, wurde eine große Vielfalt amerikanischer Produkte auch auf den entlegensten Märkten verkauft. Amerikanische Produkte eroberten neue Kunden und, vielleicht wichtiger noch, schufen neue Vorlieben und Bedürfnisse. Für viele stand Amerika damals für Freiheit, Gerechtigkeit und für unbegrenzte Möglichkeiten. Noch mehr Menschen sahen in Amerika das Symbol für Reichtum und Macht und Erfolg, und zwar zu einer Zeit, als diese Errungenschaften noch nicht als Sünden oder Verbrechen verdammt wurden. Dann kam der große Umschwung. Er kam mit den Führern einer breiten und sich ausbreitenden religiösen Erneuerung, die ihre Feinde die Feinde Gottes nannten und ihnen einen „Wohnort und einen Namen" in der westlichen Hemisphäre gaben. Plötzlich, so schien es, war Amerika der Erzfeind, die Verkörperung des Bösen, der teuflische Widersacher all dessen, was gut ist, und insbesondere der erbitterte Feind der Muslime und des Islam. [...]

Je offensichtlicher – zuerst im Zweiten Weltkrieg, dann im Kalten Krieg – die amerikanische Führungsrolle im Westen wurde, umso mehr konzentrierte sich der gegen den Westen gerichtete Hass auf die Vereinigten Staaten. [...] Nach dem Zusammenbruch des Dritten Reiches [...] traten eine andere Macht und andere, noch ausgeprägter amerikafeindliche Philosophie an ihre Stelle: die Sowjetunion und die sowjetische Spielart des Marxismus, die den westlichen Kapitalismus und die Vereinigten Staaten als seine am höchsten entwickelte und gefährlichste Ausprägung verdammten. [...] 1945 gehörte, so schien es zumindest, dem Sozialismus die Zukunft [...] und in der gesamten arabischen Welt schrieben Regierungen und Bewegungen die eine oder andere Form des Sozialismus auf ihre Banner. [...]

In der Region zog man aus diesen Ereignissen [der islamischen Revolution im Iran] vor allem zwei Lehren.

Erstens: Die Vereinigten Staaten schreckten weder vor Intrigen noch vor Gewalt zurück, um Marionettenregierungen in Ländern des Nahen Ostens zu installieren beziehungsweise wieder an die Macht zu bringen. Zweitens: Die Vereinigten Staaten waren keine zuverlässigen Schutzherren. Wenn ihre Marionetten unter massiven Druck vonseiten des eigenen Volkes gerieten, ließen sie sie fallen. Die eine Erkenntnis rief Hass hervor, die andere Verachtung – eine gefährliche Kombination.
Über diese konkreten Missstände hinaus, so zahlreich und schwerwiegend sie auch sein mögen, geht es hier eindeutig um etwas tiefer Liegendes, um etwas, das jede Meinungsverschiedenheit in ein Problem verwandelte und jedes Problem unlösbar macht. Womit wir es heute zu tun haben, ist nicht nur Unzufriedenheit mit dieser oder jener amerikanischen Politik. Es handelt sich vielmehr um eine von Hass und Verachtung gleichermaßen genährte Ablehnung und Verdammung all dessen, wofür Amerika in der modernen Welt angeblich steht.

Bernard Lewis: Die Wut der arabischen Welt. Warum der jahrhundertelange Konflikt zwischen dem Islam und dem Westen weiter eskaliert. Frankfurt a. M. 2003, S. 86–89, S. 93 f. Übers. Norbert Juraschitz/Thomas Pfeifer

13 Historisch fällige Transformation

Der aus dem Iran stammende Mohssen Massarrat (geb. 1942), Professor für Politik und Wirtschaft, untersucht die tiefgehenden Ursachen für westlich-islamische Konflikte im Zeitalter der Globalisierung:

In der islamischen wie in der gesamten Dritten Welt vollzieht sich gegenwärtig eine historisch längst fällige gesellschaftliche Transformation und Industrialisierung, die mit tiefgreifenden sozialen Brüchen, mit Entfremdung, Entwurzelung und individuellen Identitätskrisen einhergeht. Der Globalisierungsdruck verstärkt diesen Prozess. Die nachhaltigste Form soziokultureller und sozialpsychologischer Aufarbeitung dieses unabdingbaren und konfliktträchtigen Prozesses, der in Europa über einen Zeitraum von zwei Jahrhunderten stattgefunden hat, ist die Demokratisierung und Selbstbestimmung. Durch Einmischung, Intervention und Unterstützung korrupter und diktatorischer Regime sowie durch Aufpfropfen eigener Industrialisierungsmuster haben die großen westlichen Industriestaaten mit dazu beigetragen, dass die sozialpsychologische und soziokulturelle Aufarbeitung der gesellschaftlichen Transformation unterbrochen und verzerrt wurde bzw. überhaupt nicht stattfand. Die große Masse der Entwurzelten durch alle sozialen Gruppen hindurch empfindet so die dabei erlittene Identitätskrise als einen fremdgesteuerten Angriff auf eigene kulturelle Werte und ist daher dazu prädestiniert, Feindbildern zu folgen, ihr Heil in nationalistischen bzw. fundamentalistischen Perspektiven zu suchen und gleichzeitig das Ausland, den Westen und Amerika für das eigene Leid verantwortlich zu machen.
Die gegenwärtige Globalisierung ist asymmetrisch strukturiert, sie hat die ungleiche Einkommensverteilung in der Welt in den letzten Jahrzehnten vergrößert. Über eine Milliarde Menschen in der Dritten Welt kämpfen um das tägliche Brot und fristen verzweifelt ihr Dasein. Die in dieser Ungerechtigkeit schlummernden sozialen und politischen Instabilitätsfaktoren können unmöglich militärisch eingedämmt werden.
Dem privilegierten reichen Norden, der seine Beziehungen zu den Staaten des Südens allzu oft nach der ökonomischen bzw. geostrategischen Nützlichkeit als Militär-, Rohstoff- und Ölbasis ordnet und daher auch mit antidemokratischen Regimen politisch und militärisch paktiert, stehen die Zonen des Elends, der Sehnsucht nach Menschenwürde und Gerechtigkeit gegenüber. Die sozioökonomische Verelendung und die kulturelle Entwurzelung bei gleichzeitiger Zurschaustellung des Reichtums der Eliten durch globalisierte Kommunikationssysteme stellen den fruchtbarsten Nährboden für das Gedeihen des Terrorismus, des Drogenhandels und der mafiosen Netzwerke von heute und morgen dar.
Abschließend kann festgestellt werden, dass eine Reduzierung der Ursachen des internationalen Terrorismus auf Bin Laden und seine Al-Qaida, auf den islamischen Fundamentalismus oder gar auf den Islam selbst in die Irre führt. Vielmehr sind es die sozioökonomischen Defizite und kulturellen Brüche, Ungerechtigkeiten und Demütigungen sowie die Missachtung politischer, ökonomischer und kultureller Selbstbestimmung der Menschen, die Extremismus und Gewaltbereitschaft hervorrufen und im islamischen Fundamentalismus und arabischen Nationalismus im Nahen und Mittleren Osten, im serbischen Nationalismus auf dem Balkan,. im hinduistischen Fundamentalismus in Indien, in religiös kanalisierten Gewaltausbrüchen in Indonesien, im christlichen Fundamentalismus in den USA und im jüdischen Fundamentalismus in Israel ihre Ausdrucksform finden. Wachsende Bereitschaft zum „Kampf der Kulturen“, Zunahme des Drogenhandels und der kriminellen Finanztransaktionen sowie der Terroranschlag vom 11. September sind Ausdruck einer tief greifenden Instabilität der Welt. Die Vereinigten Staaten müssten gerade anlässlich des 11. Septembers 2001 erkennen, dass diese Politik sich langfristig „nicht rechnet“ und neue Konflikte heraufbeschwören kann.

Mohssen Massarrat: Der 11. September: Neues Feindbild Islam? Anmerkungen über tief greifende Konfliktstrukturen. In: Aus Politik und Zeitgeschichte, B3-4/2002, S. 6.

(K)ein „Kampf der Kulturen"?

14 „War on Terrorism"

Bei einer Pressekonferenz fünf Tage nach dem Attentat vom 11. September 2001 äußert sich der amerikanische Präsident George W. Bush (geb. 1946) über die Anschläge:

Our nation was horrified, but it's not going to be terrorized. We're a great nation. We're a nation of resolve. We're a nation that can't be cowed by evil-doers. I've got great faith in the American people. If the American people had seen what [...] As I said yesterday, people have declared war on America, and they have made a terrible mistake, because this is a fabulous country. Our economy will come back. We'll still be the best farmers and ranchers in the world. We're still the most innovative entrepreneurs in the world. On this day of faith, I've never had more faith in America than I have right now. [...] we're facing a new kind of enemy, somebody so barbaric that they would fly airplanes into buildings full of innocent people. And, therefore, we have to be on alert in America. [..] We're also a nation under attack. [...] We need to go back to work tomorrow and we will. But we need to be alert to the fact that these evil-doers still exist. We haven't seen this kind of barbarism in a long period of time. No one could have conceivably imagined suicide bombers burrowing into our society and then emerging all in the same day to fly their aircraft – fly U.S. aircraft into buildings full of innocent people – and show no remorse. This is a new kind of -- a new kind of evil. And we understand. And the American people are beginning to understand. This crusade, this war on terrorism is going to take a while. [...] Those who harbor terrorists will be brought to justice. It is time for us to win the first war of the 21st century decisively, so that our children and our grandchildren can live peacefully into the 21st century. [...] the American people should know that my administration is determined to find, to get them running and to hunt them down, those who did this to America. [...] They have roused a mighty giant. [...] That's why I say to the American people we've never seen this kind of evil before. But the evil-doers have never seen the American people in action before, either – and they're about to find out.

Zit. nach: Office of the Press Secretary (Hrsg.): Remarks by the President upon arrival, 16. Sepzember 2011. Online unter: http://georgewbush-whitehouse.archives.gov/news/releases/2001/09/20010916-2.html (Stand 31.07.2011)

15 „Der Sturm des Glaubens ist gekommen"

Wenige Minuten nach dem Angriff der USA gegen Ziele in Afghanistan zeigte der Fernsehsender Al-Dschasira des Golfemirats Katar ein Video mit einer Rede Osama Bin Ladens (1957/58–2011). Dort äußerte sich Bin Laden über die Anschläge am 11. September 2001:

Ich bezeuge, dass es keinen Gott außer Allah gibt, und Mohammed ist sein Prophet. Da ist Amerika, von Gott getroffen an einer seiner empfindlichsten Stellen. Seine größten Gebäude wurden zerstört, Gott sei Dank dafür. Da ist Amerika, voll Angst von Norden nach Süden, von Westen nach Osten. Gott sei Dank dafür. Was Amerika jetzt erfährt, ist unbedeutend im Vergleich zu dem, was wir seit etlichen Jahren erfahren. Unsere Gemeinschaft erfährt diese Erniedrigung und diese Entwürdigung seit mehr als 80 Jahren. Ihre Söhne werden getötet, ihr Blut wird vergossen, ihre Heiligtümer werden angegriffen, und niemand hört es und niemand nimmt Notiz.

Als Gott eine der Gruppen des Islams segnete, Speerspitzen des Islams, zerstörten sie Amerika. Ich bete zu Gott, dass er sie erhöhen und segnen möge. Während ich spreche, werden Millionen unschuldiger Kinder getötet. Sie werden in Irak getötet, ohne Sünden zu begehen, und wir hören keine Verurteilungen oder eine Fatwa von der Führung. Dieser Tage suchen israelische Panzer Palästina heim – in Dschenin, Ramallah, Rafah, Beit Dschalla und an anderen Orten im Land des Islams, und wir hören niemanden, der seine Stimme erhebt oder sich einen Schritt bewegt.

Wenn das Schwert niedergeht, nach 80 Jahren, richtet die Heuchelei ihr hässliches Haupt auf. Sie trauern und sie klagen um diese Mörder, die das Blut, die Ehre und die Heiligtümer der Muslime missbraucht haben. Das Geringste, was man über diese Leute sagen kann, ist, dass sie verderbt sind. Sie sind der Ungerechtigkeit gefolgt. Sie haben dem Schlachter den Vorzug vor dem Opfer gegeben, dem Unterdrücker vor dem unschuldigen Kind. Möge Gott ihnen seinen Zorn zeigen und ihnen geben, was sie verdienen. Ich sage, dass die Lage klar und offensichtlich ist. Nach diesem Ereignis, nachdem die Regierungsvertreter in Amerika gesprochen haben, angefangen mit dem Anführer der Ungläubigen weltweit, Bush, und seiner Begleiter, sind sie mit Macht mit ihren Männern angetreten und haben sogar Länder, die zum Islam gehören, zu diesem Verrat bewogen, und sie wollen Gott ihre Kehrseite zeigen, um den Islam zu bekämpfen, um Menschen im Namen des Terrorismus zu unterdrücken. Als Menschen am Ende der Welt, in Japan, zu Hunderttausenden getötet wurden, Junge und Alte, wurde das nicht als Kriegsverbrechen betrachtet, sondern es gilt als etwas, das gerechtfertigt ist. Millionen Kinder in Irak, auch das ist etwas, das gerechtfertigt ist. Aber wenn sie Dutzende Menschen in Nairobi und Daressalam verlieren, wird Irak angegriffen und Afghanistan angegriffen. Die Heuchelei stand mit ganzer Macht hinter dem Anführer der Ungläubigen weltweit, hinter den Feiglingen dieses Zeitalters, Amerika und denen, die auf dessen Seite sind. Diese Ereignisse haben die ganze Welt in zwei Lager geteilt: das Lager der Gläubigen und das Lager der Ungläubigen, möge Gott euch von ihnen fernhalten. Jeder Muslim muss danach drängen, seiner Religion zum Sieg zu verhelfen. Der Sturm des Glaubens ist gekommen. Der Sturm der Veränderung ist gekommen, um die Unterdrückung von Mohammeds Insel auszumerzen, Friede sei mit ihm. An Amerika und sein Volk richte ich nur wenige Worte. Ich schwöre bei Gott, der den Himmel ohne Säulen errichtet hat, weder Amerika noch die Menschen, die dort leben, werden von Sicherheit träumen, bevor wir diese in Palästina erleben, und nicht bevor alle ungläubigen Armeen das Land Mohammeds verlassen, Friede sei mit ihm. Gott ist groß, möge der Stolz mit dem Islam sein. Möge Frieden und Gottes Gnade mit euch sein.

Zit. nach: Inoffizielle Übersetzung der Nachrichtenagentur AP vom 7. Oktober 2001. Online unter: http://www.spiegel.de/politik/ausland/0,1518,161277,00.html (Stand 31.07.2011)

16 „They hate our freedoms"

Der US-Präsident George W. Bush spricht vor dem US-Kongress am 20. September 2001:

[...] Tonight, we are a country awakened to danger and called to defend freedom. [...]Whether we bring our enemies to justice or bring justice to our enemies, justice will be done. [...] On September the 11th, enemies of freedom committed an act of war against our country. Americans have known wars, but for the past 136 years they have been wars on foreign soil, except for one Sunday in 1941. Americans have known the casualties of war, but not at the center of a great city on a peaceful morning. Americans have known surprise attacks, but never before on thousands of civilians. All of this was brought upon us in a single day, and night fell on a different world, a world where freedom itself is under attack. [...] The evidence we have gathered all points to a collection of loosely affiliated terrorist organizations known as al-Qaida. [...] Al-Qaida is to terror what the Mafia is to crime. But its goal is not making money. Its goal is remaking the world and imposing its radical beliefs on people everywhere. The terrorists practice a fringe form of Islamic extremism that has been rejected by Muslim scholars and the vast majority of Muslim clerics; a fringe movement that perverts the peaceful teachings of Islam. The terrorists' directive commands them to kill Christians and Jews, to kill all Americans and make no distinctions among military and civilians, including women and children. [...] The leadership of al-Qaida has great influence in Afghanistan and supports the Taliban regime in controlling most of that country. In Afghanistan we see al-Qaida's vision for the world. Afghanistan's people have been brutalized, many are starving and many have fled. Women are not allowed to attend school. You can be jailed for owning a television. Religion can be practiced only as their leaders dictate. A man can be jailed in Afghanistan if his beard is not long enough. [...] The United States respects the people of Afghanistan -- after all, we are currently its largest source of humanitarian aid -- but we condemn the Taliban regime. It is not only repressing its own people, it is threatening people everywhere by sponsoring and sheltering and supplying terrorists. [...] I also want to speak tonight directly to Muslims throughout the world. We respect your faith. It's practiced freely by many millions of Americans and by millions more in countries that America counts as friends. Its teachings are good and peaceful, and those who commit evil in the name of Allah blaspheme the name of Allah. The terrorists are traitors to their own faith, trying, in effect, to hijack Islam itself. [...] They hate our freedoms: our freedom of religion, our freedom of speech, our freedom to vote and assemble and disagree with each other. [...] And we will pursue nations that provide aid or safe haven to terrorism. Every nation in every region now has a decision to make: Either you are with us, or you are with the terrorists. [...] This is not, however, just America's fight. And what is at stake is not just America's freedom. This is the world's fight. This is civilization's fight. This is the fight of all who believe in progress and pluralism, tolerance and freedom. We ask every nation to join us. [...] The advance of human freedom, the great achievement of our time and the great hope of every time, now depends on us. [...] The course of this conflict is not known, yet its outcome is certain. Freedom and fear, justice and cruelty, have always been at war, and we know that God is not neutral between them. Fellow citizens, we'll meet violence with patient justice, assured of the rightness of our cause and confident of the victories to come. In all that lies before us, may God grant us wisdom, and may he watch over the United States of America.

Zit. nach: George W. Bush: Address to a Joint Session of Congress and the American People United States Capitol Washington D.C., 20. September 2011. Online unter: http://www.historyplace.com/speeches/gw-bush-9-11.html (Stand 31.07.2011)

17 Ziele der Terroristen

Der Friedens- und Konfliktforscher Ulrich Schneckener (geb. 1968) schreibt über die Ziele des neuen, internationalen Terrors:

Die terroristische Gewaltstrategie setzt im Wesentlichen auf psychische Effekte, das heißt Terroristen wollen keine Territorien erobern oder kontrollieren. Ihr Ziel ist es vielmehr, eine Bevölkerung insgesamt, bestimmte Gruppen oder Einzelpersonen zu schockieren und einzuschüchtern. Oftmals richtet sich die Gewalt gegen Ziele mit hohem Symbolgehalt (z.B. religiöse Orte, Denkmäler, Handels- und Bankenzentren, Polizeistationen und Militäreinrichtungen, Regierungs- und Parlamentsgebäude), um den „Gegner“ zu provozieren oder zu demütigen. Gleichwohl geraten immer wieder [...] auch öffentliche Verkehrsmittel, Restaurants, Cafés, Diskotheken oder Marktplätze in das Fadenkreuz von Terroristen, die damit signalisieren, dass es im Prinzip jeden/jede treffen kann. [...] Die Opfer, gerade unter der Zivilbevölkerung, sind insofern oftmals willkürlich und anders als die Anschlagsorte nicht gezielt ausgewählt. Panik und Schockeffekte sind das eine, die Mobilisierung von Sympathisanten und Unterstützern sowie die Radikalisierung von politisch nahestehenden Bewegungen sind das andere strategische Motiv terroristischer Aktivitäten. Terroristen handeln daher zumeist im Namen von „als interessiert unterstellten Dritten“. Sie verstehen sich dabei als Avantgarde, die sich für die „Unterdrückten“ einsetzt [...]. Daraus speist sich das Bewusstsein moralischer Überlegenheit, mit der Terroristen ihre eigentlich unmoralischen Taten vor sich selbst und vor anderen rechtfertigen. In diesem Sinne stellt Terrorismus eine *Kommunikationsstrategie* dar, mit der politische Botschaften gleichermaßen an Freund und Feind übermittelt werden sollen. Allerdings erreichen Terroristen die gewünschte Mobilisierung von Sympathisanten in aller Regel weniger durch ihre Anschläge selbst, als vielmehr durch die Gegenreaktionen, die sie beim Adressaten des Anschlags hervorrufen. Die Attentate sollen den Gegner zu möglichst brutalen und unverhältnismäßigen Maßnahmen provozieren, die ihn, so das Kalkül der Terroristen, „entlegitimieren“ und „demaskieren“. Die Provokation der Anschläge dient damit der Entlarvung des vermeintlich Angegriffenen als „eigentlicher Aggressor“. Terroristen setzen insofern auf eine *Aktion-Reaktion-Spirale*, bei der sie von der Rolle des Angreifers in die des Angegriffenen wechseln können.

Ulrich Schneckener: Netzwerke des Terrors. Charakter und Strukturen des transnationalen Terrorismus. SWP-Studie S 42/2002, S. 10 f. Online unter: http://www1.bpb.de/files/TGV5AC.pdf (Stand 31.07.2011).

18 Kampf gegen die „Achse des Bösen“ *Fotoausschnitt des iranischen Präsidenten Ahmadinedschad während einer Rede anlässlich des 17. Todestages des Gründers der Islamischen Republik Iran, Ayatollah Ruhollah Khomeini (in Überlebensgröße im Hintergrund) am 3. Juni 2006. Solche Fotoaufnahmen oder Fotoausschnitte fanden große Verwendung in der westlichen Berichterstattung nach dem 11. September 2001.*
Vergleichen Sie dazu das Foto von US-Präsident Bush auf S. 145.

Arbeitsvorschläge

○○● a) Beschreiben Sie mithilfe der Karte M3 die größte Ausdehnung des Osmanischen Reichs. Erstellen Sie dann eine knappe Übersicht über die Gebietsverluste im 18./19. Jahrhundert (M5).

●●● b) Die islamische Kultur war der westlichen Kultur ebenbürtig, teilweise überlegen. Vergleichen Sie das hier gezeigte Beispiel osmanischer Architektur (M1) mit Zeugnissen von Baukunst aus dem europäischen Bereich. Diese finden Sie z. B. im Internet. (**Online-Link** 430089-0202)

○●● c) Das Osmanische Reich verlor seit dem 18. Jahrhundert an außenpolitischer Bedeutung, weil es keinen Anteil am Fortschritt der europäischen Entwicklung und mit inneren Problemen zu kämpfen hatte. Erarbeiten Sie aus den Quellen (M2, M4) die dort genannten Ursachen der Stagnation.

●●● d) Vergleichen Sie die Situation im 18. Jahrhundert mit der während der Blütezeit des Reiches (M1, M2, M3).

○●● e) Nach dem Ersten Weltkrieg begründete Mustafa Kemal 1923 die Republik Türkei. Erarbeiten Sie aus M6 die Prinzipien, denen er dabei folgte.

●●● f) Mustafa Kemal wurde „Atatürk", also „Vater der Türken" genannt. Prüfen Sie anhand der vorliegenden Quellen (M6), aus welchen Gründen er diesen Ehrentitel erhielt.

○●●/●●● g) In den 1970er und 1980er Jahren erstarkte der Islamismus. Erstellen Sie eine Übersicht über dessen Ziele (M7–M9). Nehmen Sie unter Heranziehung der genannten Quellen Stellung, wo es aus Ihrer Sicht Reibungspunkte mit westlichen Vorstellungen gibt.

○●● h) Untersuchen Sie aus M10 die Thesen Samuel Huntingtons zum „Kampf der Kulturen" und stellen Sie diesen die Argumente Mir A. Ferdowsis gegenüber (M11).

●●● i) Vergleichen Sie das Amerika-Bild um die Wende vom 19. zum 20. Jahrhundert den späteren Entwicklungen gegenüber (M12). Fassen Sie Ihre Erkenntnisse in einem Kurzreferat zusammen.

○○●/○●● j) Recherchieren Sie die Ereignisse des 11. September 2001 (**Online-Link** 430089-0203). Verfassen Sie einen kurzen für ein Jugendlexikon geeigneten Artikel über die Ereignisse und Folgen dieses Tages.

○●● k) Untersuchen Sie anhand der Quellen M14 und M16, wie der damalige US-Präsident Bush die Anschläge auf das World Trade Center bewertete.

○○● l) Geben Sie die zentralen Inhalte der Rede Osama Bin Ladens (M15) wieder.

●●● m) Vergleichen Sie die Bewertung Osama Bin Ladens (M15) mit der Haltung George W. Bushs in M14 und M16.

○●● n) Bush und Bin Laden benutzen beide den Begriff „Terrorismus". Erklären Sie, für welche Phänomene beide das Wort jeweils verwenden (M14–M16).

●●● o) Erarbeiten Sie aus M17 die Motive und Ziele des internationalen Terrorismus. Bewerten Sie, ob und inwiefern mit den Anschlägen des 11. September 2001 diese Ziele erreicht wurden.

○○●/○●●/●●● p) Recherchieren Sie in der Bibliothek oder im Internet (z. B. auf der Homepage der Bundeszentrale für politische Bildung http://www.bpb.de) die Vorgänge um die islamische Revolution im Iran und die Rolle der USA. Gestalten Sie ihre Erkenntnisse als Schaubild und erläutern Sie dieses dann vor Ihrer Klasse.

○○●/○●●/●●● q) Erstellen Sie ein Kurzreferat, in dem Sie den Krieg gegen Afghanistan darstellen. Gehen Sie dabei genauer auf seine Ursachen und Folgen ein. Informationen erhalten Sie beispielsweise in den Veröffentlichungen der Bundeszentrale für politische Bildung oder auf deren Homepage.

Grundwissen: Vom Osmanischen Reich zu (k)einem „Kampf der Kulturen" Ende des 20. Jahrhunderts

→ 1 - 3 S. 150 f.

Der islamische Osten als religiöse und politische Macht und sein Niedergang

Seit dem 10. Jahrhundert hatten auch türkische Stämme den Islam angenommen. Sie spielten bald eine wichtige Rolle im Machtgefüge der islamischen Welt. Als das Reich der türkischen Seldschuken in Anatolien an Macht verlor, konnte sich dort im 14. Jahrhundert Osman, der Fürst eines nomadischen Stammes, gegen seine Nachbarn durchsetzen und seinen Herrschaftsbereich – auch auf Kosten des christlichen Byzantinischen Reiches – erweitern. Unter den Nachfolgern Osmans entstand ein großes, auf einem hierarchisch aufgebauten Berufsheer und eine wirksame Verwaltung fußendes Reich. Mitte des 16. Jahrhunderts erreichte es seine größte Ausdehnung. Die Osmanen beherrschten den gesamten östlichen Mittelmeerraum bis nach Nordafrika sowie große Teile des Balkans. Zu dieser Zeit war das Osmanische Reich an Organisation, militärischer Schlagkraft und Zivilisation den europäischen Staaten ebenbürtig, teilweise sogar überlegen.

Süleyman „der Prächtige" (um 1495–1566)
Der zehnte Sultan des Osmanischen Reichs. Unter seiner Herrschaft erreichte das Reich seine größte Ausdehnung. Miniatur aus dem 16. Jahrhundert.

In den folgenden Jahrhunderten wurde das Osmanische Reich von verschiedenen Krisen geschwächt: Der Konflikt zwischen den Untertanen und der von den Steuern befreiten Eliten führte zu einer Reihe von Aufständen in den ländlichen Gebieten. Hinzu kamen finanzielle Schwierigkeiten. Die Entdeckung der Seewege nach Indien und in die Neue Welt durch die Europäer schwächten den einträglichen Mittelmeerhandel. Auch führte der Import von Silber aus Amerika durch Spanien zu einer Entwertung der Währung. Parallel stiegen die Ausgaben für die Besoldung von Militär und Bürokratie. Militärisch musste das Osmanische Reich häufiger Niederlagen gegen europäische Staaten und territoriale Verluste hinnehmen. Trotz dieser Krisenerscheinungen erwies es sich jedoch noch längere Zeit als überlebensfähig. Durch das Erstarken regionaler und lokaler Eliten und die Entwicklung nationaler Bewegungen wurde die Zentralgewalt geschwächt, und ab Mitte des 18. Jahrhunderts kam es verstärkt zur Einmischung europäischer Staaten in osmanische Belange. Darauf versuchte die Regierung mit Reformen zu reagieren, die aber die gewaltigen geistigen Veränderungen, die in Europa durch Buchdruck, Reformation und die Aufklärung ausgelöst worden waren, nicht aufholen konnten.

→ 5 - 6 S. 152 f.

Der Erste Weltkrieg verändert die Landkarte

Im Ersten Weltkrieg stand das Osmanische Reich auf der Seite der Mittelmächte. Die Alliierten, vor allem Frankreich und Großbritannien unterstützten die gegen die osmanische Herrschaft gerichteten Aufstandsbewegungen in den arabischen Gebieten. Durch die Niederlage im Krieg zerbrach das Reich. Die Siegermächte besetzten weite Teile des ehemaligen Reichsgebiets. Gegen diese Besatzung regte sich Widerstand, dessen Anführer, der türkische General Mustafa Kemal Pascha, später Atatürk („Vater der Türken") genannt wurde. Atatürk begründete 1923 die Republik Türkei. Vorbild für den modernen Staat sollte die europäische Zivilisation sein. Ein zweiter Eckpunkt war die Schaffung eines türkischen Nationalismus durch gezielte Kulturpolitik. Nicht mehr der große Vielvölkerstaat Osmanisches Reich sollte der Bezugspunkt sein, sondern die selbstbewusste türkische Nation. Der dritte, in der heutigen Türkei umstrittenste Grundsatz war die Verbannung der Religion aus dem Staatswesen ins Privatleben. Die Türkei wurde zu einem säkularen Staat.

Mustafa Kemal „Atatürk" (1881–1938)
Begründer der Republik Türkei (1923) und deren erster Präsident. Undatierte kolorierte Fotografie.

→ 7 - 11 S. 153 ff.

Die anderen muslimischen Gebiete aus der Konkursmasse des Osmanischen Reiches blieben zunächst unter dem Mandat des Völkerbundes. Mandatsmächte waren Großbritannien und Frankreich, die im Ersten Weltkrieg den erwachenden Nationalismus der Araber genutzt hatten, um sie gegen die Osmanen aufzustacheln. Nur einige arabische Staaten (Irak, Transjordanien, Saudi-Arabien) konnten formal ihre Unabhängigkeit erreichen, faktisch blieben sie von Großbritannien abhängig. Die Grenzen der Mandatsgebiete wie auch der neuen Staaten im Nahen und Mittleren Osten wurden von den Mandatsmächten weitgehend willkürlich und ihren eigenen Interessen entsprechend festgelegt. Die arabische Nationalbewegung fand in den Mandatsmächten als Vertreter des Westens einen neuen Gegner.

Die arabischen Staaten nach dem Zweiten Weltkrieg

Nach dem Zweiten Weltkrieg gelang es auch den arabischen Staaten, sich von der Bevormundung durch die Staaten Europas frei zu machen. Allerdings entstand in Palästina 1948 auch der Staat Israel, an dem sich sofort nach seiner Entstehung der bis heute schwelende ⇒ Nahost-Konflikt entzündete. In den jungen arabischen Staaten gelangten durch Militärputsche neue, nationalistisch eingestellte Regime an die Macht. Diese organisierten Staat und Gesellschaft mit weitgehend modernen Mitteln wie Bürokratie oder Parteiorganisationen, fanden aber keine wirkliche Basis in der Bevölkerung. In den 1970er und 1980er Jahren erlebten die meisten muslimischen Gesellschaften die sogenannte „islamische Wende". Der politische Islam (auch ⇒ „Islamismus" oder „islamischer Fundamentalismus") gewann an Bedeutung. Die Vertreter islamistischer Bewegungen berufen sich auf den Koran und lehnen westliche Ideale wie Demokratie und Individualismus ab. Stattdessen glauben sie, dass mit der absoluten Geltung der muslimischen Lehren und der Einführung der Scharia alle staatlichen und gesellschaftliche Probleme gelöst werden können.
Die Geschichte vieler muslimischer Staaten beinhaltet Auseinandersetzungen mit europäischen Staaten schon in der frühen Neuzeit sowie vermehrt in der Epoche des Imperialismus und der Mandatszeit nach dem Ersten Weltkrieg. Die Gründung des Staates Israel sowie dessen Schutz durch die Europäer und die USA beeinträchtigte das Verhältnis zu den jungen islamisch geprägten Staaten im Nahen und Mittleren Osten noch mehr. Im Kalten Krieg zwischen der Sowjetunion und den kommunistischen Staaten einerseits und den USA und ihren Verbündeten andererseits suchten und fanden beide Seiten Verbündete im islamischen Raum. Beide Lager benutzten die genannten Staaten, um ihre Konflikte über diese Stellvertreter auszutragen und ihre eigene Machtposition auszubauen. Die jeweils andere Seite wurde als Verkörperung des Bösen dargestellt und somit eine neutrale Beurteilung durch die „befreundeten" Staaten verhindert.

Der Hauptfeind der radikalen Islamisten: die USA

→ 12 - 13 S. 155 f.

Das Verhältnis der USA zu den islamischen Staaten ist seit den 1970er Jahren besonders prekär. Zum einen ist die USA die bedeutendste Schutzmacht des Staates Israel, was sie an sich schon zu einem ausgewiesenen Feind all jener Staaten und politischen Bewegungen macht, die das Ende Israels herbeisehnen. Zum anderen unterstützen die USA aus eigennützigen Motiven verschiedene Regimes in der Region, die in der eigenen Bevölkerung wenig Rückhalt besaßen. Die von den Vereinigten Staaten gestellten Machtmittel dienten dann zur Unterdrückung von oppositionellen Kräften. Gerade die Ausrichtung der amerikanischen Politik an ihren eigenen ökonomischen, politischen und militärischen Bedürfnissen rief Kritik hervor. Auch passte die Rolle der USA als selbsternanntem Hort der Demokratie häufig nicht zu ihrem konkreten Handeln. Außerdem führte die ökonomische Vorreiterrolle der USA dazu, dass sie als Sündenbock für die durch die Globalisierung verursachten politischen, wirtschaftlichen und gesellschaftlichen Probleme diente. Die USA wurde somit zum Inbegriff alles Negativen, aus Sicht des Islamismus zum „Hort des Bösen", während der (politische) Islam seinerseits zum größten Feind der USA und des Westens stilisiert wurde.

Die Anschläge vom 11. September 2001 und ihre Urheber

→ 14 - 17 S. 157 ff.

Am 11. September 2001 flogen zwei Passagiermaschinen in das World Trade Center in New York. Dessen Zwillingstürme galten seit ihrer Erbauung (1966–1973) als eines der Wahrzeichen New Yorks und als Symbol amerikanischer Wirtschaftskraft. Die Hochhaustürme waren der Wucht der Einschläge und vor allem der gewaltigen Hitze der durch die großen Mengen Flugbenzins ausgelösten Brände nicht gewachsen und stürzten ein. Bei diesem Anschlag kamen über dreitausend Menschen, darunter zahlreiche zur Rettung herbeigeeilte Feuerwehrleute und andere Helfer ums Leben. Parallel zu den New Yorker Anschlägen wurden zwei weitere Flugzeuge entführt. Eines stürzte von den Entführern gelenkt in das Pentagon, den Sitz des amerikanischen Verteidigungsministeriums. Das letzte Flugzeug zerschellte in der Nähe von Pittsburgh am Boden. Vermutlich war es darin zu einem Kampf der Passagiere mit den Entführern gekommen, nachdem einige der Fluggäste über Handy von Angehörigen über die Abstürze in New York informiert worden waren.
Als Urheber der Anschläge vom 11. September wurden Mitglieder der islamistischen Terrororganisation al-Qaida identifiziert. Die US-Regierung beschuldigte deren damaligen Anführer Osama Bin Laden, die Anschläge in Auftrag gegeben zu haben. Dieser stritt anfangs jede Verbindung zu den Anschlägen ab. In mehreren Videobotschaften bekannte er sich aber später zu seiner Urheberschaft. Die Ereignisse des 11. September gehörten damit zu einer Reihe von Anschlägen auf US-Einrichtungen, die seit Anfang der 1990er Jahre unternommen worden waren. Die Terrororganisation sieht auch nach dem Tod Bin Ladens im Jahr 2011 ihre Gewalttaten als Mittel, die islamische Welt im „Befreiungskampf" gegen den dominanten Westen zu vereinen, aber auch um muslimische Politiker und Gruppen zu bestrafen, die mit dem Westen zusammenarbeiten. Ziel ist es, die islamischen Staaten zum reinen Islam zurückzuführen und den Einfluss des Westens zu beenden. Dabei werden massive Gegenreaktionen der „Angegriffenen" herausgefordert, die zeigen sollen, dass es sich bei diesen um den eigentlichen Angreifer handelt.

Kriege als Reaktion auf die Anschläge

Der US-amerikanische Präsident George W. Bush rief in Reaktion auf die Anschläge den „Krieg gegen den Terror" aus und bezeichnete Staaten wie den Irak, Iran, Nordkorea und Afghanistan als „Achse des Bösen". Dieser seit der Amtsübernahme durch Bushs Nachfolger Barack Obama (2008) offiziell nicht mehr benutzte Begriff bezeichnete das politische, juristische und militärische Vorgehen gegen den internationalen Terrorismus. Da das aus Taliban bestehende Regime in Afghanistan die Anschläge guthieß und Osama Bin Laden Unterschlupf gewährte, bildete sich eine Koalition aus den USA und Großbritannien, die im Oktober 2001 mit dem Angriff auf Afghanistan begann. Die USA berief sich dabei auf die Selbstverteidigungsklausel in der Charta der Vereinten Nationen und auf die einstimmig verabschiedete Resolution 1368 der Vereinten Nationen vom 12. September 2001, in der die Anschläge vom 11. September verurteilt wurden. In den Zusammenhang des Kriegs gegen den Terror gehört auch der 2003 begonnene Krieg gegen den Irak und dessen Diktator Saddam Hussein. Für die USA bedeutete der Irak ein internationales Sicherheitsrisiko. Als Begründung für den Beginn der Kampfhandlungen diente die Behauptung, dass der Irak über Massenvernichtungswaffen verfüge und in die Anschläge des 11. September verwickelt sei. Beides hat sich mittlerweile als falsch herausgestellt. Der nur sechs Wochen dauernde Irakkrieg endete mit dem Sturz Saddam Husseins.

Testen Sie Ihre Sachkompetenz

a) In welchen der folgenden Länder und Regionen findet man keine Überreste mittelalterlicher Moscheen? Die markierten Buchstaben der richtigen Länder ergeben sortiert den Namen einer islamischen Herrscherdynastie.

Spani**E**n · Englan**D** · Indones**I**en · Dänem**A**rk · **Z**ypern · Rum**Ä**nien · Süd**F**rankreich · **S**izilien · Ar**M**enien · **B**elgien · T**Ü**rkei · Sud**A**n · Kret**A** · U**N**garn · **B**urkina Faso · Maro**K**ko · G**H**ana · Is**R**ael · Chil**E**

b) Welche Bezeichnung könnte Ihrer Meinung noch statt „Kreuzzüge" genutzt werden? Diskutieren Sie die einzelnen Vorschläge und äußern Sie gegebenenfalls eigene, begründete Ideen.

Kolonialkrieg · Religionskrieg · Eroberungsfeldzug · Migrationswelle · Pilgerfahrt · Bewaffnete Missionierung · Heidenkampf · Überfall

c) Wir befinden uns im 12. Jh. in Cordoba. Als gelehrter christlicher Schüler sollen Sie dem Sohn des Kalifen den Investiturstreit erklären.

Geschichte kreativ

a) Kopieren Sie die folgende Tabelle in Ihren Geschichtsordner. Wenn Sie alle Begriffe richtig ausgefüllt haben, ergeben die Anfangsbuchstaben die Namen von zwei Frauen des Propheten Muhammad.

															arabische Herrscherfamilie, Sitz in Bagdad und Kairo
															arabischer Namensbestandteil, „Sohn von"
															religiöse Gesetze im Koran
															Sitz des Kalifen auf der Iberischen Halbinsel
															Pilgerfahrt nach Mekka
		–					–								Name der Moschee auf dem Jerusalemer Tempelberg
															Auswanderung Muhammads von Mekka nach Medina
															hoher religiöser Titel des schiitischen Islams
															frühe islamische Expansionsphase
															Darstellung des Leben des Propheten im Koran
		–													arabische Bezeichnung für die Iberische Halbinsel

Operatoren-Training

(alle Operatoren auf einen Blick finden Sie auf S. 634–641)

a) AFB I, Operator „aufzeigen":

Zeigen Sie die Bedeutung der Kreuzzüge für das Verhältnis von christlich-europäischem Abendland und Islam auf.

Der Operator „aufzeigen" will Sie dazu veranlassen, dass Sie historische Sachverhalte unter Beibehaltung des Sinns auf Wesentliches reduzieren. Gerade bei dieser Aufgabenstellung könnten Sie leicht ins bloße Erzählen abgleiten, indem Sie in Antwort auf die obige Aufgabe die Geschichte der Kreuzzüge schildern. Das trifft die Aufgabenstellung aber nur ungenau, da Sie sich nicht auf „das Wesentliche" beschränken.

b) AFB I–III, Operator „erörtern":

Erörtern Sie aus historischer Perspektive die Aussage „Es ist gut, dass der Kulturraum, den Europa und der Mittelmeerraum geografisch bilden, von mehr als nur einer Religion geprägt wurde".

Beim Operator „erörtern" sollen Sie eine Pro- und Kontra-Abwägung durchführen und sich dann begründet, differenziert und klar nachvollziehbar für eine Position entscheiden. Der Operator „überprüfen" bzw. „prüfen" (s. o.) ist also insoweit im Operator „erörtern" enthalten, als dass eine These untersucht werden muss. Nur steht bei der Erörterung nicht mehr allein die „Angemessenheit" der These im Mittelpunkt. Hier müssen Sie auch die Stichhaltigkeit von Argumenten einschätzen. In den meisten Argumenten sind jedoch Fakten und Wertungen miteinander verwoben. Bevor Sie Ihren Antworttext verfassen, machen Sie sich also eine Tabelle mit zwei Spalten, in die Sie möglichst viele unterschiedliche, aber auch zusammenhängende Argumente eintragen, zum Beispiel links Pro, rechts Kontra. Versuchen Sie, auf jeden Eintrag wiederum ein Gegenargument einzutragen, sodass Sie innerlich wie in einem stillen Selbstgespräch eine Pro-Kontra-Debatte führen. Um die eigene Position zu finden, gehen Sie die Liste noch einmal durch. Im Anschluss ordnen Sie diese Liste zu einem nachvollziehbaren, gegliederten Gedankengang, etwa durch Zuordnung der Elemente zu Oberbegriffen oder Oberthemen. Danach sind Sie reif für die Niederschrift. Eine gute Erörterung besticht durch Differenziertheit (also Reichtum an Aspekten und Kriterien) und Strukturiertheit (klarer Gedankengang und klare Gliederung Ihres Antworttexts). Dabei kann es helfen, wenn Sie Ihrem Leser die Gliederung kurz vorstellen, indem Sie schreiben: „Als erstes nenne ich Pro-Argumente ..., dann werde ich ...") oder an den passenden Stellen gleich auch dazu schreiben, was Sie tun, also zum Beispiel: „Ich möchte an dieser Stelle differenzieren zwischen Religion und Kultur..."

Lösungsvorschläge zum Operatoren-Training

zum Arbeitsvorschlag a), Operator „aufzeigen":

Konzentrieren Sie sich bei dieser Aufgabe auf den Aspekt des Verhältnisses der beiden Kulturen, insoweit es durch die Kreuzzüge beeinflusst wurde. Das ist hier „das Wesentliche". Anzuführen wäre: Anlässlich der Kreuzzüge entwickelte das Abendland eine folgenreiche Idee: den gottgewollten Krieg gegen Nichtchristen. Da das erste Opfer der Aggression, die durch diese Idee geweckt wurde, die im Heiligen Land angestammten Muslime waren, wurde das Verhältnis der beiden Kulturen schwer belastet. Durch die Kreuzzüge ins Heilige Land lernten die christlichen Europäer andererseits die kulturell-zivilisatorische Überlegenheit des islamischen Vorderen Orients kennen. Ein Wissenstransfer vom Orient zum Okzident kam in Gang, die Wertschätzung der Europäer für arabische Naturwissenschaft, Medizin und Philosophie begann das Verhältnis der beiden Kulturen mitzuprägen. Diese Prägung entwickelte sich allerdings auch in dem Sinne, dass die Kulturschätze die Begehrlichkeiten der Europäer weckten. Im historischen Bewusstsein des Abendlands blieben die Kreuzzüge nur eine Epoche, die leicht vergessen wurde oder unbeachtet blieb. Auf die muslimische Welt andererseits wirkten die Kreuzzüge traumatisierend und vergifteten deswegen nachhaltig das Verhältnis der beiden, insofern die Muslime auch den späteren westlichen Kolonialismus und den gegenwärtigen „Krieg gegen den Terror" damit in Verbindung bringen.

zum Arbeitsvorschlag b), Operator „erörtern":

Die vorliegende These könnte zum Beispiel durch folgende (von Ihnen auszuformulierende) Argumente erörtert werden:

Pro: Vielfalt ermöglicht Austausch und gegenseitige Bereicherung, das befördert Innovation und Fortschritt, beispielsweise den Wissenstransfer vom Orient zum Okzident im Mittelalter, der in Europa die Renaissance auszulösen half.

Kontra: Religionsverschiedenheit hat in der Geschichte viele, oft blutige, Konflikte ausgelöst, so in den Kreuzzügen. Religionsgemeinsamkeit hätte die Chance auf Verständnis und damit auf Frieden erhöht.

Pro: Auch Menschen gleicher Religion haben Kriege gegeneinander geführt, zum Beispiel die deutschen Fürsten gegen die Truppen des Kaisers. Die gleiche Religion zu haben, schützt nicht vor gewaltsamen Konflikten.

usw.

3 Menschenrechte und Menschenbild in historischer Perspektive

Problemaufriss

Das europäische Selbstverständnis beruft sich häufig auf Traditionen in der Antike und der Aufklärung. Hier wird meist das demokratische Denken und der freie, „von seiner selbstverschuldeten Unmündigkeit“ befreite Mensch verortet. Wie aber sah das Bild des Menschen in der antiken attischen Demokratie aus? Wie kam es zur Formulierung der Menschenrechte und welche Bedeutung haben diese heute?

Methode

Die oben gestellten Fragen wurden von vielen historischen Akteuren in Streitschriften und anderen Schriftquellen diskutiert. Der sorgfältige Analyse von Textquellen ist gerade hier von großer Bedeutung, um einen eigenen Standpunkt begründen zu können.

Was Sie in diesem Kapitel erwartet

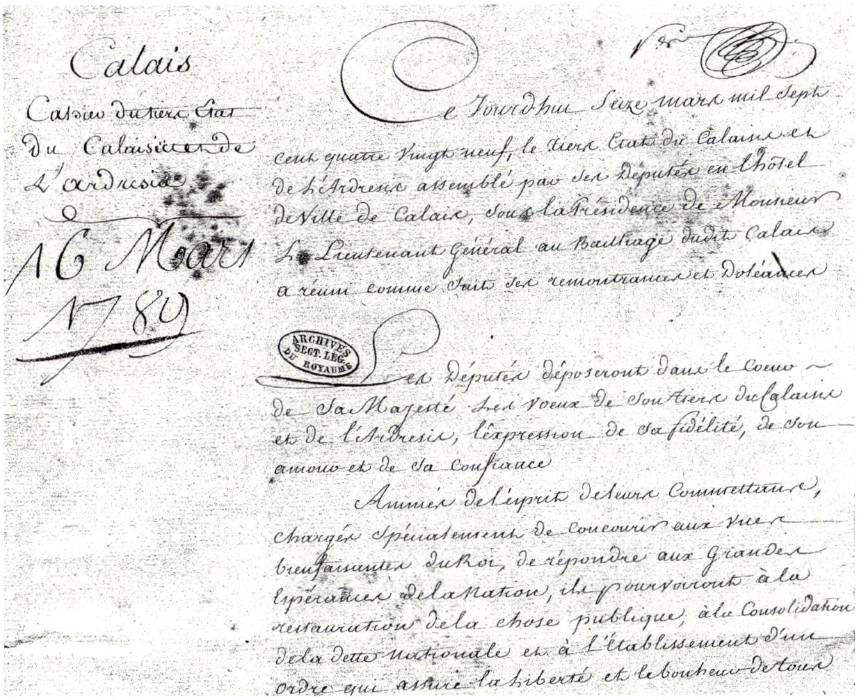

Calais
Cahier du tiers Etat du Calaisis et de l'Ardresis
16 Mars 1789

Ce Jourd'hui Seize mars mil sept cent quatre vingt neuf, le tiers Etat du Calaisis et de l'Ardresis assemblé par ses Députés en l'hôtel de Ville de Calais, sous la Présidence de Monsieur le Lieutenant Général au Bailliage dudit Calais a réuni comme suit ses remontrances et doléances

ARCHIVES SECT. LEG. DU ROYAUME

Les Députés déposeront dans le coeur de Sa Majesté les voeux de son tiers du Calaisis et de l'Ardresis, l'expression de sa fidélité, de son amour et de sa confiance

Animés de l'esprit de leurs Commettants, chargés spécialement de concourir aux vues bienfaisantes du Roi, de répondre aux grandes espérances de la Nation, ils pourvoiront à la restauration de la chose publique, à la Consolidation de la Dette nationale et à l'établissement d'un ordre qui assure la liberté et le bonheur de tous

Titelseite eines „Beschwerdeheftes" von 1789 (Ausschnitt)

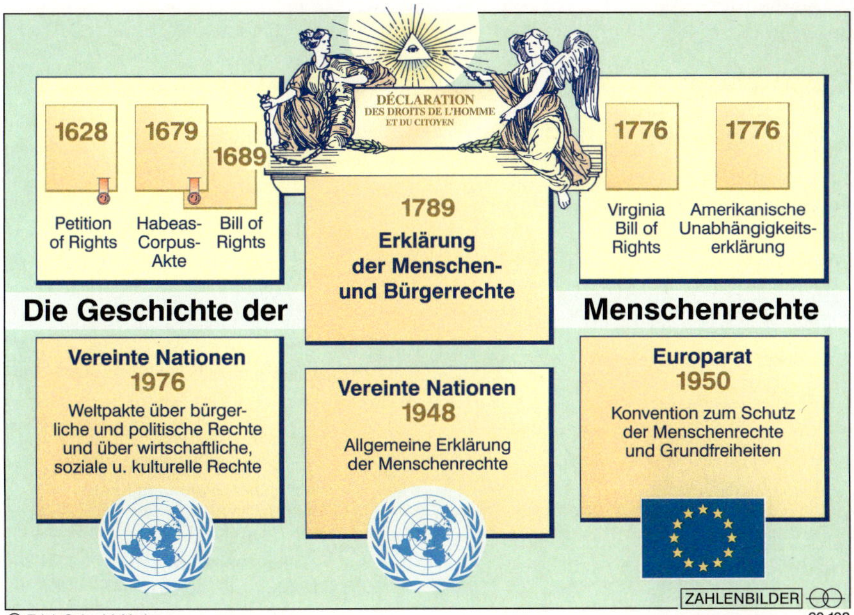

© Erich Schmidt Verlag 60 108

Ein langer Weg vom Untertan zum Bürger.

Online-Link
430089-0301
alle Online-Materialien zum Kapitel 3

Politik

Der Sturm auf die Bastille am 14. Juli 1789 ist zum Sinnbild für die Französische Revolution geworden, bei der das Volk „Freiheit, Gleichheit, Brüderlichkeit" forderte. Kolorierte Kreidelithografie von Hippolyte Lalaisse, um 1860.

600 v. Chr. | 450 v. Chr. | 300 v. Chr

594 v. Chr.
Reformen Solons in Athen: Geburtsrechte werden von einer Timokratie (Herrschaft der Besitzenden) abgelöst

561–510 v. Chr.
Tyrannis in Athen

508 v. Chr.
Reformen des Kleisthenes in Athen

480 v. Chr.
Seeschlacht zwischen Persern und Griechen bei Salamis

450 v. Chr.
unter Perikles wird die demokratische Ordnung Athens vorangetrieben

431–404 v. Chr.
Athen büßt im Krieg gegen Sparta an Macht ein

Menschenbild

Lustfahrt in einem Boot, Buchmalerei aus dem „Codex Manesse". In der mittelalterlichen Kunst wurden Menschen nicht als Individuen gesehen sondern als Typen, die durch Attribute einer gesellschaftlichen Position zuzuordnen waren.

600 v. Chr. | 450 v. Chr. | 300 v. Ch

6./5. Jh. v. Chr.
die Entwicklung der Demokratie im antiken Griechenland begünstigt freie griechische Männer; anderen Polisbewohnern, insbesondere Sklaven, werden Partizipationsrechte verweigert

5. Jh. v. Chr.
in der griechischen Polis Sparta besitzen sich die Frauen der Vollbürger weitgehende Freiheiten

ab 480 v. Chr.
der Sieg bei Salamis öffnet den armen Bürger Athens, die als Ruderer eingesetzt wurden, die Tür zu mehr pol tischen Rechten

Kultur und Wissenschaft

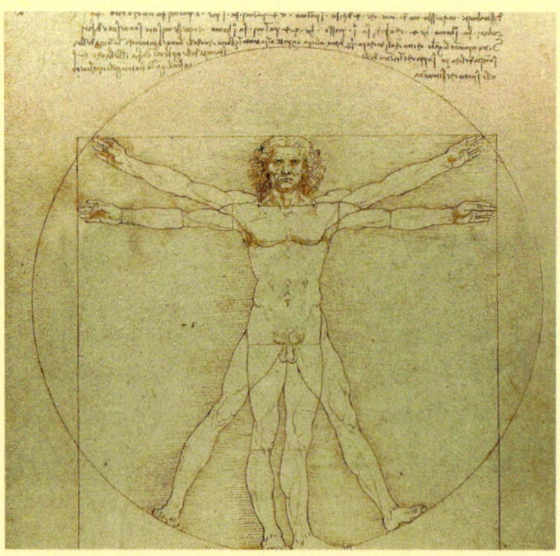

Das Renaissance-Meisterwerk „Der vitruvianische Mensch" von Leonardo da Vinci, 1492.

600 v. Chr. | 450 v. Chr. | 300 v. Ch

um 600 v. Chr.
erste bekannte Verwendung ionischer Säulen auf Samos

469 v. Chr.
Geburtsjahr des Philosophen Sokrates

um 430 v. Chr.
in Olympia wird die Zeus-Statue des Phidias vollendet

4. Jh. v. Chr.
Blütezeit der griechischen Philosophie (mit Philosophen wie Plato, Aristoteles, Antisthenes, Demokritos)

um 325 v. Chr.
Euklid verfasst sein mathematisches Standardwerk „Die Elemente"

0 – 1500 – 1600 – 1700 – 1800 – 1900 – 2000

1661–1715
der französische Zentralismus wird durch Ludwig XIV. zur absolutistischen Herrschaft des Königs gesteigert

1689
in der Bill of Rights garantiert der König die Rechte des englischen Parlaments

1776
Unabhängigkeitserklärung der 13 nordamerikanischen Kolonien von Großbritannien

1789
Beginn der Französischen Revolution, Erklärung der Menschen- und Bürgerrechte

1791
Polen erhält die erste moderne Verfassung Europas

1791
mit der neuen Verfassung wird Frankreich (kurzfristig) eine konstitutionelle Monarchie

1814/15
mit dem Wiener Kongress beginnt in Europa die Phase der Restauration

1848/49
in den Revolutionen von 1848/49 begehren die Bürger Mitteleuropas gegen die Mächte der Restauration auf und verlangen demokratische Verfassungen

ab 1945
in Europa entwickeln sich liberaldemokratische Staatsformen

1952
die Europäische Gemeinschaft für Kohle und Stahl wird zum Ausgangspunkt der europäischen Einigung

1989
die Bürger in den Satellitenstaaten der UdSSR fordern in Demonstrationen demokratische Reformen

2010/11
im „Arabischen Frühling" lehnen sich die Menschen in der arabischen Welt gegen die dortigen autoritären Regime auf

0 – 1500 – 1600 – 1700 – 1800 – 1900 – 2000

15./16. Jh.
m Humanismus der Renaissance wird Werten wie Toleranz, Gewaltosigkeit und Gewissensfreiheit große Bedeutung beigemessen

1619
die ersten Sklaven erreichen das Gebiet der späteren USA

1651
der englische Philosoph Thomas Hobbes veröffentlicht sein Hauptwerk „Leviathan", in dem er die Vorstellung eines Gesellschaftsvertrags wischen Untertan und erwählter Obrigkeit vertritt

1748
der französische Philosoph Baron de Montesquieu veröffentlicht sein Hauptwerk „Geist der Gesetze", in dem er eine Aufteilung der staatlichen Gewalten fordert

1791
die französische Frauenrechtlerin Olympe de Gouges veröffentlicht die „Erklärung der Rechte der Frau und Bürgerin", in der sie die Gleichstellung der Frau fordert

1807–1815
die Preußischen Reformen sind geprägt vom Bild eines selbstständig denkenden und handelnden Bürgers

1865
die Sklaverei wird in allen Bundesstaaten der USA verboten, die Rassentrennung bleibt noch über ein Jahrhundert bestehen

1918
Frauen erhalten in Deutschland das aktive und passive Wahlrecht

1948
UN-Menschenrechtskonvention

1959
Gründung des Europäischen Gerichtshofs für Menschenrechte

1979
UN-Frauenrechtskonvention

1989
UN-Kinderrechtskonvention

ab 2001
im „Krieg gegen den Terror" kommt es zu schwerwiegenden Menschenrechtsverletzungen

2002
Gründung des US-Gefangenenlagers Guantanamo Bay

0 – 1500 – 1600 – 1700 – 1800 – 1900 – 2000

Ende des 14. Jahrhunderts
die beginnende Rezeption antiker Autoren beeinflusst Kultur und Wissenschaft nachhaltig

um 1450
die Erfindung des Buchdrucks beschleunigt die Verbreitung von Wissen und neuen Ideen

16. Jahrhundert
die Reformation sorgt unter anderem für einen Bildungsschub

1543
mit der Veröffentlichung von Nikolaus Kopernikus' Buch „De Revolutionibus Orbium Coelestium" beginnt die Kopernikanische Wende

18. Jahrhundert
im Zeitalter der Aufklärung werden Rationalität und Vernunft als Richtschnur menschlichen Handelns propagiert

1687
in seinem Hauptwerk „Philosophiae Naturalis Principia Methematica" beschreibt der Physiker Isaac Newton das Gravitationsgesetz

1750
der Barock-Komponist Johann Sebastian Bach stirbt

1769
James Watt verbessert die Dampfmaschine wesentlich

1859
Charles Darwin veröffentlicht „Die Entstehung der Arten"

20. Jahrhundert
in der westlichen Welt findet eine kulturelle Globalisierung unter US-amerikanischen Vorzeichen statt

1941
Konrad Zuse baut den ersten Computer

1957
mit dem russischen Satelliten „Sputnik 1" beginnt die Ära der Raumfahrt

1991
das World Wide Web wird weltweit allgemein zugänglich

3.1 Das attisch-hellenistische Menschenbild

A) Bildeten das sportliche Leistungsprinzip und die Unterdrückung der Frau zentrale Grundlagen der griechischen Kultur?
B) Basierte die attische Demokratie auf Bürgersoldaten und Sklaven?

Die Polis – Kernstück griechischer Identität

1 **Herausbildung der Polis in Griechenland zwischen dem 12. und 5. Jahrhundert v. Chr.**

2 Vorbild und Gegenbild – Homers Darstellung der Polis (Stadt)

In der Odyssee wird die sagenhafte Polis Scheria des Volkes der Phaiaken mit der Lebensweise der einäugigen Kyklopen verglichen:

Aber Nausithoos, der göttergleiche, ließ sie aufbrechen,
Ließ sie in Scheria siedeln [...],
Ließ um die Stadt eine Mauer dann bauen und errichtete Häuser,
Und schuf Tempel der Götter und verteilte die Äcker.
[...] Odysseus (in der Stadt der Phaiaken)
Stand und bewunderte Häfen und richtig gehende Schiffe,
Versammlungsplätze *(agorai)* der Helden selbst und die langen Mauern,
Die hohen und auf Pfählen errichteten – ein Wunder anzuschauen. [...]
Weiter fuhren wir jetzt betrübten Herzens und kamen
Hin zum Land der Kyklopen, der übergewaltigen und gesetzlosen.
Keiner rührt eine Hand zum Pflanzen und Pflügen; sie überlassen
Alles den Göttern, den unsterblichen. Es wächst ja auch alles ganz ohne Säen oder Pflügen, der Weizen, die Gerste, die Reben,
Die den Wein spenden aus riesigen Trauben;
Und der Regen des Zeus lässt es wachsen.
Sie kennen weder ratspflegende Versammlungen noch rechtliche Regelungen.
Darum hausen sie auch auf den Gipfeln des hohen Gebirges nur in geräumigen Grotten, und jeder Einzelne gibt eigene Regeln
Dort Weibern und Kindern, und keiner sorgt für den andern.

Odyssee 6, 2–10, 7, 45–45, sowie 9, 105–116. Zit. nach: Hans-Joachim Gehrke/Helmuth Schneider (Hrsg.): Geschichte der Antike. Quellenband, Stuttgart 2007, S. 30.

3 Solon: Der Staat in Gefahr

Solon lebte als Schriftsteller und Politiker um 600 v. Chr. in Athen. In Gedichten, wie hier der 3. Eligie, bringt er auch politische Einschätzungen zum Ausdruck. Jahrhunderte später betrachtete man ihn als einen der weisesten Männer Griechenlands.

Unsere Stadt wird nie nach Rat der unsterblichen Götter
Noch mit Willen des Zeus je ins Verderben gestürzt:
Denn als Hüterin hält des Allgewaltigen Tochter,
Pallas Athene, die Hand sorgenden Sinns über sie.
Aber die Bürger selbst und ihre verworfenen Führer
Bringen die große Stadt, Törichte, selber in Not.
Denn die Schändlichen lockt die Gier nach großen Gewinnen [...]
Solches Verderben geht um im Volke; in Scharen verlassen
die Verarmten das Land, ziehn in die Fremde hinaus,
Werden verkauft als Sklaven und schimpflich mit Stricken gebunden,
(Müssen der Knechtschaft Joch tragen, das dort ihrer harrt.)
Und so kommt das gemeinsame Leid ins Haus eines jeden,
Und die Tore zum Hof halten das Übel nicht auf, [...]
Mir gibt das Herz den Befehl, die Athener so zu belehren:
Gilt kein Gesetz, wird viel Übel dem Staate zuteil.
Gilt das Gesetz, – es fügt zu schöner Ordnung das Ganze
[...] Macht ein Ende dem bitteren Zank. Befolgt man das Rechte,
Wird bei dem Menschengeschlecht alles gerade und gut.

Zoltan Franyo et al. (Hrsg.): Frühgriechische Lyriker, Band 1. Berlin 1971, S. 34–37.

Wettkampf und Sport – das Leistungsprinzip

4 Die Unterlegenen

Der griechische Dichter Pindar (gest. nach 445 v. Chr.) geht – nachdem er den Sieger im olympischen Knabenringkampf gepriesen hat – auf die Unterlegenen ein:

Alkimedon hat, durch Fügung der Gottheit und da es ihm an Mut nicht fehlte, seinen vier Gegnern eine höchst unrühmliche Heimkehr beschert; das schändliche Gerede, das sie erwartet, zwingt sie nun dazu, auf geheimen Wegen und möglichst ohne Aufsehen in ihre Heimatstädte zurückzukehren.

Pindar: Achte Olympische Ode, 67–69, Zit. nach: Praxis Geschichte. H. 3/2008, S. 27. Übers. Anne-Kathrin und Florian Lamke.

5 Die Bedeutung von Sport und Wettkampf

Der Archäologe Rainer Vollkommer (geb. 1959) schreibt dazu:

Sport war ein fundamental wichtiger Bestandteil des griechischen Lebens. Wettkämpfe (Agone) waren weitverbreitet. Jede Polis hatte ihre eigenen Spiele, die mit religiösen Festen und Versammlungen verbunden waren. [...] Das griechische Bedürfnis nach Wettkampf kam auch in anderen Lebensbereichen zum Tragen. Wettkampf, Wettstreit und Wettbewerb waren eine der zentralen Antriebsfedern griechischen Schöpfertums, die zu der unglaublich schnellen Entwicklung in vielen Sparten führ-

te. Siegreich zu sein, war das Beste, was einem Griechen geschehen konnte. Durch einen Sieg erhob er sich in dem Moment über alle anderen und alle anderen verehrten ihn für den Sieg. Sieger bei den großen Panhellenischen Spielen wurden besonders honoriert, weil diese Siege auch ein enormer Prestigegewinn für die Polis waren. Die Städte überreichten ihrem Sieger meist hohe Prämien, wie Geld, ein Haus, lebenslange Speisung und Befreiung vom Militär [...]
Die Griechen waren auch die ersten, die für den Sport eine eigene Architektur entwickelten [...] Spätestens mit 12–13 Jahren fingen die Jünglinge an, im Gymnasion (von gymnos, „nackt") mithilfe von Trainern zu üben und sich zu messen. Der Sport wurde nackt betrieben, so dass sich der schöne athletische Körper zur Freude der Zuschauer offenbarte. [...]

Rainer Vollkommer: Das antike Griechenland. Stuttgart 2007, S. 132–135.

6 Sportliche Erfolge – und ihr Wert?

Xenophanes aus Kolophon, ein früher griechischer Philosoph, lebte im 6. Jahrhundert v. Chr. und bereiste weite Teile der von Griechen besiedelten Welt. Über sportliche Erfolge schreibt er:

Aber wenn einer den Sieg in der Schnelle der Füße gewänne,
oder im Fünfkampf auch, dort, wo der heilige Hain
Zeus' in Olympia liegt bei Pisas Quellen, im Ringen
mit den Fäusten den Kampf stünde, den schmerzlichen, durch,
oder den grausigen Streit, den sie Pankration nennen,
rühmlicher anzuschaun wäre den Bürgern er nicht.
Wohl, er gewänne weit sichtbar den Ehrenplatz bei den Spielen und auf Kosten der Stadt würd' ihm ein öffentlich Mahl,
und er empfinge noch ein Geschenk, das ihm köstlich erschiene.
Siegt' er mit Rossen auch, würd' ihm dies alles zuteil;
Und doch war' er nicht würdig wie ich. Ist besser als Pferde-Stärke und Männerkraft unsere Weisheit ja doch.
Wahrlich, grundlos hält man es so. Der tüchtigen Weisheit Stärke vorzuziehn, keineswegs ist es gerecht.
Wäre ein tüchtiger Kämpfer mit Fäusten unter den Bürgern [...]
wäre darum die Stadt doch nicht in besserer Ordnung,
und es würde der Stadt nur ein bescheidner Genuss,
wenn an Pisas Ufern im Wettstreit einer gewänne.
Denn die Kammern der Stadt macht ja dergleichen nicht voll.

Xenophanes aus Kolophon: Fragment 2 (Elegien). Zit. nach: Geschichte lernen. H. 16/1990. Übers.: Emil Staiger.

7 Wettlauf der Frauen, dargestellt auf einer Amphore aus dem 5. Jahrhundert v. Chr.
Frauen und Mädchen hatten in Olympia eigene Spiele zu Ehren der Göttin Hera.

Kindheit und Erziehung – zwei griechische Konzepte

8 Abhärtung der Jugend

Der Autor Plutarch (um 45–um 125 v. Chr.) berichtet um 100 n. Chr. über die Erziehung; die Verfassung Spartas wird auf eine sagenumwobene Persönlichkeit namens Lykurg zurückgeführt.

War ein Kind zur Welt gekommen, so war es nicht das Recht des Vaters zu entscheiden, ob es aufzuziehen sei. Er musste es an einen festgesetzten Ort bringen, wo die Gemeindeältesten es genau untersuchten. War es von festem Gliederbau und kräftig, ließen sie es aufziehen [...] War es aber schwach und missgebildet, so ließen sie es in einen Felsabgrund hinabstürzen. Sie meinten nämlich, dass es für ein Wesen, das nicht fähig sei, gesund und kräftig heranzuwachsen, im eigenen Interesse und in dem des Staates besser sei, nicht zu leben [...]
Die Knaben entzog Lykurg, sobald sie sieben Jahre als waren, ihren Vätern und ließ sie in Herden miteinander aufwachsen und erziehen. Hier lernten sie, beim Spiel wie bei ernster Betätigung, immer beisammen zu sein. [...] Lesen und Schreiben lernten sie nur soviel, wie sie brauchten; die ganze übrige Erziehung war darauf gerichtet, dass sie lernten, pünktlich zu gehorchen, Strapazen zu ertragen und im Kampfe zu siegen [...] Zur Abhärtung durften sie nur barfuß gehen, und sie mussten ihre Übungen in der Regel nackt halten. Sobald sie zwölf Jahre alt waren, gingen sie stets ohne Unterkleidung und durf-

ten, abgesehen von wenigen Tagen im Jahr, weder baden noch sich salben.

Zit. nach: Walter Arend et al. (Hrsg.): Nach Geschichte in Quellen, Bd. I: Altertum, München 1965, S. 143 (unter Rückgriff auf das Original)

9 Ein standesgemäßes Leben

Der Redner Demosthenes (384–322 v. Chr.) vergleicht 330 v. Chr. seinen Werdegang mit dem seines politischen Gegners Aischines.

Mir also war es vergönnt, Aischines, in meiner Kindheit standesgemäß zur Schule zu gehen und so viel zu besitzen, wie man braucht, um sich nicht aus Mangel schimpflichem Tun zuwenden zu müssen, und, nachdem ich herangewachsen war, jenen Verhältnissen entsprechend zu handeln: Chöre zu finanzieren, Kriegsschiffe auszurüsten, freiwillige Steuerbeiträge zu spenden, kurz, weder im privaten noch im öffentlichen Leben es an Freigebigkeit fehlen zu lassen, vielmehr dem Staat sowohl als meinen Freunden mich nützlich zu erweisen, des Ferneren, als ich mich zum Eintritt in die politische Laufbahn entschlossen hatte, mich auf solche Weise für den Staat zu engagieren, dass ich sowohl von der Vaterstadt wie von vielen anderen griechischen Staaten vielmals durch Verleihung eines Kranzes geehrt worden bin […] Du aber […] prüfe im Vergleich damit, was du für ein Geschick gehabt hast: Drückend war die Armut, in der du als Knabe aufgewachsen bist, zusammen mit deinem Vater an die Schule gebunden, Tinte reibend und die Tische abwischend und die Schulstube fegend, in der Stellung eines Sklaven, nicht eines frei geborenen Knaben.

Demosthenes: Kranzrede 257–258. Zit. nach: Rolf Rilinger (Hrsg.): Leben im antiken Griechenland. Ein Lesebuch. München 1990, S. 89 f.

Griechische Frauen – Wesen von geringerem Wert?

10 Die richtige Ehefrau

Der Autor Xenophon (426–355 v. Chr.) lässt in seinem Werk über die Hauswirtschaft den Gutsbesitzer Isomachos Folgendes über seine Frau und die Rollen der Geschlechter sagen:

Sie war noch nicht fünfzehn Jahre alt, als ich sie heiratete. Die Zeit vorher hatte man fürsorglich auf sie aufgepasst, damit sie möglichst wenig sah, hörte und fragte. Ich war schon damit zufrieden, dass sie bei ihrem Kommen bereits verstand, mit Wolle umzugehen und ein Gewand anzufertigen, und dass sie auch schon bei der Spinnarbeit der Dienerinnen zugesehen hatte. Außerdem wusste sie, was mir sehr wichtig erscheint, gut Bescheid, was Ernährungsfragen angeht […] Ich riet ihr, nicht nach Art der Sklaven immer herumzusitzen, sondern wie eine Herrin vor dem Webstuhl zu stehen. […] Mir scheinen die Götter dieses Paar, das man Mann und Weib nennt, besonders gut zusammenpasst zu haben, damit es sich gemeinsam so viel Nutzen bringe wie möglich. Denn erstens ist dieser Bund geschlossen, um miteinander Kinder zu zeugen, damit die Menschen nicht aussterben. Zweitens schaffen sie sich mit den Kindern, die aus diesem Bunde hervorgehen, Stützen für das Alter. Da beide Arten von Arbeit nötig sind, die draußen und drinnen, schufen die Götter die Natur der Frau für die Arbeiten im Hause, die des Mannes aber für die Arbeiten außerhalb des Hauses. Die Frauen haben größere Liebe zu den Säuglingen, ihre Fürsorge ist gut für die Überwachung der Vorräte; der Mann dagegen ist mutiger, wenn es um Schutz des Hauses und Eigentums geht. Er ist eher dazu geschaffen, Kälte und Wärme, Märsche und Feldzüge zu ertragen.

Xenophon: Oikonomikos (Hauswirtschaftslehre). Zit. nach: Helke Kammerer-Grothaus: Frauenleben-Frauenalltag im antiken Griechenland. Berlin 1984, S. 2, S. 35.

11 Die Parfümverkäuferin

Amphore ca. 5. Jahrhundert v. Chr.

12 Missachtung der Frauen?

Der Historiker Wolfgang Schuller (geb. 1935) analysiert eine häufig zitierte Textstelle aus einer Rede, die um 340 v. Chr. vor einem athenischen Gericht gehalten wurde. Verklagt

worden war die Hetäre Neaire, die sich und ihren Kindern das athenische Bürgerrecht erschlichen haben sollte. Hetären sind vielseitig ausgebildete Prostituierte, die z. B. Musikinstrumente beherrschten:

Wie steht es nun drittens mit der angeblichen generellen, außergewöhnlichen Missachtung der Frauen durch die athenischen Männer? [...] In der Rede gegen Neaira [...] sagt der Kläger:

Wir haben die Hetären der Lust wegen, die Nebenfrauen wegen der täglichen Pflege unseres Körpers, die Ehefrauen aber dazu, um uns legitime Kinder zu gebären und als verlässliche Wächter unseres Haushalts.

Abscheu pflegt die erste und meist auch die letzte Reaktion auf diese Textstelle zu sein: Für die angenehmen Seiten des Lebens hält sich der Athener Lustobjekte, die Ehefrau ist auf die Rolle der Gebärmaschine und Putzfrau reduziert, und diese Verachtung der eigenen Frau wird auch noch mit zynischer Offenheit proklamiert. Aber gemach – ein bisschen näheres Hinsehen ergibt ein anderes Bild.

Wir fragen uns, in welcher Situation, in welcher Absicht und an welchen Adressaten diese Worte gesprochen worden sind. Die Rede richtet sich gegen Neaira, eine Frau, der vorgeworfen wird, sich als Ausländerin und [...] Hetäre in das attische Bürgerrecht eingeschlichen zu haben. [...] Hinzu kommt, dass die Rede sich an die dreistellige Zahl athenischer männlicher Bürger richtet, die als Geschworene über den Prozess zu entscheiden hatten. Ausgerechnet ihnen gegenüber erklärt der Ankläger nicht gerade ihre Ehefrauen für verächtliche Wesen, noch dazu zugunsten der Hetäre, deren Verurteilung durch die Geschworenen er gerade herbeiführen will. Auch aus dem unmittelbaren Zusammenhang ergibt sich das. Der Redner warnt die Richter nämlich, Neaira freizusprechen, indem er ihnen vor Augen führt, wie beleidigend es auf die Ehefrauen und Töchter wirken müsse, wenn sie davon erfahren würden, dass die Anmaßung einer Hetäre, rechtmäßige Ehefrau zu sein, folgenlos bliebe. [...] Die Wertskala dieser Stelle ist also genau umgekehrt, als allgemein angenommen [...]

Wolfgang Schuller: Frauen in der griechischen und römischen Geschichte. Konstanz 1995, S. 53 f.

Außenpolitik und Innenpolitik – eng verwoben

13 „Die außenpolitische Komponente der Innenpolitik"

Der Sieg der griechischen Flotte bei Salamis (480 v. Chr.) trug außenpolitisch zum Sieg über die Perser bei und ermöglichte die Bewahrung der Selbstständigkeit. Die innenpolitischen Folgen stellt der Historiker Jochen Bleicken (1926–2005) so dar:

Die außenpolitische Komponente der Innenpolitik zeigt sich besonders deutlich in der Frage des Flottenbaus. [...] Denn da in der Seeschlacht alles von der Wendigkeit der Schiffe abhing, mussten die Kriegsschiffe Ruderschiffe (Galeeren) sein; jedes Schiff brauchte für die drei Ruderbänke 170 Ruderer, [...]. Es kam hinzu, dass der Ruderer im Grunde kein Sklave sein konnte; denn seine Tätigkeit galt eher als Soldatendienst denn als reine Handarbeit

14 Griechische Ruderer einer Kriegsgaleere
Relief aus Kalkstein (um 450 v. Chr.). Ein solcher Schiffstyp verfügte mit drei übereinander angeordneten Reihen von Ruderern über etwa 200 Mann Besatzung. Eine solche Galeere war ungefähr 35 m lang und ca. 5,5 m breit.

zur Fortbewegung des Schiffes: Es kämpften ja nicht die Deckmannschaften der Schiffe durch Schießen, Entern und im Nahkampf miteinander, sondern man kämpfte durch Rammen, setzte demnach das ganze Schiff als Waffe ein; die Ruderer versahen also nicht den Dienst von Galeerensklaven, sondern sie lenkten die Waffe selbst. [...]

Aber woher sollten sie genommen werden? Es kamen da – abgesehen von der Heranziehung von in Athen ansässigen Fremden und von der Anwerbung von Ausländern – nur die ärmeren Bürger Athens in Frage, also diejenigen, die von ihrem Vermögen her nicht in der Lage waren, sich für den klassischen Soldatendienst, nämlich als Schwerbewaffnete für den Kampf in der Phalanx, selbst auszurüsten. Die Schwerbewaffneten kamen für den Ruderdienst deswegen nicht in Betracht, weil sie – abgesehen davon, dass sie der Zahl nach nicht genügten – für die Feldarmee benötigt wurden. So besetzten vornehmlich Athener die Ruderbänke, die keiner der drei Vermögensklassen angehörten, [...] die in Athen Theten hießen. Mit dem Ruderdienst, der Militärdienst war, erwarben sie aber nach damaligem Denken den Anspruch auf einen aktiven Anteil am politischen Leben, denn beides stand seit ältester Zeit in einem Kausalzusammenhang. [... Aber erst] die größte und folgenreichste Schlacht dieses Jahrhunderts, Salamis, hob das Ansehen des Ruderers so weit, dass man in ihm einen Kämpfer zu sehen vermochte. [...]

Jochen Bleicken: Die athenische Demokratie. Paderborn 1994, S. 42 f.

Sklaverei – Grundvoraussetzung der Demokratie?

15 Herrschen und Dienen

Der Philosoph Aristoteles (384–322 v. Chr.) schreibt in seinem Werk über die Politik zur Rolle der Unfreien:

Welches die Natur und die Fähigkeit des Sklaven ist, wird hieraus klar. Der Mensch, der seiner Natur nach nicht sich selbst, sondern einem anderen gehört, ist von Natur ein Sklave; einem anderen Menschen gehört, wer als Mensch ein Besitzstück ist, das heißt ein für sich bestehendes, dem Handeln dienendes Werkzeug.

Ob es nun einen Menschen gibt, der von Natur derart ist oder nicht, und ob es besser und gerecht ist für einen Menschen, Sklave zu sein oder nicht, oder ob überhaupt jede Sklaverei gegen die Natur ist, dies ist nun zu untersuchen. Es ist nicht schwer, dies theoretisch zu erkennen und aus der Erfahrung zu entnehmen. Das Herrschen und Dienen gehört nicht nur zu den notwendigen, sondern auch zu den zuträglichen Dingen. [...]

Von Natur ist also jener ein Sklave, der einem andern zu gehören vermag und ihm darum auch gehört, und der so weit an der Vernunft teilhat, dass er sie annimmt, aber nicht selbständig besitzt.

Zit. nach: Hagen Schulze/Ina Ulrike Paul (Hrsg.): Europäische Geschichte. München 1994, S. 428 f. Übers.: O. Gigon.

16 Die Arbeit machten andere

Der Historiker Jochen Bleicken über die Bedeutung der Sklaverei in der modernen historischen Forschung:

Konnte eine der politischen Grundideen der Demokratie, dass nämlich jeder Bürger seine politischen Rechte auch ausüben können sollte und er darum für das politische Geschäft bezahlt werden musste, nicht nur dann verwirklicht werden, wenn der Sklave die Arbeit auf dem Feld, in den Manufakturen und Bergwerken tat und er also die Produkte schuf, damit der Bürger dem politischen Geschäft nachzugehen vermochte? Konnte die gewaltige athenische Flotte, für deren Bemannung man oft den letzten Mann brauchte, nicht nur deswegen in See stechen, weil es Sklavenhände gab, welche die lebensnotwendigen Produkte herstellten, und war darum nicht die athenische Seebunds- und Großmachtpolitik auf die Sklaverei gegründet?

Ist die Frage so allgemein und umfassend gestellt, lässt sie sich widerlegen: Auf jedem Arbeitsgebiet, ob nun in der Landwirtschaft, im Gewerbe oder im Handel, wären die Athener mit wenigen Ausnahmen auch ohne Sklaven ausgekommen, und in der Politik oder auf der Flotte und im Heer waren niemals alle Athener und selbst in Notlagen auch lediglich der größte Teil beschäftigt. Aber dieser Einwand ist doch nur bedingt richtig. [...]

Spielt es keine Rolle, dass nicht die ganze, aber doch ein beträchtlicher Prozentsatz der Arbeit von Sklaven getan wurde, wenn die Mehrheit der Athener außer Landes war? Ist es unwichtig, dass Vornehme und Wohlhabende sich gerade durch den Besitz von Sklaven größere Vermögen und völlige persönliche Unabhängigkeit erwarben? Es ist wohl kaum der Blick auf den einzelnen Berufszweig oder die einzelne, besondere Situation, der bedenklich stimmt, sondern die Summe der Möglichkeiten, die durch den Tatbestand einer großen Anzahl von Sklaven in wichtigen Berufen gegeben ist.

Jochen Bleicken: a. a. O., S. 96.

17 Die richtige politische Ordnung – eine Verfassungsdebatte

Herodot (um 484–um 424 v. Chr.) überliefert eine Diskussion über die in Griechenland praktizierten Varianten der Ausgestaltung von politischer Herrschaft. Als Anlass dazu wählt

er die bevorstehende Thronbesteigung eines ausländischen Alleinherrschers, des persischen Großkönigs Dareios I. im Jahr 521 v. Chr.

(80) (Otanes sprach:) „Wie kann auch Alleinherrschaft eine wohlbestellte Ordnung sein, sie, der es erlaubt ist, ohne Rechenschaft zu tun, was ihr beliebt? Denn gelangte auch der Beste aller Menschen zu solcher Macht, sie stellte ihn außerhalb alles gewohnten Denkens. Denn in ihm wächst Überhebung, aus der Fülle, in der er steht, die Missgunst aber ist von Anbeginn dem Menschen eingepflanzt. Hat er aber diese zwei, hat er alles Schlimme miteinander. Denn nun, übersättigt und voll Überhebung, tut er vieles Entsetzliche, anderes aber aus Missgunst. [...] Herrscht aber die Gemeinde, trägt das erstens den schönsten aller Namen: gleiches Recht, und zweitens, alles was der Alleinherrscher tut, das tut sie nicht; nach dem Los besetzt sie die Ämter, ist Rechenschaft schuldig über die Leitung, und alle Beschlüsse bringt sie vor die Gemeinschaft. Darum ist meine Meinung, wir lassen von der Alleinherrschaft und stärken die Gemeinde. Denn im Vielen steckt das Ganze."

(81) (Megabyzos sprach:) „Dass (Otanes) empfiehlt, die Macht an das Volk zu geben, da hat er die beste Meinung nicht getroffen. Denn nichts ist unverständiger, nichts überheblicher als so ein unnützer Haufe. Sind wir der Anmaßung und Willkür eines Herrn eben entgangen, nur um der Willkür einer zügellosen Menge in die Hände zu fallen? Das wäre doch ganz unerträglich. Denn tut jener etwas, so weiß er wenigstens, was er will; der Menge aber fehlt selbst dieses Wissen. Wie sollte sie's denn auch wissen, wo sie im Rechten weder unterwiesen ist noch es von selbst aus eigener Kraft je sah, sondern sie fällt über die Angelegenheiten her und stößt sie vor sich her, ohne Verstand, einem Sturzbach im Unwetter gleich. Wer es also mit dem Persern schlecht meint, der setze auf das Volk, wir aber sollten eine Gruppe der besten Männer auswählen und die mit der Gewalt bekleiden; denn unter denen werden auch wir selber sein, und von den besten Männern sind gewiss die besten Entscheidungen zu erwarten."

(82) (Dareios sprach:) „Besseres kann man nicht finden als den einen Mann, der das Beste ist. Denn er hat auch

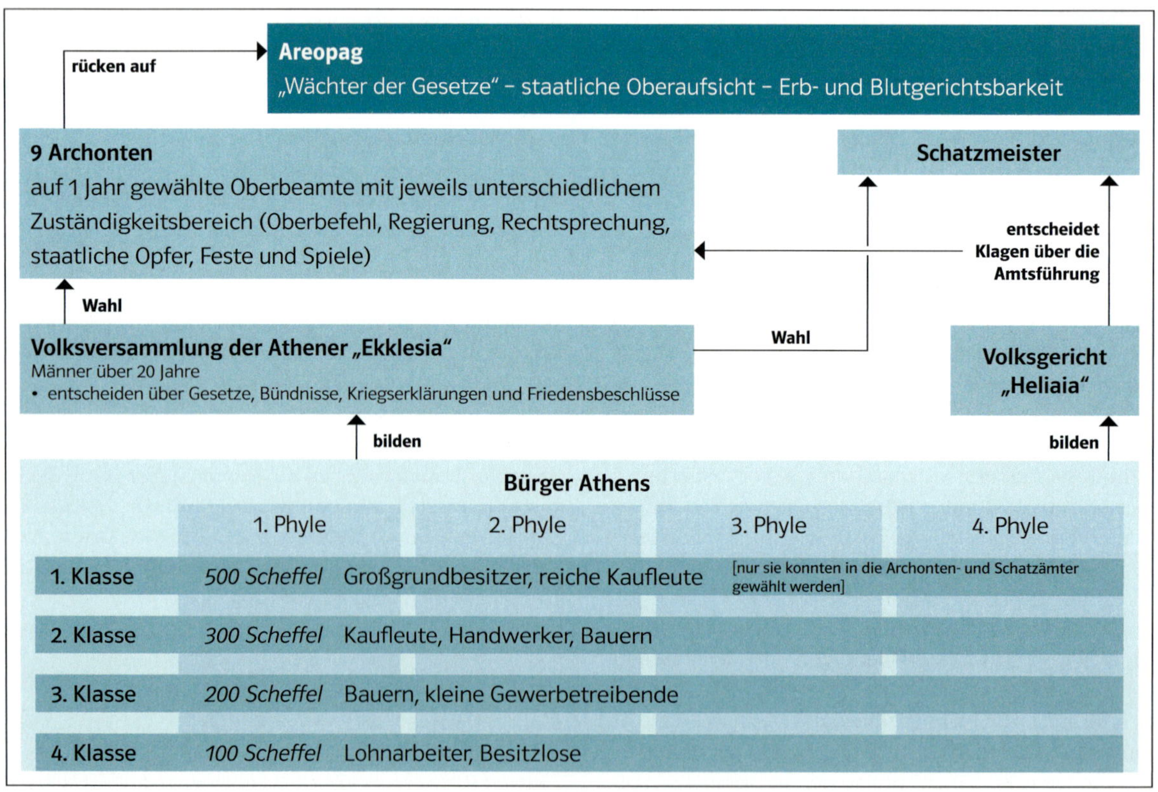

18 Grafische Darstellung der Verfassung Solons im 6. Jahrhundert v. Chr.

das beste Urteil und wird so für das Wohl des Volkes sorgen ohne Tadel, und was zu beschließen ist gegen Feinde, wird so am wenigsten verraten. Bei der Herrschaft Weniger aber, wo viele sich anstrengen, ihre Tüchtigkeit und ihr Verdienst für das Gemeinwohl zu zeigen, pflegen heftige Feindschaften unter den Einzelnen zu entstehen. Denn jeder will selber der Vorderste sein und siegen mit seiner Meinung, und darum geraten sie in große gegenseitige Feindschaften […]"

Zit. nach: Hans-Joachim Gehrke/Helmuth Schneider (Hrsg.): Geschichte der Antike, Quellenband, Stuttgart 2007, S. 64 ff.

Die Athener und ihre Demokratie

19 Der richtende Bürger – ein Monarch?

In der Komödie „Die Wespen" lässt 422 v. Chr. der Dichter Aristophanes (um 450–um 380 v. Chr.) ein Mitglied des Volksgerichts sprechen. Die Volksgerichte setzten sich aus juristisch nicht vorgebildeten athenischen Bürgern zusammen, die ausgelost wurden. Die Richter erhielten jetzt einen Sold von drei Obolen pro Gerichtstag.

Bei dem Eintritt gleich in die Schranken beweis' ich dir klar und unwiderleglich:
Daß sich unsre Gewalt wohl messen darf mit der Herrschaft jedes Monarchen!
Welch Wesen auf Erden ist hochbeglückt, gefeiert und reich, wie ein Richter,
Hat Freuden die Füll', ist gefürchtet zugleich, wie ein Richter, vor allem ein alter? […]
entgegen Streckt einer sogleich mir die samtene Hand, die den Seckel des Staates bestohlen.
Sie verneigen sich tief, und sie bitten und flehn und schwimmen in Tränen und schluchzen:
„O erbarme dich, Vater, o laß dich erflehn, wenn du jemals im Amte wohl selber
Dich ein bißchen vergriffen, hier oder im Feld, bei dem Einkauf für die Soldaten!" […]
Gibt's irgendwas Schönes, was Süßes, das dort nicht ein Richter zu hören bekäme? […]
Wenn Rat und Volk in Verlegenheit sind, wie ein wichtiger Fall zu entscheiden,
Dann verfügt ein Dekret, daß die Schuld'gen vor uns, vor den Richtern, sich haben zu stellen […]
Und das Schönste von allem, das Köstlichste just, das hätt' ich beinahe vergessen!
Ich komme nach Hause, mit der Löhnung im Maul, da umringen mich alle begrüßend
Und tun mir gar schön von wegen des Gelds […]
Nun sprich: bin ich nicht ein gewaltiger Herr,
Gewaltig wie Zeus, der Allmächtige, selbst […]
Und schleudr' ich den Blitz, dann schnarren vor Angst
Und Entsetzen die reichen, hochachtbaren Herrn
Und kacken sich voll […]

Zit. nach: Walter Arend et al. (Hrsg.): Geschichte in Quellen, Bd. I: Altertum, München 1989, S. 255–257.

20 Die „Hohe Schule Griechenlands"

Thukydides berichtet mit einigem zeitlichen Abstand über eine Rede, die der Athener Politiker Perikles 431 v. Chr. während des Krieges gegen Sparta gehalten haben soll. Seit diesem Jahr bis 404 v. Chr. befanden sich Athen und seine Verbündeten in einem Krieg gegen Sparta und dessen Verbündete um die Vorherrschaft unter den Poleis.

Wir leben in einer Staatsform, die die Einrichtungen anderer nicht nachahmt; eher sind wir für etliche ein Vorbild, als dass wir andere uns zum Muster nähmen. Mit Namen wird sie, weil wir uns nicht auf eine Minderheit, sondern auf die Mehrheit im Volke stützen, Volksherrschaft (Demokratie) genannt. Und es genießen auch alle für ihre eigenen Angelegenheiten vor den Gesetzen gleiches Recht; in der öffentlichen Bewertung jedoch fragt man allein nach dem Ansehen, das sich jemand auf irgendeinem Felde erworben hat, und nicht die Zugehörigkeit zu einem bestimmten Volksteil. Allein die persönliche Tüchtigkeit verleiht im öffentlichen Leben einen Vorzug, auch wird bei Armut keiner, der doch dem Volke Gutes zu leisten vermöchte, um der Geringheit seines Standes willen ausgeschlossen.

Ein freier Geist herrscht in unserem Staatsleben und wirkt auch im täglichen Leben und Treiben aller gegenseitigen Beargwöhnung entgegen […] Auch für mancherlei Erholung des Geistes von allen Anstrengungen ist bei uns gesorgt, teils durch die Pflege von Kampfspielen und Festen während des ganzen Jahres, teils durch schöne, jedem offen stehende Anlagen, deren täglicher Genuss den Missmut bannt. Zudem kommt bei der Größe unserer Stadt aus allen Teilen der Erde alles herein, und ebenso wie unsere heimischen Güter können wir die Erzeugnisse der ganzen Welt im eigenen Hause genießen.

Auch in der Pflege des Kriegswesenes unterscheiden wir uns von unseren Feinden […] Statt auf die üblichen Vorkehrungen und Schliche verlassen wir uns lieber auf die in uns selber ruhende Entschlossenheit zur Tat. […] Wir lieben das Schöne in Schlichtheit, lieben Wissen und Bildung, aber frei von Weichlichkeit. Reichtum ist bei uns zum Gebrauch in der rechten Weise, aber nicht zum Geprahl mit Worten da […]

Mit einem Wort also sage ich: Unsere Stadt ist im Ganzen die hohe Schule Griechenlands […]

Zit. nach: Walter Arend et al. (Hrsg.): a.a.O., S. 221 ff.

Philosophie oder die Suche nach dem, was die Welt im Innersten zusammenhält

21 Vom Nachdenken über die Natur ...

Der Schriftsteller und Theologe Arnulf Zitelmann (geb. 1929) schreibt über die Naturphilosophie:

Jeder hat hierzulande schon den Namen des Heraklit gehört oder ist in der Schule mit dem „Satz des Pythagoras" bekannt gemacht worden. Beide stammen aus Ionien. Ionien und die vor seiner Küste liegende Inselwelt haben zahlreiche Philosophen hervorgebracht [...] Sie alle suchten sich einen Vers darauf zu machen, was die Welt im Innersten zusammenhält.

Ich versuche mir vorzustellen, wie ich ohne die Erkenntnisse leben würde, die mir unsere Welt erklären. Nachts würde ich in den glitzernden Himmel schauen und mich fragen, was sind das eigentlich für Flimmerpunkte? Oder ich sähe das Meer, einen Sandstrand, einen Baum und ein Vogel flöge vorbei. Würde ich mich fragen, woher kommt das alles? Seit wann gibt es die Welt? Ich hätte keine Ahnung, dass ich mich auf einem kugelförmigen Planeten befinde. Das Sonnengestirn steigt auf und verschwindet, der Mond durchwandert das Himmelsrund, die Jahreszeiten wechseln. Warum ist alles so, wie es ist? Vielleicht haben alle Dinge einen Anfang. Ob es das Wasser war, aus dem später die Erde wurde? Oder war es das Feuer? Und so weiter.

Jetzt spätestens wird mir klar, was für eine riesige Leistung die ersten Naturforscher vollbrachten. Die ersten Philosophen, wie man damals sagte. Denn die haben sich derartige Fragen gestellt. [...] Die Ionier kannten keinen Gott, dem sie es zugetraut hätten, die Welt nach festen Gesetzen zu schaffen. Also versuchten sie, die Welt aus sich selbst zu erklären. [... Jedoch:] Man hatte viele Detailbefunde, die sich aber nicht zu einer Gesamtschau zusammenfügen ließen. Die Naturphilosophie war in eine Sackgasse geraten.

Arnulf Zitelmann: Ich weiß, dass ich nichts weiß. Weinheim 2007, S. 47–49.

22 ... zum Nachdenken über den Menschen

Über die philosophische Richtung der Sophisten schreibt Zitelmann:

Die Sophisten leiteten eine Kehrtwende ein. Statt der Naturgesetze begannen sie die Gesetze der Menschenwelt zu erforschen. [...] Folgen sie dem Vorbild der Natur? Oder bringen die Menschen selbst ihre Gesetze hervor? Woran orientieren sie sich dabei? Etwa daran, was gut für sie ist? Doch was für den einen gut ist, das ist für den anderen schlecht. Und umgekehrt. Offenbar, so schlussfolgerten die Sophisten, kann man über alles verschiedener Meinung sein. [...]

In einer sophistischen Schrift des 5. Jahrhunderts, Dissoi Logoi, spiegelt sich diese Haltung. [...] Die einen behaupten, auf der einen Seite stehe das, was ohne Tadel ist, auf der Gegenseite das, was Tadel verdient. Die anderen aber sagen, das Tadellose und das Tadelhafte seien ein und dasselbe. [...] Es sei auch nichts daran zu kritisieren, wenn man Freunden Gutes tut, aber es sei kein gutes Benehmen, seinen Feinden willfährig zu sein. Und bei den Spartanern sei es korrekt, Mädchen nackt zu trainieren, die Griechen Ioniens aber hielten das für unanständig. Die Thraker fänden tätowierte Frauen schön, bei den Griechen aber seien Tätowierungen eine Strafe, mit der man Verbrecher brandmarke. Um es allgemein auszudrücken, je nach Zeit und Ort kann offenbar alles Beliebige korrekt oder ungehörig sein.

Und so geht es weiter im Text. Sind Recht und Unrecht relativ oder sind es eindeutige Werte? [...]

Wo in aller Welt hat man schon Derartiges gehört? Darf man so denken? Darf man überhaupt so reden?

Arnulf Zitelmann: a. a. O., S. 49–51.

23 Nie mehr Philosophie treiben?

Der vor dem Volksgericht wegen Gottlosigkeit (Asebie) angeklagte Philosoph Sokrates (469–399 v. Chr.) soll sich, laut seinem Schüler Platon, wie folgt verteidigt haben:

Wenn ihr zu mir sagtet: Sokrates, jetzt lassen wir dich frei, unter der Bedingung, dass du nicht mehr bei dieser Forschung verbleibst und nicht mehr Philosophie treibst; wenn du aber noch einmal bei dieser Beschäftigung ertappt wirst, musst du sterben – wenn ihr mich also, wie gesagt, unter dieser Voraussetzung frei ließet, so würde ich euch sagen: Ich habe euch, Männer von Athen, von Herzen gern und lieb, gehorchen aber werde ich mehr der Gottheit als euch, und solange ich Atem hole und Kraft habe, werde ich auf keinen Fall aufhören, Philosophie zu treiben und euch zuzurufen und klarzumachen, auf wen ich auch von euch immer stoße, indem ich meine gewohnten Worte spreche, nämlich: Du bester der Menschen, du bist Athener, gehörst zur Stadt, die am größten und ruhmreichsten ist in Kenntnis und Kraft, und für Geld zu sorgen schämst du dich nicht, dass du möglichst viel erwirbst, auch für Ruhm und Ehre; für Einsicht aber und für Wahrheit und für deine Seele, dass sie möglichst gut werde, mühst du dich nicht?

Zit. nach: Walther Kranz: Vorsokratische Denker. Berlin 1959. S. 235 f.

Arbeitsvorschläge

○●● a) Zeigen Sie an Homers Text (M2) auf, wodurch sich für die Griechen die Polis auszeichnet. Untersuchen Sie dazu auch, woran bei den Kyklopen Kritik geübt wird.

○○● b) Übersetzen Sie zunächst den Text M3 in Ihren Sprachgebrauch und fassen Sie anschließend, ausgehend von den zuletzt geäußerten Gedanken, Solons Kritik an den in Athen herrschenden Verhältnissen zuzammen.

●●● c) „Dabei sein ist alles", formulierte der Wiederbegründer der Olympischen Spiele in der Neuzeit, Pierre de Coubertin. Beurteilen Sie, inwieweit dies dem historischen Vorbild entspricht (M4, M5).

○○● d) Formulieren Sie eine Antwort an Xenophanes (M6), in der Sie zu seiner Kritik Stellung nehmen. Berücksichtigen Sie dazu auch die Ausführungen von Rainer Vollkommer. (M5)

○●● e) Spartas Lebensformen, so auch die die Erziehung betreffenden, stießen in anderen Poleis auf Zustimmung wie Ablehnung. Stellen Sie die Argumente für beide Positionen in M8 gegenüber.

●●● f) Unterscheiden Sie Kindheit und Werdegang von Demosthenes und Aischines (M9) und beurteilen Sie, mit welcher Absicht Demosthenes als Redner diese anführt.

●●● g) Vergleichen Sie die Erziehungskonzeption in Sparta und Athen (M8, M9). Verfassen Sie dazu eine Rede, in deren Mittelpunkt Sie die unterschiedlichen Entwürfe des Bilds vom Menschen kommentieren.

○●● h) Setzen Sie sich mit den Rollen der Geschlechter und deren Beziehungen (M10) auseinander. Formulieren Sie anschließend eine Antwort aus der Sicht einer Griechin aus einer armen Familie.

●●● i) Erläutern Sie am Beispiel des Zitats und der Ausführungen von Schuller (M12), weshalb es eine problematische Vorgehensweise darstellt, wenn einzelne Passagen zur Rolle der Frauen aus ihrem Zusammenhang herausgelöst werden.

●●● j) Beurteilen Sie auf Basis der Ausführungen des Historikers Bleicken, ob die Überschrift von M13 ihre Berechtigung hat.

○●● k) Versetzen Sie sich in Aristoteles (M15) und erläutern Sie aus seiner Sicht einem Gegner der Sklaverei deren Rechtfertigung.

●●● l) Vergleichen Sie die Argumente in M17 zugunsten bzw. gegen die drei vorgestellten Regierungsformen in Form einer Tabelle und beurteilen Sie deren Stichhaltigkeit.

○●● m) Setzen Sie sich damit auseinander, weshalb in M17 Herodot diese Diskussion in Persien stattfinden lässt, obwohl dies äußerst unwahrscheinlich ist.

○○● n) Fassen Sie die Kritik des Aristophanes an der zeitgenössischen Praxis in den Volksgerichten zusammen (M19).

○●● o) Weisen Sie nach, dass in dem Text (M20) ein Idealbild Athens in der Zeit der Demokratie gezeichnet wird. Ordnen Sie das in die historische Situation ein.

●●● p) Diskutieren Sie das Bild vom Athener Bürger in demokratischer Zeit (M20), das hier entworfen wird. Vergleichen Sie es mit dem Bürger in der Komödie von Aristophanes (M19).

○○● q) Vollziehen Sie das Gedankenexperiment Zitelmanns (M21) nach und bringen Sie Ihr Ergebnis in die Form eines Briefs an ihn.

●●● r) Für Sokrates ging es in dem gegen ihn angestrebten Prozess um Weiterleben oder Hinrichtung. Beurteilen Sie vor diesem Hintergrund seine Argumentation in M23.

Grundwissen: Das attisch-hellenistische Menschenbild

→ 4 - 7 S. 171 f.

Anfänge der griechischen Kultur und Polisbildung

Die Anfänge der griechischen Geschichte reichen zurück in die Bronzezeit, in der auf der Insel Kreta und auf dem griechischen Festland kulturell hochstehende „Palastkulturen" nachweisbar sind. Weshalb sie etwa zeitgleich um 1200 v. Chr. untergingen, ist ebenso ungewiss wie die Vorgänge im anschließenden „dunklen Zeitalter" bis etwa 700 v. Chr. Sicher ist, dass eine Art Völkerwanderung zunächst einen kulturellen Rückschritt bewirkte. Gleichzeitig bildeten sich aber auch wegweisende Strukturen heraus, wozu vor allem die Ordnung der zahlreichen selbständigen Poleis zählte.
So sehr die verschiedenen Poleis auf ihre Selbstständigkeit achteten, untereinander stritten und Krieg führten, so sehr fühlten sie sich im Grundsatz den anderen Hellenen verbunden. Mit ihnen teilten sie u. a. den Glauben an die olympische Götterfamilie, die von dem Göttervater Zeus als Familienoberhaupt angeführt wurde, sowie die zu deren Ehren veranstalteten kultischen und sportlichen Festspiele in ⇒Olympia. Sie teilten die in verschiedenen Dialekten gesprochene gemeinsame Sprache, die Schrift und die Dichtungen von Homer und Hesiod, sie teilten ihre Lebensart und nicht zuletzt auch den abschätzigen Blick auf die Barbaren.

→ 8 S. 172 f.

Die „Gleichen" und ihre Staatssklaven – die Polis Sparta

Die Entwicklungen in den Poleis verliefen unterschiedlich. Einen sehr eigenen Entwicklungsweg gingen die Spartaner. Einwanderer hatten um das Jahr 1000 v. Chr. ein Gebiet auf der südlichen Peloponnes-Halbinsel erobert und in den folgenden Jahrhunderten ihre Nachbarn gewaltsam in Abhängigkeit gebracht. Um deren Aufstände abwehren zu können, organisierten sich die Vollbürger, die Spartiaten, als eine ständig kampfbereite Berufsarmee. Ihnen arbeiteten die Perioken (Umwohner) zu, die politisch abhängig waren, ihre persönliche Freiheit jedoch behielten und auch zum Militärdienst verpflichtet waren. Eine zweite Gruppe von Unterworfenen, die Heloten, wurde versklavt und zur Zwangsarbeit auf den Feldern gezwungen. Sie waren ständigen gewaltsamen Übergriffen ausgesetzt.
Von dieser, den Spartiaten zahlenmäßig weit überlegenen Gruppe, ging eine andauernde Bedrohung aus, weshalb man wohl auch alte Stammessitten beibehielt, die ansonsten im Griechenland im 5. Jahrhundert v. Chr. kaum noch anzutreffen waren. Dazu zählen die täglichen gemeinsamen Mahlzeiten ebenso wie die Erziehung der männlichen Kinder und Jugendlichen ab sieben Jahren zu Entbehrung und Kampfbereitschaft durch Ältere. Die Mädchen blieben in der Familie, nahmen aber ebenfalls an einem sportlichen Training teil, um später kräftige Söhne gebären zu können. Als erwachsene Frauen genossen sie für griechische Verhältnisse ungewöhnlich weitreichende Zuständigkeiten und Freiheiten, da die Männer lebenslang ihr komplettes Augenmerk auf die militärische Tätigkeit legten.

→ 9 - 12 S. 173 f.
→ 20 S. 177

Die attische Demokratie

Wohl Mitte des 9. Jh. v. Chr. wurde das Gebiet der Halbinsel Attika einschließlich des Hafens Piräus Teil der ⇒Polis Athen. Eine Adelsherrschaft löste das ursprünglich monarchische System ab, in der die königlichen Befugnisse auf als Archonten bezeichnete Oberbeamte übertragen wurden. Wiederholte Unruhen der nichtadligen Athener bewirkten, dass wohl 594 v. Chr. dem angesehenen Solon eine besondere Aufgabe als „Wieder-ins-Lot-Bringer" übertragen wurde. Er beseitigte einige Altlasten, indem er u. a. wegen ihrer Schulden bereits versklavte Athener auf Staatskosten freikaufen ließ, und teilte außerdem die Bevölkerung in Vermögensklassen ein.

→ 17 S. 175 f.
→ 19 - 20 S. 177

Die bisherigen Vorrechte der Geburt wurden abgelöst durch die neu geschaffene timokratische Ordnung. Der Zugang zu politischen Ämtern war zunächst von der Zugehörigkeit zur obersten Klasse abhängig und ebenso an die Klassen gekoppelt war der Umfang des Wehrdienstes des Einzelnen, der sich selbst ausrüsten musste. Künftig bilden die gemeinsam entweder als Reiter oder Fußsoldaten für Athen Kämpfenden die „Aktiv-Bürger" im politischen Sinn.
Ein von 561 bis 510 v. Chr. währendes Zwischenspiel der Tyrannis – einer alten Form der Alleinherrschaft – entsprach einer in vielen Poleis aufgetretenen Entwicklungsphase. Bei der anschließend notwendigen Neuordnung folgten die Athener dem Adligen Kleisthenes, der um 508 v. Chr. die Bürgerschaft mit einer neuen Phylenordnung systematisch durchmischte. Infolge der Perserkriege und ihrer Auswirkungen schritt die Entwicklung des politischen Systems zügig fort. Als Schutz vor übermächtigen Einzelnen führte man 487 v. Chr. den Ostrakismus ein und ersetzte nahezu zeitgleich die bisherigen Wahlen für Beamtenstellen – mit Ausnahme der Heerführer – durch Losverfahren. Beide Maßnahmen bewirkten eine weitere Schwächung des Adels. Unter dem Einfluss des Politikers Perikles, der sich während der kulturellen Blütezeit Athens in der Mitte des 5. Jh. als geschickter Demagoge betätigte, erhielten zunächst die Zeugiten und bald darauf auch die Theten vollwertige politische Rechte. Um ihnen auch wirtschaftlich die Teilnahme am politischen Leben zu ermöglichen, führte man für die Teilnahme Tagegelder (Diäten) ein.
Seit dem Bürgerrechtsgesetz von 451/50 v. Chr. galt nur als Bürger Athens, dessen Vater und Mutter bereits Bürger waren, damals wohl 120 000 Personen. Männer genossen alle, auch politische Rechte. Dazu zählen vor allem das Rederecht und die Abstimmung bei Volksversammlungen, die Mitgliedschaft im die Beschlüsse ausführenden Rat der 500 und die Tätigkeit als Richter in den zahlreichen Volksgerichten. Frauen waren hiervon ausgeschlossen und auch rechtlich vom Vater oder Ehemann abhängig, besaßen aber z. B. ein Klagerecht bei schlechter Behandlung.
Als Händler und Handwerker waren die rund 25 000 Metöken für die Wirtschaft sehr wichtig. Diese nach Attika Zugewanderten besaßen nahezu alle Freiheiten und Pflichten wie die Athener mit Ausnahme der politischen Mitwirkung. Weitere etwa 100 000 Menschen in Attika waren Sklaven.

24 Tonscherbe als Stimmzettel beim Scherbengericht („Ostrakismus")

Philosophen erklären die Welt

→ 21 - 23 S. 178

Mit dem Menschen als dem „Maß aller Dinge" befassten sich vor allem die Philosophen wie die Gruppe der Sophisten. Sie stellten angebliche Wahrheiten in Frage und betätigten sich als Lehrer des geschickten Argumentierens, weshalb sie unter politisch strebsamen jungen Männern viele Anhänger fanden.
Einer der bekanntesten Philosophen der Epoche war Aristoteles. Er zeigte sich nicht als Anhänger der Demokratie, sondern ihm schwebte eine Mischform mit monarchischen, aristokratischen und demokratischen Elementen vor.
Viele Philosophen wurden bereits von ihren Zeitgenossen verehrt, doch konnte die Philosophie auch lebensgefährlich sein, wie der Athener Sokrates erfahren musste. Während seine Heimatstadt fast dreißig Jahre in den Peloponnesischen Krieg gegen Sparta verstrickt war und diesen 404 v. Chr. endgültig verlor, hatte er die Athener auf öffentlichen Plätzen in Gespräche verstrickt und Fragen gestellt, bei deren Beantwortung sie die Unzulänglichkeit ihres eigenen Denkens erkennen sollten. Nach der Niederlage wurde er vor dem Volksgericht angeklagt – hatte er nicht auch die Götter erzürnt und so womöglich an der Niederlage Mitschuld? Der Kläger forderte die Todesstrafe, Sokrates selbst eine sehr geringe Geldstrafe. Die richtenden Bürger, die nur zwischen diesen beiden Anträgen wählen durften, stimmten mehrheitlich für die Todesstrafe. Den Giftbecher, mit dem die Todesstrafe vollstreckt wurde, soll er mit voller Gelassenheit getrunken haben.

Textquellen interpretieren

Die Unterscheidung von Textquellen und Darstellungen

Textquellen sind die wichtigsten historischen Quellen. Die methodische Arbeit mit unterschiedlichen Arten von Textquellen kennen Sie bereits aus der Sekundarstufe I. Für Ihre Vorbereitung auf das Zentralabitur werden in diesem Buch diese Methoden nochmals auf zwei Methodenseiten zusammengefasst, wobei hier – wie im Zentralabitur – zwischen Textquellen und Darstellungen (➔ s. Methodenseite S. 272) unterschieden wird. Textquellen wie beispielsweise eine Rede oder eine Urkunde dienen der Rekonstruktion historischer Sachverhalte. Dagegen sind Darstellungen (Historikertexte wie zum Beispiel die Grundwissenseiten dieses Buchs) Deutungen eben dieser historischen Sachverhalte.

Das Verfahren der Dekonstruktion

Auch Textquellen repräsentieren nur einen eingeschränkten Ausschnitt aus der Vergangenheit und sind zu vielfältig unterschiedlichen Anlässen entstanden. Da alle Texte von Menschen verfasst werden, geben sie nur eine subjektive Sicht der Dinge wieder, auch dann, wenn sie sich um Objektivität bemühen. Selbst vermeintlich objektive Textarten wie Urkunden oder Gesetze werden immer von der Perspektive des Verfassers beeinflusst, das heißt, von seinem kulturellen, gesellschaftlichen und ideologischen Hintergrund.

Bei der Interpretation von Textquellen geht es darum, die Fragestellung und die Perspektive des Verfassers zu ergründen, also das Verfahren der *Dekonstruktion* anzuwenden. Da Textquellen zudem gefälscht sein bzw. Unwahrheiten, Fehler, Informationslücken oder nachträgliche Veränderungen enthalten können, ist eine Quellenkritik bei jeder Quelle unbedingt notwendig.

1 Über „Natur" und Rolle von Frauen und Männern

Die antiken griechischen Philosophen Platon und Aristoteles formulierten ihre Vorstellungen über die Geschlechterverhältnisse wie folgt:

a) Platon

Es gibt also, mein Freund, in der Verwaltung der Stadt gar keine Beschäftigung eigens für die Frau, nur weil sie Frau ist, und auch keine für den Mann, nur weil er Mann ist. Die Begabungen finden sich vielmehr gleichmäßig bei beiden Geschlechtern verteilt, und an allen Beschäftigungen hat die Frau und hat auch der Mann von Natur aus gleichen Anteil, nur dass das Weib überall schwächer ist als der Mann [...]. So ist also die Veranlagung der Frau und des Mannes dieselbe in Bezug auf das Wächteramt in der Stadt, nur dass die eine schwächer, die andere stärker ist. Dies sind also die Frauen, die wir für die Männer dieser Art auswählen müssen, dass sie mit ihnen gemeinsam wohnen und das Wächteramt versehen, weil sie dazu geeignet und ihnen von Natur aus verwandt sind. [...] Müssen wir nun aber gleichen Naturen nicht auch die gleichen Beschäftigungen zuweisen? [...] Wir stimmen darin überein, dass es nicht der Natur zuwider ist, wenn wir den Frauen der Wächter musische und gymnastische Bildung vermitteln. [...] So müssen sich denn die Frauen der Wächter entkleiden – statt der Gewänder werden sie ja Tüchtigkeit anlegen – und müssen am Krieg und auch sonst am Wächteramt teilnehmen. [...]

Platon. Der Staat (Politeia) V/5ff., Sämtliche Werke Bd. IV. Zürich / München 1974, S. 264 ff.

b) Aristoteles

Da wir nun drei Teile der Hausverwaltungslehre unterschieden haben, das Herrenverhältnis, von dem vorhin gesprochen wurde, das Vaterverhältnis und drittens das Eheverhältnis, so steht dem Manne zu über die Frau und die Kinder zu regieren, über beide als über Freie, aber nicht in derselben Weise, sondern über die Frau als Staatsmann und über die Kinder als Fürst. Denn das Männliche ist von Natur zur Leitung mehr geeignet als das Weibliche [wenn nicht etwa ein Verhältnis gegen die Natur vorhanden ist] und ebenso das Ältere und Erwachsene mehr als das Jüngere und Unerwachsene. [...] Es gibt von Natur mehrere Arten von Herrschendem und Dienendem. Denn anders herrscht der Freie über den Sklaven, dass Männliche über das Weibliche [...]. Der Sklave besitzt das planende Vermögen überhaupt nicht, das Weibliche besitzt es zwar, aber ohne Entscheidungskraft, das Kind besitzt es, aber noch unvollkommen.

Aristoteles. Politik, 1259a. In: Geschichte in Quellen, Bd. 1. München 1965, S. 313.

Arbeitsschritte zur Interpretation von Textquellen

Analyse	**Erschließung des Themas sowie der formalen Aspekte** 1. Um welche **Textart** handelt es sich (Rede, Gesetz, Tagebucheintrag, Vertrag, Urkunde, Biografie, Akte, Zeitungsartikel, Inschrift, Brief usw.)? 2. Wer ist der **Verfasser** der Quelle und was ist über ihn bekannt? 3. Was ist das **Thema** der Quelle? 4. In welchen **historischen Kontext** (Epoche, Ereignis, Prozess, Konflikt) lässt sich die Quelle einordnen? 5. Wer ist der **Adressat** bzw. sind die Adressaten (Volk, Privatperson, Gruppe, Öffentlichkeit, Machthaber, Nachwelt, Institution usw.)? **Erschließung des Inhalts und der verwendeten Darstellungsmittel** 1. Benennen Sie interpretations- und wertungsfrei und nach Sinnabschnitten gegliedert die **zentralen inhaltlichen Aspekte** und **Argumente** der Quelle. 2. Benennen und erläutern Sie (falls vorhanden) die **Schlüsselbegriffe** der Quelle. ! 3. Welcher **Art von Sprache** bedient sich der Verfasser (sachlich, polemisch, appellativ, argumentativ, manipulierend usw.) und **welche rhetorischen Mittel** (Metaphern, Antithesen, Anaphern, Tautologien usw.) setzt er ein?
Erläuterung	**Deutung der Aussage im historischen Kontext** 1. Welche **Bedeutung** tragen die Art der Sprache und die rhetorischen Mittel? ! 2. Welche **Funktion** hatte der Text (didaktisch, religiös, aufklärend, sozial, rechtlich, propagandistisch)? 3. Was war die **Intention** des Verfassers? Welcher **Eindruck** sollte beim zeitgenössischen Leser bzw. Zuhörer erzielt werden? 4. Ist ein **Vergleich** mit anderen textlichen oder bildlichen Quellen möglich? 5. Welche Rolle muss der **Entstehungszeit der Quelle** zugemessen werden?
Beurteilung	**Abgabe eines begründeten persönlichen Werturteils** 1. Handelt es sich um eine **historisch authentische Quelle**, und anhand welcher Kriterien lässt sich das beurteilen? 2. Wie verhält es sich mit der **Glaubwürdigkeit des Verfassers**? 3. Ist die **Wiedergabe** des historischen Sachverhalts durch den Text aus heutiger Sicht sachlich angemessen, und anhand welcher Kriterien lässt sich das beurteilen? 4. Verfassen Sie aus heutiger Sicht ein **begründetes Werturteil** zur Darstellung des geschilderten historischen Sachverhalts.

Arbeitsvorschläge

●●● 1. Interpretieren Sie die Quellen M1a und M1b unter Zuhilfenahme der obigen Arbeitsschritte. Beachten Sie die unterschiedlichen Literaturgattungen.

●●● 2. Nehmen Sie zu den Aussagen von Platon und Aristoteles Stellung.

●●● 3. Recherchieren Sie Beispiele und Gegenbeispiele aus heutiger Zeit, die belegen, wie sehr sich das gesellschaftliche Frauen- und Männerbild seit der Antike entweder erhalten oder verändert hat. Präsentieren Sie Ihre Ergebnisse im Kursverband. Diskutieren Sie dann, welche gesellschaftlichen Faktoren, geschichtlichen Einschnitte bzw. geistigen Strömungen jeweils dazu beigetragen haben.

3.2 Eckpunkte in der Entwicklung des Menschenbilds vom Humanismus bis zur Aufklärung

A) Was hat die Aufklärung mit dem menschlichen Verstand zu tun?
B) Führte die Glorious Revolution in England zur amerikanischen Revolution?

Neues Denken bahnt sich an

1 Wer aber Augen hat

In seinem Hauptwerk „Dialogo" lässt Galileo Galilei (1564–1642) 1632 einen Anhänger des „neuen" heliozentrischen Weltbilds mit einem Anhänger des „alten" geozentrischen Weltbilds diskutieren.

Simplicio: Wenn man sich aber von Aristoteles lossagt, wer soll Führer in der Wissenschaft sein? Nennt Ihr irgendwelchen Autor!

Salviati: Des Führers bedarf man in unbekannten wilden Ländern, in offener ebener Gegend brauchen nur Blinde einen Schutz. Wer zu diesen gehört, bleibe besser daheim. Wer aber Augen hat, körperliche und geistige, der nehme diese zum Führer! Darum sage ich nicht, dass man Aristoteles nicht hören soll, ja, ich lobe es, ihn einzusehen und ihn fleißig zu studieren. Ich tadele nur, wenn man auf Gnade oder Ungnade sich ihm ergibt, derart, dass man blindlings jedes seiner Worte unterschreibt und, ohne nach anderen Gründen zu forschen, diese als ein unumstößliches Machtgebot anerkennen soll.

Es ist das ein Missbrauch, der ein anderes schweres Übel im Gefolge hat: Man bemüht sich nicht mehr, sich von der Strenge seiner Beweise zu überzeugen. Was kann es Schmählicheres geben, als zu sehen, wie bei öffentlichen Disputationen, wo es sich um beweisbare Behauptungen handelt, urplötzlich jemand ein Zitat vorbringt, das gar oft auf einen ganz anderen Gegenstand sich bezieht, und mit diesem dem Gegner den Mund verstopft? Wenn Ihr aber durchaus fortfahren wollt, auf diese Weise zu studieren, nennt Euch fernerhin nicht Philosophen, nennt Euch Historiker oder Doktoren der Auswendiglernerei; denn wer niemals philosophiert, der darf den Ehrentitel eines Philosophen nicht beanspruchen. [...] Darum, Signore Simplicio, bringt uns Eure Beweise oder des Aristoteles Gründe und Beweise, nicht aber Zitate und bloße Autoritäten; denn unsere Untersuchungen haben die Welt der Sinne zum Gegenstand, nicht eine Welt von Papier.

Zit. nach: Werner Heisenberg: Das Naturbild der heutigen Physik. Reinbek bei Hamburg 1955, S. 73 f.

2 Die Zeit der Wiedergeburt

Der norwegische Schriftsteller Jostein Gaarder (geb. 1952) gibt in seinem Roman „Sofies Welt" eine Einführung in die Philosophie, indem er der 14-jährigen Protagonisten Sofie durch die Romanfigur Alberto Knox wichtige Denkrichtungen und Philosophen vorstellen lässt.

(Alberto Knox:) „Unter Renaissance verstehen wir eine umfassende kulturelle Blütezeit, die gegen Ende des 14. Jahrhunderts einsetzte. Sie begann in Norditalien, verbreitete sich dann aber rasch nach Norden."

(Sofie:) „Hast du nicht gesagt, dass ‚Renaissance' ‚Wiedergeburt' bedeutet?"

„Doch, und das, was wiedergeboren werden sollte, waren die Kunst und die Kultur der Antike. Wir sprechen deshalb auch oft vom Renaissance-Humanismus: Jetzt stellte man nämlich, nach dem langen Mittelalter, das alle Lebensbedingungen in ein göttliches Licht gerückt hatte, wieder den Menschen in den Mittelpunkt. Das Motto lautete: ‚Zurück zu den Quellen!', und die wichtigste Quelle war der Humanismus der Antike. [...] ‚Pferde werden geboren', hieß es, ‚Menschen dagegen werden nicht geboren, sie werden gebildete.' "

„Wir müssen also zum Menschen erzogen werden?"

„Ja, das dachten sie damals. [...] Ich werde dir jetzt über das neue Denken erzählen. [...] Vor allen Dingen führte die Renaissance zu einem neuen Menschenbild. Die Humanisten der Renaissance entwickelten einen ganz neuen Glauben an den Menschen und seinen Wert, was in scharfem Kontrast zum Mittelalter stand, wo einseitig die sündhafte Natur des Menschen betont worden war. Der Mensch wurde nun als etwas unendlich Großes und Wertvolles betrachtet. [...] Die Humanisten der Renaissance nahmen den Ausgang vom Menschen selber."

„Aber das hatten doch auch die griechischen Philosophen getan."

„Deshalb sprechen wir ja auch von einer ‚Wiedergeburt' des antiken Humanismus. [...] Das Ideal wurde das, was wir als den Renaissancemenschen bezeichnen. Darunter verstehen wir einen Menschen, der sich mit allen Bereichen des Lebens, der Kunst und der Wissenschaft befasst. Das neue Menschenbild zeigte sich außerdem im Interesse an der Anatomie des menschlichen Körpers.

Wie in der Antike begann man, Tote zu sezieren, um herauszufinden, wie der Körper aufgebaut ist. Das war sowohl für die Medizin als auch für die Kunst wichtig. In der Kunst wurde es wieder üblich, den Menschen nackt darzustellen. Man kann sagen, das sei nach tausend Jahren der Scham passiert. Der Mensch wagte wieder, er selber zu sein. Er brauchte sich wegen nichts mehr zu schämen." [...]

„Aber die Humanisten der Renaissance verloren die Beherrschung?"

„Sie waren zumindest nicht besonders mäßig. [... Ein Beispiel ist der Petersdom in Rom.] Die Arbeiten setzten im Jahre 1506 ein und dauerten geschlagene hundertzwanzig Jahre, und erst weitere fünfzig Jahre später war der große Petersplatz vollendet."

„Das muss ja eine große Kirche sein."

„Sie ist über zweihundert Meter lang und hundertdreißig Meter hoch. Aber damit ist wohl genug über die Kühnheit der Renaissancemenschen gesagt."

Jostein Gaarder: Sofies Welt. Ein Roman über die Geschichte der Philosophie. München/Wien 1993, S. 223, S. 225–227. Übers. Gabriele Haefs

Aufklärung – das Zeitalter der „Erleuchtung"

3 Porträt eines unbekannten Künstlers von Immanuel Kant, ca. 1790

4 Immanuel Kant: „Was ist Aufklärung?"

Der Königsberger Philosoph Immanuel Kant (1724—1804) beantwortete die in der Berlinischen Monatsschrift 1784 aufgeworfene Frage „Was ist Aufklärung?" wie folgt:

Aufklärung ist der Ausgang des Menschen aus seiner selbst verschuldeten Unmündigkeit. Unmündigkeit ist das Unvermögen, sich seines Verstandes ohne Leitung eines anderen zu bedienen. Selbstverschuldet ist diese Unmündigkeit, wenn die Ursache derselben nicht am Mangel des Verstandes, sondern der Entschließung und des Muthes liegt, sich seiner ohne Leitung eines andern zu bedienen. Sapere aude! Habe Muth dich deines eigenen Verstandes zu bedienen! ist also der Wahlspruch der Aufklärung.

Faulheit und Feigheit sind die Ursachen, warum ein so großer Theil der Menschen, nachdem sie die Natur längst von fremder Leitung frei gesprochen, dennoch gerne Zeitlebens unmündig bleiben; und warum es Anderen so leicht wird, sich zu deren Vormündern aufzuwerfen. Es ist so bequem, unmündig zu sein. Habe ich ein Buch, das für mich Verstand hat, einen Seelsorger, der für mich Gewissen hat, einen Arzt, der für mich die Diät beurtheilt, u. s. w., so brauche ich mich ja nicht selbst zu bemühen.

Immanuel Kant: Beantwortung der Frage: Was ist Aufklärung? In: Berlinische Monatsschrift. Dezember-Heft 1784, S. 491 f.

5 Die Erd ist groß und überall voll schöner Gottesgüter

Mit seinem 1788 erschienenen und häufig gedruckten „Noth- und Hülfsbüchlein für Bauersleute" trug der Gelehrte Rudolph Zacharias Becker (1752–1822) zur sogenannten „Volksaufklärung" bei.

Nutzen magst du wohl dein Vieh,
Aber plag und quäl es nie!
Wenig Milch und wenig Mist
Gibt die Kuh, die wenig frisst.

Iss und trink mit Mäßigkeit!
Wach und schlaf zu rechter Zeit!
Reinlich sei in allen Sachen!
Dies wird recht gesund dich machen.

Die Erd ist groß und überall
voll schöner Gottesgüter,
Und alle Menschen – Jud und Türk
Und Christ – sind unsre Brüder.

Für den Mann schuf Gott das Weib,
Ihn für sie nicht minder.
Eins fürs andre leben soll:
Beide für die Kinder.

Rudolph Zacharias Becker: Noth-und Hülfsbüchlein. S. 405, S. 155, S. 240, S. 188. Zit. nach: Bernhard Askani: Ein Noth- und Hülsbüchlein für Bauersleute. Praxis Geschichte Heft 5, 1999, S. 27 ff.

6 Robinson der Jüngere

Der Theologe und Schriftsteller Joachim Heinrich Campe (1746–1818) verfasste mit seiner 1779/80 geschriebenen Nachdichtung des Robinson Crusoe-Romans von Daniel Defoe den ersten deutschen Jugendroman. Im Vorbericht erläutert er seine Absichten:

Erstlich wolte ich meine jungen Leser auf eine so angenehme Weise unterhalten, als es mir möglich wäre; weil ich wußte, daß die Herzen der Kinder sich jedem nützlichen Unterrichte nicht lieber öfnen, als wenn sie vergnügt sind. Auch darf ich hoffen, diese meine erste Absicht in einem ziemlichen Grade erreicht zu haben.

Dann nahm ich mir zweitens vor, an den Faden der Erzählung, die in diesem Buche zum Grunde liegt, so viel elementarische Kenntnisse zu schürzen, als es [...] nur immer geschehen könnte. Ich verstehe aber unter den elementarischen Kenntnissen nicht etwa blos litterarische, sondern auch [...] alle die Vorbegriffe von Dingen aus dem häuslichen Leben, aus der Natur und aus dem weitläuftigen Kreise der gemeinen menschlichen Wirksamkeit, ohne welche jeder andere Unterricht einem Gebäude gleicht, das keine Grundlage hat.

Nebenbei wolte ich freilig auch drittens manche nicht unerhebliche litterarische Vorerkenntniß, besonders aus der Naturgeschichte, mitnehmen [...].

Meine vierte und wichtigste Absicht war, die Umstände und Begebenheiten so zu stellen, daß recht viele Gelegenheiten zu moralischen, dem Verstande und dem Herzen der Kinder angemessenen Anmerkungen und recht viele natürliche Anlässe zu frommen, gottesfürchtigen Empfindungen dadurch hervorwüchsen [...].

Joachim Heinrich Campe: Robinson der Jüngere. Zur angenehmen und nützlichen Unterhaltung für Kinder. Nachdruck Stuttgart 1981, S. 5f. (Schreibweise wie im Original)

Die Rechtfertigung der absolutistischen Herrschaft

7 Aus der Sicht Ludwigs XIV.

Zwischen 1668 und 1671 verfasste Ludwig XIV. (1638–1715) seine Memoiren. Sie waren, im Unterschied zur heutigen Wortbedeutung, als Lehrbuch für seinen Nachfolger gedacht.

Was die Personen betrifft, die mich bei meiner Arbeit zu unterstützen hatten, so beschloss ich vor allem, keinen Premierminister zu wählen. [...] Denn nichts ist unwürdiger, als wenn auf der einen Seite ein Mann die ganzen Herrscherfunktionen ausübt, auf der anderen Seite ein König steht, dem nur der Titel übrig geblieben ist.

Hierzu war es notwendig, mein Vertrauen verschiedenen Männern zu übertragen und die Ausführung meiner Anordnungen auf sie zu verteilen. So erhielt niemand die Geschäfte in ihrem ganzen Umfang übertragen, und es galt, meine Mitarbeiter nach ihren verschiedenen Talenten auszuwählen: Diese Aufgabe des Königsamtes kann man vielleicht als die erste und wichtigste betrachten. Ich beschloss, sogar noch weiter zu gehen, um noch mehr in mir allein die ganze Herrschermacht zu vereinigen. [...]

Wenn ich Ihnen aber meine Auffassungen vollends enthüllen soll, so muss ich sagen, dass ich kein Interesse daran haben konnte, Untertanen von hervorragenderen Eigenschaften zu wählen. Vor allem kam es darauf an, meinen eigenen Ruf fest zu begründen und der Öffentlichkeit schon durch den Rang der Männer, die ich als meine Mitarbeiter nahm, klarzumachen, dass es nicht meine Absicht sein könne, meine Macht mit ihnen zu teilen. Ich musste darauf sehen, dass sie keine höheren Hoffnungen schöpfen konnten, als die Machtbefugnisse zu erhalten, die ich ihnen zuweisen würde. [...]

Ich bin über alles unterrichtet, ich leihe dem geringsten meiner Untertanen Gehör, ich kenne zu jeder Stunde die Zahl und den Wert meiner Truppen, den Zustand meiner befestigten Plätze. Ich treffe dauernd meine Anordnungen für alle Bedürfnisse der Truppe, ich verhandle direkt mit den fremden Gesandten, ich empfange und lese die Depeschen, ich verfasse selbst einen Teil der Antworten und erkläre bei den übrigen meinen Sekretären kurz den Inhalt des Antwortschreibens. Ich regele selbst Einnahmen und Ausgaben des Staates, ich lasse mir von den Männern, denen ich wichtige Posten anvertraut habe, direkt Rechenschaft ablegen. Ich halte meine Angele-

8 Wandteppich aus der Regierungszeit des „Sonnenkönigs" Ludwig XIV.

Die Inschrift lautet frei übersetzt „Alles Andere überragend".

genheiten so geheim, wie es nur irgendjemand vor mir getan hat, ich verteile Gnadenbezeigungen nach meiner eigenen freien Wahl […]

Ludwig XIV.: Memoiren. Basel/Leipzig 1931, S. 33 f. Übers. Leopold Steinfeld

9 Aus der Sicht des Hofpredigers des Königs

Der Geistliche Jacques Bénigne Bossuet (1627–1704) unterrichtete ab 1670 den Thronfolger. In seine Lehren heißt es:

Wir haben also mit der Schrift begründet, dass die königliche Gewalt ihren Ursprung in der Gottheit selber hat; dass Gott sie seit Erschaffung der Welt sichtbar über die Menschen ausgeübt hat; dass er diese übernatürliche und wundersame Herrschaft über das Volk Israel fortdauernd ausgeübt hat bis zu der Zeit der Einsetzung der Könige; dass er darauf die Staatsform der erblichen Monarchie als die natürlichste und dauerhafteste unter allen ausgewählt hat […] Die Fürsten handeln also als Gottes Diener und Statthalter auf Erden. Durch sie übt er seine Herrschaft aus […] Deshalb ist, wie wir gesehen haben, der königliche Thron nicht der Thron eines Menschen, sondern Gottes selber […]

Aus alledem ergibt sich, dass die Person der Könige geheiligt ist; wer sich an ihnen vergreift, begeht ein Sakrileg. […]

Kommt ihre Gewalt von oben, so dürfen sie doch nicht glauben, sie seien Herren über sie, um nach ihrem Belieben davon Gebrauch zu machen. Vielmehr sollen sie sich ihrer mit Scheu und Zurückhaltung bedienen, als einer ihnen von Gott anvertrauten Sache, über die Gott von ihnen Rechenschaft fordern wird. […]

Man muss dem Staat so dienen, wie der Fürst es verlangt, denn wir haben gesehen, dass in ihm die Vernunft (raison), die den Staat lenkt, ihren Sitz hat. Die dem Staat auf andere Weise zu dienen meinen als durch gehorsamen Dienst für den Herrscher, maßen sich selbst einen Teil der königlichen Autorität an: Sie stören die öffentliche Ordnung und die Eintracht aller Glieder mit dem Haupt. […] Der Fürst blickt von einem höheren und weiteren Standort aus; […] deshalb muss man ihm ohne Murren gehorchen, denn das Murren ist schon so viel wie eine Neigung zur Empörung.

Zit. nach: Fritz Dickmann: Geschichte in Quellen. Renaissance, Glaubenskämpfe, Absolutismus. München 2. Auflage 1976, S. 450 ff.

10 Rousseaus Gesellschaftsvertrag

Der Schriftsteller Jean-Jacques Rousseau (1712–1778) schreibt in seinem staatstheoretischen Werk „Du contrat social ou Principes du droit politique" (1762):

„Wie findet man eine Gesellschaftsform, die mit der ganzen gemeinsamen Kraft die Person und das Vermögen jedes Gesellschaftsgliedes verteidigt und schützt und kraft dessen jeder Einzelne, obgleich er sich mit allen vereint, gleichwohl nur sich selbst gehorcht und so frei bleibt wie vorher?" Dies ist die Hauptfrage, deren Lösung der Gesellschaftsvertrag gibt.

Die Klauseln dieses Vertrages sind durch die Natur der Verhandlung so bestimmt, dass die geringste Abänderung sie nichtig und wirkungslos machen müsste. Die Folge davon ist, dass sie, wenn sie auch vielleicht nie ausdrücklich ausgesprochen wären, doch überall gleich, überall stillschweigend angenommen und anerkannt sind, bis nach Verletzung des Gesellschaftsvertrages jeder in seine ursprünglichen Rechte zurücktritt und seine natürliche Freiheit zurückerhält, während er zugleich die auf Übereinkommen beruhende Freiheit, für die er auf jene verzichtete, verliert.

Alle diese Klauseln lassen sich, wenn man sie richtig auffasst, auf eine einzige zurückführen, nämlich auf das gänzliche Aufgehen jedes Gesellschaftsgliedes mit allen seinen Rechten in der Gesamtheit […]

Scheidet man also vom Gesellschaftsvertrage alles aus, was nicht zu seinem Wesen gehört, so wird man sich überzeugen, dass er sich in folgende Worte zusammenfassen lässt: „Jeder von uns stellt gemeinschaftlich seine Person und seine ganze Kraft unter die oberste Leitung des allgemeinen Willens, und wir nehmen jedes Mitglied als untrennbaren Teil des Ganzen auf." […]

Diese öffentliche Person, die sich auf solche Weise aus der Vereinigung aller übrigen bildet, wurde ehemals Stadt genannt und heißt jetzt Republik oder Staatskörper.

Jean-Jaques Rousseau: Der Gesellschaftsvertrag, 6. Kapitel. Aus: J. J. Rousseau: Der Gesellschaftsvertrag oder die Grundsätze des Staatsrechts. Stuttgart 1863. Übers. Herrmann Denhardt

11 Montesquieu über die Freiheit

Der französische Schriftsteller und Jurist Charles de Secondat, Baron de Montesquieu (1689–1755), veröffentlichte sein Werk „De l'esprit des lois" – Vom Geist der Gesetze – 1748 vorsichtshalber im schweizerischen Genf.

Es gibt wohl kein Wort, dem man mehr unterschiedliche Bedeutungen gegeben hätte als dem Wort Freiheit. […] Die einen sahen darin die Leichtigkeit, mit der sie jemand, dem sie eine tyrannische Macht verliehen hatten, absetzen konnten. Die andern sahen darin die Befugnis, denjenigen auszuwählen, dem sie gehorchen mussten. Wieder andere hielten sie für das Recht, Waffen tragen und Gewalttaten begehen zu können. Manche verstanden darunter das Recht, sich nur von einem Mann aus ihrer Nation oder nach ihren eigenen Gesetzen regieren zu lassen. […]

Jedoch bedeutet politische Freiheit nicht, dass man machen kann, was man will. [...] Freiheit ist das Recht, all das zu machen, was die Gesetze gestatten. Wenn ein Staatsbürger machen dürfte, was sie untersagen, so gäbe es keine Freiheit mehr, denn die anderen hätten diese Möglichkeit dann ja ebenso gut. [...]

Zit. nach: Charles-Louis de Secondat, Baron de La Brède et de Montesquieu: De l'esprit des lois. Geneve 1748. – Ch. de Montesquieu: Vom Geist der Gesetze. Stuttgart: 1994, S. 213 f., S. 216 f. Übers. Kurt Weigand

12 Über die drei Arten von Vollmacht

Montesquieu entwirft in seinem Werk über den „Geist der Gesetze" eine Organisationsform des Staats, die bewirken soll, „dass die Macht die Macht bremse":

Die politische Freiheit ist nur unter maßvollen Regierungen anzutreffen. Indes besteht sie selbst in maßvollen Staaten nicht immer, sondern nur dann, wenn man die Macht nicht missbraucht. Eine ewige Erfahrung lehrt jedoch, dass jeder Mensch, der Macht hat, dazu getrieben wird, sie zu missbrauchen. Er geht immer weiter, bis er an Grenzen stößt. Wer hätte das gedacht: Sogar die Tugend hat Grenzen nötig.

Damit die Macht nicht missbraucht werden kann, ist es nötig, durch die Anordnung der Dinge zu bewirken, dass die Macht die Macht bremse. [...]

Es gibt in jedem Staat drei Arten von Vollmacht: die legislative Befugnis, die exekutive Befugnis in Sachen, die vom Völkerrecht abhängen, und die exekutive Befugnis in Sachen, die vom Zivilrecht abhängen. [...] Diese Letztere soll richterliche Befugnis heißen und die andere schlechtweg exekutive Befugnis des Staates. [...] Sobald in ein und derselben Person oder derselben Beamtenschaft die legislative Befugnis mit der exekutiven Befugnis verbunden ist, gibt es keine Freiheit. Es wäre nämlich zu befürchten, dass derselbe Monarch oder derselbe Senat tyrannische Gesetze erließe und dann tyrannisch durchführte. Freiheit gibt es auch nicht, wenn die richterliche Befugnis nicht von der exekutiven Befugnis geschieden wird. Die Macht über Leben und Freiheit der Bürger würde unumschränkt sein, wenn diese mit der legislativen Befugnis gekoppelt wäre, denn der Richter wäre Gesetzgeber. Der Richter hätte die Zwangsgewalt eines Unterdrückers, wenn jene mit der exekutiven Gewalt gekoppelt wäre. Alles wäre verloren, wenn ein und derselbe Mann bzw. die gleiche Körperschaft entweder der Mächtigsten oder der Adligen oder des Volkes folgende drei Machtvollkommenheiten ausübte: Gesetze erlassen, öffentliche Beschlüsse in die Tat umsetzen, Verbrechen und private Streitfälle aburteilen. [...]

Stets gibt es im Staat Leute, die durch Geburt, Reichtum oder Auszeichnungen hervorragen. Wenn sie aber mit dem Volk vermengt würden und wie die andern bloß eine Stimme besäßen, so würde die gemeinsame Freiheit für sie Sklaverei bedeuten. Sie hätten keinerlei Interesse an der Verteidigung der Freiheit, denn die meisten Beschlüsse würden zu ihren Ungunsten gefasst. Ihre Teilnahme an der Gesetzgebung muss daher ihrer anderweitigen Vorrangstellung innerhalb des Staates angemessen sein. Das trifft zu, wenn sie eine Körperschaft bilden, die das Recht hat, Unternehmungen des Volkes auszusetzen, genauso wie das Volk das Recht hat, die ihrigen auszusetzen. Auf diese Weise wird die legislative Befugnis sowohl der Adelskörperschaft als auch der gewählten Körperschaft der Volksvertreter anvertraut. Jede hat ihre Versammlungen und Abstimmungen für sich sowie getrennte Gesichtspunkte und Interessen.

Montesquieu: a. a. O., S. 211 ff. Übers. Kurt Weigand

England und USA – der Konflikt um die Rechte von König, Parlament und Bürgern

13 König oder Parlament – wer entscheidet?

James I. (1566–1625), seit 1603 König von England und Schottland, betont im März 1610 seine Position in einer Rede vor dem Parlament:

Die Monarchie ist das Höchste auf Erden, da Könige nicht nur Gottes Statthalter auf Erden sind und auf Gottes Thron sitzen, sondern weil sie von Gott selbst als Götter bezeichnet werden. Es gibt drei grundsätzliche Charakterisierungen der Monarchie: eine aus Gottes Wort entnommen und zwei andere aus den Bereichen der Politik und der Philosophie. In den Schriften werden die Könige Götter genannt und ihre Macht folglich in gewisser Weise mit der göttlichen Macht verglichen. Könige werden auch mit Familienvätern verglichen, denn ein König ist wahrlich ein parens patriae, der politische Vater seines Volkes. Und schließlich werden Könige mit dem Kopf eines Menschen als Mikrokosmos verglichen. [...]

So wie infrage zu stellen, was Gott tut, gotteslästerlich ist [...], so ist es aufrührerisch von Untertanen, infrage zu stellen, was ein König auf der Höhe seiner Macht tut. Aber gerade Könige werden immer gewillt sein zu erklären, was sie tun, wenn sie nicht den Fluch Gottes auf sich ziehen wollen. Ich werde nicht damit einverstanden sein, dass meine Macht infrage gestellt wird, aber ich werde immer gewillt sein, den Grund für alle meine Handlungen deutlich zu machen und meine Taten in Übereinstimmung mit meinen Gesetzen vollziehen. [...]

Zit. nach: Fritz Dieckmann (Hrsg.): Geschichte in Quellen. Renaissance, Glaubenskämpfe, Absolutismus. München 1976, S. 358 f.

14 Die Gewalt des Königs ist doppelter Art

Der Abgeordnete Whitelocke erklärt im englischen Unterhaus Juni/Juli 1610 im Rahmen einer Steuerdebatte:

Die souveräne Gewalt liegt [bei uns] nach allgemeiner Überzeugung beim König. Aber die Gewalt, die bei dem König liegt, ist doppelter Art: Die eine [übt er aus] im Parlament, d. h. mit Zustimmung des ganzen Staates, die andere außerhalb des Parlamentes als Einzelner für sich, geleitet allein von seinem eigenen Willen. [...]

Außer dem Besteuerungsrecht gibt es noch andere gleicher Art im Königreich, so das Recht der Gesetzgebung, der Einbürgerung, des Ausnahmezustandes [...] Alle diese Rechte gehören dem König nur im Parlament. Es gibt andere Rechte gleicher Natur, die der König ohne das Parlament ausüben kann und die ihm mehr durch Gewohnheit und politische Praxis zugewachsen sind, wie z. B. das Recht der Einbürgerung, das Münzrecht und das Recht, Krieg zu führen: Diese Gewalt hat der König seit unvordenklichen Zeiten ohne Widerspruch und Murren seiner Untertanen ausgeübt. [...]

Würde das Besteuerungsrecht stillschweigend unseren Königen überlassen und bedenkt man dabei, zu welchem Hauptzweck sie die Parlamente einberufen, nämlich um sich Geld zu verschaffen, so habe ich keine große Hoffnung, dass wir uns noch sehr häufig so wie jetzt versammeln könnten, denn dann würden sie sich eben auf die erwähnte andere Weise zu helfen wissen, [...]

Zit. nach: Dieckmann, a. a. O., S. 358 f.

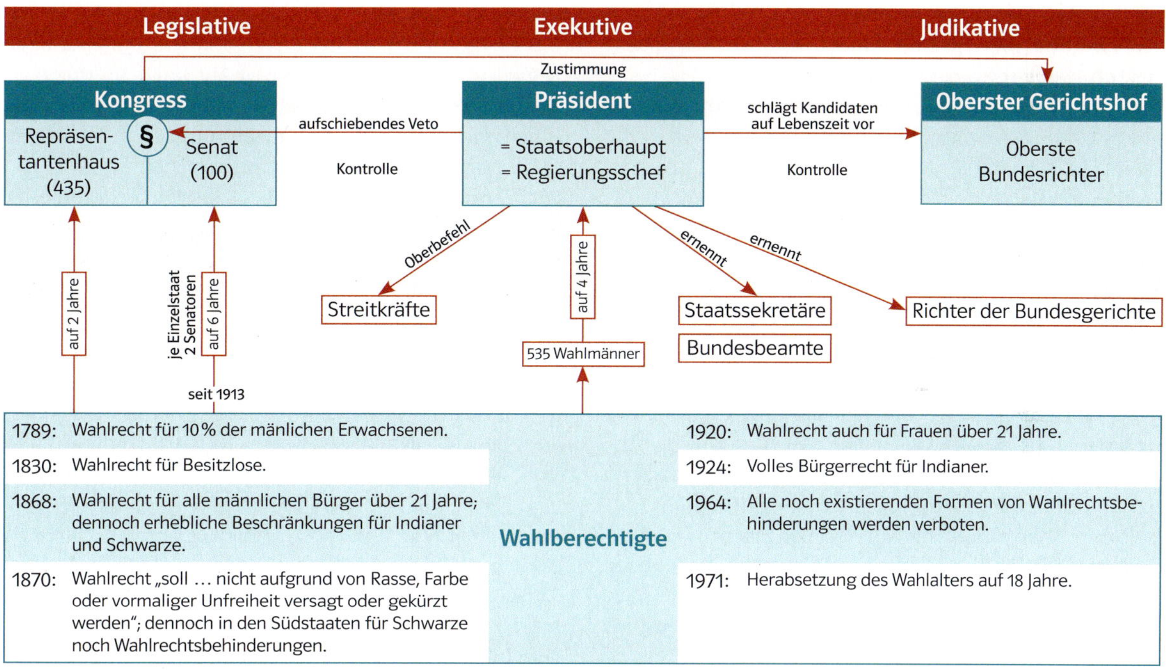

15 Schaubild der Verfassung der USA

16 „An Act Declaring the Rights and Liberties of the Subject and Settling the Succession of the Crown“ (1689)

In England wählte das Parlament am Ende langjähriger heftiger Auseinandersetzungen um die englische Krone einerseits und die Rechte von König und Parlament andererseits einen neuen König. In der Folge dieser „Glorious Revolution“ musste der Niederländer Wilhelm von Oranien (1650–1702) vor seiner Thronbesteigung als König Wilhelm III. zusammen mit seiner Frau Maria 1689 dieses als „Bill of Rights“ bekannte Dokument unterschreiben:

That the pretended power of suspending the laws or the execution of laws by regal authority without consent of Parliament is illegal [...]

That levying money for or to the use of the Crown by pretence of prerogative, without grant of Parliament, for longer time, or in other manner than the same is or shall be granted, is illegal; [...]

That the raising or keeping a standing army within the kingdom in time of peace, unless it be with consent of Parliament, is against law; [...]

That election of members of Parliament ought to be free;

That the freedom of speech and debates or proceedings in Parliament ought not to be impeached or questioned in any court or place out of Parliament; [...]

And that for redress of all grievances, and for the amending, strengthening and preserving of the laws, Parliaments ought to be held frequently.

Zit. nach: English Bill of Rights 1689. Online unter: http://avalon.law.yale.edu/17th_century/england.asp (Stand 31.07.2011)

17 „Declaratory Act" des britischen Parlaments (1766)

1766 sieht sich das britische Parlament aufgrund verschiedener Beschlüsse in den amerikanischen Kolonien zu folgender Festlegung veranlasst:

Die genannten Kolonien und Pflanzungen in Amerika waren und sind rechtmäßig und notwendig der Reichskrone und dem Parlament von Großbritannien untergeordnet und von ihnen abhängig; und des Königs Majestät, durch und mit Rat und Zustimmung der geistlichen und weltlichen Lords und der Gemeinen von Großbritannien im versammelten Parlament, besaß und besitzt rechtmäßig und notwendig volle Gewalt und Vollmacht, Gesetze und Statuten zu erlassen, kraft deren die Kolonien und das Volk von Amerika, Untertanen der Krone Großbritanniens, in allen erdenklichen Fällen verpflichtet werden. [...] Und alle Beschlüsse, Abstimmungen, Anordnungen und Verfahren in irgendeiner der genannten Kolonien und Pflanzungen, wodurch die Macht und Vollmacht des Parlaments von Großbritannien, Gesetze und Statuten wie oben gesagt zu erlassen, geleugnet oder bezweifelt wird, sind vollständig nichtig und kraftlos bezüglich aller und jeder Absichten und Zwecke, und sie werden hiermit dazu erklärt.

Zit. nach: Wolfgang Lautmann/Manfred Schlenke (Hrsg.): Amerikanische und Französische Revolution. (Geschichte in Quellen, Bd. 4). München 1981, S. 75 f.

18 Aus der „Unabhängigkeitserklärung" der USA vom 4. Juli 1776

Im folgenden, vor allem von dem Abgeordneten und späteren US-Präsidenten Thomas Jefferson (1743–1826) verfassten Text, erläutern die als „Zweiter Kontinentalkongress" tagenden Delegierten aus den 13 Kolonien auf dem nordamerikanischen Kontinent ihren zuvor gefassten Beschluss, sich vom englischen Mutterland zu lösen.

Wenn es im Laufe der Menschheitsgeschichte für ein Volk notwendig wird, die politischen Bande zu lösen, die es mit einem anderen Volke verbunden haben, und unter den Mächten der Erde den selbstständigen und gleichberechtigten Rang einzunehmen, zu dem natürliches und göttliches Gesetz es berechtigen, so erfordert geziemende Achtung vor den Ansichten der Menschen, dass es die Gründe darlegt, die es zur Absonderung bewegen.

Folgende Wahrheiten bedürfen für uns keines Beweises: Dass alle Menschen gleich geschaffen sind, dass sie von ihrem Schöpfer mit gewissen unveräußerlichen Rechten ausgestattet sind; dass dazu Leben, Freiheit und das Streben nach Glück gehören; dass zur Sicherung dieser Rechte Regierungen unter den Menschen eingesetzt sind, die ihre rechtmäßige Autorität aus der Zustimmung der Regierten herleiten; dass, wenn immer irgendeine Regierungsform diesen Zielen abträglich wird, das Volk berechtigt ist, sie zu ändern oder abzuschaffen und eine neue Regierung einzusetzen und diese auf solchen Prinzipien zu errichten und ihre Gewalten solchermaßen zu organisieren, wie es ihm zur Gewährleistung seiner Sicherheit und seines Glückes am ratsamsten erscheint.

Die Vernunft gebietet freilich, dass seit Langem bestehende Regierungen nicht aus geringfügigen und flüchtigen Anlässen geändert werden sollten; und dementsprechend hat alle Erfahrung gezeigt, dass die Menschen eher geneigt sind zu leiden, solange die Missstände erduldbar sind, als sich durch die Beseitigung altgewohnter Formen Recht zu verschaffen. Aber wenn eine lange Reihe von Missbräuchen und Übergriffen, die ausnahmslos das gleiche Ziel verfolgen, die Absicht deutlich werden lässt, das Volk unumschränktem Despotismus zu unterwerfen, so ist es sein Recht wie auch seine Pflicht, eine solche Regierung zu beseitigen und durch neue schützende Einrichtungen für seine künftige Sicherheit Vorsorge zu treffen.

Entsprechend haben unsere Kolonien geduldig ausgeharrt; und dementsprechend sind sie nun notgedrungen gezwungen, ihre bisherige Regierungsform zu ändern. Die Regierungszeit des jetzigen Königs von Großbritannien ist voll wiederholt begangenen Unrechts und ständiger Übergriffe, die alle unmittelbar auf die Errichtung einer unumschränkten Tyrannei über unsere Staaten abzielen.

Zit. nach: Udo Sautter: Geschichte der Vereinigten Staaten von Amerika. Stuttgart 1976, S. 524.

Arbeitsvorschläge

○●● a) Ordnen Sie die beiden in der Anmoderation von M1 genannten Standpunkte den Beteiligten zu und begründen Sie Ihre Entscheidung. Greifen Sie dazu auch auf Ihre Erkenntnisse aus Kapitel 1.4 zurück.

○●● b) Untersuchen Sie die Behauptung vom Gegensatz zwischen der „Welt der Sinne" und der „Welt des Papiers". Überlegen Sie, was Simplicio antworten würde, und mischen Sie sich mit einem eigenen Beitrag in den Dialog ein (M1).

○●● c) Erläutern Sie anhand von M2 das Menschenbild der Renaissance in Abgrenzung von mittelalterlichen Vorstellungen.

●●● d) Müssen Menschen zum Menschen erzogen werden? Nehmen Sie aus heutiger Sicht Stellung (M2).

○●● e) Erläutern Sie, inwiefern Galilei (M1) sowohl in der Renaissance als auch in der geistigen Aufbruchsstimmung des 17. Jahrhunderts verankert ist (M2).

●●● f) Übertragen Sie Kants Gedanken in Ihren Sprachgebrauch. Untersuchen Sie dann das Bild, das Kant von der Mehrheit seiner Mitmenschen hat, und diskutieren Sie dessen Ursachen (M4).

●●● g) Nehmen Sie Stellung dazu, inwieweit es des Muts bedarf, um den Verstand zu benutzen. Fassen Sie Ihr Ergebnis in einem Leserbrief zusammen (M4).

○●● h) Stellen Sie die Absichten, die Campe in M6 verfolgt, zusammen und vergleichen Sie diese mit denjenigen von Becker in M5 und mit Kants Entwurf in M4.

●●● i) Begründen Sie unter Verwendung der Argumente des Königs, weshalb die Formel „L'état c'est moi" – „Der Staat bin ich" – Ludwigs XIV. Anspruch als absolutistischer König treffend beschreibt (M7).

○○● j) Entwerfen Sie ein fiktives Interview mit Bossuet, in dessen Mittelpunkt die Frage der Rechtfertigung der königlichen Herrschaft und die Rolle des Herrschers stehen (M9).

○●● k) Weisen Sie nach, dass Rousseau mit dem vorliegenden Text versucht, der staatlichen Ordnung ein grundlegend anderes Fundament zu geben, als Ludwig XIV. und Bossuet es tun (M10).

○●● l) Untersuchen Sie Rousseaus Menschenbild, wie es in M10 sichtbar wird.

○●● m) Stellen Sie die Bedeutungen des Begriffs Freiheit nach Montesquieu zusammen (M11) und Ihren persönlichen Freiheitsbegriff diesen gegenüber.

○○● n) Stellen Sie die von Montesquieu entworfene Organisationsform als Strukturdiagramm dar. Verfassen Sie ergänzend einen Text für ein Schülerlexikon zum Stichwort „Gewaltenteilung – der Entwurf Montesquieus" (M12).

○●● o) Stellen Sie nach selbst gewählten Aspekten die Argumentation des Königs der des Abgeordneten gegenüber (M13 und M14).

●●● p) Vergleichen Sie die Stellungnahme des Königs (M13) mit derjenigen Bossuets und die des Abgeordneten (M14) mit der Montesquieus. Versetzen Sie sich in den jeweils später Lebenden und nehmen Sie aus seiner Sicht Anmerkungen vor.

○●● q) Das Dokument M16 gilt als grundlegender Text des Parlamentarismus. Weisen Sie dies an seinem Wortlaut nach. Vergleichen Sie dazu auch diesen Text mit den Aussagen von König James I. und des Abgeordneten Whitelocke (M13 und M14).

○●● r) Verfassen Sie arbeitsteilig Zeitungskommentare zu M17: einen für eine englische Zeitung, den anderen für eine in einer Kolonie erscheinende Zeitung. Vergleichen Sie diese anschließend miteinander.

○●● s) M18 verdeutlicht das Selbstverständnis der USA. Erläutern Sie die Ursachen dessen und charakterisieren Sie das den Text prägende Menschenbild.

●●● t) Versetzen Sie sich in die Perspektive des englischen Königs und nehmen sie zu M18 Stellung.

Grundwissen: Eckpunkte in der Entwicklung des Menschenbilds vom Humanismus bis zur Aufklärung

Galileis Forschungen werden ihm gefährlich

➔ 1 S. 184

Aussagen der Bibel oder anerkannter antiker Autoren in Frage zu stellen, konnte auch im 17. Jahrhundert das Denken und Forschen lebensgefährlich werden lassen. Der Astronom Galileo Galilei (1564–1642), der das um 1600 entwickelte Fernglas für eigene Himmelsbeobachtungen benutzte, bestätigte das heliozentrische Weltbild (**➔ s. Kap. 1.4**) mit der Sonne im Mittelpunkt des Planetensystems. Dies stand im Widerspruch zu dem geozentrischen Weltbild, das die Kirche aus der Bibel herauslas, wobei sie der Lehre antiker Autoren wie Aristoteles folgte. Ein kirchliches Inquisitionsgericht zwang Galilei 1633 seine Lehren zu widerrufen und den Rest seines Lebens unter Hausarrest zu verbringen.

Neues Denken setzt sich nach und nach durch

➔ 2 S. 184 f.

Die revolutionäre Vorgehensweise Galileis und anderer Forscher bestand darin, zunächst natürliche Phänomene genau zu beobachten, dann eine Behauptung aufzustellen, diese mathematisch zu betrachten und sie schließlich experimentell abzusichern. Dadurch zerbrach die streng an Kirchenlehren – vor allem am Wortlaut der Bibel – ausgerichtete mittelalterliche Ordnung des Denkens endgültig. In Fahrt gekommen war dieser Prozess vor allem in städtischen Schulen und ab dem 14. Jahrhundert auch an Universitäten. Als Katalysator dieses als Renaissance bezeichneten Aufbruchs wirkte die Hinwendung zu antiken Philosophen und zu einem auf ihrem Wissen aufbauendem Bildungsideal, dem Humanismus. Gefördert durch die Lehren der Reformation und die Erfindung des Buchdrucks, der die schnelle Verbreitung neuer Ideen ermöglichte, gewann es zunehmend an Stellenwert, nachzudenken statt unbesehen zu glauben. (**➔ s. Kap. 1.2**)

„Habe den Mut, dich deines eigenen Verstandes zu bedienen" (Kant)

➔ 4 – 6 S. 185 f.

Der französische Mathematiker René Descartes (1598–1650) stellte den Zweifel an allem in den Mittelpunkt. Von seinem Motto „cogito, ergo sum" – ich denke, also bin ich – spannt sich ein Bogen zum deutschen Philosophen Immanuel Kant (1724–1804), der den „Ausgang des Menschen aus seiner selbstverschuldeten Unmündigkeit" forderte. Während dieser als ⇨ Aufklärung bezeichneten Phase wurde die Vernunft – lat. ratio – zur Richtlinie des neuen Denkens erhoben. Diskutiert wurde in Clubs und Versammlungen, was in Bereichen wie Erziehung und Theologie, Wirtschaft und Landwirtschaft, aber auch in Medizin, Naturwissenschaft, Technik und Politik in gedankliche Bewegung geraten war. In der umfangreichen „Encyclopédie" fand dieses Wissen seinen Niederschlag, und sie ermöglichte nun jedem, der Lesen konnte, sich selbst Informationen zu allen diesen Themen zu verschaffen und kompetent mitzudiskutieren.

Die Aufklärer wandten rationales Denken auch auf soziale und politische Strukturen an und postulierten, dass nicht weiterhin Herkunft und Privilegien das Leben bestimmen sollten. Stattdessen rückten sie die Fähigkeiten des Einzelnen, die er in Freiheit und allen anderen gleich entwickeln und ausleben sollte, in den Mittelpunkt. Mit der Vorstellung, dass jeder Mensch durch seine Geburt bereits mit Rechten ausgestattet sei, die niemand ihm nehmen könne, beriefen sie sich dabei auf Vorstellungen aus dem Naturrecht.

„L'état c'est moi" (Ludwig XIV.)

→ 7 S. 186 f.
→ 9 S. 187

Die Realität in Frankreich und anderen europäischen Ländern sah allerdings deutlich anders aus. Aus dem Mittelalter stammende soziale und politische Strukturen mit Vorrechten für den Adel und die als Klerus bezeichnete Geistlichkeit wurden zwar modifiziert – allerdings so, dass die Stellung des Monarchen zu Lasten dieser Stände gestärkt wurde. Es entstand der moderne Staat mit einem starken Monarchen wie Ludwig XIV. (1638–1715) an seiner Spitze. Die Formel „L'état c'est moi" – der Staat bin ich – charakterisiert treffend die Denk- und Handlungsweise dieser Monarchen. Der absolutistische Herrscher bestimmte die Leitlinien der Politik selbst und besetzte nachrangige Positionen mit qualifizierten Männern aus dem Bürgertum, von denen wegen ihrer Zugehörigkeit zum politisch rechtelosen „Dritten Stand" für ihn keine Gefahr ausging. Schon König Ludwig XIII. nutzte zudem seine Vorrechte, um traditionelle Mitwirkungsorgane nach Möglichkeit kaltzustellen. So waren die Generalstände nach 1614 einfach nicht mehr einberufen wurden. Die finanziellen Lasten der königlichen Prunksucht, der Unterhaltskosten für das neu geschaffene „Stehende Heer" und missglückte Kriegszüge wurden stattdessen nahezu ausschließlich dem Dritten Stand angelastet. Diese Strukturen wurden später als „Ancien Régime" bezeichnet.

Gegenentwürfe der Aufklärer

→ 10 - 12 S. 187 f.

Im gebildeten Teil des Dritten Stands fanden kritische Positionen wie die von Jean-Jacques Rousseau (1712–1778) starken Anklang. In seinem Buch „Du contrat social" – Der Gesellschaftsvertrag (1762) – setzte er als Grundlage eines jeden Staats einen Vertragsschluss zwischen Regierenden und Regierten voraus. Als Folge dieser Überlegung konnte ein gegen den allgemeinen Willen (volonté générale) verstoßender Willkürherrscher den Anspruch auf den Gehorsam seiner Untertanen verlieren – und dies stand im krassen Widerspruch zum Anspruch des absolutistischen Herrschers. Dies gilt auch für die Lehren des Baron de Montesquieu (1689–1755), der im „Geist der Gesetze" (1748) eine Aufteilung der staatlichen Gewalten forderte. Er stellte den Schutz der Rechte und Freiheiten der Untertanen in den Mittelpunkt, wozu künftig die Gesetzgebung, deren Ausführung (die Verwaltung) und die Rechtsprechung voneinander getrennt sein sollten.

Das englische Parlament: der lange Kampf um Mitspracherechte

→ 13 - 14 S. 188 f.

Anders als in Frankreich bewahrte sich in England die als Parlament bezeichnete Ständevertretung ihre Rechte nicht nur, sondern es gelang ihr sogar, diese langfristig auszubauen. Nach einem ersten Schritt in Form der „Magna Charta" von 1214 folgte über vierhundert Jahre später mit der „Petition of Rights" von 1628 eine Stärkung dieser Mitspracherechte. Adelskämpfe und konfessionell bedingte Rivalitäten um die Krone sowie andauernde finanzielle Probleme stärkten die Position des Parlaments, dem mit der „Bill of Rights" von 1689 ein Durchbruch zu einer von königlichen Wohlwollen nicht mehr abhängigen Institution gelang.

„No taxation without representation" – Bürger schaffen die USA

→ 15 - 16 S. 189 f.

Dreizehn Kolonien mit steuerpflichtigen Bürgern, aber kein einziger Abgeordneter im heimischen Parlament – diesen Zustand wollten sich die britischen Siedler auf dem nordamerikanischen Kontinent nicht weiter gefallen lassen, zumal nach dem „French and Indian War" ihre Steuerlast beträchtlich anwuchs. Als schuldig galt ihnen ihr britischer König George III. (1738–1820), von dessen Herrschaft sie sich mit der Unabhängigkeitserklärung 1776 lossagten. Die Verfassung von 1788 gab den USA als erstem Staat der Neuzeit eine Ordnung, die von Vertretern des Volkes erarbeitet wurde und das Gedankengut der Aufklärung politisch umsetzte.

3.3 Epochenjahr 1789 – Revolution und Menschenrechte

A) Wollte die französische Bevölkerung 1789 ein neues Regierungsmodell?
B) Waren die Menschenrechte für alle Menschen formuliert?

1 „Man muss hoffen, dass dies Spiel bald ein Ende hat"
Anonyme Karikatur aus dem Jahr 1789. Auf dem Säbel steht: Gerötet vom Blut; auf der Hacke: Mit Tränen getränkt; auf den Zetteln werden Steuern, Dienste, Abgaben und Adelstitel genannt; die Tiere symbolisieren das Adelsprivileg der Jagd.

2 Beschwerdebriefe: ein revolutionäres Programm?

Als Ludwig XVI. am 5. Mai 1789 die Generalstände einberief, wurden überall bei den Wahlen der Ständevertreter Beschwerdeschriften verfasst, die wichtige Einblicke in die Stimmungslage der Bevölkerung geben. Die Einwohner des Dorfes Guyancourt forderten:

1. dass alle Steuern von den drei Ständen ohne irgendwelche Ausnahme gezahlt werden, von jedem Stand gemäß seinen Kräften;
2. das gleiche Gesetz und Recht im ganzen Königreich;
5. die völlige Beseitigung jeglicher Art von Zehnten in Naturalien; […]
8. dass die Eigentumsrechte heilig und unverletzlich sind;
9. dass rascher und mit weniger Parteilichkeit Recht gesprochen wird;
10. dass alle Frondienste, welcher Art sie auch sein mögen, beseitigt werden;
11. dass die Einziehung zum Heeresdienst nur in den dringenden Fällen erfolgt […]
17. dass alle Pfarrer verpflichtet sind, alle ihre Amtspflichten zu erfüllen, ohne dafür irgendwelche Bezahlung zu fordern; […]

Zit. nach: Irmgard u. Paul Hartig (Hrsg.): Die Französische Revolution. Stuttgart 1985, S. 34 f.

3 Aus der Beschwerdeschrift der Gemeinde Colmare (1789):

1. Wenn der Klerus und Adel so wie wir zahlten, dann würde das den Staat erheblich stärken, wodurch er imstande wäre, dem unterdrückten Volk Erleichterung zu verschaffen.
2. Wir erbitten die Abschaffung der indirekten Steuern und der Salzsteuer. […]
6. Es sollte das Wild, wie Hasen, Kaninchen und andere wilde Tiere, die den Bauern großen Schaden verursachen, getötet werden. […]
8. Wir fühlen uns auch berechtigt, eine Bemerkung zum Frondienst auf den großen Straßen zu machen. Wir halten es für natürlicher, dass diejenigen für Kosten und Unterhalt aufkommen, die sie beschädigen, aber ohne Behinderung des Handels. […]
10. Wir bitten um Abschaffung überflüssiger Mönche und Nonnen.
11. Wir bitten, dass Gemeindeland und leere Flächen zum Vorteil des Staates bestellt werden.
12. Wir bitten, dass alle Maschinen jeder Art, wie die zum Baumwollspinnen, abgeschafft werden, da sie der Bevölkerung Schaden zufügen.
13. Wir bitten, dass der Mühlenzwang im Land abgeschafft wird. […]

Zit. nach: Wolfgang Lautemann/Manfred Schlenke (Hrsg.): Geschichte in Quellen, Bd. IV.: Amerikanische und Französische Revolution, München 1981, S. 150 f.

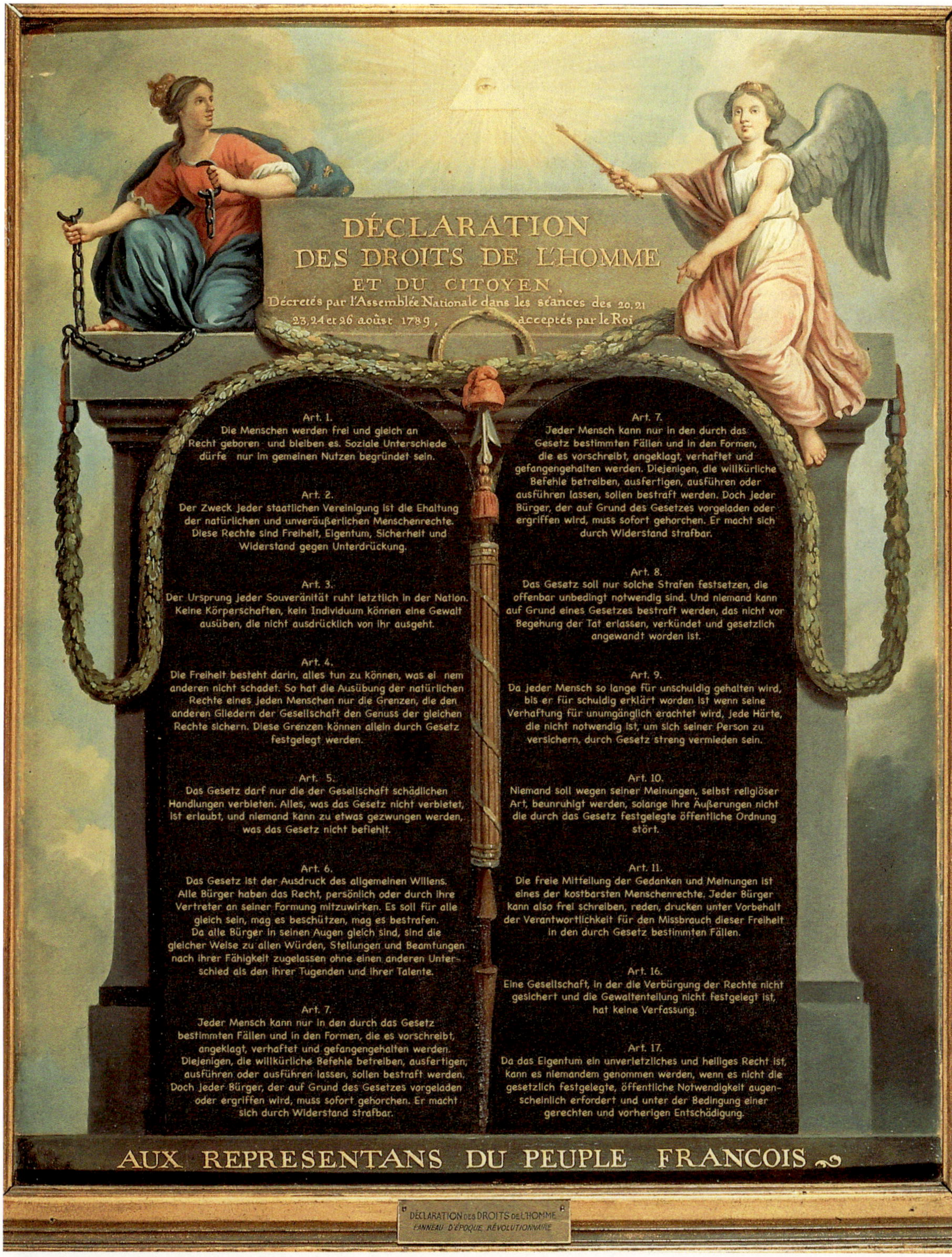

4 Erklärung der Menschenrechte 1789

5 Die Nacht vom 4. zum 5. August 1789 – Abschaffung des Ancien Régime?

Unter dem Eindruck der revolutionären Ereignisse in Paris und auf dem Land verabschiedete die Nationalversammlung in einer turbulenten Nachtsitzung Beschlüsse von großer Tragweite. Erst am 11. August folgte eine schriftliche Niederlegung. Dies ist die Zusammenfassung des Präsidenten am Ende der Nachtsitzung:

Aufhebung der Leibeigenschaft und der Toten Hand[1], unter welcher Bezeichnung auch immer diese praktiziert wird. Möglichkeit der Auslösung der Feudalabgaben. Aufhebung der gutsherrlichen Gerichtsbarkeit. Abschaffung des ausschließlichen Jagdrechts, der Taubenschläge und der Kaninchengehege. Anstelle des Zehnten Besteuerung in Geld. Möglichkeit der Auslösung aller Zehnten jeglicher Art. Aufhebung aller Privilegien, einschließlich der Steuerfreiheiten. Steuergleichheit bei jedem Steuertyp mit Beginn des Jahres 1789, genaue Regelungen ergehen noch durch die Provinzstände. Zulassung aller Bürger zu zivilen und militärischen Posten. Erklärung über eine bald zu errichtende kostenfreie Gerichtsbarkeit und Abschaffung des Ämterkaufs.

Abschaffung besonderer Provinz- oder Städteprivilegien. Erklärung der Abgeordneten mit bindendem Mandat, an ihre Wähler zu schreiben, um deren Zustimmung zu erhalten.

Aufhebung mehrerer Städteprivilegien, so die von Paris, Lyon, Bordeaux usw.

Abschaffung des Jus deportus[2] und des Vacat[2], der Annaten[2] und des mehrfachen Pfründenbesitzes.

Abschaffung der ohne Rechtstitel erlangten Pensionen.

Reform der Zünfte.

Zur Erinnerung an diesen Tag soll eine Medaille geprägt werden. Ein feierliches Tedeum[3], eine Abordnung soll zum König geschickt werden, um ihm im Namen der Versammlung den Titel „Erneuerer der französischen Freiheit“ mit der Ehrung der Versammlung zu überbringen und ihn zu bitten, persönlich am Tedeum[3] teilzunehmen.

Zit. nach: Lautermann/Schlenke: a.a.O., S. 197 f.

1 *Tote Hand: Unfreie durften ihren Besitz nicht weitervererben; als im Mittelalter nach und nach Erblichkeit möglich war, musste diese im Todesfalle jeweils neu erkauft werden.*
2 *Jus deportus; Vacat: verschiedene Formen von Kirchenabgaben*
3 *Tedeum: feierlicher Gottesdienst*

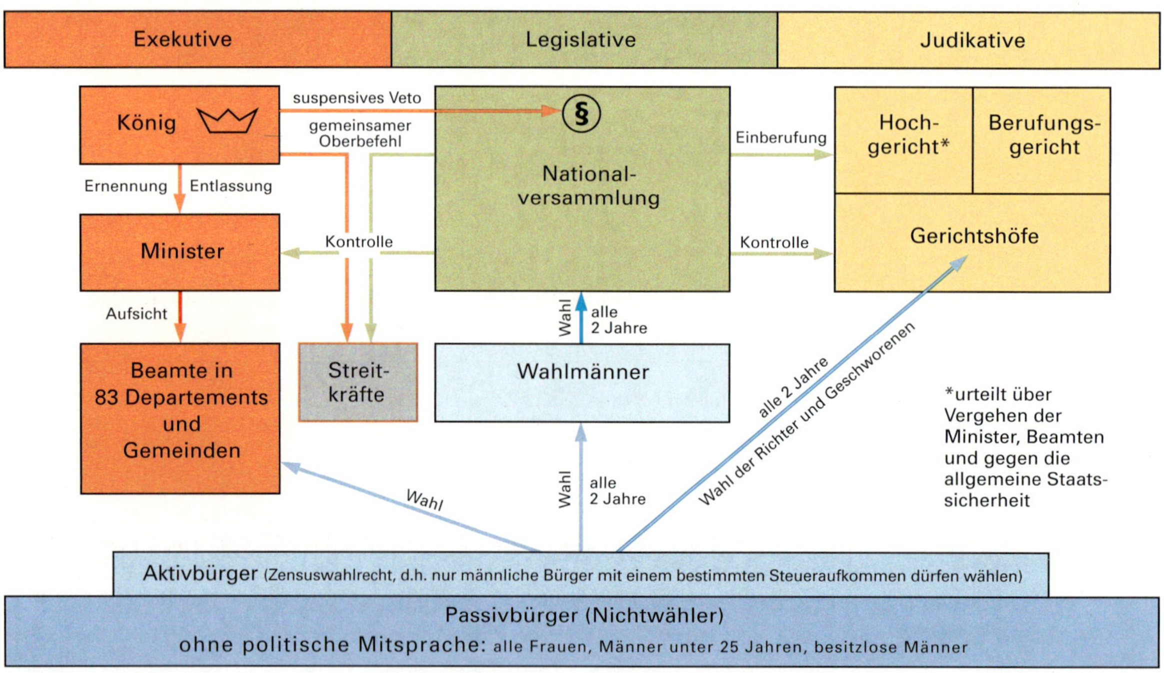

6 Verfassungsschema der Französischen Verfassung von 1791

7 Kritik an der Menschenrechtserklärung

Honoré Gabriel Riqueti, Graf von Mirabeau (1749–1791), Publizist und Revolutionär, Vertreter des Dritten Standes und Abgeordneter in der Nationalversammlung, kommentierte 1789 die Menschenrechtserklärung in der Zeitschrift „Courrier de Provence":

Eine uneingeschränkte Erklärung der Menschenrechte, die auf alle Zeiten, alle Völker, alle moralischen und geographischen Breiten der Erde anwendbar ist, war zweifellos eine große und schöne Idee; ehe man jedoch so großzügig an das Gesetzbuch anderer Nationen dachte, hätte man wahrscheinlich besser daran getan, die Grundlagen unseres eigenen, wenn nicht fest zu umreißen, so doch wenigstens zu vereinbaren […]

Bei jedem Schritt, den die Versammlung bei der Abfassung der Menschenrechte tut, sieht man sie erschrocken über den Missbrauch, den der Bürger mit ihnen treiben könnte, und den sie aus Vorsicht oft übertrieben darstellt. Daher diese vielfältigen Einschränkungen, die minutiösen Vorbehaltsklauseln und Bedingungen, die mühsam ausgearbeitet und auf alle Artikel angewandt werden: Einschränkungen, Vorbehalte und Bedingungen, die fast überall die Rechte durch Pflichten und die Freiheit durch Fesseln ersetzen, und die, indem sie sich in mehr als einer Hinsicht über die lästigen Details der Gesetzgebung hinwegsetzen, den Menschen in seiner Bildung an den bürgerlichen Stand zeigen – und nicht als von der Natur her frei.

Courrier de Provence Nr. 31/1789. Zit. nach: Albert Soboul: Die Große Französische Revolution. Ein Abriss ihrer Geschichte (1789–1799). Darmstadt 1983, S. 151.

Arbeitsvorschläge

- ○○● a) Listen Sie die in den Beschwerdeheften (M1) formulierten Forderungen auf.
- ●●● b) Diskutieren Sie, ob die Forderungen revolutionäre Qualität besitzen (M2, M3).
- ○○● c) Fassen Sie die wichtigsten Beschlüsse in M5 zusammen.
- ○○● d) Ordnen Sie die Beschlüsse bestimmten Kategorien oder Themenbereichen zu (M5).
- ○●● e) Bewerten Sie die Beschlüsse unter der Fragestellung, ob sie eine Abschaffung des Absolutismus und des Ständesystems bedeuten (M5).
- ●●● f) Beschreiben Sie die Elemente der Abbildung M4, die symbolische Bedeutung haben können.
- ○○● g) Entschlüsseln Sie in Partner- oder Gruppenarbeit möglichst viele dieser Symbole und fassen Sie die formulierten Menschen- und Bürgerrechte nach Kategorien geordnet zusammen (M4).
- ●●● h) Diskutieren Sie, inwieweit die in M4 formulierten Rechte noch aktuelle Bedeutung besitzen.
- ●●● i) Untersuchen Sie, ob die Quellen M1 bis M6 als Teile eines kontinuierlichen Prozesses gewertet werden können.
- ○○● j) Identifizieren Sie Passagen in der Erklärung der Menschen- und Bürgerrechte (M4), auf die sich Mirabeau beziehen könnte, und überprüfen Sie, inwieweit seine Kritik berechtigt ist (M7).

Grundwissen: Epochenjahr 1789 – Revolution und Menschenrechte

Die Krise und Infragestellung des Ancien Régime

→ 1 – 3 S. 194

Die akute Wirtschaftskrise und der Staatsbankrott waren zwar Katalysatoren der Französischen Revolution, doch die Gesellschaftskrise des Ständesystems und die Herrschaftskrise des Absolutismus waren ihre eigentlichen Ursachen. Die Privilegien von Klerus und Adel, vor allem die Steuerfreiheit, wurden nicht mehr akzeptiert, und die absolute Stellung des Königs wurde von Staatstheoretikern und Aufklärern schon seit Jahrzehnten in Frage gestellt.
Viele dieser Ideen finden sich in den Beschwerdeheften, von denen noch heute fast 60 000 erhalten sind. Sie enthalten kein klares politisches oder gar revolutionäres Programm, zeigen aber, wie verbreitet und tiefgehend die Unzufriedenheit mit den bestehenden Zuständen war.

Der Ballhausschwur – der Dritte Stand formiert sich

Nachdem sich die Generalstände im Frühsommer 1789 nicht auf einen Abstimmungsmodus hatten einigen können, versammelten sich die Abgeordneten des Dritten Stands im Ballhaus von Versailles, erklärten sich zur Nationalversammlung und schworen, nicht auseinanderzugehen, bis sie Frankreich eine Verfassung gegeben hatten. Das war eine Auflehnung gegen den König, gegen das System des Absolutismus und gegen die Ständegesellschaft.

Liberté, egalité, fraternité

→ 4 – 5 S. 195 f.

Die Forderung nach Freiheit, Gleichheit, Brüderlichkeit („liberté, egalité, fraternité") wurde zur berühmtesten Losung der französischen Revolutionäre, und die Nationalversammlung in Versailles verabschiedete wichtige Beschlüsse, um sie in die Tat umzusetzen: In der Nachtsitzung vom 4. auf den 5. August schaffte sie die Leibeigenschaft und alle Privilegien ab, und am 26. August 1789 veröffentlichte sie die Erklärung der Menschen- und Bürgerrechte. Mit der amerikanischen Unabhängigkeitserklärung von 1776 hatten die französischen Revolutionäre bereits ein Vorbild vor Augen, doch formulierten sie ihre Menschenrechtserklärung viel grundsätzlicher und mit einem klaren Anspruch auf universelle Gültigkeit.

Die Verfassung von 1791

→ 6 S. 196

Die Beschlüsse vom August 1789 bedeuteten einen Bruch mit dem Feudalismus und das Ende des „Ancien Régime". Noch fehlte jedoch eine neue Verfassung. Nach langen Beratungen trat sie schließlich am 3. September 1791 in Kraft. Damit war Frankreich eine konstitutionelle Monarchie geworden. Die Forderung nach Gleichheit erfüllte die Verfassung allerdings nicht, da aufgrund des Zensuswahlrechts nur eine Minderheit der Männer als „Aktivbürger" galt und politische Rechte hatte. Zwar waren viele waren mit dieser Lösung zufrieden und dachten, mit solch einer schriftlichen Festlegung der Grundlagen eines neuen Staates sei die Revolution beendet und es habe eine neue stabile Ordnung begonnen; doch viele andere wollten die Revolution weitertreiben. Dazu gehörten vor allem die „Sansculotten", Vertreter der ärmeren Stadtbevölkerung von Paris, der kleinen Ladenbesitzer, Handwerker und Manufakturarbeiter, aber auch die „Jakobiner", Mitglieder eines neu gegründeten politischen Clubs von Revolutionären, der sich in einem ehemaligen Jakobinerkloster traf.

8 Erstürmung der Bastille am 14. Juli 1789
Die Angreifer führen den Kommandeur (r.) aus der Bastille, um ihn wenig später hinzurichten. Gemälde aus den 1790er-Jahren.

Die Gefangennahme des Königs

König Ludwig XVI. (1754–1793) andererseits hatte zunächst zwar immer wieder dem Druck der Revolution nachgegeben, arbeitete jedoch für eine Wiederherstellung der alten Ordnung und versuchte, die Arbeit der revolutionären Exekutive und Legislative zu behindern. Im Juni 1791 versuchte er sogar, verkleidet ins Ausland zu fliehen, wurde jedoch vor der Grenze erkannt und nach Paris zurückgebracht. Man verdächtigte ihn, mit den adligen Emigranten und den Monarchen des Auslands einen Krieg gegen Frankreich führen zu wollen. Schließlich erklärte Frankreich selbst 1792 Österreich den Krieg, aus Furcht vor einem möglichen Angriff ausländischer Truppen und adliger Emigranten, aber auch, um die Revolution ins Ausland zu tragen.

Der Sturz des Königs – zweite Revolution und Diktatur der Jakobiner

Die Sansculotten in Paris wurden unruhig: Der Kriegsverlauf war für Frankreich ungünstig, die Wirtschaftskrise wurde immer schlimmer, Brot war knapp und teuer, und sie selbst, als arme Handwerker und kleine Ladenbesitzer, hatten kein Mitspracherecht in der Politik. Dann löste ein Aufruf des Herzogs von Braunschweig, der heftige Drohungen gegen die Pariser Bevölkerung enthielt, eine Art „zweite Revolution" aus: Im August 1792 stürmten, besetzten und plünderten die Sansculotten die Tuilerien – das Schloss, in dem sich die königliche Familie aufhielt. Dabei fanden sie Briefe des Königs, die bewiesen, dass er auf eine Niederlage Frankreichs im Krieg hoffte. Ein neu gewähltes Parlament – der ⇒ Nationalkonvent – setzte den König ab und erklärte Frankreich am 21. September 1792 zu einer Republik. Der Konvent hielt einen Prozess gegen Ludwig XVI. ab und verurteilte ihn zum Tode. Am 21. Januar 1793 wurde der König hingerichtet, am 16. Oktober 1793 auch seine Frau, die Königin Marie Antoinette. Die konstitutionelle Monarchie war gescheitert und die Revolution nicht beendet, sondern in eine neue, zweite, radikale Phase eingetreten: die von Terror geprägte ⇒ Jakobinerherrschaft.

3.4 Menschenrechte für alle? – die Revolution und die Frauen

A) War die Französische Revolution ein weibliches Ereignis?
B) Konnte Frauen das uneingeschränkte Bürgerrecht zuerkannt werden?

1 Beschwerdehefte von Frauen – ein Ruf nach Emanzipation?

Obwohl eigentlich nur Männer 1788 ihre Ständevertreter wählen und Beschwerdehefte (Cahiers de doléances) schreiben durften, haben durchaus einige, allerdings nur wenige, Frauen ihre eigenen Texte verfasst. In der „Bittschrift der Frauen des Dritten Standes" heißt es:

In einer Zeit, da ein jeder bemüht ist, seine Ansprüche und Rechte geltend zu machen [...], sollte es da nicht auch den Frauen möglich sein, ihrer Stimme Gehör zu verschaffen? [...] Die Frauen des Dritten Standes werden fast alle ohne Reichtümer geboren; ihre Erziehung wird sehr vernachlässigt [...].

Wir bitten um Ausbildung und Beruf, nicht um uns die Befugnisse der Männer anzueignen, sondern um höher von ihnen geachtet zu werden und damit wir imstande sind, vor dem Elend geschützt zu leben. [...]

Wir bitten Euch inständig, Sire, kostenlose Schulen einzurichten, wo wir unsere Sprache von Grund auf erlernen können, die Religion und die geistigen und sittlichen Werte; eins wie das andere soll uns in seinem ganzen Umfang dargeboten werden [...].

Cahiers de doléances des femmes en 1789 et autres textes. Paris 1981, S. 25 ff., Zit. nach: Landesregierung NRW (Hrsg.): Geschichte auch für Mädchen. 1989, S. 20 f.

2 Anonymes Beschwerdeheft

Unterzeichnet wurde das Heft mit „Madame BB***"***

Wir trachten durchaus nicht nach den Würden des Regierungsamtes, noch nach dem Vorzug, in die Kabinettsgeheimnisse eingeweiht zu sein. Aber wir glauben, dass es den Frauen, den Witwen und Töchtern, die Ländereien oder anderes Vermögen besitzen, billigerweise gestattet sein muss, dem Thron ihre Beschwerden zu Füßen zu legen und dass es ebenso gerecht ist, ihre Stimmen zu zählen, da sie doch, wie die Männer, dazu verpflichtet sind, die königlichen Abgaben zu zahlen und den Verpflichtungen des Handels nachzukommen.

Man wird eventuell vorbringen, alles, was man ihnen gewähren könne, sei, ihnen zu gestatten, sich durch Bevollmächtigte in den Generalständen vertreten zu lassen. Man könnte dem entgegnen, es sei mit Fug und Recht erwiesen, dass weder ein Adeliger einen Nichtadeligen vertreten kann noch dieser einen Adeligen, ebenso kann, mit größerem Recht, kein Mann eine Frau vertreten, da doch der Vertreter völlig die gleichen Interessen haben muss wie der Vertretene. Folglich können Frauen nur von Frauen vertreten werden.

Zit. nach: Geschichte lernen. Sammelband Frauengeschichte. Velber 2002, S. 53 f.

3 Olympe de Gouges' „Erklärung der Rechte der Frau und Bürgerin" – eine neue Revolution?

Die Schriftstellerin Olympe de Gouges (1748–1793) versuchte immer wieder, mit Streitschriften und Briefen an die Nationalversammlung Einfluss auf die Politik zu nehmen. Ihr berühmtester Text stammt aus dem Jahre 1791:

Mann, bist du fähig, gerecht zu sein? Eine Frau stellt dir diese Frage; du wirst ihr doch nicht das Recht dazu absprechen wollen. Sag an, wer hat dir die selbstherrliche Macht verliehen, mein Geschlecht zu unterdrücken? Einzig der Mann [...] fällt in diesem Jahrhundert der Aufklärung und Vernunft in gröbste Unwissenheit zurück und glaubt, despotisch über ein Geschlecht verfügen zu können, das alle intellektuellen Fähigkeiten besitzt. [...]

Art. 1 Die Frau ist frei geboren und bleibt dem Manne gegenüber gleichberechtigt. Die sozialen Unterschiede können nur auf dem allgemeinen Nutzen gegründet sein.

Art. 2 Der Zweck jeder politischen Verbindung ist die Bewahrung der natürlichen und unverjährbaren Rechte der Frau und des Mannes; diese Rechte sind Freiheit, Eigentum, Sicherheit und vor allem das Recht auf Widerstand gegen Unterdrückung.

Art. 3 Der Ursprung aller Souveränität liegt letztlich in der Nation, die nichts ist als die Wiedervereinigung von Frau und Mann [...].

Art. 6 Das Gesetz soll Ausdruck des Willens aller sein; alle Bürgerinnen und Bürger sollen persönlich oder über Vertreter zu seiner Entstehung beitragen, für alle sollen die gleichen Bedingungen gelten.

Art. 10 Niemand darf wegen seiner Meinung, selbst in Fragen grundsätzlicher Natur Nachteile erleiden. Die Frau hat das Recht, das Schafott zu besteigen, gleichermaßen muss ihr auch das Recht zugestanden werden, eine Rednertribüne zu besteigen, sofern sie nicht in Wort und Tat die vom Gesetz garantierte öffentliche Ordnung stört. Nachwort: Frau erwache! Die Stimme der Vernunft erschallt über unsern Erdball; erkenne deine Rechte! Das gewaltige Reich der Natur ist nicht mehr umlagert von Vorurteilen, Fanatismus, Irrglauben und Lüge.

Olympe de Gouges: Schriften. Frankfurt a.M. 1980, S. 39 ff.

4 Bürgerrecht für die Frauen? – ein männliches Plädoyer

Jean Antoine de Condorcet (1743–1794), Autor, Enzyklopädist und Politiker, Mitglied der Nationalversammlung, veröffentlichte diesen Text 1789 im „Journal de la societé". Über die Zulassung der Frauen zum Bürgerrecht schreibt er:

Die Menschen können sich an die Verletzung ihrer naturgegebenen Rechte so gewöhnen, dass unter denen, die sie verloren haben, keiner daran denkt, sie zurückzufordern, und nicht glaubt, ein Unrecht erlitten zu haben.

Einige diese Verletzungen sind sogar den Philosophen und Gesetzgebern entgangen, als sie sich mit dem größten Eifer damit befassten, die Grundrechte der einzelnen Glieder des Menschengeschlechts zu etablieren, die sie zur alleinigen Grundlage ihrer politischen Institutionen machten. Haben sie z.B. nicht alle das Gleichheitsprinzip der Rechte verletzt, indem sie ganz einfach die Hälfte des Menschengeschlechts des Rechts beraubten, an der Gesetzgebung teilzunehmen, indem sie die Frauen vom Bürgerrecht ausschlossen? [...]

Da nun Frauen die gleichen Fähigkeiten aufweisen, haben sie notwendigerweise auch die gleichen Rechte. Entweder hat kein Glied des Menschengeschlechts wirkliche Rechte, oder sie alle haben die gleichen, und derjenige, der gegen das Recht eines anderen stimmt, mag er auch einer anderen Religion, einer anderen Hautfarbe oder dem anderen Geschlecht angehören, hat damit seine Rechte verwirkt. Es dürfte schwer sein zu beweisen, dass Frauen unfähig sind, das Bürgerrecht auszuüben [...]

Über die Gleichheit der Rechte aller Männer in unserer neuen Verfassung hat es erhabene Reden und unendlich viele Witzeleien gegeben; aber bis heute hat noch niemand einen einzigen Grund dagegen vorbringen können. Und das liegt ganz sicher weder an mangelndem Talent noch an mangelndem Eifer. Ich möchte glauben, dass es mit der Gleichheit der Rechte zwischen den beiden Geschlechtern genauso sein wird. Es ist eigenartig genug, dass man in vielen Ländern Frauen für unfähig gehalten hat, ein öffentliches Amt zu bekleiden, nicht aber, den Königsthron zu besteigen; dass in Frankreich eine Frau Regentin, aber bis 1776 in Paris nicht Modehändlerin sein konnte.

Hannelore Schröder (Hrsg.): Die Frau ist frei geboren. Texte zur Frauenemanzipation. Band I: 1789–1870. München 1979, S. 55 ff.

5 Der Marsch der Frauen nach Versailles am 5. Oktober 1798.
Radierung aus dem Jahr 1798.

6 Republikanischer Frauenclub
Gemälde von Jean-François Lesueur, um 1792. Während der Versammlung wird Geld für Arme gesammelt.

7 Das Verbot der Frauenclubs – ein Gebot der Natur?

Auf Vorschlag des Sicherheitsausschusses beschloss der von den Jakobinern beherrschte Nationalkonvent am 30. Oktober 1793 das Verbot der Frauenclubs.

1. Dürfen Frauen politische Rechte ausüben und sich in Regierungsangelegenheiten einmischen? Regieren heißt, die öffentlichen Angelegenheiten durch Gesetze zu lenken, deren Abfassung ausgedehnte Kenntnisse, eine Hingabe und grenzenlose Ergebenheit, eine strenge Unempfindlichkeit und Verneinung seiner selbst verlangt. Regieren heißt darüber hinaus, die Handlungsweise der gewählten Vertreter zu lenken und zu berichtigen. Sind die Frauen für diese Bedürfnisse und Fähigkeiten, die sie erfordern, geeignet? Man kann ganz allgemein mit Nein antworten. Sehr wenige Beispiele dementieren dieses Urteil. Die politischen Rechte des Bürgers bestehen darin, zu diskutieren und Entscheidungen in die Wege zu leiten, Vergleiche anzustellen und der Unterdrückung zu widerstehen. Besitzen die Frauen die moralische und physische Kraft, die die Ausübung des einen wie des anderen dieser Rechte erfordert? Weltweit wird diese Auffassung verworfen.

2. Dürfen sich die Frauen in politischen Vereinigungen versammeln? Das Ziel volkstümlicher Vereinigungen besteht in Folgendem: die Manöver der Feinde der öffentlichen Ordnung zu entschleiern, die Bürger als Individuen wie auch die Beamten und selbst die gesetzgebenden Körperschaften zu überwachen, den Eifer der einen wie der anderen durch beispielhafte republikanische Tugenden anzustacheln, sich durch öffentliche und tiefschürfende Diskussionen über Mangel oder Reform der politischen Gesetze aufzuklären.

Können sich Frauen diesen nützlichen und mühseligen Aufgaben hingeben? Nein, weil sie dann gezwungen wären, wichtigere Aufgaben, zu denen die Natur sie ruft, dem zu opfern. Diese häuslichen Aufgaben, zu denen Frauen von Natur aus bestimmt sind, gehören selbst zur allgemeinen Ordnung der Gesellschaft. Diese soziale Ordnung resultiert aus dem Unterschied, der zwischen Mann und Frau besteht. Jedes Geschlecht ruft nach einer ihm eigenen Art von Beschäftigung, bewegt sich in diesem Kreis, den es nicht überwinden kann. Denn die Natur, die dem Menschen diese Grenzen gesetzt hat, befiehlt gebieterisch und hält sich an kein Gesetz.

Der Mann ist stark, robust, mit einer großen Energie, mit Kühnheit und Mut geboren. Er meistert die Gefahren, die Rauheit der Jahreszeiten durch seine Konstitution. Er widersteht allen Elementen. Er ist für die Künste wie für die schwere Arbeit geeignet. Und da er fast ausschließlich für die Landwirtschaft, den Handel, die Schifffahrt, die Reisen, den Krieg bestimmt ist, zu all jenem, was nach Kraft, Intelligenz und Fähigkeit verlangt, so scheint auch er allein zu tief gehenden und ernsthaften Meditationen geeignet, die eine große Anstrengung des Geistes und lange Studien voraussetzen, denen sie nicht nachgehen können.

Welches ist der der Frau eigentümliche Charakter? Die Sitten und die Natur selbst haben ihr Aufgaben zugesprochen: die Erziehung der Menschen zu beginnen, den Geist und das Herz der Kinder auf die öffentlichen Tugenden vorzubereiten, sie von früh an zum Guten hin zu lenken, ihr Gemüt zu entfalten und sie im Freiheitskult zu unterweisen – darin bestehen ihre Aufgaben nach den Sorgen um den Haushalt. Natürlich ist die Frau auch dazu bestimmt, die Tugend liebenswert zu machen. Wenn sie all diese Aufgaben erfüllen, haben sie sich um das Vaterland verdient gemacht. Zweifellos ist es notwendig, dass sie sich selbst in den Grundsätzen der Freiheit unterrichten, um diese ihren Kindern nahezubringen. Sie können den Beratungen der Sektionen, den Diskussionen der Volksgesellschaften beiwohnen. Dürfen sie aber, die doch dazu bestimmt sind, die Sitten des Menschen zu mäßigen, aktiv an Diskussionen teilhaben, deren Hitzigkeit unvereinbar mit der Sanftmut und Bescheidenheit ist, die den Charme ihres Geschlechts ausmachen?

Wir müssen sagen, dass dies vor allem eine Frage der Sitten ist – und: ohne Sitten keine Republik. Erlaubt es die Sittsamkeit einer Frau, sich in der Öffentlichkeit zu zeigen und gemeinsam mit den Männern zu kämpfen, im Angesicht des Volkes über Fragen zu diskutieren, von denen das Wohl der Republik abhängt? Im Allgemeinen sind Frauen kaum zu hohen Vorstellungen und ernsthaftem Nachdenken fähig. [...]

Wir glauben also, dass eine Frau nicht ihre Familie verlassen darf, um sich in Regierungsgeschäfte einzumischen.

Susanne Petersen: Marktweiber und Amazonen. Frauen in der Französischen Revolution. Köln 1987, S. 221ff. Zit. nach: Wochenschau für politische Erziehung, Sozial- und Gemeinschaftskunde, Sonderheft Dezember 1989, S. 34.

Arbeitsvorschläge

○○● a) Benennen Sie den Adressaten und das Thema der Quelle (M1, M2).

○●● b) Charakterisieren Sie die Wortwahl und Sprache der Quelle (M1, M2).

●●● c) Diskutieren Sie, inwieweit die Autorinnen sich für die Gleichberechtigung der Frau einsetzen (M1, M2).

○○● d) Fassen Sie die Quelle M3 zusammen, indem Sie die Autorin, die Adressaten, die Textform, die Entstehungszeit und das Thema benennen.

○●● e) Vergleichen Sie die Forderungen Olympe de Gouges' (M3) mit der Erklärung der Menschen- und Bürgerrechte (➔ **Kap. 3.3, M4**).

●●● f) Diskutieren Sie, ob die Forderungen von Olympe de Gouges heute noch aktuell sind (M3).

○○● g) Fassen Sie die Argumente zusammen, mit denen das Verbot der Frauenclubs (M7) begründet wurde.

○●● h) Kennzeichnen Sie das Verständnis von Frauen- und Männerrollen, die hinter diesen Argumenten sichtbar werden (M7).

●●● i) Entwerfen Sie eine Antwort auf den Text, die sich mit den präsentierten Argumenten auseinandersetzt (M7).

●●● j) Beurteilen Sie zusammenfassend die Aktivitäten von Frauen in der Französischen Revolution (M1–M6).

○●● k) Fassen Sie Condorcets Argumentation (M4) zusammen und vergleichen Sie sie mit der Argumentation in M7.

Grundwissen: Menschenrechte für alle? – die Revolution und die Frauen

Universalität der Menschenrechte?

So universal die Menschenrechte auch formuliert waren, so war doch umstritten, ob sie wirklich für alle gelten sollten: auch für die Juden, für die Sklaven in den Kolonien, für die Frauen? 1791 beschloss die Nationalversammlung die staatsbürgerliche Gleichberechtigung der Juden, 1794 wurde die Sklaverei abgeschafft, allerdings nur, bis Napoleon sie 1802 wieder einführte, doch wie war es um die Frauen bestellt?

Frauen im 18. Jahrhundert

→ 1 – 2 S. 200

Im 18. Jahrhundert waren die Frauen nirgendwo gleichberechtigt: Sie hatten kein Recht auf politische Mitsprache, waren privatrechtlich dem Mann unterstellt und wurden für ihre Arbeit schlechter entlohnt. Frankreich war da keine Ausnahme: Der „Dritte Stand des Dritten Standes" seien die Frauen, heißt es in einem der Beschwerdehefte. Frauen waren im „Ancien Régime" in allen Bereichen benachteiligt: Wenn sie – wie die meisten Frauen – erwerbstätig waren, weil der Verdienst ihrer Männer nicht ausreichte, bekamen sie nur bis zu 60 % des Lohnes eines Mannes mit einer vergleichbaren Arbeit. Schul- und Berufsbildung gab es für Mädchen nicht, so dass die Analphabetenrate unter den Frauen über 70 % betrug und damit um etwa 20 Prozentpunkte über der der Männer lag. Die besser bezahlten Berufe blieben den Frauen dadurch verschlossen. In Paris waren sie meist im Textilgewerbe als Näherinnen und Strickerinnen tätig, viele arbeiteten im Dienstleistungsbereich als Zimmermädchen, Wäscherinnen und Köchinnen oder waren in zahlreichen anderen ungelernten Berufen beschäftigt. Auch die Ehegesetze benachteiligten sie: Der Mann durfte z. B. allein über die Finanzen entscheiden und konnte seine Ehefrau verlassen, ohne ihr Unterhalt zahlen zu müssen. Eine Scheidung war in der Regel nicht möglich.

8 Bemaltes Medaillon aus den französischen Kolonien

Besser war die Situation adliger Frauen, wenngleich das Eherecht auch für sie galt. Manche Frauen aus dem Adel waren hoch gebildet und hatten indirekt durchaus Einfluss auf das gesellschaftliche und politische Leben des Ancien Régime. Berühmt waren ihre Salons, in denen auch bekannte Aufklärer verkehrten.

Beschwerdehefte von Frauen

→ 1 – 2 S. 200

Die Beschwerdehefte sollten eigentlich nur von Männern verfasst werden; doch haben durchaus einige wenige Frauen diese Regel ignoriert und frauenspezifische Forderungen erhoben, um eine Verbesserung ihrer Situation zu erreichen. Zum überwiegenden Teil sind diese Texte nicht sehr revolutionär; häufig verlangten sie bessere Bildung und Arbeitsmöglichkeiten. Nur in Ausnahmefällen finden sich Forderungen nach politischer Partizipation. Dennoch kann allein die Tatsache, dass sich Frauen zusammenfanden und gemeinsam Beschwerden formulierten, als politische Aktion gewertet werden.

Der Marsch nach Versailles

→ 5 S. 201

Die Wirtschaftskrise und die hohen Brotpreise trafen die Frauen ganz direkt, denn meist waren sie für die Versorgung ihrer Familie und den Einkauf von Lebensmitteln zuständig. Die Sorge um das tägliche Brot löste die bedeutendste Aktion von Frauen während der Französischen Revolution aus, den Marsch der Frauen nach Versailles am 5. und 6. Oktober 1789. Im Verlauf dieser Aktion verknüpften sie die Forderung nach Brot mit einem eindeutig politischen Ziel: Sie wollten den König von Versailles nach Paris holen. Um ihre Entschlossenheit zu unterstreichen, bewaffneten sie sich mit Besen, Holzlatten, Piken und Pistolen, die jedoch im Ernstfall gegen einen Einsatz von Soldaten nicht ausgereicht hätten. Letztlich wurde tatsächlich eine Delegation von sechs Frauen zu einer königlichen Audienz zugelassen; der König gab nach, versprach eine verbesserte Brotversorgung und zog mit seiner Familie nach Paris. Die Frauen triumphierten: Sie brachten „die Bäckerfamilie" nach Paris und die Nationalversammlung folgte. Mit dieser Aktion beteiligten sich Frauen de facto am politischen Leben, ohne das Recht auf politische Mitwirkung explizit gefordert zu haben.

➔ 4 S. 201
➔ 6 - 7 S. 202 f.

Frauenclubs

Im gleichen Jahr, 1789, entstanden überall in Paris politische Clubs, denen zunächst nur Männer angehörten. Doch bald trafen sich auch Frauen des liberalen Bürgertums in eigenen Salons. Dort ging es meist um karitative Tätigkeiten und die Unterstützung der Männer in der Revolution; die Gleichberechtigung der Frau wurde dagegen nicht diskutiert. 1792/93 jedoch gründeten „Sansculottinnen" radikale politische Frauenclubs, die entschlossen und aggressiv die Revolution gegen ihre Feinde verteidigen wollten. Geschlechtsspezifische Forderungen waren aber auch für sie gegenüber dem Erfolg der Revolution nachrangig. Dennoch fanden diese Clubs bei den männlichen Revolutionären wenig Zustimmung und am 30. Oktober 1793 wurde der bedeutendste Frauenclub, die „Société des Citoyennes Républicaines Révolutionnaires", verboten.

So heterogen die Aktionsformen von Frauen auch waren, so waren sie doch Ausdruck weiblicher Partizipationsbemühungen. Sie nahmen am politischen Leben teil und verwirklichten damit Frauenrechte, die sie explizit nie gefordert hatten.

Eine Ausnahme war Olympe de Gouges: Sie wurde 1748 geboren und wuchs in ärmlichen Verhältnissen auf. Mit 17 Jahren wurde sie gegen ihren Willen verheiratet, bekam einen Sohn, wurde kurz darauf Witwe, zog nach Paris und wurde Schriftstellerin. In einem Theaterstück prangerte sie die Sklaverei in den Kolonien an. Der Bürgermeister ließ jedoch eine Aufführung nicht zu, da er fürchtete, sie könne Aufstände in den Kolonien auslösen. 1789 besuchte de Gouges regelmäßig die Sitzungen der Nationalversammlung und versuchte, mit Streitschriften und Briefen immer wieder Einfluss auf die Politik zu nehmen. Als scharfe Kritikerin Robespierres wurde sie 1793 hingerichtet. Ihre „Erklärung der Rechte der Frau und Bürgerin" fand 1791 zwar noch keine große Beachtung, wurde aber nachträglich zu einem „Klassiker" der Emanzipationsbewegung.

Olympe de Gouges (1748–1793)
Französische Revolutionärin und Frauenrechtlerin, Verfasserin der „Erklärung der Rechte der Frau und Bürgerin" (1791). Künstler unbekannt, um 1784.

Die Zementierung der Ungleichheit

Die Gleichberechtigung der Frau hat die Französische Revolution nicht verwirklicht. Schon in der Verfassung von 1791, die allerdings auch für Männer ein Zensuswahlrecht einführte, hatten die Frauen keinerlei Mitspracherecht. Auch in der Phase der Jakobinerdiktatur und des Direktoriums blieben sie von den Menschen- und Bürgerrechten weitgehend ausgeschlossen. Napoleons „Code civil" (**➔ s. Kap. 4.1**), das Gesetzbuch Frankreichs von 1804, gab den Frauen keinerlei Gleichberechtigung, sondern zementierte ihre Unterordnung unter den Mann in der Ehe und im bürgerlichen Leben.

3.5 Die Revolution als Vorbild? – Reaktionen in Deutschland

A) Wie wirkten die Ereignisse in Frankreich 1789/90 auf das deutsche Bürgertum?
B) Welche Reaktionen rief der weitere Verlauf der Revolution in Deutschland hervor?

1 Ein Deutscher im revolutionären Paris – „Vertreter des Menschengeschlechts" oder ein Stück aus dem „Tollhaus"?

Zwei Lexikonartikel informieren über das ungewöhnliche Leben eines deutschen Adligen, der sich „Anacharsis" nannte: Im Brockhaus-Lexikon von 1809 heißt es:

Anacharsis Cloots war aus Kleve gebürtig und wurde von dem Departement de l'Oise zum Nationalkonvent als Deputierter geschickt. Ehemals hatte er den Gelehrten gespielt. (Diderots Umgang soll ihn zum Atheisten gemacht haben); aber durch die unsinnigen Motionen, die er gewöhnlich vorbrachte, gab er deutlich genug zu erkennen, dass er eigentlich in ein Tollhaus gehörte. Er hätte gern die ganze Welt in eine gemeinschaftliche Republik verwandelt, um darin als wahrer *Redner des Menschengeschlechts* (orateur du genre humain, wie er sich zu nennen pflegte) figurieren zu können. Es war am 19. Juni 1790, als verkleidete Türken und Araber mit Holländern, Engländern, Deutschen und Italienern, als Repräsentanten des Menschengeschlechts, durch Cloots, der das Wort führte, den Reformatoren Frankreichs Glück wünschten; eine Posse, auf welche ein wichtiger Auftritt, die Vernichtung des Adels u.s.f. folgte. Durch Cloots wurde der Bischof *Gobel* von Paris gezwungen, freiwillig der geistlichen Würde zu entsagen, welchem Beispiele die konstitutionellen Priester in allen Teilen des Reichs folgten. Die Faktion des Robespierre, welche bei der eben erwähnten Unternehmung nicht gefragt worden war, machte auf einmal alle seine Entwürfe scheitern; verdammte ihn mit der Partei des berüchtigten *Hebert* als einen Ultrarevolutionär, und zwang ihn (24. März 1794), mit ihr das Blutgerüste zu besteigen, nachdem er acht Tage vorher von den Jakobinern zu ihrem Präsidenten ernannt worden war.

Brockhaus Conversations-Lexikon Bd. 1. Amsterdam 1809, S. 276 f.

2 Anacharsis Cloots
Zeitgenössischer Stich von Charles F. Levachez.

3 Eintrag Anacharsis Cloots aus der Wikipedia 2011

Johann Baptist Hermann Maria Baron de Cloots (frz. Jean Baptiste Baron de Cloots du Val-de-Grâce), genannt Anacharsis Cloots (*24. Juni 1755 Schloss Gnadenthal bei Kleve, † (hingerichtet) 23. März in 1794 Paris [...] war ein Sohn des holländisch-preußischen Adeligen Thomas Franziskus de Cloots [...]

Nach Ausbruch der Französischen Revolution 1789 kehrte er zurück nach Paris. Er legte seinen Adelstitel sowie seine christlichen Vornamen ab und nannte sich fortan Anacharsis nach dem Naturphilosophen des sechsten vorchristlichen Jahrhunderts, den ein Roman von Jean-Jacques Barthélemy popularisiert hatte. Er schrieb für Zeitungen wie *La Chronique de Paris*, *Le Patriote français*, *Les Annales patriotiques* oder *Les Révolutions de France* und redete auch öffentlich, wodurch er langsam einem breiteren Publikum bekannt wurde. Am 19. Juli 1790 betrat Cloots die Pariser Nationalversammlung in Begleitung von 36 Bürgern, die als „Deputation des Menschengeschlechts" (*ambassade du genre humain*) aus einem Theaterfundus eingekleidet waren und bezeugen sollten, dass die Welt der Erklärung der Menschen- und Bürgerrechte vom 26. August 1789 Gefolgschaft leisten werde. Sie waren von Cloots für je 12 Francs engagiert worden. Seit diesem Spektakel war Cloots eine der prominentesten politischen Figuren Paris'. Fortan nannte er sich „Redner des Menschengeschlechtes" (*orateur du genre humain*).

Cloots erhielt im August 1792 das französische Bürgerrecht und wurde schon im September als Abgeordneter des Départements Oise in den Nationalkonvent gewählt. [...] Den Höhepunkt seiner politischen Karriere stellte die von ihm am 10. November 1793 organisierte atheistische Zeremonie in der Kathedrale Notre Dame de Paris dar, die er in einen „Tempel der Vernunft und der Freiheit" umgestaltete.

Ende 1793 begannen die offenen Angriffe auf Cloots. Am 12. Dezember 1793 erreichte der Revolutionsführer Maximilien de Robespierre, der Cloots sogar der Spionage im Auftrag des preußischen Königs verdächtigte, dessen Ausschluss aus dem Jakobinerklub. [...] Am 24. März 1794 starb er unter der Guillotine.

Eine späte Ehrung erfuhr Anacharsis Cloots durch Joseph Beuys[1], der ihn als Freigeist und Kosmopoliten verehrte und sich phasenweise „JosephAnacharsis Clootsbeuys" nannte.

Zit. nach: http://de.wikipedia.org/wiki/Anarchasis_Cloots (Stand 31.07.2011)

1 Joseph Beuys: avantgardistischer Aktionskünstler, Zeichner und Bildhauer (1921–1986)

4 Ein deutscher Aufklärer als „Revolutionstourist" – „Frühling des allgemeinen Völkerwohls"?

Joachim Heinrich Campe (1746–1818) wurde in Deutschland als Pädagoge, Aufklärer, Schriftsteller und Begründer des heutigen Verlags Hoffmann und Campe bekannt. 1789 reiste er nach Paris, wo er Augenzeuge der Revolution wurde und an Sitzungen der Nationalversammlung teilnahm.

Paris den 26ten Aug. 1789. Je länger ich hier bin, je aufmerksamer ich die Knospen, die Blüte und die Früchte der jungen französischen Freiheit betrachte, [...] desto inniger und fester wird meine Überzeugung, dass diese französische Staatsumwälzung die größte und allgemeinste Wohltat ist, welche die Vorsehung, seit Luthers Glaubensverbesserung, der Menschheit zugewandt hat.

Hier ist ein Volk, so aufgeklärt, so edel und mild, als es je eins gegeben hat; ein König, so sanft, so lenksam und ehrgeizlos, als je einer gewesen ist, eine aus zwölfhundert Köpfen bestehende Versammlung von Stellvertretern der Nation, deren größere Hälfte wenigstens aus sehr helldenkenden, geistvollen, kraftbegabten und mutigen Patrioten besteht; und, was das beste ist, diese drei Hauptfiguren in dem großen interessanten Gemälde – Volk, König und Nationalversammlung – umschlingen sich in schönster Harmonie und gehen, Hand in Hand gelegt, dem erhabenen Ziele zu. [...]

Wir werden zum ersten Mal ein großes Reich sehen, worin das Eigentum eines jeden heilig, die Person eines jeden unverletzlich, die Gedanken zollfrei, das Glauben ungestempelt, die Äußerung desselben durch Worte, Schriften und Handlungen völlig frei und keinem menschlichen Richterspruch mehr unterworfen sein wird; ein Reich, worin keine privilegierten, keine geborenen Volksbedrücker, keine Aristokratie, als die der Talente und der Tugenden, keine Hierarchie und kein Despotismus mehr stattfinden, wo vielmehr alle gleich, alle zu allen Ämtern, wozu ihre Verdienste sie fähig machen, fähig sein und nur Kenntnisse, Geschicklichkeiten und Tugenden einen Vorzug geben werden, ein Reich, wo Recht und Gerechtigkeit für alle auf gleiche Weise und *ohne alles Ansehen der Person* werden verwaltet, und zwar unentgeltlich verwaltet werden, und wo jeder, auch der armseligste Landmann, nicht etwa nur dem Scheine nach, wie in anderen Ländern, sondern *wirklich* in der gesetzgebenden Versammlung repräsentiert werden, also jeder, auch der armseligste Landmann, Mitregent und Mitgesetzgeber seines Vaterlandes sein wird. [...]

Und nun die Folgen, die das alles für Europa, für die Welt haben wird! Ich möchte, indem ich sie überdenke, aufschreien vor Freuden und [...] dem herannahenden Frühlinge des allgemeinen Völkerwohls entgegentaumeln.

Joachim Heinrich Campe: Briefe aus Paris zur Zeit der Revolution geschrieben. Hildesheim 1977 (Reprint), S. 324 ff. Zit. nach: Geschichte lernen, Nr. 60/1997: Französische Revolution, S. 59.

5 Ein Mainzer Jakobiner – Die Revolution als Vorbild?

Georg Forster (1754–1794) war Naturforscher und Reiseschriftsteller, nahm 1772 bis 1775 an einer Weltumseglung James Cooks teil und war Mitbegründer der Mainzer Republik. Am 15 November 1792 hält Forster eine Rede im Mainzer Jakobinerclub:

Es ist wahr, man hat dem Deutschen von Jugend auf eine Abneigung gegen seinen französischen Nachbarn eingeflößt; es ist wahr, ihre Sitten, ihre Sprachen, ihre Temperamente sind verschieden; es ist wahr, als die grausamsten Ungeheuer noch in Frankreich herrschten, da rauchte unser Deutschland auf ihr Geheiß, da ließ ein Marquis de Louvois, dessen Namen die Geschichte aufbewahrt, damit die Völker ihm fluchen mögen, die Pfalz in Brand stecken, und Ludwig der vierzehnte, ein elender Despot, lieh seinen Namen zu diesem verhassten Befehl. Lasst Euch aber nicht irre führen, Mitbürger, durch die Begebenheiten der Vorzeit; erst vier Jahre alt ist die Freiheit der Franken, und seht, schon sind sie ein neues, umgeschaffenes Volk; sie, die Überwinder unserer Tyrannen, fallen als Brüder in unsere Arme, sie schützen uns, sie geben uns den rührendsten Beweis von Brüdertreue, indem sie ihre so teuer erkaufte Freiheit mit uns teilen wollen – und dies ist das erste Jahr der Republik!

[…] Bürger! Brüder! die Kraft, die *uns so* verwandeln konnte, kann auch Franken und Mainzer verschmelzen zu Einem Volk!

Unsere Sprachen sind verschieden; – müssen es darum auch unsere Begriffe sein? Sind Liberté und Egalité nicht mehr dieselben Kleinode der Menschheit, wenn wir sie „Freiheit" und „Gleichheit" nennen? Der Rhein, ein großer, schiffbarer Fluss, ist die natürliche Grenze eines großen Freistaats, der keine Eroberung zu machen verlangt, sondern nur die Nationen, die sich ihm freiwillig anschließen, aufnimmt und von seinen Feinden für den so mutwillig von ihnen veranlassten Krieg eine billige Entschädigung zu fordern berechtigt ist. Der Rhein wird, der Billigkeit gemäß, die Grenze Frankreichs bleiben […].

6 Brief Georg Forsters aus Paris an seine Frau, 16. April 1793

Ich die Geschichte dieser gräuelvollen Zeit schreiben? Ich kann es nicht. Oh, seitdem ich weiß, dass keine Tugend in der Revolution ist, ekelt mich's an. Ich konnte, fern von aller idealischen Träumerei, mit unvollkommenen Menschen zum Ziel gehen, unterwegs fallen und wieder aufstehen und wieder gehen. Aber mit Teufeln, und herzlosen Teufeln, wie sie hier alle sind, ist es mir eine Sünde an der Menschheit, an der heiligen Mutter Erde und an dem Lichte der Sonne. Die schmutzigen unterirdischen Kanäle nachzugraben, in denen diese Molche wühlen, lohnt keines Geschichtschreibers Mühe. Immer nur Eigennutz und Leidenschaft zu finden. Wo man Größe erwartet und verlangt, immer nur Worte für Gefühl, immer nur Prahlerei und Schimmer für wahres Sein und Wirken – wer kann das aushalten!

Freiheit und Gleichheit? Mein ganzes Leben ist mir selbst der Beweis, das Bewusstsein meines ganzen Lebens sagt mir, dass diese Grundsätze mit mir, mit meiner Erfindungsart innig verwebt sind und es von jeher waren. Ich kann und werde sie nie verleugnen. […] diese Achtung für die Rechte des andern, welche dem Philosophen so natürlich ist, findet in der wirklichen Welt noch nicht statt; sie ist noch nicht reif dazu – und die Herrschaft, oder besser, die Tyrannei der Vernunft, vielleicht die eisernste von allen, steht der Welt noch bevor. Wenn die Menschen erst die ganze Wirksamkeit dieses Instruments kennenlernen, welch eine Hölle um sich her werden sie damit schaffen! Je edler das Ding und je allmächtiger, desto fürchterlicher, und teuflischer ist der Missbrauch. […]

Wolfgang Lautemann/Manfred Schlenke (Hrsg.): Geschichte in Quellen. Bd. IV.: Amerikanische und Französische Revolution. München 1981, S. 473, S. 480.

7 Gedenken an die Erstürmung der Bastille – revolutionäre Begeisterung in Hamburg?

Intellektuelle Bürger in vielen Teilen Deutschlands verfolgten die Ereignisse in Frankreich mit wechselnden Gefühlen.

a) Brief der Frau Reimarus an ihren Bruder Hennings über ein Hamburger Fest zum ersten Jahrestag des Sturms auf die Bastille, 14. Juli 1790:

Zum Frühstück versammelte sich alles in Harvestehude […] und um 12 Uhr 30 Min. nach der Pariser Uhr um Mittag, wurde dreimal geschossen. Die jungen Damen stellten sich im Halbkreise, und das Lied, welches ich Dir mitschicke, wurde gesungen. Erst sangen wenige im Chor mit, bald aber alle, und es war fast kein Auge ohne Tränen. Es war, als ob eine Saite berührt wäre, in deren Ton alle einstimmten. Nachdem gab es eine Stille, als wenn jeder den Wert des Gutseins bei sich überdacht hätte, und war auch jeder für den Tag zur Freude gestimmt. Die Musik dauerte fort, die jungen Leute fingen an zu tanzen, wir älteren gingen spazieren, setzten uns an einer schönen Stelle und baten Klopstock, von dem wir gehört hatten, dass er der Freiheit zwei Oden gedichtet, er möge sie uns vorlesen. Er sagte sie uns vor. […] Bei dem Gesundheittrinken der Freiheit und ihrer Helden wurde immer geschossen. Am Ende der Mahlzeit verlangten alle das Lied wieder. Die jungen Sängerinnen standen auf, und der ganze Tisch sang mit. Ein Amerikaner, der mit uns war, wurde recht laut, schüttelte jedem, der ihm nahe kam, die Hand: Morgen schreibe ich das nach Amerika; solch ein Tag lohnt für manche Angst und Mühe, die man gehabt! Ehe wir vom Tisch aufstanden, gingen die jungen Frauen mit verdeckten Tellern herum und sammelten für die Armen und erhielten über 200 Mark.

b) Tochter Reimarus, 14. Juli 1798:

Heute ist der 14. Juli. Ob Ihr diesen Tag wohl noch in Hamburg feiert? Wie froh, wie selig haben wir ihn […] miteinander gefeiert! Schon damals sangen wir: „Zwar auch Blut und Tränen flossen […]" Ach wie wenig Blut war damals geflossen! Erst nachher kam die Schreckensepoche, die Zeit der Tränen und Seufzer! Wenn ich mich an alles das erinnere, was nachher kam, kann ich nur mit Mühe wieder den Weg zu jenen ersten schönen Tagen zurückfinden. […] Gute Menschen müssen eine große Sache, für die sie und andere so viel gelitten haben, nie verlassen, selbst die Leiden müssen sie fester daran ketten. Die Macht des Bösen wird dann vorübergehend sein und – die Tränen sind die Saaten hoher Freuden, großer Taten!

Heinrich Sieveking: Georg Heinrich Sieveking – Lebensbild eines Kaufmanns aus dem Zeitalter der Französischen Revolution. Berlin 1913, S. 48 ff. Zit. nach: Praxis Geschichte. 1/1989, S. 36 f.

8 **Reaktionen auf die Französische Revolution in Deutschland**

(1) 1801 linksrheinische Gebiete von Frankreich besetzt, (2) 1806–1813 Rheinbund, (3) 1807–1813 Königreich Westfalen, (4) 1792/93 Mainzer Republik, (5) 1794 „Jakobinerverschwörung" in Österreich-Ungarn, (6) 1790er Jahre Hamburg: Sympathisanten der Französischen Revolution, gespalten in Anhänger der gemäßigten „Girondisten" und der radikalen „Bergpartei", (7) 1797 Ausrufung einer cisrhenanischen Republik in Koblenz, Köln und Bonn, (8) 1799 Basel: Flugschrift zur Schaffung einer gesamtdeutschen Republik, (9) innerstädtische Unruhen in Rothenburg, Augsburg, Ulm, Nürnberg, (10) 1790 Bauernaufstand in Kursachsen, vor allem Dresden, (11) 1790er Jahre Bauernaufstände in Schlesien und der Oberlausitz, (12) 1793 Gründung des – gemäßigten – Aachener „Klubs der Freiheit, Gleichheit und Bruderliebe", (13) 1791 Bildung eines demokratischen Clubs in Köln, in dem französische Zeitschriften gelesen wurden, (14) 1795 neue revolutionäre Zeitschrift „Brutus" in Köln.

Arbeitsvorschläge

○○● / ○●● a) Stellen Sie die Fakten über Anacharsis Cloots aus den Lexikoneinträgen M1 und M3 zusammen. Vergleichen Sie die Aussagen beider Artikel und erklären Sie die Unterschiede.

●●● b) Diskutieren Sie die Ideen und das Auftreten des Anarchasis Cloots (M1, M3).

○○● c) Identifizieren Sie die Textstellen, in denen Campe Wertungen vornimmt (M4).

○●● d) Ordnen Sie die Quelle M4 anhand Ihrer Kenntnisse historisch ein und erläutern Sie, welche Erwartungen des Autors erfüllt haben oder enttäuscht wurden, und diskutieren Sie seine Grundhaltung.

●●● e) Fassen Sie die Hauptaussagen und Argumente der Texte M5 und M6 zusammen, vergleichen Sie die Wertungen des Autors, erklären Sie die Unterschiede und beurteilen Sie die Positionen des Autors.

○●● f) Geben Sie die in den beiden Briefen (M7) ausgedrückte Haltung zur Revolution wieder und erklären Sie die Veränderungen der Stimmung.

●●● g) Diskutieren Sie die Chancen einer Revolution in Deutschland.

Grundwissen: Die Revolution als Vorbild? – Reaktionen in Deutschland

➔ 1 - 4 S. 206 f.
➔ 7 S. 208

Georg Forster (1754–1794)
Naturforscher und Reiseschriftsteller, Mitbegründer der Mainzer Republik. Gemälde Johann Heinrich Wilhelm Tischbein, 1782.

➔ 5 - 6 S. 207 f.

Joachim Heinrich Campe (1746–1818)
Aufklärer, Schriftsteller und Begründer des heutigen Verlags Hoffmann und Campe. Stahlstich von 1797.

Reform statt Revolution

Anders als in Frankreich kam es in Deutschland nicht zu einer Revolution. Deutschland war kein einheitlicher Staat; vielmehr bildeten etwa 300 Einzelstaaten, von denen Preußen und Österreich die größten waren, das „Heilige Römische Reich Deutscher Nation". Das Bürgertum hatte sich ökonomisch und politisch noch nicht formiert und ein großer Teil des Bildungsbürgertums stand im Dienst der vielen Fürstenhöfe. Zudem hatte der in Preußen und Österreich praktizierte „Aufgeklärte Absolutismus" Friedrichs des Großen (1712–1786) und Josephs II. (1741–1790) dazu geführt, dass der Herrscher weitgehend nicht als Gegner, sondern als „erster Diener" seines Volks galt, von dem man Reformen im Interesse aller erwarten konnte. Die deutsche Aufklärung beschäftigte sich mehr mit religiösen und kulturellen als mit politischen Themen und vertrat mehrheitlich eher gemäßigte Forderungen.

Viele Intellektuelle reagierten begeistert auf die Französische Revolution. Manche reisten nach Paris, um die revolutionären Ereignisse mit eigenen Augen zu sehen oder sogar an ihnen mitzuwirken, andere gründeten nach französischem Vorbild „Jakobinerclubs" oder revolutionäre Zeitschriften. Auf die Hinrichtung des Königs, die Jakobinerdiktatur und die Schreckensherrschaft reagierten die meisten deutschen Revolutionsfreunde aber enttäuscht oder sogar entsetzt. In manchen Gegenden spalteten sich die Aufklärer in eine gemäßigte und eine radikale Richtung, die von den staatlichen Behörden gleichermaßen verfolgt und bekämpft wurden.

Mainzer Republik und Rheinbund

Die Mainzer Republik von 1792/93 ist der bekannteste Versuch, die Revolution nach Deutschland zu tragen: Sie entstand unter dem Schutz der französischen Revolutionsarmee, die 1792 linksrheinische Gebiete Deutschlands erobert hatte. Ein von Vertretern der Bildungselite geleiteter Jakobinerclub arbeitete mit der französischen Armeeführung zusammen und führte – zum ersten Mal in Deutschland – ein nach allgemeinem, freiem und gleichem Wahlrecht gewähltes Länderparlament ein; allerdings waren auch hier die Frauen vom Stimmrecht ausgeschlossen und die Wahlbeteiligung der Männer betrug nicht einmal 10 %. 1793 beschloss dieser Konvent den Anschluss an Frankreich, doch noch im selben Jahr endete das Mainzer Experiment mit dem Einmarsch preußischer Truppen und der Rückkehr des geflohenen Kurfürsten.

In Deutschland hatte die radikale, jakobinisch inspirierte Variante der Revolution wenig Chancen. Napoleon Bonapartes (1769–1821) Politik und der Widerstand gegen die französische Besetzung führten letztlich zu einer Kombination von Reformpolitik von oben und nationaler Begeisterung im Volk.

Schon 1792 hatte Frankreich zunächst Österreich den Krieg erklärt und dann bis 1801 alle Länder links des Rheins besetzt. Die „Koalitionskriege" des revolutionären, dann des napoleonischen Frankreichs gegen verschiedene Bündnisse europäischer Mächte waren bis 1812 ganz überwiegend erfolgreich. Napoleon beendete die starke Zersplitterung Deutschlands, löste 112 Kleinstaaten und Reichsstädte auf und schlug sie größeren Fürstentümern zu. 16 süd- und westdeutsche Fürsten akzeptierten Napoleons Vorherrschaft, schlossen sich 1806 zum Rheinbund unter Napoleons Protektorat zusammen und verpflichteten sich ihm zur Heeresfolge. Kaiser Franz (1768–1835) in Wien legte den Titel „Deutscher Kaiser" ab und beendete so ebenfalls 1806 das „Heilige Römische Reich Deutscher Nation" (➔ s. Kap. 4.1).

Napoleonischer Musterstaat Westfalen

Im Rahmen seiner territorialen Neuordnung schuf Napoleon neue Staaten, unter anderem 1807 das Königreich Westfalen mit der Hauptstadt Kassel. Unter der Regentschaft seines Bruders Jérôme sollte es ein Musterstaat nach französischem Vorbild werden. Es erhielt eine schriftliche Verfassung und als bürgerliches Gesetzbuch den auch Code Napoleon genannten Code civil. Da es dem Rheinbund beitrat, musste es Frankreich ein Kontingent an Soldaten stellen. Nachdem Napoleons Russlandfeldzug 1812 in einer Katastrophe endete und russische, preußische, britische und österreichische Heere Napoleons Truppen in der „Völkerschlacht" von Leipzig 1813 besiegt hatten, lösten sich der Rheinbund und das Königreich Westfalen auf.

Preußische Reformen und aufkommender Nationalismus

Noch unter der napoleonischen Besatzung wurden in Preußen wichtige Reformen durchgeführt (➔ Preußische Reformen), die das Land modernisieren sollten: Die Erbuntertänigkeit der Bauern wurde aufgehoben („Bauernbefreiung"), eine neue Städteordnung gab den Städten mehr Selbstbestimmung, die Juden wurden rechtlich gleichgestellt (➔ „Judenemanzipation"), eine Bildungsreform regelte die Schulpflicht und eine Heeresreform sah eine allgemeine Wehrpflicht vor und verbot die bisher übliche Prügelstrafe. Diese Reformen wurden „von oben", von der Regierung erlassen und stellten die Monarchie nicht in Frage.

Nach der Niederlage der napoleonischen Armee gegen Russland stärkte riefen die besetzten Staaten zum Widerstand auf; im Rahmen der folgenden ➔ „Befreiungskriege" bildete sich besonders in Preußen ein nationales Bewusstsein. Der erfolgreiche Kampf „für das Vaterland" ging mit nationaler Begeisterung für die Wiederherstellung des zerbrochenen Deutschen Reichs einher, und der Nationalismus wurde zu einer bestimmenden Kategorie im Denken des 19. Jahrhunderts (➔ **s. Kap. 4.1**).

9 Die napoleonische Herrschaft über Deutschland 1812

3.6 Die Vereinten Nationen und die Menschenrechte zu Beginn des 21. Jahrhunderts

A) Waren die Menschenrechte eine universelle Errungenschaft?
B) Wie entwickelte sich die Menschenrechtsdiskussion nach dem 11. September 2001?

Gründung der Vereinten Nationen (UNO)

1 Flagge der Vereinten Nationen
Am 26. Juni 1945 gründeten 50 Staaten mit der Unterzeichnung der Charta der Vereinten Nationen – nach Scheitern des nach dem Ersten Weltkrieg gegründeten Völkerbunds – eine neue Internationale Organisation zur Sicherung des Weltfriedens und Einhaltung des Völkerrechts. 2010 gehörten der UN 192 Staaten an.

2 Allgemeine Erklärung der Menschenrechte, verabschiedet von der Generalversammlung der Vereinten Nationen am 10. Dezember 1948

Artikel 1: Alle Menschen sind frei und gleich an Würde und Rechten geboren. Sie sind mit Vernunft und Gewissen begabt und sollen einander im Geiste der Brüderlichkeit begegnen. […]

Artikel 3: Jeder hat das Recht auf Leben, Freiheit und Sicherheit der Person.

Artikel 4: Niemand darf in Sklaverei oder Leibeigenschaft gehalten werden; Sklaverei und Sklavenhandel sind in allen ihren Formen verboten.

Artikel 5: Niemand darf der Folter oder grausamer, unmenschlicher oder erniedrigender Behandlung oder Strafe unterworfen werden. […]

Artikel 7: Alle Menschen sind vor dem Gesetz gleich und haben ohne Unterschied Anspruch auf gleichen Schutz durch das Gesetz. […]

Artikel 16: (1) Heiratsfähige Männer und Frauen haben ohne jede Beschränkung auf Grund der Rasse, der Staatsangehörigkeit oder der Religion das Recht, zu heiraten und eine Familie zu gründen. Sie haben bei der Eheschließung, während der Ehe und bei deren Auflösung gleiche Rechte. (2) Eine Ehe darf nur bei freier und uneingeschränkter Willenseinigung der künftigen Ehegatten geschlossen werden. (3) Die Familie ist die natürliche Grundeinheit der Gesellschaft und hat Anspruch auf Schutz durch Gesellschaft und Staat.

Artikel 17: […] (2) Niemand darf willkürlich seines Eigentums beraubt werden.

Artikel 18: Jeder hat das Recht auf Gedanken-, Gewissens- und Religionsfreiheit; […]

Artikel 19: Jeder hat das Recht auf Meinungsfreiheit und freie Meinungsäußerung; […]

Artikel 20: (1) Alle Menschen haben das Recht, sich friedlich zu versammeln und zu Vereinigungen zusammenzuschließen. (2) Niemand darf gezwungen werden, einer Vereinigung anzugehören.

Artikel 21 […] (2) Jeder hat das Recht auf gleichen Zugang zu öffentlichen Ämtern in seinem Lande.
(3) Der Wille des Volkes bildet die Grundlage für die Autorität der öffentlichen Gewalt; dieser Wille muss durch regelmäßige, unverfälschte, allgemeine und gleiche Wahlen mit geheimer Stimmabgabe oder einem gleichwertigen freien Wahlverfahren zum Ausdruck kommen.

Artikel 22: Jeder hat als Mitglied der Gesellschaft das Recht auf soziale Sicherheit und Anspruch darauf, durch innerstaatliche Maßnahmen und internationale Zusammenarbeit […] in den Genuss der wirtschaftlichen, sozialen und kulturellen Rechte zu gelangen, die für seine Würde und die freie Entwicklung seiner Persönlichkeit unentbehrlich sind.

Artikel 23: (1) Jeder hat das Recht auf Arbeit, auf freie Berufswahl, auf gerechte und befriedigende Arbeitsbedingungen sowie auf Schutz vor Arbeitslosigkeit.
(2) Jeder, ohne Unterschied, hat das Recht auf gleichen Lohn für gleiche Arbeit. […]

Artikel 24: Jeder hat das Recht auf Erholung und Freizeit und insbesondere auf eine vernünftige Begrenzung der Arbeitszeit und regelmäßigen bezahlten Urlaub.

Artikel 25: (1) Jeder hat das Recht auf einen Lebensstandard, der seine und seiner Familie Gesundheit und Wohl gewährleistet, einschließlich Nahrung, Kleidung, Woh-

nung, ärztliche Versorgung und notwendige soziale Leistungen, [...]
Artikel 26: (1) Jeder hat das Recht auf Bildung. Die Bildung ist unentgeltlich, zum mindesten der Grundschulunterricht und die grundlegende Bildung. [...] (2) Die Bildung muss auf die volle Entfaltung der menschlichen Persönlichkeit und auf die Stärkung der Achtung vor den Menschenrechten und Grundfreiheiten gerichtet sein. [...]

Zit. nach: Reinhard Pohanka: Dokumente der Freiheit. Wiesbaden 2009, S. 172–180 (gekürzt durch die Verfasserin).

3 Überblick über die wichtigsten UN-Konventionen zum Schutz der Menschenrechte

- 1948 die Konvention über die Verhütung und Bestrafung des Volkermordes,
- 1951 die Genfer Flüchtlingskonvention (Abkommen über die Rechtsstellung der Flüchtlinge),
- 1953 über die politischen Rechte von Frauen,
- 1965 das Internationale Übereinkommen zur Beseitigung jeder Form von Rassendiskriminierung,
- 1979 das Übereinkommen zur Beseitigung jeder Form von Diskriminierung der Frau,
- 1984 die UN-Antifolterkonvention (Übereinkommen gegen Folter und andere grausame, unmenschliche oder erniedrigende Behandlung oder Strafe),
- 1989 die Konvention über die Rechte des Kindes,
- sowie 1990 die Konvention zum Schutz der Rechte aller Wanderarbeiter und ihrer Familienangehörigen, die am 1. Juli 2003 in Kraft trat.

Axel Herrmann: Informationen zur politischen Bildung 297: Menschenrechte. Bonn 2007, S. 16.

Menschenrechtsdiskussion in der islamischen Welt

4 Der Rechtsphilosoph Otfried Höffe zur Aufnahme der Menschenrechte in nicht westlichen Kulturen

Einige Kritiker nennen die Menschenrechte abschätzig die Zivilreligion der Moderne. Andere fürchten von ihr einen Rechtskulturimperialismus. Tatsächlich gehören sie zu jener Rechtsmoral, zu deren Ansätze sich in vielen Kulturen finden. Ein unverzichtbarer Teil der Freiheitsrechte wird sogar beinahe von allen Rechtskulturen anerkannt. Deren Strafrecht hält Verstöße gegen das Recht auf Leib und Leben, auf Eigentum und auf einen guten Namen („Ehre") für strafwürdige Delikte. Allerdings gibt es die Schwierigkeit, dass man die Menschenrechte allen Kulturen zumutet. Der Diskurs[1] über sie wird aber noch immer vornehmlich innerhalb einer Kultur, der des Westens, geführt. Infolgedessen droht der befürchtete Rechtskulturimperialismus – und anstatt den Kern einer universalen Rechtsmoral auszumachen, sinken die Menschenrechte zu einem „Exportartikel westlicher Kultur" herab.

Otfried Höffe: Menschenrechte im interkulturellen Diskurs, Dossier Menschenrechte, 12. Oktober 2009. Zit. nach: http://www.bpb.de/themen/6UBP3W,0,0,Menschenrechte_im_interkulturellen_Diskurs.html (Stand 31.07.2011)

1 Diskurs: Diskussion über ein Thema

5 Der Islamwissenschaftler Ralph Ghadban in einem Interview zum Thema Menschenrechte im Islam in der Zeitung „Das Parlament"

Das Parlament: Hat der Islam, wie er von vielen Muslimen gelebt wird, Schwierigkeiten mit unseren Freiheitsrechten?
Ralph Ghadban: Die überwiegende Mehrheit der Muslime hat eher Schwierigkeiten mit der verfehlten Integrationspolitik als mit dem demokratischen System. [...] An sich schreibt der Islam aber kein politisches System vor. [...]
Das Parlament: Wo verläuft die Konfliktlinie?
Ralph Ghadban: Wir haben Verfassungen, deren Grundrechte sich aus den Menschenrechten ableiten. Die Würde des Menschen oder der Grundsatz Freiheit, Gleichheit, Solidarität sind darin fest verankert [...]. Im Islam gilt das Gottesrecht, dessen Vollstrecker der Mensch ist. Als Sachverwalter Gottes auf Erden hat der Mensch keine Rechte, sondern Pflichten.
Das Parlament: Welches Menschenbild hat der Islam?
Ralph Ghadban: In säkularen Gesellschaften hat der Mensch durch seine bloße Existenz eine Würde, aus der sich Grundrechte wie Freiheit und Gleichheit herleiten lassen. Im Christentum ist die Würde des Menschen in seiner Natur als Ebenbild Gottes begründet [...]. Im Koran ist der Glaube der entscheidende Aspekt in der Natur des Menschen, nicht aber die Würde. Die Würdigsten für Gott sind die Frömmsten, die gläubigen Muslime. Der Koran verlangt die bedingungslose Unterwerfung unter die Allmacht Gottes und die Umsetzung seines Gesetzes, der Scharia.
Das Parlament: Nun wird der Koran heute nicht mehr buchstabengetreu gelebt [...]
Ralph Ghadban: Das wurde er nie! Der Islam hat sich verschiedenen Kulturen angepasst [...]. Die Masse der Muslime hat die modernen Werte der Menschenrechte weitgehend verinnerlicht, der offizielle orthodoxe Islam hat diese Entwicklung allerdings nicht begleitet. Und der politische Islam bekämpft die Modernisierung. [...]
Das Parlament: Wie interpretieren Sie islamische Erklärungen zu den Menschenrechten?

Ralph Ghadban: Solche Erklärungen sind mit dem Kern, aber nicht dem Gesamtbestand der Menschenrechte einverstanden. Das Recht auf Leben [...] ist nicht absolut, sondern kann verwirkt werden. Die Scharia setzt die Grenzen und verhindert die bedingungslose Annahme der Menschenrechte. [...]

Das Parlament: Wie schafft man es, dass der Islam sich reformiert?

Ralph Ghadban: Man braucht eine neue Ethik. Die Grundlagen des islamischen Glaubens müssen nicht geändert werden, auch nicht sein Menschenbild. Allein die Verpflichtungen des Menschen sollten sich nicht mehr nach der Scharia, sondern nach ethischen Werten richten. Das aber bedeutet die Umwandlung des Gottesrechtes in ein ethisches System. [...] Eine ständig neue Koran-Auslegung wäre erforderlich. [...]

„Den Islam neu denken", Interview von Regina Mönch mit dem Islamwissenschaftler Ralph Ghadban. In: Das Parlament Nr. 32/33 vom 6. August 2007. Zit. nach: Axel Hermann: Informationen zur politischen Bildung 297: Menschenrechte. Bonn 2007, S. 6.

6 Universeller Anspruch

Die Politikwissenschaftlerin Anne Duncker (geb. 1980) schreibt zum Thema Menschenrechte und Islam:

Die Menschenrechte, wie sie die Allgemeine Erklärung der Menschenrechte (AEMR) der Vereinten Nationen von 1948 festschreibt, erheben den Anspruch, überall auf der Welt, zu jeder Zeit und für alle Menschen gleichermaßen gültig zu sein. In den Jahren nach der Herausgabe der Erklärung mehrten sich jedoch kritische Stimmen, die in der Deklaration ein spezifisch westliches Ideal von Menschenrechten verwirklicht sahen. Neben Kritikern aus asiatischen und afrikanischen Staaten waren es vor allem muslimische Vertreter, die die Allgemeingültigkeit des Dokuments in Frage stellten. Mit der „Allgemeinen Erklärung der Menschenrechte im Islam", herausgegeben 1981 vom Islamrat für Europa, und der „Kairoer Erklärung der Menschenrechte im Islam", 1990 veröffentlicht von der Organisation der Islamischen Konferenz, wurden zwei islamische Gegenentwürfe zur UN-Deklaration vorgelegt. Die islamischen Erklärungen stellen die *Scharia*, das islamische Recht, als Grundlage und Auslegungshorizont über alle anderen Rechte. In beide Erklärungen wird Kollektivrechten ein wesentlich höherer Stellenwert eingeräumt als in der Erklärung der Vereinten Nationen. [...] Problematisch ist, dass zahlreiche Vorschriften der Scharia im Gegensatz zur Allgemeinen Erklärung der Menschenrechte stehen. Dies gilt zum einen für den Geltungsbereich der Rechte: Wie bereits erwähnt, gehen konservative Interpreten davon aus, dass die Scharia über allen anderen Rechten steht und diese beschränken kann. Das Wesensmerkmal der Unteilbarkeit der Menschenrechte wird somit verworfen. Auch der Anspruch der Egalität, das heißt, dass alle Menschen ohne Unterschied die gleichen Rechtsansprüche haben, wird durch die Scharia in Frage gestellt. Konkret zeigen sich die Unterschiede vor allem in den Bereichen der Religions- und Meinungsfreiheit, der Gleichberechtigung der Religionen sowie der Gleichstellung von Frauen und Männern. [...] Muslimen und Nicht-Muslimen kommt laut Scharia eine unterschiedliche Rechtsstellung zu. In den meisten islamischen Staaten, das heißt in Staaten, deren Gesetzgebung auf der Scharia basiert, können Nicht-Muslime keine hohen Ämter in Politik oder Verwaltung einnehmen. [...] Da im Islam die Religionszugehörigkeit des Mannes an die Kinder übergeht, dürfen muslimische Frauen keine Nicht-Muslime heiraten, muslimische Männer hingegen dürfen auch jüdische oder christliche Frauen ehelichen. Auch die Beschränkung der Meinungsfreiheit betrifft Nicht-Muslime stärker: Insbesondere die Verbreitung von Ansichten, die möglicherweise die *umma*[1] schwächen könnten, sind verboten. Ein Missionsverbot lässt sich daraus ebenso ableiten wie ein Verbot kritischer Äußerungen über den Islam. [...] Ebenfalls sind Männer und Frauen im islamischen Recht nicht gleichgestellt. Dem Mann wird „Vollmacht und Verantwortung" (Sure 4,34) seiner Frau gegenüber zugeschrieben. Sie muss ihm gehorchen und jederzeit – auch sexuell – zur Verfügung stehen (Sure 2,223). Gehorcht eine Frau ihrem Mann nicht, soll er sie bestrafen. Dem Mann werden auch größere Pflichten auferlegt. Ihm kommt es zu, die Familie zu ernähren. Deshalb ist für Männer auch ein größerer Erbteil vorgesehen als für Frauen. [...] Im Islam wird die Ehe als verpflichtend angesehen. Abweichende Lebensentwürfe sind nicht vorgesehen, Homosexualität wird geächtet. In Staaten mit überwiegender Scharia-Gesetzgebung wie Jemen, Iran, Saudi-Arabien oder Teile des Sudan und Nigerias steht auf homosexuelle Handlungen die Todesstrafe. Andere islamische Staaten wie Pakistan, Ägypten oder Marokko sehen Haftstrafen vor. In Ländern wie der Türkei oder Jordanien – die zwar islamisch geprägt sind, das staatliche Recht jedoch nicht auf der Scharia basiert – steht Homosexualität nicht unter Strafe. Sie wird dennoch von vielen Familien und weiten Teilen der Gesellschaft verfemt. Bekennenden Schwulen und Lesben droht nicht selten der Verlust des Arbeitsplatzes, der Bruch mit der Familie oder gar Verfolgung und körperliche Bedrohung.

Anne Duncker: Menschenrechte und Islam. Dossier Menschenrechte der Bundeszentrale für politische Bildun 12. Oktober 2009. Zit. nach: http://www.bpb.de/themen/53W2AC,0,0,Menschenrechte_und_Islam.html (Stand 31.07.2011)

1 umma: religiöse Gemeinschaft aller Muslime

7 Frauenverfolgung durch die Taliban

In Afghanistan errichteten die radikalislamischen Taliban Mitte der 1990er Jahre einen „Gottesstaat". Dieser war durch eine massive Missachtung der Menschenrechte geprägt.

Die Errichtung eines Terrorregimes in Afghanistan durch die Taliban in einem bis dahin nie gekannten Ausmaß zeichnete sich insbesondere durch die weitere Verschärfung der von ihren Vorgängern eingeführten Einschränkungen für Frauen aus. Die Frauenverfolgung erreichte eine in der afghanischen Geschichte nie dagewesene Dimension und Brutalität. Sie wurde regelrecht zur Staatsdoktrin erhoben. Das Berufs- und Arbeitsverbot für Frauen, das Schulbesuchsverbot für Mädchen bedeuteten die vollständige Verbannung der Frauen aus dem öffentlichen Leben und den Ausschluss von jeglichem kulturellen Zugang. Dem gesamten afghanischen Volk beschnitt das Verbot u. a. von Musik, von Drachensteigen lassen, oder von Schachspielen, die Schließung der Badehäuser, die Einführung eines Bart- und Turbanzwanges für Männer, die Vernichtung von Kulturgütern die noch – wenn auch minimale – verbliebene Lebensfreude. Die Missachtung elementarster Menschenrechte, eine nie dagewesene Unterdrückung und Verfolgung ethnischer und religiöser Minderheiten, die Verhängung und Vollstreckung grausamster, mittelalterlich anmutender Strafen wie Handabhacken, Aufhängen, Steinigung etc. waren abschreckende Merkmale ihrer Herrschaft. Hinzu kam ihre völlige Unfähigkeit, die Grundversorgung der Bevölkerung mit Nahrungsmitteln und im Gesundheitsbereich zu gewährleisten.

Matin Baraki: Islamismus und Großmachtpolitik in Afghanistan. In: Aus Politik und Zeitgeschichte B 8/2002, S. 37. Zit. nach: http://www.bpb.de/publikationen/ZSMPG5,0,0,Islamismus_und_Gro%DFmachtpolitik_in_Afghanistan.html#art0 (Stand 31.07.2011)

Menschenrechtsdiskussion nach dem 11. September 2001

8 Der 11. September als Zäsur

Der Politikwissenschaftler Peter J. Opitz schreibt zur gegenwärtigen Menschenrechtssituation:

Die Ereignisse vom 11. September 2001 bilden in verschiedenster Hinsicht eine Zäsur. Ob dies auch für den Bereich der Menschenrechte und des internationalen Menschenrechtsschutzes gilt, wird kontrovers diskutiert. Unbestritten ist jedoch, dass die weltweit einsetzende Bekämpfung des internationalen Terrorismus in vielen Ländern zu Lasten der Menschenrechte ging. Und unbestritten ist leider auch, dass es dabei zu massiven Menschenrechtsverletzungen kam, nicht nur in Ländern, deren Menschenrechtsbilanz ohnehin seit Langem schlecht ist, sondern in zunehmendem Maße auch in westlichen Demokratien. Im Mittelpunkt der Anklagen nationaler und internationaler Menschenrechtsorganisationen steht dabei jenes Land, das Opfer der Terroranschläge vom 11. September 2001 war und das sich auch seitdem als Ziel und Zentrum terroristischer Bedrohungen sieht – die USA. Das Spektrum der gegen die Bush-Administration erhobenen Anklagen und Anschuldigungen ist breit. Es reicht von der Verletzung grundlegender Menschenrechte von Personen, die in Verdacht geraten sind, die nationale Sicherheit der USA zu bedrohen, über die Relativierung völkerrechtlicher Schutzrechte und die Missachtung der Genfer Konventionen, die rechtlose Internierung von Personen, die Verharmlosung von Folter durch Umdefinition und den Transfer von Verdächtigen in Länder, die als Folterstaaten bekannt sind bis hin zu gezielten Tötungen. Guantanamo und Abu-Ghraib wur-

9 Die Taliban beschneiden in ihrem Machtbereich die Frauenrechte scharf

Mit Burkas ganzkörperverschleierte Frauen im zerstörten Kabul, Foto von 2002.

den zu Symbolen schwerster Menschenrechtsverletzungen [...] Hinzu kommt, dass Washington sich in seinem weltweiten Kampf gegen den Terror der Unterstützung zahlreicher autoritärer Regime in Asien und im mittleren Osten bedient und, um diese Zusammenarbeit nicht zu gefährden, gezwungen ist, über deren schwere Menschenrechtsverletzungen hinwegzusehen.

Peter J. Opitz: Menschenrechte – Glanz und Elend einer Idee. In: Mir A. Ferdowsi: Weltprobleme. Bonn 2007, S. 117.

10 Gefangene im US-Hochsicherheitsgefängnis Guantánamo (2002)

11 „Ein Schandfleck als Erbe"

Im Dezember 2008 berichtete die Süddeutsche Zeitung über das Gefangenenlager der USA für Terrorverdächtige in Guantánamo Bay auf Kuba.

Seit sechs Jahren steht das Gefangenenlager „Camp X-Ray" auf Kuba als Sinnbild für den Krieg der Amerikaner gegen den Terror. Aber vor allem steht es für den moralischen Verfall der Führungsmacht der freien Welt. Seit sechs Jahren leben Terror-Verdächtige und Unschuldige in einem rechtlichen Vakuum, das das Hochsicherheitsgefängnis darstellt – außerhalb der Reichweite von Rechtsstaatlichkeit oder internationalem Völkerrecht, ohne Anspruch auf ihre Menschenrechte. Mehr als 250 Menschen werden noch heute ohne Anklage, ohne Rechtsbeistand oder faires Gerichtsverfahren auf Kuba festgehalten. Amnesty International widmet den Umständen in Guantanamo regelmäßig ein eigenes Dossier, die internationale Staatengemeinschaft macht ebenfalls keinen Hehl daraus: Mit dem Gefängnis für Terrorverdächtige auf Kuba sind die Vereinigten Staaten von Amerika in ihrem Kampf gegen den Terror viel zu weit gegangen, so der Tenor.

Gökalp Babayigit: Ein Schandfleck als Erbe, 17. Dezember 2008. Zit. nach: http://www.sueddeutsche.de/politik/guantanamo-ein-schandfleck-als-erbe-1.522308 (Stand: 31.07.2011)

12 Innere Sicherheit und Menschenrechte

Auch in der Bundesrepublik Deutschland sind die Menschenrechte aufgrund der Bedrohung durch den Terror in Frage gestellt. Der Rechtsphilosoph Kay Waechter äußert sich dazu in einem Interview der Zeitung Das Parlament:

Das Parlament: Was bedeutet der Kampf gegen den internationalen Terrorismus für den demokratischen Rechtsstaat und die Zivilgesellschaft in Deutschland?

Kai Waechter: Eine Zivilgesellschaft kann grundsätzlich – auch unter dem Eindruck von Anschlägen – eine Stärke gegenüber terroristischen Bedrohungen entwickeln. Diese Stärke kann den Staat entlasten, wenn sie darin besteht, Terroristen einerseits sozial auszugrenzen und andererseits auf erfolgreiche Anschläge gefasst zu reagieren. Demokratie und Rechtsstaat sind zur Abwehr des Terrorismus ebenso gut geeignet wie zum Kriegführen – was die Vergangenheit gezeigt hat. Der Staat darf sich aber nicht zu Überreaktionen hinreißen lassen.

Das Parlament: In welchem Verhältnis stehen innere Sicherheit und Menschenrechte?

Kai Waechter: Mehr innere Sicherheit begünstigt die Menschenrechte derjenigen Menschen, die dadurch vor Straftaten geschützt werden, und verkürzt die Menschenrechte der Personen, die Straftaten begehen. So weit, so einfach. Innere Sicherheit wird aber auch erzeugt, indem Maßnahmen gegenüber jedermann ergriffen werden, wie zum Beispiel bei der Videoüberwachung im öffentlichen Raum. Das führt zu Rechtseinbußen auch bei rechtstreuen Bürgern. Natürlich ist angesichts von Gefahren jeder zur Solidarität verpflichtet. Es muss für solche Solidarpflichten aber eine Grenze geben. Diese ist nach Meinung des Bundesverfassungsgerichts überschritten, wenn der Staat fordert, dass Unbeteiligte ihr Leben geben, um eine größere Zahl anderer Unbeteiligter zu retten [...]

Das Parlament: Wie hat sich das Werteverständnis innerhalb der Politik verändert?

Kai Waechter: Die Bundesrepublik Deutschland hat sich lange Zeit als ein staatlicher „Gutmensch" und ein vorbildliches Land wahrgenommen. Die Grundwerte unserer Verfassung wurden nicht ernsthaften Fragen ausgesetzt. Leider erzwingt die terroristische Bedrohung jetzt eine solche Infragestellung. Sofort zeigt sich, dass in Wahrheit der Konsens über die Höchstwerte höchst brüchig ist, sobald es um konkrete Fragen geht. Vielleicht wäre das ein Wandel im Verfassungsverständnis: Eine größere Nüchternheit; weniger absolute Überzeugungen. Das klingt gut, aber Vorsicht: Die Staatsräson hat sich für ihre Grausamkeiten immer auf Nüchternheit berufen, die lange danach dazugekommenen Menschenrechte auf das Pathos von Würde, Freiheit und Gleichheit. [...]

„Die Zivilgesellschaft ruft wieder nach der starken Hand", Interview von Tobias Asmuth mit dem Rechtsphilosophen Kay Waechter. In: Das Parlament Nr. 32/33 vom 6./13. August 2007

13 Weltweite Demonstrationen gegen Guantánamo (2008)

In orangefarbenen Häftlingsanzügen demonstrierten Menschen 2008 wie hier im australischen Sydney, aber ebenso in Lima (Peru), Jakarta (Indonesien), London und vielen anderen Städten gegen das US-Gefangenenlager.

14 „Das Ende von Obamas Guantánamo-Strategie"

Im Frühjahr 2011 gab US-Präsident Barack Obama (geb. 1961) die von ihm geplante Schließung des Gefangenenlagers Guantánamo offiziell auf. Der Journalist Christoph von Marschall berichtete im Berliner Tagesspiegel:

Zwei Jahre nach seinem Amtsantritt hat Präsident Barack Obama offiziell eine komplette Wende seiner Guantánamo-Politik vollzogen. Per Dekret setzte er den legalen Rahmen, um hochkarätige Terrorverdächtige ohne Gerichtsverfahren für unbegrenzte Zeit einzusperren und die Prozesse vor Militärtribunalen wieder als reguläre Verfahren zu benutzen. Es ist ein scharfer Kontrast zu dem Kurs, den Obama im Präsidentschaftswahlkampf 2008 versprochen und als seine erste Amtshandlung angeordnet hatte. Direkt nach seiner Inauguration[1] hatte er noch [...] ein Dekret unterschrieben, das die Militärtribunale seines Vorgängers George W. Bush aussetzte. Obama versprach damals, das Gefangenenlager im US-Militärstützpunkt Guantánamo an der Ostspitze Kubas innerhalb eines Jahres zu schließen, den Fall jedes einzelnen Insassen neu zu überprüfen und die prominentesten Terrorangeklagten vor zivile Strafgerichte innerhalb der USA zu stellen. Diese Politik ist in den zwei Jahren seither scheibchenweise gescheitert. Insbesondere der Kongress stellte sich dem Präsidenten immer wieder in den Weg, obwohl seine demokratische Partei bis zur Kongresswahl im November 2010 in beiden Kammern eine große Mehrheit hatte. Die Abgeordneten kalkulierten, dass die Furcht vor neuen Terroranschlägen nach wie vor groß ist und Terrorverdächtige sowie ihr rechtlicher Schutz auf wenig Sympathie bei Wählern stoßen. [...]

Menschenrechtsorganisationen reagieren einerseits mit Enttäuschung über Obamas Nachgeben. Andererseits sind sie erleichtert, dass er die neue Praxis nur in einem Dekret festschreibt. Das lasse sich leichter wieder aufheben. Aus ihrer Sicht wäre es bedenklicher, wenn der Kongress die Möglichkeit zu unbegrenzter Haft ohne Gerichtsverfahren in einem Gesetz erlaube. Sie betonen zudem, das Dekret beziehe sich nur auf Menschen, die bereits in Guantánamo sind, nicht auf künftige Gefangene. Die Verfahrensregeln, die Obama für die neuen Militärtribunale vorsieht, geben den Angeklagten und ihren Anwälten immerhin weitergehende Rechte als Bushs Militärtribunale. Belastungsmaterial und Geständnisse, die unter Anwendung körperlicher Gewalt zustande gekommen sind, dürfen nicht verwendet werden. Der Präsident hält daran fest, dass er „Guantánamo eines Tages schließen" könne und dass der Kongress erlauben werde, einzelne Insassen zum Zweck ziviler Strafverfahren in die USA zu bringen. [...]

Christoph von Marschall: Obama gibt die Schließung Guantanamos offiziell auf. In: Tagesspiegel, 8. März 2011. Online unter: http://www.tagesspiegel.de/politik/obama-gibt-die-schliessung-guantanamos-offiziell-auf/3928514.html (Stand 31.07.2011)

1 Inauguration: Feierliche Amtseinsetzung des US-Präsidenten

Arbeitsvorschläge

●●● a) Überlegen Sie, welche Menschenrechte Sie bereits kennen. Vergleichen Sie Ihr Vorwissen dann mit den Artikeln der UN-Menschenrechtserklärung (M2). Von welchen Aspekten wussten Sie nicht, dass es sich um Menschenrechte handelt? Erstellen Sie eine Umfrage bei Ihren Eltern, Freunden oder Bekannte, welche Menschenrechte sie kennen.

○●● b) Untersuchen Sie anhand der Liste der UN-Konventionen, in welchen Bereichen die Menschenrechte gefährdet waren und deshalb gesondert geschützt werden mussten. (M3)

○●● c) In manchen Kulturen gibt es eine andere Vorstellung vom Wert und der Würde des Menschen, als in der Menschenrechtserklärung dargestellt. Charakterisieren Sie anhand von M5 und M6, welche Position Teile des Islams zum Thema Menschenrechte einnehmen.

●●● d) Diskutieren Sie, warum die Menschenrechtserklärung nicht in allen Kulturkreisen begeistert Aufnahme findet. (M4)

●●● e) Vergleichen Sie die in M6 dargelegten Grundsätze der Scharia mit den Artikeln der Menschenrechtserklärung (M2) und erstellen Sie eine kontrastierende Aufstellung der unterschiedlichen Gesichtspunkte.

○●● f) Arbeiten Sie heraus, gegen welche zentralen Menschenrechte das Taliban-Regime in Afghanistan verstieß (M2, M7).

●●● g) Gegen die USA wird der Vorwurf erhoben, sie würde beim Umgang mit Gefangenen aus dem „Krieg gegen den Terror" gegen Menschenrechte verstoßen. Vergleichen Sie die Beschreibungen in M8 und M11 sowie das Bild M10 mit den entsprechenden Artikeln der Menschenrechts-Charta der UN (M2). Nehmen Sie anschließend Stellung zu den jüngsten Entwicklungen, wie sie in M14 dargestellt werden.

○●● h) Erläutern Sie, wie durch die Ereignisse des 11. September 2001 die Menschenrechte in der westlichen Welt in Frage gestellt werden (M8, M12).

○○● i) Erarbeiten Sie aus M12, welche grundsätzlichen Herausforderungen im Bezug auf die Menschenrechte bestehen.

○●●/●●● j) Projekttipp: Es gibt die UN-Kinderrechtskonvention und die Konvention gegen die Diskriminierung der Frau. Stellen Sie mit Ihrer Klasse eine Wandzeitung zusammen, in der über diese beiden Konventionen informiert wird. (**Online-Link** 430089-0301)

Grundwissen: Die Vereinten Nationen und die Menschenrechte zu Beginn des 21. Jahrhunderts

→ 2 - 3 S. 212 f.

Die UN – die Welt-Staatengemeinschaft und die Erklärung der Menschenrechte

Nach dem Ende des Zweiten Weltkriegs standen die Staaten vor der Aufgabe, eine stabile internationale Friedensordnung herzustellen. Dafür sollte eine neue internationale Organisation geschaffen werden. So unterzeichneten am 26. Juni 1945 fünfzig Staaten die sogenannte Charta der Vereinten Nationen (UNO). Aufbauend auf der Erkenntnis, dass Friede und Freiheit nicht bewahrt werden kann ohne eine menschenwürdige Existenz für jeden einzelnen Menschen, war bereits in der UN-Charta eine allgemeine Verpflichtung auf die „Grundrechte des Menschen" erwähnt. Doch als Reaktion auf die über 50 Millionen Opfer des Weltkriegs und das Bekanntwerden der nationalsozialistischen Verbrechen entstand eine eigene, am 10. Dezember 1948 verabschiedete „Allgemeine Erklärung der Menschenrechte". Im Gegensatz zu früheren, nationalen Menschenrechtserklärungen ist die Charta das erste international vereinbarte Dokument individueller Menschenrechte.

→ 4 - 6 S. 213 f.

Spezifizierung der Menschenrechte

Die Formulierung der Menschenrechte erfolgte auf einer sehr allgemeinen Basis, um von möglichst vielen Staaten eine Zustimmung zu erhalten. Die bereits 1946 gegründete UN-Menschenrechtskommission ist bis heute damit befasst, die Rechte zu präzisieren und die Durchsetzung in den Unterzeichnerstaaten zu erreichen. Dafür wurden in den vergangenen Jahrzehnten immer wieder Deklarationen verabschiedet, die sich mit einzelnen Bereichen bzw. Zielgruppen befassten, z. B. zum Schutz von Kindern oder gegen die Diskriminierung von Frauen. Allerdings werden die verschiedenen Menschenrechtskonventionen häufig nicht von allen UN-Mitgliedsstaaten unterzeichnet. Auch ist das westliche, auf Vorstellungen der Aufklärung basierende Verständnis von Menschenrechten nicht in allen Kulturen einfach vermittelbar. Gerade in Staaten wie China oder im islamischen Kulturkreis, in dem der Mensch einen völlig anderen Stellenwert besitzt, steht die Durchsetzung der Menschenrechte noch vor großen Problemen.

→ 7 - 9 S. 215
→ 11 - 14 S. 216 ff.

Kampf gegen Menschenrechtsverletzungen und neue Herausforderungen

Trotz aller Menschenrechtserklärungen werden in vielen Gebieten der Erde Menschen wegen ihres Geschlechts, ihrer Hautfarbe, ihres Glaubens, ihrer ethnischen Herkunft, ihrer politischen Überzeugung oder aus anderen Gründen diskriminiert, verfolgt und getötet. Die UNO versucht darauf zu reagieren, indem sie Verletzungen der Menschen anprangert, internationale Friedenstruppen („Blauhelme") zum Schutz der Zivilbevölkerung in Krisengebiete entsendet oder eklatante Menschenrechtsverletzungen in internationalen Strafgerichtshöfen ahndet. Gerade vor dem Hintergrund der Anschläge vom 11. September 2001 zeigt sich, dass der Umgang mit den Menschenrechten immer wieder vor neuen Herausforderungen steht. Die Behandlung Terrorverdächtiger in Gefangenenlagern auf der US-Militärbasis Guantanamo auf Kuba oder im Irak erregte weltweit Empörung. Ebenfalls mit der Terrorbekämpfung in Verbindung steht die Frage, inwiefern ein Staat zum Schutz der Bürger in Freiheitsrechte, z. B. durch Telefon- oder Internetüberwachung, eingreifen darf. Hinzu kommt das Problem, ob die Rechte oder sogar das Leben Einzelner oder einer kleinen Gruppe Unschuldiger zugunsten des Schutzes einer größeren Gruppe bzw. der Allgemeinheit geopfert werden darf, z. B. im Fall einer Flugzeugentführung wie am 11. September.

Testen Sie Ihre Sachkompetenz

a) In diesem Kapitel deklarieren Personen aus unterschiedlichen Ländern und Zeiten, dass für alle Menschen gleiche Regeln bzw. Gesetze gelten sollen. Überprüfen Sie für folgende Fälle, ob und inwiefern wirklich ALLE Menschen damit gemeint sind:

Perikles / Rousseau / 1776 / 1789 / 1791 / 1949

b) Verfassen Sie eine Flugschrift für die Zeit um 1780 gegen die Gedanken der Aufklärung und zur Verteidigung der absolutistischen Monarchie.

c) Ordnen Sie die folgenden Begriffe einem oder mehreren Verfassungsschemata zu:

Solon, 6. Jh. v. Chr.	USA 1776	Frankreich 1791	Grundgesetz 1949
...	...	...	...

Kongress – Senat – Archont – Bundesversammlung – Nationalversammlung – Wahlmänner – Abgeordnete – König – Kanzler – Präsident – Volksversammlung – Gewaltenteilung – Annuitätsprinzip – allgemeines und gleiches Wahlrecht – unabhängige Jurisdiktion – Mindestalter – Frauenwahlrecht – Volkssouveränität – Republik – Zensus

Geschichte kreativ

a) Die Flagge der Vereinten Nationen (M1) kennen Sie schon von Seite 212 dieses Buchs. Überlegen Sie sich, welche Bedeutung den einzelnen Elementen zugeordnet werden könnte.

b) Der Völkerbund gilt als eine Art Vorgänger der Vereinten Nationen, hatte allerdings nie eine offizielle Flagge. Entwerfen Sie zusammen mit Ihrem Partner eine Flagge für den Völkerbund. Beachten Sie dabei einige Regeln:

- In der Wappenkunst (Heraldik) dürfen nur Farben die Farben Rot, Blau, Schwarz und Grün verwendet werden (selten auch Purpur und Braun). Darüber hinaus sind die Farben Gelb und Weiß/Grau gebräuchlich, die für Gold und Silber stehen.
- Farbverläufe sind nicht zulässig.
- Die Figuren sollten einfach und deutlich sein (und von unterschiedlichen Kulturen zu verstehen sein)
- Insgesamt sollte die Flagge nicht zu viele Details enthalten.

1 Die Flagge der Vereinten Nationen

Operatoren-Training

(alle Operatoren auf einen Blick finden Sie auf S. 634–641)

a) AFB III, Operator „sich auseinandersetzen":

Setzen Sie sich mit McIntyres Sichtweise zu den Menschenrechten auseinander.

Der 1929 geborene schottisch-amerikanische Philosoph Alasdair MacIntyre schreibt in seinem Buch „Der Verlust der Tugend"(Originaltitel „After Virtue" von 1981):

Dass dem Menschen einfach in seiner Eigenschaft als Mensch solche Rechte zu eigen sein sollten, erscheint im Licht der Tatsache natürlich etwas seltsam, [...] dass es nämlich bis fast zum Ende des Mittelalters in keiner alten oder mittelalterlichen Sprache einen Ausdruck gibt, der genau unserem „Recht" entspräche; dieser Vorstellung fehlt vor etwa 1400 n. Chr. im Hebräischen, Griechischen, Lateinischen und Arabischen, klassisch wie mittelalterlich, jede Ausdrucksmöglichkeit, ebenso im Altenglischen, im Japanischen sogar bis zur Mitte des 19. Jahrhunderts. Daraus folgt selbstverständlich nicht, dass es keine Natur- oder Menschenrechte gibt; es folgt daraus nur, dass niemand hatte wissen können, dass es welche gab. Und zumindest das wirft einige Fragen auf. Aber wir brauchen uns nicht durch die Suche nach Antworten aus dem Konzept bringen zu lassen, denn die Wahrheit ist einfach: es gibt keine solchen Rechte, und der Glaube daran entspricht dem Glauben an Hexen und Einhörner. Der beste Grund für die forsche Behauptung, es gäbe keine solchen Rechte, ist von genau der gleichen Art wie der beste Grund, den wir für die Behauptung besitzen, es gäbe keine Einhörner: alle Versuche, stichhaltige Gründe für die Überzeugung zu liefern, dass es solche Rechte gibt, sind gescheitert. Die Natur- oder Menschenrechte sind demnach Fiktionen...

Alasdair MacIntyre: Der Verlust der Tugend. Zur moralischen Krise der Gegenwart. Frankfurt am Main 1987, S. 97–99, Übers.: Wolfgang Rhiel.

Hinweise: Der Operator „sich auseinandersetzen" erfordert wie der Operator „diskutieren", dass Sie zu einer historischen Problemstellung oder These eine Argumentation entwickeln, die zu einer begründeten eigenen Bewertung führt. Diese Argumentation sollte gut gegliedert sein und möglichst viele mögliche Sichtweisen enthalten. Mit der eigenen Bewertung sollten Sie auch die Kriterien nennen, nach denen Sie bewerten, damit man sieht, dass Ihnen bewusst ist, was Sie tun und wie Sie es tun. Mit einem Wort: Ihre Urteilsbildung sollte „reflektiert" sein.

b) AFB III, Operator „Stellung nehmen":

„Der islamische Kulturkreis hat die UNO-Menschenrechtsauffassung nicht in Gänze übernommen. Das hat historische und gegenwärtige Gründe. Wir aus dem Westen sollten daher die Muslime nicht länger drängen, diese Auffassung vollständig und unverändert anzunehmen und umzusetzen."

Nehmen Sie kritisch Stellung zu den Einzelelementen und zur Gesamtaussage dieses (fiktiven) Zitats.

Hinweise: Der Operator „Stellung nehmen" will Sie – wie der Operator „bewerten" – dazu veranlassen, sowohl ein Sachurteil wie auch ein Werturteil zu fällen.

Lösungsvorschläge zum Operatoren-Training

zum Arbeitsvorschlag a), Operator „sich auseinander setzen":

Der Autor macht über die historische Entwicklung der Menschenrechte als Idee und Begriff einigermaßen zutreffende Bemerkungen. Die Idee und der Begriff der Menschenrechte wurden im Zeitalter der Aufklärung in Europa, z.B. durch Montesquieus „Geist der Gesetze" (1748) geboren und, abgesehen von Ansätzen in England mit der „Magna Charta" von 1215 oder der „Petition of Rights" von 1628 bzw. der „Bill of Rights" 1689 erst 1776 durch die amerikanische Unabhängigkeitserklärung und 1789 durch die Französische Revolution erstmals umzusetzen versucht. Bis zu diesem Zeitpunkt fehlte der Menschheit ein klarer Begriff von Menschenrechten. Jedoch gab es „Menschenbilder", insbesondere in der attischen Demokratie im 5. Jahrhundert v. Chr., an das die Aufklärer anknüpfen konnten. Jedenfalls veranlasst die späte Geburt der Menschenrechtsidee den Autor dazu, an der Existenz der Menschenrechte generell zu zweifeln. Das ist eine wenig nachvollziehbare Verallgemeinerung, insbesondere in historischer Perspektive: Nur weil etwas lange Zeit nicht existiert hat, muss es nicht auf ewig eine Fiktion bleiben. Es gibt schließlich Entdeckungen und Erfindungen, wie z.B. das mobile Telefonieren oder genetisch manipulierte Pflanzen, die ebenfalls jahrtausendelang unbekannt waren und jetzt Realität sind. Auch muss sich der Autor fragen lassen, was er hinsichtlich der Menschenrechte denn überhaupt als „Realität" gelten lassen will. Denn dass die Generalversammlung der UNO mit ihrer „Allgemeinen Erklärung der Menschenrechte" 1948 von allen Staaten der Erde die Einhaltung dieser Erklärung forderte und viele Staaten die Einhaltung versprachen, ist eine historische Realität und bis heute eine ernstgemeinte, wirkliche, wenn auch nicht immer wirksame Forderung. Aufgrund dieser nicht nachvollziehbaren Auffassung von „Realität" von „Rechten" ist die Sichtweise und die Schlussfolgerung McIntyres abzulehnen.

zum Arbeitsvorschlag b), Operator „Stellung nehmen":

Das Sachurteil wäre über die Frage zu fällen, ob es erstens stimmt, dass der Islam die UNO-Auffassung nicht teilt, und ob zweitens für uns Westler daraus zwingend folgt, auf das Drängen auf Einhaltung der UNO-Menschenrechte zu verzichten. Das Werturteil wäre über die Frage zu stellen, ob man überhaupt auf die Einhaltung der UNO-Menschenrechte auch außerhalb westlicher Kulturen drängen sollte. Da Sie Ihre Wertmaßstäbe in einer solchen Stellungnahme offenlegen und begründen sollen und dabei das deutsche Grundgesetz und die Pluralität der Werte beachten sollen, wäre das Zitat unter Berufung auf das Grundgesetz, dass sich ausdrücklich auf die Menschenrechte bezieht, zurückzuweisen und zu kritisieren.

Die Qualifikationsphase

Liebe Schülerinnen und Schüler,
hinter Ihnen liegt die mit thematischen Längsschnitten gestaltete Einführungsphase. An dieser Stelle beginnt nun die Qualifikationsphase, deren Themen eher chronologisch orientiert sind. Diese Themen und die Arbeitsmethoden, mit denen Sie sie erschließen werden, bilden die Kernanforderungen der vor Ihnen liegenden zentralen Abiturprüfung im Fach Geschichte.
Die Themenauswahl konzentriert sich im Wesentlichen auf die deutsche Geschichte des 19. und 20. Jahrhunderts. Den historischen „roten Faden“ bilden hier vor allem die Herausbildung und Entwicklung des deutschen Nationalstaats, schicksalhaft gekoppelt mit der Herausbildung einer deutschen Nationalstaatsidentität im europäischen sowie weltgeschichtlichen Staatengefüge.
Einsetzend bei der restaurativen Politik Metternichs, unterbrochen durch die gescheiterte deutsche Revolution 1848/49 und befeuert durch die deutsche Reichsgründung „von oben“ sowie den einsetzenden Imperialismus, erfuhr dieser Prozess besonders zum Ende des 19. Jahrhunderts neue Impulse. Die nationalstaatlichen Entwicklungen des 20. Jahrhunderts waren geprägt vom Ersten Weltkrieg, der seine Schatten über die Weimarer Republik auf das nationalsozialistische Deutschland bis zum Zweiten Weltkrieg warf, bevor nach der Staatsteilung in BRD und DDR der deutsche Staat mit der Wiedervereinigung seinen heutigen Zustand erreichte.

1800 | 1825 | 1850 | 1875

Kap. 4 Nationalstaatsgedanke und Nationalismus in Europa

Kap. 5 Das Deutsche Kaiserreich

Kap. 6 Die zweite industrielle Revolution

Kap. 7 Imperialismus

Kap. 8

1803
der unter Napoleon ausgehandelte Reichsdeputationshauptschluss verändert die politische Struktur des Heiligen Römischen Reichs Deutscher Nation nachhaltig

1806
das Heilige Römische Reich Deutscher Nation hört auf zu existieren

1807
die Preußischen Reformen legen die Grundlage für eine Modernisierung des deutschen Staats und der deutschen Gesellschaft

1814/15
auf dem Wiener Kongress wird die politische und territoriale Neuordnung Europas beschlossen – die Phase der Reaktion beginnt

1832
auf dem Hambacher Fest fordern Tausende einen deutschen Nationalstaat und eine demokratische Verfassung

1848/49
nach der Märzrevolution von 1848 versammelt sich in der Frankfurter Paulskirche ein Parlament, um eine demokratische Verfassung für Deutschland zu verabschieden – sie tritt jedoch nie in Kraft

1864–1871
die drei „Einigungskriege“ haben die Gründung des Deutschen Kaiserreichs im Jahr 1871 zum Ergebnis

1925 — 1950 — 1975 — 2000

Kap. 9 Die NS-Diktatur

Kap. 10 Deutschland nach dem II. Weltkrieg

Kap. 11 1989

)er Erste Weltkrieg

1914–1918
Deutschland beginnt mit Österreich-Ungarn den Ersten Weltkrieg, der mehr als 15 Millionen Menschen weltweit das Leben kostet und die politische Ordnung Europas umstürzt

1919
mit der Weimarer Republik wird in Deutschland die erste parlamentarische Demokratie gegründet

1933
Ende der Weimarer Demokratie und Beginn der nationalsozialistischen Diktatur

1939
mit Deutschlands Überfall auf Polen beginnt der Zweite Weltkrieg

1945
mit der bedingungslosen Kapitulation Deutschlands endet in Europa der Zweite Weltkrieg

1949
im Abstand von einem halben Jahr werden zuerst die Bundesrepublik Deutschland und dann die Deutsche Demokratische Republik gegründet

1961
der Bau der Berliner Mauer zementiert die politische Trennung der beiden deutschen Staaten

1989
demokratische Revolutionen in Osteuropa besiegeln das Ende der UdSSR und führen zum Fall der innerdeutschen Mauer

1990
deutsche Einheit

4 Nationalstaatsgedanke und Nationalismus in Europa

Problemaufriss

Die politische und gesellschaftliche Landschaft Europas wurde in den ersten anderthalb Jahrzehnten des 19. Jahrhunderts vom Kaiser der Franzosen, Napoleon Bonaparte, dominiert. Weite Teile Kontinentaleuropas brachte er mit seiner Armee unter seine Herrschaft. In dieser Zeit wuchs innerhalb der Bevölkerung der zahlreichen Einzelstaaten Deutschlands der Wunsch nach einer geeinten deutschen Nation und liberalen Reformen. Ideen von der Gleichheit vor dem Gesetz und die Meinungs-, Versammlungs- und Pressefreiheit wurden artikuliert und diskutiert.
Napoleons Truppen wurden 1814 von alliierten Truppen geschlagen und das Staatengefüge Europas mit dem Wiener Kongress neu geordnet. Dem Drängen nach demokratischen Verfassungen gingen die Herrschenden Europas jedoch weitestgehend nicht nach. Es begann die Zeit der Restauration.
Das Spannungsfeld zwischen nationalliberalen Forderungen von Teilen der Bevölkerung und den Machtansprüchen der Herrschenden definierte die Zeit zwischen 1814 und 1848. Schon in den 1830ern entluden sich diese Spannungen in zumeist erfolglosen Aufständen. Doch die europaweiten Revolutionen von 1848 und 1849 hatten das Potenzial, die politische Landschaft Europas erneut zu verändern.

Was Sie in diesem Kapitel erwartet

Der Wiener Kongress von 1814/15
Auf dem Wiener Kongress, der von 1814 bis 1815 dauerte, berieten europäische Staatsmänner über die territoriale Neuordnung Europas. Beschlossen wurde auch die „Restauration", die Rückkehr zur vorrevolutionären Ordnung und damit die Absage an die liberalen und nationalen Forderungen zahlreicher Menschen in ganz Europa. Kolorierter Holzstich um 1880 nach einer Kreidezeichnung von Jean-Baptiste Isabey von 1814/15.

Die Frankfurter Nationalversammlung von 1848/49
Nach der Märzrevolution von 1848 erarbeitete ein demokratisch gewähltes Parlament – die Frankfurter Nationalversammlung – den Text für die erste gesamtdeutsche, demokratische Verfassung. Vom Mai 1848 bis zum März 1849 tagten die 809 Abgeordneten in der Frankfurter Paulskirche. Zeitgenössische Kreidelithografie, spätere Kolorierung.

Online-Link
430089-0401
alle Online-Materialien zum Kapitel 4

Politik

Die zeitgenössische Lithografie „Märzunruhen 1848“ zeigt die Barrikadenkämpfe in Berlin 1848. Die Märzrevolution war der Anlass zur Einberufung der Frankfurter Nationalversammlung, die die erste demokratische Verfassung für Deutschland erarbeiten sollte.

1800 – 1810

1801 Frieden von Lunéville

1803 Reichsdeputationshauptschluss

Juli 1806 Gründung des Rheinbunds

6. August 1806 Abdankung von Kaiser Franz II. und Ende des Heiligen Römischen Reiches Deutscher Nation

6. August 1806 Schlacht von Jena und Auerstedt

1807 bis 1815 Preußische Reformen

1813 Völkerschlacht bei Leipzig

Kultur/ Gesellschaft

In Carl Spitzwegs „Der Sonntagsspaziergang“ von 1841 stellt der Maler eine Idylle des kleinbürgerlichen, unpolitischen Biedermeier dar.

1800 – 1810

1799 Friedrich Schiller veröffentlicht „Das Lied von der Glocke“

1799–1804 Amerikareise Alexander von Humboldts

1804 Napoleons Gesetzeswerk Code civil erlangt im Machtbereich Frankreichs Gültigkeit

1804 Carl Friedrich Gauß veröffentlicht die „Disquisitiones Arithmeticae“

1807 Georg Wilhelm Friedrich Hegel veröffentlicht „Phänomenologie des Geistes“

Wirtschaft/ Umwelt

1835 wurde die erste Eisenbahnlinie in Deutschland eröffnet. Sie markierte den Startpunkt für die rasante Ausweitung des Schienennetzes in Deutschland und die Beschleunigung des Lebens. Zeitgenössisches Gemälde.

1800 – 1810

1799 erste Dampfmaschine in Berlin

1802 Versuch in England, die tägliche Arbeitszeit von Lehrlingen auf 12 Stunden zu begrenzen

1810 in Preußen wird die Gewerbefreiheit eingeführt

1820 · 1830 · 1840 · 1850

September 1814–Juni 1815
Wiener Kongress

8. Juni 1815
Gründung des Deutschen Bunds

September 1815
Heilige Allianz wird geschlossen

18. und 19. Oktober 1817
Wartburgfest

1819
Karlsbader Beschlüsse als Reaktion auf die Ermordung des Dichters August von Kotzebue

1820
Wiener Schlussakte

Juli 1830
Julirevolution in Frankreich

November 1830
Novemberaufstand in Polen

September 1831
russische Truppen schlagen polnischen Aufstand nieder

27. Mai 1832
Hambacher Fest

Februar 1848
Februarrevolution in Frankreich

März 1848
Märzrevolutionen in Berlin und Wien

18. Mai 1848
erste Sitzung der Frankfurter Nationalversammlung in der Paulskirche in Frankfurt

August 1848
Waffenstillstand zwischen Preußen und Dänemark

27. Mai 1849
die Nationalversammlung verabschiedet die Paulskirchenverfassung

18. Juni 1849
das Rumpfparlament wird gewaltsam aufgelöst

1850
Wiederherstellung des Deutschen Bunds

1820 · 1830 · 1840 · 1850

1818
Karl Friedrich Schinkel erbaut die Neue Wache in Berlin

1820
Erstbesteigung der Zugspitze

1824
Leopold von Ranke vertritt eine objektiv-kritische Geschichtsschreibung

1824
Uraufführung von Beethovens 9. Sinfonie mit der „Ode an die Freude"

1832
Johann Wolfgang von Goethe stirbt in Weimar

1835
Georg Büchner: „Dantons Tod"

1839
Carl Spitzweg stellt das Gemälde „Der arme Poet" fertig

1841
August Heinrich Hoffmann von Fallersleben verfasst das „Lied der Deutschen"

1847
Heinrich Hoffmann veröffentlicht das Kinderbuch „Struwwelpeter"

1848
Erstausgabe der Satirezeitung Kladderadatsch

1849
Louise Otto-Peters veröffentlicht erste deutsche Frauen-Zeitung

---

1820 · 1830 · 1840 · 1850

814
ı London Einführung der traßenbeleuchtung mit Gas

1815
nach dem Ausbruch des Tambora in Indonesien folgt 1816 in Europa das „Jahr ohne Sommer"

1819
in England wird ein (weitgehend unwirksames) Arbeitsverbot für Kinder unter neun Jahren erlassen

1819
das erste Dampfschiff überquert den Atlantik

1825
die erste deutsche Technische Hochschule öffnet in Karlsruhe

1827
Karl Baedeker gründet einen Verlag für Reiseführer

1833
Gründung des deutschen Zollvereins

7. Dezember 1835
Eröffnung der ersten deutschen Eisenbahnlinie zwischen Nürnberg und Fürth

7. April 1839
Fertigstellung der ersten deutschen Fernbahnlinie

1844
schlesischer Weberaufstand

1845–1849
„Große Hungersnot" in Irland

1846/47
Missernten fordern zahlreiche Todesopfer in Deutschland

1847
in England wird die Tagesarbeitszeit auf zehn Stunden begrenzt

1848
Goldrausch in Kalifornien

4.1 Deutschland unter Napoleon 1800–1815

A) Welche territorialen, politischen und sozialen Auswirkungen hatte die napoleonische Herrschaft auf die deutschen Staaten?
B) Wie und aus welchen Gründen wurde Europa nach dem Ende der napoleonischen Herrschaft neu geordnet?
C) Welche Rolle wurde Deutschland in der Neuordnung Europas zugewiesen?
D) Wie und warum entstand die deutsche nationalliberale Bewegung?

Deutschland unter Napoleons Herrschaft

1 Glückwünsche eines deutschen Reichsfürsten zur Kaiserkrönung Napoleons am 1. Juni 1804

Zwischen 1801 und 1814 herrschte der französische Kaiser Napoleon Bonaparte über weite Teile Europas. 1803 veranlasste Napoleon den sogenannten Reichsdeputationshauptschluss, mit dem das Reichsgebiet Deutschlands neu geordnet wurde. Unter anderem entstand das Fürstentum von Leiningen, dessen Fürst folgende Grüße an Napoleon übermitteln ließ:

Sire! Die Berühmtheit, die sich niemals hinsichtlich der großen Männer täuscht, lässt uns die Erhebung Eurer Majestät zur kaiserlichen Würde erfahren. Frankreich, das Sie glücklich gemacht haben, und der europäische Kontinent, dem Sie den Frieden zurückzugeben bemüht sind, werden genügend von Ihrem Ruhm sprechen. Wir, die wir von zärtlichen Gefühlen bewegt und seit dem denkwürdigen Reichsdeputationshauptschluss durch Ihre Wohltaten überhäuft worden sind, vereinigen unsere Glückwünsche mit denen Ihrer berühmten Wähler und sprechen die Sprache, die Ihrem Herzen so teuer ist: die Sprache der Dankbarkeit. Geruhen Sie die Versicherung des tiefsten Respekts zu genehmigen, mit dem wir sind, Sire, Eurer kaiserlichen Majestät untertänigste und gehorsamste Diener der regierende Fürst von Leiningen, der Erbprinz von Leiningen

Zit. nach: Eckhard Kleßmann: Deutschland unter Napoleon in Augenzeugenberichten. 2. Aufl. München 1982, S. 31.

2 Kommentar zum Code civil

In weiten Teilen des Rheinbunds (→ s. Karte M3), einem Gebiet, das dem Protektorat Napoleons unterstand, wurde 1807 der Code civil eingeführt. Der Code civil war ein

3 Europa unter napoleonischer Herrschaft 1812

- Frankreich 1804
- Grenze des Rheinbunds
- französische Eroberungen bis 1812
- von Verwandten Napoleons regierte Länder
- von Frankreich abhängige Staaten
- Frankreich und seine Verbündeten vor dem Russlandfeldzug 1812

unter Napoleon verfasstes Gesetzbuch, das die Freiheit des Individuums, die Gleichheit aller Bürger vor dem Gesetz, die Unabhängigkeit der Justiz und die strikte Trennung von Kirche und Staat festschrieb. Zu diesem Buch äußerte sich der bayerische Jurist Anselm Feuerbach im November 1809:

Das schwankende zweideutige System des Gleichgewichts der europäischen Staaten ist dem System des entscheidenden Übergewichts, welches jetzt seiner Vollendung naht, gewichen. Das westliche Europa bildet ein System konföderierter Staaten, die sich in ihrem Mittelpunkt Frankreich vereinigen. Dieser Verein ist im Sinne seines Stifters nicht ein bloßer Völkerbund, der durch das äußere Band der Verträge lose zusammengehalten wird, sondern ein wahres Staatensystem, welches zugleich innerlich verknüpft ist, und in welchem Frankreich, als der durch physische und geistige Macht überwiegende Staat, mit den Rechten des Protektorats bekleidet, den letzten Schlussstein bildet. Ein solches System kann nur dadurch Konsistenz gewinnen, dass alle konföderierten Staaten in ihrer äußeren Form, in den Hauptgrundsätzen der Staatsverfassung und Verwaltung sowie in den Prinzipien der Gesetzgebung, welche auf den Völkerverkehr Einfluss haben, sich dem Hauptstaate assimilieren und dadurch sowohl unter sich als im Verhältnisse zu diesem Protektorstaate jene Gleichförmigkeit herstellen, ohne welche ein steter Konflikt, eine ewige, dem Ganzen Gefahr drohende Reibung, eine unversöhnliche innere Feindseligkeit der Elemente die ruhige Einheit des Systems untergraben und zerrütten würde.

Zit. nach: Elisabeth Fehrenbach: Der Kampf um die Einführung des Code Napoleon in den Rheinbundstaaten. Wiesbaden 1973, S. 11 f.

Nationale Strömungen in den Befreiungskriegen

4 „Aufruf" – Gedicht von Theodor Körner

In den sogenannten Befreiungskriegen von 1813 bis 1815 kämpften alliierte europäische Truppen gegen Napoleons Armee. Wie viele andere Literaten und Intellektuelle trat auch der deutsche Dichter Theodor Körner für den Kampf gegen Napoleon ein. Körner schloss sich im März 1813 dem Freikorps des Majors von Lützow an, sechs Monate später fiel er. Sein „Heldentod" und seine Kriegsgedichte ließen ihn zum bekanntesten Dichter der Befreiungskriege und zum Idol der aufkeimenden nationalen Bewegung werden.

Frisch auf, mein Volk! Die Flammenzeichen rauchen;
Hell aus dem Norden bricht der Freiheit Licht.
Du sollst den Stahl in Feindesherzen tauchen.
Frisch auf, mein Volk! – Die Flammenzeichen rauchen,
Die Saat ist reif; ihr Schnitter, zaudert nicht!
Das höchste Heil, das letzte, liegt im Schwerte.

5 „Körner, Friesen und Hartmann auf Vorposten"
Gemälde von Georg Friedrich Kersting von 1815. Kersting und die Abgebildeten waren Mitglieder des Freikorps Lützow. Sie tragen die Lützow'schen Uniformen, deren Farben Vorbild für die deutschen Nationalfarben wurden.

Drück dir den Speer ins treue Herz hinein!
Der Freiheit eine Gasse! – Wasch die Erde,
Dein deutsches Land, mit deinem Blute rein!

Es ist kein Krieg, von dem die Kronen wissen;
Es ist ein Kreuzzug; 's ist ein heil'ger Krieg.
Recht, Sitte, Tugend, Glauben und Gewissen
Hat der Tyrann aus deiner Brust gerissen;
Errette sie mit deiner Freiheit Sieg!
Das Winseln deiner Greise ruft: „Erwache!"
Der Hütte Schutt verflucht die Räuberbrut;
Die Schande deiner Töchter schreit um Rache,
Der Meuchelmord der Söhne schreit nach Blut.

Der Himmel hilft, die Hölle muss uns weichen.
Drauf, wackres Volk! Drauf! ruft die Freiheit, drauf.
Hoch schlägt dein Herz, hoch wachsen deine Eichen.
Was kümmern dich die Hügel deiner Leichen?
Hoch pflanze da die Freiheitsfahne auf!
Doch stehst du dann, mein Volk, bekränzt vom Glücke,
In deiner Vorzeit heil'gem Siegerglanz:
Vergiss die treuen Toten nicht und schmücke
Auch unsre Urne mit dem Eichenkranz!

Zit. nach: Karl Otto Conrady (Hrsg.): Das große deutsche Gedichtbuch. Kronberg 1977, S. 399 f.

6 „An mein Volk" – Proklamation des preußischen Königs Friedrich Wilhelm III.

Erst nach langem Zögern rief König Friedrich Wilhelm III. zum Widerstand gegen Napoleon auf.

So wenig für Mein treues Volk als für Deutsche bedarf es einer Rechenschaft über die Ursachen des Krieges, welcher jetzt beginnt. Klar liegen sie dem unverblendeten Europa vor Augen.

Wir erlagen der Übermacht Frankreichs. Der Frieden, der die Hälfte Meiner Untertanen Mir entriss[1], gab uns seine Segnungen nicht; denn er schlug uns tiefere Wunden als selbst der Krieg. Das Mark des Landes ward ausgesogen, die Hauptfestungen blieben vom Feinde besetzt, der Ackerbau ward gelähmt, so wie der sonst so hoch gebrachte Kunstfleiß unserer Städte. Die Freiheit des Handelns ward gehemmt, und dadurch die Quelle des Erwerbs und des Wohlstandes verstopft. Das Land ward ein Raub der Verarmung.

Durch die strengste Erfüllung eingegangener Verbindlichkeiten hoffte ich Meinem Volke Erleichterung zu bereiten und den französischen Kaiser endlich zu überzeugen, dass es sein eigener Vorteil sei, Preußen seine Unabhängigkeit zu lassen. Aber Meine reinsten Absichten wurden durch Übermut und Treulosigkeit vereitelt, und nur zu deutlich sahen wir, dass des Kaisers Verträge mehr noch wie seine Kriege uns langsam verderben mussten. Jetzt ist der Augenblick gekommen, wo alle Täuschung über unseren Zustand aufhört.

Brandenburger, Preußen, Schlesier, Pommern, Litauer! Ihr wisst, was Ihr seit fast sieben Jahren erduldet habt, Ihr wisst, was Euer trauriges Los ist, wenn wir den beginnenden Kampf nicht ehrenvoll enden. Erinnert Euch an die Vorzeit, an den großen Kurfürsten, den großen Friedrich! Bleibt eingedenk der Güter, die unter ihnen unsere Vorfahren blutig erkämpften: Gewissensfreiheit, Ehre, Unabhängigkeit, Handel, Kunstfleiß und Wissenschaft. Gedenkt des großen Beispiels unserer mächtigen Verbündeten, der Russen, gedenkt der Spanier, der Portugiesen. Selbst kleinere Völker sind für gleiche Güter gegen mächtigere Feinde in den Kampf gezogen und haben den Sieg errungen. Erinnert Euch an die heldenmütigen Schweizer und Niederländer.

Große Opfer werden von allen Ständen gefordert werden: denn unser Beginnen ist groß und nicht gering die Zahl und die Mittel unserer Feinde. Ihr werdet jene lieber bringen für das Vaterland, für Euren angeborenen König, als für einen fremden Herrscher, der wie so viele Beispiele lehren, Eure Söhne und Eure letzten Kräfte Zwecken widmen würde, die Euch ganz fremd sind. Vertrauen auf Gott, Ausdauer, Mut und der mächtige Beistand unseres Bundesgenossen werden unseren redlichen Anstrengungen siegreichen Lohn gewähren.

Aber, welche Opfer auch von Einzelnen gefordert werden mögen, sie wiegen die heiligen Güter nicht auf, für die wir sie hingeben, für die wir streiten und siegen müssen, wenn wir nicht aufhören wollen, Preußen und Deutsche zu sein.

Es ist der letzte entscheidende Kampf, den wir bestehen für unsere Existenz, unsere Unabhängigkeit, unseren Wohlstand; keinen anderen Ausweg gibt es als einen ehrenvollen Frieden oder einen ruhmvollen Untergang. Auch diesem würdet Ihr getrost entgegengehen um der Ehre willen, weil ehrlos der Preuße und der Deutsche nicht zu leben vermag. Allein wir dürfen mit Zuversicht vertrauen: Gott und unser fester Willen werden unserer gerechten Sache den Sieg verleihen, mit ihm einen sicheren glorreichen Frieden und die Wiederkehr einer glücklichen Zeit.

Breslau, den 17. März 1813 Friedrich Wilhelm

Zit. nach: Gilbert Krebs/Bernard Poloni (Hrsg.): Volk, Reich und Nation. Texte zur Einheit Deutschlands in Staat, Wirtschaft und Gesellschaft 1806–1918. Paris 1994, S. 24 f.

1 *Gemeint ist der „Friede von Tilsit", ein Friedensvertrag zwischen Napoleon und Friedrich Wilhelm III. vom 9. Juli 1807. Nach der Niederlage Preußens in der Schlacht von Jena und Auerstedt im Oktober 1806 musste Preußen fast die Hälfte seines Territoriums an Frankreich abtreten.*

Die Gründung des Deutschen Bunds 1815

7 Die Deutsche Bundesakte vom 8. Juni 1815

Auf dem Wiener Kongress von 1814/1815 beschlossen die Staatsmänner Europas die politische und territoriale Neuordnung Europas. Mit der Verabschiedung der Deutschen Bundesakte wurde dabei der Deutsche Bund gegründet, der (außer in den Jahren 1848/1849) bis 1866 Bestand hatte.

Die souveränen Fürsten und freien Städte Deutschlands, den gemeinsamen Wunsch hegend, den 6. Artikel des Pariser Friedens vom 30. Mai 1814 in Erfüllung zu setzen, und von den Vorteilen überzeugt, welche aus ihrer festen und dauerhaften Verbindung für die Sicherheit und Unabhängigkeit Deutschlands und die Ruhe und das Gleichgewicht Europas hervorgehen würden, sind übereingekommen, sich zu einem beständigen Bunde zu vereinigen […]

Art. 1. Die souveränen Fürsten und freien Städte Deutschlands mit Einschluss Ihrer Majestäten des Kaisers von Österreich und der Könige von Preußen, von Dänemark und der Niederlande, und zwar der Kaiser von Österreich, der König von Preußen, beide für ihre gesamten vormals zum Deutschen Reich gehörigen Besitzungen, der König von Dänemark für Holstein, der König der Niederlande für das Großherzogtum Luxemburg, vereinigen sich zu

8 Die Organisation des Deutschen Bunds gemäß der Deutschen Bundesakte von 1815

einem beständigen Bunde, welcher der Deutsche Bund heißen soll.

Art. 2. Der Zweck desselben ist Erhaltung der äußeren und inneren Sicherheit Deutschlands und der Unabhängigkeit und Unverletzbarkeit der einzelnen deutschen Staaten.

Art. 3. Alle Bundesglieder haben als solche gleiche Rechte; sie verpflichten sich alle gleichmäßig, die Bundesakte unverbrüchlich zu halten.

Art. 4. Die Angelegenheiten des Bundes werden durch eine Bundesversammlung besorgt, in welcher alle Glieder desselben durch ihre Bevollmächtigten teils einzelne, teils Gesamtstimmen [...] unbeschadet ihres Ranges führen [...]

Art. 5. Österreich hat bei der Bundesversammlung den Vorsitz, jedes Bundesglied ist befugt, Vorschläge zu machen und in Vortrag zu bringen [...]

Art. 11. Alle Mitglieder des Bundes versprechen, sowohl ganz Deutschland als jeden einzelnen Bundesstaat gegen jeden Angriff in Schutz zu nehmen, und garantieren sich gegenseitig ihre sämtlichen unter dem Bunde begriffenen Besitzungen.

Bei einmal erklärtem Bundeskrieg darf kein Mitglied einseitige Unterhandlungen mit dem Feinde eingehen, noch einseitig Waffenstillstand oder Frieden schließen.

Die Bundesglieder behalten zwar das Recht der Bündnisse aller Art; verpflichten sich jedoch, in keine Verbindungen einzugehen, welche gegen die Sicherheit des Bundes oder einzelner Bundesstaaten gerichtet wären.

Die Bundesglieder machen sich ebenfalls verbindlich, einander unter keinerlei Vorwand zu bekriegen, noch ihre Streitigkeiten mit Gewalt zu verfolgen, sondern sie bei der Bundesversammlung anzubringen. [...]

Art. 13. In allen Bundesstaaten wird eine landständische Verfassung stattfinden. [...]

Art. 18. Die verbündeten Fürsten und freien Städte kommen überein, den Untertanen der deutschen Bundesstaaten folgende Rechte zuzusichern: [...]

a) Grundeigentum außerhalb des Staates, den sie bewohnen, zu erwerben und zu besitzen, ohne deshalb in dem fremden Staate mehreren Abgaben und Lasten unterworfen zu sein als dessen eigene Untertanen.

b) Die Befugnis 1. des freien Wegziehens aus einem deutschen Bundesstaat in den andern, der erweislich sie zu Untertanen annehmen will, auch 2. in Zivil- und Militärdienste desselben zu treten, beides jedoch nur insofern keine Verbindlichkeit zu Militärdiensten gegen das bisherige Vaterland im Wege stehe [...]

d) Die Bundesversammlung wird sich bei ihrer ersten Zusammenkunft mit Abfassung gleichförmiger Verfügungen über die Pressefreiheit und die Sicherstellung der Rechte der Schriftsteller und Verleger gegen den Nachdruck beschäftigen.

Zit. nach: Udo Sautter (Hrsg.): Deutsche Geschichte seit 1815: Daten, Fakten, Dokumente. Bd. 2: Verfassungen. Tübingen 2004, S. 1–9.

9 Staatsverfassungen im Deutschen Bund 1815–1848

Staaten mit früher Verfassung

freie Städte mit republikanischer Verfassung

Staaten, in denen die Verfassung zurückgenommen wurde

Staaten mit altständischer Verfassung*

Staaten, die vor 1848 überhaupt keine Verfassung hatten

1820 Jahr der Verfassung

Grenze des Deutschen Bunds

(1) Fsm. Schwarzburg-Rudolstadt
(2) Fsm. Schaumburg-Lippe
(3) Ghzm. Sachsen-Weimar-Eisenach
(4) Fsm. Waldeck
(5) Ghzm. Hessen-Darmstadt
(6) Hzm. Sachsen-Meiningen
(7) Hzm. Braunschweig
(8) Fsm. Lippe
(9) Fsm. Schwarzburg-Sondershausen

* Gemäß einer altständischen Verfassung traten die Stände – je nach Staat Adel, Klerus und Bürger – allein für ihre Interessen ein. Die Interessen der Landbevölkerung wurden von den Herrschern vertreten.

10 1820: Die Konkretisierung der Deutschen Bundesakte in der Wiener Schlussakte

In der Wiener Schlussakte vom 15. Mai 1820 wurden zahlreiche Bestimmungen der Deutschen Bundesakte konkretisiert, darunter auch der Art. 13. Am 20. Juli 1820 wurde die Wiener Schlussakte von der Bundesversammlung einstimmig angenommen, wodurch die Verfassung des Deutschen Bunds ihre endgültige Form erhielt.

Art. 54. Da nach dem Sinn des 13. Artikels der Bundesakte, und den darüber erfolgten späteren Erklärungen, in allen Bundesstaaten landständische Verfassungen stattfinden sollen, so hat die Bundesversammlung darüber zu wachen, dass diese Bestimmung in keinem Bundesstaate unerfüllt bleibe.

Art. 55. Den souveränen Fürsten der Bundesstaaten bleibt überlassen, diese innere Landesangelegenheit mit Berücksichtigung sowohl der früherhin gesetzlich bestandenen ständischen Rechte als der gegenwärtig obwaltenden Verhältnisse zu ordnen.

Art. 56. Die in anerkannter Wirksamkeit bestehenden landständischen Verfassungen können nur auf verfassungsmäßigem Wege wieder abgeändert werden.

Art. 57. Da der Deutsche Bund, mit Ausnahme der freien Städte, aus souveränen Fürsten besteht, so muss, dem hierdurch gegebenen Grundbegriffe zufolge, die gesamte Staatsgewalt in dem Oberhaupte des Staats vereinigt bleiben, und der Souverän kann durch eine landständische Verfassung nur in der Ausübung bestimmter Rechte an die Mitwirkung der Stände gebunden werden.

Art. 58. Die im Bunde vereinten souveränen Fürsten dürfen durch keine landständische Verfassung in der Erfüllung ihrer bundesmäßigen Verpflichtungen gehindert oder beschränkt werden.

Art. 59. Wo die Öffentlichkeit landständischer Verfassungen durch die Verfassung gestattet ist, muss durch die Geschäftsordnung dafür gesorgt werden, dass die gesetzlichen Grenzen der freien Äußerung [... nicht] auf eine die Ruhe des einzelnen Bundesstaates oder des gesamten Deutschlands gefährdende Weise überschritten werden.

Zit. nach: Sautter, a. a. O., S. 44 f.

11 1815: Ein Urteil über die Deutsche Bundesakte

Der ehemalige preußische Minister Heinrich Friedrich Karl Reichsfreiherr vom und zum Stein (1757–1831), der am Wiener Kongress als Berater der russischen Delegation teilnahm, bewertete in einer Stellungnahme für das russische Kabinett die Deutsche Bundesakte. Seine Denkschrift vom 24. Juni 1815 spiegelt die allgemeine Einschätzung zum Deutschen Bund bei den Vertretern der liberalen und nationalen Bewegung wider.

Die Deutsche Bundesakte ist am 8ten Junius durch die Bevollmächtigten der deutschen Könige, Fürsten und Städte unterzeichnet worden. Jeder Mann, der sein Vaterland liebt und dessen Glück und Ruhm wünscht, ist berufen zu untersuchen, ob der Inhalt dieser Urkunde der Erwartung der Nation entspricht, der Größe ihrer Anstrengungen, ihrer Leiden, der Tatkraft und Beschaffenheit des Geistes, der sie jene zu machen und diese zu ertragen in Stand setzte? Ob sie in dieser Urkunde die Gewähr ihrer bürgerlichen und politischen Freiheit findet? [...]

Unsere neuen Gesetzgeber haben an die Stelle des alten Deutschen Reiches mit einem Haupte, gesetzgebender Versammlung, Gerichtshöfen, einer Innern Einrichtung, die ein Ganzes bildete – einen Deutschen Bund gesetzt, ohne Haupt, ohne Gerichtshöfe, schwach verbunden für die gemeine Verteidigung. Die Rechte der Einzelnen sind durch nichts gesichert als die unbestimmte Erklärung, „dass es Landstände geben solle"; ohne dass etwas über deren Befugnisse festgestellt ist (Art. 13); und durch eine Reihe Grundsätze (Art. 18) über die Rechte jedes Deutschen, worunter man die Habeas corpus, die Abschaffung der Leibeigenschaft ausgelassen hat, und welche durch keine schützende Einrichtung verbürgt werden.

Die Bildung des Bundestages [...] gestattet nur schwer eine für alle verbindliche Handlung, da die Fälle, welche Einstimmigkeit erheischen, so zahlreich und so unbestimmt ausgedrückt sind. Sie wird erfordert jedes Mal, wo es sich darum handelt,

a) Grundgesetze zu geben oder zu verändern,
b) organische Bundes-Einrichtungen zu schaffen,
c) über Rechte Einzelner zu beschließen
d) oder über Gegenstände der Religion.

Das Recht der Bündnisse einzelner Staaten mit Fremden wird allein durch die Verpflichtung beschränkt, keine Verbindungen einzugehen, welche gegen den Bund oder eines seiner Glieder gerichtet sind (Art. 11). – Der Deutsche wird also sein Blut vergießen für seinem Lande fremde Streitigkeiten, wenn sein Fürst sich mit Frankreich oder England gegen eine andere Macht verbündet – er wird sogar verpflichtet sein, seinen Landsmann zu bekämpfen, wenn dessen Fürst sich mit dem Gegner verbunden hat.

Von einer so fehlerhaften Verfassung lässt sich nur ein sehr schwacher Einfluss auf das öffentliche Glück Deutschlands erwarten, und man muss hoffen, dass die despotischen Grundsätze, von denen mehrere Kabinette sich noch nicht losmachen können, nach und nach durch die öffentliche Meinung, die Freiheit der Presse und das Beispiel zerstört werden, welches mehrere Fürsten, besonders Preußen, geben zu wollen scheinen, indem sie ihren Untertanen eine weise und wohltätige Verfassung erteilen. [...]

Zit. nach: Wolfgang Hardtwig/Helmut Hinze (Hrsg.): Deutsche Geschichte in Quellen und Darstellung. Vom Deutschen Bund zum Kaiserreich 1815–1871. Stuttgart 1997, S. 55 ff.

Arbeitsvorschläge

○●● a) Analysieren Sie die Beurteilungen der napoleonischen Herrschaft (M1, M2) unter Berücksichtigung der Ausdehnung von Napoleons Herrschaftsbereich (M3). Stellen Sie die Beurteilungen denen Friedrich Wilhelms III. aus M6 gegenüber.

○●● b) Erklären Sie die aus der Karikatur in M12 auf S. 235 hervorgehende britische Sicht auf Napoleon.

○●● c) Erläutern Sie die nationalliberalen Gedanken, die sich in dem Gedicht von Theodor Körner (M4) ausmachen lassen.

○●● d) Untersuchen Sie das Gemälde M5 auf deutsch-nationale Symbolik.

○○●/○●● e) Skizzieren Sie Ziel, Zusammensetzung, Organisation, Rechte und Pflichten des Deutschen Bunds, wie sie in der Deutschen Bundesakte (M7), in der Wiener Schlussakte (M10) und in dem Verfassungsschaubild M8 dargelegt sind. Erläutern Sie diese Aspekte im Hinblick auf die Neuordnung Europas nach dem Wiener Kongress.

○●●/●●● f) Stellen Sie von Steins Haltung zur Deutschen Bundesakte dar (M11) und untersuchen Sie, inwiefern nach von Steins Ansicht „der Inhalt dieser Urkunde[n] der Erwartung der Nation entspricht".

Grundwissen: Deutschland unter Napoleon 1800–1815

Deutschland bis 1801

Drei Jahre nach der Französischen Revolution von 1789 wurden die linksrheinischen Territorien Deutschlands von französischen Truppen besetzt und die revolutionären Veränderungen hielten auch in diesem Gebiet Einzug. Östlich des Rheins hingegen änderte sich kaum etwas an der bestehenden politischen und sozialen Ordnung, dem sogenannten ➔Ancien Régime. Das ➔Heilige Römische Reich Deutscher Nation, das aus unzähligen, weitgehend souveränen Kleinstaaten bestand, blieb geprägt von monarchischem Herrschaftsanspruch sowie feudalen und ständischen Gesellschaftsstrukturen. Die politische Macht lag in der Hand der Landesfürsten, die höheren Stellen in der Verwaltung und im Militär blieben dem Adel vorbehalten. Die Bauern waren in der Mehrheit unfrei, sie mussten im Rahmen des guts- und grundherrschaftlichen Systems verschiedene Abgaben und Dienste leisten. Steuern wurden fast ausschließlich von den Bürgern und meist unfreien Bauern gezahlt.

Napoleon Bonaparte (1769–1821)
Erster Konsul der Französischen Republik (1799–1804), als Napoleon I. Kaiser der Franzosen (1804–1814) und unter anderem Protektor des Rheinbunds (1806–1813). Ausschnitt eines Gemäldes von Jacques-Louis David von 1812.

Die territoriale Neugestaltung Deutschlands unter Napoleon seit 1801

„Die ersten Grundlagen eines modernen Deutschlands", so der Historiker Thomas Nipperdey, wurden dann in der Zeit von 1800 bis 1814 gelegt, der Zeit der Herrschaft Napoleon Bonapartes in Europa. Zu Beginn seiner Herrschaft, nach seinem Sieg von 1801 über Österreich, fand eine Umgestaltung der deutschen Reichsterritorien statt. Dabei verringerte sich ihre Zahl von gut 1000 auf etwas über 30. Auf Drängen Napoleons, der in Deutschland neben Österreich und Preußen eine weitere politische Macht schaffen wollte, sah der 1803 angenommene sogenannte ➔Reichsdeputationshauptschluss vor, die Hoheits- und Eigentumsrechte der meisten geistlichen Fürstentümer aufzuheben (➔Säkularisation) und kleinere weltliche Reichsstände und fast alle Reichsstädte großen Landesherren zu unterstellen (➔Mediatisierung). Größte Gewinner dieser territorialen „Flurbereinigung" waren Preußen, das seine Macht in Nordwestdeutschland ausdehnen konnte, und die drei süddeutschen Staaten Baden, Württemberg und Bayern, die sich in der Folgezeit auf die Seite Frankreichs stellten.
Unter der Führung dieser drei Staaten schlossen sich 1806 insgesamt 16 süd- und westdeutsche Staaten dann zum sogenannten Rheinbund zusammen, der sich vom Kaiser und vom Reich lossagte und sich dem Protektorat Frankreichs unterstellte. Die Rheinbundstaaten verpflichteten sich zu einem militärischen Bündnis mit Frankreich, insbesondere zur Stellung von Truppen für die Feldzüge Napoleons.
Am 6. August 1806 legte der römisch-deutsche Kaiser Franz II. nach der Aufforderung Napoleons die Kaiserwürde nieder. Damit endete die über 800-jährige Geschichte des Heiligen Römischen Reichs Deutscher Nation.

Die Reformzeit 1807 bis 1815 in den Rheinbundstaaten

Erklärtes Ziel Napoleons war eine innere Umgestaltung der Rheinbundstaaten. Als Musterstaaten dienten dabei das Königreich Westfalen und das Großherzogtum Berg, welche von Verwandten Napoleons regiert wurden. Seit 1807 wurden in diesen Staaten moderne zentralistisch-bürokratische Staatsverwaltungen aufgebaut. Besondere Vorbildfunktion besaß der Code civil, das unter Napoleon verfasste Gesetzbuch. In den linksrheinischen Gebieten Deutschlands galten die zentralen Rechtspositionen des Code civil bis zum Inkrafttreten des Bürgerlichen Gesetzbuchs im Jahre 1900. Durch diese „Revolution von oben" erlebten die Rheinbundstaaten eine Modernisierung, in der die bisherige feudale und ständische Ordnung weitgehend überwunden wurde.

12 „Tiddy Doll, der große französische Pfefferkuchenbäcker, zieht ein neues Blech Könige aus dem Ofen"
Englische Karikatur von James Gillray, 1806. Tiddy Doll war ein seinerzeit in London bekannter Pfefferkuchenverkäufer. Auf den Sockeln der drei Figuren, die Napoleon aus dem Ofen zieht, steht „Bavaria", „Wirtembg" (Württemberg) und „Baden". Links neben Napoleon der französische Außenminister Charles-Maurice de Talleyrand.

Die Preußischen Reformen 1807 bis 1815

Nicht nur die Rheinbundstaaten, auch andere Staaten wie Preußen sahen sich gezwungen, Reformen des Staats und der Gesellschaft durchzuführen. Die damit angestoßenen Modernisierungsprozesse prägten das 19. Jahrhundert in Deutschland maßgeblich. Grundlage der Preußischen Reformen war ein neues Bild vom Menschen. Anstelle des unmündigen, unaufgeklärten Untertanen sollte der selbstständig denkende und handelnde Bürger treten:

- Durch die Regierungs- und Verwaltungsreform wurde eine moderne Regierungsorganisation mit Ressortprinzip und Ministerverantwortlichkeit eingeführt; außerdem wurde den Städten 1808 eine lokale Selbstverantwortung zugestanden, die dem besitzenden Bürgertum die Möglichkeit einer politischen Partizipation bot.
- Mit der Agrarreform und Bauernbefreiung (1807) wurden die Bauern persönlich frei, ohne aber von der Dienst- und Abgabenpflicht entbunden zu sein. Auch wenn vielerorts gutsherrliche Abhängigkeiten erhalten blieben, war die Bauernbefreiung ein wesentlicher Anstoß für den Aufschwung der Landwirtschaft und eine Basis für die Industrialisierung im 19. Jahrhundert (➔ s. Kap. 6).
- Für den wirtschaftlichen Aufschwung Preußens bedeutsam war die Wirtschaftsreform (1811), die den ⇨ Zunftzwang beseitigte und die Gewerbefreiheit einführte.
- Mit der Judenemanzipation (1812) wurden die preußischen Juden den anderen Staatsbürgern rechtlich weitgehend gleichgestellt.
- Die Heeresreform umfasste zahlreiche Maßnahmen, mit denen die Mobilisierung des Volkes gefördert werden sollte, etwa die Öffnung des Offizierkorps für

Nichtadlige. Nach Beginn der Befreiungskriege 1813/14 wurde in Preußen die allgemeine Wehrpflicht eingeführt.

- Besonderen Stellenwert besaß die Bildungsreform, sollte doch durch sie eine Erziehung zur Selbstständigkeit und die Entwicklung eines Nationalbewusstseins gefördert werden. Unter dem Leiter der preußischen Kultus- und Unterrichtsverwaltung Wilhelm von Humboldt wurde das Bildungswesen verstaatlicht, die allgemeine Schulpflicht durchgesetzt und ein dreistufiges Bildungswesen mit Elementarschule, Gymnasium und Universität geschaffen.

Mit dem militärischen Sieg Deutschlands über Napoleon 1814/15 endete der preußische Reformprozess. Auch das Verfassungsversprechen, das der preußische König Friedrich Wilhelm III. 1810 und 1815 gegeben hatte, wurde nicht erfüllt. Trotzdem veränderten die Reformen Preußen tief greifend und schufen die Voraussetzungen für seinen Aufstieg im 19. Jahrhundert.

Die Befreiungskriege – die Geburtsstunde der nationalliberalen Bewegung

→ 3 - 6 S. 228 ff.

1812 befand sich Napoleon auf dem Gipfel seiner Macht. Das Kaiserreich Frankreich umfasste nun neben den linksrheinischen Gebieten auch große Teile Norddeutschlands, außerdem Regionen Nord- und Mittelitaliens. Um Frankreich herum gruppierten sich Vasallen- und verbündete Staaten.

1812/13 scheiterte jedoch Napoleons Versuch, Russland, die letzte unabhängige Kontinentalmacht, zu unterwerfen. Napoleons katastrophale Niederlage im Russlandfeldzug – fast eine halbe Million Soldaten kehrten aus Russland nicht zurück – löste in Preußen und anderen deutschen Staaten eine patriotische Erhebung aus. Diese Bewegung gründete zum einen auf der Ablehnung der napoleonischen Fremdherrschaft, oftmals gepaart mit einer ausgeprägten antifranzösischen Einstellung. Sie war aber zum anderen auch bestimmt von dem Glauben an eine deutsche Nation, die, nach den Vorstellungen der vielen Kriegsfreiwilligen, staatlich geeint werden müsste.

Damit trat zu der in der Reformzeit geförderten individuellen Selbstbestimmung nun auch die Forderung nach nationaler Selbstbestimmung. Die nationale Bewegung war daher von Beginn an auch eine liberale Bewegung, die nicht nur für Freiheit nach außen, sondern auch für Freiheit im Inneren kämpfte (→ s. Kap. 4.2).

Klemens Wenzel Fürst von Metternich (1773–1859)
Als österreichischer Außenminister (1809–1848) und Staatskanzler (1821–1848) der führende europäische Staatsmann seiner Zeit. Ausschnitt aus einem Gemälde von Sir Thomas Lawrence, 1820–1825.

Der Wiener Kongress 1814/15

Nachdem Napoleon im Frühjahr 1814 abgesetzt und auf die südatlantische Insel St. Helena verbannt worden war, trafen sich die europäischen Monarchen und führenden Staatsmänner in Wien, um über die Neuordnung Europas zu beraten. Prägende Figur des Wiener Kongresses und der sich anschließenden Epoche bis zur Revolution 1848 (→ s. Kap. 4.3) war der österreichische Außenminister Klemens Wenzel Fürst von Metternich. Seine Politik war von der Überzeugung bestimmt, dass nur eine Restauration, das heißt eine Wiederherstellung der vorrevolutionären Ordnung, Europa vor erneuten revolutionären Erschütterungen und Kriegen bewahren könne. Aber obwohl es Metternich gelang, die Teilnehmer des Wiener Kongresses auf das Prinzip der Restauration zu verpflichten, war eine vollständige Rückkehr zum Ancien Régime undenkbar. Zu viele „alte" Kräfte, wie etwa die Fürsten der Rheinbundstaaten, aber auch der preußische Staat, hatten von den territorialen, gesellschaftlichen und wirtschaftlichen Veränderungen profitiert.

Europa nach dem Wiener Kongress

Der Wiener Kongress brachte wesentliche territoriale Veränderungen in Europa mit sich. Dem 1804 gegründeten Kaiserreich Österreich gelang es im Gegensatz zu Preußen, ein geschlossenes Territorium zu schaffen. Dagegen vergrößerte sich

Preußen durch den Gewinn der Provinz Rheinland in Richtung Westen, wodurch das Gewicht Preußens in Deutschland wuchs, während der Einfluss Österreichs langfristig schwand. Der Erwerb von Westfalen sollte sich für den preußischen Staat in den folgenden Jahrzehnten als besonders vorteilhaft erweisen, entstand doch im Ruhrgebiet eine der wichtigsten Industrieregionen Europas (→ s. Kap. 6). Gleichzeitig blieben die unter Napoleon geschaffenen deutschen Mittelstaaten großteils erhalten, sodass die Idee eines „dritten" Deutschlands auch nach der napoleonischen Herrschaft weiterhin Realität war.

Die Heilige Allianz von 1815

Nach den Erfahrungen mit der Französischen Revolution waren die führenden Monarchen Europas überzeugt, dass revolutionäre Bestrebungen nicht nur eine Gefahr für den Frieden, sondern in besonderer Weise auch für ihre eigene Herrschaft bedeuteten. Um dieser Bedrohung entgegenzutreten, unterzeichneten 1815 der russische Zar Alexander, der österreichische Kaiser Franz I. und der preußische König Friedrich Wilhelm III. ein Manifest, mit dem sich die Monarchen zum gemeinsamen Schutz der auf dem Wiener Kongress beschlossenen Ordnung verpflichteten. Dieser sogenannten Heiligen Allianz traten in der Folge alle europäischen Mächte mit Ausnahme Großbritanniens, des Osmanischen Reichs und des Kirchenstaats bei. Praktisch spielte dieses Bündnis in den folgenden Jahren keine Rolle, doch in der kritischen Öffentlichkeit wurde die Heilige Allianz zum Inbegriff der Reaktion.

Die Deutsche Bundesakte – die politische Neuordnung Deutschlands

→ 7 - 11 S. 230 ff.

Die Staatsmänner des Wiener Kongresses strebten ein europäisches Staatensystem ohne Hegemonialmacht an. Dafür musste auch Deutschland unter zwei Voraussetzungen politisch neu geordnet werden: Erstens musste sich Deutschland, die Mitte Europas, gegenüber den Hegemonialbestrebungen der kontinentalen Großmächte Frankreich und Russland behaupten können; zweitens durfte dieses Land nicht über die Möglichkeit verfügen, selbst Hegemonialmacht zu werden.

Der auf dem Wiener Kongress gegründete Deutsche Bund erfüllte diese Bedingungen. In der in Wien ausgehandelten Deutschen Bundesakte vereinigten sich 35 souveräne Fürsten und vier freie Städte zu diesem lockeren Staatenbund. Er verfügte weder über eine gemeinschaftliche Exekutive noch eine gemeinsame Justiz. Einziges Bundesorgan war die Bundesversammlung in Frankfurt am Main, der sogenannte Bundestag, in dem alle Mitgliedsstaaten durch weisungsgebundene Gesandte vertreten waren. Die Handlungsfähigkeit des Bundestags war jedoch von Anfang an gering.

Nicht zum Deutschen Bundesgebiet gehörten größere Gebiete Österreichs und Preußens, die nicht Teil des Heiligen Römischen Reichs Deutscher Nation gewesen waren. Neben den deutschen Fürsten waren gleichfalls auswärtige Monarchen Mitglieder des Bunds, wenn sie in Personalunion deutsche Staaten regierten (wie etwa der König von Dänemark als Herzog von Holstein).

Mit dem Artikel 13 der Bundesakte wurden zwar die Einzelstaaten verpflichtet, „landständische Verfassungen" zu erlassen, doch der Charakter dieser Konstitutionen war nicht weiter präzisiert. Daher traten in einigen Staaten Verfassungen in Kraft, die kein modernes, aus gewählten Mitgliedern bestehendes Parlament kannten. Der König von Preußen beließ es bis 1848 bei der Ankündigung einer Verfassung, während Österreich unter Metternich sogar aktiv gegen jede Form des Parlamentarismus im Deutschen Bund vorging. Entgegen dieser restaurativen Politik erließen vor allem die süddeutschen Staaten – Baden, Württemberg und Bayern – Verfassungen, die repräsentativen Charakter hatten und in denen sich eine Anerkennung der Volkssouveränität abzeichnete.

4.2 Nationalliberale Bewegung und restaurative Politik 1815–1832

A) Welche Ideen vertrat die nationalliberale Bewegung in Deutschland? Was waren ihre Forderungen?
B) Wie reagierten die restaurativen Kräfte in Deutschland auf die verschiedenen gesellschaftlichen Ausprägungen nationalliberaler Gesinnung?
C) Welche Auswirkungen hatte die Julirevolution auf Deutschland und andere europäische Staaten?

Deutscher Nationalismus und Liberalismus

1 „Die Eigentümlichkeit der Deutschen"

In der Zeit nach der Französischen Revolution entwickelten sich in den deutschen Staaten liberale Ideen und der Gedanke eines geeinten Deutschlands. Unterstützer der nationalen Einheitsbewegung war der Schriftsteller und Literaturwissenschaftler Ernst Moritz Arndt (1769–1860), der 1813 die Schrift „Über Volkshass und über den Gebrauch einer fremden Sprache" verfasste:

Wir sind von Gott in den Mittelpunkt Europens gesetzt, wir sind das Herz unseres Weltteils, wir sind auch der Mittelpunkt der neuen Geschichte und der Kirche und des Christentums. Gerade weil wir in der Mitte liegen, stürmen und strömen alle verschiedensten Völker Europens immer auf uns ein und suchen uns wegzuspülen und wegzudrängen. [...] Wir haben also mehr als alle anderen Völker Ursache zu wachen, dass das Eigentümliche und Besondere, was uns als Deutsche, als ein bestimmtes Volk mit einem bestimmten Namen, auszeichnet, durch die Völkerflut und Geistesflut, die immer von uns und zu uns geht, nicht weggespült und weggewaschen werde; wir müssen dreifache und vierfache Bollwerke und Schanzen um uns aufführen, damit wir nicht zuletzt matte Bilder werden, welche allem und nichts ähnlich sehen und welche, weil sie Gestalt und Gepräge verloren haben, auch nichts andres gestalten und bilden können; dass ich es mit einem Wort sage, damit der Deutsche der große geistige Spiegel der Welt bleiben könne, muss er seine Eigentümlichkeit nicht verschleifen noch vertändeln: Er muss ein Deutscher bleiben.

Zit. nach: Hannah Vogt (Hrsg.): Nationalismus gestern und heute. Opladen 1967, S. 103 f.

2 „Ein Deutschland ist und ein Deutschland soll bleiben"

In keiner gesellschaftlichen Gruppe hatte es so viele Freiwillige in den Befreiungskriegen gegen Napoleon gegeben wie bei den Studenten. Nach 1815 gründeten sie Studentenverbindungen, sogenannte Burschenschaften, die sich für die nationale Einheit Deutschlands aussprachen. Aus den „Grundsätzen und Beschlüssen" der Deutschen Burschenschaften von 1817:

1. Ein Deutschland ist und ein Deutschland soll sein und bleiben. Je mehr die Deutschen durch verschiedene Staaten getrennt sind, desto heiliger ist die Pflicht für jeden frommen und edlen deutschen Mann und Jüngling, dahin zu streben, dass die Einheit nicht verloren gehe und das Vaterland nicht verschwinde. [...]

5. Die Lehre von der Spaltung Deutschlands in Norddeutschland und Süddeutschland ist irrig, falsch, verrucht. Es ist eine Lehre, von einem bösen Feinde ausgegangen. Es gibt ein Norddeutschland und ein Süddeutschland, wie es eine rechte und eine linke Seite am Menschen gibt. Aber der Mensch ist eins und hat nur einen Sinn und ein Herz, und Deutschland ist eins und soll nur einen Sinn und ein Herz haben. [...]

6. Die Lehre von der Spaltung Deutschlands in das katholische und das protestantische ist irrig, falsch, unglückselig. Es ist eine Lehre, von einem bösen Feinde ausgegangen. [...]

12. Die Sehnsucht nach Kaiser und Reich ist ungeschwächt in der Brust jedes frommen und ehrlichen deutschen Mannes und Jünglings und wird bleiben, solange die Erinnerung an Kaiser und Reich nicht verschwunden und das Gefühl der Nationalehre nicht ausgetilgt und die Betrachtung der Lage des Vaterlandes zu anderen Völkern und Ländern nicht vernichtet ist. Es ist die Pflicht jedes frommen und ehrlichen deutschen Mannes und Jünglings, diese Sehnsucht in sich selbst zu nähren und in anderen zu erregen.

Zit. nach: Herman Haupt (Hrsg.): Quellen und Darstellungen der deutschen Burschenschaft und der deutschen Einheitsbewegung. Bd. 4. Heidelberg 1913, S. 117 f.

3 Paul Achatius Pfizer über den Liberalismus (1832)

Untrennbar mit den Gedanken eines geeinten Deutschlands verbunden waren die Ideen des Liberalismus. Einer der führenden Köpfe der liberalen Opposition war der Jurist, Journalist und Politiker Paul Achatius Pfizer (1801–1867):

Der Liberalismus ist es, der den erwachten Geist der Freiheit auf vernünftige Prinzipien zurück- und seinem höhern Ziel entgegenführt oder, wo er noch schlummert, durch bildende Institutionen und durch Aufklärung des Volks über seine Rechte und Interessen ihn zu wecken sucht. Er will den trüb gewordenen Strom der Menschensatzungen von seinem Schlamm säubern und das verdorbene, verfälschte Recht aus seinem ewig frischen, immer reinen Urquell, der Vernunft, erneuern. Eben deshalb bleibt auch sein letztes Ziel, auf dem Wege naturgemäßer Entwicklung des Volkslebens die Stufe zu erreichen, auf welcher die höchste und die gleichste Freiheit aller möglich ist. Welcher Grad von Freiheit und von Gleichheit aber möglich sei, ist nach der Verschiedenheit des Nationalcharakters, der Kulturperiode und der übrigen Momente des Volkslebens sehr verschieden. Dieselben Institutionen, welche bei einem gebildeten Volke die Schutzwehr aller Freiheit und die Lebensbedingungen des Fortschritts sind, Pressefreiheit, Volksvertretung, Schwurgerichte, Nationalbewaffnung, können bei einem ungebildeten, noch auf der Kindheitsstufe der Entwickelung stehenden Volke eine Quelle der Zerrüttung und Gesetzlosigkeit, ein Werkzeug der Gewalt und Unterdrückung werden, und von der bloß privatrechtlichen Freiheit und der rein passiven Gleichheit eines von jeder Teilnahme an der Staatsgewalt ausgeschlossenen Volks bis zur demokratischen Selbstregierung liegt eine weite Stufenreihe liberaler Institutionen in der Mitte, von denen der vernünftige Liberalismus keine weder unbedingt verwerfen noch für die absolut heilbringende erklären wird. […]

Dass unter dem gleichen Rechte und der gleichen Freiheit aller, welche der Liberalismus fordert, nicht die äußerliche Gleichheit von Besitz und Macht gemeint sein könne, indem Rechtsgleichheit himmelweit verschieden ist von materieller Gleichheit des Besitzes, und die bleibende Durchführung der letzten ohne einen die Freiheit des Verkehrs, des Eigentums und der Verträge vernichtenden Despotismus gar nicht denkbar wäre, – dies wird zwar allmählich von den Gegnern des Liberalismus ebenso gut als von den Liberalen selbst eingesehen. […]

Der Liberalismus behauptet zwar, dass bei der Entscheidung gemeinsamer Angelegenheiten dem Willen der Mehrzahl von Rechtswegen der Vorzug vor dem Willen der Minderzahl gebühre; aber sein oberstes Rechtsprinzip ist nicht unbedingte, willkürliche Herrschaft der Majorität, sondern die möglichgrößte gleiche Freiheit aller. Für ungerecht erklärt er insbesondere jede Mehrheitsentscheidung, welche die Minderheit gegen ihren Willen nach einem andern Gesetz behandelt als nach demjenigen, welches die Mehrheit auch für sich als bindend aufstellt, und für unbedingt verwerflich gilt ihm jeder Majoritätsbeschluss, der dem Moralgesetze zuwiderläuft […]

Zit. nach: Georg Künzel (Hrsg.): Paul Achatius Pfizer. Politische Aufsätze und Briefe. Stuttgart 1924, S. 2 f.

4 „Das Lied der Deutschen" (1841)

1841 schrieb der Hochschullehrer und Lyriker August Heinrich Hoffmann von Fallersleben (1798–1874) das „Lied der Deutschen". Die Melodie, die der 1797 von Joseph Haydn komponierten Hymne „Gott erhalte Franz, den Kaiser" entstammt, machte das Lied populär. 1922 wurde es in der Weimarer Republik zur Nationalhymne erklärt. Nach der nationalsozialistischen Diktatur und dem Zweiten Weltkrieg war das „Lied der Deutschen" verboten; seit 1952 wird die dritte Strophe als Nationalhymne der Bundesrepublik Deutschland gesungen.

Deutschland, Deutschland über alles,
Über alles in der Welt,
Wenn es stets zu Schutz und Trutze
Brüderlich zusammenhält,
Von der Maas bis an die Memel,
Von der Etsch bis an den Belt –
Deutschland, Deutschland über alles,
Über alles in der Welt!

Deutsche Frauen, deutsche Treue,
Deutscher Wein und deutscher Sang
Sollen in der Welt behalten
Ihren alten schönen Klang,
Uns zu edler Tat begeistern
Unser ganzes Leben lang –
Deutsche Frauen, deutsche Treue,
Deutscher Wein und deutscher Sang!

Einigkeit und Recht und Freiheit
Für das deutsche Vaterland!
Danach lasst uns alle streben
Brüderlich mit Herz und Hand!
Einigkeit und Recht und Freiheit
Sind des Glückes Unterpfand –
Blüh im Glanze dieses Glückes,
Blühe, deutsches Vaterland!

Zit. nach: August Heinrich Hoffmann von Fallersleben: Werke. Auswahl in drei Teilen. Bd. 1. Berlin o. J., S. 274 f.

Reaktionäre Politik

5 Die Karlsbader Beschlüsse von 1819

1819 wurde der konservative Dichter August von Kotzebue durch den Studenten Karl Ludwig Sand ermordet. Daraufhin verabschiedeten die Mitglieder des Deutschen Bunds die sogenannten Karlsbader Beschlüsse.

Aus dem Universitätsgesetz:

§ 1 Es soll bei jeder Universität ein mit […] ausgedehnten Befugnissen versehener […] landesherrlicher Bevollmächtigter […] von der Regierung […] angestellt werden. Das Amt dieses Bevollmächtigten soll sein, über die strengste Vollziehung der bestehenden Gesetze und Disziplinar-Vorschriften zu wachen, den Geist, in welchem die akademischen Lehrer bei ihren öffentlichen und Privatvorträgen verfahren, sorgfältig zu beobachten und demselben, jedoch ohne unmittelbare Einmischung in das Wissenschaftliche und die Lehrmethoden, eine heilsame, auf die künftige Bestimmung der studierenden Jugend berechnete Richtung zu geben, endlich allem, was zur Beförderung der Sittlichkeit, der guten Ordnung und des äußern Anstandes unter den Studierenden dienen kann, seine unausgesetzte Aufmerksamkeit zu widmen. […]

§ 2 Die Bundesregierungen verpflichten sich gegeneinander, Universitäts- und andere öffentliche Lehrer, die […] durch Missbrauch ihres rechtmäßigen Einflusses auf die Gemüter der Jugend, durch Verbreitung verderblicher, der öffentlichen Ordnung und Ruhe feindseliger oder die Grundlagen der bestehenden Staatseinrichtungen untergrabender Lehren, ihre Unfähigkeit zu Verwaltung des ihnen anvertrauten wichtigen Amtes unverkennbar an den Tag gelegt haben, von den Universitäten und sonstigen Lehranstalten zu entfernen […]. Ein auf solche Weise ausgeschlossener Lehrer darf in keinem andern Bundesstaate bei irgendeinem öffentlichen Lehr-Institute wieder angestellt werden.

§ 3 Die seit langer Zeit bestehenden Gesetze gegen geheime oder nicht autorisierte Verbindungen auf den Universitäten sollen in ihrer ganzen Kraft und Strenge aufrechterhalten und insbesondere auf den […] unter dem Namen der allgemeinen Burschenschaft bekannten Verein […] ausgedehnt werden […]. Die Regierungen vereinigen sich darüber, dass Individuen, die nach Bekanntmachung des gegenwärtigen Beschlusses erweislich in geheimen oder nicht autorisierten Verbindungen geblieben oder in solche getreten sind, bei keinem öffentlichen Amte zugelassen werden sollen.

§ 4 Kein Studierender, der […] von einer Universität verwiesen worden ist, […] soll auf einer andern Universität zugelassen, auch überhaupt kein Studierender ohne ein befriedigendes Zeugnis seines Wohlverhaltens auf der von ihm verlassenen Universität von irgendeiner andern Universität aufgenommen werden.

Aus dem Pressegesetz:

§ 1 Solange als der gegenwärtige Beschluss in Kraft bleiben wird, dürfen Schriften, die in der Form täglicher Blätter oder heftweise erscheinen […] in keinem deutschen Bundesstaate ohne Vorwissen und vorgängige Genehmhaltung der Landesbehörden zum Druck befördert werden. […]

Aus dem Untersuchungsgesetz:

Art. 1 Innerhalb vierzehn Tagen […] versammelt sich in der Stadt und Bundesfestung Mainz eine aus sieben Mitgliedern […] zusammengesetzte, außerordentliche, von dem Bunde ausgehende Zentral-Untersuchungs-Kommission.

Art. 2 Der Zweck dieser Kommission ist gemeinschaftliche, möglichst gründliche und umfassende Untersuchung und Feststellung des Tatbestandes […] der gegen die bestehende Verfassung und innere Ruhe, sowohl des ganzen Bundes als einzelner Bundesstaaten, gerichteten revolutionären Umtriebe und demagogischen Verbindungen, von welchen nähere oder entferntere Indizien bereits vorliegen oder sich in dem Laufe der Untersuchung ergeben möchten.

Zit. nach: Wolfgang Lautemann/Manfred Schlenke (Hrsg.): Geschichte in Quellen. Das bürgerliche Zeitalter 1815–1914. Bearb. von Günter Schönbrunn. München 1980, S. 86 f.

Das Hambacher Fest

6 „Wir wollen Freiheit des Denkens"

Am 27. Mai 1832 versammelten sich 25 000 bis 30 000 Menschen in der Schlossruine von Hambach, das damals zum Königreich Bayern gehörte (heute Rheinland-Pfalz). In etwa 20 Redebeiträgen wurden die deutsche Einheit, eine freiheitliche Verfassung und die Neuordnung Europas auf Grundlage gleichberechtigter und freier Völker gefordert.

Den Initiatoren des sogenannten „Hambacher Fests" wurde von der bayerischen Obrigkeit der Prozess gemacht. In einer Verteidigungsrede von 1834 erklärte einer dieser Initiatoren, der Publizist Philipp Jakob Siebenpfeiffer, Folgendes:

Ich halte die Repräsentativ-Republik für die einzige Staatsform, die einem größeren Volk, das seine Würde fühlt, geziemt, für die alleinige, die heute möglich. […] Wir wollen nicht geistige Knechtschaft, wir wollen Freiheit des Denkens, Freiheit des Handelns für alle. Welche Staatsform, welches Gesetz jeweils einem Volke fromme, das bestimme das Volk selbst. Wollte das spanische von Mönchen regiert sein, wer hat ein Recht, es zu hindern? Will der Türke nichts von europäischer Zivilisation wissen, warum quält ihn der Sultan damit? Will Italien freie Institutionen, warum fesselt Österreich die dortigen Regierungen? […] Die monarchischen Gewalthaber behaupten ihre Systeme mit Kanonen; Marat und Robespierre wollten Republikaner mit der Guillotine machen; sind die einen im Unrecht, warum nicht die andern? So weit ist man jetzt einig in der denkenden Welt, dass der Mensch religiöse Gewissensfreiheit als ein Recht anspricht; warum wollt ihr nicht die politische Gewissensfreiheit anerkennen? Nationen sind wie Individuen: Jede nach ihrer Weise bilde sich durch freie lichtvolle Verständigung ihren politischen Glauben, denke sich ihre politische Gottheit, weih ihre Altäre! Dies ist's, was ich Volkshoheit nenne. Ich will nicht, dass ein einzelner Mensch, sei's ein Napoleon oder […] Joseph II., die Geschichte von Millionen nach seinen Einfällen bestimme; ich will, dass auch nicht irgendein Teil der Staatsglieder, seien's die Konservativen Englands oder die Pariser Sansculotten, herrschen; ich will, dass keine Partei die andere, nicht die Minderzahl die Mehrzahl, nicht einmal die Mehrheit die Minderzahl unterdrücke; ich will, dass die Gesamtheit herrsche, d. h. Geist und Gang der Regierung regle. […] Der herrschende Gesamtwillen, der freie Ausdruck aller Volksinteressen – dies ist meine Republik.

Zit. nach: Lautemann/Schlenke, a. a. O., S. 850 f.

7 „Das Hambacher Fest am 27. Mai 1832“
Aquarell von Max von Boehn (1860–1932) nach einer Lithografie von 1832. Im Gegensatz zum Original sind hier nicht nur deutsche Fahnen zu sehen.

8 Werbeplakat der Landesregierung Rheinland-Pfalz von 2007

9 Nach dem Hambacher Fest

Aus einem Schreiben des österreichischen Staatskanzlers Fürst von Metternich an den preußischen Minister Fürst zu Sayn-Wittgenstein vom 6. Juni 1832:

Sie haben sicher Berichte über die Hambacher Geschichten en detail erhalten. So weit sind die Dinge in Deutschland gekommen!

Ich gestehe aufrichtig, dass ich mir aus dem Ergebnisse nichts mache, oder vielmehr, dass mir dasselbe manche gute Seite darbietet. Mir sind die Dinge, welche offen vorliegen, stets lieber als die verkappten. Was der Liberalismus will, was er ist, wohin er zielt und wohin er die Staaten, die sich ihm hingeben, unaufhaltbar führt, hieran kann wohl heute keiner, der Augen, Ohren und einen Sinn hat, mehr zweifeln. [...]

Mit Volksrepräsentationen im modernen Sinne, mit der Pressefreiheit und politischen Vereinen, muss jeder Staat zugrunde gehen; der monarchische wie die Republik. Nur Anarchie ist möglich, dagegen mögen die Gelehrten am Schreibtische protestieren so viel sie auch immer wollen. Am Ende der Gelehrsamkeit steht das Zuschlagen und kommt es einmal hierzu, so ist der, der in geschlossenen Reihen zuschlägt, der Gelehrteste.

Wir werden in Deutschland zum Zuschlagen kommen. Das Böseste im lieben Vaterlande sind die Regierungen: vortrefflich zum Betrogenwerden, aber sehr schlecht, um sich und anderen zu helfen! [...]

Zit. nach: Elisabeth Dross (Hrsg.): Quellen zur Ära Metternich. Ausgewählte Quellen zur deutschen Geschichte der Neuzeit. Freiherr-vom-Stein-Gedächtnisausgabe, Bd. 23a. Darmstadt 1999, S. 177.

Polens Streben nach Unabhängigkeit

10 Heinrich Heine: „Über Polen"

Ende des 18. Jahrhunderts teilten Russland, Preußen und Österreich das Gebiet Polens untereinander auf. 1815 wurde dann auf dem Wiener Kongress das Königreich Polen gegründet. König wurde der russische Zar Alexander I. Dieser ließ nationalliberale Aktivitäten rücksichtslos unterdrücken. 1822 schrieb der deutsche Schriftsteller Heinrich Heine (1797–1856) den folgenden Reisebericht:

[...] die Brust des Nicht-Polen wird von Mitgefühl durchdrungen, wenn man sich die politischen Leiden aufzählt, die in einer kleinen Zahl von Jahren die Polen betroffen. Viele unserer Journalisten schaffen sich dieses Gefühl gemächlich vom Halse, indem sie leichthin aussprechen: Die Polen haben sich durch ihre Uneinigkeit ihr Schicksal selbst zugezogen und sind also nicht zu bedauern. Das ist eine törichte Beschwichtigung. Kein Volk, als ein Ganzes gedacht, verschuldet etwas; sein Treiben entspringt aus einer inneren Notwendigkeit, und seine Schicksale sind stets Resultate derselben. Dem Forscher offenbart sich der erhabenere Gedanke: dass die Geschichte (Natur, Gott, Vorsehung usw.), wie mit einzelnen Menschen, auch mit ganzen Völkern eigene große Zwecke beabsichtigt, und dass manche Völker leiden müssen, damit das Ganze erhalten werde und blühender fortschreite. Die Polen, ein slawisches Grenzvolk an der Pforte der germanischen Welt, scheinen durch ihre Lage schon ganz besonders dazu bestimmt, gewisse Zwecke in den Weltbegebenheiten zu erfüllen. Ihr moralischer Kampf gegen den Untergang ihrer Nationalität rief stets Erscheinungen hervor, die dem ganzen Volke einen andern Charakter aufdrücken und auch auf den Charakter der Nachbarvölker einwirken müssen.

Aus: Heinrich Heine. Historisch-kritische Gesamtausgabe der Werke. Hrsg. von Manfred Windfuhr in Verbindung mit dem Heinrich-Heine-Institut. Bd. 6. Hamburg 1973, S. 69.

11 Nikolaus I. und die Polen (1835)

Im November 1830 erhoben sich die Polen gegen den russischen Zaren Nikolaus I. Dieser Novemberaufstand wurde 1831 von russischen Truppen niedergeschlagen. Im Oktober 1835 besuchte der Zar erstmalig nach dem Aufstand die Hauptstadt Warschau. Mit folgenden Worten begrüßte er sie:

Ihr habt mich zu sehen gewünscht, hier bin ich. Ich lasse euch nicht reden, weil ich nicht will, dass ihr mir dieselben Lügen wiederholt, die ich vor sechs Jahren hörte, als ich hierher kam, um mich zum König von Polen krönen zu lassen. Aber hier unter vier Augen will ich mich euch gegenüber erklären, und da es das letzte Mal ist, dass ich mit euch sprechen werde, werde ich offen reden. Der verstorbene Kaiser hatte auf Kosten Russlands Polen zum höchsten Gipfel des Gedeihens und des Glücks erhoben. Ich bin seinen Spuren gefolgt. Ich habe meine Schwüre treu gehalten, aber ihr habt alles umgestürzt, ihr habt verraten – mich, meine Familie und euer Vaterland – und ihr habt das Unglück eurer Kinder herbeigeführt. Trotz allem, was ihr sagen mögt, weiß ich, dass ihr noch dieselben revolutionären Gedanken im Kopfe habt; aber denkt daran, dass es hier eine Zitadelle[1] gibt, die ich nur gegen euch erbaut habe und die in 24 Stunden eure Stadt zu Asche machen würde [...]. Trotz allem hege ich keinen Groll wegen dessen, was geschehen ist. Ich habe alles Üble vergessen wollen, was ihr gegen mich persönlich getan habt, aber der Kaiser vergisst nicht. Ich will dennoch das Beste Polens, und es hängt nur von euch ab, sich dessen würdig zu machen [hier verbeugten sich die Deputierten] – verbeugt euch nicht, ich glaube euch nicht! [...] Lasst dieses fiktive und chimärische[2] Polen fahren, das immer das Unglück eures Landes war, und denkt nur

12 Der polnische Prometheus
Gemälde von Horace Vernet von 1831.

daran, loyal eure Pflicht zu erfüllen. Erzieht eure Kinder zur Religion, zum Gehorsam gegen die Regierung, und ich werde an euer materielles Wohl denken. Seht, wie Europa unter dem Einfluss revolutionärer Ideen zusammenbricht, aufrecht steht nur Russland, dessen Glück auf festen Prinzipien ruht, und in Russland müsst ihr eure Sicherheit und die Bürgschaft eurer Existenz sehen. Ich bin, gottlob, nur noch Kaiser von Russland, und aufgrund dieses Titels gehört ihr mir.

Zit. nach: Alfred Arnold: Das Hambacher Fest. 1832–2007. Materialsammlung für den Unterricht mit ausgewählten Modulen. Hrsg. vom Bezirksverband Pfalz. O. O. 2007, S. 39.

1 ab 1832 unter Nikolaus I. errichtete Festung zur Kontrolle Warschaus
2 Chimäre: Einbildung, Trugbild

Arbeitsvorschläge

○○● a) Skizzieren Sie Ursachen, Merkmale, Träger und Forderungen der nationalen und der liberalen Bewegung auf Basis des Grundwissens 4.2 auf S. 244 und 245.

○●●/●●● b) Erläutern Sie, wie Konzepte wie „Liberalismus", „Nation" und „Nationalismus" in den Materialien M1–M4 jeweils inhaltlich gefüllt werden und vergleichen Sie Ihr Ergebnis mit dem heutigen Verständnis und Gebrauch dieser Begriffe.

●●● c) Beurteilen Sie die Karlsbader Beschlüsse im Hinblick auf ihre intendierte und tatsächliche Wirkung auf die nationalliberale Bewegung in Deutschland. Beziehen Sie hierzu Informationen aus dem Grundwissen 4.2 ein.

○○● d) Skizzieren Sie die nationalliberalen Forderungen Siebenpfeiffers. (M6)

○●●/●●● e) Analysieren Sie das Poster M8 auf seine Darstellung und Verwendung dieses Kapitels deutscher Geschichte in der Werbung, vor allem im Hinblick auf Angemessenheit, historische Korrektheit und intendierte Wirkung auf die Zielgruppe. Beziehen Sie auch einen Vergleich mit M7 in Ihre Überlegungen mit ein.

○●●/●●● f) Erläutern Sie die Beurteilung des Hambacher Fests durch Metternich in M9 und nehmen Sie Stellung zu dieser Beurteilung.

○○●/○●● g) Zeigen Sie Elemente nationaler Gesinnung der Polen bzw. der Reaktion darauf in M10–M12 auf und erläutern Sie diese im jeweiligen historischen Kontext.

Grundwissen: Nationalliberale Bewegung und restaurative Politik 1815–1832

➔ 1 – 4 S. 238 f.

Die nationalliberale Bewegung in Deutschland

Die Reformzeit und die Befreiungskriege führten in Deutschland zur Entstehung und Verbreitung von nationalen und liberalen Ideen. Trotz unterschiedlicher Ausrichtung sind die Forderungen nach nationaler Einheit und individueller Freiheit nicht voneinander zu trennen, sodass für die erste Hälfte des 19. Jahrhunderts von einer nationalliberalen Bewegung in Deutschland gesprochen werden kann.
Die Ideen von Liberalismus und Nationalismus fanden vor allem in bürgerlichen Kreisen großen Anklang, wobei es im Detail Unterschiede gab. Waren die Träger der liberalen Ideen vor allem städtische Bildungsbürger (Richter, Anwälte, Lehrer, Journalisten, Pfarrer) und Besitzbürger (Fabrikanten, Kaufleute, Bankiers), so erlebte der nationale Gedanke gerade in den Jahren nach 1815 in jugendlich-universitären Kreisen (Turnerschaften, Burschenschaften, Professoren) große Verbreitung.
Mit der immer größer werdenden Unzufriedenheit der Bevölkerung angesichts der wirtschaftlichen und sozialen Verhältnisse wuchs auch die Bereitschaft von Handwerkern, Kleinhändlern und Dienstboten in den Städten sowie von Bauern und Tagelöhnern auf dem Land, die nationalliberale Bewegung zu unterstützen.

Die Ideen des Liberalismus

Gemeinsam hatten Liberalismus und Nationalismus die Forderung nach Selbstbestimmung. Selbstbestimmung in liberaler Hinsicht hieß Schutz des Individuums vor Fremdbestimmung und Willkürherrschaft. Wesentlich war hierfür zum einen die Garantie von Grund- und Menschenrechten wie etwa die Freiheit der Person, die Gleichheit vor dem Gesetz, Meinungs-, Versammlungs- und Pressefreiheit, aber auch das Recht auf Eigentum. Zum anderen zählte zur Selbstbestimmung die Existenz einer Verfassung, das heißt einer allgemein anerkannten, auch für den Monarchen bindenden Rechtsordnung.
Um Machtkonzentration und Machtmissbrauch zu verhindern, sollte der liberale Staat dem Prinzip der Gewaltenteilung folgen, also Trennung der Staatsgewalt in rechtsprechende (Judikative), ausführende (Exekutive) und gesetzgebende Gewalt (Legislative). Die exekutive Gewalt sollte den Fürsten und die judikative Gewalt unabhängigen Richtern zugewiesen werden. Im Bereich der Legislative forderten die Liberalen ein Mitbestimmungsrecht: In freien Wahlen sollten Vertreter der Staatsbürger benannt werden, welche ein Zustimmungsrecht bei der Gesetzgebung haben sollten.
Die Liberalen forderten zwar die rechtliche, nicht aber die politische Gleichheit der Bürger. Für die politische Teilhabe sahen sie nur denjenigen als qualifiziert an, der sich durch Besitz und Bildung oder durch entsprechende Steuerzahlungen auswies. Dem größeren Teil der Gesellschaft, den ungebildeten und nicht besitzenden Schichten und den Frauen, wurden nur beschränkte oder keine politischen Rechte zugestanden. Dieser innere Widerspruch des Liberalismus, einerseits Gleichheit vor dem Gesetz zu fordern, andererseits politische und soziale Gleichheit abzulehnen, wurde auch von einem Teil der liberalen Bewegung erkannt und kritisiert.

Die Ziele des Nationalismus

Mit den Kriegen gegen Napoleon und den Beschlüssen des Wiener Kongresses war bei vielen Deutschen der Wunsch nach nationaler Selbstbestimmung gewachsen. So wie in Frankreich seit 1789 Staat und Nation eine Einheit waren, sollte ein gesamtdeutscher Staat die deutsche Nation repräsentieren. Damit stellte der Nationalismus die bestehenden Herrschaftsverhältnisse grundsätzlich infrage. Zum einen zielte die Forderung nach staatlicher Einheit auf die Auflösung des Deutschen Bunds und Zusammenführung der bestehenden Länder zu einem Nationalstaat, womit multinationalen Staaten wie Österreich das Existenzrecht abgesprochen wurde. Zum anderen stellte die nationale Weltanschauung die Idee der Volkssouveränität über die Souveränität der Fürsten, womit das Prinzip der Legitimität („von Gottes Gnaden") zurückgewiesen wurde. Nicht ohne Grund sah Fürst von Metternich im Nationalismus die größte Bedrohung der Wiener Ordnung von 1815.

13 Wartburgfest 1817
Anonymer Holzstich um 1880.

➔ 5 S. 240

Das Wartburgfest von 1817

Einen ersten Höhepunkt der oppositionellen Bewegung stellte das ⇨ Wartburgfest 1817 dar. Zur Erinnerung an die 300 Jahre zurückliegende Reformation und aus Anlass des vierten Jahrestags der Völkerschlacht bei Leipzig trafen sich am 18. und 19. Oktober 1817 etwa 500 Teilnehmer aus elf deutschen Universitäten auf der Wartburg bei Eisenach. In Festreden wurden die Ergebnisse des Wiener Kongresses und die restaurative Politik der Fürsten kritisiert und wurde zu Einheit und Freiheit aufgerufen. In Anlehnung an Martin Luthers Verbrennung der päpstlichen Bannandrohungsbulle im Jahr 1520 warfen einige Studenten Symbole der Obrigkeit und etliche als restaurativ angesehene Schriften ins Feuer. Insbesondere diese Aktion, die nicht Teil des eigentlichen Festprogramms gewesen war, lenkte die Aufmerksamkeit der Regierungen auf die oppositionelle Bewegung.

Die Karlsbader Beschlüsse und die Wiener Schlussakte

1819 wurde der konservative Dichter August von Kotzebue vom Studenten Karl Ludwig Sand ermordet. Dies bot Metternich den Anlass, im Deutschen Bund seine reaktionäre Politik durchzusetzen. Auf Betreiben Metternichs verabschiedeten die Mitglieder des Deutschen Bunds 1819 die ⇨ Karlsbader Beschlüsse. Mit ihnen führten sie in den deutschen Ländern eine allgemeine Pressezensur, die Überwachung der Universitäten und die sogenannte Demagogenverfolgung ein, das heißt die Unterdrückung der liberalen und nationalen Opposition. Vor allem gegen Universitätsprofessoren, Studentenführer, Journalisten und Schriftsteller richteten sich diese Maßnahmen, die häufig Geldbußen, aber auch Amtsenthebungen und Festungshaft sowie in wenigen Fällen sogar Todesurteile zur Folge hatten.
In der Wiener Schlussakte von 1820 bestimmte der Deutsche Bund, dass die „gesamte Staatsgewalt" zukünftig im Monarchen vereinigt bleiben sollte. Zwar wurden damit die fortschrittlichen Verfassungen der süddeutschen Staaten nicht infrage gestellt, einer weiteren Liberalisierung dieser Konstitutionen war damit aber ein Riegel vorgeschoben. In einigen Staaten, unter ihnen Österreich und Preußen, verweigerten die Monarchen sogar eine Verfassung, womit sie offen gegen Artikel 13 der Deutschen Bundesakte verstießen. Erst im Zuge der Revolution von 1848 (**➔ s. Kap. 4.3**) erhielten auch diese Länder Konstitutionen.

Liberale und nationale Bewegungen außerhalb Deutschlands

Politischer Protest und oppositionelle Bewegungen waren nicht nur auf Deutschland beschränkt. Überall in Europa, sogar in Übersee nahmen die Konflikte zwischen den nach Selbstbestimmung strebenden gesellschaftlichen Gruppen und den auf

Louis-Philippe I. (1773–1850)
Der letzte „König der Franzosen" (1830–1848), genannt der „Bürgerkönig". Ausschnitt aus einem Gemälde von Franz Xaver Winterhalter von 1839.

politische Stabilität bedachten Machthabern zu. Besonders heftig verliefen die Konflikte dort, wo sich liberale Reformbestrebungen mit nationalstaatlichen Forderungen verbanden. Dies betraf in Europa neben Deutschland vor allem Griechenland, Italien und Polen, außerhalb Europas in erster Linie Südamerika.

Die Julirevolution und ihre Vorgeschichte

Der Konflikt zwischen den revolutionären und den reaktionären Kräften erlebte einen Höhepunkt mit der französischen Julirevolution von 1830, die einen entscheidenden Einfluss auf die meisten anderen europäischen Länder ausübte.
Nach dem Sturz Napoleons hatte Frankreich eine politische Restauration erlebt. 1814 bestieg König Ludwig XVIII. den französischen Thron. Er erließ eine neue Verfassung, die Charte constitutionnelle, die eine konstitutionelle Monarchie mit einem starken Monarchen an der Spitze festschrieb. In den folgenden Jahren verfolgten Ludwig XVIII. und sein Nachfolger Karl X. eine reaktionäre Politik. Karl X. schränkte dann sogar die 1814 garantierte Pressefreiheit ein und löste die Nationalgarde auf, ein besonderes Symbol der Revolution von 1789.
Am 27. Juli 1830 brachen in Paris Barrikadenkämpfe aus, drei Tage später befand sich die Stadt in den Händen der Aufständischen und Karl X. musste abdanken. Der Versuch unterprivilegierter Schichten, eine republikanische Staatsform nach demokratischen Prinzipien zu errichten, scheiterte jedoch am Widerstand gemäßigter, insbesondere großbürgerlicher Gruppen, die sowohl eine Radikalisierung der Revolution als auch eine mögliche Intervention der Heiligen Allianz fürchteten. Auf Grundlage der Charte constitutionnelle etablierte man eine konstitutionelle Monarchie, in der das Parlament in seiner Macht gestärkt wurde, Gesetze zu verabschieden. Zum König und damit zum Oberhaupt der sogenannten Julimonarchie, die bis zur Februarrevolution 1848 Bestand hatte, wurde Louis-Philippe I. gewählt.

14 „Die Freiheit führt das Volk"
Gemälde von Eugène Delacroix von 1830. Das Gemälde zeigt eine fiktive Momentaufnahme vom 28. Juli 1830, dem zweiten Tag der Julirevolution in Paris. Der Künstler hat sich selbst auf dem Bild verewigt (mit Zylinder), obwohl er an den Unruhen nicht teilgenommen hatte. Delacroix' Bild ist das wahrscheinlich bekannteste Revolutionsgemälde des 19. Jahrhunderts.

Die Folgen der Julirevolution in Europa

Die Julirevolution löste eine „Revolutionswelle" aus, die die meisten europäischen Länder erfasste. Belgien, Polen, Deutschland, die Schweiz, Italien, Spanien, Portugal und selbst Großbritannien waren davon betroffen. Die Reaktionen der Großmächte waren dabei unterschiedlich. Während Frankreich und Großbritannien mit politischen Reformen reagierten, war die Politik der drei Ostmächte Russland, Österreich und Preußen darauf gerichtet, den politischen Status quo mit allen zur Verfügung stehenden Mitteln zu bewahren. Das System der fünf europäischen Großmächte Großbritannien, Frankreich, Österreich, Preußen und Russland, das seit 1815 weitgehend als Einheit aufgetreten war, zerfiel damit in ein westliches, liberal-fortschrittlich geprägtes Lager und eine östliche, konservativ-reaktionäre Staatengruppe. Eines der Hauptziele des Wiener Kongresses, nämlich den unkontrollierten politischen Wandel zu verhindern, war gescheitert.

Reaktionen auf die Julirevolution: Verfassungsgebungen in Deutschland

Die Julirevolution führte im Deutschen Bund dazu, dass neue Verfassungen erlassen wurden. In einigen Staaten Nord- und Mitteldeutschlands kam es zu politischen Protestbewegungen, die meist von sozialen Unruhen verstärkt wurden. Während Bürger und zum Teil auch Adlige für politische Reformen eintraten, forderten Handwerker, Arbeiter und vielerorts auch die bäuerliche Bevölkerung eine wirtschaftliche und soziale Verbesserung ihrer Lage. Angesichts der Breite und Vehemenz dieser revolutionären Bewegungen sahen sich die Herrschenden zu verfassungsrechtlichen Zugeständnissen gezwungen. Das Herzogtum Braunschweig, das Kurfürstentum Hessen und die Königreiche Sachsen und Hannover traten in den Kreis der Verfassungsstaaten ein – ein Schritt, der der liberalen Opposition in Deutschland und Polen weiteren Auftrieb gab.

Reaktionen auf die Julirevolution: Der Novemberaufstand in Polen

→ 10 - 12 S. 242 f.

1815 war auf dem Wiener Kongress der größte Teil des ehemaligen Herzogtums Warschau zum Königreich Polen, dem sogenannten Kongresspolen, zusammengefasst worden. König wurde in Personalunion der russische Zar Alexander I. Dem Wunsch vieler Polen nach Schaffung eines unabhängigen Nationalstaats war damit eine klare Absage erteilt worden. Trotzdem erhielt Kongresspolen eine eigene Verfassung mit eigener polnischer Regierung, Verwaltung und Armee; außerdem wurden Grundrechte wie Meinungsfreiheit und Religionsfreiheit garantiert.

Trotz dieser liberalen Ansätze und dem Eid, den der Zar auf diese Konstitution geleistet hatte, sah sich Alexander nicht an diese gebunden. Hinzu kam ein ausgeprägtes Misstrauen Alexanders und seines ab 1825 herrschenden Nachfolgers Nikolaus I. gegen jede nationalliberale Aktivität, die sie rücksichtslos unterdrücken ließen. Die Spannungen zwischen den revolutionären Bestrebungen in Polen und dem russischen Zaren eskalierten daher, angefacht durch die Nachrichten aus Frankreich und Deutschland, schließlich 1830 in einem Aufstand, dem Novemberaufstand.

Die erste russische Reaktion auf diese Erhebung in Warschau im November 1830 fiel zögerlich aus. Davon ermutigt erklärte der polnische Reichstag den Zaren offiziell als abgesetzt. Daraufhin rückten russische Armeeverbände in Polen ein, die den Aufstand gewaltsam niederschlugen. Anfang September 1831 nahmen die russischen Truppen das durch Kämpfe halb zerstörte Warschau ein. Die Führer der Erhebung wurden hingerichtet, unzählige Polen wurden nach Sibirien deportiert. Im November 1831 wurden die Verfassung und der autonome Status des Königreichs abgeschafft und die polnische Armee aufgelöst. Angesichts der politischen Repressionen blieb vielen Polen nur der Gang ins Exil. Ihr Weg führte sie in den Westen, über Deutschland nach Frankreich, England und in die USA.

→ 6 - 9 S. 240 ff.

Philipp Jakob Siebenpfeiffer (1789–1845)
Deutscher Jurist, Publizist und Mitinitiator des Hambacher Fests. Lithografie um 1832.

Johann Georg August Wirth (1798–1848)
Deutscher Jurist, Journalist und Mitinitiator des Hambacher Fests. Mitglied der Frankfurter Nationalversammlung von 1848. Lithografie um 1832.

Das Hambacher Fest

Nach der Niederschlagung des Novemberaufstands zogen über 50 000 Polen Richtung Westen. Im Januar 1832 erschienen die ersten Flüchtlinge auch in der Pfalz, wo ihr Auftreten die politisch ohnehin angespannte Stimmung zusätzlich verschärfte. Gezielt nahmen oppositionelle Kreise die Gelegenheit wahr, um mit dem Eintreten für ein unabhängiges Polen auch für eine „Wiedergeburt" Deutschlands zu werben. Höhepunkt dieses Protests war das Hambacher Fest am 27. Mai 1832.

Initiatoren des Fests waren die Juristen und Journalisten Philipp Jakob Siebenpfeiffer und Georg August Wirth. Ihrer Einladung zu einem Volksfest auf dem Hambacher Schlossberg folgten 25 000 bis 30 000 Menschen – eine damals enorme Zahl. Die Menschen stammten überwiegend aus der Pfalz und aus benachbarten Teilen Deutschlands, es waren aber auch Gäste aus Frankreich und Polen anwesend. Fast alle Schichten und Gruppen der Gesellschaft waren vertreten: Männer und Frauen, Bürger, Handwerker, Tagelöhner, Abgeordnete, Studenten, Bauern und Winzer.

In den etwa 20 Beiträgen forderten die Redner die deutsche Einheit und eine freiheitliche Verfassung. Dazu gehörten Volkssouveränität und die Garantie von Grundrechten mit rechtlicher Gleichheit. Die Vorstellung einer materiellen und sozialen Gleichheit war den Festrednern dagegen fremd. Zusammen mit den ausländischen Gästen wurde darüber hinaus eine Neuordnung Europas verlangt.

So sehr über die Ziele weitgehend Einigkeit herrschte, so sehr war man sich über die Wahl der Mittel uneins: Während einige wenige, dem Beispiel Frankreichs folgend, Gewalt als legitim und notwendig ansahen, bevorzugte die Mehrheit friedliche Methoden im Rahmen der rechtlichen Ordnung.

Reaktionen auf das Hambacher Fest

Die Obrigkeit hatte in der Wahl ihrer Mittel dagegen weniger Skrupel. Der bayerische König Ludwig I. beorderte seine Truppen in die Pfalz, die dort gegen die liberale Opposition und ihre Anhänger vorgingen. Den gestellten Köpfen der Bewegung wurde der Prozess gemacht. Siebenpfeiffer, Wirth und andere Organisatoren des Hambacher Fests wurden unter dem Vorwurf angeklagt, sie hätten die Staatsregierung zu stürzen und eine Verfassung für ein geeintes Deutschland einzuführen versucht. Da sie jedoch 1833 durch die Geschworenen freigesprochen wurden, verurteilte man sie wegen Beleidigung in- und ausländischer Beamter zu mehrjähriger Haft.

Auch im übrigen deutschen Bundesgebiet reagierte die Obrigkeit nach dem Hambacher Fest vermehrt mit Repressionen. Auf Grundlage der Zehn Artikel, einer rechtlichen Verschärfung der Karlsbader Beschlüsse, wurden Oppositionelle verhaftet, die Versammlungs- und Pressefreiheit weiter eingeschränkt und die Universitäten noch strenger überwacht. Im Juli 1832 verabschiedeten die Regierungen weitere sechs Artikel, die eine einheitliche Auslegung der Länderverfassungen verfügten. Mit diesen Artikeln wurden zentrale Parlamentsrechte so eingeschränkt, dass eine „bundeswidrige" Politik der Kammern legal kaum noch möglich war.

Reaktionen der nationalliberalen Bewegung auf die Zehn Artikel

Für die nationalliberale Bewegung hatten diese Maßnahmen tief greifende Wirkung. Veränderung, Fortschritt und Freiheit schienen nur noch im nationalen Rahmen, also nur über eine gesamtdeutsche Verfassung möglich. Viele Oppositionelle resignierten angesichts der reaktionären Maßnahmen und zogen sich in ein „biedermeierliches" Leben zurück. Das eigene Haus und die Familie wurden zum Lebensmittelpunkt, hier praktizierte man eine schickliche, fromme Lebensweise. Oder sie verließen, wie die aus der Haft geflohenen Siebenpfeiffer und Wirth, das Land, um in freiere Staaten wie Frankreich, Belgien, die Schweiz oder in die USA auszuwandern.

4.3 „Einheit und Freiheit" in der deutschen Revolution von 1848/49

A) Wie verlief die Revolution von 1848 in Deutschland?
B) Welche Inhalte wurden von der Frankfurter Nationalversammlung diskutiert und zu welchen Lösungen kam sie in der von ihr erarbeiteten Verfassung?
C) Scheiterte die erste deutsche Nationalversammlung?

Die Märzrevolution in Preußen

1 Berlin nach den Barrikadenkämpfen

Das Jahr 1848 war in mehreren europäischen Ländern ein Jahr der Aufstände und Revolutionen. Aus der preußischen Hauptstadt Berlin berichtete die Schriftstellerin Fanny Lewald (1811–1889) am 11. April 1848:

Wie stieg erst meine Verwunderung, als ich [...] die Straßen Berlins ohne Militär sah; [...] und als an allen Ecken unzensierte Zeitungsblätter und Plakate, ja selbst Zigarren verkauft wurden, während sonst das Rauchen auf der Straße bei 2 Taler Strafe verboten [...] war.

Verwüstungen durch die Revolution bin ich in der Stadt nicht gewahr worden, soweit sie vom Volke ausgegangen sind. [...] Nirgends hat sich das Volk gegen die Paläste des Königs oder der Prinzen gewendet, nirgends das Eigentum angetastet; und es ist mir eine Genugtuung, dass sich keine Spur von Rohheit im Volke gezeigt, dass selbst der König in allen Proklamationen den Edelmut und die Mäßigung der Kämpfenden lobpreisend anerkannt hat. Was mir aber, im Hinblick auf Paris, schmerzlich auffiel, das ist der Mangel an Freudigkeit über den Sieg, der fehlende Schwung des Enthusiasmus, die mich in Paris so sehr überraschten. Keine begeisternden Lieder, keine jener siegestrunkenen Zurufe, welche dort von Mund zu Mund gingen und so elektrisch wirkten. [...] Wir haben keinen deutschen Volksgesang, und „Es lebe der überwundene Absolutismus" [...] kann man eben nicht rufen. Das aber ist noch nicht das Schlimmste. Was mich beängstigt, ist das Gefühl der Unsicherheit, das ich hier an so vielen Menschen wahrnehme und von dem in Paris keine Spur vorhanden war. [...]

Ein großer und edler Teil der Bevölkerung sieht mit opferfreudiger Begeisterung in die Zukunft – aber der Untertänigkeitsgeist eines absolutistisch regierten Volkes, die Angst vieler Besitzenden vor möglichen Verlusten und der weit verzweigte bürokratische Kastengeist sind damit noch lange nicht überwunden.

Fanny Lewald: Erinnerungen aus dem Jahr 1848. Bearb. von Dietrich Schäfer. Frankfurt/Main 1969, S. 74–77.

2 Friedrich Wilhelm IV. im März 1848: „Preußen geht fortan in Deutschland auf"

In der Nacht vom 18. auf den 19. März 1848 tobten in Berlin Straßenkämpfe, bei denen mindestens 200 Menschen starben. Als Reaktion ließ der König von Preußen, Friedrich Wilhelm IV., seine Truppen abziehen und richtete sich in einer Rede am 21. März „An mein Volk und die deutsche Nation":

An mein Volk und die deutsche Nation! Mit Vertrauen sprach der König vor 35 Jahren in den Tagen hoher Gefahr zu seinem Volke[1], und sein Vertrauen ward nicht zuschanden; der König, mit seinem Volke vereint, rettete Preußen und Deutschland vor Schmach und Erniedrigung. Mit Vertrauen spreche ich heute, im Augenblicke, wo das Vaterland in höchster Gefahr schwebt, zu der deutschen Nation, unter deren edelste Stämme mein Volk sich mit Stolz rechnen darf. Deutschland ist von innerer Gärung ergriffen und kann durch äußere Gefahr von mehr als einer Seite bedroht werden. Rettung aus dieser doppelten dringenden Gefahr kann nur aus der innigsten Vereinigung der deutschen Fürsten und Völker unter einer Leitung hervorgehen. Ich übernehme heute diese Leitung für die Tage der Gefahr. Mein Volk, das die Gefahr nicht scheut, wird mich nicht verlassen, und Deutschland wird sich mir mit Vertrauen anschließen. Ich habe heute die alten deutschen Farben[2] angenommen und mich und mein Volk unter das ehrwürdige Banner des deutschen Reiches gestellt. Preußen geht fortan in Deutschland auf ...

Zit. nach: Tim Klein: Der Vorkampf deutscher Einheit und Freiheit. München u. a. München 1927, S. 209.

1 (➔ s. S. 230, M6).
2 Gemeint sind Schwarz, Rot, Gold, die Farben des Lützow'schen Freikorps von 1813 und Symbol der deutschen Nationalbewegung.

3 Friedrich Wilhelm IV. im Dezember 1848: Die Kaiserkrone als „Reif aus Dreck und Letten"

Im April 1849 trug die Frankfurter Paulskirchenversammlung (➔ s. M5–M8) Friedrich Wilhelm IV. die gesamtdeutsche Kaiserkrone an. Schon zuvor, am 13. Dezember 1848,

4 „Es ginge wohl aber es geht nicht"
Kolorierte Lithografie von 1849. Friedrich Wilhelm IV. zwischen Volksvertretern (links) und den Fürstenhäusern (rechts). Direkt neben Friedrich Wilhelm steht rechts der russische Zar Nikolaus I., rechts daneben Österreichs Kaiser Franz Joseph I. und dann die Könige von Hannover, Bayern, Württemberg und Sachsen.

äußerte er sich in einem Brief an den Gesandten Freiherr von Bunsen über diese Krone:
Ich will Ihnen das Licht darüber so kurz und hell als möglich schärfen. Die Krone ist erstlich keine Krone. Die Krone, die ein Hohenzoller nehmen dürfte, wenn die Umstände es möglich machen könnten, ist keine, die eine, wenn auch mit fürstlicher Zustimmung eingesetzte, aber in die revolutionäre Saat geschossene Versammlung macht (in der Art der Straßenpflasterkrone Louis-Philippes), sondern eine, die den Stempel Gottes trägt, die den, dem sie aufgesetzt wird, nach der heiligen Ölung „von Gottes Gnaden" macht, weil und wie sie mehr denn 34 Fürsten zu Königen der Deutschen von Gottes Gnaden gemacht und den Letzten immer der alten Reihe gesellt. Die Krone, die die Ottonen, die Hohenstaufen, die Habsburger getragen, kann natürlich ein Hohenzoller tragen; sie ehrt ihn überschwänglich mit tausendjährigem Glanze.
Die aber, die Sie leider meinen, verunehrt überschwänglich mit ihrem Ludergeruch der Revolution von 1848, der albernsten, dümmsten, schlechtesten, wenn auch, gottlob, nicht bösesten dieses Jahrhunderts. Einen solchen imaginären Reif, aus Dreck und Letten[1] gebacken, soll ein legitimer König von Gottes Gnaden und nun gar der König von Preußen sich geben lassen, der den Segen hat, wenn auch nicht die älteste, doch die edelste Krone, die niemand gestohlen worden ist, zu tragen? […]
Ich sage es Ihnen rund heraus: Soll die tausendjährige Krone deutscher Nation, die 42 Jahre geruht hat, wieder einmal vergeben werden, so bin ich es und meinesgleichen, die sie vergeben werden. Und wehe dem, der sich anmaßt, was ihm nicht zukommt!

Zit. nach: Leopold von Ranke: Aus dem Briefwechsel Friedrich Wilhelms IV. mit von Bunsen. Leipzig 1874, S. 147.

1 Letten: sandiger Ton, unbrauchbares Gestein

Die Wahlrechtsdebatte der Frankfurter Nationalversammlung

5 Argumente zugunsten des allgemeinen Wahlrechts für Männer
Am 18. Mai 1848 versammelten sich in der Frankfurter Paulskirche frei gewählte Abgeordnete aus dem Deutschen Bund, um über die zukünftigte Verfassung Deutschlands zu beraten. Zu den zahlreichen diskutierten Themen gehörte die Frage des Wahlrechts (für Männer). Dazu der linksliberale Abgeordnete August Ziegert aus dem Wahlkreis Westfalen:
Aber, wendet man ferner ein, die politische Unreife des Volkes, die Bestechlichkeit! Meine Herren, kommen Sie uns nicht mit der Behauptung der politischen Unreife, welche auf den früheren Satz des alten Polizeistaates vom beschränkten Untertanenverstande hinausläuft. Ich meine, die sogenannten unteren Klassen, welche die Bewegung des vorigen Jahres mit durchgemacht haben, die zur Verbesserung der jetzigen Zustände mit Hand angelegt und auch in dieser Zeit ebenso den Lockungen der Dema-

gogen als den Verführungen der Reaktion Widerstand geleistet haben, [...] sind nicht mehr politisch unreif zu nennen. [...] Sie können nicht leugnen, dass die Bewegung unserer Zeit nicht bloß eine politische, sondern auch eine soziale ist, und zwar in doppelter Richtung, einmal, indem die Besitzlosen und Minderbegüterten mehr oder weniger gegen die Herrschaft des Besitzes und des Kapitals im Kampfe stehen, und sodann dadurch, dass die arbeitenden Klassen an der Verbesserung ihrer Lage sich organisch beteiligen wollen. Statten Sie jetzt, wo von uns zur Verbesserung der Lage der arbeitenden Klassen noch nichts geschehen ist, den Besitz und das Kapital mit einer bevorzugten politischen Berechtigung aus und schließen Sie auf der anderen Seite die arbeitende Klasse von der Möglichkeit aus, Männer ihres Vertrauens in die Reichsversammlung zu wählen, so wird der ohnehin gestörte Friede in der Gesellschaft dadurch nicht wiederhergestellt, es wird der Kampf dadurch nur noch vermehrt.

Zit. nach: Michael Freund (Hrsg.): Der Liberalismus. Stuttgart 1965, S. 146 f.

6 Argumente gegen das allgemeine Wahlrecht

Der liberale Abgeordnete Wilhelm Wernher von Nierstein aus dem Wahlkreis Hessen-Darmstadt:

Es existiert eine tiefe Begriffsverwirrung über den Begriff von Volk, es gibt ein physisches Volk, unter das gehören alle, Mann und Weib, Säuglinge und Greise, die Menschen im Zuchthaus wie derjenige, der die Zierde seines Volkes ist; aber das politische Volk ist zu allen Zeiten, wird zu allen Zeiten und muss zu allen Zeiten von dem physischen Volke unterschieden werden. [...] Der moderne Staat [...] bedarf zu seiner Erhaltung, um die hohen Zwecke der Kultur zu erfüllen, moderner Mittel, Geld, und darum sind im modernen Staate alle diejenigen, die zum Bedürfnis des Staates etwas und ein Wesentliches beitragen, das eigentliche, das politische Volk; [...]
Ich behaupte nach meiner getreuen Erfahrung, dass zur Beurteilung der Bedürfnisse eines großen Staates die untersten Klassen nicht geeignet sind. [...] Geben Sie diesen Klassen den innigsten Anteil an den Wahlen zur Besetzung der Gemeindeämter, das können sie erkennen und übersehen, und hier liegt die Basis ihrer unmittelbaren Beteiligung am Staate. Wenn Sie aber diesen unmittelbaren Anteil auf die Wahlen zur Vertretung eines so großen Staates wie Deutschland, welcher vom Belt[1] bis zum Adriatischen Meer sich erstrecken soll, ausdehnen, dann laden Sie jenen eine Bürde auf, welche sie nicht zu tragen vermögen.

Zit. nach: Freund, a. a. O., S. 148 f.

1 Belt: Meerenge vor Dänemark

Die Paulskirchenverfassung

7 Verfassung des Deutschen Reichs vom 28. März 1849, Abschnitt VI: Die Grundrechte des deutschen Volks

Im März 1849 verabschiedeten die Abgeordneten der Nationalversammlung in der Paulskirche die erste demokratisch beschlossene Verfassung für Deutschland. Wegen des Widerstands des preußischen Königs und der deutschen Fürsten wurde sie jedoch nie umgesetzt.

§ 130 Dem deutschen Volke sollen die nachstehenden Grundrechte gewährleistet sein. Sie sollen den Verfassungen der deutschen Einzelstaaten zur Norm dienen, und keine Verfassung oder Gesetzgebung eines deutschen Einzelstaates soll dieselbe je aufheben oder beschränken können.

Artikel I

§ 131 Das deutsche Volk besteht aus den Angehörigen der Staaten, welche das deutsche Reich bilden.

§ 132 Jeder Deutsche hat das deutsche Reichsbürgerrecht. [...]

§ 133 Jeder Deutsche hat das Recht, an jedem Orte des Reichsgebietes seinen Aufenthalt und Wohnsitz zu nehmen, Liegenschaften jeder Art zu erwerben und darüber zu verfügen, jeden Nahrungszweig zu betreiben, das Gemeindebürgerrecht zu gewinnen. [...]

Artikel II

§ 137 Vor dem Gesetz gilt kein Unterschied der Stände. Der Adel als Stand ist aufgehoben. Alle Standesvorrechte sind abgeschafft. Die Deutschen sind vor dem Gesetze gleich. Alle Titel, insoweit sie nicht mit einem Amte verbunden sind, sind aufgehoben [...] Die öffentlichen Ämter sind für alle Befähigten gleich zugänglich. Die Wehrpflicht ist für alle gleich [...]

Artikel III

§ 138 Die Freiheit der Person ist unverletzlich. [...]

§ 139 Die Todesstrafe, ausgenommen wo das Kriegsrecht sie vorschreibt, oder das Seerecht im Fall von Meutereien sie zulässt, so wie die Strafen des Prangers, der Brandmarkung und der körperlichen Züchtigung, sind abgeschafft.

§ 140 Die Wohnung ist unverletzlich. [...]

§ 142 Das Briefgeheimnis ist gewährleistet. [...]

Artikel IV

§ 143 Jeder Deutsche hat das Recht, durch Wort, Schrift, Druck und bildliche Darstellung seine Meinung frei zu äußern.
Die Pressefreiheit darf unter keinen Umständen und in keiner Weise durch vorbeugende Maßregeln [...] beschränkt, suspendiert oder aufgehoben werden. [...]

8 Schema der Paulskirchenverfassung vom 28. März 1849

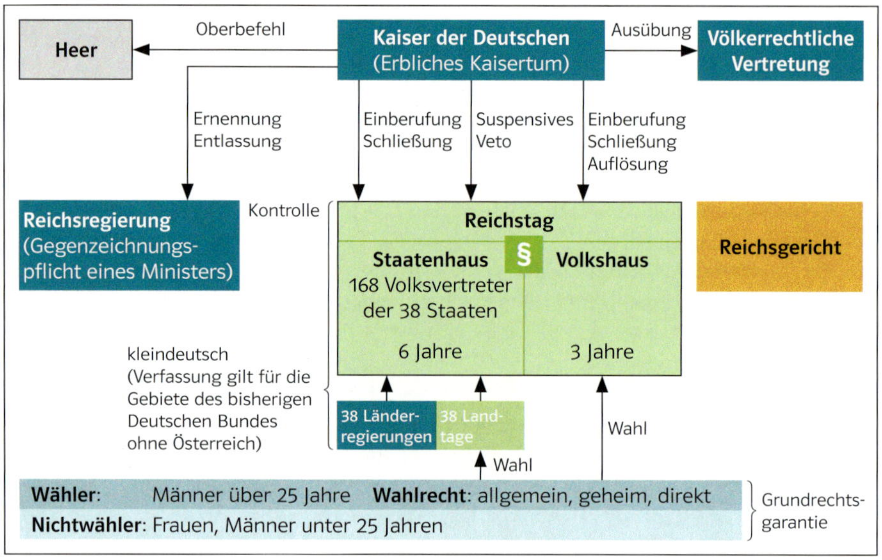

Artikel V

§ 144 Jeder Deutsche hat volle Glaubens- und Gewissensfreiheit. Niemand ist verpflichtet, seine religiöse Überzeugung zu offenbaren. […]

Artikel VI

§ 153 Die Wissenschaft und Lehre ist frei.

Das Unterrichts- und Erziehungswesen steht unter Oberaufsicht des Staates, und ist, abgesehen vom Religionsunterricht, der Beaufsichtigung der Geistlichkeit als solcher enthoben.

§ 154 Unterrichts- und Erziehungsanstalten zu gründen, zu leiten und an solchen Unterricht zu erteilen, steht jedem Deutschen frei, wenn er seine Befähigung der betreffenden Staatsbehörde nachgewiesen hat. […]

§ 155 Für die Bildung der deutschen Jugend soll durch öffentliche Schulen überall genügend gesorgt werden. Eltern dürfen ihre Kinder nicht ohne den Unterricht lassen, welcher für die unteren Volksschulen vorgeschrieben ist. […]

§ 158 Es steht einem jeden frei, seinen Beruf zu wählen und sich für denselben auszubilden, wie und wo er will. […]

Artikel VIII

§ 161 Die Deutschen haben das Recht, sich friedlich und ohne Waffen zu versammeln; einer besonderen Erlaubnis dazu bedarf es nicht. […]

§ 162 Die Deutschen haben das Recht, Vereine zu bilden. Dieses Recht soll durch keine vorbeugende Maßregel beschränkt werden. […]

Zit. nach: Ernst Rudolf Huber: Dokumente zur deutschen Verfassungsgeschichte. Bd. 1: Deutsche Verfassungsdokumente 1803–1850. Berlin 1973, S. 375 ff.

Darstellungen: Die 1848er-Revolution

9 Der Historiker Walter Grab: „Die geschlagenen, aber unbesiegbaren Revolutionäre von 1848"

Zweifellos wäre bei einem Sieg der bürgerlichen Revolution der Weg zum ersehnten deutschen Einheitsstaat nicht über Staatsstreiche, aufgelöste Parlamente, oktroyierte Verfassungen und schließlich über Schlachtfelder in drei Kriegen gegen andere Völker gegangen. Zweifellos hätte bei einem Triumph der Volksbewegung die Idee der Demokratie, der aktiven Teilnahme der Öffentlichkeit am politischen Entscheidungsprozess, tiefe Wurzeln in den Köpfen von Millionen geschlagen, anstatt im militärischen Obrigkeitsstaat zu verkümmern. Zweifellos hätte ein siegreiches 1848 die Ungeheuerlichkeiten, die den deutschen Namen in unserem Jahrhundert befleckt und geschändet haben, verhindert. Aber trotz ihres Scheiterns bildet das revolutionäre Sturmjahr einen epochalen Einschnitt in der deutschen Geschichte. Die bürgerlich-demokratische Revolution leitete einen nicht mehr rückgängig zu machenden Prozess der Erneuerung in allen Lebensbereichen ein. Erstmals eröffnete sich der Ausblick auf eine von politischer Freiheit und sozialer Gleichheit bestimmte Gesellschaftsordnung, in der der Einzelne nicht mehr Objekt fremder Befehlsgewalt, sondern Subjekt eigener Entscheidungen ist. Erstmals betrat die Arbeiterbewegung, die im Kampf ihre Organisationen zu schaffen begann, die politische Arena. Erstmals wurden 1848 laut und allen vernehmbar die Ideen des sozialen Wohlfahrtsstaats, der freiheitlich-parlamentarischen Demokratie, der Föderativrepublik, der Abschaffung aller sozialen Privilegien der Geburt und des Besitzes verkündet. Die geschichtliche Entwicklung hat gezeigt, dass die Ideen von 1848 mächtiger und zukunftsträchtiger waren als die Ideen von 1871, auf denen der Obrigkeitsstaat Bismarcks beruhte[1]. […] Das unter seiner Ägide in Blut und Eisen geschaffene Reich[2], dessen Verfassung keinen Grundrechtskatalog besaß […], ging nach weniger als einem halben Jahrhundert blutig und eisern in einem Krieg zugrunde. […] Die Grundsätze hingegen, von denen sich die 1848 unterlegenen republikanischen Volkstribunen leiten ließen, nämlich die universalen Ideen der unveräußerlichen Menschenrechte, der demokratischen Sozialordnung und der brüderlichen Gleichberechtigung aller Nationen, sind heute ebenso gültig wie vor vier Generationen. Ein Jahrhundert nach dem anscheinenden Triumph der Reaktion und dem Scheitern der Revolution sind sie zum großen Teil im Grundgesetz der Bundesrepublik verankert worden. An dieses stets neu zu erkämpfende Vermächtnis der geschlagenen, aber unbesiegbaren Revolutionäre von 1848 gilt es anzuknüpfen.

Walter Grab: Die Revolution 1848/49. Eine Dokumentation. München 1980, S. 25 f. [Neuaufl. Stuttgart 1998]

1 (➔ **s. Kap. 5.1**)
2 *Anspielung auf eine Rede des preußischen Ministerpräsidenten Otto von Bismarck vom 30.9.1862, in der er sagte, dass das Deutsche Reich nur durch „Eisen und Blut" geeinigt werden könne.* (➔ **s. S. 264, M1**)

10 Der Historiker Heinrich August Winkler: „Die politische Überforderung des deutschen Liberalismus"

Gescheitert war die Revolution vor allem an einer politischen Überforderung des deutschen Liberalismus: Es erwies sich als unmöglich, Einheit und Freiheit zur gleichen Zeit zu verwirklichen. In den alten Nationalstaaten des europäischen Westens, in Frankreich und England zumal, war die nationale Vereinheitlichung über Jahrhunderte hinweg das Werk von Königen und Ständeversammlungen gewesen; wer mehr Freiheit wollte, fand den staatlichen Rahmen schon vor, in dem die Veränderungen erfolgen sollten. In Deutschland musste der staatliche Rahmen für das Vorhaben der Liberalen und Demokraten erst noch hergestellt werden. Die Liberalen im engeren Sinn waren sich durchaus bewusst, dass sie, während sie am staatlichen Rahmen des neuen Deutschland arbeiteten, die Machtmittel der größeren deutschen Staaten mit Preußen an der Spitze benötigten, um das Werk der nationalen Einigung auch außen, gegen andere Mächte, abzusichern. Schon deswegen (und nicht nur, weil sie die soziale Revolution fürchteten) verbot sich aus ihrer Sicht eine Politik der Konfrontation mit den alten Gewalten – eine Politik, wie die Linke sie befürwortete und betrieb. […]

Dass die Liberalen und Demokraten Einheit und Freiheit nicht aus eigener Kraft verwirklichen konnten, hatte verhängnisvolle Folgen für das deutsche politische Bewusstsein: Es blieb obrigkeitlich verformt. Doch das ehrgeizige Doppelziel war 1848 objektiv unerreichbar. Und es war nicht nur ein Unglück, dass es nicht erreicht wurde. Denn wenn die konsequenten Revolutionäre Gelegenheit erhalten hätten, ihr Programm in die Tat umzusetzen, wäre das Ergebnis vermutlich eine europäische Katastrophe gewesen.

Heinrich August Winkler: Deutsche Geschichte vom Ende des Alten Reiches bis zum Untergang der Weimarer Republik (Sonderausgabe für die Bundeszentrale und die Landeszentralen für politische Bildung von „Der lange Weg nach Westen", Bd. 1). Bonn 2000, S. 129 f.

Arbeitsvorschläge

○○●/○●● a) Beschreiben Sie die Lage in Berlin, wie sie sich Lewald darbot, und stellen Sie sie den Pariser Ereignissen gegenüber. (M1)

●●● b) Vergleichen Sie die Aussagen Friedrich Wilhelms IV. vom März 1848 (M2) mit denen vom Dezember 1848 (M3) unter Beachtung des jeweiligen Adressaten und bewerten Sie sein Verhalten im Verlauf der Revolution vor diesem Hintergrund.

○●●/●●● c) Interpretieren Sie die Karikatur in M4 nach der Methode auf S. 350 f. und stellen Sie sie den Aussagen Friedrich Wilhelms IV. aus M3 gegenüber.

○●●/●●● d) Stellen Sie die Argumente für und gegen das allgemeine Wahlrecht (M5, M6) gegenüber. Diskutieren Sie, welche Konsequenzen sich aus den verschiedenen Konzepten für den Verlauf der Revolution ergaben.

○○●/○●● e) Beschreiben und charakterisieren Sie die Paulskirchenverfassung auf der Basis von M7 und M8.

○○●/●●● f) Listen Sie die Gründe auf, die Grab (M9) und Winkler (M10) zu unterschiedlichen Einschätzungen der Revolution von 1848 veranlassen und entwickeln Sie auf dieser Basis selbst eine begründete Bewertung. Berücksichtigen Sie auch die von den Autoren skizzierten Folgen für die Geschichte Deutschlands.

Grundwissen: „Einheit und Freiheit" in der deutschen Revolution von 1848/49

Deutschland im Vormärz

Die Zeit von 1830 bis 1848 wird von Historikern als „Vormärz" bezeichnet, als Zeit vor der „Märzrevolution" von 1848. In dieser Zeit wurden die ersten Eisenbahnlinien in Deutschland gebaut und die Industrialisierung gewann an Fahrt (→ s. Kap. 6.3). Gleichzeitig verschärfte sich die wirtschaftliche Situation der meisten Deutschen, da die Bevölkerung schneller wuchs (von 22 Millionen 1815 auf 35 Millionen 1848) als die Produktivität der Wirtschaft. Massenarmut (Pauperismus) und Hunger waren insbesondere in den 1840er-Jahren die Folge. Wegen kalter und verregneter Sommer kam es dann 1846 und 1847 zu Missernten, die Zigtausende Tote forderten.
Gleichzeitig erblühte in dieser Zeit das Bürgertum, also der Stand der Besitzenden und Gebildeten innerhalb der wachsenden Städte. Immer mehr Menschen lernten im Zuge der Bildungsreformen in Preußen lesen und schreiben. Politische Druckwerke hatten trotz der Zensur Hochkonjunktur und verbreiteten unterschiedliche nationale und liberale Konzepte.

Die Revolution kommt aus Frankreich

Im Jahr 1848 entbrannte eine Welle von Aufständen nicht nur im Deutschen Bund, sondern in zahlreichen europäischen Ländern. Abermals gab Frankreich den Takt vor, als im Februar 1848 Studenten, Arbeiter und Mitglieder der Nationalgarde in Paris auf die Barrikaden gingen. Nach 1789 und 1830 wurde zum dritten Mal die Monarchie in Frankreich gestürzt. Der Bürgerkönig Louis-Philippe I., der sich vom Liberalismus abgewandt hatte, musste abdanken. Anders als kurz darauf in Deutschland trug die französische Februarrevolution jedoch keine nationalen Züge – Frankreich war bereits ein Nationalstaat. Auch machte die Revolution in Deutschland wie auch in Österreich vor dem jeweiligen Thron halt.

11 Revolutionen in Europa 1848

Die Märzforderungen

Die Nachrichten vom französischen Umsturz verbreiteten sich wie ein Lauffeuer in allen europäischen Zentren. Die deutsche Opposition – unterstützt von einer spontanen Volksbewegung aus notleidenden Tagelöhnern, Handwerkern, Proletariern und Bauern – drängte in diesen Tagen in den Einzelstaaten mit Petitionen, Kundgebungen und Umzügen auf die Erfüllung der Märzforderungen: Garantie der Grundrechte und der Pressefreiheit, Einrichtung von Schwurgerichten und Bürgerwehren. Gleichzeitig begann sie, sich national zu organisieren. Am 5. März trafen sich in Heidelberg 51 prominente Oppositionspolitiker. Sie beschlossen, ein Vorparlament einzuberufen, das eine verfassunggebende ⇨ Nationalversammlung vorbereiten sollte. Damit brachen sie unwiderruflich mit dem alten System.

Revolution in Wien im März 1848

In Wien, der österreichischen Hauptstadt, stürmten Revolutionäre am 13. März 1848 das Ständehaus. Als die tagende Ständeversammlung sich den Forderungen des Volks nicht sofort anschloss und das Militär versuchte, die Menge auseinanderzutreiben, eskalierte die Situation. Soldaten schossen in die Menge und töteten fünf Demonstranten – es folgten blutige Straßenkämpfe. Die österreichische Obrigkeit entschloss sich, die Lage durch Zugeständnisse an die Demonstranten zu beruhigen. Metternich, der verhasste Repräsentant des alten Systems, musste noch am gleichen Tag fliehen und die Bevölkerung feierte den Sieg der Revolution.

→ 1 - 2 S. 249

Revolution in Berlin im März 1848

Am 14. März 1848 brachen die ersten Unruhen in Berlin aus. Preußens König Friedrich Wilhelm IV. erklärte sich zu Zugeständnissen bereit: Am 18. März kündigte er die Einberufung eines „Vereinigten Landtages" an und hob die Pressezensur auf. Daraufhin versammelten sich Tausende Menschen vor dem Berliner Stadtschloss, um dem König zu danken. In der unübersichtlichen Situation lösten sich aus den Reihen des anwesenden Militärs zwei Schüsse, die der Zündfunke für einen erneuten Aufstand waren. In der Nacht tobten in Berlin Gefechte zwischen Soldaten auf der einen und Arbeitern und Handwerkern auf der anderen Seite (das Bürgertum beteiligte sich kaum). 200 Menschen starben. Quasi „aus Versehen" war in der preußischen Hauptstadt die Revolution ausgebrochen. Am nächsten Morgen lenkte der König ein und ließ die Truppen abziehen. Friedrich Wilhelm IV. trat die Flucht nach vorn an: Er stimmte der Ausarbeitung einer Verfassung zu, versprach den Zusammentritt einer preußischen Nationalversammlung und bekannte sich zur Einheit der Nation – die Hoffnungen, die er damit weckte, sollte er ein Jahr später allerdings enttäuschen.

Friedrich Wilhelm IV. (1795–1861)
König von Preußen 1840–1858. Von ihm stammt der Ausspruch „Gegen Demokraten helfen nur Soldaten". Fotografie von Hermann Biow, 1847.

Das Vorparlament und der Zusammentritt der Nationalversammlung

In Frankfurt trat am 31. März das Vorparlament zusammen. Dieses einigte sich darauf, eine Nationalversammlung einzuberufen, die eine Verfassung für einen geeinten deutschen Nationalstaat erarbeiten sollte. Zur Wahl der 809 Abgeordneten dieser Nationalversammlung, die im gesamten Gebiet des Deutschen Bunds gewählt wurden, wurden alle „selbstständigen" Männer gerufen – circa 85 Prozent der männlichen Bevölkerung.

Am 18. Mai 1848 trat die deutsche Nationalversammlung zum ersten Mal feierlich in der Frankfurter Paulskirche zusammen (weswegen sie auch als ⇨ Frankfurter Nationalversammlung bezeichnet wird). Die Abgeordneten waren größtenteils bürgerliche Repräsentanten – höhere Verwaltungsbeamte, Juristen, Professoren. Politische Parteien im heutigen Sinne gab es noch nicht. Dennoch waren drei große politische Lager zu unterscheiden: eine zahlenmäßig eher schwache republikanische Linke, die große Mehrheit der liberalen Mitte und das rechte, konservative Lager.

→ 5 - 6 S. 250 f.

Die Diskussion der Deutschen Frage

Die Nationalversammlung hatte bei der Verfassungsgebung ein ganzes Bündel von Fragen zu beantworten: Welche Grundrechte und wie viel Demokratie sollten garantiert werden? Welche Staatsform – Republik oder eine Form der Monarchie – sollte Deutschland erhalten? Welche Stellung sollte das Staatsoberhaupt einnehmen? Zur alles überlagernden Frage wurde aber, welche Gebiete zum deutschen Nationalstaat dazugehören und welche Rolle Preußen und Österreich darin spielen würden. Zwei Auffassungen bildeten sich heraus:

Die zahlenmäßig zunächst überlegenen Befürworter der großdeutschen Lösung wollten eine Nationalstaatsbildung unter Einschluss der deutschen Gebiete Österreichs. Damit wäre faktisch das Ende der Habsburger Monarchie besiegelt worden – entsprechend leistete Wien erbitterten Widerstand gegen diese Lösung. Problematisch an diesem Vorschlag war aber auch, dass er sich nicht auf das deutschsprachige Österreich beschränkte: Auch Böhmen und Mähren sowie Welschtirol und Triest sollten dem deutschen Nationalstaat einverleibt werden. Die großdeutsche Neigung der Nationalversammlung trieb zudem die Tschechen, Slowaken, Kroaten und Slowenen in die Arme der Gegenrevolution. Sie wollten nicht als Minderheiten in einem deutschen und einem ungarischen Nationalstaat aufgehen – in dieser Situation lag ihnen der Erhalt des habsburgischen Vielvölkerstaats näher. Die Befürworter der kleindeutschen Lösung hingegen favorisierten eine Lösung ohne das deutschsprachige Österreich unter der Führung eines preußischen Kaisers. Diese Variante lief auf eine Trennung von Österreich hinaus.

Der Schleswig-Holsteinische Krieg und die Uneinigkeit der Revolutionäre

Neben den inhaltlichen Fragen behinderte die Situation im Land die Arbeit der Nationalversammlung, da mit ihrem Zusammentritt die Aufstände nicht beendet worden waren. Die soziale Situation der arbeitenden Bevölkerung war durch eine Konjunkturkrise noch schlechter geworden. Hinzu trat ein nationaler Konflikt: Auf internationalen Druck schloss Preußen mit Dänemark im August 1848 einen Waffenstillstand (der 1849 wieder aufgehoben wurde) im Konflikt um die Aufnahme des dänisch verwalteten Schleswigs in den Deutschen Bund. Als die Nationalversammlung den Waffenstillstand im September widerstrebend ratifizierte, empörte sich das radikale Lager. Neue Gewaltakte erschütterten das Land. Die Radikalen sahen Schleswig-Holstein als Teil des deutschen Nationalstaats, auf den nicht verzichtet werden durfte. Sie warfen dem Parlament Verrat an Nation und Revolution vor.

Der Konflikt um Schleswig-Holstein legte die Sprengkraft der nationalen Idee und erste Züge eines aggressiven deutschen Nationalismus offen. Waren im Vormärz nationale Freiheitsbewegungen in anderen europäischen Ländern – wie etwa in Polen – von den liberalen Kräften unterstützt worden, stellte jetzt die Mehrheit der Parlamentarier das Selbstbestimmungsrecht der Völker infrage. Mit der Brüderlichkeit der europäischen Nationalbewegungen war es vorbei. Daraus ergaben sich Ansatzpunkte für die Gegenrevolution: Sie spielte die verschiedenen Nationalbewegungen gegeneinander aus, die in der Paulskirche mehr und mehr aneinandergerieten. Die Kräfte der Reaktion gewannen wieder an Auftrieb, da sich auch die verunsicherte Bevölkerung zunehmend wieder an deren Richtung orientierte.

Der Sieg der Gegenrevolution und die Verabschiedung der Verfassung

→ 3 - 4 S. 249 f.
→ 7 - 8 S. 251 f.

Im Oktober 1848 eroberte die Gegenrevolution Wien. Ende des Jahres 1848 hatte überall im revolutionären Europa – sogar in Frankreich – die Reaktion gesiegt.

Mit der Niederlage der Revolution in Wien schied die großdeutsche Lösung aus. Dennoch waren nicht alle Abgeordneten der Paulskirche bereit, einer kleindeutschen Lösung unter einem preußischen Kaiser zuzustimmen und den Sieg der Reaktion in

Österreich hinzunehmen. Die äußerste Linke forderte einen großen europäischen Krieg gegen die Mächte der Beharrung, den russischen und österreichischen „Militärdespotismus". Doch dieser Vorschlag setzte sich nicht durch: Am 27. März 1849 verabschiedete die Paulskirche mit knapper Mehrheit mit der Paulskirchenverfassung die erste demokratisch beschlossene Verfassung für einen kleindeutschen Staat. Tags darauf wurde Friedrich Wilhelm IV. zum Kaiser gewählt.
Doch Friedrich Wilhelm IV. lehnte die Kaiserwürde ab: Er war nicht bereit, die Krone aus den Händen des Volks entgegenzunehmen. Darüber hinaus wollte er keinen Krieg riskieren: Möglicherweise hätten Österreich und Russland gemeinsam versucht, die Ergebnisse der Revolution gewaltsam rückgängig zu machen, wie sie es im Sommer 1849 in Ungarn dann auch taten. Mit der Ablehnung Friedrich Wilhelms IV. scheiterte die Nationalversammlung: Zahlreiche Einzelstaaten zogen ihre Abgeordneten zurück und auch die gemäßigten Liberalen legten ihr Mandat nieder. Gegenüber dem Risiko eines Bürgerkriegs hielten sie das Scheitern der Verfassung für das kleinere Übel. Übrig blieb ein Rumpfparlament der Linken, das seinen Sitz nach Stuttgart verlegte. Letzte revolutionäre Kämpfe flackerten mit der „Reichsverfassungskampagne" und der „Mairevolution" in Baden noch einmal auf. Die radikalen Vertreter, die die Reichsverfassung mit Gewalt verteidigten, wurden brutal niedergeschlagen, die Tätigkeit des Rumpfparlaments wurde am 18. Juni gewaltsam beendet.

→ 9 - 10 S. 252 f.

Scheiterte die Revolution?

Die Revolution war überall in Europa – mit Ausnahme der Schweiz – gescheitert. In Deutschland wurde der Deutsche Bund neu gegründet. Doch die Revolution hinterließ Spuren: In Preußen galt nach 1848 eine Verfassung, der Absolutismus war überwunden. Die liberalen Ideen konnten nicht mehr vollständig beseitigt werden. Trotzdem waren in den nachfolgenden Jahrzehnten alle parlamentarischen und freiheitlichen Initiativen mit dem Makel des Scheiterns behaftet. Preußen blieb obrigkeitsstaatlich dominiert und die Freiheitsfrage ungelöst.

12 „Rundgemälde von Europa im August MDCCCXLIX – Karikatur auf die Niederlage der Revolution"
Federlithografie von Ferdinand Schröder aus den Düsseldorfer Monatsheften, 1849. Die abgebildeten Personen sind: Victoria, Königin des Vereinigten Königreichs von Großbritannien und Irland, Friedrich Wilhelm IV. von Preußen, Christian VIII. von Dänemark und Napoleon III. von Frankreich.

Testen Sie Ihre Sachkompetenz

a) Teilen Sie die Zeit von 1800 bis 1849 in Phasen ein. Die folgenden Begriffe können Ihnen dabei helfen, doch Vorsicht: Es haben sich einige Fehler eingeschlichen.

Paulskirchenverfassung

Julirevolution

Reichsdiskussionsnebenschluss

Vormärz

Karlsbacher Verschlüsse

Nationalismus

Rheinbund

Wartburgfest

Heiliges Römisches Reich Deutscher Nation

Liberalismus

Restauration

Revolutionskriege

Absolutismus

Hambacher Fest

Wiener Kongress

b) Was ist Nationalismus? Definieren Sie Ihrer kleinen Schwester den Begriff.

c) Der rheinische Dialekt ist für „Immis" (= Zugezogene) nicht immer sofort verständlich. Das liegt (unter anderem) daran, dass viele Wörter ihren Ursprung in der Zeit haben, als das Rheinland von napoleonischen Truppen besetzt war. Versuchen Sie, die Bedeutung der folgenden Begriffe im Standarddeutschen zu formulieren, indem Sie sie auf ihre französischen Wurzeln zurückführen. Dazu müssen Sie die Wörter eventuell auch laut aussprechen.

Bajasch

us de Lamäng

etepetete

Fisematenten

blümerant

Plümmo

Prumm

kiwief

Amboraasch

Mostrich

Geschichte kreativ

a) Stellen Sie sich Folgendes vor: Als führender Vertreter einer europäischen Macht nehmen Sie am Wiener Kongress teil. Vertreten sind das Britische Empire, Russland, Preußen, Österreich-Ungarn und Frankreich. Entscheiden Sie sich, für welches Land Sie mit welchen Zielen in die Verhandlungen gehen wollen. Was könnten Ihre maximalen Forderungen sein, wie weit gehen Sie bei einem Kompromissvorschlag? Überlegen Sie sich auch eine Strategie, wie Sie Ihre Forderungen am besten durchsetzen können: wer bietet sich als Verbündeter an, mit wem könnten geheime Verhandlungen geführt werden, wessen Position ist als eher schwach einzuschätzen?
Begeben Sie sich nun mit den anderen vier Mächten an einen Tisch und beginnen Sie Ihre Verhandlungen…

b) Diskutieren Sie anschließend folgende Fragen: 1. inwieweit Ihr Kurs zu anderen Ergebnissen gekommen ist als die historische reale Zusammenkunft und 2. welche Taktiken, Argumente und personelle Konstellationen dafür entscheidend waren.

Operatoren-Training

(alle Operatoren auf einen Blick finden Sie auf S. 634–641)

a) AFB I, Operator „nennen":
Nennen Sie jeweils zwei politische und soziale Auswirkungen, die die napoleonische Herrschaft auf die deutschen Staaten hatte.
Hinweise: Der Operator „nennen" verlangt wie der Operator „zählen Sie auf", dass Sie zielgerichtet Informationen zusammentragen, ohne sie zu kommentieren.

b) AFB I, Operator „skizzieren":
Skizzieren Sie die Bedeutung der Begriffe Säkularisation und Mediatisierung.
Hinweise: „Skizzieren" erfordert, dass Sie – ähnlich wie bei den Operatoren „schildern" oder „bezeichnen" – historische Sachverhalte, Probleme oder Aussagen erkennen und zutreffend formulieren.

c) AFB II, Operator „erklären":
Erklären Sie die Entstehung der deutschen nationalliberalen Bewegung.
Hinweise: Eine Aufgabe mit dem Operator „erklären" verlangt von Ihnen, historische Sachverhalte durch Wissen und Einsichten in einen Zusammenhang einzuordnen und diese Einordnung zu begründen. Als „Zusammenhänge" gelten hier „Theorie, Modell, Regel, Gesetz, Funktionszusammenhang".

d) AFB III, Operator „überprüfen":
Überprüfen Sie die im Text implizierten Forderungen, auch durch einen Vergleich mit den Grenzen der heutigen Bundesrepublik Deutschland. Ziehen Sie dazu einen geeigneten Geschichtsatlas oder geeignete Geschichtskarten heran.
Material zur Aufgabe: S. 239, M4 („Das Lied der Deutschen"), Zeilen 1 bis 8.
Hinweise: Bei Aufgaben mit dem Operator „überprüfen" sollen Sie untersuchen, inwieweit Aussagen (also zum Beispiel Hypothesen, Behauptungen, Urteile) angemessen sind. Diese Überprüfung soll anhand historischer Sachverhalte erfolgen.

e) AFB II, Operator „einordnen" (als methodischer Operator):
Ordnen Sie das vorliegende Material in das Spektrum möglicher Arten und Formen historischer Materialien ein.
Material zur Aufgabe: S. 239, M4 („Das Lied der Deutschen"), Zeilen 1 bis 8.
Hinweise: Ähnlich wie „charakterisieren" verlangt der Operator „einordnen" von Ihnen, dass Sie historische Sachverhalte (hier: historisch-methodische Sachverhalte) in Zusammenhänge stellen.

Lösungsvorschläge zum Operatoren-Training

zum Arbeitsvorschlag a), Operator „nennen":
In der Beantwortung der Aufgabe wären als politische Auswirkungen beispielsweise erstens die Gründung der Rheinbundstaaten und zweitens die Einführung zentralistisch-bürokratischer Staatsverwaltungen mittels des Code civil zu nennen. Als soziale Auswirkungen wäre erstens die Modernisierung im Sinne einer weitgehenden Überwindung feudaler und ständischer Ordnungen zu nennen. Zweitens könnte man die Bildungsreformen anführen, die im Rahmen der Preußischen Reformen die Gesellschaft nachhaltig veränderten.

zum Arbeitsvorschlag b), Operator „skizzieren":
Säkularisation bedeutet die Überführung geistlicher Herrschaft und Besitztümer in weltliche. Sie bezeichnet historisch die napoleonischen Maßnahmen zur politischen Modernisierung der deutschen Staaten, mit welchen nach dem Reichsdeputationshauptschluss 1803 das auch auf Bischöfe und Bistümer gestützte Herrschaftssystem des Heiligen Römischen Reiches Deutscher Nation abgeschafft wurde. Auch die Mediatisierung steht in diesem Zusammenhang. Sie bezeichnet die Auflösung der deutschen Kleinststaaten durch Napoleon und ihre Eingliederung in mittelgroße, in ihrer Anzahl reduzierte Staaten.

zum Arbeitsvorschlag c), Operator „erklären":
Die obige Aufgabe könnten Sie folgendermaßen beantworten: Die nationalliberale Bewegung entstand, als die französische Fremdherrschaft über Deutschland nach Napoleons Niederlage im Russlandfeldzug ihre erste große Schwäche zeigte. Die aufkeimende Hoffnung des deutschen Volks, sich selbst befreien zu können, mündete in eine patriotische Erhebung gegen die Franzosen. Das Ziel der nationalen Befreiung schien dabei das der nationalen Einigung vorauszusetzen: So kam es zu einer national-deutschen Solidarisierung gegen den gemeinsamen Feind Frankreich. Diese wurde sogar von den deutschen Fürsten gefördert, weil sie sich davon eine Steigerung der eigenen Macht erwarteten. [Funktionszusammenhang: Einigung eines zersplitterten Gebildes angesichts eines gemeinsamen äußeren Feindes.]

zum Arbeitsvorschlag d), Operator „überprüfen":
Im vorliegenden Fall müssten Sie zunächst erkennen, dass der Autor die Flüsse Maas, Memel, Etsch, Belt als Grenzen eines einigen und wehrhaften Deutschlands fordert. Diese Grenzen wären als Grenzen Deutschlands nicht nur eine ungenaue bzw. unvollständige Angabe, sondern auch eine eher großzügige Auslegung von Sprach- oder Kulturgrenzen. 1841 und später war diese Forderung angesichts der Zersplitterung der deutschen Staaten und eines verständlicherweise skeptischen Auslands sehr gewagt.

zum Arbeitsvorschlag e), Operator „einordnen":
Beim vorliegenden Liedtext müssten Sie diesen als Überrest-Quelle (Dokument) einordnen und beispielsweise seine Verwandtschaft zu Flugschriften oder Ähnlichem herausstellen, insofern sie breite Volksmassen als Adressaten und appellativen Charakter haben.

5 Das Deutsche Kaiserreich 1871–1890

Problemaufriss

Nach der erfolglosen Revolution von 1848/49 wurde der Deutsche Bund wieder eingerichtet, und der Traum von einem vereinten deutschen Nationalstaat schien in weiter Ferne. Anfang der 1860er-Jahre rückte dann ein Mann in das politische Zentrum Preußens, der diesen Traum innerhalb weniger Jahre verwirklichen würde – allerdings mit anderen Mitteln, als von der nationalliberalen Bewegung des Vormärz erhofft.

Dieser Mann war Otto von Bismarck, Ministerpräsident Preußens und späterer Reichskanzler. Unter seiner politischen Führung begann Preußen bis 1870 insgesamt drei von Preußen gewonnene Kriege. Diese Kriege, und nicht etwa demokratische Wahlen, ebneten den Weg zur Gründung des Deutschen Kaiserreichs im Jahr 1871.

Bis 1890 sollte Otto von Bismarck die innen- und außenpolitischen Geschicke des Reichs lenken. Und so erfolgreich er auf kurze Sicht in seiner Außenpolitik der Bündnisse und Koalitionen war, so erfolglos war er letztlich in seiner Innenpolitik, die eine pluralistische, demokratische Gesellschaft zu verhindern suchte.

In diesem Kapitel werden Sie über die Gründung des Reichs und die Zeit unter dem Reichskanzler Otto von Bismarck informiert. Die in der Kaiserzeit stattfindende zweite industrielle Revolution, der Imperialismus und der Weg in den Ersten Weltkrieg werden in den kommenden Kapiteln 6 bis 8 thematisiert.

Was Sie in diesem Kapitel erwartet

„Die Proklamation des Kaiserreichs"

Der Maler Anton von Werner hielt auf insgesamt drei Gemälden die „Proklamation", also die Ausrufung des Kaiserreichs im Spiegelsaal des Schlosses von Versailles im Januar 1871 fest; hier die dritte Version von 1885, die als Geschenk für Otto von Bismarck in Auftrag gegeben wurde. Wie die anderen beiden Gemälde zeigt auch dieses die Ereignisse nicht wahrheitsgetreu: Der nicht anwesende Kriegsminister von Roon wurde hinzugefügt, die Kleidung Bismarcks „aufgewertet", und aus einer nach Zeugenberichten eher tristen Zeremonie wurde unter von Werners Pinsel ein glanzvolles Ereignis.

„Unterzeichnung des Friedensvertrags"

Französische Karikatur auf den Vorfrieden von Versailles im Februar 1871. Die Gründung des Kaiserreichs wurde erst durch den Sieg Preußens und seiner Alliierten über Frankreich im Deutsch-Französischen Krieg möglich. Die oben abgebildete „Proklamation des Kaiserreichs" fand bereits einen Monat vor dem Vorfrieden von Versailles statt. Im Mai 1871 wurde dann der endgültige Friedensvertrag zwischen Frankreich und dem Deutschen Reich geschlossen.

Online-Link
430089-0501
alle Online-Materialien zum Kapitel 5

Politik

Das 1878 entstandene Gemälde „Napoleon III. und Bismarck am Morgen nach der Schlacht bei Sedan“ von Wilhelm Camphausen inszeniert den deutschen Sieg in der entscheidenden Schlacht des Deutsch-Französischen Kriegs. Gemäß der deutschen Sicht der Dinge sitzt ein schneidiger Bismarck neben dem gefangenen, scheinbar schicksalsergebenen Napoleon III.

1860

2. Januar 1861
Wilhelm I. wird König von Preußen

März 1861
Ausrufung des Königreichs Italien

April 1861– Juni 1865
US-amerikanischer Bürgerkrieg (Sezessionskrieg)

22. September 1862
Otto von Bismarck wird zum Ministerpräsidenten von Preußen ernannt

1864
Deutsch-Dänischer Krieg

Juni–Juli 1866
Preußisch-Österreichischer Krieg

August 1866
Auflösung des Deutschen Bunds und Gründung des Norddeutschen Bunds

Kultur/ Gesellschaft

Um 1871 war der Impressionismus die dominierende Stilrichtung in der Kunst. Abgelöst wurde er vom Post-Impressionismus, zu dem Vincent van Goghs „Die Sternennacht“ von 1889 zählt.

1860

1861
Richard Wagners Oper „Tannhäuser“ floppt in Paris

1862
Victor Hugo veröffentlicht „Les Misérables“

1864
Papst Pius IX. greift mit der Schrift „Syllabus Errorum“ liberale Überzeugungen an

Wirtschaft/ Umwelt

1873 brachen weltweit die Finanzmärkte ein. Dieses in Deutschland als „Gründerkrach“ bezeichnete Ereignis beeinflusste die deutsche Wirtschaftspolitik nachhaltig. Ausschnitt aus dem kolorierten Holzstich „Die Börsenkatastrophe in Wien am 9. Mai“ von 1873.

1860

1862
Weltausstellung in London

1863
die Entdeckung des ersten Azofarbstoffs weist der synthetischen Herstellung von Farbstoffen den Weg

zwischen 1867 und 187
Höhepunkt der (ersten Phase) de Industrialisierung mit den Leitsektore Eisenbahnbau, Schwerindustrie und Maschinenba

1870 – 1880 – 1890

Juli 1870
Emser Depesche

August 1870–Februar 1871
Deutsch-Französischer Krieg

1. Januar 1871
Gründung des Deutschen Reichs und Ernennung Wilhelms I. als „Deutscher Kaiser“

22. Oktober 1873
Dreikaiserabkommen zwischen Deutschland, Österreich-Ungarn und Russland

1875
Krieg-in-Sicht-Krise

1875–1878
Balkankrise

21. Oktober 1878
„Gesetz gegen die gemeingefährlichen Bestrebungen der Sozialdemokratie“

1878
Berliner Kongress

7. Oktober 1879
Zweibund zwischen Österreich-Ungarn und Deutschland

1881
Dreikaiserbund zwischen Deutschland, Österreich-Ungarn und Russland

1888
nachdem Friedrich III. 99 Tage nach seiner Regierungsübernahme stirbt, besteigt Wilhelm II. den Thron

1890
Rücktritt Otto von Bismarcks

1870 – 1880 – 1890

1869
Judenemanzipation im Norddeutschen Bund

1869–1870
Jules Verne veröffentlicht den Roman „20 000 Meilen unter dem Meer“

1870
auf dem Ersten Vatikanischen Konzil wird das Unfehlbarkeitsdogma verkündet

1871 – ca. 1883
Kulturkampf um den Einfluss der (katholischen) Kirche in Deutschland

1875
Uraufführung von Georges Bizets Oper „Carmen“

1877/78
Leo Tolstoi veröffentlicht den Roman „Anna Karenina“

1879/80
Fjodor Dostojewski schreibt „Die Brüder Karamasow“

1880
Vollendung des Kölner Doms

1882
Auguste Rodin vollendet seine Skulptur „Der Denker“ („Le Penseur“)

1883–85
Friedrich Nietzsche veröffentlicht die philosophische Dichtung „Also sprach Zarathustra“

1884
Grundsteinlegung für das Reichstagsgebäude in Berlin

1885
Anton von Werner malt seine dritte („Friedrichsruher“) Fassung des Gemäldes „Proklamation des Kaiserreichs“

1886
in New York wird die Freiheitsstatue eingeweiht

1870 – 1880 – 1890

1869
der Suezkanal wird fertiggestellt

1870
die Einführung neuer Elektrizitäts- und Nahverkehrssysteme beschleunigt die Urbanisierung

1871
die von Frankreich an Deutschland zu zahlenden umfangreichen Reparationen beschleunigen den Gründerboom im Deutschen Reich

1873
Gründerkrach, gefolgt von Großer Depression

1877
die Hamburger Werft (und Maschinenfabrik) Blohm und Voss wird gegründet

1878
Adolf von Baeyer gelingt die synthetische Herstellung von Indigo

1879
Einführung von Schutzzöllen im Deutschen Reich

1883
die Einführung der Krankenversicherung markiert den Beginn der staatlichen Sozialgesetzgebung

1884
Begründung der Unfallversicherung

1889
Einführung der Invaliditäts- und Altersversicherung

5.1 Reichsgründung von oben: Die deutsche Einigung von 1871

A) In welchen Etappen und unter welchen Bedingungen vollzog sich die deutsche Einigung seit 1848/49?
B) Mit welchen politischen Mitteln arbeiteten die Initiatoren der Einigung – allen voran Otto von Bismarck?

1864/1866: Die ersten beiden Einigungskriege

1 Otto von Bismarcks „Eisen und Blut"-Rede

Am 22. September 1862 ernannte der preußische König Wilhelm I. Otto von Bismarck zum Ministerpräsidenten Preußens. Seine politischen Vorstellungen wurden bereits acht Tage später in einer Rede vor der Budgetkommission des preußischen Landtags deutlich:

[...] Von der „Nüchternheit" des preußischen Volkes sei[1] die Rede gewesen. Ja, die große Selbstständigkeit des einzelnen mache es schwierig in Preußen, mit der Verfassung zu regieren (oder die Verfassung zu konsolidieren?); in Frankreich sei das anders, da fehle diese individuelle Selbstständigkeit. Eine Verfassungskrisis sei keine Schande, sondern eine Ehre. – Wir sind ferner vielleicht zu „gebildet", um eine Verfassung zu tragen; wir sind zu kritisch; die Befähigung, Regierungsmaßregeln, Akte der Volksvertretung zu beurteilen, ist zu allgemein; im Lande gibt es eine Menge katilinarischer[2] Existenzen, die ein großes Interesse an Umwälzungen haben. Das mag paradox klingen, beweist aber doch alles, wie schwer in Preußen verfassungsmäßiges Leben ist. – Man ist ferner zu empfindlich gegen Fehler der Regierung; als wenn es genug wäre, zu sagen, der und der Minister hat Fehler gemacht, als wenn man nicht selbst mitlitte? – Die öffentliche Meinung wechsle, die Presse sei nicht die öffentliche Meinung; man wisse, wie die Presse entstände; die Abgeordneten hätten die höhere Aufgabe, die Stimmung zu leiten, über ihr zu stehen. Wir haben zu heißes Blut, wir haben die Vorliebe, eine zu große Rüstung für unsern schmalen Leib zu tragen; nur sollen wir sie auch utilisieren[3]. Nicht auf Preußens Liberalismus sieht Deutschland, sondern auf seine Macht; Bayern, Württemberg, Baden mögen dem Liberalismus indulgieren[4], darum wird ihnen doch keiner Preußens Rolle anweisen; Preußen muss seine Kraft zusammenfassen und zusammenhalten auf den günstigen Augenblick, der schon einige Male verpasst ist; Preußens Grenzen nach den Wiener Verträgen

2 „Die Gelegenheit ist günstig ..."
Karikatur von Wilhelm Scholz, am 3. Juni 1866 im satirischen Wochenblatt Kladderadatsch veröffentlicht. Wenige Tage später begann der für Preußen siegreiche Preußisch-Österreichische Krieg.

sind zu einem gesunden Staatsleben nicht günstig; nicht durch Reden und Majoritätsbeschlüsse werden die großen Fragen der Zeit entschieden – das ist der große Fehler von 1848 und 1849 gewesen –, sondern durch Eisen und Blut. [...]

Zit. nach: Wilhelm Schüßler (Hrsg.): Bismarck. Die gesammelten Werke. Bd. 10: Reden 1847–1869. 2. Aufl. Berlin 1928, S. 139 f.

1 *Einige der Absätze der Rede sind vom Protokollanten in indirekter Rede niedergeschrieben worden, Bismarck wird daher nicht immer wortgetreu zitiert.*
2 *katilinarisch: heruntergekommen, zu verzweifelten Schritten neigend (nach dem römischen Verschwörer Catilina)*
3 *utilisieren: gebrauchen*
4 *dem Liberalismus indulgieren: auf den Liberalismus mit Nachsicht reagieren*

3 Nach dem zweiten Einigungskrieg von 1866: Stellungnahme eines Liberalen

Gerade bei den Liberalen war der erzkonservative Bismarck seit Beginn seiner Amtszeit verhasst. Doch nach dem zweiten Einigungskrieg, dem Preußisch-Österreichischen Krieg von 1866, der das Ende des Deutschen Bundes herbeiführte und den Machtbereich Preußens beträchtlich erweiterte, schrieb der liberale Historiker und Publizist Hermann Baumgarten (1825–1893):

Graf Bismarck hatte den Mut, das große Spiel zu wagen, und er bewies die Kraft und die Klugheit, welche dem Staatsmann erlaubt zu wagen. Fast alles war gegen ihn. Die Konservativen hielten ihre Opposition stiller, um desto mehr unter der Hand zu tun, die Liberalen erhoben ein Friedensgeschrei, das über die Gesinnung des Volkes keinen Zweifel ließ. Das preußische wie jedes gebildete, in geordneten Zuständen lebende Volk wird immer gegen einen Krieg sein, dessen absolute Notwendigkeit nicht offen zutage liegt. Nicht allein die Liberalen und die Konservativen, sondern auch jene sehr große Zahl von Menschen, für welche Parteigesichtspunkte nicht entscheiden, sahen diesen Krieg in der ungeheuren Mehrheit für eine große Kalamität[1] an. Für Preußen stand unendlich viel dabei auf dem Spiel. Er verlangte von jedem Einzelnen die größten Opfer. Er widersprach allem, was man seit Jahren von deutscher Einigkeit und Brüderlichkeit gesagt und gesungen hatte. Die Kameraden von Schleswig, die Kameraden von Leipzig sollten die Waffen gegeneinander kehren[2]. Da Preußen augenscheinlich der offensive Teil war, traf alle Gehässigkeit des Bruderkrieges seine Politik. [...]

Ob wir auf die Krone, auf die Minister, auf den Adel, das Militär oder ob wir auf die Abgeordneten, die Magistrate, die Zeitungen blicken, sie alle sind anders geworden, sie haben alle Großes gelernt. Und dieses Lernen hat seine Macht nicht nur in den Vorstellungen des Verstandes, sondern in den Regungen des Herzens. Sie denken nicht nur anders, sie fühlen anders. Vor drei Monaten tönte dem Ruf: Partei oder Vaterland? von allen Seiten die wilde Antwort entgegen: Partei! Heute geben sie alle dem Vaterland die Ehre.

Zit. nach: Hermann Baumgarten: Der deutsche Liberalismus. Eine Selbstkritik. Hrsg. von Adolf M. Birke. Frankfurt/M. 1974, S. 132 f.

1 *Kalamität: schlimme, missliche Lage*
2 *Auf preußischer Seite kämpften die Kleinstaaten Norddeutschlands, auf österreichischer Seite die wichtigsten Staaten des Deutschen Bunds, darunter auch Sachsen.*

4 Nach dem zweiten Einigungskrieg von 1866: Stellungnahme des englischen Botschafters

Die österreichische Niederlage 1866 erlaubte es Preußen, seinen Machtbereich in Norddeutschland auszudehnen. Die süddeutschen Staaten bewahrten hingegen ihre Selbstständigkeit. Am 4. August 1866 (kurz nach dem Vorfrieden von Nikolsburg und vor dem Friedensvertrag von Prag) beschrieb der englische Botschafter in Berlin, Lord Augustus Loftus, die Situation Preußens in folgendem Brief an den englischen Außenminister:

Die Annexion aller norddeutschen Staaten bis zum Main wird Preußen einen Bevölkerungszuwachs von vier Millionen Menschen bescheren. So werden in einem Monat mit einer Schnelligkeit und einem Erfolg, die in der Geschichte ihresgleichen suchen, Veränderungen bewirkt worden sein, die selbst Graf Bismarck in seinen begeistertsten Augenblicken niemals erwarten hätte können. Tatsächlich ist der Erfolg der preußischen Waffen so gewaltig, so unerwartet gewesen, dass er sich mit einiger Wahrscheinlichkeit als Verlegenheit und sogar als Gefahr für das politische System erweisen könnte, das Bismarck zu bilden sucht. Sein Ziel und das der Militärpartei ist die Schaffung eines großen und mächtigen Preußen, das sich von der Ostsee bis an den Main erstreckt, und das völlige Kontrolle über die Seehäfen an den nördlichen Küsten sowie die wichtige und strategische Seestellung der Elbherzogtümer innehat. Andererseits hegt die liberale Partei in Preußen und Deutschland den Wunsch, ein geeintes Deutschland unter einer starken Macht – nämlich Preußen – zu schaffen.

Dieses soll von einem nationalen Parlament vertreten werden, welches auf Grundlage der in der Frankfurter Nationalversammlung formulierten Verfassung zu bilden ist. Doch zu diesem Zweck (und sie [die Liberalen] halten den günstigen Zeitpunkt für gekommen) muss Preußen in Deutschland aufgehen, während es das Ziel Bismarcks war, Deutschland in Preußen aufgehen zu lassen.

[...] Graf Bismarck verfährt derzeit klug, indem er seine Ambitionen auf den Erwerb Norddeutschlands beschränkt. Preußen könnte momentan keinen Krieg mit

Frankreich riskieren, und ohne Zusammenstoß mit Frankreich wird keine deutsche Einheit geschaffen werden. Aber es gibt einen weiteren Beweggrund, der für Graf Bismarck große Bedeutung haben muss – nämlich den Wunsch, die bereits erreichten Vorteile nicht zu gefährden. Falls in diesem Augenblick dem König von Preußen die Kaiserkrone angetragen würde, und zwar im Verbund mit jener von der Nationalversammlung in Frankfurt 1849 verabschiedeten Verfassung und mit dem von jener Versammlung beschlossenen Wahlrecht, dann würde das gesamte Regierungssystem in Preußen untergehen. Die Adelspartei mit ihrer beschränkten Auffassung konstitutioneller Rechte würde hinweggefegt werden und in Preußen würde eine moralische Revolution von ebenso großer Tragweite stattfinden wie die unglaublichen Erfolge, die seine Waffen begleiteten.
Aus diesen Gründen wird Graf Bismarck daher bis zum Äußersten jedem Druck widerstehen, der ihn über die Grenzen der in Nikolsburg vereinbarten Präliminarien[1] hinaus treiben wollte, und er wird sich mit der Schaffung eines großen und mächtigen Preußen zufrieden geben, ohne die Krone auf das Haupt seines Souveräns setzen zu wollen.

Zit. nach: Lord Augustus Loftus: The Diplomatic Reminiscences of Lord Augustus Loftus, Second Series, 1862–1879. 2 vols. London 1894, vol. 1. Übers.: Erwin Fink (www.germanhistorydocs.ghi-dc.org).

1 Präliminarien: Vorverhandlungen, vorläufige Vereinbarungen

1870/1871: Der dritte Einigungskrieg und die deutsche Einigung

5 Die „Emser Depesche" – Originalversion

1870 sollte zum Missfallen Frankreichs in Spanien ein Hohenzollernprinz auf den vakanten spanischen Thron gesetzt werden. Am 13. Juli 1870 versuchte der französische Botschafter Vincent Graf Benedetti im Kurort Bad Ems daher, den preußischen König Wilhelm I., einen Hohenzollern, zur Garantie zu überreden, dass die Hohenzollern für immer auf den spanischen Thron verzichten würden. Im Anschluss an dieses Gespräch schickte der preußische Gesandte Heinrich Abeken an Bismarck ein Telegramm:

S. M.[1] der König schreibt mir:
„Graf Benedetti fing mich auf der Promenade ab, um auf zuletzt sehr zudringliche Art von mir zu verlangen, ich sollte ihn autorisieren, sofort zu telegrafieren, dass ich für alle Zukunft mich verpflichtete, niemals wieder meine Zustimmung zu geben, wenn die Hohenzollern auf ihre Kandidatur zurückkämen. Ich wies ihn, zuletzt etwas ernst, zurück, da man à tout jamais[2] dergleichen Engagements nicht nehmen dürfe noch könne. – Natürlich sagte ich ihm, dass ich noch nichts erhalten hätte, und da er über Paris und Madrid früher benachrichtigt sei als ich, er wohl einsähe, dass mein Gouvernement wiederum außer Spiel sei."
S. M. hat seitdem ein Schreiben des Fürsten[3] bekommen. Da S. M. dem Grafen Benedetti gesagt, dass er Nachricht vom Fürsten erwarte, hat Allerhöchstderselbe, mit Rücksicht auf die obige Zumutung, auf des Grafen Eulenburg[4] und meinen Vortrag beschlossen, den Grafen Benedetti nicht mehr zu empfangen, sondern ihm nur durch einen Adjutanten sagen lassen, dass S. M. jetzt vom Fürsten die Bestätigung der Nachricht erhalten, die Benedetti aus Paris schon gehabt, und dem Botschafter nichts weiter zu sagen habe.
S. M. stellt Eurer Exzellenz anheim, ob nicht die neue Forderung Benedettis und ihre Zurückweisung sogleich sowohl unseren Gesandten als in der Presse mitgeteilt werden sollte.

Zit. nach: Wolfgang Lautemann/Manfred Schlenke (Hrsg.): Geschichte in Quellen. Das bürgerliche Zeitalter 1815–1914. Bearb. von Günter Schönbrunn. München 1980, S. 355 f.

1 S. M.: Seine Majestät
2 à tout jamais: auf immer und ewig
3 Gemeint ist Fürst Karl Anton von Hohenzollern-Sigmaringen. Seinem Sohn Leopold war der spanische Thron angeboten worden. Auf Drängen Bismarcks hatte der Fürst zunächst zugestimmt, die Zustimmung dann aber am 12. Juli 1870 (einem Tag vor der Emser Depesche) zurückgezogen.
4 Graf Friedrich zu Eulenburg: preußischer Innenminister 1862–1878

6 Die „Emser Depesche" – von Bismarck redigierte Version

Otto von Bismarck veröffentlichte nicht die Originalversion der Emser Depesche, sondern eine von ihm gekürzte Fassung. Diese Version verursachte in der französischen Öffentlichkeit einen Sturm der Entrüstung. Unter Historikern ist bis heute umstritten, inwieweit sie der Auslöser für den dritten Einigungskrieg, also den Deutsch-Französischen Krieg von 1870/1871 war:

Nachdem die Nachrichten von der Entsagung des Erbprinzen von Hohenzollern der Kaiserlich Französischen Regierung von der Königlich Spanischen amtlich mitgeteilt worden sind, hat der französische Botschafter in Ems an S. M. den König noch die Forderung gestellt, ihn zu autorisieren, dass er nach Paris telegrafiere, dass S. M. der König sich für alle Zukunft verpflichte, niemals wieder seine Zustimmung zu geben, wenn die Hohenzollern auf ihre Kandidatur wieder zurückkommen sollten. Seine Majestät der König hat es darauf abgelehnt, den französischen Botschafter nochmals zu empfangen, und demselben durch den Adjutanten vom Dienst sagen lassen, dass S. M. dem Botschafter nichts weiter mitzuteilen habe.

Zit. nach: Lautemann/Schlenke, a. a. O., S. 356.

7 **„Apotheose[1] der Gegenwart"**

Kolorierter Holzstich aus der Satirezeitschrift Süddeutscher Postillon von 1893. In der Hand hält Bismarck die Emser Depesche, auf der Sense ist zu lesen: „Mit Gott für König und Vaterland."

1 Apotheose: Vergöttlichung, Verherrlichung
2 Morituri te salutant! (lat.): Die Todgeweihten grüßen Dich! (der angebliche Gruß der Gladiatoren im Römischen Reich)

8 **„Heute macht der ‚Kaiser' die ‚Verfassung' – nicht aber die Verfassung den Kaiser"**

Obwohl sich der Deutsch-Französische Krieg noch ins Jahr 1871 zog, wurde die entscheidende Schlacht zugunsten Preußens am 1. September 1870 bei Sedan geschlagen. Einen Monat später war in der Neuen Preußischen Zeitung zu lesen:

Wenn man von Deutschlands Einigung spricht, so ist heute schon die Voraussetzung gerechtfertigt, dass nicht mehr das Ob, sondern nur noch das Wie infrage steht. Und auch in letzterer Beziehung machen die vollendeten Tatsachen sich mit solcher Wucht geltend, dass an denselben nicht ferner gemäkelt oder gerüttelt werden darf. Kein Stamm und keine Partei in Deutschland wird heute noch darüber in Zweifel sein, dass die militärische und diplomatische Leitung des gesamten Deutschlands in derselben starken Hand bleiben muss, in welcher sie sich gegenwärtig befindet, und dass die Anerkennung und Befestigung der deutschen Zentral-Gewalt in dem preußischen Königshause nicht mehr als eine Übertragung, sondern nur als eine wohlverdiente Huldigung vonseiten des deutschen Volkes betrachtet werden darf. Was seit Jahrhunderten vergeblich versucht und erstrebt worden ist, das hat Preußens König zur Wahrheit gemacht, und es ist niemand außer oder neben ihm, der den Anspruch zu erheben oder der es zu leisten vermöchte, die neu geschaffene Einheit zu bewahren und zu vertreten. […]

Im Übrigen scheinen es uns wesentlich vier Fragen zu sein, in deren fachgemäßer Beantwortung alle möglichen Modalitäten des deutschen Einigungswerks beschlossen sind, und zwar die Fragen: nach dem Wege und den Formen, auf dem und in welchen das Einigungswerk zustande gebracht werden soll, die Kompetenz des neuen Bundes nach außen und nach innen und die Frage nach den Organen, mit denen der Bund und die in demselben funktionieren sollen. Bevor wir jedoch der Beantwortung dieser Fragen näher treten, wollen wir vorab noch einige Sätze konstatieren, über die, soweit wir uns haben informieren können, alle deutschen Stämme und Parteien einig sind – selbstverständlich stets ausgenommen diejenigen unheilbaren Fortschritts-Kranken, bei denen die schwarz-rot-gelbe Fahne und die deutsche Reichsverfassung vom Jahre 1849 bereits zur fixen Idee geworden sind und die so sehr hinter der Zeit zurückgeblieben sind, dass sie Organisationen und Verfassungen, die man selbst im Jahr 1849 zu den Akten schrieb, heute noch für möglich halten, obgleich die widerstrebenden Elemente weitaus kräftiger und selbstbewusster geworden sind. Heute macht der „Kaiser" die „Verfassung" – nicht aber die Verfassung den Kaiser.

Neue Preußische Zeitung. Kreuzzeitung, 2. Oktober 1870. Zit. nach: www.deuframat.de, Dok. 17 (Stand: 11.2.2011).

Darstellungen: Die Reichsgründung von 1871

9 **Gustav Heinemann zum 100. Jahrestag der Gründung des Deutschen Reichs**

Der 1. Januar 1871 war das offizielle Gründungsdatum des Deutschen Reichs, eines vereinten Deutschlands unter monarchischer Führung. In einer Ansprache zum 100. Jahrestag dieser Reichsgründung „von oben" sagte der damalige Bundespräsident Gustav Heinemann:

Bismarck als Schöpfer der Einheit mit Blut und Eisen – so wurde es gelehrt und in der Fülle der ihm gewidmeten Denkmäler in den deutschen Landschaften dargestellt. Wir müssen erkennen, dass dieses eine Vereinfachung ist, bedenklich wie jede Vereinfachung, richtig und falsch zugleich. Bismarck erzwang 1871 den kleindeutschen fürstlichen Bundesstaat unter Ausschluss der Deutschen in Österreich – das ist richtig. Aber Bismarck gehört nicht in die schwarz-rot-goldene Ahnenreihe derer, die mit der Einheit des Volkes zugleich demokratische Freiheit wollten. Wer also die Linie von den Befreiungskriegen und der Wartburg über Hambach, Frankfurter Paulskirche und Raststatt als Endstation der Revolution von 1848/49 bis nach Sedan und Versailles zieht, verzerrt den Gang der Geschichte. In unserer Nationalhymne des Demokraten Hoffmann von Fallersleben aus dem Jahr 1841 singen wir von Einigkeit und Recht und Freiheit. So aber sang erst die Weimarer Republik. Im Kaiserreich, bis 1918, sang man „Heil dir im Siegerkranz".

Zit. nach: Bulletin des Presse- und Informationsamtes der Bundesregierung, Nr. 5, 19.1.1971.

10 „Bismarck – Dämon der Deutschen"

1998 schrieb der Publizist Johannes Willms:

In dieser Zeremonie, die der Historienmaler Anton von Werner mehrfach festgehalten hat[1], womit er dazu beitrug, dieses in vielerlei Hinsicht geschmacklose Geschehnis zu einer nationalen Ikone zu stilisieren, ist der widersprüchliche und unausgegorene Charakter des Deutschen Reichs gebündelt. Paris darbte und litt noch immer unter preußischem Beschuss, und es würde noch Tage und Wochen dauern, bis die Republik um einen Waffenstillstand nachsuchte. So fand das Spektakel, an dem außer einer Krankenschwester, die zufällig zugegen war und die damit das in seinen Stämmen geeinte deutsche Volk repräsentierte, nur uniformierte und ordensgeschmückte Schranzen, Heroen und Halbheroen teilnahmen, mitten in einem besetzten und vom Krieg verheerten Land statt, dessen Einwohner noch immer mit wütender Entschlossenheit um ihre Existenz kämpften. Bismarck trug für all das die letzte Verantwortung.
Nein, die Gründung des Deutschen Reichs war eine einzige Improvisation, eine Bastelarbeit, deren Gelingen entschieden mehr mit einer Fülle glücklicher Umstände als mit einer überlegenen strategisch-politischen Planung zu tun hatte. Das Einzige, was für Bismarck seit 1866 feststand, was er auf Biegen und Brechen zu erreichen suchte und womit er sich schließlich durchsetzte, war, dieses Gebäude vom First und nicht vom Keller her zu errichten. Verglichen mit der untadeligen Eleganz, mit der Bismarck auf Königgrätz[2] zugesteuert war und mit der er diesen militärischen Sieg politisch verwertet hatte, war die Art und Weise, mit der er die kleindeutsche Lösung in seinem Sinne vollendete, höchst plump und von bisweilen primitiver Brutalität. Letzten Endes waren es entschieden mehr die prestigesüchtigen Dummheiten des Napoleonischen Regimes als Bismarcks überlegene staatsmännische Qualitäten, die Deutschland 1871 in den Sattel halfen. Dass dieses Deutschland dann nicht reiten lernte, dafür trägt jedoch ebenfalls Bismarck die alleinige Verantwortung.

Zit. nach: Johannes Willms: Bismarck – Dämon der Deutschen. Anmerkungen zu einer Legende. München 1998, S. 250 f.

1 (➔ s. S. 261)
2 *Königgrätz: Ort der Entscheidungsschlacht zwischen Preußen und Österreich 1866*

Arbeitsvorschläge

○●● a) Charakterisieren Sie anhand von Bismarcks „Eisen und Blut"-Rede die Ziele und Merkmale seiner Politik. (M1)

○○● b) Schildern Sie anhand von M11, ob Bismarck sein Ziel der Einigung Deutschlands unter preußischer Vorherrschaft 1871 geopolitisch gesehen verwirklichen konnte.

○●●/●●● c) Analysieren Sie die Sicht des Urhebers von M2 auf Bismarck und seine Politik. Diskutieren Sie, ob diese Karikatur auch noch nach dem Preußisch-Österreichischen Krieg entstanden wäre.

○●● d) Begründen Sie anhand der Unterschiede zwischen der Originalversion (M5) und der veröffentlichten Version (M6) der Emser Depesche, warum manche Historiker sie für einen Auslöser des dritten Einigungskriegs halten.

●●● e) Interpretieren Sie die Karikatur M7 unter Zuhilfenahme der Methode zur Interpretation von Karikaturen auf S. 350 f.

○●● f) Stellen Sie die Einschätzung Bismarcks und seiner Politik zur Reichsgründung in M3 und M4 sowie M7 bis M10 gegenüber und erläutern Sie die Einschätzungen vor dem jeweiligen historischen Hintergrund und unter Berücksichtigung der Perspektiven der Verfasser.

Grundwissen: Reichsgründung von oben: Die deutsche Einigung von 1871

Deutschland nach der Revolution von 1848/49

Nach der Niederschlagung der 1848er Revolution und der gescheiterten Einführung der Paulskirchenverfassung wurde der Deutsche Bund neu gegründet. Freiheitliche und nationale Strömungen wurden erneut mit polizeistaatlichen Mitteln unterdrückt. Bestehende Verfassungen wurden entweder wie in Österreich ganz aufgehoben oder wie in Preußen so geändert, dass an dem Vorrang der Krone gegenüber dem Parlament kein Zweifel bestand. Die Presse wurde einer rigorosen Zensur unterworfen, die Versammlungsfreiheit ganz aufgehoben.

Aufbruchsstimmung Ende der 1850er-Jahre

Diese reaktionäre Politik schwächte sich Ende der 1850er-Jahre in allen Staaten des Deutschen Bunds langsam ab. Ein Wiedererstarken der liberalen Nationalbewegung und mehr Freiräume im öffentlichen Leben zeigten diesen Wandel. Eine Aufbruchsstimmung erfasste alle Staaten des Deutschen Bunds einschließlich Österreichs; teilweise weitreichende Reformen in Staat, Gesellschaft und Wirtschaft waren die Folge. Die Gründung von Parteien wie der Deutschen Fortschrittspartei 1861 und dem Allgemeinen Deutschen Arbeiterverein 1863 (➔ **s. Kap. 6.4**) sowie die Entstehung eines lebendigen Vereinswesens sind symptomatisch für die nationale Begeisterung und die wachsende „Politisierung" in diesen Jahren.
Der zweite Italienische Unabhängigkeitskrieg von 1859, bei dem das Königreich Sardinien und sein Verbündeter Frankreich erfolgreich gegen Österreich antraten, verstärkte die nationale Aufbruchsstimmung zusätzlich. Ein wesentliches Motiv dabei war die Sorge vor einem Übergewicht Frankreichs in Europa – nur ein geeintes Deutschland schien in der Lage, Frankreich wirksam entgegentreten zu können. Die große Mehrheit der Bevölkerung war überzeugt, dass eine Einigung nur unter preußischer Führung möglich sei.

Heeres- und Verfassungskonflikt in Preußen 1861

Kaiser Wilhelm I. (1797–1888)
Regent von Preußen (1858–1861), König von Preußen (1861–1888), Deutscher Kaiser (1871–1888). Foto um 1871.

➔ **1** S. 264 f.

Die Hoffnungen der Nationalbewegung auf Preußen wurden zunächst jedoch enttäuscht: Am 2. Januar 1861 bestieg als Wilhelm I. der anderthalb Jahre jüngere Bruder des verstorbenen Friedrich Wilhelm IV. den preußischen Thron. Bereits ein Jahr nach Wilhelms Thronbesteigung kam es zu einem schwerwiegenden Eklat: Als er vom preußischen Abgeordnetenhaus Geld für die Modernisierung der ihm unterstehenden Armee verlangte, verweigerten die Abgeordneten ihre Zustimmung, schließlich hätte eine schlagkräftigere Armee die Macht des Königs gestärkt. Kurzentschlossen löste Wilhelm das Parlament auf. Doch die danach stattfindenden Neuwahlen stärkten die Liberalen und damit Gegner des preußischen Königs. Um eine Verschiebung der Gewichte zwischen Krone und Abgeordnetenhaus zu verhindern, ernannte Wilhelm – nicht ohne zu zögern, doch als letzte sich ihm bietende Option – den antiliberalen Politiker und Diplomaten Otto von Bismarck am 22. September 1862 zum Ministerpräsidenten. Von dessen politischer Handschrift wurden die kommenden drei Jahrzehnte in Deutschland geprägt.
Bismarcks Versuche, die Liberalen in der nationalen Frage für sich zu gewinnen, blieben jedoch erfolglos. Die Liberalen waren nicht bereit, zugunsten der Einheit auf die Freiheit zu verzichten. Bismarcks „Eisen und Blut"-Rede vom 30. September 1862 schien vielmehr ihre schlimmsten Befürchtungen über seine wahren Ziele zu bestätigen.

➔ 11 S. 271

Otto von Bismarck (1815–1898)
Ministerpräsident von Preußen (1862–1890), Bundeskanzler des Norddeutschen Bunds (1867–1871), Reichskanzler des Deutschen Reichs (1871–1890). Undatiertes Foto.

Der erste der drei Einigungskriege: Der Deutsch-Dänische Krieg 1864

Otto von Bismarck hatte ein klares Ziel vor Augen, nämlich die Einigung Deutschlands unter preußischer Vorherrschaft. Dabei half ihm die Krise um die Herzogtümer Schleswig und Holstein in unerwarteter Weise, Bewegung in die „nationale Frage" zu bringen. So versuchte die dänische Regierung, durch eine Änderung der Verfassung das Herzogtum Schleswig in den dänischen Gesamtstaat einzugliedern. Dies löste eine Welle der Empörung in Deutschland aus, die Bismarck für seine Ziele auszunutzen wusste: Nach dem Scheitern aller Versuche, auf diplomatischem Wege den alten Rechtszustand wiederherzustellen, erklärten Preußen und Österreich Dänemark im Frühjahr 1864 den Krieg. Dänemark, das von seinen bisherigen Schutzmächten Großbritannien und Russland im ➔ Deutsch-Dänischen Krieg nicht unterstützt wurde, musste nach mehreren Niederlagen im Oktober 1864 Schleswig und Holstein an Preußen und Österreich abtreten.

Der zweite der drei Einigungskriege: Der Preußisch-Österreichische Krieg 1866

Die gemeinsame Verwaltung Schleswigs und Holsteins durch Preußen und Österreich bildete den Vorwand für den nächsten Krieg, der Bismarck in die Karten spielte. Nachdem sich beide Mächte in Verwaltungsfragen nicht hatten einigen können, erklärte der Deutsche Bund auf Antrag Österreichs mit den wichtigsten Staaten innerhalb des Deutschen Bunds (Bayern, Württemberg, Sachsen, Hannover, Baden, Hessen-Darmstadt und Kurhessen) den Krieg gegen Preußen und die Kleinstaaten Norddeutschlands. Kriegsentscheidend war der Sieg Preußens über Österreich bei Königgrätz (das heutige Hradec Králové in Tschechien) am 3. Juli 1866.
Als Folge seiner Niederlage im ➔ Preußisch-Österreichischen Krieg musste Österreich aus dem Deutschen Bund, der nunmehr aufgelöst wurde, ausscheiden. Zugleich dehnte Preußen seinen Machtbereich in Norddeutschland aus. Alle Gebiete nördlich des Mains wurden darüber hinaus in dem im August 1866 neu gegründeten ➔ Norddeutschen Bund vereinigt. Die süddeutschen Staaten, die an der Seite Österreichs gekämpft hatten, schlossen Schutz- und Trutzbündnisse mit Preußen, die im dritten ➔ Einigungskrieg von Bedeutung sein sollten.

➔ 5 - 8 S. 266 f.

Der dritte der drei Einigungskriege: Der Deutsch-Französische Krieg 1870/71

Die von Bismarck angestrebte endgültige Einheit Deutschlands war auch nach Gründung des Norddeutschen Bunds nicht erreicht – noch fehlten die süddeutschen Staaten. Schon 1870 ergab sich für den ehrgeizigen preußischen Ministerpräsidenten die Gelegenheit, seine Pläne zu vervollkommnen.
Im Jahr 1870 wollten spanische Adlige einen Hohenzollernprinzen auf den spanischen Thron setzen – aus französischer Sicht eine Bedrohung, da das Land dann mit dem preußischen und dem spanischen König von Machthabern aus dem Haus ➔ Hohenzollern umgeben gewesen wäre. Am 13. Juli 1870 versuchte der französische Botschafter, den preußischen König Wilhelm I. im Kurort Bad Ems zur Unterzeichnung eines Dokuments zu bewegen, mit dem für alle Zeit der Thronverzicht der Hohenzollern auf den spanischen Thron festgeschrieben worden wäre. Dies hätte Preußen diplomatisch gedemütigt, die Stellung des französischen Kaisers Napoleon III. innerhalb und außerhalb Frankreichs hingegen gestärkt. Der interne Bericht über das Treffen zwischen Wilhelm I. und dem französischen Botschafter bot Bismarck die Möglichkeit, Frankreich doch noch auszumanövrieren. Er kürzte den Bericht derart, dass Napoleon III. und seine Regierung diese tags darauf veröffentlichte ➔ „Emser Depesche" nunmehr als Demütigung ansehen mussten. Frankreich erklärte Preußen den Krieg.
Die Kriegserklärung wurde von zahlreichen Deutschen mit Jubel begrüßt; sie erhofften sich davon die endgültige Einigung Deutschlands. Und tatsächlich kämpften

11 Preußen und der Deutsche Bund 1849–1871

an der Seite Preußens neben den Staaten des Norddeutschen Bunds auch die süddeutschen Staaten im Deutsch-Französischen Krieg. Der entscheidende Sieg über Frankreich gelang Preußen bei Sedan Anfang September 1870. Tags darauf kapitulierten die französischen Truppen und Napoleon III. wurde gefangen genommen. Nun stand der Gründung eines deutschen Nationalstaats unter preußischer Führung nichts mehr im Wege, obwohl sich die Kämpfe noch bis zu einem vorläufigen Waffenstillstand im Februar 1871 hinzogen und der endgültige Friedensvertrag erst am 10. Mai 1871 unterzeichnet wurde. Frankreich musste eine hohe Kriegsentschädigung zahlen sowie das Elsass und Lothringen abtreten. Bismarck wollte Frankreich dadurch schwächen und so einen möglichen Revanchekrieg verhindern.

„Von oben" anstatt „von unten": Die Gründung des Deutschen Reichs

Noch während die Kämpfe andauerten, trat am 1. Januar 1871 die neue Verfassung in Kraft (➔ s. Kap. 5.2). Das Deutsche Reich war gegründet. Am 18. Januar versammelten sich dann im Spiegelsaal des Versailler Schlosses die Fürsten der deutschen Staaten, um den bedeutendsten unter ihnen, den preußischen König Wilhelm I., zum „Deutschen Kaiser" zu proklamieren. Dieser hatte sich bis zuletzt gegen die Annahme des Kaisertitels gewehrt und gab dann doch dem Drängen Bismarcks nach. Auch wenn die Reichsgründung „von oben" erfolgte, ergriff viele Zeitgenossen eine nationale Euphorie. Doch nicht der Tag der Kaiserproklamation, sondern der „Sedanstag", also der Tag des Siegs über Frankreich, der 2. September 1870, war vor allem in den ersten Jahrzehnten nach der Reichsgründung für breite Bevölkerungsschichten Anlass, an dieses Ereignis zu erinnern.

Darstellungen interpretieren

Darstellungen

Als Darstellung bezeichnet man eine Textform, die direkt oder indirekt auf Quellen aufbaut. Es sind von Historikern vorgenommene *Deutungen* geschichtlicher Ereignisse. In Bezug auf das gleiche geschichtliche Ereignis können zwei Historiker in ihren Deutungen zu ganz unterschiedlichen Ergebnissen kommen – das können Sie an den Abschnitten „Darstellungen" auf einigen Seiten dieses Buches gut erkennen. Und nur selten gibt es eine richtige oder eine falsche Deutung. Wesentlich sind die *Argumente*, mit denen die Historiker ihre Aussagen belegen.
Eine Darstellung kann übrigens auch als Textquelle fungieren. Dies hängt vor allem vom Forschungsinteresse ab. So kann eine Darstellung zur Textquelle werden, wenn man beispielsweise etwas über die Sichtweise des Verfassers (etwa eines Artikels aus der Kaiserzeit über den Deutschen Bund) oder die seiner Zeitgenossen auf die beschriebenen geschichtlichen Ereignisse erfahren will. Diese Erkenntnisse erlauben dann wieder Rückschlüsse auf die Zeit des Verfassers.

Fachwissenschaftliche und populärwissenschaftliche Darstellungen

Grundsätzlich unterscheidet man bei Darstellungen zwischen *fachwissenschaftlichen* und *populärwissenschaftlichen Darstellungen*. Fachwissenschaftliche Darstellungen wenden sich an ein professionelles Publikum, das über grundlegende Inhalte und Methoden informiert ist. Ein Merkmal einer solchen Darstellung sind Verweise auf Quellen mittels Fußnoten. Populärwissenschaftliche Darstellungen wenden sich an ein breiteres Publikum und verzichten auf solche Verweise.

1 Otto von Bismarck im historischen Urteil

a) Der britische Historiker Robert Gerwarth (2005):

Kein anderer Staatsmann hat die Fantasien der Deutschen seit dem ausgehenden 19. Jahrhundert mehr beflügelt als er, keinem deutschen König oder Kaiser wurden mehr Denkmäler errichtet als ihm, über keinen deutschen Politiker vor und seit Hitler wurde leidenschaftlicher gestritten als über den Eisernen Kanzler. Die intensive Beschäftigung der Deutschen mit dem Gründer des Reiches von 1871 spiegelt sich auch in den vielen wissenschaftlichen Publikationen wider, die ihm gewidmet sind. [...]
In den Jahren nach 1890, vor allem aber nach Bismarcks Tod 1898 griff die kultische Bismarck-Verehrung immer weiter um sich. Unumstritten war das Bild des Eisernen Kanzlers dabei nie. Für die von Bismarck als „Reichsfeinde" geächteten Gruppen – vor allem Zentrumskatholiken, Linksliberale und Sozialdemokraten – prägten Kulturkampf und Sozialistengesetze noch jahrzehntelang das Bild des ersten Reichskanzlers, auch wenn die Katholiken sich seit der Jahrhundertwende zunehmend am Bismarckkult beteiligten. Diese Kritiker sahen sich einer politisch einflussreichen bürgerlichen Fronde gegenüber, für die Bismarck die Verkörperung der deutschen Nation war, der „Erlöser", der Deutschland aus dem Zustand der territorialen Zerrissenheit und der inneren politischen Zwietracht befreit und das Reich zur kontinentalen Hegemonialmacht emporgehoben hatte. Dass Bismarck und die Reichsgründung im Gedächtnis vieler Deutscher untrennbar miteinander verbunden waren, entbehrte nicht der Logik: Ohne Bismarck hätte die Reichseinigung von 1871 tatsächlich nicht stattgefunden. Ohne die Reichsgründung wiederum hätte Bismarck nicht jene überragende Bedeutung erlangt, die ihm Generationen von Deutschen rückblickend beigemessen haben.

Robert Gerwarth: Der Bismarck-Mythos – Die Deutschen und der Eiserne Kanzler. München 2007, S. 11 f. Übers.: Klaus-Dieter Schmidt.

b) Der deutsche Historiker Lothar Machtan (2003):

Die Akte „Bismarck" kann geschlossen werden. In der heutigen Welt der Politik, auch der Symbolpolitik, hat Bismarck seinen Platz geräumt. Das ist gut so, denn es wird Zeit, dass wir den Mann politisch in Frieden lassen. Als Figur deutschnationaler Geschichtspolitik hat Bismarck im 20. Jahrhundert doch nur Unheil angerichtet. Die geistige Mobilmachung für den Ersten Weltkrieg sowie die breite Zustimmung zur nationalsozialistischen Machtergreifung von 1933/34 wären ohne den deutschen Nationalmythos, in dem die Lichtgestalt des Reichsgründers stets den zentralen Platz einnahm, nicht so vonstatten gegangen.

Etienne François/Hagen Schulze (Hrsg.): Deutsche Erinnerungsorte. Bd. 2. München 2003, S. 86.

Arbeitsschritte zur Interpretation von Darstellungen

Analyse

Erschließung des Themas sowie der formalen Aspekte

1. Um welche **Darstellungsart** handelt es sich (fachwissenschaftliche oder populärwissenschaftliche Darstellung)?
2. Wer ist der **Verfasser** der Darstellung und was ist über diesen bekannt?
3. Was ist das **Thema** der Darstellung?
4. In welchen **historischen Kontext** (Epoche, Ereignis, Prozess, Konflikt) lässt sich die Darstellung einordnen?
5. Wer ist der **Adressat** bzw. sind die Adressaten (Fachpublikum oder interessierte Laien/Schüler)?

Erschließung des Inhalts und der verwendeten Darstellungsmittel

1. Benennen Sie interpretations- und wertungsfrei und in Sinnabschnitte gegliedert die **zentralen inhaltlichen Aspekte** und **Argumente** der Darstellung.
2. ! Mit welchen **Quellen/Belegen** stützt der Verfasser seine Argumente?
3. Benennen und erläutern Sie (falls vorhanden) die **Schlüsselbegriffe** der Darstellung.
4. Welcher **Art von Sprache** bedient sich der Verfasser und **welche rhetorischen Mittel** setzt er ein?

Erläuterung

Deutung der Aussage im historischen Kontext

1. Welche **Bedeutung** tragen die Art der Sprache und die rhetorischen Mittel?
2. ! Welche **Funktion** hat die Darstellung (didaktisch, problematisierend, dokumentarisch, wissenschaftlich, aufklärend)?
3. Was ist die **Intention** des Verfassers? Welcher **Eindruck** soll beim Leser bzw. Zuhörer erzielt werden?
4. Ist ein **Vergleich** mit anderen Darstellungen möglich, und wenn ja, mit welchen?
5. Welche Rolle muss der **Entstehungszeit der Darstellung** zugemessen werden?

Beurteilung

Abgabe eines begründeten persönlichen Werturteils

1. Sind die vom Verfasser hinzugezogenen **Quellen angemessen**, und anhand welcher Kriterien lässt sich das beurteilen?
2. Wie verhält es sich mit der **Objektivität des Verfassers**?
3. Ist die **Wiedergabe** des historischen Sachverhalts durch die Darstellung aus heutiger Sicht sachlich angemessen, und anhand welcher Kriterien lässt sich das beurteilen?
4. Verfassen Sie aus heutiger Sicht ein **begründetes Werturteil** zur Darstellung des geschilderten historischen Sachverhalts.

Arbeitsvorschläge

1. ●●● Interpretieren Sie die Darstellungen M1a) und M1b) unter Zuhilfenahme der obigen Arbeitsschritte.
2. ●●● Erstellen Sie unter Einbezug Ihrer Vorkenntnisse und der Standpunkte der Darstellungen M1a) und M1b) einen kritischen Aufsatz zu der Fragestellung: „Otto von Bismarck – Messias oder Dämon der deutschen Geschichte?"
3. ●●● Diskutieren Sie, ob das von Gerwarth und/oder Machtan aufgezeigte Urteil zur historischen Rolle Bismarcks zutreffend ist oder nicht.

5.2 Innenpolitische Grundlagen des Deutschen Kaiserreichs

A) Welche Charakteristika kennzeichnen das politische System des Deutschen Kaiserreichs?
B) Welchen innenpolitischen, gesellschaftlichen und kulturellen Problemen und Konflikten musste sich das Deutsche Kaiserreich nach seiner Gründung stellen und wodurch wurden diese hervorgerufen?

Die Verfassung des Deutschen Reichs

1 16. April 1871: Verfassung des Deutschen Reichs

Seine Majestät der König von Preußen im Namen des Norddeutschen Bundes, Seine Majestät der König von Bayern, Seine Majestät der König von Württemberg, Seine Königliche Hoheit der Großherzog von Baden und Seine Königliche Hoheit der Großherzog von Hessen und bei Rhein für die südlich vom Main gelegenen Teile des Großherzogthums Hessen, schließen einen ewigen Bund zum Schutze des Bundesgebietes [...] sowie zur Pflege der Wohlfahrt des Deutschen Volkes. Dieser Bund wird den Namen Deutsches Reich führen und wird nachstehende Verfassung haben.

II. Reichsgesetzgebung

Art. 5 Die Reichsregierung wird ausgeübt durch den Bundesrat und den Reichstag. Die Übereinstimmung der Mehrheitsbeschlüsse beider Versammlung ist zu einem Reichsgesetze erforderlich und ausreichend. [...]

III. Bundesrat

Art. 6 Der Bundesrat besteht aus den Vertretern der Mitglieder des Bundes[1] [...]

Art. 7 Der Bundesrat beschließt: 1) über die dem Reichstage zu machenden Vorlagen und die von demselben gefassten Beschlüsse; [...] Jedes Bundesmitglied ist befugt, Vorschläge zu machen und in Vortrag zu bringen [...]

IV. Präsidium

Art. 11 Das Präsidium des Bundes steht dem König von Preußen zu, welcher den Namen Deutscher Kaiser führt. Der Kaiser hat das Reich völkerrechtlich zu vertreten, im Namen des Reichs Krieg zu erklären und Frieden zu schließen, Bündnisse und andere Verträge mit fremden Staaten einzugehen [...]. Zur Erklärung des Krieges ist die Zustimmung des Bundesrates erforderlich, es sei denn, dass ein Angriff auf das Bundesgebiet [...] erfolgt. [...]

Art. 12 Dem Kaiser steht es zu, den Bundestag oder den Reichstag zu berufen, zu eröffnen, zu vertagen oder zu schließen. [...]

Art. 15 Der Vorsitz im Bundesrate und die Leitung der Geschäfte steht dem Reichskanzler zu, welcher vom Kaiser zu ernennen ist. [...]

Art. 17 Dem Kaiser steht die Ausfertigung und Verkündung der Reichsgesetze und die Überwachung und Ausführung derselben zu. Die Anordnungen und Verfügungen des Kaisers werden im Namen des Reichs erlassen und bedürfen zu ihrer Gültigkeit der Gegenzeichnung des Reichskanzlers, welcher dadurch die Verantwortlichkeit übernimmt. [...]

V. Reichstag

Art. 20 Der Reichstag geht aus allgemeinen und direkten Wahlen mit geheimer Abstimmung hervor. [...]

Art. 23 Der Reichstag hat das Recht, innerhalb der Kompetenz des Reichs Gesetze vorzuschlagen und an ihn gerichtete Petitionen dem Bundesrate resp. Reichskanzler zu überweisen.

Art. 24 Die Legislaturperiode des Reichstages dauert drei Jahre. Zur Auflösung des Reichstages während derselben ist ein Beschluss des Bundesrates unter Zustimmung des Kaisers erforderlich. [...]

IX. Reichskriegswesen

Art. 63 Die gesamte Landmacht des Reichs wird ein einheitliches Heer bilden, welches in Krieg und Frieden unter dem Befehle des Kaisers steht. [...]

XII. Reichsfinanzen

Art. 69 Alle Einnahmen und Ausgaben des Reichs müssen für jedes Jahr veranschlagt [...] werden. [Der Reichshaushalts-Etat] wird vor Beginn des Etatjahres [...] durch ein Gesetz festgestellt.

Zit. nach: Udo Sautter (Hrsg.): Deutsche Geschichte seit 1815: Daten, Fakten, Dokumente. Bd. 2: Verfassungen. Tübingen 2004, S. 121–142.

1 Insgesamt gab es 58 Stimmen im Bundesrat. Preußen besaß mit 17 Stimmen eine Sperrminorität, mit der es Gesetzesinitiativen blockieren konnte.

Der Kulturkampf

2 Syllabus Errorum (1864)

In den 1870er-Jahren entbrannte ein heftiger Streit zwischen der katholischen Kirche und der Reichsregierung unter Reichskanzler Otto von Bismarck, ein Streit, der als „Kulturkampf" bekannt wurde. Ausgangspunkt waren schon

existierende Verwürfnisse zwischen liberalen Ideen und den Überzeugungen der katholischen Kirche, von denen letztere in der Schrift „Syllabus Errorum" (Verzeichnis der Irrtümer) des Papstes Pius IX. zum Ausdruck kamen. In dieser listete er 80 vermeintliche Irrtümer der Moderne auf:

15. Es steht jedem Menschen frei, jene Religion anzunehmen und zu bekennen, welche jemand, durch das Licht der Vernunft geführt, für die wahre hält. [...]

20. Die Kirchengewalt darf ihre Autorität nicht ohne Erlaubnis und Zustimmung der Staatsgewalt ausüben. [...]

27. Die geweihten Diener der Kirche und der Römische Papst selbst sind von aller Leitung und Herrschaft über weltliche Dinge durchwegs auszuschließen. [...]

39. Der Staat besitzt als der Ursprung und die Quelle aller Rechte ein schrankenloses Recht. [...]

45. Die ganze Leitung der öffentlichen Schulen, in denen die Jugend eines christlichen Staates erzogen wird [...], kann und muss der Staatsgewalt zukommen, und zwar so, dass kein Recht irgendeiner anderen Autorität sich in die Schulzucht, in die Anordnung der Studien, in die Verleihung der Grade und in die Wahl und die Approbation der Lehrer zu mischen, anerkannt werde. [...]

55. Die Kirche ist vom Staate, der Staat von der Kirche zu trennen. [...]

57. Philosophie und philosophische Ethik sowie die bürgerlichen Gesetze können und sollen von der göttlichen und kirchlichen Autorität abweichen. [...]

63. Man darf den rechtmäßigen Fürsten den Gehorsam versagen, ja sogar gegen sie aufstehen. [...]

73. Kraft eines bloßen Zivil-Vertrages kann unter Christen eine wahre Ehe bestehen [...]

77. In unserer Zeit ist es nicht mehr nützlich, dass die katholische Religion als einzige Staatsreligion unter Ausschluss aller anderen Kulte gehalten werde. [...]

80. Der Römische Papst kann und soll sich mit dem Fortschritt, dem Liberalismus und der gegenwärtigen Zivilisation versöhnen und vergleichen.

Zit. nach: www.kathpedia.com (Stand: 16.2.2011).

4 Gesetzliche Werkzeuge des Kulturkampfs

Im April 1871 versuchte die katholische Zentrumspartei erfolglos, Grundrechte in die Verfassung aufzunehmen, welche die Macht der katholischen Kirche im Reich gestärkt hätten. Daraufhin bemühte sich Bismarck in mehreren gesetzlichen Schritten, die Macht des Zentrums und letztlich damit der Kirche in Deutschland zu brechen:

a) Ergänzung des Strafgesetzbuchs vom 10. Dezember 1871 („Kanzelparagraf", StGB §130a):

Ein Geistlicher oder anderer Religionsdiener, welcher in Ausübung oder in Veranlassung der Ausübung seines Berufes öffentlich vor einer Menschenmenge oder welcher in einer Kirche oder an einem anderen zu religiösen Versammlungen bestimmten Orte vor mehreren Angelegenheiten des Staates in einer den öffentlichen Frieden gefährdenden Weise zum Gegenstande einer Verkündigung oder Erörterung macht, wird mit Gefängnis oder Festungshaft bis zu zwei Jahren bestraft.

3 „Zwischen Berlin und Rom"

Kolorierte Karikatur aus dem Satiremagazin Kladderadatsch von 1875. Die hier nicht abgedruckten Untertitel lauten:
Papst Pius IX.: „Der letzte Zug war mir allerdings unangenehm; aber die Partie ist deshalb noch nicht verloren. Ich habe noch einen sehr schönen Zug in petto!"
Bismarck: „Das wird auch der letzte sein, und dann sind Sie in wenigen Zügen matt – wenigstens für Deutschland."

b) „Gesetz betreffend die Beaufsichtigung des Unterrichts- und Erziehungswesens" vom 11. März 1872 (preußisches Schulaufsichtsgesetz):

§ 1. Unter Aufhebung aller in einzelnen Landesteilen entgegenstehenden Bestimmungen steht die Aufsicht über alle öffentlichen und Privat-Unterrichts- und Erziehungsanstalten dem Staate zu. […]

§ 2. Die Ernennung der Lokal- und Kreisschulinspektoren und die Abgrenzung ihrer Aufsichtsbezirke gebührt dem Staate allein.

c) „Gesetz über die Vorbildung und Anstellung der Geistlichen" vom 11. Mai 1873 (das erste der „Maigesetze"):

§ 1. Ein geistliches Amt darf in einer der christlichen Kirchen nur einem Deutschen übertragen werden, welcher seine wissenschaftliche Vorbildung nach den Vorschriften dieses Gesetzes dargetan hat und gegen dessen Anstellung kein Einspruch von der Staatsregierung erhoben worden ist. […]

§ 4. Zur Bekleidung eines geistlichen Amts ist die Ablegung der Entlassungsprüfung an einem deutschen Gymnasium, die Zurücklegung eines dreijährigen theologischen Studiums auf einer deutschen Staatsuniversität sowie die Ablegung einer wissenschaftlichen Staatsprüfung erforderlich. […]

§ 8. Die Staatsprüfung […] wird darauf gerichtet, ob der Kandidat sich die für seinen Beruf erforderliche allgemeine wissenschaftliche Bildung, insbesondere auf dem Gebiet der Philosophie, der Geschichte und der deutschen Literatur, erworben habe.

Zit. nach: Johannes Baptist Kißling: Geschichte des Kulturkampfes im Deutschen Reiche. Bd. 2. Freiburg 1911, S. 460–463.

5 „Notwehr für den gefährdeten Staat"

Zu seinen Motiven im Rahmen des Kulturkampfs äußerte sich Bismarck 1873 vor dem preußischen Herrenhaus:

Ich verweise darauf, wo ich die Genesis meiner Überzeugung, dass zur Notwehr für den gefährdeten Staat die Regierung gezwungen sei, und ferner dargelegt habe, dass die Regierung und seine Majestät der König mit ihr die Überzeugung haben, dass der Staat in seinen Fundamenten bedroht und gefährdet ist von zwei Parteien, die beide das gemeinsam haben, dass sie ihre Gegnerschaft gegen die nationale Entwicklung in internationaler Weise betätigen, dass sie Nation und nationale Staatenbildung bekämpfen, […] und deshalb müssen sich alle Elemente zusammenscharen, die ein Interesse haben an der Erhaltung des Staates und an seiner Verteidigung teils gegen diejenigen, welche offen sagen, was sie an die Stelle des Staates setzen wollen, teils gegen diejenigen, welche einstweilen den Staat untergraben, sich aber noch vorbehalten, was sie an seine Stelle setzen wollen – gegen diese Gegner müssen sich alle treuen Anhänger des Königs, müssen sich alle treuen Anhänger des preußischen Staates, in dem wir leben, zusammenscharen.

Zit. nach: Wilhelm Schüßler (Hrsg.): Bismarck. Die gesammelten Werke. Bd. 11: Reden 1869–1878. Berlin 1929, S. 298.

Das Sozialistengesetz

6 „Gesetz gegen die gemeingefährlichen Bestrebungen der Sozialdemokratie" vom 21.10.1878

Nachdem Bismarck erkennen musste, dass sein „Kulturkampf" gescheitert war, wandte er sich den nächsten vermeintlichen Reichsfeinden zu, den Sozialdemokraten:

§ 1. [1] Vereine, welche durch sozialdemokratische, sozialistische und kommunistische Bestrebungen den Umsturz der bestehenden Staats- oder Gesellschaftsordnung bezwecken, sind zu verbieten. […]

§ 9. [1] Versammlungen, in denen sozialdemokratische, sozialistische oder kommunistische auf den Umsturz der bestehenden Staats- und Gesellschaftsordnung gerichtete Bestrebungen zutage treten, sind aufzulösen. […]

§ 11. [1] Druckschriften, in welchen sozialdemokratische, sozialistische oder kommunistische auf den Umsturz der bestehenden Staats- oder Gesellschaftsordnung gerichtete Bestrebungen in einer den öffentlichen Frieden, insbesondere die Eintracht der Bevölkerungsklassen gefährdende Weise zutage treten, sind zu verbieten. […]

§ 17. [1] Wer an einem verbotenen Vereine (§ 6.) als Mitglied sich beteiligt oder eine Tätigkeit im Interesse eines solchen Vereins ausübt, wird mit Geldstrafe bis zu fünfhundert Mark oder mit Gefängnis bis zu drei Monaten bestraft. Eine gleiche Strafe trifft denjenigen, welcher an einer verbotenen Versammlung (§ 9.) sich beteiligt […]. [2] Gegen diejenigen, welche sich an dem Vereine oder an der Versammlung als Vorsteher, Leiter, Ordner, Agenten, Redner oder Kassierer beteiligen oder welche zu der Versammlung auffordern, ist auf Gefängnis von einem Monat bis zu einem Jahre zu erkennen.

§ 18. Wer für einen verbotenen Verein oder für eine verbotene Versammlung Räumlichkeiten hergibt, wird mit Gefängnis von […] bis zu einem Jahre bestraft.

§ 19. Wer eine verbotene Druckschrift (§§ 11, 12) oder wer eine von der vorläufigen Beschlagnahme betroffene Druckschrift (§ 15) verbreitet, fortsetzt oder wieder abdruckt, wird mit Geldstrafe bis zu eintausend Mark oder mit Gefängnis bis zu sechs Monaten bestraft. […]

Zit. nach: Rüdiger vom Bruch/Björn Hofmeister (Hrsg.): Deutsche Geschichte in Quellen und Darstellung. Bd. 8: Kaiserreich und Erster Weltkrieg 1871–1918. Stuttgart 2002, S. 50 f.

7 August Bebel zum geplanten Sozialistengesetz

Zwei Attentate auf Kaiser Wilhelm I. im Jahr 1878 waren der offizielle Anlass für das Sozialistengesetz – obwohl Bismarck wusste, dass die Sozialdemokraten mit den Taten nichts zu tun hatten. Am 16. September, einen Monat vor der Verabschiedung des Gesetzes, sagte der spätere SPD-Vorsitzende August Bebel (1840–1913) vor dem Reichstag:

[...] Man hat uns in einer Weise verfolgt, die an die dunkelsten Zeiten des Mittelalters erinnert. Wie man im Mittelalter religiös Andersgläubige, Juden, Hugenotten, Protestanten verfolgte, so hat man im letzten Viertel des neunzehnten Jahrhunderts einen allgemeinen Hetzkrieg gegen die Sozialdemokraten als politisch Andersgläubige, an dem sich fast alle Parteien beteiligt haben, in Szene gesetzt. Man hat die Männer sozialdemokratischer Gesinnung aus Arbeit und Brot geworfen und ihnen die Existenz abzuschneiden versucht, man hat sie beschimpft und verleumdet, für ehr- und rechtlos erklärt. Man hat offenbar alles dies aufgeboten, um Unruhen zu provozieren; man wollte uns aufs Äußerste reizen, damit wir zu Gewaltschritten irgendeiner Art uns verleiten ließen. [...] Nie hat wohl eine Partei in einer solch schwierigen und gefährlichen Situation sich befunden wie die unsere, und nie hat wohl eine Partei mehr gezeigt wie die unsere, dass sie sich ruhig und friedlich entwickeln will, dass sie nicht gewillt ist, auf Provokationen irgendeiner Art einzugehen [...]

Ich kann Ihnen bestimmt versichern, dass ich sehr tüchtige unserer Parteigenossen habe äußern hören: Ich wünschte, das Gesetz ginge durch! Sie könnten uns gar nicht besser nützen als durch Annahme des Gesetzes, denn Tausende und Abertausende, die heute noch keine Sozialdemokraten sind, werden es dann sicher werden. Wir sind in wenigen Jahren stärker als je zuvor.

Zit. nach: Hans Fenske (Hrsg.): Im Bismarckschen Reich 1871–1890. Darmstadt 1978, S. 202 f.

Die Sozialgesetzgebung

8 Kaiser Wilhelm I. zur Sozialgesetzgebung

Unter Bismarck wurden 1883 die gesetzliche Krankenversicherung, 1884 die Unfallversicherung und 1889 die Alters- und Invaliditätsversicherung im Deutschen Reich eingeführt. Zu den geplanten Maßnahmen meinte Kaiser Wilhelm I. in einer „Kaiserlichen Botschaft" an den Reichstag von 1881:

Wir Wilhelm, von Gottes Gnaden Deutscher Kaiser, König von Preußen etc., tun kund und fügen hiermit zu wissen:

[...] Schon im Februar dieses Jahres haben Wir Unsere Überzeugung aussprechen lassen, dass die Heilung der sozialen Schäden nicht ausschließlich im Wege der Repression sozialdemokratischer Ausschreitungen, sondern gleichmäßig auf dem der positiven Förderung des Wohles der Arbeiter zu suchen sein werde. Wir halten es für Unsere Kaiserliche Pflicht, dem Reichstage diese Aufgabe von Neuem ans Herz zu legen. [...]

In diesem Sinne wird zunächst der von den verbündeten Regierungen in der vorigen Session vorgelegte Entwurf eines Gesetzes über die Versicherung der Arbeiter gegen Betriebsunfälle mit Rücksicht auf die im Reichstag stattgehabten Verhandlungen über denselben einer Umarbeitung unterzogen, um die erneute Beratung desselben vorzubereiten. Ergänzend wird ihm eine Vorlage zur Seite treten, welche sich eine gleichmäßige Organisation des gewerblichen Krankenkassenwesens zur Aufgabe stellt. Aber auch diejenigen, welche durch Alter oder Invalidität erwerbsunfähig werden, haben der Gesamtheit gegenüber einen begründeten Anspruch auf ein höheres Maß staatlicher Fürsorge, als ihnen bisher hat zuteil werden können.

Zit. nach: Rüdiger vom Bruch/Björn Hofmeister (Hrsg.): Deutsche Geschichte in Quellen und Darstellung. Bd. 8: Kaiserreich und Erster Weltkrieg 1871–1918. Stuttgart 2002, S. 54 f.

9 Staatliche Sozialpolitik unter Bismarck – das Sozialversicherungssystem

Versicherungsart	Beiträge	Leistungen
Krankenversicherung 1883 für gewerbliche Arbeiter und (freiwillig ab 1892) Angehörige	2–3 % des Lohns; 2/3 vom Versicherten, 1/3 vom Arbeitgeber	Ärztliche Behandlung und Medizin, Krankenhauskosten; nach zweitägiger Wartezeit Krankengeld (50 % des Durchschnittslohns, max. 2 Mark am Tag)
Unfallversicherung 1884 für gewerbliche Arbeiter	Als Haftpflicht vom Arbeitgeber zu zahlen	Heilungskosten; bei Erwerbsunfähigkeit 2/3 des Einkommens, 1/5 für Witwen
Invaliditätsversicherung 1889 für gewerbliche und Landarbeiter (ab 1911 auch für Familienangehörige)	1 % (ab 1900 1,5–3 %) des Lohns; je zur Hälfte vom Arbeitnehmer und Arbeitgeber	Invalidenrente bei Erwerbsunfähigkeit (1911): durchschnittlich 187 Mark/Jahr; Altersrente ab dem 70. Lebensjahr und nach 30 Beitragsjahren (ab 1900: nach 24 Beitragsjahren)

Nach: Rainer Bölling/Johann Henseler (Hrsg.): Das Deutsche Kaiserreich 1871–1918. Freiburg 1986, S. 47 f.

10 Amtliches Schaubild von 1913

Arbeitsvorschläge

●●● a) Diskutieren Sie anhand von M1, inwiefern die Verfassung von 1871 demokratisch war. Vergleichen Sie sie mit der Verfassung der Paulskirche (M8, S. 252) und bewerten Sie, ob man von einem späten Erfolg der 1848er-Revolution sprechen kann.

○○●/○●●/●●● b) Nennen Sie die von Papst Pius identifizierten Irrtümer der Moderne (M2), arbeiten Sie die Motive für den Kulturkampf (M4, M5) heraus, skizzieren Sie die in den Quellen jeweils deutlich werdende Rolle von Kirche und Staat und benennen Sie die gesellschaftlichen Auswirkungen des Kulturkampfs. Diskutieren Sie anschließend, ob in Deutschland heute eine Trennung von Kirche und Staat gegeben ist.

○●●/●●● c) Charakterisieren und bewerten Sie das in der Karikatur dargestellte Verhältnis zwischen Bismarck und Pius IX. und das dort angedeutete Ergebnis des Kulturkampfs auf der Grundlage des Grundwissens von Seite 280.

○○●/○●● d) Informieren Sie sich über den „Gang nach Canossa" und beziehen Sie Ihre gewonnenen Kenntnisse in die Analyse der „Canossa-Münze" (M11, S. 281) ein.

○○●/○●● e) Skizzieren Sie die Grundzüge der Sozialistengesetze (M6) und die Reaktion Bebels darauf (M7). Ordnen Sie beides in den historischen Kontext ein.

●●● f) Bewerten Sie die Sozialreformen der Bismarck-Zeit. (M8–M10)

Grundwissen: Innenpolitische Grundlagen des Deutschen Kaiserreichs

→ 1 S. 274

Die Verfassung des Deutschen Kaiserreichs vom April 1871

Mit der vorläufigen „Verfassung des Deutschen Bunds" vom 1. Januar 1871 wurde das Deutsche Reich gegründet. Vier Monate später, am 16. April 1871, erhielt das Reich seine endgültige Verfassung, nämlich die „Verfassung des Deutschen Kaiserreichs", die große Teile der Verfassung des Norddeutschen Bunds übernahm. In weiten Bereichen spiegelte sie die „Einigung von oben" wider: Der Kaiser, der gleichzeitig preußischer König blieb, übte die oberste Staatsgewalt aus, nicht das Volk. Der Reichskanzler (bis 1890 Otto von Bismarck) wurde vom Kaiser ernannt. Die Rechte des Reichstags waren eingeschränkt.

Dennoch war das Kaiserreich kein reiner Obrigkeitsstaat. In vielen Bereichen stellte die Verfassung vielmehr einen Kompromiss zwischen den wichtigsten Tendenzen der Zeit dar: Trotz der starken Stellung Preußens im Reich ließ die föderative Ordnung den insgesamt 25 Bundesstaaten Spielraum bei der Entwicklung im Innern. Die in der Verfassung verankerte Abhängigkeit der Regierung von der Zustimmung des Reichstags enthielt Möglichkeiten einer freiheitlichen Weiterentwicklung der bestehenden Verfassungsordnung. Die Abgeordneten des Reichstags wurden in allgemeiner, freier, geheimer und direkter Wahl von allen Männern über 25 Jahre gewählt – dieses Wahlrecht war eines der fortschrittlichsten in Europa (einige der Landtage wurden dennoch bis 1918 über das Klassenwahlrecht bestimmt).

Die Parteien im Deutschen Kaiserreich

Das allgemeine Wahlrecht förderte die Entwicklung des Parteiwesens nach 1871. Aus zunächst losen Vereinigungen wurden bald fest gefügte Organisationen. An der Bildung der Regierung waren die Parteien aber nicht beteiligt. Daher lernten sie auch nicht, ihre Ziele am politisch Machbaren auszurichten, Interessengegensätze durch Kompromisse zu überbrücken und Koalitionen zu erproben. Und obschon der Einfluss des Parlaments auf die Politik im Laufe der Zeit wuchs, gelang bis 1918 die Umwandlung der konstitutionellen in eine parlamentarische Monarchie nicht.

Mit der zunehmenden Organisation der politischen Parteien nahm auch die Anteilnahme der Bevölkerung am politischen Leben nach 1871 zu. Die Pressefreiheit ermöglichte den Austausch unterschiedlicher Meinungen. In Vereinen und auf Versammlungen wurde über Politik diskutiert. Parteien warben in Reden, Wahlkampfbroschüren und mit Plakaten öffentlich um Wähler. Bald entstanden Verbände, die gezielt die politischen und materiellen Interessen ihrer Mitglieder in der Öffentlichkeit und gegenüber der Regierung zum Ausdruck brachten, wie etwa der „Centralverband Deutscher Industrieller", der „Bund der Landwirte" oder der „Deutsche Flottenverein".

Innere Einheit?

Mit der Verfassung von 1871 war Deutschland rechtlich gesehen eine Einheit, doch von einer inneren Einheit konnte noch nicht gesprochen werden. 25 Bundesstaaten bildeten das Kaiserreich, in denen sich starke regionale Identitäten ausgeprägt hatten. So sah sich beispielsweise ein Bayer oft in erster Linie als Bayer und erst dann als Deutscher. Auch gab es weiterhin neben der deutschen die bayerische, preußische oder sächsische Staatsangehörigkeit. Verwehrt blieb die Staatsangehörigkeit hingegen nationalen Minderheiten wie zum Beispiel den auf dem Territorium des Reichs lebenden Dänen, Friesen, Sorben, Polen und Franzosen.

Und auch die unterschiedlichen gesellschaftlichen Klassen mussten noch zu einer gemeinsamen Identität finden. Das liberale und nationale Bürgertum hatte sein Ziel eines (klein)deutschen Verfassungsstaats erreicht, der Adel und das Militär konnten sich mit der Monarchie und der erfolgreichen Armee identifizieren. Doch die unteren Schichten waren bisher noch nicht in dem neuen Staat angekommen.

Der Kulturkampf: Bismarck gegen die katholische Kirche

→ 2 - 5 S. 274 ff.
→ 11 S. 281

Bis zu seinem Rücktritt 1890 dominierte der Reichskanzler und preußische Ministerpräsident Otto von Bismarck die deutsche Innen- und Außenpolitik. Im Innern strebte er ein geeintes, homogenes kaiserliches Deutschland an. Um sein Vorhaben zu verwirklichen, begann er schon bald gegen jene Gesellschaftsgruppen vorzugehen, die in seinen Augen diesem Ziel im Weg standen. Damit wurden alle gesellschaftlichen Gruppen, die sich von der Mehrheit abhoben, potenzielle „Reichsfeinde".

Die erste Gruppe, die Bismarck ins Visier nahm, waren die Katholiken. Nur etwas mehr als ein Drittel der Bevölkerung des Reichs gehörte dem katholischen Glauben an. Vertreten durch die katholische Zentrumspartei war diese Gruppe dennoch stark genug, um Bismarck ein Dorn im Auge zu sein. Er behauptete, die deutschen Katholiken seien Gegner des kleindeutschen, preußischen Kaiserreichs. Von daher war er bemüht, den gesellschaftlichen Einfluss der katholischen Kirche zu begrenzen – seine Maßnahmen gingen unter dem Begriff „Kulturkampf" in die Geschichte ein. 1871 trat der „Kanzelparagraf" in Kraft, der politische Äußerungen von Geistlichen verbot. 1872 wurde die geistliche Schulaufsicht abgeschafft. Mit den „Maigesetzen" von 1873 wurden die Kirchen in Deutschland schließlich weitgehend staatlicher Aufsicht unterstellt. Zukünftig mussten Geistliche zur Ausübung ihres Berufs einen staatlichen Abschluss vorweisen. 1875 wurde die Zivilehe eingeführt, also die verpflichtende standesamtliche Eheschließung. Als Folge der Gesetze wurden viele Geistliche entlassen oder verhaftet und die verwaisten Pfarrstellen nicht neu besetzt.

Das Scheitern und das Ende des Kulturkampfs

Die Gesetze gegen die deutschen Katholiken verfehlten ihr Ziel, denn das Zentrum, das als erste „Volkspartei" über eine Massenbasis in bürgerlichen und proletarischen Kreisen verfügte, ging gestärkt aus den Auseinandersetzungen hervor. Für die Partei stimmten bei der Reichstagswahl 1874 27,9 Prozent der Wähler gegenüber 18,6 Prozent im Jahr 1871. Im Ruhrgebiet erhielt das Zentrum 1874 sogar 43,6 Prozent der Stimmen. Es profitierte dabei auch vom katholischen Vereinsleben, das gerade im Rheinland und im Ruhrgebiet stark verwurzelt war. Durch die Industrialisierung gab es darüber hinaus eine massenhafte Einwanderung von Arbeitsmigranten, insbesondere aus den preußischen Ostgebieten (→ **s. Kap. 6.3**). Die von dort stammende polnische Bevölkerung nahm nicht nur ihre Sprache, sondern auch ihre Religion mit in die neue Heimat im Westen.

Ende der 1870er-Jahre musste Bismarck eingestehen, dass seine Politik gegen das Zentrum gescheitert war. Zu dieser Erkenntnis trug bei, dass die Liberalen, die zunächst noch an Bismarcks Seite gestanden hatten, sich nun aber gegen die Einschränkung der bürgerlichen Freiheiten wehrten, jetzt das Zentrum unterstützten. Darüber hinaus brauchte Bismarck die Zentrumsabgeordneten im Reichstag als neue innenpolitische Partner, da er wirtschaftspolitisch statt einer liberalen Freihandelspolitik mittlerweile eine konservative Schutzzollpolitik vertrat. Nach der Papstwahl von 1878 wurden allmählich alle Konflikte beigelegt und Papst Leo XII. konnte so im Mai 1887 den Friedenszustand zwischen dem Heiligen Stuhl und dem Deutschen Reich verkünden.

11 „Canossa-Münze"
Im Zuge des Kulturkampfs wurden diese Münzen ausgegeben. Vorderseite: „Fürst v. Bismarck: Der Kaiser ist Herr im Reich und muss es bleiben." Rückseite: „Nicht nach Canossa."

Das Sozialistengesetz

→ 6 - 7 S. 276 f.

Zu den „Reichsfeinden" zählte Bismarck auch die Sozialdemokratie, die sich für die volle politische Gleichberechtigung und die Verbesserung der sozialen Lage der Arbeiter einsetzte. Zwar konnte die Sozialistische Arbeiterpartei Deutschlands SAP (ab 1891 Sozialdemokratische Partei Deutschlands, SPD) bei der Reichstagswahl 1871 nur zwei der 397 Mandate gewinnen, doch sie entwickelte sich schnell zu einer Massenpartei. Ähnlich wie das Zentrum besaßen auch die Sozialdemokraten viele Arbeitervereine, die Kindergärten, Sportvereine oder Bildungseinrichtungen betrieben und damit eine eigene „Arbeiterkultur" im Kaiserreich schufen.
Reichskanzler Otto von Bismarck begann 1878 mit dem sogenannten „Sozialistengesetz" die Auseinandersetzung mit der Arbeiterklasse. Anlass waren zwei Attentate auf Wilhelm I. im Mai und Juni 1878, die fälschlicherweise den Sozialdemokraten angelastet wurden. Das am 19. Oktober 1878 verabschiedete und bis 1890 jährlich verlängerte „Gesetz gegen die gemeingefährlichen Bestrebungen der Sozialdemokratie" führte zum Verbot aller Parteiorganisationen, den parteinahen Gewerkschaften und der Parteipresse. Außerdem wurden zahlreiche Sozialdemokraten verhaftet. Die Partei selbst wurde jedoch nicht verboten und konnte an den Wahlen teilnehmen.

Die Sozialgesetzgebung

→ 8 - 10 S. 277 f.

Neben seiner Repressionspolitik versuchte Bismarck, die Arbeiterklasse durch eine aktive sozialpolitische Rolle des Staats für den preußisch-deutschen Obrigkeitsstaat zu gewinnen. Angesichts der schlechten wirtschaftlichen Lage der Arbeiter, bedingt durch die weltweite Wirtschaftskrise von 1873, die mit der zweiten industriellen Revolution einhergehende Bevölkerungsexplosion und Verstädterung (→ s. Kap. 6.4), begann Bismarck deshalb zeitgleich mit dem Sozialistengesetz mit den Planungen für staatliche Sozialversicherungen.
1883 wurde die gesetzliche Krankenversicherung für Geringverdiener eingeführt. 1884 folgte die für den Arbeiter kostenlose Unfallversicherung. Die Alters- und Invaliditätsversicherung von 1889 schließlich bezahlte bestimmten Arbeitern eine Altersrente sowie eine Invaliditätsrente bei Arbeitsunfähigkeit.
Sein eigentliches Ziel, die Sozialdemokratie zu schwächen, erreichte Bismarck aber weder mit dem Sozialistengesetz noch mit der Sozialgesetzgebung. Bei der Reichstagswahl von 1890 erhielten die Sozialdemokraten die meisten Stimmen, bekamen wegen des Mehrheitswahlrechts, das Ballungsräume wie das Ruhrgebiet benachteiligte, aber nur 35 Mandate. 1912 war die SPD schließlich mit 110 Abgeordneten endgültig die stärkste Fraktion des Reichstags.

5.3 Außenpolitische Grundlagen des Deutschen Kaiserreichs

A) Wie veränderte die Gründung des Deutschen Reichs die politische Landschaft Europas?
B) Welche außenpolitischen Ziele verfolgte Bismarck aus welchen (außen- wie innenpolitischen) Gründen, mit welchen Mitteln setzte er diese Ziele um und wie wurde seine Politik von Zeitgenossen beurteilt?
C) Welche außenpolitische Rolle nahm das Deutsche Reich nach Bismarcks Rücktritt an?

Die neue Mächteordnung in Europa nach 1871

1 Der britische Blick auf Europa 1871: „Das Gleichgewicht der Macht ist völlig zerstört worden"

Nach der Gründung des Deutschen Reichs hielt der britische Führer der Konservativen, Benjamin Disraeli (1804–1881), am 9. Februar 1871 im Unterhaus folgende Rede:

Ich möchte die Aufmerksamkeit des Unterhauses auf den Charakter dieses Krieges zwischen Frankreich und Deutschland lenken. Es ist keiner der herkömmlichen Kriege, wie es der Krieg zwischen Preußen und Österreich oder der Italienische Krieg[1] war, […] noch ist er dem Krimkrieg[2] vergleichbar.

Dieser Krieg bedeutet die deutsche Revolution, ein größeres politisches Ereignis als die Französische Revolution des vergangenen Jahrhunderts. Ich sage nicht, dass er ein größeres oder ebenso großes soziales Ereignis ist. Seine sozialen Auswirkungen werden sich erst in der Zukunft zeigen. Nicht ein einziger Grundsatz unserer Außenpolitik, der noch vor sechs Monaten von allen Staatsmännern als Leitfaden anerkannt wurde, ist weiterhin gültig. Es gibt keine einzige diplomatische Tradition, die nicht hinweggefegt worden ist. Wir haben eine neue Welt, neue Einflüsse am Werk, neue und unbekannte Größen und Gefahren, mit denen wir fertig werden müssen und die zurzeit, wie alles Neue, noch undurchschaubar sind. Wir haben früher in diesem Haus über das Gleichgewicht der Macht debattiert. Lord Palmerston[3] […] hat das Staatsschiff und seine Politik daraufhin ausgerichtet, dass das Gleichgewicht Europas erhalten bleibe […] Aber was ist jetzt wirklich geschehen? Das Gleichgewicht der Macht ist völlig zerstört worden und das Land, das am meisten darunter leidet und das die Auswirkungen dieses großen Wandels am meisten spürt, ist England.

Zit. nach: Gerhard A. Ritter (Hrsg.): Das Deutsche Kaiserreich 1871–1914. Ein historisches Lesebuch. 5. Aufl. Göttingen 1992, S. 181.

1 *Gemeint ist der zweite Italienische Unabhängigkeitskrieg von 1859.*
2 *Krimkrieg: von 1853 bis 1856 dauernder Krieg zwischen Russland auf der einen und dem Osmanischen Reich, Frankreich, Großbritannien und Italien auf der anderen Seite*
3 *Lord Palmerston: britischer Premierminister 1855–1858/1859–1865*

Das Bismarck'sche Bündnissystem

2 Das Kissinger Diktat

Zwischen 1875 und 1878 beherrschte die Balkankrise, die sich um territoriale Interessen aller europäischen Mächte außer Deutschlands auf dem Balkan drehte, die europäische Politik. Zu dieser Krise diktierte Otto von Bismarck während eines Kuraufenthalts im bayerischen Bad Kissingen am 15. Juni 1877 das folgende „Kissinger Diktat":

Ein französisches Blatt sagte neulich von mir, ich hätte „le cauchemar des coalitions"[1], diese Art Alb wird für einen deutschen Minister noch lange, und vielleicht immer, ein sehr berechtigter bleiben. Koalitionen gegen uns können auf westmächtlicher Basis mit Zutritt Österreichs sich bilden, gefährlicher vielleicht noch auf russisch-österreich-französischer: Eine große Intimität zwischen zweien der drei letztgenannten Mächte würde der dritten unter ihnen jederzeit das Mittel zu einem sehr empfindlichen Drucke auf uns bieten. In der Sorge vor diesen Eventualitäten, nicht sofort, aber im Lauf der Jahre, würde ich als wünschenswerte Ergebnisse der orientalischen Krisis für uns ansehen:

1. Gravitierung[2] der russischen und der österreichischen Interessen und gegenseitiger Rivalitäten nach Osten hin,
2. der Anlass für Russland, eine starke Defensivstellung im Orient und an seinen Küsten zu nehmen und unseres Bündnisses zu bedürfen,
3. für England und Russland ein befriedigender Status quo, der ihnen dasselbe Interesse an Erhaltung des Bestehenden gibt, welches wir haben,
4. Loslösung Englands von dem uns feindlich bleibenden Frankreich wegen Ägyptens und des Mittelmeers,
5. Beziehungen zwischen Russland und Österreich, welche es beiden schwierig machen, die antideutsche Konspiration[3] gegen uns gemeinsam herzustellen, zu welcher zentralistische und klerikale Elemente in Österreich etwas geneigt sein möchten.

Wenn ich arbeitsfähig wäre, könnte ich das Bild vervollständigen und feiner ausarbeiten, welches mir vorschwebt: nicht das irgendeines Landerwerbs, sondern das einer politischen Gesamtsituation, in welcher alle Mächte außer Frankreich unsrer bedürfen und von Koalitionen gegen uns durch ihre Beziehungen zueinander nach Möglichkeit abgehalten werden.

Zit. nach: Michael Stürmer (Hrsg.): Bismarck und die preußisch-deutsche Politik 1871–1890. München 1970, S. 100 f.

1 le cauchemar des coalitions (franz.): der Albtraum der Koalitionen
2 Gravitierung: Annäherung
3 Konspiration: Verschwörung

3 Bismarck zum Bündnis mit Österreich-Ungarn

Am 7. Oktober 1879 schlossen Österreich-Ungarn und Deutschland den geheimen Zweibund (**➔ s. M5*****). Dieses Bündnis sollte (nach dem Dreikaiserabkommen von 1873,*** **➔ s. Grundwissen S. 286 f.*****) der eigentliche Ausgangspunkt des Bismarck'schen Bündnissystems sein, das die deutsche Außenpolitik in den 1870er- und 1880er-Jahren auszeichnete. In einem Brief an Wilhelm I. äußert sich Bismarck am 31. August 1879 zum Bündnis mit Österreich:***

Es bedarf auch keines Beweises, dass wir, in der Mitte Europas, uns keiner Isolierung aussetzen dürfen. Meiner Überzeugung nach sind wir derselben aber ausgesetzt, wenn wir ihr nicht durch eine Defensivallianz mit Österreich vorbeugen. […] Ich halte einen Krieg mit Russland für das größte Übel […], schon weil es für uns kein Kampfziel hat, als nur die Abwehr eines barbarischen Angriffs. […] Das einzige wirksame Mittel, unseren Frieden sicherzustellen, sehe ich in einem Defensivbündnis zur Wahrung desselben. […] Meine amtliche Überzeugung geht dahin, dass wir das Bündnis nur zu schließen brauchen, um den Krieg zu verhindern. Russland wird Frieden halten, wenn es die deutschen Mächte ohne aggressive Tendenz zur Abwehr geeinigt weiß: Es wird aber in absehbarer Frist den Frieden brechen, wenn diese Einigung unterbleibt. […]

Wenn Österreich bei Deutschland keinen Schutz gegen unberechenbare Entschließungen Russlands findet, so wird es dem Bedürfnis, bei Frankreich Anlehnung zu suchen, auf die Dauer nicht widerstehen, denn England kann ihm auf dem Kontinente nicht hinreichenden Beistand leisten. […] Eine österreichisch-französische Intimität bürgt aber für Deutschland dieselben Gefahren wie eine österreichisch-russische; wie die Letztere durch Frankreich, so kann die Erstere jederzeit durch die launenhaften Entschließungen der russischen Politik zu einer erdrückenden Tripelallianz gegen Deutschland werden. Ein dauerndes Friedensbündnis zwischen Österreich und Deutschland würde allein die Möglichkeit der Herstellung jener bedrohlichen Tripelallianz aus dem Siebenjährigen Kriege verhindern können. An dieses Bündnis der beiden mitteleuropäischen Kaiserreiche würde England dann sehr gerne eine feste Anlehnung nehmen. Die einstweilen zunächstliegende Gefahr einer russisch-französischen Allianz gegen uns würde damit auch, soweit menschliche Kräfte reichen, beschworen sein. Das jetzige Frankreich würde sich jedenfalls zu einem Kriege gegen uns nur sehr schwer entschließen, wenn es befürchten müsste, England unter seinen Gegnern zu finden. […] Sind wir […] mit Österreich verbündet, so glaube ich, dass in erster Linie der russische Angriff überhaupt unterbleibt, und fände er dennoch statt, dass dann England uns mit Österreich zusammen stark genug findet, um sich uns beiden anzuschließen. Dann würde ein russischer Angriffskrieg vielleicht doch nicht auf Teilnahme Frankreichs rechnen können.

Zit. nach: Alfred Milatz (Hrsg.): Otto von Bismarck. Werke in Auswahl, 1877–1882. Bd. 6. Darmstadt 1976, S. 347 ff.

4 Bismarcks Bündnissystem bis 1890

5 Der Zweibund zwischen Österreich-Ungarn und Deutschland vom 7. Oktober 1879

Art. I. Sollte wider Verhoffen und gegen den aufrichtigen Wunsch der beiden Hohen Kontrahenten Eines der beiden Reiche von Seite Russlands angegriffen werden, so sind die Hohen Kontrahenten verpflichtet, einander mit der gesamten Kriegsmacht Ihrer Reiche beizustehen und demgemäß den Frieden nur gemeinsam und übereinstimmend zu schließen.

Art. II. Würde Eines der Hohen kontrahierenden Teile von einer anderen Macht angegriffen werden, so verpflichtet sich hiemit der andere Hohe Kontrahent, dem Angreifer gegen seinen hohen Verbündeten nicht nur nicht beizustehen, sondern mindestens eine wohlwollende neutrale Haltung gegen den hohen Mitkontrahenten zu beobachten. Wenn jedoch in solchem Falle die angreifende Macht von Seiten Russlands, sei es in Form einer aktiven Kooperation, sei es durch militärische Maßnahmen, welche den Angegriffenen bedrohen, unterstützt werden, so tritt die im Art. I dieses Vertrages stipulierte[1] Verpflichtung des gegenseitigen Beistandes mit voller Heeresmacht auch in diesem Fall sofort in Kraft und die Kriegführung der beiden Hohen Kontrahenten wird auch dann eine gemeinsame bis zum gemeinsamen Friedensschluss. [...]

Zit. nach: Rüdiger vom Bruch/Björn Hofmeister (Hrsg.): Deutsche Geschichte in Quellen und Darstellung. Bd. 8: Kaiserreich und Erster Weltkrieg 1871–1918. Stuttgart 2002, S. 78 f.

1 stipulieren: (vertraglich) vereinbaren

6 Denkschrift zum Rückversicherungsvertrag

1885 zerbrach der Dreikaiserbund von 1881 (➔ s. Grundwissen S. 287) zwischen Österreich-Ungarn, Russland und Deutschland an Konflikten zwischen der Donaumonarchie und dem russischen Kaiserreich. 1887 schloss Bismarck daher den geheimen „Rückversicherungsvertrag" mit Russland, der unter anderem Neutralität im Kriegsfall vorsah, außer bei einem Angriffskrieg gegen Frankreich oder Österreich-Ungarn. Aus den Instruktionen Bismarcks für Wilhelm I. vor einem Gespräch mit dem Zaren vom 10. November 1887:

2. Der Kampf geht heute [...] zwischen der Revolution und der Monarchie. Die Revolution hat Frankreich erobert, England berührt; sie ist stark in Italien und Spanien. Nur noch die drei Kaiserreiche vermögen ihr Widerstand zu leisten. Das republikanische Frankreich bedroht in erster Linie Deutschland. [...] Darf ein russischer Kaiser das republikanische Frankreich ermutigen, sein Vorschreiten gegen den Osten Europas vorbereiten und die deutschen Monarchien mit der französisch-russischen Allianz bedrohen? [...]

4. Wir haben freilich den [Rückversicherungs-]Vertrag, aber er ist nicht öffentlich, und während seiner Dauer bewaffnet man sich für seinen späteren Bruch. Die Haltung der Russen, die Bewegung ihrer Armee sind derart, annehmen zu lassen, dass der Vertrag nur das Mittel ist, um die Zeit zu gewinnen, die man braucht, um die russischen und französischen Rüstungen zu ergänzen. [...] Was kann bei diesem Spiel Russland und vor allem der Kaiser gewinnen? Er kann alles verlieren [...].

5. In der Zeit, in der wir leben [...], fordert es das Interesse der großen Monarchien, den Krieg zu vermeiden, weil heute die Nationen stets geneigt sind, ihre Regierungen für etwa erlittene militärische Rückschläge verantwortlich zu machen. [...] Sogar in Deutschland – wenn wir gegen jede Erwartung geschlagen werden sollten – würden die Aussichten der demokratischen oder sozialistischen Partei durch unsere Niederlage beträchtlich gewinnen. [...] Unter diesen Umständen würden die französischen Anarchisten, niemand könnte daran zweifeln, mit den deutschen Sozialisten und den revolutionären Elementen Russlands zusammengehen. [...] Im Ganzen würde der etwaige nächste Krieg viel weniger den Charakter eines Krieges von Regierung gegen Regierung als den eines Krieges der roten Fahne gegen die Elemente der Ordnung und Erhaltung haben.

Zit. nach: Bernhard Schwertfeger (Hrsg.): Die diplomatischen Akten des Auswärtigen Amtes. 1871–1914, Teil 1. Berlin 1927, S. 317–320.

Arbeitsvorschläge

○○● a) Stellen Sie die politische Situation in Europa zur Zeit der Reichsgründung dar und fassen Sie vor diesem Hintergrund Disraelis und Bismarcks Hauptthesen zur Situation in Europa und zur deutschen Außenpolitik zusammen (M1, M2).

○●●/●●● b) Charakterisieren Sie Bismarcks Außenpolitik auf Basis der Materialien M1–M6 und bewerten Sie sie im Hinblick auf Vorzüge und entstehende Probleme, auf ihr Deutschlandbild sowie auf ihre Auswirkungen auf die internationale Gesamtsituation der Zeit.

○●● c) Erläutern Sie, welche Interpretation des Mächteverhältnisses der europäischen Politiker Anton von Werner in seinem Gemälde M7 präsentiert.

●●● d) Die britische Karikatur „Der Lotse geht von Bord" (M8, S. 287) heißt im englischen Original „Dropping the pilot". Diskutieren Sie Bedeutungsunterschiede und entscheiden Sie anschließend begründet, welcher Titel Ihnen der historischen Situation angemessener erscheint.

Grundwissen: Außenpolitische Grundlagen des Deutschen Kaiserreichs

Misstrauen der anderen Mächte

→ 1 - 2 S. 282 f.

Die Einigung des Deutschen Reichs erfüllte einen Traum der großen Mehrheit der deutschen Bevölkerung. Die Großmächte in Europa – Großbritannien, Russland und Österreich-Ungarn – betrachteten das Deutsche Reich hingegen nicht ohne Misstrauen. Sie befürchteten, dass Deutschland die Vorherrschaft auf dem Kontinent anstreben und das bisherige politische Gleichgewicht zerstören könnte. Die unerwarteten Siege der preußischen Armee in drei Kriegen, die schnell wachsende Bevölkerung und die große Wirtschaftskraft des nun geeinten Reichs sowie Bismarcks Ruf, ein skrupelloser Machtpolitiker zu sein, ließen diese Sorgen berechtigt erscheinen.
Bismarck war sich über das Misstrauen der anderen Großmächte im Klaren. Er versicherte diesen daher immer wieder, das Deutsche Reich sei „saturiert", das heißt, es habe keine Absicht, weitere Gebiete in Europa zu erwerben. Diese Haltung war zunächst Ausdruck kluger Außenpolitik. Da der Reichskanzler glaubte, dass jede französische Regierung nach der als demütigend empfundenen Niederlage „die Revanche als ihre Hauptaufgabe" betrachten würde, war er allerdings auch darauf angewiesen, das Vertrauen der anderen Mächte zu gewinnen. Nur wenn Frankreich keinen Bündnispartner fand, isoliert blieb, schien die Zukunft des Reichs sicher.

7 „Der Berliner Kongress 1878"
Gemälde von Anton von Werner aus dem Jahr 1881. Bismarck schüttelt die Hand des russischen Diplomaten Graf Pjotr Andrejewitsch Schuwalow. Direkt links neben den beiden steht der Graf Gyula Andrássy als Vertreter Österreich-Ungarns.

Das Dreikaiserabkommen von 1873

Um das Deutsche Reich zu sichern, knüpfte Bismarck ein System aus defensiven Bündnisverträgen mit den anderen europäischen Monarchien. Ein erster Baustein dieses Systems war das Bemühen, eine Koalition zwischen den Verlierern von 1866 (Österreich-Ungarn) und 1870/71 (Frankreich) zu verhindern. Tatsächlich gelang nach einem Treffen zwischen Kaiser Wilhelm I., dem österreichischen Kaiser Franz Joseph I. und dem russischen Zaren Alexander II. in Berlin am 22. Oktober 1873 der Abschluss des sogenannten ⇒ Dreikaiserabkommens. Darin verständigten sich die Staatsoberhäupter unter anderem auf friedliche Absprachen im Falle gemeinsamer Unstimmigkeiten.

Die Krieg-in-Sicht-Krise von 1875

Bismarcks eigentliche Friedenspolitik sollte jedoch erst nach 1875 beginnen. Frankreichs Regierung verabschiedete in diesem Jahr ein Gesetz, das die Stärkung der französischen Armee beschloss. Am 8. April erschien dann in der regierungsnahen Berliner Zeitung „Die Post“ ein international beachteter Artikel mit dem Titel „Ist Krieg in Sicht?“, der die Möglichkeit eines Präventivkriegs in Betracht zog (bis heute wird in der historischen Forschung debattiert, ob dieser Artikel von Bismarck selbst stammte oder nicht). Die beiden Mächte Großbritannien und Russland brachten daraufhin zum Ausdruck, dass sie im Kriegsfall an der Seite Frankreichs stehen würden – Deutschland war außenpolitisch isoliert. Aus dieser verfahrenen Situation rettete Bismarck wenige Monate später der Aufstand in Bosnien und der Herzegowina gegen das Osmanische Reich.

Die Balkankrise 1875–1878 und der Berliner Kongress

1875 und 1876 entwickelten sich blutige Konflikte auf dem Balkan, bei denen sich nacheinander die Bevölkerungen Bosniens, der Herzegowina und später auch Serbiens gegen die dortige osmanische Herrschaft auflehnten. Diese ⇒ Balkankrise lenkte die Interessen der anderen Großmächte von der Mitte des Kontinents und damit von der Krieg-in-Sicht-Krise ab, sahen sie sich doch gezwungen, auf dem Balkan ihre höchst unterschiedlichen Interessen zu verteidigen.

Das Aufbrechen des „orientalischen Geschwürs“, wie es damals hieß, gab Bismarck Gelegenheit, die Leitgedanken seiner Außenpolitik unter Beweis zu stellen. Bei vorsichtigem Taktieren bot sich sogar die Möglichkeit, die Spannungen zwischen den anderen Großmächten zur Verbesserung der eigenen Lage auszunutzen. Als einzige Großmacht hatte das Deutsche Reich nämlich keine Interessen auf dem Balkan. Im Sommer 1878 kamen die Vertreter der beteiligten Mächte – Österreich-Ungarn, Frankreich, Großbritannien, Italien, das Russische Kaiserreich und das Osmanische Reich – in Berlin zusammen, um einen drohenden Krieg der Großmächte durch Verhandlungen zu verhindern und die orientalische Frage zumindest vorläufig zu lösen. Bismarck konnte sich dort als „ehrlicher Makler“ positionieren: Der ⇒ Berliner Kongress, auf dem eine neue Friedensordnung für Südosteuropa ausgehandelt wurde, war ein eindrucksvoller Beweis für Bismarcks Politik des Augenmaßes, der Mäßigung und des Verzichts auf weitere Expansion.

Bismarcks Bündnissystem

Trotz des für Bismarck erfolgreichen Berliner Kongresses war der Balkankonflikt nicht wirklich gelöst worden. Russland, das den ersehnten Zugang zum Mittelmeer nicht zugestanden bekommen hatte, fühlte sich um seinen Sieg über das schwache Osmanische Reich betrogen. Auch war eine Entspannung der Beziehungen zwischen Deutschland und Frankreich keineswegs in Sicht. Und das Dreikaiserabkommen von 1873 hatte mit der Balkankrise seine Gültigkeit verloren.

→ 3 - 6 S. 283 f.

Seit 1879 errichtete Bismarck daher ein kompliziertes System von Bündnissen. 1879 handelte er mit Österreich-Ungarn den geheimen Zweibund aus. Er sah bei einem Angriff Russlands auf einen der Partner militärischen Beistand vor. Bei einem Angriff anderer Mächte wurde wohlwollende Neutralität vereinbart. 1882 wurde das Bündnis durch Aufnahme Italiens zum Dreibund erweitert.
1881 ersetzte der Dreikaiserbund zwischen Deutschland, Österreich-Ungarn und Russland, zu dem sich die politischen Beziehungen entspannt hatten, das Dreikaiserabkommen von 1873. Im Zuge einer weiteren Krise um den österreichisch-ungarischen Einfluss in Bulgarien zerbrach der Dreikaiserbund 1885, was Bismarcks Bündnissystem empfindlich beschädigte. Die nun folgenden von ihm ausgehandelten Bündnisse werden daher als „System der Aushilfen" bezeichnet.
Unter schwierigen Verhandlungen erreichte der deutsche Reichskanzler 1887 einen geheimen deutsch-russischen Rückversicherungsvertrag. Beide Mächte versicherten sich darin der Neutralität im Kriegsfall. Ausgenommen waren dabei ein Angriffskrieg gegen Frankreich und/oder gegen Österreich-Ungarn.

8 „Der Lotse geht von Bord"
Karikatur von Sir John Tenniel aus dem britischen Satiremagazin Punch vom 29. März 1890.

Kritik am Bündnissystem

Trotz neuer Krisen in den 1880er-Jahren trugen Bismarcks Bündnisse dazu bei, den Frieden in Europa zu wahren. In einer Zeit, in der die anderen Großmächte sich auszudehnen begannen (→ s. Kap. 7), beurteilten viele Zeitgenossen Bismarcks Politik jedoch zunehmend kritisch. Sie wollten nicht einsehen, dass dem Deutschen Reich verboten bleiben sollte, was die anderen vormachten. Und tatsächlich ist es unter Historikern heute eine umstrittene Frage, wie lange dieses System angesichts der sich wandelnden internationalen Rahmenbedingungen im Zeitalter des Imperialismus, der immer wieder aufbrechenden Gegensätze zwischen den beiden Bündnispartnern Russland und Österreich auf dem Balkan und schließlich des Wiederauflebens des Revanchegedankens in Frankreich noch aufrechtzuerhalten war.

Die Zeit nach Bismarck

Bismarcks Bündnisgeflecht zerfiel 1890. Seit 1888 regierte der bei seiner Thronbesteigung 29-jährige Wilhelm II., der Enkel des im gleichen Jahr verstorbenen Wilhelm I. Anders als sein Großvater war Wilhelm II. nicht bereit, dem inzwischen über 70-jährigen Bismarck die Innen- und Außenpolitik Deutschlands zu überlassen. 1890 drängte er Bismarck zum Rücktritt. In der Außenpolitik begann damit eine neue Ära. Die Vernachlässigung Russlands führte bereits 1892 zu einem französisch-russischen Bündnis, während sich gleichzeitig die deutsch-britischen Beziehungen zu verschlechtern begannen. Durch die rasante Industrialisierung war das Deutsche Reich wirtschaftlich zum Hauptkonkurrenten Englands aufgestiegen (→ s. Kap. 6.2). Hinzu kam die von Wilhelm II. im Zuge seiner „Platz an der Sonne"-Idee betriebene Flotten- und Kolonialpolitik, die der bisherigen defensiven Außenpolitik Hohn sprach (→ s. Kap. 7.3). Unter Federführung des Admirals Alfred Freiherr von Tirpitz begann eine umfangreiche Aufrüstung der Seestreitkräfte, was ab der Jahrhundertwende in einem Wettrüsten zur See mündete (→ s. Kap. 8.1).

5.4 Gesellschaft im Kaiserreich

A) Inwiefern lässt sich das Deutsche Kaiserreich als Klassengesellschaft definieren?
B) Welche gesellschaftliche Position nahmen das Militär, Frauen und Juden im Deutschen Kaiserreich ein?

Militarismus im Kaiserreich

1 „Der hohe Rang des Offiziersstands“

Durch die Siege in den Einigungskriegen 1864–1871 hatte das Militär an Prestige gewonnen. Das Offizierkorps verstand sich als höchste Klasse und als Staat im Staate. Dies führte zu einem Militarismus, der bald das Alltagsleben im Deutschen Kaiserreich prägte. Aus einer Artikelserie des Militär-Wochenblatts von 1889:

In keinem anderen Lande der Welt steht der Offiziersstand auf einer so hohen Stufe, nimmt er auf der Skala der menschlichen Gesellschaft einen so hohen Rang, eine so angesehene und geachtete Stellung ein als in Deutschland. […]

Wenn der Offiziersberuf jetzt nicht mehr wie früher das Monopol des Adels ist, so dürfen doch nur Ebenbürtige, nur Ritter vom Geiste und Kavaliere von Erziehung und Gesinnung Mitglieder und Genossen dieses bevorzugten Standes sein. […]

Beide, der bürgerliche sowohl wie der adelige Offizier, vertreten das gleiche Prinzip, die aristokratische Weltanschauung gegen die demokratische. […]

Die dem Urgedanken des Offiziersstandes entstammenden Gesinnungen sind: dynastischer Sinn, unbedingte Treue gegen die Person des Monarchen, erhöhter Patriotismus, Erhaltung des Bestehenden, Verteidigung der seinem Schutze anvertrauten Rechte seines Königs und Bekämpfung vaterlandsloser, königsfeindlicher Gesinnung. […]

Die Stellung als Offizier erfordert gebieterisch eine Missbilligung aller jener politischen Richtungen, welche das Königtum von Gottes Gnaden bekämpfen oder seine ihm zustehenden Rechte verkürzen möchten; aller Tendenzen, welche in ihren Konsequenzen zur Leugnung aller göttlichen und menschlichen Autorität, zur Auflösung aller bestehenden Ordnungen, zur Untergrabung des Rechtes führen.

Zit. nach: Gerhard A. Ritter (Hrsg.): Das Deutsche Kaiserreich 1871–1914. Ein historisches Lesebuch. 5. Aufl. Göttingen 1992, S. 92–94.

2 Zeitgenössische Postkarte mit Kaiser Wilhelm II. und seiner Familie

Die Bildunterschrift lautet: „Guten Morgen, Majestät! Kompagnie zur Stelle!“

Die Frauenbewegung im Kaiserreich

3 Ziele der Frauenbewegung

Das Kaiserreich war eine männlich dominierte Gesellschaft. Doch immer mehr Frauen wehrten sich gegen die Diskriminierung ihres Geschlechts. Aus dem Programm von 1905 des 1865 gegründeten Allgemeinen Deutschen Frauenvereins:

Die Frauenbewegung setzt sich somit das Ziel: den Kultureinfluss der Frau zu voller innerer Entfaltung und freier sozialer Wirksamkeit zu bringen. […]

I. Bildung: […] a) obligatorische Fortbildungsschulen für alle aus der Volksschule entlassenen Mädchen; b) eine Reorganisation der höheren Mädchenschule, durch

4 Plakat zum Frauenwahltag am 8. März 1914
Plakattext: „Den Frauen, die als Arbeiterinnen, Mütter und Gemeindebürgerinnen ihre volle Pflicht erfüllen, die im Staat wie in der Gemeinde ihre Steuern entrichten müssen, hat Voreingenommenheit und reaktionäre Gesinnung das volle Staatsbürgerrecht bis jetzt verweigert. Dieses natürliche Menschenrecht zu erkämpfen, muss der unerschütterliche, stete Wille jeder Frau, jeder Arbeiterin sein. Hier darf es kein Ruhen, kein Rasten geben. Kommt daher alle, ihr Frauen und Mädchen, in die am Sonntag den 8. März 1914 nachmittags 3 Uhr stattfindenden 9 öffentl. Frauen-Versammlungen."

welche diese, unbeschadet ihrer dem Wirkungskreise der Frau entsprechenden Besonderheit, den höheren Knabenschulen gleichwertig wird. […] c) unbeschränkte Zulassung ordnungsmäßig vorgebildeter Frauen zu allen wissenschaftlichen, technischen und künstlerischen Hochschulen.

II. Berufstätigkeit: Die Frauenbewegung betrachtet für die verheiratete Frau den in der Ehe und Mutterschaft beschlossenen Pflichtenkreis als ersten und nächstliegenden Beruf. […]

In Anbetracht der großen Zahl von Frauen, die unverheiratet bleiben, und der weiteren Zahl derer, die in der Ehe keine ausreichende wirtschaftliche Versorgung finden können, ist die Berufsarbeit der Frau eine wirtschaftliche und sittliche Notwendigkeit. Die Frauenbewegung betrachtet die berufliche Frauenarbeit aber auch in weiterem Sinne und unabhängig von jeder äußeren Notwendigkeit als Kulturwert, da auch die Frau Träger hervorragender spezifischer Begabung sein kann und bei vollkommen freier Entfaltung ihrer Fähigkeiten auf vielen Gebieten geistiger und materieller Tätigkeit Aufgaben finden wird, die sie ihrer Natur nach besser lösen kann als der Mann. – In Bezug auf die wirtschaftliche Bewertung der beruflichen Frauenarbeit vertritt die Frauenbewegung den Grundsatz: gleicher Lohn für gleiche Leistung.

III. Ehe und Familie: Die Frauenbewegung sieht in der Heiligkeit der Ehe die wesentlichste Bürgschaft für das körperliche und geistige Wohl der Nachkommenschaft und die Grundbedingung sozialer Gesundheit. Sie legt in Bezug auf die sexuelle Sittlichkeit Männern und Frauen gleiche Pflichten auf und bekämpft die doppelte Moral, die einerseits dem Manne eine in jeder Hinsicht verhängnisvolle sexuelle Freiheit gewährt, andererseits die Frau mit ungerechter Härte trifft. Sie fordert für die Frau als Leiterin des Hauses und Erzieherin der Kinder, dass sie im Einklang mit der Höhe ihrer Verpflichtung und dem Wert ihrer Leistungen auch rechtlich die gleiche Verantwortung in allen Angelegenheiten der Ehe und der Familie trage wie der Mann. […]

IV. Öffentliches Leben, Gemeinde und Staat: Im Einzelnen erstrebt die Frauenbewegung nach Maßgabe der durch den Stand der sozialen Entwicklung gegebenen Möglichkeiten folgende Ziele: a) Zulassung der Frauen zu verantwortlichen Ämtern in Gemeinde und Staat, vor allem solchen, die zu den Interessen der Frauen in besonders nahen Beziehungen stehen […]. b) Zuziehung der Frauen zur Vertretung der Laien bei der Rechtspflege […]. c) Beseitigung der vereinsrechtlichen Beschränkungen der Frau. d) Teilnahme der Frauen am kirchlichen Wahlrecht. e) Teilnahme der Frauen am kommunalen Wahlrecht. f) Teilnahme der Frauen am politischen Wahlrecht.

Zit. nach: Rüdiger vom Bruch/Björn Hofmeister (Hrsg.): Deutsche Geschichte in Quellen und Darstellung. Bd. 8: Kaiserreich und Erster Weltkrieg 1871–1918. Stuttgart 2002, S. 137–140.

Antijudaismus und Antisemitismus im Kaiserreich

5 Heinrich von Treitschke: „Die Juden sind unser Unglück!"

Obwohl Bürger jüdischen Glaubens seit 1871 rechtlich gleichgestellt waren, blieben sie im Kaiserreich Opfer von Diskriminierungen und antijüdischen Anfeindungen. Zwischen 1879 und 1881 entbrannte der sogenannte „Berliner

Antisemitismusstreit" um den Einfluss des Judentums im Kaiserreich. Der nationalliberale Historiker Heinrich von Treitschke (1834–1896) äußerte sich 1879 dazu wie folgt:

Was wir von unseren israelitischen Mitbürgern zu fordern haben, ist einfach: Sie sollen Deutsche werden, sich schlicht und recht als Deutsche fühlen – unbeschadet ihres Glaubens und ihrer alten heiligen Erinnerungen, die uns allen ehrwürdig sind; denn wir wollen nicht, dass auf Jahrtausende germanischer Gesittung ein Zeitalter deutsch-jüdischer Mischkultur folge. Es wäre sündlich zu vergessen, dass sehr viele Juden, getaufte und ungetaufte, [...] deutsche Männer waren im besten Sinne, Männer, in denen wir die edlen und guten Züge deutschen Geistes verehren. Es bleibt aber ebenso unleugbar, dass zahlreiche und mächtige Kreise unseres Judentums den guten Willen, schlechtweg Deutsche zu werden, durchaus nicht hegen. [...] Ich glaube jedoch, mancher meiner jüdischen Freunde wird mir mit tiefem Bedauern Recht geben, wenn ich behaupte, dass in neuester Zeit ein gefährlicher Geist der Überhebung in jüdischen Kreisen erwacht ist, dass die Einwirkung des Judentums auf unser nationales Leben, die in früheren Tagen manches Gute schuf, sich neuerdings vielfach schädlich zeigt. [...]
Überblickt man alle diese Verhältnisse – und wie vieles ließe sich noch sagen! –, so erscheint die laute Agitation des Augenblicks doch nur als eine brutale und gehässige, aber natürliche Reaktion des germanischen Volksgefühls gegen ein fremdes Element, das in unserem Leben einen allzu breiten Raum eingenommen hat.[...] Bis in die Kreise der höchsten Bildung hinauf, unter Männern, die jeden Gedanken kirchlicher Unduldsamkeit oder nationalen Hochmuts mit Abscheu von sich weisen würden, ertönt es heute wie aus einem Munde: Die Juden sind unser Unglück!

Heinrich von Treitschke: Unsere Aussichten. Preußische Jahrbücher 44, 1879. Zit. nach: Der „Berliner Antisemitismusstreit" 1879–1881. Teil 1. Bearb. v. Karsten Krieger. München 2003, S. 12–14.

6 Theodor Mommsen: „Auch ein Wort über unser Judenthum"

Der liberale Historiker Theodor Mommsen (1817–1903) antwortete im Dezember 1880 auf Treitschke in einem Aufsatz:

Das ist der eigentliche Sitz des Wahnes, der jetzt die Massen erfasst hat, und sein rechter Prophet ist Hr. v. Treitschke. Was heißt das, wenn er von unseren israelitischen Mitbürgern fordert, sie sollen Deutsche werden? Sie sind es ja, so gut wie er und ich. Er mag tugendhafter sein als sie; aber machen die Tugenden den Deutschen? Wer gibt uns das Recht, unsere Mitbürger dieser oder jener Kategorien wegen der Fehler, welche im Allgemeinen dieser Kategorie, es sei auch mit Recht, zur Last gelegt werden, aus der Reihe der Deutschen zu streichen? Wie scharf man die Fehler dieser Mitbürger empfinden, wie schroff man über alle Milderungsgründe sich hinwegsetzen mag, immer wird man logisch wie praktisch höchstens dahin kommen, die Juden für Deutsche zu erklären, welche im Punkte der Erbsünde doppelt bedacht worden sind. [...] Es muss in die Auffassung der Ungleichheit, welche zwischen den deutschen Okzidentalen und dem semitischen Blut allerdings besteht, größere Klarheit und Milde kommen. Wir, die eben erst geeinte Nation, betreten mit dem Judenkrieg eine gefährliche Bahn. Unsere Stämme sind recht sehr ungleich. Es ist keiner darunter, dem nicht spezifische Fehler anhaften, und unsere gegenseitige Liebe ist nicht so alt, dass sie nicht rosten könnte. Heute gilt es den Juden [...]. Morgen wird vielleicht bewiesen, dass genau genommen jeder Berliner nicht besser sei als ein Semit. Noch etwas weiter hin, und der Pommer fordert die Erstreckung der Statistik auf die Windbeutelei und hofft, durch Zahlen zu beweisen, dass dann in den westlichen Provinzen ein doppelter Prozentsatz sich herausstellen werde. Es wäre das nicht der ungeschickteste Weg, um die Einheit unserer Nation zu untergraben.

Theodor Mommsen: Auch ein Wort über unser Judenthum. Berlin 1880. Zit. nach: Der „Berliner Antisemitismusstreit" 1879–1881. Teil 2. Bearb. v. Karsten Krieger. München 2004, S. 700 f.

Arbeitsvorschläge

○●● a) Arbeiten Sie mithilfe von M1 und M2 gesellschaftliche Leitbilder des Kaiserreichs heraus.

○●● b) Charakterisieren Sie das Frauen- und Familienbild, das in der Postkarte M2 transportiert wird. Stellen Sie es den Forderungen des Allgemeinen Deutschen Frauenvereins (M3) und des Plakats M4 für verschiedene Lebensbereiche der Frauen gegenüber.

○●● c) Stellen Sie die Positionen von Treitschke und Mommsen gegenüber und überlegen Sie, welche Gründe diese zu ihren Positionen bewogen haben könnten. Zeigen Sie anhand der Materialien, welche Ängste in der wilhelminischen Gesellschaft vorherrschen und wie diese sprachlich ausgedrückt werden. Schließen Sie hieraus auf den Charakter dieser Gesellschaft insgesamt. (M5, M6)

Grundwissen: Gesellschaft im Kaiserreich

Die Klassengesellschaft und ihre Werte und Normen

Das Deutsche Kaiserreich war eine Klassengesellschaft: Adel, Bürgertum und Arbeiterschaft waren streng voneinander geschieden. Überlieferte wie auch neue Hierarchien und Rangordnungen, starre Normen und die stetige Betonung von Werten wie Pflicht, Respekt und Gehorsam kennzeichneten den Alltag der Menschen. Möglichkeiten des Aufstiegs von einer in die andere Schicht waren eng begrenzt. Bürgertum und Arbeiter lebten weitgehend voneinander getrennt in eigenen Wohnvierteln in den Städten, und auch auf dem Lande gab es große Unterschiede zwischen den Häusern der Groß- bzw. Kleinbauern und denen der Landarbeiter. Nach der Jahrhundertwende begann sich zwar ein Wandel in den Sozialbeziehungen abzuzeichnen; die Klassengegensätze konnten aber bis zum Untergang des Kaiserreichs am Ende des ⇨ Ersten Weltkriegs nicht überwunden werden.

Der Adel

Der Adel war trotz des Durchbruchs der Industrialisierung und des damit verbundenen Aufstiegs des Bürgertums weiterhin die bedeutendste Schicht. In Politik, Diplomatie, Verwaltung und Militär spielte er eine führende Rolle. Besonders groß war sein Einfluss auf dem Lande. Der Besitz großer Landgüter und überkommene Herrschaftsverhältnisse sicherten dem Adel dort seine Stellung. Neben diesen adligen Großgrundbesitzern, die ihre Güter mithilfe einer großen Zahl von Landarbeitern und in zunehmendem Maße auch mit modernen Maschinen bewirtschafteten, sowie einer kleinen Gruppe von adligen Großunternehmern gehörten zum Adel auch jene, die in den Städten lebten und im Vergleich zu vielen Standesgenossen ein eher bescheidenes Leben führten. Ihr Titel verschaffte ihnen gleichwohl Ansehen, Respekt und gesellschaftlichen Einfluss.

Das Bürgertum

Das Bürgertum war im Vergleich zum Adel eine große, keineswegs aber homogene Schicht. Es bestand aus Großbürgern – Unternehmern, Bankiers und Händlern –, die teilweise über große Vermögen verfügten, und Bildungsbürgern, die aufgrund ihrer Ausbildung einflussreiche Positionen in Staat und Gesellschaft innehatten. Dabei handelte es sich zumeist um Rechtsanwälte, Professoren, Ärzte und Lehrer sowie Beamte in höheren Positionen. Kleine Händler und Handwerker, Beamte in niedrigeren Positionen und Angestellte waren Angehörige des Kleinbürgertums. Auch wenn die Unterschiede zwischen Groß- und Kleinbürgern teilweise erheblich waren, verband sie doch ein gemeinsames Normengefüge von Werten und Pflichten.

Arbeiter

Mit der Industrialisierung einher ging die Bildung einer neuen sozialen Schicht, der Arbeiterschaft (➔ **s. Kap. 6.3 und 6.4**). Harte Arbeitsbedingungen, niedrige Löhne und schlechte Wohnverhältnisse kennzeichneten den Alltag der meisten Arbeiter und ihrer Familien. Zu diesem Leben am Rande des Existenzminimums kam die gleichzeitige Ausgrenzung aus der Gesellschaft und die Verweigerung politischer Rechte. Möglichkeiten zum Aufstieg gab es allenfalls innerhalb der Arbeiterschaft, das heißt vom „einfachen" Arbeiter zum Vor- oder Facharbeiter. In vielen Bundesstaaten und auch in den meisten Städten waren die Arbeiter durch Wahlordnungen, die bewusst die Besitzenden begünstigten, weitgehend von der Teilhabe am politischen Willensbildungsprozess ausgeschlossen. Die Mitglieder der einzigen Partei, die sich für ihre Interessen einsetzte, die SAP bzw. SPD, wurden annähernd zwei Jahrzehnte

7 Straßenszene in Berlin um 1900
Das Deutsche Kaiserreich war ein Land der Gegensätze: Verkrustete politische und soziale Strukturen stießen auf Erfindergeist und geschäftiges modernes Stadtleben wie hier in Berlin, Ecke Unter den Linden/Friedrichstraße. Koloriertes Foto um 1900.

lang verfolgt. Nach dem Ende des Sozialistengesetzes änderte sich an der Ausgrenzung nur wenig, auch wenn bürgerliche Wertvorstellungen und Verhaltensweisen allmählich Teile der Arbeiterschaft zu beeinflussen begannen.
Kennzeichen dieser Ausgrenzung waren auch die Arbeiterwohnviertel in den wachsenden Städten. Mittelpunkt des sozialen Lebens der Arbeiter waren in ihren Vierteln eigene Vereine für Sport, Bildung und Geselligkeit sowie die Organisationen der SPD und der Gewerkschaften.

Bauern und Landarbeiter

Auf dem Land lebten adlige Großgrundbesitzer, Groß- und Kleinbauern sowie Landarbeiter und Tagelöhner nebeneinander. Die Größe des Besitzes, Herkunft und überlieferte soziale Beziehungen waren ausschlaggebend für die Stellung des Einzelnen. Am schlechtesten gestellt waren Landarbeiter und Tagelöhner: Zumeist verfügten sie über keinen eigenen Besitz, ihre Einkommen waren niedrig und auch ihre Stellung gegenüber den Gutsbesitzern hatte sich trotz der Reformen zu Beginn des 19. Jahrhunderts nur wenig geändert. Tausende wanderten daher in die Städte, um sich dort den Traum von einem besseren Leben zu erfüllen.

Militär und Militarismus

→ 1 - 2 S. 288

Ein Kennzeichen der Gesellschaft des Kaiserreichs war die besondere und bis zuletzt unangefochtene Stellung des Militärs. Verantwortlich dafür waren die eigentümliche Verschmelzung von Staat und Militär und die damit verbundene Aussöhnung von Bürgertum und Militär im Zuge der Einigungskriege. Diese Entwicklung hatte insofern eine soziale Militarisierung zur Folge, als dass militärische Denkmuster seitdem auf das zivile Leben übertragen worden waren. Schule, Verwaltung und auch viele Unternehmen orientierten sich an militärischen Verhaltensmustern und Normen, allen voran unbedingter Gehorsam und Pflichterfüllung. Paraden, Aufmärsche und die Einweihung von Denkmälern zur Erinnerung an militärische Siege oder an große „Helden" waren fester Bestandteil der öffentlichen Festkultur. Damit einher ging eine allgemeine Anerkennung der Stellung des Offiziers: Bürgerliche Kreise, vor allem Akademiker kopierten dessen Haltung, Sprech- und Denkweise; das Reserveoffizierpatent galt ihnen bald als unabdingbare Auszeichnung auf dem Weg zu gesellschaftlichem und politischem Einfluss. Jugendwehr-, Turn- und Sportvereine ergänzten diese Militarisierung von Kindesbeinen an und versuchten, Kinder soldatisch zu erziehen und auf kommende Kriege vorzubereiten.

Rosa Luxemburg (1870–1919)
Im polnischen Teil Russlands als Rozalia Luksenburg geborene Vertreterin der europäischen Arbeiterbewegung. SPD-Mitglied 1898–1914, 1914 Mitbegründerin des Spartakusbunds. Ermordet 1919. Foto um 1905.

Frauen fordern ihre Rechte

Im Kaiserreich forderte eine wachsende Zahl von Frauen politische und gesellschaftliche Gleichberechtigung. Viele waren nicht mehr bereit, das männliche Idealbild der Frau, die sich allein um die Kinder und den Haushalt kümmert, zu akzeptieren. Verantwortlich für dieses Streben nach Emanzipation waren auch die Wandlungsprozesse in der Gesellschaft. So galt Frauenarbeit in bürgerlichen Kreisen zwar als nicht standesgemäß, dennoch arbeiteten vor allem unverheiratete Frauen aus diesen Kreisen als Lehrerinnen, Sekretärinnen oder Telefonistinnen. Größer war die Zahl der berufstätigen Frauen aus der Arbeiterschicht. Ohne deren Einkommen konnten viele Familien nicht überleben. Klassische Heimarbeit oder einfache Arbeiten in der Textilindustrie prägten ihr Berufsleben. Der größte Anteil der Lohnempfängerinnen fand sich allerdings in der Landwirtschaft und in bürgerlichen Haushalten, bei denen Frauen als Dienstbotinnen angestellt waren.
Die Löhne, die den Frauen gezahlt wurden, waren in der Regel erheblich niedriger als die der Männer. Diese besetzten zudem alle führenden Positionen und besaßen in der Arbeitswelt mehr Rechte. Frauen aus dem Bürgertum wie auch aus der Arbeiterschaft forderten daher immer deutlicher ihre Gleichberechtigung mit den Männern. Kleine Fortschritte konnten sie schließlich auch verzeichnen: Das Reichsvereinsrecht erlaubte ihnen seit 1908, sich zu versammeln und sich politisch zu betätigen. Zum Studium an den Universitäten wurden sie nun ebenfalls zugelassen. Das allgemeine ⇨ Frauenwahlrecht hingegen, das ein Hauptziel der proletarischen Frauenbewegung um Clara Zetkin und Rosa Luxemburg war, erhielten sie erst 1919 nach dem Untergang des Kaiserreichs.

Clara Zetkin (1857–1933)
Sozialistische Politikerin (SAP/SPD 1878–1917, USPD/KPD 1917–1933) und Frauenrechtlerin. Reichstagsabgeordnete der KPD von 1920–1933. Foto um 1890.

→ 5 - 6 S. 289 f.

Antijudaismus und Antisemitismus

Die jüdische Emanzipation war seit der Französischen Revolution ein politisches Thema in Europa. Nachdem es ab 1800 unter Napoleon in den linksrheinischen Gebieten zur Judenemanzipation gekommen war, erließen auch die meisten anderen deutschen Staaten Gesetze zur rechtlichen Gleichstellung. Diese wurden allerdings nach den Befreiungskriegen und dem Wiener Kongress in allen Staaten zurückgenommen. 1869 wurde dann im Norddeutschen Bund ein Gesetz zur Gleichstellung erlassen, das 1871 auf das ganze Deutsche Reich ausgedehnt wurde.
Trotz der rechtlichen Gleichstellung waren die in Deutschland lebenden Juden Opfer von Diskriminierungen. In Verwaltung und Militär hatten sie nur geringe Aufstiegsmöglichkeiten. Hinzu kam, dass antijüdische Vorurteile sich seit der Gründerkrise von 1873 (→ s. Kap. 6.3) zeitweise rasch verbreiteten und auf Zustimmung bei einzelnen Parteien, Verbänden und namhaften Politikern oder normalen Bürgern stießen. Wie im Mittelalter machten sie die Juden für alle Fehlentwicklungen und Krisen verantwortlich. Teilweise erhoben sie daher sehr weitgehende Forderungen, um den Einfluss der deutschen Juden in der Gesellschaft weiter zurückzudrängen. Dabei begann ein zunehmend aggressiver, rassisch „fundierter" ⇨ Antisemitismus den bisherigen christlichen ⇨ Antijudaismus abzulösen. Doch so lautstark die Antisemiten im Kaiserreich auch auftraten, so wenig sollte übersehen werden, dass es sich – anders als im nationalsozialistischen Deutschland ab 1933 (→ s. Kap. 9) – nicht um eine Massenbewegung handelte.

Testen Sie Ihre Sachkompetenz

a) Welche Mächte standen zu Bismarcks Regierungszeit mit dem Deutschen Kaiserreich in Bündnissen?

1) England/Russland/Spanien
2) Österreich-Ungarn/Italien/Osmanisches Reich
3) Russland/Frankreich/Österreich-Ungarn
4) England/Italien/Österreich-Ungarn
5) Italien/Russland/Österreich
6) Spanien/Italien/Frankreich

b) Hätten Sie im Kaiserreich leben mögen? Beantworten Sie diese Frage, indem Sie sich in folgende Rollen hineinversetzen. Begründen Sie Ihre Wahl und Ablehnungen:

- ein rheinischer katholischer Priester
- ein Gewerkschaftsführer aus dem Ruhrgebiet
- eine unverheiratete Pianistin
- ein General der preußischen Armee
- ein jüdischer Arzt
- ein Eigentümer einer großen pommerschen Werft
- ein ehemaliger Barrikadenkämpfer von 1848
- eine Industriearbeiterin Mitte 30
- ein Monarch eines norddeutschen Fürstentums
- die Gattin des norddeutschen Monarchen

Geschichte kreativ

a) Im Jahr 1883 wurde im Deutschen Kaiserreich die allgemeine Krankenversicherung eingeführt. Gestalten Sie dazu in Einzelarbeit eine Werbeanzeige im DIN-A4-Format im Stil der 1880er-Jahre für eine große Tageszeitung (ein authentisches Beispiel für übliche Stil- und Gestaltungsmittel der 1880er-Jahre sehen Sie in Abbildung M1). Preisen Sie in Ihrer Werbeanzeige die Krankenversicherung an.

1 Anzeige von 1884 für „Hinde's Locken-Nadeln"

Operatoren-Training

(alle Operatoren auf einen Blick finden Sie auf S. 634–641)

a) AFB I, Operator „schildern“:

Schildern Sie den Gründungsakt des Deutschen Kaiserreichs.

Hinweise: Der Operator „schildern“ verlangt genauso wie der Operator „skizzieren“, dass Sie historische Sachverhalte, Probleme oder Aussagen erkennen und zutreffend formulieren.

b) AFB II, Operator „begründen“:

Begründen Sie die auf Bismarck gemünzte Bezeichnung „der Eiserne Kanzler“.

Hinweise: Der Operator „begründen“ verlangt, dass Sie Aussagen (zum Beispiel Urteile, Thesen, Wertungen) durch Argumente stützen, die auf historischen Beispielen und anderen Belegen gründen.

c) AFB III, Operator „beurteilen“:

Beurteilen Sie vor dem Hintergrund von Augsteins Äußerungen Bismarcks Bedeutung für die Gründung des deutschen Nationalstaats.

Material zur Aufgabe:

Bismarcks dauerhafteste Leistung hat er mit Sicherheit nicht gewollt: Er hat zwischen Oder und Neiße und dem Rhein ein Staatsvolk entstehen lassen, das ohne jeden Defekt ist, was sein Zusammengehörigkeitsgefühl betrifft. Dass er eine Gesellschaft nach seinem Bilde geschaffen habe, und eine Gemeinschaft von Nationen, deren Verhalten zueinander von seinen Maximen beseelt gewesen sei – das kann ich dem Essayisten Kissinger nicht abnehmen. Bismarck interessierte der Staat, dazu der Großgrundbesitz, nicht die Gesellschaft.

Ein weißer Revolutionär? Man kann es so sehen. Ein roter Revolutionär? Ebenso. [...] „In manchem Betracht ein vorurteilsloser, nicht selten ein skrupelloser Opportunist.“ Dies Urteil des Bismarck-Verehrers Hans Rothfels trifft zu.

Ob es andere Methoden für seine kleindeutsche Lösung gegeben hätte, friedlich gar, wie der Kronprinz glaubte, steht dahin. Fest steht in Bismarcks, dieses Zauberkünstlers und Kunstwerklers Fall, dass sein Reich samt seinem Vaterland Preußen an eben jenen Methoden zugrunde ging, mit denen er es zu schnell, zu gewaltsam und zu opportunistisch errichtet hatte. Laut Tacitus kann ein Reich immer nur mit den gleichen Mitteln erhalten werden, mit denen es begründet wurde.

Wir wissen nun, dass Bismarcks Reich tot ist.

Rudolf Augstein: Otto von Bismarck. Frankfurt/M. 1990, S. 46 f.

Hinweise: Der Operator „beurteilen“ sieht vor, dass Sie den Stellenwert historischer Sachverhalte in einem Zusammenhang bestimmen, um ohne persönlichen Wertebezug zu einem begründeten Sachurteil zu gelangen.

Lösungsvorschläge zum Operatoren-Training

zum Arbeitsvorschlag a), Operator „schildern“:

Die von Bismarck mitprovozierte Kriegserklärung Frankreichs an Preußen war der Beginn des Deutsch-Französischen Kriegs. In diesem Krieg stellten sich die süddeutschen Staaten aufgrund von Geheimverträgen auf Preußens Seite, und besiegten Frankreich gemeinsam im September 1870. Dieser Sieg gestattete im Januar 1871 die Ausrufung des preußischen Königs zum „Deutschen Kaiser“, unter Anwesenheit und Zustimmung der anderen deutschen Fürsten. Nach dem Vorbild und in engster Anlehnung an die bereits bestehende Verfassung des Norddeutschen Bunds wurde ebenfalls im Januar 1871 die erste Verfassung des neuen Deutschen Kaiserreichs in Kraft gesetzt. Damit war der Gründungsakt des Deutschen Kaiserreichs vollzogen.

zum Arbeitsvorschlag b), Operator „begründen“:

Hier wäre an Beispielen zu verdeutlichen, was an der Persönlichkeit und den Aktionen Bismarcks als „eisern“ bezeichnet werden könnte. Vor allem kommt dabei der Hinweis auf seinen autoritären Umgang mit dem Parlament in Preußen und im Reich in Frage, aber auch seine restriktive Politik gegen die Katholiken im Kulturkampf und gegen die Sozialdemokraten zur Zeit der Sozialistengesetze. Auch seine Außenpolitik, in der er die Reichseinigung „mit Eisen und Blut“ in drei Kriegen erzwang, kann die Bezeichnung „eisern“ stützen. Letztlich kommt aber in dem Ausdruck „Eiserner Kanzler“ auch eine Bewunderung zum Ausdruck, die Bismarck eine „eiserne Entschlossenheit“ anzudichten versucht, etwa bei seiner Politik zur Einigung Deutschlands und der Deutschen.

zum Arbeitsvorschlag c), Operator „beurteilen“:

Augstein fällt Sachurteile, insofern er sagt, dass Bismarck ein deutsches Staatsvolk habe entstehen lassen, was er aber nicht gewollt habe, und dass diese Leistung seine „dauerhafteste“ war. Es handelt sich auch um ein Sachurteil, wenn Augstein behauptet, das Kaiserreich und Preußen seien an den Methoden zugrunde gegangen, mit denen Bismarck das Kaiserreich gegründet habe, und dass dieses Reich nun „tot“ sei. Den Mangel an Dauerhaftigkeit im Werk Bismarcks erklärt Augstein mit dem Opportunismus des Reichskanzlers. Man kann also als Fazit festhalten, dass Augstein Bismarck durchaus den Stellenwert eines Gründers des deutschen Nationalstaats zubilligt, dass er diese Gründung aber für ein Ergebnis von Bismarcks Opportunismus hält.
Wenn Sie nun eine eigene Beurteilung Bismarcks vornehmen, können Sie dies in Anlehnung an oder Abgrenzung von Augstein tun. Jedoch müssten Sie genauer als Augstein darauf achten, dass Sie Ihr Sachurteil erkennbar begründen.

6 Die zweite industrielle Revolution

Problemaufriss

Ob Glühbirne, Telefon oder Eisenbahn – technische Innovationen veränderten im 19. Jahrhundert sowohl die Handels- und Kommunikationsgewohnheiten als auch den Arbeits- und Lebensrhythmus der Menschen tiefgreifend. Im Zusammenspiel mit organisatorischen Innovationen wie der Einführung des Fabriksystems brachten sie einen wirtschaftlichen Transformationsprozess in Gang, der heute meist als „industrielle Revolution" bezeichnet wird. Die erste Phase dieses Prozesses lässt sich im England des 18. Jahrhunderts verorten. Im agrarisch geprägten und politisch bis 1871 zersplitterten Deutschland setzte die Industrialisierung hingegen spät, dann aber umso umfassender ein. Vor allem die kommerzielle Nutzung der Elektrizität und der Chemie sorgten ab 1895 für einen stürmischen Aufschwung.
Während dieser „zweiten industriellen Revolution" entwickelte sich Deutschland zu einem international führenden Industriestaat. Nicht alle Bewohner des Deutschen Kaiserreichs profitierten aber davon. So lebte die neue soziale Gruppe der Arbeiterschaft oft in menschenunwürdigen Wohnverhältnissen am Rand des Existenzminimums. Ihre Interessen rückten erst mit dem politischen Aufstieg der Arbeiterbewegung in den Blickpunkt, die sich für die politische Gleichberechtigung und eine Verbesserung der sozialen Lage der Arbeiter einsetzte.

Was Sie in diesem Kapitel erwartet

Um 1820: „Dortmund von der Südseite“
Bis weit ins 19. Jahrhundert hinein war Deutschland ein Agrarstaat. Der Großteil der Menschen arbeitete und lebte auf dem Land. Dies galt auch für die Stadt Dortmund, die 1820 nur 4500 Einwohner zählte. Lediglich kleine Manufakturen für Eisen- und Baumwollwaren waren hier angesiedelt. Erst ab der Mitte des 19. Jahrhunderts wandelte sich Dortmund begünstigt durch die Kohleförderung, die Stahlverarbeitung und das Brauereiwesen zur Industriestadt. Aquarell von Benedict A. Berger.

1899: „Der Hafen in Dortmund“
Im Zuge der industriellen Revolution bildeten sich neue industrielle Zentren heraus. Bei der Schwerindustrie lief das Ruhrgebiet anderen Regionen den Rang ab. Dortmunds Einwohnerzahl stieg durch die Zuwanderung von Arbeitskräften bis 1899 auf 136 000 an. Neben der Eisenbahn war es vor allem die Binnenschifffahrt auf den neu gebauten Kanälen (hier der Dortmund-Ems-Kanal), die die Industrialisierung vorantrieb. Ausschnitt eines Holzstichs nach einer Zeichnung von Fritz Stoltenberg.

Online-Link
430089-0601
alle Online-Materialien zum Kapitel 6

Politik

Im Zuge der Industrialisierung entstand die neue soziale Gruppe der Industriearbeiter. In Deutschland war es vor allem der hier abgebildete Ferdinand Lassalle, der Reformen zum Wohl der Arbeiter forderte. Lithografie, 1870.

1760 – 1830 – 1840

1789
Beginn der Französischen Revolution

1807 bis 1815
Preußische Reformen

September 1814–Juni 1815
Wiener Kongress

8. Juni 1815
Gründung des Deutschen Bunds

1819
Karlsbader Beschlüsse

Juli 1830
Julirevolution in Frankreich

November 1830
Novemberaufstand in Polen

27. Mai 1832
auf dem Hambacher Fest fordern 25 000–30 000 Menschen liberale und nationale Reformen

Erfindungen/Entdeckungen

1878 patentierte der Brite Joseph W. Swan die erste elektrische Glühlampe. Ein Jahr später präsentierte der US-Amerikaner Thomas Alva Edison seine Kohlenfadenglühlampe, die sich aufgrund ihrer Alltagstauglichkeit durchsetzte.

1760 – 1830 – 1840

1764
erste mechanische Spinnmaschine (Spinning Jenny)

1765
Dampfmaschine

1785
mechanischer Webstuhl

1814
die erste Dampfmaschine auf Rädern (Lokomotive) wird gebaut

1826
Schiffsschraube

1837
Hochrad

1838
erster Morsecode mit Buchstaben

1839
Gummi

1839
offizielles Geburtsjahr der Fotografie

Wirtschaft/Umwelt

Das Gelände der Badischen Anilin- und Sodafabrik (BASF) in Ludwigshafen am Rhein in einem (hier angeschnittenen) Gemälde von Robert Friedrich Stieler aus dem Jahr 1881. Die Chemieindustrie war neben der Elektroindustrie der Schrittmacher der Hochindustrialisierung im Deutschen Reich.

1760 – 1830 – 1840

18. Jahrhundert
die beginnende Bevölkerungszunahme wird zum Auslöser umfangreicher Modernisierungsprozesse

ca. 1830
die Industrialisierung beginnt in England

1834
Gründung des Deutschen Zollvereins

1835
Eröffnung der ersten deutschen Eisenbahnlinie zwischen Fürth und Nürnberg

1844
im schlesischen Weberaufstand fordern Weber höhere Löhne

1845
Pauperismus spitzt sich in Westeuropa mit Ernteausfällen durch Kartoffelfäule zu

1845–47
die überproportionale Zunahme von Handwerksberufen führt zur Gewerbekrise

1850 1860 1870 1880 1890 1900 1910

1848/49 Revolutionen in Europa

1863 Ferdinand Lasalle verfasst das Programm des Allgemeinen Deutschen Arbeitervereins

1867 mit der Gründung des Norddeutschen Bunds entsteht der erste deutsche Bundesstaat

Januar 1871 Gründung des Deutschen Reichs

18. März 1871 Aufstand französischer Arbeiter gegen ihre Regierung, die „Pariser Kommune" übernimmt für zwei Monate die Regierungsgewalt

1875 Gründung der Sozialistischen Arbeiterpartei Deutschlands (SAP), der späteren SPD

1878 das Sozialistengesetz tritt in Kraft

1883–1889 Sozialgesetzgebung Bismarcks (Unfall-, Kranken und Altersversicherung)

1884 Deutsch-Südwestafrika (Namibia) wird erste Kolonie des Deutschen Reichs

1902 mit dem Ende des zweiten Burenkriegs wird Südafrika britische Kolonie

1904 Frankreich und Großbritannien verbünden sich (Entente cordiale)

1912 die SPD wird stärkste Reichstags-fraktion

1914 Beginn des Ersten Welt-kriegs

1850 1860 1870 1880 1890 1900 1910

1847 Chloroform

1849 Sicherheitsnadel

1851 Gipsverband

1852 Sicherheitsaufzug

1865 Schreibmaschine

1867 Alfred Nobel: Dynamit

1876 Patentierung des Telefons

1876 Otto-Motor

1877 Phonograph

1878 Fahrrad mit (einseitigem) Kettenantrieb

1879 Edison: Glühlampe

1881 elektrische Straßenbahn

1883 Daimler: Benzinmotor

1885 Kraftwagen mit Benzinantrieb

1887 Grammophon

1888 Radiowellen

1892 Reißverschluss

1895 Röntgenstrahlen

1899 Aspirin

1900 Zeppelin: Luftschiff

1903 Thermoskanne

1904 Radar

1850 1860 1870 1880 1890 1900 1910

ca. 1850 die Industrialisierung setzt in Deutschland ein

1853 (in der Praxis mäßig wirkungsvolles) Verbot der Kinderarbeit in Preußen

1867–1871 Vereinheitlichung von Rechts- und Wirtschaftsnormen im Norddeutschen Bund begünstigen Gründerboom

zwischen 1867 und 1873 Höhepunkt der (ersten Phase) der ustrialisierung mit den Leitsektoren Eisenbahnbau, Schwerindustrie und Maschinenbau

1870 die Einführung neuer Elektrizitäts- und Nahverkehrssysteme beschleunigt die Urbanisierung

1870 Gründung der Deutschen Bank, die als Kreditgeber Modernisierungsprozesse in der Produktion ermöglicht

1873 Gründerkrach, gefolgt von Großer Depression

1879 Einführung von Schutzzöllen im Deutschen Reich

1884 durch industrielle Gifte verursachtes Fischsterben im Main löst öffentliche Proteste aus

1893 Gründung des Rheinisch-Westfälischen Kohlensyndikats

1895–1915 Hochindustrialisierung im Deutschen Reich

1903 aus der 1811 gegründeten Gussstahlfabrik der Familie Krupp wird die Friedrich Krupp AG

Juli 1903 Beginn der Bauarbeiten an der Bagdadbahn

1913 Ford führt die Fließbandfertigung ein

1914 Eröffnung des Panamakanals

6.1 Rückblick auf den Beginn der Industrialisierung

A) Wie begann die Industrialisierung in England?
B) Welche technischen, wirtschaftlichen und industriellen Bedingungen ermöglichten die Industrialisierung und welchen wirtschaftsliberalen Überlegungen lag sie zugrunde?
C) Welche gesellschaftlichen und politischen Veränderungen löste sie aus?

Die erste industrielle Revolution

1 Einsatz einer frühen Dampfmaschine im englischen Bergbau
Mithilfe der vom britischen Erfinder James Watt 1782 optimierten Dampfmaschine und dem 1784 durch Henry Cort eingeführten Puddelverfahren lösten Eisen und Kohle Holz als universellen Energieträger und Baustoff ab. Gemälde eines unbekannten Künstlers aus dem Jahr 1792.

2 John Komlos: „Ein Überblick über die Konzeptionen der Industriellen Revolution"

Der Beginn der industriellen Revolution wird auf das späte 18. Jahrhundert datiert. Von England ausgehend breitete sich die Industrialisierung in der ersten Hälfte des 19. Jahrhunderts von Westen nach Osten auf dem europäischen Kontinent aus. Der Wirtschaftshistoriker John Komlos nennt im folgenden Text wesentliche Merkmale des Industrialisierungsprozesses:

Die industrielle Revolution war sowohl revolutionär als auch evolutionär

Obwohl die industrielle Revolution den Höhepunkt eines evolutionären Wachstumsprozesses darstellte, der Jahrtausende zuvor begonnen hatte, war sie doch in gewissem Sinne revolutionär, da sie auch einen Bruch mit dem früheren ökonomisch-demografischen System bedeutete. Wirtschaftswachstum wurde ein permanenter statt periodischer Bestandteil der europäischen Entwicklung. Es war eine Periode steigender Marktaktivität und beschleunigten Bevölkerungswachstums in einer Folge ähnlicher Perioden, aber sie unterschied sich grundlegend von früheren derartigen Konjunkturabläufen. Der

Aufschwung des späten 18. Jahrhunderts begann von einer höheren wirtschaftlichen Basis aus und war stark genug, um ein Entrinnen aus der Malthusianischen Falle[1] zu ermöglichen: Das Wachstum des Pro-Kopf-Outputs wurde von der Ausnahme zur Regel. Dies stellt eine bedeutende Diskontinuität zum bisherigen Geschehen dar, eine einmalige Erscheinung des 18. und frühen 19. Jahrhunderts. Eine Diskontinuität im demografischen System überlagerte den kontinuierlichen ökonomischen Prozess. Das ökonomische System, das Produktion und Investitionen bestimmte, blieb dabei unverändert. Die entscheidende Veränderung bestand darin, dass keine demografischen Katastrophen[2], die im 14. und im 17. Jahrhundert ein kontinuierliches Wirtschaftswachstum verhindert hatten, auftraten. [...]

Das späte 18. Jahrhundert war jener historische Moment, in dem die Bevölkerung Europas ihr schwerwiegendstes Problem zu einer Lösung führte, das Problem der Nahrungsbeschaffung. Zum ersten Mal waren die Europäer und ihre Verwandten in Übersee imstande, sich dauerhaft mit ausreichend Nährstoffen zu versorgen. Das halbe Jahrhundert, in dem dieser Kampf zwischen biologischen Notwendigkeiten und der Verfügbarkeit von Nahrungsmitteln entschieden wurde, kann als Übergangsphase angesehen werden.

Obwohl das Bevölkerungswachstum ein unmittelbarer Grund für den Aufschwung im 18. Jahrhundert war, war es doch auf keinen Fall seine zugrundeliegende, fundamentale Ursache. Es löste eine Nachfragesteigerung aus und führte damit zu weiterer Arbeitsteilung und zu Produktionszuwächsen, die wiederum als ein Anreiz für weitere Spezialisierung fungierten. Außerdem führte dieses Bevölkerungswachstum zur Realisierung von Skalenerträgen[3] in der Industrie sowie zur Urbanisierung, beides Prozesse, die der Marktexpansion und der Produktivitätsverbesserung förderlich sind.

Die industrielle Revolution war ein Aufschwung der wirtschaftlichen Aktivitäten

Die industrielle Revolution kann als Boomphase der wirtschaftlichen Aktivitäten in einer Reihe ökonomisch-demografischer Zyklen angesehen werden. Die Expansion des 18. Jahrhunderts war insofern ein Ausnahmefall, als die beschleunigte Rate des ökonomisch-demografischen Wachstums nicht einen jener größeren Rückschläge nach sich zog, die jahrhundertelang weitere Fortschritte verhindert hatten. Doch obwohl die Industrielle Revolution ein neues demografisches System mit sich brachte, brachte sie kein vollkommen neues Wirtschaftssystem hervor. Viele der institutionellen und anreizbezogenen Strukturen des Kapitalismus waren schon geraume Zeit vorher vorhanden. Der Kapitalismus war kein Kind der industriellen Revolution: Es gab ihn in Westeuropa schon lange. In der einen oder anderen Form ist er so alt wie die Zivilisation. Die Preise der meisten Güter wurden durch den Markt determiniert, nicht durch Erlasse. Fast auf dem gesamten europäischen Kontinent konnte wirtschaftliche Tätigkeit ohne restriktive Staatseingriffe organisiert werden, obwohl z. B. durch Zunftzwänge der Zugang zu vielen Berufszweigen beschränkt wurde. Diese Beschränkungen bezogen sich jedoch mehr auf die Standortwahl von Unternehmen und übten keinen dauerhaften Druck auf ihre Aktivitäten aus. Darüber hinaus waren die Eigentumsrechte gemeinhin gesichert und die Kapitalmärkte weitgehend integriert. Versicherungswesen, Papiergeld, finanzielles Know-how, Maßnahmen zur Durchsetzung von Vertragsverpflichtungen, Handelsrecht und Buchführungstechniken waren vorhanden, getestet und verbessert worden. Kurz gesagt waren die meisten, wenn auch nicht alle, grundsätzlichen Attribute, die wir mit dem System des Kapitalismus in Verbindung bringen, im 18. Jahrhundert ein integrierter Bestandteil der europäischen Geschäftswelt. Über die Jahrhunderte hatte sich ein Wirtschaftssystem entwickelt, das hinreichende Effizienz aufwies, um weitere Hindernisse auf dem Weg zu dauerhaftem Wachstum zu überwinden.

John Komlos: Ein Überblick über die Konzeptionen der Industriellen Revolution. In: Vierteljahrschrift für Sozial- und Wirtschaftsgeschichte (VSWG), Nr. 84 (1997), S. 493 ff.

1 *Malthusianische Falle: Widerspruch zwischen dem linearen Wachstum der Ernährungsbasis und der progressiven Entwicklung des Bevölkerungswachstums*
2 *demografische Katastrophen: gemeint sind Hungersnöte oder Krankheiten wie die Pest*
3 *Skalenerträge: Kostenvorteile der Massenproduktion*

Wirtschaftsliberalismus

3 Adam Smith: „Das einfache System der natürlichen Freiheit"

Adam Smith (1723–1790) war ein schottischer Philosoph und Ökonom. Der folgende Auszug stammt aus seinem Hauptwerk „Der Wohlstand der Nationen" (1776), mit dem Smith die klassischen Wirtschaftswissenschaften begründete:

Der Mensch [...] braucht fortwährend die Hilfe seiner Mitmenschen und vergeblich erwartet er diese von ihrem Wohlwollen allein. Er wird viel eher sein Ziel erreichen, wenn er ihr Selbstinteresse zu seinen Gunsten lenken und ihnen zeigen kann, dass sie auch ihren eigenen Vorteil verfolgen, wenn sie für ihn tun, was er von ihnen haben will. Wer einem anderen ein Geschäft irgendwelcher Art anträgt, verfährt in diesem Sinne. Gib mir, was ich brauche, und du sollst haben, was du brauchst [...]. Nicht von dem Wohlwollen des Fleischers, Brauers oder Bäckers erwarten wir das, was wir zum Essen brauchen, sondern von der Rücksichtnahme auf ihr eigenes Interesse. Wir wenden uns nicht an ihre Menschenliebe, sondern an ihr Selbstinteresse und sprechen zu ihnen nie von unserem Bedarf, sondern von ihren Vorteilen.

Der Einzelne [...] hat den eigenen Vorteil im Auge und nicht etwa den der Volkswirtschaft. Aber gerade das Streben nach seinem eigenen Vorteil ist es, das ihn ganz von selbst oder vielmehr notwendigerweise dazu führt, sein Kapital dort einzusetzen, wo es auch dem ganzen Land so den größten Nutzen bringt. Verfolgt er nämlich sein eigenes Interesse, so fördert er damit indirekt das Gesamtwohl viel nachhaltiger, als wenn die Verfolgung des Gesamtinteresses unmittelbar sein Ziel gewesen wäre. Ich habe nie viel Gutes von denen gehalten, die angeblich für das allgemeine Beste tätig waren. [...] Erstens ist ein jeder bestrebt, viel von seinem Kapital möglichst in der nächsten Umgebung und folglich zur Unterstützung des einheimischen Gewerbes zu investieren [...].

Zweitens wird jeder, der sein Kapital zur Unterstützung der eigenen Volkswirtschaft investiert, notwendigerweise bestrebt sein, die wirtschaftliche Aktivität so zu lenken, dass ihr Ertrag den größtmöglichen Wert erzielen kann. [...]

Wenn daher jeder Einzelne so viel wie nur möglich danach trachtet, sein Kapital zur Unterstützung der einheimischen Erwerbstätigkeit einzusetzen, und dadurch diese so lenkt, dass ihr Ertrag den höchsten Wertzuwachs erwarten lässt, dann bemüht sich auch jeder Einzelne ganz zwangsläufig, dass das Volkseinkommen im Jahr so groß wie möglich werden wird. Tatsächlich fördert er in der Regel nicht bewusst das Allgemeinwohl, noch weiß er, wie hoch der eigene Beitrag ist. [...] Und er wird in diesem wie auch in vielen anderen Fällen von einer unsichtbaren Hand geleitet, um einen Zweck zu fordern, den zu erfüllen er in keiner Weise beabsichtigt hat. Auch für das Land selbst ist es keineswegs immer das Schlechteste, dass der Einzelne ein solches Ziel nicht bewusst anstrebt, ja, gerade dadurch, dass er das eigene Interesse verfolgt, fördert er häufig das der Gesellschaft nachhaltiger, als wenn er wirklich beabsichtigt, es zu tun. [...]

Gibt man daher alle Systeme der Begünstigung und Beschränkung auf, so stellt sich ganz von selbst das einsichtige und einfache System der natürlichen Freiheit her. Solange der Einzelne nicht die Gesetze verletzt, lässt man ihm völlige Freiheit, damit er [...] seinen Erwerbsfleiß und sein Kapital im Wettbewerb mit jedem anderen oder einem anderen Stand entwickeln oder einsetzen kann. Der Herrscher wird dadurch vollständig von einer Pflicht entbunden, [...] nämlich der Pflicht oder Aufgabe, den Erwerb privater Leute zu überwachen und ihn in Wirtschaftszweige zu lenken, die für das Land am nützlichsten sind. Im System der natürlichen Freiheit hat der Souverän lediglich drei Aufgaben zu erfüllen [...]: Erstens die Pflicht, das Land gegen Gewalttätigkeit und Angriff anderer unabhängiger Staaten zu schützen, zweitens die Aufgabe, jedes Mitglied der Gesellschaft so weit wie möglich vor Ungerechtigkeit oder Unterdrückung durch einen Mitbürger in Schutz zu nehmen oder ein zuverlässiges Justizwesen einzurichten, und drittens die Pflicht, bestimmte öffentliche Anstalten und Einrichtungen zu gründen und zu unterhalten, die ein Einzelner oder eine kleine Gruppe aus eigenem Interesse nicht betreiben kann, weil der Gewinn ihre Kosten niemals decken könnte, obwohl er häufig höher sein mag als die Kosten für das ganze Gemeinwesen.

Adam Smith: Der Wohlstand der Nationen. Eine Untersuchung seiner Natur und seiner Ursachen. Aus dem Englischen übertragen von H. C. Recktenwald. München 1978, S. 369–371, S. 582.

Arbeitsvorschläge

○●● a) Analysieren Sie das Gemälde von 1792 (M1) im Hinblick auf die Darstellung der Veränderung des (Arbeits-)Lebens durch die Dampfmaschine in dieser frühen Phase der Industrialisierung.

○○●/●●● b) Nennen Sie die von Komlos identifizierten Merkmale der Industrialisierung (M2) und setzen Sie sich mit seiner These, die Industrialisierung sei der „Höhepunkt eines evolutionären Wachstumsprozesses" gewesen, kritisch auseinander.

○●●/●●● c) Analysieren Sie Smiths Darlegungen (M3) im Hinblick auf sein Menschenbild, die Rolle des Staats und des Markts („unsichtbare Hand") sowie das „System der Freiheit". Erläutern Sie, in welchem Verhältnis Smiths Gedanken zur Industrialisierung in England stehen. Beziehen Sie kritisch Stellung zu seiner Wirtschaftstheorie.

○●●/●●● d) Analysieren Sie John Leechs Karikatur „Capital and Labour" (M4) anhand der Methode zur Interpretation von Karikaturen auf S. 350 f. und bewerten Sie die Kritik, die Leech darin an der Industriegesellschaft übt.

Grundwissen: Rückblick auf den Beginn der Industrialisierung

→ 2 S. 300 f.

Zwei Phasen der industriellen Revolution

Die industrielle Revolution war ein fundamentaler wirtschaftlicher Wandlungsprozess, der die Gesellschaften Europas nachhaltig veränderte. Im Rückblick wird dieser Prozess meist in zwei Phasen eingeteilt, die jeweils durch sogenannte →Leit- oder Führungssektoren – neue Wirtschaftsbranchen, die sehr produktiv waren, schnell wuchsen und einen immer größeren Anteil an der wirtschaftlichen Gesamtleistung hatten – geprägt waren. Die erste Industrialisierungsphase begann bereits in der zweiten Hälfte des 18. Jahrhunderts und erreichte ihren Höhepunkt zwischen 1867 und 1873. Ausgangspunkt waren technische wie organisatorische Innovationen in der Textilindustrie und im Bergbau sowie im Eisenbahn- und Maschinenbau. In Deutschland beschleunigte sich das industrielle Wachstum erst mit einiger Verzögerung in der Mitte des 19. Jahrhunderts. Nach einem →Konjunkturtief der Weltwirtschaft, das die Jahre 1873 bis 1896 prägte (→„Große Depression"), setzte die zweite Phase der industriellen Revolution ein. Diese wird oft auch als Zeit der „Hochindustrialisierung" bezeichnet. Vorangetrieben durch das Wachstum der Elektro- und Chemiebranche stieg Deutschland in dieser Phase gemeinsam mit England und den USA zur weltweit führenden Industrienation auf. Die Veränderungen, die die zweite industrielle Revolution in der Arbeitswelt, im Alltag, in den Wirtschaftsbeziehungen und in der Gesellschaft hervorriefen, wirken bis heute nach.

England – der Industriepionier

Durch das Zusammenspiel mehrerer günstiger Rahmenbedingungen setzte die erste Phase der europäischen Industrialisierung in Großbritannien ein. Als Auslöser für den Modernisierungsprozess gilt das starke Bevölkerungswachstum im 18. Jahrhundert. Der im europäischen Vergleich fortschrittlichen Landwirtschaft gelang es, die Bevölkerung überdurchschnittlich gut mit Lebensmitteln zu versorgen. Diese gute Ernährungslage ging einher mit einer besseren Hygiene und führte zu einer geringeren Kindersterblichkeit. Es entstand nicht nur ein wachsendes Arbeitskräftereservoir, sondern auch eine große Nachfrage nach Gütern der heimischen Gewerbeproduktion. Anders als das übrige Europa, das noch vom →Merkantilismus geprägt war, war die staatliche Regulierung der englischen Wirtschaft schwach. Unternehmerisches Denken und Eigeninitiative wurden gefördert. Die Auflösung feudaler Abhängigkeiten begünstigte zudem die soziale Mobilität. Regionale und naturräumliche Besonderheiten – etwa die Insellage und die großen, einfach abbaubaren Kohlevorkommen – sowie eine moderne Verkehrsinfrastruktur waren weitere Gründe für Englands Pionierrolle. Nicht zuletzt wurde der Handel durch einen früh geschaffenen einheitlichen Wirtschaftsraum mit verlässlichem Währungs-, Steuer- und Zollsystem gefördert.

Die Textil- und Baumwollbranche bildete sich zum ersten industriellen Führungssektor Englands aus. In wenigen Jahrzehnten wandelte sich das Land vom Importeur zum Exporteur von Baumwollfertigprodukten mit Monopolstatus auf dem Weltmarkt. Die Mechanisierung in der Textilindustrie zog eine beschleunigte Entwicklung anderer Wirtschaftsbereiche nach sich, was als Kopplungseffekt bezeichnet wird. Diese Koppelungseffekte führten zur Etablierung eines zweiten industriellen Führungssektors: Bergbau, Eisenindustrie und Eisenbahn lösten die wirtschaftliche Dominanz der Textilindustrie ab und entwickelten sich zu einem eng verzahnten Wachstumsbereich, dem sogenannten „Führungssektorenkomplex".

→ 1 S. 300

James Watt (1736–1819)
Britischer Ingenieur und Erfinder; beschleunigte die Industrialisierung durch technische Verbesserungen an der Dampfmaschine (1765–1782).

Technische Innovationen durch wissenschaftliche Experimente

Ausgangspunkt des Industrialisierungsprozesses waren vor allem technische Innovationen. Erfindungen wie die Dampfmaschine (1765), die Baumwollspinnmaschine (1769), das Puddel- und Walzverfahren zur Produktion von Stabeisen (1784), der mechanische Webstuhl (1786) oder die Lokomotive (1814) beschleunigten die Produktion sowie den Austausch von Waren und Rohstoffen. Die Erfindungen waren das Resultat einer systematischen und von staatlicher Seite geförderten Forschung, die sich dem wissenschaftlichen Experiment verpflichtet fühlte. Unternehmen nutzten naturwissenschaftliche Erkenntnisse, um sie in Antriebs- und Arbeitsmaschinen oder in der Anwendung chemischer Prozesse umzusetzen. Universitäten und Ingenieurschulen bildeten wiederum das Personal dafür aus.
Anfang des 19. Jahrhunderts waren es vor allem die Technologien zur massenhaften Erschließung und Nutzung von Kohle und Eisen, die entscheidende Produktivitätsschübe brachten. Ab den 1850er-Jahren wurde dann die Nutzung der auf Kohle und Eisen basierenden Techniken durch die massenhafte Stahlgewinnung und den damit einhergehenden Aufschwung des Maschinenbaus intensiviert. Diese neuen Maschinen – von der Dampfmaschine bis hin zur Lokomotive – stehen heute symbolisch für eine Veränderung des menschlichen Zusammenlebens, welche nicht nur in der Wirtschaft, sondern auch auf kulturellem, sozialem und politischem Gebiet sichtbar wurde und eine Umwälzung aller gesellschaftlichen Verhältnisse in Gang setzte. Viele Wissenschaftler vergleichen den Beginn des Maschinenzeitalters daher mit der Neolithischen Revolution, bei der in der Jungsteinzeit die Menschen von umherstreifenden Nomaden zu sesshaften Ackerbauern wurden.

Beschleunigte Kapitalbildung und neue Kommunikationsstrukturen

Im Zuge der Industrialisierung entstanden nicht nur neue Produktionsprozesse, sondern auch ein neues Fabriksystem, in dem der marktwirtschaftlich kalkulierende Privatunternehmer ein Heer von arbeitsteilig (Arbeitsteilung) produzierenden Industriearbeitern sowie kapitalintensive Arbeits- und Kraftmaschinen für die Massenproduktion von Gütern einsetzte. Dazu bedurfte es der Disziplinierung und Spezialisierung der Lohnarbeiterschaft. Mit der Größe der Produktion wurde die Möglichkeit einer beschleunigten Kapitalbildung immer wichtiger. Die Errichtung von Fabriken, Bergwerken und Eisenhütten oder der Bau von Eisenbahnen benötigten enorme Kapitalmengen. Kapitalkräftige Großbanken etablierten sich und schafften unter anderem durch das neue Instrument des Aktienhandels neue Finanzierungsmöglichkeiten.
Ein grundlegender Wandel vollzog sich auch innerhalb der Kommunikationsstrukturen und des Warenaustauschs. Neue Verkehrswege und -mittel verbanden lokale zu nationalen und internationalen Gütermärkten – zunächst durch den Ausbau von Straßen und Wasserwegen, dann ab den 1840er-Jahren intensiviert durch die rapide Erweiterung des Eisenbahnnetzes. Auch die persönlichen Entfernungen zwischen den Regionen und Städten schrumpften aus Sicht der Zeitgenossen in einem bis dahin unbekannten Tempo.

Eine neue soziale und politische Gesellschaftsordnung

Ein von liberalem Denken geprägtes, kapitalistisches (→ Kapitalismus) Wirtschaftssystem bestimmte in zunehmendem Maße das menschliche Zusammenleben und die politische Ordnung. Angebot und Nachfrage regelten das Verhältnis zwischen Arbeitgebern und dem neuen Stand der Arbeiter. Aus der Stände- entwickelte sich eine Klassengesellschaft. Der Einsatz von Rohstoffen, Kapital und menschlicher Arbeit unterlag fortan der ökonomischen Gewinnorientierung. Diesem ökonomischen Mentalitätswechsel entsprang nicht nur die Ausbeutung menschlicher Arbeitskraft, er führte auch zu einer bis dahin einzigartigen Ausbeutung der Natur. Das vom Landleben geprägte menschliche Zusammenleben verlagerte sich in neu entstehende urbane Ballungszentren, welche die explosionsartig wachsende Bevölkerung mit ihrer Konzentration von Arbeitsplätzen magnetisch anzogen.

Die Theorie des Wirtschaftsliberalismus

→ 3 S. 301 f.

In Zusammenhang mit der industriellen Revolution steht auch die Theorie des wirtschaftlichen ⇒ Liberalismus, die der schottische Moralphilosoph und Ökonom Adam Smith vor allem in seinem Hauptwerk „The Wealth of Nations" (1776) entwickelte. Smith formulierte auf Grundlage eines individualistischen Menschenbildes ein Interaktionsmuster für die Beziehungen zwischen Produzenten, Konsumenten und dem Staat. Nach Smith könne erst ein Staat, der sich weitgehend aus den Privatangelegenheiten der Bürger heraushält, die Entfaltung der individuellen Freiheit ermöglichen. Der sogenannte Markt übernimmt in diesem System die Interessenregulation von Angebot und Nachfrage. Smith definierte den Markt als einen Ort, auf dem Angebot (Produzenten) und Nachfrage (Konsumenten) zusammentreffen. Ziel der Konsumenten sei es, den Preis zu drücken (oder anders formuliert: für ihr Geld den größten Nutzen zu erhalten), während die Produzenten danach trachteten, den größtmöglichen Gewinn zu erwirtschaften. Auf dem Markt würden diese unterschiedlichen Interessen durch den Preis in Einklang gebracht werden.
Grundlage dieser in der Tradition der Aufklärung stehenden Theorie sind rational handelnde Menschen, die einen Überblick über alle Angebote auf dem Markt haben. Sie sollen jederzeit Zugang zu offenen Märkten besitzen und müssen ihre Entscheidung frei treffen können. Staatliche Eingriffe, wie sie durch ⇒ Zünfte oder im Merkantilismus üblich waren, dürfen nicht stattfinden, weil diese die regulierende Kraft des Preises aufheben würden. Für sein Wohl hat der freie Bürger selbst zu sorgen. Staatliche Aufgaben liegen lediglich in der Bereitstellung der unerlässlichen Infrastruktur sowie im militärischen Schutz nach außen.

Adam Smith (1723–1790)
Schottischer Moralphilosoph und Begründer der Nationalökonomie.

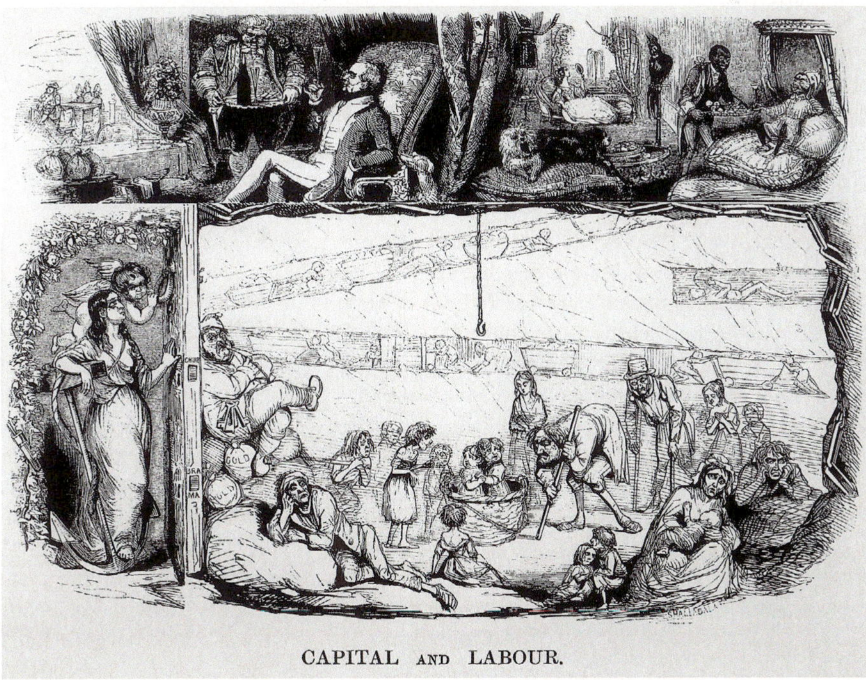

4 „Capital and Labour"
Anonym veröffentlichte Karikatur von John Leech aus der englischen Satirezeitschrift Punch, 1843.

6.2 Die soziale Frage und die Arbeiterbewegung

A) Welche unternehmerischen, kirchlichen und politischen Ansätze zur Lösung der sozialen Frage wurden in Deutschland entwickelt?

Christliche Ansätze zur Lösung der sozialen Frage

1 Friedrich Harkort: „Im Geiste eines echten Christentums"

Unter dem Sammelbegriff „soziale Frage" wurden Probleme zusammengefasst, die das Leben von Arbeitern im Zeitalter der Industrialisierung bestimmten: niedrige Löhne, ungesunde und gefährliche Arbeitsbedingungen, inhumane Arbeitszeiten, Kinderarbeit oder Wohnungsnot. 1844 machte sich der Unternehmer Friedrich Harkort – auch „Vater des Ruhrgebiets" genannt – folgende Gedanken zur Lösung dieser Probleme:

[…] so fordern wir zur Bekämpfung des Proletariats in den Städten:

- gründlichen Unterricht für das ärmste Kind;
- verbesserte Organisation des Armenwesens;
- Ausscheidung der Bettler und Müßiggänger und ihre Unterbringung in Arbeitskolonien;
- öffentliche Krankenhäuser;
- allgemeine Krankenkassen auf Wechselseitigkeit begründet;
- Hebung der Sparkassen;
- Sicherung des Schuldners gegen Personalarrest und Erhaltung seiner unentbehrlichsten Gegenstände;
- gerechtere Verteilung der Konsumptions-Abgaben[1];
- sittliche und belehrende Vereine.

Alle diese Dinge können nur dann wohltätig auf die Massen einwirken, wenn alle Gebildeten, im Geiste eines echten Christentums, sich mit Aufopferung und Liebe dem großen Werke der Zivilisation widmen und nicht, dem Armen gegenüber, eine ausschließende Stellung behaupten, welche täglich gefahrdrohender erscheint. Mühen und Arbeit entfremden dem Gemeinwesen nicht; allein das unwissende Kind des Armen, welches am Weihnachtsabend hungrig und frierend durch die erleuchteten Fenster des Reichen schaut – wird nicht Friede machen mit der Gesellschaft!

Friedrich Harkort: Bemerkungen über die Hindernisse der Civilisation und Emancipation der untern Klassen, Elberfeld 1844, S. 73 f. Zit. nach: Wolfgang Köllmann: Die Industrielle Revolution. Quellen zur Sozialgeschichte Großbritanniens und Deutschlands im 19. Jahrhundert. Stuttgart 1970, S. 54.

1 Konsumptions-Abgabe: Verbrauchssteuer auf bestimmte Waren

2 Diakonissin am Krankenbett

Viele Frauen traten der evangelischen Diakonie als Gemeindeschwestern bei, um ihren Lebensunterhalt zu sichern. Holzstich aus dem Jahr 1888.

3 Die katholische Sicht der Wirtschaft

Auszüge aus „Die Arbeiterfrage und das Christenthum" (1864) des Mainzer Erzbischofs Wilhelm Emmanuel von Ketteler (1811–1877), der darin eine Rückbesinnung auf christliche Werte als Gegenmodell zu den sozialistischen Arbeiterparteien sowie einen größeren sozialen Ausgleich forderte:

Die von uns bisher besprochenen Ursachen der dermaligen Lage der Arbeiter sowie die Bösartigkeit der aus diesen Ursachen hervorgegangenen Wirkungen und Folgen haben ihren wesentlichen und tiefsten Grund im Abfall

vom Geiste des Christentums, der in den letzten Jahrhunderten stattgefunden hat […]
Damit die Macht des Reichtums nicht die Armen erdrücke, dazu ist notwendig, dass die Reichen sich selbst beschränken und nicht alles, was einer rein egoistischen Ausbeutung aller den Reichen zustehenden Mittel möglich wäre, sich auch erlauben. Ebenso kann aber auch nur dieser Geist der Selbstverleugnung und der Bescheidenheit, den allein das Christentum erzeugt, den aber der moderne Unglaube in sein gerades Gegenteil, in einen Geist der Begierlichkeit und Unzufriedenheit verkehrt, der arbeitenden Klasse jene Sittlichkeit und Mäßigung, jene Arbeitsamkeit, Sparsamkeit und Genügsamkeit verleihen, wovon ihr und ihrer Arbeitgeber wahres Beste abhängt.
Auch darüber dürfen wir uns nicht täuschen, dass nur unter solchen Arbeitern, in denen der Geist des Christentums lebt, wahrhaft gedeihliche Genossenschaften […] auf die Dauer möglich sein werden; wie auch nur echt christliche Kapitalisten und Fabrikherren geeignet und geneigt sein werden, mit ihren Arbeitern in eine gewisse Gemeinschaft des Gewinnes zu treten. […]
Das erste Hilfsmittel, welches die Kirche dem Arbeiterstande auch fortan bieten wird, ist die Gründung und Leitung der Anstalten für den arbeitsunfähigen Arbeiter […]
Das zweite Hilfsmittel, welches die Kirche dem Arbeiterstande bietet […] ist die christliche Familie mit ihrer Grundlage, der christlichen Ehe […]
Das dritte Hilfsmittel […] besteht in seinen Wahrheiten und Lehren, die dem Arbeiterstande zugleich die wahre Bildung geben. […] Nur das Christentum bietet ihm die wahre Bildung […]
Das vierte Hilfsmittel des Christentums zur Verbesserung der materiellen Lage des Arbeiterverbandes besteht in den sozialen Kräften desselben […] Das zweite Unternehmen […] sind die Gesellenvereine. Da sie hauptsächlich auf katholischem Gebiete entstanden sind, so dürfen wir sie mit allem Rechte einen katholischen Beitrag zur Lösung der Arbeiterfrage nennen. […] Gott hat sich eines Gesellen bedient, um dieses Werk in Angriff zu nehmen, und nachdem er ihn in den Priesterstand erhoben, hat er den hochwürdigen Herrn Kolping, diesen alten Gesellen, zu einem wahren Vater des Gesellenstandes gemacht […]
Als fünftes Hilfsmittel […] nennen wir endlich die Förderung der Produktiv-Assoziationen[1] durch die besondern Mittel, die eben nur dem Christentum zu Gebote stehen […]
Das Wesen der Produktiv-Assoziationen haben wir in der Teilnahme der Arbeiter am Geschäftsbetrieb selbst erkannt. Der Arbeiter ist ihnen zugleich Geschäftsunternehmer und Arbeiter und hat daher einen doppelten Anteil an dem eigentlichen Geschäftsgewinn.

Wilhelm Emmanuel von Ketteler: Die Arbeiterfrage und das Christenthum. Mainz 1864, S. 104–138.

1 Produktiv-Assoziationen: Genossenschaften. Der Genossenschaftsgedanke besaß als Ansatz zur Lösung der sozialen Frage große Popularität. Dem Genossenschaftsprinzip nach sollten Arbeiter sich zusammenschließen und eigene Produktionsstätten bilden.

Marxismus in der Arbeiterbewegung

4 Friedrich Engels: „Grundsätze des Kommunismus"

Der Kommunismus galt als ein wichtiger Ansatz zur Lösung der sozialen Frage. 1847 schrieb der Philosoph und Historiker Friedrich Engels einen Entwurf für das „Kommunistische Manifest" (M5), der grundlegende Fragen der kommunistischen Theorie leicht verständlich darstellt. Viele dieser Passagen wurden von seinem Freund Karl Marx in das spätere Kommunistische Manifest eingearbeitet:

1. Frage: Was ist der Kommunismus?
Antwort: Der Kommunismus ist die Lehre von den Bedingungen der Befreiung des Proletariats.
2. Frage: Was ist das Proletariat?
Antwort: Das Proletariat ist diejenige Klasse der Gesellschaft, welche ihren Lebensunterhalt einzig und allein aus dem Verkauf ihrer Arbeit und nicht vom Profit irgendeines Kapitals lebt. […]
7. Frage: Wodurch unterscheidet sich der Proletarier vom Sklaven?
Antwort: […] der Proletarier muss sich täglich und stündlich selbst verkaufen. Der einzelne Sklave, Eigentum eines Herrn, hat schon durch das Interesse dieses Herrn eine gesicherte Existenz, so elend sie sein mag; der einzelne Proletarier, Eigentum sozusagen der ganzen Bourgeoisklasse, […] hat keine gesicherte Existenz. Diese Existenz ist nur der ganzen Proletarierklasse gesichert. Der Sklave steht außerhalb der Konkurrenz, der Proletarier steht in ihr […]. Der Sklave gilt für eine Sache […]; der Proletarier ist als Person, als Mitglied der bürgerlichen Gesellschaft anerkannt. […]
Der Proletarier gehört einer höheren Entwicklungsstufe der Gesellschaft an […]. Der Proletarier kann sich nur dadurch befreien, dass er das Privateigentum überhaupt aufhebt. […]
11. Frage: Was waren die nächsten Folgen der industriellen Revolution […]?
Antwort: […] Drittens entwickelte sie überall das Proletariat in demselben Maße, wie sie die Bourgeoisie entwickelt. […] Je mehr neue Maschinen erfunden werden, welche die Handarbeit verdrängen, desto mehr drückt

die große Industrie den Lohn [...] und macht dadurch die Lage des Proletariats mehr und mehr unerträglich.
So bereitet sie einerseits durch die wachsende Unzufriedenheit, andererseits durch die wachsende Macht des Proletariats eine Revolution der Gesellschaft durch das Proletariat vor. [...]
14. Frage: Welcher Art wird diese neue Gesellschaftsordnung sein müssen?
Antwort: Sie wird vor allen Dingen den Betrieb der Industrie und aller Produktionszweige überhaupt aus den Händen der einzelnen, einander Konkurrenz machenden Individuen nehmen und dafür alle diese Produktionszweige durch die ganze Gesellschaft, d.h. für gemeinschaftliche Rechnung, nach gemeinschaftlichem Plan und unter Beteiligung aller Mitglieder der Gesellschaft, betreiben lassen müssen. Sie wird also die Konkurrenz aufheben und die Assoziation an ihre Stelle setzen. [...] Das Privateigentum wird [...] abgeschafft [...] und an seine Stelle wird die gemeinsame Benutzung aller Produktionsinstrumente und die Verteilung aller Produkte nach gemeinsamer Übereinkunft oder die sogenannte Gütergemeinschaft treten. [...]
20. Frage: Was werden die Folgen der schließlichen Beseitigung des Privateigentums sein?
Antwort: Die allgemeine Assoziation aller Gesellschaftsmitglieder zur gemeinsamen und planmäßigen Ausbeutung der Produktionskräfte, die Ausdehnung der Produktion in einem Grade, dass sie die Bedürfnisse aller befriedigen wird, das Aufhören des Zustandes, in dem die Bedürfnisse der einen auf Kosten der andern befriedigt werden, die gänzliche Vernichtung der Klassen und ihrer Gegensätze, die allseitige Entwicklung der Fähigkeiten aller Gesellschaftsmitglieder durch die Beseitigung der bisherigen Teilung der Arbeit, durch die industrielle Erziehung, durch den Wechsel der Tätigkeit, durch die Teilnahme aller an den durch alle erzeugten Genüssen, durch die Verschmelzung von Stadt und Land – das sind die Hauptresultate der Abschaffung des Privateigentums. [...]

Friedrich Engels: Grundsätze des Kommunismus. In: Marx-Engels Werke. Bd. 4. Berlin 1974, S. 361–380. Zit. nach: www.mlwerke.de/me/me04/me04_361.htm (Stand: 31.5.2011).

5 Manifest der Kommunistischen Partei

Karl Marx und Friedrich Engels wurden Ende 1847 vom Bund der Kommunisten, einer kurzlebigen Vereinigung vorwiegend deutscher Exilrevolutionäre, damit beauftragt, die politischen Grundsätze des Bunds zusammenzufassen. Die erste Ausgabe des so entstandenen „Manifests" erschien im Februar 1848 in London.

Ein Gespenst geht um in Europa – das Gespenst des Kommunismus. [...] Die Geschichte aller bisherigen Gesellschaft ist die Geschichte von Klassenkämpfen. Freier und Sklave, Patrizier und Plebejer, Baron und Leibeigener, Zunftbürger und Gesell, kurz, Unterdrücker und Unterdrückter standen in stetem Gegensatz zueinander, führten einen ununterbrochenen [...] Kampf, der jedes Mal mit einer revolutionären Umgestaltung der ganzen Gesellschaft endete oder mit dem gemeinsamen Untergang der kämpfenden Klassen. [...]
Unsere Epoche [...] zeichnet sich jedoch dadurch aus, dass sie die Klassengegensätze vereinfacht hat. Die ganze Gesellschaft spaltet sich mehr und mehr in zwei große feindliche Lager, in zwei große, einander direkt gegenüberstehende Klassen: Bourgeoisie und Proletariat. Die Bourgeoisie hat in der Geschichte eine höchst revolutionäre Rolle gespielt. Die Bourgeoisie, wo sie zur Herrschaft gekommen, hat alle feudalen, patriarchalischen, idyllischen Verhältnisse zerstört. Sie hat [...] kein anderes Band zwischen Mensch und Mensch übriggelassen als das nackte Interesse, als die gefühllose „bare Zahlung". Sie hat [...] an die Stelle der mit religiösen und politischen Illusionen verhüllten Ausbeutung die offene, unverschämte, direkte, dürre Ausbeutung gesetzt. [...]
Die Bourgeoisie [...] hat ganz andere Wunderwerke vollbracht als ägyptische Pyramiden, römische Wasserleitungen und gotische Kathedralen, sie hat ganz andere Züge ausgeführt als Völkerwanderungen und Kreuzzüge. Die Bourgeoisie kann nicht existieren, ohne die Produktionsinstrumente, also die Produktionsverhältnisse, also sämtliche gesellschaftlichen Verhältnisse fortwährend zu revolutionieren. [...] Die fortwährende Umwälzung der Produktion, die ununterbrochene Erschütterung aller gesellschaftlichen Zustände, die ewige Unsicherheit und Bewegung zeichnet die Bourgeois-Epoche vor allen früheren aus. [...] Alles Ständische und Stehende verdampft, alles Heilige wird entweiht, und die Menschen sind endlich gezwungen, ihre Lebensstellung, ihre gegenseitigen Beziehungen mit nüchternen Augen anzusehen. [...]
Die Bourgeoisie hat durch ihre Exploitation[1] des Weltmarkts die Produktion und Konsumtion aller Länder kosmopolitisch gestaltet. Sie hat zum großen Bedauern der Reaktionäre den nationalen Boden der Industrie unter den Füßen weggezogen. Die uralten nationalen Industrien sind vernichtet worden und werden noch täglich vernichtet. Sie werden verdrängt durch neue Industrien, deren Einführung eine Lebensfrage für alle zivilisierten Nationen wird, durch Industrien, die nicht mehr einheimische Rohstoffe, sondern den entlegensten Zonen angehörige Rohstoffe verarbeiten und deren Fabrikate nicht nur im Lande selbst, sondern in allen Weltteilen zugleich verbraucht werden. [...] An die Stelle der alten

lokalen und nationalen Selbstgenügsamkeit und Abgeschlossenheit tritt ein allseitiger Verkehr, eine allseitige Abhängigkeit der Nationen voneinander. […]

Aber die Bourgeoisie hat nicht nur die Waffen geschmiedet, die ihr den Tod bringen; sie hat auch die Männer gezeugt, die diese Waffen führen werden – die modernen Arbeiter, die Proletarier. In demselben Maße, worin sich die Bourgeoisie, d. h. das Kapital, entwickelt, in demselben Maße entwickelt sich das Proletariat, die Klasse der modernen Arbeiter, die nur so lange leben, als sie Arbeit finden, und die nur so lange Arbeit finden, als ihre Arbeit das Kapital vermehrt. […]

Die Arbeit der Proletarier hat durch die Ausdehnung der Maschinerie und die Teilung der Arbeit allen selbstständigen Charakter und damit allen Reiz für den Arbeiter verloren. Er wird ein bloßes Zubehör der Maschine, von dem nur der einfachste, eintönigste, am leichtesten erlernbare Handgriff verlangt wird. Die Kosten, die der Arbeiter verursacht, beschränken sich daher fast nur auf die Lebensmittel, die er zu seinem Unterhalt und zur Fortpflanzung seiner Rasse bedarf. […]

Aber mit der Entwicklung der Industrie vermehrt sich nicht nur das Proletariat; es wird in größeren Massen zusammengedrängt, seine Kraft wächst […] Die Arbeiter beginnen damit, Koalitionen gegen die Bourgeois zu bilden; sie treten zusammen zur Behauptung ihres Arbeitslohns. Sie stiften selbst dauernde Assoziationen […].

Diese Organisation der Proletarier zur Klasse, und damit zur politischen Partei, wird jeden Augenblick wieder gesprengt durch die Konkurrenz unter den Arbeitern selbst. Aber sie entsteht immer wieder, stärker, fester, mächtiger. […]

Wenn das Proletariat im Kampf gegen die Bourgeoisie sich notwendig zur Klasse vereint, durch eine Revolution sich zur herrschenden Klasse macht und als herrschende Klasse gewaltsam die alten Produktionsverhältnisse aufhebt, so hebt es mit diesen Produktionsverhältnissen die Existenzbedingungen des Klassengegensatzes, die Klassen überhaupt und damit seine eigene Herrschaft als Klasse auf.

An die Stelle der bürgerlichen Gesellschaft mit ihren Klassen und Klassengegensätzen tritt eine Assoziation, worin die freie Entwicklung eines jeden die Bedingung für die freie Entwicklung aller ist. […]

Mögen die herrschenden Klassen vor einer kommunistischen Revolution zittern. Die Proletarier haben nichts in ihr zu verlieren als ihre Ketten. Sie haben eine Welt zu gewinnen. Proletarier aller Länder, vereinigt euch!

Auszüge aus: Karl Marx und Friedrich Engels: Das Kommunistische Manifest: Eine moderne Edition. Mit einer Einleitung von Eric J. Hobsbawm. Hamburg 1999.

1 Exploitation: Ausbeutung

Die Programme der Arbeiterparteien

6 Das Offene Antwortschreiben

1863 bat das Leipziger Komitee der Arbeiterzentrale den Schriftsteller und Journalisten Ferdinand Lassalle um seine Meinung über Aufgaben und Ziele der Arbeiterbewegung. Lassalle formulierte daraufhin sein Offenes Antwortschreiben zur Berufung eines Allgemeinen Deutschen Arbeiterkongresses – das Programm des anschließend gegründeten Allgemeinen Deutschen Arbeitervereins:

Die Aufhebung des Unternehmergewinns in der friedlichsten, legalsten und einfachsten Weise, indem sich der Arbeiterstand durch freiwillige Assoziationen als sein eigener Unternehmer organisiert, die hiermit und hiermit allein gegebene Aufhebung jenes Gesetzes, welches unter der heutigen Produktion von dem Produktionsertrag das eben zur Lebensfristung Erforderliche auf die Arbeiter als Lohn und den gesamten Überschuss auf den Unternehmer verteilt, das ist die einzige wahrhafte, die einzige seinen gerechten Ansprüchen entsprechende, die einzige nicht illusionäre Verbesserung der Lage des Arbeiterstandes. […]

Ebendeshalb ist es Sache und Aufgabe des Staates, Ihnen dies zu ermöglichen, die große Sache der freien individuellen Assoziation des Arbeiterstandes fördernd und entwickelnd in seine Hand zu nehmen und es zu seiner heiligsten Pflicht zu machen, Ihnen die Mittel und Möglichkeit zu dieser Ihrer Selbstorganisation und Selbstassoziation zu bieten. […] Wie aber den Staat zu dieser Intervention vermögen?

Und hier wird nun sofort sonnenhell die Antwort vor Ihrer aller Augen stehen: Dies wird nur durch das allgemeine und direkte Wahlrecht möglich sein. […] Das allgemeine und direkte Wahlrecht ist also, wie sich jetzt ergeben hat, nicht nur Ihr politisches, es ist auch Ihr soziales Grundprinzip, die Grundbedingung aller sozialen Hilfe. Es ist das einzige Mittel, um die materielle Lage des Arbeiterstandes zu verbessern. […]

Zit. nach: Helga Grebing: Arbeiterbewegung. Sozialer Protest und Interessenvertretung bis 1914. München 1985, S. 138–140.

7 Das Erfurter Programm der SPD von 1891

1875 schlossen sich die Sozialdemokratische Arbeiterpartei (SDAP) und der Allgemeine Deutsche Arbeiterverein (ADAV) in Gotha zur Sozialistischen Arbeiterpartei Deutschlands (SAP) zusammen. Die Vereinigung wurde 1890 nach der Aufhebung des Sozialistengesetzes in Sozialdemokratische Partei Deutschlands (SPD) umbenannt. Auf ihrem Parteitag in Erfurt beschloss die SPD ein neues Programm, das Prognosen über die Zukunft des Kapitalismus mit konkreten demokratischen Forderungen verband.

Nur die Verwandlung des kapitalistischen Privateigentums an Produktionsmitteln – Grund und Boden, Gruben und Bergwerke, Rohstoffe, Werkzeuge, Maschinen, Verkehrsmittel – in gesellschaftliches Eigentum und die Umwandlung der Warenproduktion in sozialistische, für und durch die Gesellschaft betriebene Produktion kann es bewirken, dass der Großbetrieb und die stets wachsende Ertragsfähigkeit der gesellschaftlichen Arbeit für die bisher ausgebeuteten Klassen aus einer Quelle des Elends und der Unterdrückung zu einer Quelle der höchsten Wohlfahrt und allseitiger harmonischer Vervollkommnung werde. [...]

Der Kampf der Arbeiterklasse gegen die kapitalistische Ausbeutung ist notwendigerweise ein politischer Kampf. Die Arbeiterklasse kann ihre ökonomischen Kämpfe nicht führen und ihre ökonomische Organisation nicht entwickeln ohne politische Rechte. Sie kann den Übergang der Produktionsmittel in den Besitz der Gesamtheit nicht bewirken, ohne in den Besitz der politischen Macht gekommen zu sein. Diesen Kampf der Arbeiterklasse zu einem bewussten und einheitlichen zu gestalten und ihm sein naturnotwendiges Ziel zu weisen – das ist die Aufgabe der Sozialdemokratischen Partei.

[...] Die Sozialdemokratische Partei Deutschlands kämpft also nicht für neue Klassenprivilegien und Vorrechte, sondern für die Abschaffung der Klassenherrschaft und der Klassen selbst und für gleiche Rechte und gleiche Pflichten aller ohne Unterschied des Geschlechts und der Abstammung. Von diesen Anschauungen ausgehend bekämpft sie in der heutigen Gesellschaft nicht bloß die Ausbeutung und Unterdrückung der Lohnarbeiter, sondern jede Art der Ausbeutung und Unterdrückung, richte sie sich gegen eine Klasse, eine Partei, ein Geschlecht oder eine Rasse.

Ausgehend von diesen Grundsätzen fordert die Sozialdemokratische Partei Deutschlands zunächst:

- Allgemeines, gleiches, direktes Wahl- und Stimmrecht mit geheimer Stimmabgabe aller über 20 Jahre alten Reichsangehörigen ohne Unterschied des Geschlechts [...]
- Entschädigung für die gewählten Vertreter. [...]
- Direkte Gesetzgebung durch das Volk vermittels des Vorschlags- und Verwerfungsrechts. Selbstbestimmung und Selbstverwaltung des Volks in Reich, Staat, Provinz und Gemeinde. [...]
- Volkswehr anstelle der stehenden Heere. Entscheidung über Krieg und Frieden durch die Volksvertretung. [...]
- Abschaffung aller Gesetze, welche die Frau in öffentlich- und privatrechtlicher Beziehung gegenüber dem Manne benachteiligen.
- Erklärung der Religion zur Privatsache. [...]
- Weltlichkeit der Schulen. Obligatorischer Besuch der öffentlichen Volksschulen. Unentgeltlichkeit des Unterrichts [...]
- Abschaffung der Todesstrafe.
- Unentgeltlichkeit der ärztlichen Hilfeleistung [...]
- Stufenweise steigende Einkommens- und Vermögenssteuer [...]
- Erbschaftssteuer, stufenweise steigend nach Umfang des Erbgutes [...]
- Eine wirksame nationale und internationale Arbeiterschutzgesetzgebung auf folgender Grundlage:
- Festsetzung eines höchstens acht Stunden betragenden Normalarbeitstages;
- Verbot der Erwerbsarbeit für Kinder unter vierzehn Jahren;
- Verbot der Nachtarbeit [...]
- eine ununterbrochene Ruhepause von mindestens 36 Stunden in jeder Woche für jeden Arbeiter [...]

Zit. nach: Rüdiger vom Bruch/Björn Hofmeister (Hrsg.): Deutsche Geschichte in Quellen und Darstellung. Bd. 8: Kaiserreich und Erster Weltkrieg 1871–1918, Stuttgart 2002, S. 222–226.

Die Wohnverhältnisse der Industriearbeiter

8 Das Schlafgängerwesen um 1900

Der Großteil der Industriearbeiter hauste in prekären Wohnverhältnissen. In den Städten herrschte eine immense Wohnungsknappheit. Der Soziologe und Volkswirt Werner Sombart (1863–1941) zeigte in seinem Werk „Das Proletariat" (1906) die sozialen und psychischen Folgen der Verelendung der ärmsten Bevölkerungsschicht auf. Über das Wohnungselend schrieb er:

Wer würde es glauben, dass eine ganze Anzahl Menschen bei uns heutigentags in „Wohnungen" kampiert, die überhaupt kein heizbares Zimmer haben? Und doch belehrt uns die Statistik, dass es deren in Berlin über 15 000, in Barmen über 8 000 gibt usw. Aber das sind nur Ausnahmen, und es wird sich in der großen Mehrzahl der Fälle um Einzelpersonen handeln. Dagegen schwillt die Zahl derjenigen Personen, die in Wohnungen mit 1 Zimmer wohnen, sofort unheimlich an. Ja, in den meisten deutschen Großstädten wohnt, wie ich schon sagte, die Hälfte oder annähernd die Hälfte aller Menschen in Wohnungen, die nicht mehr als ein Zimmer umfassen. Von tausend Bewohnern nämlich in Barmen 490, in Berlin 430, in Breslau 409, in Chemnitz 551, in Dresden 374, in Görlitz 462, in Halle a. d. S. 429, in Königsberg i. Pr. 505, in Magdeburg 454, in Plauen i. V. 641. Mehr als 2 Zimmer, darf man annehmen, bewohnt nur ein verschwindend geringer Prozentsatz der arbeitenden Bevölkerung.

9 Berliner Arbeiterwohnung von 1916
Diese Kellerwohnung – ein 15 m² großer Raum mit Küche – diente acht Personen als Wohnquartier.

„Übervölkert" nennt die Statistik eine Wohnung, wenn 6 Personen und mehr in 1 Zimmer, 11 Personen und mehr in 2 Zimmern hausen. Und selbst davon gibt es eine recht erkleckliche Anzahl: in Berlin nahezu 30000, in Breslau 7000, in Chemnitz 5000, in Plauen i. V. 3000 usw. Man denke: 6 Personen und mehr in 1 Raume, 11 und mehr in 2 Räumen!
Was nun aber das Wohnungselend der ärmeren Bevölkerung, wenigstens in den Großstädten, auf das Höchste steigert, ist der Umstand, dass selbst in den engen Behausungen, die nicht mehr den Namen Wohnung verdienen, noch nicht einmal immer die Familie allein lebt, sondern noch fremde Personen, die Schlafgänger[1], dazwischen kampieren. Dieser jammervolle Zustand findet sich beispielsweise in Berlin bei 391 von 1000 einzimmrigen Wohnungen, in Breslau bei 370, in Plauen i. V. bei 596, in München bei 572 aller ein- und zweizimmrigen Wohnungen usw. In München [...] beherbergen etwa 12000 oder 15% aller Wohnungen Schlafgänger, von denen über ein Viertel Weiber sind. Von diesen 12000 Wohnungen waren 3918 überfüllt im offiziellen Sinne und hatten nur 858 mehr als ein heizbares Zimmer.

Werner Sombart: Das Proletariat. Frankfurt/M. 1906, S. 23 f. Zit. nach: Wolfgang Köllmann: Die Industrielle Revolution, Quellen zur Sozialgeschichte Großbritanniens und Deutschlands im 19. Jahrhundert. Stuttgart 1970, S. 47 f.

1 Schlafgänger: Person, die ein Bett nur für einige Stunden am Tag mietete, während der Wohnungsbesitzer die Schlafstelle nicht benötigte.

Arbeitsvorschläge

○●●/●●● a) Erläutern Sie Inhalt und Motive der unternehmerischen Sozialmaßnahmen (M1) und beurteilen Sie diese aus Sicht eines nicht organisierten und eines gewerkschaftlich organisierten Arbeiters.

●●● b) Vergleichen Sie die verschiedenen Lösungsansätze zur sozialen Frage (M1–M3) im Hinblick auf Maßnahmen und Motive und beurteilen Sie diese aus Sicht eines Arbeiters.

○○●/○●●/●●● c) Fassen Sie die philosophischen und ökonomischen Grundlagen des Marxismus zusammen (M4–M5). Erläutern Sie dabei den Klassencharakter des Proletariats und der Bourgeoisie, das marxistische Geschichtsbild und die Zukunft der Klassengesellschaft. Beurteilen Sie die Kernaussagen des Marxismus und prüfen Sie, welche Überlegungen von Marx und Engels sich bewahrheitet haben.

●●● d) Marx besuchte Lassalle vom 1. bis zum 12. April 1861 in dessen Berliner Wohnung. Stellen Sie anhand von M4–M6 ein Gespräch nach, in dem sich Lassalle und Marx über Gemeinsamkeiten und Unterschiede ihrer politischen Einstellungen auseinandersetzen.

○●● e) Arbeiten Sie heraus, inwieweit das Erfurter Programm der SPD (M7) noch marxistischen Ideen anhängt und inwieweit es schon eine reformorientierte Politik propagiert.

○○●/●●● f) Beschreiben Sie die Lebens- und Wohnverhältnisse von Arbeiterfamilien (M8–M9). Beurteilen Sie, welche Konflikte und Zukunftsprobleme diese Wohnverhältnisse auslösen können und vergleichen Sie das Foto mit heutigen Wohnverhältnissen gleicher sozialer Schichten.

Grundwissen: Die soziale Frage und die Arbeiterbewegung

➔ 8 - 9 S. 310 f.

Unternehmerische Ansätze zur Lösung der sozialen Frage

Die Industrialisierung schuf die neue große soziale Gruppe der Fabrikarbeiterschaft. Sie arbeitete oft an der Grenze der körperlichen Leistungsfähigkeit und lebte in prekären Wohnverhältnissen am Rande des Existenzminimums. Die sozialen Probleme und die Angst vor sozialrevolutionären Unruhen des „vierten Stands" führten zu einer breiten Diskussion der „sozialen Frage". Gerade gebildeten Bürgern oder Kirchenleuten erschienen die Lebensverhältnisse der Arbeitnehmer menschenunwürdig und nicht mehr hinnehmbar. Auch einzelne Unternehmer begannen aus Sorge um die Loyalität und die Arbeitskraft ihrer Arbeiter innerbetriebliche Sozialeinrichtungen aufzubauen. So stellte der Stahlbaron Alfred Krupp (1812–1887) ein breit gefächertes Angebot an sozialen Einrichtungen zur Verfügung, verbot aber gleichzeitig die gewerkschaftliche und sozialdemokratische Organisation seiner Arbeiter. 1858 führte er die paritätische Kranken- und Arbeiterpensionskasse ein, deren Finanzierung durch Arbeitgeber und Arbeitnehmer zum Vorbild der modernen Sozialversicherung werden sollte. Darüber hinaus zahlte Krupp überdurchschnittliche Löhne, beschäftigte die Stammbelegschaft auch bei Konjunktureinbrüchen weiter, baute Werkswohnungen und organisierte ein Netz von Konsumgenossenschaften.

➔ 1 - 3 S. 306 f.

Die moderne kirchliche Sozialarbeit

Die Kirchen lehnten den industriellen Wandel zunächst als Teil des allgemeinen Modernisierungsprozesses ab. Sie sahen in einer Wiederherstellung vorindustrieller Produktionsprozesse die Lösung der sozialen Frage. Erst Johann Hinrich Wichern (1808–1881) auf evangelischer und Adolph Kolping (1813–1865) auf katholischer Seite begründeten die moderne kirchliche Sozialarbeit. Wichern sah die massenhafte Armut mit ihren Begleiterscheinungen wie Prostitution und Alkoholismus als Folge einer Ferne zu Gott und wollte sie seelsorgerisch bekämpfen. Aus diesem Grund gründete er 1833 in Hamburg das Rauhe Haus für „verwahrloste" Jugendliche, 1843 die Diakonie und 1848 die Innere Mission. Kolping dagegen fasste im Kolpingwerk

10 Knabenarbeitssaal im Rauhen Haus um 1855

1864 über 400 katholische Gesellenvereine zusammen, in denen ledigen Arbeitern und Handwerkern Geselligkeit, Bildung und religiöse Belehrung geboten wurde. Trotz dieser Bemühungen entfremdeten sich Arbeiter und Kirche voneinander. Die sozialistische Emanzipationsbewegung besaß auf die Mehrzahl der Arbeiterschaft eine größere Strahlkraft.

→ 4 - 5 S. 307 ff.

Karl Marx (1818–1883)
Philosoph, politischer Journalist, Gesellschaftskritiker; gilt als einflussreichster wie umstrittener Theoretiker des nach ihm benannten Marxismus.

Historische Grundthesen des Marxismus

Als Reaktion auf die Auswüchse des Kapitalismus entfalteten die Philosophen Karl Marx und Friedrich Engels Mitte des 19. Jahrhunderts ihre Wirtschafts- und Gesellschaftstheorie, die später unter dem Sammelbegriff „Marxismus" zusammengefasst wurde. Beide waren seit den 1840er-Jahren befreundet und arbeiteten Zeit ihres Lebens eng zusammen. Das von ihnen im Revolutionsjahr 1848 ausgearbeitete und von Marx formulierte „Manifest der kommunistischen Partei" enthält die wesentlichen Gedanken ihrer Philosophie und wurde in den folgenden Jahren zur programmatischen Grundlage der Arbeiterbewegung. Marx' und Engels' Lehre des „historischen Materialismus" interpretiert die Menschheitsgeschichte im „Kommunistischen Manifest" als eine Geschichte von Klassenkämpfen. Die Geschichte schreitet demnach in Stufen voran: Einer Urgesellschaft folgte die antike Sklavenhaltergesellschaft, die mittelalterliche Feudalzeit und schließlich der bürgerliche Kapitalismus. All diese Epochen wurden geprägt von Konflikten und Ausbeutungsverhältnissen, sei es zwischen Herren und Sklaven, zwischen Feudalherren und Leibeigenen oder – seit der industriellen Revolution – zwischen Unternehmern und Arbeitern beziehungsweise der sogenannten „Bourgeoisie" und dem „Proletariat".

Ökonomische Theorie und politische Praxis des Marxismus

Im ihrem dreibändigen Hauptwerk „Das Kapital" (1867, 1885, 1894) unterfütterten Marx und Engels diese historische Perspektive mit einer ausführlichen Untersuchung des Zusammenhangs von Wirtschaft und Gesellschaft – und begründeten damit die Lehre des Marxismus. Diese stand im unmittelbaren Gegensatz zum Liberalismus eines Adam Smith, der dem individuellen Streben nach Reichtum eine fördernde Kraft zusprach. Marx und Engels betonten dagegen, dass der Kapitalismus Eigentum in zerstörerischer Weise ungleich verteile. Ihm eigen sei die Ausbeutung der proletarischen Arbeitskraft durch den Unternehmer, der über das Eigentum an den Produktionsmitteln verfüge. Indem er ein gemeinschaftlich produziertes Gut zu einem höheren Preis auf dem Markt veräußere, als es dem Wert der Produktion durch den Einsatz von Arbeitskraft, Maschinen und Rohstoffen entspräche, erziele der Unternehmer privat einen Mehrwert. Der Arbeiter erhalte dagegen nur einen Lohn, der lediglich seine Existenz sichere. Die zusätzliche Wertschöpfung streiche der Unternehmer ein, wodurch letztlich ein Ausbeutungsverhältnis begründet werde. Der Wunsch nach immer höheren Gewinnen verleite den Unternehmer zu größeren Produktions- und Produktivitätssteigerungen. Dies führe zu periodisch wiederkehrenden und sich verschärfenden Überproduktionskrisen, da der hohe Produktionsausstoß auf keine ausreichende Nachfrage treffe. Diese Wirtschaftskrisen zwängen viele Unternehmen in den Konkurs. Unter den Arbeitern komme es zu einer fortschreitenden Verelendung. Die soziale Ungleichheit führe zu immer schrofferen Klassengegensätzen.

Friedrich Engels (1820–1895)
Philosoph, Gesellschaftstheoretiker, Revolutionär; absolvierte Anfang der 1840er-Jahre eine Ausbildung in der väterlichen Baumwollspinnerei in Manchester, verfasste dort den „Bericht über die Lage der Arbeiter in England".

Da der Staat stets der ökonomisch herrschenden Klasse diene, führt Marx und Engels zufolge erst die Entwicklung eines proletarischen Klassenbewusstseins und die Organisation in Arbeiterparteien zur revolutionären Überwindung dieses kapitalistischen Systems. Hier wird deutlich, dass ihre Theorie unmittelbar mit einer politischen Praxis verknüpft war. Marx' und Engels' politisches – letztlich dem Verlauf ihres Geschichtsverständnisses folgende – Ziel bestand darin, das Privateigentum

Ferdinand Lassalle (1825–1864)
Schriftsteller, Journalist und Politiker; machte sich in seiner sozialistischen Staats- und Gesellschaftstheorie unter anderem für eine Reform des Wahlrechts stark.

→ 6 – 7 S. 309 f.

August Bebel (1840–1913)
Mitbegründer der SPD und ihr langjähriger Vorsitzender (1892–1913). Unter Bebel wurde die SPD zur Massenpartei.

an Produktionsmitteln abzuschaffen und auf diese Weise die Grundlage des Klassenkampfes aufzuheben. Die dann erreichte Stufe des „Sozialismus" sollte einer kommunistischen Gesellschaft (Kommunismus) den Boden bereiten.

Der Einfluss des Marxismus auf die Arbeiterbewegung

Bis Ende des 19. Jahrhunderts waren die Schriften von Marx und Engels den meisten Arbeiterführern nur in Ansätzen bekannt. Erst mit Beginn des 20. Jahrhunderts bekam der Marxismus einen großen Einfluss auf die internationale Arbeiterbewegung und wurde in vielen Staaten zur herrschenden Ideologie. Zeitweise lebte ein Drittel der Menschheit in sozialistischen Gesellschaften. Trotz der zutreffenden Beschreibung frühindustrieller Verhältnisse bleiben viele marxistische Erklärungsansätze und Prophezeiungen in der historischen Betrachtung fragwürdig. Die Stadientheorie der Menschheitsentwicklung gilt als überholt. Der Wohlfahrtsstaat brachte einen hohen Wohlstandszuwachs und Formen der sozialen Sicherung, die der Verelendungstheorie zuwiderlaufen. Und auch die ökonomischen und politischen Selbstheilungs- und Veränderungskräfte der bürgerlichen Gesellschaft wurden von Marx und Engels letztlich unterschätzt.

Aufstieg und Spaltung der Sozialdemokratie und Entstehung der Gewerkschaften

Das Jahr 1863 markierte einen entscheidenden Einschnitt in die Entwicklung der organisierten Arbeiterbewegung. In Leipzig gründete Ferdinand Lassalle den Allgemeinen Deutschen Arbeiterverein (ADAV). Seine wichtigste politische Forderung war die Durchsetzung des allgemeinen Wahlrechts für Männer. Die dazu nötige Massenbasis konnte der ADAV jedoch nicht erreichen. Sechs Jahre später gründeten Wilhelm Liebknecht und August Bebel eine weitere Arbeiterorganisation: die Sozialdemokratische Arbeiterpartei (SDAP). Diese stand im Gegensatz zum ADAV in Opposition zum preußischen Staat. Zur Erhöhung der Durchschlagskraft vereinigten sich SDAP und ADAV 1875 in Gotha zur Sozialistischen Arbeiterpartei (SAP). Bismarck sah in der neuen Partei eine politische Bedrohung und ein Hemmnis für eine freie wirtschaftliche Entwicklung. Unter seinem Sozialistengesetz (1878–1890) wurden die SAP, die ihr nahestehenden Gewerkschaften und die gesamte Parteipresse verboten. Parteimitglieder und -anhänger wurden polizeilich verfolgt, teilweise auch ausgebürgert (**→ s. Kap. 5.2**). In den zwölf Jahren der Unterdrückung konnte die SAP allerdings zu Reichstagswahlen antreten und ihre Wählerschaft sogar verdreifachen. Nach der Aufhebung des Gesetzes entwickelte sich die 1890 in SPD umbenannte Partei schnell zu der dynamischsten politischen Bewegung im Kaiserreich. 1912 wurde die SPD mit 110 Abgeordneten stärkste Reichstagsfraktion, während ihre Mitgliederzahl knapp unter der Millionengrenze lag.

Ein weiterer Zweig der Arbeiterbewegung waren die Gewerkschaften. Neben den sozialistischen Gewerkschaften (freie Gewerkschaften) bestanden noch christliche und liberale Gewerkschaften, die aber bei Weitem nicht deren Basis und Durchschlagskraft besaßen. Hauptaufgabe der Gewerkschaften war der pragmatische Kampf für die Verbesserung der Arbeitsbedingungen. Kürzere Arbeitszeiten, höhere Löhne und bessere Arbeitsschutzbestimmungen wurden gegen unternehmerischen und staatlichen Widerstand durchgesetzt. Ihr Hauptkampfmittel war der Streik. Zwischen der SPD und den freien Gewerkschaften bestand eine politische und personelle Nähe. Die Gewerkschaftler standen der pragmatischen Richtung in der SPD nah, die sich gegen die revolutionären Tendenzen des marxistischen Flügels wandte und für den Weg der politischen und sozialen Reformen einstand. Diese innere Zerrissenheit, die sich bereits im Erfurter Programm 1891 offenbarte, führte am Ende des Kaiserreichs zur Spaltung der Partei in eine sozialdemokratisch orientierte SPD und den Spartakusbund um Rosa Luxemburg und Karl Liebknecht (**→ s. Kap. 8.5**).

6.3 Hochindustrialisierung im Kaiserreich – Deutschlands Aufstieg zum Industriestaat

A) Welche Ursachen lassen sich für industrielles Wachstum und wirtschaftlichen Aufschwung in Deutschland in der Gründerzeit ausmachen?
B) Durch welche Maßnahmen wurde die Gründerkrise überwunden und was charakterisierte die zweite industrielle Revolution in Deutschland?

Die Eisenbahn als Leitsektor der ersten industriellen Revolution in Deutschland

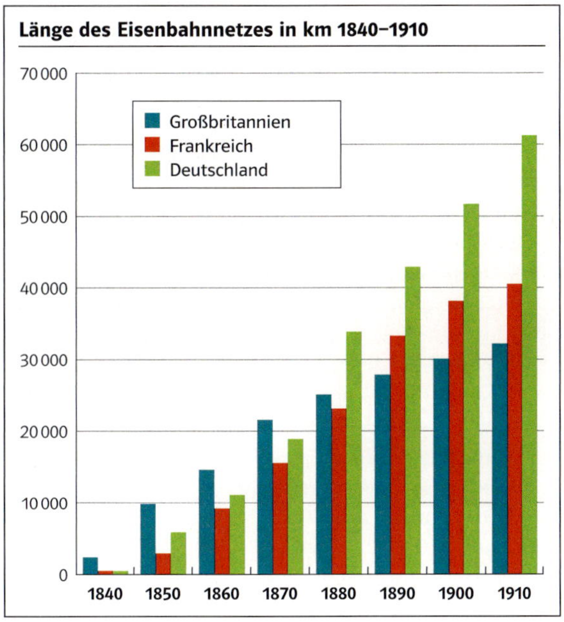

1 Länge des Eisenbahnnetzes in Kilometer

In den 1840er-Jahren erfasste die Industrialisierung auch die deutschen Staaten. Einen entscheidenden Anstoß dafür gab der Eisenbahnbau. In Preußen entstand Mitte des 19. Jahrhunderts ein flächendeckendes Eisenbahnnetz: Bis 1850 wurden die großen Städte verbunden. Diese Strecken wurden miteinander verknüpft und zweispurig ausgebaut. Mit der Reichsgründung 1871 wurde das Netz weiter verdichtet.

2 Kritische Überlegungen zum Nutzen der Eisenbahn

Noch 1841 bestritt ein Nationalökonom unter dem Pseudonym „K." die Notwendigkeit von Eisenbahnen. Sechs Jahre zuvor war auf der Strecke von Nürnberg nach Fürth zum ersten Mal eine Eisenbahn auf deutschem Boden gefahren.

[…] Eisenbahnen kann man kein Bedürfnis nennen; der Staat hat keine Verbindlichkeit, Personen und Waren mit der Geschwindigkeit des Sturmes zu transportieren; wer solche Geschwindigkeit verlangt, mag sie bezahlen. […] Eisenbahnen zeichnen sich vor andern Transportmitteln, an denen in Deutschland kein Mangel ist, hauptsächlich durch die größere Geschwindigkeit aus. […] Um aber den Wert der größeren Geschwindigkeit zu bestimmen, muss man zwischen Personen- und Warentransport unterscheiden. Was vorerst den Warentransport betrifft, so hat es mit den meisten Waren keine solche Eile, dass ihre Versendung nicht ohne allen Nachteil auf den gewöhnlichen Wegen geschehen könnte. Zu den Waren, deren schneller Transport wünschenswert ist, gehören hauptsächlich solche, die durch einen langsamen Transport dem Verderben ausgesetzt sind, z. B. Esswaren. Die meisten übrigen Waren […] gelangen auf den bisherigen Wegen schnell genug an den Ort ihrer Bestimmung, wenn sie zu rechter Zeit bestellt und abgeschickt werden. […] Der Akzent wird aber, und das mit Recht, auf den Personentransport gelegt. Dieser ist es, durch den der Ertrag einer Eisenbahn gesichert werden muss […].
Beim Personentransport kommt es aber darauf an, zu welchem Zweck die Eisenbahnen benutzt werden, ob nämlich bloß zum Vergnügen oder zu Reisen in Geschäften, nämlich zu industriellen und andern nützlichen Zwecken. Was die Geschäftsreisen betrifft, so ist wohl selten so viel daran gelegen, dass die Reisenden mit der Geschwindigkeit der Eisenbahnen dahin befördert werden, wohin ihre Geschäfte sie rufen können. Die meisten Geschäfte lassen sich schriftlich abmachen, und es wäre Zeit- und Geldverschwendung, wenn man dem schriftlichen Verkehr den persönlichen ohne Not substituieren wollte. Diejenigen Geschäfte aber, die sich nur persönlich abmachen lassen, haben gewöhnlich keine solche Eile […]. Bei denen, welche bloß zum Vergnügen reisen, hat die Geschwindigkeit des Transports nur insofern Wert, als dadurch die Lust zum Reisen und somit die Zahl der Reisenden vermehrt wird. Die Eisenbahnen

befördern sonach die Vergnügungssucht und vermehren den Geldumlauf und die Konsumtion. [...]
Durch die Eisenbahnen werden daher die Reisenden eigentlich nur den größeren Städten oder interessanten Gegenden zugeführt, und so kommen Eisenbahnen, sofern sie zu Lustreisen dienen, eigentlich nur den Gastwirten und dem gewerbetreibenden Publikum jener Städte und Gegenden zu gut; weniger bedeutende Orte dagegen, die gegen die größeren Städte ohnedies schon im Nachteil sind, verlieren dabei. Man kann daher Eisenbahnen zu denjenigen Anstalten rechnen, welche den Wohlstand Einzelner befördern. [...]

O. V. (K.): Eisenbahnen auf Staatskosten, mit besonderer Beziehung auf Württemberg. In: Deutsche Vierteljahrsschrift, Drittes Heft. Stuttgart und Tübingen 1841, S. 213–215.

Vom Agrar- zum Industriestaat

3 „Die deutsche Landwirtschaft ist das erste und das bedeutendste Gewerbe"

Ende des 19. Jahrhunderts arbeitete in Deutschland nur noch rund ein Drittel der Erwerbstätigen in der Landwirtschaft. Dieser tief greifende Wandel löste vor allem auf Seiten der Bauern Ängste aus. Beispielhaft für eine agrarische Interessenpolitik steht das erste Programm des Bundes der Landwirte vom 18. Februar 1893:

§ 2. Der Zweck des Bundes ist: alle landwirtschaftlichen Interessenten ohne Rücksicht auf politische Parteistellung und Größe des Besitzes zur Wahrung des der Landwirtschaft gebührenden Einflusses auf die Gesetzgebung zusammenzuschließen, um der Landwirtschaft eine ihrer Bedeutung entsprechende Vertretung in den parlamentarischen Körperschaften zu verschaffen.

§ 3. Dieser Zweck soll erreicht werden:

1. durch Besprechung und Beschlüsse der Mitglieder in Versammlungen;

2. durch Einwirkung auf die Wahlen, damit unabhängige Männer in die Parlamente gewählt werden, welche bereit sind, auch die Interessen der Landwirtschaft gerechterweise energisch wahrzunehmen und zu diesem Zwecke sofort nach ihrem Eintritt in die gesetzgebende Körperschaft einer wirtschaftlichen Vereinigung beizutreten;

3. durch angemessene Vertretung der landwirtschaftlichen Interessen in der Öffentlichkeit, besonders in der Presse. Seine Forderungen sind in einer Resolution niedergelegt, die am Gründungstage angenommen wurde. Sie lautet:

„Die deutsche Landwirtschaft ist das erste und bedeutendste Gewerbe, die festeste Stütze des Reiches und der Einzelstaaten. Dieselbe zu schützen und zu kräftigen ist unsere erste und ernsteste Aufgabe, weil durch das Blühen und Gedeihen der Landwirtschaft die Wohlfahrt aller anderen Berufszweige gesichert ist." Wir fordern daher:

1. Genügenden Zollschutz für die Erzeugnisse der Landwirtschaft und deren Nebengewerbe.

2. Deshalb keinerlei Ermäßigung der bestehenden Zölle, keine Handelsverträge mit Russland und anderen Ländern, welche die Herabsetzung der deutschen landwirtschaftlichen Zölle zur Folge haben, und eine entsprechende Regelung unseres Verhältnisses zu Amerika.

3. Schonung der landwirtschaftlichen, besonders der bäuerlichen Nebengewerbe in steuerlicher Beziehung.

4. Absperrung der Vieheinfuhr aus seuchenverdächtigen Ländern.

5. Einführung der Doppelwährung als wirksamsten Schutz gegen den Rückgang des Preises der landwirtschaftlichen Erzeugnisse.

6. Gesetzlich geregelte Vertretung der Landwirtschaft durch Bildung von Landwirtschaftskammern.

7. Anderweitige Regelung der Gesetzgebung über den Unterstützungswohnsitz, die Freizügigkeit und den Kontraktbruch der Arbeiter.

8. Revision der Arbeiterschutzgesetzgebung, Beseitigung des Markenzwanges und Verbilligung der Verwaltung.

9. Schärfere staatliche Beaufsichtigung der Produktenbörse, um eine willkürliche, Landwirtschaft und Konsum gleichmäßig schädigende Preisbildung zu verhindern.

10. Ausbildung des privaten und öffentlichen Rechtes, auch der Verschuldungsformen des Grundbesitzes und der Heimstättengesetzgebung auf Grundlage des deutschen Rechtsbewusstseins, damit den Interessen von Grundbesitz und Landwirtschaft besser, wie bisher, genügt wird.

Zit. nach: Felix Salomon: Die deutschen Parteiprogramme. Heft 2: Von der Reichsgründung bis zur Gegenwart 1871–1912. 2. Aufl. Leipzig und Berlin 1912, S. 74–76.

4 Erwerbstätige in Landwirtschaft und Industrie 1822–1907

Wirtschaftssektor	Jahr	Erwerbstätige in Tsd.	einschl. Angehörige	in % der Bevölkerung
Landwirtschaft	1822	7134	15939	40,0
	1895	7182	15442	33,6
	1907	8556	14918	27,1
Industrie	1822	5787	14080	35,4
	1895	7485	17918	39,9
	1907	9848	22443	40,8

Nach: Statistisches Jahrbuch für das Deutsche Reich. Jg. 53/1934, S. 16.

5 Industriestaat oder Agrarstaat?

Der Volksverein für das katholische Deutschland erläutert 1911 die Bedeutung des Welt- und des Binnenmarktes für die Wirtschaftsentwicklung und geht in diesem Zusammenhang auf den wirtschaftspolitischen Streit ein, ob Deutschland seine Wirtschaft entlang der Interessen des Industrie- oder des Agrarsektors ausrichten soll:

1. Die Mehrzahl des im Wirtschaftsleben tätigen deutschen Volkes gehört nicht mehr der Landwirtschaft an; darum hätten auch die landwirtschaftlichen Interessen, soweit Maßnahmen der Gesetzgebung und der staatlichen Verwaltung in Betracht kommen, erst in zweiter Linie hinter den Handelsinteressen zu stehen.

2. Die Landwirtschaft ist die Grundlage der Volkskraft; darum muss sie in erster Linie stehen bei den Maßnahmen des Staates; die Industrieinteressen müssen daher auch heute noch gegebenenfalls hinter die landwirtschaftlichen zurücktreten.

Es ist also der Streit, ob Industriestaat oder Agrarstaat, der lange Jahre, ja Jahrzehnte hindurch unsere deutsche Wirtschaftspolitik beherrschte, und zeitweise tauchte sogar noch die Idee des reinen Handelsstaates auf, da man eben die Entwicklung Englands als die für einen modernen Wirtschaftsstaat maßgebende anzusehen sich gewöhnte.

Jedoch die Entwicklung Englands kann doch in keiner Weise von den anderen Staaten als mustergültig betrachtet werden. Die ganze Entwicklung der englischen Volkswirtschaft beruhte ja in den letzten anderthalb Jahrhunderten eben darauf, dass England um fünfzig bis siebzig Jahre früher zur Anwendung der modernen technischen Mittel gekommen war und infolgedessen eine Zeit lang fast die ganze Welt als seinen unbestrittenen industriellen Absatzmarkt betrachten konnte, anderseits aber alle Getreide-Überschussländer als seine Brotlieferanten zur Verfügung hatte.

Das ist nun schon in den letzten zwanzig, dreißig Jahren sehr bedeutsam anders geworden; Deutschland und Amerika sind an seine Seite gerückt und England muss sich mit ihnen in [sic] den industriellen Absatzmarkt teilen. Ebenso ist es hinsichtlich der Getreidezufuhrländer. Dadurch ist Englands Stellung in der Weltwirtschaft heute eine ganz andere geworden als sie lange Jahrzehnte gewesen. Der Auslandsabsatz ist unsicherer und damit die Stellung der englischen Industrie im Weltmarkt eine viel schwankendere und prekärere geworden, umso mehr, als sie eben in einem kräftigen Inlandsmarkt eine Stütze nicht hat.

Bei den andern Volkswirtschaften, im Besondern bei Deutschland, lag die Sache von vornherein anders. Es musste sich erst ganz allmählich zum Weltmarkte durchringen und kann auch infolge seiner geografischen Lage kaum jemals daran denken, in diesem Maße Handelsstaat werden zu wollen wie England es gewesen. Englands Situation wird heute noch gestärkt durch die Abhängigkeiten seiner Kolonien. [...] Aber nicht nur England hat mit dem Emporwachsen anderer Länder zu rechnen [...]

Demnach wird in Zukunft [...] damit zu rechnen sein: Dass nicht einige wenige Staaten als Industriestaaten den andern als Absatzstaaten gegenüberstehen, sondern es wird damit zu rechnen sein, dass der Auslandsabsatz auf dem Weltmarkt über kurz oder lang keineswegs mehr diese vielen offnen Türen vor sich sieht, die noch heute vorhanden sind. Dann aber wird derjenige Staat und diejenige Volkswirtschaft in dem allgemeinen Konkurrenzkampf am besten bestehen, die einen möglichst starken und gefestigten Inlandsmarkt in ihrem Innern aufweisen können.

Volksverein für das katholische Deutschland (Hrsg.): Die Landwirtschaft. Gesammelte Vorträge. I. Heft, Mönchengladbach 1911, S. 14.

6 Postkarte des Bunds der Landwirte aus Anlass der Schutzzollpolitik, 1912

Gründerkrach und Große Depression

7 Der Gründerkrach 1873/1874

Zwei Jahre nach der Reichsgündung kam es zu einem Einbruch der Finanzmärkte, dem sogenannten „Gründerkrach". Ihm folgte eine bis 1896 anhaltende Stagnationsphase, die Zeitgenossen als „Große Depression" benannten und wahrnahmen, obwohl die Produktion schon von 1879 an wieder wuchs. Die Berliner Kaufmannschaft fasst 1875 die Entwicklung des ersten Krisenjahres zusammen:

Das Fazit des Jahres 1874 ist nach allen Richtungen hin ein ungünstiges: Die Buße für die Sünden der vorhergegangenen beiden Jahre hat sich wie ein Naturgesetz mit unerbittlicher Strenge vollzogen; Handel und Verkehr stocken; die Industrie hat einen Teil ihres früheren Absatzgebietes verloren, weil die übermäßig gesteigerten Arbeitslöhne bei wesentlich verminderter Arbeitsleistung und das Wirtschaften aus dem Vollen die Konkurrenzfähigkeit deutscher Erzeugnisse auf dem Weltmarkte bedeutend vermindert hat. Außerdem war auch der Bedarf des Auslandes, namentlich Amerika, ein schwächerer, die Produktion Deutschlands eine größere geworden. Der ungewöhnliche wirtschaftliche Aufschwung nach dem glücklich beendeten Kriege mit Frankreich hatte zu dem Glauben geführt, dass die Prosperität nicht nur eine dauernde, sondern eine weiter steigende sein würde und somit die inländische Verbrauchsfähigkeit zunehmen müsse. Vergrößerung und Neubegründung einer Menge industrieller Etablissements und als Schlussresultat Überproduktion waren die Folge. Große Kapitalien sind in Unternehmungen teils vergeudet, teils vorläufig unrentabel angelegt, fast alle Dividendenpapiere, wie Eisenbahnen, Banken etc. gewähren geringere Rente, auch ist die Zahl der notleidenden Wertpapiere gestiegen. [...] Ohne die Mitwirkung des Publikums wäre der Absatz so großer Massen neu kreierter Papiere unmöglich gewesen; die Börse ist nur Vermittlerin und doch hört man heutzutage oft selbst aus dem Munde verständiger Menschen sie allein verantwortlich machen für das tolle Treiben der letzten Jahre. Gewiss hat die Börse gesündigt, aber das außerhalb derselben stehende Publikum hat sich nicht bloß reichlich an den Sünden beteiligt, sondern sie kräftigst gefördert. Der Drang, ohne oder mit möglichst wenig Arbeit reich zu werden, war in den außergeschäftlichen Kreisen ein ebenso fieberhafter wie in geschäftlichen. Er hatte alle Gesellschaftsklassen ergriffen. So lange verdient wurde, pries man die Begründer der neuen Unternehmungen als Förderer des Nationalwohlstandes, nach dem Rückschlag will man sie allein für diesen verantwortlich machen [...].

Zit. nach: Richard H. Tilly: Vom Zollverein zum Industriestaat. München 1990, S. 169–171.

Die Entwicklung des Ruhrgebiets zum industriellen Zentrum

8 Die Entwicklung des Ruhrgebiets

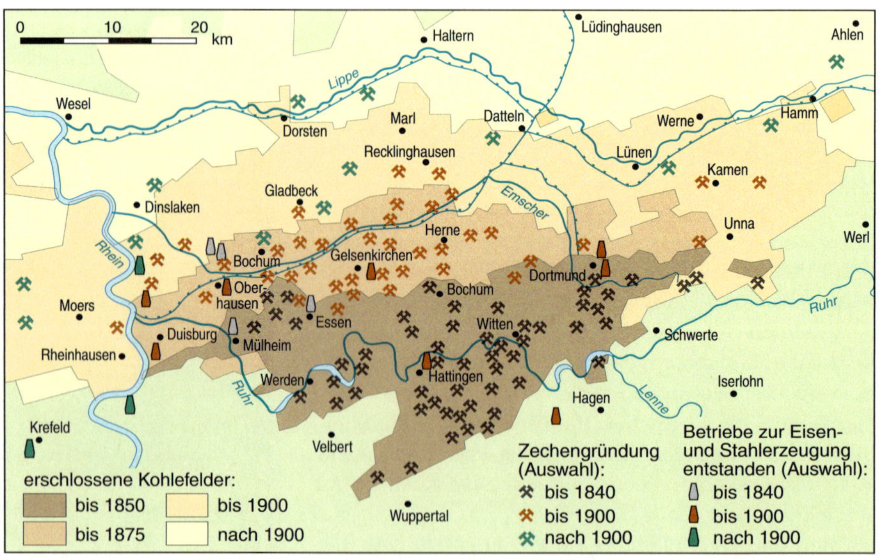

9 „Die polnische Parallelgesellschaft" (2010)

Im Ruhrgebiet kam es ab Mitte des 19. Jahrhunderts zu einem enormen Zustrom an Kapital, aber auch an Arbeitskräften. Mit der Reichsgründung 1871 wurde eine riesige Ost-West-Wanderung ausgelöst. Hunderttausende Menschen – vor allem aus Preußisch-Polen – kamen an die Ruhr. Der Historiker Christoph Kleßmann beschreibt dieses Phänomen:

[...] Menschen, die auf der Suche nach Arbeit kamen und dauerhaft blieben, die gibt es auch in Deutschland schon seit Langem. Die Integration von Zuwanderern ist ein Thema nahezu aller modernen Gesellschaften. Viele Probleme sind trotz schnellen Wandels ähnlich geblieben, auch wenn sich die Konstellationen nie völlig gleichen. Ein historisches Lehrbuchbeispiel bietet das Ruhrgebiet. Im 19. Jahrhundert verwandelte es sich geradezu in eine Einwanderungsregion. Und schon damals gab es der mahnenden und warnenden Worte viele. [...]

Dabei hatte die Region zwischen Duisburg und Dortmund schon früh von internationaler Zuwanderung profitiert. Bereits Mitte des 19. Jahrhunderts waren Engländer, Iren und Franzosen hierhergekommen. Sie spielten als Unternehmer und Spezialisten in der Anfangsphase der montanindustriellen Expansion eine wichtige Rolle, zudem kamen Italiener als Gesteinshauer, aber auch als Arbeiter beim Kanalbau. Die erste differenzierte Belegschaftsstatistik des Ruhrbergbaus von 1893 gibt unter 23410 Fremdsprachigen an: 20494 aus dem Deutschen Reich (das waren vor allem Menschen aus den Ostprovinzen), 1443 aus Österreich-Ungarn, 699 aus Holland, 610 aus Italien, 82 aus Russland und weitere 82 aus anderen Staaten. Die Zahl der Ausländer stieg an, die „preußischen Polen" aber blieben in der überwiegenden Mehrheit. Arbeiter aus dem russischen Teil Polens oder dem österreichischen Galizien durften zwar saisonal im Westen in der Landwirtschaft sowie in der oberschlesischen Montanindustrie beschäftigt werden, aber nur in wenigen Ausnahmefällen im Ruhrbergbau. [...]

Die Menschen wurden gezielt angeworben. Relativ gute Löhne lockten ebenso wie falsche Versprechungen unter einer ländlichen Bevölkerung, die aufgrund der wirtschaftlichen Entwicklung ihre Arbeit verloren hatte und proletarisiert war, sodass die aufstrebende Industrie im Westen vergleichsweise attraktive Lebensperspektiven bot. Der ökonomische Druck zur Abwanderung aus dem Osten wurde durch den sozialen Sog der Industrialisierung im Westen Deutschlands verstärkt und löste nach der Reichsgründung 1871 eine riesige Ost-West-Binnenmigration aus. Vor Beginn des Ersten Weltkriegs lebten im Ruhrgebiet etwa 350000 (ethnische) Polen, die rund 150000 Masuren nicht mit eingerechnet.

Christoph Kleßmann: Die polnische Parallelgesellschaft. In: Die Zeit, Nr. 50, 9.12.2010.

10 Das Wachstum der Zeche Neumühl

Durch die Gründung neuer Fabriken und das sprunghafte Wachstum der Produktion wurde das Ruhrgebiet zu einer der dynamischsten Regionen Europas. Der ehemalige Bergarbeiter Georg Werner beschrieb die Entwicklung des Steinkohlenbergwerks Zeche Neumühl auf dem Gebiet der heutigen Stadt Duisburg um die Jahrhundertwende wie folgt:

Zeche Neumühl liegt in Hamborn, einem Orte an der Mündung der Emscher in den Rhein. [...] Hamborn hatte im Jahre 1890 zirka 8000 Einwohner. Zu dieser Zeit begann der Großindustrielle August Thyssen in der Gemeinde die Schächte Deutscher Kaiser abzuteufen und erbaute das Hüttenwerk gleichen Namens. Die Familie Haniel errichtete von 1893 an die Schachtanlage Neumühl. Diese Bauten zogen riesige Arbeitermengen heran. Im Jahre 1900 war die Einwohnerzahl bereits auf 33000 gestiegen, dann aber nahm sie jedes Jahr um zirka 10000 zu, bis mit der Erreichung der 150000 diese wilde Entwicklung abschloss. Ein Muster dieser amerikanischen Entwicklung war die Zeche Neumühl. Im Jahr 1893 begann mit 28 Arbeitern das Abteufen. Die Zeche hatte 1895 69, 1900 1872, 1902 3520 und 1904 schon 4895 Mann Belegschaft. Mit zirka 5500 Mann war sie dann auf dem Höhepunkt. [...]

Eine solche Mammutanlage wie Neumühl ist in Deutschland wahrscheinlich nur einmal errichtet worden. Auf nur einer Doppelschachtanlage mit zwei Doppelschächten wurden zirka 5500 Menschen beschäftigt. Die Zeche stand außerhalb des Syndikats [Rheinisch-Westfälisches Kohlensyndikat], konnte daher ungehindert durch die Quotenbeschränkung fördern und stellte jeden ein, der Arbeit haben wollte. Die Anlage förderte 1903/04 im Durchschnitt pro Tag 9100 bis 9200 Förderwagen zu je 12 Zentner. Die Förderziffern betrugen pro Jahr: 1897 – 19854 t; 1898 – 57081 t; 1899 – 221483 t; 1900 – 477514 t; 1901 – 787910 t; 1902 – 1070792 t; 1903 – 1476043 t; 1904 – 1641470 t[1]

Der Betrieb raste! [...] Als im Jahre 1904 an einem Tage die Zusammensetzung der Belegschaft festgestellt wurde, setzte sie sich aus 3108 Deutschen, von denen 1340 aus den östlichen Provinzen stammten und polnisch als Muttersprache redeten, ferner aus 1095 Österreichern aus Krain und Steiermark, Slovener oder Cuditsche genannt, aus 240 Holländern, 156 Italienern, 53 Russen, 33 Belgiern und 4 sonstigen Ausländern zusammen. Aber diese Zahlen sind noch nicht das Entscheidende für die Beurteilung des Geistes der Belegschaft.

Wenn solche Menschenmengen in kurzer Zeit zusammenkommen, drängen sich auch alle jene nach dieser Stelle hin, die aus irgendeinem Grunde untertauchen wollen, und Neumühl gab jedem Arbeit. So beschäftigte die Zeche mehr ehemalige Zuchthäusler als in einem großen

11 „Hochofen in Hörde"
Die Werksbahn des Hörder Stahlwerks Phoenix West transportiert Roheisen zur Weiterverarbeitung in die benachbarten Stahl- und Walzwerke der Hermannshütte. Gemälde von Herman Heijenbrock aus dem Jahr 1910.

Zuchthause untergebracht sind. Der Schnapsausschank in der an der Zeche gelegenen Wirtschaft Ostrop betrug monatlich zirka 300 hl. Neumühl war „Wild-West". Allmonatlich wurde mindestens ein Mensch totgeschlagen. Die Steiger hatten jeder einen Waffenschein und trugen Revolver bei sich.

Georg Werner: Ein Kumpel. Berlin 1929, S. 123 f. Zit. nach: Gerhard A. Ritter und Jürgen Kocka (Hrsg.): Deutsche Sozialgeschichte, Dokumente und Skizzen. Band II: 1870–1914. München 1974, S. 26 f.

1 Daten in der Originalquelle als Tabelle dargestellt.

12 Konzentration im Ruhrbergbau

Der Wirtschaftshistoriker Walther Däbritz schrieb 1922 im Auftrag einer Essener Bank, die während des Kaiserreichs und der Weimarer Republik führend in der Finanzierung der Expansion der Schwerindustrie im Ruhrgebiet war:

Immer wiederholt sich der Eindruck, dass in den 90er-Jahren des 19. Jahrhunderts abermals eine Zäsur liegt, dass eine neue Ära beginnt, diejenige, inmitten derer wir noch heute stehen. [...] Seit den 80er-Jahren werden die ersten Ansätze einer Konzentrationsbewegung erkennbar, Konzentration in horizontaler Richtung, innerhalb der reinen Zechen und innerhalb der reinen Eisenwerke, und Konzentration in vertikaler Richtung, Zusammenschluss von Zechen, Erzgruben, Hüttenwerken, Stahlwerken, Walzwerken. Damit tritt anstelle vieler einander gleich gearteter Mittelbetriebe [...] eine beschränkte Anzahl von großen reinen oder gemischten Konzernen. Und indem die ehemals selbstständigen Werke

zu Werksabteilungen umgestaltet werden, wird der seitherige Konkurrenzkampf [...] aufgehoben. Er wird ersetzt durch Zusammenarbeit aufgrund organisatorischer Eingliederung und eine straffe technische und ökonomische Zusammenfassung steigert die Leistungsfähigkeit dieser erweiterten Gebilde wesentlich über die Summe der bisherigen Einzelleistungen ihrer Teile. Seit den 90er-Jahren gelingt es [...] die gesamte Produktion eines ganzen Wirtschaftszweiges zu kontingentieren, die Preise einheitlich zu regeln, den Absatz zusammenzufassen. [...] Das ergab am regulierten Markt ganz andere Preiskurven als am offenen Markt, einen stetigeren Verlauf, geringere Schwankungen, weniger schroffe Gegensätze zwischen Hoch und Tief. So führte auch hier die Zusammenfassung der Kräfte, die Vereinigung in einer Hand zu höheren, leistungsfähigeren Wirtschaftsformen. [...]
Ließ sich im Bergbau die Periode 1850 bis 1880 als die der überwiegenden Großbetriebe mit Förderziffern von einigen 100000t bezeichnen, so treten jetzt Jahrzehnt um Jahrzehnt immer stärker Einzelbetriebe mit Förderungen von 1 Mill. t und darüber hinaus auf [...]. Die Großbetriebe (bis 500000t) leisten ein Zehntel, die Größtbetriebe neun Zehntel der Gesamtförderung. Und unter ihnen ist wiederum eine kleine Gruppe führend. [...] Nicht anders ist das Endergebnis in der Eisenindustrie. Von der Roheisenproduktion Rheinland-Westfalens in Höhe von rund 8 Mill. t entfielen im letzten Friedensjahr 1913 mehr als drei Viertel auf 10 große Werke, und diese selben Werke konzentrierten im gleichen Jahr mehr als zwei Drittel der gesamten rheinisch-westfälischen Stahlgewinnung in Höhe von rund 10 Mill. t in sich: [...] Alle größeren Werke der Eisenindustrie sind zugleich Großproduzenten von Kohle geworden und sie alle verarbeiten zum größeren Teil selbst gewonnenes Roheisen.

Zit. nach: Walther Däbritz: Denkschrift zum fünfzigjährigen Bestehen der Essener Creditanstalt in Essen, 1922. In: Ritter/Kocka, a. a. O, S. 27 ff.

13 Industrieruine Phoenix West im Jahr 2010
Auf dem Gelände der 1998 stillgelegten Hochofenanlage in Hörde – heute ein Stadtteil Dortmunds – entsteht im Zuge des Projektes „PHOENIX" ein Technologiepark.

Die industrielle Entwicklung Deutschlands im internationalen Vergleich

14 Bevölkerung europäischer Länder in Millionen 1750–1911

Jahr	Großbritannien	Frankreich	Deutschland	Russland
1750/51	7,4	21,0	–	28,0
1820/21	14,1	30,5	25,0	48,6
1830/31	16,3	32,6	28,2	56,1
1850/51	20,8	35,8	34,0	68,5
1860/61	23,1	37,4	36,2	74,1
1870/71	26,1	36,1	40,8	84,5
1890/91	33,1	38,3	49,4	117,8
1900/01	37,0	39,3	56,4	132,9
1910/11	40,8	39,6	64,9	160,7

Nach: Jürgen Kocka und Bernd Mütter: Wirtschaft und Gesellschaft im Zeitalter der Industrialisierung. München 1984, S. 93.

15 Roheisenproduktion europäischer Länder in 1000 t von 1800–1913

Jahr	Großbritannien	Frankreich	Deutschland	Russland
1800–1814	284	200	–	200
1830–1834	700	244	111	167
1850–1854	2716	561	245	231
1870–1874	6480	1211	1579	375
1880–1884	8295	1918	2893	477
1890–1894	7402	1998	4335	1096
1900–1904	8778	2665	7925	2773
1910–1913	9792	4664	14836	3870

Nach: B.R. Mitchell: Statistischer Anhang. In: Carlo C. Cipolla und Knut Borchardt (Hrsg.): Europäische Wirtschaftsgeschichte. Band IV: Die Entwicklung der industriellen Gesellschaft. Stuttgart/New York 1985, S. 504 f., Tabelle 15.

16 Anteile an der Weltindustrieproduktion in Prozent 1830–1910

Jahr	Großbritannien	USA	Frankreich	Deutschland	Russland	China
1830	9,5	2,4	5,2	3,5	5,6	29,8
1860	19,9	7,2	7,9	4,9	7,0	19,7
1880	22,9	14,7	7,8	8,5	7,6	12,5
1900	18,5	23,6	6,8	13,2	8,8	6,2
1910	13,6	32,0	6,1	14,8	8,2	3,6

Nach: Wolfram Fischer: Wirtschaft und Gesellschaft Europas 1850–1914. In: Ders. (Hrsg.): Handbuch der europäischen Wirtschafts- und Sozialgeschichte. Bd. 5. Stuttgart 1985, S. 150.

17 Verteilung der Arbeitnehmer auf die Wirtschaftssektoren in verschiedenen Ländern um 1850 und 1910

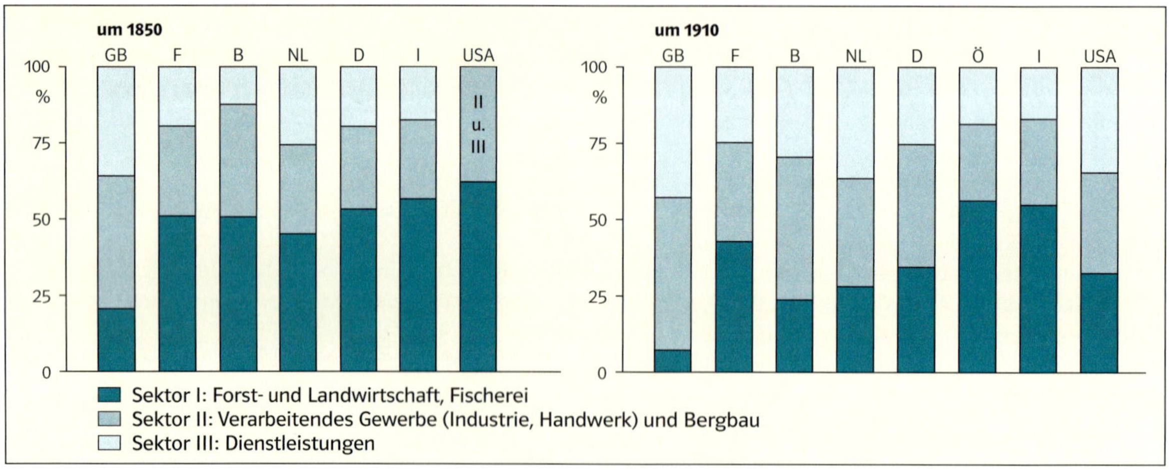

Nach: Hermann Aubin/Wolfgang Zorn (Hrsg.): Handbuch der deutschen Wirtschafts- und Sozialgeschichte. Bd. 2, Stuttgart 1976, S. 215.

Arbeitsvorschläge

●●● a) Setzen Sie sich mit den Thesen des anonymen Kritikers am Eisenbahnbau (M2) auseinander. Entgegnen Sie ihm in Form eines Leserbriefs: Gehen Sie dabei auf seine Argumentation ein und führen Sie die Vorteile eines raschen und flächendeckenden Eisenbahnbaus (M1) auf.

●●● b) Tragen Sie eine parlamentarische Rede vor, in der Sie entweder die Entwicklung Deutschlands zum Industriestaat unterstützen oder sich für seine Rolle als Agrarstaat einsetzen. Berücksichtigen Sie in Ihrer Rede Maßnahmen zur Unterstützung eines solchen Staats (M3–M6).

○○●/●●● c) Nennen Sie die in M7 angeführten Gründe für den „Gründerkrach" und beurteilen Sie die Einschätzung der Lage durch die Berliner Kaufmannschaft.

○●● d) Erläutern Sie die industrielle Entwicklung im Ruhrgebiet und die unterschiedlichen Faktoren, die dazu beigetragen haben (M8–M13).

●●● e) Vergleichen Sie die Industrialisierungsprozesse der in den Statistiken M14–M17 aufgeführten Länder durch von Ihnen entwickelte Diagramme. Bestimmen Sie begründet Zeitpunkte, zu denen die jeweiligen Länder als industrialisiert gelten können. Diskutieren Sie landesspezifische Charakteristika.

Grundwissen: Hochindustrialisierung im Kaiserreich – Deutschlands Aufstieg zum Industriestaat

→ 5 S. 317
→ 17 S. 322

Vom Agrar- zum Industriestaat

In der Zeitspanne von der Reichsgründung 1871 bis zum Ausbruch des Ersten Weltkriegs 1914 gelang es der deutschen Wirtschaft, neben England und den USA einen Platz im Spitzentrio der Weltwirtschaft einzunehmen. Hervorgerufen wurde diese zweite industrielle Revolution durch neue Führungssektoren, zu denen der Maschinenbau, die Chemie und die Elektrotechnik zählten. Die Grundlagen dieses enormen Wachstums wurden in den drei Jahrzehnten vor der Reichsgründung gelegt – im internationalen Maßstab vergleichsweise spät. Noch bis weit ins 19. Jahrhundert hinein war Deutschland ein Agrar- und kein Industriestaat. Die große Mehrheit der Menschen arbeitete und lebte auf dem Land. Die Landwirtschaft blühte, da sie im Zeichen einer stetig wachsenden Bevölkerung ihre Produkte zu guten Preisen exportieren konnte. Neue Anbaumethoden und die allmähliche Mechanisierung der Produktion unterstützten diesen Aufschwung. Der Durchbruch der Industrie gelang erst im dritten Viertel des 19. Jahrhunderts. Befördert wurde er maßgeblich vom Wachstum der Schwerindustrie – vor allem des Eisenbahnbaus.

→ 1 - 2 S. 315 f.

Die Eisenbahn sorgt für industrielles Wachstum

Mit der Entwicklung der Eisenbahn erlebten der Steinkohlenbergbau, die Eisen- und Stahlindustrie sowie der Maschinenbau einen nachhaltigen Aufschwung: So wurden für den Betrieb und den Bau des schnell wachsenden Schienennetzes Stahl, Steinkohle und Lokomotiven benötigt. Die Stahlproduktion verschlang wiederum immense Mengen an Steinkohle, während für die Kohleförderung Maschinen, Pumpen und Werkzeuge bereitgestellt werden mussten. Auch die Konsumgüterindustrie wuchs rasant, nachdem sie ihre Absatzmärkte durch den Ausbau des Schienennetzes erheblich erweitern konnte. Alle Industrien griffen auf die Eisenbahn als sich stets verbilligendes Transportmittel zurück, womit die gegenseitige Durchdringung auf einem nationalen ⇨ Binnenmarkt weiter gefördert wurde. Das Schienennetz verband überdies nicht nur nationale, sondern auch internationale Wirtschaftsregionen und beschleunigte so das Handelswachstum. Mit dem Wegfallen der Zollschranken und den Vereinheitlichungen im Zuge der Reichsgründung wuchsen die deutschen Regionen nochmals enger zusammen.

Aufschwung der Industrie in der Gründerzeit

In einer sich insgesamt immer schneller ausdehnenden Weltwirtschaft erlebte die Industrie von den 1840er-Jahren bis kurz nach der Reichsgründung eine erste Aufschwungphase, die als ⇨ Gründerzeit bekannt geworden ist. Die Ursachen dafür waren vielfältig. Ab 1867 griff die Regierung des Norddeutschen Bunds, dann des Deutschen Reichs im engen Einvernehmen mit den Liberalen in den Markt ein. Sie schufen klare Regeln, um die Entfaltung der Wirtschaft voranzutreiben: 1867 wurde jedem (männlichen) Bundesangehörigen gewährt, seinen Wohnort und sein Gewerbe frei zu wählen (Freizügigkeit), 1868 wurden Maße und Gewichte, 1871 die verschiedenen Währungen vereinheitlicht, 1869 eine Gewerbeordnung und ein Handelsgesetzbuch verabschiedet. Die Aktienrechtsnovelle vom Juni 1870 hob gesetzliche Beschränkungen für die Gründung von Aktiengesellschaften auf und löste damit ein wahres „Gründerfieber“ aus. Die Produktionskapazitäten wurden enorm ausgebaut, sodass zwischen 1871 und 1873 mehr Kapital als im gesamten Zeitraum von 1850 bis 1870 investiert wurde.

Neue Finanzierungsmöglichkeiten – vor allem die Gründung von Aktiengesellschaften – schufen die Voraussetzung für die Einführung moderner Produktionsmethoden. Das dazu notwendige Kapital kam von den neu gegründeten Großbanken wie der Deutschen Bank (1870) sowie der Dresdner Bank (1872). Eine konstante Nachfrage trotz steigender Preise ließ die Gewinne und Gewinnerwartungen letztlich immer stärker steigen, doch die Erwartungen wurden jäh enttäuscht.

Gründerkrach und Große Depression

→ 3 S. 316
→ 6 – 7 S. 317 f.

Die Gründerzeit wurde schon 1873 durch einen Einbruch der Finanzmärkte beendet, dem sogenannten „Gründerkrach". Hervorgerufen wurde dieser Einbruch vor allem durch den Aufbau von Überkapazitäten in der Eisen- und Stahlindustrie. Es kam zu einem abrupten Abbruch des Eisenbahnbaus, zu konjunkturell bedingten Entlassungen, fallenden Aktienkursen und Unternehmenspleiten. Von den 107 zwischen 1870 und 1872 gegründeten Banken mussten 73 Bankhäuser Konkurs anmelden. Auch wenn umstritten ist, ob der Gründerkrach eine lang anhaltende Große Depression oder lediglich eine wirtschaftliche Stagnation auslöste, waren seine Auswirkungen auf den Alltag der Menschen unverkennbar. Die große Mehrheit der Menschen empfand den Gründerkrach als eine tief greifende Krise. Entlassungen bzw. Lohnsenkungen verschärften die soziale Lage breiter Schichten.

Alfred Krupp (1812–1887)
Industrieller; baute die vom Vater gegründete Krupp'sche Gussstahlfabrik zum größten Industrieunternehmen Europas aus; Kernprodukte waren Eisenbahnreifen und Waffen („Kanonenkönig").

Die Erkenntnis, dass weltwirtschaftliche Verflechtungen für die Krise mitverantwortlich waren, hatte zur Folge, dass der Ruf nach Schutz des heimischen Marktes laut wurde. Vertreter der Stahlindustrie und der Landwirtschaft forderten die Einführung von Schutzzöllen, um sich so vor billigerem ausländischem Stahl, vor allem aber billigerem amerikanischem und russischem Getreide zu schützen (Protektionismus). Bismarck führte 1879 nach anfänglichem Zögern zugunsten der Lobbyisten Schutzzölle ein. Der Staat profitierte durch die erhöhten Zolleinnahmen und eine systemstabilisierende Wirtschaft. Darüber hinaus festigte Bismarck mit seiner Politik auch die ökonomische Lage der adligen Großgrundbesitzer sowie deren Stellung in Staat und Gesellschaft.

Die zweite industrielle Revolution in Deutschland

→ 10 S. 319 f.
→ 15 – 16 S. 321 f.

Ab den 1890er-Jahren trat Deutschland in das entscheidende Stadium seiner Industrialisierungsgeschichte ein. Eine lang andauernde Phase der Hochkonjunktur löste endgültig die Große Depression ab. Vom Maschinenbau über den Bergbau und das Hüttenwesen bis hin zur optischen Industrie nahmen deutsche Unternehmen erstmals weltweit Spitzenplätze ein, indem sie selbst die Rolle des Pioniers und führenden Technikexporteurs spielten. Neue Erfindungen erhöhten die Produktivität der industriellen Fertigung. Der Dampfhammer, die Entwicklung des Siemens-Martin-Ofens und der Thomas-Birne hatten die Produktionskosten bei der Eisen- und Stahlherstellung verringert und machten damit die Massenproduktion von Stahl, einem der wichtigsten Rohstoffe der damaligen Zeit, erst möglich. Tausende Betriebe stellten Werkzeugmaschinen, landwirtschaftliche Maschinen und Lokomotiven, Schiffsantriebe, Apparate und Waffen her; ab den 1880er-Jahren auch Automotoren und Automobile.

Noch rasanter war die Entstehung der neuen Leitsektoren: der chemischen Industrie und der Elektroindustrie. Entscheidend für den Aufstieg der Chemieindustrie war die Entwicklung von synthetischen Farbstoffen, von Arznei- und Düngemitteln. Hinzu kamen Fotofilme, Kunstfasern, erste Plastikstoffe und neue Sprengmittel. Eine Schlüsselrolle spielten akademisch ausgebildete Chemiker, die in eigenen Laboratorien forschen konnten. Das schnellste Produktionswachstum wies jedoch die Elektroindustrie auf. Siemens und die Berliner Allgemeine Elektrizitätsgesellschaft (AEG) stellten vor 1914 75 Prozent der elektrotechnischen Produktion her,

Werner von Siemens (1816–1892)
Pionier der Elektrotechnik und Industrieller; gründete 1847 die heutige Siemens AG.

ihr Umsatz von 1,3 Millionen Mark im Jahre 1913 umfasste ein Drittel der gesamten Weltmarktproduktion.
Verantwortlich dafür war vor allem die Urbanisierung, in deren Folge immer mehr Städte öffentliche und private Beleuchtung einführten und elektrisch betriebene Straßenbahnen zur Verbesserung des öffentlichen Nahverkehrs bauten. Hinzu kam die Einführung des Elektromotors, der in vielen Betrieben die stinkenden Dampfmaschinen oder Benzinmotoren ersetzte. Um diese Nachfrage zu befriedigen, wurden Kraftwerke zur Stromproduktion und Hochspannungsnetze zur Verteilung der Elektrizität benötigt. 1913 verbrauchte Deutschland bereits 8 Milliarden Kilowatt Strom, das heißt 20 Prozent mehr als Großbritannien, Frankreich und Italien zusammen.

Standardisierte Massenproduktion und Exportüberschüsse

Neben der Produktion für die Schwerindustrie führten die Steigerung der Massenkaufkraft und die kostengünstige, da standardisierte Massenproduktion zu einer Erweiterung der Angebotspalette. Güter wie Nähmaschinen, Fahrräder oder Schreibmaschinen wurden gewinnträchtig in großen Stückzahlen abgesetzt. Der Binnenmarkt konnte schon bald nicht mehr alle produzierten Güter aufnehmen. Daher entwickelte sich auch der Export von Halb- und Fertigwaren rasant und überstieg schon nach kurzer Zeit deutlich die Importe. Dieses Wachstum des Handels beflügelte wiederum die Reedereien. Sie beförderten Auswanderer, vor allem aber Waren nach Übersee. Je mehr sich das Deutsche Reich zu einer modernen Industrienation entwickelte, umso größer wurden seine Flotten.

Expansion im Ausland und erste „Global Player"

Angesichts dieser Entwicklung war es nicht weiter erstaunlich, dass einzelne Konzerne auch verstärkt im Ausland auftraten. Sie besaßen ihre eigenen Vertreter im Ausland, teilweise große Filialen oder sogar eigene Werke. Zu den „Global Playern" gehörten in erster Linie die Großbanken, allen voran die Deutsche Bank. Bereits unmittelbar nach ihrer Gründung eröffnete sie Filialen in Schanghai und Yokohama (1872). Vor allem Staatsanleihen waren ein lukratives Geschäft. Hinzu kamen Beteiligungen an Firmen in den Vereinigten Staaten oder Ölgesellschaften in Rumänien. Am bekanntesten ist das Engagement der Deutschen Bank beim Bau der politisch umstrittenen Bagdadbahn: Von Istanbul ausgehend, sollte gegen den Widerstand Englands eine leistungsfähige Bahnlinie die wichtigsten asiatischen Provinzen des Osmanischen Reichs erschließen. Im Gegensatz zu dieser globalen Expansion zogen es die deutschen Bergbau- und Stahlkonzerne vor, nur im europäischen Ausland zu investieren; insbesondere in Frankreich – obwohl für viele immer noch der Erzfeind –, in Belgien und Luxemburg erwarben der Duisburger Thyssen-Konzern und die Oberhausener Gutehoffnungshütte Anteile an Berg- und Stahlwerken.

Konzentrationsprozesse im Inland

→ 12 S. 320 f.

Parallel zur Expansion im Ausland kam es im ausgehenden 19. Jahrhundert zu Konzentrationsprozessen, die zur Entstehung von Großbetrieben mit mehr als 800 Mitarbeitern führten. In Phasen der wirtschaftlichen Rezession schlossen sich diese Großunternehmen zu Kartellen und Konzernen zusammen, um Gewinne abzusichern und Konkurrenten vom Markt fernzuhalten. Das bedeutendste Kartell war das 1893 gegründete Rheinisch-Westfälische Kohlensyndikat. Es umfasste 98 Unternehmen und kontrollierte 87 Prozent der Produktion im engeren Ruhrgebiet. In der deutschen Chemieindustrie kam es ebenfalls zu intensiven Konzentrationsprozessen, die im Zusammenschluss der größten Unternehmen zur Interessengemeinschaft der deutschen Teerfarbenfabriken (ab 1925 IG Farben) mündeten.

Geschichte erinnern: Das Ruhrgebiet im Wandel der Zeit

Das Ruhrgebiet vom 19. bis zum 21. Jahrhundert

Zu Beginn des 19. Jahrhunderts war die Region längs der Flüsse Ruhr, Lippe und Emscher noch landwirtschaftlich geprägt. Ab 1850 entwickelte sich diese Region, das Ruhrgebiet, dank der Steinkohlevorkommen zum wichtigsten industriellen Ballungszentrum Deutschlands, das ein hohes Identifikationspotential bot und Zigtausenden Menschen Arbeit in den Kohleminen und Stahlfabriken brachte. Seit den „Einigungskriegen" als Waffenschmiede Deutschlands etabliert, erlitt das Ruhrgebiet im Bombenhagel des Zweiten Weltkriegs starke Zerstörungen.
Nach 1945 kam es zu einem Strukturwandel: Die globalisierte Weltwirtschaft ließ immer mehr billigere Konkurrenz zur teuren heimischen Steinkohleproduktion erwachsen, ein Zechensterben war die Folge. Die wenigen noch verbliebenen wurden wegen politischer Interessen stark subventioniert. Als ein ähnliches Schicksal in den 1970er-Jahren auch die Stahlindustrie ereilte, lagen großflächige Betriebsgelände brach. Um der drohenden Verarmung zu entgehen, errichteten viele Städte Hochschulen und wissenschaftliche Forschungseinrichtungen. Modernisierte Innenstädte und Gewerbeparks sollten dem Ruhrgebiet neues Leben einhauchen. Bis heute lebt „im Pott" jedoch die Erinnerung an die vermeintlich guten Kohlejahre, deren stumme Zeugen die Fördertürme und die verwaisten Förderschächte sind.

Ruhr 2010 – Lebt der „Kohlenpott" eigentlich noch?

Im Jahr 2010 fragten die Veranstalter von „Ruhr 2010", einem einjährigen Kulturprogramm im Rahmen der Initiative „Kulturhauptstadt Europas" mit tausenden von Veranstaltungen: Lebt der „Kohlenpott" eigentlich noch? Kann man eigentlich in diesem Sammelsurium von Industriedenkmälern und einer irgendwie durchgängigen Städtelandschaft leben? Wie geht der mal wehmütig, mal abschätzig so genannte „Pott" mit seiner Vergangenheit um? Könnte eher die Trinkhalle ein Symbol für längst vergangene Zeiten sein, als sich die Nachbarn zum Bier an der Ecke trafen und das soziale Netz noch funktionierte? Oder spielt die Villa Hügel – der ehemalige Essener Wohnsitz der Industriellenfamilie Krupp – mit ihren wechselnden Ausstellungen eine wesentlich größere Rolle in der Erinnerungskultur, indem sie den Mythos des kulturstiftenden Unternehmers aufrecht hält? Ist es vielleicht aber doch eher die zum Weltkulturerbe erhobene Essener Zeche Zollverein, die bis heute dem Besucher voller Stolz den – so wenig zeitgemäßen – „Weg der Kohle" präsentiert?

Fragen zur Erinnerungskultur

Das Kulturereignis Ruhr 2010 hat zahlreiche Fragen zur Zukunft, aber auch zur Vergangenheit des Ruhrgebiets aufgeworfen:
Was macht eigentlich heute das Ruhrgebiet aus? Was davon ist erhaltenswert? Behindert die Erinnerung an damals vielleicht sogar die heutige Entwicklung der Region? Soll der Besucher eines Industriedenkmals etwas lernen oder darf er in der Hülle des Alten nur Spaß haben? Soll das zu Erhaltende den Bewohnern eine Identität verschaffen oder vielleicht sogar einen Komplex des „Pottbewohners" zu verarbeiten helfen? Welche Bewohner des Ruhrgebiets identifizieren sich eigentlich wie mit der Bergbau- und Stahlgeschichte der Region: Gibt es je nach ethnischer, sozialer und regionaler Herkunft unterschiedliche Zugänge? Sehen die Nachfahren angeworbener polnischer Arbeiter des 19. Jahrhunderts „ihren" Pott anders als der in Dortmund geborene Sohn türkischer Migranten? Wird über Fußball eigentlich mehr Identität gestiftet, und vermittelt „auf Schalke" zu sein nicht ein viel größeres Gefühl der Zusammengehörigkeit als ein Industriedenkmal?

1 Julian Stratenschulte in Die Zeit: „Kulturhauptstadt wozu?"

Zum Start von Ruhr 2010, der Kulturhauptstadt Europas, eröffnet am kommenden Wochenende das neue Ruhrmuseum in der Essener Zeche Zollverein. In der ehemaligen Kohlenwäsche, wo das schwarze Gold einmal vom „Berg", dem toten Gestein, getrennt wurde, kann man auf Prometheus' Spuren[1] der Industrialisierung von Natur nachsteigen, hier wird der „Mythos Ruhr" lebendig. Der Pott, den heute kaum noch einer so nennt, hat eine große Vergangenheit. Aber wie sieht die Zukunft aus? Glaubt man einem der künstlerischen Direktoren von Ruhr 2010, [...] liegt sie in der Kreativwirtschaft. So nennt sich ein Amalgam kultureller Produzenten und Dienstleister, deren Gesamtumsatz Kohle und Stahl locker übertrifft und an den Umsatz der Autobranche heranreicht. Aus Industriekultur werde Kulturindustrie: Auf dem Gärhaus einer stillgelegten Brauerei leuchtet nun das „Dortmunder U" als Wahrzeichen der Medienkunst, und Zollverein ist Weltkulturerbe. Melancholisch wird man dort, wenn der Steiger[2] im Ruhestand sein profundes Wissen als Museumsführer vorträgt – und immer mehr Brachflächen auf der Route Industriekultur einen Kulturbetrieb ausstaffieren, dem es heute schon an Mitteln fehlt, die schönen Ruinen zu bespielen. [...]

Ist die Zukunft des Ruhrgebiets wirklich die Musealisierung einer ruhmreichen wie martialischen Historie? Liegen nicht in der Überlebenskraft industrieller Kerne, in der versammelten Intelligenz und im Schrumpfen der Bevölkerung Chancen, die Ruhr 2010 nun mit einer konkreten Utopie untermauern muss: Wie wäre es, wenn die Ingenieure aus den Ruhr-Unis und den Fachhochschulen, die Fraunhofer- und Max-Planck-Forscher nicht auf besser bezahlte Jobs in den Süden der Republik oder ins Ausland abwanderten und von überall her Hochqualifizierte an die Ruhr strömten? Wenn alle zusammen daran arbeiteten, an der Ruhr eine kohlenstoffarme und klimaverträgliche Wirtschaft aufzubauen? Wenn die Konversion zur grünen Metropole also genau dort stattfände, wo die „karbone" Industriegeschichte anhob, die sich als Sackgasse entpuppt hat?

2 Eröffnungsfeier von Ruhr 2010 im Januar 2010 auf dem Gelände der Zeche Zollverein in Essen

Man darf von Kultur nicht zu viel erwarten. Mit Feste feiern, Sprache erfahren, Musik leben, Bilder entdecken und Theater wagen verbinden Einheimische wie Besucher erst mal die nächste Love-Parade und eine lange Kaffeetafel auf der B1/A40 (alias Ruhrschnellweg) oder Verbundprojekte der 20 Ruhrmuseen („Mapping the Region") oder 60 000 Chorsänger auf Schalke. [...] Dass das Ruhrgebiet keine politische Identität und kaum Verhandlungsmacht gewonnen hat, liegt auch daran, dass es aus drei Regierungspräsidien in Düsseldorf, Münster und Arnsberg fremdbestimmt wird, woran bisher kein Ministerpräsident zu rütteln wagte. [...]

Die ZEIT, 7.1.2010, Nr. 2, www.zeit.de/2010/02/Essen-2010 (Stand: 10.6.2011)

1 Prometheus: Held der griechischen Mythologie, der den Menschen das Feuer brachte.
2 Steiger: Aufsichtsperson im Bergbau

Arbeitsvorschläge

a) Sammeln Sie Bilder und Berichte von „Ruhr 2010" und erläutern Sie, wie die Geschichte des Ruhrgebiets aufbereitet wurde und ob die Kritik des Zeit-Autors (M1) zutrifft.

b) Informieren Sie sich über Heimatvereine in Ihrem Heimatort oder -stadtteil. Bitten Sie dessen Mitglieder um ein Interview über ihre Erfahrungen und Beweggründe, warum sie sich mit der Lokalgeschichte auseinandersetzen und präsentieren Sie Ihre Ergebnisse im Kursverband.

6.4 Die Industrialisierung verändert das Leben der Menschen

A) Inwiefern veränderte die industrielle Revolution Lebens- und Arbeitsbedingungen von Männern und Frauen in Deutschland und Europa?

Ballungsräume und ökologische Belastung

1 „The Black Country near Bilston"
Gemälde aus dem Jahr 1869 von Henry Warren (1794–1879). Im „Black Country" bei Birmingham lag das Zentrum der englischen Metallindustrie mit großen Eisenerz- und Kohlevorkommen.

2 Der Müll vor der Stadt
Mit der Industrialisierung wurde die Umwelt in einer bis dahin unbekannten Intensität belastet. Durch die Bevölkerungsexplosion in den Städten kam es zudem zu Entsorgungsproblemen. Erst am Ende des Jahrhunderts gab es eindeutige medizinische Erkenntnisse über den Zusammenhang von Verschmutzung und Krankheiten. Der folgende Auszug aus einem Zeitschriftenartikel über die Müllbeseitigung stammt aus dem Jahr 1895:

Wenn Sie im ersten Frühling eine Reise machen, erkennen Sie das Nahen einer größeren Stadt zuerst an den Äckern, welche mit städtischem Kehricht[1] gedüngt sind; überall blinken Ihnen Scherben entgegen, dazwischen sehen Sie Konservenbüchsen, Stücke von Reifröcken[2], von Korsetts, von Sprungfedern, zerbrochene Kämme u. dergl.; die Hecken und Raine[3] hängen voll Papier- und Lumpenfetzen. An anderen Stellen erblicken Sie ganze Scherbenberge; Unebenheiten im Terrain, verlassene Kiesgruben u. dergl. sind mit Kehricht ausgefüllt; manchmal erkennen Sie schon die Linien der ausgelegten Straßen, die gerade über eine solche Aufhöhung als Bauuntergrund hinführen sollen. Der Städter, welcher seinen Osterspaziergang machen will, kommt vor den Toren in diesen Graus. Einige Wochen später deckt allerdings das sprießende Grün mitleidig das Schlimmste zu, aber in trockener Zeit verstäubt auch jetzt noch viel davon über das Land bis in benachbarte Wohnungen oder in die ländlichen Milchkeller, aus denen die Stadt mit Milch versorgt wird [...] Begeben Sie sich auf eine der Abladestellen, so finden Sie oft Dutzende von armen Leuten, die in dem Unrat umhersuchen, um noch irgend verwertbare Dinge aufzufinden. Manchmal bringen diese Leute sogar Pferd und Wagen mit, weil sie in Säcken ihre Funde nicht bergen können. Für das Recht dieses Suchens wurden in Hamburg vor einigen Jahren an einen Abfuhrunternehmer per Fuhre 30 Pf. bezahlt. Man darf daraus auf die Mengen von Abfall schließen, die eben glücklich zur Stadt hinausgeschafft sind und nun auf diesem Wege dorthin wieder zurückkommen.

Im Jahre 1887 entdeckte man in Hamburg sogar, dass auch das benutzte alte Verbandmaterial aus den Krankenhäusern von den Kehrichtablageplätzen wieder in die Stadt zurückwanderte. Dann ward den Anstalten auferlegt, alle gebrauchten Verbandstoffe innerhalb ihrer Mauern zu verbrennen oder anderweitig zu vernichten. [...]

Beseitigung des Kehrichts und anderer städtischer Abfälle, besonders durch Verbrennung. In: Deutsche Vierteljahresschrift für öffentliche Gesundheitspflege 1895, S. 11–35. Zit. nach: Franz-Josef Brüggemeier, Michael Toyka-Seid (Hrsg.): Industrie-Natur, Lesebuch zur Geschichte der Umwelt im 19. Jahrhundert, Frankfurt/M. und New York 1995, S. 231.

1 *Kehricht: Schmutz, der beim Kehren/Fegen anfällt; hier: Sammelbegriff für Müll*
2 *Reifrock: Unterrock von Frauenkleidern*
3 *Rain: altes Deutsch für Ackergrenze*

3 Der Nutzen von Fischerei und chemischer Industrie im Vergleich

Der Gefahr, die von industriellen Verschmutzungen ausgeht, waren sich die Zeitgenossen kaum bewusst. Eine Interessenabwägung wurde meist nach wirtschaftlichen Kriterien vorgenommen. So stellte sich der Chemiker Konrad Jurisch 1890 die Frage, inwieweit die Fischerei in der „Abwässerfrage" eine Berechtigung gegenüber den Interessen der Chemieindustrie hat:

Es hat sich herausgestellt, dass für ganz Deutschland der wirtschaftliche Wert der Industrien, welche Abwässer liefern, ca. 1000 mal größer ist als der Wert der Binnenfischerei in Seen und Flüssen [...].

Haben sich an einem kleinen Flusse, wie z. B. Wupper, Emscher, Bode und anderen, so viele Fabriken angesiedelt, dass die Fischzucht in denselben gestört wird, so muss man dieselbe preisgeben. Die Flüsse dienen dann als die wohltätigen, natürlichen Ableiter der Industriewässer nach dem Meere [...] Die Fischerei hat auf ein Flussgebiet, an dem gewerbliche und industrielle Anlagen errichtet worden sind oder werden, keinen Anspruch auf alleinige Berechtigung [...] In solchen Fällen muss das geringfügige Interesse der Fischzucht dem überwältigenden Interesse der Industrie weichen. [...]

Dieser Grundsatz entspricht nicht nur den Anforderungen des Nationalwohlstandes, sondern auch den wirtschaftlichen Interessen der örtlichen Bevölkerung. Denn wo ein Landstrich vor dem Entstehen der Industrie nur eine spärliche und ärmliche Bevölkerung trug, welche zwar ungehinderten und reichlichen Fischfang trieb, aber nur geringen Absatz und geringen Verdienst fand [...]; – da verdichtet sich die Bevölkerung durch das Aufblühen der Industrie, Arbeiterscharen strömen herbei; Verkehrswege werden geschaffen; [...] neuer Absatz, vermehrter Verdienst öffnen sich; Bildungsanstalten entstehen und gestatten der Bevölkerung, sich auf eine höhere Stufe der Kultur zu heben.

Es liegt daher im wohlverstandenen Interesse eines jeden armen Landstrichs, das Aufblühen der Industrie zu fördern, selbst auf Kosten der Fischerei.

K. W. Jurisch: Die Verunreinigung der Gewässer. Berlin 1890, S. 103. Zit. nach: Brüggemeier/Toyka-Seid, a. a. O., S. 145.

Die neue Fabrikarbeit und ihre Bedingungen

4 Fabrikordnung der Mechanischen Baumwollspinnerei J. H. Staub & Söhne

Die Fabrikarbeit stellte an die Menschen neue Anforderungen. Nicht nur die eigentliche Produktionstätigkeit, das gesamte Verhalten in der Fabrik war geregelt. Mit Fabrikordnungen und Geldstrafen versuchten die Arbeitgeber, ihre Arbeiter zu disziplinieren. Ein typisches Beispiel stellt folgende Fabrikordnung aus dem hessischen Altenstadt von 1853 dar:

§ 7 Wenn in einem Arbeitssaal während der Arbeitszeit, wo alle Arbeiter zugegen sind, ein Gegenstand beschädigt wird, und der Täter Verhehlung wegen nicht auszumitteln ist, so sind die Arbeiter des ganzen Saales bis zur Nachweisung des Täters für den Schaden haftbar.

§ 8 Ein friedliches Betragen wird den Arbeitern zur strengen Pflicht gemacht. Wer sich Streitigkeiten, Beschimpfungen und Tätlichkeiten zu Schulden kommen lässt, unterwirft sich der Strafe, welche der Fabrikaufseher oder Inhaber gegen ihn erkennen wird.

§ 9 Ferner werden bestraft [...]:

1. Unehrerbietiges Betragen gegen die Aufseher. 2. Verhehlung von Untreue. 3. Eigenmächtige Abänderung an

5 **Der Takt der neuen Arbeitswelt: Stanzmaschinen in einem AEG-Werk, 1907**

den Maschinen, der Beleuchtung, Heizung und Werkzeugen. 4. Störung anderer Arbeiter. 5. Verspätung und Versäumnisse, besonders der Unfug des blauen Montags und das Herbeiholen von Speise und Trank. [...] 6. Das Tabakrauchen. 7. Lärm machen auf dem Weg zu und von der Fabrik. [...]

§ 13 Die erhobenen Geldstrafen werden zur Unterstützung kranker und beschädigter Arbeiter verwendet.

§ 14 Der Arbeitslohn wird von den Fabrikinhabern am ersten Zahltag nach dem Eintritt des Arbeiters festgesetzt und später nach Umständen erhöht oder erniedrigt. [...]

§ 22 Die Fabrikbesitzer sind jedoch zur augenblicklichen Entlassung des Arbeiters ohne Vergütung von Lohn [...] berechtigt, wenn dieser das eine oder das andere der nachstehenden Vergehen sich zu Schulden kommen lässt. 1. Diebstahl oder Untreue. 2. Prügelei, Unzucht oder Betrunkenheit im Fabrikgebäude. 3. Komplotte oder Auflehnung gegen die Fabrikordnung. 4. Beschimpfung der Aufseher. 5. Tätliche Widersetzlichkeit. 6. Weigerung der Übernahme einer ordentlichen Arbeit in der Fabrik. 7. Eigenmächtiges Verlassen der Arbeit. 8. Wiederholte Nachlässigkeit in Erfüllung seines Geschäftes. 9. Beharrlicher Ungehorsam. 10. Absichtliche oder bedeutende Verletzung des anvertrauten Arbeitsgerätes oder Arbeitsstoffes.

Zit. nach: Jürgen Kuczynski: Die Geschichte der Lage der Arbeiter unter dem Kapitalismus, Teil I, Band 2. Berlin (Ost) 1962, S. 196 f.

Die Stadt im Aufbruch in die Moderne

6 Die Freude über das elektrische Licht

Der dänische Schriftsteller Georg Brandes (1842–1927) lebte sechs Jahre lang in Berlin. In seinen Erinnerungen schildert er die Einführung der elektrischen Straßenbeleuchtung im Jahr 1883:

Während in Paris das Zentrum der Vergnügungen, der Opernplatz, als Erstes elektrisch beleuchtet war, sind es hier die Stationen der Stadtbahn und die ernste, verkehrsreiche Gegend am Potsdamer Platz. Tritt man ein, wo dies Licht herrscht, ist es einem im Grunde, als träte man nicht in einen neuen Stadtteil, sondern in eine völlig neue Epoche, und steht man abends am Potsdamer Platz und lässt den Blick erst an der doppelten Lichtflut der Leipziger Straße entlanggleiten und ihn dann in die lange Potsdamer Straße fallen, die sich heute mit ihren gewöhnlichen, vor zwanzig Jahren noch so grellen Gaslaternen im Vergleich zur Leipziger wie die dunkle Hauptstraße einer Kleinstadt des letzten Jahrhunderts ausnimmt, dann ist dem Betrachter zumute, als sei er aus dunklen vergangenen und vergehenden Zeiten der Barbarei in ein neues Zeitalter eingezogen, dessen Wesen Licht ist und die Freude über das Licht.

Georg Brandes: Berlin als deutsche Reichshauptstadt. Erinnerungen aus den Jahren 1877–1883. Neuaufl. Berlin 1989. Übers.: Peter Urban-Halle.

7 Die modernen Geschäftspaläste

Der Aufstieg der Konsumkultur veränderte nachhaltig das städtische Erscheinungsbild. Über die neuen Berliner Warenhäuser schrieb der Publizist Leo Colze im Jahr 1905:

Mit der Entwicklung Berlins zur Großstadt, zur internationalen Weltstadt, ist auch die Entstehung moderner Geschäftspaläste verknüpft. Wenn heute in den großen Verkehrsadern der Reichshauptstadt Geschäftspalast an Geschäftspalast sich reiht, wenn lichtdurchflutete Schaufenster mit den hervorragendsten Erzeugnissen sämtlicher Industrien der Kulturvölker nicht nur zum Kauf anreizen, sondern auch rein zu unserem ästhetischen Sinn sprechen, wenn heute auch der kleine Mann in der Lage ist, sich für Preise in den Besitz von Luxusartikeln zu setzen, für die er sonst kaum brauchbare Bedarfsmasse[1] erhielt, so ist dies einzig und allein das Verdienst des modernen Warenhausorganismus.

Ich [...] möchte aber nicht unerwähnt lassen, dass m. E. nach die Großwarenhäuser Berlins ein gut Teil mitbestimmend auf die Entwicklung der Spreemetropole zur Weltstadt gewirkt haben. Überall da, wo Warenhauspaläste entstanden, begann sich bald in naturgemäßer Folge ein überaus reger Verkehr zu entwickeln. [...] Berlin, die jüngste der europäischen Weltstädte, hat ein so rapides Wachstum durchgemacht, dass selbst aufmerksamen Beobachtern manche Symptome und Momente entgangen sind, die gerade als ein für das Aufblühen Berlins besonders markantes Zeichen zu gelten haben. [...] Hier weht Weltstadtluft.

Zit. nach: Jürgen Schutte/Peter Sprengel (Hrsg.): Die Berliner Moderne. Stuttgart 1987, S. 104–110.

1 Bedarfsmasse: Dinge des täglichen Bedarfs

8 Das Kaufhaus Wertheim in Berlin (1906)
Blick auf den Lichthof der Handschuhabteilung.

9 Allgemeine Elektricitäts-Gesellschaft Berlin (1888)
Werbeplakat von Louis Schmidt 1885–1914.

10 **Das Wachstum deutscher Städte 1875–1910**

	Bevölkerung im Jahr			Wachstumsrate in % (1875–1910)
	1875	1890	1910	
Berlin	966856	1587794	2071257	114,2
Bremen	102532	125684	217437	112,1
Charlottenburg	25847	76859	305978	1038,8
Chemnitz	78209	138954	287807	268,0
Dortmund	57742	89663	214226	271,0
Duisburg	37380	59285	229438	513,8
Essen/Ruhr	54790	78706	294653	437,8
Frankfurt a. M.	103136	179985	414576	302,0
Hamburg	264675	323923	931035	251,8
Kiel	37246	69172	211627	468,2
Köln	135371	281681	516527	281,6
Leipzig	127387	295025	589850	363,0
Nürnberg	91018	142590	333142	266,0
Stettin	80972	116228	236113	191,6
Zahl der Städte mit mehr als 100000 Einwohnern	271	394	576	112,5

Walter Steitz (Hrsg.): Quellen zur Deutschen Wirtschafts- und Sozialgeschichte von der Reichsgründung bis zum Ersten Weltkrieg. Ausgewählte Quellen zur deutschen Geschichte der Neuzeit. Freiherr-vom-Stein-Gedächtnisausgabe, Darmstadt 1985, S. 480 ff.

Arbeitsvorschläge

○○●/●●● a) Zählen Sie die von der Industrialisierung ausgelösten Probleme auf und skizzieren Sie deren zeitgenössische Gewichtung (M1–M3). Bewerten Sie die Lösungsansätze aus damaliger und heutiger Sicht.

●●● b) Verfassen Sie auf der Grundlage von M4–M5 und unter Berücksichtigung von M8 auf den Seiten 100 und 101
- entweder ein Gespräch zwischen einem Aufseher und einem neu eingestellten Arbeiter, in dem der Aufseher dem Arbeiter die Fabrikordnung erläutert,
- oder ein Gespräch zwischen einem alteingesessenen und einem neuen Arbeiter nach seinem ersten Arbeitstag über die Arbeitsbedingungen in der Fabrik und deren Konsequenzen für die Arbeiter.

○●●/●●● c) Zeigen Sie anhand von M6–M11 in diesem Kapitel auf, warum manchem Zeitgenossen der Industrialisierung zumute war, „als sei er aus vergangenen und vergehenden Zeiten der Barbarei in ein neues Zeitalter eingezogen". Diskutieren Sie dieses Urteil auf der Basis aller Materialien in diesem Kapitel.

○●● d) Erläutern Sie die Statistik M10 unter dem Gesichtspunkt des Zusammenhangs von Industrialisierung und Bevölkerungsentwicklung.

Grundwissen: Die Industrialisierung verändert das Leben der Menschen

→ 8 S. 318

Die Entstehung industrieller Ballungszentren

In der zweiten Hälfte des 19. Jahrhunderts führte die Gründung immer neuer Fabriken in bestimmten Regionen Europas zu einem Arbeitskräfte- und Kapitalsog, der neue Zentren industrieller Entwicklung entstehen ließ. Die deutschen Ballungsräume mit schwerindustriellem Schwerpunkt lagen vor allem im Ruhrgebiet, aber auch in Sachsen und im Saarland. Der Arbeitskräftesog bewirkte eine Zuwanderung aus vielen Regionen Deutschlands, die zu einem enormen Bevölkerungsanstieg an Emscher und Ruhr führte. Migrationsbewegungen brachten zusätzlich Arbeitskräfte aus Polen, dem Zarenreich, Österreich und Italien nach Deutschland. 1910 lebten bereits 1,25 Millionen Ausländer im Deutschen Reich, das sich in kurzer Zeit von einem klassischen Auswanderungs- zu einem Einwanderungsland entwickelt hatte. Die chemische Industrie ließ das Rhein-Main-Gebiet vom ehemaligen Entwicklungsland zu einer der führenden Industrieregionen aufsteigen. In Berlin konzentrierte sich vor allem die Elektroindustrie.

→ 2 - 3 S. 328 f.

Umweltverschmutzung und Vorrang der Ökonomie

Industrialisierte Produktionsprozesse, ansteigende Bevölkerungszahlen sowie die damit verbundene intensive Form der Landwirtschaft führten zu einer bis dahin unbekannten Ausbeutung und Zerstörung der Umwelt. Naturnahe Gebiete mit Auen, Mooren und Heidevegetation wichen landwirtschaftlichen Flächen, auf denen mit Maschinen und Kunstdünger immer größere Erträge erzielt wurden. Fabriken und Städte stießen Emissionen aus, die Boden, Luft und Wasser belasteten. Chemieunternehmen nutzten Flüsse nicht nur zum Transport, sondern auch als Abwasserkanäle und verwandelten sie so in stinkende Kloaken. Der Luftbelastung sollte durch den Bau höherer Fabrikschornsteine begegnet werden. Dies brachte jedoch keine Entlastung, sondern verteilte die Schadstoffe nur breiter, was Fachleuten schon damals bewusst war. Ein grundlegendes Umweltbewusstsein existierte im 19. Jahrhundert ebenso wenig wie das Wort Umwelt. Klagen wegen nachteiliger Umwelteinflüsse richteten sich oft gegen konkrete Standortbedingungen, stellten aber nicht die industrielle Produktionsweise selbst infrage. Belastungen in Industrieregionen wurden hingenommen, wenn die Standorte der Fabriken weit außerhalb der „guten" Wohnviertel lagen. Der Zusammenhang zwischen Umweltverschmutzungen und Krankheiten war kaum bekannt. Lange Zeit wurden Industrieabwässer für ungefährlich gehalten, was in Verbindung mit den prekären Wohnverhältnissen zum Ausbruch von Seuchen wie Typhus oder Cholera führte. Zwar versuchte die Gesetzgebung, die schlimmsten Auswüchse zu verhindern, aber der ökonomische Druck der Unternehmen erstickte die meisten Ansätze im Keim.

→ 4 S. 316

Verlierer und Gewinner im Handwerk und in der Landwirtschaft

Die industrielle Modernisierung führte zu einem ungleichgewichtigen Strukturwandel, der in allen Wirtschaftssektoren Verlierer und Gewinner hervorbrachte. Im Handwerk fielen Berufe der automatisierten Fabrikproduktion und neuen Erfindungen zum Opfer. Gleichzeitig spezialisierten sich Handwerker wie Schneider und Schuster zunehmend auf Reparaturaufgaben. Berufe in Gastronomie und Bauwirtschaft blühten in Ballungsgebieten regelrecht auf; im Bereich der Gas-, Wasser- und Energieversorgung entstanden sogar neue Handwerksberufe. Bis zur Jahrhundertwende blieb die Landwirtschaft der an Produktions- und Beschäftigtenzahlen gemessen wichtigste Wirtschaftssektor. Erkenntnisse aus den Agrarwissenschaften und der Einsatz von Maschinen führten zu neuen agrarökonomischen Anbaumethoden. Spezialisierte Großbetriebe ersetzten in vielen Regionen Kleinbauern und deren ⇨ Subsistenzbetriebe. Die Landwirtschaft wurde somit nach und nach industrialisiert.

→ 10 – 11 S. 332, 334

Landflucht und der Wandel der Städte

Kennzeichen des Wandels vom Agrar- zum Industriestaat waren auch die großen Wanderungsbewegungen vom Land in die Stadt und das damit verbundene schnelle Wachsen alter Städte. Millionen von Menschen verließen im Laufe des 19. Jahrhunderts ihre Dörfer, um in den Städten Arbeit und Brot zu finden. Lebte 1871 nur ein Viertel der Bevölkerung in Städten mit mehr als 5 000 Einwohnern, so war es bei Ausbruch des Ersten Weltkriegs bereits mehr als die Hälfte. Die Folgen dieser ⇨ Binnenwanderung für die Städte waren gewaltig: Neue Straßen, Gas- und Elektroleitungen sowie Trinkwasser- und Abwassersysteme wurden zur Verbesserung der Infrastruktur wie auch der Hygiene angelegt. Straßenbahnen ersetzten bald die Pferdebahnen und erleichterten den Arbeitsweg. Krankenhäuser und Schulen, aber auch Museen, Opernhäuser und andere Freizeiteinrichtungen wurden gebaut. Zugleich wuchsen die Aufgaben der städtischen Verwaltungen: Diese mussten ihre Städte zum Teil völlig neu planen, Ordnung in teilweise wild gewachsene Wohngebiete bringen sowie die Grundbedürfnisse einer schnell wachsenden Zahl von Einwohnern befriedigen.

→ 4 – 5 S. 329 f.

Ordnung und Disziplin im Takt der Maschinen

Die neue Fabrikarbeit forderte durch den Takt der Maschinen im Vergleich zu den alten Arbeitsformen eine viel unerbittlichere Disziplin ein: Den bisher natürlichen Rhythmus des Tages löste das Regiment der Uhr ab, die Pünktlichkeit, Konstanz und Gleichmäßigkeit der Arbeit ebenso wie zeitlich fixierte Pausen einforderte. Strenge Fabrikordnungen regelten die Arbeitszeiten, das Verhalten am Arbeitsplatz und die geringe Entlohnung. Über die Einhaltung der Fabrikdisziplin wachten Vorarbeiter, häufig ehemalige Unteroffiziere. Vor allem in der industriellen Frühphase variierten die täglichen Arbeitszeiten zwischen 12 bis 16 Stunden bei einer sechstägigen Arbeitswoche. Dazu kamen oft stundenlange Fußmärsche zur Arbeitsstelle, wo

11 Motorisierung in Berlin 1914
Bis zum Ersten Weltkrieg konnten sich die meisten Deutschen keine Automobile leisten. Berlin bildete eine Ausnahme. Hier teilten sich zu dieser Zeit schon mehrere Tausend Wagen die Straßen mit Radfahrern und Pferdedroschken.

man Lärm, Gestank sowie monotonen und gefährlichen Tätigkeiten ausgesetzt war. Arbeitsschutz war noch ein Fremdwort. Unter diesen Bedingungen erreichten nur circa sechs Prozent der Menschen ein Alter von 60 Jahren. Alter bedeutete jedoch ebenso wie Invalidität und Arbeitslosigkeit eine akute Existenzbedrohung.

Massengesellschaft und Massenkultur

→ 6 - 8 S. 330 f.

Eng verknüpft mit dem Wandel in den Städten war eine Veränderung des Konsumverhaltens der Menschen. Zunehmend größere Teile der Bevölkerung konnten es sich leisten, Geld für Konsumartikel oder auch für Freizeitvergnügungen auszugeben. Moderne Warenhäuser, die nach ausländischen Vorbildern entstanden, versuchten diese Bedürfnisse zu erfüllen. Diese Warenhäuser, die regelrechten „Konsumtempeln" glichen, boten im Glanz hell erleuchteter und prall gefüllter Verkaufsflächen billige, aber auch Luxuswaren zum Kauf an. Das Angebot war überwältigend und in der Regel günstiger als in kleinen Einzelhandelsgeschäften. Der Einkauf zur Besorgung lebensnotwendiger Güter wandelte sich zum Einkaufsbummel ohne Kaufzwang, der täglich Tausende Schau- und Kauflustige in die Zentren der großen Städte lockte. Viele Menschen konnten es sich nicht nur leisten, mehr Geld für Konsumartikel, sondern auch für Vergnügungen aller Art auszugeben. In immer größeren Scharen strömten sie in ihrer Freizeit in die Theater, Opernhäuser und Kabaretts, bald auch in die Kinos. Kleinbürger und Arbeiter machten mit ihren Familien Spaziergänge in den städtischen Parks. Und wer es sich leisten konnte, fuhr aufs Land, in die Berge oder an die See, um sich zu erholen.

Frauen in der industrialisierten Gesellschaft

Die Lebensbedingungen von Frauen im Kaiserreich hingen stark von ihrer Schichtzugehörigkeit ab. Nach der Berufszählung von 1907 waren 48,8 Prozent von den 9,49 Millionen weiblichen Berufspersonen Tagelöhnerinnen oder Mägde in der Landwirtschaft, während 22 Prozent in der Industrie, circa 10 Prozent in Handel und Verkehr und 13,2 Prozent in häuslichen Diensten arbeiteten. Insgesamt waren 30 Prozent aller Erwerbstätigen Frauen. Zunehmend war eine Landflucht in die Stadt festzustellen, wo Frauen häufig als Dienstmädchen des Bürgertums arbeiteten.
Durch die neue Fabrikarbeit erhielten Frauen zwar mehr Selbstständigkeit, allerdings war diese Arbeit monoton und schlecht bezahlt. Neue Verdienstmöglichkeiten bot der Ausbau von Verwaltung, Handel und Dienstleistungen. Doch auch in diesen Branchen wurden Frauen schlechter entlohnt als Männer. Nach der Geburt des ersten Kindes schieden Frauen aus dem Erwerbsleben aus, führten den Haushalt und versuchten, durch Heimarbeit das Familieneinkommen aufzubessern. Frauen aus dem gehobenen Bürgertum gingen oft keiner Arbeit nach. Sozial akzeptable Erwerbstätigkeiten fanden sie lediglich als Lehrerinnen, in der Krankenpflege und der Sozialarbeit. Das patriarchalisch-autoritäre Rollenverständnis im Kaiserreich forderte die Unterordnung weiblicher Bedürfnisse. Politik und Erwerbsarbeit gehörten zur Männerdomäne, während Frauen sich dem Haushalt und der Kindererziehung zu widmen hatten. Dennoch zwangen die ökonomischen Notwendigkeiten Arbeiterfrauen dazu, für einen Zuverdienst zu sorgen. Diese Doppelbelastung beanspruchte sie bis an die Grenzen der körperlichen Belastbarkeit.
Nicht zuletzt lebten viele Frauen in ständiger Angst vor einer ungewollten Schwangerschaft. Neuartige Verhütungsmittel aus Kautschukprodukten wie Kondom und Diaphragma blieben unerschwinglich, was bis zu 500 000 Abtreibungen im Jahr zur Folge hatte. Fehlende finanzielle Mittel und die polizeiliche Verfolgung zwangen Arbeiterfrauen, den Schwangerschaftsabbruch heimlich von sogenannten „Engelmacherinnen" unter unhygienischen Verhältnissen vornehmen zu lassen. Tausende Frauen starben auf diese Weise.

Testen Sie Ihre Sachkompetenz

a) Welche der folgenden Begriffe kennzeichnen wesentliche Merkmale der zweiten industriellen Revolution in Deutschland?

Motorisierung

Urbanisierung

Dampfmaschine

Proletarisierung

Arbeiterpartei

Moderne

Gründerzeit

Aktienhandel

Eisenbahn

Landflucht

Chemie

Automatisierung

Pauperismus

Maschinisierung

Protektionismus

b) Versetzen Sie sich in die Rolle eines jungen Mannes, der im Jahr 1890 in einer Dortmunder Elektrofabrik arbeitet. In einem Brief versucht er seinem Großvater, der seit seiner Geburt vor 70 Jahren im ländlichen Westfalen lebt, seinen Arbeitsalltag und das Leben in der Stadt zu erklären. Verfassen Sie diesen Brief.

c) Diskutieren Sie, ob und für wen die Industrialisierung ein Fortschritt war.

Geschichte kreativ

a) Bilden Sie kleine Gruppen und finden Sie gemeinsam heraus, welche Erfindung aus der Zeit der zweiten industriellen Revolution hier jeweils beschrieben wird:

1. Dieses weltweit bekannte Produkt wurde in den 80er-Jahren des 19. Jahrhunderts von John Stith Pemberton in den USA erfunden. Er mischte Wein, Nüsse, Blätter und Malvenextrakte, und so entstand ein Sirup, der gegen Müdigkeit, Kopfschmerzen und Depressionen helfen sollte. Schon bald aber musste er den Wein im Zuge der Prohibition aus dem Rezept nehmen, so entstand…
2. Dieses weitverbreitete Produkt ist erst in jüngster Vergangenheit in Deutschland in Verruf geraten. Viele Forscher hatten sich in den USA, England und Russland im Laufe des 19. Jahrhunderts mit diesem Gegenstand beschäftigt und sehr viele Varianten ausprobiert. So gibt es zahlreiche Patente, und der uns als Erfinder überlieferte Brite setzte lediglich einen Bambusfaden für seine Patentanmeldung 1879 als Neuheit ein.
3. Für diese Erfindung bedurfte es eines wagemutigen Mannes, der in einem gefährlichen Selbstversuch 1853 das erste Produkt seiner Art vorführte. Waren seine Zuschauer davon überzeugt, dass dieses Experiment tödlich enden würde, vertraute der Mann in New York auf seine Künste und überlebte unbeschadet den Versuch. Erst etwa 40 Jahre später erreichte diese Erfindung den europäischen Kontinent und bewirkte auch hier einen Boom von neuartigen Gebäuden.
4. Nahezu jeder Haushalt hat es, aus bestimmten öffentlichen Einrichtungen ist es nicht mehr wegzudenken. Der Prototyp, den ein deutscher Physiker im 17. Jahrhundert – der übrigens wegen einer anderen Entdeckung weltberühmt ist – erfand, war nur schwer handhabbar, sodass erst die Weiterentwicklung (und deutliche Verkleinerung) von Thomas Clifford Allbutt 1867 für eine allgemeine Verbreitung sorgte. Mittlerweile wird wegen eines wichtigen, aber unter Umständen gesundheitsgefährdenden Inhaltsstoffs eine digitale Variante eingesetzt.
5. Bei diesem Produkt handelt es sich vermutlich um eines der weitverbreitesten Dinge überhaupt. Obwohl Vorformen davon schon aus der Antike überliefert sind, wird die Französin Herminie Cadoll gemeinhin als Erfinderin der modernen Form bezeichnet. Sie ließ sich 1899 diese Neuheit patentieren, deren Ursprungsform zeitweise unter anderem aus Hosenträgern hergestellt wurde.

Operatoren-Training

(alle Operatoren auf einen Blick finden Sie auf S. 634–641)

a) AFB I, Operator „zusammenfassen":
Fassen Sie die durch Adam Smith begründete Theorie des Wirtschaftsliberalismus zusammen.
Material zur Aufgabe: S. 301, M3 („Adam Smith: „Das einfache System der natürlichen Freiheit").
Hinweise: Der Operator „zusammenfassen" verlangt genauso wie die Operatoren „aufzeigen", „beschreiben", „wiedergeben" vor allem, dass Sie historische Sachverhalte auf das Wesentliche reduzieren, ohne den grundsätzlichen Sinn zu verfehlen oder zu verändern.

b) AFB II, Operator „herausarbeiten":
Arbeiten Sie aus Adam Smiths Äußerungen heraus, gegenüber welchen gesellschaftlichen Gruppen oder herrschenden Meinungen er seine wirtschaftsliberale Lehre kritisch in Stellung bringt. Arbeiten Sie ebenfalls heraus, welche sozialen Schichten von einer Umsetzung Smith'scher Lehren am meisten profitieren würden.
Material zur Aufgabe: S. 301, M3 („Adam Smith: „Das einfache System der natürlichen Freiheit").
Hinweise: „Herausarbeiten" erfordert, dass Sie aus Materialien bestimmte historische Sachverhalte herausfinden, die nicht ausdrücklich genannt werden. Darüber hinaus sollten Sie sich bemühen, Zusammenhänge zwischen diesen nur implizit enthaltenen Sachverhalten aufzudecken.

c) AFB II, Operator „übertragen" (als methodischer Operator):
Übertragen Sie M14, M15, M16 oder M17 in anschauliche Darstellungsformen.
Material zur Aufgabe: S. 321 f., M14–M17.
Hinweise: Ähnlich wie „umformen" verlangt der Operator „übertragen", dass Sie historische Sachverhalte in neue Formen bringen.

Lösungsvorschläge zum Operatoren-Training

zum Arbeitsvorschlag a), Operator „zusammenfassen":
Hier wäre Smiths Theorie auf einige wenige Sätze zu komprimieren, die den Kern seiner Theorie enthalten. Auf alle Ausschmückungen und Illustrationen, auch auf Beispiele oder Differenzierungen wäre zu verzichten. Zum Kern seiner Theorie gehört seine Grundannahme, dass es für das Gemeinwohl am besten sei und zum größten Sozialprodukt führe, wenn man jeden Einzelnen sein egoistisches Eigeninteresse möglichst ungehindert verfolgen lässt (laissez-faire). Dies lenke den Arbeitsfleiß und den Erfindungs- und Organisationsgeist der Mensch quasi automatisch (invisible hand) in die insgesamt produktivsten und effizientesten Bahnen. Folglich habe sich der Staat weitgehend aus der Wirtschaft herauszuhalten und niemanden zu begünstigen oder zu benachteiligen (Nachtwächterstaat), damit ein fairer Wettbewerb zum Nutzen aller entstehe könne.

zum Arbeitsvorschlag b), Operator „herausarbeiten":
Smith wendet sich gegen einen in der Wirtschaft allzu gegenwärtigen Staat. Im Zeitalter des Absolutismus war es eine typische Wirtschaftspolitik, dass der Staat eigene Manufakturen betrieb, den Handel, insbesondere den Außenhandel, streng zu regulieren versuchte und die freie wirtschaftliche Initiative der Bürger durch Vorschriften und Lizenzvergabe einengte. Smith hat hier seinen Hauptangriffspunkt. Doch äußert er sich auch skeptisch gegenüber Menschen, die vorgeben, sich für das Gemeinwohl zu engagieren und sich zugunsten anderer Menschen einzusetzen. Das kann man als Kritik an heuchlerischen Moralisten oder an Predigern eines (falsch verstandenen) Gebots christlicher Nächstenliebe interpretieren. Im Zusammenhang gesehen entsteht eine Kritik paternalistischer, christlich verbrämter Wirtschaftspolitik, in der sich der absolutistische Staat, auch unter Berufung auf das Gottesgnadentum, in Wirtschaftsabläufe einmischt, sodass er die Produktion und Produktivität letztlich hemmt, aber vorgibt, im Sinne des Gemeinwohls zu handeln.
Von einer Verwirklichung der Smith'schen Lehre profitieren die am meisten, die staatliche Leistungen und staatliche Eingriffe in die Wirtschaft am wenigsten nötig haben, diejenigen, die sich selbst gut helfen können, weil sie schon über Kapital, Bildung oder gute Beziehungen verfügen: die bürgerlichen Schichten, insbesondere Selbständige, Unternehmer, Investoren. Denn diese werden in einem System des freien Wettbewerbs „die Starken" sein und gewinnen. Insofern zeigt sich Smith unbesorgt um die soziale Frage: Dass im Zuge der Industrialisierung große Arbeiterschichten entstehen, die ohne gewerkschaftlichen oder staatlichen Druck eher Schaden als Nutzen von einer allzu liberalen Wirtschaftsform haben, ignoriert Smith im vorliegenden Textausschnitt.
Sieht man diese Smith-kritische Herausarbeitung wiederum in Zusammenhang mit Smiths Kritik am Absolutismus und an der Heuchelei, dem Gemeinwohl dienen zu wollen, so erscheint Smith als Vertreter einer bürgerlich-„kapitalistischen" Ideologie, die Gefahr läuft, mit dem Merkantilismus und der „Gemeinwohl-Heuchelei" von Menschen und Regierungen zugleich auch die Chancen kollektiver und staatlicher Organisation der Wirtschaft zu beerdigen.

zum Arbeitsvorschlag c), Operator „übertragen":
Hier müssten Sie die tabellarisch vorliegenden Zahlen in Schaubilder oder Diagramme (Kreisdiagramm, Säulendiagramm, Balkendiagramm, Graph) verwandeln.

7 Imperialismus

Problemaufriss

Als „Zeitalter des Imperialismus" wird die Phase vom ausgehenden 19. Jahrhundert bis zum Beginn des Ersten Weltkriegs bezeichnet: Die europäischen Staaten hatten während der industriellen Revolution eine Vormachtstellung in der Weltwirtschaft erlangt und errichteten – angetrieben von technischen Errungenschaften wie der Dampfschifffahrt oder der Telegrafie, aber auch vom Gefühl vermeintlicher Überlegenheit – ihre direkte Herrschaft über weite Teile Afrikas, Asiens und Ozeaniens. Die dort meist gewaltsam eroberten Kolonien galten als lukrative Absatzmärkte und hielten große Mengen an Rohstoffen für die rasch wachsenden Industrien in den „Mutterländern" bereit. Vor allem Großbritannien und Frankreich – außerhalb Europas auch die USA – betrieben in dieser Phase eine aktive Kolonialpolitik. Ab den 1880er-Jahren versuchte auch Deutschland sich über Kolonien einen „Platz an der Sonne" zu sichern.
Neben der ökonomischen Ausbeutung stand der Wille zur kulturellen Herrschaft über sogenannte „primitive Zivilisationen" im Zentrum imperialistischer Bestrebungen. Diese Form der Kolonialpolitik rief häufig den Widerstand der einheimischen Bevölkerungen hervor, den die technisch überlegenen Kolonialmächte in blutigen Kriegen niederschlug.

Was Sie in diesem Kapitel erwartet

„Landungsplatz einer deutschen Station am Viktoria-See“
Aus der Kolonie Deutsch-Ostafrika wurde neben Kautschuk, Baumwolle und Kaffee hauptsächlich Elfenbein nach Deutschland ausgeführt. Wegen ihrer wertvollen Stoßzähne wurde schonungslos Jagd auf Elefanten gemacht. Trotz der Ausbeutung der Kolonie war Deutschlands Engagement in Deutsch-Ostafrika ein Verlustgeschäft: Den Einnahmen in Höhe von 15,5 Mio. Mark standen letztlich Ausgaben von 18,9 Mio. Mark gegenüber. Kolorierter Holzstich von 1895 nach einer Zeichnung von Heinrich Leutemann.

„Der Herero-Aufstand in Deutsch Süd-West-Afrika“
Getragen von Postkarten wie dieser verbreiteten sich in „Mutterländern“ wie Deutschland stereotype Bilder der sogenannten „Eingeborenen“. Hier werden sie als Plünderer dargestellt. Gleichzeitig verschweigt das Bild sowohl die Ursache des Herero-Aufstands, nämlich die Unterdrückung und die Aneignung des Weidelands der Herero durch deutsche Siedler, als auch die Folgen des Herero-Kriegs, in dem mehr als ein Drittel der Herero-Bevölkerung starb. Undatierte Postkarte.

Online-Link
430089-0701
alle Online-Materialien zum Kapitel 7

Politik

Deutsche Marine-Soldaten stießen im Juni 1900 als Teil einer internationalen Truppe unter britischem Kommando auf Peking vor, um den sogenannten Boxeraufstand niederzuschlagen. Der deutsche Maler Carl Röchling glorifiziert in diesem noch im gleichen Jahr entstandenen (hier angeschnittenen) Bild den Moment, in dem der britische Admiral Seymour „Germans to the front!" befiehlt.

1870 | 1880

1870/71 der Sieg über Frankreich im Deutsch-Französischen Krieg ermöglicht die Gründung des Deutschen Kaiserreichs

1878 auf dem Berliner Kongress tritt Bismarck als „ehrlicher Makler" in Erscheinung

1882 Gründung des Deutschen Kolonialvereins

1884/1885 Berliner Afrika-Konferenz

1884 Deutsch-Südwestafrika (Namibia) wird erste Kolonie des Deutschen Reichs

1884–89 weite Teile Ostafrikas werden Teil des britischen Kolonialbesitzes

Kultur/ Gesellschaft

Viele Werke des Franzosen Paul Gauguin thematisieren die Kultur Polynesiens, so wie der Maler sie sich vor der französischen Kolonisation erträumte. Hier: „Herrliches Geheimnis", Öl auf Leinwand, 73 × 98 cm, von 1894.

1870 | 1880

1869 der Afrikaforscher Gustav Nachtigal erforscht die Sahara und Gebiete im heutigen Sudan

1871 Charles Darwin veröffentlicht „Die Abstammung des Menschen"

1874 Claude Monet malt impressionistisches Gemälde „Die Brücke von Argenteuil"

1880 der Franzose Emile Zola verfasst den Roman „Zum Paradies der Damen"

1881 Pablo Picasso wird geboren

Wirtschaft/ Umwelt

Mit dem Bau der Bagdadbahn von Konstantinopel nach Bagdad verfolgte Deutschland imperiale Interessen. So erhoffte man sich Einflussmöglichkeiten im Nahen Osten, einem Bereich, der bis dahin zur Einflusszone Frankreichs und Großbritanniens gehörte. Undatiertes Foto.

1870 | 1880

1870 der US-Amerikaner John D. Rockefeller gründet die Standard Oil Company

1873 Gründerkrach, gefolgt von Großer Depression

1881 Berlin bekommt die erste elektrisch betriebene Straßenbahn der Welt

1884 der Arlber tunnel wi nach vier Jahren Ba zeit voller det

1885 Gründung der späteren Woermann-Linie

1885 Erfindung des Maschinengewehrs „Maxim Gun"

188 Gründung von De Beers Consolidated Mines Limite

1890 – 1900 – 1910 – 1920 – 1960

1890
Rücktritt Otto von Bismarcks

1890
der britische Imperialist Cecil Rhodes wird Premierminister der Kapkolonie

1896
Krieg Italiens gegen Abessinien

1898
in der Faschoda-Krise prallen britische und französische Kolonialinteressen aufeinander

1899–1902
nach dem Burenkrieg wird Südafrika britisch

1900/01
Boxeraufstand in China

1904
die Roosevelt Corollary ergänzt die Monroe-Doktrin von 1823

1904
Die Herero und die Nama erheben sich gegen die deutsche Kolonialherrschaft in Deutsch-Südwestafrika

1905
Beginn des Maji-Maji-Kriegs in Deutsch-Ostafrika

1911
zweite Marokkokrise

1914–18
Erster Weltkrieg

1920
mit dem Versailler Vertrag fallen die deutschen Kolonien an den Völkerbund

1930
Mahatma Gandhi protestiert mit dem „Salzmarsch“ gegen das Salzmonopol der Briten in Indien

1939–1945
Zweiter Weltkrieg

1947
Indien und Pakistan erlangen ihre Unabhängigkeit

1960
im „Afrikanischen Jahr“ erlangen 13 Kolonien die Unabhängigkeit

1890 – 1900 – 1910 – 1920 – 1960

1891
Oscar Wilde veröffentlicht den Roman „The Picture of Dorian Gray“

1894
Paul Wallot vollendet das Reichstagsgebäude in Berlin

1896
in Athen finden die ersten olympischen Sommerspiele der Neuzeit statt

1899/1902
Joseph Conrad veröffentlicht den Roman „Heart of Darkness“

1899
Rudyard Kipling verfasst das Gedicht „The White Man's Burden“

1905
Robert Koch erhält den Nobelpreis für Medizin für seine Tuberkuloseforschung

14. Dezember 1911
der Norweger Roald Amundsen erreicht als erster Mensch den Südpol

1912
das Passagierschiff Titanic sinkt auf seiner Jungfernfahrt

1916
Lenin interpretiert den Imperialismus als höchstes Stadium des Kapitalismus

1927
der US-Amerikaner Charles Lindbergh überquert als Erster in einem Flugzeug den Atlantik

1936
der schwarze US-Amerikaner Jesse Owens erringt bei den olympischen Sommerspielen in Berlin vier Goldmedaillen

1955
Claude Lévi-Strauss veröffentlicht den Reisebericht „Traurige Tropen“

890 – 1900 – 1910 – 1920 – 1960

1890
mit der staatlich subventionierten Deutschen Ost-Afrika Linie sichert eine weitere Reederei die Verbindung zwischen Mutterland und Kolonien

1891
Otto Lilienthal führt erste Flugexperimente durch

1895
Eröffnung des Kaiser-Wilhelm-Kanals (Nord-Ostsee-Kanal)

1899
Gründung der United Fruit Company (ab 1990 Chiquita)

Juli 1903
Beginn der Bauarbeiten an der Bagdadbahn

1910
Entwicklung des Dieselmotors für Kraftfahrzeuge

1914
Eröffnung des Panamakanals

1917
die Universum-Film AG (UFA) wird gegründet

1918
in Deutschland wird der gesetzliche Achtstundentag eingeführt

1926
der US-Reifenhersteller Firestone gründet in Liberia die größte Kautschukplantage der Welt

Oktober 1929
Börsencrash an der Wall Street und Beginn der Weltwirtschaftskrise

7.1 Ursachen und Theorien des Imperialismus

A) Welche ideengeschichtlichen, wirtschaftlichen, technischen und gesellschaftlichen Faktoren ermöglichten oder beschleunigten die Entwicklung des Imperialismus?
B) Welche politischen, sozialen und ideologischen Motive lagen den imperialistischen Bestrebungen der europäischen Großmächte zugrunde?

Imperialistische Politik und Herrschaft

THE RHODES COLOSSUS
STRIDING FROM CAPE TOWN TO CAIRO.

1 Der Rhodes-Koloss
Karikatur aus der Satirezeitschrift Punch von 1892. Im gleichen Jahr veröffentlichte Cecil Rhodes (1853–1902), Geschäftsmann und seit 1890 Premierminister der britischen Kap-Kolonie, seinen „Kap-Kairo-Plan", der vorsah, Afrika von Süden nach Norden mit einer Eisenbahn- und Telegrafenverbindung zu durchziehen.

2 Max Weber über imperialistische Politik
Als „Zeitalter des Imperialismus" wird allgemein die Zeit vom ausgehenden 19. Jahrhundert bis zum Beginn des Ersten Weltkriegs beschrieben. Das Deutsche Reich betrieb von 1884/85 an eine imperialistisch orientierte Politik. Der Nationalökonom und Soziologe Max Weber (1864–1920) trat 1895 seine Professur in Freiburg an. Seine Antrittsrede geht im Schlussteil auf den deutschen Imperialismus ein – hier finden sich Anhaltspunkte, warum eine deutsche Expansion zu dieser Zeit als natürlich und notwendig empfunden wurde:

Entscheidend ist auch für unsere Entwicklung, ob eine große Politik uns wieder die Bedeutung der großen politischen Machtfragen vor Augen zu stellen vermag. Wir müssen begreifen, dass die Einigung Deutschlands ein Jugendstreich war, den die Nation auf ihre alten Tage beging und seiner Kostspieligkeit halber besser unterlassen hätte, wenn sie der Abschluss und nicht der Ausgangspunkt einer deutschen Weltmachtpolitik sein sollte. […]

Nur völlige politische Verzogenheit und naiver Optimismus können verkennen, dass das unumgängliche Ausdehnungsbestreben aller bürgerlich organisierten Kulturvölker, nach einer Zwischenperiode äußerlich friedlicher Konkurrenz, sich jetzt in völliger Sicherheit dem Zeitpunkt wieder nähert, wo nur die Macht über das Maß des Anteils der einzelnen Nationen an der ökonomischen Beherrschung der Erde und damit auch der Erwerbsspielraum ihrer Bevölkerung, speziell ihrer Arbeiterschaft entschieden wird.

Max Weber: Nationalstaat und Volkswirtschaftspolitik (Akademische Antrittsrede). Zit. nach: Wolfgang J. Mommsen: Max Weber und die deutsche Politik 1900–1920. Tübingen 1959, S. 87.

3 Heinrich von Treitschke: Imperialismus als Notwendigkeit der Nationenbildung
Der Historiker und Publizist Heinrich von Treitschke (1834–1896) ist politisch nationalliberal, später konservativ einzuordnen. Besonderen Nachklang findet der häufig zitierte „Berliner Antisemitismusstreit" zwischen Treitschke und dem Historiker Theodor Mommsen, ausgelöst durch Treitschkes Äußerung „Die Juden sind unser Unglück" in einem Zeitschriftenartikel von 1879. 1897 äußert Treitschke sich zur imperialistischen Politik:

Legen wir den Maßstab der Autarkie[1] an, so ist zu beobachten, wie in der Staatengesellschaft Europas die größeren Staaten ein immer bedeutenderes Übergewicht gewinnen, wie unser Staatensystem einen immer mehr aristokratischen Charakter angenommen hat. Die Zeit ist noch gar nicht fern, wo Staaten wie Piemont-Savoyen bei einer Koalition durch Zutritt oder Abfall geradezu die Entscheidung geben konnten. Das wird heute niemand mehr für möglich halten. Es hat sich seit dem siebenjährigen Kriege[2] die Fünfherrschaft[3] der großen Mächte herausgebildet, die sich als notwendig erwiesen hat. Große europäische Fragen werden nur in diesem Kreise verhandelt. Italien ist nahe daran, in ihn hineinzukommen; aber weder Belgien noch Schweden, noch die Schweiz können mitreden, wenn sie nicht selbst unmittelbar beteiligt sind.

Die ganze Entwicklung unserer Staatengesellschaft geht also unverkennbar darauf aus, die Staaten zweiten Ranges zurückzudrängen. Und da eröffnen sich, wenn wir die nichteuropäische Welt mit in Betracht ziehen, unendlich ernste Aussichten auch für uns. Bei der Verteilung dieser nichteuropäischen Welt unter die europäischen Mächte ist Deutschland bisher immer zu kurz gekommen, und es handelt sich doch um unser Dasein als Großstaat bei der Frage, ob wir auch jenseits der Meere eine Macht werden können. Sonst eröffnet sich die grässliche Aussicht, dass England und Russland sich in die Welt teilen; und da weiß man wirklich nicht, was unsittlicher und entsetzlicher wäre, die russische Knute oder der englische Geldbeutel. Sehen wir näher hin, so ist doch deutlich, dass, wenn der Staat Macht ist, eben nur der Staat, der wirklich mächtig ist, seiner Idee entspricht. Daher das unzweifelhaft Lächerliche, das im Wesen eines Kleinstaates liegt. Schwäche ist ja an sich nichts Lächerliches, wohl aber die Schwäche, die sich als Macht gebärden will. In den kleinen Staaten entwickelt sich jene bettelhafte Gesinnung, die den Staat beurteilt nach den Steuern, die er erhebt, die nicht fühlt, dass, wenn der Staat wie eine Eierschale nicht drücken soll, er auch nicht schützen kann, und dass die sittlichen Güter, welche wir dem Staate verdanken, über allen Preis sind. Dadurch dass er diesen Materialismus erzeugt, wirkt der Kleinstaat so verderblich auf die Gesinnung seiner Bürger.

Heinrich von Treitschke: Weltmächte oder Kleinstaaten. In: Ders.: Politik, Erster Band. Leipzig 1897, S. 42 f.

1 *Autarkie: Selbstgenügsamkeit eines Staates in wirtschaftlicher, kultureller oder politischer Hinsicht*

2 *Siebenjähriger Krieg: Von 1756 bis 1763 kämpften Preußen und Großbritannien gegen Österreich, Frankreich und Russland. Auch mittlere und kleine europäische Staaten waren beteiligt. Der Krieg wurde erstmals auch in den Kolonien ausgefochten.*

3 *Fünfherrschaft: Dominanz der europäischen Großmächte Preußen, Großbritannien, Österreich-Ungarn, Frankreich und Russland im 18. und 19. Jahrhundert (Pentarchie)*

„Scramble for Africa“: Die Aufteilung des afrikanischen Kontinents

4 Generalakte der Berliner Afrika-Konferenz

Binnen weniger Jahrzehnte teilten die europäischen Kolonialmächte den gesamten afrikanischen Kontinent unter sich auf. Die Grundlage für den von Zeitgenossen als „Wettlauf“ beschriebenen Prozess der Kolonisation legten die Vereinbarungen der sogenannten „Kongo-Akte“ vom 26. 2. 1885:

Art. 1: Der Handel aller Nationen soll vollständige Freiheit genießen: 1. In allen Gebieten, welche das Becken des Kongo und seiner Nebenflüsse bilden [Es folgt eine detaillierte Beschreibung des Gebiets.] [...]

Art. 6: Alle Mächte, welche in den gedachten Gebieten Souveränitätsrechte oder einen Einfluss ausüben, verpflichten sich, die Erhaltung der eingeborenen Bevölkerung und die Verbesserung ihrer sittlichen und materiellen Lebenslage zu überwachen und an der Unterdrückung der Sklaverei und insbesondere des Negerhandels mitzuwirken; sie werden ohne Unterschied der Nationalität oder des Kultus alle religiösen, wissenschaftlichen und wohltätigen Einrichtungen und Unternehmungen schützen und begünstigen, welche zu jenem Zweck geschaffen und organisiert sind, oder dahin zielen, die Eingeborenen zu unterrichten und ihnen die Vorteile der Zivilisation verständlich und wert zu machen [...]

Art. 13: Die Schifffahrt auf dem Kongo, ohne Ausnahme irgendeiner der Verzweigungen oder Ausläufe dieses Flusses, soll für die Kauffahrteischiffe aller Nationen [...] vollkommen frei sein und bleiben, sowohl bezüglich der Beförderung von Waren wie von Reisenden [...]

Art. 34: Diejenige Macht, welche in Zukunft von einem Gebiete an der Küste des afrikanischen Festlandes, welches außerhalb ihrer gegenwärtigen Besitzungen liegt, Besitz ergreift, oder welche, bisher ohne dergleichen Besitzungen, solche erwerben sollte, desgleichen auch die Macht, welche dort eine Schutzherrschaft übernimmt, wird den betreffenden Akt mit einer an die übrigen Signatarmächte der gegenwärtigen Akte gerichteten Anzeige begleiten, um dieselben in den Stand zu setzen, gegebenenfalls ihre Reklamationen geltend zu machen [...]

Art. 35: Die Signatarmächte der gegenwärtigen Akte anerkennen die Verpflichtung, in den von ihnen an den Küsten des afrikanischen Kontinents besetzten Gebieten das Vorhandensein einer Obrigkeit zu sichern, welche hinreicht, um erworbene Rechte und, gegebenenfalls, die Handels- und Durchgangsfreiheit unter den Bedingungen, welche für Letztere vereinbart wurden, zu schützen.

Deutsches Reichsgesetzblatt Nr. 23/1885, S. 221, 225, 229, 243 f.

5 Berliner Afrika-Konferenz 1884/1885

Vom 15. November 1884 bis zum 26. Februar 1885 berieten sich Vertreter von zwölf europäischen Mächten – dem Deutschen Reich, Österreich-Ungarn, Belgien, Dänemark, Spanien, Frankreich, Großbritannien, Italien, Portugal, Schweden, Russland und den Niederlanden – sowie Abgesandte der USA und des Osmanischen Reichs auf Einladung Bismarcks in Berlin über die Aufteilung Afrikas. Holzstich von 1885.

Darstellungen: Theorien des Imperialismus

6 Lenins Imperialismustheorie

Mit seiner Broschüre „Der Imperialismus als höchstes Stadium des Kapitalismus" stellte der sowjetische Politiker und führende Kopf der Oktoberrevolution Wladimir Iljitsch Lenin (1870–1924) im Revolutionsjahr 1917 seine Theorie des Imperialismus vor, die diesen als besondere (und letzte) Ausprägung des kapitalistischen Systems versteht:

Würde eine möglichst kurze Definition des Imperialismus verlangt, so müsste man sagen, dass der Imperialismus das monopolistische Stadium des Kapitalismus ist. Eine solche Definition enthielte die Hauptsache, denn auf der einen Seite ist das Finanzkapital das Bankkapital einiger weniger monopolistischer Großbanken, das mit dem Kapital monopolistischer Industriellenverbände verschmolzen ist, und auf der anderen Seite ist die Aufteilung der Welt der Übergang von einer Kolonialpolitik, die sich ungehindert auf noch von keiner kapitalistischen Macht eroberte Gebiete ausdehnt, zu einer Kolonialpolitik der monopolistischen Beherrschung des Territoriums der restlos aufgeteilten Erde.

Doch sind allzu kurze Definitionen zwar bequem, denn sie fassen das Wichtigste zusammen, aber dennoch unzulänglich, sobald aus ihnen speziell die wesentlichen Züge der zu definierenden Erscheinung abgeleitet werden sollen. Deshalb muss man – ohne zu vergessen, dass alle Definitionen überhaupt nur bedingte und relative Bedeutung haben, da eine Definition niemals die allseitigen Zusammenhänge einer Erscheinung in ihrer vollen Entfaltung umfassen kann – eine solche Definition des Imperialismus geben, die folgende fünf seiner grundlegenden Merkmale enthalten würde: 1. Konzentration der Produktion und des Kapitals, die eine so hohe Entwicklungsstufe erreicht hat, dass sie Monopole schafft, die im Wirtschaftsleben die entscheidende Rolle spielen; 2. Verschmelzung des Bankkapitals mit dem Industriekapital und Entstehung einer Finanzoligarchie[1] auf der Basis dieses „Finanzkapitals"; 3. der Kapitalexport[2], zum Unterschied vom Warenexport, gewinnt besonders wichtige Bedeutung; 4. es bilden sich internationale monopolistische Kapitalistenverbände, die die Welt unter sich teilen, und 5. die territoriale Aufteilung der Erde unter die kapitalistischen Großmächte ist beendet. Der Imperialismus ist der Kapitalismus auf jener Entwicklungsstufe, wo die Herrschaft der Monopole und des Finanzkapitals sich herausgebildet, der Kapitalexport hervorragende Bedeutung gewonnen, die Aufteilung der Welt durch die internationalen Trusts[3] begonnen hat und die Aufteilung des gesamten Territoriums der Erde durch die größten kapitalistischen Länder abgeschlossen ist. [...] Aus allem, was über das ökonomische Wesen des Imperialismus gesagt wurde, geht hervor, dass er charakterisiert werden muss als Übergangskapitalismus oder, richtiger, als sterbender Kapitalismus.

Wladimir Iljitsch Lenin: Werke. Bd. 22. Berlin (Ost) 1960, S. 291–309.

1 *Finanzoligarchie: die vermeintliche Herrschaft gemeinsam agierender Großbanken und Unternehmen über eine Volkswirtschaft*
2 *Kapitalexport: Übertragung von Kapital ins Ausland mit dem Ziel, Gewinne zu maximieren*
3 *Trust: Zusammenschluss mehrerer Unternehmen, häufig mit dem Ziel einer Monopolbildung*

7 „Ein höchst verwickeltes Interessenspiel"

Der deutsche Historiker Wolfgang J. Mommsen (1930–2004) war ein ausgewiesener Kenner des europäischen Imperialismus. Der folgende Textauszug fasst seinen Erklärungsansatz zusammen:

[D]ie historische Analyse zeigt, dass die imperialistische Expansion im 19. und frühen 20. Jahrhundert für die Entfaltung des Kapitalismus keineswegs absolut notwendig gewesen ist, wenn sie auch dessen Wachstum, und insbesondere die Ausbildung eines multilateralen Systems der Weltwirtschaft erheblich beschleunigt haben dürfte.

Der Imperialismus war primär die Folge überschäumender Energien im Schoße der europäischen Gesellschaften, sowohl im wirtschaftlichen wie im militärischen und politischen Bereich, nicht aber eine systemimmanente Notwendigkeit. Durch die enorme technologische und wirtschaftliche Überlegenheit der westlichen Industriestaaten wurde die imperialistische Expansion wesentlich erleichtert und zugleich erheblich beschleunigt. Sie wurde zudem zwar nicht verursacht, aber entscheidend befördert durch gesellschaftliche Prozesse innerhalb der Industriestaaten, insbesondere den Machtkämpfen um die Statuserhaltung von traditionellen Führungseliten, wie sie sich im Zuge der Modernisierung einstellten. Die Politik des Hochimperialismus wurde freilich keineswegs nur von den traditionellen Herrscherschichten der europäischen Gesellschaften getragen, sondern sie geht guteils vor allem auf das Konto gerade der aufsteigenden bürgerlichen Schichten. Spezifische ökonomische Interessen spielten im konkreten Fall fraglos eine entscheidende Rolle, doch waren die wirtschaftlichen Erwartungen, die die Allgemeinheit an den Besitz überseeischer Territorien knüpfte, zumeist wesentlich bedeutsamer als die konkreten ökonomischen Interessen, die dabei im Spiele waren. Noch weniger ist es möglich, Imperialismus als unmittelbare Konsequenz der Wachstumskrisen des Kapitalismus zu deuten; dazu war weder das Gewicht der wirtschaftlichen Faktoren noch der Stellenwert der kolonialen Wirtschaftssysteme innerhalb der jeweiligen nationalen Wirtschaft groß genug. [...] Ebenso wenig halten jene Theorien der empirischen Überprüfung stand, die Imperialismus auf das „Gesetz von der sinkenden Profitrate" gründen wollen. Denn nur selten konnten die Agenten der imperialistischen Expansion ohne Mühe jene Kapitalien für ihre Projekte flüssig machen, die nach landläufiger Meinung im Überfluss vorhanden waren. Und gerade jene Länder, in denen das Finanzkapital, d. h. die innige Verschmelzung von Industrie- und Bankkapital bestenfalls in den Anfängen stand, beteiligten sich am bereitwilligsten an finanzimperialistischen Investitionen großen Stils in Ländern der Dritten Welt.

Insgesamt war das Spiel der Interessen, die hinter imperialistischer Politik standen, höchst verwickelt und niemals eindeutig bestimmten sozialen Gruppen, sei es in den industriellen Metropolen, sei es in den Kolonien oder Halbkolonien an der Peripherie, zuzuordnen.

Wolfgang J. Mommsen: Imperialismustheorien: ein Überblick über die neueren Imperialismusinterpretationen. 3. Aufl. Göttingen 1987, S. 114 f.

Demografische Entwicklungen im Zeitalter des Imperialismus

8 Bevölkerungsentwicklung der imperialistischen Hauptmächte (in Mio.)

	Großbritannien und Irland	Frankreich	Deutsches Reich	Österreich-Ungarn	Italien	Russland	USA
1860/61	28,9	37,4	-	-	25,0	74,1	-
1870/71	31,5	36,1	40,8	35,8	26,8	84,5	38,6
1880/81	34,9	37,7	45,2	37,8	28,5	97,7	50,2
1890/91	37,8	38,3	49,4	41,5	30,3	117,8	63,0
1900/01	41,5	39,0	56,4	45,5	32,5	133,0	76,0
1910/11	45,2	39,6	64,9	49,5	34,7	160,7	91,0

Nach: Carlo M. Cipolla (Hrsg.): The Fontana Economic History of Europe: the Emergence of Industrial Societies, 2. Teil. London 1973, S. 747, und Wladimir Woytinksi: Die Welt in Zahlen. Bd. 1. Berlin 1925, S. 145.

9 Die Ausdehnung der Kolonialreiche Großbritanniens, Deutschlands und der USA

a) Großbritannien

	1881		1912	
Besitzungen in	**km²**	**Bevölkerung**	**km²**	**Bevölkerung**
Amerika	9 267 707	5 278 366	10 335 558	9 534 141
Afrika	670 953	2 141 645	6 209 602	35 833 501
Asien	4 400 768	243 697 000	5 281 000	324 628 804
Australien/Ozeanien	8 055 489	2 616 131	8 261 341	6 452 978
Insgesamt	22 395 292	253 905 755	30 087 829	376 695 882

b) Deutschland

	1895		1912	
Besitzungen in	**km²**	**Bevölkerung**	**km²**	**Bevölkerung**
Afrika	2 385 100	6 950 000	2 657 300	11 163 539
Neuguinea	255 900	387 000	242 000	602 478
Südseeinseln	400	12 824	2 600	37 985
China	–	–	552	173 225
Insgesamt	2 641 400	7 349 824	2 902 452	77 227

c) USA

	1912	
Besitzungen in	**km²**	**Bevölkerung**
Mittelamerika/Westindische Inseln	10 567	1 272 267
Pazifik	297 027	8 387 918
Insgesamt	307 594	9 660 185

Nach: Wolfgang J. Mommsen: Imperialismus: Seine geistigen, wirtschaftlichen und politischen Grundlagen. Hamburg 1977, S. 37 f.

Arbeitsvorschläge

○●●/●●● a) Informieren Sie sich über den antiken Koloss von Rhodos und über Cecil Rhodes und bewerten Sie auf dieser Basis den Vergleich, den die Karikatur M2 zwischen beiden zieht. Berücksichtigen Sie dabei auch Rhodes' „Draft of Ideas" (M3, S. 352 f.) und die Methode „Karikaturen interpretieren" auf S. 350 f.

○○● b) Geben Sie die Argumente Webers (M1) und Treitschkes (M2) für den (deutschen) Imperialismus wieder.

○○●/○●● c) Fassen Sie die wichtigsten Bestimmungen der Kongo-Akte (M4) zusammen und charakterisieren Sie das Selbstverständnis der europäischen Kolonialherren und die Haltung gegenüber Afrika, die aus M4, M5 und M10 auf S. 349 hervorgehen.

●●● d) Bewerten Sie Lenins (M6), Mommsens (M7) und Wehlers (M10, Kap. 7.3) Deutungen des Imperialismus.

○○●/○●● e) Max Weber stellt in M1 die These auf, dass das „Ausdehnungsbestreben aller bürgerlich organisierten Kulturvölker" unter anderem über den „Erwerbsspielraum ihrer Bevölkerung, speziell ihrer Arbeiterschaft" entscheidet. Erläutern Sie Webers These und stellen Sie sie den Informationen in M8 und M9 gegenüber.

Grundwissen: Ursachen und Theorien des Imperialismus

Das Zeitalter des Imperialismus 1882–1914

Mit den sogenannten Entdeckungsreisen des 15. und 16. Jahrhunderts hatten die großen europäischen Seemächte begonnen, sich die aus ihrer Sicht unentdeckten Regionen der Erde wirtschaftlich zu erschließen. Der Überseehandel mit tropischen Produkten, aber auch der transatlantische Sklavenhandel sind heute Inbegriffe für diese erste koloniale Phase. Nach einem längeren Zeitraum des Stillstands waren industrielle und technische Fortschritte in der zweiten Hälfte des 19. Jahrhunderts Voraussetzungen für eine erneute europäische Expansion. Etwa zwischen 1882 und 1914 dehnten die industriellen Mächte Europas sowie Russland und die USA ihre Herrschaftsgebiete über den gesamten Globus aus. Die Epoche wurde bereits um die Jahrhundertwende als „Zeitalter des Imperialismus" bezeichnet. Frühere Kolonialmächte wie die Niederlande, Spanien und Portugal verloren an Einfluss; mit dem Deutschen Reich, Russland, den USA und Japan stießen neue Mächte an ihre Stelle. Der moderne ➔ Imperialismus ist ohne die Vorgeschichte des frühneuzeitlichen ➔ Kolonialismus nicht zu erklären. Dennoch nahm er eine neue, eigenständige Form an: Während in den vorangegangenen Jahrhunderten vorwiegend ökonomische Interessen, vertreten durch die Überseehandelskompanien, im Vordergrund der Kolonialpolitik gestanden hatten, rückte nun auch eine prestigeträchtige „Weltpolitik" um Interessensphären in den Fokus.

Von der indirekten zur direkten Herrschaft

Der moderne Imperialismus war in den Kolonien deutlicher zu spüren: Die lange vorherrschende indirekte Einflussnahme einer Kolonialmacht auf lokale Machthaber vor dem Hintergrund von wirtschaftlicher oder militärischer Überlegenheit wich zunehmend der direkten Verwaltung der Kolonien (➔ „direct rule"). Die wirtschaftliche „Aufwertung" (und politische Unterwerfung) der Kolonien erfolgte überwiegend durch die rücksichtslose Enteignung des Landbesitzes und die Ausbeutung der Arbeitskraft der Bevölkerung, durch die Einrichtung einer Kolonialverwaltung – oft nach Unterwerfung oder Absetzung von bis dahin bestehenden lokalen Autoritäten – sowie mithilfe der kulturellen Eroberung durch christliche Missionen und die Errichtung von Schulen im europäischen Stil. Galt für die koloniale Expansion Großbritanniens bis zur Mitte des 19. Jahrhunderts das Motto „Indirekte Herrschaft, wo möglich, direkte Herrschaft wo nötig", so wurde die „direct rule" nun zur typischen Herrschaftsform für die Expansion der europäischen Mächte in Afrika – nicht zuletzt, weil die meisten der afrikanischen Kolonien bis zu ihrer Eroberung durch europäische Mächte nicht als Staaten existierten und die Kolonialmächte keine staatlichen Strukturen im europäischen Sinn vorfanden.

Ökonomische und technische Faktoren des Imperialismus

Die ökonomische Notwendigkeit, neue Absatzmärkte, Rohstoffquellen und Siedlungsgebiete zu erschließen, war eine typische Rechtfertigung des Imperialismus, wie sie in nahezu jeder zeitgenössischen Schrift in Europa zu finden war. Bis zur zweiten Hälfte des 19. Jahrhunderts hatte die Industrialisierung alle großen Staaten Europas erfasst. Sie bedeutete für die europäischen Mächte erhebliche wirtschaftliche und demografische Veränderungen. Die industrielle Produktion löste die Landwirtschaft als wichtigsten Wirtschafts- und Beschäftigungssektor ab. Die Dampfmaschine wurde sprichwörtlich zum Motor der Massenproduktion. Dampfschiff und Eisenbahn waren Verkehrsmittel und Fortschrittssymbole zugleich, aber auch als Waffenträger und Transportmittel von militärisch-strategischer Bedeutung. Die Rohstoffe Kohle, Eisen und Stahl bildeten die Grundlage von industrieller Massenproduktion, Energieerzeugung, Ausbau der Infrastruktur und militärischer Rüstung. Ihre Produktion war der wichtigste Indikator für Wachstum, Leistungsfähigkeit und wirtschaftliche wie militärische Macht.

→ 3 S. 342 f.
→ 9 S. 346

Das Gleichgewicht der Mächte verschiebt sich

Bis zur Mitte des 19. Jahrhunderts war Großbritannien wirtschaftlich und militärisch unangefochten und verstand sich als Exportwirtschaft und als Verfechter des weltweiten Freihandels. Die Gründungen von Nationalstaaten in Deutschland und Italien und der wirtschaftliche Aufstieg anderer Staaten auf dem europäischen Festland und der USA verschob jedoch das seit dem Wiener Kongress von 1815 verhältnismäßig stabile politische und wirtschaftliche Gleichgewicht der Mächte. Die aufstrebenden Nationen forderten die Vormacht Großbritanniens wirtschaftlich, aber auch militärisch heraus. Mit Zöllen sowie Ein- und Ausfuhrbeschränkungen für Fertigprodukte und Rohstoffe traten die Staaten immer häufiger ihren wirtschaftlichen Konkurrenten entgegen – dennoch entstand, nicht zuletzt durch den internationalen Kapitalverkehr, auch eine immer stärker verknüpfte Weltwirtschaft.

→ 6 – 8 S. 344 f.

Sozialer Druck und koloniales Ventil

In den meisten europäischen Staaten war die Bevölkerung in der zweiten Hälfte des 19. Jahrhunderts stark angewachsen. Durch einen tief greifenden sozialen Wandel und eine stetig größer werdende Auswanderung, vor allem in die USA, baute sich ein spürbarer sozialer Druck auf. Der Besitz von Kolonien versprach in dieser Situation in doppelter Hinsicht Sicherheit und Wachstum: Einerseits ermöglichten Kolonien den Zugriff auf begehrte Rohstoffe – neben Palmölprodukten, Gewürzen, Kaffee, Tee und Zucker wurden vor allem Edelmetalle und der Gummirohstoff Kautschuk nachgefragt. Andererseits sollten die Kolonien als Absatzmärkte für die Produkte des Mutterlands dienen und so in doppelter Richtung den wirtschaftlichen Aufschwung beschleunigen. Trotz der hochgesteckten Erwartungen blieb der Kolonialbesitz für die meisten Staaten ein Verlustgeschäft. Die Ausbeutung der Kolonien wurde in der Regel erst durch staatliche Zuschüsse aus dem Mutterland möglich. Den Gewinn aus dem Kolonialhandel verbuchten hingegen privatwirtschaftliche Unternehmen. Historiker nannten diesen Prozess die „Privatisierung der Gewinne bei Verstaatlichung der Kosten" (Stoecker). Ungeachtet ihrer wirtschaftlichen Bedeutung funktionierte die imperialistische Politik aber als Ventil für die durch die Industrialisierung verursachten gesellschaftlichen Spannungen. Sie gab dem Fortschrittsglauben und Nationalismus des ausgehenden 19. Jahrhunderts eine Richtung.

Gustav Nachtigal (1834–1885)
Deutscher Afrikaforscher; der studierte Mediziner wurde nach diversen Expeditionen 1884 Reichskommissar für Deutsch-Westafrika.

→ 2 S. 342
→ 10 S. 349

„Afrikafieber" und die Berliner Afrika-Konferenz 1884/85

Afrika war für die europäischen Kolonialmächte von besonderem Interesse – bis zur Mitte des 19. Jahrhunderts war in Europa nur wenig über das Innere des Kontinents bekannt. Berichte von Forschungsreisenden wie Henry Morton Stanley, David Livingstone, aber auch Gustav Nachtigal und Heinrich Barth erfreuten sich daher großer Popularität. Sie berichteten von Abenteuern in einer exotischen Wildnis und von den scheinbar unbegrenzten Weiten und natürlichen Ressourcen des Inneren Afrikas. Aus der vermeintlichen Rückständigkeit der afrikanischen Gesellschaften leiteten vor allem Deutschland und Großbritannien ein starkes kulturelles wie religiöses Sendungsbewusstsein ab, das sich besonders radikal im pseudowissenschaftlichen ⇨ Sozialdarwinismus ausdrückte. Dessen Vertreter wie Herbert

→ 4 - 5 S. 343 f.

Henry Morton Stanley (1841–1904)
Britischer Afrikaforscher; wurde bekannt für seine Suche nach dem Missionar David Livingstone und die gewaltsame Errichtung des Kolonialbesitzes Kongo für den belgischen König.

Spencer sahen in der kolonialen Expansion – angelehnt an Darwins Evolutionstheorie – einen „Kampf ums Dasein“, in dem der Stärkere sich durchsetzt.
Die Berliner Afrika-Konferenz (15. November 1884 bis 26. Februar 1885) markierte den Höhepunkt des „Scramble for Africa“, des Wettlaufs um afrikanische Kolonien. Auf Anregung des belgischen Königs hatte Reichskanzler Otto von Bismarck 14 Staaten mit bereits bestehenden Kolonial- oder Schutzgebieten in Afrika oder potenziellen kolonialen Interessen nach Berlin eingeladen. Die sogenannte „Kongo-Akte“ regelte abschließend die Grenzen und Rechte der neugegründeten Kolonien in Zentralafrika sowie Handels- und Zollrechte an den Flüssen Kongo und Niger. Wer fortan Kolonialbesitz erwerben wollte, musste seine Ansprüche dokumentieren und den anderen Unterzeichnerstaaten kenntlich machen. Zudem betonten die Teilnehmerstaaten den gemeinsamen Willen zur Abschaffung des Sklavenhandels, zum Schutz der einheimischen Bevölkerung wie ihrer „zivilisatorischen Förderung“. Eine Aufteilung Afrikas unter den Signatarmächten und die willkürliche Grenzziehung der Kolonien wurde in Berlin zwar nicht explizit beschlossen, gleichwohl hatte mit Unterzeichnung der Generalakte der „Scramble for Africa“ nun auch völkerrechtlich begonnen.

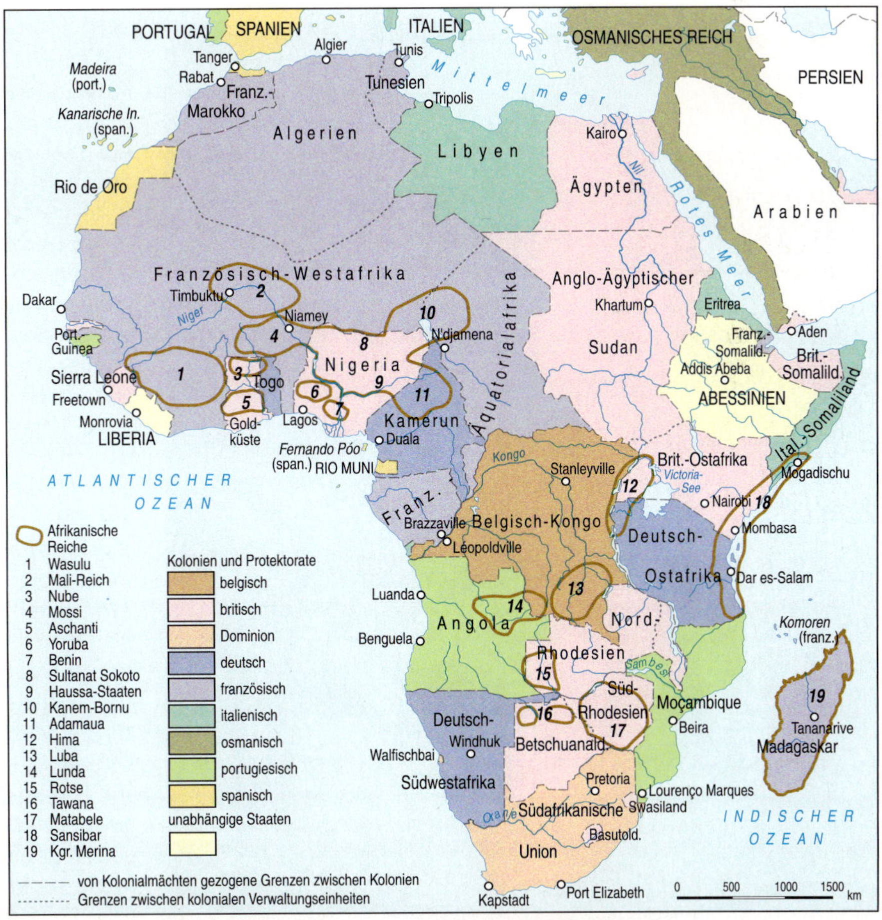

10 Europäische Herrschaftsgebiete in Afrika von 1881 bis 1914

Karikaturen interpretieren

Karikaturen als historische Bildquelle

Karikaturen (ital. caricare: überladen, übertreiben / ital. caricatura: Zerrbild, Spottbild) sind eine visuelle Form der Satire. In ihnen werden gesellschaftliche und politische Zustände, Entwicklungen oder Ereignisse sowie menschliche Verhaltensweisen bewusst komisch überzeichnet bzw. deformiert dargestellt. Ziel der Karikatur ist es, die vom Zeichner subjektiv wahrgenommenen Fehler und Mängel der dargestellten Personen (Repräsentanten der Politik) oder Objekte (politische Programme oder Entscheidungen) aufzudecken, der Lächerlichkeit preiszugeben und den Betrachter zum Nachdenken zu bewegen.
Karikaturen sind eine besondere Form der historischen Bildquelle, durch die der Betrachter einen anschaulichen Eindruck von zeitgenössischen Sichtweisen erhält. Sie sind meist nur vor dem Hintergrund des jeweils aktuellen politischen Geschehens verständlich. Um die zentrale Aussage (Botschaft) einer Karikatur zu entschlüsseln, ist bei deren Interpretation neben einer detaillierten Analyse der Bildinhalte und der Deutung daher immer auch der historische Kontext mit einzubeziehen.

1 „In China – Der Kuchen der Könige und Kaiser“
Kolorierte französische Karikatur aus dem Petit Journal vom 16. Januar 1898.

Die Typisierung von Karikaturen

Karikaturen lassen sich über die Darstellungs- und die Inhaltsebene typisieren: Auf der Darstellungsebene unterscheidet man zwischen a) *Sachkarikaturen* (ihre Aussage bezieht sich primär auf Dinge und Sachverhalte, die personalisiert dargestellt werden), b) *personalen Typenkarikaturen* (handelnde Einheiten wie Gruppen, Institutionen, Völker oder Staaten werden als Person dargestellt) und c) *personalen Individualkarikaturen* (eine Person des öffentlichen Lebens wird mit stark überzeichneten individuellen Merkmalen dargestellt).
Auf der Inhaltsebene gibt es a) *Ereigniskarikaturen* (thematisiert werden Tagesereignisse oder Ereignisse von begrenzter Aktualität, wie etwa eine Wahl), b) *Prozesskarikaturen* (thematisiert werden längerfristige geschichtliche Verläufe wie etwa Napoleons Weg an die Macht, die bei diesem Typ von Karikaturen häufig in Bildfolgen dargestellt werden) und c) *Zustandskarikaturen* (kritisiert werden längerfristige und allgemeine Situationen, dauerhafte Strukturen und wenig wandelbare Grundverhältnisse wie etwa eine bestehende Herrschaftsordnung).

Arbeitsschritte zur Interpretation von Karikaturen

Analyse

Erschließung des Themas sowie der formalen Aspekte

1. Welcher **darstellerische Karikaturentyp** ist zu sehen (Sachkarikatur, personale Typenkarikatur, personale Individualkarikatur)?
2. ! Welcher **inhaltliche Karikaturentyp** ist zu sehen (Ereignis-, Prozess-, Zustandskarikatur)?
3. Wer ist der **Urheber** bzw. der **Auftraggeber**? Was ist über diesen/diese bekannt?
4. Was ist das **Thema** der Karikatur? Wie lautet der **Titel** bzw. Untertitel?
5. In welchen **historischen Kontext** lässt sich die Karikatur einordnen?
6. Wer ist der **Adressat** bzw. sind die Adressaten?

Erschließung des Inhalts und der verwendeten Darstellungsmittel

1. ! Welche **Bildelemente** sind zu erkennen (Personen, Orte, Gegenstände, Details, Schrift) und wie sind diese dargestellt (Mimik, Gestik, Kleidung, Symbole)?
2. Für welche Elemente der **Bildgestaltung** hat sich der Urheber entschieden?
3. ! Welche **Darstellungsmittel** wurden verwendet: Zitate, Metaphern (gezeichnete Vergleiche), Personifizierungen (Vermenschlichung einer Idee oder Sache), Allegorien (personifizierende oder gegenständliche Darstellung eines abstrakten Sachverhalts), Hyperbeln (Übertreibungen)?

Erläuterung

Deutung der Aussage im historischen Kontext

1. ! Welches **Problem** wird in der Karikatur dargestellt bzw. welcher Widerspruch wird in ihr aufgedeckt?
2. ! Welche **Bedeutung** tragen der Titel bzw. der Untertitel sowie die Schriftelemente?
3. ! Wie ist das **Umfeld des Erscheinens** (Flugblatt, Zeitung usw.) zu bewerten?
4. Welche **Aussagen** transportieren die Bildelemente und Gestaltungselemente?
5. ! Welchem **politisch-ideologischen Standpunkt** lässt sich der Inhalt der Karikatur zuordnen?
6. Was war die **Botschaft** des Urhebers bzw. Auftraggebers? Welcher **Eindruck** sollte beim zeitgenössischen Betrachter erzielt werden?
7. Ist ein **Vergleich** mit anderen bildlichen und textlichen Quellen möglich, und wenn ja, mit welchen?

Beurteilung

Abgabe eines begründeten persönlichen Werturteils

1. Ist die Karikatur **repräsentativ** für ihre Zeit, und anhand welcher Kriterien lässt sich das beurteilen?
2. ! Gelingt dem Urheber mithilfe der verwendeten Darstellungsmittel die **Vermittlung** seiner intendierten Botschaft an die Adressaten?
3. Verfassen Sie aus heutiger Sicht ein **begründetes Werturteil** zur Darstellungsweise des karikierten historischen Sachverhalts.

Arbeitsvorschläge

1. ●●● Informieren Sie sich über die von Großbritannien, dem Deutschen Reich, Russland, Frankreich und Japan betriebene imperialistische Politik in China am Ende des 19. Jahrhunderts. Interpretieren Sie die Karikatur M1 vor diesem Hintergrund unter Zuhilfenahme der obigen Arbeitsschritte.
2. ●●● Suchen Sie eine weitere (hier nicht abgedruckte) Karikatur zum Thema Imperialismus. Interpretieren Sie diese unter Zuhilfenahme der obigen Schritte.

7.2 Der Imperialismus Großbritanniens und der USA

A) Welche Merkmale kennzeichnen den britischen und den US-amerikanischen Imperialismus?
B) Welche Etappen sind in der Entwicklung des britischen und amerikanischen Imperialismus auszumachen?

Das Britische Empire im Zeichen des Freihandelsimperialismus

1 Die Pax Britannica

Großbritannien war nach dem Ende der Befreiungskriege 1815 die größte Kolonialmacht der Welt. Das Britische Empire hatte sich nach der Unabhängigkeit der USA (1776) vor allem nach Afrika, Asien und Ozeanien ausgedehnt. Der englische Historiker Arnold Toynbee fasste 1950 die Politik des Freihandels zusammen, die Anfang des 19. Jahrhunderts charakteristisch für den britischen Imperialismus war:

Durch eine Verbindung von Seemacht und Geldmacht waren wir in der Lage, während der letzten 250 Jahre allmählich eine weltweite Pax Britannica zu errichten, die wirksam, aber nicht unerträglich war. Erstens hielten wir dank unserer Seemacht alle anderen Großmächte auf dem europäischen Kontinent eingeschlossen – und trotzdem stand stets eine Mehrheit in Europa auf unserer Seite, weil wir für ein Gleichgewichtssystem eintraten, in dem die Freiheiten der vielen gegen den Ehrgeiz der wenigen geschützt wurden. Zweitens hatten wir außerhalb unseres Flottenkordons um Europa den Rest der Welt als unseren Bereich, doch begegneten wir wenig Neid, weil wir den Handel für alle offen ließen, drittens hielten wir die Hand auf der Geldbörse der Welt, aber wir nützten diese Verfügungsgewalt zum Aufbau aller Länder außerhalb und auch innerhalb des Ringes, den unsere Flotte zog.

Zit. nach: Klaus Hildebrand: No Intervention. Die Pax Britannica und Preußen 1865/66–1869/70. München 1997, S. 42.

2 „Der sicherste Weg, den Handel zu fördern"

Der britische Historiker und Imperialist James Anthony Froude (1818–1894) brachte 1870 ökonomische Argumente für den Erhalt und Ausbau des Britischen Empires vor:

England als solches ist auf Gedeih und Verderben dazu bestimmt, ein großes Industrieland zu sein. Würde man seine Industrien stilllegen, so wäre seine politische Größe dahin. Andererseits braucht man diese Industrien auch nicht über ihren gegenwärtigen Umfang hinaus auszudehnen; ebenso wenig braucht die Stabilität des „Empire" ausschließlich auf diesen zu beruhen. Die Vorsehung bzw. die Energie unserer Väter hat hervorragende Territorien unter die britische Flagge gebracht, in denen sich unter weniger bedrängten Bedingungen neue Gemeinwesen entwickeln können. Die Millionen, die künftig zu unserer Bevölkerung hinzugezählt werden müssen, können in landwirtschaftlichen Berufen beschäftigt werden; im Mutterland hingegen könnten sich unsere Bemühungen in Zukunft darauf richten, eher die Qualität unserer Produkte zu verbessern, als die Quantität der Produktion zu erhöhen. Dergestalt können wir Schmutz, Unwissenheit, Krankheit und Verbrechen, die heute unsere großen Städte zur Brutstätte der Barbarei machen, wieder unter Kontrolle bringen. Für die Unternehmer besteht kein Grund zur Beunruhigung. Der anfängliche Verlust, falls ein Verlust überhaupt eintreten sollte, würde durch die vermehrte Einsatzbereitschaft der Arbeiter und durch die verbesserte Arbeitsleistung, in der sich diese niederschlagen würde, kompensiert. Wie wir gezeigt haben, liegt der sicherste Weg, den Handel zu fördern, in der Entwicklung der Kolonien.

Zit. nach: Wolfgang J. Mommsen: Imperialismus: Seine geistigen, wirtschaftlichen und politischen Grundlagen. Hamburg 1977, S. 46 f.

Ideologische Grundlagen des britischen Imperialismus

3 Die Einheit der englisch sprechenden Rasse

Cecil Rhodes (1853–1902) war ein wichtiger Fürsprecher und Akteur des britischen Imperialismus. In seinem „Draft of Ideas" aus dem Jahr 1877 formulierte er das britische koloniale Sendungsbewusstsein:

Ich behaupte, dass wir die erste Rasse in der Welt sind und dass es für die Menschheit umso besser ist, je größere Teile der Welt wir bewohnen. Ich behaupte, dass jedes Stück Land, das unserem Gebiet hinzugefügt wird, die Geburt von mehr Angehörigen der englischen Rasse bedeutet, die sonst nicht ins Dasein gerufen worden wären. Darüber hinaus bedeutet es einfach das Ende aller Kriege, wenn der größere Teil der Welt in unserer Herrschaft aufgeht. […]

Die Förderung des britischen Empire, mit dem Ziel, die ganze zivilisierte Welt unter britische Herrschaft zu bringen, die Wiedergewinnung der Vereinigten Staaten, um die angelsächsische Rasse zu einem einzigen Weltreich zu machen. Was für ein Traum! Aber dennoch ist er wahrscheinlich. Er ist realisierbar. […]

Da [Gott] sich die englisch sprechende Rasse offensichtlich zu seinem auserwählten Werkzeug geformt hat, durch welches er einen auf Gerechtigkeit, Freiheit und Frieden gegründeten Zustand der Gesellschaft hervorbringen will, muss es auch seinem Wunsch entsprechen, dass ich alles in meiner Macht Stehende tue, um jener Rasse so viel Spielraum und Macht wie möglich zu verschaffen. Wenn es einen Gott gibt, denke ich, so will er eines gern von mir getan haben: nämlich so viel von der Karte Afrikas britisch-rot zu malen wie möglich und anderswo zu tun, was ich kann, um die Einheit der englisch sprechenden Rasse zu fördern und ihren Einflussbereich auszudehnen.

Zit. nach: Mommsen, a.a.O., S. 48 f.

4 Zivilisationsarbeit als nationale Mission

Der englische Industrielle Joseph Chamberlain (1836–1914) wurde 1895 Kolonialminister. In seine Amtszeit fielen sowohl die afrikanischen Unternehmungen von Cecil Rhodes als auch der Burenkrieg 1900/1901. In einer Rede vor dem Royal Colonial Institute erläuterte er im März 1897 das „wahre Konzept des Empire“:

Welches ist dieses Konzept? Was die sich selbst regierenden Kolonien anbelangt, so reden wir von ihnen nicht länger als von abhängigen Gebieten. Das Besitzgefühl hat dem Verwandtschaftsgefühl Platz gemacht. Wir denken und sprechen von ihnen, als wären es Teile von uns selbst, Teile des britischen Reiches, mit uns vereint, wenn auch über die Welt verstreut, durch Bande der Verwandtschaft, der Religion, der Geschichte und der Sprache […]. Aber das Britische Reich besteht nicht nur aus den sich selbst regierenden Kolonien und dem Vereinigten Königreich. Es umfasst ein viel größeres Gebiet

5 Das Britische Empire (1886)

Karten wie diese aus dem Jahr 1886 waren weit verbreitet. Sie sollten die Bevölkerung mit der Größe und der Macht des Britischen Empires sowie mit den Völkern vertraut machen, die im Empire lebten.

und eine viel größere Menschenzahl in tropischen Regionen, wo europäische Ansiedlung nicht möglich ist und die eingeborene Bevölkerung den Weißen an Zahl weit überlegen ist. Doch auch hier hat sich die Reichsidee gewandelt. Das Besitzgefühl ist vom Pflichtgefühl abgelöst worden. Wir fühlen nun, dass unsere Herrschaft über diese Gebiete nur durch den Nachweis gerechtfertigt werden kann, dass sie zum Glück und Wohlergehen der Völker beiträgt. Ich behaupte, dass unsere Herrschaft in der Tat Sicherheit, Frieden und bescheidenen wirtschaftlichen Wohlstand für Länder gebracht hat und bringt, die solche Segnungen bislang nie gekannt haben. Indem wir diese Zivilisationsarbeit ausführen, erfüllen wir das, was nach meiner Meinung unsere nationale Mission ist. Wir haben Raum gefunden für die Entfaltung jener Fähigkeiten und Qualitäten, die uns zu einer großen Herrschaftsrasse haben werden lassen. Ich sage nicht, dass unser Erfolg in jedem Fall vollkommen war, und ich sage auch nicht, dass unsere Methoden immer einwandfrei waren. Doch ich sage, dass in jedem Fall, in dem die Herrschaft der Königin und die Pax Britannica durchgesetzt wurden, größere Sicherheit für Leben und Eigentum und eine materielle Verbesserung der Lebensbedingungen für die Masse der Bevölkerung die Folge waren. Zweifellos wurde im Anfangsstadium der Eroberungen Blut vergossen, gab es Opfer unter der eingeborenen Bevölkerung und, mehr noch, Opfer unter denen, die ausgesandt wurden, um diese Länder in eine disziplinierte Ordnung zu bringen. Doch man muss immer daran denken, dass das zu den Bedingungen der uns auferlegten Mission gehört [...].
Es scheint mir ein Zeichen unserer Zeit zu sein, dass sich die Macht in den Händen der größeren Reiche konzentriert und die kleineren Königreiche – jene, die nicht expandieren – in eine zweitrangige Rolle zurückfallen. Wenn jedoch das größere Britannien geeint bleibt, wird es von keinem anderen Reich in der Welt an Fläche, Bevölkerung, Reichtum und der Mannigfaltigkeit seiner Hilfsquellen übertroffen werden können.

Zit. nach: Charles W. Royd (Hrsg.): Mr. Chamberlain's Speeches. Bd. 2. London 1914, S. 2–5. Übers.: Michael Epkenhans.

Vom Binnenimperialismus zur internationalen Expansion: Der Wandel der US-amerikanischen Außenpolitik

6 Die Monroe-Doktrin (1823)

In seiner Rede zur Lage der Nation vom 2. Dezember 1823 stellte US-Präsident James Monroe (1758–1831) dem Kongress seinen Entwurf für die Prinzipien der US-amerikanischen Außenpolitik vor. Sie gingen als „Monroe-Doktrin" in die Geschichte ein und prägten jahrzehntelang die äußeren Beziehungen der USA:

Abs. 7. Zufolge eines Vorschlages der kaiserlich russischen Regierung, den sie durch den hier residierenden Gesandten des Kaisers gemacht hat, ist dem Gesandten der Vereinigten Staaten in St. Petersburg volle Ermächtigung und Anweisung gegeben worden, durch freundschaftliche Verhandlung die gegenseitigen Rechte und Interessen der beiden Nationen an der Nordwestküste dieses Erdteiles zu ordnen. [...] [D]ie Gelegenheit [ist] für angebracht gehalten worden, es als einen Grundsatz aufzustellen, der die Rechte und Interessen der Vereinigten Staaten berührt, dass die amerikanischen Kontinente zufolge der freien und unabhängigen Stellung, die sie sich errungen haben und behaupten, fürderhin nicht mehr als Gegenstände für zukünftige Kolonisation durch irgendwelche europäischen Mächte anzusehen sind. [...]
Abs. 48. [...] Wir sind stets eifrige und interessierte Zuschauer gewesen bei den Ereignissen in jenem Teile der Erde, mit dem wir so starken Verkehr haben und von dem wir unseren Ursprung ableiten. Die Bürger der Vereinigten Staaten hegen die freundlichsten Gefühle für die Freiheit und das Glück ihrer Mitmenschen auf jener Seite des Atlantischen Ozeans. An den Kriegen der europäischen Mächte um ihre eigenen Angelegenheiten haben wir nie teilgenommen, noch verträgt sich eine solche Handlungsweise mit unserer Politik. Nur wenn in unsere Rechte eingegriffen wird oder sie ernstlich bedroht sind, nehmen wir Kränkungen übel oder treffen Vorbereitungen zu unserer Verteidigung. Mit den Wandlungen, die auf dieser Hemisphäre vor sich gehen, sind wir notwendigerweise und aus Gründen, welche allen erleuchteten und unparteiischen Beobachtern klar sein müssen, unmittelbar verbunden. Das politische System der verbündeten Mächte ist in dieser Hinsicht grundverschieden von dem Amerikas. Dieser Unterschied rührt von demjenigen her, der zwischen ihren bezüglichen Regierungen besteht. [...]
Wir schulden es deshalb der Aufrichtigkeit und den freundschaftlichen, zwischen den Vereinigten Staaten und jenen Mächten bestehenden Beziehungen, zu erklären, dass wir jedweden Versuch ihrerseits, ihr System auf irgendwelchen Teil dieser Hemisphäre auszudehnen, als gefährlich für unseren Frieden und unsere Sicherheit ansehen würden. In die bestehenden Kolonien oder Dependenzen irgendeiner europäischen Macht haben wir uns nicht eingemischt und werden wir uns nicht einmischen. Aber wir könnten einen Eingriff seitens einer europäischen Macht in die Regierungen, die ihre Selbstständigkeit erklärt und sie aufrechterhalten haben und deren Unabhängigkeit wir nach großer Überlegung und

aufgrund gerechter Prinzipien anerkannt haben, zu dem Zwecke sie zu unterdrücken oder in irgendeiner Weise ihr Schicksal zu bestimmen, in keinem anderen Lichte denn als Kundgebung eines unfreundlichen Verhaltens gegenüber den Vereinigten Staaten ansehen. [...]

Zit. nach: Herbert Kraus: Die Monroedoktrin in ihren Beziehungen zur amerikanischen Diplomatie und zum Völkerrecht. Berlin 1913, S. 37ff.

7 Zusatz zur Monroe-Doktrin vom 6. Dezember 1904

Die Außenpolitik der USA trat in den 1890er-Jahren in eine neue Phase ein. Die „Manifest Destiny" – das unabwendbare Schicksal zur Expansion – wurde nun auch auf Gebiete außerhalb der Vereinigten Staaten übertragen. 1904 weitete der damalige Präsident Theodore Roosevelt (1858–1919) die Monroe-Doktrin diesem Sinne nach aus:

Es ist nicht wahr, dass die Vereinigten Staaten Hunger auf Land haben [...]. Dieses Land wünscht nur, seine Nachbarländer stabil, geordnet und blühend zu sehen. Jedes Land, dessen Bewohner sich gut betragen, kann unserer herzlichen Freundschaft sicher sein. Wenn eine Nation zeigt, dass sie weiß, wie man mit angemessener Tüchtigkeit und Anständigkeit soziale und politische Angelegenheiten anfasst, wenn sie für Ordnung sorgt und ihre Schulden bezahlt, braucht sie kein Eingreifen der Vereinigten Staaten zu befürchten. Chronisches Fehlverhalten [...] kann in Amerika wie überall schließlich die Intervention einer zivilisierten Nation erfordern, und in der westlichen Hemisphäre kann die Bindung der Vereinigten Staaten an die Monroe-Doktrin die Vereinigten Staaten zwingen, in besonders schlimmen Fällen von Fehlverhalten oder Schwäche, wenn auch widerstrebend, eine internationale Polizeigewalt auszuüben. [...] Unsere Interessen und die unserer südlichen Nachbarn sind in Wirklichkeit identisch. Sie besitzen große Naturschätze, und wenn in ihren Grenzen Gesetz und Gerechtigkeit hergestellt werden, dann kommt bestimmt auch der Wohlstand zu ihnen. Halten sie sich also an die Normen der zivilisierten Gesellschaft, dann können sie versichert sein, dass wir sie im Geiste herzlicher und hilfreicher Anteilnahme behandeln. [...]

Wenn wir uns auf die Monroe-Doktrin berufen, wenn wir solche Schritte tun, wie wir sie in Kuba, Venezuela und Panama unternommen haben, wenn wir uns bemühen, den Kriegsschauplatz im Fernen Osten einzugrenzen und die „Offene Tür" in China zu sichern, dann handeln wir sowohl in unserem eigenen Interesse als auch im Interesse der Menschlichkeit allgemein.

Zit. nach: Günter Moltmann: Die Vereinigten Staaten von Amerika von der Kolonialzeit bis 1917. Paderborn 1980, S. 87f.

Arbeitsvorschläge

○○●/○●● a) Informieren Sie sich über den Begriff „Pax Romana" und erläutern Sie anschließend den Terminus „Pax Britannica" anhand von Toynbees Darlegungen (M1). Zeigen Sie Verbindungen zwischen beiden Begriffsprägungen auf.

○○●/●●● b) Skizzieren Sie die von Froude in M2 genannten Gründe für den Erhalt und Ausbau des britischen Weltreiches und vergleichen Sie diese mit den in Kapitel 7.1 erarbeiteten Theorien zum Imperialismus.

○●● c) Zeigen Sie auf, wie die Karte M5 von 1886 die Macht, die Größe und die Funktion des britischen Weltreichs sowie das Verhältnis zwischen den Völkern im Empire illustriert. Berücksichtigen Sie die Arbeitsschritte zur Interpretation von Bildquellen auf S. 30f. (Kap. 1).

●●● d) Interpretieren Sie die US-amerikanische Karikatur „The White Man's Burden" von 1899 (M8, S. 357) im Hinblick auf die Darstellung imperialistischer Motive.

○●●/●●● e) Erläutern und bewerten Sie, wie Rhodes (M3) und Chamberlain (M4) den britischen Imperialismus inhaltlich begründen und sprachlich ausführen.

○●●/●●● f) Bestimmen Sie die Adressaten der Monroe-Doktrin (M6) und des Zusatzes (M7) und vergleichen Sie das in beiden Quellen deutlich werdende Verhältnis der USA zu anderen Ländern sowie die skizzierten US-amerikanischen Interessen. Beurteilen Sie auf dieser Grundlage die Einschätzung, dass die US-amerikanische Außenpolitik „isolationistisch" gewesen sei.

●●● g) Grenzen Sie – auf der Basis des Quellenstudiums in diesem Unterkapitel 7.2 – die Form des britischen und US-amerikanischen Imperialismus vom Imperialismus anderer Nationen ab.

Grundwissen: Der Imperialismus Großbritanniens und der USA

Queen Victoria (1819–1901)
Königin von Großbritannien und Irland (1837–1901) sowie Kaiserin von Indien (ab 1876).

Das Britische Empire – Aufstieg einer Insel zum Weltreich

Die Anfänge des Britischen Empires reichen zurück bis ins ausgehende 16. Jahrhundert. Unterstützt von Freibeutern und der sich noch im Aufbau befindlichen Royal Navy suchten englische Kaufleute nach neuen Märkten in Übersee und eroberten schrittweise Kolonien. Gleichzeitig wurden die ersten Handelskompanien gegründet, die mit den überseeischen Gebieten Handel trieben. Die bedeutendste war die East India Company (1600). Erste Siedlungskolonien entstanden an der amerikanischen Ostküste und in der Karibik. Ab der Mitte des 17. Jahrhunderts unterstützte die Regierung die vormals noch weitgehend privaten Bestrebungen durch den systematischen Bau einer Schutzflotte und die Einführung verschiedener Gesetze, die den englischen Handel förderten. Parallel zur wirtschaftlichen Bedeutung der Kolonien für das Mutterland nahm auch deren Rolle als Siedlungsgebiet zu – vor allem in Nordamerika. Alle Kolonien entwickelten sich bald nach dem Vorbild Großbritanniens und versuchten, dessen freiheitliche Werte und Rechtsnormen zu verbreiten. Zu Beginn des 19. Jahrhunderts verfügte Großbritannien – trotz des Verlusts seiner nordamerikanischen Kolonien im Zuge des Amerikanischen Unabhängigkeitskriegs (1775–1783) – über beträchtliche weltweite Besitzungen. Der Umfang des zweiten Empires, als das das britische Kolonialreich nach 1783 oft bezeichnet wird, wurde nicht kleiner, sondern vergrößerte sich: Neben den sogenannten „Dominions" in Australien und Kanada bildeten Indien und Afghanistan sowie zahlreiche Inselgruppen im Indischen Ozean nun das Rückgrat der britischen Kolonien.

→ 1 - 2 S. 352
→ 5 S. 353

Nach der Ausschaltung Frankreichs als wichtigstem Rivalen in Übersee setzte nach den Befreiungskriegen 1815 ein Strukturwandel des britischen Imperialismus ein. Annexionen neuer Gebiete fanden nur noch dort statt, wo es notwendig erschien. So weit als möglich versuchten die Verantwortlichen, den Einfluss Großbritanniens mit informellen Mitteln zu vergrößern. Zusätzlich wurde der Handel mit neuen Regionen wie Lateinamerika, China und Teilen des Osmanischen Reichs ausgeweitet. Billige Rohstoffe aus diesen Ländern sollten die heimische Industrie ankurbeln. Zugleich sollten der englischen Industrie Absatzmärkte in Gebieten gesichert werden, die zwar unter indirekter Kontrolle Großbritanniens standen, über die es aber keine direkte Herrschaft ausübte. Entscheidend für diese Phase des britischen Imperialismus war der ungehinderte Zugang zu den Märkten der Welt; sie wird daher auch als Zeit des Freihandelsimperialismus im Zeichen einer weltweiten Pax Britannica bezeichnet und währte bis zum Ersten Weltkrieg.

Die Herausforderung Großbritanniens durch andere Mächte

→ 3 - 4 S. 352 ff.

Nach dem Deutsch-Französischen Krieg 1870/71 hatte sich mit dem Deutschen Reich eine weitere wirtschaftlich und militärisch starke Nation auf dem Kontinent gegründet. Unter den veränderten politischen und wirtschaftlichen Umständen drängte der konservative britische Premierminister Benjamin Disraeli – bis dahin noch kolonialfeindlich eingestellt – die englische Königin Victoria, den Titel als „Kaiserin von Indien" anzunehmen, was diese schließlich 1876 tat, um auf diese Weise das Britische Empire zu festigen. Und schon im Juni 1872 forderte Disraeli den Erhalt und Ausbau des britischen Kolonialreichs. Der Ausbau begann 1882 mit der zunächst informellen Besetzung Ägyptens zur Absicherung britischer Investitionen. Zwischen 1884 und 1889 nahm Großbritannien weite Teile Ostafrikas in Besitz. Der Versuch, von Ägypten nach Süden in den Sudan vorzustoßen, führte 1898 zur

Faschoda-Krise, in der Großbritannien erfolgreich gegen französische Ansprüche auf den Südsudan intervenierte (➔ s. Kap. 7.4). Im Süden Afrikas scheiterte zwar 1896 ein pro-britischer Aufstand in der Burenrepublik Transvaal, doch im brutal geführten Burenkrieg (1899–1902) sicherte sich Großbritannien seine Ansprüche auf die Region. Mit Ausnahme Deutsch-Ostafrikas (britisches Mandatsgebiet ab 1920) war kurz nach der Jahrhundertwende das proklamierte Ziel einer „Linie vom Kap bis Kairo" beinahe erreicht. Zu dieser Zeit herrschte das Britische Empire über ein Viertel der Erde und die darin lebenden Menschen.

Die kolonialen Bestrebungen der USA

➔ 6 - 7 S. 354 f.

1899 schrieb der britische Schriftsteller Rudyard Kipling, dass es die „Bürde des weißen Mannes" sei, den unzivilisierten Völkern den Fortschritt der europäischen Kultur zu bringen. Das gleichnamige Gedicht war als Aufruf an die USA zu verstehen, sich stärker in die Kolonialpolitik der Großmächte einzuschalten. Es erschien beinahe zeitgleich mit dem Spanisch-Amerikanischen Krieg (1898). Bis dahin waren die Bestrebungen der USA auf die Vollendung der Binnenkolonisation des nordamerikanischen Kontinents (die sogenannte „Manifest Destiny" oder „offenkundige Bestimmung" der USA) gerichtet gewesen. Die kolonialpolitische Zurückhaltung der USA war eng verbunden mit der von Präsident James Monroe 1823 verkündeten Politik zweier politischer Einfluss- und Interessensphären („Monroe-Doktrin"): Er verlangte von den europäischen Mächten den Verzicht auf eine Einmischung und Kolonisation in der westlich-amerikanischen Einflusssphäre, versprach aber, gleichermaßen auf eine Einmischung in die Belange der Europäer zu verzichten. Im Spanisch-Amerikanischen Krieg konnten die USA die frühere Kolonialmacht Spanien endgültig aus der amerikanischen Einflusssphäre verdrängen. Mit dem „Frieden von Paris" trat Spanien am 10. Dezember 1898 Puerto Rico, Guam und die Philippinen an die USA ab, Kuba wurde formell unabhängig, geriet aber unter den indirekten Einfluss der USA. Die Kolonien im Pazifischen Ozean waren für die USA vor allem von strategischer Bedeutung. Sie ermöglichten ihnen die wirtschaftliche und militärische Einflussnahme im pazifischen und asiatischen Raum.

8 „The White Man's Burden"
Karikatur in der Detroiter Zeitung The Journal 1899.

THE WHITE MAN'S BURDEN.—*The Journal, Detroit.*

7.3 Der deutsche Imperialismus

A) Aus welchen Gründen kam es in den 1880er-Jahren zu einer Wende in der deutschen Kolonialpolitik?
B) Welche Kolonialprojekte verfolgte das Deutsche Reich im Rahmen seiner Expansion und wie sind ihre Durchführung und ihr Erfolg zu beurteilen?
C) Wie reagierte das Deutsche Reich auf Widerstandsbewegungen in den afrikanischen Kolonien?

Die deutsche Debatte um Kolonien

1 Reichskanzler Otto von Bismarck über Kolonien

In seiner Reichstagsrede von 26. Juni 1884 umriss Bismarck anlässlich der Schutzbrief-Erteilung für das spätere Deutsch-Südwestafrika seine Haltung in der Kolonialfrage:

Ich wiederhole, dass ich gegen Kolonien […] bin, die als Unterlage ein Stück Land schaffen und dann Auswanderer herbeizuziehen suchen, Beamte anstellen und Garnisonen errichten –, dass ich meine frühere Abneigung gegen diese Art Kolonisation, die für andere Länder nützlich sein mag, für uns aber nicht ausführbar ist, heute noch nicht aufgegeben habe. Ich glaube, dass man Kolonialprojekte nicht künstlich schaffen kann […]. Etwas ganz anderes ist die Frage, ob es zweckmäßig, und zweitens, ob es die Pflicht des Deutschen Reiches ist, denjenigen seiner Untertanen, die solchen Unternehmungen im Vertrauen auf des Reiches Schutz sich hingeben, diesen Reichsschutz zu gewähren und ihnen gewisse Beihilfen in ihren Kolonialbestrebungen zu leisten, um denjenigen Gebilden, die aus den überschüssigen Säften des gesamten deutschen Körpers naturgemäß herauswachsen, in fremden Ländern Pflege und Schutz angedeihen zu lassen. Und das bejahe ich, allerdings mit weniger Sicherheit vom Standpunkt der Zweckmäßigkeit – ich kann nicht voraussehen, was daraus wird –, aber mit unbedingter Sicherheit vom Standpunkte der staatlichen Pflicht. Ich kann mich dem nicht entziehen. Ich bin mit einem gewissen Zögern an die Sache herangetreten und habe mich gefragt: Womit könnte ich es rechtfertigen, wenn ich diesen hanseatischen Unternehmern, über deren Mut […], über deren Schneidigkeit, über deren Begeisterung für ihre Aufgabe ich mich herzlich gefreut habe, – ich sage: Womit könnte ich es rechtfertigen, wenn ich ihnen sagen wollte: Das ist alles sehr schön, aber das Deutsche Reich ist dazu nicht stark genug, es würde das Übelwollen anderer Staaten auf sich ziehen […]. Ich habe nicht den Mut gehabt, diese Bankrotterklärung der deutschen Nation auf überseeische Unternehmungen den Unternehmern gegenüber als Reichskanzler auszusprechen. Wohl aber habe ich mich sehr sorgfältig bemüht, ausfindig zu machen, ob wir nicht in unberechtigter Weise in wohlerworbene ältere Rechte anderer Nationen eingriffen […].
Unsere Absicht ist nicht, Provinzen zu gründen, sondern kaufmännische Unternehmungen, aber in der höchsten Entwicklung, auch solche, die sich eine Souveränität, eine schließlich dem Deutschen Reich lehnbar bleibende, unter seiner Protektion stehende kaufmännische Souveränität erwerben, zu schützen in ihrer freien Entwicklung sowohl gegen die Angriffe aus der unmittelbaren Nachbarschaft als auch gegen Bedrückung und Schädigung vonseiten anderer europäischer Mächte. Im Übrigen hoffen wir, dass der Baum durch die Tätigkeit der Gärtner, die ihn pflanzen, auch im Ganzen gedeihen wird, und wenn er es nicht tut, so ist die Pflanze eine verfehlte, und es trifft der Schlag weniger das Reich, denn die Kosten sind nicht bedeutend, die wir verlangen, sondern die Unternehmer, die sich in ihren Unternehmungen vergriffen haben. […]

Zit. nach: Wilhelm Schüßler (Hrsg.): Bismarck: Die gesammelten Werke. Bd. 12: Reden 1878–1885. Berlin 1929, S. 479–482.

2 Otto von Bismarck und die „afrikanische Venus"
Karikatur zur deutschen Kolonialpolitik aus der englischen Satirezeitschrift Punch vom 20. Dezember 1884.

So kolonisiert der Deutsche,

3 „So kolonisiert der Deutsche, ...“

Ausschnitt aus der Karikatur „Der Weg der deutschen Kolonisierung“ aus der satirischen Zeitschrift Simplicissimus von 1904.

4 „Bedarf Deutschland der Kolonien?“

Friedrich Fabris „Bedarf Deutschland der Kolonien?“ von 1879 gehörte zu den frühesten und wirkmächtigsten Schriften der Kolonialagitation im Deutschen Reich. Durch seine Tätigkeit als Inspektor der Rheinischen Mission kannte der Theologe Fabri (1824–1891) die Missionsarbeit in den Kolonien und die potenziellen Kolonialgebiete aus eigener Anschauung – eine Erfahrung, die sein Eintreten für deutsche Kolonialerwerbungen besonders glaubwürdig machte:

Die nationale Arbeit und der bei ihrer Verwertung gewonnene Überschuss ist bekanntlich der Gradmesser des nationalen Wohlstandes und auch der nationalen Steuerkraft. Wir bedürfen daher nicht nur einer gesunden Steuer- und Zoll-Politik, wir bedürfen vor allem der baldigen Wiedergewinnung reichlicher, lohnender und solider Arbeit; wir bedürfen neuer, fester Absatz-Märkte, mit einem Worte: einer richtig erwogenen und dann kräftig angegriffenen Handels- und Arbeits-Politik. Jeder weit- und einsichtig aufgefasste Versuch einer solchen wird aber auch mit Notwendigkeit zu der Erkenntnis führen: Das Deutsche Reich bedarf unabweisbar kolonialer Besitzungen! [...] Eine deutsche Kolonial-Politik kann naturgemäß ja nur allmählich sich gestalten. [...]

Es gilt vor allem auch, das Verständnis für die Bedeutung und Notwendigkeit kolonialer Besitzungen zu wecken und aufgrund desselben den Willen der Nation in dieser Richtung kräftig zu erregen. Kommen wir von da aus unter Überwindung aller Schwierigkeiten und Widerstände zum Anfang wirklichen Handelns, so werden auch die ersten Versuche die von jedem neuen Anfang unzertrennlichen Mühen und Schwierigkeiten bewähren. Aber sollte die deutsche Nation, von Haus aus seetüchtig, gewerblich wie merkantil befähigt, zur agrikulturellen[1] Kolonisation vor anderen geschickt und mit so reichlichen, verfügbaren Arbeitskräften ausgerüstet wie kein anderes der modernen Kultur-Völker, nicht auch auf diesem neuen Wege sich erfolgreich Bahn brechen?

Wir zweifeln daran umso weniger, je überzeugter wir sind, dass die Kolonial-Frage heute bereits eine Lebens-Frage für die Entwicklung Deutschlands geworden ist. Sie wohl überlegt, doch auch kraftvoll anzufassen, wird von den ersprießlichsten Folgen für unsere wirtschaftliche Lage, für unsere ganze nationale Entwicklung werden. Schon der Umstand, dass hier eine neue Frage vorliegt, deren vielgestaltige Tragweite für das deutsche Volk recht eigentlich ein noch unbetretener, jungfräulicher Boden ist, kann nach vielen Seiten heilsam sich erweisen. Es ist im neuen Reiche vieles bereits so verbittert, von unfruchtbarem Parteihader[2] versäuert und vergiftet, dass die Eröffnung einer neuen, verheißungsvollen Bahn

5 Abfahrt des Truppentransporters „Alexandra Woermann" aus Hamburg nach Deutsch-Südwestafrika (1904)

Ein 15 000 Soldaten umfassendes Expeditionskorps sollte dort den seit Januar andauernden Aufstand der Herero niederschlagen. Die Hamburger Woermann-Linie bot als einzige Reederei eine regelmäßige Verbindung nach Deutsch-Südwestafrika an und wickelte mit ihren Dampfschiffen auch Militärtransporte ab.

nationaler Entwicklung wohl auf vieles wie befreiend, weil den Volksgeist nach neuen Seiten mächtig anregend, zu wirken vermöchte. Auch das wäre erfreulich und ein Gewinn.

Gewichtiger freilich noch ist die Erwägung, dass ein Volk, das auf die Höhe politischer Macht-Entwicklung geführt ist, nur so lange seine geschichtliche Stellung mit Erfolg behaupten kann, als es sich als Träger einer Kultur-Mission erkennt und beweist. Dies ist zugleich der einzige Weg, der auch Bestand und Wachstum des nationalen Wohlstandes, die notwendige Grundlage dauernder Macht-Entfaltung, verbürgt. Die Zeiten, in denen Deutschland fast nur durch intellektuelle und literarische Tätigkeit an den Aufgaben unseres Jahrhunderts mitgearbeitet hat, sind vorüber. Wir sind politisch und sind auch mächtig geworden. [...]

Will das neue Deutsche Reich seine wiedergewonnene Machtstellung auf längere Zeiten begründen und bewahren, so wird es dieselbe als eine Kultur-Mission zu erfassen und dann nicht länger zu zögern haben, auch seinen kolonisatorischen Beruf aufs Neue zu betätigen.

Friedrich Fabri: Bedarf Deutschland der Kolonien? Zit. nach: Rainer A. Müller/Ulrich Köpf (Hrsg): Deutsche Geschichte in Quellen und Darstellung. Bd. 8. 2. Aufl., Stuttgart 2002, S. 254 ff.

1 agrikulturell: landwirtschaftlich
2 Parteihader: interne Unstimmigkeiten

Deutsch-Südwestafrika als Beispiel deutscher Kolonialherrschaft

6 Das Schutzabkommen mit Bethanien (Deutsch-Südwestafrika)

Der sogenannte „Schutzvertrag" für Bethanien (ein Teil des späteren Deutsch-Südwestafrika) markiert den offiziellen Beginn der deutschen Kolonialerwerbungen. Mit vergleichbaren Verträgen dokumentierten alle Kolonialmächte die Rechtmäßigkeit ihrer kolonialen Ansprüche. Dass die Vertragspartner in der Regel den Vertrag weder lesen noch ihren Namen schreiben konnten, stellte kein Hindernis für einen erfolgreichen Vertragsabschluss dar – ein „Handzeichen", beispielsweise ein Kreuz, genügte als Unterschrift.

Bethanien, den 28. Oktober 1884.

Schutz- und Freundschaftsvertrag zwischen dem Deutschen Reiche und Bethanien.

Seine Majestät, der Deutsche Kaiser, König von Preußen usw. Wilhelm I. im Namen des Deutschen Reiches einerseits und der unabhängige Beherrscher von Bethanien in Großnamaqualand, Kapitän Josef Fredericks für sich und seine Rechtsnachfolger, andererseits, von dem Wunsche geleitet, ihre freundschaftlichen Beziehungen und gegenseitigen Interessen möglichst zu fördern und zu befestigen, haben beschlossen, einen Schutz- und Freundschaftsvertrag abzuschließen. Zu diesem Zwecke ist der kaiserlich deutsche Generalkonsul Dr. G. Nachtigal von Seiner Majestät dem Deutschen Kaiser in guter und gehöriger Form bevollmächtigt, mit dem Kapitän Josef Fredericks und dessen Ratsversammlung über nachstehende Artikel übereingekommen:

Artikel 1: Der Kapitän Josef Fredericks von Bethanien bittet Seine Majestät den Deutschen Kaiser über das von ihm beherrschte Gebiet die Schutzherrlichkeit übernehmen zu wollen. Seine Majestät der Deutsche Kaiser genehmigt diesen Antrag und sichert dem Kapitän Seinen allerhöchsten Schutz zu. Als äußeres Zeichen dieses Schutzverhältnisses wird die deutsche Flagge gehisst.

Artikel 2: Der Kapitän Josef Fredericks verpflichtet sich, sein Land oder Teile desselben nicht an irgendeine andere Nation oder Angehörige einer solchen ohne Zustimmung Seiner Majestät des Deutschen Kaisers abzutreten, noch Verträge mit anderen Regierungen abzuschließen, ohne jene Zustimmung.

Artikel 3: Seine Majestät der Deutsche Kaiser will die von anderen Nationen oder deren Angehörigen mit den Beherrschern von Bethanien früher abgeschlossenen und zu Recht bestehenden Handelsverträge und Kontrakte respektieren und den Kapitän weder in der Erhebung der ihm nach den Gesetzen und Gebräuchen des Landes zustehenden Einnahmen, noch in der Ausführung der Gerichtsbarkeit über seine Untertanen beeinträchtigen.

Artikel 4: Der Kapitän hat durch Kaufverträge vom 1. Mai und 25. August 1883 das zwischen dem 26. Grad südlicher Breite und dem Oranjeflusse gelegene und sich zwanzig Meilen landeinwärts erstreckende Küstengebiet seines Landes dem deutschen Reichsangehörigen F. A. E. Lüderitz in Bremen mit allen darauf haftenden Rechten abgetreten.

Artikel 5: Seine Majestät der Deutsche Kaiser anerkennt diese Landesabtretung, unterstellt das betreffende Gebiet dem Schutz des Deutschen Reiches und übernimmt die Oberhoheit über dasselbe. [...]

Artikel 13: Der gegenwärtige Vertrag wird vom Tage der Unterzeichnung ab in Kraft und Gültigkeit treten, vorbehaltlich dessen, dass derselbe wieder ungültig wird, falls die Ratifikation desselben seitens der deutschen Regierung innerhalb der Frist von achtzehn Monaten, vom Tage der Unterzeichnung ab, nicht erfolgt sein sollte.

Der vorstehende Vertrag ist im Hause des Kapitäns Josef Fredericks in doppelter Ausfertigung von dem Bevollmächtigten Seiner Majestät des Deutschen Kaisers sowie von dem Kapitän und seinen Ratsherren und den nachstehenden Zeugen am achtundzwanzigsten Oktober des Jahres achtzehnhundertvierundachtzig unterzeichnet worden, wie folgt.

gez. Dr. G. Nachtigal, Kaiserlicher Generalkonsul u. Kommissär für die Westküste von Afrika

gez. Josef Fredericks * Handzeichen des Kapitäns

gez. Graf Spee, Unterleutnant zur See.

gez. Heinrich Vogelsang, Vertreter von F. A. E. Lüderitz

gez. J. H. Bam, zugleich als Dolmetscher für die holländische Sprache

gez. J. Christian Goliath, zugleich als Dolmetscher für die Namaqua-Sprache

Zit. nach: Ernst Gerhard Jacob: Deutsche Kolonialpolitik in Dokumenten. Gedanken und Gestalten aus den letzten fünfzig Jahren. Leipzig 1938, S. 62 ff.

7 Brief des Kommandierenden der „Schutztruppe" in Deutsch-Südwestafrika, Lothar von Trotha, an die Herero

Der Brief wurde als „Vernichtungsbefehl" bekannt. Um seinen Wortlaut und seine Bedeutung entspann sich 2004 – anlässlich des 100. Jahrestags des Krieges gegen die Herero – eine Kontroverse. Im Mittelpunkt stand die Frage, ob der Brief als Befehl zum Völkermord zu werten sei. An den Folgen des Krieges konnte jedoch kein Zweifel bestehen: Etwa drei Viertel der Herero-Bevölkerung kamen bei den Kämpfen unter teilweise grausamen Umständen ums Leben.

Ich, der große General der deutschen Soldaten, sende diesen Brief an das Volk der Herero. Die Herero sind nicht mehr deutsche Untertanen. Sie haben gemordet und gestohlen, haben verwundeten Soldaten Ohren und Nasen und andere Körperteile abgeschnitten und wollen jetzt aus Feigheit nicht mehr kämpfen. Ich sage dem Volk: Jeder, der einen der Kapitäne an eine meiner Stationen als Gefangenen abliefert, erhält 1 000 Mark, wer Samuel Maharero bringt, erhält 5 000 Mark. Das Volk der Herero muss jedoch das Land verlassen.

Wenn das Volk dies nicht tut, so werde ich es mit dem Groot Rohr[1] dazu zwingen. Innerhalb der deutschen Grenze wird jeder Herero mit und ohne Gewehr, mit oder ohne Vieh erschossen, ich nehme keine Weiber und Kinder mehr auf, treibe sie zu ihrem Volke zurück oder lasse auf sie schießen.

Dies sind meine Worte an das Volk der Herero. Der große General des mächtigen deutschen Kaisers.

Dieser Erlass ist bei den Appells der Truppen mitzuteilen mit dem Hinzufügen, dass auch der Truppe, die einen der Kapitäne fängt, die entsprechende Belohnung zuteilwird und das Schießen auf Weiber und Kinder so zu verstehen ist, dass über sie hinweg geschossen wird, um sie zum Laufen zu zwingen. Ich nehme mit Bestimmtheit an, dass dieser Erlass dazu führen wird, keine männlichen Gefangenen mehr zu machen, aber nicht zu Grausamkeiten gegen Weiber und Kinder ausartet. Diese werden schon

8 Gräueltaten in Deutsch-Südwestafrika

Schädel gehängter oder gefallener Herero werden zu wissenschaftlichen Zwecken nach Deutschland verschickt. Zeitgenössische Zeichnung, um 1905.

fortlaufen, wenn zweimal über sie hinweg geschossen wird. Die Truppe wird sich des guten Rufes des Deutschen Soldaten bewusst bleiben.
der Kommandeur
gez. v. Trotha, Generalleutnant

ZStA Potsdam: Bestand RKA, Nr. 2089, Bl. 8. Zit. nach: Günther Spraul: Der „Völkermord" an den Herero. Untersuchungen zu einer neuen Kontinuitätsthese. In: Geschichte in Wissenschaft und Unterricht, Nr. 12/1988, S. 713–739, hier: S. 728 f.

1 Groot Rohr: Geschütz

Der Boxeraufstand und die deutsche Expansion in China

9 Die „Hunnenrede" Kaiser Wilhelms II.

Kaiser Wilhelm II. hielt die folgende Rede anlässlich der Entsendung des deutschen Expeditionskorps nach China am 27. Juli 1900 in Bremerhaven. Die Soldaten waren Teil eines internationalen Korps unter deutscher Führung, das 1900/01 den „Boxeraufstand" in China blutig niederschlug:

Zum ersten Mal, seit das Deutsche Reich wiedererstanden ist, tritt an Sie eine große überseeische Aufgabe heran. [...]

Die Aufgabe, zu der Ich Euch hinaussende, ist eine große. Ihr sollt schweres Unrecht sühnen. Ein Volk, das, wie die Chinesen, es wagt, tausendjährige alte Völkerrechte umzuwerfen und der Heiligkeit der Gesandten und der Heiligkeit des Gastrechts in abscheulicher Weise Hohn spricht, das ist ein Vorfall, wie er in der Weltgeschichte noch nicht vorgekommen ist und dazu von einem Volke, welches stolz ist auf eine vieltausendjährige Kultur. Aber Ihr könnt daraus ersehen, wohin eine Kultur kommt, die nicht auf dem Christentum aufgebaut ist. Jede heidnische Kultur, mag sie noch so schön und gut sein, geht zugrunde, wenn große Aufgaben an sie herantreten. [...] Ihr sollt Beispiele abgeben von der Manneszucht und Disziplin, aber auch der Überwindung und Selbstbeherrschung. Ihr sollt fechten gegen eine gut bewaffnete Macht, aber Ihr sollt auch rächen, nicht nur den Tod des Gesandten[1], sondern auch vieler Deutscher und Europäer. Kommt ihr vor den Feind, so wird er geschlagen, Pardon wird nicht gegeben; Gefangene nicht gemacht. Wer Euch in die Hand fällt, sei in Eurer Hand. Wie vor tausend Jahren die Hunnen unter ihrem König Etzel[2] sich einen Namen gemacht, der sie noch jetzt in der Überlieferung gewaltig erscheinen lässt, so möge der Name Deutschland in China in einer solchen Weise bekannt werden, dass niemals wieder ein Chinese es wagt, etwa einen Deutschen auch nur scheel anzusehen. [...]
Der Segen des Herrn sei mit Euch, die Gedanken eines ganzen Volkes begleiten Euch auf allen Euren Wegen. Meine besten Wünsche für Euch, für das Glück Eurer Waffen werden Euch folgen! Gebt, wo es auch sei, Beweise Eures Mutes, und der Segen Gottes wird sich an Eure Fahnen heften und es Euch geben, dass das Christentum in jenem Lande seinen Eingang finde.

Zit. nach: Michael Behnen (Hrsg.): Quellen zur deutschen Außenpolitik im Zeitalter des Imperialismus 1890–1911. Darmstadt 1977, S. 244–247.

1 Gemeint ist der deutsche Gesandte Klemens Freiherr von Ketteler, der am 20. Juni 1900 von einem chinesischen Soldaten ermordet worden war.
2 Etzel: Hunnenkönig Attila

Darstellung: Die These vom Sozialimperialismus

10 Imperialismus als Ablenkung innerer Spannungen nach außen

Der deutsche Historiker Hans-Ulrich Wehler hat mit seiner These vom „Sozialimperialismus" den wichtigsten Ansatz zur Erforschung des deutschen Imperialismus vorgelegt:

Was wir [...] unter Sozialimperialismus verstehen, der immer auch ökonomische Expansion impliziert, ist [...] knapp zu definieren. Die Industrialisierung und der technologische Fortschritt haben in der weltwirtschaftlichen Krisenphase nach 1873 zuerst die industrie-, dann auch die agrarwirtschaftliche Wachstumsproblematik ungeheuer verschärft. Die Mitlebenden haben intensiv nach Auswegen aus ihrer bedrängten Lage gesucht. Eine Aushilfsmöglichkeit schien die ökonomische Expansion über die nationalen Grenzen hinweg, mithin der Waren- und Kapitalexport zu bieten. Das entsprach vollauf der Motorik des stetig sich ausdehnenden, prinzipiell grenzenlosen Marktes der kapitalistischen Wirtschaft [...].
Außerdem aber ist vielen Zeitgenossen der unauflösliche Zusammenhang von Wirtschafts- und Gesellschaftsverfassung [...] bewusst gewesen [...]. In einem für das politische Entscheidungshandeln womöglich noch dringenderen Sinn hofften sie daher, die Sprengkraft, die von den ökonomischen Erschütterungen her auf die Gesellschaft einwirkte, durch die Expansion abmildern und die traditionelle Gesellschaftsverfassung dadurch von einem unerträglichen Druck entlasten zu können. Sie hielten die Überproduktion für die Ursache der Depressionen und fürchteten als ihre Folge die Sozialrevolution. Die ideologische Furcht übersteigerte, oft bis zum Extrem, die Bedeutung der ohnehin schwerwiegenden realen Probleme. Der Sozialimperialismus erkannte in dem sozialökonomischen Transformationsprozess, den die Industrialisierung vorantrieb und während der Konjunkturschwankungen schmerzhaft verschärfte, eine tödliche Gefahr für die überkommene Gesellschaftsordnung, die

unter dem Anprall der wirtschaftlichen und sozialen Veränderungen zu zerreißen drohte.
In der Expansion nach außen glaubte er ein Heilmittel zu finden, das den Markt erweiterte, die Wirtschaft sanierte, ihr weiteres Wachstum ermöglichte, die Gesellschaftsverfassung damit ihrer Zerreißprobe entzog und die inneren Machtverhältnisse aufs Neue stabilisierte. Mehr noch als der ökonomische Vorteil und das Streben nach Gewinnmaximierung war die gesellschaftliche Ruhelage sein Ziel, aber er blieb sich des Abhängigkeitsverhältnisses von wirtschaftlicher Prosperität und Erhaltung des Sozialgefüges vollauf bewusst. Dieser fundamentalen Einsicht entsprangen seine Aktionen. Das gilt sowohl für seine eher unreflektierte, naiv-selbstverständliche, sozusagen ehrlich an wirtschaftliche Abhilfe glaubende, auf unmittelbare Erleichterung gerichtete, als auch für seine bewusste, manipulatorische Form – oder die Verquickung beider in der historischen Wirklichkeit. Vor allem aber der manipulatorische, auf Ersatzbefriedigung zielende Sozialimperialismus strebte danach, die Dynamik der Wirtschaft und der sozialen und politischen Emanzipationskräfte in die äußere Expansion zu leiten, von den inneren Mängeln des sozialökonomischen und politischen Systems abzulenken und durch reale Erfolge seiner Expansion oder zumindest die Steigerung des nationalideologischen Prestiges zu kompensieren. In jedem Fall behielt er das Wirtschafts- und Sozialsystem als Ganzes und die konservative Utopie einer gleichsam bewegungsarmen Gesellschaftsordnung mit einer ungefährdeten Sozial- und Machthierarchie im Auge. Das bildete trotz aller Dynamik seinen zutiefst konservativen, seinen statischen Zug, der ihn in der industriellen Welt letztlich zum Scheitern verurteilte.
Das häufig ausschließlich betonte dynamische Element, das in dem Wachstum der Industrie mit ihrer Überproduktion und der hektischen Suche nach Märkten zutage trat, verschlang sich von Anbeginn an mit einer bewusst sozialdefensiven Haltung, die sich des Imperialismus als gesellschaftspolitischen Integrationsmittels bedienen wollte. Auch dem frühen deutschen Imperialismus war die Funktion einer „Abwehrideologie" (Bracher) gegen die auflösenden Einwirkungen der Industrialisierung auf das Sozial- und Wirtschaftsgefüge zu eigen. Der Sozialimperialismus war die moderne, in entscheidendem Maße sozialökonomisch motivierte Form einer alten [...] Herrschaftstechnik: um der Bewahrung des sozialen und politischen Status quo willen die inneren Bewegungskräfte und Spannungen nach außen abzulenken.

Hans-Ulrich Wehler: Sozialimperialismus. In: Ders. (Hrsg.): Imperialismus. Neue Wissenschaftliche Bibliothek. Bd. 37. Köln/Berlin 1970, S. 85 f.

Arbeitsvorschläge

○●●/●●● a) Vergleichen Sie die deutsche Haltung zu den Kolonien in den Karikaturen M2 und M3 und erläutern Sie die Unterschiede in der jeweiligen Charakterisierung der deutschen Kolonialpolitik.

○○●/●●● b) Skizzieren Sie die Argumente Bismarcks (M1) und Fabris (M4) in der Debatte um deutsche Kolonien. Diskutieren Sie die verschiedenen Argumente, auch unter Rückbezug auf die statistischen Quellen (M8 und M9) in Kap. 7.1.

○○● c) Zeigen Sie exemplarisch anhand von M6, mit welchen Mitteln Deutschland seine kolonialen Ansprüche in Bethanien zementiert.

○○●/○●●/●●● d) Fassen Sie die Aussagen des „Vernichtungsbefehls" (M7) zusammen, erläutern Sie die Zweiteilung des Briefes und nehmen Sie kritisch Stellung, inwiefern der Herero-Krieg ein Völkermord war.

●●● e) Grenzen Sie die Begriffe „Krieg" und „Aufstand" voneinander ab und beurteilen Sie anhand von M5–M8 und M12, ob man von einem „Herero-Nama-Krieg" oder einem „Herero-Nama-Aufstand" sprechen sollte.

○●● f) Analysieren Sie die sogenannte „Hunnenrede" Wilhelms II. (M9) im Hinblick auf die Darstellung Chinas und des Deutschen Reichs und zeigen Sie auf, wie Wilhelm II. die deutsche Expedition rechtfertigt.

○●● g) Arbeiten Sie anhand der Arbeitsschritte zur Interpretation von Bildern auf S. 30 f. das Selbstverständnis europäischer Kolonialmächte aus M11 auf S. 365 heraus.

●●● h) Suchen Sie nach Spuren kolonialer Vergangenheit in Ihrer Stadt oder Gemeinde, zum Beispiel in Form von Straßennamen, die nach deutschen Kolonialherren benannt sind. Diskutieren Sie, inwiefern solche Spuren der deutschen Kolonialvergangenheit heute eine Berechtigung haben.

Grundwissen: Der deutsche Imperialismus

→ 1 – 2 S. 358

Bismarcks Kehrtwende in der Kolonialpolitik

Seit der Reichsgründung 1871 bestimmte der Leitgedanke der territorialen „Saturiertheit" des Deutschen Reichs die offizielle deutsche Politik. Er besagte, dass sich das Reich nach den Einigungskriegen keine weiteren Gebiete würde aneignen wollen, mithin gesättigt („saturiert") sei. Diese Politik stand im direkten Widerspruch zum Empfinden der Vertreter der deutschen Kolonialbewegung: Das Deutsche Reich sei bei der Aufteilung bislang zu kurz gekommen und es sei unumgänglich, den neu gewonnenen nationalen Status auch durch Kolonialbesitz zu betonen, so die populären Argumente der Kolonialagitatoren, also der Befürworter des Kolonialismus.
Bis 1884 hatte das Deutsche Reich keinen Kolonialbesitz – sieht man von den vorübergehenden Besitzungen der Welser in Venezuela (1528–1556) und den Überseestützpunkten Brandenburg-Preußens in Westafrika (um 1700) einmal ab. Reichskanzler Otto von Bismarck zeigte lange Zeit große Zurückhaltung gegenüber aktiven deutschen Kolonialbestrebungen. Seine Politik richtete sich vielmehr auf eine außen- und bündnispolitische Absicherung und Einbindung des jungen Deutschen Reichs. Im Erwerb von Kolonien sah er ein finanzielles Risiko. Seiner Ansicht nach standen die dauerhaften Kosten einer Kolonie nicht im Verhältnis zu den zu erwartenden wirtschaftlichen Vorteilen. Zudem barg eine aktive Kolonialpolitik stets die Gefahr einer Auseinandersetzung mit einer anderen europäischen Macht um Kolonialansprüche.

→ 3 – 4 S. 359 f.
→ 6 S. 360 f.
→ 9 S. 362
→ 11 S. 365

Adolf Lüderitz (1834–1886)
Deutscher Tabak- und Waffenhändler und erster deutscher Landbesitzer im späteren Deutsch-Südwestafrika („Lüderitzbucht").

Erwerb von Kolonialgebieten in Afrika und Asien

Erst in den 1880er-Jahren wandelte sich Bismarcks Außenpolitik. Ursächlich dafür war eine ökonomische Schwächeperiode, die mit einem ausgeprägt hohen Bevölkerungswachstum bei gleichzeitig hoher Auswanderung einherging. Zudem traten Kolonialagitatoren wie Friedrich Fabri und politische Interessenverbände wie der Deutsche Kolonialverein (Gründung 1882) und Carl Peters' Gesellschaft für Deutsche Kolonisation (Gründung 1884) immer aggressiver in Erscheinung. Zwar bemühte sich das Deutsche Reich nicht aktiv um eigene Kolonien, allerdings besaßen deutsche Unternehmer wie der Bremer Händler Adolf Lüderitz bereits Ländereien in Übersee. Als Lüderitz um den Schutz des Reichs für sein Land in der Bucht von Angra Pequena nachsuchte, das er im April 1884 in Besitz genommen hatte, wurde ihm der sogenannte ⇒ „Schutzbrief" gewährt. In der Folge wurde er auch auf weitere Besitzergreifungen im späteren Deutsch-Südwestafrika ausgedehnt. Ebenso ergingen Schutzbriefe für die Gebiete in Togo (5./6. Juli 1884) und Kamerun (14. Juli 1884), für die der Afrikareisende und Mediziner Gustav Nachtigal – im Interesse des Hamburger Handelshauses C. Woermann – um den Schutz des Deutschen Reichs gebeten hatte. Am 27. September 1884 ergingen Schutzbriefe für die ostafrikanischen Territorien der Gesellschaft für Deutsche Kolonisation, und in den ersten Monaten des Jahres 1885 wurden schließlich einem Teil Neuguineas und mehreren Inselgruppen im Südpazifik Schutzrechte zugesprochen. Bereits nach kurzer Zeit zeigten sich die privaten Handelsgesellschaften dem organisatorischen und finanziellen Aufwand der Verwaltung ihrer Schutzgebiete nicht mehr gewachsen. Die Gebiete, die von den Handelsgesellschaften erworben und lediglich unter kaiserlichen Schutz gestellt worden waren, gingen nahtlos in förmliche Kolonien des Deutschen Reichs über.
Nach dem Rücktritt Bismarcks 1890 gab das Deutsche Reich seinen verhaltenen und defensiven Expansionskurs auf. Fortan bestimmten die machtpolitischen Ambitionen des jungen Kaisers Wilhelm II. sowie nationales Prestige und Geltungs-

bedürfnis die deutsche Außen-, Flotten- und Kolonialpolitik. Nachdem China infolge der Opiumkriege von Großbritannien, Frankreich und Portugal zur Öffnung seiner Wirtschaft und der Verpachtung von Handels- und Marinebasen gezwungen wurde, erzwang sich auch Deutschland 1897 einen Hafen als Handelszugang zum chinesischen Markt und als Versorgungsstation der Marine. Für 99 Jahre pachtete Deutschland den Hafen Kiautschou mitsamt der umliegenden Tsingtao-Bucht und der Provinz Shantung. In der Provinz kam es im Frühjahr 1900 angesichts einer verheerenden Dürre zu einem bewaffneten Aufstand. Die Aufständischen – „Boxer" genannt – töteten Missionare, chinesische Christen und griffen deutsches Militär an. Die Ermordung eines deutschen Gesandten veranlasste die Kolonialmächte im Juni auf Initiative von Kaiser Wilhelm II. zum gemeinsamen Vorgehen gegen den Boxeraufstand. Die Boxer wurden nun auch von Teilen der chinesischen Truppen unterstützt. Es kam zum Krieg zwischen China und den koalierten Truppen des Deutschen Reichs, Frankreichs, Großbritanniens, Italiens, Japans, Österreich-Ungarns, Russlands und der USA. Der Boxerkrieg endete mit der Niederlage der Chinesen im September 1901. Zu dieser Zeit hatte das deutsche Kolonialreich mit der Annexion der Südsee-Inseln West-Samoa seine größte Ausdehnung erreicht.

Der Griff nach dem Orient: Die Bagdadbahn

Der Bau der Bagdadbahn war das ambitionierteste und gleichzeitig letzte große deutsche Kolonialprojekt. Eine Bahnlinie, die von Konstantinopel (Istanbul) nach Bagdad reichte, bedeutete eine schnelle und strategisch äußerst wichtige Verbindung des Mittelmeers mit dem Vorderen Orient. Großbritannien, dessen Vormachtstellung im Nahen und Mittleren Osten bereits durch die Ambitionen Russlands in Persien gefährdet war, betrachtete die Pläne mit Skepsis. Die Bahnlinie eröffnete eine direkte Landverbindung zwischen Mittelmeer und Persischem Golf und damit eine potenzielle Einflusssphäre für das Deutsche Reich. Im März 1903 wurde der Bau

11 „Völker Europas, wahret Eure heiligsten Güter"
1895 nach einem Entwurf Kaiser Wilhelms II. angefertigte Federzeichnung von Hermann Knackfuß. Der Kaiser schenkte das Bild dem russischen Zaren Nikolaus II. mit der Bitte, die „Einflüsse aus dem Osten" unter Kontrolle zu halten.

12 Kriegsgefangene Nama in Deutsch-Südwestafrika um 1904

der Bahnstrecke beschlossen. Er wurde federführend von deutschen Ingenieuren und Unternehmen ausgeführt und maßgeblich von der Deutschen Bank finanziert. 1912 wurde der erste, 250 Kilometer lange Streckenabschnitt fertiggestellt. Doch mit Beginn des Ersten Weltkriegs endete die deutsche Expansion bereits wieder. Erst zwischen 1935 und 1940 wurde der Bau der Bagdadbahn abgeschlossen.

→ 7 - 8 S. 361 f.
→ 12 S. 366

Lothar von Trotha (1848–1920)
Oberbefehlshaber in Deutsch-Südwestafrika (1904–1905); die Kolonialverbrechen unter Trotha an den Herero gelten als erster Völkermord des 20. Jahrhunderts.

Der Krieg gegen die Herero und Nama in Deutsch-Südwestafrika 1904–1907

Die Durchsetzung kolonialer Herrschaft war in aller Regel mit der Ausübung von Gewalt verbunden – wenngleich die Kolonialpresse und pro-koloniale Kreise stets um eine harmonische und erfolgreiche Darstellung der deutschen Kolonialunternehmungen bemüht waren und die alltägliche Gewalt verharmlosten, herunterspielten oder als notwendige Erziehungsmaßnahme darstellten. Oft war die koloniale „Ordnung" nur durch sogenannte „Strafexpeditionen" zu erhalten. Der Widerstand gegen die deutsche Herrschaft in Deutsch-Südwestafrika und Deutsch-Ostafrika zeigt die Kehrseiten der Kolonialherrschaft, wie sie in vergleichbarer Form in den meisten Kolonien auftraten.

Die Herero stellten vor 1904 die größte Bevölkerungsgruppe in Deutsch-Südwestafrika. Bis Ende des 19. Jahrhunderts lebten sie überwiegend als nomadische Viehzüchter im Norden des Landes. Dann wurden ihre Lebensgrundlagen durch Viehseuchen und Dürren massiv beeinträchtigt. Viele Herero mussten zur Sicherung ihrer Existenz ihre Viehbestände oder ihren Landbesitz verkaufen oder verpfänden. Für die Verwaltung der Kolonie kam diese Entwicklung nicht ungelegen, machte sie doch die Herero sesshaft und von Lohnarbeit abhängig. 1901 hatten die Deutschen damit begonnen, die Herero in Reservate umzusiedeln und ihr Weideland als Farmland an koloniale Siedler zu verpachten, die sich entlang der neu angelegten Eisenbahnlinie durch das Hereroland niederließen.

Für die Kolonialmacht kam die Erhebung der Herero gegen die deutsche Herrschaft am 11. Januar 1904 völlig überraschend: Herero griffen deutsche Farmen und Stützpunkte an und töteten 123 Menschen. Der deutsche Gouverneur Theodor Leutwein, der eine kleine Kolonialtruppe kommandierte, versuchte zunächst, mit dem Häuptling der Herero, Samuel Maharero, zu verhandeln. Die Reichsregierung forderte jedoch statt Verhandlungen eine bedingungslose Unterwerfung der Herero. Leutwein wurde des Kommandos enthoben, an seiner Stelle sollte Generalleutnant Lothar von Trotha mit einem Expeditionskorps von 15 000 Marinesoldaten den

Hendrik Witbooi (1838–1905)
Führer (Kapitän) der Nama in Deutsch-Südwestafrika; arbeitete zunächst mit der Kolonialmacht zusammen, kämpfte dann mit den Nama gegen die deutschen Truppen.

Widerstand niederschlagen. Am 11. August 1904 konnte Trotha am Waterberg einen Sieg über die Herero erringen, Trothas Truppen trieben die flüchtenden Herero – neben den Kämpfern auch Frauen und Kinder – in Richtung der Omaheke-Halbwüste, um sie aus Deutsch-Südwestafrika zu vertreiben. Nach der Waterberg-Schlacht, am 2. Oktober 1904, erging der „Vernichtungsbefehl" Trothas: Er forderte die Herero auf, das Land zu verlassen, drohte ihnen mit totaler Vernichtung und ordnete an, keine männlichen Gefangenen mehr zu machen. Die Flucht durch die wasserarme Wüste wurde für die meisten Herero zum Todesurteil, viele verdursteten qualvoll. Lediglich rund 1 500 Herero und ihr Anführer Samuel Maharero entkamen nach Britisch-Beschuanaland (das heutige Botswana). Bereits im Dezember 1904 wurde der umstrittene Befehl aufgehoben, doch für den Großteil des Herero-Volkes war es bereits zu spät. Die Kriegsgefangenen wurden in Ketten gelegt und in Internierungslagern zur Zwangsarbeit herangezogen oder in andere deutsche Kolonien zur Arbeit deportiert. Dort und in den Lagern starb über die Hälfte der Gefangenen.
Im Oktober 1904 erhoben sich auch die Nama („Hottentotten"), die bis dahin unter ihrem Führer Hendrik Witbooi die deutschen Truppen unterstützt hatten, gegen die deutsche Kolonialmacht. Über ein Jahr lang zog sich die Auseinandersetzung in Form eines Guerilla-Kriegs hin. Erst am 26. November 1905 legten die Nama die Waffen nieder, nachdem Witbooi einen Monat zuvor einer Verwundung erlegen war. Die Zahl der Opfer in den Auseinandersetzungen bleibt umstritten: Bis zu 1 800 deutsche Soldaten wurden getötet oder starben an tropischen Krankheiten, über drei Viertel der Herero- und die Hälfte der Nama-Bevölkerung, zwischen 60 000 und 80 000 Menschen, starben in den Kämpfen, auf der Flucht, in Lagern oder bei der Zwangsarbeit.

Der Maji-Maji-Krieg in Deutsch-Ostafrika 1905–1907

Auch in Deutsch-Ostafrika brach 1905 Widerstand gegen die deutsche Herrschaft aus. Aus Protest gegen die Arbeitspflicht und die immer stärker wachsende Steuerlast hatten zwei Männer und eine Frau am 20. Juli 1905 eine Baumwoll-Plantage zerstört. Als typische „Cash crop" war die Baumwolle ein Symbol für die Lohnarbeit, die Anlass des Protests war. In der Folge schlossen sich unterschiedliche Volksgruppen dem Aufstand an. Die Aufständischen hatten von dem Propheten Kinjikitele einen Zauber erhalten, der sie vor den Kugeln der deutschen Gewehre schützen sollte. Das „maji" (swahili für Wasser) wurde getrunken, auf dem Körper verrieben oder als Amulett getragen. Die so „geschützten" Krieger traten den Maschinengewehren der deutschen Schutztruppe furchtlos entgegen – mit grausamen Folgen und vielen Todesopfern. Dennoch hatten die deutschen Truppen große Mühe, den sich rasch ausbreitenden Aufstand und sporadisch an verschiedensten Orten aufflammenden Widerstand einzudämmen. Erst mit einer verheerenden Strategie der „verbrannten Erde", bei der Soldaten rücksichtslos die Dörfer, Felder und Nahrungsvorräte der Bevölkerung niederbrannten und vernichteten, konnte bis 1907 der Widerstand gebrochen werden. Die Folgen des Maji-Maji-Kriegs waren fatal: Mindestens 75 000, möglicherweise bis zu 300 000 Afrikaner starben an Hunger und bei den Kämpfen.
Die Niederschlagung des Widerstands der Herero und Nama und der Maji-Maji-Krieg blieben aufgrund ihrer außerordentlichen Brutalität Reizthema bis über das Ende der deutschen Kolonialherrschaft hinaus. Die Kriegführung gegen die Herero wird von Historikern heute mehrheitlich als Völkermord bezeichnet. Einige von ihnen sehen Parallelen zum organisierten Völkermord im nationalsozialistischen Deutschland (**→ vgl. Kap. 9.7**). 1995 erhoben die Herero Klage gegen die Bundesrepublik Deutschland. Bis heute fordern Sie eine Entschädigung in Milliardenhöhe für die deutschen Kriegsverbrechen.

7.4 Ausblick: Verschärfung internationaler Spannungen und Niedergang der Kolonialreiche

A) Wie entwickelte sich das Verhältnis der europäischen Großmächte in Europa und in Übersee zum Ausgang des 19. und Beginn des 20. Jahrhunderts?
B) Welche Entwicklung nahmen Kolonialbestrebungen, Dekolonisation und Unabhängigkeitsbestrebungen in den Kolonien nach dem Ende des „Zeitalters des Imperialismus" nach dem Ersten Weltkrieg?

Konflikte an der Peripherie: Das Beispiel der zweiten Marokko-Krise 1911

1 Deutsche Kanonenbootpolitik

Karikatur aus dem Simplicissimus zur Zeit der zweiten Marokko-Krise zwischen dem Deutschen Reich und Frankreich im Frühjahr 1911. Textzeile: „Onkel Bull, bitte lass den bösen Buben nicht mitspielen."

2 „Die Götterdämmerung der bürgerlichen Welt ist im Anzuge"

August Bebel (1840–1913) war ein entschiedener Gegner des Kolonialismus. Der Vorsitzende der deutschen Sozialdemokraten kritisierte in einer Reichstagsdebatte aus dem Jahr 1911 zur zweiten Marokko-Krise die konservative Mehrheit der Kolonialbefürworter. Seine Position steht stellvertretend für den international aufkeimenden Protest gegen die Kriegsgefahr. Die Sozialdemokratie gehörte zu den wichtigsten Akteuren dieser Protestbewegung.

Nun wissen wir ja, dass es insbesondere die Rivalität bestimmter Kapitalistencliquen ist, die hauptsächlich den ganzen Streit aufgeführt haben. Wir wollen uns darüber nicht täuschen: Die ganze Kolonialpolitik ist in Wahrheit eine Kapitalistenpolitik. Nun, der Vertrag [über den Austausch von Gebieten mit Frankreich] wird, da wir leider nicht über ihn zu entscheiden haben, Geltung erlangen. Der neue Besitz wird dem deutschen Kolonialgebiet eingereiht werden. Aber ich fürchte, man wird in Frankreich nicht vergessen, dass ihm mitten im Frieden durch einen Vertrag ein Stück Kolonialland von dieser Größe abgeknöpft worden ist; und die deutschen Chauvinisten werden nicht vergessen, dass ihnen die gehoffte Beute in Marokko entgangen ist. Sie machen England, wie wir gehört haben, dafür verantwortlich. So wird man eben von allen Seiten rüsten und wieder rüsten, man wird rüsten bis zu dem Punkte, dass der eine oder andere Teil eines Tages sagt: Lieber ein Ende mit Schrecken als ein Schrecken ohne Ende. [...] Dann kommt die Katastrophe. Alsdann wird in Europa der große Generalmarsch geschlagen, auf den hin 16 bis 18 Millionen Männer, die Männerblüte der verschiedenen Nationen, ausgerüstet mit den besten Mordwerkzeugen, gegeneinander als Feinde ins Feld rücken. Aber nach meiner Überzeugung steht hinter dem großen Generalmarsch der große Kladderadatsch. [...] Sie werden ernten, was Sie gesät haben. Die Götterdämmerung der bürgerlichen Welt ist im Anzuge. Seien Sie sicher: Sie ist im Anzug! Sie stehen heute auf dem Punkte, Ihre eigene Staats- und Gesellschaftsordnung zu untergraben, Ihrer eigenen Staats- und Gesellschaftsordnung das Totenglöckchen zu läuten. Was wird die Folge sein? Hinter diesem Kriege steht der Massenbankrott, steht das Massenelend, steht die Massenarbeitslosigkeit, die große Hungersnot. Das wollen Sie bestreiten? [...]

Zit. nach: Verhandlungen des Reichstages, XII. Legislaturperiode, II. Session, Bd. 268, Stenographische Berichte, S. 7726–7730.

Darstellung: Dekolonisation und Unabhängigkeit

3 Eric J. Hobsbawm: „Das Ende der Imperien" (1995)

Nach dem Ersten Weltkrieg entstanden in den Kolonien die ersten nationalen Bewegungen. Seit den 1940er-Jahren verstärkten sich die Unabhängigkeitsbestrebungen – vor allem in Indien (1947), in Asien, im Mittleren Osten und, Mitte der 1950er-Jahre, auch in Afrika und Ozeanien. Dazu der britische Historiker Eric J. Hobsbawm:

Im 19. Jahrhundert hatten einige wenige Staaten, die zumeist an den Nordatlantik grenzten, den Rest der nichteuropäischen Welt auf geradezu lachhaft leichte Weise erobert. Sofern sie diese Welt dann nicht sowieso besetzten und beherrschten, konnten ihnen all die organisatorischen und technischen Möglichkeiten ihrer Wirtschafts- und Gesellschaftssysteme eine beinahe noch unangefochtenere Vormachtstellung garantieren. Der Kapitalismus und die bürgerliche Gesellschaft transformierten und beherrschten die Welt und dienten all jenen als Modell – und bis 1917 als einziges Modell –, die vom Moloch der Geschichte nicht verschlungen oder hinweggefegt werden wollten. Nach 1917 wurde dann auch der sowjetische Kommunismus zu einem zwar alternativen, doch im Wesentlichen gleichartigen Modell [...]. Die Geschichte der nichtwestlichen beziehungsweise, genauer, der nichtnordwestlichen Welt im 20. Jahrhundert ist daher entscheidend von ihren Beziehungen zu den Staaten geprägt, die sich im 19. Jahrhundert zu Gebietern der Menschheit aufgeworfen hatten. [...]

Praktisch alle Gebiete Asiens, Afrikas und des lateinischen und karibischen Amerika waren und fühlten sich davon abhängig, was in ein paar wenigen Staaten der nördlichen Hemisphäre passierte. Aber die meisten von ihnen (außerhalb des amerikanischen Kontinents) wurden von diesen Staaten ja auch besessen, verwaltet oder auf andere Weise dominiert und kommandiert. Dieses Abhängigkeitsgefühl herrschte sogar in den Ländern, die eigene Verwaltungen hatten (beispielsweise als „Protektorat" oder Hoheitsgebiet) [...]. Und sogar in formal unabhängigen Staaten herrschte das Gefühl der Abhängigkeit, wie beispielsweise in China [...]. In all diesen Regionen musste sich einfach die Frage erheben, wie man das ausländische Regiment loswerden könnte. [...]

Diese koloniale Welt wurde nach 1945 so vollständig in einzelne nominell unabhängige Staaten umgestaltet, dass es im Rückblick gar nicht anders erscheinen kann, als sei dieser Wandel nicht nur unvermeidlich, sondern auch genau das gewesen, wonach sich die Kolonialvölker schon immer gesehnt hatten. So gut wie sicher traf dies auf all die Staaten zu, die auf eine lange Geschichte als politische Entitäten[1] zurückblicken konnten, wie beispielsweise die großen asiatischen Imperien China, Persien und die Türkei [...]. [...] Doch letztlich waren solche Fälle die Ausnahme. Die Regel war eher, dass das Grundkonzept einer permanenten territorialen und politischen Entität mit festgelegten Grenzen, die sie von anderen gleichartigen Entitäten trennten, und mit der ausschließlichen Unterordnung unter eine einzige permanente Autorität (also die Idee des unabhängigen souveränen Staates, den wir als gegeben nehmen) zumindest für die Bevölkerungen in ländlichen Gebieten völlig bedeutungslos war. Denn selbst dort, wo eindeutig ein selbstdefiniertes oder als solches anerkanntes „Volk" existierte (das von Europäern so gerne „Stamm" genannt wurde), war die Vorstellung einer territorialen Trennung von anderen Völkern, mit denen es koexistierte, sich vermischte und Aufgabenbereiche teilte, schwierig zu begreifen und schien wenig Sinn zu haben. In diesen Regionen sollten schließlich jene Territorien die einzige Grundlage für die Errichtung von unabhängigen Staaten im Stil des 20. Jahrhunderts bilden, die von den Imperien bei ihren Eroberungszügen und aufgrund ihrer rivalisierenden Ansprüche aufgeteilt worden waren (für gewöhnlich ohne jede Rücksicht auf heimische Strukturen). So ist die postkoloniale Welt auch fast vollständig durch die Grenzen des Imperialismus aufgeteilt.

Eric J. Hobsbawm: Das Zeitalter der Extreme. Weltgeschichte des 20. Jahrhunderts. München u. a. 1995, S. 253 f., 262 f. Übers.: Yvonne Badal.

1 *Entitäten: hier im politischen und geografischen Sinn als staatliche Verwaltungseinheiten zu verstehen*

Arbeitsvorschläge

○●● a) Analysieren Sie die Karikatur „Deutsche Kanonenbootpolitik" (M1) im Hinblick auf das Verhältnis zwischen den Imperialmächten.

○●●/●●● b) Arbeiten Sie die Kritikpunkte Bebels (M2) am Kolonialismus heraus und machen Sie deutlich, welche aus heutiger Perspektive wichtigen Argumente gegen den Kolonialismus er nicht berücksichtigt.

○○●/○●● c) Skizzieren Sie die von Hobsbawm (M3) geschilderten Nachwirkungen des Imperialismus auf die heutige Welt und ziehen Sie zur Erläuterung seiner Thesen die Karten M10 (S. 349) und M4 (S. 371) heran.

Grundwissen: Ausblick: Verschärfung internationaler Spannungen und der Niedergang der Kolonialreiche

Die Konflikte kehren nach Europa zurück

In vielerlei Hinsicht erscheint das „imperiale Zeitalter“ (Hobsbawm) aus historischer Perspektive als eine Vorstufe des Ersten Weltkriegs. Noch zu Beginn der 1880er-Jahre hatten der Berliner Kongress von 1878 und die Berliner Afrika-Konferenz von 1884/85 eine vorübergehende, jedoch einvernehmliche Lösung des riskanten „Wettrennens“ um Kolonien in Afrika gebracht. Zudem beendeten sie vorerst das Machtvakuum, das durch den Zusammenbruch des Osmanischen Reichs auf dem Balkan entstanden war. Eine endgültige Lösung stand allerdings aus: Bereits in den 1890er-Jahren kamen alte Rivalitäten wieder zum Vorschein, verlagerten sich jedoch in die koloniale Peripherie. Auch wenn die meisten Konflikte auf dem Verhandlungsweg beigelegt werden konnten, trugen sie zur Entstehung eines angespannten Klimas in Europa bei. Die Option, Spannungen durch immer neue Eroberungen in entfernte Regionen der Welt abzuleiten, hatte sich verbraucht. Die Konflikte kehrten nach Europa zurück.

Reibungen an der Peripherie – von Faschoda bis zu den Marokko-Krisen

➔ 1 - 2 S. 368

In Afrika kreuzten sich die Interessen dreier europäischer Mächte: Großbritannien verfolgte das Konzept der Kap-Kairo-Linie, also eines geschlossenen Kolonialreichs von Südafrika bis nach Ägypten. Die Faschoda-Krise markierte 1896 das Aufeinandertreffen der britischen Ambitionen mit Frankreichs Ziel, seine weiträumigen Kolonien in Nord- und Westafrika mit dem Indischen Ozean zu verbinden. Am 10. Juli 1896 besetzte eine kleine französische Truppe das Fort Faschoda im Süd-Sudan. Ein eilig entsandtes britisches Expeditionskorps forderte die Franzosen zur unverzüglichen Aufgabe des Forts auf. Die französische Regierung entschied sich zum Rückzug, die vermeintliche Krise wurde im Sudan-Vertrag beigelegt. Sie markierte den Ausgangspunkt der französisch-britischen Entente cordiale (➔ s. Kap. 8.1).

1906 versuchte Frankreich, sich einen stärkeren Einfluss in Marokko zu sichern. Daraufhin intervenierte das Deutsche Reich gegen den offensichtlichen Angriff auf die Unabhängigkeit Marokkos. Eine einberufene internationale Konferenz bestätigte zwar den unabhängigen Status Marokkos, erlaubte Frankreich aber eine Einflussnahme auf Polizei und Hafenverwaltung. 1911 unterstrich Frankreich seine Ansprüche auf Marokko und besetzte Fès und Rabat. Deutschland reagierte mit der Entsendung des Kanonenboots „Panther“ nach Agadir („Panthersprung“), um Frankreich zur Abtretung seines Kongogebiets an Deutschland als Ausgleich für die Aufgabe deutscher Interessen in Marokko zu erpressen. Großbritannien ergriff gemäß der Entente cordiale Partei für die französische Seite. Mit dem Marokko-Kamerun-Vertrag vom 18. November 1911 wurde die zweite Marokko-Krise zu Ungunsten Deutschlands beigelegt und dessen außenpolitische Isolation weiter verschärft.

Kolonialrevisionismus nach dem Ersten Weltkrieg

➔ 4 S. 371

Wenngleich der Beginn des Ersten Weltkriegs allgemein als das Ende des „imperialen Zeitalters“ verstanden wird, hatten die meisten Kolonialreiche noch bis nach 1945 hinaus Bestand. Die Kolonien des Deutschen Reichs waren im Verlauf des Kriegs verloren gegangen und wurden durch den Versailler Vertrag (➔ s. Kap. 8.6) 1920 zu Mandatsgebieten des Völkerbunds. In der Weimarer Republik blieb die Rückgewinnung der verlorenen Kolonien („Kolonialrevision“) das Ziel von Kolonialverbänden und nationalistischen Parteien sowie den am Überseehandel beteiligten Firmen und Banken. Die neue Kolonialbewegung war zwar keine Massenbewegung, gleichwohl hielten ihre Vertreter den kolonialen Diskurs jahrzehntelang aufrecht. Auch in anderen Staaten bestanden die Kolonialbestrebungen fort. So konnte Japan beispielsweise sein Kolonialreich in Asien durch Kriege im Nordosten Chinas in der Zwischenkriegszeit sogar deutlich vergrößern.

Dekolonisation und Unabhängigkeit

→ 3 S. 369

1947 läutete die Unabhängigkeit Indiens das Ende des Britischen Empires und der Kolonialreiche ein. Die meisten Kolonien in Afrika erlangten in den 1950er- und 1960er-Jahren ihre Unabhängigkeit, nicht selten nach langen und gewaltsamen Widerstandskämpfen gegen die jeweilige Kolonialmacht. Nach deren Rückzug entbrannten oft Grenzstreitigkeiten sowie verheerende Machtkämpfe zwischen rivalisierenden Gruppen. Die Unabhängigkeit Namibias 1990 (1884–1919 Deutsch-Südwestafrika, 1920–1990 südafrikanisches Mandatsgebiet) und Hongkongs 1997 (1842–1997 britische Kronkolonie) markierten das Ende der Kolonialreiche, nicht aber ihrer Nachwirkungen. An den Folgen des europäischen Imperialismus haben viele ehemalige Kolonien bis heute zu tragen. In negativer Hinsicht leiden vor allem die südlich der Sahara gelegenen Afrikas sowie der Karibik an den künstlich gezogenen Grenzen, an der Ausrichtung ihrer Volkswirtschaften auf den Rohstoffexport und der Unterentwicklung ihrer Industrien sowie an der Zerstörung sozialer und kultureller Traditionen durch die Kolonisierung. Positiv entwickelt haben sich ehemalige Kolonien wie Indien, China oder Südkorea, die heute zu den mächtigsten Industrieländern der Welt zählen.

4 Koloniale Aufteilung und Krisenzonen vor dem Ersten Weltkrieg

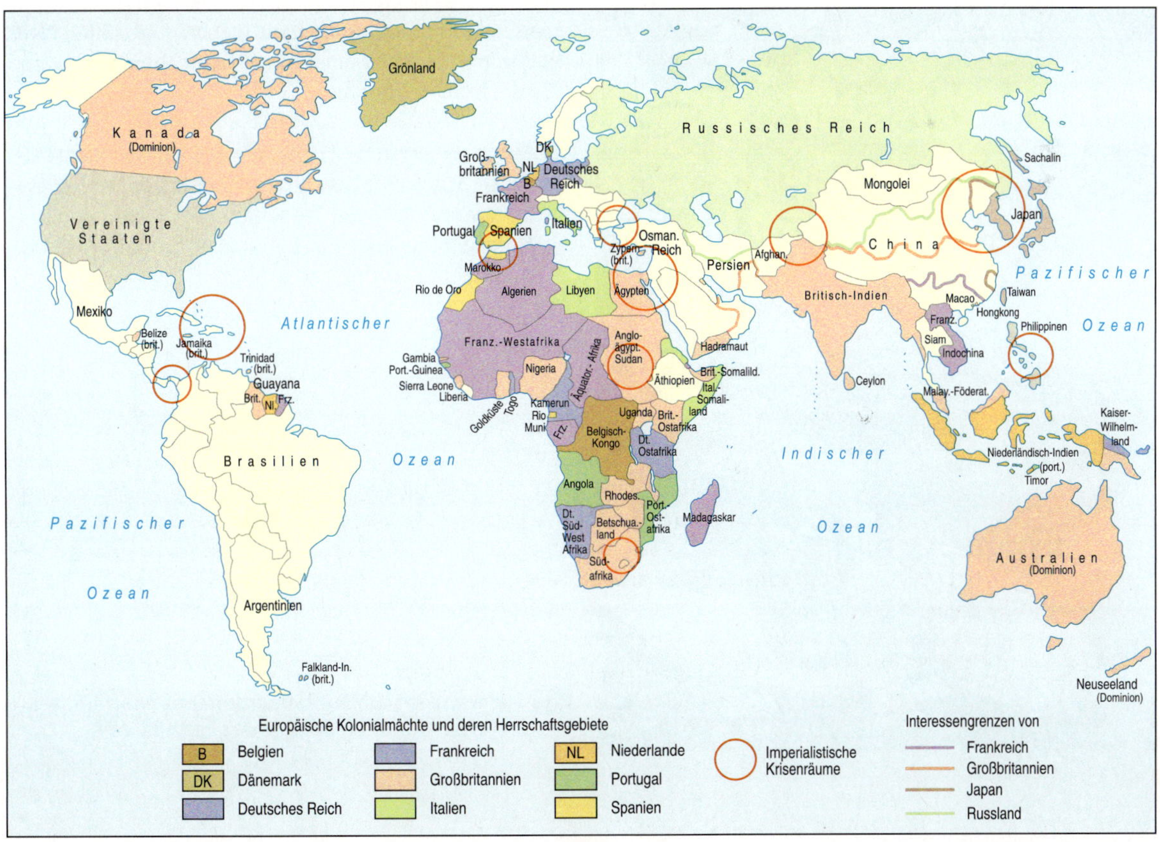

Testen Sie Ihre Sachkompetenz

a) Welche der folgenden Formulierungen definiert am treffendsten den Begriff „Imperialismus"? Finden Sie Begriffe für die anderen Formulierungen?

1) Übersteigertes Bewusstsein vom Wert und der Bedeutung der eigenen Nation. Im Gegensatz zum Nationalbewusstsein und zum Patriotismus (Vaterlandsliebe) wird die eigene Nation glorifiziert und werden andere Nationen herabgesetzt. Zugleich wird ein Sendungsbewusstsein entwickelt, möglichst die ganze Welt nach den eigenen Vorstellungen zu formen.
2) Bezeichnet die Ausdehnung der Herrschaftsmacht europäischer Länder auf außereuropäische Gebiete mit dem vorrangigen Ziel der wirtschaftlichen Ausbeutung.
3) Bezeichnet die zielstrebige Erweiterung und den systematischen Ausbau des wirtschaftlichen, militärischen, politischen und kulturellen Macht- und Einflussbereichs eines Staats in der Welt.
4) Bezeichnet eine politische Herrschaft, die die uneingeschränkte Verfügung über die Beherrschten und ihre völlige Unterwerfung unter ein (diktatorisch vorgegebenes) politisches Ziel verlangt.
5) Bezeichnung für die zunehmende Entstehung weltweiter Märkte für Waren, Kapital und Dienstleistungen sowie die damit verbundene internationale Verflechtung der Volkswirtschaften.

b) Führen Sie eine Fishbowl-Diskussion durch, in der Sie über den folgenden Satz debattieren: „Die Globalisierung ist der Imperialismus des 21. Jahrhunderts." Ist diese Aussage haltbar?

Geschichte kreativ

Die französische Fußballnationalmannschaft der Herren gewann die Fußball-WM 1998. In Anlehnung an die französischen Nationalfarben bleu, blanc, rouge (Blau, Weiß, Rot) wird das Team auch black, blanc, beur (Schwarze, Weiße, Araber) genannt.

a) Schauen Sie sich M1 an. Ist der Sieg der französischen Fußballnationalmannschaft der Herren eine späte Frucht der französischen Kolonialpolitik? Nehmen Sie in einem Leitartikel für das Fußballmagazin 11 Freunde begründet Stellung.

1 Die französische Fußballnationalmannschaft der Herren feiert 1998 den Sieg bei der Fußball-WM

Operatoren-Training

(alle Operatoren auf einen Blick finden Sie auf S. 634–641)

a) AFB III, Operator „vergleichen“:

Vergleichen Sie Mommsens und Wehlers Imperialismustheorien hinsichtlich ihrer Nähe oder Distanz zu Lenins Imperialismustheorie.

Material zur Aufgabe: S. 344 f., M6 und M7 sowie S. 362 f., M10

Hinweise: Der Operator „vergleichen“ verlangt, dass Sie auf der Grundlage von Kriterien historische Sachverhalte problembezogen gegenüber stellen, um Gemeinsamkeiten, Unterschiede, Teil-Identitäten, Ähnlichkeiten, Abweichungen oder Gegensätze zu beurteilen. Bei der Beantwortung einer Aufgabenstellungen mit dem wichtigen Operator „vergleichen“ gilt es zwei grundlegende Dinge zu beachten:

- Erstens: Ein Vergleich hat drei Bestandteile: 1) Nennung der Gemeinsamkeiten, 2) Nennung der Unterschiede und 3) das Ziehen eines Fazits daraus.
- Zweitens: Die Vergleichspunkte werden nicht beliebig gewählt, sondern der Vergleich findet anhand eines klaren Kriteriums statt, des sogenannten „Tertium Comparationis“. Das bedeutet „das Dritte des Vergleichs“ und soll daran erinnern, dass man zwei verschiedene Dinge im Hinblick auf etwas Drittes nebeneinander hält. Kann man „Äpfel mit Birnen“ vergleichen? Gegen diese viel zitierte Kritik an der Methode des Vergleichens muss man einwenden, dass man Äpfel sehr wohl mit Birnen vergleichen kann, zum Beispiel hinsichtlich ihres Vitamin-C-Gehalts. Dieser Vitamingehalt ist hier das Kriterium des Vergleichs, das Tertium Comparationis. Im Falle obiger Frage ist das Tertium Comparationis die Nähe oder Distanz zu Lenins Theorie.

b) AFB III, Operator „bewerten“:

Bewerten Sie die Position und Argumentation Roman Herzogs zum Umgang mit den Opfern der deutschen Kolonialpolitik.

Material zur Aufgabe:

Auch Bundespräsident Roman Herzog sorgte sich beim […] Besuch [… in] Namibia im März 1998 mehr um das Schicksal der deutschen Minderheit als um den Völkermord. Zuvor hatte er bei seiner Ankunft Wiedergutmachungsforderungen der Herero abgelehnt. […] „Wir sind uns natürlich bewusst, dass die Auseinandersetzung zwischen der deutschen Kolonialverwaltung und den Hereros nicht in Ordnung war“, erklärte der Bundespräsident. Ungeachtet der moralischen Verantwortung jedes Deutschen für die Geschichte seines Landes, bestünden jedoch keine juristischen Ansprüche gegen die Bundesrepublik Deutschland, da Völkerrechtsbestimmungen zum Schutz der Zivilbevölkerung und der Aufständischen erst nach dem Zweiten Weltkrieg entwickelt worden seien. […] Der Bundespräsident lehnte es jedoch ab, sich förmlich für das Unrecht zu entschuldigen, da es von einer anderen Generation begangen worden sei.

Ulrich Delius: 100 Jahre Völkermord an Herero und Nama. Menschenrechtsreport Nr. 32 der Gesellschaft für bedrohte Völker. 7. Januar 2004, S. 17. www.gfbv.de/report.php?id=12&stayInsideTree=1 (Stand: 29.6.2011).

Hinweise: Bei der Operation „bewerten“ kommt es zunächst auf die gleichen Dinge an wie beim Operator „beurteilen“ (s. S. 486): den Stellenwert historischer Sachverhalte in einem Zusammenhang zu bestimmen. Jedoch sollen Sie hier nun zusätzlich Ihre eigenen Wertmaßstäbe anwenden, offen legen und begründen. Es wird von Ihnen erwartet, dass Ihr Werturteil auf den Werten des Grundgesetzes der BRD beruht.

Lösungsvorschläge zum Operatoren-Training

zum Arbeitsvorschlag a), Operator „vergleichen“:

Hier wäre zu überprüfen, inwiefern Mommsen und Wehler den Imperialismus wie Lenin dadurch erklären, dass marktbeherrschende Netzwerke von Unternehmern und Großbankiers aus westlichen Industriestaaten den bereits sterbenden Kapitalismus dadurch zu retten versuchen, dass sie ihn auf Kolonialgebiete ausdehnen.

Hinweis: Der Operator „vergleichen“ wird bei dem hier genannten Arbeitsvorschlag, entgegen der Definition, nicht auf „historische Sachverhalte“ angewendet, sondern auf historische Theorien. Das klingt abstrakter, ist aber oft leichter durchzuführen, weil man die Texte und Gedanken der Autoren unmittelbar verwenden und miteinander vergleichen kann. Sie können in diesem Zusammenhang jedoch auch den Vergleich historischer Sachverhalte trainieren, indem sie zum Beispiel folgende Aufgabenstellungen erledigen:

Vergleichen Sie die Kolonialpolitik des Deutschen Kaiserreichs mit der Großbritanniens in zeitlicher und räumlicher Hinsicht. Oder:

Vergleichen Sie die Kolonialpolitik des Deutschen Kaiserreichs mit der Großbritanniens und der USA hinsichtlich ihrer wirtschaftlichen Motive und Erfolge.

zum Arbeitsvorschlag b), Operator „bewerten“:

Im vorliegenden Fall könnten Sie sich selbst daraufhin überprüfen, ob Sie Teile der kolonialen Herero-Politik des Deutschen Kaiserreichs als „Völkermord“ ansehen und damit als eine Verbrechensart klassifizieren, zu der auch der Holocaust gezählt wird (➔ s. Kap. 9.7). Dies hätte Konsequenzen für die Frage förmlicher und informeller Entschuldigungen, Wiedergutmachungs-Ansprüche und -Leistungen, moralischer Verantwortung und für das von Roman Herzog angeführte juristische Argument.

8 Der Erste Weltkrieg

Problemaufriss

1914 begann in Europa ein über vierjähriger Krieg, der vom US-amerikanischen Historiker und Diplomaten George F. Kennan später als die „Urkatastrophe des zwanzigsten Jahrhunderts" bezeichnet worden ist: der Erste Weltkrieg. Soldaten aus allen Kontinenten kämpften in den Schlachten, die über 15 Millionen Menschen den Tod brachten. Die Wirtschaftssysteme der Krieg führenden Nationen wurden in einem bislang unerreichten Ausmaß auf die Bedürfnisse dieses Kriegs angepasst, der mit hochtechnisierten Waffen geführt wurde.
So vielschichtig wie die Ursachen des Weltkriegs waren auch seine Auswirkungen: Die politische Ordnung Europas wurde durch den Krieg maßgeblich verändert; Deutschland brachten diese Veränderungen eine kurze Phase der Demokratie, doch der rasch vollzogene politische Systemwechsel, die durch die massiven Kriegsschulden bedingten wirtschaftlichen Probleme und die mit der bedingungslosen Kapitulation einhergehenden Friedensbedingungen lieferten auch den Nährboden für radikale gesellschaftliche Strömungen.

Was Sie in diesem Kapitel erwartet

Deutsche Soldaten fahren in einem Güterwaggon an die Westfront
Die von der deutschen Zensur genehmigten Bilder von jubelnden Soldaten, die in den Krieg ziehen, prägen das bis heute existierende Bild der „kriegsbegeisterten" deutschen Bevölkerung. Moderne Untersuchungen zeigen jedoch, dass große Teile der Bevölkerung dem Krieg mindestens skeptisch gegenüberstanden. Foto von 1914.

Englisches Foto gefallener deutscher Soldaten
Aufnahmen wie diese, auf denen das Grauen der Schlachten zu sehen war, bekamen die meisten Deutschen wegen der Zensur während des Kriegs nicht zu sehen (als Flugblatt wurde dieses Bild mit der Bildunterschrift „Wirkung des britischen Angriffs" von den Briten jedoch über den deutschen Stellungen abgeworfen). Dementsprechend groß war das Entsetzen, als die deutsche Niederlage im Herbst 1918 offiziell eingestanden werden musste. Foto vom 31. Juli 1917.

Online-Link
430089-0801
alle Online-Materialien zum Kapitel 8

Politik

Der Erste Weltkrieg war der folgenreiche Ausgangspunkt für die politischen Entwicklungen des 20. Jahrhunderts. Foto vom März 1918.

1900 – 1905

1900
Wilhelm II. hält seine „Hunnenrede“

1904
Frankreich und Großbritannien verbünden sich (Entente cordiale)

1905–1906
erste Marokko-Krise

1907
die „Triple Entente“ entsteht

Kultur/ Gesellschaft

Die Forschungsergebnisse von Albert Einstein (1879–1955) legten den Grundstein für heutige Technologien wie beispielsweise Kernspaltung, Laserlicht, GPS, Fotovoltaik.

1900 – 1905

1901
Thomas Mann veröffentlicht den Roman „Buddenbrooks – Verfall einer Familie“

1901
Pawlow beginnt seine Experimente zur Verhaltensforschung

1903
Marie Curie gewinnt den Nobelpreis für Physik

1905
Albert Einstein veröffentlicht den Artikel „Zur Elektrodynamik bewegter Körper “

Wirtschaft/ Umwelt

Henry Fords Model T wurde zum Symbol der Epoche der Mobilität: Das Zusammenspiel von ausreichenden Löhnen und Fließbandarbeit ermöglichte Ford die Produktion erschwinglicher Automobile. Foto von 1923.

1900 – 1905

1903
aus der 1811 gegründeten Gussstahlfabrik der Familie Krupp wird die Friedrich Krupp AG

Juni 1903
Henry Ford gründet die Ford-Automobil-Gesellschaft

Dezember 1903
die Brüder Wright unternehmen den ersten kontrollierten Motorflug der Geschichte

1910 – 1915 – 1920 – 1925 – 1930

1911 zweite Marokko-Krise

1912–1913 erster Balkankrieg

1913 zweiter Balkankrieg

28. Juni 1914 Attentat von Sarajevo

1./3. August 1914 Kriegserklärung Deutschlands an Russland und Frankreich

4. August 1914 Kriegseintritt Großbritanniens

1. Februar 1917 Beginn des „uneingeschränkten U-Boot-Kriegs“

März 1917 „Februarrevolution“ in Russland

6. April 1917 Kriegseintritt der USA

November 1917 „Oktoberrevolution“ in Russland

8. Januar 1918 Wilson verliest seine 14 Punkte

3. März 1918 Friedensvertrag von Brest-Litowsk

9. November 1918 Ausrufung der Republik

11. November 1918 Waffenstillstand von Compiègne

19. Januar 1919 Wahlen zur Nationalversammlung

16. Juli 1919 Annahme des Versailler Vertrags

1923 Ruhrbesetzung

1924 Inkrafttreten des Dawes-Plans

Oktober 1925 Verträge von Locarno

10. September 1926 Aufnahme Deutschlands in den Völkerbund

12. März 1930 der Young-Plan ersetzt den Dawes-Plan und regelt die Reparationsfrage neu

1910 – 1915 – 1920 – 1925 – 1930

1911 erste Ausstellung des „Blauen Reiter“

1912 Friedrich von ernhardis Buch „Deutschland nd der nächste rieg“ erscheint

18. Oktober 1913 in Leipzig wird das Völkerschlachtdenkmal eingeweiht

1917 die Universum-Film AG (UFA) wird gegründet

1919 Trennung von Kirche und Staat in Deutschland

1920 Ernst Jünger veröffentlicht den Kriegsroman „In Stahlgewittern“

1921 Das Deutsche Rote Kreuz wird gegründet

1921 Albert Einstein gewinnt den Nobelpreis für Physik

1924 Mahatma Gandhi fastet aus Protest gegen Konflikte zwischen Moslems und Hindus in Indien

1925 Franz Kafkas „Der Prozess“ erscheint posthum

1927 Fritz Langs Film „Metropolis“ feiert Premiere

1929 in Hollywood findet die erste Oscarverleihung statt

1910 – 1915 – 1920 – 1925 – 1930

909 anknoten werden esetzliches Zahlungsnittel in Deutschland

1914 Eröffnung des Panamakanals

November 1916 Paul von Hindenburg ruft den „totalen Krieg“ aus

1917 an der Harvard-Universität wird das erste wissenschaftliche Institut für Wirtschaftsforschung gegründet

1918 in Deutschland wird der gesetzliche Achtstundentag eingeführt

1919–1932 Prohibition in den USA

1919 der Glühlampenhersteller Osram wird gegründet

1920 in Deutschland erkranken 11,9 Millionen Tiere an Maul- und Klauenseuche

Herbst 1923 Hyperinflation in Deutschland

Oktober 1929 Börsencrash an der Wallstreet und Beginn der Weltwirtschaftskrise

8.1 Kriegsursachen und Kriegsbeginn

A) Welche Ursachen lassen sich für den Ersten Weltkrieg benennen?
B) Welche Haltungen nahmen unterschiedliche politische und gesellschaftliche Gruppen in Deutschland zum drohenden Krieg ein?

Die Notwendigkeit einer starken deutschen Flotte

1 Von Bülow 1899: „Im kommenden Jahrhundert wird das deutsche Volk Hammer oder Amboss sein!"

Ab 1890 änderte sich die deutsche Außenpolitik in Richtung eines offen militärischen Auftretens. 1900 wurde mit dem zweiten Flottengesetz die Verdopplung der deutschen Flottenstärke beschlossen. Bei der Einbringung des Gesetzes im Reichstag am 11.12.1899 äußerte sich Bernhard von Bülow (1849–1929), Staatssekretär des Auswärtigen Amts (also Außenminister) und späterer Reichskanzler, wie folgt:

Man hat gesagt, meine Herren, dass in jedem Jahrhundert eine Auseinandersetzung, eine große Liquidation stattfinde, um Einfluss, Macht und Besitz auf der Erde neu zu verteilen: Im sechzehnten Jahrhundert teilten sich die Spanier und Portugiesen in die Neue Welt, im siebzehnten Jahrhundert traten die Holländer, die Franzosen und die Engländer in die Konkurrenz ein, während wir uns untereinander die Köpfe einschlugen (Heiterkeit) [...]. In unserem neunzehnten Jahrhundert hat England sein Kolonialreich [...] weiter und immer weiter ausgedehnt, haben die Franzosen in Nordafrika und Ostafrika festen Fuß gefasst und sich in Hinterindien ein neues Reich geschaffen, hat Russland in Asien seinen gewaltigen Siegeslauf begonnen [...].
[...] es ist hohe Zeit, dass wir [...] uns klar werden über die Haltung, welche wir einzunehmen haben gegenüber den Vorgängen, die sich um uns herum abspielen [...] und welche die Keime in sich tragen für die künftige Gestaltung der Machtverhältnisse für vielleicht unabsehbare Zeit. Untätig beiseitestehen, wie wir das früher oft getan haben, entweder aus angeborener Bescheidenheit (Heiterkeit) oder weil wir ganz absorbiert waren durch unsere inneren Zwistigkeiten oder aus Doktrinarismus – [...] das können wir nicht und wollen wir nicht. (Beifall.) Wir können das nicht aus dem einfachen Grunde, weil wir jetzt Interessen haben in allen Weltteilen [...]. Die rapide Zunahme unserer Bevölkerung, der beispiellose Aufschwung unserer Industrie, die Tüchtigkeit unserer Kaufleute, kurz, die gewaltige Vitalität des deutschen Volkes haben uns in die Weltwirtschaft verflochten und in die Weltpolitik hineingezogen. Wenn die Engländer von einer Greater Britain reden, wenn die Franzosen sprechen von einer Nouvelle France, wenn die Russen sich Asien erschließen, haben auch wir Anspruch auf ein größeres Deutschland (Bravo! rechts, Heiterkeit links), nicht im Sinne der Eroberung, wohl aber im Sinne der friedlichen Ausdehnung unseres Handels und seiner Stützpunkte.
[...] Wir müssen nicht nur zu Lande, sondern wir müssen auch zu Wasser gegen Überraschungen gesichert sein. Wir müssen uns eine Flotte schaffen, stark genug, um einen Angriff – ich unterstreiche das Wort „Angriff"; bei der absoluten Friedlichkeit unserer Politik kann immer nur von Verteidigung die Rede sein – aber eine Flotte, stark genug, um den Angriff jeder Macht auszuschließen, müssen wir besitzen. Was wir jetzt versäumen, wenn wir jetzt drei Jahre mehr oder weniger vorübergehen lassen, ohne uns eine solche Flotte zu schaffen, werden wir nicht wieder einbringen können. [...]
Es gibt Individuen, und es gibt Interessentengruppen, und es gibt Strömungen, und es gibt vielleicht auch Völker, die finden, dass der Deutsche bequemer war und dass der Deutsche für seine Nachbarn angenehmer war in jenen früheren Tagen, wo trotz unserer Bildung und trotz unserer Kultur die Fremden in politischer und wirtschaftlicher Hinsicht auf uns herabsahen, wie hochnäsige Kavaliere auf den bescheidenen Hauslehrer. (Sehr richtig! – Heiterkeit.) Diese Zeiten politischer Ohnmacht und wirtschaftlicher und politischer Demut sollen nicht wiederkehren. (Lebhaftes Bravo.) Wir wollen nicht wieder, um mit Friedrich List zu sprechen, die Knechte der Menschheit werden. Wir werden uns aber nur dann auf der Höhe erhalten, wenn wir einsehen, dass es für uns ohne Macht, ohne ein starkes Heer und eine starke Flotte keine Wohlfahrt gibt. (Sehr richtig! rechts. Widerspruch links.) Das Mittel, meine Herren, in dieser Welt den Kampf ums Dasein durchzufechten ohne starke Rüstung zu Lande und zu Wasser, ist für ein Volk von bald 60 Millionen, das die Mitte von Europa bewohnt und gleichzeitig seine wirtschaftlichen Fühlhörner ausstreckt nach allen Seiten, noch nicht gefunden worden. (Sehr wahr! rechts.) In dem kommenden Jahrhundert wird das deutsche Volk Hammer oder Amboss sein. [...]

Stenographische Berichte, 119. Sitzung, S. 3296 ff. Zit. nach: Michael Behnen (Hrsg.): Quellen zur deutschen Außenpolitik im Zeitalter des Imperialismus 1890–1911. Darmstadt 1977, S. 230–233.

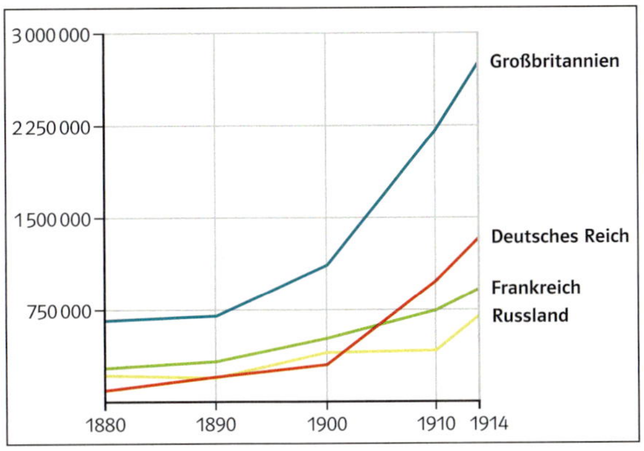

2 **Kriegsschifftonnagen 1880–1914**

Nach: Paul Kennedy: Aufstieg und Fall der großen Mächte. Frankfurt/M. 1996, S. 313.

3 **„Wie sollen wir uns da die Hand geben?!"**

Links Deutschland, rechts Großbritannien. Karikatur von Wilhelm Schulz aus der Satirezeitschrift Simplicissimus vom 26. Februar 1912.

4 England 1912: „Die deutsche Flotte ist ein Luxus"

England betrachtete die deutsche Aufrüstung mit Sorge. So äußerte sich der Erste Lord der Admiralität, Sir Winston Churchill, am 9. Februar 1912 in Glasgow:

Der Daseinszweck der britischen Flotte gilt in erster Linie der Verteidigung. Wir denken nicht daran, irgendjemand anzugreifen, haben niemals daran gedacht und trauen dies auch keiner anderen Großmacht zu. Es besteht jedoch ein großer Unterschied zwischen der Flotte Großbritanniens und der eines anderen großen Reiches, zu dem wir in freundschaftlichen Beziehungen stehen [...] nämlich Deutschlands. Die Flotte ist für Großbritannien eine Notwendigkeit, während sie für Deutschland in vieler Hinsicht nur einen Luxus bedeutet. Unsere Seemacht ist für das Dasein Großbritanniens von größter Wichtigkeit, ja, sie bedeutet unsere Existenz selbst; für Deutschland ist sie ein überflüssiger Kraftzuwachs. Wir können nicht den Frieden auch nur eines einzigen Dorfes auf dem Festland bedrohen, gleichviel wie groß und vollkommen unsere Flotte auch sein mag, andererseits würde Hab und Gut unseres Volkes und Reiches, all das, was wir mit großen Opfern und vielem Fleiß durch die Jahrhunderte hindurch zusammengetragen haben, versinken und vergehen, wenn uns unsere Vorherrschaft zur See genommen würde. England ist eine Großmacht durch seine Flotte, Deutschland aber war in der ganzen Welt angesehen und geachtet, bevor es auch nur ein einziges Schiff besaß [...].

Zit. nach: Peter Alter: Der Imperialismus. Stuttgart 1989, S. 79.

5 1913: Gegen die imperialistische Rüstungspolitik

Die Sozialdemokratische Partei Deutschlands und die Sozialistische Partei Frankreichs protestierten in einem Manifest vom 1. März 1913 gegen die europäische Rüstungspolitik:

Die französische und die deutsche Sozialdemokratie erheben einmütig und einstimmig Protest gegen die unaufhörlichen Rüstungen, die die Völker erschöpfen, sie zur Vernachlässigung der wichtigsten Kulturaufgaben zwingen, das gegenseitige Misstrauen steigern und, statt den Frieden zu sichern, Konflikte heraufbeschwören, die zu einer Weltkatastrophe führen mit Massenelend und Massenvernichtung im Gefolge. [...] Die herrschenden Klassen hüben und drüben sind es, die die nationalen Gegensätze, statt sie zu bekämpfen, künstlich verschärfen, die gegenseitige Feindseligkeit schüren und dadurch die Völker von ihren Kulturbestrebungen und ihrem Befreiungskampf im Innern ablenken. Um den Frieden, die Unabhängigkeit der Völker und den Fortschritt der Demokratie auf allen Gebieten in beiden Staaten zu sichern, fordert die Sozialdemokratie, dass alle Streitigkeiten zwischen den Völkern schiedsgerichtlich geschlichtet werden. [...] Sie fordert weiter die Beseitigung des stehenden Heeres, das eine stete Bedrohung der Nationen bildet, und an dessen Stelle die Einführung einer Volkswehr auf demokratischer Grundlage, die nur der Landesverteidigung zu dienen hat.

Zit. nach: Dieter Fricke (Hrsg.): Dokumente zur deutschen Geschichte 1910–1914. Frankfurt/M. 1977, S. 101.

Kriegsbereitschaft in Deutschland vor Juli 1914

6 „Deutschland und der nächste Krieg"

1912 veröffentlichte der General und Publizist Friedrich von Bernhardi das Buch „Deutschland und der nächste Krieg". Das Buch wurde im Kaiserreich rasch zum Bestseller.

Erst spät sind wir wieder in den Kreis der politisch geltenden und bestimmenden Mächte eingetreten, nachdem die Teilung der Erde längst erfolgt war. Was andere Völker in jahrhundertelanger natürlicher Entwicklung erreichten: politische Einheit, Kolonialbesitz, Seemacht und Welthandel, das blieb unserem Volke bis auf die jüngste Zeit herab versagt. Was wir noch erreichen wollen, müssen wir erkämpfen gegen eine Übermacht feindlicher Interessen und Mächte.

[...] Haben wir in den letzten großen Kriegen um unsere nationale Einigung und damit zugleich um unsere europäische Machtstellung gekämpft und gerungen, so stehen wir heute vor der größeren Entscheidung, ob wir uns auch zu einer Weltmacht entwickeln, als solche behaupten und deutschem Geist und deutscher Lebensauffassung die ihnen gebührende Beachtung auf der weiten Erde verschaffen wollen, die ihnen heute noch versagt sind [sic]. Ob wir die Spannkraft in uns fühlen, diesem großen Ziele nachzustreben; ob wir zu den Opfern bereit sind, die uns ein solches Streben zweifellos kosten wird; oder ob wir zurücktreten wollen vor den feindlichen Gewalten, um allmählich herabzusinken von Stufe zu Stufe in unserer wirtschaftlichen, politischen und nationalen Bedeutung: Das ist der Inhalt dieser Entscheidung. „Sein oder Nichtsein?" lautet die Frage, die heute an uns herantritt, verschleiert freilich durch das scheinbare Gleichgewicht der einander entgegenstehenden Interessen und Kräfte, durch das trügerische Ränkespiel der Diplomatie und das amtliche Friedensbedürfnis aller Staaten, aber unerbittlich in ihrer geschichtlichen Logik, unabweisbar, wenn man klaren Auges über den engen Horizont des Tages hinweg den Erscheinungen des Weltgeschehens auf den Grund zu sehen bemüht ist.

Einen Stillstand gibt es nicht in der Völkergeschichte. Alles ist ein Werden und eine Entwicklung. Die Dinge auf dem Status quo zu erhalten, wie das von der Diplomatie so vielfach angestrebt wird, ist selbstverständlich unmöglich. [...] Dass es also auch für uns keinen Stillstand, kein Gesättigtsein geben kann, sondern nur ein Vorwärts oder ein Zurück, und dass es dem Zurück gleichkommt, wenn wir uns mit unserer augenblicklichen europäischen Machtstellung begnügen, während alle unsere Mitbewerber mit rücksichtsloser Energie selbst auf Kosten unserer Rechte nach Machterweiterung streben, darüber müssen wir uns völlig klar sein. [...] Wenn wir die Verantwortung für eine solche Entwicklung der Dinge, wie billig, nicht auf uns nehmen wollen, müssen wir den Mut haben, eine unseren Ansprüchen angemessene Machterweiterung mit allen Mitteln anzustreben, selbst auf die Gefahr hin eines Krieges gegen numerisch überlegene Gegner. Eine solche Machterweiterung durch Gebietserwerbungen in Europa selbst zu suchen, dürfte unter den heutigen Verhältnissen so gut wie ausgeschlossen sein. Das im Osten an Russland verlorene deutsche Kolonialland könnte nur infolge eines großen, für uns siegreichen Krieges wiedergewonnen werden und würde dann wahrscheinlich einen fortwährenden Anlass zu erneuten Kriegen geben. Auch das ehemalige Südpreußen, das bei der zweiten Teilung Polens mit Preußen vereinigt wurde, wiederzuerwerben, würde der polnischen Bevölkerung wegen seine schweren Bedenken haben. Unter diesen Umständen müssen wir eine Stärkung unserer politischen Macht offenbar auf anderen Wegen versuchen.

Friedrich von Bernhardi: Deutschland und der nächste Krieg. Stuttgart/Berlin 1912, S. 84–88, 110–114.

7 Der Generalstabschef fordert den Präventivkrieg

Der Staatssekretär des Auswärtigen Amts notierte über ein Gespräch mit dem Chef des Generalstabs, General Helmuth von Moltke, Anfang Juni 1914:

Unterwegs entwickelte mir Moltke seine Auffassung unserer militärischen Lage. Die Aussichten in die Zukunft bedrückten ihn schwer. In 2–3 Jahren würde Russland seine Rüstungen beendet haben. Die militärische Übermacht unserer Feinde wäre dann so groß, dass er nicht wüsste, wie wir ihrer Herr werden könnten. Jetzt wären wir ihnen noch einigermaßen gewachsen. Es bleibe seiner Ansicht nach nichts übrig, als einen Präventivkrieg zu führen, um den Gegner zu schlagen, solange wir den Kampf noch einigermaßen bestehen könnten. Der Generalstabschef stellte mir demgemäß anheim, unsere Politik auf die baldige Herbeiführung eines Krieges einzustellen.

Zit. nach: Die Julikrise und der Ausbruch des Ersten Weltkrieges 1914. Bearb. v. Winfried Baumgart. Darmstadt 1983, S. 30.

Auf dem Weg zum Weltkrieg

8 Wilhelm II. versichert deutsche Bündnistreue

Am 28. Juni 1914 ermordete ein serbischer Nationalist in Sarajevo den österreichisch-ungarischen Thronfolger Franz Ferdinand. Österreich-Ungarn beschuldigte die serbische Regierung, hinter dem Anschlag zu stecken. Schreiben Wilhelms II. an Franz Joseph von Österreich vom 14. Juli 1914:

Durch Deinen [...] Botschafter wird Dir meine Versicherung übermittelt worden sein, dass Du auch in den Stunden des Ernstes mich und mein Reich in vollem Einklang mit unserer altbewährten Freundschaft und unseren Bundespflichten treu an Deiner Seite finden wirst. Dir dies an dieser Stelle zu wiederholen ist mir eine freudige Pflicht. Die grauenerregende Freveltat von Sarajevo hat ein grelles Licht auf das unheilvolle Treiben wahnwitziger Fanatiker und die den staatlichen Bau bedrohende panslawistische Hetzarbeit geworfen. [...] Ich erachte es [...] nicht nur für eine moralische Pflicht aller Kulturstaaten, sondern als ein Gebot für Ihre Selbsterhaltung, der Propaganda der Tat, die sich vornehmlich das feste Gefüge der Monarchien als Angriffsobjekt ausersieht, mit allen Machtmitteln entgegenzutreten. Ich verschließe mich auch nicht der ernsten Gefahr, die Deinen Ländern und in der Folgewirkung dem Dreibund aus der von der russischen und serbischen Panslawisten betriebenen Agitation droht, und erkenne die Notwendigkeit an, die südlichen Grenzen Deiner Staaten von diesem schweren Druck zu befreien.

Zit. nach: Johannes Hohlfeld (Hrsg.): Dokumente der deutschen Politik und Geschichte von 1848 bis zur Gegenwart. Bd. 2. Berlin 1952, S. 278 f.

9 Die Einschätzung der Militärs

Am 28. Juli 1914 erklärte Österreich-Ungarn Serbien den Krieg. Einen Tag später schrieb der Große Generalstab an den deutschen Reichskanzler:

Was wird und muss die weitere Folge sein? Österreich wird, wenn es in Serbien einrückt, nicht nur der serbischen Armee, sondern auch einer starken russischen Überlegenheit gegenüberstehen, es wird also den Krieg gegen Serbien nicht durchführen können, ohne sich gegen ein russisches Eingreifen zu sichern. Das heißt, es wird gezwungen sein, auch die andere Hälfte seines Heeres mobil zu machen, denn es kann sich unmöglich auf Gnade und Ungnade einem kriegsbereiten Russland ausliefern. Mit dem Augenblick aber, wo Österreich sein ganzes Heer mobil macht, wird der Zusammenstoß zwischen ihm und Russland unvermeidlich werden. Das aber ist für Deutschland der casus foederis. Will Deutschland nicht wortbrüchig werden und seinen Bundesgenossen der Vernichtung durch die russische Übermacht verfallen lassen, so muss es auch seinerseits mobil machen. Das wird auch die Mobilisierung der übrigen Militärbezirke Russlands zur Folge haben. Dann aber wird Russland sagen können, ich werde von Deutschland angegriffen, und damit wird es sich die Unterstützung Frankreichs sichern, das vertragsmäßig verpflichtet ist, an dem Kriege teilzunehmen, wenn sein Bundesgenosse Russland angegriffen wird. [...]

Zit. nach: Hans Fenske (Hrsg.): Quellen zum politischen Denken der Deutschen im 19. und 20. Jahrhundert: 1890–1918. Darmstadt 1982, S. 360.

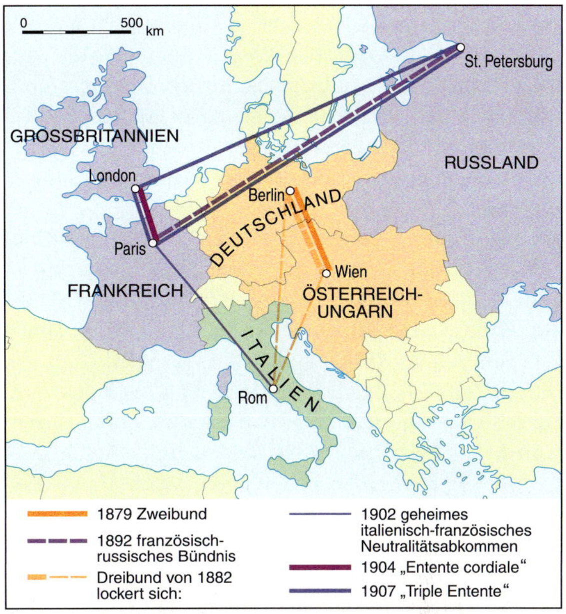

10 Das europäische Bündnissystem 1890–1914

Innenpolitische Zustimmung zum Krieg

11 Der „Burgfrieden“ Wilhelms II.

Am 1. August erklärte Deutschland Russland, am 3. August Frankreich den Krieg. Großbritannien begann am 4. mit der Mobilmachung. Thronrede Wilhelms II. vom 4. August 1914 vor Vertretern des Reichstags, mit der er (erfolgreich) um die Zustimmung aller Parteien zu Kriegskrediten warb:

Geehrte Herren!

In schicksalsschwerer Stunde habe Ich die gewählten Vertreter des deutschen Volkes um Mich versammelt. Fast ein halbes Jahrhundert lang konnten wir auf dem Weg des Friedens verharren. Versuche, Deutschland kriegerische Neigungen anzudichten und seine Stellung in der Welt einzuengen, haben unseres Volkes Geduld oft auf harte Proben gestellt. [...] Die Welt ist Zeuge gewesen, wie unermüdlich wir in dem Drang und den Wirren der letzten Jahre in erster Reihe standen, um den Völkern Europas einen Krieg zwischen Großmächten zu ersparen.

Die schwersten Gefahren, die durch die Ereignisse am Balkan heraufbeschworen waren[1], schienen überwunden. Da tat sich mit der Ermordung Meines Freundes, des Erzherzogs Franz Ferdinand, ein Abgrund auf. Mein hoher Verbündeter, der Kaiser und König Franz Joseph, war gezwungen, zu den Waffen zu greifen, um die Sicherheit seines Reichs gegen gefährliche Umtriebe aus einem Nachbarstaat zu verteidigen. Bei Verfolgung ihrer berechtigten Interessen ist der verbündeten Monarchie das Russische Reich in den Weg getreten. An die Seite Österreich-Ungarns ruft uns nicht nur unsere Bündnispflicht. Uns fällt zugleich die gewaltige Aufgabe zu, mit der alten Kulturgemeinschaft der beiden Reiche unsere eigene Stellung gegen den Ansturm feindlicher Kräfte zu schirmen. […]

Geehrte Herren! Was menschliche Einsicht und Kraft vermag, um ein Volk für die letzten Entscheidungen zu wappnen, das ist mit Ihrer patriotischen Hilfe geschehen. Die Feindseligkeit, die im Osten und Westen seit langer Zeit um sich gegriffen hat, ist nun zu hellen Flammen aufgelodert. Die gegenwärtige Lage ging nicht aus vorübergehenden Interessenkonflikten oder diplomatischen Konstellationen hervor, sie ist das Ergebnis eines seit langen Jahren tätigen Übelwollen gegen Macht und Gedeihen des Deutschen Reiches.

Uns treibt nicht Eroberungslust, uns beseelt der unbeugsame Wille, den Platz zu bewahren, auf den uns Gott gestellt hat, für uns und alle kommenden Geschlechter. […]

Sie haben gelesen, meine Herren, was Ich an Mein Volk vom Balkon des Schlosses aus gesagt habe. Hier wiederhole Ich: Ich kenne keine Parteien mehr, Ich kenne nur Deutsche. Zum Zeichen dessen, dass sie fest entschlossen sind, ohne Parteiunterschiede, ohne Stammesunterschiede, ohne Konfessionsunterschiede durchzuhalten mit Mir durch dick und dünn, durch Not und Tod, fordere Ich die Vorstände der Parteien auf, vorzutreten und Mir das in meine Hand zu geloben. […]

Zit. nach: Verhandlungen des Reichstags. XIII. Legislaturperiode. II. Session. 1914–1916. Stenographische Berichte. Bd. 306. Berlin 1916, S. 1 f.

1 Gemeint sind der erste und der zweite Balkankrieg (→ s. S. 385).

12 „Ich kenne keine Parteien mehr!"
Deutsche Postkarte von 1914, Entwurf: Franz Stassen.

Arbeitsvorschläge

○●●/●●● a) Stellen Sie die in M1 und M4 genannten Begründungen für die Notwendigkeit einer starken Flotte gegenüber. Vergleichen Sie Ihr Ergebnis mit den in M4 und M5 genannten Befürchtungen unter Berücksichtigung der Daten aus M2.

○●●/●●● b) Zeigen Sie die gegenseitige Wahrnehmung Deutschlands und Englands zu Beginn des 20. Jahrhunderts anhand von M3 auf und beurteilen Sie den Stellenwert des deutsch-englischen Wettrüstens für den Ausbruch des Ersten Weltkriegs.

○●● c) Analysieren Sie, wie von Bernhardi seine Leserschaft von der Notwendigkeit des deutschen Status als Weltmacht zu überzeugen sucht, und stellen Sie seine Argumente in den historischen Kontext. (M6)

○○●/○●● d) Nennen Sie die in M7 angeführten Gründe für einen Präventivkrieg und stellen Sie diese Einschätzung derjenigen in M6 gegenüber.

○●●/●●● e) Visualisieren Sie das in M9 entworfene Szenario in einem Flussdiagramm, erläutern Sie die skizzierte Situation Deutschlands in dem Szenario und reflektieren Sie diese kritisch. Beziehen Sie die Karte M10 in Ihre Erläuterungen ein.

○●● f) Erläutern Sie die Versicherung der Bündnistreue Wilhelms II. in M8 unter besonderer Berücksichtigung seiner Wortwahl und Argumentation.

○○●/○●● g) Benennen Sie die Kernaussagen aus dem sogenannten Burgfrieden in M11 und setzen Sie diese in Beziehung zu der politischen Entwicklung des Deutschen Reichs seit 1871.

●●● h) Interpretieren Sie die Darstellung Wilhelms II. in M12 vor dem Hintergrund seiner Politik vor und zu Beginn des Kriegs. Nutzen Sie hierzu die Methode zur Interpretation von Bildquellen auf S. 30 f.

●●● i) Interpretieren Sie M13 auf S. 384 entsprechend der Methode von S. 350 f.

Grundwissen: Kriegsursachen und Kriegsbeginn

Kaiser Wilhelm II. (1859–1941)
Enkel von Kaiser Wilhelm I., deutscher Kaiser 1888–1918. Undatiertes Farbfoto.

Ein neuer außenpolitischer Kurs nach Bismarck

In den ersten achtzehn Jahren des Deutschen Kaiserreichs war seine Außenpolitik geprägt von dem Bündnissystem des Reichskanzlers Fürst Otto von Bismarck. Diese außenpolitische Ausrichtung änderte sich, nachdem Wilhelm II., Enkel des ersten Kaisers Wilhelm I., 1888 zum Kaiser gekrönt wurde und dieser Bismarck im März 1890 aus seinem Amt als Reichskanzler entließ. Die Entlassung bedeutete einen Kurswechsel in der Außenpolitik, der langfristig die Bedingungen für den Ersten Weltkrieg schaffen sollte.

Bismarcks Nachfolger hielten dessen Außenpolitik für zu kompliziert. Sie wollten „freie Hand" haben im Spiel der Großmächte. So wurde der Rückversicherungsvertrag mit Russland, der das Kaiserreich 1887 nach dem Zerbrechen des Dreikaiserbündnisses nach Osten hatte sichern sollen, nicht mehr erneuert. Die Bündnisse mit Österreich-Ungarn und Italien schienen ausreichend, um das Reich zu sichern. Die Annäherung Russlands und Frankreichs, die Bismarck stets zu verhindern versucht hatte, und der Abschluss eines Bündnisses zwischen beiden Mächten 1892 betrachtete die Reichsleitung nicht als bedrohlich.

→ 1 - 3 S. 378 f.
→ 5 S. 379

Deutschland will Weltmacht werden

Entscheidend für die neue außenpolitische Ausrichtung des Kaiserreichs war die Überzeugung, dass dessen Zukunft nur gesichert werden könne, wenn es global expandieren würde. Deutschland sollte nicht mehr nur eine führende Rolle auf dem Kontinent spielen, sondern wie Großbritannien, Russland und die Vereinigten Staaten auch eine führende Welt- und Kolonialmacht sein. Bedeutendster Repräsentant dieser Strömung war Kaiser Wilhelm II. Um die hochstrebenden Ziele zu erreichen, erschien der Bau einer mächtigen Kriegsflotte notwendig. Seit der Verabschiedung des ersten Flottengesetzes im Frühjahr 1898 baute die Reichsleitung daher eine Schlachtflotte aus, die schließlich aus 61 Großkampfschiffen, 40 Kleinen Kreuzern, 144 Torpedo- und 72 U-Booten bestehen würde.

In weiten Kreisen der Bevölkerung stieß diese Vorgehensweise auf große Zustimmung. Äußeres Zeichen dafür war der Matrosenanzug, den viele Jungen und Mädchen aus bürgerlichen Familien voller Stolz trugen. Mehr als eine Million Menschen waren bald auch Mitglieder des Deutschen Flottenvereins und anderer „nationaler" Verbände. Allein die Anhänger der Sozialdemokratischen Partei und einige Linksliberale beobachteten den Übergang von der Kontinental- zur Weltpolitik mit großer Sorge.

→ 4 S. 379

Das Deutsche Reich – eine „nervöse Großmacht"

Diese Sorgen erwiesen sich bald als berechtigt. Um seinen Weltmachtanspruch deutlich zu machen, mischte sich das Deutsche Reich seit Mitte der 1890er-Jahre in internationale Konflikte ein: 1896 griff es Großbritanniens Politik in Südafrika in unnötig scharfer Form öffentlich an, 1897 besetzte es einen Küstenstreifen in China, im Pazifik stritt es mit den Regierungen in Washington und London viele Jahre um die Aufteilung der Samoa-Inseln. Im Osmanischen Reich schließlich sollte der Bau einer Bahnlinie bis an den Persischen Golf die deutschen Interessen wahren helfen. Diese Region betrachtete Großbritannien jedoch als seine Einflusssphäre. Erst 1914 konnten die Auseinandersetzungen über den Verlauf der sogenannten Bagdadbahn in Verhandlungen beigelegt werden (**→ s. Kap. 7.3**).

Die Ungeduld der Reichsleitung bei der Verwirklichung ihrer Ziele weckte zunehmend das Misstrauen der anderen Großmächte. Vergeblich klagte der deutsche

Botschafter in London bereits 1901: „Wenn man in Deutschland doch nur stillsitzen könnte, dann würde die Zeit kommen, wo uns die gebratenen Tauben in den Mund fliegen." Heutige Historiker bezeichnen das Deutsche Reich daher auch als „nervöse Großmacht", die nicht berechenbar und daher dem Ausland als gefährlich erschien.

13 „Im Dreadnought-Fieber"
Karikatur aus der sozialdemokratischen Satirezeitschrift Der wahre Jacob vom 22. Juni 1909. Dreadnought (engl.: Fürchtenichts) bezeichnete eine neue Klasse von schwer bewaffneten Kampfschiffen, benannt nach dem ersten Schiff dieser Klasse, der 1906 in England fertiggestellten HMS Dreadnought.

Wettrüsten zur See

Großbritannien fühlte sich durch das deutsche Auftreten in der internationalen Politik und den Ausbau der deutschen Flotte besonders bedroht. Dessen Stellung als führende Weltmacht beruhte vor allem auf der Überlegenheit der eigenen Flotte gegenüber möglichen Konkurrenten. Doch Verhandlungen über eine Begrenzung der Flottenrüstung lehnte die Regierung in Berlin mehrfach ab. Nach außen behauptete sie zwar, die Flotte solle nur ein „Risiko" für England im Falle eines Kriegs darstellen. Tatsächlich verfolgte sie damit jedoch weitaus offensivere Ziele: „Die leitenden deutschen Staatsmänner und allen voran Kaiser Wilhelm", so hatte der österreichische Botschafter in Berlin bereits am 21. Mai 1900 nach Wien berichtet, „haben den Blick in die ferne Zukunft geworfen und streben danach, die in letzter Zeit mit großen Schritten heranwachsende Stellung Deutschlands als Weltmacht zu einer dominierenden zu machen, und rechnen hierbei darauf, seinerzeit auf diesem Gebiet die lachenden Erben Englands zu werden."

Diese Politik, die im Ergebnis eine Revolution des bestehenden internationalen Systems zum Ziel hatte, wurde durch ein gefährliches und kostspieliges Wettrüsten zur See erkauft. 1905/06 begann die englische Regierung ihrerseits neue und stärkere Kriegsschiffe bauen zu lassen. Doch obwohl auch Deutschland seine Flotte mehrfach verstärkte, konnte Großbritannien die Vorherrschaft zur See wahren.

Einkreisung Deutschlands durch die „Triple Entente"?

Der deutsch-englische Rüstungswettlauf war maßgeblich für eine Veränderung der Beziehungen der Mächte verantwortlich. Großbritannien hatte bereits um die Jahrhundertwende aufgrund wachsender Schwierigkeiten, sein Empire zu verteidigen, begonnen, sich mit seinen Rivalen USA und Japan zu einigen. Von besonderer Bedeutung für die Stellung Deutschlands unter den Mächten waren jedoch zwei Abkommen Großbritanniens über die Beilegung kolonialer Streitfragen: Das erste davon wurde 1904 mit Frankreich geschlossen, die „Entente cordiale" (frz.: „herzliches Einverständnis"). Aus der „Entente cordiale" entwickelte sich 1907 die ➔ „Triple Entente", als Russland in einem zweiten Abkommen in das Bündnis einstieg.

Durch aggressives und ungeschicktes Verhalten in der ersten und zweiten Marokko-Krise (1905/1911) festigte das Deutsche Reich die Verbindungen dieser Mächte weiter. In beiden Krisen hatte die Reichsleitung versucht, durch eine Politik der Stärke und der Androhung von militärischer Gewalt ihren Anspruch gegenüber Frankreich bei der Verteilung der noch „freien" afrikanischen Territorien deutlich zu machen. Die englische Regierung stellte sich jedoch schützend hinter Frankreich. Dadurch wuchs in Deutschland wiederum das Gefühl, von der Triple Entente „eingekreist" zu werden.

→ 6 - 7 S. 380

Allgemeines Wettrüsten

Seit der diplomatischen Niederlage in der zweiten Marokko-Krise rüstete das Deutsche Reich neben der Flotte auch die Armee in großem Umfang auf. So begann ein internationales Wettrüsten auch zu Lande. Unterstützt wurde die Regierung von nationalistischen Agitationsvereinen wie dem Deutschen Flottenverein oder dem Alldeutschen Verband, die sich lautstark für die Wahrung deutscher Interessen einsetzten. Die anderen Mächte beantworteten die deutsche Aufrüstung mit weiteren Rüstungen. Bemühungen, das Wettrüsten durch Verhandlungen zu beenden, scheiterten am gegenseitigen Misstrauen. Viele Menschen hatten daher das Gefühl, Europa stünde am Rande einer Katastrophe. Zahlreiche Stimmen in der deutschen Politik, im Militär und in der Öffentlichkeit forderten einen Präventivkrieg, um die drohende Katastrophe siegreich überstehen zu können.

1912 – Der erste Balkankrieg

Das Gefühl, einer allgemeinen Katastrophe entgegenzusteuern, verschärfte sich, als Anfang Oktober 1912 die Balkanvölker Serbien, Montenegro, Bulgarien und Griechenland dem seit dem 19. Jahrhundert schwachen Osmanischen Reich den Krieg erklärten. Innerhalb weniger Wochen verdrängten sie die Osmanen in blutigen Kämpfen aus ihren europäischen Besitzungen.

Jede Verschiebung der Gewichte auf dem Balkan berührte direkt oder indirekt aber auch die Großmächte, da diese ihre eigenen Interessen bei der Verteilung des osmanischen „Erbes" verfolgten: Russland wollte in erster Linie über den Bosporus (die Meerenge, die das Schwarze Meer mit dem Mittelmeer verbindet) den wirtschaftlich und militärisch bedeutsamen Zugang zum Mittelmeer. Der Vielvölkerstaat Österreich-Ungarn, in dessen Grenzen nach Unabhängigkeit strebende Serben lebten, wollte seine territorialen Besitzungen auf dem Balkan schützen. Das Deutsche Reich hingegen wollte vornehmlich lukrative Geschäfte mit dem Balkan und dem Osmanischen Reich abwickeln. Mit dem ersten ⇨ Balkankrieg wurde offensichtlich, dass diese unterschiedlichen Interessen sich mit denen der zunehmend selbstständig agierenden Balkanvölker nicht mehr in Einklang bringen ließen.

Nur mit Mühe gelang es den nicht unmittelbar betroffenen Großmächten unter Führung Großbritanniens und Deutschlands auf einer internationalen Konferenz in London, die Krise scheinbar zu entschärfen und den Balkan neu zu ordnen. Das Osmanische Reich verlor durch den „Londoner Vertrag" vom Mai 1913 fast alle seine europäischen Territorien.

1913 – Der zweite Balkankrieg

Diese Neuordnung war jedoch nicht von Dauer. Im Streit um die territoriale Beute löste Bulgarien bereits im Sommer 1913 den zweiten Balkankrieg aus. Auch diesen konnten die europäischen Großmächte beenden. Von einer Entspannung auf dem Balkan, dem „Pulverfass Europas", konnte dennoch keine Rede sein. Österreich betrachtete die serbische Unabhängigkeitsbewegung weiterhin als ernsthafte Bedrohung für seinen Vielvölkerstaat.

14 Die Bündnissysteme im Ersten Weltkrieg

→ 8 - 10 S. 380 f.

Das Attentat von Sarajevo

Am 28. Juni 1914 ermordete ein serbischer Nationalist den österreichisch-ungarischen Thronfolger Franz Ferdinand in Sarajevo. Der große Konflikt, der mit viel Mühe in den vorangegangenen Monaten verhindert worden war, schien kaum noch vermeidbar. Österreich-Ungarn beschuldigte die serbische Regierung, der Drahtzieher dieses ⇒ Attentats von Sarajevo zu sein. Deutschland sagte seinem Bündnispartner bedingungslose Unterstützung zu. Am 23. Juli stellte die österreichisch-ungarische Regierung, in der Hoffnung, den Krieg allein auf Serbien beschränken zu können, Belgrad ein bewusst unannehmbar formuliertes Ultimatum. Die eiligen diplomatischen Verhandlungen zwischen den Großmächten konnten die nun ausgelöste Kettenreaktion nicht mehr aufhalten. Der Vorschlag einer Botschafterkonferenz zur Klärung des Konflikts wurde seitens Österreichs nicht aufgegriffen. Auf die deutsche Unterstützung vertrauend erklärte Österreich-Ungarn am 28. Juli Serbien den Krieg. Als Beschützer der slawischen Völker, also auch der Serben, stimmte Zar Nikolaus II. zwei Tage später der russischen Generalmobilmachung zu. Der deutsche ⇒ Schlieffen-Plan setzte aber zwingend voraus, dass Frankreich besiegt würde, noch bevor die russische Armee ihre Mobilmachung beendet hätte. Deshalb erklärte Deutschland zwei Tage nach der Kriegserklärung an Russland am 1. August auch Frankreich den Krieg. Im Zuge des Schlieffen-Plans begann die deutsche Armee dann mit dem Einmarsch in das neutrale Luxemburg und Belgien. Daraufhin erklärte wiederum Großbritannien am 4. August Deutschland den Krieg.
Innerhalb weniger Tage hatte sich aus einer lokalen Krise ein „Weltbrand" entwickelt, der sich von Europa auf Asien, Afrika und die Weltmeere ausweiten und der im Verlauf des über vierjährigen Kriegs die bestehende politische Ordnung in Europa zerstören sollte.

8.2 Der Erste Weltkrieg als „moderner" Krieg

A) Inwiefern lässt sich der Erste Weltkrieg als „moderner" Krieg bezeichnen?
B) Wie sah die öffentliche Meinung zum Krieg aus, wie die der Soldaten?
C) Wie verlief der Krieg an der West- und an der Ostfront?

Der Krieg an der Front

1 „Die Hölle von Verdun"

Ein deutscher Soldat beschreibt einen gegnerischen Angriff vor dem französischen Verdun:

Deutlich sichtbar die einzelnen Körper, der einzelne Mensch, mädchenhafte Schultern, biegsame Hüften, entstellte Gesichter [...] viel zu klein [...] viel zu zart für die schweren, dunkelblauen Stahlhauben. Aber die Augen [...] was für Augen sah man [...] keine Augen von Knaben [...] von Menschen mehr. Tiere, wenn sie morden [...] Welche Erlösung, als das Signal durch die Gräben schrillte und die Feuerwalze in Bewegung kam. In einem dichten Knäuel überschlug sich die erste Reihe, spannte das blutrote Fahnentuch des Todes Hunderte Meter weit über die stacheligen Schnüre, wurde breiter und breiter, grellbeglänzt, wie von Wirbelstürmen bewegt, durchknallt, zerrissen, zerfetzt. Das Krachen der Maschinengewehre überschlug sich in dem rasend angekurbelten Tempo der Salven. [...] Die Franzosen griffen an! In drei, vier Reihen hintereinander rollten die Menschenwellen rotaufschäumend und viele Kilometer breit über die Verhaue. Körper blieben hängen, Leiber mit noch lebenden Bewegungen, die das Hindernis mit dem eigenen Gewicht zerrissen, zerzausten und endlich niedertaumelten, sich krümmten und verreckten, den Boden färbend. [...] Wir krochen und humpelten zurück [...] nicht mehr die Hälfte von dem, was vorher war. Wir schleppten die gefangenen Knaben mit [...] und diese blutenden, zerfetzten und lehmbekrusteten Körper hatten mit einem Male wieder das Knabengesicht [...] die Schüchternheit und die Augenängste ihrer achtzehn Jahre.

Zit. nach: Paul Zech: Von der Maas bis an die Marne. Ein Kriegstagebuch. Frankfurt/M. 1988, S. 120 f.

2 Eine neue Waffe: Gas

Der französische General Henri Mordacq erlebte den ersten deutschen Gasangriff, der am 22. April 1915 vor Ypern stattfand und etwa 4 500 Tote forderte. Seine Meldung lautete:

Ich werde heftig angegriffen. Jetzt breiten sich ungeheure gelbliche Rauchwolken, die von den deutschen Gräben herkommen, über meine ganze Front aus. Die Schützen fangen an, die Gräben zu verlassen und zurückzugehen.

3 Britischer Schützengraben

Der Krieg an der Westfront wurde durch die Schützengräben, also die Befestigungsanlagen der Fußtruppen, geprägt. Diese Gräben, die sich von der Nordsee bis zur Schweizer Grenze zogen, sind zum Sinnbild des Ersten Weltkriegs geworden. Foto vom Juli 1916.

4 Britische Soldaten mit Gasmasken

Mit dem ersten Einsatz von Giftgas begann die Ära der modernen Massenvernichtungswaffen. Deutsche, Franzosen und Briten setzten Gas ein, mit dem zwar keine Schlachten gewonnen wurden, das aber die Gegner in Panik versetzte. Foto von 1916.

5 US-amerikanisches Schlachtschiff USS Oklahoma
Die Hochrüstung zur See war eine der Ursachen für den Ersten Weltkrieg gewesen. Doch entgegen der Annahmen des deutschen Admiralstabs fanden zur See keine kriegsentscheidenden Schlachten statt. Zudem erwies sich die deutsche Flotte als der alliierten Flotte unterlegen. Foto von 1917.

6 Britische Tanks hinter der Front
Der unbewegliche Stellungskrieg führte in England und Frankreich zur Entwicklung von gepanzerten Kampffahrzeugen, den sogenannten „Tanks". Auf deutscher Seite unterschätzte die Oberste Heeresleitung lange die Bedeutung dieses wichtigen Kampfinstruments. Foto von 1918.

Viele fallen erstickt nieder. […] Ich stieg sofort zu Pferde und galoppierte in die Gräben. Als wir uns aber Boesinghe auf 300 oder 400 Meter genähert hatten, fühlten wir heftiges Prickeln in der Nase und Kehle; in den Ohren sauste es; das Atmen fiel schwer; ein unerträglicher Chlorgeruch umgab uns. […] In der Nähe des Dorfes war das Bild, das sich uns bot, mehr als bedauernswert – es war tragisch. Überall Flüchtlinge: Landwehrleute, Afrikaner, Schützen, Zuaven[1] und Artilleristen ohne Waffen – verstört, mit ausgezogenen oder weit geöffneten Röcken und abgenommenen Halsbinden – liefen wie Wahnsinnige ins Ungewisse, verlangten laut schreiend nach Wasser, spuckten Blut, einige wälzten sich sogar am Boden und versuchten vergeblich, Luft zu schöpfen.

Zit. nach: Herbert Krieger (Hrsg.): Handbuch des Geschichtsunterrichts. Bd. 5. Frankfurt/M. 1965, S. 138.

1 Zuave: Mitglied einer speziellen französischen Infanterieeinheit

Auswirkungen der „Materialschlachten" auf die heimische Wirtschaft

7 Das Hindenburg-Programm von 1916: Der Aufruf zum „totalen Krieg"

Aus einer Denkschrift des Chefs der Obersten Heeresleitung (OHL), Generalfeldmarschall Paul von Hindenburg, an den deutschen Reichskanzler vom 2. November 1916:

Im Laufe des Krieges ist der Einfluss der Maschine immer mehr in den Vordergrund gerückt; die Bedeutung der lebenden Kräfte hat sich dagegen verringert; entscheidend ist nicht mehr allein der höhere Wert der Truppe, der nie hoch genug gestellt werden kann, sondern in steigendem Maße die Überlegenheit an Kanonen, Munition und Maschinengewehren. Unsern Gegnern stehen die Fabriken und die Arbeiterschaft der gesamten neutralen Welt zur Verfügung; Deutschland und seine Verbündeten sind lediglich auf die eigenen Mittel angewiesen.
Das geistige Übergewicht des deutschen Soldaten, sein größerer Mut und sein höheres Pflicht- und Ehrgefühl können diese Überlegenheit allein umso weniger ausgleichen, als uns die Feinde auch an Zahl der Menschen weit überlegen sind.
Ähnlich liegen die Dinge für die Volksernährung. Auch diese Frage kann von entscheidender Bedeutung für den Ausgang des Krieges werden, und auch auf diesem Gebiete stehen dem Gegner die reicheren Hilfsquellen zur Verfügung.
Wir können daher den Krieg nur gewinnen, wenn wir dem Heere so viel Kriegsgerät zuführen, dass es den feindlichen Armeen gleich stark gegenübersteht, und wenn wir die Ernährung des gesamten Volkes sicherstellen. Das ist bei den reicheren Mitteln, die unsere Feinde haben, nur möglich, wenn alles, was unser Land an Bodenschätzen birgt und was die Industrie und der Acker hergeben können, ausgenutzt wird lediglich für die Förderung des Krieges. *Dieses Höchstmaß an Leistungen kann aber nur erreicht werden, wenn das gesamte Volk sich in den Dienst des Vaterlandes stellt. Alle anderen Rücksichten müssen dagegen zurücktreten; sie können in einem Kampf, der um Sein oder Nichtsein des Staates, um die Unabhängigkeit, die Wohlfahrt und die Zukunft unseres Volkes entscheiden wird, keine Rolle spielen.* […]

Zit. nach: Rüdiger vom Bruch/Björn Hofmeister (Hrsg.): Deutsche Geschichte in Quellen und Darstellung. Bd. 8: Kaiserreich und Erster Weltkrieg 1871–1918. Stuttgart 2000, S. 402 f. Kursivierung im Original.

8 Deutsches Jagdflugzeug
1903 unternahmen die Brüder Wright in den USA den ersten kontrollierten Motorflug. Nur elf Jahre danach griffen Flugzeuge in das Kampfgeschehen des Weltkriegs ein – zuerst nur für einzelne Aufklärungsflüge, dann auch als Bomber oder Jagdflieger. Foto von 1918.

9 Deutsches U-Boot
Am 1. Februar 1917 begann das Deutsche Kaiserreich den „uneingeschränkten U-Boot-Krieg". Mit der Versenkung von Handelsschiffen sollte Englands Wirtschaft in die Knie gezwungen werden. Trotz anfänglich beträchtlicher Erfolge scheiterte die deutsche Strategie. Undatiertes Foto.

10 Indexzahlen zur Rohstoffversorgung des Deutschen Reichs (1913 = 100)

Jahr	Roheisen	Eisenerz	Stahl	Steinkohle	Erdöl
1914	74,5	71,7	79,7	84,8	91,2
1915	60,1	61,9	69,8	77,2	82,0
1916	68,8	74,6	62,6	83,7	76,6
1917	68,0	78,5	83,1	88,1	74,9
1918	61,4	27,7	68,6	83,2	31,5

Zahlen aus: Walther G. Hoffmann: Das Wachstum der deutschen Wirtschaft seit der Mitte des 19. Jahrhunderts. Berlin 1965, S. 354.

11 Indexzahlen zur Beschäftigung von Männern und Frauen in der deutschen Wirtschaft (01.07.1914 = 100)

Datum	Frauen	Männer	zusammen
01.12.1916	108,1	60,5	77,3
01.01.1917	107,5	60,1	76,9
01.07.1917	115,1	61,1	80,2
01.12.1917	118,5	61,3	81,7
01.01.1918	116,5	60,4	80,4
01.07.1918	116,7	60,8	80,8
01.12.1918	108,7	59,3	76,8

Zahlen aus: Walther G. Hoffmann: Das Wachstum der deutschen Wirtschaft seit der Mitte des 19. Jahrhunderts. Berlin 1965, S. 354.

Arbeitsvorschläge

○○●/○●● a) Skizzieren Sie die in M1 und M2 geschilderten Kriegserfahrungen und stellen Sie darauf basierend begründete Vermutungen an, wie diese die Soldaten mental geprägt haben könnten.

○●● b) Erläutern Sie von Hindenburgs Intention (M7) anhand der Inhalte und seines Einsatzes rhetorischer Mittel, und setzen Sie die Kriegserfahrungen der Soldaten (M1 und M2) in Beziehung zu seinem Aufruf zum „totalen Krieg".

○○● c) Zeigen Sie anhand der Abbildungen M3–M6, M8 und M9 Veränderungen der Kriegführung im 20. Jahrhundert und deren Auswirkungen auf.

○○●/○●● d) Erläutern Sie die Statistiken in M10 und M11 im Kontext der veränderten Kriegführung und zeigen Sie mögliche wirtschaftliche und soziale Auswirkungen auf.

○●● e) Erläutern Sie a) den Schlieffen-Plan, b) die Bündnissysteme im Ersten Weltkrieg und c) den Verlauf des Kriegs mithilfe der Karte M12 auf S. 391.

Grundwissen: Der Erste Weltkrieg als „moderner" Krieg

Der Mythos von der Kriegsbegeisterung

In die Kämpfe des Ersten Weltkriegs zogen Millionen Männer aller Nationen teils freiwillig, teils verpflichtet. Im Sinne des Militarismus und des Nationalismus erzogen meldeten sich viele, vor allem junge Männer, freiwillig zu den Waffen. Sowohl in Großbritannien als auch in Frankreich und Deutschland herrschte teilweise spontane Begeisterung und Zuversicht, einen schnellen Sieg erringen zu können.

Die Bilder junger Männer, die blumengeschmückt und jubelnd ins Feld marschieren, schufen den Mythos, dass die Deutschen über alle Klassenschranken hinweg im Willen vereint waren, für das Vaterland zu kämpfen und zu sterben. Noch heute ist dies so oder ähnlich in vielen Publikationen zu lesen. Neuere Untersuchungen haben jedoch ergeben, dass sich diese Begeisterung in allen am Krieg beteiligten Nationen weitgehend auf Angehörige des jugendlichen akademischen Bildungsmilieus – Studenten und Schüler – und unverheiratete mittlere Angestellte beschränkte. Die Mehrheit der reiferen Männer, Angehörige der Arbeiterschaft und der Landwirtschaft, zog mit Ängsten und Sorgen um Leben und Familie in den Krieg.

Moderne Waffen

➔ 2 - 6 S. 387 f.
➔ 8 - 9 S. 389

Wurde in den Schulen des wilhelminischen Deutschlands der Krieg noch als „ritterliches" Abenteuer des Kampfs „Mann gegen Mann" geschildert, entsprach dieses Bild nicht mehr den technischen Möglichkeiten des Kriegs im Maschinenzeitalter. Im August 1914 standen allen Krieg führenden Ländern hochtechnisierte Waffen zur Verfügung, die den einzelnen Soldaten zu einem kleinen Rädchen im industrialisierten Gemetzel der Schlachten herabstuften. Insbesondere die immer leistungsstärkeren, über viele Kilometer reichenden Artilleriegeschütze sind hier zu nennen, mit denen die Soldaten in manchmal tagelangem Dauerbeschuss der „Materialschlachten" zu Tausenden vernichtet wurden. Im Laufe des Kriegs begann zwischen den Parteien ein Rüstungswettlauf um immer wirkungsvollere Waffen. So wurden der Luftkrieg und der U-Boot-Krieg entwickelt. Auch der Gebrauch von Giftgas, Flammenwerfern oder Panzern ist eine Erfindung des Ersten Weltkriegs.

Der Stellungskrieg

➔ 1 S. 387
➔ 12 S. 391

Die Deutschen hatten den Krieg mit dem Schlieffen-Plan begonnen, der den Durchmarsch durch das neutrale Belgien vorsah, um die französische Armee in einer Flügelzange einzuschließen. Der Plan scheiterte und Ende 1914 war der Bewegungskrieg im Westen zum ➔Stellungskrieg erstarrt. Innerhalb kürzester Zeit bauten beide Seiten ihre Schützengräben zu nur schwer überwindbaren, waffenstarrenden Verteidigungssystemen aus.

Im Laufe der Jahre 1915 und 1916 versuchten sowohl die ➔Alliierten als auch die Deutschen, an der Westfront den Stellungskrieg durch groß angelegte Offensiven wieder zu einem Bewegungskrieg zu machen. Alle Offensiven scheiterten unter zum Teil unglaublichen Verlusten an den überlegenen Defensivwaffen beider Seiten, wobei besonders dem Maschinengewehr und den auch durch mehrtägigen Artilleriebeschuss nicht zu zerstörenden Befestigungen der Schützengräben entscheidende Bedeutung zukam. So hatten die britischen und französischen Truppen bei ihrem Großangriff am französischen Fluss Somme von Juni bis November 1916 etwa 750 000 Mann Verluste (Tote, Vermisste, Gefangene, Verletzte). Die deutsche Offensive bei der französischen Festung Verdun, die beinahe das ganze Jahr 1916 andauerte, führte auf deutscher Seite zu etwa 370 000 Mann Verlusten, davon 150 000 Gefallenen. Auf französischer Seite verloren etwa 167 000 Mann ihr

Leben. Eine weitere erfolglose Offensive der deutschen Truppen war die zweite Flandernschlacht um das belgische Ypern von April bis Mai 1915, bei der der erste Giftgaseinsatz der Kriegsgeschichte erfolgte.

Deutschland in der öffentlichen Meinung

Einen wichtigen Kampf hatte Deutschland jedoch bereits zu Beginn des Kriegs verloren: In der internationalen Öffentlichkeit stand Deutschland wegen des Einfalls in das neutrale Belgien als Aggressor da. Die alliierte Propaganda nutzte dies für eine wirksame Stigmatisierung der Deutschen als „Hunnen" und „Barbaren". Mit willkürlichen Geiselerschießungen und der Niederbrennung der weltberühmten Bibliothek von Löwen hatten die Deutschen in Belgien gleich zu Beginn des Kriegs schwere Verbrechen begangen, mit denen sie sich eindeutig ins Unrecht gesetzt hatten.

Der Krieg im Osten

Im Osten blieb das Kriegsgeschehen wechselhafter und vor allem in Bewegung. Anfängliche Vorstöße der russischen Armee, deren Mobilisierung sich schneller vollzogen hatte als von der deutschen Militärführung erwartet, konnten die Deutschen und nach dem Beistand durch den deutschen Bündnispartner auch die Österreicher erfolgreich abwehren. Deutsche Truppen besetzten Teile des heutigen Polens sowie das Baltikum und organisierten dort ein repressives Besatzungsregime. Doch trotz der Tatsache, dass die Truppen der ⇒ Mittelmächte auf feindlichem Gebiet standen, waren sie wie ihre Gegner der ⇒ Entente weit davon entfernt, den Krieg militärisch gewinnen zu können.

12 Kriegsverlauf des Ersten Weltkriegs in Europa und im Nahen Osten

8.3 Epochenjahr 1917

A) Aus welchen Gründen und in Bezug auf welche Kriegsparteien wird das Jahr 1917 als Epochenjahr bezeichnet?
B) Wie verliefen in Russland die Revolutionen von 1917 und welche Konsequenzen hatten sie?

Der Kriegseintritt der USA

1 Die „Zimmermann-Depesche" vom 19. Januar 1917

Das folgende Telegramm des deutschen Staatssekretärs im Auswärtigen Amt Arthur Zimmermann (1864–1940), die sogenannte „Zimmermann-Depesche", war für den deutschen Botschafter in Washington bestimmt. Es wurde vom britischen Geheimdienst abgefangen, entschlüsselt und am 1. März 1917 in der US-amerikanischen Presse veröffentlicht:

Staatssekretär Zimmermann an Botschafter Graf Bernstorff (Washington)
Telegramm Nr. 158. Ganz geheim.
Berlin, 19. Januar 1917.

Zu Euerer Exzellenz ausschließlich persönlichen Information und Weitergabe an Kaiserlichen Gesandten (Mexiko) auf sicherem Wege: Telegramm Nr. 1 – Ganz geheim – Selbst entziffern

Wir beabsichtigen, am 1. Februar uneingeschränkten U-Boot-Krieg zu beginnen. Es wird versucht werden, Amerika trotzdem neutral zu erhalten.

Für den Fall, dass dies nicht gelingen sollte, schlagen wir Mexiko auf folgender Grundlage Bündnis vor: Gemeinsame Kriegführung. Gemeinsamer Friedensschluss. Reichliche finanzielle Unterstützung und Einverständnis unsererseits, dass Mexiko in Texas, Neu-Mexiko, Arizona früher verlorenes Gebiet zurückerobert. Regelung im Einzelnen Euer Hochwohlgeboren überlassen.

Euer Hochwohlgeboren wollen Vorstehendes Präsidenten[1] streng geheim eröffnen, sobald Kriegsausbruch mit Vereinigten Staaten feststeht, und Anregung hinzufügen, Japan von sich aus zu sofortigem Beitritt einzuladen und gleichzeitig zwischen uns und Japan zu vermitteln.

Bitte Präsidenten darauf hinzuweisen, dass rücksichtslose Anwendung unserer U-Boote jetzt Aussicht bietet, England in wenigen Monaten zum Frieden zu zwingen.

Empfang bestätigen.

Zit. nach: Herbert Michaelis/Ernst Schraepler (Hrsg.): Ursachen und Folgen. Vom deutschen Zusammenbruch 1918 und 1945 bis zur staatlichen Neuordnung Deutschlands in der Gegenwart. Bd. 1: Die Wende des Weltkrieges und der Beginn der innerpolitischen Wandlung 1916/1917. Berlin 1958, S. 151 f.

1 Gemeint ist der mexikanische Präsident.

2 Wilsons Rede zur Kriegserklärung an Deutschland am 2. April 1917

Zu Beginn des Ersten Weltkriegs hatte der US-Präsident Woodrow Wilson erklärt, die Vereinigten Staaten müssten neutral bleiben. Doch am 6. April 1917 traten die USA in den Krieg gegen Deutschland und seine Verbündeten ein:

Neutralität ist nicht länger durchführbar oder wünschenswert, wo es um den Frieden der Welt und die Freiheit ihrer Völker geht […]

Wir haben keinen Streit mit dem deutschen Volk. Wir haben keine andere Empfindung ihm gegenüber als eine der Sympathie und Freundschaft. Es war nicht auf seinen Impuls hin, dass seine Regierung handelte, als sie in diesen Krieg eintrat. Es geschah nicht mit seinem vorherigen Wissen oder Beifall. Es war ein Krieg, über den entschieden wurde, wie über Kriege zu entscheiden werden pflegte in alten, unglücklichen Zeiten, als die Völker nirgendwo von ihren Herrschern zu Rate gezogen und Kriege provoziert wurden im Interesse von Dynastien oder kleinen Gruppen ehrgeiziger Leute, die ihre Mitmenschen als Schachfiguren oder Werkzeuge zu benützen gewohnt waren. […]

Wir verlangen nach keiner Eroberung, keiner Herrschaft. Wir suchen nach keinem Schadenersatz für uns selbst, keine materielle Entschädigung für die Opfer, die wir bereitwillig bringen werden. Wir sind lediglich einer der Vorkämpfer für die Rechte der Menschheit. […]

Es ist eine schmerzliche und bedrückende Pflicht, meine Herren Kongressabgeordneten, die ich mit dieser Botschaft erfüllt habe. Wir haben vielleicht viele Monate der Feuerprobe und des Opfers vor uns. Es ist eine fürchterliche Sache, dieses große friedfertige Volk in den Krieg zu führen, in den schrecklichsten und verheerendsten aller Kriege, in dem die Zivilisation selbst auf dem Spiele zu stehen scheint. Aber das Recht ist wertvoller als der Friede, und wir werden für die Dinge kämpfen, die wir stets unserem Herzen zunächst getragen haben – für die Demokratie, für das Recht jener, die der Autokratie unterworfen sind, auf ein Mitspracherecht bei ihrer Regierung, für die Rechte und Freiheiten kleiner Nationen, für eine allgemeine Herrschaft des Rechts durch ein Konzert der freien Völker, das allen Nationen Frieden und Sicherheit bringen und die Welt selbst endlich frei machen wird. Solch einer Aufgabe können wir unser Leben und unser Vermögen weihen, alles, was wir sind, und alles, was wir haben, mit dem Stolz derer, die wissen, dass der Tag gekommen ist, da Amerika die Auszeichnung erfährt, sein Blut und seine Macht für die Prinzipien darzubringen, denen es seine Geburt und sein Glück und den Frieden verdankt, den es wertschätzte. Gott helfe ihm, es kann nicht anders.

Zit. nach: Helmut Schambeck et al. (Hrsg.): Dokumente zur Geschichte der Vereinigten Staaten von Amerika. Berlin 1993, S. 434 ff.

3 „I want you for U.S. Army"

US-amerikanisches Plakat von James Montgomery Flagg aus dem Jahr 1917. Mehr als vier Millionen Kopien des Plakats wurden allein im Ersten Weltkrieg gedruckt. Auch während des Zweiten Weltkriegs wurde es verwendet.

4 Senator George W. Norris aus Nebraska zur Kriegsbotschaft Präsident Wilsons im April 1917

Seit Kriegsbeginn unterstützten die USA die Entente-Mächte, indem sie diese mit Krediten, Rohstoffen und Waffen versorgten. So sorgte das Kriegsgeschäft für die Erholung der 1914 schwachen US-amerikanischen Wirtschaft.

Nach meiner Meinung hätten wir von Anfang an die strikteste Neutralität wahren sollen. Wenn wir das getan hätten, stünden wir jetzt nicht am Rande des Krieges. Der Krieg bringt Reichtum für die Spekulanten der Wall Street. […] Sie wollen Geld verdienen durch den Krieg. […] Wir gehen in den Krieg auf Befehl des Geldes. […] Die Folgen können sein, dass Millionen unserer Brüder ihr Blut vergießen müssen, dass Millionen Frauen weinen müssen […] und alles nur, weil wir das Recht amerikanischer Bürger wahren wollten, Waffen an Krieg führende Staaten zu liefern.

Zit. nach: Richard Hofstadter: Great Issues in American History. Bd. 2. New York, S. 219 ff.

Die Februar- und die Oktoberrevolution in Russland

5 Flugblatt der Bolschewiki im März 1917

Russland erlebte im März 1917 (Februar nach damaliger russischer Zeitrechnung) eine Revolution, die das Ende der 300-jährigen Zarendynastie zur Folge hatte. Aus einem Flugblatt der marxistischen Partei der Bolschewiki:

Wir wollen Krieg führen gegen diesen Krieg. […] Einunddreißig Monate menschlichen Gemetzels bescherten dem Volk den Verlust vieler Millionen Leben, Millionen Krüppel, Wahnsinnige und Kranke, Kriegsdrill in den Fabriken, Leibeigenschaft auf dem Lande, Auspeitschung und Beleidigungen für die Matrosen, Mangel an Lebensmitteln, Teuerung, Hunger. Nur der kleine Haufen herrschender Kapitalisten und Großgrundbesitzer schreit nach dem Krieg, erwirbt bei dem blutigen Geschäft großen Profit. […] Weg mit dem Krieg! Es lebe die Brüderlichkeit unter den Arbeitern!

Zit. nach: Horst Günther Linke: Die russischen Revolutionen 1905/17. Zusammenbruch der zaristischen Herrschaft und Machtergreifung der Bolschewiki. Stuttgart 1991, S. 53.

6 Aus einem Manifest der Provisorischen Regierung vom 9. April 1917

Nach der Revolution vom März 1917 und der Abdankung des Zaren bildeten die bürgerlichen Parteien des russischen Parlaments (der Duma) die „Provisorische Regierung". Diese konnte allerdings nicht ohne die Arbeiterräte regieren, die sich zeitgleich gebildet hatten.

Bürger!

[…] Die Provisorische Regierung macht mit der tatkräftigen Unterstützung des Volkes jede Anstrengung, um die Missstände, die uns das alte Regime hinterlassen hat, zu beseitigen. Aber die Zeit wartet nicht. Das Blut zahlreicher Söhne des Vaterlands ist in diesen zweieinhalb Jahren ohne Aufhören geflossen.

7 „Lenin verkündet die Sowjetmacht"
Ausschnitt eines Gemäldes von Wladimir Serow aus dem Jahr 1947. Im November 1917 putschten die Bolschewiki gegen die Regierung. Daraufhin verkündete Lenin, der Anführer der Bolschewiki, im „Winterpalais", dem Sitz der Regierung, die Macht der Räte. Hinter Lenin steht der spätere sowjetische Diktator Stalin (1878–1953), den der Maler 1957 aus dem Bild entfernen musste.

Aber das Land ist noch immer dem Angriff eines mächtigen Feindes ausgesetzt, der ganze Provinzen unseres Territoriums besetzt hält und uns jetzt in den ersten Tagen der russischen Freiheit mit neuen entscheidenden Angriffen bedroht. Die unbedingte Verteidigung unserer Heimat und die Befreiung des Landes von dem Feind, der unsere Grenzen überrannte – das ist die erste unabänderliche Pflicht unserer Soldaten, die die Freiheit des Volkes verteidigen.

Die Provisorische Regierung überlässt es dem Willen des Volkes, in engstem Verein mit unseren Verbündeten alle Probleme, die mit dem Weltkrieg und seiner Beendigung zusammenhängen, in letzter Instanz selbst zu lösen. Sie glaubt sich daher jetzt zu der Erklärung berechtigt und verpflichtet, dass das Ziel des freien Russlands nicht die Herrschaft über andere Völker ist, nicht die Wegnahme ihrer nationalen Besitzungen, nicht die gewaltsame Aneignung des Gebietes anderer Völker, sondern ein endgültiger Friede auf der Grundlage des Selbstbestimmungsrechts der Völker […].

Zit. nach: Wolfgang Lautemann/Manfred Schlenke (Hrsg.): Geschichte in Quellen. Bd. 5: Weltkriege und Revolutionen 1914–1945. Bearb. v. Günter Schönbrunn. München 1979, S. 70.

8 Aus Lenins „April-Thesen", 7. April 1917

Gegen die Provisorische Regierung agierte unter anderem die Partei der „Bolschewiki". Diese wollten die Umwandlung des Zarenreichs in eine sozialistische Republik erreichen. Führender Kopf der Partei war Wladimir Iljitsch Uljanow, genannt „Lenin".

1. In unserer Stellung zum Krieg, der von Seiten Russlands auch unter der neuen Regierung Lwow[1] und Co. – infolge des kapitalistischen Charakters dieser Regierung – unbedingt ein räuberischer imperialistischer Krieg bleibt, sind auch die geringsten Zugeständnisse an die „revolutionäre Vaterlandsverteidigung" unzulässig. […]

2. Die Eigenart der gegenwärtigen Lage in Russland besteht im Übergang von der ersten Etappe der Revolution, die infolge des ungenügend entwickelten Klassenbewusstseins und der ungenügenden Organisiertheit des Proletariats der Bourgeoisie die Macht gab, zur zweiten Etappe der Revolution, die die Macht in die Hände des Proletariats und der ärmsten Schichten der Bauernschaft legen muss. […]

3. Keinerlei Unterstützung der Provisorischen Regierung, Aufdeckung der ganzen Verlogenheit aller ihrer Versprechungen, insbesondere hinsichtlich des Verzichts auf Annexionen. […]

4. Anerkennung der Tatsache, dass unsere Partei in den meisten Sowjets[2] der Arbeiterdeputierten in der Minderheit, vorläufig sogar in einer schwachen Minderheit ist [...]. Solange wir in der Minderheit sind, besteht unsere Arbeit in der Kritik und Klarstellung der Fehler, wobei wir gleichzeitig die Notwendigkeit des Übergangs der gesamten Staatsmacht an die Sowjets der Arbeiterdeputierten propagieren, damit die Massen sich durch die Erfahrung von ihren Irrtümern befreien.

5. Keine parlamentarische Republik – von den Sowjets der Arbeiterdeputierten zu dieser zurückzukehren, wäre ein Schritt rückwärts –, sondern eine Republik der Sowjets der Arbeiter-, Landarbeiter- und Bauerndeputierten im ganzen Lande, von unten bis oben. Abschaffung der Polizei, der Armee, der Beamtenschaft.

Entlohnung aller Beamten, die durchweg wählbar und jederzeit absetzbar sein müssen, nicht über den Durchschnittslohn eines guten Arbeiters hinaus.

6. Im Agrarprogramm Verlegung des Schwergewichts auf die Sowjets der Landarbeiterdeputierten. Konfiskation aller Gutsbesitzerländereien. Nationalisierung des gesamten Bodens im Lande; die Verfügungsgewalt über den Boden liegt in den Händen der örtlichen Sowjets der Landarbeiter- und Bauerndeputierten. [...]

7. Sofortige Verschmelzung aller Banken des Landes zu einer Nationalbank und Errichtung der Kontrolle über die Nationalbank durch den Sowjet der Arbeiterdeputierten.

8. Nicht „Einführung" des Sozialismus als unsere unmittelbare Aufgabe, sondern augenblicklich nur zur Kontrolle über gesellschaftliche Produktion und die Verteilung der Erzeugnisse durch den Sowjet der Arbeiterdeputierten.

Zit. nach: Wladimir Iljitsch Lenin: Werke. Bd. 24. Berlin 1959, S. 3–6.

1 Fürst Georgi Lwow (1861–1925) amtierte als erster Ministerpräsident der Provisorischen Regierung von Februar bis Juli 1917. Sein Nachfolger wurde General Alexander Kerenskij.

2 Sowjet (russ.): „Rat" (Gremium)

9 Lenins Dekret zur Auflösung der verfassunggebenden Versammlung vom 6. Januar 1918

Im November 1917 wurde in Russland eine verfassunggebende (konstituierende) Versammlung gewählt. Die Bolschewiki erhielten lediglich 25 Prozent der Stimmen, Gewinner der Wahl waren die Sozialrevolutionäre. Am 6. Januar 1918 ließ Lenin die Versammlung mit Waffengewalt auflösen.

Im Laufe der ganzen ersten Periode der russischen Revolution mehrten sich die Sowjets, wuchsen und erstarkten [...]. Die Konstituierende Versammlung, gewählt aufgrund von Kandidatenlisten, die vor der Oktoberrevolution aufgestellt worden waren, brachte das alte politische Kräfteverhältnis zum Ausdruck [...]. Das Volk konnte damals, als es für die Kandidaten der Partei der Sozialrevolutionäre stimmte, nicht zwischen den Rechten Sozialrevolutionären, den Anhängern der Bourgeoisie, und den Linken Sozialrevolutionären, den Anhängern des Sozialismus, seine Wahl treffen. So kam es, dass diese Konstituierende Versammlung, die die Krönung der bürgerlichen parlamentarischen Republik sein sollte, sich der Oktoberrevolution und der Sowjetmacht unvermeidlich in den Weg stellen musste. [...]

Jeder Verzicht auf die uneingeschränkte Macht der Sowjets, auf die vom Volk eroberte Sowjetrepublik zugunsten des bürgerlichen Parlamentarismus und der Konstituierenden Versammlung wäre jetzt ein Schritt rückwärts, würde den Zusammenbruch der ganzen Oktoberrevolution der Arbeiter und Bauern bedeuten. [...]

Deswegen beschließt das Zentralratsvollzugskomitee: Die Konstituierende Versammlung wird aufgelöst.

Zit. nach: Wladimir Iljitsch Lenin: Ausgewählte Werke. Bd. 2. Berlin 1966, S. 601 f.

Deutschland 1917: Der Ruf nach Frieden

10 Die Friedensresolution des Deutschen Reichstags vom 19. Juli 1917

Unter der Führung des Zentrumspolitikers Matthias Erzberger verabschiedete der Reichstag mit 216 zu 126 Stimmen die folgende „Friedensresolution". Auf Druck der OHL wurde die Resolution jedoch nie umgesetzt.

Wie am 4. Aug. 1914 gilt für das deutsche Volk auch an der Schwelle des vierten Kriegsjahres das Wort der Thronrede „Uns treibt nicht Eroberungssucht"[1]. Zur Verteidigung seiner Freiheit und Selbstständigkeit, für die Unversehrtheit seines territorialen Besitzstandes hat Deutschland die Waffen ergriffen. Der Reichstag erstrebt einen Frieden der Verständigung und der dauernden Versöhnung der Völker. Mit einem solchen Frieden sind erzwungene Gebietserwerbungen und politische, wirtschaftliche oder finanzielle Vergewaltigungen unvereinbar. Der Reichstag weist auch alle Pläne ab, die auf eine wirtschaftliche Absperrung und Verfeindung der Völker nach dem Kriege ausgehen. Die Freiheit der Meere muss sichergestellt werden. Nur der Wirtschaftsfriede wird einem freundschaftlichen Zusammenleben der Völker den Boden bereiten. Der Reichstag wird die Schaffung internationaler Rechtsorganisationen tatkräftig fördern. Solange jedoch die feindlichen Regierungen auf einen solchen Frieden nicht eingehen, solange sie Deutschland und seine Verbündeten mit Eroberung und Vergewaltigung bedrohen, wird das deutsche Volk wie ein Mann zusammenstehen, unerschütterlich ausharren und kämpfen, bis sein und seiner Verbündeten Recht auf Leben und Freiheit gesichert ist. In seiner Einigkeit ist das deutsche Volk unüberwindlich. Der Reichstag weiß sich darin eins mit den Männern, die in heldenhaftem Kampfe das Vaterland schützen. Der unvergängliche Dank des ganzen Volkes ist ihnen sicher.

Zit. nach: Ernst Johann: Innenansicht eines Krieges. Deutsche Dokumente 1914–1918. München 1973, S. 146 f.

1 (→ s. S. 381 f., M11)

11 Argumente gegen Friedensverhandlungen

Der Abgeordnete Kuno Graf Westarp (Deutschkonservative Partei) im Reichstag während der Debatte über die Friedensresolution am 19. Juli 1917:

[…] Den heldenhaften Taten unserer Truppen zu Lande und zu Wasser wird der volle Sieg beschieden sein. Gebiete von der Größe des Deutschen Reiches sind mit dem Blut unserer Brüder und Söhne gewonnen. An den ehernen Mauern weit in Feindesland wird wie bisher jeder Anprall einer Welt von Feinden zerschellen. Dem bevorstehenden feindlichen Ansturm, in dem Flandern das Losungswort heißt, werden wir standhalten. Unsere U-Boote fügen England, das die ganze Welt gegen uns ins Feld führt, Monat für Monat, unüberwindlich und unabwendbar, einen Schaden zu, den es auf die Dauer nicht ertragen wird. Auf das Urteil unserer Heerführer gestützt, erwarten wir mit unerschütterlicher Zuversicht den vollen Sieg unserer Waffen. Ihm allein werden wir den Frieden verdanken. Bis er eintritt, muss, will und kann unser Volk aller Entbehrungen, aller Schwierigkeiten unserer wirtschaftlichen Lage Herr werden.

Zu Friedensverhandlungen wird Deutschland bereit sein, sobald die Feinde unter uneingeschränktem Verzicht auf ihre Forderungen zwangsweiser Gebietserwerbungen und Entschädigungen sie anbieten. Dann wird es die Aufgabe sein, den Frieden so zu gestalten, dass er Deutschland und seinen Verbündeten Dasein, Zukunft und Entwicklungsfreiheit wirksam sichert. Unsere Grenzmarken müssen für alle Zeiten besser geschützt sein; Ostpreußen darf nicht wieder den Gräueln eines Russeneinfalls ausgesetzt werden. An unseren stets vertretenen Auffassungen über das, was der Friede dem deutschen Vaterlande bringen soll, halten wir auch heute unbeirrt fest.

Durch Verständigung, die allein auf dem guten Willen der Feinde beruht, lassen sich diese Ziele nicht erreichen. Von entscheidender Bedeutung für die Gestaltung des Friedens wird allein die militärische Lage sein, wie sie sich zur Stunde der Verhandlungen gestaltet haben wird.

Zit. nach: Herbert Michaelis/Ernst Schraepler (Hrsg.): Ursachen und Folgen. Vom deutschen Zusammenbruch 1918 und 1945 bis zur staatlichen Neuordnung Deutschlands in der Gegenwart. Bd. 1: Die Wende des Weltkrieges und der Beginn der innerpolitischen Wandlung 1916/1917. Berlin 1958, S. 40 f.

Arbeitsvorschläge

○○● a) Nennen Sie die verschiedenen Gründe in M1, M2 und M4 für und gegen den Kriegseintritt der USA.

○●● b) Analysieren Sie die verwendeten Elemente zur Anwerbung für den Kriegsdienst auf dem Poster M3 und stellen Sie begründete Vermutungen über seinen erfolgreichen Einsatz im Ersten und Zweiten Weltkrieg an.

○○● c) Skizzieren Sie die Lage Russlands im Februar 1917 auf der Basis von M5.

○○● d) Zeigen Sie auf, welche gesellschaftlichen Leitbilder sich den Stellungnahmen in M5 und M6 zuordnen lassen.

○●●/●●● e) Vergleichen Sie die Einschätzung der militärischen Lage Russlands in M6 und M8 und die daraus abgeleiteten Forderungen. Erläutern Sie sie im Hinblick auf die Position des jeweiligen Verfassers.

●●● f) Beurteilen Sie die Gründe, die von Lenin für die Auflösung der konstituierenden Versammlung in M9 angeführt werden.

○●●/●●● g) Vergleichen Sie die Darstellung der Herrscher in M7 und in M12 auf Seite 382 im Kontext ihres jeweiligen politischen Systems. Setzen Sie M7 auch in Beziehung zu den Quellenaussagen Lenins. (M8, M9)

○●● h) Stellen Sie die Argumentation für und gegen Frieden gegenüber. (M10, M11)

●●● i) Prüfen Sie auf der Basis der Quellen M1–M11, inwiefern der Begriff „Epochenjahr“ für 1917 gerechtfertigt sein könnte. Überlegen Sie, welche Kriterien für eine solche Zuschreibung gelten könnten und schlagen Sie begründet andere Epochenjahre in der Geschichte vor.

Grundwissen: Epochenjahr 1917

12 US-amerikanisches Plakat von 1917

→ 1 - 4 S. 392 f.
→ 12 S. 397

Das Jahr 1917 als „Epochenjahr"

Das Jahr 1917 wird von vielen Historikern als „Epochenjahr" bezeichnet, dies vor allem wegen zweier Ereignisse: Erstens traten in diesem Jahr die USA in den Krieg ein. Zweitens wurde in Russland im März des Jahres (nach dem dort bis 1918 geltenden julianischen Kalender im Februar) der Zar gestürzt. Das ehemalige Zarenreich wurde dann ab November (dort Oktober) von den „Bolschewiki" in eine sozialistische Sowjetrepublik verwandelt. Dies markiert den Beginn des ersten sozialistischen Staats, der „Union der Sozialistischen Sowjetrepubliken" (UdSSR), die nach 1945 zu einem gefährlichen Rivalen der USA im sogenannten „Kalten Krieg" werden sollte (→ **s. Kap. 10.1**).
Aus deutscher Sicht waren weitere Ereignisse von Bedeutung: Der Hungerwinter 1916/1917, der viele Menschen an der „Heimatfront" das Leben kostete, die Aufnahme des „uneingeschränkten U-Boot-Kriegs" am 1. Februar, die Osterbotschaft Kaiser Wilhelms II. vom 7. April, in der er für die Zeit nach dem Krieg umfangreiche Reformen verkündete, die Abspaltung der USPD von der SPD im April, die Entlassung des bisherigen Reichskanzlers Bethmann Hollweg, die Friedensresolution des Deutschen Reichstags vom 19. Juli und die im August mit Hinrichtungen beendete Meuterei von Matrosen in Wilhelmshaven.
In Frankreich hingegen sind es vor allem die gescheiterten Offensiven und die damit verbundenen, teilweise blutig niedergeschlagenen Rebellionen vieler französischer Soldaten, die dort bis heute mit dem Jahr 1917 in Verbindung gebracht werden.

Die USA 1917: Eintritt in den Ersten Weltkrieg

Noch im Januar 1917 ging der US-amerikanische Präsident Woodrow Wilson davon aus, die USA aus dem Krieg heraushalten zu können. Im Februar begann die deutsche Seite dann aber mit dem „uneingeschränkten U-Boot-Krieg": Deutsche U-Boote wurden befugt, ohne Vorwarnung alle Schiffe in britischen Gewässern – auch neutrale Handelsschiffe – anzugreifen. Auf diese Weise hoffte man, den nötigen Nachschub Großbritanniens zu unterbrechen und zusätzlich die britische Seeblockade gegen die Mittelmächte lockern zu können. Zu den neutralen Handelsschiffen gehörten auch solche unter US-amerikanischer Flagge, da die USA seit Kriegsbeginn faktische Unterstützer der Alliierten gewesen waren. Die vor 1914 schwächelnde US-amerikanische Wirtschaft profitierte von kriegsbedingten Aufträgen der Entente-Mächte. So war zum Beispiel von 1914 bis 1917 der Wert der aus den USA exportierten Sprengstoffe durch die alliierten Aufträge von 6,3 auf 803 Millionen Dollar angestiegen. Als Reaktion auf den U-Boot-Krieg brachen die USA am 3. Februar die diplomatischen Beziehungen zu Deutschland ab.
Knapp einen Monat später wurde in den USA die sogenannte „Zimmermann-Depesche" veröffentlicht. Dieses Telegramm des deutschen Staatssekretärs im Auswärtigen Amt, Arthur Zimmermann, an den deutschen Gesandten in Mexiko war zuvor vom britischen Geheimdienst abgefangen worden. In dem Schreiben ver-

sprach Zimmermann Mexiko Gebietsgewinne zulasten der USA, wenn das Land an der Seite Deutschlands in den Krieg eintreten sollte. Die Wirkung für das deutsche Ansehen in den USA war verheerend.
Nachdem der deutsche U-Boot-Krieg dann auch das Leben US-amerikanischer Seeleute und Schiffspassagiere forderte, erklärte US-Präsident Wilson am 2. April vor beiden Häusern des Kongresses den Kriegszustand. Am 6. April stimmte der Kongress für den Krieg gegen Deutschland. Über zwei Millionen US-amerikanische Soldaten sollten bis zum Kriegsende gegen Deutschland und seine Verbündeten antreten.

Wladimir Iljitsch Uljanow, genannt „Lenin" (1870–1924)
Russischer Politiker, Gründer der Bolschewiki, einer Fraktion der Sozialdemokratischen Arbeiterpartei Russlands, gilt als Begründer der Sowjetunion. Foto um 1920.

→ 5 - 6 S. 393 f.
→ 8 S. 394 f.

Russland vor 1914

Das russische Zarenreich war zu Beginn des Kriegs ein Land mit großen sozialen Spannungen. Einer sehr schmalen wohlhabenden Führungsschicht standen Millionen benachteiligter Bauern und Industriearbeiter gegenüber. Nach einer Revolution im Jahre 1905 gewährte der Zar Rede-, Presse- und Versammlungsfreiheit, und es konnte ein Parlament, die Duma, gewählt werden. Die radikalsten Vorstellungen unter den sich gründenden Parteien gingen von den Bolschewiki aus. Die marxistischen Bolschewiki (russ.: „Mehrheitler"), die vor allem von Arbeitern unterstützt wurden, wollten die Umwandlung des Zarenreichs in eine sozialistische Republik. Der Staat sollte durch „Sowjets" (russ.: „Räte"), bestehend aus Arbeitern und Bauern, geleitet werden. Geführt wurde die Partei durch den Anwalt Wladimir Iljitsch Uljanow, genannt „Lenin".

Russland 1917: Der Weg in die „Oktoberrevolution"

Bis zum Ersten Weltkrieg konnten die sozialen Probleme jedoch nicht gelöst werden. Nach schweren Niederlagen der russischen Armee in den Jahren 1915 und 1916 traten die sozialen Gegensätze in der Gesellschaft umso stärker wieder zutage.
Anfang März 1917 kam es so zu anhaltenden Hungerrevolten, Streiks und Demonstrationen. Besonders radikal war dabei die Situation in der damaligen Hauptstadt Petrograd (St. Petersburg). Den Befehl des Zaren, die Unruhen mit Waffengewalt zu beenden, verweigerten viele Soldaten. Die Regierung verlor die Kontrolle über die Hauptstadt. Die spontane Revolution erfasste die wichtigsten Städte des Landes und Zar Nikolaus II. wurde am 16. März (nach gregorianischem Kalender) zur Abdankung gezwungen. Die sich bildenden Arbeiter- und Soldatenräte wählten ein Exekutivkomitee als gemeinsame Interessenvertretung: den Petrograder Sowjet. Die bürgerlichen Parteien der Duma waren ihrerseits von der Situation überfordert und bildeten eine Provisorische Regierung. Diese „Doppelherrschaft", in der weder der Petrograder Sowjet noch die Provisorische Regierung die volle Regierungsverantwortung übernehmen wollten, führte zu weiteren Krisen im April und Juli.
Die Provisorische Regierung zeigte sich nicht in der Lage, die drängenden Versorgungsprobleme in den Griff zu bekommen. Hinzu kam, dass sie den Krieg fortsetzte. Im Juli 1917 übernahm der Kriegsminister Alexander Fjodorowitsch Kerenskij zusätzlich das Amt des Ministerpräsidenten. Er verkündete offiziell die Einführung der Republik und setzte den Wahltermin zu einer verfassunggebenden Versammlung für den 12. November fest.

→ 7 S. 394
→ 9 S. 395

Russland 1917: Die „Oktoberrevolution"

Die Bolschewiki unter Lenin waren jedoch nicht an der Staatsform der Republik interessiert. Zwischen dem 7. und 8. November 1917 (bzw. dem 25. und 26. Oktober nach damaliger russischer Zeitrechnung) belagerten und stürmten die Bolschewiki das Winterpalais in Petrograd, den Sitz der Provisorischen Regierung. Die Mitglieder der Regierung wurden verhaftet und Ministerpräsident Kerenskij floh ins Ausland. Bei der Wahl zur verfassunggebenden Versammlung vom 12. November 1917

erhielten die Bolschewiki lediglich 25 Prozent der Abgeordnetensitze. Als stärkste Kraft gingen die gemäßigteren Sozialrevolutionäre aus der Wahl hervor. Daraufhin ließ Lenin die Versammlung im Januar 1918 gewaltsam auflösen und etablierte damit die Diktatur seiner Partei, die ihren Militärputsch um das Winterpalais als „Oktoberrevolution" feierte.
Wie es dieser kleinen, im Volk so wenig beliebten Partei überhaupt gelingen konnte, die Macht an sich zu reißen, wird von Historikern kontrovers diskutiert. Eine mögliche Erklärung ist, dass die Hoffnungen des Volks nach der Februarrevolution und dem Sturz des Zaren enttäuscht wurden: Der Krieg wurde fortgeführt und die Lebensverhältnisse wurden nicht besser, sondern schlechter. In dieser Situation konnte Lenin auftrumpfen, indem er unter anderem den sofortigen Frieden durchsetzte – und es gab niemanden, der dem Volk etwas Besseres hätte bieten können.

Russland 1917–1918 und der Frieden von Brest-Litowsk

Nach der Auflösung der verfassunggebenden Versammlung boten die Bolschewiki den Mittelmächten einen sofortigen Waffenstillstand an. Im folgenden Separatfrieden von Brest-Litowsk (einem Ort an der Westgrenze des heutigen Weißrusslands) vom 3. März 1918 zwischen dem Deutschen Reich und Russland musste die bolschewistische Regierung gegen heftigen Widerstand aus den eigenen Reihen große Teile des ehemaligen Staatsgebiets aufgeben. Finnland, das Baltikum, Polen, Georgien und die Ukraine lösten sich von Russland und wurden teilweise von deutschen Truppen besetzt.
Die Hoffnung Lenins auf eine Ruhephase zur Stabilisierung der bolschewistischen Herrschaft erfüllte sich aber nicht. Ehemalige zaristische Generäle stellten Freiwilligenverbände („die Weißen") gegen die bolschewistischen Milizen („die Roten") auf. Ab Frühsommer 1918 intervenierten auch alliierte Truppen zur Unterstützung der „Weißen" in Russland. Das Land versank in einen mehrjährigen blutigen Bürgerkrieg, der dem künftigen Diktator Russlands, Josef Stalin, den Weg zur Macht ebnete.

Deutschland 1917: Innenpolitische Konflikte

→ 10 - 11 S. 395 f.

In Deutschland brachen im Jahr 1917 die alten Gegensätze zwischen den Parteien wieder auf. Hatten im August 1914 noch alle Parteien im Reichstag der Aufnahme von Kriegskrediten zugestimmt, entbrannte im Sommer 1917 ein offener Streit um die Zustimmung zu weiteren Krediten. Diese Auseinandersetzungen führten schließlich zur Spaltung der Sozialdemokratie, als sich der linke Flügel als Unabhängige Sozialdemokratische Partei Deutschlands (USPD) von der SPD abspaltete.
Ein weiterer Konflikt trat auf, als eine Koalition aus den Mehrheitsparteien des Reichstags (SPD, Zentrum und Fortschrittliche Volkspartei) unter der Führung des Zentrumspolitikers Matthias Erzberger mehrheitlich eine Friedensresolution verabschiedete, in der sie einen Verständigungsfrieden forderte. Die Resolution führte aber zu keinen ernsthaften Friedensverhandlungen, da der geforderte Verständigungsfrieden von Konservativen, Nationalliberalen und der Obersten Heeresleitung (OHL) strikt abgelehnt wurde. Diese setzten weiterhin auf einen Siegfrieden und die Durchsetzung ihrer weitreichenden Expansionsziele.
Bereits wenige Tage vor der Verabschiedung der Friedensresolution hatte Reichskanzler Theobald von Bethmann Hollweg auf Druck der OHL zurücktreten müssen. Der Konflikt um die Kriegskredite und die Friedensresolution hatte zu einer Regierungskrise geführt, in der er zwischen die Fronten von Reichstagsmehrheit und OHL geraten war. So konnte sich die OHL, die dem Kaiser direkt unterstellt war und die seit dem August 1916 unter der Leitung von Paul von Hindenburg und seinem Stellvertreter Erich Ludendorff zunehmenden Einfluss auf die deutsche Innen- und Wirtschaftspolitik gewonnen hatte, nun als machtvolle Nebenregierung etablieren.

Paul von Hindenburg (1847–1934)
Generalfeldmarschall und Chef der Obersten Heeresleitung im Ersten Weltkrieg, deutscher Reichspräsident 1925–1934. Foto um 1925.

8.4 Das Kriegsende

A) Wie nahm die Oberste Heeresleitung das Kriegsende wahr?
B) Welche Maßnahmen ergriff die OHL, um sich der Verantwortung für die Kriegsniederlage zu entziehen?

1 Lagebeurteilung der OHL

Am 29. September 1918 forderte die OHL – für die deutsche Öffentlichkeit völlig überraschend – sofortige Waffenstillstandsverhandlungen und gestand somit erstmals die deutsche Niederlage ein. Aus den Tagebuchnotizen des deutschen Offiziers Albrecht von Thaer vom 1. Oktober 1918:

Zum 1. Mal sei der O.H.L. von Sr. M.[1] bzw. vom Reichskanzler [Georg Graf von Hertling] die Frage vorgelegt worden, was sie und das Heer noch zu leisten imstande seien. Er[2] habe im Einvernehmen mit dem Generalfeldmarschall [von Hindenburg] geantwortet: „Die O.H.L. und das deutsche Heer seien am Ende; der Krieg sei nicht nur nicht mehr zu gewinnen, vielmehr stehe die endgültige Niederlage wohl unvermeidbar bevor. Bulgarien sei abgefallen. Österreich und die Türkei, am Ende ihrer Kräfte, würden wohl bald folgen. Unsere eigene Armee sei leider schon schwer verseucht durch das Gift spartakistisch-sozialistischer Ideen. Auf die Truppen sei kein Verlass mehr. […] Fortgesetzt erwiesen Truppenteile sich als so unzuverlässig, dass sie beschleunigt aus der Front gezogen werden müssten. Würden sie von noch kampfwilligen Truppen abgelöst, so würden diese mit dem Rufe ‚Streikbrecher' empfangen und aufgefordert, nicht mehr zu kämpfen. […]

So sei vorauszusehen, dass dem Feinde schon in nächster Zeit mithilfe der kampffreudigen Amerikaner ein großer Sieg, ein Durchbruch in ganz großem Stile gelingen werde, dann werde dieses Westheer den letzten Halt verlieren und in voller Auflösung zurückfluten über den Rhein und werde die Revolution nach Deutschland tragen.

Diese Katastrophe müsse unbedingt vermieden werden. Aus den angeführten Gründen dürfe man sich nun nicht mehr schlagen lassen. Deshalb habe die O.H.L. von Sr. M. und dem Kanzler gefordert, dass ohne jeden Verzug der Antrag auf Herbeiführung eines Waffenstillstandes gestellt würde bei dem Präsidenten Wilson von Amerika zwecks Herbeiführung eines Friedens auf der Grundlage seiner 14 Punkte[3]. […]

Es sei ein schrecklicher Augenblick für den Feldmarschall und für ihn gewesen, dieses Sr. M. und dem Kanzler melden zu müssen. Der Letztere, Graf Hertling, habe in würdiger Weise Sr. M. erklärt, er müsse daraufhin sofort sein Amt niederlegen. […]

Zurzeit haben wir also keinen Kanzler. Wer es wird, steht noch aus. Ich habe aber S.M. gebeten, jetzt auch diejenigen Kreise an die Regierung zu bringen, denen wir es in der Hauptsache zu danken haben, dass wir so weit gekommen sind. Wir werden also diese Herren jetzt in die Ministerien einziehen sehen. Die sollen nun den Frieden schließen, der jetzt geschlossen werden muss. Sie sollen die Suppe jetzt essen, die sie uns eingebrockt haben!"

Die Wirkung dieser Worte auf die Zuhörer war *unbeschreiblich*! Während L. sprach, hörte man leises Stöhnen und Schluchzen, vielen, wohl den meisten, liefen unwillkürlich die Tränen über die Backen. Ich stand links neben dem Generalintendanten Gen. v. Eisenhart. Unwillkürlich hatten wir uns an der Hand gefasst. Ich habe die seine fast kaputt gedrückt.

Albrecht v. Thaer: Generalstabsdienst an der Front und in der O.H.L. Goettingen 1958, S. 234 f. Zit. nach: Gerhard A. Ritter/Susanne Miller (Hrsg.): Die deutsche Revolution 1918–1919. 2. Aufl. Frankfurt/M. 1983, S. 26 f.

1 *S.M.: Seine Majestät*
2 *Gemeint ist Erich Ludendorff, Stellvertreter von Hindenburgs.*
3 *(→ s. S. 412, M1)*

Arbeitsvorschläge

●●● a) Bewerten Sie die Position der OHL vor dem Hintergrund der Lage Deutschlands zum Kriegsende anhand von M1. Berücksichtigen Sie die intendierte und erzielte Wirkung der in M1 zitierten Ausführungen Ludendorffs.

○●● b) Erklären Sie die in M1 geschilderten Reaktionen auf die eingestandene Niederlage des deutschen Heeres.

○●● c) Erklären Sie unter Rückbezug auf Wilsons 14 Punkte (→ s. S. 412, M1), warum die OHL auf der Grundlage dieses Programms Friedensverhandlungen führen wollte.

Grundwissen: Das Kriegsende

Die letzte deutsche Offensive

Mit dem Frieden von Brest-Litowsk vom 3. März 1918 hatte sich Deutschland aus seiner Zweifrontenlage befreit und die Kriegsziele im Osten erreicht. Die Oberste Heeresleitung startete noch im gleichen Monat mit 3,5 Millionen Soldaten eine Offensive an der Westfront, die die endgültige Entscheidung im Kriegsgeschehen bringen sollte, von den Alliierten aber abgewehrt wurde. Am 8. August brach die deutsche Front im französischen Amiens. Langsam, aber beständig musste die erschöpfte deutsche Armee vor den vorrückenden alliierten Truppen zurückweichen. Die OHL, die gerade noch optimistisch den baldigen Sieg verkündet hatte, musste am 29. September gegenüber der überraschten deutschen Öffentlichkeit, die bis jetzt an einen deutschen Sieg geglaubt hatte, die Niederlage eingestehen.

Die Oktoberreformen und der Waffenstillstand von Compiègne

Prinz Maximilian von Baden (1867–1929)
Offizier, Zentrumspolitiker und letzter Reichskanzler des Deutschen Kaiserreichs. Foto um 1920.

Um die eigene Verhandlungsposition für die sich abzeichnenden Waffenstillstandsverhandlungen zu verbessern, wurde der als liberal geltende Prinz Maximilian von Baden am 3. Oktober zum neuen Reichskanzler ernannt. Er initiierte die Oktoberreformen, ein Reformpaket zur Änderung der Verfassung. Der Reichskanzler sollte von nun an nicht mehr vom Kaiser ernannt, sondern durch eine Mehrheit im Reichstag gewählt werden. Die Entscheidung über Krieg und Frieden lag nun bei Reichstag und Bundesrat und das Dreiklassenwahlrecht in Preußen wurde abgeschafft. Somit war aus der konstitutionellen eine parlamentarische Monarchie geworden.
Mit den Reformen wollte man die US-amerikanische Hauptbedingung für einen Waffenstillstand erfüllen. Gleichzeitig gelang es damit der OHL, die Verantwortung für die Niederlage vom Militär auf die Politik abzulenken, indem sie die zivile Regierung über den Waffenstillstand verhandeln ließ. Dieser wurde am 11. November zwischen Deutschland und den Alliierten Großbritannien, Frankreich und USA im Wald von Compiègne (Frankreich) unterschrieben. Der Krieg war vorbei.
Die Kampfhandlungen zwischen 1914 und 1918 hatten mehr als acht Millionen Soldaten das Leben gekostet, über 21 Millionen hatten Verletzungen erlitten. Dazu kamen fast sechs Millionen zivile Opfer des Kriegs, die an Hunger und Entkräftung gestorben waren. Die 1918 ausbrechende Spanische Grippe forderte unter der geschwächten Bevölkerung in Europa 1918/19 weitere 25 bis 50 Millionen Opfer. Nach vier Jahren Krieg war das alte Europa der Monarchien zerstört, die politischen und gesellschaftlichen Strukturen hatten sich teilweise aufgelöst und die Bevölkerung war durch Hunger und Entbehrungen zermürbt.

2 Gefallene des Ersten Weltkriegs ausgewählter Staaten

Staaten	Bevölkerung in Mio.	Eingesetzte Soldaten	Soldaten in % der wehrfähigen Männer	Militärische Todesfälle
Deutsches Reich	67,8	13 200 000	81 %	2 037 000
Österreich-Ungarn	52,6	9 000 000	78 %	1 460 000
Russland	164,0	15 800 000	39 %	1 800 000 (?)[1]
Frankreich	39,0	8 100 000	81 %	1 327 000
USA	98,8	2 100 000	8 %	117 000
GB und Irland	46,1	6 100 000	53 %	750 000
Britische Kolonien	342,2	2 800 000	6 %	180 000

Zahlen aus: Gerhard Hirschfeld et al. (Hrsg.): Enzyklopädie Erster Weltkrieg, Paderborn 2003, S. 664 f. | *1 (?): Zahlen zweifelhaft*

Historienfilme interpretieren

Filme als historische Quellen

Seit der Frühzeit des Kinos werden historische Ereignisse in Spielfilmen verarbeitet. Trotz ihrer Attraktivität sind Historienfilme aber problematische Quellen. Wie keine anderen Quellen vermögen sie den Zuschauer emotional anzusprechen, und bergen daher ein großes propagandistisches Potenzial. Andererseits kann es wahrscheinlich kein anderes Medium in Bezug auf die vermittelte Intensität, Ausdrucksstärke, Suggestivität und Erlebnisqualität mit dem Film aufnehmen. Alleine dies ist Grund genug, sich auch im Geschichtsunterricht kritisch mit dem Medium des Films auseinanderzusetzen.

Filmgattungen

Grundsätzlich wird im Bereich Geschichte zwischen drei verschiedenen Filmgattungen unterschieden. Bei dem *Filmdokument* handelt es sich um Originalaufzeichnungen aus der Vergangenheit. In einem *Dokumentarfilm* werden solche Filmdokumente zusammen mit weiteren aktuellen Aufnahmen, Standfotos, Spielszenen, Trickaufnahmen, Karten, Grafiken, Zeitzeugenaussagen und Historikerkommentaren unter einem Thema zusammengestellt. Der *Historienfilm* erzählt als Spielfilm in dramatisierter Form historische Ereignisse nach (wie etwa „The King's Speech" von 2010) oder benutzt die Vergangenheit als Kulisse, um eine frei erfundene Geschichte zu erzählen (wie etwa die zahlreichen Sherlock-Holmes-Verfilmungen).

Hinweise zur Analyse von Historienfilmen

Als Quelle sind Historienfilme, die historische Ereignisse darstellen, kritisch zu analysieren. Das hat mehrere Gründe: 1. Ein Problem ist die von Filmen ausgehende „Faszination der bewegten Bilder". Daher sollten diese bewegten Bilder, die oft ein hohes Maß an Realitätsnähe vermittelten, kritisch analysiert und nicht mit der historischen „Wirklichkeit" gleichgesetzt werden. 2. Spielfilme sind – trotz ihres mitunter authentischen Anspruchs an die Geschichte – immer eine subjektive Interpretation der Vergangenheit seitens des Produzenten, des Drehbuchautors, des Regisseurs, der Kostümbildner und anderer Filmschaffender. 3. Im Interesse einer spannenden Handlung werden in Historienfilmen häufig Fakten mit Fiktion vermischt. Dieses ist vor allem dem Umstand zuzuschreiben, dass bei der Erstellung von diesen oft sehr kostspieligen Filmen meistens nicht deren historische Authentizität im Vordergrund steht, sondern vor allem der finanzielle Erfolg an den Kinokassen. 4. Wie bei anderen Quellen liefern Historienfilme nicht nur Informationen über die Vergangenheit, sondern indirekt auch über die Zeit, in der sie entstanden sind. So agieren und sprechen die Akteure in vielen Historienfilmen oft wie Menschen des 20. oder 21. Jahrhunderts, und nicht so, wie es die dargestellten Menschen aus der Vergangenheit wahrscheinlich taten: Herrschaftsverhältnisse, demokratisches Denken oder Geschlechterbeziehungen werden zeitgenössisch interpretiert. Historienfilme zeigen also häufig „moderne Menschen" in historischen Kostümen und Kulissen.

1 Westfront 1914: Verbründerungsszene im Spielfilm „Merry Christmas" von 2005

Arbeitsschritte zur Interpretation von Historienfilmen

Analyse

Erschließung des Themas sowie der formalen Aspekte

1. Um welche **Art** von Spielfilm handelt es sich (Biografie, Drama, Propagandafilm, Satire, Liebesfilm, Abenteuerfilm, Spielfilm-Doku, etc.)?
2. Wer sind die **Filmemacher** (Regisseur, Drehbuchautor, Produzent, Geldgeber) und was ist über diese bekannt?
3. ! Welche **Nationen** haben an der Produktion des Films mitgewirkt?
4. ! Für welches **Medium** wurde der Film produziert (Kino oder Fernsehen)?
5. Was ist das **Thema** des Films? Wie lautet der **Titel**?
6. In welcher **Zeit** spielt die Handlung des Films?
7. ! Wurde der Film zu einem bestimmten **Anlass** gedreht, und wenn ja, zu welchem (geschichtliches Jubiläum, Geburts- oder Todestag einer historischen Persönlichkeit)?

Erschließung der Inhalte und der verwendeten Darstellungsmittel

1. ! Wer sind die **Protagonisten** des Film und in welcher **Beziehung** stehen diese zueinander?
2. Wie lässt sich die **Handlung** des Films kurz zusammenfassen?
3. ! Aus welcher **Perspektive** wird der Film erzählt (aus Sicht der Hauptfigur, aus Sicht mehrerer Figuren, über einen Erzähler)?
4. ! Für welche **Gestaltungselemente** (Schauplätze, Requisiten, Kostüme, Effekte, Kameraführung, Einstellungsgrößen, Perspektiven, Farben, Licht, Ton, Musik) haben sich die Filmemacher entschieden?

Erläuterung

Deutung der Aussage im historischen Kontext

1. Welche **Aussagen** transportieren die verwendeten Darstellungsmittel?
2. Was ist die **Intention** des Urhebers? Welcher **Eindruck** soll beim Betrachter erzielt werden?
3. Ist ein **Vergleich** mit anderen Filmquellen möglich, und wenn ja, mit welchen?

Beurteilung

Abgabe eines begründeten persönlichen Werturteils

1. ! Wie verhält es sich mit der **Glaubwürdigkeit** und **Logik** der Handlung?
2. Ist die **Wiedergabe** des historischen Sachverhalts durch den Film annähernd realistisch oder künstlerisch frei, und anhand welcher Kriterien lässt sich das beurteilen?
3. ! Welche **öffentlichen Reaktionen** bzw. **Kritiken** hat der Film hervorgerufen und wie waren sie begründet?
4. Verfassen Sie aus heutiger Sicht ein **begründetes Werturteil** zur Darstellung des gezeigten historischen Sachverhalts.

Arbeitsvorschläge

●●● 1. Nehmen Sie anhand der Uniformen der auf M1 abgebildeten Soldaten eine Bestimmung der Nationenzugehörigkeit vor. Erklären Sie die Plausibilität der Spielfilmszene vor dem Hintergrund Ihres geschichtlichen Vorwissens zum Ersten Weltkrieg.

●●● 2. Recherchieren Sie die wahren Begebenheiten für diesen „Weihnachtsfrieden" von 1914, welche die Vorlage für die Filmszene lieferten. Schauen Sie sich die Spielfilmszene an und beurteilen Sie vor dem Hintergrund Ihrer Rechercheergebnisse und Ihres Vorwissens zum Ersten Weltkriegs die Umsetzung dieser Spielfilmszene.

8.5 Politischer Umbruch in Deutschland – vom Kaiserreich zur Weimarer Republik

A) Welche politischen Lösungsvorschläge zur Neuordnung Deutschlands gab es und welcher setzte sich durch?
B) Wie vollzog sich die politische Willensbildung bis zur Eröffnung der Nationalversammlung und in dieser?
C) Wie lässt sich die in der Nationalversammlung erarbeitete Weimarer Verfassung charakterisieren?

Parlamentarische Demokratie oder Räterepublik?

1 Aufruf an das Volk

Nach einer Meuterei von Matrosen im Oktober 1918 wurde Deutschland von einer revolutionären Stimmung erfasst. Am 9. November wurde in Berlin die Republik ausgerufen und Friedrich Ebert (SPD) zum Reichskanzler der deutschen Übergangsregierung ernannt. Mit folgenden Worten wandte er sich am gleichen Tag an die Öffentlichkeit:

Mitbürger!

Der bisherige Reichskanzler Prinz Max von Baden hat mir unter Zustimmung der sämtlichen Staatssekretäre die Wahrnehmung der Geschäfte des Reichskanzlers übertragen. Ich bin im Begriff, die neue Regierung im Einvernehmen mit den Parteien zu bilden, und werde daher über das Ergebnis der Öffentlichkeit in Kürze berichten.

Die neue Regierung wird eine Volksregierung sein. Ihr Bestreben wird sein müssen, dem deutschen Volke den Frieden schnellstens zu bringen und die Freiheit, die es errungen hat, zu befestigen.

Mitbürger! Ich bitte Euch alle um Eure Unterstützung bei der schweren Arbeit, die unser harrt, Ihr wisst, wie schwer der Krieg die Ernährung des Volkes, die erste Voraussetzung des politischen Lebens, bedroht.

Die politische Umwälzung darf die Ernährung der Bevölkerung nicht stören.

Es muss die erste Pflicht aller in Stadt und Land bleiben, die Produktion von Nahrungsmitteln und ihre Zufuhr in die Städte nicht zu hindern, sondern zu fördern.

Nahrungsmittelnot bedeutet Plünderungen und Raub, mit Elend für alle! Die Ärmsten würden am schwersten leiden, die Industriearbeiter am bittersten getroffen werden. Wer sich an Nahrungsmitteln oder sonstigen Bedarfsgegenständen oder an den für ihre Verteilung benötigten Verkehrsmitteln vergreift, versündigt sich aufs Schwerste an der Gesamtheit.

Mitbürger! Ich bitte Euch alle dringend: Verlasst die Straßen! Sorgt für Ruhe und Ordnung!

Zit. nach: Gerhard A. Ritter/Susanne Miller (Hrsg.): Die deutsche Revolution 1918–1919. 2. Aufl. Frankfurt/M. 1983, S. 79 f.

2 Aufruf an die Arbeiter- und Soldatenräte

Nach dem Matrosenaufstand hatten sich überall im Land Arbeiter- und Soldatenräte gebildet. An diese richtete sich der Aufruf vom 10. November 1918 der marxistischen Spartakusgruppe unter Karl Liebknecht und Rosa Luxemburg:

Sichert die von euch errungene Macht!

Misstrauen ist die erste demokratische Tugend!

Die rote Fahne weht über Berlin!

Würdig habt ihr euch an die Seite der Städte gestellt, in denen schon das Proletariat und die Soldaten die Macht übernommen haben. Wie aber die Welt auf euch geschaut hat, ob ihr eure Aufgabe lösen werdet, so sieht die Welt jetzt auf euch, wie ihr sie lösen werdet.

Ihr müsst in der Durchführung eines sozialistisch-revolutionären Programms ganze Arbeit machen. […]

Zur Erlangung dieses Zieles ist es vor allem notwendig, dass das Berliner Proletariat in Bluse und Feldgrau erklärt, folgende Forderungen mit aller Entschlossenheit und unbezähmbarem Kampfwillen zu verfolgen:

1. Entwaffnung der gesamten Polizei, sämtlicher Offiziere sowie der Soldaten, die nicht auf dem Boden der neuen Ordnung stehen; Bewaffnung des Volkes; alle Soldaten und Proletarier, die bewaffnet sind, behalten ihre Waffen.
2. Übernahme sämtlicher militärischer und ziviler Behörden und Kommandostellen durch Vertrauensmänner des Arbeiter- und Soldatenrates.
3. Übergabe aller Waffen- und Munitionsbestände sowie aller Rüstungsbetriebe an den Arbeiter- und Soldatenrat.
4. Kontrolle über alle Verkehrsmittel durch den Arbeiter- und Soldatenrat.
5. Abschaffung der Militärgerichtsbarkeit; Ersetzung des militärischen Kadavergehorsams durch freiwillige Disziplin der Soldaten unter Kontrolle des Arbeiter- und Soldatenrates.
6. Beseitigung des Reichstages und aller Parlamente sowie der bestehenden Reichsregierung; Übernahme der Regierung durch den Berliner Arbeiter- und Soldatenrat bis zur Errichtung eines Reichs-Arbeiter- und Soldatenrates.

3 Soldaten, Matrosen und Zivilisten formieren sich in Berlin zu Demonstrationszügen
9. November 1918, Foto: Georg Haeckel.

7. Wahl von Arbeiter- und Soldatenräten in ganz Deutschland, in deren Hand ausschließlich Gesetzgebung und Verwaltung liegen. Zur Wahl der Arbeiter- und Soldatenräte schreitet das gesamte erwachsene werktätige Volk in Stadt und Land und ohne Unterschied der Geschlechter.
8. Abschaffung aller Dynastien und Einzelstaaten; unsere Parole lautet: einheitliche sozialistische Republik Deutschland.
9. Sofortige Aufnahme der Verbindung mit allen in Deutschland bestehenden Arbeiter- und Soldatenräten und den sozialistischen Bruderparteien des Auslandes.
10. Sofortige Rückberufung der russischen Botschaft nach Berlin.

Zit. nach: Ritter/Miller, a.a.O., S. 82 f.

4 „Volksstaat oder verkehrter Obrigkeitsstaat"

Am 14. November 1918 veröffentlichte der liberale Staatsrechtler Hugo Preuß (späterer Reichsinnenminister und Mitverfasser der Weimarer Verfassung von 1919) den folgenden Artikel im Berliner Tageblatt Nr. 583:

Denn die Überalterung des Obrigkeitsstaates war die Ursache seines Bankrotts und des gegenwärtigen Umsturzes; sie ist aber auch die Ursache, dass an seine Stelle noch keineswegs der Volksstaat getreten ist, sondern ein umgedrehtes Obrigkeitssystem. Im alten Obrigkeitsstaat hatte der Bürger sehr wenig, im gegenwärtigen hat er absolut gar nichts zu sagen; mehr als je vorher ist im Augenblick das Volk in seiner Gesamtheit lediglich Objekt einer Regierung, die ihm durch unerforschliche Ratschläge gesetzt wird, nur dass sich diese nicht auf ein Gottesgnadentum berufen, sondern auf eine genau ebenso unfassliche Volksgnade. Der Rechtstitel ist in einem wie im anderen Falle die Macht oder vielmehr der Glaube an eine dahinterstehende überlegene Gewalt. Kurz, es ist ganz und gar der umgedrehte Obrigkeitsstaat. [...]
Die Absichten der gegenwärtigen Machthaber mögen die lautersten und reinsten sein; sie können doch der zwingenden Logik nicht entgehen, dass der Versuch, den deutschen Staat unter Zurückdrängung seines Bürgertums zu konstituieren, in kurzer Frist unabwendbar zum bolschewistischen Terror führen muss. Der gegenwärtige Zustand, dass zahlreiche bürgerliche Elemente die öffentlichen Geschäfte führen unter der Diktatur einer ihnen prinzipiell fremden Obrigkeit, mag im Augenblick als Notbehelf unvermeidlich sein; aber er ist nur auf kürzeste Frist haltbar, wird sehr bald von der einen oder der anderen Seite als unerträglich empfunden werden. Wenn er bis dahin seine Lösung nicht in einer auf der Gleichberechtigung aller Volksgenossen ruhenden politisch-demokratischen Organisation gefunden hat, so gibt es keinen anderen Ausweg als rechtlose Gewalt und mit ihr völlige Zerrüttung des wirtschaftlichen Lebens. [...]
Nicht Klassen und Gruppen, nicht Parteien und Stände in gegensätzlicher Isolierung, sondern nur das gesamte deutsche Volk, vertreten durch die aus völlig demokratischen Wahlen hervorgehende deutsche Nationalversammlung, kann den deutschen Volksstaat schaffen. Sie muss ihn baldigst schaffen, wenn nicht unsagbares Un-

5 Überparteiliches Plakat zur Wahl der Nationalversammlung
Am 19. Januar 1919 fanden allgemeine Wahlen statt, die über die politische Zusammensetzung der Nationalversammlung entscheiden sollten. Plakat: César Klein.

heil unser armes Volk vollends verelenden soll. Gewiss muss eine moderne Demokratie vom Geiste eines kräftigen sozialen Fortschritts erfüllt sein; aber ihre politische Grundlage kann niemals der soziale Klassenkampf, die Unterdrückung einer sozialen Schicht durch die andere bilden, sondern nur die Einheit und Gleichheit aller Volksgenossen. Im Rahmen der zu schaffenden demokratischen Verfassung sind die unausbleiblichen sozialpolitischen Kämpfe der Zukunft friedlich auszutragen. Die Stellung zu der konstituierenden Nationalversammlung des deutschen Volksstaates ist zugleich die Stellung zu der Frage: Demokratie oder Bolschewismus.

Zit. nach: Ritter/Miller, a. a. O., S. 364–366.

6 Forderungen der lokalen Räte

Resolution des Garnisonrats Ulm zur Vorlage bei der 2. Landesversammlung in Stuttgart, 11./12. Dezember 1918:

Die Landesversammlung der Soldatenräte Württembergs unterstützt die jetzige provisorische Regierung im Interesse der Erhaltung der Ordnung und Ruhe, die allein das Zustandekommen der Nationalversammlung auf wirklich freiheitlicher Grundlage verspricht. Sie kann nicht dulden, dass eine einzelne Partei auf Kosten der Allgemeinheit Sonderpolitik treibt. Sie verurteilt daher entschieden alle dahin gerichteten Gewaltmaßnahmen und Sonderinteressen, insbesondere die Bestrebung der Spartakusgruppe, die die Reichseinheit gefährden.
Unser Volk hat die größte Revolution der Weltgeschichte in einer seiner seitherigen Kultur würdigen Weise durchgeführt. Die Soldatenräte Württembergs beugen sich daher weder einer Willkür von links noch einer solchen von rechts und verurteilen jede darauf gerichtete Gewaltherrschaft. Sie lehnen einmütig jeden Versuch ab, das Heer für eine monarchische Reaktion oder bolschewistischen Terror zu missbrauchen. Sie fordern die Einberufung der verfassunggebenden Nationalversammlung, die über die künftige Staatsform entscheidet und die vom Vertrauen der Volksgesamtheit getragen ist. Im Interesse der schleunigsten Herbeiführung des Friedens und des schnellstmöglichen Wiederaufbaues unserer Volkswirtschaft und Regelung der Ernährungsfrage des deutschen Volkes ist die Nationalversammlung allerschnellstens einzuberufen, um eine anerkannte verhandlungsfähige Volksregierung zu bilden.

Zit. nach: Eberhard Kolb/Klaus Schönhoven (Hrsg.): Regionale und lokale Räteorganisationen in Württemberg 1918/19. Düsseldorf 1976, S. 126 f.

Darstellungen: Die Revolution von 1918/19 – verpasste Chance oder Neuanfang?

7 Warum kam es zu keiner „echten" Revolution?

Die Revolution 1918/19 wird in der Geschichtswissenschaft oft als „gebremste" Revolution bezeichnet. Die Demokraten stürzten die Monarchie, allerdings im Bund mit den Führungseliten des Kaiserreichs. Ob die Revolution anders hätte verlaufen können, ist eine hypothetische Frage. Sie lässt aber Rückschlüsse auf die Revolution, ihre Träger, Motive

und Ergebnisse zu. Dazu der Historiker Heinrich August Winkler (geb. 1938):

Deutschland kannte zwar bis zum Oktober 1918 kein parlamentarisches Regierungssystem, aber seit rund einem halben Jahrhundert das allgemeine, gleiche und direkte Reichstagswahlrecht für Männer, das Bismarck 1866 im Norddeutschen Bund und 1871 im Deutschen Reich eingeführt hatte. Das Kaiserreich lässt sich daher nicht einfach als „Obrigkeitsstaat" beschreiben. Deutschland war seit 1918 bereits zu demokratisch, um sich eine revolutionäre Erziehungsdiktatur (sei es nach dem Vorbild der französischen Jakobiner von 1793 oder, was aktueller war, nach dem der russischen Bolschewiki von 1917) aufzwingen zu lassen.

Deutschland war auch zu industrialisiert für einen völligen Umsturz der gesellschaftlichen Verhältnisse. Die demokratischen Revolutionen des Westens hatten alle vor der industriellen Revolution, also in überwiegend agrarischen Gesellschaften, stattgefunden, und dasselbe gilt von der [sic] russischen Oktoberrevolution. Solche Gesellschaften mit dem für sie typischen Anteil an Selbstversorgern konnten sich eine radikale Auswechslung des staatlichen Apparates leisten, ohne deswegen zusammenzubrechen. Für hochindustrialisierte Gesellschaften aber ist ein starker Bedarf an der Aufrechterhaltung von Dienstleistungen von Staat und Kommunen, das heißt: an administrativer Kontinuität, kennzeichnend. Beide Faktoren, der Grad der Demokratisierung und der Grad der Industrialisierung, wirkten objektiv revolutionshemmend. Sie erklären, warum die deutsche Revolution von 1918/19 nicht zu den großen Revolutionen der Geschichte gerechnet werden kann.

Heinrich August Winkler/Alexander Cammann (Hrsg.): Weimar. Ein Lesebuch zur deutschen Geschichte. 2. Aufl. München 1997, S. 18.

8 Handlungsspielraum der neuen Regierung

Der Historiker Eberhard Kolb (geb. 1933) fasst die Forschungsergebnisse der 1960er- und 1970er-Jahre zur Revolution von 1918/19 zusammen:

Die politischen Entscheidungsträger besaßen bei der inneren Neuordnung nach dem Zusammenbruch des Kaiserreichs einen zwar näher zu bestimmenden, aber insgesamt doch zweifellos größeren Handlungsspielraum, als jene Deutung unterstellt, welche nur eine Entscheidungsalternative der Wintermonate 1918/19 anerkennen will: Bolschewisierung Deutschlands oder Zusammenwirken der Mehrheitssozialdemokratie mit den traditionellen Machteliten zur Sicherung der inneren Ordnung und zur Errichtung einer parlamentarischen Republik. Dieser Handlungsspielraum hätte es der Revolutionsregierung u. a. erlaubt, gegenüber der Führung der alten kaiserlichen Armee mit Selbstbewusstsein und Entschiedenheit aufzutreten, vorbereitende Schritte zu einer Sozialisierung wenigstens des Bergbaus zu unternehmen, das Potenzial der Arbeiter- und Soldatenräte zugunsten einer sozialdemokratischen Reformpolitik einzusetzen. Aber insbesondere die SPD-Führung versagte sich strikt einem solchen politischen Kurs, nicht primär unter dem Diktat übermächtiger Sachzwänge, sondern einerseits im Vertrauen auf eine dauerhafte Loyalität der alten Machteliten gegenüber den neuen Machthabern, andererseits aus grundsätzlichem Misstrauen gegenüber einer spontanen Massenbewegung, die zwar teilweise ein amorphes Gepräge aufwies, die aber im November und Dezember weitestgehend von den Mitgliedern und Anhängern der Sozialdemokratie getragen wurde und sich in ihren politischen Forderungen innerhalb des Spektrums sozialdemokratischer Programmatik bewegte.

Eberhard Kolb: Die Weimarer Republik. 6., überarb. und erw. Aufl. München 2002, S. 172 f.

Arbeitsvorschläge

○○● a) Fassen Sie die in M1, M2, M4 und M6 jeweils genannten Forderungen tabellarisch zusammen.

●●● b) Vergleichen Sie die unterschiedlichen Einstellungen zu der Revolution von 1918 und der politischen Ordnung in Deutschland sowie die Präsentationsart der Forderungen und die daraus resultierende Wirkung. (M1, M2, M4, M6)

●●● c) Interpretieren Sie M5 entsprechend der Methode auf S. 30 und 31.

○●● d) Stellen Sie die in M7 und M8 genannten Gründe gegenüber, warum es 1918/19 nur zu einer „gebremsten" Revolution kam, und leiten Sie daraus ab, aus welcher Perspektive die beiden Historiker jeweils urteilen.

●●● e) Beurteilen Sie die Ergebnisse der Revolution von 1918/19 vor dem Hintergrund der Darstellungen M7 und M8.

○●●/●●● f) Bewerten Sie den Aufbau der Weimarer Verfassung (M10, S. 411), indem Sie sie a) erläutern, b) auf ihren demokratischen Charakter hin kritisch prüfen und c) mit der Verfassung des Deutschen Kaiserreichs (M1, S. 274) vergleichen.

Grundwissen: Politischer Umbruch in Deutschland – vom Kaiserreich zur Weimarer Republik

➔ 3 S. 405

Gehorsamsverweigerung der Matrosen und die Novemberrevolution

Spätestens mit dem 29. September 1918 war deutlich geworden, dass der Krieg bald zu Ende sein würde. Trotzdem setzte sich in der Marineführung die Meinung durch, dass eine Entscheidungsschlacht gegen England geführt werden müsse. Als jedoch am 25. Oktober in Wilhelmshaven der Befehl zum Auslaufen gegeben wurde, verweigerten die Matrosen den Gehorsam. Eine spontane revolutionäre Stimmung erfasste weitere Hafenstädte und auch Städte in Mittel- und Süddeutschland. Am 4. November 1918 wurde in Kiel ein Soldatenrat gebildet. Auch in anderen Städten verlangten Soldatenräte die Beendigung des Kriegs, die Abdankung des Kaisers und die Freilassung bislang inhaftierter Meuterer. Beauftragte der Arbeiterparteien und Gewerkschaften übernahmen als Arbeiterräte vor Ort die politischen Funktionen. Diese Ereignisse gingen als ➔ Novemberrevolution in die Geschichte ein.

Philipp Scheidemann (1865–1939)
Sozialdemokrat und erster Reichsministerpräsident der Weimarer Republik. Undatiertes Foto.

Ausrufung der Republik und Abdankung des Kaisers

Am 9. November überschlugen sich in Berlin die Ereignisse. Eine Großdemonstration aus Arbeitern und Matrosen zog durch die Straßen. Reichskanzler Max von Baden erklärte den Thronverzicht von Wilhelm II., ohne dass er dazu autorisiert gewesen wäre. Gleichzeitig trat er als Kanzler zurück und überließ dem Sozialdemokraten Friedrich Ebert die Regierung – ein Schritt, zu dem er laut Verfassung nicht berechtigt war. Am Nachmittag wurde dann gleich zwei Mal die Republik ausgerufen: Der SPD-Abgeordnete Scheidemann beendete ohne Rücksprache mit seiner Partei eine Ansprache von einem Balkon des Reichstagsgebäudes mit der Proklamation der „deutschen Republik". Zwei Stunden nach Scheidemanns Rede erklärte Karl Liebknecht, ein früheres SPD-Mitglied und Gründer des revolutionären Spartakusbunds, Deutschland zur „freien sozialistischen Republik".
Am folgenden Tag, dem 10. November, floh Wilhelm II. in die Niederlande ins politische Asyl. Er starb dort im Juni 1941.

➔ 1 - 2 S. 404 f.
➔ 4 S. 405 f.

Parlamentarische Demokratie oder Räterepublik

Unter den Anhängern des Umsturzes gab es unterschiedliche Auffassungen darüber, wie das künftige politische System aussehen sollte. SPD und gemäßigte Kräfte der sozialistischen USPD wollten eine parlamentarische Demokratie: Eine Nationalversammlung sollte gewählt werden, um eine Verfassung auszuarbeiten. Deutschland brauche Stabilität, eine Räteregierung bringe aber Bürgerkrieg und Blutvergießen, Parteidiktatur und Terror. Man dachte an die aktuellen Ereignisse in Russland.
Die Mitglieder des Spartakusbunds, allen voran Rosa Luxemburg und Karl Liebknecht, wollten die Revolution weiterführen, bis alle Macht in den Händen der Räte lag. Ein Zusammengehen mit den Führungskräften des Kaiserreichs, um Verwaltung und Wirtschaftsleben funktionstüchtig zu erhalten, bedeute weiterhin Unterdrückung und Militarismus, nicht Herrschaft des Volks, so ihre Argumentation.

➔ 5 - 6 S. 406

Der Rat der Volksbeauftragten und der Reichsrätekongress

Bereits am 10. November wurde in Berlin die Übergangsregierung gebildet: der Rat der Volksbeauftragten. Ziel dieses Gremiums war es, einen baldigen Termin für die Wahl zur Nationalversammlung festzulegen, damit diese dann eine neue Verfassung verabschieden könnte. Zusammengesetzt war der Rat der Volksbeauftragten aus drei Vertretern der SPD (darunter Friedrich Ebert und Philipp Scheidemann) und

drei Vertretern des rechten Flügels der USPD. Dieses Verhältnis von SPD und USPD entsprach auch der Zusammensetzung der meisten ⇨ Arbeiter- und Soldatenräte, die seit den Matrosenaufständen in den meisten deutschen Städten die lokale Macht ausübten.
Vom 16. bis 20. Dezember fand in Berlin ein Treffen aller deutschen Räte, der Reichsrätekongress, statt. Die parteilosen Spartakisten Rosa Luxemburg und Karl Liebknecht besaßen kein Mandat. Das Ergebnis des Kongresses war eine Absage an das Rätesystem: Die Übergabe der legislativen und exekutiven Gewalt an die Räte wurde mit 344 zu 89 Stimmen abgelehnt. Als Wahltermin für die Nationalversammlung wurde der 19. Januar 1919 festgelegt. Die Räte, die an der Normalisierung des Lebens nach der Kriegszeit mitgewirkt hatten, lösten sich im Frühjahr 1919 wieder auf.

Januaraufstand und die Ermordung von Luxemburg und Liebknecht

Gegen die Wahlen stellten sich die Spartakusgruppe und andere Linke, die am 1. Januar 1919 die ⇨ Kommunistische Partei Deutschlands (KPD) gründeten. Diese Partei sah sich als Gegenpartei zur SPD und wollte die proletarische Diktatur und die Sozialisierung von Großbetrieben und Verwaltung in Deutschland durchsetzen.
Nachdem am 5. Januar in Berlin von Revolutionären Zeitungs- und Verlagsgebäude besetzt worden waren, sahen die Kommunisten die Möglichkeit gekommen, die provisorische Regierung Ebert-Scheidemann zu stürzen. Der Generalstreik wurde ausgerufen, woraufhin Gustav Noske (SPD), der Volksbeauftragte für Heer und Marine, als Gegenmaßnahme den Aufmarsch von Truppen anordnete. Zum Einsatz kamen ⇨ Freikorps, ehemalige Berufssoldaten, die mehrheitlich kaisertreu waren und die Republik – in jedweder Form – ablehnten. Sie schlugen den sogenannten ⇨ Januaraufstand blutig nieder, mehr als 150 Menschen starben. Dieser Aufstand sollte nicht der letzte in der Geschichte der Weimarer Republik bleiben – bis zu ihrem Ende 1933 erlebte sie zahlreiche Putschversuche, Demonstrationen, Aufstände und politische Morde (**➔ s. Kap. 9.1**).
Am 15. Januar verhafteten Freikorpsmitglieder die Spartakusführer Rosa Luxemburg und Karl Liebknecht. Noch am gleichen Tag wurden beide von einer Gruppe von Offizieren ermordet. Dies geschah wahrscheinlich mit Wissen von Gustav Noske. Das Verhältnis von SPD und KPD wurde durch diese Tat in den folgenden Jahren schwer belastet.

Die Wahl zur Nationalversammlung am 19. Januar 1919

➔ 9 S. 410

Die vier Tage später folgende Wahl zur Nationalversammlung spiegelte diese Radikalisierung nicht wider. Im Gegenteil: Das Parteienspektrum zeigte Kontinuität. Stärkste Kraft wurde die SPD mit 37,9 Prozent. Zusammen mit dem katholischen Zentrum (19,7 Prozent) und der linksliberalen Deutschen Demokratischen Partei (DDP, 18,5 Prozent) konnte die SPD eine bürgerliche Mehrheit stellen. In der Opposition folgte die monarchische, rechtskonservative Deutschnationale Volkspartei (DNVP) mit 10,3 Prozent und die nationalliberal gesinnte Deutsche Volkspartei (DVP) mit 4,4 Prozent. Die KPD hatte sich erst gar nicht zur Wahl gestellt (sie kandidierte erstmals im Jahr 1920).
Bei der Wahl vom Januar 1919 besaßen erstmalig auch Frauen das aktive und passive Wahlrecht. Das betreffende Gesetz dazu war im November 1918 vom Rat der Volksbeauftragten erlassen worden. Die Folge war, dass von 421 Abgeordneten 37 Frauen in die Versammlung gewählt wurden. Dieser Frauenanteil von 8,8 Prozent wurde im Deutschen Bundestag erst wieder 1983 erreicht. Die Parlamentarierinnen besetzten die „weiblichen“ Themen Familie oder Bildung, in zentralen Bereichen wie der Außen- oder Wirtschaftspolitik blieben die Männer weiter unter sich.

9 Nationalversammlung 1919: die weiblichen Abgeordneten der SPD
Bei den Wahlen vom 19. Januar 1919 hatten Frauen erstmals in Deutschland das aktive und passive Wahlrecht.

Erstmalig zur Anwendung war auch das Verhältniswahlrecht gekommen, weil keine der großen Parteien am Mehrheitswahlrecht des Kaiserreichs hatte festhalten wollen. Das Verhältniswahlrecht ermöglichte es, dass fast keine Wählerstimme verloren ging und demzufolge auch kleine Parteien im Reichstag vertreten waren. In den kommenden Jahren zeigte sich, dass weniger die kleinen Parteien, sondern die Kompromissunfähigkeit der großen Parteien die Regierungsbildung erschwerten.

Friedrich Ebert (1871–1925)
Vorsitzender der SPD und erster Reichspräsident der Weimarer Republik (1919–1925). Undatiertes Foto.

Die „Weimarer Koalition"

Wegen des Januaraufstands in Berlin wurde die Nationalversammlung am 6. Februar 1919 nicht in Berlin, sondern in Weimar eröffnet (deshalb auch „Weimarer Republik"). Die bürgerliche Mehrheit aus SPD, Zentrum und DDP verabschiedete am 10. Februar 1919 das „Gesetz über die vorläufige Reichsgewalt". Im ersten Paragrafen wurde die Aufgabe der Versammlung unmissverständlich benannt: „Die verfassunggebende deutsche Nationalversammlung hat die Aufgabe, die künftige Reichsverfassung sowie auch sonstige dringende Reichsgesetze zu beschließen."
Im weiteren Text wurden alle Organe der späteren Verfassung aufgeführt: Die Nationalversammlung bildete zusammen mit dem Staatenausschuss als Vertretung der Länder die Legislative. Oberstes Exekutivorgan war der von der Nationalversammlung zu wählende Reichspräsident (von 1919 bis 1925 Friedrich Ebert). Er ernannte ein Reichsministerium, das vom Vertrauen der Nationalversammlung abhängig war.

Die Weimarer Verfassung

Am 11. August 1919 hatte die Nationalversammlung ihre Arbeit beendet. Reichspräsident Ebert unterzeichnete an diesem Tag eine Verfassung, die als die demokratischste ihrer Zeit galt. Sie bestand aus zwei Hauptteilen:
Im ersten Hauptteil wurden der „Aufbau und die Aufgaben des Reichs" geregelt. Oberster Grundsatz der Verfassung war die Volkssouveränität. Sie fand ihren Ausdruck in der Wahl der Reichstagsabgeordneten, in der direkten Wahl des Reichspräsidenten und im Volksentscheid. Der Volksentscheid stand über den Beschlüssen des Reichstags. Während der Reichstag nach dem Verhältniswahlrecht – auf 60 000 Stimmen kam ein Abgeordneter – für vier Jahre gewählt wurde, dauerte die Amtszeit des Präsidenten sieben Jahre. Die beiden stärksten Verfassungsorgane waren der Reichspräsident und der Reichstag. Sie sollten sich gegenseitig kontrollieren. Der

→ 10 S. 411

Reichsrat als Vertretung der Länder hatte im Gesetzgebungsverfahren lediglich das Recht zu einem Einspruch, der vom Reichstag zurückgewiesen werden konnte. Die Reichsregierung war außerdem vom Vertrauen des Reichstags abhängig.
Der zweite Hauptteil der Weimarer Verfassung enthielt die „Grundrechte und Grundpflichten der Deutschen" und damit zum einen elementare Rechte wie Gleichheit aller Deutschen vor dem Gesetz und die Gleichberechtigung von Mann und Frau, die Unverletzlichkeit der Wohnung, Briefgeheimnis sowie Meinungs- und Pressefreiheit. Zum anderen waren Rechte vermerkt, die das Gemeinschaftsleben, die Schule und das Wirtschaftsleben betrafen. Einige Elemente der Verfassung, wie etwa die Artikel über Religion und Religionsgesellschaften, wurden 1949 in das bis heute gültige Grundgesetz der Bundesrepublik übernommen.

Artikel 25 und 48 der Weimarer Verfassung

Der Reichspräsident besaß laut Verfassung unter bestimmten Umständen diktatorische Befugnisse. Der Artikel 25 ermöglichte die Auflösung des Reichstags, allerdings nur ein Mal aus dem gleichen Grund. Innerhalb von 60 Tagen musste es zu Neuwahlen kommen. Darüber hinaus besaß der Reichspräsident mit dem Artikel 48 das ⇒ Notverordnungsrecht. Unter der Voraussetzung, dass die öffentliche Sicherheit und Ordnung wiederherzustellen waren, konnte er bestimmte Freiheitsrechte des Bürgers aufheben, die „bewaffnete Macht" einsetzen und Notverordnungen mit Gesetzeskraft erlassen. Allerdings waren all diese Maßnahmen unverzüglich dem Reichstag mitzuteilen und auf dessen mehrheitliches Verlangen außer Kraft zu setzen.
Vor allem die Macht des Reichspräsidenten, die Artikel 25 und 48 zu kombinieren, wird in der wissenschaftlichen Diskussion als Schwäche der Weimarer Verfassung gesehen. Und tatsächlich sollte diese (verfassungswidrige) Kombinationsmöglichkeit Anfang der 1930er-Jahre das Ende der Weimarer Republik besiegeln (➔ s. Kap. 9.1). Allerdings hätte die Republik ohne den Artikel 48 die turbulenten Jahre bis 1923 erst gar nicht überstanden.

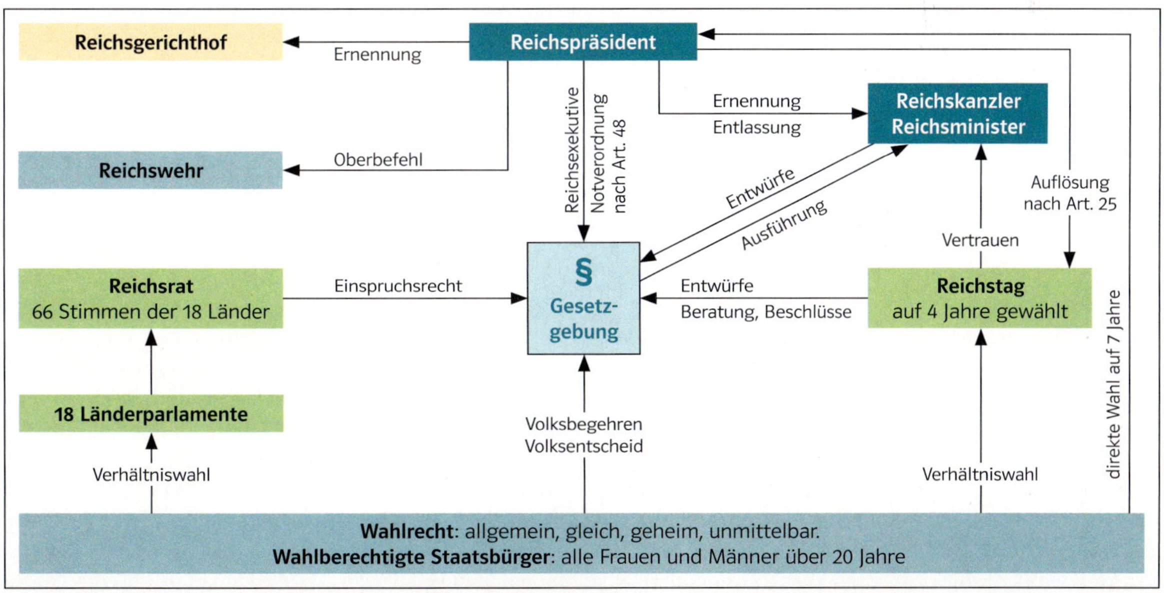

10 **Die Verfassung der Weimarer Republik**

8.6 Friedensverträge 1919–1930

A) Welche unterschiedlichen Vorstellungen existierten in Bezug auf einen Friedensvertrag?
B) Welche Bestimmungen enthielt der Versailler Vertrag?
C) Wie sah die deutsche Reaktion auf den Versailler Vertrag aus?
D) Welche außenpolitischen Ziele verfolgte die Weimarer Republik nach dem Ersten Weltkrieg?

Friedensverträge

1 Woodrow Wilsons „14-Punkte-Programm"

Am 8. Januar 1918 verlas der US-amerikanische Präsident Woodrow Wilson im Kongress ein Programm, mittels dessen er das Ziel des „Weltfriedens" erreichen wollte. Es diente später der amerikanischen Delegation als Grundlage ihrer Verhandlungen zum Versailler Vertrag.

1. Offene, öffentlich abgeschlossene Friedensverträge. Danach sollen keinerlei geheime internationale Abmachungen mehr bestehen, sondern die Diplomatie soll immer aufrichtig und vor aller Welt getrieben werden.

2. Uneingeschränkte Freiheit der Schifffahrt auf den Meeren, außerhalb der Territorialgewässer, im Frieden sowohl wie im Kriege, ausgenommen jene Meere, die ganz oder teilweise durch internationales Vorgehen zur Durchführung internationaler Verträge gesperrt werden.

3. Möglichste Beseitigung aller wirtschaftlichen Schranken und Herstellung einer Gleichheit der Handelsbedingungen für alle Nationen, die dem Frieden beitreten und sich zu seiner Aufrechterhaltung verbinden.

4. Entsprechende gegenseitige Bürgschaften für die Beschränkung der Rüstungen der Nationen auf das niedrigste, mit der Sicherheit im Innern vereinbare Maß.

5. Freier, unbefangener und völlig unparteiischer Ausgleich aller kolonialen Ansprüche, auf der genauen Beachtung des Grundsatzes beruhend, dass beim Entscheid in solchen Souveränitätsfragen die Interessen der betreffenden Bevölkerungen ebenso ins Gewicht fallen wie die berechtigten Ansprüche der Regierung, deren Rechtstitel zu entscheiden ist.

6. Räumung des ganzen russischen Gebietes und ein Einvernehmen über alle auf Russland bezüglichen Fragen, das das beste und freieste Zusammenwirken der anderen Völker sichert, um für Russland eine ungehemmte Gelegenheit zur unabhängigen Bestimmung seiner eigenen politischen Entwicklung und nationalen Politik herbeizuführen, und ihm eine herzliche Aufnahme in der Gesellschaft der freien Nationen unter selbstgewählten Staatseinrichtungen, ja noch mehr, Hilfe jeder Art, deren es bedürftig sein und von sich aus wünschen mag, gewährleistet. [...]

7. Belgien muss, die ganze Welt wird dem beipflichten, geräumt und wiederhergestellt werden, ohne jeden Versuch, seine Souveränität, deren es sich wie alle anderen freien Völker erfreut, zu beschränken. [...] Ohne diesen heilsamen Schritt bleibt die gesamte Struktur und die Gültigkeit des Völkerrechts für immer geschädigt.

8. Das ganze französische Gebiet muss geräumt und die besetzten Teile wiederhergestellt werden. Das Unrecht, das Frankreich im Jahre 1871 in Beziehung auf Elsaß-Lothringen durch Preußen angetan worden ist und das den Weltfrieden während nahezu fünfzig Jahren beunruhigt hat, muss wiedergutgemacht werden, damit der Friede im Interesse aller wiederhergestellt werden kann. Berichtigung der Grenzen Italiens nach den genau erkennbaren Abgrenzungen der Nationen.

9. Berichtigung der Grenzen Italiens nach der genau erkennbaren Abgrenzung der Nationen.

10. Den Völkern Österreich-Ungarns, deren Platz unter den Nationen wir geschützt und gesichert zu sehen wünschen, sollte die freieste Gelegenheit zu autonomer Entwicklung zugestanden werden.

11. Rumänien, Serbien und Montenegro sollten geräumt, die besetzten Gebiete zurückgegeben werden. Serbien sollte ein freier und sicherer Zugang zur See gewährt werden, und die Beziehungen unter den verschiedenen Balkanstaaten zueinander sollten durch freundschaftliche Übereinkunft nach den bestehenden geschichtlichen Richtlinien der Zugehörigkeit und der Nationalität geregelt werden. Internationale Bürgschaften für die politische und wirtschaftliche Unabhängigkeit sowie die Unverletzlichkeit des Gebiets der verschiedenen Balkanstaaten sollten geschaffen werden.

12. Den türkischen Teilen des jetzigen osmanischen Reiches sollte eine unbedingte Selbstständigkeit gewährleistet werden. Den übrigen Nationalitäten dagegen, die zurzeit unter türkischer Herrschaft stehen, sollte eine zuverlässige Sicherheit des Lebens und eine völlig ungestörte Gelegenheit zur selbstständigen Entwicklung gegeben werden. Die Dardanellen sollten unter internationalen Bürgschaften als freie Durchfahrt für die Schiffe und den Handel aller Nationen dauernd geöffnet werden.

13. Ein unabhängiger polnischer Staat sollte errichtet werden, der alle Gebiete einzubegreifen hätte, die von unbestritten polnischer Bevölkerung bewohnt sind; diesem Staat sollte ein freier und sicherer Zugang zur See geöffnet werden, und seine politische sowohl wie wirtschaftliche Unabhängigkeit sollte durch internationale Übereinkommen verbürgt werden.
14. Ein allgemeiner Verband der Nationen muss gegründet werden mit besonderen Verträgen zum Zweck gegenseitiger Bürgschaften für die politische Unabhängigkeit und die territoriale Unverletzbarkeit der kleinen sowohl wie der großen Staaten.

Zit. nach: www.dhm.de/lemo/html/dokumente/14punkte/index.html (Stand: 9.11.2010).

2 Auszüge aus dem Versailler Vertrag

Am 28. Juni 1919 unterzeichneten (unter Protest) der deutsche Außenminister Hermann Müller und der Verkehrsminister Johannes Bell im Spiegelsaal des Schlosses von Versailles den Friedensvertrag mit den Siegermächten des Ersten Weltkriegs.

Art. 227. Die alliierten und assoziierten Mächte stellen Wilhelm II. von Hohenzollern, vormaligen Kaiser von Deutschland, wegen schwerer Verletzung des internationalen Sittengesetzes und der Heiligkeit der Verträge unter öffentliche Anklage. [...]

Art. 231. Die alliierten und assoziierten Regierungen erklären, und Deutschland erkennt an, dass Deutschland und seine Verbündeten als Urheber für alle Verluste und Schäden verantwortlich sind, die die alliierten und assoziierten Regierungen und ihre Staatsangehörigen infolge des ihnen durch den Angriff Deutschlands und seiner Verbündeten aufgezwungenen Krieges erlitten haben.

Art. 232. Die alliierten und assoziierten Regierungen erkennen an, dass die Hilfsmittel Deutschlands unter Berücksichtigung ihrer dauernden, sich aus den übrigen Bestimmungen des gegenwärtigen Vertrags ergebenden Verminderung nicht ausreichen, um die volle Wiedergutmachung aller dieser Verluste und Schäden sicherzustellen.

Immerhin verlangen die alliierten und assoziierten Regierungen, und Deutschland verpflichtet sich dazu, dass alle Schäden wiedergutgemacht werden, die der Zivilbevölkerung jeder der alliierten und assoziierten Mächte und ihrem Gut während der Zeit, in der sich die beteiligte Macht mit Deutschland im Kriegszustand befand, durch diesen Angriff zu Lande, zur See und in der Luft zugefügt worden sind [...].

Reichs-Gesetzblatt 1919, S. 981, 985. Online unter: http://alex.onb.ac.at/ (Stand: 24.3.2011).

Der Umgang mit der Niederlage in Deutschland

3 „Germania am Marterpfahl"

Postkarte gegen die Bestimmungen des Versailler Vertrags, circa 1920.

4 „Die deutsche Armee ist von hinten erdolcht worden"

Nach 1919 verbreiteten rechtsgerichtete Gruppen ihre Version von der Kriegsniederlage: Der Krieg sei nicht militärisch verloren worden, vielmehr seien Demokraten und Revolutionäre den siegreichen Soldaten in den Rücken gefallen. Diese „Dolchstoßlegende" fand sich bereits 1918 in einem Aufruf der DNVP. Am 18. November 1919 formulierte sie Generalfeldmarschall Paul von Hindenburg vor einem parlamentarischen Untersuchungsausschuss:

Die Geschichte wird über das, was ich hier nicht weiter ausführen darf, das endgültige Urteil sprechen. Damals hofften wir noch, dass der Wille zum Siege alles andere beherrschen würde. Als wir unser Amt übernahmen, stellten wir bei der Reichsleitung eine Reihe von Anträgen, die den Zweck hatten, alle nationalen Kräfte zur schnellen und günstigen Kriegsentscheidung zusammenzufassen; sie zeigten der Reichsleitung zugleich ihre riesengroßen Aufgaben. Was aber schließlich, zum Teil wieder durch Einwirkung der Parteien, aus unseren Anträgen geworden ist, ist bekannt. Ich wollte kraftvolle und freudige Mitarbeit und bekam Versagen und Schwäche. Die Sorge, ob die Heimat fest genug bliebe, bis der Krieg gewonnen sei, hat uns von diesem Augenblicke an nie mehr verlassen. Wir erhoben noch oft unsere warnende Stimme bei der Reichsregierung. In dieser Zeit setzte die heimliche planmäßige Zersetzung von Flotte und Heer als Fortsetzung ähnlicher Erscheinungen im Frieden ein. Die Wirkungen dieser Bestrebungen waren der Obersten Heeresleitung während des letzten Kriegsjahres nicht verborgen geblieben. Die braven Truppen, die sich von der revolutionären Zermürbung freihielten, hatten unter dem pflichtwidrigen Verhalten der revolutionären Kameraden schwer zu leiden; sie mussten die ganze Last des Kampfes tragen. Die Absichten der Führung konnten nicht mehr zur Ausführung gebracht werden. Unsere wiederholten Anträge auf strenge Zucht und strenge Gesetzgebung wurden nicht erfüllt. So mussten unsere Operationen misslingen, es musste der Zusammenbruch kommen; die Revolution bildete nur den Schlussstein. Ein englischer General sagte mit Recht: „Die deutsche Armee ist von hinten erdolcht worden." Den guten Kern des Heeres trifft keine Schuld. Seine Leistung ist ebenso bewunderungswürdig wie die des Offizierkorps. Wo die Schuld liegt, ist klar erwiesen.

Zit. nach: Herbert Michaelis/Ernst Schraepler (Hrsg.): Ursachen und Folgen. Vom deutschen Zusammenbruch 1918 und 1945 bis zur staatlichen Neuordnung Deutschlands in der Gegenwart. Bd. 4. Berlin o.J., S. 8.

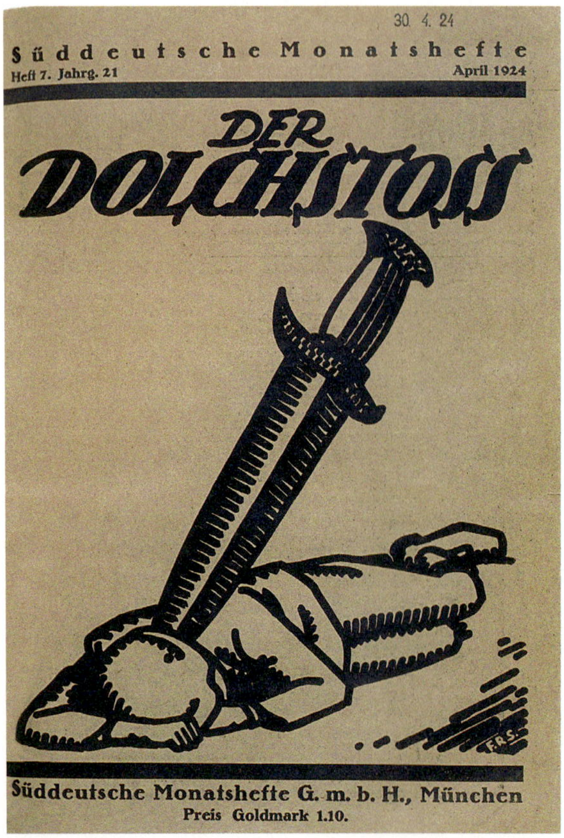

5 „Der Dolchstoß"
Titelblatt der Süddeutschen Monatshefte, April 1924.

6 „Wir waren militärisch mit unseren Kräften am Ende"

Friedrich von Payer, Gründungsmitglied der Deutschen Demokratischen Partei (DDP) und früherer Vizekanzler (1917–1918), äußerte sich auf einer Kundgebung am 14. Dezember 1925 in Frankfurt am Main wie folgt:

Weshalb in Wirklichkeit der Krieg für uns verloren ging, kann man mit wenigen Sätzen sagen:
Weil unsere Heerführer trotz aller Siege nicht verhindern konnten, dass an den wichtigsten Fronten der Bewegungskrieg in den Stellungskrieg überging, weil bei diesem letzten Endes das Mehr an Mannschaften, Kriegsgeräten, Materialien und Nahrungsmitteln entscheiden musste, weil unsere Feinde weit zahlreicher waren als wir samt unsern Bundesgenossen und weil ihnen die Vorräte und Hilfsmittel der ganzen Welt zur Verfügung standen, uns nicht, weil denn auch richtig schließlich unsere Bataillone an Zahl und Umfang immer kläglicher zusammenschmolzen und unsere Reserven verschwanden – während die Amerikaner alle Monat für Monat mehr als 250 000 Mann frischer Truppen an die Front warfen, weil der verstärkte U-Boot-Krieg nicht, wie versprochen, zum Ziele führte, weil wir den gepanzerten Sturmwagen unserer Gegner nichts Ähnliches entgegenzusetzen hatten, weil wir unseren Truppen aus Mangel an Mannschaft nicht mehr die zum Ausruhen nötigen Kampfpausen gewähren konnten, weil jahrelang unsere Ernährung an der Front und zu Hause ungenügend war, weil unsere Bundesgenossen einer um den anderen zusammenbrachen, weil Entbehrungen, die ständigen Verluste an Menschenleben, die Befürchtung weiterer Opfer und die immer wachsende Besorgnis vor einem unglücklichen Ausgang des Krieges nach vier Jahren die Stimmung in Heer und Volk zu einer gedrückten machen mussten, weil das Vertrauen in die Oberste Heeresleitung und deren Berichte schwand, weil dem Feldsoldaten der Unterschied zwischen den von ihm und den von den Offizieren und von der Etappe[1] zu bringenden Opfern

immer fühlbarer wurde, weil man eine solche Stimmung nicht wegkommandieren und auch durch keine Propaganda wegdiskutieren konnte, weil daraus eine steigende Friedenssehnsucht heranwachsen musste – wogegen die Eroberungssucht gerade der größten deutschen Dynastien einen Verständigungsfrieden unmöglich machte, weil die Konservativen mit der Obersten Heeresleitung die von der Krone und der Regierung in Preußen aufs Feierlichste zugesagte Abschaffung des Dreiklassenwahlrechts schimpflich zu vereiteln wussten, und weil zum Schluss die Oberste Heeresleitung durch ihr überstürztes, der Reichsleitung abgerungenes Ersuchen um Waffenstillstand und Frieden vor Freund und Feind das unwiderrufliche Geständnis ablegte, dass wir militärisch mit unseren Kräften am Ende waren.

Zit. nach: Michaelis/Schraepler, a. a. O., S. 12 f.

1 *Etappe (militär.): das Gebiet hinter der Front*

Deutsche Außenpolitik nach 1919

7 „Die deutsche Außenpolitik hat drei große Aufgaben"

Reichsaußenminister Gustav Stresemann schrieb am 7. September 1925 an den ehemaligen Kronprinzen Wilhelm:

Die deutsche Außenpolitik hat nach meiner Auffassung für die nächste absehbare Zeit drei große Aufgaben: Einmal die Lösung der Reparationsfrage in einem für Deutschland erträglichen Sinne und die Sicherung des Friedens, die die Voraussetzung für eine Wiedererstarkung Deutschlands ist.

Zweitens rechne ich dazu den Schutz der Auslandsdeutschen, jener 10 bis 12 Millionen Stammesgenossen, die jetzt unter fremdem Joch in fremden Ländern leben.

Die dritte große Aufgabe ist die Korrektur der Ostgrenzen: die Wiedergewinnung von Danzig, vom polnischen Korridor und eine Korrektur der Grenze in Oberschlesien. Im Hintergrunde steht der Anschluss von Deutsch-Österreich, obwohl ich mir sehr klar darüber bin, dass dieser Anschluss nicht nur Vorteile für Deutschland bringt, sondern das Problem des Deutschen Reichs sehr kompliziert (Verstärkung des katholischen Einflusses, Bayern plus Österreich gegen Preußen, Vorherrschen der klerikalen und sozialistischen Parteien in Deutsch-Österreich).

Wollen wir diese Ziele erreichen, so müssen wir uns aber auch auf diese Aufgaben konzentrieren. Daher der Sicherheitspakt, der uns einmal den Frieden garantieren und England sowie, wenn Mussolini mitmacht, Italien als Garanten der deutschen Westgrenze festlegen soll. Der Sicherheitspakt birgt andererseits in sich den Verzicht auf eine kriegerische Auseinandersetzung mit Frankreich wegen der Rückgewinnung Elsaß-Lothringens, ein deutscher Verzicht, der aber insoweit nur theoretischen Charakter hat, als keine Möglichkeit eines Krieges gegen Frankreich besteht. […]

Dass wir im Übrigen durchaus bereit sind, mit dem russischen Staat, an dessen evolutionäre Entwicklung ich glaube, uns auf anderer Basis zu verständigen, und uns durch unseren Eintritt in den Völkerbund durchaus nicht nach dem Westen verkaufen, ist eine Tatsache, über die ich E. K. H.[1] gern gelegentlich mündlich Näheres sagen würde. […]

Das Wichtigste ist für die unter 1) berührte Frage der deutschen Politik das Freiwerden deutschen Landes von fremder Besatzung. Wir müssen den Würger erst vom Halse haben. Deshalb wird die deutsche Politik, wie Metternich von Österreich wohl nach 1809 sagte, in dieser Beziehung zunächst darin bestehen müssen, zu finassieren[2] und den großen Entscheidungen auszuweichen. […]

Zit. nach: Wolfgang Michalka/Gottfried Niedhart (Hrsg.): Die ungeliebte Republik. München 1980, S. 163–165.

1 *E. K. H.: Eure Kaiserliche Hoheit*
2 *finassieren: mit Raffinesse vorgehen, Kunstgriffe anwenden*

Arbeitsvorschläge

○●● a) Analysieren Sie die politischen Prinzipien, die Wilsons 14 Punkten (M1) zugrunde liegen.

○●●/●●● b) Wilsons Ziel war ein „Frieden ohne Sieg". Erläutern Sie dieses Ziel auf der Grundlage seiner Forderungen und bewerten Sie die 14 Punkte (M1) und den Versailler Vertrag (M2) im Hinblick auf dieses Ziel.

●●● c) Vergleichen Sie M3–M6 sowie M8 auf S. 417 im Hinblick auf die Beschreibung des Zustands in Deutschland und an der Front und die jeweiligen Schuldzuweisungen.

○○●/○●● d) Nennen Sie die drei Ziele deutscher Außenpolitik unter Stresemann in M7 und ordnen Sie die Position in die Entwicklung deutscher Außenpolitik nach 1919 ein.

Grundwissen: Friedensverträge 1919–1930

Friedensverhandlungen der Alliierten

Nach über vier Jahren Kampfhandlungen endete der Erste Weltkrieg im Herbst 1918. Innerhalb kurzer Zeit kapitulierten die besiegten Mittelmächte: Bulgarien am 29. September, das Osmanische Reich am 31. Oktober, Österreich-Ungarn am 3. November. Und mit dem ⇨Waffenstillstand von Compiègne vom 11. November 1918 zwischen Deutschland und den Alliierten schwiegen die Waffen dann endgültig.
Am 18. Januar 1919 wurde in Paris – auf den Tag genau 48 Jahre nach der Kaiserproklamation und Gründung des Deutschen Reichs in Versailles – eine Friedenskonferenz mit Vertretern von 32 Staaten eröffnet. Zu klären war der Umgang mit den Kriegsverlierern Deutschland und Österreich-Ungarn sowie die territoriale Neuordnung Europas. Die besiegten Mittelmächte waren nicht zugelassen.

→ 1 S. 412 f.

Woodrow Wilson (1856–1924)
US-amerikanischer Präsident (1913–1921) und Friedensnobelpreisträger 1919. Aufnahmedatum unbekannt.

Unterschiedliche Zielsetzungen im „Rat der Vier"

Die wichtigsten Fragen wurden vom „Rat der Vier" – den Regierungschefs Frankreichs, der USA, Englands und Italiens – erörtert. Der US-amerikanische Präsident Wilson wollte vor allem sein Projekt eines internationalen Völkerbunds verwirklichen, wie er ihn in seinem ⇨14-Punkte-Programm skizziert hatte. Mit diesem sollten territoriale Konflikte in Zukunft friedlich gelöst werden können, internationale Beziehungen würden auf Basis der Verständigung und Selbstbestimmung gepflegt werden.
Wilsons Pläne lösten bei den Europäern keine Begeisterung aus. Insbesondere Frankreich wollte die Verhandlungen nutzen, um Deutschland dauerhaft zu schwächen. Deutschland sollte nie wieder die Möglichkeit haben, Frankreich wie im Deutsch-Französischen Krieg von 1870/71 und nun im Ersten Weltkrieg anzugreifen. Dazu gehörten, wenn schon nicht die Aufteilung Deutschlands in Einzelstaaten, umfangreiche Gebietsabtretungen im Westen wie im Osten. Der Rhein sollte Deutschlands Westgrenze bilden. Außerdem waren radikale Rüstungsbegrenzungen und Reparationsforderungen geplant sowie ein französisches Sicherheitssystem mit den beiden Ende 1918 neu gegründeten Staaten Polen und Tschechoslowakei als Partnern im Osten.
Woodrow Wilson und der britische Premierminister David Lloyd George konnten aber die französischen Pläne verhindern. Lloyd George befürchtete, dass deren Realisation Deutschland anfällig für den Bolschewismus machen würde. England wollte hauptsächlich seine Stellung als Kolonialmacht sichern und die deutsche Flottenkonkurrenz ausschalten. Darüber hinaus sollte der kontinentale Konfliktherd beruhigt werden.

→ 3 - 5 S. 413 f.

Die deutsche Reaktion auf den Versailler Vertrag

Am 7. Mai 1919 wurden die Vertragsbestimmungen der einbestellten deutschen Delegation übergeben. Diese war bis dahin nicht über Verlauf und Ergebnisse der Verhandlungen informiert worden. Die deutsche Seite hatte auf einen moderaten Verständigungsfrieden gehofft, basierend auf der eigenen Interpretation der 14 Punkte Wilsons, die auf Grundlage des Selbstbestimmungsrechts der Völker einen „Frieden ohne Sieger" in Europa vorsahen. Bis zuletzt wurde das Ausmaß der Niederlage verdrängt und das unbeschränkte Siegerrecht der Alliierten nicht als solches wahrgenommen. Vor allem aber wurde versäumt, das deutsche Volk auf harte Friedensbedingungen, wie sie im Waffenstillstand von Compiègne zu erkennen waren, vorzubereiten. Deutschland befand sich, wie ein Beobachter damals schrieb, im „Traumland der Waffenstillstandsperiode". Entsprechend groß war das Entsetzen über die am 7. Mai ausgehändigten Bestimmungen.

→ 2 S. 413

Die Bestimmungen des Versailler Vertrags

Mit dem Versailler Vertrag wurde Deutschland zu umfangreichen Gebietsabtretungen verpflichtet. Es musste etwa ein Siebtel seines Territoriums mit einem Zehntel seiner Bevölkerung abtreten. Damit gingen etwa 50 Prozent der Eisenerzlagerstätten, 25 Prozent der Steinkohlereserven, 17 Prozent der Kartoffel- und 13 Prozent der Weizenanbaufläche verloren. Deutschland musste die allgemeine Wehrpflicht abschaffen. Das Heer wurde auf 100 000 Mann, die Marine auf 25 000 Mann beschränkt. Die westliche Rheinseite wurde demilitarisiert, in Zonen aufgeteilt und würde von den alliierten Siegern maximal 15 Jahre besetzt werden. Ein 50 Kilometer breiter Streifen östlich des Rheins wurde zur demilitarisierten Zone erklärt.

Weiterhin wurde Deutschland zu Reparationsleistungen verpflichtet. Dazu zählten Sachleistungen wie zum Beispiel 60 Prozent der deutschen Kohleförderung auf zehn Jahre, 90 Prozent der deutschen Handelsflotte, Lokomotiven und Waggons, aber auch Nutztiere wie Pferde und Rinder. Die in Geld ausgedrückte Gesamthöhe der Reparationen sollte erst noch bestimmt und Deutschland später vorgelegt werden.

8 **Zeitgenössische Übersichtskarte über die Folgen des Versailler Vertrags**
Die Karte wurde in vielen Lehrbüchern der Weimarer Republik abgedruckt.

Die Strafbestimmungen sahen die Auslieferung Wilhelms II. vor, der vor ein internationales Gericht gestellt werden sollte. Zu den Strafbestimmungen gehörte auch der sogenannte Kriegsschuldartikel 231, der besagte, dass „Deutschland und seine Verbündeten" den Krieg ihren Gegnern aufgezwungen hätten und damit „Urheber für alle Verluste und Schäden" der Kriegsgegner seien. Dies sollte den Reparationsforderungen eine juristische Basis geben.
Unabhängig davon durfte Deutschland jedoch weiterhin als souveräner Staat bestehen bleiben.

Den Vertrag annehmen oder ablehnen

Die Vertragsbedingungen trafen eine deutsche Öffentlichkeit, die sich weder mit dem Anfang noch mit dem Ende des Kriegs in nüchterner Weise beschäftigt hatte. Allenthalben herrschte Entsetzen. Parteiübergreifend wurde der Vertrag entschieden abgelehnt. Reichsministerpräsident Scheidemann verweigerte ihm seine Zustimmung und trat am 20. Juni 1919 zurück. Das Außenministerium versuchte nachzuweisen, dass Deutschland nicht die alleinige Kriegsschuld traf. Die Siegermächte präzisierten daraufhin den Artikel 231 dahingehend, dass Deutschland auch die moralische Schuld am Kriegsausbruch habe. Erst allmählich wurde klar, dass die Ablehnung des Vertrags zu einer Verschärfung der Seeblockade und einem alliierten Einmarsch führen würde. Nachdem die Heeresleitung deutlich machte, dass es keine militärische Alternative zur Unterzeichnung gab, wurde der Versailler Vertrag am 16. Juli 1919 definitiv angenommen. Seine Bestimmungen traten am 10. Januar 1920 in Kraft.

→ 7 S. 415

Außenpolitischer Umgang mit dem Versailler Vertrag

Das vorrangige Ziel der deutschen Außenpolitik nach 1919 war die Revision der Bestimmungen von Versailles. Vor allem die Reparationsforderungen sollten auf ein erfüllbares Maß reduziert werden. Dabei hatte man durchaus Erfolg. So konnten die ursprünglichen alliierten Forderungen, die im Januar 1921 in Paris formuliert worden waren, auf der Londoner Konferenz im Mai 1921 mit 132 Mrd. Goldmark und 26 Prozent der Exporterlöse nahezu halbiert werden. Doch die anschließend von der deutschen Regierung praktizierte „Erfüllungspolitik" sollte die wirtschaftliche Unerfüllbarkeit selbst der reduzierten Forderungen beweisen.

Hyperinflation, Ruhrkrise und Dawes-Plan

Tatsächlich hatte eine inflationäre Entwicklung in Deutschland schon während des Kriegs eingesetzt. Die Lebenshaltungskosten lagen 1920 um das Achtfache über denen der Vorkriegszeit. Trotzdem ergriff man keine Maßnahmen, um die Inflation zu stoppen. Neben anderem erleichterte das entwertete Geld die Erfüllung der ersten Reparationsforderungen. Anfang 1922 entsprach der Wert einer Goldmark des Jahres 1914 noch 45,7 Mark, ein Jahr später lag er bei 4 279 Mark. Diese Entwicklung wurde durch die sogenannte Ruhrkrise beschleunigt: 1923 besetzten französische und belgische Truppen das Ruhrgebiet, da Deutschland mit seinen Reparationszahlungen in Rückstand geraten war. Die Regierung Wilhelm Cuno reagierte mit der Einstellung sämtlicher Reparationsleistungen und mit „passivem Widerstand", der mit der Notenpresse finanziert wurde: Durch Generalstreiks wurden Verwaltung und Industrie teilweise lahmgelegt. Es kam zur Hyperinflation. Im November 1923 lag der Wert der Goldmark bei 1 Billion Mark. Große Teile der Bevölkerung verarmten, private Spareinlagen waren jetzt ohne jeden Wert.
Der passive Widerstand wurde unter dem neuen Reichskanzler Gustav Stresemann (DVP) wegen seiner immensen Kosten im September 1923 aufgegeben. Im November konnte die Inflation durch die Einführung der Rentenmark beendet werden.

Gustav Stresemann (1878–1929)
Mitglied der DVP, Reichskanzler 1923, Reichsaußenminister 1923–1929 und Friedensnobelpreisträger 1926. Foto von 1925.

Schon kurz vor der Währungsreform trat eine unabhängige Expertenkommission unter der Leitung des US-amerikanischen Bankiers Charles G. Dawes zusammen, um die Reparationsforderungen und die deutsche Zahlungsfähigkeit zu prüfen. Daraus entstand der Dawes-Plan, der eine vorläufig stabile Reparationsregelung schuf: Zunächst war eine Erholungspause für Deutschland vorgesehen, in der jährlich 1 bis 1,75 Mrd. Mark zu zahlen waren; ab 1928 sollten dann jährlich 2,5 Mrd. Mark gezahlt werden. Die Dauer dieser Zahlungen wurde vorläufig nicht festgelegt.

Die Verträge von Locarno

Reichskanzler Stresemann erkannte die Notwendigkeit einer Zusammenarbeit mit den alliierten Mächten, vor allem mit den USA. Er verfolgte durchaus revisionistische Ziele, wollte Deutschland aber mithilfe seiner Wirtschaft zurück in eine Großmachtposition bringen.

Vor diesem Hintergrund entstanden im Oktober 1925 die Verträge von Locarno. Mit ihnen erkannte Deutschland seine Grenzen zu Frankreich und Belgien definitiv an, was dem französischen Sicherheitsbedürfnis deutlich entgegenkam. Das Rheinland sollte entmilitarisiert werden und Großbritannien und Italien sagten zu, im Falle einer Vertragsverletzung der geschädigten Seite militärisch beizustehen. Änderungsmöglichkeiten behielt sich die deutsche Seite jedoch bezüglich der deutsch-polnischen Grenze vor. Für die Arbeit an dem Vertragswerk erhielten Gustav Stresemann und sein französischer Kollege Aristide Briand im Jahr 1926 den Friedensnobelpreis.

Mit den Verträgen von Locarno war Deutschlands Eintritt in den Völkerbund am 10. September 1926 gekoppelt. Deutschland erhielt einen ständigen Sitz im Rat des Völkerbunds und außerdem einige Sonderrechte. Ihre außenpolitische Isolation hatte die Weimarer Republik damit endgültig überwunden, auch wenn der Kriegsschuldartikel nach wie vor Bestand hatte.

9 DNVP-Wahlplakat von 1928

Der Young-Plan

Nach Locarno kam es nicht zu einer schnellen Gesamtlösung der deutschen Revisionsanliegen, wie Stresemann prophezeit hatte, obwohl 1925 die erste Zone des besetzten Rheinlands geräumt und 1927 die Interalliierte Militärkommission zur Kontrolle der deutschen Abrüstung abgezogen wurde. Vor seinem frühen Tod 1929 erreichte Gustav Stresemann nur noch eine Neuverhandlung der deutschen Reparationsverpflichtungen. Die neue Reparationsregelung, der Young-Plan, wurde am 12. März 1930 vom Reichstag angenommen. In 59 Jahresraten sollte die definitive Summe von 112 Milliarden RM gezahlt werden. Trotz der erneuten Verbesserungen war der Young-Plan umstritten – insbesondere die rechten Parteien DNVP und NSDAP forderten im Rahmen eines (deutlich gescheiterten) Volksbegehrens gegen den Young-Plan mit scharfer Polemik die vollständige Einstellung der Reparationszahlungen. Zeitgleich erschütterte die Weltwirtschaftskrise ausgehend von den USA auch die Weimarer Republik, deren Ende unmittelbar bevorstand.

Testen Sie Ihre Sachkompetenz

a) Kopieren Sie die folgende Tabelle in Ihren Geschichtsordner. Vervollständigen Sie dann die hier mit Punkten markierten fehlenden Angaben mit den Namen der Länder und stichpunktartig den Gründen für deren Kriegseintritt.

	bis Frühjahr 1917	seit April 1917	Gründe für Kriegseintritt
Mittelmächte	...	...	...
Entente-Mächte/ Alliierte	...	...	...

b) US-Präsident Woodrow Wilson erhielt 1919 den Friedensnobelpreis. Die Begründung des Nobel-Komitees ist im Folgenden nachzulesen. Stimmen Sie dieser Begründung auch aus heutiger Sicht in vollem Umfang zu?

[...] in his celebrated Fourteen Points the President of the United States has succeeded in bringing a design for a fundamental law of humanity into present-day international politics. The basic concept of justice on which it is founded will never die, but will steadily grow in strength, keeping the name of President Wilson fresh in the minds of future generations.

Anders Johnson Bluen, in: http://nobelprize.org/nobel_prizes/peace/laureates/1919/speech.html © The Nobel Foundation 1919. (edited in: Nobel Lectures, Peace 1901-1925, Editor Fredrick W. Haberman, Elsevier Publishing Comp., Amsterdam 1972.)

Geschichte kreativ

a) Verfassen Sie im Stil des folgenden Textes von Erich Mühe ein klassisches Drama zu den russischen Revolutionen von 1917 oder wahlweise zur deutschen Novemberrevolution von 1918.

Erich Mühsam, Die Revolution (1905)
Ein Drama in fünf Akten

Ort der Handlung: Russland
Zeit: Gegenwart

Erster Akt
Das Volk: Brot und Freiheit!
Väterchen: Es bleibt alles beim Alten!

Zweiter Akt
Eine Bombe: Bumm!

Dritter Akt:
Ein Kosakenleutnant: Gebt Feuer!

Vierter Akt:
Eine Militärkapelle: Russland, Russland über alles...!

Fünfter Akt
Die Geister der Gefallenen:
Gerächt wird alles, was an uns verbrochen,
und neues Leben sprießt aus unsern Knochen.

Väterchens Stimme aus dem Hintergrund:
Es bleibt alles beim Alten!

Das Stück wiederholt sich – aber nicht ad infinitum!

Aus: Erich Mühsam, Zur Psychologie der Erbtante. Satirisches Lesebuch 1900-1933. Berlin 1985, erstmals erschienen in: Der wahre Jakob, 1905.

b) Stellen Sie sich Folgendes vor: Der Gelsenkirchener Stadtrat möchte eine große Straße im Stadtteil Schalke neu benennen. Ein von einer Bürgerinitiative eingebrachter Namensvorschlag wird besonders heftig diskutiert: „Rosa Luxemburg Allee". Sie sind als geschichtsinteressierter Mensch zur nächsten Ratssitzung eingeladen. Werden Sie für oder gegen diesen Straßennamen votieren? Begründen Sie in einem kurzen Redebeitrag Ihre Position.

Operatoren-Training

(alle Operatoren auf einen Blick finden Sie auf S. 634–641)

a) AFB I, Operator „beschreiben":

Beschreiben Sie Formen und Arten der Kriegführung im Ersten Weltkrieg.

Hinweise: Der Operator „beschreiben" gehört in eine Reihe mit den Operatoren „aufzeigen", „zusammenfassen" und „wiedergeben". Er verlangt vor allem, dass Sie historische Sachverhalte auf das Wesentliche reduzieren, ohne den grundsätzlichen Sinn zu verfehlen oder zu verändern.

b) AFB III, Operator „entwickeln"; AFB I, Operator „bezeichnen":

Entwickeln Sie aus Ihrer für den Arbeitsvorschlag a) vorgenommenen Beschreibung charakteristische Bezeichnungen für diese Formen und Arten der Kriegführung.

Hinweise: „Entwickeln" meint eine Operation, mit der Sie gewonnene Analyseergebnisse synthetisieren, um zu einer eigenen Deutung zu gelangen.

c) AFB II, Operator „widerlegen":

Widerlegen Sie die sogenannte Dolchstoßlegende.

Hinweise: Bei der Operation „widerlegen" kommt es darauf an, Argumente anzuführen, die zeigen, dass eine Behauptung zu Unrecht aufgestellt wird. Diese Argumente können Sie entweder einer Materialvorlage entnehmen oder sie sind Ihnen aus dem Unterricht geläufig. Sollte dies nicht durchgängig so sein, können Sie zumindest durch Analogieschlüsse oder Übertragung von Bekanntem auf Unbekanntes (Transfer) diese Widerlegungsargumente leicht selber herleiten. Insofern handelt es sich zwar um eine selbstständige, aber keine kritisch-konstruktive Leistung weiterreichender Art, und ist daher dem AFB II zuzuordnen.

Lösungsvorschläge zum Operatoren-Training

zum Arbeitsvorschlag a), Operator „beschreiben":
Hier gilt es zu vermeiden, dass Sie irgendetwas ausführlich beschreiben, was zwar grob zum Thema gehört, aber nicht wesentlich ist. So könnten Sie fälschlicherweise die Kriegsursachen oder das Kriegsergebnis beschreiben. Nicht einmal der Kriegsverlauf wäre genau genommen wesentlich für „Formen und Arten der Kriegführung". Vielmehr sollten Sie Ihre Beschreibung darauf zuspitzen, dass der Erste Weltkrieg die wirtschaftlichen, technischen und organisatorisch-logistischen Möglichkeiten von Industriestaaten in die Waagschale warf. Schweres Gerät und maschinisierte Waffen sowie der Einsatz von Technologie und Wissenschaft konnten bis dahin unvorstellbare Zerstörungen anrichten und Millionen von Menschenleben fordern.

zum Arbeitsvorschlag b), Operator „entwickeln" und Operator „bezeichnen":
Ihre für den Arbeitsvorschlag a) vorgenommene Beschreibung des Ersten Weltkriegs enthält wahrscheinlich Elemente, die Ihnen als besonders gewichtig, typisch oder charakteristisch für den Ersten Weltkrieg erschienen. Diese Elemente wären nun in und durch Ihre eigene Deutung des historischen Sachverhalts zu bündeln. So könnten Sie zum Beispiel schreiben: Der Erste Weltkrieg war ein „moderner Krieg", und zwar „modern" in einem dunklen Sinn dieses Worts. Er kannte riesige Heere, gigantische „Materialschlachten" und wurde als „Stellungs-" oder „Grabenkrieg" mit Millionen von Opfern geführt. Staat, Wirtschaft und Gesellschaft sollten nicht nur in Deutschland ganz auf den Krieg ausgerichtet werden. Insofern war der Erste Weltkrieg ein „totaler Krieg".
Wenn diese Bezeichnungen für den Ersten Weltkrieg aus Ihrem Unterricht bekannt sind und von Ihnen beherrscht werden, wird die Operation „bezeichnen" für Sie in diesem Fall leicht durchzuführen sein und fast schon zu einer bloßen Wiedergabe von Bekanntem. Daher kommt es auch, dass „bezeichnen" zum ersten Anforderungsbereich gehört. Eigene, treffende, neue Bezeichnungen zu entwickeln, wäre hingegen eine sehr selbstständige, hochwertige Leistung (AFB III)..

zum Arbeitsvorschlag c), Operator „widerlegen":
Sie könnten die Dolchstoßlegende widerlegen, indem Sie auf die zahlenmäßige, wirtschaftliche und ausrüstungsbezogene Überlegenheit der Gegner Deutschlands verweisen. Diese Überlegenheit nahm nach dem Kriegseintritt der USA 1917 rapide zu, während Deutschlands Reserven schwanden.

9 Die nationalsozialistische Diktatur

Problemaufriss

Die erste Demokratie auf deutschem Boden existierte nur 13 Jahre. Auf sie folgte 1933 die nationalsozialistische Diktatur, mit Adolf Hitler an ihrer Spitze. Er ließ sich als „Friedenskanzler" feiern und gab den meisten Deutschen nach der empfundenen Schmach des Versailler Vertrags und den schweren Jahren seit der Weltwirtschaftskrise neues Selbstbewusstsein. Doch der Zweite Weltkrieg, in den der „Friedenskanzler" Hitler die Deutschen gezielt führte, sollte bis 1945 schätzungsweise 55 Millionen Menschen weltweit das Leben kosten. Und der unverhohlene Rassenwahn der Nationalsozialisten mündete in der Verfolgung und im Mord an Millionen Menschen: Juden, Homosexuelle, Roma, Behinderte und andere.

Was Sie in diesem Kapitel erwartet

Begeisterung am Rande des Reichsparteitags in Nürnberg 1937

Adolf Hitler stand als „Führer“ der Deutschen im Zentrum der nationalsozialistischen Ideologie. Dennoch war der nationalsozialistische Staat kein perfekt von oben nach unten organisiertes System: Ohne die freiwillige, meistens ohne Zwang ausgeführte Mitarbeit zahlloser Menschen hätte die nationalsozialistische Diktatur nicht funktioniert. Die Menschen auf dem Foto jubeln Adolf Hitler am 10. September 1937 in Nürnberg zu.

Das Warschauer Ghetto – Deportation der jüdischen Bevölkerung

Ein wesentliches Element der nationalsozialistischen Ideologie war der Antisemitismus, ein fanatischer, rassistisch motivierter Judenhass. Über fünf Millionen europäischer Juden bezahlten diesen Wahn mit ihrem Leben. Das Foto wurde zur Zeit des Aufstands im Warschauer Ghetto im Mai 1943 gemacht. Dieses Ghetto wurde im Herzen der polnischen Hauptstadt 1940 eingerichtet und diente als Sammellager für die in Vernichtungslager zu transportierenden Juden aus ganz Europa.

Online-Link
430089-0901
alle Online-Materialien zum Kapitel 9

Politik

Adolf Hitler war „Führer und Reichskanzler“ der Deutschen bis 1945. Wie wahrscheinlich kein anderer einzelner Mensch prägte er die Geschichte des 20. Jahrhunderts. Farbfoto vom Reichsparteitag in Nürnberg 1938.

1920 – 1925

1920 Kapp-Lüttwitz-Putsch

26. August 1921 Matthias Erzberger wird ermordet

24. Juni 1922 Walther Rathenau wird ermordet

1923 Ruhrbesetzung

8./9. November 1923 Hitler-Ludendorff-Putsch

1924 Inkrafttreten des Dawes-Plans

1925 Paul von Hindenburg wird Reichspräsident

Oktober 1925 Verträge von Locarno

10. September 1926 Aufnahme Deutschlands in den Völkerbund

1928 Hermann Müller (SPD) wird letzter Reichskanzler, der über eine Mehrheit im Reichstag verfügt

Kultur/Gesellschaft

Der Architekt Albert Speer entwarf für Hitler Pläne der monumentalen „Welthauptstadt Germania“. Koloriertes Foto eines Modells von 1939. Im Vordergrund das Brandenburger Tor.

1920 – 1925

1920 Jazzmusik erreicht Deutschland

1921 Albert Einstein gewinnt den Nobelpreis für Physik

1922 die Wiener Schule um Arnold Schönberg entwickelt die Zwölftonmusik

1923 der Psychoanalytiker Sigmund Freud veröffentlicht „Das Ich und das Es“

1924 erste deutsche Funkausstellung in Berlin

1925 der Charleston wird als Gesellschaftstanz bekannt

1926 das Bauhaus wird in Dessau fertiggestellt

1927 Fritz Langs Film „Metropolis“ feiert Premiere

1928 Otto Dix malt das Gemälde „Großstadt“

Wirtschaft/Umwelt

Insbesondere die Rüstungsindustrie profitierte von der Wirtschaftspolitik des NS-Regimes. Foto von 1943.

1920 – 1925

1921 Eröffnung des Prototyps der Autobahn (Avus Berlin)

Herbst 1923 Hyperinflation in Deutschland

1925 Gründung des Chemiekonzerns IG Farben

1927 der US-Amerikaner Charles Lindbergh überquert als Erster in einem Flugzeug den Atlantik

1930 – 1935 – 1940 – 1945

30. Januar 1933
Hitler wird Reichskanzler

28. Februar 1933
Reichstagsbrandverordnung

5. März 1933
in Deutschland finden die letzten freien Wahlen bis 1946 statt

22. März 1933
das erste KZ wird bei Dachau eingerichtet

23. März 1933
Ermächtigungsgesetz

12. März 1930
der Young-Plan ersetzt den Dawes-Plan

30. März 1930
erste Präsidialregierung unter Heinrich Brüning

31. Juli 1932
die NSDAP wird bei Reichstagswahlen stärkste Partei

7. März 1936
Besetzung der Rheinlandzone

16. März 1935
Wiedereinführung der Wehrpflicht

15. September 1935
Nürnberger Gesetze

30. Juni 1934
Röhm-Putsch

August 1934
Paul von Hindenburg stirbt; Adolf Hitler wird „Führer und Reichskanzler"

22. Juni 1940
Frankreich unterzeichnet Waffenstillstand

September 1940
Dreimächtepakt

September 1938
Münchner Konferenz

26. April 1937
Bomber der Legion Condor zerstören Guernica

23. August 1939
Hitler-Stalin-Pakt

1. September 1939
Beginn des Zweiten Weltkriegs mit deutschem Überfall auf Polen

22. Juni 1941
Beginn des deutschen Russlandfeldzugs

7. Dezember 1941
Japan bombardiert Pearl Harbor

11. Dezember 1941
Deutschland und Italien erklären den USA den Krieg

Februar 1943
die 6. Armee kapituliert bei Stalingrad

Juni 1944
Landung alliierter Streitkräfte in Nordfrankreich

20. Juli 1944
Attentat auf Hitler schlägt fehl

1942
Wannsee-Konferenz

7./8. Mai 1945
bedingungslose Kapitulation Deutschlands

August 1945
Hiroshima und Nagasaki werden durch Atombomben zerstört

1930 – 1935 – 1940 – 1945

März 1933
Gründung des „Reichspropagandaministeriums"

10. Mai 1933
erste Bücherverbrennungen

1930
Uraufführung des Films „Der blaue Engel" mit Marlene Dietrich

1929
Erich Kästner veröffentlicht „Emil und die Detektive"

August 1936
Olympische Sommerspiele in Berlin

1936
der Psychoanalytiker C. G. Jung unterscheidet in einem Aufsatz das „arische" vom „jüdischen Unbewussten"

1937
offizieller Planungsbeginn für Albert Speers „Welthauptstadt Germania"

Juni 1937
Uraufführung von Carl Orffs „Carmina Burana"

Juli 1937
Eröffnung der Ausstellung „Entartete Kunst"

9. November 1938
Reichspogromnacht

September 1940
Uraufführung von Veit Harlans antisemitischem Film „Jud Süß" bei den Filmfestspielen in Venedig

Oktober 1940
Uraufführung von Charlie Chaplins Hitlerpersiflage „Der große Diktator"

1942
der russische Film „Die deutsche Niederlage vor Moskau" wird uraufgeführt und erhält einen Oscar

1945
der deutsche Durchhaltefilm „Kohlberg" wird gedreht

1930 – 1935 – 1940 – 1945

Oktober 1929
Börsencrash an der New Yorker Wall Street

Juni 1932
„Hoover-Moratorium"

1. Quartal 1933
6,0 Millionen Arbeitslose in Deutschland

1936
Hitler fordert im Vierjahresplan die Kriegsbereitschaft der Wirtschaft für 1940

November 1938
„Verordnung zur Ausschaltung der Juden aus dem deutschen Wirtschaftsleben"

Januar 1939
0,1 Millionen Arbeitslose in Deutschland

1941
die „Richtlinien für die Führung der Wirtschaft in den neubesetzten Ostgebieten" sehen rücksichtslose Ausbeutung vor

9.1 Politische Voraussetzungen des Nationalsozialismus

A) Welche Gruppierungen innerhalb der Weimarer Republik agierten gegen die junge Demokratie? Aus welcher politischen Motivation und mit welchen Mitteln geschah dies?
B) Welche politischen und wirtschaftlichen Entwicklungen leiteten das Ende der Republik ein?
C) Warum gelangten Hitler und die NSDAP an die politische Macht?

Die Präsidialkabinette von 1930–1933

1 Regierungserklärung von Heinrich Brüning vom 1. April 1930

Am 30. März 1930 ernannte Reichspräsident von Hindenburg den Zentrumspolitiker Heinrich Brüning zum Reichskanzler, obwohl dessen Regierung keine Mehrheit im Reichstag besaß. Um Gesetze auch ohne die Reichstagsmehrheit durchsetzen zu können, durfte Brünings „Präsidialkabinett" mit Vollmacht des Reichspräsidenten Gesetze in Form von „Notverordnungen" erlassen. Diese Praxis bedeutete de facto das Ende der Weimarer Demokratie.

Das neue Reichskabinett ist entsprechend dem mir vom Herrn Reichspräsidenten erteilten Auftrag an keine Koalition gebunden. Doch konnten selbstverständlich die politischen Kräfte dieses Hohen Hauses bei seiner Gestaltung nicht unbeachtet bleiben. Das Kabinett ist gebildet mit dem Zweck, die nach allgemeiner Auffassung für das Reich lebensnotwendigen Aufgaben in kürzester Frist zu lösen. Es wird der letzte Versuch sein, die Lösung mit diesem Reichstage durchzuführen. Einen Aufschub der lebensnotwendigen Aufgaben kann niemand verantworten. Die Stunde fordert schnelles Handeln. [...]

Zit. nach: Herbert Michaelis/Ernst Schraepler (Hrsg.): Ursachen und Folgen. Vom deutschen Zusammenbruch 1918 und 1945 bis zur staatlichen Neuordnung Deutschlands in der Gegenwart. Bd. 8. Berlin o. J., S. 21 f.

2 Erklärung der SPD-Fraktion vom 18. Oktober 1930 zur ihrer Tolerierungstaktik

Die SPD gehörte der Regierung Brüning nicht an, tolerierte deren Politik aber und ermöglichte so das Fortbestehen von Brünings Präsidialkabinett.

Wenn mithilfe der sozialdemokratischen Fraktion die Misstrauensanträge gegen das Kabinett Brüning angenommen worden wären, so hätten sich folgende politische Möglichkeiten ergeben:
1. Rücktritt des Kabinetts Brüning. Es erhält vom Reichspräsidenten Hindenburg die Vollmachten zur Weiterführung der Regierungsgeschäfte. Das dieses geschäftsführende Kabinett keine Mehrheit für seine Maßnahmen findet und eine erneute Auflösung von keiner Seite befürwortet wird, weil sie so bald nach der letzten Wahl noch keine Verbesserung verspricht, so müsste es gegen den Reichstag regieren. Das bedeutet, dass sich eine solche Regierung nur unter Ausschaltung des Reichstags im Amt halten könnte. Der Diktaturartikel 48 der Reichsverfassung würde dann dauernd auf alle Gebiete des wirtschaftlichen, sozialpolitischen und staatsbürgerlichen Lebens angewendet werden. Nicht nur der Reichstag, sondern auch jeder einzelne Staatsbürger würde seine durch die Verfassung garantierten Rechte verlieren. Wann sie wiedergewonnen werden könnten, ist ganz ungewiss. [...]

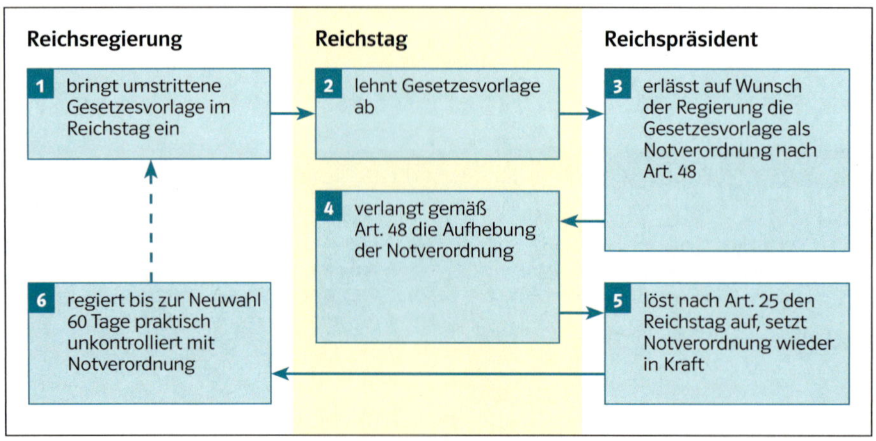

3 Die Funktionsweise der Präsidialkabinette 1930–1933
Die Präsidialkabinette beruhten auf der (verfassungswidrigen) Kombination der Artikel 48 und 25 der Weimarer Verfassung.

3. Auftrag an den deutschnationalen Parteiführer Hugenberg zur Bildung einer Rechtsregierung mit Einschluss der Nationalsozialisten. Diese Regierung wäre nur eine verschleierte Hitler-Regierung. Da auch die Rechtsparteien keine parlamentarische Mehrheit haben, könnte sich eine solche Regierung nur halten, wenn sie vom Zentrum toleriert wird. Die Nationalsozialisten wollen aber gar nicht parlamentarisch regieren. [...]

Die sozialdemokratische Fraktion ist jeden Tag in der Lage, mit Nationalsozialisten, Kommunisten und Deutschnationalen die Regierung zu stürzen, sie kann aber unmöglich mit solchen Bundesgenossen gemeinsam eine neue Regierung bilden. Deshalb und weil die Sozialdemokratie von dem Gefühl der Verantwortung für die arbeitende Klasse durchdrungen ist, lehnte sie jetzt die Zustimmung zu den Misstrauensanträgen anderer Parteien ab. Und zwar solcher Parteien, die, wie die Nationalsozialisten und die Deutschnationalen, offen arbeiterfeindlich sind oder, wie die Kommunisten, durch ihre Taktik zur Sicherung der Arbeiterklasse zur Stärkung des Faschismus beitragen.

Zit. nach: Michaelis/Schraepler, a. a. O., S. 114–117.

Der politische Aufstieg der NSDAP

4 „Woher kommen 6 ½ Millionen Stimmen?"

Bei den Reichstagswahlen im September 1930 erhielt die Nationalsozialistische Deutsche Arbeiterpartei (NSDAP) 18,3 Prozent der Stimmen (gegenüber 2,8 Prozent im Mai 1928) und wurde hinter der SPD die zweitstärkste Fraktion. In der Zeitung Die Welt am Montag fragte der Publizist Hellmut von Gerlach nach möglichen Gründen für diesen Erfolg von Adolf Hitlers Partei:

Die Welt zerbricht sich den Kopf darüber, worauf die Verneunfachung der Hitlerstimmen zurückzuführen ist. Die verschiedensten Deutungen kommen zum Vorschein.

Die Deutschland besonders wohlgesinnte Presse des Auslandes führt vielfach als Hauptgrund die riesige Arbeitslosigkeit an. [...] Irrtum! Von den drei Millionen Erwerbslosen hat nur ein verschwindend geringer Prozentsatz Hitler seine Stimme gegeben. Diese drei Millionen stellen vielmehr das Gros der kommunistischen Wähler dar. Wenn die KPD von 55 auf 77 Mandate gestiegen ist, so ist das die automatische Rückwirkung der steigenden Arbeitslosigkeit.

Die Arbeitslosen waren also nicht die Hauptwähler Hitlers. Wohl aber ist richtig, dass die Wirtschaftskrisis[1], deren äußere Symptome die riesenhafte Arbeitslosigkeit ist, die Grundlage des hitlerischen Sieges war.

Die Hitlerwähler setzen sich aus zwei Kategorien zusammen: einer kleinen Minderheit von Nationalsozialisten, die auf das Hakenkreuz eingeschworen sind, und einer riesigen Mehrheit von Mitläufern. Keine andere deutsche Partei ist so labil wie die nationalsozialistische, d. h. bei keiner anderen ist das Missverhältnis zwischen Stammkunden und Laufkunden ebenso groß. [...] Scheint der deutschen Wirtschaft wieder einmal die Sonne, so schmelzen die Hitlerwähler wie Schnee dahin. Die 6 ½ Millionen werden ja durch kein inneres Band zusammengehalten. Sie sind zu neun Zehnteln nicht Wähler für, sondern nur Wähler gegen.

Dabei soll nicht verkannt werden, dass Hitler, der ein ausgezeichneter Organisator mit Suggestivkraft ist, über eine ihm blind ergebene Kerntruppe von einigen Hunderttausend Mann, meist recht jugendlichen Truppen verfügt. [...]

Die Millionen Wähler, die er diesmal mustern konnte, dank der Gunst der Umstände, d. h. dank der Ungunst der Wirtschaftslage, rekrutieren sich aus den verschiedensten Schichten.

Da sind Arbeiter, relativ genommen nicht sehr viele, aber eine Million wird es doch wohl gewesen sein. Es sind Landarbeiter, die sich immer noch vom „gnädigen Herren" abhängig fühlen und von ostelbischen Granden für Hitler kommandiert wurden. Es sind jene labilen Elemente, die erst bei den Kommunisten hospitiert haben und sich nun den Nationalsozialisten zuwenden, weil diese sich noch radikaler gebärden. Es sind junge Leute,

5 Die Sozialstruktur der NSDAP-Mitgliederschaft vor dem 3. September 1930 (in Prozent)

Beruf	NSDAP-Mitgliederschaft	Anteil der Gesamtbevölkerung
Arbeiter	28,1	45,1
Landwirte	14,1	6,7
Handwerker	9,1	5,5
Kaufleute	8,2	3,7
freie Berufe	3,0	1,5
Lehrer	1,7	1,0
Beamte (nicht Lehrer)	6,6	3,3
Angestellte	25,6	15,9
mithelfende Familienangehörige (meist weiblich)	3,6	17,3
insgesamt:	100	100

Nach: Martin Broszat: Der Staat Hitlers. München 1969, S. 51.

6 Wahlplakat der NSDAP zur preußischen Landtagswahl am 24. April 1932
Bei dieser Landtagswahl wurde die NSDAP mit 36,2 Prozent der Stimmen auf einen Schlag zur stärksten Fraktion, konnte aber keine regierungsfähige Mehrheit stellen.

7 Die deutsche Wirtschaft 1925–1933

Volkseinkommen 1925–1933

Jahr	Mark pro Einwohner	Indexzahlen 1925 = 100
1925	920	100
1926	957	104
1927	1065	116
1928	1138	124
1929	1131	123
1930	1030	112
1931	833	91
1932	656	71
1933	676	73

Stat. Bundesamt: Bevölkerung und Wirtschaft 1872–1972. Zit. nach: Inf. zur polit. Bildung: Die Weimarer Republik. Stuttgart 1972, S. 31.

Entwicklung der Arbeitslosigkeit 1925–1933

Jahr	Arbeitslose in Mio.	Arbeitslose in %
1925	0,636	–
1926	2,000	–
1927	1,300	–
1928	1,353	7,0
1929	1,892	9,6
1930	3,076	15,7
1931	4,520	23,9
1932	5,575	30,8
1933	4,804	26,3

Die offizielle Zählung der Arbeitslosen begann erst 1928.

Zahlen ab 1928 aus: Bruno Gleitze (Hrsg.): Wirtschafts- und sozialstatistisches Handbuch (1960). S. 45.

Friseurgehilfen, Chauffeure usw., die sich etwas Besseres dünken als die Masse der gewerkschaftlich organisierten Fabrikarbeiter.

Da sind Massen von Angestellten, insbesondere aus den Kreisen der deutschnationalen Handlungsgehilfen, die berühmten oder berüchtigten Stehkragenproletarier. Ihr Interesse müsste sie in eine Einheitsfront mit den Arbeitern führen. Aber „Standesgefühl" ist stärker als ihre soziale Einsicht.

Da ist das Gros der Studenten und sonstigen jungen Akademiker. Bei ihnen fällt die antisemitische Hetzphrase auf besonders dankbaren Boden. Der Jude wird eben als unbequemer Konkurrent empfunden. Sie sind fanatisch nationalistisch. Den Krieg kennen sie nicht. […]

Da sind bedauerlich viele Beamte. Ihre politische Freiheit verdanken sie ausschließlich der Republik. Aber leider hat ihnen die Republik mit der politischen Freiheit nicht auch zugleich das politische Denken geben können, das ihnen in der Kaiserzeit ausgetrieben worden war. Sie sind ein besonders dankbares Objekt für Demagogen.

Da ist vor allem der große Block des sogenannten selbstständigen Mittelstandes. Diese Millionen von Handwerkern, Gewerbetreibenden und Kleinkaufleuten führen seit der nach 1871 einsetzenden großindustriellen Entwicklung einen verzweifelten Kampf um ihre Existenz. Es fehlt ihnen an wirtschaftlicher Einsicht. Darum fallen sie auf jeden Schwätzer herein, der ihnen die Wiederherstellung des „goldenen Bodens" durch Kampf gegen Juden und Warenhäuser, gegen Börse und Gewerbefreiheit verspricht. […]

Das ist das erschütternd Trostlose an dem Wahlergebnis vom 14. September, dass die Welt sehen muss, wie viel Millionen politische Analphabeten es noch in Deutschland gibt.

Die Millionen der Hitlerwähler sind nicht etwa ebenso viel Millionen zum Revanchekrieg entschlossener Teutonen. Sie denken gar nicht daran, ihr Blut riskieren zu wollen. Sie möchten nur ihr Gut wahren, und sie bilden sich ein, die nationalsozialistische Sackgasse sei der Weg in die Steuerfreiheit.

Das ist beruhigend – für das Ausland – und höchst beunruhigend für das Inland. Denn wie soll irgendeine Regierung vernünftig Politik machen mit Millionen von Wählern, die noch nicht einmal das politische Abc kapiert haben?

Die Welt am Montag, 6. Oktober 1930, Nr. 30.

1 Ausgehend von den USA begann 1929 eine weltweite Wirtschaftskrise, die in den betroffenen Staaten Massenarbeitslosigkeit und eine massive Deflation zur Folge hatte.

Gegner der Weimarer Demokratie

8 „Notwendigkeit einer vom parlamentarischen Parteiwesen unabhängigeren Regierung“

Eingabe führender Persönlichkeiten aus Wirtschaft und Industrie sowie großagrarischer Kreise an Reichspräsident Hindenburg, 19. November 1932. Vorausgegangen war die Reichstagswahl vom 6. November. Diese war nötig geworden, weil die Reichstagswahl vom Juli 1932 keine parlamentarische Mehrheit ermöglicht hatte und darauf eine von der SPD nicht tolerierte Präsidialregierung unter Franz von Papen gebildet worden war. Wahlsieger beider Wahlen war die NSDAP mit 37,3 % im Juli und mit (nur) 33,1 % im November.

[...] Mit Eurer Exzellenz bejahen wir die Notwendigkeit einer vom parlamentarischen Parteiwesen unabhängigeren Regierung, wie sie in dem von Eurer Exzellenz formulierten Gedanken eines Präsidialkabinetts zum Ausdruck kommt.

Der Ausgang der Reichstagswahl vom 6. November d.J. hat gezeigt, dass das derzeitige Kabinett [...] für den von ihm eingeschlagenen Weg keine ausreichende Stütze im deutschen Volk gefunden hat, dass aber das von Eurer Exzellenz gezeigte Ziel eine volle Mehrheit im deutschen Volk besitzt, wenn man – wie es geschehen muss – von der staatsverneinenden Partei der Kommunisten absieht. Gegen das bisherige parlamentarische Parteiregime sind nicht nur die Deutschnationale Volkspartei und die ihr nahe stehenden kleineren Gruppen, sondern auch die Nationalsozialistische Arbeiterpartei grundsätzlich eingestellt und haben somit das Ziel Eurer Exzellenz bejaht. Wir halten dieses Ergebnis für außerordentlich erfreulich und können uns nicht vorstellen, dass die Verwirklichung des Zieles nunmehr an der Beibehaltung einer unwirksamen Methode scheitern sollte.

Es ist klar, dass eine des Öfteren wiederholte Reichstagsauflösung mit sich häufenden, den Parteikampf immer weiter zuspitzenden Neuwahlen nicht nur einer politischen, sondern auch jeder wirtschaftlichen Beruhigung und Festigung entgegenwirken muss. Es ist aber auch klar, dass jede Verfassungsänderung, die nicht von breitester Volksströmung getragen ist, noch schlimmere wirtschaftliche, politische und seelische Wirkungen auslösen wird.

Wir erachten es deshalb für unsere Gewissenspflicht, Eure Exzellenz ehrerbietigst zu bitten, dass zur Erreichung des von uns allen unterstützten Zieles Eurer Exzellenz die Umgestaltung des Reichskabinetts in einer Weise erfolgen möge, die die größtmögliche Volkskraft hinter das Kabinett bringt.

Wir bekennen uns frei von jeder engen parteipolitischen Einstellung. Wir erkennen in der nationalen Bewegung, die durch unser Volk geht, den verheißungsvollen Beginn einer Zeit, die durch Überwindung des Klassengegensatzes die unerlässliche Grundlage für einen Wiederaufstieg der deutschen Wirtschaft erst schafft. Wir wissen, dass dieser Aufstieg nicht viele Opfer erfordert. Wir glauben, dass diese Opfer nur dann willig gebracht werden können, wenn die größte Gruppe dieser nationalen Bewegung führend an der Regierung beteiligt wird.

Die Übertragung der verantwortlichen Leitung eines mit den besten sachlichen und persönlichen Kräften ausgestatteten Präsidialkabinetts an den Führer der größten nationalen Gruppe wird die Schlacken und Fehler, die jeder Massenbewegung notgedrungen anhaften, ausmerzen und Millionen Menschen, die heute abseits stehen, zu bejahender Kraft mitreißen. [...]

Zit. nach: Herbert Michaelis/Ernst Schraepler (Hrsg.): Ursachen und Folgen. Vom deutschen Zusammenbruch 1918 und 1945 bis zur staatlichen Neuordnung Deutschlands in der Gegenwart. Bd. 8. Berlin o. J., S. 687 f.

9 „Gegen den augenblicklichen Staatsaufbau“

„Hassbotschaft“ des Stahlhelms, 4. September 1928. Der Stahlhelm war 1918 als paramilitärische Vereinigung ehemaliger Soldaten des Ersten Weltkriegs gegründet worden.

Wir hassen mit ganzer Seele den augenblicklichen Staatsaufbau, seine Form und seinen Inhalt, sein Werden und sein Wesen. Wir hassen diesen Staatsaufbau, weil in ihm nicht die besten Deutschen führen, sondern weil in ihm ein Parlamentarismus herrscht, dessen System jede verantwortungsvolle Führung unmöglich macht. Wir hassen diesen Staatsaufbau, weil in ihm Klassenkampf und

Parteienkampf Selbstzweck und Recht geworden sind. Wir hassen diesen Staatsaufbau, weil er die deutsche Arbeiterschaft in ihrem berechtigten Aufstiegswillen behindert, trotz aller hochtönenden Versprechungen. Wir hassen diesen Staatsaufbau, weil er uns die Aussicht versperrt, unser geknechtetes Vaterland zu befreien und das deutsche Volk von der erlogenen Kriegsschuld zu reinigen, den notwendigen deutschen Lebensraum im Osten zu gewinnen, das deutsche Volk wieder frei zu machen, Landwirtschaft, Industrie, Gewerbe und Handwerk gegen den feindlichen Wirtschaftskrieg zu schützen und wieder lebensfähig zu gestalten. Wir wollen einen starken Staat, in dem die verantwortungsvolle Führung der Beste hat und nicht verantwortungsloses Bonzen- und Maulheldentum führt. […]

Zit. nach: Michaelis/Schraepler, a. a. O., S. 423.

Darstellungen: Warum scheiterte die Weimarer Republik?

10 „Die deutsche Demokratie war unpopulär"

Warum scheiterte die Weimarer Republik? Diese Frage ist in der Geschichtswissenschaft häufig gestellt worden. Mit der Frage verbunden ist der Wunsch, zu verstehen und zu erklären, wie Adolf Hitlers Herrschaft möglich wurde. Dazu der Historiker Karl Dietrich Bracher (geb. 1922):

Zu einfach wäre gewiss die Auffassung, die Weimarer Republik sei, wenn nicht sogleich, so doch auf lange Sicht, zum Scheitern verurteilt gewesen, weil sie schwerwiegende Strukturfehler aufwies, die aus der unvollendeten Revolution und der starken Kontinuität vordemokratischer Elemente in Staat und Gesellschaft stammten. Wider Erwarten wurde sogar das Krisenjahr 1923 mit seinen Katastrophenereignissen überstanden, die auch eine fester verwurzelte Demokratie hätten zu Fall bringen können. Aber das Hauptproblem war und blieb: Die deutsche Demokratie, als Ergebnis der unerwarteten Niederlage empfunden, war und blieb alles andere als populär. Schon ein Jahr nach der Annahme der Verfassung, bei den ersten Reichstagswahlen von 1920, waren die sie tragenden Parteien in die Minderheit geraten. Es gab eine zunehmende Unterstützung für die extremen Parteien der Linken und der Rechten, die die Republik erbittert bekämpften. Sie sahen in ihr entweder, wie die Kommunisten, das Ergebnis eines Verrats der Sozialdemokraten und Gewerkschaften an der Arbeiterklasse: durch Kompromisse mit den Kapitalisten, der Armee und der alten Führungsschicht. Oder aber sie denunzierten die Demokratie als Produkt eines Verrats der Revolution an der kämpfenden Front im Sinne der Dolchstoßlegende und zugleich eines ausländischen Diktats über Deutschland: als eine „undeutsche", importierte Staatsform, wie die rechts stehenden Gegner der Demokratie unablässig behaupteten. Die „Kapitalistenklasse" oder aber die „Novemberverbrecher" sind schuld am deutschen Elend: Das waren die beiden Pole einer antidemokratischen Agitation, die der Republik von Anfang an machtvoll und suggestiv entgegentrat. […] Versailles und die Revolution waren die großen Stichworte, mit denen agitiert wurde: 1919 wie 1933. Dieses große antidemokratische Potenzial, das sich als das „eigentliche" Deutschland verstand, war also stets vorhanden […].

Man muss sich jene fatale Einkreisung der Demokratie durch ihre Feinde bewusst machen, um auch der Leistung der republikanischen Parteien und Politiker gerecht zu werden. Die Weimarer Republik war in Wahrheit nichts Fremdes, Importiertes, sondern der Durchbruch einer demokratischen Tradition, die von der Glorifizierung der „Realpolitik" und des starken Staates im Zweiten Reich überdeckt worden war, und sie bedeutete zugleich die Wiederaufnahme einer übernationalen, „weltbürgerlichen" Kultur- und Gesellschaftstradition jenseits der nationalstaatlichen Verengung. […]

Karl Dietrich Bracher: Die Auflösung der Republik. Gründe und Fragen. In: Gerhard Schulz (Hrsg.): Weimarer Republik. Eine Nation im Umbruch. Freiburg/Würzburg 1987, S. 130–132.

11 „Die Nation der Republik von Weimar war eine gespaltene Nation"

Der Historiker Otto Dann (geb. 1937) schreibt zum Scheitern der Weimarer Republik:

Wie konnte es dazu kommen, dass die deutsche Nation, die sich 1918/19 eine demokratische Verfassung geschaffen hatte, seit 1930 sich von dieser Verfassung mehrheitlich wieder zurückzog und sich damit als moderne, souveräne Nation selbst aufgab? […]

Die Nation der Republik von Weimar war eine gespaltene Nation, wie schon die Gesellschaft des Kaiserreichs. Doch die Grenzlinien verliefen anders. Im Kaiserreich herrschte eine weitgehende Übereinstimmung zwischen dem Gegensatz der Klassen und den Lagern der politischen Gesellschaft. Im Weltkrieg war dann der Begriff „Volksgemeinschaft" populär geworden. Er war das Symbol der weit verbreiteten Hoffnung auf eine Überwindung der Spaltung der Nation, die alle empfanden. Unter diesem Begriff wurde jedoch Verschiedenes verstanden, und viele falsche Hoffnungen waren mit ihm verbunden.

Auch in der Republik spielten die Klassengegensätze eine zentrale Rolle; doch sie waren vielfach überlagert und sie prägten nicht mehr allein das politische Spektrum. […] Sozialpolitisch beruhte der Weimarer Nationalstaat auf einer Koalition, in der die alten Klassengegensätze durch eine sozialdemokratisch-bürgerliche Koalition überbrückt waren. Diese politisch vollzogene neue Nationsbildung konnte sich jedoch an der Basis, im Verhalten der Gesellschaft noch nicht durchsetzen. Das führte im politischen Leben zu neuen Gegensätzen: auf der Linken zwischen SPD und USPD oder KPD, im bürgerlichen Lager zwischen demokratischen und antidemokratischen Parteien. Kennzeichnend für die Gesellschaft von Weimar war damit eine neue Spaltung, die sich aus dem Kampf um den Staat ergab: der Gegensatz zwischen den Anhängern und den Gegnern des demokratisch-republikanischen Nationalstaats.

Diese Spaltung wurde bedrohlich, weil unter den Gegnern der Republik sich schon bald eine Totalopposition durchsetzte, der es gelang, die nationale Parole für sich zu besetzen und damit dem Staat und seinen tragenden Kräften die wichtigste Identität zu nehmen: die nationale. Zwischen den Trägern des Weimarer Nationalstaats und der Totalopposition von rechts tobte ein Kampf um die Nation, um den Anspruch, die Nation zu repräsentieren. Es ging dabei letztlich um zwei gegensätzliche Konzepte von der Nation, das demokratische und das des Nationalismus. Dieser Kampf hatte nicht nur eine ideologische, sondern auch eine soziale Dimension: Es war ein Kampf um die deutsche Gesellschaft.

Warum konnte die Totalopposition von rechts ihn für sich entscheiden? Zunächst deshalb, weil sie lernfähig und in der Lage war, neue Ressourcen zu mobilisieren. Nach den Jahren der Putschtaktik (1919–1923) stellte sie sich um auf eine Strategie der planmäßigen Organisation und der manipulativen Massenagitation. Außerdem war es ihr gelungen, eine Militarisierung des politischen Lebens durch die Aufstellung von uniformierten Kampfverbänden durchzusetzen; diese konnten das politische Leben ständig zu einer Bürgerkriegssituation erhitzen und außer Kontrolle bringen. In diesem Zusammenhang darf nicht übersehen werden, dass es neben der nationalistischen Totalopposition von rechts auch die kommunistische von links gab, die ebenso militant mit einer antidemokratischen Klassenkampfparole die Weimarer Republik aufsprengte und vor allem die Sozialdemokratie, die tragende Partei dieser Republik, ständig verunsicherte. Letztlich war der Sieg über den Staat aber nur möglich, weil die Führungsgruppen der beiden einzigen nach 1930 noch zählenden bürgerlichen Parteien, Zentrum und DNVP, ihren begrenzten Konsens mit diesem Staat aufgegeben und eine andere als die modern-demokratische Nation ins Auge gefasst hatten.

Otto Dann: Nation und Nationalismus in Deutschland 1770–1990. München 1996, S. 270–272.

Arbeitsvorschläge

○●●/●●● a) Erläutern Sie die Positionen Brünings (M1) und der SPD (M2) bezüglich der Präsidialkabinette und der innenpolitischen Lage Deutschlands unter Berücksichtigung der grafischen Darstellung zur Funktionsweise dieser Kabinette (M3) und diskutieren Sie Alternativen zur Haltung der SPD.

○○● b) Beschreiben Sie die Sozialstruktur der NSDAP-Mitgliedschaft anhand von M5.

○●● c) Analysieren Sie das Poster M6 unter Berücksichtigung der Arbeitsschritte auf S. 31 und erläutern Sie, mit welchen Mitteln der zeitgenössische Betrachter des Posters für die NSDAP gewonnen werden sollte.

○○●/●●● d) Zeigen Sie anhand von M4–M6 und M8–M9 auf, welche Bedingungen für Hitlers Ernennung zum Reichskanzler ausschlaggebend waren und entwickeln Sie basierend auf den Ergebnissen Ihre eigene Deutung.

○●●/●●● e) In der Forschung ist es umstritten, ob und welche Zusammenhänge zwischen der Arbeitslosigkeit und den Wahlergebnissen der NSDAP und der KPD bestanden. Charakterisieren Sie die Situation der deutschen Wirtschaft vor und nach der Weltwirtschaftskrise in Deutschland auf Basis der Statistiken M7 und prüfen Sie die Materialien auf eventuelle Zusammenhänge zu den Wahlerfolgen. Beziehen Sie auch die Argumente in M4 in Ihre Überlegungen ein.

○○●/●●● f) Fassen Sie die jeweiligen Positionen in M10 und M11 in Thesen zusammen und reflektieren Sie diese kritisch. Nehmen Sie begründet Stellung zu der Frage, warum die Weimarer Republik gescheitert ist.

●●● g) Diskutieren Sie die Möglichkeiten gesellschaftlicher Institutionen, den Aufstieg einer Partei wie der NSDAP zu verhindern.

Grundwissen: Politische Voraussetzungen des Nationalsozialismus

Das Ende der Weimarer Republik

Die erste parlamentarische Demokratie auf deutschem Boden, die Weimarer Republik, hörte nach 13 Jahren auf zu existieren. Sie scheiterte unter anderem an den Problemen und Belastungen, die mit der Kriegsniederlage verbunden waren: die Unterschrift unter den Versailler Vertrag, Reparationszahlungen, Kriegsschulden, Inflation. Das alles waren Hinterlassenschaften des Regimes des Kaiserreichs, für deren Lösung in der Weimarer Zeit aber Demokraten verantwortlich waren. An die Stelle der Weimarer Republik trat 1933 die totalitäre Diktatur des Deutschen Reichs unter dem „Führer" Adolf Hitler, dem Parteivorsitzenden der Nationalsozialistischen Deutschen Arbeiterpartei (NSDAP). Dem Jahr 1933 vorangegangen waren ein Abdriften der Parteienlandschaft nach rechts, die Weltwirtschaftskrise, die die wirtschaftlich ohnehin schon schwache Weimarer Republik besonders hart traf, und die Aushöhlung des Parlaments seit 1930.

Die politischen Feinde der Republik

→ 9 S. 429 f.

Seit ihrer ersten Stunde besaß die Weimarer Republik zahlreiche Feinde. Darunter fallen rechte Parteien wie etwa die DNVP, die die Wiederherstellung der Monarchie forderte. Zu den linken Feinden zählte die KPD, die die Diktatur des Proletariats anstrebte und sowohl gegen die angeblich „sozialfaschistische" SPD als auch gegen die rechten Parteien Front machte.

Bei der Wahl des Reichspräsidenten im Jahr 1925 konnten die Rechtskonservativen dann einen wichtigen Erfolg verbuchen: Reichspräsident Friedrich Ebert war im Alter von 54 Jahren überraschend verstorben. Als Nachfolger wurde in unmittelbarer Wahl der 77-jährige Generalfeldmarschall Paul von Hindenburg gewählt, der Chef der Obersten Heeresleitung im Ersten Weltkrieg und ein offener Verfechter der Dolchstoßlegende.

Innerhalb des bürgerlichen Lagers erfolgte Ende der 1920er-Jahre ein Rechtsruck. Die liberalen Parteien, allen voran die DDP und die DVP, bluteten aus und spielten ab 1932 keine Rolle mehr. Die DNVP widmete sich nach der Wahl von 1928 verstärkt extremen nationalistischen Forderungen. Unter ihrem neuen Vorsitzenden Alfred Hugenberg, dem Besitzer eines Medienkonzerns, der sich nationalistischer und antisemitischer Propaganda verschrieben hatte, arbeitete die DNVP bald mit der NSDAP zusammen.

Politische Morde von rechts

Nicht nur einige der Parteien hatten ein gespanntes Verhältnis zur politischen Ordnung Weimars. Vor allem rechte Kräfte versuchten in den Anfangsjahren der Republik, den jungen Staat wieder zu Fall zu bringen. Aus den inzwischen offiziell aufgelösten Freikorps ging eine Reihe völkisch-nationalistischer Geheimbünde hervor; so etwa die Organisation Consul. Auf ihr Konto ging 1921 die Ermordung des Zentrumspolitikers Matthias Erzberger. Den Republikgegnern war er verhasst, hatte er schließlich 1917 die Friedensresolution unterstützt, 1918 den Waffenstillstand von Compiègne unterzeichnet und später die Annahme des Versailler Vertrags befürwortet. Ebenfalls den Mitgliedern der Organisation Consul ist der Mord an Außenminister Walther Rathenau zuzuschreiben. Der Tod dieses liberalen Politikers, Philosophen und Industriellen jüdischen Glaubens sorgte im In- und Ausland für Entsetzen.

12 Nach dem Hochverratsprozess posieren die führenden Teilnehmer des Hitler-Ludendorff-Putsches
Abgebildete u. a.: Wilhelm Frick (3. v. l.), Erich Ludendorff (5. v. l.), Adolf Hitler (4. v. r.), Ernst Röhm (2. v. r.). Foto von Heinrich Hoffmann, 1924.

Putschversuche 1920 und 1923

In der kurzen Geschichte der Weimarer Republik ereigneten sich zwei nennenswerte Putschversuche gegen die junge Demokratie. 1920 besetzten zwei Freikorps das Berliner Regierungsviertel. Der rechtskonservative Wolfgang Kapp wurde zum neuen Reichskanzler erklärt, als „Reichswehrminister" fungierte der General Walther von Lüttwitz. Der Kapp-Lüttwitz-Putsch (auch Kapp-Putsch) wurde nach fünf Tagen beendet, da die Putschisten weder in der Verwaltung noch in der Bevölkerung den nötigen Rückhalt fanden.

Im November 1923 ereignete sich in München ein weiterer Putschversuch unter der Führung Adolf Hitlers, des Vorsitzenden der NSDAP, und Erich Ludendorffs, des ehemaligen Stellvertreters Paul von Hindenburgs als Chef der Obersten Heeresleitung. Mit Waffengewalt wollten sie eine provisorische Regierung nationalistischer Kräfte erzwingen. Doch der dilettantisch durchgeführte Hitler-Ludendorff-Putsch brach am 9. November 1923 im Feuer der Polizei zusammen.

Dieser Putschversuch führte dazu, dass die NSDAP verboten und Hitler zu einer fünfjährigen Haftstrafe verurteilt wurde. Nach nur neun Monaten Haft wurde er wieder entlassen – die Justiz der Weimarer Republik urteilte gegenüber rechten Straftätern sehr moderat. Bereits 1925 gründete er die NSDAP neu.

Adolf Hitler (1889–1945)
Vorsitzender der NSDP (ab 1921), deutscher Reichskanzler (ab 1933), „Führer und Reichskanzler" (1934–1945). Farbfoto von Walter Frentz, 1944.

Adolf Hitler als Vorsitzender der NSDAP

Nach ihrer Neugründung versammelte die NSDAP mehr und mehr Anhänger um sich. Bis zur Reichstagswahl von 1930 gelang es ihr, alle anderen völkischen Splitterparteien zu verdrängen. Dies hing auch mit ihrem Vorsitzenden Adolf Hitler zusammen, der ein begnadeter Redner und Demagoge war.

Hitler wurde am 20. April 1889 im österreichischen Braunau am Inn geboren. Nach einer abgebrochenen Realschulausbildung versuchte er sich seit 1907 vergeblich als Künstler und Architekt in Wien. Am Ersten Weltkrieg nahm er als Freiwilliger teil. Nie über den Rang eines Gefreiten hinausgekommen, jedoch mit dem Eisernen Kreuz erster Klasse dekoriert, erlebte er das Kriegsende verwundet in einem Lazarett. Im Oktober 1919 trat er als 55. Mitglied der republikfeindlichen, antisemitischen Deutschen Arbeiterpartei (DAP) bei, die sich später in Nationalsozialistische Deutsche Arbeiterpartei umbenannte. 1921 wurde Hitler auf einem Parteitag zu ihrem Vorsitzenden gewählt; als solcher erlangte er nach dem Putsch von 1923 in der ganzen Republik Bekanntheit.

➔ 4 - 6 S. 427 ff.

Politischer Durchbruch der NSDAP 1930

Die Reichstagswahl von 1928 brachte der NSDAP lediglich 2,6 Prozent, zwei Jahre später, bei der Wahl vom 14. September 1930, waren es 18,3 Prozent. Auf einen Schlag war Hitlers Partei zur zweitstärksten Reichstagsfraktion nach der SPD geworden. Wichtiger Faktor für den Aufstieg der NSDAP war die Tatsache gewesen, dass Hitler aus dem bürgerlich-rechten Lager Rückendeckung bekam: Der Reichsausschuss, ein Zusammenschluss aus NSDAP, DNVP und dem Stahlhelm, hatte 1929 gemeinsam zu einem Volksbegehren gegen den Young-Plan aufgerufen. Aus diesem Bündnis entstand im Oktober 1931 die sogenannte Harzburger Front, mit der die nationalistische Opposition gegen Reichskanzler Brüning reorganisiert werden sollte.
Zeitgleich mit den Wahlerfolgen der NSDAP ereignete sich eine Aushöhlung des parlamentarischen Systems der Weimarer Republik.

Heinrich Brüning (1885–1970)
Zentrumspolitiker und Reichskanzler (1930–1932). Undatiertes Foto.

Das Ende der parlamentarischen Regierungen

Die letzte Regierung der Weimarer Republik, die sich auf eine Mehrheit im Reichstag stützen konnte, war die Große Koalition unter dem SPD-Politiker Hermann Müller. Sie existierte bis zum 27. März 1930. Müllers Nachfolger wurde der Vorsitzende der Zentrumsfraktion Heinrich Brüning. Bereits 1929 hatten Vertraute des Reichspräsidenten Hindenburg bei Brüning angefragt, ob er für ein antiparlamentarisches „Hindenburg-Kabinett" zur Verfügung stehe. Aber noch brauchte man die Große Koalition, um den Young-Plan zu verabschieden, von dessen Annahme im Reichstag die Räumung der letzten besetzten Zone des Rheinlands abhing. Am 13. März 1930 trat das Reichsgesetz zum Young-Plan in Kraft; am 27. März 1930 zerbrach die Regierung Müller. Drei Tage später wurde Heinrich Brüning zum Reichskanzler einer Minderheitsregierung ernannt.
Um Gesetze gegebenenfalls auch ohne die Reichstagsmehrheit durchsetzen zu können, hatte Hindenburg Brüning die Vollmacht gegeben, mithilfe des Artikels 48 zu regieren (Notverordnungsrecht) und auf der Grundlage von Artikel 25 den Reichstag aufzulösen. Damit war eine Regierung ins Amt gebracht worden, die praktisch nur noch dem Reichspräsidenten verantwortlich war: die ➔Präsidialregierung.

➔ 1 - 3 S. 426 f.

Brünings Deflationspolitik

➔ 7 S. 428

Heinrich Brüning verfolgte als Reichskanzler revisionistische Ziele. Vorrang besaß die Lösung des Reparationsproblems, das in Deutschland insbesondere nach der Weltwirtschaftskrise seit 1929 eine besondere politische Sprengkraft besaß. Um dies zu erreichen, betrieb Brüning eine Erfüllungspolitik, die anders als die von 1922 nicht mit der Notenpresse arbeitete. Stattdessen setzte er auf eine kompromisslose Sanierung des Haushalts: Mithilfe von Notverordnungen wurden staatliche Ausgaben begrenzt, Löhne und Sozialleistungen gekürzt, Steuern erhöht. Das sollte der Wirtschaft ermöglichen, kostengünstiger zu produzieren und die deutschen Waren auf dem internationalen Markt billiger anbieten zu können. Zwar wurde dieses Ziel erreicht, aber auf dem Binnenmarkt führte diese Deflationspolitik zu einem Rückgang der Kaufkraft und damit der Produktion. Entlassungen waren die Folge. Konjunkturbelebende Maßnahmen ergriff Brüning nicht. Er wollte die wirtschaftliche Krisensituation nutzen, um gegenüber den alliierten Gläubigern Deutschlands Zahlungsunfähigkeit unter Beweis zu stellen.
Brüning erreichte sein Ziel: Der US-amerikanische Präsident Herbert Hoover schlug im Juni 1931 vor, wegen der Wirtschaftskrise für die Dauer eines Jahres alle internationalen Zahlungsverpflichtungen ruhen zu lassen. Dieses ➔„Hoover-Moratorium" war der Anfang vom Ende der Reparationen. Die Konferenz von Lausanne bestätigte im Juni 1932, allerdings erst nach Brünings Entlassung, die Aufhebung des Young-Plans und das faktische Ende aller kriegsbedingten Reparationszahlungen Deutschlands.

Franz von Papen (1879–1969)
Reichskanzler (1.6.1932–3.12.1932), Vizekanzler im Kabinett Hitler (1933–1934). Undatiertes Foto.

Kurt von Schleicher (1882–1934)
Generalmajor (seit 1929), Reichswehrminister (1932), Reichskanzler (3.12.1932–28.1.1933), Vertrauter Paul von Hindenburgs. Undatiertes Foto.

Politische Gewalt als Folge von Brünings Politik

Die Sparpolitik Brünings hatte zu einer weiteren Verschärfung der wirtschaftlichen Situation geführt. Der dramatische Niedergang der Wirtschaft und die Verarmung von Millionen von Familien (im Februar 1932 waren 6,1 Millionen Deutsche arbeitslos) führten mit dazu, dass sich die politische Auseinandersetzung mehr und mehr auf die Straße verlagerte. Politisch motivierte Gewalt wurde zur alltäglichen Erscheinung. Vor allem die paramilitärisch organisierten Verbände der NSDAP und der KPD, die SA (→ Sturmabteilung) und der RFB (Roter Frontkämpferbund), lieferten sich 1931 und 1932 immer blutigere Straßenschlachten und Saalkämpfe. Die Regierung Brüning verbot daher im April 1932 die 420 000 Mann starke SA, den mit Abstand größten paramilitärischen Verband einer Partei.

Am 30. Mai 1932 trat Heinrich Brüning als Reichskanzler zurück. Zuvor hatte er die deutsche Agrarkrise durch die Zwangsenteignung der rettungslos verschuldeten Landgüter lösen wollen. Die zu enteignenden, konservativen Großagrarier aber besaßen enge Kontakte zur → Reichswehr und zu Reichspräsident Hindenburg, der Brüning schließlich zum Rücktritt aufforderte.

Die Präsidialregierung Franz von Papens

Letzten Endes ging Brünings Entlassung, genauso wie seine Ernennung, auf den Reichswehroffizier Kurt von Schleicher zurück. In dessen Konzept passten weder das SA-Verbot noch die strikte Abgrenzung zur NSDAP. Schleicher wollte die prekäre innenpolitische Situation durch ein Präsidialsystem mit Beteiligung der NSDAP bereinigen.

Auf Schleichers Betreiben bestimmte Hindenburg den Adligen Franz von Papen am 1. Juni 1932 zum neuen Reichskanzler. Papen war zwar politisch bislang nicht weiter aufgefallen, besaß aber gute Kontakte zur Wirtschaft und besaß eine ähnlich konservativ-autoritäre Geisteshaltung wie der Reichspräsident. Sein Kabinett bestand aus DNVP-Mitgliedern und parteilosen Adligen und wurde daher auch als „Kabinett der Barone" verspottet. Unter von Papen wurde das SA-Verbot wieder aufgehoben. Bürgerkriegsähnliche Zustände waren die Folge.

Hitlers Weg an die Macht

Aus der Reichstagswahl vom 31. Juli 1932 ging die NSDAP als stärkste Partei hervor. Bei den kurz darauf folgenden Wahlen im November (die SPD hatte ihre Tolerierungspolitik aufgegeben, sodass die neue Regierung handlungsunfähig wurde) büßte die NSDAP zwar Stimmen ein, blieb aber größte Kraft im Parlament. Welche Regierung sollte gebildet werden? Papen wollte seinen Kurs einer autoritären Präsidialregierung ohne Mitwirkung des Reichstags fortsetzen und künftig auf Neuwahlen verzichten. Doch zu diesem offensichtlichen Verfassungsbruch war Hindenburg nicht bereit. Auch Hitlers Forderung nach der Kanzlerschaft lehnte der Reichspräsident (noch) ab.

Neuer Reichskanzler wurde Kurt von Schleicher, der schon unter Papen Wehrminister gewesen war. Er verunsicherte aber Industrie und Großgrundbesitzer, als er eine Annäherung an die Gewerkschaften und ein Ostsiedlungsprogramm verkündete. Führende Köpfe aus der Wirtschaft traten nun unter der Vermittlung Papens an Hindenburg heran mit dem Vorschlag, das Kanzleramt an Hitler zu übertragen. Papen glaubte an das „Zähmungskonzept", das Hitler in einer Regierung aus Rechtskonservativen „einrahmen" sollte. Schleicher musste am 28. Januar 1933 zurücktreten. Am 30. Januar ernannte Hindenburg Adolf Hitler zum Reichskanzler. Hitler und seiner Regierung sollte es in den folgenden Monaten – mit Billigung fast aller Parteien und eines großen Teils der deutschen Bevölkerung – gelingen, das rechtsstaatliche und demokratische System der Weimarer Republik zu zerstören.

9.2 Die nationalsozialistische Ideologie

A) Welche Inhalte kennzeichnen die nationalsozialistische Ideologie?

1 Allgemeine ideologische Grundlagen der NSDAP: Hitler-Rede vom 12. April 1922

[...] Entweder Sieg der arischen Seite oder ihre Vernichtung und Sieg des Juden. Aus dieser, ich möchte sagen blutigernsten Erkenntnis heraus ist die Gründung unserer Bewegung erfolgt. [...] Die Erkenntnis zeigt uns aber zunächst eine Reihe der wichtigsten Grundlagen für diese junge Bewegung, der wir einst das Große zutrauen wollen.

Erstens: „national" und „sozial" sind zwei identische Begriffe. Dem Juden erst ist es gelungen, durch die Umfälschung des sozialen Gedankens zum Marxismus diesen sozialen Gedanken nicht nur dem nationalen zu entfremden, sondern, was ja praktisch erreicht worden ist, sie als stärkste Gegensätze hinzustellen. Wir haben uns bei Gründung dieser Bewegung entschlossen, sie [...] als „Nationalsozialistische" zu taufen. Wir sagten uns, dass „national" sein in allererster Linie heißt, in grenzenloser, alles umspannender Liebe zum Volke handeln und, wenn nötig, dafür auch zu sterben.

Und also heißt „sozial" sein, den Staat und die Volksgemeinschaft so aufbauen, dass jeder Einzelne für die Volksgemeinschaft handelt und demgemäß auch überzeugt sein muss von der Güte und der ehrlichen Redlichkeit dieser Volksgemeinschaft, um dafür sterben zu können.

Zweitens aber sagten wir uns: Es gibt und kann keine Klassen geben. Klasse heißt Kaste und Kaste heißt Rasse. Wenn es in Indien Kasten gibt – jawohl – dort ist das möglich, dort waren einst Arier und dunkle Ureinwohner. So war es auch in Ägypten und auch in Rom. Bei uns aber in Deutschland, wo jeder gleiches Blut trägt, der überhaupt Deutscher ist, und gleiche Augen hat und die gleiche Sprache spricht, da kann es keine Klasse geben, da gibt es nur ein Volk und weiter nichts. Gewiss, auch wir erkennen an, dass es „Stände" geben muss und geben wird, ja, den Stand meinetwegen der Uhrmacher und der Schwerstarbeiter, den der Maler oder den der Techniker, der Ingenieure, Beamten usw. Ja, Stände kann es geben. Aber was diese Stände auch untereinander um den Ausgleich ihrer Wirtschaftsbedingungen zu kämpfen haben, so groß darf der Kampf nie werden und die Kluft, dass darüber die Bande der Rasse zerreißen.

Und wenn Sie nun sagen: Es muss aber doch einen Unterschied geben zwischen den redlich Schaffenden und den Nichtstuern – jawohl! Das ist der Unterschied, der in der Erfüllung der pflichtgemäßen Arbeit des Einzelnen liegt. Arbeit soll das große Bindeglied und soll aber auch das große Trennende sein. Die Drohne ist unser aller Feind. Die Schaffenden aber, ganz gleich, ob Arbeiter des Kopfes oder der Faust, sind das Edelvolk unseres Staates, das ist das deutsche Volk!

Wir verstehen unter Arbeit ausschließlich jene Tätigkeit, die nicht nur dem Einzelnen nützt, sondern der Gemeinschaft auf keinen Fall schadet, ja, im Gegenteil, mithilft, sie zu bilden. Und da waren wir uns drittens klar, dass diese Art der Auffassung der Arbeit in einem Triebe liegt, der unserer Rasse, unserem Blute entspringt. Wir sagten uns, dass Rasse verschieden ist von Rasse,

2 Hitler studierte seine Rednerposen genau ein
Aufnahme von Hitlers persönlichem Fotografen Heinrich Hoffmann aus dem Jahr 1927.

und dass jede gemäß ihren Grunderfordernissen auch gewisse bestimmte Tendenzen nach außen zeigt. Diese Tendenzen aber zeigen sich vielleicht am klarsten in ihrer Einstellung zum Begriff der Arbeit.
Der Arier fasst Arbeit auf als Grundlage zur Erhaltung der Volksgemeinschaft unter sich, der Jude als Mittel zur Ausbeutung anderer Völker. Er arbeitet niemals als produktiv Schaffender, ohne die große Aussicht, Herrschender zu werden. Er arbeitet unproduktiv als Benützer und Genießer anderer Leute Arbeit. [...] Er zerstört und er muss zerstören, weil ihm der Begriff der gemeinschaftsbildenden Art vollkommen fehlt. Es spielt dann keine Rolle, ob dieser Jude im Einzelnen „anständig" ist oder nicht. Er trägt seinen Charakterzug an sich, den ihm die Natur verliehen, und er kann sich niemals davon freimachen. [...]
Viertens waren wir uns weiter klar, dass wirtschaftliche Blüte unzertrennlich ist von politischer Freiheit und dass damit das Lügengebäude des „Internationalismus" sofort in sich zusammenbrechen muss. Wir erkannten, dass politische Freiheit ewig nur eine Folge der Macht sein kann und Macht nur ein Ausfluss des Willens. Der Wille hierzu muss demgemäß in einem Volke mit leidenschaftlichem Eifer in dieser Richtung gestärkt werden. Und so erkannten wir denn fünftens, dass wir als Nationalsozialisten und Angehörige der Deutschen Arbeiter- oder arbeitenden Partei grundsätzlich die fanatischsten Nationalisten sein müssen. [...] Dann aber begriffen wir sechstens, dass Macht letzten Endes nur möglich ist, wo Kraft ist und Kraft nicht in der toten Zahl liegt, sondern ausschließlich in der Energie. Selbst die kleinste Minderzahl kann Gewaltiges schaffen dann, wenn sie vom feurigsten, leidenschaftlichsten Willen zur Tat bewegt ist. Weltgeschichte wurde bisher immer noch von Minoritäten gemacht.
Und zum Letzten: Ist endlich eine Wahrheit erkannt, dann ist sie doch so lange wertlos, solange nicht der unbändige Wille dazu kommt, diese Erkenntnis in die Tat umzusetzen! [...]

Zit. nach: Erhard Klöss (Hrsg.): Reden des Führers. Politik und Propaganda Adolf Hitlers 1922–1945. München 1967, S. 39–41.

3 Rassenlehre und Antisemitismus

Wesentliche Elemente der NS-Ideologie waren die Rassenlehre und der Ariermythos. Im unwissenschaftlichen NS-Sprachgebrauch meinte man mit dem Begriff „Arier" alle weißen „Nichtjuden". Der folgende Text stammt aus einer ideologischen Schrift der NSDAP aus dem Jahr 1933:

Das allgemeinste unerbittliche Gesetz des Lebens ist nun Kampf um sein Dasein und seine Entfaltung, Kampf der Rassen um ihren Lebensraum, d. h. auch auf die Völker bezogen mit der Natur und, wenn es sein muss, mit anderen Völkern, die der eigenen völkischen Lebensentfaltung entgegenstehen. Grundvoraussetzung für jede völkische Entwicklung, ja jeder Entwicklung des Lebens überhaupt, ist eine beständige Erneuerung an seinen Quellpunkten durch Zeugung und Fortpflanzung. Völker, die sich nicht mehr genügend fortpflanzen, sind dem Untergange geweiht, mögen sie auf noch so imponierender Höhe der Kultur und der politischen Macht stehen. Sie müssen nach einer bestimmten Zeit dem Drucke geburtenstärkerer Rassen weichen, in denen sich zugleich im Bevölkerungsüberschuss die emporzüchtende Kraft der Auslese zu entfalten vermag. Von grundlegender Bedeutung für das Staats-, Kultur- und Bildungsideal ist hier nun die Art, wie Rassen und Völker diesen Kampf um ihren Lebensraum bestehen. Die einen suchen diesen durch Bedürfnislosigkeit, Fügsamkeit, Zähigkeit, vielfach auch Fleiß und allmähliches unmerkliches Eindringen in schon bevölkerte Räume auszufechten. Sie zeichnen sich durchgehend durch eine außerordentliche Fruchtbarkeit aus, aber vermeiden möglichst den offenen Kampf zur Sicherung des Lebensraumes für ihre Nachkommen.
Zu diesen „Kuli- oder Fellachenrassen" gehört die Überzahl der Bevölkerung des Erdballs, das Gros der farbigen Menschen Asiens und Afrikas und das ostbaltisch-ostisch-innerasiatische Volkstum Russlands. Ein kleiner, aber mächtiger Teil der Erdbevölkerung wählte den Weg der Parasiten. Er sucht sich durch intelligente und heuchlerische Einfühlung und Überlistung in bodenständigen Volkstümern einzunisten, diese mit händlerischer Schlauheit um den Ertrag ihrer Arbeit zu bringen und durch raffinierte geistige Zersetzung der Selbstführung zu berauben. Die bekannteste und gefährlichste Art dieser Rasse ist das Judentum.
Die dritte Gruppe endlich führt den Kampf offen, mit Wagemut und selbstbewusstem Einsatz rassischer Kraft. Sie umfasst die ausgesprochenen Herren- und Kriegerrassen. Sie ringen mit der Natur, um ihr Nahrung und Schätze des Bodens abzugewinnen, erst als Jäger, dann als Hirten und Bauern. Aber sie greifen auch zum Schwerte, wenn man sie ihrer Freiheit berauben will oder andere, insbesondere niedere Rassen, ihrem Nachwuchs einen Lebensraum streitig machen wollen, den diese ungenügend zu nutzen wissen. Nur diese Rassen haben sich als kulturschöpferisch und staatenbildend erwiesen. Die bedeutsamste unter ihnen ist die nordische geblieben, die sich mit ihrer Arbeits- und Wehrkraft über die Hälfte des Erdballes erobert und mit ihrer Technik und Wissenschaft ihn heute fast ganz unterworfen hat, das Vorvolk[1] dieser Rasse aber ist das deutsche [...]

Karl Zimmermann: Die geistigen Grundlagen des Nationalsozialismus. Leipzig 1933, S. 73–75.

1 *Vorvolk: führendes Volk*

4 NSDAP-Plakat von René Ahrlé
Datierung unbekannt.

5 Frauen in der „Volksgemeinschaft"
Aus Hitlers Rede vor der NS-Frauenschaft am 8. September 1934 im Rahmen des Parteitags der NSDAP in Nürnberg:
Wenn man sagt, die Welt des Mannes ist der Staat, die Welt des Mannes ist sein Ringen, die Einsatzbereitschaft für die Gemeinschaft, so könnte man vielleicht sagen, dass die Welt der Frau eine kleinere sei. Denn ihre Welt ist ihr Mann, ihre Familie, ihre Kinder und ihr Haus. Wo wäre aber die größere Welt, wenn niemand die kleine Welt betreuen wollte? [...] Diese beiden Welten stehen sich daher nie entgegen. Sie ergänzen sich gegenseitig, sie gehören zusammen, wie Mann und Weib zusammengehören.
Wir empfinden es nicht als richtig, wenn das Weib in die Welt des Mannes, in sein Hauptgebiet eindringt, sondern wir empfinden es als natürlich, wenn diese beiden Welten geschieden bleiben. In die eine gehört die Kraft des Gemütes, die Kraft der Seele! Zur anderen gehört die Kraft des Sehens, die Kraft der Härte, der Entschlüsse und die Einsatzwilligkeit! [...]
Was der Mann einsetzt an Heldenmut auf dem Schlachtfeld, setzt die Frau ein in ewig geduldiger Hingabe, in ewig geduldigem Leiden und Ertragen. Jedes Kind, das sie zur Welt bringt, ist eine Schlacht, die sie besteht für Sein oder Nichtsein ihres Volkes. Und beide müssen sich deshalb auch gegenseitig schätzen und achten, wenn sie sehen, dass jeder Teil die Aufgabe vollbringt, die ihm Natur und Vorsehung zugewiesen haben. [...]
Die Frau ist, weil sie von der ursächlichsten Wurzel ausgeht, auch das stabilste Element in der Erhaltung eines Volkes. Sie hat am Ende den untrüglichsten Sinn für alles das, was notwendig ist, damit eine Rasse nicht vergeht [...]
Wenn früher die liberalen intellektualistischen Frauenbewegungen in ihren Programmen viele, viele Punkte enthielten, die ihren Ausgang vom sogenannten Geiste nahmen, so enthält das Programm unserer nationalsozialistischen Frauenbewegung eigentlich nur einen einzigen Punkt, und dieser Punkt heißt das Kind, dieses kleine Wesen, das werden muss und gedeihen soll. [...]

Zit. nach: Max Domarus (Hrsg.): Hitler. Reden und Proklamationen, 1932–1945. Bd. 1. Wiesbaden 1973, S. 450–452.

Arbeitsvorschläge

○●●/●●● a) Charakterisieren Sie die in M1 und M3 aufgeführten Elemente nationalsozialistischer Ideologie und zeigen Sie, wie diese jeweils verbal (M1, M3) und nonverbal (M2, M6) transportiert wurden. Diskutieren Sie politische Konsequenzen aus einer praktischen Umsetzung dieser Ideologie.

○●● b) Analysieren Sie die Charakteristika, die der Betrachter von M4 mit der NSDAP verbinden soll und stellen Sie sie den Idealen der Partei (M1, M3) gegenüber.

○●● c) Charakterisieren Sie das im Nazi-Deutschland propagierte Frauenbild und schließen Sie auf dessen Funktion innerhalb der politischen Ziele Hitlers. (M5)

○●●/●●● d) Diskutieren Sie anhand von M7 auf S. 441, inwiefern Schulunterricht zur Verbreitung einer Ideologie genutzt werden kann. Beantworten Sie die Aufgabe sowohl in Hinsicht auf die Zeit des Nationalsozialismus als auch auf die heutige Zeit.

Grundwissen: Die nationalsozialistische Ideologie

→ 1 - 5 S. 436 ff.

Entstehung der nationalsozialistischen Ideologie

Die nationalsozialistische Ideologie entstand in der ersten Hälfte der 1920er-Jahre aus bereits bekannten rechtsradikalen Pro- und vor allem Antihaltungen. Diese fügten sich aber erst in den politisch-ideologischen Texten der NS-Bewegung – allen voran das (nie veränderte) NSDAP-Programm von 1920 und Adolf Hitlers Buch „Mein Kampf" von 1924 – zu einem geschlossenen Weltbild und einer dazugehörenden rechtsextremistischen politischen Programmatik.

„Nationaler Sozialismus" als ideologischer Kernbegriff

Ideologischer Kernbegriff war der „nationale Sozialismus" (= Nationalsozialismus). Diese griffige Formel – bewusst als Gegenkonzept zum internationalen marxistischen Sozialismus und Kommunismus formuliert – wurde inhaltlich nie genau bestimmt, um den Handlungsspielraum der Parteiführung nicht einzuengen. So beschränkte sich Hitler zum Beispiel in einer Rede von 1922 bei der Erläuterung des Parteinamens auf den vagen Hinweis, man wolle Staat und Gesellschaft so „national" und „sozial" organisieren, dass der einzelne „deutsche Volksgenosse" bereit sein werde, dafür zu sterben.

Das Führerprinzip

Greifbarer wird der Nationalsozialismus in der von ihm angestrebten politischen Struktur, dem „Führerprinzip". Danach sollten Staat und Gesellschaft auf der Grundlage einer Auslese der „Besten" konsequent hierarchisch aufgebaut sein. Jeder Funktionsträger war ein „Führer", der in seinem Bereich nach dem Prinzip von Befehl und

6 Hitler auf dem Reichsparteitag in Nürnberg 1936
Die Reichstage waren ein bedeutendes Element der nationalsozialistischen Herrschaftsinszenierung. Fotograf unbekannt.

Gehorsam Weisungen erteilte; seine Untergebenen, die „Gefolgschaft", durften ihn nur beraten. Jeder Führer wurde vom nächsthöheren Führer eingesetzt. Als oberster Führer und Staatslenker kam nach Hitlers Ansicht nur er selbst infrage.

Die Volksgemeinschaft

Seinen gesellschaftlichen Unterbau fand das politisch-militärische Führerprinzip in der Idee der „Volksgemeinschaft". Diese wurde als rein deutsche, klassenlose, aber berufsständisch gegliederte, auf ihre(n) Führer eingeschworene Kampfgemeinschaft gedacht. Deren Recht und Aufgabe sollte es sein, dem deutschen Volk im vermeintlichen natürlichen Daseinskampf der Völker (Sozialdarwinismus) den nötigen „Lebensraum" zu erobern.

Antihaltungen und Feindbilder

Aus diesen Vorstellungen ergaben sich eine Reihe von Antihaltungen bzw. konkreten Feindbildern. Verhasst waren den Nationalsozialisten alle angeblich „undeutschen" bzw. internationalen politischen und gesellschaftlichen Erscheinungen, die dem „Führerstaat" und der politisch und rassisch homogenen deutschen „Volksgemeinschaft" im Wege standen und daher zu bekämpfen waren:

- der bürgerliche Liberalismus mit seiner Trennung von Staat und Gesellschaft, von Öffentlichkeit und Privatheit, mit seinem gesellschaftlichen Pluralismus und Individualismus, die die Rechte gesellschaftlicher Gruppen bzw. des Einzelnen betonen, und mit seinem wirtschaftlichen Laissez-faire-Prinzip (= Antiliberalismus);
- die parlamentarische Demokratie mit der Gewaltenteilung, der Rechtsstaatlichkeit, dem Mehrparteiensystem, der Koalitionsregierung, der Opposition und dem politischen Kompromiss (= Antiparlamentarismus);
- das gesamte Spektrum linker politischer und wirtschaftlicher Theorie und Praxis vom Marxismus und Kommunismus bzw. „Bolschewismus" über die Sozialdemokratie bis zu den Gewerkschaften. Linke wurden von den Nationalsozialisten unter dem Sammelbegriff „Marxisten" wahrgenommen und bekämpft (= Antimarxismus);
- bestimmte Erscheinungsformen kapitalistischer Wirtschaft: Die NS-Ideologie prangerte die „Zinsknechtschaft" durch die Banken, das „arbeits- und mühelose Einkommen" von Kriegsgewinnlern und Börsenspekulanten und das „raffende Kapital" (Börsen, Banken, Warenhäuser) im Unterschied zum „schaffenden Kapital" (Industrie, mittelständisches Handwerk und Handel) an. Die Grundlage des Kapitalismus, das Privateigentum an Produktionsmitteln, wurde jedoch – anders als bei den marxistischen Linken – nicht infrage gestellt (= begrenzter Antikapitalismus);
- die jüdischen Bürger, denen das Recht abgesprochen wurde, sich als Deutsche zu verstehen, und das „internationale Judentum" schlechthin, aber auch „Zigeuner", wie die Ethnie der Roma abwertend bezeichnet wurde, und andere „rassisch Unerwünschte" (= Rassismus und Antisemitismus).

Mit all diesen Feindbildern setzte die NS-Ideologie Menschen jüdischen Glaubens ursächlich in Beziehung: Die „jüdische Weltfinanz" stand angeblich hinter der Internationalisierung der Wirtschaft und übte ihre Macht über die Börsen aus mit dem Ziel, Deutschland zu zerstören. Oder: Der russische Bolschewismus stelle den Versuch des Judentums dar, „sich die Weltherrschaft anzueignen".

Ursprünge des nationalsozialistischen Antisemitismus

Der fanatische Judenhass Hitlers und der Nationalsozialisten, dem bis Ende des Zweiten Weltkriegs über fünf Millionen Europäer jüdischen Glaubens zum Opfer

7 Schulunterricht in „Rassenkunde"
Foto von Liselotte Orgel-Köhne, 1943.

fallen sollten (➔ s. Kap. 9.7), knüpfte an den modernen Antisemitismus an, der sich im letzten Drittel des 19. Jahrhunderts auf drei Ebenen entwickelte:

1) Für die Rassenideologen des späten 19. Jahrhunderts war das Entwicklungsprinzip der menschlichen Geschichte der Kampf zwischen verschiedenwertigen menschlichen Rassen. Judesein galt den Rassenideologen nicht als bloße Religionszugehörigkeit, sondern als „unabänderliche Eigenschaft des Blutes". In dieser Logik zählten alle Juden zur rangniedrigen, „kulturzersetzenden Rasse" der Semiten (waren also Abkömmlinge des biblischen Sem, einem der Söhne Noahs). Ihnen gegenüber stand die höherwertige, „kulturtragende Rasse" der Arier, zu denen die Germanen zählten. So bezeichnete beispielsweise der deutsche Universitätsprofessor Paul de Lagarde 1887, sieben Jahre nach dem Antisemitismusstreit um Heinrich von Treitschke (➔ s. Kap. 5.4), die Juden als „Ungeziefer", „Trichinen und Bazillen", die es rasch und gründlich zu vernichten gelte.

2) Um politischen Antisemitismus handelte es sich dort, wo sich der rassistische Antisemitismus in Parteien organisierte. Die antisemitischen Parteien richteten sich gegen „die Juden" als verhasste Symbolfiguren der Modernisierung, die als Sündenböcke für alle gesellschaftlichen Übel herhalten mussten – so zum Beispiel die „Bankjuden" und „Börsenjuden" für die Aktienverluste vieler Kleinanleger in der Gründerkrise 1873 bis 1878 (➔ s. Kap. 6.3).

3) Gesellschaftlicher Antisemitismus breitete sich – eher latent als offen rassistisch – im weit verzweigten deutschen Verbands- und Vereinswesen (mit Ausnahme der Arbeiterbewegung) aus. In den 1890er-Jahren wurde es in den meisten bürgerlichen Verbänden und Vereinen – vom imperialistischen „Alldeutschen Verband" und zahlreichen Kriegervereinen bis zu studentischen Korporationen – selbstverständlich, Juden die Mitgliedschaft zu verweigern. Hochburgen des Antisemitismus waren die Universitäten und das Militär.

Antijudaismus als europäisches Phänomen

Traditioneller christlicher Antijudaismus, der Juden als Gottesmörder, Brunnenvergifter und Zinswucherer diffamierte, existierte überall in Europa, wo jüdische Minderheiten lebten. Er fand sich nicht nur in Deutschland, sondern stärker noch in Polen, den baltischen Ländern, Russland, der Ukraine, Österreich und Frankreich. Seine Anhänger blieben auch dort eine gesellschaftliche Minderheit – dasselbe gilt freilich für die erklärten Gegner dieser Ideologie.

Trotz der Gemeinsamkeiten gibt es jedoch einen entscheidenden Unterschied: Im deutschen Herrschaftsbereich führte der Antisemitismus während des Zweiten Weltkriegs zu einem industrialisierten Morden, das bei Weitem alles übertraf, was man Juden jemals zuvor irgendwo angetan hatte.

9.3 Das Ende des Rechts- und Verfassungsstaats in Deutschland 1933/1934

A) Mit welchen Maßnahmen schaffte das nationalsozialistische Regime die demokratischen und rechtsstaatlichen Strukturen der Weimarer Republik ab?
B) Wie reagierten die unterschiedlichen gesellschaftlichen Gruppierungen und Organisationen wie Militär, Parteien, Kirchen, Gewerkschaften usw. auf die „Gleichschaltung"?

Zwei Gesetze auf dem Weg zur Diktatur

1 Die „Reichstagsbrandverordnung" vom 28. Februar 1933

Am 27. Februar 1933 brannte das Reichstagsgebäude. Die Regierung erklärte den Brand zum Versuch eines kommunistischen Aufstands. Bereits am 28. wurde die „Verordnung des Reichspräsidenten zum Schutz von Volk und Staat" erlassen, der erste gesetzliche Schritt zur Errichtung der NS-Diktatur.

Aufgrund des Artikels 48 Absatz 2 der Reichsverfassung wird zur Abwehr kommunistischer staatsgefährdender Gewaltakte Folgendes verordnet:

§1 Die Artikel 114, 115, 117, 118, 123, 124 und 153 der Verfassung des Deutschen Reichs werden bis auf Weiteres außer Kraft gesetzt. Es sind daher Beschränkungen der persönlichen Freiheit, des Rechts der freien Meinungsäußerung, einschließlich der Pressefreiheit, des Vereins- und Versammlungsrechts, Eingriffe in das Brief-, Post-, Telegrafen- und Fernsprechgeheimnis, Anordnungen von Haussuchungen und von Beschlagnahmen sowie Beschränkungen des Eigentums auch außerhalb der sonst hierfür bestimmten gesetzlichen Grenzen zulässig.

§2 Werden in einem Lande die zur Wiederherstellung der öffentlichen Sicherheit und Ordnung nötigen Maßnahmen nicht getroffen, so kann die Reichsregierung insoweit die Befugnisse der obersten Landesbehörde vorübergehend wahrnehmen. [...]

§5 Mit dem Tode sind die Verbrechen zu bestrafen, die das Strafgesetzbuch in den Paragrafen 81 (Hochverrat), 229 (Giftbeibringung), 307 (Brandstiftung), 311 (Explosion), 312 (Überschwemmung), 315 Abs. 2 (Beschädigung von Eisenbahnanlagen), 324 (gemeingefährliche Vergiftung) mit lebenslangem Zuchthaus bedroht. Mit dem Tode oder [...] mit lebenslangem Zuchthaus oder mit Zuchthaus bis zu 15 Jahren wird bestraft:

1. wer es unternimmt, den Reichspräsidenten oder ein Mitglied oder einen Kommissar der Reichsregierung oder einer Landesregierung zu töten oder wer zu einer solchen Tötung auffordert [...];

2 Flugblatt der NSDAP zu den Reichstagswahlen am 5. März 1933

2. wer in den Fällen des §115 Absatz 2 des Strafgesetzbuchs (schwerer Aufruhr) oder des §125 Absatz 2 des Strafgesetzbuchs (schwerer Landfriedensbruch) die Tat mit Waffen oder in bewusstem und gewolltem Zusammenwirken mit einem Bewaffneten begeht; [...]

Zit. nach: Wolfgang Lautemann/Manfred Schlenke (Hrsg.): Geschichte in Quellen. Bd. 5: Weltkriege und Revolutionen 1914–1945. Bearb. v. Günter Schönbrunn. München 1970, S. 278 f.

3 Das „Ermächtigungsgesetz" vom 23. März 1933

Nach den Wahlen am 5. März ließ die Regierung im Parlament über das „Gesetz zur Behebung der Not von Volk und Reich" abstimmen. Von den anwesenden Parlamentariern stimmten lediglich die SPD-Mitglieder mit „Nein".

Artikel 1. Reichsgesetze können außer in dem in der Reichsverfassung vorgesehenen Verfahren auch durch die Reichsregierung beschlossen werden. Dies gilt auch für die in den Artikeln 85 Absatz 2 und 87 der Reichsverfassung bezeichneten Gesetze.

Artikel 2. Die von der Reichsregierung beschlossenen Reichsgesetze können von der Reichsverfassung abweichen, soweit sie nicht die Einrichtung des Reichstags und des Reichsrats als solche zum Gegenstand haben. Die Rechte des Reichspräsidenten bleiben unberührt.

Artikel 3. Die von der Reichsregierung beschlossenen Reichsgesetze werden vom Reichskanzler ausgefertigt und im Reichsgesetzblatt verkündet. Sie treten, soweit sie nichts anderes bestimmen, mit dem auf die Verkündung folgenden Tage in Kraft. Die Artikel 68 bis 77 der Reichsverfassung finden auf die von der Reichsregierung beschlossenen Gesetze keine Anwendung. [...]

Artikel 5. Dieses Gesetz tritt mit dem Tage seiner Verkündung in Kraft. Es tritt mit dem 1. April 1937 außer Kraft; es tritt ferner außer Kraft, wenn die gegenwärtige Reichsregierung durch eine andere abgelöst wird.

Zit. nach: Lautemann/Schlenke, a. a. O., S. 283 f.

Auf dem Weg zum Einparteiensystem

4 „Die SPD als staats- und volksfeindliche Partei"

Am 22. 6. 1933 gab der Reichsminister des Innern bekannt:

Die Vorgänge der letzten Zeit haben den unumstößlichen Beweis dafür geliefert, dass die deutsche Sozialdemokratie vor hoch- und landesverräterischen Unternehmungen gegen Deutschland und seine rechtmäßige Regierung nicht zurückschreckt. [...] Dies alles zwingt zu dem Schluss, die Sozialdemokratische Partei Deutschlands als eine staats- und volksfeindliche Partei anzusehen, die keine andere Behandlung mehr beanspruchen kann, wie sie der Kommunistischen Partei gegenüber angewandt worden ist. [...] Insbesondere sollen sämtliche Mitglieder der SPD, die heute noch den Volksvertretungen und Gemeindevertretungen angehören, von der weiteren Ausübung ihrer Mandate sofort ausgeschlossen werden. [...] Der Sozialdemokratie kann auch nicht mehr die Möglichkeit gewährt werden, sich in irgendeiner Form propagandistisch zu betätigen. Versammlungen der Sozialdemokratischen Partei sowie ihrer Hilfs- und Ersatzorganisationen werden nicht mehr erlaubt werden. Ebenso dürfen sozialdemokratische Zeitungen und Zeitschriften nicht mehr herausgegeben werden. Das Vermögen der Sozialdemokratischen Partei und ihrer Hilfs- und Ersatzorganisationen wird, soweit es nicht bereits in Verbindung mit der Auflösung der freien Gewerkschaften sichergestellt worden ist, beschlagnahmt. Mit dem landesverräterischen Charakter der Sozialdemokratischen Partei ist die weitere Zugehörigkeit von Beamten, Angestellten und Arbeitern, die aus öffentlichen Mitteln Gehalt, Lohn oder Ruhegeld beziehen, zu dieser Partei selbstverständlich unvereinbar.

Zit. nach: Wolfgang Michalka (Hrsg.): Das Dritte Reich. Bd. 1: „Volksgemeinschaft" und Großmachtpolitik 1933–1939. München 1985, S. 39.

5 Gründe für den Parteiaustritt aus der SPD

Aus einer schriftlichen Austrittserklärung an die SPD Hannover vom 9. März 1933:

Als Behördenangestellter stehe ich vor einem Scheidewege. Einerseits sehe ich, wie sich mit Sicherheit bei meinem Arbeitgeber, dem Reich, die Tendenz durchsetzt, diejenigen Arbeitskräfte, die regierungsfeindlichen Vereinigungen angehören, nicht mehr zu dulden. Auf der anderen Seite steht die Treue zur Partei. Leider sehe ich keine andere Möglichkeit als meinen Austritt. Steht doch die Existenz meiner Familie auf dem Spiele. Sollte dennoch das Los der Arbeitslosigkeit nicht abzuwenden sein, das aus eigener Anschauung sehr sehr hart sein kann, so brauche ich mir nicht vorzuwerfen, nicht alles getan zu haben im Interesse meiner Frau und meines Kindes.

Zit. nach: Josef Becker/Ruth Becker (Hrsg.): Hitlers Machtergreifung. München 1992, S. 136.

Die Kirchen und die Gleichschaltung

6 Erklärung der deutschen katholischen Bischöfe vom 28. März 1933

Noch 1933 begannen die Nationalsozialisten, staatliche und gesellschaftliche Institutionen „gleichzuschalten", also an die politisch-ideologischen Ziele der NSDAP anzupassen. Die beiden christlichen Kirchen waren davon ausgeschlossen, obwohl sie den Nationalsozialismus nicht grundsätzlich ablehnten. In seiner Regierungserklärung vom 23. März betonte Hitler – aus taktischen Gründen – die Bedeutung des christlichen Glaubens für das deutsche Volk. Die katholischen Bischöfe reagierten mit folgender Erklärung:

Die Oberhirten der Diözesen[1] Deutschlands haben aus triftigen Gründen, die wiederholt dargelegt sind, in den letzten Jahren gegenüber der nationalsozialistischen Bewegung eine ablehnende Haltung durch Verbote und

7 Der (evangelische) Reichsbischof Ludwig Müller (rechts) und Abt Alban Schachleiter beim Reichsparteitag 1934
Fotograf unbekannt.

Warnungen eingenommen, die solange und insoweit in Geltung bleiben sollten, wie diese Gründe fortbestehen. Es ist nunmehr anzuerkennen, dass von dem höchsten Vertreter der Reichsregierung, der zugleich autoritärer Führer jener Bewegung ist, öffentlich und feierlich Erklärungen gegeben sind, durch die der Unverletzlichkeit der katholischen Glaubenslehre und den unveränderlichen Aufgaben und Rechten der Kirche Rechnung getragen sowie die vollinhaltliche Geltung der von den einzelnen deutschen Ländern mit der Kirche abgeschlossenen Staatsverträge durch die Reichsregierung ausdrücklich zugesichert wird. Ohne die in unseren früheren Maßnahmen liegende Verurteilung bestimmter religiös-sittlicher Irrtümer aufzuheben, glaubt daher der Episkopat[2], das Vertrauen hegen zu können, dass die vorgezeichneten allgemeinen Verbote und Warnungen nicht mehr als notwendig betrachtet zu werden brauchen.
Für die katholischen Christen, denen die Stimme ihrer Kirche heilig ist, bedarf es auch im gegenwärtigen Zeitpunkt keiner besonderen Mahnung zur Treue gegenüber der rechtmäßigen Obrigkeit und zur gewissenhaften Erfüllung der staatsbürgerlichen Pflichten unter grundsätzlicher Ablehnung allen rechtswidrigen oder umstürzlerischen Verhaltens. […]

Zit. nach: Wolfgang Ruge/Wolfgang Schumann (Hrsg.): Dokumente zur deutschen Geschichte. Bd. 9: 1933–1935. Bearb. v. Kurt Pätzold/Kristina Shabaviz, Frankfurt/M. 1977, S. 37.

1 Diözese: kirchlicher Verwaltungsbezirk
2 Episkopat: Gesamtheit der Bischöfe

8 „Gleichschaltung alias Kirchenraub"

In beiden Kirchen regte sich Widerstand gegen die Gleichschaltungspolitik der Nationalsozialisten. Schreiben des Freiburger Stadtpfarramts Herz Jesu vom 8. Juli 1933:

Kein Mensch weiß, wo die sogenannte Gleichschaltung aufhört. Mit den Jugendvereinen hat man begonnen. […] Wo wird diese Gleichschaltung alias Kirchenraub aufhören? Wird niemand seine Stimme dagegen erheben? Im Klerus[1] erwartet man eine öffentliche Erklärung des Gesamtepiskopats, die von den Kanzeln verlesen werden sollte.

Zit. nach: Ernst-Otto Bräunche et al.: 1933. Machtergreifung in Freiburg und Südbaden. Katalog zur Ausstellung vom 31.1.–20.3.1983 in der Universitätsbibliothek. Freiburg i. Br. 1983, S. 56.

1 Klerus: Gesamtheit der Priester

Arbeitsvorschläge

○●● a) Untersuchen Sie anhand von M1–M3, wie Hitlers Machtergreifung juristisch zementiert wurde.

○○●/●●● b) Zeigen Sie beispielhaft anhand der Materialien M4–M8 auf, wie verschiedene Institutionen und Gruppierungen in Deutschland gleichgeschaltet wurden. Nehmen Sie Stellung zu den unterschiedlichen Reaktionen ihrer Mitglieder auf die Gleichschaltung.

○○●/○●● c) Informieren Sie sich über die Ausstellung „Entartete Kunst" von 1937. Erläutern Sie, basierend auf dem Foto und dem Gemälde M9 auf S. 446, warum das NS-Regime Kunst und Kultur zu kontrollieren versuchte.

Grundwissen: Das Ende des Rechts- und Verfassungsstaats in Deutschland 1933/1934

Adolf Hitlers Ernennung zum Reichskanzler

Adolf Hitler wurde am 30. Januar 1933 von Paul von Hindenburg auf legalem Weg zum Reichskanzler ernannt. Den Zeitgenossen wird dieser Tag kaum als Tag der nationalsozialistischen „Machtergreifung" vorgekommen sein, als der er bis heute oft bezeichnet wird. Von elf Ministern in Hitlers Kabinett besaßen lediglich zwei das Parteibuch der NSDAP. Dennoch gelang es der NSDAP, in nur 18 Monaten die demokratischen und rechtsstaatlichen Strukturen der Weimarer Verfassung zu zerstören. Mit den Worten der Nationalsozialisten: Es gelang ihnen, im Rahmen einer „legalen Revolution" Staat und Gesellschaft „gleichzuschalten" und einen „Führerstaat" zu errichten.
Zunächst verblüffte Hitler seine Koalitionspartner dadurch, dass er an seinem ersten Tag im Amt für den 5. März Neuwahlen durchsetzte. Hitler wollte diktatorische Vollmachten – was er in unzähligen Wahlreden betont hatte – und dazu musste er Verfassungsänderungen durchführen, für die Zweidrittelmehrheiten im Parlament erforderlich waren.

Die Reichstagsbrandverordnung vom 28. Februar 1933

➔ 1 - 2 S. 442

Zwei wesentliche Machthebel waren für die „Legalstrategie" der Nationalsozialisten entscheidend. Als Erstes ist die sogenannte ➔„Reichstagsbrandverordnung" zu nennen. Am Abend des 27. Februar 1933, mitten im Wahlkampf für die Reichstagswahlen, brannte das Reichstagsgebäude, was die NSDAP für ihre Zwecke zu nutzen wusste. Augenblicklich wurde der Brand zum kommunistischen Aufstandsversuch erklärt. Noch in der Nacht zum 28. Februar ließ sich Hindenburg dazu bewegen, die eilig ausgearbeitete „Verordnung des Reichspräsidenten zum Schutz von Volk und Staat" zu unterzeichnen. Diese Verordnung setzte die in der Weimarer Republik garantierten Grundrechte außer Kraft und führte für zahlreiche politische Straftaten die Todesstrafe ein. Die Verordnung schuf einen permanenten Ausnahmezustand; auch diente sie als Rechtsgrundlage für das entstehende KZ-System (➔ s. Kap. 9.4).

Das Ermächtigungsgesetz vom 23. März 1933

➔ 3 S. 443

Am 5. März 1933 fanden zum letzten Mal bis 1946 freie Wahlen in Deutschland statt. Die NSDAP erhielt trotz Unterdrückung und Einschüchterung ihrer politischen Gegner nur 43,9 % der Stimmen, was mit den 8 % der DNVP immerhin für die einfache Mehrheit im Parlament reichte. Am 8. März wurden dann die 81 Sitze der Abgeordneten der KPD basierend auf der Reichstagsbrandverordnung annulliert, was der NSDAP auch ohne DNVP die einfache Mehrheit im Parlament brachte. Für die Verabschiedung des zweiten Machthebels nach der Reichstagsbrandverordnung auf dem Weg zur „legalen" Machtübernahme war jedoch eine Zweidrittelmehrheit nötig.
Es gelang der NSDAP, alle bürgerlichen Reichstagsabgeordneten dazu zu bringen, dem „Gesetz zur Behebung der Not von Volk und Reich" (➔„Ermächtigungsgesetz") am 23. März 1933 zuzustimmen. Die KPD-Abgeordneten waren entweder verhaftet oder auf der Flucht, ebenso 26 SPD-Abgeordnete. Die restlichen 94 sozialdemokratischen Parlamentarier stimmten als einzige geschlossen gegen das Gesetz.
Das Ermächtigungsgesetz erlaubte der Regierung, ohne Zustimmung von Reichstag und Reichsrat Gesetze zu beschließen und zu verkünden, die sogar von der Verfassung abweichen konnten. Mit diesem Gesetz schafften die demokratisch gewählten Parlamentarier des Reichstags de facto die Gewaltenteilung ab.

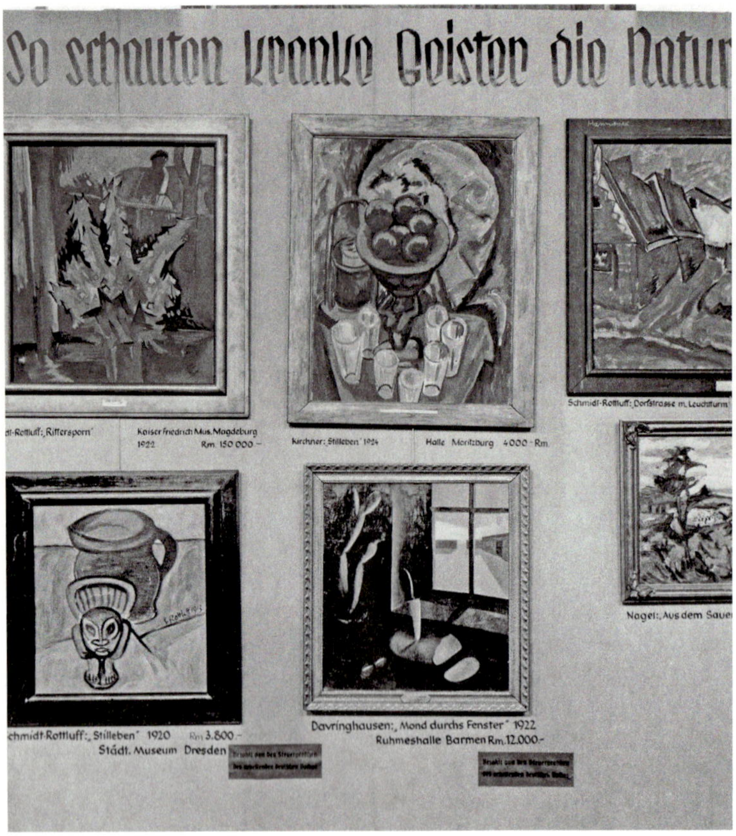

9 Abfotografierter Teil der Ausstellung „Entartete Kunst" (links) und eines der ausgestellten Werke in Farbe (oben)
1937 wurde in München die Ausstellung „Entartete Kunst" eröffnet, in der 650 Werke der modernen Kunst präsentiert wurden, die nicht den ästhetischen Idealen der Nationalsozialisten entsprachen. Ausgestellt wurde unter anderem das oben abgebildete Gemälde „Rittersporn" von Karl Schmidt-Rottluff (auf dem Foto oben links).

Gleichschaltung als nächster Schritt zur Diktatur

Als Nächstes galt es, föderale Verfassungsstrukturen zu beseitigen und Ämter, Organisationen und Vereine der nationalsozialistischen Marschrichtung „gleichzuschalten". Alle dazu durchgeführten gesetzlichen Maßnahmen basierten nun entweder auf der Reichstagsbrandverordnung oder auf dem Ermächtigungsgesetz. Sie trugen daher den Anschein der Gesetzlichkeit. Wo die nationalsozialistische Legalstrategie allein nicht ausreichte, wurde sie durch lokalen SA-Terror „ergänzt". Beides zusammen erzeugte einen so hohen Anpassungsdruck, dass die Gleichschaltung oft sogar durch eine „Selbstgleichschaltung", so der Historiker Karl Dietrich Bracher, der Betroffenen beschleunigt wurde.

Gleichschaltung der Länder

Das erste Gesetz zur „Gleichschaltung der Länder mit dem Reich" vom 31. März 1933 bestimmte, dass alle Landtage und kommunalen Selbstverwaltungsorgane aufgelöst und entsprechend dem Wahlergebnis vom 5. März neu zusammengesetzt wurden – fortan gab es überall NSDAP-DNVP-Regierungen.
Mit dem zweiten Gleichschaltungsgesetz vom 7. April wurden „Reichsstatthalter" eingesetzt, die für die „Beachtung der vom Reichskanzler aufgestellten Richtlinien der Politik" in den Ländern sorgen sollten. Damit degradierte man die Länder von selbstständigen politischen Körperschaften zu bloßen Verwaltungsbezirken. Durch weitere Gesetze wurden am 1. Januar 1934 die Hoheitsrechte der Länder und die Länder- und Kommunalparlamente aufgehoben. Am 14. Februar 1934 wurde dann der Reichsrat abgeschafft.

Gleichschaltung und Arisierung der Beamtenschaft

Mit dem „Gesetz zur Wiederherstellung des Berufsbeamtentums“ vom 7. April 1933 konnten „Beamte, die nach ihrer bisherigen politischen Betätigung nicht die Gewähr dafür bieten, dass sie jederzeit rückhaltlos für den nationalen Staat eintreten, [...] aus dem Dienst entlassen werden“. Neben dieser politischen Bestimmung, die in erster Linie Mitglieder oder Anhänger der linken Parteien betraf, enthielt das Gesetz einen sogenannten Arierparagrafen, nach dem „Beamte [...] nicht arischer Abstammung [...] in den Ruhestand zu versetzen“ waren. Ausnahmen galten vorerst noch für jene jüdischen Beamten, die schon im Kaiserreich gedient oder im Ersten Weltkrieg an der Front gekämpft hatten.

Zerschlagung von Gewerkschaften und Parteien

→ 4 - 5 S. 443

Am 2. Mai 1933 wurden die zumeist den linken Parteien nahestehenden Gewerkschaften zerschlagen, ihr Vermögen wurde geraubt. Die Gewerkschaftsmitglieder wurden zwangsweise in die am 10. Mai gegründete Deutsche Arbeitsfront (DAF) eingegliedert. In den folgenden Jahren mussten alle Arbeitnehmer und Arbeitgeber dieser Einheitsorganisation beitreten, 1938 waren es insgesamt 23 Millionen. Die Macht der Unternehmer in ihren Betrieben blieb dabei aber weitgehend unangetastet.

In nur wenigen Monaten wurde die NSDAP zur Staatspartei. Um dieses Ziel zu erreichen, wurde die SPD am 22. Juni 1933 verboten. In den folgenden zwei Wochen lösten sich die verbliebenen Parteien selbst auf. Die Abgeordneten der DNVP traten der NSDAP-Fraktion bei. Der Stahlhelm wurde am 1. Juli 1933 der SA unterstellt. Ein Gesetz vom 14. Juli 1933 „gegen die Neubildung von Parteien“ erklärte die NSDAP zur einzigen zugelassenen Partei.

Die Loyalität des Militärs

Wie alle anderen staatlichen Institutionen wurde auch die Reichswehr bis 1937/38 „gleichgeschaltet“. Ihre Führung brachte Hitler bereits am 3. Februar 1933 – vier Tage nach seinem Amtsantritt – auf seine Seite, indem er die Unabhängigkeit des Militärs von der SA, die Aufrüstung Deutschlands und die gegen den Versailler Vertrag verstoßende Wiedereinführung der allgemeinen Wehrpflicht zusicherte. Seine

10 Bücherverbrennung „wider den undeutschen Geist“
Studenten und SA-Männer mit zu verbrennenden Schriften, Berlin, 10. Mai 1933, Fotograf unbekannt.

Ziele, nämlich die „Eroberung neuen Lebensraumes im Osten und dessen rücksichtslose Germanisierung“, stießen bei den Generälen nicht auf Widerspruch.

Gleichschaltung von Kunst, Kultur und Journalismus

→ 9 - 10 S. 446 f.

Um die öffentliche Meinung gezielt kontrollieren und eine ideologische Gleichschaltung der Bürger vorantreiben zu können, wurde schon am 13. März 1933 das Ministerium für Volksaufklärung und Propaganda unter Joseph Goebbels eingerichtet.
Zur ideologischen Gleichschaltung zählte die Kontrolle von Kunst und Kultur. Erstes Zeichen dafür waren von Studenten organisierte öffentliche Bücherverbrennungen ab dem 10. Mai 1933. Sie fanden unter dem Motto „wider den undeutschen Geist“ statt. Werke von Thomas Mann, Erich Maria Remarque, Bertolt Brecht, Erich Kästner, Kurt Tucholsky, Carl von Ossietzky und anderen wurden dem Feuer übergeben. Öffentliche und private Bibliotheken sollten in diesem Sinne „gesäubert“ werden.
Mit dem Reichskulturkammergesetz vom 22. September 1933 wurden dann alle Schriftsteller und Künstler unter die Kontrolle des Propagandaministers gestellt. Von nun an durften nur noch diejenigen als Künstler arbeiten, die Mitglied einer der Unterkammern der Kulturkammer waren. Ähnliches galt auch für Journalisten, die entweder Mitglied der Reichspressekammer oder der Reichsrundfunkkammer sein mussten.

Der vermeintliche Röhm-Putsch

Der Hitler-Regierung gelang es innerhalb weniger Monate, die Opposition auszuschalten und die Verwaltung in Reich und Ländern zu kontrollieren. Dennoch befand sich das NS-Regime bis zum Sommer 1934 in einer kritischen Phase. Die Ursachen hierfür waren die außenpolitische Isolation Deutschlands, das Verhältnis der Regierung zu den konservativen Eliten, die Hitler eigentlich hatten zähmen wollen, und vor allem das ungeklärte Schicksal der rund vier Millionen Mann starken SA.
Als im Sommer 1934 der Gesundheitszustand des greisen Reichspräsidenten Hindenburg sich rapide verschlechterte, erwogen von Papen und seine Mitstreiter im konservativen Lager eine Militärdiktatur bzw. eine Rückkehr zur Monarchie. Gleichzeitig fühlten sich die Kämpfer der SA um die Früchte der Revolution betrogen, hatte Hitler sich schließlich offensichtlich für Reichswehr und damit gegen die SA, der der Ruf eines Schlägertrupps anhaftete, entschieden. SA-Chef Ernst Röhm, ein Weggefährte Hitlers seit Anfang der 1920er-Jahre, forderte eine „zweite Revolution“ und die Umwandlung der SA in eine Volksmiliz, der die Reichswehr unterstellt werden sollte. Um nicht zwischen diesen beiden Blöcken – konservative Eliten einerseits, SA andererseits – zerrieben zu werden, entschloss sich Hitler zum Handeln.
Mit logistischer Hilfe der Reichswehr ermordeten Mitglieder der „SS-Leibstandarte Adolf Hitler“ am 30. Juni 1934 die gesamte SA-Führung. An der vorherigen Festnahme Röhms war Hitler persönlich beteiligt. In Berlin wurden mit Kurt von Schleicher und Ferdinand von Bredow zwei ehemalige Reichswehrgeneräle ermordet. Nach diesen Morden rechtfertigte die NS-Propaganda ihre Aktion mit einem angeblichen Putschvorhaben Ernst Röhms, dem nunmehr abgewehrten „Röhm-Putsch“.

Der Tod Hindenburgs und Hitler als „Führer und Reichskanzler“

Am 1. August 1934 schaffte Hitler – einen Tag vor dem Tod Hindenburgs – per Gesetz das Amt des Reichspräsidenten ab und bestimmte für die Zeit nach Hindenburg, dass das Amt des Reichspräsidenten mit dem des Reichskanzlers vereinigt werden würde. Fortan nannte sich Hitler „Führer und Reichskanzler“. Noch am gleichen Tag wurden die Soldaten der Reichswehr (die 1935 in „Wehrmacht“ umbenannt wurde) auf Adolf Hitler vereidigt, der ab diesem Zeitpunkt die uneingeschränkte Macht in Deutschland besaß.

9.4 Das Herrschaftssystem des NS-Staats

A) Auf welche Weise sicherte sich das NS-Regime den Gehorsam, die Akzeptanz und die Unterstützung der deutschen Bevölkerung?
B) Welche Funktionen hatten die sozial- und wirtschaftspolitischen Maßnahmen des NS-Regimes?

Etablierung des „Führerstaats“

1 „Dem Führer entgegenarbeiten“

Werner Willikens, Staatssekretär im preußischen Landwirtschaftsministerium, vor Vertretern der Landwirtschaftsministerien in Berlin, 21. Februar 1934:

Jeder […] weiß, dass der Führer sehr schwer von oben her alles das befehlen kann, was er für bald oder für später zu verwirklichen beabsichtigt. Im Gegenteil, bis jetzt hat jeder an seinem Platz im neuen Deutschland dann am besten gearbeitet, wenn er sozusagen dem Führer entgegenarbeitet. […]

Sehr oft und an vielen Stellen ist es so gewesen, dass schon in den vergangenen Jahren Einzelne immer nur auf Befehle und Anordnungen gewartet haben. Leider wird das in Zukunft wohl auch so sein; demgegenüber ist es die Pflicht eines jeden, zu versuchen, im Sinne des Führers ihm entgegenzuarbeiten. Wer dabei Fehler macht, wird es schon früh genug zu spüren bekommen. Wer aber dem Führer in seiner Linie und zu seinem Ziel richtig entgegenarbeitet, der wird bestimmt wie bisher so auch in Zukunft den schönsten Lohn darin haben, dass er eines Tages plötzlich die legale Bestätigung seiner Arbeit bekommt.

Zit. nach: Ian Kershaw: Hitler. 1889–1936. Stuttgart 1998, S. 665.

Der Terror- und Überwachungsstaat

3 Die Aufgaben der Geheimen Staatspolizei

Im April 1933 wurde die Geheime Staatspolizei (Gestapo) gegründet. Der stellvertretende Leiter des Geheimen Staatspolizeiamts in Berlin, Werner Best, äußerte sich 1935 wie folgt über ihre Aufgaben:

Der politische Totalitätsgrundsatz des Nationalsozialismus, der dem weltanschaulichen Grundsatz der organischen unteilbaren Volkseinheit entspricht, duldet keine politische Willensbildung in seinem Bereich, die sich nicht der Gesamtwillensbildung einfügt. Jeder Versuch, eine andere politische Auffassung durchzusetzen oder

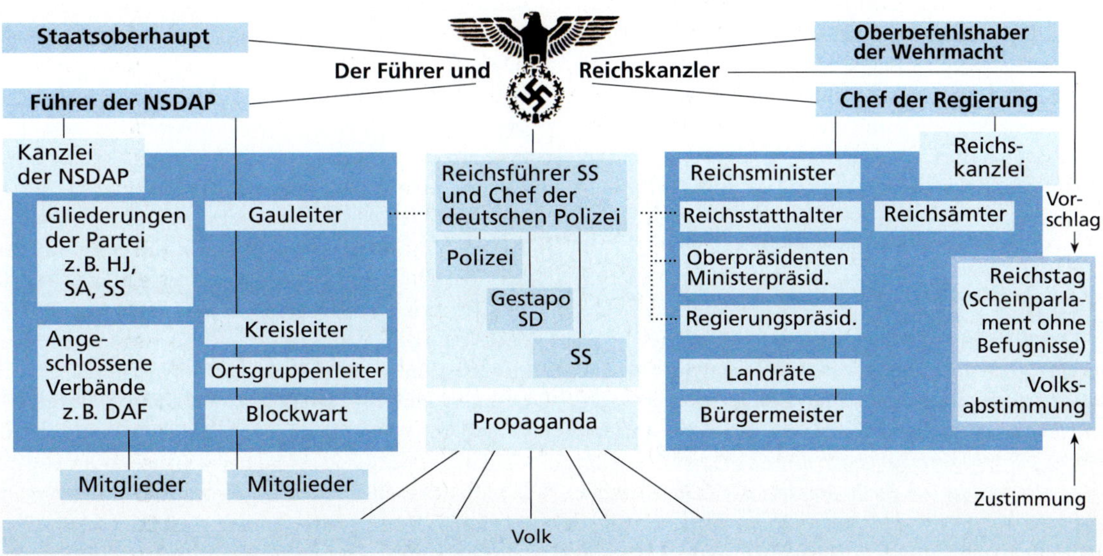

2 Schema des nationalsozialistischen Herrschaftssystems

auch nur aufrechtzuerhalten, wird als Krankheitserscheinung, die die gesunde Einheit des unteilbaren Volksorganismus bedroht, ohne Rücksicht auf das subjektive Wollen seiner Träger ausgemerzt.
Aus diesen Grundsätzen heraus hat der nationalsozialistische Führerstaat zum ersten Mal in Deutschland eine politische Polizei entwickelt, wie sie von unserem Standpunkt aus als modern, d.h. den Bedürfnissen unserer Gegenwart entsprechend, aufgefasst wird: als eine Einrichtung, die den politischen Gesundheitszustand des deutschen Volkskörpers sorgfältig überwacht, jedes Krankheitssymptom rechtzeitig erkennt und die Zerstörungskeime – mögen sie durch Selbstzersetzung entstanden oder durch vorsätzliche Vergiftung von außen hineingetragen worden sein – feststellt und mit jedem geeigneten Mittel beseitigt.
Diese Staatsfeinde aufzuspüren, sie zu überwachen und im richtigen Augenblick unschädlich zu machen, ist die präventiv-polizeiliche Aufgabe einer politischen Polizei. Zur Erfüllung dieser Aufgabe muss sie in der Lage sein, unabhängig von jeder Bindung jedes zur Erreichung des notwendigen Zweckes geeignete Mittel anzuwenden. Denn nach richtiger Auffassung haben im nationalsozialistischen Führerstaat die zum Schutz des Staates und des Volkes und zur Durchsetzung des Staatswillens berufenen Einrichtungen grundsätzlich jede zur Erfüllung ihrer Aufgabe erforderliche Befugnis, die sich allein aus der neuen Staatsauffassung ableitet, ohne dass es einer besonderen gesetzlichen Legitimation bedarf. [...] Eine gesetzliche Normierung der von einer politischen Polizei anzuwendenden Mittel ist so wenig möglich, wie es unmöglich ist, jede Art von Angriffen der Staatsfeinde und jede sonst im Staate drohende Gefahr für alle Zukunft vorauszusehen [...]. Aus dieser zwangsläufigen Gegebenheit entsprang der Begriff der politischen Polizei als eines Staatsschutzkorps neuer und eigener Art, dessen Angehörige sich neben ihrer beamtenmäßigen Pflichterfüllung als Mitglieder eines kämpferischen Verbandes fühlen.

Werner Best: Die Geheime Staatspolizei. In: Deutsches Recht. Jg. 1936, S. 125 ff.

4 Denunziation bei der Gestapo

Rund 80 Prozent aller „politischen Verbrechen" wurden nicht von der Gestapo, sondern von einfachen Bürgern aufgedeckt. Die 20-jährige Würzburgerin Maria Theresia Kraus erstattete am 29. Juli 1940 Anzeige gegen ihre Nachbarin Ilse Sonja Totzke. 1941 wurde Ilse Sonja Totzke ins KZ Ravensbrück eingeliefert, wo sie vermutlich ums Leben kam.

Neben uns wohnt in einem Gartenhaus eine Ilse Sonja Totzke. Die Genannte ist mir aufgefallen, weil sie einen jüdischen Einschlag hat [...] und den deutschen Gruß niemals erwidert. Aus ihren Gesprächen war zu entnehmen, dass sie deutschfeindlich eingestellt ist. Dagegen hat sie immer für Frankreich und auch für Juden sympathisiert. So hat sie unter anderem erzählt, dass die deutsche Wehrmacht nicht so gut gerüstet sei wie die französische. Ab und zu kommt eine Dame im Alter von etwa 36 Jahren, die das Aussehen einer Jüdin hat. [...] Das Verhalten der Totzke ist mir auffällig. Und ich habe angenommen, dass sie sich vielleicht irgendwie zum Nachteile des Deutschen Reiches betätigen könnte.

Zit. nach: Laurence Rees: Die Nazis. Eine Warnung der Geschichte. München 2002, S. 82 f. Übers.: Wolfram Ströle/Helmut Dierlamm.

Nationalsozialistische Propaganda

5 Über die Aufgaben und Ziele des „Reichsministeriums für Volksaufklärung und Propaganda"

Zwei Tage nach der Gründung des Propagandaministeriums am 13. März 1933 erklärte dessen Leiter, Dr. Joseph Goebbels, auf einer Pressekonferenz Folgendes:

[...] Wenn diese Regierung entschlossen ist, niemals zu weichen, [...] dann wird sie auf die Dauer nicht damit zufrieden sein können, 52 Prozent hinter sich zu wissen, um damit die übrig bleibenden 48 Prozent zu terrorisieren, sondern sie wird ihre nächste Aufgabe darin sehen, die übrig bleibenden 48 Prozent für sich zu gewinnen. [...]
Es genügt nicht, die Menschen mit unserem Regiment mehr oder weniger auszusöhnen, sie zu bewegen, uns neutral gegenüberzustehen, sondern wir wollen die Menschen so lange bearbeiten, bis sie uns verfallen sind, bis sie auch ideenmäßig einsehen, dass das, was sich heute in Deutschland abspielt, nicht nur hingenommen werden muss, sondern auch hingenommen werden kann. [...]
Im Laufe der Zeit haben sich auf allen Gebieten, namentlich der Technik, revolutionäre Umwälzungen vollzogen. Wir leben heute im Zeitalter des Rundfunks, der großen Massendemonstrationen; Massenaufmärsche von hundert-, zweihundert- oder dreihunderttausend Menschen sind für uns nichts Unerreichbares mehr. [...] Das Modernste ist gerade gut genug. [...]
Zunächst müssen alle propagandistischen Unternehmungen und alle volksaufklärenden Institutionen des Reiches und der Länder zentral in einer Hand vereinigt werden. [...] Es ist Aufgabe der staatlichen Propaganda, komplizierte Gedankengänge so zu vereinfachen, dass letzten Endes auch der kleinste Mann der Straße dieselben versteht. [...]
In dieser Beziehung nun werden wir alle Möglichkeiten und Methoden der Massenbeeinflussung für uns in An-

spruch nehmen. Das neue Ministerium soll, im Großen gesehen, fünf Abteilungen umfassen, nämlich die Abteilung des Rundfunks, die Abteilung der Presse, die Abteilung der aktiven Propaganda, die Abteilung des Films und die Abteilung Theater und Volkserziehung[1]. [...]

Sie brauchen keine Angst zu haben, wir haben nicht die Absicht, den Rundfunk langweilig zu gestalten oder ihm sein modernes Tempo zu nehmen. Wir wollen dem Rundfunk im Gegenteil ein modernes Tempo geben. Ich bin der Ansicht, dass Gesinnung nicht langweilig zu sein braucht. Man muss nur die Kunst verstehen, Gesinnung richtig darzubringen. [...]

Ich kenne die Bedeutung der Presse, ich weiß es, was es für eine Regierung heißt, eine gute Presse oder eine schlechte Presse zu haben. Ich betrachte mich deshalb auch gewissermaßen als den obersten Verbindungsmann zwischen Regierung und Presse. [...] Deshalb sehe ich in der Aufgabe der täglich hier stattfindenden Pressekonferenz etwas anderes, als was bisher hier betrieben worden ist. Selbstverständlich sollen Sie hier Informationen bekommen, aber auch Instruktionen. Sie sollen nicht nur wissen, was geschieht, sondern sollen auch wissen, wie die Regierung darüber denkt und wie Sie das am zweckmäßigsten dem Volke klarmachen können. Wir wollen eine Presse haben, die mit der Regierung zusammenarbeitet, wie auch die Regierung mit der Presse zusammenarbeiten will.

Daraus ergibt sich nun zwangsläufig das dritte Arbeitsgebiet, die aktive Propaganda. [...] Es ist nicht die Aufgabe der Propaganda, möglichst viel zu sagen, sondern ihre Kunst besteht darin, verworrene, komplizierte, zusammengesetzte Gedankengänge in einer einzigen schneidigen Parole zusammenzufassen und diese dann ins ganze Volk hineinzutragen. [...] Wesen der Propaganda ist Einfachheit, Wucht und Konzentration [...].

Zit. nach: Herbert Michaelis/Ernst Schraepler (Hrsg.): Ursachen und Folgen. Vom deutschen Zusammenbruch 1918 und 1945 bis zur staatlichen Neuordnung Deutschlands in der Gegenwart. Bd. 9. Berlin o. J., S. 429 ff.

1 Anstelle der Volkserziehung kamen als weitere Abteilungen hinzu: Abwehr, Schrifttum, Musik und Kunst.

6 Titelblatt einer nationalsozialistischen Broschüre zum „Totalen Krieg" von 1943

Arbeitsvorschläge

○●● a) Erläutern Sie anhand des Schemas M2 und anhand der Texte M1 und M3–M4 den Aufbau und die Funktionsweise des nationalsozialistischen Herrschaftssystems und bringen Sie Ihre Kenntnisse über Voraussetzungen und Ideologie des Nationalsozialismus in Ihre Darstellung ein.

○●● b) Analysieren Sie die in M3 und M5 verwendete Sprache zur Beschreibung nationalsozialistischer Ziele.

●●● c) Diskutieren Sie, ob Sie die Ideen, die Goebbels in seiner Rede äußert, für schlüssig und im Sinne der Nationalsozialisten für zielführend halten.

○●● d) Arbeiten Sie anhand des Bilds M6 heraus, wie die in M5 genannten Aufgaben und Ziele der nationalsozialistischen Propaganda umgesetzt wurden.

Grundwissen: Das Herrschaftssystem des NS-Staats

→ 1 - 2 S. 449

Der „Führerstaat“: ein „Doppelstaat“

Der nationalsozialistische „Führerstaat“ war kein perfekt von oben nach unten durchorganisierter zentralistischer Staat. Eher herrschte ein Kompetenzgerangel zwischen Ministern und „Beauftragten des Führers“ für bestimmte Aufgaben bzw. als Leitern von neu eingerichteten Sonderbehörden oder höheren NSDAP-Funktionären und SS-Führern. In dieser „Polykratie“, der Herrschaft vieler, wurde Hitler als oberster Führer akzeptiert, was seine diktatorische Macht entschieden stärkte. Meist erhielt derjenige sein Wohlwollen und die nötigen Vollmachten, der in Bezug auf eine bestimmte Aufgabe den ersten oder den radikalsten Vorschlag machte.
Das „Dritte Reich“ war insofern ein „Doppelstaat“, als dass der traditionelle gesetzliche „Normenstaat“ in unpolitischen Bereichen wie beispielsweise im Zivilrecht, in der Wirtschaft oder bei den Steuern weitgehend erhalten blieb. Im politischen Bereich wie der Herrschaftssicherung, der Bekämpfung von politischen Gegnern oder der Rassenpolitik wurde er hingegen von einem außergesetzlichen „Maßnahmenstaat“ überwuchert, dem zur Erreichung seiner Ziele jedes Mittel recht war. Daher bewirkte die Angst vor den Repressionsmöglichkeiten dieses Regimes bei den meisten Bürgern angepasstes Verhalten.

→ 3 - 4 S. 449 f.

Gehorsam durch Terror und Kontrolle

Dass missliebiges Verhalten Terror und Gewalt vonseiten der Anhänger Hitlers provozieren konnte, hatten schon die Wahlkämpfe von 1932 und 1933 gezeigt, bei denen sich vor allem die SA blutige Straßenschlachten mit linken Gegnern der NSDAP geliefert hatte. Diese Marschrichtung wurde auch nach der Wahl vom 5. März verfolgt. Bereits am 20. März 1933 wurde die Einrichtung von sogenannten Konzentrationslagern (KZs) verkündet, in denen Regimegegner und Juden in „Schutzhaft“ genommen, misshandelt und oft ermordet wurden. Dem Kompetenzbereich der Justiz waren die KZs von Anfang an entzogen. Sie unterstanden zunächst der SA und der SS (Schutzstaffel der NSDAP), ab 1934 dann nur noch der SS.
Am 21. März wurde das „Heimtückegesetz“ verabschiedet, mit dem Kritik an der Regierung unter Strafe gestellt wurde. Die Geheime Staatspolizei (Gestapo), die einen Monat später gegründet wurde, sollte unter anderem die Einhaltung des Heimtückegesetzes garantieren. 1936 wurde der gesamte Polizeiapparat zentralisiert und die Gestapo damit aufgewertet. Als künftigen „Chef der deutschen Polizei“ bestimmte Adolf Hitler den Reichsführer SS Heinrich Himmler. Unter seiner Führung entwickelte sich der Mythos eines allgegenwärtigen Überwachungsstaats. In Wirklichkeit konzentrierte sich die mit circa 30 000 Mitarbeitern personell unterbesetzte Gestapo auf die Verfolgung der Funktionäre von KPD, SPD und Gewerkschaften sowie von oppositionellen Pfarrern. Gegen politisch missliebige Bürger ging sie meist nur aufgrund von freiwilligen Denunziationen aus der Bevölkerung vor.

Heinrich Himmler (1900–1945)
Reichsführer SS (ab 1929), Chef der deutschen Polizei (ab 1936), Reichsinnenminister (ab 1943). Farbfoto von Walter Frentz, um 1943.

Akzeptanz wegen wirtschafts- und sozialpolitischer Erfolge

Trotz der bedrohlichen Allgegenwart des NS-Staats dürften die meisten Deutschen hinter Hitler gestanden haben. In nur kurzer Zeit schien er die als solche empfundenen Fesseln des Versailler Vertrags gelöst und die Staats- und Wirtschaftskrise der 1930er-Jahre überwunden zu haben. Diese Erfolge trugen dazu bei, dass die Propaganda von der „Volksgemeinschaft“, die sich im Kampf gegen innere und äußere Feinde hinter ihren „Führer“ schart, auf allgemeine Akzeptanz stieß und der Terror gegen „rassisch Unerwünschte“ und Oppositionelle als ein Zeichen politischer Entschlossenheit und Stärke gewertet wurde.

Joseph Goebbels (1897–1945)
Promovierter Germanist, Reichspropagandaleiter der NSDAP (ab 1928), Reichsminister für Volksaufklärung und Propaganda (ab 1933). Farbfoto von Walter Frentz, um 1943.

Robert Ley (1890–1945)
NSDAP-Mitglied ab 1924, Leiter der Deutschen Arbeitsfront (1933–1945). Foto von Heinrich Hoffmann, 1933.

→ 5 - 6 S. 450 f.

Tatsächlich erzielte das NS-Regime recht bald eindrucksvolle, vor allem wirtschaftspolitische Erfolge: In nur vier Jahren wurde die Arbeitslosenzahl von sechs Millionen auf eine Million gesenkt. Möglich wurde dies durch die Schaffung des „Reichsarbeitsdienstes" (RAD), durch die Wiedereinführung der allgemeinen Wehrpflicht 1935 und vor allem durch staatliche Investitionen im Hoch- und Tiefbau sowie im Rüstungssektor. 1938 herrschte praktisch Vollbeschäftigung, während etwa in Großbritannien fast 13 Prozent und in den USA sogar über 25 Prozent der Menschen ohne Arbeit waren. Zwar wurden die Löhne auf dem niedrigen Niveau von 1933 eingefroren, die Arbeitszeit gleichzeitig verlängert und die Freizügigkeit bei der Wahl des Arbeitsplatzes stark eingeschränkt; was aber für die Arbeitnehmer zählte, war die Rückkehr von Millionen Erwerbslosen in Arbeit und Brot, verbunden mit der Wiedergewinnung sozialer Sicherheit und eines bescheidenen Auskommens.
Hinzu kam eine propagandistisch wirkungsvolle Sozialpolitik: So ermöglichte etwa die Freizeitorganisation „Kraft durch Freude" (KdF) vielen Arbeitern und Angestellten zum ersten Mal in ihrem Leben eine kleine Urlaubsreise – unter Umständen sogar ins Ausland auf einem KdF-Dampfer.

Der Preis der wirtschaftlichen Erfolge

Nur wenige Deutsche erkannten, dass der allgemeine Wirtschaftsaufschwung und das Ziel der „Autarkie", also der Selbstversorgung mit Lebensmitteln und Rohstoffen, dem NS-Regime lediglich zur Kriegsvorbereitung diente. Zudem wurden die wirtschafts- und sozialpolitischen Maßnahmen mit einer nie dagewesenen Staatsverschuldung erkauft (diese stieg bis 1944 auf 273 Milliarden Reichsmark).
Um die Arbeitsbeschaffungsmaßnahmen und die beschäftigungsintensive Aufrüstung zu finanzieren, wurde mit unseriösen Methoden Kapital aufgetrieben. Ein Mittel der Geldbeschaffung war beispielsweise die Verpflichtung von Banken, Sparkassen und Versicherungen, die Einlagen der privaten Sparer in Reichsanleihen anzulegen. Indirekt finanzierten auch die etwa 336 000 Besteller eines sogenannten „KdF"-Wagens, des späteren Volkswagens, die Aufrüstung: Mit ihren bei der KdF hinterlegten Spargeldern wurden Fahrzeuge für die Wehrmacht bezahlt. Um die enorm hohe Staatsverschuldung irgendwann bezahlen zu können, musste ein Krieg begonnen und Beute gemacht werden.

Der Nationalsozialismus in der Öffentlichkeit und der Privatsphäre

Mehrere Institutionen kümmerten sich im NS-Staat um die Gestaltung der öffentlichen Meinung. Die bedeutendsten waren das Propagandaministerium unter Joseph Goebbels und die größte Massenorganisation des Deutschen Reichs, die Deutsche Arbeitsfront unter Robert Ley.
Eines der wichtigsten Mittel zur Beeinflussung war der Rundfunk. 1939 verfügten 70 Prozent aller Haushalte über einen „Volksempfänger" oder ein anderes Radiogerät. Die Radios wurden vor allem wegen der Unterhaltungssendungen und Sportübertragungen geschätzt. Ähnlich beliebt war das Kino, das hauptsächlich seichte Unterhaltung zeigte. Auch die im jährlichen Festkalender vorgesehenen Feiern – 30. Januar, Führergeburtstag, 1. Mai, Muttertag, Sommersonnenwende, Reichsparteitag – zeigten die für die NS-Zeit typische Verbindung von politischer Indoktrination und unpolitischen Volksfesten. Seit 1936 war die Hitler-Jugend (HJ) ein staatlicher Jugendverband, für den ab 1939 eine Dienstpflicht galt. Für die Mädchen war der Bund Deutscher Mädel (BDM) zuständig.
Gerade die unpolitischen Teile dieser Propaganda führten zu der Illusion, die Privatsphäre der Bürger sei erhalten geblieben. Und tatsächlich ging das Regime erst nach Kriegsbeginn dazu über, Deutschland abzuschotten. Bis dahin konnte man noch ausländische Filme sehen, Jazz-Musik hören oder Coca-Cola kaufen.

9.5 NS-Außenpolitik bis 1939

A) Inwiefern unterscheiden sich Hitlers offizielle und inoffizielle Außenpolitik?
B) Welche Stationen der Außenpolitik lassen sich unterscheiden und welchen Zielen dienten sie?

Hitlers offizielle und inoffizielle Außenpolitik

1 Hitlers offizielle Außenpolitik

In einer Reichstagsrede vom 17. Mai 1933 erläutert Hitler sein offizielles außenpolitisches Programm:

Unser Nationalismus ist ein Prinzip, das als Weltanschauung grundsätzlich allgemein verpflichtet. Indem wir in grenzenloser Liebe und Treue an unserem eigenen Volkstum hängen, respektieren wir die nationalen Rechte auch der anderen Völker aus dieser selben Gesinnung heraus und möchten aus tiefinnerstem Herzen mit ihnen in Frieden und Freundschaft leben. Wir kennen daher nicht den Begriff des „Germanisierens". Die geistige Mentalität des vergangenen Jahrhunderts, aus der man glaubte, vielleicht aus Polen oder Franzosen Deutsche machen zu können, ist uns genauso fremd, wie wir uns leidenschaftlich gegen jeden umgekehrten Versuch wenden. Wir sehen die europäischen Nationen um uns als gegebene Tatsachen. Franzosen, Polen sind unsere Nachbarvölker, und wir wissen, dass kein geschichtlich denkbarer Vorgang diese Wirklichkeit ändern könnte. […]

Die deutsche Regierung wünscht, sich über alle schwierigen Fragen politischer und wirtschaftlicher Natur mit den anderen Nationen friedlich und vertraglich auseinanderzusetzen. Sie weiß, dass jeder militärische Akt in Europa auch im Falle eines vollständigen Gelingens, gemessen an seinen Opfern, in keinem Verhältnis steht zum möglichen endgültigen Gewinn.

Zit. nach: Werner Conze (Hrsg.): Der Nationalsozialismus 1934–1945: Totaler Führerstaat und nationalsozialistische Eroberungspolitik. Stuttgart 1984, S. 40 f.

2 Hitlers inoffizielle Außenpolitik

Auszug aus einer Ansprache Hitlers vor den Befehlshabern des Heeres und der Marine am 3. Februar 1933, die sogenannte Liebmann-Aufzeichnung:

Ziel der Gesamtpolitik allein: Wiedergewinnung der pol. Macht. […]

2. Nach außen. Kampf gegen Versailles. Gleichberechtigung in Genf; aber zwecklos, wenn Volk nicht auf Wehrwillen eingestellt. Sorge für Bundesgenossen. […]

4. Aufbau der Wehrmacht wichtigste Voraussetzung für Erreichung des Ziels: Wiedergewinnung der pol. Macht. Allg. Wehrpflicht muss wiederkommen. Zuvor aber muss Staatsführung dafür sorgen, dass die Wehrpflichtigen vor Eintritt nicht schon durch Pazif., Marxismus, Bolschewismus vergiftet werden oder nach Dienstzeit diesem Gifte verfallen.

Wie soll pol. Macht, wenn sie gewonnen ist, gebraucht werden? Jetzt noch nicht zu sagen. Vielleicht Erkämpfung neuer Export-Mögl., vielleicht – und wohl besser – Eroberung neuen Lebensraums im Osten u. dessen rücksichtslose Germanisierung. Sicher, dass erst mit pol. Macht u. Kampf jetzige wirtsch. Zustände geändert werden können. […] Wehrmacht wichtigste u. sozialistischste Einrichtung d. Staates. Sie soll unpol. u. überparteilich bleiben. Der Kampf im Innern nicht ihre Sache, sondern der Nazi-Organisationen. Anders wie in Italien keine Verquickung von Heer und SA beabsichtigt. – Gefährlichste Zeit ist die des Aufbaus der Wehrmacht. Da wird sich zeigen, ob Frankreich Staatsmänner hat; wenn ja, wird es uns nicht Zeit lassen, sondern über uns herfallen (vermutlich mit Ost-Trabanten).

Zit. nach: Vierteljahrshefte für Zeitgeschichte, 2/1954, S. 434 ff.

Hitlers Expansionismus

3 Frankreichs Reaktion auf die deutsche Besetzung des Rheinlands

Am 7. März 1936 besetzten deutsche Truppen das seit 1919 entmilitarisierte Rheinland. Das Deutsche Reich verstieß damit gegen den Versailler Vertrag und die Verträge von Locarno. Der französische Botschafter in Berlin, André François-Poncet, reagierte wie folgt:

In Paris rufen die Absage an Locarno und die vollendete Tatsache der militärischen Besetzung der rheinischen Städte, obwohl sie vorauszusehen und vorher angekündigt waren, starke Erregung hervor. Man ist nicht im Geringsten darauf vorbereitet, diesem Ereignis die Spitze zu bieten. Der Ministerrat tagt ununterbrochen, an ihm nehmen die Generalstabschefs des französischen Heeres, der Marine und der Luftwaffe teil. Der Locarnopakt erfordert, dass die Verfehlung Deutschlands vom Völkerbundrat festgestellt wird. […] Aber was soll Frankreich tun? Es liegt eine flagrante Verletzung des Paktes

4 Die Erweiterung des deutschen Machtbereichs bis zum Beginn des Zweiten Weltkriegs

Staatsgrenzen 1937
Grenze der Tschechoslowakei bis 30. September 1938
bis 1936 entmilitarisierte Zone
eingegliedert März 1938
eingegliedert Oktober 1938
annektiert März 1939
Grenze des Deutschen Reichs am 31. August 1939
durch Ungarn annektiert
November 1938
März 1939

vor. Hitler hat einen casus belli geschaffen. Soll man der französischen Armee Befehl erteilen, die deutschen Regimenter mit Gewalt aus den rheinischen Städten zu vertreiben, gleichzeitig die Garantiemächte auffordern, ihre Pflicht zu tun, unsere militärische Aktion zu unterstützen, und so den Krieg vom Zaun brechen? […] Die Meinungen innerhalb der französischen Regierung sind geteilt. Die Minister der zivilen Ressorts, Flandin, Mandel, Paul Boncour, sprechen sich für die militärische Aktion aus; die Minister der militärischen Ressorts, Piétri, Déat, General Maurin, sind für eine zivile politische Aktion. […] Die Aussicht auf einen drohenden Krieg beunruhigt die Mehrheit in der Regierung. Das Volk ist darauf nicht vorbereitet. Es atmet seit 1919 die Luft des uneingeschränkten Pazifismus. Man hat es daran gewöhnt, an den Völkerbund, an die Wirksamkeit seiner Organe und Maßnahmen zu glauben. […] Es hätte kein Verständnis dafür, dass Frankreich isoliert handelte, ohne Unterstützung der anderen Mächte, vor allem Großbritanniens. In dieser Beziehung findet aber Frankreich wenig Entgegenkommen. Italien, verärgert durch die Sanktionen während des abessinischen Krieges, hält sich zurück. England will nicht als Garantiemacht, sondern als Schiedsrichter auftreten. […] Die französische Regierung gibt daher den Gedanken an militärische Vergeltungsmaßnahmen und gewaltsames Vorgehen auf […].

Zit. nach: Wolfgang Lautemann/Manfred Schlenke (Hrsg.): Geschichte in Quellen. Bd. 5: Weltkriege und Revolutionen 1914–1945. Bearb. v. Günter Schönbrunn. München 1970, S. 360 f.

Der Hitler-Stalin-Pakt

5 Der deutsch-sowjetische Nichtangriffspakt

Für die Weltöffentlichkeit völlig überraschend unterzeichneten der deutsche Außenminister Joachim von Ribbentrop (1893–1946) und sein sowjetischer Amtskollege Wjatscheslaw M. Molotow (1890–1986) am 23. August 1939 den folgenden als „Hitler-Stalin-Pakt" bezeichneten Vertrag:

Die deutsche Reichsregierung und die Regierung der Union der Sozialistischen Sowjetrepubliken, geleitet von dem Wunsche, die Sache des Friedens zwischen Deutschland und der UdSSR zu festigen, und ausgehend von den grundlegenden Bestimmungen des Neutralitätsvertrages, der im April 1926 zwischen Deutschland und der UdSSR geschlossen wurde, sind zu nachstehender Vereinbarung gelangt:

Artikel 1. Die beiden vertragschließenden Teile verpflichten sich, sich jeden Gewaltakts, jeder aggressiven Handlung und jeden Angriffs gegeneinander, und zwar sowohl einzeln als auch gemeinsam mit anderen Mächten, zu enthalten. […]

Artikel 5. Falls Streitigkeiten oder Konflikte zwischen den vertragschließenden Teilen […] entstehen sollten, werden beide Teile diese Streitigkeiten oder Konflikte ausschließlich auf dem Wege freundschaftlichen Meinungsaustausches oder nötigenfalls durch Einsetzen von Schlichtungskommissionen bereinigen.

Artikel 6. Der gegenwärtige Vertrag wird auf die Dauer von zehn Jahren abgeschlossen […]

Zit. nach: http://germanhistorydocs.ghi-dc.org (Stand: 2.5.2011).

6 Das geheime Zusatzprotokoll

Neben dem offiziellen Nichtangriffspakt unterzeichneten Ribbentrop und Molotow noch das folgende Geheimprotokoll. Bekannt wurde dessen Inhalt erst nach dem Zweiten Weltkrieg. Die Sowjetunion leugnete gar bis 1989, dass dieses Dokument jemals existiert habe.

Aus Anlass der Unterzeichnung des Nichtangriffspaktes zwischen dem Deutschen Reich und der Union der Sozialistischen Sowjetrepubliken haben die unterzeichneten Bevollmächtigten der beiden Teile in streng vertraulicher Aussprache die Frage der Abgrenzung der beiderseitigen Interessensphären in Osteuropa erörtert. Die Aussprache hat zu folgendem Ergebnis geführt:

1. Für den Fall einer territorial-politischen Umgestaltung in den zu den baltischen Staaten (Finnland, Estland, Lettland und Litauen) gehörenden Gebieten bildet die nördliche Grenze Litauens zugleich die Grenze der Interessensphäre Deutschlands und der UdSSR. [...]

2. Für den Fall einer territorial-politischen Umgestaltung der zum polnischen Staat gehörenden Gebiete werden die Interessensphären Deutschlands und der UdSSR ungefähr durch die Linie der Flüsse Pissa, Narew, Weichsel und San abgegrenzt. Die Frage, ob die beiderseitigen Interessen die Erhaltung eines unabhängigen polnischen Staates erwünscht erscheinen lassen und wie dieser Staat abzugrenzen wäre, kann endgültig erst im Laufe der weiteren politischen Entwicklung geklärt werden. In jedem Falle werden beide Regierungen diese Frage im Wege einer freundschaftlichen Verständigung lösen.

3. Hinsichtlich des Südostens Europas wird von sowjetischer Seite das Interesse an Bessarabien betont. Von deutscher Seite wird das völlige politische Desinteressement [sic] an diesen Gebieten erklärt.

4. Dieses Protokoll wird von beiden Seiten streng geheim behandelt werden.

Moskau, den 23. August 1939
gez. von Ribbentrop
gez. W. Molotow

Zit. nach: http://germanhistorydocs.ghi-dc.org (Stand: 2.5.2011).

7 „Der Nationalsozialismus kehrt den Russen seinen Rücken zu . . . auf diese Weise!“

Karikatur aus der französischen Satirezeitschrift Marianne vom August 1939 zum Nichtangriffsvertrag.

Arbeitsvorschläge

○○●/○●● a) Stellen Sie die öffentlichen und nicht öffentlichen außenpolitischen Ziele Hitlers zusammen (M1, M2). Erläutern Sie Unterschiede. Zeigen Sie die Realisierung von Hitlers außenpolitischem Programm anhand der Karte M4 auf.

○○●/○●● b) Informieren Sie sich über die englische Position zur deutschen Außenpolitik und erläutern Sie auf dieser Basis und auf derjenigen von M3 das lange Zögern der alliierten Mächte vor einem militärischen Angriff auf Deutschland.

○●●/●●● c) Beurteilen Sie den Hitler-Stalin-Pakt (M5) und sein geheimes Zusatzprotokoll (M6) aus der Perspektive Hitlers, Stalins, des polnischen Volks und der Westmächte. Erläutern Sie in diesem Kontext die Bewertung der französischen Karikatur M7.

○●● d) Erläutern Sie die zu sehenden Emotionen der Menschen in Bild M8 basierend auf Ihrem Vorwissen zur deutsch-österreichischen Geschichte seit 1815.

Grundwissen: NS-Außenpolitik bis 1939

Hitlers vermeintliche Friedenspolitik 1933 und 1934

→ 1 - 2 S. 454

Die offizielle NS-Außenpolitik in den 1930er-Jahren hatte ihren Schwerpunkt im Kampf um internationale Gleichberechtigung und um die Revision des Versailler Vertrags. Im Verborgenen wurde aber aufgerüstet und ein Krieg um „Lebensraum im Osten und dessen rücksichtslose Germanisierung" vorbereitet, wie es Hitler schon im Februar 1933 vor führenden Generälen forderte.
Um diese heimliche Aufrüstung ungehindert betreiben zu können, verließ Deutschland im Oktober 1933 die Genfer Abrüstungskonferenz und trat zeitgleich aus dem Völkerbund aus. Um aber gleichzeitig seine vermeintlich friedlichen Absichten sichtbar werden zu lassen, hatte das NS-Regime im Mai 1933 einen 1926 geschlossenen Neutralitätsvertrag mit der UdSSR verlängert, der die „vertrauensvolle Zusammenarbeit" der beiden Staaten betonte. Im Juli 1933 war ein Vertrag, das „Reichskonkordat", mit dem Vatikan ausgehandelt worden, der die Rechte der katholischen Kirche in Deutschland festschrieb (→ s. auch S. 480). Schließlich schloss Deutschland einen als Sensation empfundenen Nichtangriffspakt mit Polen im Januar 1934. Den meisten Zeitgenossen wurde nicht klar, dass all diese Maßnahmen einen Zeitgewinn für die deutsche Aufrüstung bringen sollten.

Deutsche Provokationen und britische Appeasementpolitik

Im Januar 1935 fiel Hitler ein politischer Triumph in den Schoß: 90,8 Prozent der wahlberechtigten Saarländer votierten für die Wiedereingliederung des seit 1920 unter französischer Verwaltung stehenden Saarlands in das Deutsche Reich. Im März 1935 beschloss Hitler dann eigenmächtig die Wiedereinführung der allgemeinen Wehrpflicht und aus der Reichswehr wurde die Wehrmacht. Dies verstieß eindeutig gegen den Versailler Vertrag, löste jedoch bei den Siegermächten des Ersten Weltkriegs nur diplomatische Proteste, in Deutschland allgemeinen Jubel aus.
Im Juni kam es zu einem deutsch-britischen Flottenabkommen, das unter beidseitigem Bruch des Versailler Vertrags die Höchststärke der deutschen Marine auf 35 Prozent der britischen festsetzte – ein riesiger außenpolitischer Erfolg für Hitler. England hielt den Versailler Vertrag mittlerweile für überholt und wollte die Sicherung des Friedens durch seine Appeasementpolitik (Beschwichtigungspolitik) erreichen, das heißt durch Zugeständnisse bei für berechtigt gehaltenen deutschen Anliegen. Frankreich war durch die Locarno-Verträge von England außenpolitisch abhängig und musste sich der britischen Politik anschließen.

Die Besetzung des Rheinlands

→ 3 S. 454 f.

Unter diesen Voraussetzungen konnte Hitler ungestört eine Serie außenpolitischer Erfolge feiern. Am 7. März 1936 marschierten 30 000 Wehrmachtssoldaten in das entmilitarisierte Rheinland. Mit der Besetzung des 50 Kilometer breiten Streifens verstieß das Deutsche Reich erneut gegen den Versailler Vertrag und gegen die Verträge von Locarno. Das Ausland kritisierte die Aktion zwar, ergriff aber keine Gegenmaßnahmen – auch wenn Italien und Großbritannien laut den Verträgen von Locarno dazu verpflichtet gewesen wären. Hitler erklärte, mit der Rheinlandbesetzung sei der „Kampf um die deutsche Gleichberechtigung [...] abgeschlossen".

Die Achse Berlin–Rom und der spanische Bürgerkrieg

Im August 1936 fanden in Berlin die Olympischen Sommerspiele statt, die das NS-Regime propagandistisch nutzte, um sein weltweites Ansehen aufzuwerten. Im Windschatten der Spiele unterstützten Deutschland und das faschistische Italien unter seinem Diktator Benito Mussolini den Militärputsch des Generals Francisco Franco in Spanien. Gleichzeitig etablierten Hitler und Mussolini damit ihre politische Zusammenarbeit, die als „Achse Berlin-Rom" bezeichnet wurde. In die spanischen Kämpfe griff Deutschland mit der Legion Condor ein, einer verdeckt agierenden Abteilung der Wehrmacht, die wesentlich zu Francos Sieg 1939 beitrug. Am 26. April 1937 testete Deutschland seine Luftwaffe, deren völkerrechtswidriger Luftangriff die baskische Stadt Guernica dem Erdboden gleichmachte.

8 Jubelnde Menschen säumen Hitlers Fahrt durch Wien
Foto von Heinrich Hoffmann, 14. oder 15. März 1938.

Einmarsch in Österreich und Tschechien

Zur selben Zeit überlegten Englands Diplomaten, wie man Deutschland in seinen territorialen Ansprüchen endgültig zufrieden stellen könne. Hitler dagegen wollte sich weder auf eine Moderation Englands noch auf die Gewaltfreiheit einlassen. Am 12. März 1938 erfolgte unter dem Jubel der meisten Österreicher die militärische Besetzung und der „Anschluss" Österreichs an das Deutsche Reich.

Hitlers nächstes Ziel war die Klärung der von ihm forcierten „Sudetenkrise". Im September billigten die Regierungschefs Deutschlands, Großbritanniens, Italiens und Frankreichs mit dem Münchener Abkommen, die Annexion des überwiegend von Deutschen besiedelten Sudetenlands. Das geschah gegen den Willen der Tschechoslowakei, auf deren Territorium das Sudetenland lag.

Im März 1939 besetzte das Deutsche Reich dann die „Rest-Tschechei" unter dem Protest der dort heimischen Bevölkerung. In der Slowakei wurde ein NS-höriges Regime errichtet. Erst jetzt fühlten sich England und Frankreich zu einer härteren Haltung und zu einer Garantieerklärung für Polen veranlasst – offenkundig das nächste deutsche Angriffsziel.

Der Hitler-Stalin-Pakt

→ 5 - 7 S. 455 f.

Hitler ließ sich davon nicht beeindrucken. Im August 1939 gelang es ihm unter der Vermittlung des Reichsaußenministers Joachim von Ribbentrop, durch einen deutsch-sowjetischen Nichtangriffspakt (den Hitler-Stalin-Pakt) nicht nur die Gefahr eines Zweifrontenkriegs abzuwenden, sondern auch einen Partner bei der Zerschlagung Polens zu finden. Ein geheimes Zusatzprotokoll sah die Teilung Polens zwischen Deutschland und der Sowjetunion vor und grenzte die Interessensphären beider Mächte in Osteuropa ab. Der Hitler-Stalin-Pakt stürzte Europa in größte Verwirrung, waren die beiden Vertragspartner bisher doch Todfeinde gewesen. Zur Entstehungsgeschichte dieses Pakts gehört, dass der sowjetische Diktator Josef Stalin die Westmächte verdächtigt hatte, Hitlers Expansionsstreben mit Absicht gegen die Sowjetunion zu lenken. Stalin forderte nach der Zerschlagung der Tschechoslowakei, dass alle osteuropäischen Staaten über Polen hinaus gegenüber Deutschland geschützt werden müssten. Die Westmächte sahen in dieser Forderung sowjetisches Hegemonialstreben und lehnten ab. Stalin schloss darauf den Pakt mit Hitler, auch, um Zeit für die eigene Rüstung zu gewinnen.

9.6 Der Zweite Weltkrieg

A) Wie wurde die deutsche Wirtschaft der Kriegsvorbereitung angepasst, wie der Realität des Kriegs?
B) Wie sahen die deutschen Kriegsziele aus und mit welchen Mitteln wurde versucht, sie zu erreichen?
C) Wie verlief der Zweite Weltkrieg?
D) Inwiefern waren die Soldaten der Wehrmacht an Kriegsverbrechen beteiligt?

Wirtschaftliche Vorbereitung auf den Krieg

1 Hitlers Denkschrift zum Vierjahresplan von 1936

Auf dem Reichsparteitag von 1936 wurde der sogenannte Vierjahresplan verkündet. Dieses Programm sollte unter der Führung von Hermann Göring die deutsche Wirtschaft auf die Kriegsproduktion vorbereiten. Parallel zum Vierjahresplan verfasste Adolf Hitler folgende geheime Denkschrift:

Wenn es uns nicht gelingt, in kürzester Frist die deutsche Wehrmacht in der Ausbildung, in der Aufstellung der Formationen, in der Ausrüstung und vor allem auch in der geistigen Erziehung zur ersten Armee der Welt zu entwickeln, wird Deutschland verloren sein! […]

Wir sind übervölkert und können uns auf der eigenen Grundlage nicht ernähren. […] Die endgültige Lösung liegt in einer Erweiterung des Lebensraumes bzw. der Rohstoff- und Ernährungsbasis unseres Volkes. […]

Es sind jetzt fast 4 kostbare Jahre vergangen. Es gibt keinen Zweifel, dass wir schon heute auf dem Gebiet der Brennstoff-, der Gummi- und zum Teil auch in der Eisenerzversorgung vom Ausland restlos unabhängig sein könnten. Genauso wie wir zurzeit 7 oder 800 000 t Benzin produzieren, könnten wir 3 Millionen t produzieren. […] Genauso wie wir von 2½ Millionen t Eisenerz-Erzeugung auf 7 Millionen t stiegen, könnten wir 20 oder 25 Millionen t deutsches Eisenerz verarbeiten und, wenn notwendig, auch 30. Man hat nun Zeit genug gehabt, in 4 Jahren festzustellen, was wir nicht können. Es ist jetzt notwendig, auszuführen das, was wir können.

Ich stelle damit folgende Aufgabe: I. Die deutsche Armee muss in 4 Jahren einsatzfähig sein. II. Die deutsche Wirtschaft muss in 4 Jahren kriegsfähig sein. […]

Zit. nach: Walther Hofer: Der Nationalsozialismus. Dokumente 1933–1945. Frankfurt/M. 1957, S. 86.

3 Interne Kritik an der NS-Wirtschafts- und Finanzpolitik

Hjalmar Schacht war Reichsbankpräsident (1933–1939) und Reichswirtschaftsminister (1934–1937). Am 2. April 1937 verfasste er an Hermann Göring folgenden Brief:

a) Die durch Rüstung und Vierjahresplan auf höchste Tourenzahl gebrachte deutsche Volkswirtschaft lässt den deutschen Fabrikanten sehr häufig das Exportgeschäft zugunsten des lukrativen und risikolosen Inlandsgeschäftes vernachlässigen.

b) Obwohl die mir unterstehenden Überwachungsstellen strikte Anweisung haben, die Rohstoffe für die Exportaufträge bevorzugt zuzuteilen, macht sich der Rohstoffmangel für den Export immer störender bemerkbar. […]

c) Rüstung und Vierjahresplan haben so viel Facharbeiter absorbiert, dass für die Produktion von Exportgütern ein außerordentlich empfindlicher Mangel an geeigneten Arbeitskräften eingetreten ist. Dies gilt insbesondere für diejenigen Industrien, bei denen die größten Exportchancen vorhanden sind.

d) Umfang und Dringlichkeit der Heeresaufträge und neuerdings auch der Aufträge des Vierjahresplans ha-

2 Rüstungsausgaben und öffentliche Investitionen 1932–1938 (in Mio. Reichsmark)

	1932	1933	1934	1935	1936	1937	1938
Rüstung (Wehrmacht)	620	720	3 300	5 150	9 000	10 850	15 500
Öffentliche Investitionen	1 970	2 430	3 460	3 890	4 220	4 620	5 530
Staatsverschuldung	11 434	11 690	11 793	12 452	14 378	16 058	19 098
Bruttosozialprodukt	33 600	34 500	38 800	43 200	47 900	53 800	59 200

Zahlen aus: Udo Sautter (Hrsg.): Deutsche Geschichte seit 1815: Daten, Fakten, Dokumente. Bd. 1: Daten und Fakten. Tübingen 2004, S. 157, 161, 198.

ben die Kapazität der deutschen Fabriken so stark beansprucht, dass für die Ausführung von Exportaufträgen kein oder nur ungenügender Raum bleibt.
Die Folge dieser Entwicklung ist, [...] dass es die ausländischen Käufer vorziehen, in der Schweiz, in Schweden, Belgien, in den Vereinigten Staaten und in der Tschechoslowakei zu kaufen. [...] Ich habe daher die Befürchtung, dass die Exporterlöse und damit die Einfuhrmöglichkeiten in dem Augenblick geringer werden, wo auch die Einnahmen aus den auswärtigen Vermögensbeständen nicht mehr verfügbar sein werden. Ich brauche nicht zu betonen, dass durch eine solche Entwicklung nicht nur die Durchführung des Vierjahresplans gefährdet wird, sondern dass auch die Fortführung der Rüstung infrage gestellt wird [...].

Zit. nach: Herbert Michaelis/Ernst Schraepler (Hrsg.): Ursachen und Folgen. Vom deutschen Zusammenbruch 1918 und 1945 bis zur staatlichen Neuordnung Deutschlands in der Gegenwart. Bd. 10. Berlin o. J., S. 562 ff.

Der Krieg gegen die Sowjetunion

4 Vernichtungskampf gegen die Sowjetunion

Am 1. September überfiel die Wehrmacht Polen. Danach eroberte Hitlers Armee weite Teile Mitteleuropas. Sein nächstes Vorhaben erläuterte Hitler in einer Ansprache vor 250 Generälen und hohen Offizieren am 30. März 1941:

Unsere Aufgaben gegenüber Russland: Wehrmacht zerschlagen, Staat auflösen [...] Kampf zweier Weltanschauungen gegeneinander. Vernichtendes Urteil über Bolschewismus ist gleich asoziales Verbrechertum. Kommunismus ungeheure Gefahr für die Zukunft. Wir müssen von dem Standpunkt des soldatischen Kameradentums abrücken. Der Kommunist ist vorher kein Kamerad und nachher kein Kamerad. Es handelt sich um einen Vernichtungskampf. [...] Vernichtung der bolschewistischen Kommissare und der kommunistischen Intelligenz. [...]
Der Kampf wird sich sehr unterscheiden vom Kampf im Westen. Im Osten ist Härte mild für die Zukunft. Die Führer müssen von sich das Opfer verlangen, ihre Bedenken zu überwinden.

Generaloberst Franz Halder: Kriegstagebuch. Tägliche Aufzeichnungen des Chefs des Generalstabes des Heeres 1939–1942. Stuttgart 1962–1964, Bd. 2, S. 335–337.

6 Der „Erlass über die Ausübung der Kriegsgerichtsbarkeit im Gebiet ‚Barbarossa'"

„Unternehmen Barbarossa" war der Deckname für den Angriff auf die Sowjetunion, der am 22. Juni 1941 begann. Wie die Wehrmacht mit den Zivilpersonen im überfallenen Gebiet umzugehen habe, regelte der „Kriegsgerichtsbarkeitserlass" vom 13. Mai 1941:

Behandlung von Straftaten feindlicher Zivilpersonen:

5 Ein Erschießungskommando der Wehrmacht exekutiert sowjetische Zivilisten
Wenn deutsche Soldaten bei Anschlägen starben, wurde ein Mehrfaches an Zivilisten zur Abschreckung hingerichtet. Foto von 1942, Fotograf unbekannt.

1. Straftaten feindlicher Zivilpersonen sind der Zuständigkeit der Kriegsgerichte und der Standgerichte bis auf Weiteres entzogen.
2. Freischärler sind durch die Truppe im Kampf oder auf der Flucht schonungslos zu erledigen.
3. Auch alle anderen Angriffe feindlicher Zivilpersonen gegen die Wehrmacht, ihre Angehörigen und das Gefolge sind von der Truppe auf der Stelle mit den äußersten Mitteln bis zur Vernichtung des Angreifers niederzukämpfen. […]

Behandlung der Straftaten von Angehörigen der Wehrmacht und des Gefolges gegen Landeseinwohner: 1. Für Handlungen, die Angehörige der Wehrmacht und des Gefolges gegen feindliche Zivilpersonen begehen, besteht kein Verfolgungszwang, auch dann nicht, wenn die Tat zugleich ein militärisches Verbrechen oder Vergehen ist.

Zit. nach: Gerd R. Ueberschär/Wolfgang Wette (Hrsg.): „Unternehmen Barbarossa". Der deutsche Überfall auf die Sowjetunion 1941. Berichte, Analysen, Dokumente. Paderborn 1984, S. 306 f.

7 Kriegführung im Osten

Aktennotiz deutscher Staatssekretäre, 2. Mai 1941:

1. Der Krieg ist nur weiterzuführen, wenn die gesamte Wehrmacht im 3. Kriegsjahr aus Russland ernährt wird.
2. Hierbei werden zweifellos zig Millionen Menschen verhungern, wenn von uns das für uns Notwendige aus dem Lande herausgeholt wird.
3. Am wichtigsten ist die Bergung und Abtransport von Ölsaaten, Ölkuchen, dann erst Getreide. Das vorhandene Fett und Fleisch wird voraussichtlich die Truppe verbrauchen.
4. Die Beschäftigung der Industrie darf nur auf Mangelgebieten wieder aufgenommen werden, z. B. die Werke für Verkehrsmittel, die Werke für allgemeine Versorgungsanlagen (Eisen), die Werke für Textilien, von Rüstungsbetrieben nur solche, bei denen in Deutschland Engpässe bestehen.

Zit. nach: Ueberschär/Wette, a. a. O., S. 377.

Die Schlacht von Stalingrad

8 Hitlers Durchhaltebefehl an Generaloberst Friedrich Paulus

Im sowjetischen Stalingrad (heute Wolgograd) erlebte die Wehrmacht im Winter 1942/1943 ihre bis dahin größte Niederlage. Bei Temperaturen um minus 40 Grad Celsius wurde die schlecht ausgerüstete 6. Armee umzingelt und aufgerieben. Aus einem Funkspruch Hitlers an Generaloberst Friedrich Paulus vom 22. Januar 1943:

Kapitulation ausgeschlossen. Truppe verteidigt sich bis zuletzt. Tapferkeit und Ausharren der Festung haben die Möglichkeit gegeben, eine neue Front aufzubauen und Gegenoperationen einzuleiten. 6. Armee hat damit einen historischen Beitrag in dem gewaltigsten Ringen der deutschen Geschichte geleistet.

Zit. nach: Antony Beevor: Stalingrad. München 2001, S. 426.

9 Brief eines Wehrmachtssoldaten aus Stalingrad, Januar 1943

Liebster Vater! Die Division ist ausgeschlackt für den Großkampf, aber der Großkampf wird nicht stattfinden. Du wirst dich wundern, dass ich an dich schreibe und an deine Adresse im Amt, aber was ich in diesem Brief zu sagen habe, ist nur unter Männern zu sagen. Du wirst es in der dir eigenen Form an Mutter weitergeben. Wir dürfen heute schreiben, heißt es bei uns. Das bedeutet für einen, der die Lage kennt, wir können es nur noch ein Mal. Du bist Oberst, lieber Vater, und Generalstäbler. Du weißt, was das bedeutet, und mir ersparst du damit Erklärungen, die sentimental klingen könnten. Es ist Schluss. Ich denke, es wird noch ungefähr acht Tage lang gehen, dann ist der Kragen zu. Ich will nicht nach Gründen suchen, die man für oder gegen unsere Situation ins Feld führen könnte. Diese Gründe sind jetzt gänzlich unwichtig und außerdem ohne Nutzen, aber wenn ich dazu etwas zu sagen habe, dann das eine: Sucht nicht nach Erklärungen für die Situation bei uns, sondern bei euch und bei dem, der dieses zu verantworten hat. […] Seid auf der Hut, damit nicht größeres Unheil über unser Vaterland kommt. Die Hölle an der Wolga soll euch Warnung sein. Ich bitte euch, schlagt diese Erkenntnis nicht in den Wind. […]

Und nun noch zum Gegenwärtigen. Von der Division sind noch 69 Mann verwendungsfähig. Bleyer lebt noch und Hartlieb auch. Der kleine Degen hat beide Arme verloren, er wird wohl bald in Deutschland sein. […] Wir haben noch zwei MG und vierhundert Schuss. Einen Granatwerfer und 10 Granaten. Sonst nur noch Kohldampf und Müdigkeit. […] Berg … ist mit 20 Mann ausgebrochen, ohne Befehl. Besser, in drei Tagen wissen, wie es ausgeht, als in drei Wochen. […]

Zum Schluss das Persönliche. Du kannst dich darauf verlassen, dass alles anständig zu Ende gehen wird. Ist ein bisschen früh mit dreißig Jahren, ich weiß. Keine Sentiments. Händedruck für Lydia und Helene. Kuss für die Mama (vorsichtig sein, alter Herr, Herzfehler bedenken), Kuss für Gerda. Grundsätzlich Gruß an alle übrigen. Hand an den Helm, Vater, Oberleutnant … meldet sich bei dir ab.

Zit. nach: Christoph Studt (Hrsg.): Das Dritte Reich. Ein Lesebuch zur deutschen Geschichte 1933–1945. München 1995, S. 261 f.

10 Soldaten der 6. Armee gehen nach der Niederlage in sowjetische Gefangenschaft
Von den 110 000 deutschen Kriegsgefangenen kehrten rund 5 000 nach Hause zurück. Die NS-Führung verschwieg die Gefangenen und verbreitete die Legende von der heldenhaften 6. Armee, die sich in Stalingrad geopfert habe. Foto von 1943, Fotograf unbekannt.

11 Goebbels' Sportpalastrede

Anfang Februar 1943 ergab sich der Rest der 6. Armee in Stalingrad. Am 18. Februar wandte sich Joseph Goebbels in einer im Radio übertragenen Rede an Tausende Zuschauer im Berliner Sportpalast. Diese reagierten auf Goebbels' Ausführungen immer wieder mit frenetischem Jubeln.

[...] Das im Nationalsozialismus erzogene, geschulte und disziplinierte deutsche Volk kann die volle Wahrheit vertragen. Es weiß, wie schwierig es um die Lage des Reiches bestellt ist, und seine Führung kann es deshalb auch auffordern, aus der Bedrängtheit der Situation die nötigen harten, ja auch härtesten Folgerungen zu ziehen. Wir Deutschen sind gewappnet gegen Schwäche und Anfälligkeit, und Schläge und Unglücksfälle des Krieges verleihen uns nur zusätzliche Kraft, feste Entschlossenheit und eine seelische und kämpferische Aktivität, die bereit ist, alle Schwierigkeiten und Hindernisse mit revolutionärem Elan zu überwinden.

Es ist jetzt nicht der Augenblick, danach zu fragen, wie alles gekommen ist. Das wird einer späteren Rechenschaftsablegung überlassen bleiben, die in voller Offenheit erfolgen soll und dem deutschen Volk und der Weltöffentlichkeit zeigen wird, dass das Unglück, das uns in den letzten Wochen betroffen hat, seine tiefe, schicksalhafte Bedeutung besitzt. Das große Heldenopfer, das unsere Soldaten in Stalingrad brachten, ist für die ganze Ostfront von einer ausschlaggebenden geschichtlichen Bedeutung gewesen. Es war nicht umsonst. Warum, das wird die Zukunft beweisen. [...]

Es ist verständlich, dass wir bei den groß angelegten Tarnungs- und Bluffmanövern des bolschewistischen Regimes das Kriegspotenzial der Sowjetunion nicht richtig eingeschätzt haben. Erst jetzt offenbart es sich in seiner ganzen wilden Größe. Dementsprechend ist auch der Kampf, den unsere Soldaten zu bestehen haben, über alle menschlichen Vorstellungen hinaus hart, schwer und gefährlich. Er erfordert die Aufbietung unserer ganzen nationalen Kraft. Hier ist eine Bedrohung des Reiches und des europäischen Kontinents gegeben, die alle bisherigen Gefahren des Abendlandes weit in den Schatten stellt. Würden wir in diesem Kampf versagen, so verspielten wir damit überhaupt unsere geschichtliche Mission. [...]

Ich habe heute zu dieser Versammlung nun einen Ausschnitt des deutschen Volkes [...] eingeladen. [...] Ihr also, meine Zuhörer, repräsentiert in diesem Augenblick die Nation. Und an euch möchte ich zehn Fragen richten, die ihr mir mit dem deutschen Volke vor der ganzen Welt, insbesondere aber vor unseren Feinden, die uns auch an ihrem Rundfunk zuhören, beantworten sollt:

[...] Zweitens: Die Engländer behaupten, das deutsche Volk ist des Kampfes müde. Ich frage euch: Seid ihr bereit, mit dem Führer als Phalanx der Heimat hinter der kämpfenden Wehrmacht stehend, diesen Kampf mit wilder Entschlossenheit und unbeirrt durch alle Schicksalsfügungen fortzusetzen, bis der Sieg in unseren Händen ist?

[...] Viertens: Die Engländer behaupten, das deutsche Volk wehrt sich gegen die totalen Kriegsmaßnahmen der Regierung. Es will nicht den totalen Krieg, sondern die Kapitulation. Ich frage euch: Wollt ihr den totalen Krieg? Wollt ihr ihn, wenn nötig, totaler und radikaler, als wir ihn uns heute überhaupt noch vorstellen können?

[…] Fünftens: Die Engländer behaupten, das deutsche Volk hat sein Vertrauen zum Führer verloren. Ich frage euch: Ist euer Vertrauen zum Führer heute größer, gläubiger und unerschütterlicher denn je? Ist eure Bereitschaft, ihm auf allen seinen Wegen zu folgen und alles zu tun, was nötig ist, um den Krieg zum siegreichen Ende zu führen, eine absolute und uneingeschränkte?

[…] Der Führer hat befohlen, wir werden ihm folgen. Wenn wir je treu und unverbrüchlich an den Sieg geglaubt haben, dann in dieser Stunde der nationalen Besinnung und der inneren Aufrichtung. Wir sehen ihn greifbar nahe vor uns liegen; wir müssen nur zufassen. Wir müssen nur die Entschlusskraft aufbringen, alles andere seinem Dienst unterzuordnen. Das ist das Gebot der Stunde. Und darum lautet die Parole: Nun, Volk, steh auf und Sturm brich los!

Zit. nach: www.dhm.de/lemo/html/dokumente/sportpalastrede/index.html (Stand: 26.11.2010).

Darstellungen: Die Rolle der Wehrmacht bei den Kriegsverbrechen

12 Wolfgang Benz zur Verstrickung der Wehrmacht in die Verbrechen des NS-Regimes

Die Forschung zum Nationalsozialismus ist bis heute von immer neuen Erkenntnissen und Diskussionen geprägt. So entbrannte etwa in den 1990er-Jahren eine Debatte über die Rolle der Wehrmacht im Zweiten Weltkrieg. Es ging um die Frage, inwieweit die Wehrmacht an den Verbrechen des NS-Regimes beteiligt gewesen war. Bei M12 und M13 handelt es sich um thesenartig zusammengefasste Beiträge aus der Fachtagung zur Wehrmachtsausstellung in Bremen am 26. Februar 1997. Der Autor von M12 ist der deutsche Historiker Wolfgang Benz (geb. 1941).

Unter dem Eindruck nationalsozialistischer Propaganda waren die Deutschen in ihrer Mehrheit – das gilt für die Wehrmacht wie für die Zivilbevölkerung – überzeugt davon, für eine gute Sache zu kämpfen. Nicht in der Begeisterung des Jahres 1914, aber im Bewusstsein notwendiger Pflichterfüllung, um den Bolschewismus als Weltanschauung in die Knie zu zwingen. Kolonialistische Überzeugungen, das überlegene Bewusstsein als Kulturbringer, die gegenüber minderwertigen Völkern Recht setzen dürfen, waren verbreitet. Beispiele für die Kreuzzugsmentalität finden sich in Feldpostbriefen, und zwar auch bei einfachen Soldaten und Unteroffizieren. Man muss nicht auf die Minderheit fanatischer Nationalsozialisten im Offizierskorps rekurrieren, um die folgenden Beispiele zu finden. Ein Unteroffizier schrieb im Sommer 1941 nach Hause, jetzt habe „die Judenheit uns auf der ganzen Linie", von den „Plutokraten bis zu den Bolschewiken den Krieg erklärt". Alles, was „judenhörig" sei, stehe gegen uns. Ein Gefreiter schrieb Anfang Juli 1941, „nach diesem gotteslästerlichen Land" habe er schon immer gerne ziehen wollen. In anderen Briefen war von „Bestien", von „russischen Horden" die Rede […].

Die Wehrmacht war in die Verbrechen des NS-Staats durch aktive Beteiligung und passive Duldung verstrickt. Die Tatsachen, von der seriösen Geschichtsforschung wie dem Institut für Zeitgeschichte oder dem Militärgeschichtlichen Forschungsamt dokumentiert und interpretiert, müssen zur Kenntnis genommen werden und können nicht als „Diffamierung" aller Wehrmachtsangehörigen abgewiesen und abgetan werden. Zu diesen Tatsachen gehören der Kommissarbefehl, das Mitwissen und die indirekte Mitwirkung am Massaker von Babi Yar[1], bei dem 33 771 Juden vom Sonderkommando 4a der Einsatzgruppe C innerhalb von zwei Tagen Ende September 1941 ermordet wurden. Die Morde fallen nicht der Wehrmacht zur Last, aber in der vorausgehenden Meldung nach Berlin hatte es geheißen: „Exekution von mindestens 50 000 Juden vorgesehen. Wehrmacht begrüßt Maßnahmen und erbittet radikales Vorgehen." Und Pioniere der Wehrmacht sprengten nach den Morden die Schlucht von Babi Yar. Das Schicksal von mehr als 3 Millionen sowjetischen Kriegsgefangenen, die im Gewahrsam der Wehrmacht den Tod fanden, gehört ebenso zur Geschichte der Wehrmacht wie der Partisanenkrieg in Serbien, um nur einige Beispiele zu nennen.

Zit. nach: Hans-Günther Thiele (Hrsg.): Die Wehrmachtsausstellung, Dokumentation einer Kontroverse. Bundeszentrale für politische Bildung. Bonn 1997, S. 30 ff.

1 (➔ s. S. 468 f., M4 und M5)

13 Ernst Rebentisch: „Das nationalsozialistische Gedankengut fand nur bei relativ wenigen Soldaten Zustimmung"

Der Mediziner Ernst Rebentisch (geb. 1920) war als ranghoher Offizier bis 1980 für die Deutsche Bundeswehr und das bundesdeutsche Verteidigungsministerium tätig. Am Zweiten Weltkrieg nahm er als Offizier der Wehrmacht teil.

1. Die Wehrmacht war der Waffenträger und damit das bedeutendste Machtinstrument des – von den Nationalsozialisten regierten – Deutschen Reiches. Wie in jedem wehrhaften Staat unterstanden die Soldaten besonderen Militärgesetzen.

Ergänzt wurden diese durch die auf deutscher Soldatentradition beruhenden Grundsätze der Ehre, Treue, Tapferkeit und Disziplin. Trotz aller Indoktrinationsabsichten fand das nationalsozialistische Gedankengut – vor allem im Heer – nur bei relativ wenigen Zustimmung. Das Offizierkorps blieb weitgehend konservativ zurückhaltend. Dies war auch einer der Gründe für Hitlers permanentes Misstrauen gegenüber Generälen und Generalstabsoffizieren. [...]

3. Hitler hat ohne jeden Zweifel und unabhängig von anderen Kriegszielen die Wehrmacht zu seinem Weltanschauungskrieg gegen die Sowjetunion missbraucht. Sein in Erinnerung an blutige Bürgerkriege und weltrevolutionäre Absichten der Sowjets im In- und Ausland auf viel Verständnis stoßender Aufruf zum „Kreuzzug gegen den Bolschewismus" blieb nicht ohne Wirkung auf die Soldaten.

Zweifellos gab es eine Reihe hochrangiger Generale, die manche Befehle Hitlers noch zusätzlich verschärften, aber die Truppe hatte im Kampf andere Sorgen. Der berüchtigte Befehl, Politkommissare nach ihrer Gefangennahme sofort zu erschießen, wurde nachgewiesenermaßen nur vereinzelt befolgt, überwiegend jedoch abgelehnt und von vielen Truppenführern gar nicht erst bekannt gegeben. Einige weitere, nur mündlich weiterzugebende Befehle, die von einigen Kriegstheoretikern als Freibriefe zum Verüben von Rache- und Gewalttaten ausgelegt werden, haben die Truppe gar nicht erreicht. [...]

8. Jeder anständige Soldat wird sich für eine gründliche und wahrhaftige Untersuchung der im Krieg verübten Verbrechen einsetzen, denn nur so lässt sich eindeutig klären, dass Millionen ehemaliger Soldaten nichts damit zu tun haben. Nicht minder sollten die höchsten militärischen und staatlichen Stellen im staatlichen Interesse auf einer abschließenden, jederzeit nachvollziehbaren Untersuchung der Geschehnisse bis hin zur Nennung von Namen und zur Darlegung der Strafen bestehen. [...]

Selbst in einem Rechtsstaat hat der Verbrecher das Recht, dass ihm vor der Verurteilung die Tat nachgewiesen wird, andernfalls ist er freizusprechen. Solange dies den 19 Millionen ehemaligen deutschen Soldaten verwehrt wird, die befehlgetreu und opferbereit ihre Pflicht für das Vaterland getan haben, darf sich niemand wundern, wenn sich die noch Überlebenden gegen pauschale Diffamierungen zur Wehr setzen. [...]

Zit. nach: Thiele, a. a. O., S. 55 ff.

Arbeitsvorschläge

○○● a) Skizzieren Sie Hitlers Vorbereitungen auf einen Krieg und ihre Auswirkungen auf die deutsche Wirtschaft anhand von M1–M3.

○○●/●●● b) Stellen Sie die Folgen des Kriegs für die Menschen der Sowjetunion anhand von M4–M7 dar und beurteilen Sie, inwiefern man von einem Vernichtungskrieg sprechen kann.

○●● c) Erläutern Sie die verschiedenen Perspektiven auf die Schlacht von Stalingrad in M8–M10. Berücksichtigen Sie die Position der Verfasser bzw. Urheber und den jeweiligen Entstehungskontext der Quellen.

○●●/●●● d) Analysieren Sie Goebbels' Sportpalastrede (M11) im Hinblick auf die Charakterisierung der Deutschen sowie auf seine rhetorischen Überzeugungsstrategien für die Zustimmung seiner Zuhörer zum „totalen Krieg". Beurteilen Sie die Effektivität der Rede anhand von Tonaufzeichnungen, die sich im Internet finden lassen.

○●● e) Stellen Sie die Urteile der Autoren von M12 und M13 über die Rolle der Wehrmacht im Zweiten Weltkrieg, ihre Funktion in der NS-Diktatur und die Verantwortung bzw. Schuld von Offizieren und Soldaten gegenüber.

●●● f) Nehmen Sie dazu Stellung, inwieweit man die Wehrmacht – wie die SS – als verbrecherische Organisation bezeichnen sollte. Begründen Sie Ihre Auffassung mithilfe des Grundwissens und der Materialien M4–M9.

Grundwissen: Der Zweite Weltkrieg

→ 1 - 3 S. 459 f.

Kriegsvorbereitung der deutschen Wirtschaft

Das Reich war wirtschaftlich auf Krieg nur bedingt vorbereitet. Zwar hatte Hitler seit 1933 systematisch aufrüsten lassen und mit dem Vierjahresplan von 1936 die deutsche Wirtschaft auf weitgehende Selbstversorgung mit Rohstoffen umgestellt, doch gelang es nicht, zum Beispiel ausreichende Benzinmengen aus Kohle zu gewinnen. Insbesondere einem längeren Krieg war die deutsche Industrie nicht gewachsen. Nicht zuletzt deshalb entstand Hitlers „Blitzkrieg"-Strategie, also die schnellstmögliche Ausschaltung des Gegners durch einen überraschenden und konzentrierten Vorstoß der eigenen Truppen.

14 Das zerstörte Warschau nach deutschen Luftangriffen
Im Zweiten Weltkrieg wurde erstmals das Flächenbombardement als Mittel der Kriegsführung eingesetzt. Kurz nach Beginn des Kriegs warfen mehr als 1000 Bomber der deutschen Luftwaffe ihre Munition auf die polnische Hauptstadt ab. Foto Ende September 1939.

Erfolge der deutschen Wehrmacht

Am 1. September 1939 überfiel die deutsche Wehrmacht Polen. Diese Aktion weitete sich zu einem sechsjährigen Weltkrieg aus. Im ersten Jahr der Kampfhandlungen konnte Hitlers Armee große militärische Erfolge verbuchen: Dank ihrer überlegenen Panzerverbände und Luftstreitkräfte überrannte die deutsche Wehrmacht von September 1939 bis Juni 1940 in „Blitzkriegen" nacheinander Polen, Dänemark, Norwegen, die Benelux-Länder und Nordfrankreich. Am 22. Juni 1940 unterzeichnete das französische Staatsoberhaupt Philippe Pétain einen Waffenstillstand – im gleichen Eisenbahnwaggon und am gleichen Ort, an dem 1918 der Waffenstillstand von Compiègne geschlossen worden war. Bis Mitte 1941 kämpfte die Wehrmacht zudem zusammen mit Italien auf dem Balkan, in Griechenland sowie in Teilen Nordafrikas.

Erste Rückschläge: Die Angriffe auf England und die Sowjetunion

Die erste Niederlange erlitt Deutschland im Herbst 1940, als es versuchte, die Lufthoheit über England zu gewinnen, um damit eine Invasion auf der Insel zu ermöglichen. Doch in der „Luftschlacht über England" gelang es der Luftwaffe unter ihrem Oberbefehlshaber Hermann Göring weder die britische Abwehr auszuschalten, noch die britische Rüstungsindustrie zu zerstören.
Trotz der Gefahr eines Zweifrontenkriegs ließ Hitler dann am 22. Juni 1941 die Sowjetunion überfallen. In wenigen Monaten gelang es der Wehrmacht, weite Gebiete Russlands zu erobern. Der Angriff hatte jedoch mit einem Monat Verzögerung begonnen – noch dazu mit Sommerausrüstung. Im Winter blieb der Vormarsch vor Leningrad im Norden, Moskau in der Mitte und Rostow im Süden stecken. Die Front wurde gegen die Sowjettruppen, die Rote Armee, mit Mühe gehalten, aber das Blitzkriegkonzept war gescheitert.

Die Anti-Hitler-Koalition und die deutsche Kriegswirtschaft

Noch im September 1940 hatten Deutschland und Italien mit dem Kaiserreich Japan den Dreimächtepakt geschlossen und waren damit ein Bündnis eingegangen, das auch als „Achse Berlin–Rom–Tokio" bezeichnet wurde. Als Japan nun am 7. Dezem-

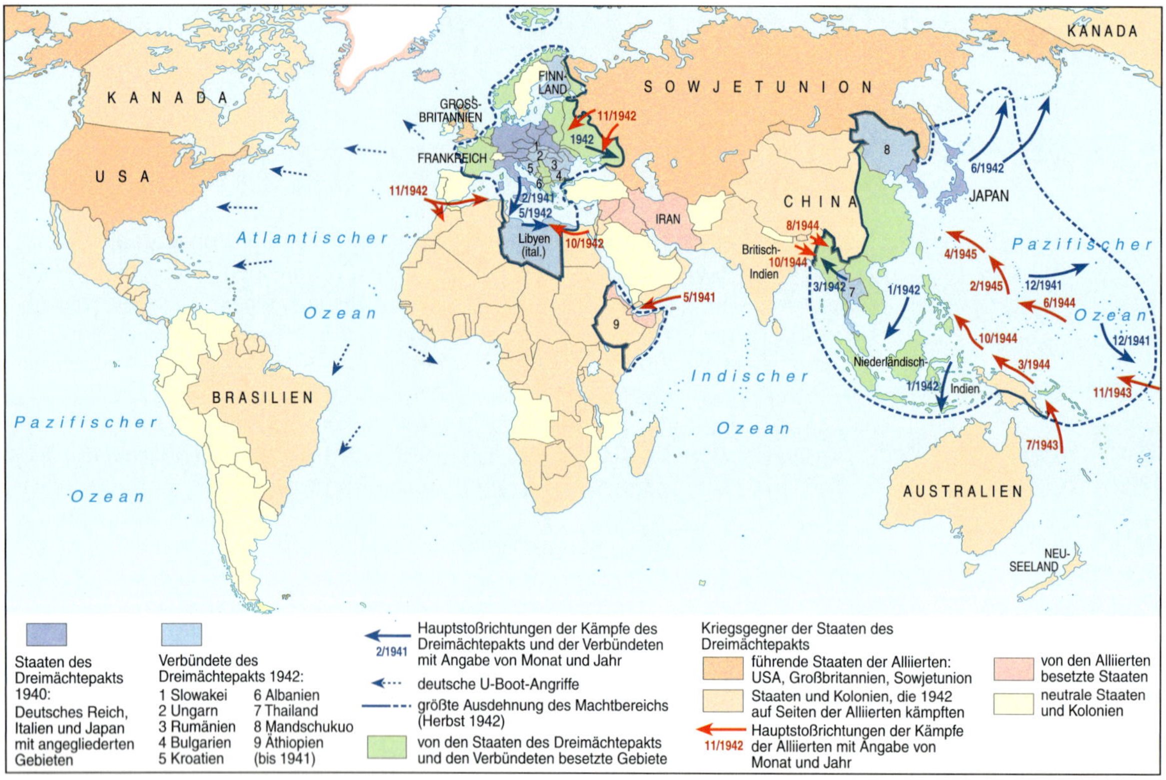

15 Heeresbewegungen im Zweiten Weltkrieg

ber 1941 die US-Flotte in Pearl Harbor (Hawaii) angriff, erklärten Deutschland und Italien ungeachtet der kritischen Lage an der Ostfront den USA den Krieg. Dadurch wurden die USA zum militärischen Alliierten Englands und der Sowjetunion – die Anti-Hitler-Koalition entstand.

Die neue militärische Situation machte auch Änderungen in der deutschen Kriegswirtschaft notwendig. Da Deutschlands Arbeitskräfte nicht mehr ausreichten, mussten Millionen von Kriegsgefangenen, KZ-Insassen und Zwangsarbeitern in Industrie und Landwirtschaft unter zum Teil menschenunwürdigen Bedingungen für die deutsche Kriegswirtschaft arbeiten. Als die deutsche Rüstungskapazität im September 1944 ihren Höhepunkt erreichte, arbeiteten mehr als 7,5 Millionen ausländische Zwangsarbeiter im Deutschen Reich. Den Rüstungswettlauf mit den Alliierten, die über deutlich mehr Rohstoffe und Arbeitskräfte verfügten, konnte Deutschland dennoch nur verlieren.

Unterschiede in der deutschen Kriegführung

→ 4 - 7 S. 460 f.

Die deutschen Kriegsziele und -methoden im Norden und Westen unterschieden sich beträchtlich von denen im Osten. Die nord- und westeuropäischen Länder mit ihren aus nationalsozialistischer Sicht „rassisch verwandten" Völkern wurden aus militärstrategischen und hegemonialpolitischen Gründen besetzt, aber nicht als künftige Siedlungsgebiete für das deutsche Volk.

Dagegen ließ Hitler in Osteuropa von Anfang an einen unbarmherzigen Rassen-, Weltanschauungs- und „Lebensraum"-Krieg führen. Die besetzten Gebiete wurden wirtschaftlich rücksichtslos ausgeplündert, um die Versorgung sowohl der Wehrmacht als auch der „Heimat" sicherzustellen. Weite Teile Russlands waren für eine deutsche Besiedlung („Germanisierung") vorgesehen. Sämtliche Juden sollten ermordet, die „rassisch minderwertige" slawische Bevölkerung durch Lebensmittelentzug, Zwangsarbeit und Vertreibung hinter den Ural dezimiert werden.

„Saubere" Wehrmacht?

Nach dem Krieg verbreitete sich die Legende, dass die Wehrmacht keine systematischen Kriegsverbrechen begangen habe – für das grausame Vorgehen gegen die Zivilbevölkerung in den Kriegsgebieten sei vor allem die Waffen-SS zur Verantwortung zu ziehen, also die militärischen Verbände von Himmlers SS. Die historische Forschung der letzten Jahre konnte aber beweisen, dass die Legende falsch ist, die Wehrmacht blieb in diesem Krieg nicht „sauber". Ein am 6. Juni 1941 ausgearbeiteter Truppenbefehl sah etwa vor, politische Kommissare der Roten Armee völkerrechtswidrig „sofort mit der Waffe zu erledigen" („Kommissarbefehl"). Übergriffe einzelner Wehrmachtssoldaten auf Zivilisten sollten im Regelfall straffrei bleiben. Partisanenanschläge wurden mit willkürlichen Massenerschießungen von Zivilisten beantwortet. In Kriegsgefangenenlagern der Wehrmacht sind mehr als drei Millionen Rotarmisten verhungert und verdurstet, erfroren oder an Seuchen gestorben – sie galten ja nicht als „Kameraden", sondern als „Untermenschen". Ohne die militärischen Eroberungen wäre auch die Ermordung der europäischen Juden (➔ s. Kap. 9.7) durch mobile Einsatzgruppen – für die Wehrmachtseinheiten Hilfsdienste leisteten – und in Vernichtungslagern nicht möglich gewesen.

Die Alliierten gewinnen die Oberhand

Seit März 1942 führten die britische und die US-amerikanische Luftwaffe von England aus einen Bombenkrieg gegen deutsche Städte, Industrieanlagen und Verkehrsverbindungen. Die Oberhand gewannen die Alliierten endgültig mit der Niederlage des deutschen Afrikakorps in Ägypten im November 1942 und der Niederlage der 6. Armee im russischen Stalingrad Anfang Februar 1943. Die Wehrmacht geriet an allen Fronten in die Defensive und wurde zum Rückzug gezwungen. Mit ihrer Landung auf Sizilien im Juli 1943 lösten die Alliierten Mussolinis Sturz aus – Italien schloss einen Waffenstillstand, woraufhin Oberitalien als „besetzter Verbündeter" unter deutsche Gewaltherrschaft geriet. Im Juni 1944 landeten die Alliierten in der Normandie und befreiten Frankreich; im September erreichten sie die deutsche Westgrenze. Parallel dazu vertrieb die sowjetische Armee die Wehrmacht aus Russland und Osteuropa; im Januar 1945 begann ihre Offensive gegen das Reichsgebiet. Schließlich endete der Krieg mit der totalen militärischen Niederlage und der alliierten Besetzung des Reichsgebiets. Hitler beging am 30. April 1945 Selbstmord. Sein Nachfolger Admiral Dönitz ließ die Wehrmacht am 7./8. Mai 1945 bedingungslos kapitulieren. Doch im Pazifik ging der Krieg noch weiter. Anfang August vernichteten die USA mit der eben erst entwickelten Atombombe die japanischen Städte Hiroshima und Nagasaki. Japan kapitulierte daraufhin am 2. September 1945. Der Krieg, der etwa 55 Millionen Menschen das Leben gekostet hatte, war vorbei.

16 Der Atompilz über Nagasaki
Nach Hiroshima wurde am 9. August 1945 die japanische Stadt Nagasaki von einer Atombombe zerstört. Das Foto wurde aus einem Bomber der US Army Air Forces aufgenommen.

9.7 Der Völkermord an den europäischen Juden

A) Welche Maßnahmen wurden zum gesellschaftlichen Ausschluss und zum Völkermord an den europäischen Juden getroffen? Wer war aus welchen Motiven an diesen Maßnahmen beteiligt?
B) Wie verhielt sich die deutsche Bevölkerung zum Völkermord und welche Erklärungen gibt es dafür?
C) Welche anderen Opfergruppen des NS-Regimes lassen sich identifizieren?

Hitler und Goebbels über die Judenvernichtung

1 Hitler 1939: „Die Vernichtung der jüdischen Rasse"

Die organisierte Ermordung von Juden gehörte bis Ende der 1930er-Jahre nicht zum politischen Programm der Nationalsozialisten. Aus der Reichstagsrede Hitlers vom 30.1.1939:

Die Völker werden in kurzer Zeit erkennen, dass das nationalsozialistische Deutschland keine Feindschaft mit anderen Völkern will, dass alle die Behauptungen über Angriffsabsichten unseres Volkes auf fremde Völker entweder aus krankhafter Hysterie geborene oder aus der persönlichen Selbsterhaltungssucht einzelner Politiker entstandene Lügen sind. [...] Ich will heute wieder ein Prophet sein: Wenn es dem internationalen Finanzjudentum inner- und außerhalb Europas gelingen sollte, die Völker noch einmal in einen Weltkrieg zu stürzen, dann würde das Ergebnis nicht die Bolschewierung der Erde und damit der Sieg des Judentums sein, sondern die Vernichtung der jüdischen Rasse in Europa.

Zit. nach: Wolfgang Michalka (Hrsg.): Das Dritte Reich. Bd. 1: „Volksgemeinschaft" und Großmachtpolitik 1933–1939. München 1985, S. 266 f.

2 Hitler 1941: „Das Judentum ausrotten"

Hitler am 25. Oktober 1941 zu SS-Führer Heinrich Himmler und Reinhard Heydrich, dem Leiter des RSHA:

Vor dem Reichstag habe ich dem Judentum prophezeit, der Jude werde aus Europa verschwinden, wenn der Krieg nicht vermieden bleibt. Diese Verbrecherrasse hat die zwei Millionen Toten des Weltkrieges auf dem Gewissen, jetzt wieder Hunderttausende. Sage mir keiner: Wir können sie doch nicht in den Morast schicken! [...] Es ist gut, wenn uns der Schrecken vorangeht, dass wir das Judentum ausrotten.

Zit. nach: Werner Jochmann (Hrsg.): Adolf Hitler. Monologe im Führerhauptquartier 1941–1944. München 1982, S. 106.

3 Goebbels 1942: „60 % müssen liquidiert werden"

Ende 1941 begann die fabrikmäßige Ermordung der europäischen Juden mit Gas. Tagebucheintrag von Joseph Goebbels vom 27. März 1942:

Aus dem Generalgouvernement[1] werden jetzt, bei Lublin[2] beginnend, die Juden nach dem Osten abgeschoben. Es wird hier ein ziemlich barbarisches und nicht näher zu beschreibendes Verfahren angewandt, und von den Juden selbst bleibt nicht mehr viel übrig. Im Großen kann man wohl feststellen, dass 60 % davon liquidiert werden müssen, während nur noch 40 % in der Arbeit eingesetzt werden können. Der ehemalige Gauleiter von Wien, der diese Aktion durchführt, tut das mit ziemlicher Umsicht und auch mit einem Verfahren, das nicht allzu auffällig wirkt. An den Juden wird ein Strafgericht vollzogen, das zwar barbarisch ist, das sie aber vollauf verdient haben. Die Prophezeiung, die der Führer ihnen für die Herbeiführung eines neuen Weltkriegs mit auf den Weg gegeben hat, beginnt sich in der furchtbarsten Weise zu verwirklichen. Man darf in diesen Dingen keine Sentimentalität obwalten lassen.

Zit. nach: Kurt Pätzold (Hrsg.): Verfolgung, Vertreibung, Vernichtung. Dokumente des faschistischen Antisemitismus. O. O. 1991, S. 347 f.

1 Generalgouvernement: Nationalsozialistische Bezeichnung für den besetzten, aber nicht ins Reichsgebiet aufgenommenen Teil Ostpolens. (➔ s. Karte M7, S. 470)
2 Lublin: Stadt im Osten Polens

Erschießungen durch Einsatzgruppen: Das Massaker von Babi Yar

4 Die Ereignismeldung UdSSR Nr. 106, 7.10.1941

Die Ermordung der sowjetischen Juden wurde in den „Ereignismeldungen UdSSR" von den Tätern der „Einsatzgruppen" schriftlich dokumentiert. Zur Zeit des im Folgenden beschriebenen Ereignisses, des „Massakers von Babi Yar" (Babi Yar ist eine Schlucht im ukrainischen Kiew), wurden die Opfer erschossen, da sich der fabrikmäßige Massenmord mit Gas noch nicht durchgesetzt hatte.

[...] II. Exekutionen und sonstige Maßnahmen
In Vereinbarung mit dem Stadtkommandanten [wurden] sämtliche Juden Kiews aufgefordert, sich am Montag, dem 29.09., bis 6.00 Uhr an einem bestimmten Platz einzufinden. Diese Aufrufe wurden durch die Angehörigen der aufgestellten ukrainischen Miliz in der ganzen Stadt

angeschlagen. Gleichzeitig wurde mündlich bekannt gegeben, dass sämtliche Juden umgesiedelt würden. In Zusammenarbeit mit dem Gruppenstab und 2 Kommandos des Polizei-Regiments Süd hat das Sonderkommando 4a [der Einsatzgruppe C] am 29. und 30.09. 33771 Juden exekutiert. Geld, Wertsachen, Wäsche und Kleidungsstücke wurden sichergestellt und zum Teil der NSV[1] zur Ausrüstung der Volksdeutschen, zum Teil der kommissarischen Stadtverwaltung zur Überlassung an bedürftige Bevölkerung übergeben. Die Aktion selbst ist reibungslos verlaufen. Irgendwelche Zwischenfälle haben sich nicht ergeben. [...]

Zit. nach: Peter Longerich (Hrsg.): Die Ermordung der europäischen Juden. Eine umfassende Dokumentation des Holocaust 1941–1945. München/Zürich 1989, S. 121.

1 NSV: Nationalsozialistische Volkswohlfahrt

5 Bericht einer Überlebenden

25 Jahre nach dem Massaker von Babi Yar berichtete die Überlebende Dina M. Proniceva:

Als wir uns dem Sammelplatz näherten, erblickten wir die Umzingelung aus deutschen Soldaten und Offizieren. Mit diesen befanden sich auch Polizisten dort. Auf dem Friedhofsgelände nahmen die Deutschen uns und den anderen Bürgern das Gepäck und die Wertsachen ab und leiteten uns in Gruppen zu je 40–50 Menschen in einen sogenannten „Korridor" von etwa drei Metern Breite, der von Deutschen gebildet wurde, die zu beiden Seiten mit Stöcken, Gummiknüppeln und Hunden dicht beieinander standen.

[...] Man führte uns zu einem Vorsprung über der Schlucht und begann, uns mit Maschinenpistolen zu erschießen. Die vorn Stehenden fielen in die Schlucht, und als die Reihe an mich kam, stürzte ich mich lebendig in die Schlucht. Es kam mir so vor, als ob ich in die Ewigkeit fliegen würde. Ich fiel auf menschliche Leichen, die sich dort in blutiger Masse befanden. Von diesen Opfern erklang Stöhnen, viele Menschen bewegten sich noch, sie waren nur verwundet. Hier gingen auch Deutsche und Polizisten umher, die die noch Lebenden erschossen oder totschlugen. Dieses Schicksal erwartete auch mich. Irgendeiner von den Polizisten oder Deutschen drehte mich mit dem Fuß um, sodass ich mit dem Gesicht nach oben lag, er trat mir auf die Hand und auf die Brust, danach gingen sie weiter und schossen irgendwo weiter hinten.

Danach begannen sie, die Leichen von oben mit Erde und Sand zuzuschütten. Ich bekam keine Luft mehr, befreite mich mit einer Hand von der Erde und kroch zum Rand der Schlucht. In der Nacht kroch ich aus der Schlucht heraus [...].

Zit. nach: Longerich, a. a. O., S. 125 f.

Die Ermordung in Gaskammern

6 Erinnerungen des Kommandanten von Auschwitz

Seit Oktober 1941 wurden Juden systematisch deportiert. Ab Dezember 1941 wurden die Juden in Vernichtungslagern mit Motorabgasen oder Giftgas ermordet. Das größte Vernichtungslager war Auschwitz. Dessen Kommandant Rudolf Höß (1900–1947) schrieb 1947:

Es kamen nun im Frühjahr 1942 die ersten Judentransporte aus Oberschlesien, die alle zu vernichten waren. Sie wurden nach dem Bauerngehöft – Bunker I – von der Rampe über die Wiesen des späteren Bauabschnitts II geführt. Aumeier, Palitzsch und noch einige Blockführer führten sie und unterhielten sich mit ihnen möglichst harmlos, frugen nach Berufen und Kenntnissen, um so zu täuschen. Am Gehöft angekommen, mussten sie sich ausziehen. Sie gingen auch zuerst ganz ruhig in die Räume, wo sie desinfiziert werden sollten. Bis dann einige doch stutzig wurden und von Ersticken, von Vernichten sprachen. Es entstand dann sofort eine Art Panik. Doch schnell wurden die noch draußen Stehenden in die Kammern hineingetrieben und [die Türen] zugeschraubt. Bei den nächsten Transporten wurde von vornherein nach den unruhigen Geistern gefahndet und diese nicht aus den Augen gelassen. Machte sich Unruhe bemerkbar, so wurden die Unruheverbreiter unauffällig hinter das Haus geführt und dort mit dem Kleinkalibergewehr getötet [...]. Auch das Vorhandensein des Sonderkommandos[1] und dessen beruhigendes Verhalten besänftigte die Unruhigen, die Ahnenden. Weiterhin wirkte beruhigend, dass einige vom Sonderkommando mit in die Räume hineingingen und bis zum letzten Moment darin blieben, ebenso blieb bis zuletzt ein SS-Mann unter der Türe stehen. Wichtig war vor allen Dingen, dass bei dem ganzen Vorgang des Ankommens und Entkleidens möglichst größte Ruhe herrschte. [...] Mit gutem Zureden wurden auch Widerspenstige besänftigt und ausgezogen. Die Häftlinge des Sonderkommandos sorgten auch dafür, dass der Vorgang des Entkleidens schnell vor sich ging, damit den Opfern nicht lange Zeit zu Überlegungen blieb. Überhaupt war die eifrige Mithilfe der Sonderkommandos bei dem Entkleiden und dem Hineinführen in die Gaskammern doch eigenartig. Nie habe ich erlebt, habe auch nie davon gehört, dass sie den zu Vergasenden auch nur das Geringste von dem ihnen Bevorstehenden sagten. Im Gegenteil, sie versuchten alles, um sie zu täuschen, vor allem die Ahnenden zu beruhigen.

Zit. nach: Raul Hilberg: Die Vernichtung der europäischen Juden. Bd. 3. Frankfurt/M. 1993, S. 1300.

1 Die „Sonderkommandos" bestanden aus Juden meistens mit der Nationalität, der auch die zu ermordenden Juden angehörten. Auch die Mitglieder der Sonderkommandos wurden später ermordet.

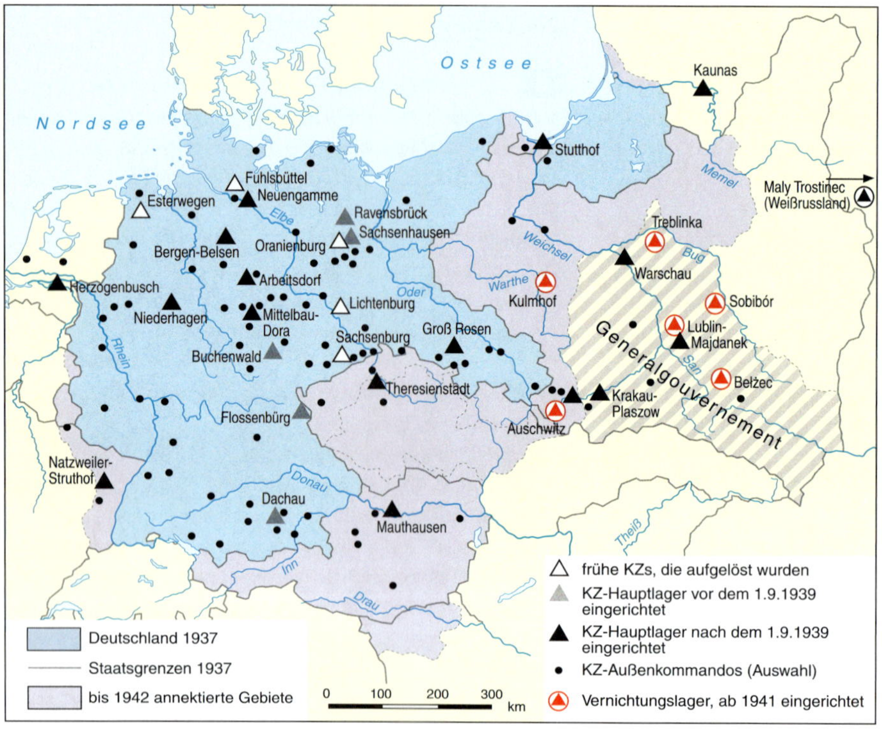

7 Das System der Konzentrationslager

Die Karte bildet die Konzentrations-Hauptlager und die Vernichtungslager nach den Forschungsergebnissen der Historikerin Gudrun Schwarz[1] ab. Nicht verzeichnet sind die meisten der vielen Hundert Nebenlager, die den einzelnen Haupt- und den Vernichtungslagern angegliedert waren.

1 Gudrun Schwarz: Die nationalsozialistischen Lager. Frankfurt/M. 1996, S. 6 ff.

8 Was konnte ein normaler Deutscher wissen?

Der Techniker Karl Dürkefälden (1902–1964) informierte sich aus Zeitung, Rundfunk und über alltägliche Gespräche mit Verwandten und Kollegen:

Für den 30. August 1942 hatte sich die [hannoversche] Gartengemeinschaft, der meine Schwiegereltern angehören, verpflichtet, Verwundete einzuladen und Kuchen und dergleichen zu verabreichen. Bei dieser Gelegenheit sagte der Verwundete, der bei meiner Schwiegermutter war: „Wir haben in Russland Zehntausende Juden umgelegt." […] An allen Stellen, wo Deutsche hinkamen, ist mit den Juden grausam umgegangen [worden]. So hörte ich, dass bei dem Einrücken der deutschen Soldaten in Weißrussland Tausende von Juden zusammengeschossen wurden. Auch bei dem Vormarsch 1942 in Südrussland wurde weiter gewütet. […]

Als ich am 26. Juli 1942 in Bornhausen war, konnte die alte Tante Rollwage nicht darüber zur Ruhe kommen, dass man in einem Nachbarorte eine 81- oder 83-jährige Jüdin fortgeholt hatte. Die Jüdin war arisch verheiratet. Sie flehte den Landjäger an, sie könne doch wirklich niemandem mehr etwas zuleide tun. Der Gendarm gehorchte jedoch dem Befehl.

Zit. nach: Sibylle Obenaus/Herbert Obenaus (Hrsg.): Schreiben, wie es wirklich war! Aufzeichnungen Karl Dürkefäldens aus den Jahren 1933–1945. Hannover 1985, S. 107–126.

Darstellungen: Erklärungen für den Holocaust

9 „Volksgemeinschaft" und „Herrenmenschenrasse"

In der wissenschaftlichen Diskussion existieren zahlreiche Erklärungsmodelle für die Frage, warum der Holocaust stattfinden konnte. Dazu der Sozialpsychologe Harald Welzer:

So ist es psychologisch kein Wunder, dass die praktische Umsetzung der Theorie von der Herrenmenschenrasse äußerst zustimmungsfähig war. Vor dem Hintergrund dieser in Gesetze und Maßnahmen gegossenen Theorie konnte sich noch jeder sozial deklassierte, ungelernte Arbeiter ideell jedem jüdischen Schriftsteller, Schauspieler oder Geschäftsmann überlegen fühlen, zumal dann, wenn der gesellschaftliche Prozess die faktische soziale und materielle Deklassierung der Juden durchsetzte. Die Aufwertung, die der Volksgenosse auf diese Weise erfuhr, bestand auch im Gefühl einer relativ verringerten sozialen Gefährdung – einem ganz neuen Lebensgefühl in einer exklusiven Volksgemeinschaft, zu der man nach den wissenschaftlichen Gesetzen der Rassenauslese unabänderlich gehörte und zu der die anderen genauso unabänderlich niemals gehören konnten.

Während es den einen zunehmend schlechter ging, fühlten sich die anderen immer besser. Das nationalsozialistische Projekt bot ja nicht nur eine glanzvoll ausgemalte Zukunft, sondern auch ganz handfeste Gegenwartsvorteile wie zum Beispiel exzellente Karrierechancen. Der Nationalsozialismus hatte eine extrem junge Führungselite, und nicht wenige gerade der jüngeren Volksgenossinnen und -genossen konnten große persönliche Hoffnungen mit dem Siegeszug der „arischen Rasse“ verbinden. Vor diesem Hintergrund ist die enorme Freisetzung von individueller und kollektiver Energie zu verstehen, die diese Gesellschaft kennzeichnete.

Seine psychosoziale Durchschlagskraft bezog das nationalsozialistische Projekt aus der unmittelbaren Umsetzung seiner ideologischen Postulate in eine greif- und fühlbare Wirklichkeit, und Interviews mit ehemaligen Volksgenossinnen und -genossen legen bis heute Zeugnis ab von der psychosozialen Attraktivität und emotionalen Bindungskraft dieses Ein- und Ausschließungsprozesses. Nicht umsonst besteht bis heute weitgehende Übereinstimmung unter den Zeitgenossen, dass das „Dritte Reich“ mindestens bis zum Russlandfeldzug als „schöne Zeit“ zu beschreiben sei; bei vielen geht diese Zuordnung auch noch bis weit in den Krieg hinein. Ausgrenzung, Verfolgung und Beraubung der Anderen wurden kategorial nicht als solche erlebt, weil diese Anderen per definitionem gar nicht mehr dazugehörten und ihre antisoziale Behandlung den Binnenbereich der Moralität und Sozialität der Volksgemeinschaft nicht mehr berührte.

Harald Welzer: Die Deutschen und ihr „Drittes Reich“. In: Aus Politik und Zeitgeschichte 14–15/2007, S. 25.

10 „Eliminatorischer“ Antisemitismus der Deutschen

Mit seinem Buch „Hitlers willige Vollstrecker“ löste der US-amerikanische Politologe Daniel Jonah Goldhagen 1996 eine kontrovers geführte Debatte aus:

Bereits lange vor dem Machtantritt der Nationalsozialisten in Deutschland [hatte sich] eine bösartige und gewalttätige „eliminatorische“, also auf Ausgrenzung, Ausschaltung und Beseitigung gerichtete Variante des Antisemitismus durchgesetzt [...], die den Ausschluss des jüdischen Einflusses, ja der Juden selbst aus der deutschen Gesellschaft forderte. Als die Nationalsozialisten schließlich die Macht übernommen hatten, fanden sie sich an der Spitze einer Gesellschaft wieder, in der Auffassungen über die Juden vorherrschten, die sich leicht für die extremste Form der „Beseitigung“ mobilisieren ließen. [...]

1. Seit Beginn des neunzehnten Jahrhunderts war der Antisemitismus in Deutschland allgegenwärtig und gehörte zum allgemeinen Wertekanon. 2. Die Beschäftigung mit den Juden hatte Züge von Besessenheit. 3. Die Juden galten zunehmend als Verkörperung und Symbol für alles, was die deutsche Gesellschaft für schlecht hielt. 4. Juden wurden für böswillig, mächtig, ja sogar für die Hauptursache aller Übel gehalten, die Deutschland bedrohten, und daher sah man in ihnen eine Gefahr für das Wohlergehen der Deutschen. Moderne deutsche Antisemiten glaubten im Unterschied zu ihren mittelalterlichen Vorläufern, dass ohne die Vernichtung der Juden auf der Welt kein Frieden möglich sei. 5. Dieses kulturelle Modell der zweiten Hälfte des neunzehnten Jahrhunderts verband sich mit dem Konzept der „Rasse“. 6. Die rassistische Variante des Antisemitismus war nicht nur in ihrer Vorstellungswelt ungewöhnlich gewalttätig, sie tendierte auch zur Anwendung von Gewalt. 7. Es entsprach ihrer Logik, für die Ausschaltung der Juden mit allen notwendigen und im Rahmen der herrschenden sittlichen Schranken möglichen Mitteln einzutreten. [...].

Daniel J. Goldhagen: Hitlers willige Vollstrecker. Ganz gewöhnliche Deutsche und der Holocaust. Berlin 1996, S. 39, 103 f. Übers.: Klaus Kochmann.

Arbeitsvorschläge

○●● a) Vergleichen Sie die Aussagen in M1–M3 a) über den Zusammenhang zwischen Krieg und Judentum und b) über das Schicksal der europäischen Juden im Kriegsfall. Berücksichtigen Sie den jeweiligen Adressaten und das Datum der Quelle.

●●● b) Zahlreiche Deutsche behaupteten nach 1945, nicht gewusst zu haben, was mit den Juden geschah. Der britische Publizist David Irving vertritt heute die These, Hitler habe von der Vernichtung der Juden nichts gewusst. Nehmen Sie zu beiden Behauptungen auf der Basis von M1–M3 sowie M7 und M8 Stellung.

○●●/●●● c) Charakterisieren Sie den Ablauf sowie die Tätergruppen und ihre Beteiligung a) am Massaker von Babi Yar und b) an der Ermordung der Juden in Auschwitz. Nehmen Sie Stellung zum Verhalten der Sonderkommandos. (M4–M6)

○●●/●●● d) Erarbeiten Sie aus M9 und M10 die Erklärungsversuche der Autoren für die Frage, warum der Holocaust stattfinden konnte. Informieren Sie sich über weitere Erklärungsversuche. Nehmen Sie Stellung zu den Thesen.

Grundwissen: Der Völkermord an den europäischen Juden

Antisemitische Maßnahmen vor 1938

Ein wesentlicher Bestandteil der nationalsozialistischen Diktatur war der Antisemitismus, der seinen katastrophalen Höhepunkt im Holocaust (griech.: „vollständig verbrannt"), der Ermordung von über fünf Millionen europäischen Juden bis 1945, erlebte. Bis Ende der 1930er-Jahre gehörte die organisierte Ermordung von Juden aus rassistischen Motiven jedoch nicht zum politischen Programm der Nationalsozialisten. Trotzdem fanden schon in den ersten Monaten nach Hitlers Regierungsantritt antisemitische Ausschreitungen statt:
Erster Höhepunkt des nationalsozialistischen Antisemitismus war der „Judenboykott" am 1. April 1933, bei dem für einen Tag lang dazu aufgerufen wurde, jüdische Geschäfte, Anwälte und Ärzte zu meiden. Mit dem „Gesetz zur Wiederherstellung des Berufsbeamtentums" (7. April 1933) und dem „Kulturkammergesetz" (22. September 1933) wurde Juden eine Beschäftigung im öffentlichen Dienst sowie in Presse, Funk, Film und Theater verboten. 1935 wurden an Ortseingängen und Geschäften Schilder mit der Aufschrift „Juden unerwünscht" aufgestellt. Am 15. September 1935 wurden die Nürnberger Gesetze verabschiedet, die unter anderem Eheschließungen und außerehelichen Geschlechtsverkehr zwischen Juden und „Ariern" unter Strafe stellten. Juden wurde das Zeigen der Reichsflagge verboten, außerdem wurde ihnen die deutsche Staatsangehörigkeit aberkannt. 1938 wurden die Vermögenswerte der Juden erfasst. Im selben Jahr wurden die sogenannten „jüdischen Vornamen" eingeführt: Männliche Juden mussten neben ihrem eigentlichen Vornamen auch den Namen Israel, weibliche Juden den Namen Sara führen.

Der 9. November 1938: Die Reichspogromnacht

Am 7. November 1938 verübte der deutsche Jude Herschel Grynszpan ein Attentat auf ein Mitglied der deutschen Botschaft in Paris. Als Antwort auf den Tod des Diplomaten organisierten SA und SS vom 9. auf den 10. November Pogrome. Während der „Reichspogromnacht" wurden jüdische Geschäfte geplündert und mehr als die Hälfte aller jüdischen Gotteshäuser in Deutschland und Österreich zerstört. Über

11 Vor dem Brand
Angehörige der SS zwingen jüdische Gemeindemitglieder, auf dem Almemor, von dem die Thora verlesen wird, aus Hitlers „Mein Kampf" vorzulesen, bevor die Synagoge von Baden-Baden angezündet wird. Foto vom 9. November 1938, Fotograf unbekannt.

30 000 Juden wurden in Konzentrationslagern inhaftiert, laut offizieller Zählung 91 ermordet. Außerdem wurde den Juden für die an ihrem Eigentum verursachten Schäden ein Bußgeld von einer Milliarde Reichsmark auferlegt. Die nicht jüdische Bevölkerung Deutschlands reagierte auf die Pogrome weitestgehend nicht.

Reinhard Heydrich (1904–1942)
SS-Obergruppenführer, Leiter des Reichssicherheitshauptamts (RSHA), Stellvertretender Reichsprotektor von Böhmen und Mähren. Undatiertes Foto.

Adolf Eichmann (1906–1962)
SS-Obersturmbannführer, Leiter des „Judenreferats" des RSHA. Undatiertes Foto.

Die Planung für eine „Lösung der Judenfrage"

Seit Kriegsbeginn stellte sich für das NS-Regime zunehmend das Problem, dass durch die Besetzung großer Teile Europas Millionen europäischer Juden in ihren Herrschaftsbereich gerieten. Dies veranlasste den Leiter des ➔Reichssicherheitshauptamts (RSHA), Reinhard Heydrich, und den Leiter des dortigen ➔„Judenreferats", Adolf Eichmann, zu Planungen für eine „Lösung der ➔Judenfrage". Drei Entwicklungsstufen dieser Planungen lassen sich unterscheiden:

1. Ab September 1939 begingen die der Wehrmacht folgenden ➔Einsatzgruppen der ➔Sicherheitspolizei und des ➔Sicherheitsdienstes (SD), zum Teil auch der Ordnungspolizei, in Polen Massenmorde an Juden und Intellektuellen. Gleichzeitig wurden circa 90 000 Juden deportiert und in Lagern und Gettos untergebracht.
2. Ab Sommer 1940 verlangten die größer werdenden Unterbringungs-, Bewachungs- und Versorgungsprobleme in den polnischen Gettos und Lagern eine wie auch immer geartete Lösung. Bürokraten in der Kanzlei des Führers und im RSHA sowie SS-Führer in Polen suchten nach Mordmöglichkeiten, die effektiver waren und das Tötungspersonal psychisch weniger belasteten als blutige Massenerschießungen. Dabei knüpften sie an Erfahrungen mit stationären Gaskammern und Gaswagen an, in denen seit April bei der sogenannten ➔„Aktion T4" 120 000 Geisteskranke und Behinderte mit Motorabgasen umgebracht wurden.
3. Im Frühjahr 1941 traten die Vorbereitungen für den Vernichtungskrieg gegen die Sowjetunion in ihr entscheidendes Stadium. Sofort nach dem Überfall vom 22. Juni 1941 begann die Erschießung der sowjetischen Juden, der innerhalb von drei Jahren etwa eine Million Menschen zum Opfer fielen. Ende Juli erhielt Heydrich die Vollmacht zur Erarbeitung einer „Gesamtlösung der Judenfrage im deutschen Einflussgebiet in Europa". Ab November durften deutsche Juden nicht mehr ausreisen und mussten den ➔Judenstern tragen, um leichter identifiziert werden zu können; im Generalgouvernement (➔ **s. Karte M7, S. 470**) begann der Bau der Vernichtungslager Bełżec, Sobibór und Treblinka. Am 12. Dezember 1941 – nach dem Kriegseintritt der USA – wiederholte Hitler in einer Rede erneut seine „Prophezeiung", eine Ausweitung des Kriegs zum Weltkrieg sei die Schuld der Juden und werde zu ihrer Vernichtung führen. Spätestens jetzt muss die Ermordung aller Juden im deutschen Herrschaftsbereich – sprachlich als ➔„Endlösung" getarnt – in der NS-Führung beschlossene Sache gewesen sein.

Die organisatorische Umsetzung der „Endlösung"

Im Januar 1942 stellte Heydrich auf der ➔Wannsee-Konferenz die organisatorischen Weichen für die „Endlösung". An der Organisation waren zahlreiche Behörden und Betriebe beteiligt: neben dem SS-Apparat als zentraler Planungs- und Durchführungsinstitution die Oberkommandos der Wehrmacht und des Heeres sowie einzelne Wehrmachtseinheiten (Hilfsdienste für die Einsatzgruppen), das Verkehrsministerium (Sonderzüge für die Deportationen), das Auswärtige Amt (Verhandlungen über die Ermordung der Juden aus verbündeten Staaten und Satellitenstaaten), das Justizministerium (antijüdische Gesetze, Überstellung jüdischer Gefängnisinsassen an die SS), das Propagandaministerium (antijüdische Berichterstattung, Verschleierung der „Endlösung"), die Kanzlei des Führers (technische Konstruktion von Gaswagen) und Industriebetriebe (Lieferung des Giftgases Zyklon B, der Gaskammern, Krematorien und von Barackenteilen).

12 Selektion ungarischer Juden auf dem Bahnsteig des Vernichtungslagers Auschwitz-Birkenau
Links im Bild die Dächer der Güterwaggons der Deutschen Reichsbahn. Foto von 1944, Fotograf unbekannt.

→ 6 S. 469

Das Konzentrations- und Vernichtungslager Auschwitz

Als Inbegriff des bürokratisch geplanten und quasi industriell durchgeführten Judenmords gilt das Konzentrations- und Vernichtungslager Auschwitz. Ab Juni 1940 wurde es nahe der südpolnischen Stadt Oświęcim errichtet und bestand bis Ende 1943 aus drei Lagern: Auschwitz I, das Stammlager mit 20 000 Zwangsarbeitern für nahe gelegene SS-eigene Betriebe. Auschwitz II (Birkenau) war die eigentliche Todesfabrik. Auschwitz III (Monowitz) war ein Arbeitslager.

Bis November 1944 wurden in Birkenau 1 bis 1,5 Millionen Menschen ermordet. Direkt bei ihrer Ankunft im Lager wurden die Neuankömmlinge „selektiert": „Arbeitsunfähige" Männer und Frauen sowie Kinder kamen sofort ins Gas, die übrigen wurden zur Zwangsarbeit eingesetzt. Manche wurden von SS-Ärzten wie Josef Mengele zu medizinischen Experimenten missbraucht.

Josef Mengele (1911–1979)
KZ-Arzt in Auschwitz-Birkenau (1943–1945), als „Todesengel von Auschwitz" bezeichnet. Undatiertes Foto.

Im Lager gab es jüdische Sonderkommandos, die von SS-Leuten bewacht wurden. Sie mussten die Toten aus den Gaskammern herausholen, ihnen die Goldzähne herausbrechen, den Frauen das Haar abschneiden – daraus entstanden unter anderem Socken für U-Boot-Fahrer –, die Leichen verbrennen und die Gaskammern reinigen. Dafür erhielten sie kleine Vergünstigungen, bis auch sie nach einigen Monaten ausgetauscht und vergast wurden.

Kleidung und Habseligkeiten der Toten wurden gesammelt und unter anderen an ausgebombte Deutsche und Umsiedler verteilt; Geld, Wertsachen und Zahngold erhielt die Reichsbank. Doch die wirtschaftliche Nutzung der „Endlösung" war nur zweitrangig, ja, sie behinderte die Kriegführung des Deutschen Reichs sogar, indem sie Personal und Transportkapazitäten band. In erster Linie lag der Ermordung von mehr als fünf Millionen europäischen Juden die fanatische Rassenideologie der Nationalsozialisten zugrunde.

Weitere Opfer des NS-Regimes

Zu den Opfern der Nationalsozialisten zählten neben den Juden auch bis zu 500 000 Roma sowie Angehörige slawischer Völker, vor allem Polen, Tschechen und Russen, die in der NS-Klassifikation alle als „Untermenschen" galten. Obwohl nicht zu den rassistisch definierten „Untermenschen" zählend, wurden Homosexuelle ähnlich wie diese behandelt. Eine weitere Opfergruppe waren die sogenannten „Bibelforscher", Angehörige der Zeugen Jehovas, die wegen ihrer konsequenten Verweigerung des Kriegsdienstes in den KZs landeten.

Als Folge des Kriegs wurden auch Angehörige anderer europäischer Länder in die KZs deportiert. Dabei gab es eine eindeutige Hierarchie: Ganz unten standen die Südeuropäer, dann kamen die Westeuropäer, an der Spitze standen die als „Arier" angesehenen Nordeuropäer. Sie alle gehörten in der Regel, wie auch viele Deutsche, zu der großen Gruppe der politischen Häftlinge. Nicht vergessen werden darf, dass ab 1937 auch Kriminelle, die ihre Strafe schon abgesessen hatten, vorbeugend in die KZs gebracht wurden.

Die Einstellung der Bevölkerung

→ 7 - 10 S. 470 f.

Was die deutsche Bevölkerung vom Holocaust wusste, wird bis heute in der Forschung kontrovers diskutiert. Auch wenn der Pogrom vom 9. November 1938 bei vielen Deutschen auf Unverständnis stieß, nahm man die schrittweise Entrechtung und schließlich die Deportation der Juden überwiegend gleichgültig hin. Das nicht zuletzt, weil manche Deutsche von den „Arisierungen" jüdischer Geschäfte und Wohnungen profitierten. Seit 1941 wurden zum Beispiel im Hamburger Hafen insgesamt 60 000 Tonnen Textilien und Mobiliar von Juden aus ganz Westeuropa wöchentlich billig verkauft oder versteigert – die mindestens 100 000 Käufer wussten, dass es sich um „Judengut" handelte. Dasselbe gilt für die Pelzmäntel, die den Juden im Osten vor ihrer Erschießung oder Deportation abgenommen und an Ausgebombte in deutschen Städten abgegeben wurden.

Obwohl die Vernichtungslager bewusst im Osten eingerichtet wurden, um die „Endlösung" möglichst geheim zu halten, erhielten viele Deutsche Teilinformationen darüber, was mit den Juden geschah – zum Beispiel von Wehrmachtssoldaten, die etwas gesehen oder gehört hatten und zu Hause einen Urlaub verbrachten. Nach Kriegsende war allerdings kaum jemand bereit, sein Wissen zuzugeben.

Die Täter: „Ganz gewöhnliche Männer"

Erst Ende der 1990er-Jahre begann eine umfassende Forschung zu den Tätern der „Endlösung". Ihre Gesamtzahl wird auf 200 000 bis 500 000 geschätzt. Der Kern des Tötungspersonals bestand aus den etwa 3 000 Mann der mobilen Einsatzgruppen der Sicherheitspolizei (Gestapo und Kripo) und des SD (Geheimdienst der SS) sowie den freiwilligen SS-Wachmannschaften in den Vernichtungslagern (bis zu 40 000, davon 7 000 in Auschwitz). Das Führerkorps bildeten mehrere Hundert SS-Leute: Bürokraten im RSHA, Chefs der Einsatzgruppen und -kommandos, Befehlshaber der Sicherheitspolizei, regionale Gestapochefs. Sie waren zwischen 30 und 40 Jahren alt und gebildet: Drei Viertel besaßen das Abitur; unter den 78 Führern der Einsatzgruppen und -kommandos gab es 28 promovierte Akademiker, überwiegend Juristen. Die Masse der Einsatzgruppen-Angehörigen bildeten karrierebewusste Gestapo- und Kripobeamte bzw. Beamtenanwärter und SD-Leute. Es gibt keinen Beweis dafür, dass ein Polizist, Soldat oder SS-Mann wegen der Weigerung, an Tötungen mitzuwirken, hart bestraft oder selbst erschossen worden wäre – er erhielt eine andere Aufgabe oder wurde an die Front versetzt. Aber solche Fälle waren selten.

Ein bekanntes Beispiel dafür, dass „ganz gewöhnliche Männer" zu Mördern wurden, ist das des Hamburger Reserve-Polizeibataillons 101, das aus knapp 500 eingezogenen Arbeitern und Angestellten bestand. Es wurde in Polen im Juli 1942 zur Judenerschießung eingesetzt. Als der Kommandeur die aktive Teilnahme ausdrücklich freistellte, machten bis auf zwölf alle mit. Diese Männer gewöhnten sich rasch ans Töten: Bis November 1943 erschossen sie 38 000 jüdische Männer, Frauen und Kinder und deportierten 45 000 nach Treblinka.

Geschichte erinnern: NS-Gedenk- und Erinnerungsorte

Das Gedenken an den Nationalsozialismus nach 1945

Heute ist das Thema „Nationalsozialismus" in nahezu allen deutschen Medien präsent. Auch der Opfer wird zunehmend in Form von Statuen, Denkmälern, Mahnmalen, Dokumentationsstätten und Informationszentren gedacht. Doch in der Geschichte der Bundesrepublik Deutschland war dies nicht immer so. Trotz durchgeführter Kriegsverbrecherprozesse (➔ s. Kap. 10.2) fand in der Zeit unmittelbar nach dem Zweiten Weltkrieg in der deutschen Bevölkerung keine bzw. keine adäquate Auseinandersetzung mit der eigenen jüngsten Vergangenheit statt. Diese fiel einem Prozess der Verdrängung kollektiver wie individueller Schuld zum Opfer. Auch in der DDR konnte angesichts einer ideologischen Selbstverleugnung der eigenen jüngsten Vergangenheit von einer Aufarbeitung der Verbrechen des Nationalsozialismus keine Rede sein.

In der Bundesrepublik sollte sich dies erst langsam im Zuge der Studentenrevolten der 1960er ändern, als sich in der Nachkriegsgeneration viele junge Menschen gegen die in ihren Augen verlogene und heuchlerische Elterngeneration auflehnten und deren mangelnde Aufarbeitung der „braunen Vergangenheit" kritisierten. Infolgedessen setzte über die Jahre eine Erinnerungsarbeit ein, innerhalb derer Themen wie der Nationalsozialismus, der Zweite Weltkrieg und der Holocaust zunehmend Einzug in die Massenmedien und die öffentliche Diskussion erhielten.

Das heutige Gedenken an den Nationalsozialismus

Dieser Prozess der Aufarbeitung ist noch nicht abgeschlossen. Das zeigen Beispiele von verfolgten Minderheiten, die bis vor kurzem in der Aufarbeitung der NS-Zeit kaum Berücksichtigung fanden (etwa die Schicksale der Roma oder der Homosexuellen). Verstärkt wird diese Erkenntnis durch die Tatsache, dass ein zentrales Holocaust-Mahnmal erst 60 Jahre nach dem Ende des Zweiten Weltkriegs eingeweiht wurde. Doch gerade diese Gedenk- und Erinnerungsorte wie das erwähnte Mahnmal in Berlin, die allgegenwärtigen Stolpersteine oder die für Besucher offen stehenden Konzentrationslager in Deutschland und Polen sind angesichts ihres mahnenden Charakters ein wichtiger Beitrag zur Erinnerungsarbeit. Das sind sie nicht zuletzt deshalb weil zentrale Charakteristiken des nationalsozialistischen Regimes immer wieder verharmlost werden, und latent rechtsextremes Gedankengut gesellschaftlich „salonfähig" wird.

Der Begriff Gedenk- bzw. Erinnerungsort

Der Begriff „Erinnerungsort" geht auf den französischen Ausdruck „lieux de mémoire" (Gedächtnisort) zurück, den der französische Historiker Pierre Nora in den 1980er-Jahren prägte. Verbunden damit war für ihn die Vorstellung, dass das kollektive Gedächtnis einer sozialen Gruppe sich an bestimmten Orten kristallisiert, und diese Orte für jene Gruppe eine identitätsstiftende Funktion haben.

Gedenk- bzw. Erinnerungsorte können unterschiedliche Formen haben. Erstens können sie ein geografischer Ort sein, wie etwa das Konzentrations- und Vernichtungslager Auschwitz, das sowohl für die Deutschen als auch für die jüdischen Überlebenden des Holocausts und den Staat Israel eine symbolträchtige und identitätsstiftende Funktion hat. Zweitens können sie ein Ereignis widerspiegeln, wie etwa ein Denkmal, das an die Bücherverbrennungen der Nationalsozialisten im März 1933 oder die Reichspogromnacht im November 1938 erinnert. Drittens können sie auch einer Person gedenken, zum Beispiel in Form einer Gedenktafel, die an die Widerstandskämpfer Sophie und Hans Scholl erinnert (➔ s. Kap. 9.9).

Fragen zur Entschlüsselung von Gedenk- bzw. Erinnerungsorten

Was: An welches Ereignis, welche Entwicklung oder Person wird erinnert?
Wann: Zu welchem Zeitpunkt bzw. in welchem Zeitraum hat das Ereignis bzw. die Entwicklung stattgefunden?
Wo: Wo hat das Ereignis bzw. die Entwicklung stattgefunden? Warum ausgerechnet dort? War es ein lokales, regionales, nationales oder supranationales Phänomen?
Wer: Wem wird gedacht bzw. an wen wird erinnert? Welche Rolle hat diese Person oder Personengruppe bei dem Ereignis gespielt?
Warum: Warum hielt man es zum Zeitpunkt der Errichtung des Gedenk- bzw. Erinnerungsorts für wichtig, an das Ereignis bzw. die Entwicklung zu erinnern bzw. dieser Person/Personengruppe zu gedenken? Gelten diese Gründe auch heute noch?

1 Schule als Erinnerungsort: Lokale NS-Gedenkstätten am Gymnasium Schwertstraße in Solingen
Abb. 1: Der als Gedenkraum genutzte Luftschutzbunker auf dem Schulgelände des Gymnasiums Schwertstraße (Errichtung 1943/44) / Abb. 2: Gedenktafel am Luftschutzbunker (Anbringung 1979 nach längerem Disput auf Initiative des Lehrerkollegiums) / Abb. 3: Stolperstein vor dem Hauptportal der Schule (gelegt am 26. August 2005 auf Initiative einer Schüler-AG)

Arbeitsvorschläge

a) Klären Sie, was die Worte „gedenken“ bzw. „erinnern“ konkret für Sie bedeuten.
b) Stellen Sie zwischen den obigen drei Abbildungen einen sinnvollen Zusammenhang her und erläutern Sie diesen im Plenum. Analysieren Sie anschließend anhand der oben genannten Arbeitsschritte die Aufnahmen im Hinblick auf historische Details, die sich diesen entnehmen lassen.
c) Recherchieren Sie, was in der Nacht vom 9. auf den 10. November 1938 in Ihrer Umgebung geschah. Ist dieses Ereignis durch einen Gedenk- bzw. Erinnerungsort erfasst? Suchen Sie diesen auf und berichten Sie darüber.
d) Informieren Sie sich im Internet über die Aktion „Stolpersteine“ und halten Sie ein Kurzreferat, in dem Sie das Projekt und seine Ziele vorstellen.
e) Kritiker der Aktion „Stolpersteine“ bemängeln, dass mit dieser Aktion das Schicksal abertausender Juden und anderer Minderheiten erneut „mit Füßen getreten würde.“ Diskutieren Sie im Kursverband Ihre Auffassung diesbezüglich.
f) Recherchieren Sie weitere NS-Gedenk- bzw. Erinnerungsorte, beschreiben Sie deren Aufmachung und eruieren Sie deren geschichtlichen Hintergrund.
g) Stellen Sie sich vor, Sie müssten für ein frei wählbares Ereignis in der Zeit des Nationalsozialismus einen Gedenkort errichten. Beschreiben oder zeichnen Sie, wie dieser Ihrer Vorstellung nach aussehen müsste. Begründen Sie Ihre Wahl.
h) Erläutern Sie, warum ein Gedenken bzw. Erinnern an die Verbrechen des Nationalsozialismus heute immer noch wichtig ist.

9.8 Opposition und Widerstand

A) Welche unterschiedlichen Gruppen und Formen von Widerstand und Opposition lassen sich identifizieren und was waren die jeweiligen Beweggründe der Akteure?

1 Anweisungen für das Verhalten im Widerstand

Aus der „Sozialistischen Aktion", der Schrift der sozialdemokratischen Opposition, vom Mai 1936:

2. Die erste Voraussetzung für eine erfolgreiche illegale politische Arbeit ist das Bekenntnis zu vorbehaltloser Schweigsamkeit und bedingungsloser Disziplin in jeder Situation. Viele deiner Vorkämpfer mussten den Weg in den Kerker gehen. Lerne aus ihren Fehlern. […] Auch nur andeutungsweise Bemerkungen, selbst gegenüber Frau und Braut, sind in vielen Fällen der Anfang zur Vernichtung Erfolg versprechender illegaler Arbeit gewesen. Du musst in der politischen Arbeit weitestgehend selbstständig und verschwiegen sein und deine Funktionen und Aufgaben selbst gegenüber Genossen verschweigen, denen du vertraust, die aber an deiner Arbeit nicht unmittelbar beteiligt sind.

3. Du musst in deiner ganzen Lebenshaltung indifferent sein. Wer deine Gepflogenheiten kennt, ist dein Feind. […] Du machst dich auch verdächtig, wenn du dich demonstrativ vom Volksgemeinschaftsrummel fernhältst. Besuche die Veranstaltungen im Betrieb, im Haus und in den NS-Organisationen, wenn es dir angetragen wird. Dort bist du Berichterstatter und offenes Ohr deiner illegalen Organisation. […]

4. Kontrolliere ständig deine Wohnung. Gewöhne dich an den Gedanken, dass es kein Versteck gibt, das man nicht findet.

5. Mache keine schriftlichen Aufzeichnungen […]. Sie können der Grundstock der Anklageschrift gegen dich sein. Es darf in deiner Wohnung auch keine politische Betätigung geben. […]

8. Allen Genossen gegenüber, auch wenn sie dir lange bekannt sind, sei anonym. Wer deine Adresse fordert, ist unsauber. Die Organisation braucht deine Adresse nicht.

9. Achte darauf, dass du nicht fotografiert wirst. Verschenke keine Fotografien: Sie sind immer das Hauptstück zu deinem Steckbrief.

10. In der Öffentlichkeit übersieh deine Genossen. Es gibt keine Versammlung. Zusammenkünfte von mehr als höchstens 4 Personen fallen auf. Treffe dich nicht zwei Mal oder gar anschließend nach einer Verabredung im gleichen Lokal wieder. […]

17. […] Es gibt keine Zufälle. Zufälle sind Denkfehler. Die Praxis wird dich erkennen lassen, dass auch bei uns Fehlschläge nicht restlos vermeidbar sind, dass sie aber häufig selbst verschuldet und dadurch nicht notwendig waren. Du musst das ändern.

Zit. nach: Wolfgang Lautemann/Manfred Schlenke (Hrsg.): Geschichte in Quellen. Bd. 5: Weltkriege und Revolutionen 1914–1945. Bearb. v. Günter Schönbrunn. München 1970, S. 345 f.

2 Die Weiße Rose – „Aufruf an alle Deutsche"

Die Weiße Rose war eine studentische Widerstandsgruppe um die Geschwister Hans Scholl (1918–1943) und Sophie Scholl (1921–1943). Sie verteilten insgesamt sechs Flugblätter, bevor sie 1943 gefasst und zum Tod verurteilt wurden. Der folgende Text stammt aus ihrem fünften Flugblatt:

Der Krieg geht seinem sicheren Ende entgegen. Wie im Jahre 1918 versucht die deutsche Regierung alle Aufmerksamkeit auf die wachsende U-Boot-Gefahr zu lenken, während im Osten die Armeen unaufhörlich zurückströmen, im Westen die Invasion erwartet wird. […] Mit mathematischer Sicherheit führt Hitler das deutsche Volk in den Abgrund. Hitler kann den Krieg nicht gewinnen, nur noch verlängern! Seine und seiner Helfer Schuld hat jedes Maß unendlich überschritten. Die gerechte Strafe rückt näher und näher!

Was aber tut das deutsche Volk? Es sieht nicht und es hört nicht. Blindlings folgt es seinen Verführern ins Verderben. […]

Deutsche! Wollt Ihr und Eure Kinder dasselbe Schicksal erleiden, das den Juden widerfahren ist? Wollt Ihr mit dem gleichen Maße gemessen werden wie Eure Verführer? Sollen wir auf ewig das von aller Welt gehasste und ausgestoßene Volk sein? Nein! Darum trennt Euch von dem nationalsozialistischen Untermenschentum! Beweist durch die Tat, dass Ihr anders denkt! […] Glaubt nicht der nationalsozialistischen Propaganda, die Euch den Bolschewistenschreck in die Glieder gejagt hat! Glaubt nicht, dass Deutschlands Heil mit dem Sieg des Nationalsozialismus auf Gedeih und Verderben verbunden sei! […] Trennt Euch rechtzeitig von allem, was mit dem Nationalsozialismus zusammenhängt! Nachher wird ein schreckliches, aber gerechtes Gericht kommen über die, so sich feig und unentschlossen verborgen hielten.

Was lehrt uns der Ausgang dieses Krieges, der nie ein nationaler war? Der imperialistische Machtgedanke muss,

3 Mitglieder der Widerstandsgruppe Weiße Rose
Verabschiedung der Studenten, bevor diese als Sanitäter an die Ostfront ausrückten. Von links: Hubert Furtwängler, Hans Scholl, unbekannt, Sophie Scholl, Alexander Schmorell. Foto vom 23. Juli 1942, Fotograf unbekannt.

von welcher Seite er auch kommen möge, für alle Zeit unschädlich gemacht werden. [...] Nur in großzügiger Zusammenarbeit der europäischen Völker kann der Boden geschaffen werden, auf welchem ein neuer Aufbau möglich sein wird. Jede zentralistische Gewalt, wie sie der preußische Staat in Deutschland und Europa auszuüben versucht hat, muss im Keime erstickt werden. Das kommende Deutschland kann nur föderalistisch sein. Nur eine gesunde föderalistische Staatenordnung vermag heute noch das geschwächte Europa mit neuem Leben zu erfüllen. Die Arbeiterschaft muss durch einen vernünftigen Sozialismus aus ihrem Zustand niedrigster Sklaverei befreit werden. Das Truggebilde der autarken Wirtschaft muss in Europa verschwinden. Jedes Volk, jeder Einzelne hat ein Recht auf die Güter der Welt! Freiheit der Rede, Freiheit des Bekenntnisses, Schutz des einzelnen Bürgers vor der Willkür verbrecherischer Gewaltstaaten, das sind die Grundlagen des neuen Europa. [...]

Zit. nach: Inge Scholl: Die Weiße Rose. Erw. Neuausg. Frankfurt/M. 1982, S. 96–121.

4 Militärisch-konservative Nachkriegspläne

Am 20. Juli 1944 misslang ein Attentat auf Hitler vonseiten des Wehrmachtsoffiziers Claus Graf Schenk von Stauffenberg und seiner militärisch-konservativen Mitverschwörer. Aus einem Gestapo-Bericht vom 2. August 1944 über die Vorstellungen Stauffenbergs nach der Ausschaltung Hitlers:

[...] Die neue Vernehmung des Hauptmanns Kaiser gibt eine Reihe von Hinweisen, dass Stauffenberg über Mittelsmänner zwei Verbindungen zur englischen Seite hatte. [...] Bereits am 25. Mai hat Kaiser für Stauffenberg eine Notiz ausgearbeitet, worüber mit der Feindseite verhandelt werden sollte:

1. Sofortiges Einstellen des Luftkrieges
2. Aufgabe der Invasionspläne
3. Vermeidung weiterer Blutopfer
4. Dauernde Verteidigungsfähigkeit im Osten. Räumung aller besetzten Gebiete im Norden, Westen und Süden
5. Vermeidung jeder Besetzung
6. Freie Regierung, selbstständige Verfassung
7. Vollkommene Mitwirkung bei der Durchführung der Waffenstillstandsbedingungen und bei der Vorbereitung der Gestaltung des Friedens
8. Reichsgrenze von 1914 im Osten, Erhaltung Österreichs und der Sudeten beim Reich, Autonomie Elsaß-Lothringens, Gewinnung Tirols bis Bozen, Meran
9. Tatkräftiger Wiederaufbau mit Mitwirkung am Wiederaufbau Europas
10. Selbstabrechnung mit Verbrechern am Volk
11. Wiedergewinnung von Ehre, Selbstachtung und Achtung

Zit. nach: Walther Hofer: Der Nationalsozialismus. Dokumente 1933–1945. Frankfurt/M. 1957, S. 345.

Arbeitsvorschläge

○●● a) Erläutern Sie Ziele, Maßnahmen, Motivationen, Argumentation und gegebenenfalls die Problematik des Widerstandskonzepts der jeweiligen Bewegung. (M1–M4)

○●● b) Zur Beschreibung verschiedener Formen des Widerstands entwickelte der Historiker Detlev Peukert folgende Systematik partieller oder genereller Kritik am System: Nonkonformität - Verweigerung - Protest - Widerstand, jeweils im privaten oder öffentlichen Handlungsraum. Ordnen Sie die im Kapitel beschriebenen Widerstandsbewegungen begründet in dieses Schema ein.

Grundwissen: Opposition und Widerstand

Unterschiedliche Formen und Ziele des Widerstands

In den Jahren nach 1933 waren die meisten Deutschen mit Hitlers Herrschaft entweder zufrieden oder zeigten ihre Vorbehalte nicht – die deutschen Tugenden der Pflichterfüllung und des Patriotismus hinderten manche daran, sich offen gegen das Regime auszusprechen. Manche Kritiker zogen sich ins Privatleben zurück oder emigrierten, wie es etwa zahlreiche Künstler und oppositionelle Politiker taten.
Es gab aber auch Menschen, die den Mut hatten, in unterschiedlichen Formen offenen Widerstand gegen das NS-Regime zu leisten, also im öffentlichen Raum das System zu kritisieren. Sie wurden von der Gestapo verfolgt und mussten ihren Widerstand häufig mit dem Leben bezahlen.

Widerstand von KPD und SPD

Die deutschen Kommunisten leisteten am entschiedensten und exponiertesten Widerstand. Sie waren politischer Hauptfeind der NSDAP und wurden nach der „Reichstagsbrandverordnung" ohnehin massiv verfolgt. Zwischen 1933 und 1935 fielen KPD-Mitglieder durch waghalsige Aktionen wie überraschenden Kurzdemonstrationen, Verteilung von Flugblättern, Anbringung politischer Parolen an Gebäuden und dem Hissen roter Fahnen auf Fabrikschornsteinen auf, erreichten aber nur, dass Aktivisten und Parteianhänger zu Tausenden verhaftet und ins KZ gesperrt wurden. Zwar änderte die KPD auf Direktive Moskaus im August 1935 ihre Widerstandstaktik – doch die angestrebte „antifaschistische Volksfront" scheiterte am Misstrauen der Sozialdemokraten und der bürgerlichen Oppositionellen sowie dem immer besser funktionierenden Polizeiapparat. Von 1939 bis 1941 wurde der KPD-Widerstand durch den Hitler-Stalin-Pakt gelähmt, der das Weltbild vieler Kommunisten ins Wanken brachte. Während des Kriegs unternahmen kleine Widerstandsgruppen gelegentlich Sabotageakte in der Rüstungsindustrie.
Einen nennenswerten sozialdemokratischen Widerstand gab es nicht. Die Genossen beschränkten sich im Wesentlichen darauf, dass man untereinander Kontakt hielt und den Familien Verhafteter Beistand leistete. Propaganda gegen das NS-Regime betrieb der Exil-Vorstand der SPD von Prag, später von Paris aus. Einige besonders aktive Sozialdemokraten der jüngeren Generation wie etwa Julius Leber oder Wilhelm Leuschner schließlich bezahlten ihre Beteiligung am konservativ-militärischen Widerstand des 20. Juli 1944 (➔ s. S. 481) mit dem Leben.

Die Kirchen

In den beiden großen christlichen Kirchen entwickelte sich nur vereinzelter Widerstand gegen den Nationalsozialismus. Das ist nicht zuletzt darauf zurückzuführen, dass ein großer Teil der Gläubigen den nationalsozialistischen Antikommunismus und Antisemitismus nicht prinzipiell ablehnten.
Zu Beginn von Hitlers Herrschaft versuchte sich der Vatikan mit ihm zu verständigen. Der Heilige Stuhl schloss schon am 20. Juli 1933 ein Konkordat mit dem Deutschen Reich („Reichskonkordat"), das die Rechte der katholischen Kirche und ihrer Einrichtungen in Deutschland sicherte. Die damit verbundene Anerkennung der NS-Regierung nahm dem katholischen Widerstand den Wind aus den Segeln. So waren es in der Folgezeit lediglich einzelne Pfarrer und Gemeindemitglieder, die sich für die Verfolgten des NS-Regimes engagierten und dafür KZ-Haft und den eigenen Tod in Kauf nahmen. Papst Pius XII. hingegen kritisierte nur ein Mal die Unterdrückung glaubenstreuer Christen in Deutschland und die Rassenpolitik, ohne aber die Juden zu erwähnen. Anders der Münsteraner Bischof Clemens August Graf von Galen, der

1941 gegen die „Aktion T4", also den Mord an über 100 000 Behinderten, protestierte. Er erreichte immerhin die zeitweise Einstellung der Tötungsaktionen.
Die Protestanten waren in zwei Gruppen gespalten: Die nationalsozialistischen „Deutschen Christen" wurden geführt von dem NSDAP-nahen Reichsbischof Ludwig Müller. Ihnen gegenüber stand die „Bekennende Kirche", der etwa ein Drittel der evangelischen Geistlichen angehörte, darunter Martin Niemöller und Dietrich Bonhoeffer. Sie wandten sich gegen die völkisch-rassische Ideologie der Nationalsozialisten und deren Gleichschaltungspolitik. Als politische Opposition verstanden sie sich aber nicht.

Die Weiße Rose

→ 2 - 3 S. 478 f.

Von christlich-humanitären Überzeugungen ließ sich auch die Münchner Studentengruppe ⇨ Weiße Rose um Hans und Sophie Scholl, Willi Graf, Alexander Schmorell, Christoph Probst und Professor Kurt Huber leiten. Es waren überwiegend Medizinstudenten, die bei Lazaretteinsätzen in Russland das Grauen des Ostkriegs kennengelernt hatten. Sie prangerten 1942/43 in mehreren Flugblättern die Verbrechen des NS-Regimes an und riefen zum Widerstand auf. Alle sechs oben genannten Mitglieder der Weißen Rose wurden 1943 zum Tode verurteilt und mit dem Fallbeil hingerichtet.

Widerstand von Einzelpersonen

In der Zeit des Nationalsozialismus gab es auch Widerstand durch einzelne Attentäter, die keiner spezifischen Gruppe oder Organisation angehörten. Der bekannteste Fall ist der des Tischlers Johann Georg Elser, der mittels einer mit Zeitzünder versehenen Bombe versuchte, Hitler am 8. November 1939 im Münchner Bürgerbräukeller zu töten. Das Attentat scheiterte jedoch, da Hitler die Veranstaltung früher als geplant verließ. Der Attentäter Elser wurde verhaftet, gefoltert, ins KZ Dachau eingeliefert und dort am 9. April 1945 erschossen.

Widerstand seitens des Militärs

Das Militär besaß die Ressourcen und die Macht, im Falle eines Staatsstreichs Hitler sowie das Spitzenpersonal des NS-Regimes auszuschalten und den Regierungsapparat zu übernehmen. Aber gerade Soldaten fiel die Auflehnung gegen ihren Oberbefehlshaber, auf dessen Person sie einen Treueid abgelegt hatten, besonders schwer. Einzelne Militärs warnten schon 1938 vor dem sich abzeichnenden Krieg oder protestierten 1939 vergeblich gegen die Gräueltaten der SS in Polen. Erst die sinnlose Opferung der 6. Armee in Stalingrad führte bei einzelnen Militärs aber zu der Überzeugung, dass der Führer selbst als Eidnehmer den Treueid gebrochen hatte. Es bildete sich eine Verschwörergruppe um den Offizier Claus Graf Schenk von Stauffenberg, die Hitler ermorden und eine neue Regierung stellen wollte. Doch das sorgfältig geplante ⇨ Attentat vom 20. Juli 1944, bei dem Hitler durch eine Zeitbombe getötet werden sollte, schlug fehl. Nach ihrer Festnahme in Berlin wurden Stauffenberg und drei weitere Offiziere sofort erschossen, die zu ihnen gehörenden Widerstandskreise wurden in den folgenden Wochen von der Gestapo zerschlagen. Etwa 200 unmittelbar Beteiligte wurden hingerichtet.

5 Die Wolfsschanze nach dem Attentat vom 20. Juli 1944
Generalfeldmarschall Hermann Göring (3. v. r.) inspiziert den zerstörten Besprechungsraum im „Führerquartier Wolfsschanze". Vier Menschen starben bei der Explosion, Hitler wurde nur leicht verletzt.

9.9 Der Nationalsozialismus – Vergangenheit, die nicht vergeht?

A) Gibt es gute Gründe dafür, sich auch heute noch intensiv mit der Zeit des Nationalsozialismus auseinanderzusetzen? Wenn ja, welche?

1 Martin Walser: „Ich fange an wegzuschauen"

Als 1998 der Schriftsteller Martin Walser (geb. 1927) den Friedenspreis des Deutschen Buchhandels erhielt, übte er in seiner Dankesrede grundlegende Kritik am Umgang der Medien und Intellektuellen mit dem Thema Holocaust. Aus der Rede Walsers vom 11. Oktober 1998:

Ich verschließe mich Übeln, an deren Behebung ich nicht mitwirken kann. Ich habe lernen müssen, wegzuschauen. Ich habe mehrere Zufluchtswinkel, in die sich mein Blick sofort flüchtet, wenn mir der Bildschirm die Welt als eine unerträgliche vorführt. Ich finde, meine Reaktion sei verhältnismäßig. Unerträgliches muss ich nicht ertragen. Auch im Wegdenken bin ich geübt. Ich käme ohne Wegschauen und Wegdenken nicht durch den Tag und schon gar nicht durch die Nacht. Ich bin auch nicht der Ansicht, dass alles gesühnt werden muss. In einer Welt, in der alles gesühnt werden müsste, könnte ich nicht leben. [...]

Jeder kennt unsere geschichtliche Last, die unvergängliche Schande, kein Tag, an dem sie uns nicht vorgehalten wird. Könnte es sein, dass die Intellektuellen, die sie uns vorhalten, dadurch, dass sie uns die Schande vorhalten, eine Sekunde lang der Illusion verfallen, sie hätten sich, weil sie wieder im grausamen Erinnerungsdienst gearbeitet haben, ein wenig entschuldigt, seien für einen Augenblick sogar näher bei den Opfern als bei den Tätern? Eine momentane Milderung der unerbittlichen Entgegengesetztheit von Tätern und Opfern. Ich habe es nie für möglich gehalten, die Seite der Beschuldigten zu verlassen. Manchmal, wenn ich nirgends mehr hinschauen kann, ohne von einer Beschuldigung attackiert zu werden, muss ich mir zu meiner Entlastung einreden, in den Medien sei auch eine Routine des Beschuldigens entstanden. Von den schlimmsten Filmsequenzen aus Konzentrationslagern habe ich bestimmt schon zwanzigmal weggeschaut. Kein ernst zu nehmender Mensch leugnet Auschwitz; kein noch zurechnungsfähiger Mensch deutelt an der Grauenhaftigkeit von Auschwitz herum; wenn mir aber jeden Tag in den Medien diese Vergangenheit vorgehalten wird, merke ich, dass sich in mir etwas gegen diese Dauerpräsentation unserer Schande wehrt. Anstatt dankbar zu sein für die unaufhörliche Präsentation unserer Schande, fange ich an wegzuschauen. [...]

Jemand findet die Art, wie wir die Folgen der deutschen Teilung überwinden wollen, nicht gut und sagt, so ermöglichten wir ein neues Auschwitz. Schon die Teilung selbst, solange sie dauerte, wurde von maßgeblichen Intellektuellen gerechtfertigt mit dem Hinweis auf Auschwitz. Oder: Ich stellte das Schicksal einer jüdischen Familie von Landsberg an der Warthe bis Berlin nach genauester Quellenkenntnis dar als einen fünfzig Jahre lang durchgehaltenen Versuch, durch Taufe, Heirat und Leistung dem ostjüdischen Schicksal zu entkommen und Deutsche zu werden, sich ganz und gar zu assimilieren. Ich habe gesagt, wer alles als einen Weg sieht, der nur in Auschwitz enden konnte, der macht aus dem deutsch-jüdischen Verhältnis eine Schicksalskatastrophe unter gar allen Umständen. Der Intellektuelle, der dafür zuständig war, nannte das eine Verharmlosung von Auschwitz. Ich nehme zu seinen Gunsten an, dass er nicht alle Entwicklungen dieser Familie so studiert haben kann wie ich. Auch haben heute lebende Familienmitglieder meine Darstellung bestätigt. Aber: Verharmlosung von Auschwitz. Da ist nur noch ein kleiner Schritt zur sogenannten Auschwitzlüge. [...]

Und mir drängt sich, wenn ich mich so moralisch-politisch gerügt sehe, eine Erinnerung auf. Im Jahre 1977 habe ich nicht weit von hier, in Bergen-Enkheim, eine Rede halten müssen und habe die Gelegenheit damals dazu benutzt, folgendes Geständnis zu machen: „Ich halte es für unerträglich, die deutsche Geschichte – so schlimm sie zuletzt verlief – in einem Katastrophenprodukt enden zu lassen." Und: „Wir dürften, sage ich vor Kühnheit zitternd, die BRD so wenig anerkennen wie die DDR. Wir müssen die Wunde namens Deutschland offen halten." Das fällt mir ein, weil ich jetzt wieder vor Kühnheit zittere, wenn ich sage: Auschwitz eignet sich nicht dafür, Drohroutine zu werden, jederzeit einsetzbares Einschüchterungsmittel oder Moralkeule oder auch nur Pflichtübung. Was durch Ritualisierung zustande kommt, ist von der Qualität des Lippengebets. Aber in welchen Verdacht gerät man, wenn man sagt, die Deutschen seien jetzt ein ganz normales Volk, eine ganz gewöhnliche Gesellschaft?

Martin Walser: Die Banalität des Guten. Erfahrungen beim Verfassen einer Sonntagsrede aus Anlass der Verleihung des Friedenspreises des Deutschen Buchhandels. In: „Frankfurter Allgemeine Zeitung" vom 12. Oktober 1998. Zit. nach: Rainer Lahme: Schatten der Vergangenheit. Die Auseinandersetzung mit dem Nationalsozialismus in Deutschland nach 1945. Stuttgart 2000, S. 79–81.

2 Ignatz Bubis: „Wir müssen uns alle der Geschichte stellen"

Ignatz Bubis (1927–1999), der damalige Präsident des Zentralrats der Juden in Deutschland, antwortete Walser in einer Rede zum Gedenken an die Reichspogromnacht. Aus Bubis' Rede vom 9. November 1998:

In der Nachkriegszeit gab es einige Versuche, die überwiegend, aber nicht nur, aus rechtsradikalen Kreisen kamen, die Geschichte zu verändern. Es gab Bestrebungen, „Auschwitz", das ich hier als Synonym für die Vernichtung von Juden, Sinti und Roma, Homosexuellen, politisch oder religiös Verfolgten benutze, zu verharmlosen oder gar zu leugnen. […]

Den neuesten Versuch, Geschichte zu verdrängen beziehungsweise die Erinnerung auszulöschen, hat Martin Walser in seiner Dankesrede anlässlich des ihm verliehenen Friedenspreises des Deutschen Buchhandels am 11. Oktober dieses Jahres unternommen. […]

Ich wüsste nicht, was es an dem Satz, dass er habe lernen müssen wegzuschauen, dass er im Wegdenken geübt sei und dass er sich an der Disqualifizierung des Verdrängens nicht beteiligen könne, zu deuteln gäbe. Hier spricht Walser eindeutig für eine Kultur des Wegschauens und des Wegdenkens, die im Nationalsozialismus mehr als üblich war und die wir uns heute nicht wieder angewöhnen dürfen. Wir müssen uns alle der Geschichte stellen, und dazu gehört, nicht nur Filme über Goethe oder Bismarck zu sehen, sondern auch über die Zeit des Nationalsozialismus. Wir befassen uns mit der Geschichte vom Dreißigjährigen Krieg und der Revolution von 1848, selbstverständlich beschäftigen wir uns freudig mit den Biografien von Goethe, Schiller, Beethoven oder Bismarck. Alles das sind Teile der deutschen Geschichte. Zu ihr gehören allerdings auch Hitler und Himmler. Man kann sich nicht nur die schönen Seiten seiner Geschichte heraussuchen und die unschönen verdrängen. Wer nicht bereit ist, sich diesem Teil der Geschichte zuzuwenden, sondern es vorzieht, wegzudenken oder zu vergessen, muss darauf gefasst sein, dass Geschichte sich wiederholen kann.

Diese Schande war nun einmal da und wird durch das Vergessenwollen nicht verschwinden; es ist „geistige Brandstiftung", wenn jemand darin eine Instrumentalisierung von Auschwitz für gegenwärtige Zwecke sieht.[1] Das sind Behauptungen, wie sie üblicherweise von rechtsextremen „Parteiführern" kommen. […]

Der Begriff „Auschwitz" ist keine Drohroutine oder ein Einschüchterungsmittel oder auch nur Pflichtübung. Wenn Walser darin eine „Moralkeule" sieht, so hat er vielleicht sogar Recht, denn man kann, soll und muss aus „Auschwitz" Moral lernen, sollte es allerdings nicht als Keule betrachten. Ich muss unterstellen, dass es laut Walser möglicherweise nötig ist, die Moral als Keule zu benutzen, weil manche sie sonst vielleicht nicht lernen wollen. […]

Dieser Trend der Rede Walsers ist neuerdings vermehrt spürbar. Der intellektuelle Nationalismus nimmt zu und ist nicht ganz frei von unterschwelligem Antisemitismus. Besonders irritiert bin ich über eine ganze Reihe von Zuschriften, die überrascht darüber waren, dass ich Walser so kritisiert habe, denn dieser habe doch bloß das ausgesprochen, was die meisten ohnehin dächten. Walser und vielen gehe es dabei auch um eine „Normalität".

Ignatz Bubis: Wer von der Schande spricht. Niemand darf die Erinnerung an die Verbrechen des Nationalsozialismus auslöschen. In: „Frankfurter Allgemeine Zeitung" vom 10. November 1998. Zit. nach: Lahme, a.a.O., S. 82 f.

1 *Nach einem später erfolgten Gespräch mit Walser nahm Bubis seinen Vorwurf der „geistigen Brandstiftung" wieder zurück.*

Arbeitsvorschläge

○○●/○●● a) Fassen Sie die Kernaussagen Walsers und Bubis' zusammen und erläutern Sie, welche Art des Umgangs mit der deutschen Vergangenheit beide Autoren befürworten.

●●● b) Diskutieren Sie beide Ansätze vor dem Hintergrund eigener Erfahrungen und Überlegungen zum Thema.

Grundwissen: Der Nationalsozialismus – Vergangenheit, die nicht vergeht?

Das „Dritte Reich" – eine weltgeschichtliche Zäsur

Kein anderer Staat hat den Verlauf der europäischen, ja der Weltgeschichte des 20. Jahrhunderts so stark geprägt wie das nationalsozialistische Deutschland. Das „Dritte Reich" beging einen beispiellosen Zivilisationsbruch: Ausgerechnet das „Land der Dichter und Denker" trug die Verantwortung nicht nur für den Zweiten Weltkrieg, der große Teile Europas in Schutt und Asche legte und etwa 55 Millionen Menschenleben forderte, sondern auch für den planmäßigen Völkermord an über fünf Millionen europäischen Juden.

Folgen des Zweiten Weltkriegs

Dem „totalen Krieg" folgte die totale Niederlage. Die Teilung Deutschlands und Europas in zwei einander feindlich gegenüberstehende politisch-militärische Blöcke unter der Führung der USA und der Sowjetunion sowie der Kalte Krieg zwischen diesen rivalisierenden atomaren Supermächten bis in die 1980er-Jahre waren direkte oder indirekte Folgen des Zweiten Weltkriegs (➔ s. Kap. 10.1). Erst mit dem Zusammenbruch des Sowjetkommunismus, der friedlichen Wiederherstellung der deutschen Einheit, der Überwindung der Spaltung Europas und der Auflösung der Sowjetunion 1989 bis 1991 endete gewissermaßen die Nachkriegszeit (➔ s. Kap. 11).

Offene Fragen

Fast siebzig Jahre nach seinem Untergang ist die Erforschung des Nationalsozialismus keineswegs abgeschlossen. Nach wie vor, so der Historiker Hans-Ulrich Wehler, stellt sich die „Schlüsselfrage": „Warum hat Deutschland als einziges westliches Industrie- und Kulturland einen Radikalfaschismus mit seinen mörderischen Konsequenzen des Genozids und Vernichtungskrieges hervorgebracht?" Aber auch Einzelfragen werden lebhaft diskutiert: Wie funktionierte Hitlers Herrschaft? War die „Volksgemeinschaft" nur ein Propagandabegriff oder auch Realität? Wieweit wurden die Deutschen durch die Ausplünderung besetzter Länder zu „Hitlers kleinen Profiteuren" – und quasi zu Komplizen des NS-Regimes? Oder durften auch sie sich als Opfer des Kriegs – in Gestalt des Bombenkriegs der Alliierten – fühlen? Wann und in welchem Personenkreis wurde der Holocaust beschlossen? Nicht selten führen neue Quellen zu neuen Erkenntnissen: Im Jahr 2000 wurde bekannt, dass auch die beiden christlichen Kirchen während des Kriegs ausländische Zwangsarbeiter beschäftigten. Seit 2011 weiß man aus Abhörprotokollen von Gesprächen zwischen deutschen Soldaten in britischen Kriegsgefangenenlagern, wie leicht manchen das Töten unschuldiger Zivilisten gefallen war.

Der Nationalsozialismus und die Gegenwart

Schülerinnen und Schüler haben manchmal das Gefühl, dass sie mit dem Thema Nationalsozialismus „genervt" werden: im Geschichts-, Politik-, Deutsch-, Religions- und Biologieunterricht, an Gedenktagen wie dem 27. Januar, dem 8. Mai oder dem 9. November und auf allen Kanälen des Fernsehens, wo das Spektrum vom trivialen Spielfilm über die populärwissenschaftliche Reportage bis zur seriösen Dokumentation reicht. Oft sind sie der Ansicht, dass sie als Generation des 21. Jahrhunderts mit Hitlers „Drittem Reich" persönlich nicht mehr zu tun haben als etwa mit dem Reich Karls des Großen.
Das ist jedoch ein Irrtum, wie schon wenige Beispiele zeigen:

3 „Trauermarsch" von Rechtsextremisten anlässlich des Jahrestags der Bombardierung Dresdens
Vom 13. bis zum 15. Februar 1945 fanden alliierte Luftangriffe auf Dresden statt, die einen Großteil der Stadtfläche zerstörten und bei denen nach neuesten Erkenntnissen (2010) „bis zu 25 000 Menschen getötet" wurden. Rechtsextreme nutzen seit 2000 den Jahrestag der Bombardierung, um „Trauermärsche" durch die Stadt zu veranstalten. Pressefoto vom 14.2.2009.

- Die strafrechtliche Verfolgung von NS-Verbrechen ist erst jetzt, nach knapp siebzig Jahren, weitgehend abgeschlossen. 2011 wurde im vielleicht letzten großen NS-Verfahren der 91-jährige John Demjanjuk, 1943 Wachmann im Vernichtungslager Sobibór, vom Landgericht München II in erster Instanz wegen Beihilfe zum Mord in 28 060 Fällen zu fünf Jahren Haft verurteilt.
- Viele Institutionen wie Universitäten, Forschungseinrichtungen, Großunternehmen, Verbände oder Ministerien begannen erst in den 1990er-Jahren mit der offenen Aufarbeitung ihrer NS-Vergangenheit.
- Die außenpolitischen Beziehungen Deutschlands zum Staat Israel (der 1948 auch als Reaktion auf den Holocaust gegründet wurde) werden bis heute durch die Zeit des Nationalsozialismus definiert. „Die unfassbaren Verbrechen der Schoah sind für Deutschland und die Deutschen dauernde Verpflichtung, für das Existenzrecht Israels einzutreten", so Bundespräsident Christian Wulff am 28. November 2010.
- Erst im Jahr 2000 wurde eine Vereinbarung zur Entschädigung der NS-Zwangsarbeiter getroffen; die Auszahlung der Gelder am Ende eines langwierigen Verfahrens hat mancher der in deutschen Wirtschaftsbetrieben ausgebeuteten und physisch und psychisch oft ruinierten Frauen und Männer nicht mehr erlebt.
- Der Nationalsozialismus ist keineswegs politisch tot. In Deutschland, aber auch in anderen europäischen Ländern und in den USA, gibt es Gruppen und Parteien, die sich zur nationalsozialistischen Ideologie bekennen. Sie verbreiten menschenverachtende, antidemokratische, ausländer- und judenfeindliche Parolen in eigenen Zeitungen und im Internet, auf öffentlichen Kundgebungen und Demonstrationsmärschen. Und nach wie vor werden in Deutschland jährlich Tausende rechtsextremer Straftaten verübt – im Jahr 2009 laut Verfassungsschutz 18 750.
- Das aktive Erinnern an die Fehler unserer Vorfahren – die letztlich „ganz normale" Menschen waren – kann uns davor schützen, in die gleichen Denkmuster zu verfallen und die gleichen oder ähnliche Fehler zu wiederholen.

Deutschland bleibt ein „schwieriges Vaterland" (Gustav Heinemann, Bundespräsident 1969–1974) mit einer in die Gegenwart ragenden nationalsozialistischen Vergangenheit, die nicht vergeht – eine unbequeme Erbschaft, mit der sich jede junge Generation in ihrem eigenen Interesse stets aufs Neue historisch und politisch auseinandersetzen muss.

Testen Sie Ihre Sachkompetenz

a) Erläutern Sie den Begriff „Gleichschaltung“ am Beispiel einer von Ihnen zu wählenden gesellschaftlichen Gruppe und einer politischen Institution.

b) Stellen Sie sich vor, es wird beschlossen, ein zentrales Denkmal für den Widerstand gegen das NS-Regime in Berlin zu errichten. Welche Gruppen und Personen sollten Ihrer Meinung nach vertreten sein? Erstellen Sie eine Rangfolge mit Begründungen.

Operatoren-Training

(alle Operatoren auf einen Blick finden Sie auf S. 634–641)

1 Beginn der neuen Arbeitsschlacht: 21. März (1934)

a) AFB III, Operator „beurteilen“:
Beurteilen Sie die Bedeutung wirtschaftlicher Faktoren für die „Machtergreifung“ des NS-Regimes.
Hinweise: Beim Operator „beurteilen“ sollen Sie den Stellenwert historischer Sachverhalte in einem Zusammenhang bestimmen, um zu einem begründeten Sachurteil zu gelangen, nicht jedoch zu einem persönlichen Werturteil.

b) AFB I–III, Operator „darstellen“:
Stellen Sie die nationalsozialistische Wirtschaftspolitik der Jahre 1933–1939 dar.
Hinweise: Der Operator „darstellen“ verlangt von Ihnen, historische Entwicklungszusammenhänge und Zustände mithilfe von Quellenkenntnissen und Deutungen zu beschreiben, zu erklären und zu beurteilen. „Darstellen“ ist also ein übergreifender Operator, der sich aus mindestens drei Einzeloperatoren zusammensetzt: beschreiben (s. S. 421), erklären (s. S. 261) und beurteilen (s. S. 295).

c) AFB I–III, Operator „interpretieren“:
Interpretieren Sie Bildquelle M1, indem Sie

1. sie analysieren, (26 Punkte)
2. sie in den historischen Kontext der NS-Wirtschaftspolitik der Vorkriegszeit und der entsprechenden Propaganda einordnen und die Bedeutung der Bild- und Schriftelemente erläutern, (30 Punkte)
3. den Inhalt und die Wirkungsabsicht des Plakats vor dem Hintergrund der NS-Wirtschafts- und Sozialpolitik und der entsprechenden Propaganda kritisch beurteilen und diskutieren, inwieweit der Nationalsozialismus hier die Schüler für seine politischen Zwecke instrumentalisiert (d.h. ausnutzt). (24 Punkte)

Hinweise: Das obige Operatoren-Training ist im Stile einer Klausur-Aufgabenstellung aufgebaut. Dementsprechend kommen fünf Einzeloperatoren vor: analysieren, einordnen, erläutern, beurteilen und diskutieren. „Interpretieren“ gehört als übergreifender Operator einer anderen Kategorie als die genannten Einzeloperatoren an und ist daher hier von besonderer Bedeutung. Er verlangt, dass Sinnzusammenhänge aus Quellen erschlossen werden und eine begründete Stellungnahme abgegeben wird, die auf der geleisteten Analyse, Kontext-Einordnung/Erläuterung und Bewertung/Diskussion beruht. Achten Sie also darauf, die Ergebnisse der Aufgaben 1 und 2 für die Beurteilung und Diskussion zu benutzen.

In den unten abgedruckten Lösungsvorschlägen werden zu ausgewählten Punkten der geforderten Interpretation Hinweise gegeben, die zeigen, wie wichtig es ist, die Analyse- und Erläuterungsergebnisse für die Beurteilung und Diskussion und dann für die abschließende und weiterreichende Gesamtinterpretation zu nutzen.

Lösungsvorschläge zum Operatoren-Training

zum Arbeitsvorschlag a), Operator „beurteilen":
Zugunsten eines großen Stellenwerts der Wirtschaft könnten Sie die Weltwirtschaftskrise und die Massenarbeitslosigkeit zu Beginn der 1930er-Jahre anführen. Auch die Abstiegsängste der kleinbürgerlichen Mittelschichten gehören zumindest wirtschaftspsychologisch hierhin. Als Argumente gegen einen großen Stellenwert der Wirtschaft sprechen hingegen das verbreitete Protestwähler-Verhalten und der Mangel an demokratischer politischer Kultur im Deutschen Reich. So gelangen Sie zu einem ausgewogenen Urteil, indem Sie zeigen, dass Ihnen sowohl Pro- als auch Kontra-Argumente bewusst sind.

zum Arbeitsvorschlag b), Operator „darstellen":
Die NS-Wirtschaftspolitik wäre sowohl anhand einzelner Einrichtungen und Stationen (zum Beispiel Reichsarbeitsdienst, allgemeine Wehrpflicht, kreditfinanzierte staatliche Investitionen in den Autobahn- und Straßenbau und vor allem in die Rüstung, die weitgehend erzwungene Verdrängung der Frauen und „Nicht-Deutschen" aus dem Erwerbsleben etc.) als auch in ihrer Gesamtentwicklung (zum Beispiel Senkung der Arbeitslosigkeit von sechs Millionen auf eine Million in vier Jahren, Anhäufung riesiger Staatsschulden) zu betrachten. Erklärungsversuche könnten bei der NS-Ideologie und Hitlers Programmatik ansetzen und die Rüstungspolitik heranziehen. Beurteilungsmöglichkeiten hängen von der Quelle und der Gesamtthematik mit ihrer übergreifenden Problemfrage ab, beispielsweise ob Hitler wirtschaftspolitisch nach einem Plan vorging oder sich „durchwurschtelte" und dabei von vielen Zufällen profitierte. Achten Sie beim Beurteilen im Rahmen des „Darstellens" darauf, dass Sie nur ein Sachurteil, aber kein Werturteil abgeben sollen. Sie sollen also zum Beispiel nur feststellen, dass Ihrer Meinung nach Hitler planmäßig handelte, aber Sie sollen nicht sagen, was Sie persönlich davon halten. Ein solches, hier deplatziertes Werturteil würden Sie fällen, wenn Sie es persönlich gutheißen, dass Hitler die Massenarbeitslosigkeit im Deutschen Reich von sechs Millionen im Jahre 1933 auf unter zwei Millionen im Jahre 1936 senkte. Ein angemessenes Sachurteil hingegen wäre es, dieselben wirtschaftspolitischen Zahlen als gegenüber den außenpolitischen Erfolgen wichtigeren Grund und bessere Erklärung für Hitlers hohe Popularität unter den Deutschen anzuführen.

zum Arbeitsvorschlag c), Operator „interpretieren": Aufgaben 1 und 2:
Bei dem Begriff „Arbeitsschlacht" könnte man auf die Idee kommen, dass Schüler, Eltern, Lehrer und Gemeinden mit diesem Plakat in die deutsche Kriegswirtschaft des Zweiten Weltkriegs eingespannt werden, und eine kriegswichtige Schlacht „an der Heimatfront" schlagen sollen. Dies wäre eine Fehlinterpretation, die darauf beruht, dass man die Analyse nicht sorgfältig durchgeführt hat. Man hat die „Wann?"-Frage für unwichtig gehalten und daher das Entstehungs- bzw. Veröffentlichungsdatum des Plakats (1934) zu wenig beachtet. Richtig wäre, das Plakat in die neue, besondere Wirtschaftspolitik der Nationalsozialisten einzuordnen, die sich mit großer Konsequenz, gewaltigem propagandistischem Aufwand und den politischen Mitteln einer Diktatur um die Senkung der Massenarbeitslosigkeit bemühten.
Weiterhin dürfte Ihnen aus der Arbeit mit diesem Kapitel des vorliegenden Buchs bekannt sein, dass die NS-Propaganda sehr häufig auf militärisches Vokabular setzte, auch bei gänzlich zivilen Angelegenheiten. So hat Hitler über die deutsche Frau gesagt: „Jedes Kind, das sie zur Welt bringt, ist eine Schlacht, die sie besteht für Sein oder Nichtsein ihres Volkes" (→ s. M5, S. 438). Die Nationalsozialisten stilisierten ihre Wirtschaftspolitik zu einem radikal zu führenden Krieg gegen die Arbeitslosigkeit, bestehend aus vielen einzelnen „Schlachten". Die Gesellschaft insgesamt fassten die Nationalsozialisten als berufsständisch gegliederte Kampfgemeinschaft auf, in der also auch die Schulbuchmacher eine dieser Kampfformationen bilden sollten. Auch diese Kenntnisse über die NS-Propaganda sollten Sie vor obiger Fehlinterpretation bewahren können. Die Klausuraufgabe ist daher auch mit ihren Operatoren so angelegt, dass Sie in Aufgabe 2 die Quelle in die Propaganda der Nationalsozialisten einordnen sollen, bevor Sie zu einer weitergehenden Interpretation kommen.

zum Arbeitsvorschlag c), Operator „interpretieren", Aufgabe 2:
Zur Einordnung des Plakats in seinen historischen Kontext wäre zunächst die NS-Wirtschaftspolitik wie bei Arbeitsvorschlag b) anhand einzelner Einrichtungen und Stationen aber auch in ihrer Gesamtentwicklung zu betrachten. Das Plakat stellt offensichtlich den Versuch der Nationalsozialisten dar, auch die Schulbuchproduktion zur Arbeitsplatzbeschaffung zu nutzen.
Aber auch die NS-Propaganda gehört zur Kontext-Einordnung dieser Quelle. Neben dem Begriff und dem Konzept „Arbeitsschlacht" sind hier vor allem die Signalwörter „Volksgenossen" und „deutscher Aufbau" zu beachten. Sie zeigen an, wie die Nationalsozialisten mit ihrer Idee einer harmonischen, geschlossenen und entschlossenen Volksgemeinschaft die Deutschen für ihre Politik gewinnen wollten. Zweimal fällt der Satz „Auch die deutsche Schule kann helfen". Die deutsche Schule soll sich also ihrer Zugehörigkeit zu dieser Volksgemeinschaft bewusster werden und die damit verbundenen Pflichten ernster nehmen. Denn für den „deutschen Aufbau" gebe es keinen Beitrag, der zu „klein" wäre – eine Anspielung auf die kleinen Schulkinder.
Die Bildelemente lassen sich für die Deutung des Plakats beispielsweise folgendermaßen erläutern: Indem die Pfennige zu den Büchern rollen, entsteht ein großer Turm Bücher: kleine Beiträge, große Wirkung. Die Nationalsozialisten möchten offenbar den Eindruck erwecken, dass wenige und winzige Bücherpfennige für die Schulen das große Land Deutschland aufbauen könnten.

zum Arbeitsvorschlag c), Operator „interpretieren", Aufgabe 3:
Um Inhalt und Wirkungsabsicht des Plakats kritisch zu beurteilen und zu diskutieren, sollten Sie auf die Ausgewogenheit und Differenziertheit Ihrer Argumentation achten. Beziehen Sie klar Position, aber versteifen Sie sich nicht auf eine Seite. Zeigen Sie Ihrem Lehrer oder Ihrer Lehrerin, dass Sie selber genau wissen, was Sie jeweils tun, indem Sie etwa sagen, dass Sie etwas kritisch anmerken möchten, wenn Sie etwas kritisch anmerken möchten. Oder: Dass Sie, bei aller notwendiger Kritik am Nationalsozialismus, dieses oder jenes durchaus als Leistung der NS-Wirtschaftspolitik anerkennen können. Im vorliegenden Fall wäre hingegen vielleicht daran zu erinnern, dass in den Schulen mithilfe der hier geforderten Schulbücher Rassenkunde verbreitet wurde (→ s. M7, S. 441), dass andererseits die Nazis im Mai 1933 zahllose Bücher verbrannt und damit ihre Bücherverachtung und Bildungsfeindlichkeit gezeigt hatten (→ s. M10, S. 447). Ob die Benutzung gebrauchter Schulbücher wirklich unhygienisch und unsozial ist, darüber vermag wohl jeder Schüler aus eigener Anschauung und Erfahrung ein Urteil zu fällen. Die Wirtschaftspolitik derart radikal auf die Beschaffung von Arbeitsplätzen auszurichten zeigt jedenfalls nicht nur mangelnde Rücksicht auf die Effizienz und Nachhaltigkeit des Wirtschaftens, sondern – viel schlimmer – auch mangelnde Rücksicht auf die individuellen Rechte und Freiheiten eines jeden Bürgers, über sein Eigentum und seine Arbeitskraft selber zu verfügen.

10 Deutschland und Europa nach dem Zweiten Weltkrieg

Problemaufriss

War der Alltag der Menschen in Europa direkt nach 1945 noch von den Folgen des Zweiten Weltkriegs geprägt, standen die folgenden Jahrzehnte ganz im Zeichen der politischen Teilung des Kontinents: Trotz des gemeinsamen Siegs über NS-Deutschland zerbrach die Anti-Hitler-Koalition. Zwei Blöcke – der von den USA dominierte Westen und der von der Sowjetunion geführte Osten – standen sich fortan im Kalten Krieg unter Mobilisierung enormer militärischer Kräfte gegenüber.
Der „Eiserne Vorhang" war nirgends so sichtbar wie im geteilten Deutschland: Nach der Gründung der Bundesrepublik und der DDR entwickelten sich die beiden deutschen Staaten politisch, ideologisch und militärisch völlig unterschiedlich: Während die Bundesrepublik die Westintegration vorantrieb, die soziale Marktwirtschaft einführte und Mitglied in der NATO und der EWG wurde, entwickelte die DDR ein sozialistisches Staats- und Gesellschaftssystem und wurde in den Warschauer Pakt und den RGW integriert. Erst mit dem Fall der Mauer im Jahr 1989, dessen Umstände im elften Kapitel dargestellt werden, fand die Konfrontation der Blöcke ein Ende.

Was Sie in diesem Kapitel erwartet

US-amerikanische Katastrophenübung für den Fall eines Atomwaffenangriffs
Nach den USA entwickelte die UdSSR die Atombombe. Fortan schwebte die konstante Bedrohung eines Atomkriegs über der Menschheit. Ein Krieg zwischen beiden Staaten hätte zur „sicheren gegenseitigen Zerstörung" geführt. Katastrophenübungen wie diese aus dem Jahr 1962 muten aus heutiger Sicht naiv an, stehen aber sinnbildlich für den permanenten Krisenzustand, der vier Jahrzehnte lang die internationale Politik und das Leben der Menschen bestimmte.

Alltag im Schatten der Berliner Mauer im Jahr 1986
Drei Jahre vor dem Fall der Mauer herrschte scheinbar Normalität in der seit dem 13. August 1961 geteilten Stadt Berlin. Die meisten Westberliner hatten sich mit dem Eisernen Vorhang vor der Haustür abgefunden. Gleichwohl hatte mit der Entspannungspolitik der 1970er-Jahre bereits ein ernsthaftes Bemühen für die Verständigung zwischen beiden Seiten eingesetzt – die Zeitgenossen ahnten es nicht, doch das Ende des Ost-West-Konflikts stand unmittelbar bevor.

Online-Link
430089-1001
alle Online-Materialien zum Kapitel 10

Politik

Dramatische Szene an der Grenze zwischen Ost- und Westberlin. Kurz nach dem Mauerbau 1961 standen sich mehrere sowjetische und amerikanische Panzer 16 Stunden lang gegenüber, ehe die Situation deeskaliert werden konnte.

1945 – 1950

7./8. Mai 1945
bedingungslose Kapitulation Deutschlands

Juli–August 1945
Potsdamer Konferenz

12. März 1947
Truman-Doktrin

14. Mai 1948
Gründung des Staats Isreal

24. Juni 1948–12. Mai 1949
Berlin-Blockade

April 1949
Gründung der NATO

23. Mai 1949
das Grundgesetz tritt in Kraft

15. September 1949
Konrad Adenauer wird Bundeskanzler

7. Oktober 1949
Gründung der DDR

8. Februar 1950
Gründung der Stasi

25. Juni 1950
Beginn des Koreakriegs

Kultur/ Gesellschaft

Im August 1969 versammelten sich rund 450 000 junge Menschen im US-Bundesstaat New York beim bis dahin größten Musikfestival der Welt. „Woodstock" gilt heute als Höhepunkt der sogenannten Hippiebewegung, die in den 1960er-Jahren ein von Zwängen und bürgerlichen Tabus befreites Leben propagierte.

1945 – 1950

November 1949
Erstausgabe der Frankfurter Allgemeinen Zeitung

Juni 1950
Gründung der ARD

1950
das Berliner Stadtschloss wird als Symbol des deutschen Militarismus gesprengt

1951
der bayerische Landtag votiert für die Beibehaltung der Prügelstrafe in Schulen

Wirtschaft/ Umwelt

Unter ungeheuren Kosten lieferten sich die USA und die UdSSR in den 1950er- und 1960er-Jahren einen „Wettlauf ins All". So stand der erste bemannte Mondflug im Jahr 1969 ganz im Zeichen der Systemkonkurrenz.

1945 – 1950

bis 1947
Vertreibung von etwa 12 Millionen Deutschen aus Ost- und Mitteleuropa

5. Juni 1947
George C. Marshall verkündet den Marshallplan

20. Juni 1948
mit der Währungsreform wird die D-Mark gesetzliches Zahlungsmittel in Westdeutschland

1949
Petersberger Abkommen

1950
Beitritt der DDR zum RGW

Januar 1951
Inkrafttreten des ersten Fünfjahrplans in der DDR

April 1951
Gründung der EGKS

1960 – 1970 – 1980

10. März 1952
erste Stalin-Note

5. März 1953
Tod Josef Stalins

17. Juni 1953
Volksaufstand in der DDR

Mai 1955
die Pariser Verträge treten in Kraft

Juni 1955
Gründung des Warschauer Pakts

Dezember 1955
öffentliche Verkündung der Hallstein-Doktrin

1956
Ungarischer Volksaufstand

13. August 1961
Mauerbau in Berlin

1962
Kubakrise

22.11.1963
US-Präsident John F. Kennedy wird ermordet

1964
Eintritt der USA in den Vietnamkrieg

1969
Ende der Großen Koalition/ Willy Brandt wird erster sozialdemokratischer Bundeskanzler

1970–1973
Ratifizierungen der Ostverträge

1971
Erich Honecker wird Erster Sekretär des Zentralkomitees der SED

1973
Aufnahme der DDR und der BRD in die UNO

1975
KSZE Schlussakte

12. Dezember 1979
NATO-Doppelbeschluss

25. Dezember 1979
Beginn der sowjetischen Intervention in Afghanistan

1960 – 1970 – 1980

1952
Erstausgabe der BILD

1954
(West-)Deutschland wird Fußballweltmeister

1956
„Halbstarkenkrawalle"

1959
Günter Grass veröffentlicht „Die Blechtrommel"

Mai 1962
Adolf Eichmann wird nach dem „Eichmann-Prozess" in Israel hingerichtet

Oktober 1962
Beginn der Spiegel-Affäre

1963
Alfred Hitchcocks Film „Die Vögel" feiert Premiere

Juni 1967
der Student Benno Ohnesorg wird erschossen

1968
Höhepunkt der 68er Studentenproteste

Februar 1968
Oswalt Kolles Film „Das Wunder der Liebe" feiert Premiere

April 1968
der schwarze Bürgerrechtler und Friedensnobelpreisträger Martin Luther King wird ermordet

1972
Heinrich Böll erhält den Nobelpreis für Literatur

1973
§ 175 StGB (der „Homosexuellenparagraph") wird reformiert

1976
der Liedermacher Wolf Biermann wird aus der DDR ausgebürgert

1977
in der BRD wird die gesetzlich vorgeschriebene Aufgabenteilung in der Ehe aufgehoben

1960 – 1970 – 1980

ab 1952
der „Koreaboom" beschert der Bundesrepublik hohe Wachstumsraten

August 1955
der millionste VW Käfer läuft von Band

1957
Gründung der Europäischen Wirtschaftsgemeinschaft (EWG)

4. Oktober 1957
der russische Satellit Sputnik 1 löst im Westen den „Sputnikschock" aus

12. April 1961
der Russe Jurij Gagarin ist der erste Mensch im Weltraum

1964
der millionste Gastarbeiter wird in Deutschland begrüßt

21. Juli 1969
der US-Amerikaner Neil Armstrong betritt als erster Mensch den Mond

Herbst 1973
die erste Ölpreiskrise macht „die Grenzen des Wachstums" deutlich

1975
mit Biblis A geht das größte AKW der Welt ans Netz

Januar 1979
erster Smogalarm im Ruhrgebiet

März 1979
partielle Kernschmelze im AKW Three Mile Island bei Harrisburg (USA)

10.1 Teilung Europas und Formierung der Blöcke

A) Wie entstanden aus der Anti-Hitler-Koalition nach dem Zweiten Weltkrieg zwei entgegengesetzte ideologische Blöcke?
B) Mit welchen Mitteln festigten die Supermächte USA und Sowjetunion ihre jeweilige Position?
C) Wie charakterisierten die Supermächte den eigenen und wie nahmen sie den fremden Block wahr?

Von der Kooperation zur Konfrontation

1 Alliiertes Werbeplakat aus dem Jahr 1943

2 Die Atlantik-Charta vom 14. August 1941

Bereits während des Zweiten Weltkriegs bereiteten die Alliierten eine Nachkriegsordnung für Europa vor. US-Präsident Roosevelt und der britische Premierminister Churchill verfassten folgende Erklärung auf einem Kriegsschiff im Atlantik. Die meisten der Staaten, die nicht mit den Achsenmächten verbündet waren, traten ihr bis zum März 1945 bei.

Der Präsident der Vereinigten Staaten und Premierminister Churchill als Vertreter der Regierung Seiner Majestät des Vereinigten Königreiches halten es nach gemeinsamer Besprechung für richtig, gewisse allgemeine Grundsätze der nationalen Politik ihrer beiden Länder bekannt zu machen, auf die sie ihre Hoffnung auf eine bessere Zukunft für die Welt gründen: 1. Ihre Länder erstreben keinerlei Gebiets- oder sonstige Vergrößerung. 2. Sie wünschen keine Gebietsveränderungen, die nicht mit den frei zum Ausdruck gebrachten Wünschen der betreffenden Völker übereinstimmen. 3. Sie anerkennen das Recht aller Völker, die Regierungsform zu wählen, unter der sie leben wollen; und sie wünschen, dass denen souveräne Rechte und Selbstregierung zurückgegeben werden, die ihrer gewaltsam beraubt worden sind. 4. Sie werden sich unter gebührender Berücksichtigung ihrer bestehenden Verpflichtungen bemühen, allen Staaten, groß oder klein, Siegern oder Besiegten, fördernd zu helfen, dass sie unter gleichen Bedingungen Zutritt zum Handel und zu den Rohstoffen der Welt haben, die zu ihrem wirtschaftlichen Gedeihen notwendig sind. 5. Sie wünschen vollste Zusammenarbeit zwischen allen Nationen auf wirtschaftlichem Gebiet zu erreichen mit dem Ziel, für alle einen gehobenen Arbeitsstandard, wirtschaftlichen Fortschritt und soziale Sicherheit zu gewährleisten. 6. Sie hoffen, dass nach der endgültigen Zerstörung der Nazityrannei ein Frieden geschaffen wird, der allen Nationen die Möglichkeit gibt, in Sicherheit innerhalb ihrer eigenen Grenzen zu leben, und der Gewähr dafür bietet, dass alle Menschen in allen Ländern der Welt ihr Leben frei von Furcht und Mangel leben können. 7. Ein solcher Friede sollte es allen Menschen ermöglichen, die Meere und Ozeane ungehindert zu überqueren. 8. Sie glauben, dass aus sachlichen wie aus ideellen Gründen alle Nationen der Welt dazu gelangen müssen, auf die Anwendung von Gewalt zu verzichten. [...] bis zur Schaffung eines umfassenderen und dauerhaften Systems allgemeiner Sicherheit [ist] die Entwaffnung [von] Nationen [, die mit Angriffen außerhalb ihrer Grenzen drohen oder drohen könnten,] wesentlich. Sie werden ebenso alle anderen durchführbaren Maßnahmen unterstützen und fördern, die den friedliebenden Völkern die erdrückende Last der Rüstung erleichtern.

Herbert Schambeck et al. (Hrsg.): Dokumente zur Geschichte der Vereinigten Staaten von Amerika. Berlin 1993, S. 479 ff.

3 Erklärung über das befreite Europa

Auszug aus der Erklärung der „Großen Drei" – Winston Churchill, Franklin D. Roosevelt und Josef W. Stalin – auf der Konferenz von Jalta vom 4. bis zum 11. Februar 1945. Die Konferenz war das zweite von drei alliierten Gipfeltreffen während des Zweiten Weltkriegs. Im Mittelpunkt standen die territoriale Aufteilung Deutschlands sowie die Machtverteilung in Europa und Asien nach dem Krieg.

Der Premierminister der UdSSR, der Premierminister des Vereinigten Königreiches und der Präsident der Vereinigten Staaten von Amerika [...] erklären gemeinsam ihr gegenseitiges Einverständnis, die entsprechende Politik ihrer drei Regierungen während des zeitweiligen Vorherrschens ungeordneter Zustände im befreiten Europa gleichzuschalten, um den Völkern der früheren Vasallenstaaten der Achse bei der auf demokratischem Wege herbeizuführenden Lösung ihrer drängenden politischen und wirtschaftlichen Probleme beizustehen. Die Herstellung der Ordnung in Europa und der Wiederaufbau eines nationalen Wirtschaftslebens müssen in einer Weise zuwege gebracht werden, die es den betreffenden Völkern gestattet, die letzten Spuren des Nationalsozialismus und Faschismus zu beseitigen und demokratische Einrichtungen nach eigener Wahl zu schaffen. [...] Zur Schaffung von Bedingungen, unter denen die befreiten Völker diese Rechte ausüben können, werden die drei Regierungen [...] die Völker der befreiten europäischen Staaten oder der früheren europäischen Vasallenstaaten der Achse gemeinsam in Folgendem unterstützen: a) bei der Wiederherstellung von Friedensverhältnissen; b) bei der Durchführung von Notmaßnahmen zwecks Unterstützung Hilfsbedürftiger; c) bei der Schaffung vorläufiger Regierungsgewalten, die eine umfassende Vertretung aller demokratischen Elemente der Bevölkerung darstellen und die zur baldestmöglichen Errichtung von dem Volkswillen entsprechenden Regierungen auf dem Wege freier Wahlen verpflichtet sind; d) nötigenfalls bei der Durchführung solcher Wahlen. Die drei Regierungen werden die anderen Vereinten Nationen und provisorischen Gewalten oder andere Regierungen in Europa zu Rate ziehen, wenn Angelegenheiten, die für diese von unmittelbarem Interesse sind, behandelt werden. [...]
Mit dieser Erklärung bestätigen wir von Neuem unseren Glauben an die Grundsätze der Atlantik-Charta, unser in der Erklärung der Vereinten Nationen gegebenes Gelöbnis und unseren Entschluss, in Zusammenarbeit mit anderen friedliebenden Nationen eine auf Recht und Gesetz gegründete Weltordnung zu schaffen, die dem Frieden, der Sicherheit, der Freiheit und dem allgemeinen Wohl der gesamten Menschheit geweiht ist.

Zit. nach: Hagen Schulze/Ina Ulrike Paul (Hrsg.): Europäische Geschichte. Quellen und Materialien. München 1994, S. 253 f.

4 Ein Eiserner Vorhang ist niedergegangen

Auszug aus einem Telegramm Churchills an Truman vom 12. Mai 1945. Churchill verwendete hierin erstmals den Begriff „Eiserner Vorhang". Im März 1946 griff er ihn während einer Rede in Fulton im US-amerikanischen Bundesstaat Missouri in Anwesenheit Trumans erneut auf.

Die Lage in Europa beunruhigt mich zutiefst. Ich erfahre, dass die Hälfte der in Europa stehenden amerikanischen Fliegerkräfte bereits die Verlegung nach dem Fernen Osten eingeleitet hat. [...] Es liegt offen zutage, dass unsere bewaffnete Macht auf dem europäischen Kontinent binnen Kurzem dahinschwinden wird und dort nur noch bescheidene Kräfte zur Niederhaltung Deutschlands verbleiben. [...] Ich habe mich stets um die Freundschaft der Russen bemüht; aber ihre falsche Auslegung der Jalta-Beschlüsse, ihre Haltung gegen Polen, ihr überwältigender Einfluss auf dem Balkan bis hinunter nach Griechenland, die uns von ihnen in Wien bereiteten Schwierigkeiten, die Verkoppelung ihrer Macht mit der Besetzung und Kontrolle so ungeheurer und weiter Gebiete, die von ihnen inspirierte, kommunistische Taktik in so vielen anderen Ländern und vor allem die Fähigkeit, lange Zeit große Armeen im Felde stehen zu lassen, beunruhigen mich ebenso sehr wie Sie. Wie wird sich die Lage in ein bis zwei Jahren darstellen, wenn [...] wir nur über eine Hand voll Divisionen, davon die Mehrzahl französische, verfügen, während Russland zwei- bis dreihundert unter den Fahnen hält?
Ein Eiserner Vorhang ist vor ihrer Front niedergegangen. Was dahinter vorgeht, wissen wir nicht. Es ist kaum zu bezweifeln, dass der gesamte Raum östlich der Linie Lübeck–Triest–Korfu schon binnen Kurzem völlig in ihrer Hand sein wird. Zu all dem kommen noch die weiten Gebiete, die die amerikanischen Armeen zwischen Eisenach und der Elbe erobert haben, die aber [...] nach der Räumung durch Ihre Truppen in ein paar Wochen gleichfalls der russischen Machtsphäre einverleibt sein werden. General Eisenhower wird alle nur möglichen Maßnahmen treffen müssen, um eine zweite Massenflucht der Deutschen nach Westen zu verhindern, wenn dieser enorme moskowitische Vormarsch ins Herz Europas erfolgt. Und dann wird der Vorhang von Neuem bis auf einen schmalen Spalt, wenn nicht gänzlich niedergehen. Damit werden uns russisch besetzte Territorien von vielen Hundert Kilometern Tiefe wie ein breites Band von Polen abschneiden. Die Aufmerksamkeit unserer Völker aber wird sich mit der Bestrafung Deutschlands [...] beschäftigen, sodass die Russen [...] innerhalb sehr kurzer Zeit bis an die Küsten der Nordsee und des Atlantik vormarschieren können. [...]

Zit. nach: Wolfgang Lautemann/Manfred Schlenke (Hrsg.): Geschichte in Quellen, Bd. 5. München 1970, S. 574 f.

5 Politik der Stärke

Nach dem Tod Roosevelts am 12. April 1945 kam der Vize-Präsident Harry S. Truman ohne jegliche außenpolitische Erfahrung ins Amt. Auf Anweisung des neuen US-Präsidenten erstellte Sonderberater Clark M. Clifford (1906–1998) am 24. September 1946 das folgende Memorandum über den zukünftigen politischen Kurs gegenüber der Sowjetunion:

Es ist das oberste Ziel der Politik der Vereinigten Staaten gegenüber der Sowjetunion, die sowjetische Führung davon zu überzeugen, dass es in ihrem Interesse liegt, sich an einem System weltweiter Zusammenarbeit zu beteiligen, dass es keine tieferen Gründe für einen Krieg zwischen unseren beiden Nationen gibt und dass die Sicherheit und der Wohlstand der Sowjetunion und der übrigen Welt durch einen aggressiven militärischen Imperialismus, wie ihn die Sowjetunion zurzeit verfolgt, bedroht sind. Aber dieselben Politiker, mit denen wir eine Verständigung über die Grundsätze des internationalen Friedens herbeizuführen suchen, scheinen zu glauben, dass ein Krieg mit den Vereinigten Staaten und den anderen führenden kapitalistischen Staaten unvermeidlich sei. Sie vergrößern ihre militärische Macht und die sowjetische Einflusszone in Vorbereitung auf den „unvermeidlichen" Konflikt, und sie versuchen, ihre potenziellen Gegner mit allen Mitteln, die ihnen zur Verfügung stehen, zu schwächen und zu unterwandern. Solange diese Männer so etwas glauben, ist es höchst gefährlich, den Schluss zu ziehen, dass die Hoffnung auf den internationalen Frieden nur in „Übereinstimmung", „gegenseitiger Verständigung" oder „Solidarität" mit der Sowjetunion liege. [...] Die Sprache militärischer Stärke ist die einzige Sprache, die Anhänger der Machtpolitik verstehen. Die Vereinigten Staaten müssen sich dieser Sprache bedienen, damit die sowjetische Führung erkennt, dass unsere Regierung entschlossen ist, die Interessen ihrer Bürger und die Rechte kleiner Nationen zu schützen. [...] Die Vereinigten Staaten mit ihrem hauptsächlich aus hochwirksamen technischen Waffen bestehenden militärischen Arsenal sollten alle Vorschläge für Abrüstung oder Rüstungsbegrenzung ablehnen, solange die Möglichkeit einer sowjetischen Aggression besteht. [...] Auch wenn sich die sowjetische Führung zum Glauben bekennt, dass der Konflikt zwischen Kapitalismus und Kommunismus unüberbrückbar sei und letzten Endes durch den Sieg des Kommunismus gelöst werden müsse, hoffen wir, dass sie ihre Auffassung ändert und mit uns eine faire und gerechte Lösung erarbeitet, wenn sie nämlich erkennt, dass wir zu stark sind, als dass man uns schlagen könnte. [...]

Zit. nach: Thomas H. Etzold/John Lewis Gaddis (Hrsg.): Containment: Documents on American Policy and Strategy, 1945–1950. New York 1978, S. 64 ff.

Festigung der bipolaren Weltordnung

6 Der Marshallplan

Aus der Rede des US-Außenministers George C. Marshall (1880–1959) an der Harvard Universität vom 5.6.1947, in der er ein Wiederaufbauprogramm verkündete, das sich an alle europäischen Staaten richtete. Die Sowjetunion und sechs weitere Staaten lehnten eine Teilnahme ab. Polen und die Tschechoslowakei zogen ihre Zusage unter sowjetischem Druck wieder zurück. Sechzehn europäische Staaten nahmen das Angebot an und gründeten 1948 die Organisation für Europäische Wirtschaftliche Zusammenarbeit (OEEC).

In vielen Ländern ist das Vertrauen in die eigene Währung schwer erschüttert. Das wirtschaftliche Gefüge Europas ist während des Krieges vollständig zusammengebrochen. Der Wiederaufbau ist dadurch, dass zwei Jahre nach Beendigung der Feindseligkeiten eine Einigung über den Frieden mit Deutschland und Österreich noch nicht erzielt werden konnte, ernstlich verzögert worden. [...] In Wirklichkeit handelt es sich darum, dass Europas Bedarf an ausländischen Nahrungsmitteln und sonstigen lebenswichtigen Gütern – hauptsächlich aus Amerika – so viel größer als seine gegenwärtige Zahlungsfähigkeit ist, dass es entweder wesentliche zusätzliche Hilfe benötigt oder aber sich einem wirtschaftlichen, sozialen und politischen Niedergang sehr ernsten Charakters gegenübersehen wird. Das Hilfsmittel besteht darin, diesen bösartigen Kreislauf zu durchbrechen und den Glauben der europäischen Völker an die wirtschaftliche Zukunft ihres eigenen Landes sowie Europas in seiner Gesamtheit wiederherzustellen. Über ein weites Gebiet hin müssen Fabrikanten und Landwirte wieder willens und in der Lage sein, ihre Ware gegen Geld von unbestrittenem Wert abzugeben. Abgesehen von der demoralisierenden Wirkung auf die ganze Welt und der Möglichkeit der Entstehung von Unruhen als Folge der Verzweiflung der betroffenen Völker sind die Folgen für die Wirtschaft der Vereinigten Staaten offenkundig. Logischerweise müssen die Vereinigten Staaten alles, was in ihrer Macht steht, unternehmen, um zu der Rückkehr normaler wirtschaftlicher Verhältnisse beizutragen, denn ohne diese sind eine politische Stabilität und ein gesicherter Friede unmöglich. Unsere Politik richtet sich nicht gegen irgendein Land oder eine Anschauung, sondern gegen Hunger, Armut, Verzweiflung und Chaos. Ihr Ziel ist die Wiederbelebung einer leistungsfähigen Weltwirtschaft, die das Entstehen politischer und sozialer Zustände, in denen freiheitliche Einrichtungen gedeihen können, ermöglichen soll. Ich bin davon überzeugt, dass eine solche Hilfe nicht von Fall zu Fall, je nachdem ob sich Krisen entwickeln, gegeben werden sollte.

Jede Hilfe, die unsere Regierung in Zukunft gewähren mag, sollte Heilung und nicht bloß Linderung bringen. Ich bin davon überzeugt, dass jede Regierung, die am Wiederaufbau mitarbeiten will, die volle Unterstützung der Vereinigten Staaten finden wird. Eine Regierung aber, die darauf hinarbeitet, den Wiederaufbau anderer Länder zu behindern, kann von uns keine Hilfe erwarten. Darüber hinaus müssen Regierungen, politische Parteien oder Gruppen, die das menschliche Elend verewigen wollen, um davon politisch oder sonst wie zu profitieren, mit der Gegnerschaft der Vereinigten Staaten rechnen. Es ist aber klar, dass, ehe die Vereinigten Staaten in ihren Anstrengungen, die Lage zu lindern und der europäischen Welt auf ihrem Weg zur Wiedergesundung zu helfen, ernstlich fortfahren können, die europäischen Länder in Bezug auf die Erfordernisse der Lage und des Anteils, den sie selbst übernehmen werden, zu einer Verständigung kommen müssen, um jede etwa von der Regierung der Vereinigten Staaten unternommene Aktion mit dem nötigen Nachdruck durchzuführen. Es wäre für die Regierung der Vereinigten Staaten weder angemessen noch wirkungsvoll, wenn sie in einseitiger Weise ein Programm aufstellen würde, das dazu bestimmt ist, Europa wirtschaftlich wieder auf eigene Füße zu stellen. Das ist Sache der Europäer. Ich glaube, dass die Initiative von Europa ausgehen muss. Die Rolle unseres Landes sollte in freundschaftlicher Hilfe bei dem Aufstellen eines europäischen Programms und in der späteren Unterstützung eines solchen bestehen, sofern es uns ausführbar zu sein scheint. Das Programm sollte von den europäischen Nationen gemeinsam aufgestellt und von einer Anzahl derselben, wenn nicht von allen, gebilligt sein.

Zit. nach: Wilfried Mähr: Der Marshallplan in Österreich. Graz, Wien, Köln 1989, S. 244 ff.

7 Das European Recovery Program (ERP = Marshallplan) 1948–1951

Industriegüter	5032
Nahrungsmittel und landwirtschaftliche Erzeugnisse	4885
Seefracht	726
Technische Dienste	47
Europäische Zahlungsunion	350
Economic Cooperation Administration (Washington)	56
Gesamtsumme	**11096**

Nach: Herbert Schambeck et al. (Hrsg.): Dokumente zur Geschichte der Vereinigten Staaten von Amerika, Berlin 1993, S. 53.

8 Errichtung von Volksdemokratien in Europa

In den sogenannten Satellitenstaaten in Osteuropa bestanden formal zwar unterschiedliche Parteien. Diese wurden aber unter sowjetischem Druck zu Wahlbündnissen unter Führung der kommunistischen Partei zusammengeschlossen – dies unterschied die Volksdemokratien wesentlich von den Demokratien westlicher Prägung.

9 „Von dem Onkel dürft ihr nichts annehmen"
Karikatur zum Marshallplan von Mirko Szewczuk, 1947.

10 Das „lange Telegramm": Beginn der amerikanischen Containment-Politik

US-Sowjetexperte George F. Kennan nahm mit diesem Telegramm großen Einfluss auf die außenpolitische Strategie der Vereinigten Staaten. Er erläuterte darin am 22. Februar 1946 dem US-Finanzministerium die Haltung der UdSSR, der neu gegründeten Weltbank ihre Unterstützung zu verweigern:

Alles in allem haben wir es mit einer politischen Kraft zu tun, die sich fanatisch zu dem Glauben bekennt, dass es wünschenswert und notwendig ist, die innere Harmonie unserer Gesellschaft, unsere traditionellen Lebensgewohnheiten und das internationale Ansehen unseres Staates zu zerstören, um der Sowjetmacht Sicherheit zu verschaffen. [...] Aber ich möchte meiner Überzeugung Ausdruck geben, dass es in unserer Macht steht, das Problem zu lösen, und zwar ohne uns in einen großen militärischen Konflikt zu flüchten.

[...] Im Gegensatz zu Hitlerdeutschland ist die Sowjetmacht weder schematisiert noch auf Abenteuer aus. Sie arbeitet nicht nach festgelegten Plänen. Sie geht keine unnötigen Risiken ein. Der Logik der Vernunft unzugänglich, ist sie der Logik der Macht in hohem Maße zugänglich. Daher kann sie sich ohne Weiteres zurückziehen – und tut das im Allgemeinen –, wenn sie irgendwo auf starken Widerstand stößt. [...] Gemessen an der westlichen Welt insgesamt sind die Sowjets noch bei Weitem schwächer. Ob sie Erfolg haben, hängt also wirklich von dem Maß an Zusammenarbeit, Festigkeit und Kraft ab, das die westliche Welt aufbringen kann. Und das ist ein Faktor, den zu beeinflussen in unserer Macht steht. Viel hängt von der Gesundheit und Kraft unserer eigenen Gesellschaft ab. Der Weltkommunismus ist wie ein bösartiger Parasit, der sich nur von erkranktem Gewebe nährt.

Zit. nach: Ernst-Otto Czempiel/Carl-Christoph Schweitzer: Weltpolitik der USA nach 1945. Bonn 1989, S. 50.

11 Die Truman-Doktrin

Rede Harry Trumans vor beiden Häusern des Kongresses vom 12. März 1947. Die darin formulierten Grundsätze wurden in der Folge zur außenpolitischen Leitlinie der USA:

Den Völkern einer Reihe von Staaten der Welt wurde vor Kurzem gegen ihren Willen ein totalitäres Regime aufgezwungen. Die Regierung der Vereinigten Staaten hat wiederholt gegen den in Verletzung des Jalta-Abkommens ausgeübten Zwang und die Einschüchterung in Polen, Rumänien und Bulgarien Protest erhoben. Ich muss außerdem feststellen, dass in einer Reihe anderer Länder eine ähnliche Entwicklung vor sich gegangen ist. Im gegenwärtigen Augenblick der Weltgeschichte muss fast jede Nation zwischen zwei verschiedenen Lebensarten wählen. Zu oft ist die Wahl keine freie. Die eine Art zu leben gründet sich auf den Willen der Mehrheit und zeichnet sich durch freie Institutionen, repräsentative Regierungen, freie Wahlen, Garantien der persönlichen Freiheit, Freiheit der Rede und der Religion und Freiheit von politischer Unterdrückung aus. Die zweite Lebensart hat als Grundlage den Willen einer Minderheit, der mit Gewalt der Mehrheit gegenüber geltend gemacht wird. Sie stützt sich auf Terror und Unterdrückung, kontrollierte Presse und Rundfunk, von vornherein bestimmte Wahlen und auf die Unterdrückung der persönlichen Freiheit. Ich bin der Ansicht, dass wir den freien Völkern beistehen müssen, ihr eigenes Geschick auf ihre Weise zu bestimmen. Ich glaube, dass unser Beistand in erster Linie in Form von wirtschaftlicher und finanzieller Hilfe gewährt werden sollte, eine Hilfe, die wesentlich ist für die wirtschaftliche Stabilität und ordnungsgemäße politische Entwicklung. Der Samen der totalitären Regime wird von Not und Elend genährt. Sie breiten sich aus und wachsen auf dem üblen Boden von Armut und Hader. Sie erreichen ihre volle Größe, wenn die Hoffnung der Völker auf ein besseres Leben erloschen ist. Die freien Völker der Welt sehen auf uns, dass wir sie bei der Erhaltung ihrer Freiheiten unterstützen. Wenn wir jetzt in unserer führenden Stellung schwankend werden, dann werden wir den Frieden der Welt gefährden und wir werden mit Sicherheit das Wohlergehen unserer eigenen Nation in Gefahr bringen.

Zit. nach: Czempiel/Schweitzer, a. a. O., S. 52–54.

12 Teilung der politischen Kräfte in zwei Lager

Aus der Rede des sowjetischen Chefideologen Andrej A. Shdanow (1896–1948) auf der Gründungsversammlung des Kommunistischen Informationsbüros (Kominform) am 1. Oktober 1947. Das Kominform – Nachfolgeorganisation der Kommunistischen Internationale (Komintern) – koordinierte die Arbeit der wichtigsten kommunistischen Parteien.

Die grundlegenden Veränderungen in der internationalen Lage und in der Lage der einzelnen Staaten nach dem Krieg haben das ganze politische Weltbild verändert. Es ist zu einer Neuaufteilung der politischen Kräfte gekommen. Je größer der Zeitraum wird, der uns von der Beendigung des Krieges trennt, desto schärfer heben sich zwei Grundtendenzen in der internationalen Nachkriegspolitik hervor, die der Teilung der politischen Kräfte in zwei Lager entsprechen: in das imperialistische und antidemokratische Lager einerseits und das antiimperialistische und demokratische Lager andererseits. Die führende Hauptkraft des imperialistischen Lagers sind die USA. Mit Amerika verbündet sind England und Frankreich. Das imperialistische Lager unterstützen auch die Kolonialstaaten, wie Belgien und Holland, Länder mit reaktionären, antidemokratischen Regimes, wie die Türkei und Griechenland, Länder, die politisch und wirtschaftlich von den USA abhängen, wie die Staaten des Nahen Ostens, Südamerikas und China. Das Hauptziel des imperialistischen Lagers ist die Festigung des Imperialismus, die Vorbereitung eines neuen imperialistischen Krieges, der Kampf gegen den Sozialismus und die Demokratie und allerorts die Unterstützung der reaktionären und antidemokratischen profaschistischen Regimes und Bewegungen. Die antiimperialistischen und antifaschistischen Kräfte bilden das andere Lager. Die Grundlage dieses Lagers sind die UdSSR und die Länder der neuen Demokratie. Zu ihm gehören auch Länder, die mit dem Imperialismus gebrochen haben und festen Fuß auf dem demokratischen Entwicklungsweg gefasst haben, wie Rumänien, Ungarn und Finnland. An das antiimperialistische Lager schließen sich Indonesien und Vietnam an. Indien, Ägypten und Syrien sympathisieren mit ihm. Das antiimperialistische Lager stützt sich auf die Arbeiterbewegung in allen Ländern, auf die kommunistischen Bruderparteien, auf

13 Seine Kameraden – unsere Verbündeten
Werbeplakat für die in die NATO integrierte Bundeswehr, um 1956.

14 Klassenbrüder – Waffenbrüder
Undatiertes Werbeplakat für den Warschauer Pakt, dem die DDR 1956 beitrat.

die Kämpfer der nationalen Befreiungsbewegungen in den kolonialen und abhängigen Ländern [...]. Das Ziel dieses Lagers ist der Kampf gegen die Gefahr neuer Kriege und der imperialistischen Expansion, die Befestigung der Demokratie und die Ausrottung der Überreste des Faschismus. Das Ende des Zweiten Weltkrieges hat an alle freiheitsliebenden Völker die überaus wichtige Aufgabe der Gewährleistung eines stabilen demokratischen Friedens gestellt, der den Sieg über den Faschismus festigt. Bei der Lösung dieser Hauptaufgabe fällt die führende Rolle der UdSSR und ihrer Außenpolitik zu. Das ergibt sich aus dem Wesen des Sowjetstaates, dem jegliche aggressiven, ausbeuterischen Gelüste zutiefst fremd sind und der an der Schaffung der günstigsten Bedingungen für den Aufbau der kommunistischen Gesellschaft interessiert ist. Eine dieser Bedingungen ist der äußere Friede. [...] Die Sowjetpolitik hält sich an den Kurs der Aufrechterhaltung loyaler gutnachbarlicher Beziehungen zu allen Staaten, die den Wunsch nach Zusammenarbeit bekunden. Im Interesse der Aufrechterhaltung des Friedens lehnt die sowjetische Außenpolitik den Grundsatz der Rache gegenüber den besiegten Völkern ab. [...] Da die Truman-Doktrin eine so ungünstige Aufnahme fand, tauchte die Notwendigkeit des Marshallplanes auf. Das Wesen der verschwommenen Formulierungen dieses Planes besteht darin, einen Block der Staaten zu schaffen, die durch Verpflichtungen den USA gegenüber gebunden sind, und den europäischen Staaten als Lohn für ihren Verzicht auf die wirtschaftliche und dadurch auch politische Selbständigkeit amerikanische Kredite zu gewähren. Die Grundlage bildet dabei der Wiederaufbau der von den amerikanischen Monopolen kontrollierten Industriebezirke Westdeutschlands. Wie aus den Beratungen hervorgeht, besteht der Marshallplan darin, die Hilfeleistung in erster Linie nicht den verarmten Siegerländern, den Verbündeten Amerikas im Kampf gegen Deutschland, zu gewähren, sondern den deutschen Kapitalisten, um sich der für Europa und Deutschland wichtigsten Kohle- und Eisenerzgebiete zu bemächtigen. [...] Aus diesem Grund müssen sich die kommunistischen Parteien an die Spitze des Widerstandes gegen die imperialistischen Expansionspläne und gegen Aggressionen aller Arten – staatlicher, wirtschaftlicher und ideologischer Natur – stellen, sich zusammenschließen, ihre Kräfte auf einer allgemeinen antiimperialistischen und demokratischen Plattform vereinigen und alle demokratischen und patriotischen Kräfte des Volkes um sich sammeln. [...] Wenn die kommunistischen Parteien fest auf ihren Positionen stehen werden, wenn sie sich nicht einschüchtern lassen, wenn sie mutig auf der Wacht für einen festen Frieden und eine Volksdemokratie stehen werden, auf der Wacht der nationalen Souveränität, Freiheit, Unabhängigkeit ihrer Länder, wenn sie imstande sind, sich im Kampfe gegen Versuche der wirtschaftlichen und politischen Versklavung ihrer Länder an die Spitze zu stellen, [...] dann können keinerlei Versklavungspläne Europas verwirklicht werden.

Zit. nach: Keesing's Archiv der Gegenwart 1946/47.

Arbeitsvorschläge

○○●/○●● a) Fassen Sie die in M2 und in M3 genannten Friedens- und Kriegsziele zusammen, ordnen Sie sie in ihrer Bedeutung jeweils einer der Mächte zu und arbeiten Sie zukünftige Probleme heraus, die sich in den Quellen bereits abzeichnen.

○●● b) Erklären Sie, was Churchill mit dem Begriff „Eiserner Vorhang" meint, und erläutern Sie die Gründe für seine Beunruhigung (M4). Beziehen Sie die Karte M8 in Ihre Ausführungen mit ein.

○●●/●●● c) Vergleichen Sie den von Truman in M5 und in der Truman-Doktrin (M11) skizzierten außenpolitischen Kurs der USA mit der amerikanischen Außenpolitik nach dem Ersten Weltkrieg. Erläutern Sie, inwiefern die Truman-Doktrin eine Wende in der amerikanischen Außenpolitik anzeigt.

○●● d) Arbeiten Sie den inneren Zusammenhang zwischen der Truman-Doktrin (M11) und dem Marshallplan (M6–M7) heraus und analysieren Sie die Darstellung des Marshallplans in der westdeutschen Karikatur M9.

○●●/●●● e) Erläutern Sie die Zwei-Lager-Theorie und die ihr zugrunde liegenden Begrifflichkeiten, Aussagen und politischen Zuschreibungen (M12) und begründen Sie, inwiefern Shdanows Ausführungen als Antwort auf die Truman-Doktrin (M11) verstanden werden können.

●●● f) Vergleichen Sie die Werbeplakate M13 und M14 im Hinblick auf Intention, Aussage, verwendete Bildsprache und Zielgruppen.

Grundwissen: Teilung Europas und Formierung der Blöcke

→ 2 - 3 S. 492 f.

Aus Verbündeten werden Gegner: Die Anti-Hitler-Koalition und ihr Ende

Die Kriegshandlungen der Alliierten wurden begleitet von einer Reihe von Konferenzen, die die Nachkriegsordnung in Europa klären sollten. Das Treffen zwischen dem britischen Premierminister Winston Churchill und dem amerikanischen Präsidenten Franklin D. Roosevelt, auf dem sie unter anderem die sogenannte Atlantik-Charta formulierten, eröffnete im August 1941 die Konferenzserie. Im Januar 1943 trafen sich beide erneut in Casablanca, im November und Dezember 1943 gemeinsam mit Stalin in Teheran. Wie schwierig sich die Verständigung auf eine Nachkriegsordnung tatsächlich gestaltete, wurde auf der Konferenz von Jalta klar. Die „Großen Drei" legten hier im Februar 1945 den Grundstein für die spätere Weltmachtstellung der Sowjetunion, indem sie Asien und Osteuropa der sowjetischen Einflusssphäre zuschlugen. Im Gegenzug unterzeichnete Stalin die „Erklärung über das befreite Europa", gab seine Einwilligung zu dem Abstimmungsmodus im künftigen Sicherheitsrat der Vereinten Nationen und sagte seine Teilnahme am Krieg gegen Japan zu. Als 1945 der Zweite Weltkrieg zu Ende ging, zeichneten sich zwischen den Westalliierten und der Sowjetunion bereits zunehmende Differenzen und gegenseitiges Misstrauen ab. Schließlich zerbrach die Anti-Hitler-Koalition, die sich im Nachhinein als reines Zweckbündnis erwies, und die einstigen Verbündeten wurden zu erbitterten Gegnern im sogenannten Kalten Krieg. Der Begriff bezeichnet den Konflikt zwischen den Westmächten unter der Führung der USA und den Mächten des Ostblocks, geführt von der Sowjetunion, bei dem es zu keinen direkten militärischen Auseinandersetzungen kam.

Franklin D. Roosevelt (1882–1945)
32. Präsident der USA (1933–1945) und Begründer des „New Deal".

Die Interessenlage der Vereinigten Staaten und der UdSSR

Die Vereinigten Staaten waren gestärkt aus dem Krieg hervorgegangen: Ihre Wirtschaftskraft übertraf mehrfach die aller anderen Länder. Die Atombomben, die die Amerikaner am 6. August 1945 erstmals vernichtend gegen die japanische Stadt Hiroshima – und wenige Tage später gegen die Stadt Nagasaki – eingesetzt hatten, schienen sie militärisch unverwundbar zu machen. Das Hauptanliegen der USA war die Wiederherstellung eines freien Weltmarktes, der amerikanischem Kapital und amerikanischen Waren ungehindert offen stand. Gleichzeitig wollten sie die Vereinten Nationen (UNO) als globales Friedens- und Sicherheitssystem etablieren.

Die Sowjetunion hatte im Krieg über 20 Millionen Menschen und den Großteil ihrer Infrastruktur und Industrie verloren und war am Ende ihrer Kraft. Für die wirtschaftliche Notlage der Sowjets waren die Verantwortlichen in den USA nicht gewillt, Verständnis aufzubringen. Die UdSSR deutete die ausbleibende Hilfe der USA als einen Beleg für den aggressiven Charakter des westlichen Kapitalismus und versuchte, diese seit Mai 1945 durch den verstärkten Abbau von Industrieanlagen (Demontagen) in ihrem Besatzungsgebiet auszugleichen. Parallel verfolgte Stalin die Taktik, die in Jalta zugesagte demokratische Entwicklung in den von der Roten Armee besetzten Ländern zu hintertreiben und dort kommunistische Regime aufzubauen. Sein Hauptinteresse galt der politischen Sicherung der militärischen Gewinne durch einen Gürtel sogenannter Satellitenstaaten zwischen der Ostsee und der Adria. Dass die Truman-Regierung keinerlei Angriffsabsichten hegte, wollte der sowjetische Diktator nicht wahrhaben.

Josef W. Stalin (1879–1953)
Von 1929 bis zu seinem Tod Diktator der UdSSR.

→ 4 S. 493
→ 8 S. 495

Uneinigkeit über die europäische Nachkriegsordnung

Den USA war die Idee abgesteckter territorialer Einflusszonen fremd. Traditionell verfolgte sie eine Politik des Freihandels (➔„Open-Door-Politik") mit gleichen Handelsbedingungen für alle Staaten. Die russische, aber auch die britische Seite, war demgegenüber interessiert an einer gemeinsamen Vereinbarung über gegenseitig respektierte Einflusssphären in Europa. Dies führte zu Unstimmigkeiten. Weitere Konflikte waren vorprogrammiert, weil die Alliierten zentrale Begriffe einer Nachkriegsordnung unterschiedlich interpretierten. Bei der Umwandlung ehemals faschistischer Staaten zu Demokratien dachten Briten und Amerikaner an eine parlamentarische Demokratie westlichen Stils auf der Basis des Selbstbestimmungsrechts der Völker. Stalin verstand darunter jedoch die Errichtung von ➔„Volksdemokratien" nach sowjetischem Vorbild. In den osteuropäischen Staaten wurden den kommunistischen Parteien die entscheidenden politischen Schlüsselpositionen zugeschanzt und soziale Reformen so weit gefördert, dass eine sowjetfreundliche Haltung dieser Staaten künftig garantiert war.

Winston Churchill (1874–1965)
Zweimaliger britischer Premierminister (1940–1945; 1951–1955).

Dieses Vorgehen der UdSSR verstärkte die antisowjetische Stimmung in der amerikanischen Öffentlichkeit. Als Stalin im Februar 1946 öffentlich behauptete, es gäbe eine andauernde Gegnerschaft zwischen Kapitalismus und Kommunismus, nahmen die amerikanischen Entscheidungsträger dies als Beleg für den prinzipiell unbegrenzten sowjetischen Expansionismus und verweigerten die weitere Kooperation. Einen Monat später sprach Winston Churchill erstmals öffentlich von einem ➔„Eisernen Vorhang", der sich in Europa niedergesenkt habe.

Die Truman-Doktrin und die Anfänge der Eindämmungspolitik

→ 10 - 11 S. 496

In dieses Bild fügte sich ein, dass die Sowjetunion Anfang 1946 den Termin für den vereinbarten Rückzug aus den Erdölgebieten im Iran nicht einhielt und einen Vorstoß an die türkischen Meerengen vornahm. In Griechenland eskalierten die Gegensätze zwischen kommunistischen Partisanen und monarchistisch-konservativen Kräften 1946 zu einem blutigen Bürgerkrieg. Sowohl Griechenland als auch die Türkei wurden von den Amerikanern als für sie strategisch lebenswichtig eingeschätzt. Daher entschloss sich der US-amerikanische Präsident Truman, der Sowjetunion den Kampf anzusagen. In einer Kongressbotschaft (schon bald als ➔„Truman-Doktrin" bezeichnet) entwickelte er 1947 das dramatische Szenario eines schicksalhaften Gefechts zwischen den freiheitlichen Demokratien und den totalitären Diktaturen. Er bot allen vom Kommunismus bedrohten Völkern amerikanische Hilfe an. Damit fand das zuvor entwickelte Konzept der Eindämmung (Containment, ➔Eindämmungspolitik) seine erste Anwendung. Es gründete sich auf die Annahme eines sowjetkommunistischen Expansionsstrebens, dem man mit einer Mischung von wirtschaftlichem Wohlstand und militärischer Aufrüstung zu begegnen gedachte.

Harry S. Truman (1884–1972)
Übernahm nach Roosevelts Tod 1945 das Amt des US-Präsidenten (bis 1953).

Das Kominform als Gegenreaktion auf den Marshallplan

Noch im selben Jahr verkündete der US-Außenminister Marshall ein Hilfsprogramm für den Aufbau Europas. Von Paris aus wurden die Regierungen aller europäischen Staaten mit Ausnahme Spaniens und der UdSSR zu einer Konferenz eingeladen, um über ein europäisches Wiederaufbauprogramm auf der Grundlage des ➔Marshallplans zu beraten. Die USA knüpften die Aussicht auf beträchtliche Finanzspritzen an die Bedingung enger und liberaler wirtschaftlicher Zusammenarbeit der Empfängerländer. Diese mussten sich verpflichten, ihre Grenzen für den Handel zu öffnen, die Zölle spürbar zu senken und den Zahlungsverkehr zu erleichtern. Zur Erreichung dieser Ziele wurde 1948 die ➔Organisation for European Economic Cooperation (OEEC, seit 1961 OECD, Organisation for Economic Cooperation and Development) geschaffen.

→ 6 - 7 S. 494 f.

Die Sowjetunion fühlte sich endgültig in ihrem Misstrauen bestätigt und gründete am 30. September 1947 das Kominform, das Informationsbüro der Kommunistischen und Arbeiterparteien, das bis 1956 Bestand hatte. Im Kampf gegen den Marshallplan entwickelte das Kominform ein solches Ausmaß an rhetorischer Aggressivität, dass sich die westlichen Europäer auch militärisch von der Sowjetunion bedroht fühlten.

→ 5 S. 494
→ 12 S. 497

Die Entstehung der Militärbündnisse und der Kalte Krieg

Was Marshallplan und OEEC nicht vermochten, erzwang schließlich der sich ausbreitende Kalte Krieg zwischen Ost und West. In der Sorge vor sowjetischen Expansionsgelüsten waren die Westeuropäer bereit, gemeinsame Verteidigungsanstrengungen auf sich zu nehmen und sich der Führung der USA unterzuordnen. Die Vereinigten Staaten verfolgten konsequent eine Politik der politischen, wirtschaftlichen und militärischen Stärke. 1949 schlossen sich zehn europäische Staaten mit den USA und Kanada zum Nordatlantischen Verteidigungspakt (NATO) zusammen. Sie übernahmen dabei die Verpflichtung, einander im Kriegsfall Beistand zu leisten; über die Art dieses Beistands sagte der Vertrag nichts aus. Die NATO verstand und versteht sich nicht nur als militärisches, sondern auch als politisches Bündnis, das für die liberal-pluralistische Demokratie einsteht. Als östliches Gegenstück entstand 1955 der ebenfalls von einer Hegemonialmacht dominierte Warschauer Pakt; er löste sich 1991 auf. Über vierzig Jahre lang hielt der Ost-West-Konflikt die internationale Politik in Atem. Er teilte die Welt in einen West- und einen Ostblock, zwischen denen sich die „Blockfreien" (Blockfreie Staaten) nur mühsam behaupten konnten. Rivalität verdrängte die Zusammenarbeit, die Abschottung der Grenzen ihre Öffnung, der Rüstungswettlauf die friedliche Nutzung der Ressourcen. Misstrauen und Angst erzeugten eine „Lagermentalität", in der man „die anderen" nur als Feinde wahrnahm und schnell bereit war, die Kritiker in den eigenen Reihen als Verräter zu verdächtigen. Der Einfluss der Führungsmächte USA und Sowjetunion und die wechselseitige Furcht vor den Massenvernichtungswaffen der anderen Seite verhinderten, mit wenigen Ausnahmen, Zwistigkeiten im eigenen Lager. Dass diese Einigkeit aber nur dem Druck von außen entsprang, zeigte sich in Osteuropa nach der Auflösung der Blöcke und der Überwindung der „Bipolarität".

15 Militärische Zusammenschlüsse um 1960

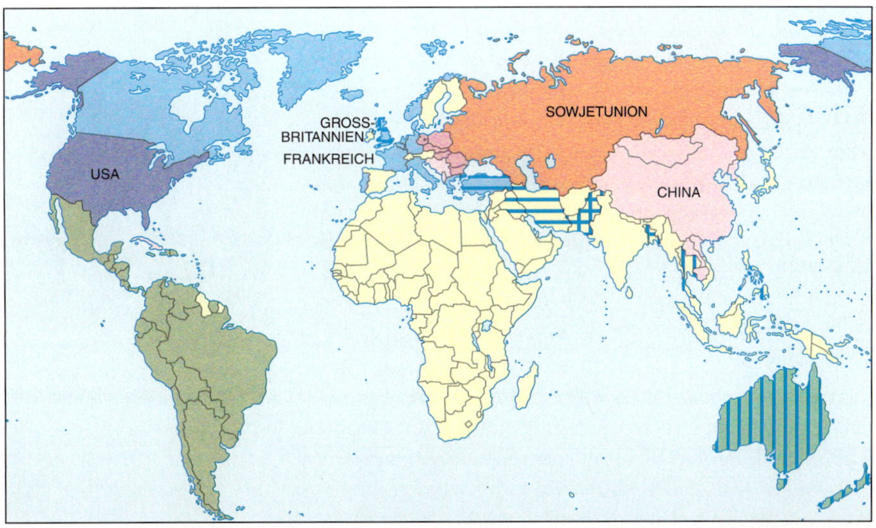

- USA
- NATO (Nordatlantikpakt, 1949)
- SEATO (Südostasienpakt, 1954)
- OAS (Organisation der amerikanischen Staaten, 1948)
- CENTO (Zentrale Paktorganisation, 1955/59)
- ANZUS-Pakt (Pazifikpakt, 1951)
- Sowjetunion und der Warschauer Pakt (1955)
- sonstige kommunistische Staaten

Stand der Grenzen 1960

10.2 Deutschland nach dem Krieg

A) Welche Maßnahmen ergriffen die Alliierten nach dem Zweiten Weltkrieg zur Neuordnung Deutschlands?
B) Wie erlebte die deutsche Bevölkerung die unmittelbaren Nachkriegsjahre?

Die alliierte Besatzung

1 „Wir werden den Nationalsozialismus vernichten"

Die USA, Großbritannien, Frankreich und die Sowjetunion übernahmen nach der bedingungslosen Kapitulation des Deutschen Reichs die Regierungsgewalt. Die folgende Proklamation Nr. 1 der Militärregierung Deutschlands für das Kontrollgebiet des Obersten Befehlshabers der Alliierten Streitkräfte vom 3. April 1945 wurde sofort nach dem Einmarsch der kämpfenden US-amerikanischen Truppen tausendfach angeschlagen, um zu verhindern, dass die befreiten Gebiete in Chaos und Rechtlosigkeit versanken.

AN DAS DEUTSCHE VOLK:

Ich, General Dwight D. Eisenhower, Oberster Befehlshaber der Alliierten Streitkräfte, gebe hiermit Folgendes bekannt: 1.) Die Alliierten Streitkräfte, die unter meinem Oberbefehl stehen, haben jetzt deutschen Boden betreten. Wir kommen als ein siegreiches Heer; jedoch nicht als Unterdrücker. In dem deutschen Gebiet, das von Streitkräften unter meinem Oberbefehl besetzt ist, werden wir den Nationalsozialismus und den deutschen Militarismus vernichten, die Herrschaft der Nationalsozialistischen Deutschen Arbeiter-Partei beseitigen, die NSDAP auflösen sowie die grausamen, harten und ungerechten Rechtssätze und Einrichtungen, die von der NSDAP geschaffen worden sind, aufheben. Den deutschen Militarismus, der so oft den Frieden der Welt gestört hat, werden wir endgültig beseitigen. Führer der Wehrmacht und der NSDAP, Mitglieder der Geheimen Staats-Polizei und andere Personen, die verdächtigt sind, Verbrechen und Grausamkeiten begangen zu haben, werden gerichtlich angeklagt und, falls für schuldig befunden, ihrer gerechten Bestrafung zugeführt. 2.) Die höchste gesetzgebende, rechtsprechende und vollziehende Machtbefugnis und Gewalt in dem besetzten Gebiet ist in meiner Person als Oberster Befehlshaber der Alliierten Streitkräfte und als Militär-Gouverneur vereinigt. Die Militärregierung ist eingesetzt, um diese Gewalten unter meinem Befehl auszuüben. Alle Personen in dem besetzten Gebiet haben unverzüglich und widerspruchslos alle Befehle und Veröffentlichungen der Militärregierung zu befolgen. Gerichte der Militärregierung werden eingesetzt, um Rechtsbrecher zu verurteilen. Widerstand gegen die Alliierten wird unnachsichtig gebrochen. Andere schwere strafbare Handlungen werden schärfstens geahndet. 3.) Alle deutschen Gerichte, Unterrichts- und Erziehungsanstalten innerhalb des besetzten Gebietes werden bis auf Weiteres geschlossen. Dem Volksgerichtshof, den Sondergerichten, den SS-Polizei-Gerichten und anderen außerordentlichen Gerichten wird überall im besetzten Gebiet die Gerichtsbarkeit entzogen. Die Wiederaufnahme der Tätigkeit der Straf- und Zivilgerichte und die Wiedereröffnung der Unterrichts- und Erziehungsanstalten wird genehmigt, sobald die Zustände es zulassen. 4.) Alle Beamte sind verpflichtet, bis auf Weiteres auf ihren Posten zu verbleiben und alle Befehle und Anordnungen der Militärregierung oder der Alliierten Behörden, die an die deutsche Regierung oder an das deutsche Volk gerichtet sind, zu befolgen und auszuführen. Dies gilt auch für die Beamten, Arbeiter und Angestellten sämtlicher öffentlichen und gemeinwirtschaftlichen Betriebe sowie für sonstige Personen, die notwendige Tätigkeiten verrichten. Dwight D. Eisenhower, Oberster Befehlshaber Alliierte Streitkräfte.

Zit. nach: Wolfgang Lautemann/Manfred Schlenke (Hrsg.): Geschichte in Quellen. Bd. 7: Die Welt seit 1945. Bearb. v. Helmut Krause und Karlheinz Reif. München 1980, S. 70 f.

2 Plakat der britischen Besatzungsmacht in Köln, 1945

3 Aus dem Potsdamer Protokoll

Die Repräsentanten der Siegermächte trafen sich vom 17. Juli bis 2. August 1945 in Potsdam, um über das künftige Schicksal Deutschlands und die Neuordnung Europas zu beraten. Das Abschlusskommuniqué der Konferenz (Potsdamer Protokoll) war ein hart erkämpfter Kompromiss, der den zukünftigen Konflikt zwischen den Westmächten und der Sowjetunion bereits sichtbar machte:

[…] III. Deutschland

Alliierte Armeen führen die Besetzung von ganz Deutschland durch, und das deutsche Volk fängt an, die furchtbaren Verbrechen zu büßen, die unter der Leitung derer, welche es zur Zeit ihrer Erfolge offen gebilligt hat und denen es blind gehorcht hat, begangen wurden. […] Der deutsche Militarismus und Nazismus werden ausgerottet, und die Alliierten treffen nach gegenseitiger Vereinbarung in der Gegenwart und in der Zukunft auch andere Maßnahmen, die notwendig sind, damit Deutschland niemals mehr seine Nachbarn oder die Erhaltung des Friedens in der ganzen Welt bedrohen kann.

Es ist nicht die Absicht der Alliierten, das deutsche Volk zu vernichten oder zu versklaven. Die Alliierten wollen dem deutschen Volk die Möglichkeit geben, sich vorzubereiten, sein Leben auf einer demokratischen und friedlichen Grundlage von Neuem wieder aufzubauen. […]

3. Die Ziele der Besetzung Deutschlands, durch welche der Kontrollrat sich leiten lassen soll, sind:

(I) Völlige Abrüstung und Entmilitarisierung Deutschlands und die Ausschaltung der gesamten deutschen Industrie, welche für eine Kriegsproduktion benutzt werden kann, oder deren Überwachung. […]

(II) Das deutsche Volk muss überzeugt werden, dass es eine totale militärische Niederlage erlitten hat, und dass es sich nicht der Verantwortung entziehen

4 Territoriale Bestimmungen nach dem Potsdamer Abkommen

Im Rahmen der Potsdamer Konferenz wurde die Aufteilung Deutschlands in vier Besatzungszonen abschließend geregelt (Potsdamer Protokoll, Abs. IX.B).

kann für das, was es auf sich geladen hat, dass seine eigne mitleidslose Kriegsführung und der fanatische Widerstand der Nazis die deutsche Wirtschaft zerstört und Chaos und Elend unvermeidlich gemacht haben.

(III) Die nationalsozialistische Partei mit ihren angeschlossenen Gliederungen und Unterorganisationen ist zu vernichten; alle nationalsozialistischen Ämter sind aufzulösen; es sind Sicherheiten dafür zu schaffen, dass sie in keiner Form wieder auferstehen können; jeder nazistischen und militaristischen Propaganda ist vorzubeugen.

(IV) Die endgültige Umgestaltung des deutschen politischen Lebens auf demokratischer Grundlage und eine eventuelle friedliche Mitarbeit Deutschlands am internationalen Leben sind vorzubereiten.

4. Alle nazistischen Gesetze, welche die Grundlage für das Hitlerregime gebildet haben oder eine Diskriminierung aufgrund der Rasse, Religion oder politischen Überzeugung errichteten, müssen abgeschafft werden. Keine solche Diskriminierung [...] wird geduldet werden.

5. Kriegsverbrecher und alle diejenigen, die an der Planung oder Verwirklichung der nazistischen Maßnahmen, die Gräuel oder Kriegsverbrechen nach sich gezogen oder als Ergebnis gehabt hatten, teilgenommen haben, sind zu verhaften und dem Gericht zu übergeben. Nazistische Parteiführer, einflussreiche Nazianhänger und die Leitung der nazistischen Ämter und Organisationen und alle anderen Personen, die für die Besetzung und ihre Ziele gefährlich sind, sind zu verhaften und zu internieren. [...]

IV. Reparationen aus Deutschland

In Übereinstimmung mit der Entscheidung der Krim-Konferenz, wonach Deutschland gezwungen werden soll, in größtmöglichem Ausmaß für die Verluste und die Leiden, die es den Vereinten Nationen verursacht hat, [...] Ausgleich zu schaffen, wurde folgende Übereinkunft über Reparationen erreicht:

1. Die Reparationsansprüche der UdSSR sollen durch Entnahmen aus der von der UdSSR besetzten Zone in Deutschland und durch angemessene deutsche Auslandsguthaben befriedigt werden.

2. Die UdSSR wird die Reparationsansprüche Polens aus ihrem eigenen Anteil an den Reparationen befriedigen.

3. Die Reparationsansprüche der Vereinigten Staaten, des Vereinigten Königreiches und der anderen zu Reparationsforderungen berechtigten Länder werden aus den westlichen Zonen und den entsprechenden deutschen Auslandsguthaben befriedigt werden.

4. In Ergänzung der Reparationen, die die UdSSR aus ihrer eigenen Besatzungszone erhält, wird die UdSSR zusätzlich [Reparationen] aus den westlichen Zonen erhalten. [...]

XIII. Ordnungsgemäße Überführung deutscher Bevölkerungsteile

Die Konferenz erzielte folgendes Abkommen über die Ausweisung Deutscher aus Polen, der Tschechoslowakei und Ungarn: Die drei Regierungen haben die Frage unter allen Gesichtspunkten beraten und erkennen an, dass die Überführung der deutschen Bevölkerung oder Bestandteile derselben, die in Polen, der Tschechoslowakei und Ungarn zurückgeblieben sind, nach Deutschland durchgeführt werden muss. Sie stimmen darin überein, dass jede derartige Überführung, die stattfinden wird, in ordnungsgemäßer und humaner Weise erfolgen soll.

Zit. nach: Merith Niehuss/Ulrike Lindner (Hrsg.): Deutsche Geschichte in Quellen und Darstellung. Bd. 10. Stuttgart 1998, S. 31 ff.

5 Enttrümmerungsarbeiten vor dem Reichstag in Berlin, 14. Januar 1946

Zu Beginn des Wiederaufbaus mussten die zerstörten Städte von Trümmern befreit werden. Die Enttrümmerung erfolgte überwiegend in Handarbeit, zu der viele Frauen durch ein Gesetz des Alliierten Kontrollrats dienstverpflichtet wurden.

6 Die Deutschlandpolitik der Sowjetunion

Auszug aus der Rede des sowjetischen Außenministers Molotow (1890–1986) auf der Außenministerkonferenz in Paris am 10. Juli 1946. Es war das zweite Treffen des Gremiums, das bereits seit April debattierte – vor allem über die sowjetischen Forderungen nach Wiedergutmachung für die erlittenen Kriegsschäden (Reparationen).

Die Sowjetregierung war stets der Meinung, dass der Wunsch nach Rache kein guter Ratgeber in solchen Dingen ist. [...] Ich gehe davon aus, dass es vom Standpunkt der Interessen der Weltwirtschaft und der Ruhe in Europa falsch wäre, auf die Vernichtung Deutschlands als Staat oder auf seine Umwandlung in ein Agrarland mit Vernichtung seiner wichtigsten Industriezentren Kurs zu nehmen. Eine solche Zielsetzung würde zur Untergrabung der Wirtschaft Europas, zur Zerrüttung der Weltwirtschaft und zu einer chronischen politischen Krise in Deutschland führen, deren Folgen eine Gefahr für den Frieden und die Ruhe heraufbeschwören würden. [...] Deshalb bin ich der Meinung, dass die Aufgabe nicht darin besteht, Deutschland zu vernichten, sondern darin, es zu einem demokratischen und friedliebenden Staat umzugestalten, der neben der Landwirtschaft seine Industrie und seinen Außenhandel besitzt, dem jedoch die wirtschaftlichen und militärischen Möglichkeiten genommen sind, sich neuerdings als aggressive Kraft zu erheben. [...] Augenblicklich wird seitens der in den westlichen Besatzungszonen Deutschlands befindlichen Behörden der Verbündeten nicht selten der Gedanke eines föderativen Aufbaus Deutschland unterstützt. Doch die Position der verbündeten Behörden ist eins, der wirkliche Wunsch des deutschen Volkes oder zumindest der Wunsch der Bevölkerung des einen oder anderen Teils des deutschen Territoriums dagegen etwas anderes. Wir Sowjetmenschen halten es für falsch, dem deutschen Volk die eine oder andere Lösung dieser Frage aufzuzwingen. [...] Dabei ist es natürlich, dass sich das Ruhrgebiet als Hauptbasis der deutschen Rüstungsindustrie unter der wachsamen Kontrolle der verbündeten Hauptmächte befinden muss. Der Aufgabe der vollständigen militärischen und wirtschaftlichen Entwaffnung Deutschlands hat auch der Reparationsplan zu dienen. Die Tatsache, dass bisher kein Reparationsplan aufgestellt wurde ungeachtet der wiederholten Forderungen der Sowjetregierung, den einschlägigen Beschluss der Berliner [Potsdamer] Konferenz auszuführen, sowie der Umstand, dass bis auf den heutigen Tag das Ruhrgebiet keiner interalliierten Kontrolle unterstellt wurde, worauf die Sowjetregierung bereits vor einem Jahr bestand, sind bedrohliche Anzeichen vom Standpunkt der Gewährleistung der Interessen des künftigen Friedens und der Sicherheit der Völker. [...]

Damit die Entwicklung der Friedensindustrie in Deutschland auch anderen Völkern zugutekomme, die deutsche Kohle, Metall und Fertigwaren benötigen, muss man Deutschland das Aus- und Einfuhrrecht zugestehen, und im Fall der Realisierung dieses Außenhandelsrechts dürfen wir der gesteigerten Erzeugung von Stahl, Kohle und Waren der Friedensindustrie in Deutschland keine Hindernisse in den Weg legen, natürlich bis zu einer gewissen Grenze und bei unbedingter Errichtung einer interalliierten Kontrolle über die deutsche und insbesondere über die Ruhrindustrie. [...] Wir sind natürlich im Prinzip für den Abschluss eines Friedensvertrags mit Deutschland, bevor aber ein solcher Vertrag abgeschlossen wird, muss eine einheitliche deutsche Regierung geschaffen werden, die demokratisch genug ist, um alle Überreste des Faschismus in Deutschland auszurotten, und verantwortlich genug ist, um allen ihren Verpflichtungen den Verbündeten gegenüber nachzukommen, darunter besonders auch den Reparationslieferungen an die Verbündeten. Es versteht sich von selbst, dass wir gegen die Bildung einer deutschen Zentralverwaltung als Übergangsmaßnahme [...] nichts einzuwenden haben.

Aus dem Gesagten geht hervor, dass es notwendig ist, bevor man vom Friedensvertrag mit Deutschland spricht, die Frage der Bildung einer gesamtdeutschen Regierung zu lösen. Indessen ist bisher noch keinerlei deutsche Zentralverwaltung geschaffen worden, obwohl die Sowjetregierung diese Frage schon vor einem Jahr auf der Berliner Konferenz angeschnitten hat. Wurde diese Frage damals auch zurückgestellt, so gewinnt sie jetzt als erster Schritt zur Bildung einer künftigen Regierung Deutschlands besondere Aktualität. Doch selbst dann, wenn eine deutsche Regierung gebildet wird, dürfte eine Reihe von Jahren erforderlich sein, um zu prüfen, was die neue Regierung Deutschlands vorstellt und ob sie vertrauenswürdig ist.

Wjatscheslaw Michailowitsch Molotow: Fragen der Außenpolitik. Moskau 1949, S. 68–74.

7 Was soll aus Deutschland werden?

Aus der Rede des US-Außenministers James F. Byrnes (1879–1972), die er am 6. September 1946 im Stuttgarter Opernhaus in Anwesenheit der vier Ministerpräsidenten der amerikanischen Besatzungszone (Groß-Hessen, Württemberg-Baden, Bremen und Bayern) hielt. Die Rede wurde im Rundfunk übertragen und in Sonderausgaben der Zeitungen verbreitet:

Im Jahre 1917 wurden die Vereinigten Staaten zur Teilnahme am Ersten Weltkrieg gezwungen. Nach diesem Krieg weigerten wir uns, dem Völkerbund beizutreten. Wir glaubten, uns den europäischen Kriegen fernhalten zu können, und verloren das Interesse an europäischen

Angelegenheiten. Dies schützte uns aber nicht davor, zum Eintritt in den Zweiten Weltkrieg gezwungen zu werden. Wir wollen jenen Fehler nicht wiederholen. Wir sind entschlossen, uns weiter für die Angelegenheiten Europas und der Welt zu interessieren. [...]

Was wir wollen, ist ein dauerhafter Friede. Wir werden uns gegen zu harte und von Rachsucht diktierte Maßnahmen wenden, die einem wirklichen Frieden im Wege stehen. Wir werden uns zu milden Maßnahmen widersetzen, welche zum Bruch des Friedens einladen.

Es liegt weder im Interesse des deutschen Volkes noch im Interesse des Weltfriedens, dass Deutschland eine Schachfigur oder ein Teilnehmer in einem militärischen Machtkampf zwischen dem Osten und dem Westen wird. [...]

Wir treten für die wirtschaftliche Vereinigung Deutschlands ein. Wenn eine völlige Vereinigung nicht erreicht werden kann, werden wir alles tun, was in unseren Kräften steht, um eine größtmögliche Vereinigung zu sichern.

Der Hauptzweck der militärischen Besetzung war und ist, Deutschland zu entmilitarisieren und zu entnazifizieren, nicht aber den Bestrebungen des deutschen Volkes hinsichtlich einer Wiederaufnahme seiner Friedenswirtschaft künstliche Schranken zu setzen. [...] Die Potsdamer Beschlüsse sahen nicht vor, dass Deutschland niemals eine zentrale Regierung haben sollte. Sie bestimmten lediglich, dass es einstweilen noch keine zentrale Regierung geben sollte. Dies war nur so zu verstehen, dass keine deutsche Regierung gebildet werden sollte, ehe eine gewisse Form von Demokratie in Deutschland Wurzel gefasst und sich ein örtliches Verantwortungsbewusstsein entwickelt hätte. [...]

Die amerikanische Regierung steht auf dem Standpunkt, dass jetzt dem deutschen Volk innerhalb ganz Deutschlands die Hauptverantwortung für die Behandlung seiner eigenen Angelegenheiten bei geeigneten Sicherungen übertragen werden sollte. [...]

Die Vereinigten Staaten treten für die baldige Bildung einer vorläufigen deutschen Regierung ein. Fortschritte in der Entwicklung der öffentlichen Selbstverwaltung und der Landesselbstverwaltungen sind in der amerikanischen Zone Deutschlands erzielt worden, und die amerikanische Regierung glaubt, dass ein ähnlicher Fortschritt in allen Zonen möglich ist.

Während wir darauf bestehen, dass Deutschland die Grundsätze des Friedens, der gutnachbarlichen Beziehungen und der Menschlichkeit befolgt, wollen wir nicht, dass es der Vasall irgendeiner Macht oder irgendwelcher Mächte wird oder unter einer in- oder ausländischen Diktatur lebt. Das amerikanische Volk hofft, ein friedliches und demokratisches Deutschland zu sehen, das seine Freiheit und seine Unabhängigkeit erlangt und behält. [...]

In Potsdam wurden, vorbehaltlich einer endgültigen Entscheidung durch die Friedenskonferenz, bestimmte Gebiete, die einen Teil Deutschlands bildeten, vorläufig der Sowjetunion und Polen zugewiesen. [...] Die Staatsoberhäupter erklärten sich damit einverstanden, bei den Friedensregelungen den Vorschlag der Sowjetregierung hinsichtlich der endgültigen Übertragung der Stadt Königsberg und des anliegenden Gebietes an die Sowjetunion zu unterstützen. Sofern die sowjetische Regierung ihre Auffassung diesbezüglich nicht ändert, werden wir an diesem Abkommen festhalten. [...] Die Staatsoberhäupter stimmten zu, dass Schlesien und andere ostdeutsche Gebiete bis zur endgültigen Festlegung der polnischen Westgrenze durch den polnischen Staat verwaltet und zu diesem Zweck nicht als Teil der russischen Besatzungszone in Deutschland angesehen werden sollten. [...]

Die Vereinigten Staaten finden, dass sie Frankreich, in welches Deutschland innerhalb von 70 Jahren drei Mal eingefallen ist, seinen Anspruch auf das Saargebiet nicht verweigern können. Natürlich müsste Frankreich, wenn ihm das Saargebiet eingegliedert wird, seine Reparationsansprüche an Deutschland entsprechend ändern. [...]

Zit. nach: Wolfgang Lautemann/Manfred Schlenke (Hrsg.): Geschichte in Quellen. Bd. 7: Die Welt seit 1945. Bearb. v. Helmut Krause und Karlheinz Reif. München 1980, S. 91–97.

Nürnberger Prozess und Entnazifizierung

8 Die Entnazifizierung – ein Erfolg?

Walter L. Dorn (1894–1961), ein Agent und Berater der US-amerikanischen Militärregierung, schrieb am 11. Mai 1949 an den Militärgouverneur der amerikanischen Zone, General Lucius D. Clay (1897–1978):

Offiziell sind die Briten und wir ungeachtet unserer verschiedenen Verfahrensweisen vom Grundsatz der individuellen Verantwortung ausgegangen. Die Russen haben eine marxistische Faschismustheorie zugrunde gelegt und meinten, ihr Ziel erreicht zu haben, wenn sie die deutsche Industrie in ihrer Zone sozialisierten oder wenn sie frühere Naziaktivisten überredeten, der SED beizutreten. [...]

Das Befreiungsgesetz war, trotz seiner Vorzüge und des erhabenen Idealismus, der auf amerikanischer wie auf deutscher Seite hinter ihm stand, keine ganz befriedigende Regelung. [...]

Die Arbeit der Spruchkammern war alles andere als gleichmäßig. Im Ganzen waren die gewissenhaften Spruchkammern zahlreicher als die liederlichen und

9 Verhandlung im Gerichtssaal des Nürnberger Justizpalastes
Hier fand vom 20. November 1945 bis zum 1. Oktober 1946 das Internationale Militärtribunal (IMT) der Alliierten gegen die NS-Hauptkriegsverbrecher statt. Die Hauptanklagepunkte waren Verbrechen gegen den Frieden, Kriegsverbrechen sowie Verbrechen gegen die Menschlichkeit. Links im Bild sind die Angeklagten mit ihren Anwälten zu sehen: 1. Reihe v. l.: Hermann Göring, Rudolf Heß, Joachim v. Ribbentrop, Wilhelm Keitel, Ernst Kaltenbrunner, Alfred Rosenberg, Hans Frank, Wilhelm Frick, Julius Streicher, Walter Funk, Hjalmar Schacht. 2. Reihe: Erich Raeder, Baldur v. Schirach, Fritz Saucke; rechts sitzen die Richter der vier Alliierten. Vorne im Bild: Prozessbeobachter und Journalisten.

nachlässigen. Auch wenn man alle Mängel und Schwächen der deutschen Spruchkammern einräumt, glauben doch seit der Moskauer Konferenz [März/April 1947] nur noch wenige, dass es ein Fehler war, diesen Auftrag an die Deutschen zu übergeben. Ich glaube, es wäre klug, der Kritik damit zuvorzukommen, dass Sie das Zurückfluten der Mitläufer in die Verwaltung erwähnen und erklären, dass dies nicht unerwünscht war. Man kann mit ziemlicher Sicherheit feststellen, dass prominente Nazis nicht in hohe öffentliche Ämter wiedereingestellt worden sind. Nicht so ganz sicher ist das allerdings bei wichtigen Organisationen der Privatwirtschaft. [...]

Walter L. Dorn: Inspektionsreisen in der US-Zone. Notizen, Denkschriften und Erinnerungen aus dem Nachlass. Übers. und hrsg. v. Lutz Niethammer. Schriftenreihe der Vierteljahrshefte für Zeitgeschichte. Bd. 26. Stuttgart 1973, S. 119–122.

Aufnahme von Flüchtlingen und Vertriebenen

10 Grundgesetz der deutschen Heimatvertriebenen
Diese Charta wurde am 5. August 1950 in Bad Cannstatt vom Zentralverband der vertriebenen Deutschen und den Vereinigten Ostdeutschen Landsmannschaften verkündet. Sie führt „Pflichten und Rechte" für die Flüchtlinge und Vertriebenen auf, die nach Kriegsende zu Millionen die deutschen Ostgebiete verlassen mussten und sich vor allem in der britischen und amerikanischen Zone, aber auch in der Sowjetzone ansiedelten.

Im Bewusstsein ihrer Verantwortung vor Gott und den Menschen, im Bewusstsein ihrer Zugehörigkeit zum christlich-abendländischen Kulturkreis, im Bewusstsein ihres deutschen Volkstums und in der Erkenntnis der gemeinsamen Aufgabe aller europäischen Völker haben die erwählten Vertreter von Millionen Heimatvertriebenen nach reiflicher Überlegung und nach Prüfung ihres Gewissens beschlossen, dem deutschen Volk und der Weltöffentlichkeit gegenüber eine feierliche Erklärung abzugeben, die die Pflichten und Rechte festlegt, welche die deutschen Heimatvertriebenen als ihr Grundgesetz und als unumgängliche Voraussetzung für die Herbeiführung eines freien und geeinten Europas ansehen.

1. Wir Heimatvertriebenen verzichten auf Rache und Vergeltung. Dieser Entschluss ist uns ernst und heilig im Gedenken an das unendliche Leid, welches im Besonderen das letzte Jahrzehnt über die Menschheit gebracht hat.

2. Wir werden jedes Beginnen mit allen Kräften unterstützen, das auf die Schaffung eines geeinten Europas gerichtet ist, in dem die Völker ohne Furcht und Zwang leben können.

3. Wir werden durch harte, unermüdliche Arbeit teilnehmen am Wiederaufbau Deutschlands und Europas.

Wir haben unsere Heimat verloren. Heimatlose sind Fremdlinge auf dieser Erde. Gott hat die Menschen in ihre Heimat hineingestellt. Den Menschen mit Zwang von seiner Heimat trennen, bedeutet ihn im Geiste töten. Wir haben dieses Schicksal erlitten und erlebt. Daher fühlen wir uns berufen zu verlangen, dass das Recht auf die Heimat als eines der von Gott geschenkten Grundrechte der Menschheit anerkannt und verwirklicht wird.

Solange dieses Recht für uns nicht verwirklicht ist, wollen wir aber nicht zur Untätigkeit verurteilt beiseite stehen, sondern in neuen geläuterten Formen verständnisvollen und brüderlichen Zusammenlebens mit allen Gliedern unseres Volkes schaffen und wirken. Darum fordern und verlangen wir heute wie gestern:

a) Gleiches Recht als Staatsbürger, nicht nur vor dem Gesetz, sondern auch in der Wirklichkeit des Alltags.
b) Gerechte und sinnvolle Verteilung der Lasten des letzten Krieges auf das ganze deutsche Volk und eine ehrliche Durchführung dieses Grundsatzes.
c) Sinnvoller Einbau aller Berufsgruppen der Heimatvertriebenen in das Leben des deutschen Volkes.
d) Tätige Einschaltung der deutschen Heimatvertriebenen in den Wiederaufbau Europas.

Die Völker der Welt sollen ihre Mitverantwortung der Heimatvertriebenen als der vom Leid dieser Zeit am schwersten Betroffenen empfinden. Die Völker sollen handeln, wie es ihren christlichen Pflichten und ihrem Gewissen entspricht. Die Völker müssen erkennen, dass das Schicksal der deutschen Heimatvertriebenen, wie aller Flüchtlinge, ein Weltproblem ist, dessen Lösung höchste sittliche Verantwortung und Verpflichtung zu gewaltiger Leistung fordert. Wir rufen Völker und Menschen auf, die guten Willens sind, Hand anzulegen ans Werk, damit aus Schuld, Unglück, Leid, Armut und Elend für uns alle der Weg in eine bessere Zukunft gefunden wird.

Johannes Hohlfeld (Hrsg.): Dokumente der Deutschen Politik und Geschichte von 1848 bis zur Gegenwart. Bd. VIII. Berlin o.J., S. 87f.

11 Erklärung zum Beschluss des Bundestags „60 Jahre Charta der deutschen Heimatvertriebenen – Aussöhnung vollenden" vom 14. Februar 2011

Am 10. Februar 2011 nahm der Deutsche Bundestag einen Antrag der CDU/CSU und FDP „60 Jahre Charta der deutschen Heimatvertriebenen – Aussöhnung vollenden" an, in dem ein „bundesweiter Gedenktag für die Opfer von Vertreibung" auf der Grundlage der „Charta der Heimatvertriebenen" gefordert wird. Mehr als 50 namhafte Historiker nahmen dies zum Anlass, den Beschluss in einer offenen Erklärung zu kritisieren:

Die Annahme des CDU/CSU/FDP-Antrages „60 Jahre Charta der deutschen Heimatvertriebenen – Aussöhnung vollenden" durch die Mehrheit des Bundestages am 10. Februar 2011 ist ein falsches geschichtspolitisches Signal.

Flüchtlinge und Vertriebene in aller Welt, auch die deutschen Vertriebenen, haben ein Recht auf Achtung und Erinnerung. So wird der Millionen Flüchtlinge in der Welt, die gezwungen sind, ihre Heimatländer zu verlassen, auf Beschluss der UN-Vollversammlung jährlich am 20. Juni, dem „Welttag der Migranten und Flüchtlinge", gedacht.

Warum nun darüber hinaus ein „bundesweiter Gedenktag für die Opfer von Vertreibung"? Die „Charta der Heimatvertriebenen" vom 5. August 1950 ist dafür eine denkbar schlechte Grundlage.

Denn in der Charta findet sich kein Wort zu den Ursachen des Krieges, zu den nationalsozialistischen Massenverbrechen, zum Mord an Juden, Polen, Roma und Sinti, sowjetischen Kriegsgefangenen und anderen verfolgten Gruppen, kein Wort zum Generalplan Ost, der die Vertreibung und Vernichtung von Millionen „slawischer Untermenschen" nach dem „Endsieg" vorsah.

Stattdessen erklärten sich die deutschen Vertriebenen selbst zu den „vom Leid dieser Zeit am schwersten Betroffenen", was angesichts des nationalsozialistischen Massenmords eine groteske Verzerrung der historischen Wirklichkeit darstellt.

Das Wort „Versöhnung" taucht in der „Charta der deutschen Heimatvertriebenen" nicht auf. Vielmehr wird darin gänzlich deplatziert auf „Rache und Vergeltung" verzichtet, als gäbe es einen solchen Anspruch. Und hinter dem proklamierten „Recht auf Heimat" stand 1950

weiterhin die Forderung nach territorialer Revision der Nachkriegsgrenzen.
Für Polen, Tschechen, Slowaken, ehemalige Bürger der UdSSR, Überlebende des Holocausts und die Angehörigen anderer Nationen, die vom nationalsozialistischen Deutschland überfallen, vertrieben und ermordet wurden, stellt daher diese „Charta der deutschen Heimatvertriebenen" kein Dokument der Versöhnung dar. Sie zur Grundlage des neuen nationalen Gedenktags zu erheben, widerspricht dem Bemühen aller Menschen, die sich in Deutschland wie im Ausland um ein würdiges europäisches Gedenken an Vertreibungen bemühen.

Erklärung zum Beschluss des Bundestages „60 Jahre Charta der deutschen Heimatvertriebenen – Aussöhnung vollenden". In: H-Soz-u-Kult, 16.2.2011. Online unter: http://hsozkult.geschichte.hu-berlin.de/forum/id=1468&type=diskussionen (Stand: 3.3.2011).

12 Flüchtlingstrecks auf dem Eis des Frischen Haffs, Februar 1945
Der gefährliche Weg über das zugefrorene Haff war zu diesem Zeitpunkt der einzige Landweg von Ostpreußen in Richtung Westen, der noch nicht von der Roten Armee abgeschnitten worden war.

Arbeitsvorschläge

○○●/○●● a) Fassen Sie die Deutschlandpläne der Alliierten zusammen und schildern Sie ihren Wandel (M1–M7). Ordnen Sie die Deutschlandpläne in die internationale politische Lage ein.

○●●/●●● b) Charakterisieren Sie die Entnazifizierungsprogramme und den Umgang der Alliierten mit der Schuldfrage anhand von M8 und M9. Informieren Sie sich darüber, wie die Entnazifizierung von anderen Personen oder Institutionen, zum Beispiel den Kirchen, bewertet wurde und vergleichen Sie.

○○●/○●●/●●● c) Nennen Sie die in der Charta der deutschen Heimatvertriebenen (M10) aufgeführten Forderungen und Ziele und erläutern Sie diese im Kontext der Erfahrungen der Heimatvertriebenen (M12). Stellen Sie den Inhalten der Charta die Kritik daran (M11) gegenüber und nehmen Sie auf dieser Basis selbst kritisch Stellung zu der Einrichtung eines „bundesweiten Gedenktages für die Opfer von Vertreibung".

Grundwissen: Deutschland nach dem Krieg

Der 8. Mai 1945 – eine „Stunde Null"?

Für viele Deutsche begann die Nachkriegszeit bereits Wochen oder Monate vor dem eigentlichen Kriegsende am 8. Mai 1945; nämlich an dem Tag, als sie in alliierte Kriegsgefangenschaft gerieten oder ihre Städte und Dörfer von den Alliierten besetzt wurden. War das Kriegsende ein Strukturbruch in der deutschen Geschichte – eine „Stunde Null" –, war es nur ein kurzfristiger Einbruch in die langen Zyklen deutscher Geschichte oder fing am 8. Mai eine jahrelange Rekonstruktionsperiode des am Boden liegenden Deutschland an?

Deutschlandpolitik der Alliierten im Zeichen der vier Ds

→ 3 – 4 S. 503 f.
→ 6 S. 505

Die Herrschaft der Siegermächte begann noch unter dem Eindruck des im Herbst 1944 in den USA vorgetragenen Morgenthauplans, wonach ein verkleinertes und geteiltes Deutsches Reich in ein Agrarland umgewandelt werden sollte. Entsprechende Pläne zur Deindustrialisierung gaben die Alliierten jedoch schnell wieder auf. In ihrer „Berliner Deklaration" erklärten sie am 5. Juni 1945 einseitig die Übernahme der obersten Regierungsgewalt in Deutschland und setzten den Kontrollrat (Alliierter Kontrollrat) der vier Militärgouverneure in Berlin ein. Dieser konnte sich allerdings nur selten auf gemeinsame Beschlüsse einigen. Auf der Potsdamer Konferenz vom 17. Juli bis zum 2. August vereinbarten Stalin, Truman und Churchill bzw. der ihn ablösende Attlee, Deutschland als wirtschaftliche Einheit behandeln zu wollen. Bei der Verwaltung ihrer Besatzungszone behielt jede Siegermacht freie Hand. Die Einigung über die vier großen Ds: Demilitarisierung, Denazifizierung, Dezentralisierung und Demokratisierung war der kleinste gemeinsame Nenner, auf den die Alliierten sich einigen konnten. Allerdings verband jede Seite andere Vorstellungen mit den Begriffen. So entstanden in kürzester Zeit vier abgegrenzte Verwaltungs- und Wirtschaftsräume: die sowjetische Besatzungszone (SBZ), die amerikanische, britische sowie die französische Zone.

→ 10 S. 507 f.

Zu den wenigen gemeinsamen Unternehmungen aller vier Alliierten gehörte der Nürnberger Prozess gegen die Hauptkriegsverbrecher vom 20. November 1945 bis zum 1. Oktober 1946. Angeklagt waren 24 ehemalige hohe Repräsentanten des Deutschen Reichs. Zwölf Angeklagte wurden zum Tode verurteilt, sieben erhielten zum Teil hohe Haftstrafen, drei wurden freigesprochen. Ein Angeklagter hatte Selbstmord verübt, ein anderer war prozessunfähig. Es folgten weitere Prozesse gegen Juristen, Ärzte, Industrielle, Vertreter des Auswärtigen Amtes und Wehrmachtsangehörige. Insgesamt wurden in den Westzonen 5 025 Personen verurteilt, 486 Todesurteile wurden vollstreckt. In der SBZ wird die Zahl der Verfahren auf etwa 45 000 geschätzt. Die Prozesse leisteten der Tendenz zur „Personalisierung" der Verantwortung Vorschub, viele Deutsche fühlten sich dadurch entlastet.

Maßnahmen der Entnazifizierung

→ 1 S. 502
→ 8 – 9 S. 506 f.

Die Entnazifizierung war Teil einer umfassenden Umerziehung der Deutschen und basierte auf der These, dass alle Deutschen für die Verbrechen der Nazis verantwortlich seien („Kollektivschuld"). Im Alltag erwies sich die Überprüfung als schwierig. Briten und Franzosen konzentrierten sich auf NS-Funktionäre in Spitzenstellungen, wohingegen die Amerikaner mit einer Gesinnungsprüfung aller Deutschen begannen. Sogenannte Spruchkammern waren beauftragt, eine Einstufung in Hauptschuldige, Belastete, Minderbelastete, Mitläufer oder Entlastete vorzunehmen und Sühnemaßnahmen von der Einweisung in ein Arbeitslager über die Aberkennung bürgerlicher Ehrenrechte bis hin zu Geldstrafen einzuleiten.

Die Westalliierten erklärten ihr Entnazifizierungsprogramm im Februar 1950 für beendet. Dennoch gelangten in der Folge zahlreiche Schwerbelastete auf hohe Verwaltungsposten. Auch aufgrund des Fachkräftemangels wurden viele NSDAP-Mitglieder rasch rehabilitiert. In der SBZ war bereits im Februar 1948 das „Ende" der Entnazifizierung verkündet worden. Allerdings hatte man hier nicht nur ehemalige Nazis, sondern auch Regimegegner, Großgrundbesitzer und Großunternehmer ausgeschaltet und so einen umfassenden gesellschaftlichen Wandel eingeleitet.

Alltag in Trümmern

➔ 5 S. 504

Der Zweite Weltkrieg hatte in Europa 55 Millionen Opfer gefordert, Deutschland hatte gut ein Zehntel seiner Vorkriegsbevölkerung verloren. Bei Kriegsende waren etwa 3,7 Millionen deutsche Soldaten gefallen oder blieben dauerhaft vermisst, etwa 10 bis 11 Millionen befanden sich in Kriegsgefangenschaft. Gleichzeitig waren etwa 9,5 Millionen ➔„Displaced Persons" – Kriegsgefangene, Zwangsarbeiter und KZ-Häftlinge der Deutschen – auf dem Weg zurück in ihre Heimat. Erst 1956 kehrten die letzten Deutschen aus sowjetischer Kriegsgefangenschaft zurück. Weil es nach Kriegsende an wichtiger Infrastruktur und einer vertrauenswürdigen Währung fehlte, fiel Deutschland vorerst auf den Stand einer Tausch- und Naturalwirtschaft zurück. Einheimische waren besser dran als Flüchtlinge, und auf dem Land lebte es sich besser als in den Großstädten, in denen überdies mehr als die Hälfte des Wohnraumes von 1939 zerstört war. Die sogenannte „Hamsterfahrt" aufs Dorf wurde für Städter überlebenswichtig, ebenso der verbotene Gang auf den Schwarzmarkt.

Flucht und Vertreibung aus den Ostgebieten

➔ 10 – 12 S. 507 ff.

Nicht nur die Annexion der ➔deutschen Ostgebiete, auch die Vertreibung der dort ansässigen Deutschen war unter den Alliierten lange vor Kriegsende verabredet worden – in Jalta wurde der Beschluss gefasst und auf der Potsdamer Konferenz dann konkretisiert. 12 Millionen Deutsche mussten bis 1947 ihre Heimat in Ostdeutschland und den angrenzenden Siedlungsräumen verlassen. In ihre alten polnischen Siedlungsgebiete kamen Hunderttausende Polen, die die ehemals, vor 1939 ostpolnischen, nun sowjetischen Gebiete verlassen mussten, bzw. jene, die unter deutscher Besatzung innerhalb Polens vertrieben worden waren. Die Masse der Flüchtlinge strömte nach Bayern (1,9 Mio.), Niedersachsen (1,8 Mio.) und Nordrhein-Westfalen (1,3 Mio.). Aber auch das Gebiet der SBZ wies mit über vier Millionen einen Anteil von rund einem Viertel „transferierter" Deutscher in der Gesamtbevölkerung auf. Die Integration der zunächst wenig willkommenen ➔Vertriebenen und Flüchtlinge gelang erst im Zuge des wirtschaftlichen Aufschwungs der 1950er-Jahre und gilt als bedeutende Leistung des jungen Nachkriegsdeutschlands.

Berlin-Blockade als Reaktion auf die Währungsreform

Mit der sogenannten ➔„Berlin-Blockade" – die auch als erste Berlin-Krise bezeichnet wird – reagierten die Sowjets auf die am 20. Juni 1948 in den drei westlichen Zonen Deutschlands durchgeführte Währungsreform. Nach sowjetischer Vorstellung sollte das neue Geld, das noch nicht in den Westsektoren Berlins eingeführt worden war, in der ganzen Stadt ungültig sein. Am 23. Juni widersetzten sich die Berliner Stadtverordneten dieser Weisung. Tags darauf unterbrachen sowjetische Truppen sämtliche Land- und Wasserwege nach Berlin. Um die Versorgung der Stadt aufrechtzuerhalten, initiierten Amerikaner und Briten mithilfe von Transportflugzeugen eine ➔Luftbrücke. Bis Mai 1949 wurden über zwei Millionen Tonnen Versorgungsgüter eingeflogen – vorwiegend Kohle, Lebensmittel, Medikamente, Maschinenteile und Baumaterialien. Die bis dahin größte Hilfsaktion der Welt wurde in den Folgejahren zum Synonym für eine neue Beziehung zwischen Deutschland und den Westalliierten.

10.3 Die Geschichte der Bundesrepublik Deutschland 1949–1966

A) Worin bestand die innen- und außenpolitische Neuordnung Deutschlands nach dem Zweiten Weltkrieg?
B) Aus welchen Gründen und mit welchen Merkmalen wurde die soziale Marktwirtschaft eingeführt?
C) Welche gesellschaftspolitischen Veränderungen stieß der wirtschaftliche Aufschwung an?
D) Welche politischen und sozioökonomischen Probleme wurden unter Erhards Kanzlerschaft erkennbar?

Die Anfänge der Bundesrepublik

1 Die Regierung Adenauer nimmt ihre Arbeit auf
Bundeskanzler Konrad Adenauer präsentierte der Alliierten Hohen Kommission am 20. September 1949 in Bonn sein Kabinett. Dabei betrat er den Teppich, welcher offiziell den Repräsentanten der Besatzungsmächte vorbehalten war, und begab sich dadurch symbolisch auf Augenhöhe mit ihnen.

2 Frage der Wiedervereinigung
Aus den „Erinnerungen" Konrad Adenauers aus dem Jahr 1965. Adenauers politische Autobiografie umfasst vier Bände über die Jahre 1945 bis 1963 und entstand nach seinem Ausscheiden aus dem Amt des Bundeskanzlers:

Für ein besiegtes, besetztes Volk wie das deutsche bedeutet Auswärtige Politik etwas ganz anderes als für ein Volk, das sich in normalen Verhältnissen befindet. Solange wir nur Objekt der Politik anderer Mächte waren, war auch jede Innenpolitik […] sehr schwierig. Daher musste in erster Linie das Streben einer jeden Regierung unseres Landes zunächst darauf gerichtet sein, uns wieder zu einem freien, selbstständigen Faktor in der Außenpolitik werden zu lassen. Im Übrigen bedeutete in unserer Situation Außenpolitik gleichzeitig Innenpolitik, denn würde es uns aufgrund unserer Außenpolitik nicht gelingen, unsere Freiheit zu wahren, würden wir kommunistisch mit den entsprechenden innenpolitischen Konsequenzen. Es würde die große Aufgabe der deutschen Politiker und der Politik der Westalliierten sein, den richtigen Augenblick zu sehen, in dem echte Verhandlungsbereitschaft bei Sowjetrussland vorhanden sein würde. Diese echte Verhandlungsbereitschaft der Russen würde sich dann ergeben, wenn sie einsähen, dass der Westen mindestens so stark wie Sowjetrussland war […]. Bis zu diesem Zeitpunkt mussten wir geduldig warten. Ich glaubte, dass dieser Tag umso schneller herankommen würde, je eher wir und die Westalliierten die Einigung Europas […] vollendeten. […] Gerade wir Deutsche, die wir im Spannungsfeld zwischen Ost und West liegen, hatten das größte Interesse daran, dass dieser Augenblick möglichst bald kam. Uns Deutschen lag nach all den Erfahrungen, die wir gemacht hatten, der Gedanke an Krieg absolut fern. Wir wollten den Frieden. Wir wollten aber auch unsere Freiheit, wir wollten die Wiedervereinigung Deutschlands und wir wollten ein einiges Europa. […] Wir durften und dürfen namentlich in unserer christlichen Partei niemals vergessen, dass der Kampf gegen den Kommunismus sich nicht einfach erschöpft in Bemühungen um die Wiedererlangung der uns entzogenen Teile Deutschlands, sondern dass dahinter steht der Kampf zwischen Materialismus und christlicher Überzeugung, der Gegensatz zwischen russisch-kommunistischer Diktatur und einem freien Europa. Wenn es den freien Völkern der Welt nicht gelingt, dieses Gefühl für den Wert der christlich-europäischen

Kultur zu steigern, dann wird die Zukunft nach meiner Überzeugung für weite Teile des Erdkreises sehr dunkel sein. Wenn die freie Welt wachsam bleibt, dann wird es vielleicht doch im Laufe der Zeit möglich sein, da auch Russland zur Erfüllung seiner innenpolitischen Aufgaben Zeit braucht, zu einem Zustand zu kommen, der der Welt echten Frieden verbürgt. Im gegenwärtigen Augenblick jedoch hilft nur ein bewaffneter Friede.

Konrad Adenauer: Erinnerungen 1949–1953. Bd. 1. Stuttgart 1965, S. 9–11.

3 Was bringen Deutschland- und EVG-Vertrag?

Aus einer Bundestagsrede des Bundestagsvizepräsidenten Carlo Schmid (1896–1979) am 9. Juli 1952. Der SPD-Staatsrechtler setzte sich intensiv für die europäische Integration und die deutsch-französische Aussöhnung ein:

Nun kann die Einheit Deutschlands doch nur zustande kommen, wenn die Russen – ja, auch die Russen – mit gesamtdeutschen freien Wahlen einverstanden sind. Und glaubt man denn, dass sie dazu bereit sein werden, wenn von vornherein feststehen soll, dass der Teil Deutschlands, den sie aufgeben, aufgrund einer heute geschaffenen vertraglichen Verpflichtung einem Block zugeschlagen werden soll, den dieses Russland nun einmal als feindlich empfindet? […] Wir können uns dagegen nicht mit den Worten trösten, dass wir durch diese Verträge nunmehr zusammen mit dem Westen so stark werden, dass wir mit den Russen endlich die Sprache sprechen können, die sie allein verstehen. Glaubt man denn wirklich, mit diesen Verträgen die Russen zur politischen Kapitulation zwingen zu können? Wenn man die Zustimmung der Russen will, muss man ihnen doch eine Chance lassen, durch die sie kompensiert finden könnten, was sie aufgeben! […]

Ich glaube nicht, dass die Antithesen schlüssig sind, die heute Morgen vorgetragen wurden: ob Anschluss an den Westen oder nicht; ob Schutz durch das Atlantikpaktsystem oder nicht; ob Integration Deutschlands in Europa oder nicht. […] Echt scheint mir nur die eine Antithese zu sein: ob die Teilung Deutschlands oder die Wiedervereinigung in Freiheit angestrebt werden soll. Die Frage ist, ob die Verträge uns diese Wiedervereinigung bringen können. […] Es ist nicht wahr, dass es nur die eine Alternative gäbe, Satellit des Ostens oder Vasall des Westens zu sein. Es gibt die dritte: sich dem Westen in Formen zu verbinden, die der Osten nicht bedrohlich zu finden braucht, und mit dem Osten in ein Verhältnis freien Austauschs zu treten, das den Westen stärkt statt ihn zu schwächen. Nur so können wir zur Wiederherstellung eines freien einheitlichen Deutschland kommen.

Zit. nach: Johannes Hohlfeld (Hrsg.): Dokumente der deutschen Politik und Geschichte von 1848 bis zur Gegenwart. Bd. VII. Berlin o. J., S. 378 ff.

4 Erster Besuch Adenauers bei der Bundeswehr, Andernach 1956

Nach der Aufnahme der Bundesrepublik in die NATO wurde von 1955 an eine neue deutsche Armee aufgestellt. Die Wiederbewaffnung war in Deutschland umstritten und wurde insbesondere von Kriegsteilnehmern abgelehnt.

Die Debatte um die Wiederbewaffnung

5 Deutsche in einer europäischen Armee?

Auszug aus dem Buch „Krieg oder Frieden" des US-Außenministers John Foster Dulles (1888–1959) aus dem Jahr 1950. In dem Buch kritisiert Dulles die Eindämmungspolitik Trumans, äußert sich aber auch zur Frage der deutschen Wiederbewaffnung:

Besteht aber eine wirkliche politische Einigkeit Westeuropas zu gemeinsamer Verteidigung, dann können Deutsche sehr wohl an dieser teilnehmen. Wir können keine deutsche Nationalarmee riskieren. Wir dürfen aber ruhig riskieren, dass Deutsche individuell in einer europäischen Armee dienen, Schulter an Schulter mit Franzosen und Belgiern, unter nichtdeutscher Führung und irgendwo in Westeuropa, am besten nicht in Deutschland stationiert. Es ist möglich, auf diese Weise zu einer Militärmacht in Westeuropa zu gelangen, die stark genug wäre, einem militärischen Angriff von Russland her zu widerstehen.

John Foster Dulles: Krieg oder Frieden. Wien/Stuttgart 1950, S. 229 f. Übers.: Alfred Beeker.

6 Argumente von Befürwortern und Gegnern einer deutschen Wiederbewaffnung

Aus einem Artikel Rudolf Augsteins im Nachrichtenmagazin Der Spiegel vom 15. November 1950:

Befürworter einer deutschen Wiederbewaffnung	Gegner einer deutschen Wiederbewaffnung
1. Der Sowjet-Koloss ist eine ständige Drohung und muss eingeschüchtert werden.	1. Eine Armee, stark genug, die Russen vom Krieg abzuhalten, kann in Westeuropa mit oder ohne Westdeutschland ohnehin nicht aufgestellt werden. Wenn die Russen keinen Krieg wagen, so darum nicht, weil sie Angst vor dem Potenzial Amerikas haben. Es ist unsinnig, die Peripherie vor dem Kern stark zu machen. Die Peripherie muss vom Kern her und geschützt durch den Kern stark gemacht werden.
2. Die Volkspolizei der Ostzone wächst. Sie könnte ein Korea probieren.	2. Die Volkspolizei ist eine Söldnertruppe Moskaus und hat allein nicht die Potenz, die US-Truppen in Westdeutschland mit Krieg zu überziehen.
3. Deutschland als Kernland Europas kann sich der Verteidigung Europas nicht entziehen.	3. Deutschland als Kernland Europas ist in seiner Substanz gründlich zerschlagen worden. Es ist eine Grenz- und Pufferzone geworden, in der politische und militärische Macht auf lange Zeit nicht entfaltet werden kann.
4. Eine Europa-Armee mit deutschen Kontingenten würde den Franzosen ihren Sicherheitskomplex nehmen.	4. Der Sicherheits-Komplex der Franzosen wird jede europäische Anstrengung zunichtemachen. Diese jetzige Vormacht des Kontinents ist im Ernstfall gar nicht bündnisfähig.
5. Die West-Alliierten werden sicher nicht für uns kämpfen, wenn wir nicht selbst bereit sind zu kämpfen.	5. Die Alliierten kämpfen überhaupt nicht für uns, sie begrüßen uns als Hilfstruppen und sie haben Interesse daran, dass unser Potenzial den Sowjets nicht (heil) in die Hände fällt.
6. Die Russen würden durch Bewaffnung der Deutschen größere Angst vor einem Kriege haben.	6. Die Russen könnten einen Präventivkrieg befürchten, wenn die Deutschen bewaffnet würden. Die Gefahr, dass sie diesem „Zuvorkommungs"-Krieg zuvorkommen würden, ist nicht rundweg abzuweisen.
7. Die Deutschen würden die Russen erfolgreicher bekriegen als irgendwer sonst.	7. Die ausgepowerten Westdeutschen würden in den nächsten 10 Jahren ohnehin keinen entscheidenden Kriegsbeitrag leisten können.
8. Die Amerikaner könnten sich an Deutschland desinteressiert zeigen und es den Russen überlassen, wenn Westdeutschland sich weigerte, Waffen zu tragen. Im Kriegsfall könnten die Amerikaner Atombomben aufs Ruhrgebiet werfen.	8. Die Amerikaner können es sich im eigenen Interesse nicht leisten, ganz Deutschland den Sowjets zu überlassen. Was Deutsche und Russen zusammen anstellen würden, ist gut vorstellbar. Ob und wo Atombomben geworfen würden, ist dagegen eine müßige Spekulation.

Bis hierher steht Argument gegen Argument. Auf die beiden folgenden Einwände aber hat der Kanzler nicht reagiert: Deutschland muss auf Leben oder Tod exportieren. Die größere Export-Chance liegt im Osten. [...] Westdeutschland hat die simple Pflicht darauf hinzuarbeiten, dass die Ostdeutschen mit uns zusammen wieder menschenwürdig, d.h. frei von den Russen, leben und arbeiten können. Diese beiden Grundtatsachen liegen sowohl im wohlverstandenen Interesse der Amerikaner als auch der Russen. Die Amerikaner brauchen ein Deutschland, das sich in Frieden und Freiheit regeneriert, die Russen brauchen ein Deutschland, das nicht Aufmarschgebiet ist, sondern beruhigende Flanke und Waren-Arsenal. Aber diese Chance wird der rheinische Bundeskanzler niemals ergreifen. Von den Berlinern wissen wir, dass man den Sowjets nicht trauen kann. Wir wollen ihnen bei Gott niemals trauen. Aber die Faust in der Tasche, Zug um Zug, kann man mit ihnen politische Geschäfte machen. Wäre Roosevelt ihnen so gegenübergetreten, wäre Berlin die deutsche Hauptstadt (und Konrad Adenauer nicht Bundeskanzler). Die zehn Divisionen, mit denen Dean Acheson die Deutschen bewaffnen will, sind ein Tropfen auf einen heißen Stein. Wie, wenn es der bekannte Tropfen wäre, der das Fass zum Überlaufen bringt?

Der Spiegel vom 15. November 1950.

7 Ich weiß nicht, was soll es bedeuten ...?
Karikatur aus der Verbandszeitschrift Der deutsche Eisenbahner, 20. Mai 1952.

Die erste Stalin-Note – Ablenkungsmanöver oder ernsthaftes Angebot?

8 Politische Leitsätze der Stalin-Note

Auszug aus der ersten von insgesamt vier Noten der Sowjetregierung an die Westmächte über einen Friedensvertrag mit Deutschland, 10. März 1952:

Politische Leitsätze

1. Deutschland wird als einheitlicher Staat wiederhergestellt. [...] 2. Sämtliche Streitkräfte der Besatzungsmächte müssen spätestens ein Jahr nach Inkrafttreten des Friedensvertrages aus Deutschland abgezogen werden. [...] 3. Dem deutschen Volk müssen die demokratischen Rechte gewährleistet sein, damit alle unter deutscher Rechtsprechung stehenden Personen ohne Unterschied der Rasse, des Geschlechts, der Sprache oder der Religion die Menschenrechte und die Grundfreiheiten genießen, einschließlich der Redefreiheit, der Pressefreiheit, des Rechts der freien Religionsausübung, der Freiheit der politischen Überzeugung und der Versammlungsfreiheit. 4. In Deutschland muss den demokratischen Parteien und Organisationen freie Betätigung gewährleistet sein [...]. 7. Deutschland verpflichtet sich, keinerlei Koalitionen oder Militärbündnisse einzugehen, die sich gegen irgendeinen Staat richten, der mit seinen Streitkräften am Krieg gegen Deutschland teilgenommen hat. [...]

Militärische Leitsätze

1. Es wird Deutschland gestattet sein, eigene nationale Streitkräfte (Land-, Luft- und Seestreitkräfte) zu besitzen, die für die Verteidigung des Landes notwendig sind. 2. Deutschland wird die Erzeugung von Kriegsmaterial und -ausrüstung gestattet werden, deren Menge oder Typen nicht über die Grenzen dessen hinausgehen dürfen, was für die Streitkräfte erforderlich ist, die für Deutschland durch den Friedensvertrag festgesetzt sind.

Neues Deutschland vom 12. März 1952. Zit. nach: Europa-Archiv, 7 (1952), S. 4832 f.

9 Stalins Reaktion auf die Ablehnung seiner Note durch die Westmächte

Auf die Frage des DDR-Staatspräsidenten Wilhelm Pieck (1876–1960), welche Perspektiven er für einen Friedensvertrag sehe, antwortete Stalin am 7. April 1952:

[...] welche Vorschläge zur deutschen Frage wir auch machen würden, die westlichen Staaten [würden] mit ihnen nicht einverstanden sein [...]. Zu denken, dass es einen Kompromiss geben oder die Amerikaner den vorgeschlagenen Friedensvertrag akzeptieren könnten, wäre ein großer Irrtum. Die Amerikaner brauchen eine Armee in Westdeutschland, um Westeuropa zu halten. [...] Tatsächlich also entwickelt sich in Westdeutschland ein selbstständiger Staat. [...] Und Sie müssen Ihren eigenen Staat organisieren. Die Demarkationslinie zwischen West- und Ostdeutschland muss als Grenze angesehen werden – und zwar nicht nur als eine normale, sondern als eine sehr gefährliche Grenze. Der Schutz dieser Grenze muss verstärkt werden.

Zit. nach: Praxis Geschichte, 10 (1997), H. 5, S. 59.

Soziale Marktwirtschaft und struktureller Wandel

10 Mitbestimmung und soziale Gerechtigkeit

Grundsatzforderungen des Deutschen Gewerkschaftsbundes (DGB), die auf dem Gründungskongress in München vom 12. bis 14. Oktober 1949 ausgearbeitet wurden:

I. Eine Wirtschaftspolitik, die unter Wahrung der Würde freier Menschen die volle Beschäftigung aller Arbeitswilligen, den zweckmäßigsten Einsatz aller volkswirtschaftlichen Produktivkräfte und die Deckung des volkswirtschaftlich wichtigen Bedarfs sichert.

II. Mitbestimmung der organisierten Arbeitnehmer in allen personellen, wirtschaftlichen und sozialen Fragen der Wirtschaftsführung und Wirtschaftsgestaltung.

III. Die Überführung der Schlüsselindustrien in Gemeineigentum, insbesondere des Bergbaues, der Eisen- und Stahlindustrie, der Großchemie, der Energiewirtschaft, der wichtigen Verkehrseinrichtungen und der Kreditinstitute.

IV. Soziale Gerechtigkeit durch angemessene Beteiligung aller Werktätigen am volkswirtschaftlichen Gesamtertrag und Gewährung eines ausreichenden Lebensunterhaltes für die infolge Alter, Invalidität oder Krankheit nicht Arbeitsfähigen.

Gerhard Leminsky/Bernd Otto: Politik und Programmatik des Deutschen Gewerkschaftsbundes. Köln 1974, S. 248.

11 Soziale Marktwirtschaft und das „Sich-bewähren-Müssen" im freien Markt

Ludwig Erhard, Initiator der Währungsreform von 1948, war von 1949 bis 1963 Wirtschaftsminister unter Adenauer und von 1963 bis 1966 Bundeskanzler. Er war ein Verfechter des Prinzips der sozialen Marktwirtschaft, das er in seinem Buch „Wohlstand für alle" aus dem Jahr 1957 darlegte:

Die Gefahr einer Beeinträchtigung des Wettbewerbs droht sozusagen ständig und von den verschiedensten Seiten her. Es ist darum eine der wichtigsten Aufgaben des auf einer freiheitlichen Gesellschaftsordnung beruhenden Staates, die Erhaltung des freien Wettbewerbs sicherzustellen. Es bedeutet wirklich keine Übertreibung, wenn ich behaupte, dass ein auf Verbot gegründetes Kartellgesetz als das unentbehrliche *„wirtschaftliche Grundgesetz"* zu gelten hat. Versagt der Staat auf diesem Felde, dann ist es auch bald um die „soziale Marktwirtschaft" geschehen. Dieses hier verkündete Prinzip zwingt dazu, keinem Staatsbürger die Macht einzuräumen, die individuelle Freiheit unterdrücken oder sie namens einer falsch verstandenen Freiheit einschränken zu dürfen. *„Wohlstand für alle" und „Wohlstand durch Wettbewerb" gehören untrennbar zusammen*; das erste Postulat kennzeichnet das Ziel, das zweite den Weg, der zu diesem Ziel führt.

Diese wenigen Andeutungen zeigen bereits den fundamentalen Unterschied zwischen der sozialen Marktwirtschaft und der liberalistischen Wirtschaft alter Prägung. Unternehmer, die unter Hinweis auf neuzeitliche wirtschaftliche Entwicklungstendenzen Kartelle fordern zu können glauben, stellen sich mit jenen Sozialdemokraten auf eine geistige Ebene, die aus der Automation auf die Notwendigkeit einer staatlichen Planwirtschaft schließen. Diese Überlegung macht wohl auch deutlich, wie ungleich nützlicher es mir erscheint, *die Wohlstandsmehrung durch die Expansion zu vollziehen* als Wohlstand aus einem unfruchtbaren Streit über eine andere Verteilung des Sozialproduktes erhoffen zu wollen. [...] Mein ständiges Drängen, alle Anstrengungen auf eine Expansion ohne Gefährdung der gesunden Grundlage unserer Wirtschaft und Währung zu richten, gründet sich gerade auf die Überzeugung, dass es mir auf solche Weise möglich sein kann, all denen, die ohne eigenes Verschulden wegen Alter, Krankheit oder als Opfer zweier Weltkriege nicht mehr unmittelbar am Produktionsprozess teilhaben können, *einen angemessenen, würdigen Lebensstandard* zu garantieren. Das Anwachsen der Sozialleistungen in den letzten Jahren erweist die Richtigkeit dieser These. Die Steigerung der öffentlichen Sozialleistungen in der Bundesrepublik von 9,8 Mrd. DM im Jahr 1949 auf 41 Mrd. DM im Jahr 1961 war, wie auch die Rentenreform, *nur über den wirtschaftlichen Fortschritt zu bewerkstelligen*. Nur die Expansion hat es ermöglicht, auch die Armen mehr und mehr an der Wohlstandssteigerung teilhaben zu lassen.

[...] Das den Laien fast geheimnisvoll anmutende Walten einer freien Volkswirtschaft beginnt eben dort, wo wir die Frage stellen, wie es denn eigentlich zustande kommt, dass bei uns die Millionen Verbraucher in eigner Konsumwahl jeweils gerade das auf dem Markt vorfinden, was sie begehren. [...]

Der gesellschaftliche Verbrauch ist in einer ständigen Umformung begriffen, und trotzdem muss das Angebot immer diese Nachfrage aufsaugen können. Dieses „Kunststück" ist überhaupt nur dadurch zu vollbringen, dass jeder Unternehmer um seiner Existenzerhaltung willen gar keinen anderen Ehrgeiz und Willen haben kann, als im Markte jeweils „richtig zu liegen", die Gunst des Verbrauchers nicht einzubüßen und immer Besseres an ihn heranzutragen, um sich im Wettbewerb gegen den Mitanbieter zu behaupten. In diesem Ringen um die Marktpositionen lässt sich die Funktion des freien Preises einfach nicht ausschalten. [...]

Wenn dann selbst im Verlauf dieses Prozesses einmal auf Gewinne verzichtet werden muss oder gar Verluste entstehen, so hat es sich doch immer wieder erwiesen, dass eine *freie Unternehmungswirtschaft ein fast unglaubliches Maß* an *Anpassungsfähigkeit* besitzt, und dass es gerade dieses „Sich-bewähren-Müssen" im Markte ist, welches den wirtschaftlichen Fortschritt verbürgt und die Vorteile der höheren Leistungskraft immer auch dem Verbraucher, d. h. dem *Volke* in seiner *Gesamtheit* zugutekommen lässt. [...]

Der Unternehmer kann zu der moralischen Unterbauung seiner Position nichts Besseres tun, als sichtbar bereit zu sein, das Risiko in seiner ganzen Konsequenz zu tragen und nicht in Kartelle zu flüchten, nicht im Kollektiv Schutz zu suchen.

Ludwig Erhard: Wohlstand für alle. Düsseldorf/München 1957, S. 9–11, 185 f. und 190.

12 Bundesdeutsche Wirtschaftsentwicklung anhand ausgewählter Indexzahlen

	1936	1948	1954
Bevölkerung	100	118	127
Reales Sozialprodukt	100	98	162
Volkseinkommen/Einwohner	100	84	124
Industrielle Produktion	100	61	165
Steinkohleförderung	100	74	124
Rohstahlproduktion	100	38	136
Elektrizitätsproduktion	100	137	284
Nahrungsmittelproduktion	100	58	118
Wohnungen auf 1000 Einw.	100	84	98

Heiner R. Adamsen: Faktoren und Daten der wirtschaftlichen Entwicklung in der Frühphase der Bundesrepublik. In: Archiv für Sozialgeschichte, H. 18 (1978), S. 244.

Neue Konsummuster und alte Rollenbilder

13 Wiederaufbau und Verdrängung

Die Sozialpsychologin Margarete Mitscherlich-Nielsen (*1917) – berühmt geworden durch ihr Buch „Die Unfähigkeit zu trauern" (1967), in dem sie mit ihrem Mann Alexander (1908–1982) die unzulängliche Aufarbeitung der NS-Vergangenheit in der Adenauer-Ära untersucht – interpretierte 1986 das „Wirtschaftswunder" der 1950er-Jahre:

Nach der Niederlage Hitler-Deutschlands verschwand die Verliebtheit in den Führer wie ein Spuk, obwohl doch Millionen sein Bild an die Stelle eines eigenen Ich-Ideals[1] gesetzt hatten und seine Anhänger bereit waren, alles für ihn zu opfern. [...] Aus den deutschen Tugenden, Befehlen und Gehorsam, wurden Untugenden, die zu unvorstellbaren Verbrechen geführt hatten. Ohne Verdrängung von Schuld und Scham, von verlorenen Idealen hätten Selbsthass und Selbstzweifel, Depressionen und Orientierungslosigkeit die Szene beherrschen müssen. [...] Mithilfe des hektischen Wiederaufbaus, des Wirtschaftswunders wurde Melancholie abgewehrt, Konsumorientierung löste die Liebe zum Führer ab, nationale Kränkung wurde mithilfe materieller Bedürfnisbefriedigung in den Hintergrund gedrängt. [...] Nach der Niederlage fand als Erstes eine schlagartig einsetzende Derealisierung[2] statt, die Vergangenheit versank wie im Traum. Der Identitätswechsel durch die Identifikation mit dem Sieger, ohne besonders ins Auge fallende Anzeichen gekränkten Stolzes, verstärkte die Abwehr gegen Gefühle des Betroffenseins. Das manische[3] Ungeschehenmachen, die gewaltigen kollektiven Anstrengungen des Wiederaufbaus, eine Art nationaler Beschäftigungstherapie, machten für die Mehrheit der Deutschen Verleugnung und Verdrängung endgültig möglich. Wenn aber Verleugnung, Verdrängung, Derealisierung der Vergangenheit anstelle von deren Bearbeitung tritt, ist ein Wiederholungszwang unvermeidbar [...]. In unserer Arbeit über „Die Unfähigkeit zu trauern" stellten wir die These auf, dass die Abwehr von Scham, Schuld und Trauer zu der seelischen Entleerung eines Individuums führt und darüber hinaus zum psychischen und politischen Immobilismus[4], der Fantasie- und Ideenlosigkeit eines Kollektivs. [...] Was heißt es: zu trauern? Trauer ist ein seelischer Vorgang, in dem ein Individuum einen Verlust mithilfe eines wiederholten, schmerzlichen Erinnerungsprozesses langsam zu ertragen und durchzuarbeiten lernt. Die Alternative zur mit Trauerschmerzen verbundenen Durcharbeitung der verlustreichen Vergangenheit ist der schnelle Wechsel zu neuen Objekten, neuen Identifikationen und Idealen, die die aufgegebenen bruch- und gedankenlos ersetzen.

Margarete Mitscherlich-Nielsen: Die Mühsal der Trauer. In: Psychologie heute, Jg. 13, H. 5 (1986), S. 42–47.

1 Ich-Ideal: Hoher Anspruch ans eigene Sein und Tun, dem man sich anzupassen sucht und der so das soziale Leben stark beeinflusst.
2 Derealisierung: Fremdheitsgefühl
3 manisch: heiter-erregter, übersteigerter Gemütszustand (schlägt oft ins Depressive um)
4 Immobilismus: Unbeweglichkeit, Starrsinnigkeit

14 Tanzbar in den 1950er-Jahren

Der gewachsene Wohlstand drückte sich auch im Freizeitverhalten aus. Die Jukebox – ein Automat, der nach Einwurf von Geldmünzen Musik abspielt – zeigte den technischen Fortschritt an.

15 Hauptberuf: Mutter

Familienminister Franz-Josef Wuermeling (CDU) in einer Rede zum Muttertag des Jahres 1959:

Die Doppelbelastung unserer Hausfrauen und Mütter in Familie und Beruf ist keine „fortschrittliche Lösung", sondern erzwungenes Unheil. […] Mutterberuf ist daher […] Hauptberuf und wichtiger als jeder Erwerbsberuf. […] Stattdessen sind gegen unsere Familien eine Vielzahl von Mächten aufgestanden, die in verhängnisvoller Weise mit ihrer Erziehung konkurrieren und eindeutig gegen sie wirken: die sogenannten „geheimen Miterzieher und Einflüsterer", wie Film, Funk, Fernsehen, Illustrierte, Reklamen. […] So ist die Mutter daheim, zumal der Vater weithin nicht daheim ist, heute noch vielfach wichtiger als früher. Eine Mutter daheim ersetzt vielfach alle Fernsehgeräte, Autos, Musiktruhen und Auslandsreisen, die doch allzu oft mit ihrer den Kindern gestohlenen Zeit bezahlt werden. […] Europa wird leben von dem, was mütterliche Herzen in Liebe, Sorge, Aufopferung und Verzicht in die Seelen unserer heranwachsenden Europäer hineingesenkt haben. Ein bloßes Europa der Motoren und Maschinen hat kein inneres Fundament, aber ein Europa starker Herzen opferbereiter Mütter, das wird Bestand haben […].

Franz-Josef Wuermeling: Familie – Gabe und Aufgabe. Köln 1963, S. 73 f.

16 Anteile an den monatlichen Ausgaben eines 4-Personen-Arbeitnehmerhaushalts 1950–1963 (in %)

	1950	1955	1960	1963
Nahrungsmittel	46,4	41,5	38,2	34,6
Genussmittel	5,8	6,5	6,7	7,1
Bohnenkaffee	0,8	1,4	1,5	1,4
Bier	0,8	1,2	1,5	1,6
Zigaretten	1,2	1,4	1,6	1,8
Möbel/Hausrat	4,7	7,7	8,2	8,0
Bücher/Zeitungen	1,3*	1,3	1,1	1,1
Ferien/Erholung	0,6*	1,1	1,5	1,9
Theater, Konzerte	0,1*	0,1	0,1	0,1
Kino	0,6*	0,7	0,3	0,2
Radio-/TV-Gebühren	0,4*	0,4	0,5	0,6
Öffentl. Verkehrsmittel	1,9*	2,1	2,2	1,9
Private Verkehrsmittel	0,6*	0,9	2,6	5,7

** Zahlen beziehen sich auf das Jahr 1952*

Nach: Michael Wildt: Am Beginn der „Konsumgesellschaft". Mangelerfahrung, Lebenshaltung, Wohlstandshoffnung in Westdeutschland in den fünfziger Jahren. Hamburg 1994, S. 374.

17 Haushalte nach Personenzahl 1950–1970 (in %)

	1950	1970
1 Person	19,4	25,1
2 Personen	25,3	27,1
3 Personen	23,0	19,6
4 Personen	16,2	15,2
5 Personen und mehr	16,1	12,9

Arne Andersen: Der Traum vom guten Leben. Alltags- und Konsumgeschichte vom Wirtschaftswunder bis heute. Frankfurt/M. 1997, S. 139.

Von der Ära Adenauer zur Großen Koalition

18 Die Hallstein-Doktrin

Interview des Ministerialdirektors Wilhelm G. Grewe mit dem Chefredakteur des Nordwestdeutschen Rundfunks Hans Wendt am 11. Dezember 1955 im Auswärtigen Amt. Darin legt Grewe den Rechtsstandpunkt der Bundesregierung zur Nichtanerkennung eines zweiten deutschen Staates („Alleinvertretungsanspruch") dar:

Frage: Ist es richtig, dass auf dieser Botschafter-Konferenz die Politik der Bundesregierung dahingehend definiert worden ist, dass sie die diplomatischen Beziehungen mit jedem Staat abbrechen würde, der etwa Pankow[1] anerkennt?

Grewe: […] Klar ist – und das haben wir oft genug deutlich gemacht –, dass die Intensivierung der Beziehungen mit Pankow von uns als eine unfreundliche Handlung empfunden wird. Auf unfreundliche Akte anderer Staaten kann man mit verschieden gestuften Maßnahmen reagieren, kann entweder seinen Botschafter zunächst einmal zur Berichterstattung zurückberufen oder man kann auch einen weiteren Abbau einer solchen Mission vornehmen. Kurz, es gibt eine ganze Reihe von Maßnahmen, die noch vor dem Abbruch der diplomatischen Beziehungen liegen. Und es ist klar, dass man einen so schwerwiegenden Schritt wie den Abbruch diplomatischer Beziehungen immer nur nach sehr reiflicher Überlegung und in einer sehr ernsten Situation tun wird. Aber so viel ist klar, dass diese ganze Frage für uns in der Tat eine äußerst ernste Frage ist und dass in dem Augenblick, in dem das Problem der Doppelvertretung Deutschlands bei dritten Staaten auftaucht, wir wahrscheinlich gar nicht anders können, als sehr ernste Konsequenzen daraus zu ziehen.

Keesing's Archiv der Gegenwart 1955, S. 5514 A.

1 *Pankow: Synonym für die DDR bzw. deren Machtelite (in Berlin-Pankow wohnten viele führende SED-Politiker)*

19 Der Grass-Brandt-Briefwechsel 1966

Brief des Schriftstellers und SPD-Mitglieds Günter Grass (*1927) an den SPD-Vorsitzenden Willy Brandt anlässlich der geplanten Großen Koalition am 1. Dezember 1966:

Lieber Willy Brandt! Bevor es zur Großen Koalition kommt, bevor also Sie zwischen den Herren Kiesinger [gemeint ist der spätere Bundeskanzler Kurt Georg Kiesinger (CDU)] und Strauß [der CSU-Vorsitzende Franz Josef Strauß] den Kronzeugen einer falschen Harmonie werden abgeben müssen, bitte ich Sie, den Vorsitzenden der SPD, einer Partei also, in die ich meine Hoffnungen setzte und setze, noch einmal die unabsehbaren Folgen einer solchen Entscheidung zu bedenken. [...] Wie sollen wir weiterhin die SPD als Alternative verteidigen, wenn das Profil eines Willy Brandt im Proporz[1]-Einerlei der Großen Koalition nicht mehr zu erkennen sein wird? Zwanzig Jahre verfehlte Außenpolitik werden durch Ihr Eintreten in eine solche Regierung bemäntelt sein. Der unheilbare Streit der CDU/CSU wird auf die SPD übergreifen. Ihre Vorstellung vom „anderen Deutschland" wird einer lähmenden Resignation Platz machen, die große und tragische Geschichte der SPD wird für Jahrzehnte ins Ungefähre münden. Die allgemeine Anpassung wird endgültig das Verhalten zu Staat und Gesellschaft bestimmen. Die Jugend unseres Landes jedoch wird sich vom Staat und seiner Verfassung abkehren, sie wird sich nach links und rechts verrennen, sobald diese miese Ehe beschlossen sein wird.

Günter Grass: Offener Brief an Willy Brandt. In: Die Zeit, 2. Dezember 1966.

Aus dem Antwortbrief von Willy Brandt:

Lieber Günter Grass! Sie haben die Sorgen und die Befürchtungen formuliert, die viele Menschen – und nicht die schlechtesten – in unserem Lande mit Ihnen teilen. Die Große Koalition enthält Risiken. Gefühl und Willen zur Führung wiesen vielen von uns einen anderen Weg. Nach sehr ernster Prüfung und dem Hintergrund der dürren Ziffern im Bundestag und angesichts der Aufgaben im Inneren und nach außen habe ich zu dem Ergebnis kommen müssen, dass der andere Weg nicht gangbar war. [...] Die Große Koalition wird zu einem Fehlschlag führen, wenn sie sich nicht deutlich von dem abhebt, was in die Regierungskrise geführt hat. Dies ist die begrenzte, heute mögliche Alternative zum bisherigen Trott. [...] Sie, Ihre Freunde und viele der kritischen jungen Menschen dürfen sich gerade jetzt nicht in das Abseits der Resignation oder des bloßen Protestes stellen. Die demokratische Linke und unser Land würden nicht nur ärmer, sondern auch schwächer werden. Das Gewissen der Sozialdemokratischen Partei schlägt nicht außerhalb dieser Partei. Niemand sollte den Stab brechen, solange wir nicht die Chance gehabt haben zu beweisen, was jetzt möglich ist. Für uns ist dies ein neuer Beginn. Wir werden in das neue Kapitel der deutschen Geschichte wesentliche neue Elemente einführen. Dafür werden wir Verantwortung tragen und gerade das geistige Deutschland nicht enttäuschen.

Willy Brandt: Antwort an Günter Grass. In: a. a. O.

1 Proporz: Kurzbezeichnung für Proportionalität (Verhältnismäßigkeit; richtiges Verhältnis)

Arbeitsvorschläge

○○●/○●● a) Zählen Sie die von Adenauer genannten Ziele in der Außen- und Deutschlandpolitik auf (M2) und erläutern Sie, wie Adenauer sie erreichen wollte.

●●● b) Inszenieren Sie ein fiktives Streitgespräch über die Wiederbewaffnung der Bundesrepublik auf Basis von M4–M6.

●●● c) Diskutieren Sie anhand von M7–M9, ob die Stalin-Note ein Ablenkungsmanöver oder ein ernsthaftes Angebot war.

○○●/●●● d) Zählen Sie die wirtschaftspolitischen Grundsätze des DGB (M10) und Ludwig Erhards (M11) auf und identifizieren Sie Unterschiede und Ähnlichkeiten in deren Vorstellungen von sozialer Marktwirtschaft.

○●●/○●●/●●● e) Skizzieren Sie die Entwicklung von Wirtschaft und Konsumgewohnheiten in der Bundesrepublik anhand von M12, M16 und M17 und ordnen Sie sie in den historischen Kontext ein. Begründen Sie, ob es berechtigt ist, von einem Wirtschaftswunder zu sprechen. Erläutern Sie abschließend den Zusammenhang von Wiederaufbau, wirtschaftlicher Entwicklung und Verdrängung, den Mitscherlich-Nielsen herstellt (M13).

○●● f) Stellen Sie die außen- und deutschlandpolitischen Positionen in M18 und M19 gegenüber und erläutern Sie, welches „neue Kapitel der deutschen Geschichte" Brandt anstrebt.

Grundwissen: Die Geschichte der Bundesrepublik Deutschland 1949–1966

Konrad Adenauer (1876–1967)
Erster Kanzler der Bundesrepublik (1949–1963) und Begründer sowie Parteichef der CDU (1949–1966).

Der Weg zum bundesdeutschen Grundgesetz

Im Juli 1948 riefen die Westalliierten die Ministerpräsidenten ihrer Besatzungszonen dazu auf, eine verfassunggebende Versammlung einzuberufen („Frankfurter Dokumente"). Die westdeutschen Politiker werteten diese Aufforderung als erste Wegmarke zur deutschen Teilung und lehnten sie daher zunächst ab. Erst auf Druck der USA nahm im August 1948 ein Verfassungskonvent seine Beratungen auf und entwickelte einen Entwurf zu einer demokratischen, föderativen und rechtsstaatlichen Verfassung. Als Beratungsorgan wurde entsprechend den Ergebnissen der 1947 durchgeführten Landtagswahlen der Parlamentarische Rat mit 65 nominierten Parteivertretern eingerichtet. Einig waren die Mitglieder sich darin, den vorläufigen Charakter des Verfassungswerkes festzuschreiben. Nach heftigen Debatten nahm der Parlamentarische Rat am 8. Mai 1949 mehrheitlich das Grundgesetz für die Bundesrepublik Deutschland an. Vier Tage später genehmigten es die drei westlichen Militärgouverneure. Nachdem das Grundgesetz am 23. Mai 1949 in Kraft getreten war, wurde der 73-jährige Konrad Adenauer am 15. September 1949 durch den Bundestag zum Bundeskanzler gewählt. Vom gleichen Jahr an wurden die Beziehungen zwischen der Bundesrepublik und den Besatzungsmächten durch das Besatzungsstatut geregelt. Es beendete die direkte alliierte Militärregierung, schränkte aber den Handlungsspielraum der deutschen Innenpolitik stark ein. So waren alliierte Eingriffe im Ruhr- und Saargebiet, bei der Entflechtung von Großkonzernen sowie durch Demontagen und Reparationszahlungen möglich.

→ 1 - 2 S. 512 f.

Adenauers Ziele im Zeichen der Politik der Stärke

In dieser Situation setzte sich Adenauers Kabinett aus CDU/CSU, FDP und Deutscher Partei (DP) vier Nahziele: die schnellstmögliche Integration der Bundesrepublik in die westliche Welt und die Rückgewinnung zunächst äußerer Sicherheit, dann politischer Gleichberechtigung und schließlich völkerrechtlicher Souveränität. Erst danach hielt Adenauer eine Herstellung der deutschen Einheit für möglich. Sie konnte seiner Meinung nach nur durch eine „Politik der Stärke" gegenüber der Sowjetunion erreicht werden. Auf diese Weise sollte einerseits das bei Stalin vermutete Hegemonialstreben eingedämmt werden, andererseits hoffte Adenauer, dass eine in die westliche Staatengemeinschaft eingebundene, wirtschaftlich aufblühende Bundesrepublik eine wachsende Anziehungskraft auf die DDR ausüben würde („Magnettheorie"). Adenauers Entscheidung für eine bevorzugte Stellung der Westintegration brachte ihm Kritik von Politikern aller Parteien, auch seiner eigenen, ein. Im Gegensatz zu Adenauer war für den SPD-Vorsitzenden Kurt Schumacher „die Wiedervereinigung Deutschlands dringender und wichtiger als […] jede Form der Integration". Deshalb strebte Schumacher um den Preis eingeschränkter Souveränität ein vereinigtes, blockfreies und neutrales Deutschland an. Unbeirrt von den Einwänden der Kontrahenten und gegen das Misstrauen Frankreichs verfolgte Adenauer seinen Weg weiter. Die Annäherung an Frankreich suchte er durch eine Politik weitgehender Zugeständnisse: So trat er im Petersberger Abkommen 1949 dem Militärischen Sicherheitsamt, das die Entmilitarisierung Deutschlands kontrollierte, und der Internationalen Ruhrbehörde bei, die für die Kohle- und Stahlproduktion des Ruhrgebiets zuständig war. Im Gegenzug erwirkte er eine Verringerung der Demontagen und die Genehmigung, Handelsbeziehungen aufzunehmen und sich internationalen Organisationen – zum Beispiel 1949 der OEEC – anzuschließen.

Kurt Schumacher (1895–1952)
SPD-Parteivorsitzender (1946–1952) und Gegenspieler Adenauers.

Westintegration und Wiederbewaffnung

Den ersten Schritt sowohl zur Westintegration der Bundesrepublik als auch zur europäischen Einigung stellte der deutsche Beitritt zur Europäischen Gemeinschaft für Kohle und Stahl (EGKS) im Jahr 1951 dar. Die sogenannte Montanunion bot der französischen Stahlindustrie Zugang zu den dringend erforderlichen Rohstoffimporten. Gleichzeitig erhielt Frankreich die Möglichkeit einer indirekten Kontrolle des Ruhrgebiets. Noch im gleichen Jahr trat die Bundesrepublik dem Europarat bei. Der europäische Integrationsprozess setzte sich 1957 mit der Gründung der Europäischen Wirtschaftsgemeinschaft (EWG) und der Europäischen Atomgemeinschaft (Euratom) fort.

→ 3 S. 513
→ 5 - 6 S. 513 f.

Am 25. Juni 1950 überfiel das kommunistische Nordkorea den südlichen Landesteil, welcher enge Beziehungen zu den USA unterhielt. Der daran anschließende Koreakrieg währte drei Jahre und schürte in Europa die Angst vor einer ähnlichen kommunistischen Expansion. Adenauer griff Churchills Vorschlag auf, eine europäische Armee unter Einschluss einer deutschen Freiwilligenarmee aufzubauen – allerdings unter der Bedingung, dass „die Beziehungen Deutschlands zu den Besatzungsmächten auf neue Grundlagen gestellt werden". Innenpolitisch provozierte Adenauer mit der geplanten Wiederbewaffnung und der Mitgliedschaft in der Europäischen Verteidigungsgemeinschaft (EVG) eine Welle von Protesten („Ohne-mich-Bewegung").

Die Stalin-Noten: Eine Chance zur Wiedervereinigung?

→ 8 - 9 S. 515

Die für Mai 1952 vorgesehene Unterzeichnung des EVG-Vertrags nahm Stalin im März und April des Jahres zum Anlass, zwei sogenannte „Noten" zu verfassen. Darin bot er den Westmächten an, der Wiederherstellung eines verkleinerten, wiedervereinigten und neutralen deutschen Staates zuzustimmen und ihm eigene Streitkräfte, ein pluralistisches Parteiensystem und freie Wahlen zuzugestehen. Die Frage, ob es sich bei den Stalin-Noten um ein ernst gemeintes Angebot oder lediglich um eine Strategie handelte, mit der die Westmächte aus Deutschland herausgedrängt werden sollten, um das dann schutzlose Land dem Ostblock einzuverleiben, ist bis heute umstritten. Da die Westmächte und Adenauer darauf bestanden, dass die angebotenen freien Wahlen unter Aufsicht der US-dominierten Vereinten Nationen durchgeführt werden müssten, brachten sie Stalins Initiative zum Scheitern. Termingemäß wurde am 17. Mai 1952 der EVG-Vertrag unterzeichnet, nachdem am Tag zuvor bereits der Deutschlandvertrag abgeschlossen worden war, der der Bundesrepublik weitgehende Souveränität über ihre inneren und äußeren Angelegenheiten garantierte. Die Wiedervereinigung war damit in weite Ferne gerückt.

Die Bundesrepublik erlangt Souveränität

→ 13 S. 517

Im Sommer 1954 erlitt der europäische Einigungsprozess einen Rückschlag: Der EVG-Vertrag scheiterte an französischen Vorbehalten gegen eine deutsche Militärbeteiligung. Die parallel mit der NATO geführten Beitrittsverhandlungen mündeten stattdessen 1955 in der Integration der ein Jahr zuvor gegründeten Bundeswehr in das nordatlantische Militärbündnis und in die Westeuropäische Union (WEU). Das Besatzungsstatut wurde durch die Pariser Verträge im Mai 1955 endgültig aufgehoben. Damit hatte Adenauer zwei seiner Ziele erreicht: Die Westintegration war völkerrechtlich vollzogen und die Souveränität im Innern und nach außen zu einem erheblichen Teil verwirklicht. Allerdings bestanden die Westalliierten auf Vorbehaltsrechten in Fragen der Deutschlandpolitik sowie auf Truppenstationierungen. Zudem verzichtete die Bundesrepublik – auch auf den innenpolitischen Druck einer großen Protestbewegung hin – auf Atomwaffen. Adenauers Hoffnung auf eine völlige politische Gleichberechtigung hatte sich nur teilweise erfüllt.

→ 11 S. 516

Ludwig Erhard (1897–1977)
Bundeswirtschaftsminister (1949–1963) und Bundeskanzler (1963–1966) sowie CDU-Parteivorsitzender 1966/67.

Wirtschaftspolitische Weichenstellungen und soziale Marktwirtschaft

Angesichts einer bis 1951 stagnierenden westdeutschen Wirtschaft war an einen Aufschwung nicht zu denken: Anhaltender Mangel an Lebensmitteln und Konsumgütern, eine wachsende Einkommenskluft, rapide Preissteigerungen und zwei Millionen Arbeitslose im Jahr 1950 erzwangen eine Beibehaltung der Lebensmittelrationen. In dieser Notsituation bestand Konsens darüber, dass „nicht die freie Marktwirtschaft des liberalistischen Freibeutertums“ (Erhard) Grundlage der wirtschaftlichen Neuordnung sein könne, sondern dass der Staat in sozialer Verantwortung in die wirtschaftlichen Prozesse einzugreifen habe. Umstritten war das Ausmaß der Eingriffe: So forderten die SPD, aber auch Teile der CDU unter anderem eine staatliche Wirtschaftslenkung und die Vergesellschaftung von Schlüsselindustrien.
Ludwig Erhard, ab 1949 Wirtschaftsminister im Kabinett Adenauer und von 1963 bis 1966 dessen Nachfolger als Bundeskanzler, wandte sich mit seinem Konzept der sozialen Marktwirtschaft gegen derart weitgehende Eingriffe. Staatliche Aktivitäten sollten sich auf eine marktkonforme Rahmengesetzgebung beschränken, die einen fairen Wettbewerb sichert. Um sozial gerecht wirken zu können, sollte der Staat aus seiner „Nachtwächterrolle“, die ihn auf den Schutz der persönlichen Freiheit und des Eigentums reduzierte, erlöst werden. Zudem sollte der Staat der Marktwirtschaft eine „stahlharte Ordnung“ geben, die individuelle Profitinteressen zügelt und das Gemeinwohl schützt. Auf diese Weise sollte ein „dritter Weg“ zwischen bürgerlichem „Laissez-faire“-Kapitalismus und sozialistischer Planwirtschaft entstehen.

→ 10 S. 515 f.

Gesetzliche Rahmenbedingungen der Wirtschaftspolitik

Das Montanmitbestimmungsgesetz von 1951 und das Betriebsverfassungsgesetz von 1952 waren prägend für das Verhältnis von Kapital und Arbeit in der Bundesrepublik. Statt auf Konflikte und Streiks setzten sie auf Konsens und Verhandlungen zwischen Arbeitnehmern und Arbeitgebern. Dem sozialen Frieden dienten auch das Bundesversorgungsgesetz (1950) und das Lastenausgleichsgesetz (1952), mit denen versucht wurde, die in der Bevölkerung sehr unterschiedlich verteilten Lasten durch Kriegsfolgen mittels großer Vermögenstransfers auszugleichen. Das 1957 verabschiedete Kartellgesetz („Gesetz gegen Wettbewerbsbeschränkungen“) sollte schließlich der Sicherung eines funktionierenden Wettbewerbs dienen. Aufgrund zahlreicher Ausnahmen konnte es den in den 1960er-Jahren erneut einsetzenden Konzentrationsprozess aber nicht aufhalten. Durch eine angebotsorientierte Wirtschaftspolitik und umfangreiche Steuererleichterungen wurden große Industrievermögen wiederhergestellt. Die ungleiche Vermögensverteilung blieb erhalten, verschärfte sich teilweise sogar.

→ 12 - 14 S. 517
→ 16 S. 518

Das Wirtschaftswunder

Die Bundesregierung konnte den gesellschaftlichen Frieden durch eine sozialpolitische Offensive – Tarifautonomie, paritätische Selbstverwaltung der Sozialversicherung, Lohnfortzahlung im Krankheitsfall, Kindergeld, Rentenreform – absichern. Das lag vor allem an wachsenden Verteilungsspielräumen, die sich durch ein „selbsttragendes“ Wirtschaftswachstum ab 1952 ergaben. Zum Motor der wirtschaftlichen Expansion wurde die wachsende Auslandsnachfrage nach Investitionsgütern in der Folge eines weltweiten Booms. Die nach Kriegszerstörung und Demontagen darniederliegende Industrie investierte massiv in moderne Produktionsanlagen, sodass deutsche Exporte besonders des Maschinen- und Fahrzeugbaus sowie der Elektro- und Chemieindustrie ungehindert die Weltmärkte erobern konnten. Die Binnenkonjunktur wurde durch einen gewaltigen Nachholbedarf an Konsumgütern stimuliert. Der Begriff „Wirtschaftswunder“ wurde in den Folgejahren zum geflügelten Wort für die bis dahin größte wirtschaftliche Blütezeit der deutschen Geschichte.

Gesellschaftlicher Strukturwandel und veränderte Konsumgewohnheiten

Durch den Aufschwung konnten viele soziale und politische Probleme gelöst werden, etwa die Eingliederung von Vertriebenen und Flüchtlingen in den Wirtschaftsprozess. Gleichzeitig wurde ein gesellschaftlicher Strukturwandel eingeleitet, in dessen Verlauf Erwerbstätige aus unproduktiven Bereichen wie der Landwirtschaft in produktivere wechselten: vor allem ins Handwerk, in die Industrie und in den Dienstleistungssektor. Die Zahl der Stellen in Wachstumsbranchen wie Fahrzeug- und Maschinenbau, Elektro- und chemische Industrie sowie Mineralöl- und Kunststoffverarbeitung nahm rapide zu.
Bereits nach wenigen Aufbaujahren konnten sich viele Bundesbürger die ersten Konsumartikel leisten: Haushaltsgeräte wie Staubsauger, Kühlschränke und Waschmaschinen, aber auch „Freizeitprodukte" wie Fotoapparat und Fernseher. Viele verwirklichten sich den Traum vom Eigenheim und vom eigenen Auto. Eine neue Mobilität fand ihren Ausdruck im Wochenendausflug oder in der ersten Urlaubsreise. Die Ausgaben für Nahrung, Kleidung und Wohnung sanken stetig. Der wachsende Wohlstand führte zu einer Angleichung der Lebensgewohnheiten und Verhaltensformen. Gleichzeitig verdeckte das „Wunder" die weiterbestehende Ungleichverteilung von Einkommen und Vermögen und verstärkte einen oft überheblichen Stolz auf die Wiederaufbauleistungen. Das Desinteresse an der Politik und an einer Auseinandersetzung mit der NS-Zeit nahm zu.

→ 18 S. 518

Deutschland- und Außenpolitik im Zeichen der Hallstein-Doktrin

Nach Abschluss der Pariser Verträge stand Adenauers Deutschland- und Außenpolitik im Zeichen der sogenannten ⇨„Hallstein-Doktrin" (1955). Sie begründete den ⇨Alleinvertretungsanspruch der Bundesrepublik für das gesamte deutsche Volk. Dieser wurde auf die Legitimation durch freie Wahlen zurückgeführt, welche dem sozialistischen Regime in der DDR fehlte. Die Bundesregierung betrachtete es fortan als unfreundlichen Akt, wenn ein Staat, der mit der Bundesrepublik diplomatische Beziehungen unterhielt, auch die DDR anerkannte. Es sollte dann – außer im Fall der Sowjetunion – der einseitige Abbruch der Beziehungen erfolgen. Adenauer konnte damit die internationale Anerkennung der DDR verhindern, verzichtete aber auf Gestaltungsspielräume und bewirkte, dass das innerdeutsche Verhältnis verhärtete.

Das Ende der Ära Adenauer und Erhards Kanzlerschaft bis 1966

Nach Massenprotesten gegen Adenauers Nuklearpläne („Kampf dem Atomtod") wurde seine Autorität nach 1958 weiter erschüttert. Die wachsende Kritik an seiner als autoritär empfundenen „Kanzlerdemokratie" führte bei der Bundestagswahl 1961 zum Verlust der absoluten Mehrheit für die CDU/CSU. Dazu beigetragen hatte auch die Modernisierung der SPD: Mit dem Godesberger Programm (1959) hatte diese sich als Volkspartei konstituiert, indem sie der sozialen Marktwirtschaft und der Landesverteidigung zustimmte. Das Ende der Ära Adenauer wurde 1962 durch die Affäre um das Nachrichtenmagazin Der Spiegel (Spiegel-Affäre) eingeleitet. Als dort ein kritischer Artikel zur CDU-Verteidigungspolitik erschien, ließ Verteidigungsminister Franz Josef Strauß Spiegel-Mitarbeiter verhaften und die Redaktionsräume durchsuchen. Eine große kritische Öffentlichkeit, die der Regierung massive Eingriffe in die Presse- und Meinungsfreiheit vorwarf, setzte sich schließlich durch: Adenauer bildete ein neues Kabinett, dem Strauß nicht mehr angehörte, und kündigte seinen Rücktritt für den Herbst 1963 an. Ihm folgte Ludwig Erhard, in dessen Kanzlerschaft bis 1966 die ungelösten Konflikte, die das Wirtschaftswunder überdeckt hatte, nun offen ausbrachen – etwa die fehlende Aufarbeitung der NS-Vergangenheit. Zudem erlebte die Bundesrepublik 1966 unter Erhard ihre erste Rezession mit steigenden Arbeitslosenzahlen und wachsenden Staatsausgaben.

10.4 Die Geschichte der DDR 1949–1961

A) Mit welchen Mitteln wurde das sozialistische politische System in der DDR nach der deutschen Teilung eingeführt und welche Rolle spielte dabei die Sowjetunion?
B) Wie stellte sich die wirtschaftliche Lage in der DDR nach der deutschen Teilung dar?
C) Welche Merkmale charakterisierten die 1952 eingeführte sozialistische Planwirtschaft und welche Probleme traten in diesem System zutage?

Errichtung der Volksdemokratie

1 Die SED als „Partei neuen Typs"

1946 wurden KPD und SPD in der sowjetischen Besatzungszone zu einer Einheitspartei zwangsvereinigt. Auf der ersten Parteikonferenz dieser Sozialistischen Einheitspartei Deutschlands (SED) beschlossen die Delegierten, die Partei nach dem Vorbild der KPdSU in eine streng reglementierte, hierarchisierte Kaderpartei umzuwandeln. In der Entschließung der Konferenz vom 28. Januar 1949 heißt es:

1. Die großen Aufgaben, die vor dem werktätigen Volke Deutschlands stehen, machen es erforderlich, das große historische Versäumnis der deutschen Arbeiterbewegung nachzuholen und die SED zu einer Partei neuen Typus [sic] zu entwickeln.

Die Verschmelzung der KPD und SPD zur Sozialistischen Einheitspartei Deutschlands war das bedeutendste Ereignis in der Geschichte der deutschen Arbeiterbewegung. Die Einheit hat sich bewährt – das beweisen die Erfolge im demokratischen Aufbau der Ostzone. Das beweist auch die ideologische Einheit und Festigkeit der Partei, die in den fast drei Jahren seit der Vereinigung erzielt wurden [sic]. [...]

2. Die Kennzeichen einer Partei neuen Typus sind:

Die marxistisch-leninistische Partei ist die bewusste Vorhut der Arbeiterklasse. Das heißt, sie muss eine Arbeiterpartei sein, die in erster Linie die besten Elemente der Arbeiterklasse in ihren Reihen zählt, die ständig ihr Klassenbewusstsein erhöhen. [...] Daher ist die erste Aufgabe zur Entwicklung der Partei neuen Typus die ideologisch-politische Erziehung der Parteimitglieder und besonders der Funktionäre im Geiste des Marxismus-Leninismus. [...]

Die Partei stellt ein Organisationssystem dar, in dem sich alle Glieder den Beschlüssen unterordnen. Nur so kann die Partei die Einheit des Willens und die Einheit der Aktion der Arbeiterklasse sichern. [...]

Die marxistisch-leninistische Partei beruht auf dem Grundsatz des demokratischen Zentralismus. Dies bedeutet die strengste Einhaltung des Prinzips der Wählbarkeit der Leitungen und Funktionäre und der Rechnungslegung der Gewählten vor den Mitgliedern. Auf dieser innerparteilichen Demokratie beruht die straffe Parteidisziplin, die dem sozialistischen Bewusstsein der Mitglieder entspringt. Die Parteibeschlüsse haben ausnahmslos für alle Parteimitglieder Gültigkeit, insbesondere auch für die in den Parlamenten, Regierungen, Verwaltungsorganen und in den Leitungen der Massenorganisationen tätigen Parteimitglieder. Demokratischer Zentralismus bedeutet die Entfaltung der Kritik und Selbstkritik in der Partei, die Kontrolle der konsequenten Durchführung der Beschlüsse durch die Leitungen und Mitglieder.

Die Duldung von Fraktionen und Gruppierungen innerhalb der Partei ist unvereinbar mit ihrem marxistisch-leninistischen Charakter.

Die marxistisch-leninistische Partei wird durch den Kampf gegen den Opportunismus gestärkt. [...]

Die marxistisch-leninistische Partei ist vom Geiste des Internationalismus durchdrungen. [...] Sie erkennt die führende Rolle der Sowjetunion und der KPdSU [...] im Kampfe gegen den Imperialismus an und erklärt es zur Pflicht jedes Werktätigen, die sozialistische Sowjetunion mit allen Kräften zu unterstützen.

Dokumente der Sozialistischen Einheitspartei Deutschlands. Bd. 2. Berlin 1951, S. 179–182. Zit. nach: Ernst Deuerlein (Hrsg.): DDR 1945–1970. Geschichte und Bestandsaufnahme. 3. Aufl. München 1971, S. 82–85.

2 Deutschlandtreffen in Ostberlin, 16.–18. Mai 1964
Auf dem Festwagen der FDJ: Buchattrappen mit der Losung „Der Marxismus ist allmächtig, weil er wahr ist".

Politische Abhängigkeit von der Sowjetunion

3 „Es lebe und gedeihe das friedliebende Deutschland!"

Stalins Glückwunschtelegramm anlässlich der Gründung der Deutschen Demokratischen Republik (DDR) vom 13. Oktober 1949:

An den Präsidenten der Deutschen Demokratischen Republik, Herrn Wilhelm Pieck

An den Ministerpräsidenten der Regierung der Deutschen Demokratischen Republik, Herrn Otto Grotewohl

Gestatten Sie mir, Sie und in Ihrer Person das deutsche Volk anlässlich der Gründung der Deutschen Demokratischen Republik und Ihrer Wahl zum Präsidenten und zum Ministerpräsidenten der Deutschen Demokratischen Republik zu beglückwünschen. Die Gründung der Deutschen Demokratischen friedliebenden Republik ist ein Wendepunkt in der Geschichte Europas. Es unterliegt keinem Zweifel, dass die Existenz eines friedliebenden demokratischen Deutschland neben dem Bestehen der friedliebenden Sowjetunion die Möglichkeit neuer Kriege in Europa ausschließt, dem Blutvergießen in Europa ein Ende macht und die Knechtung der europäischen Länder durch die Weltimperialisten unmöglich macht. Die Erfahrung des letzten Krieges hat gezeigt, dass das deutsche und das sowjetische Volk in diesem Kriege die größten Opfer gebracht haben, dass diese beiden Völker die größten Potenzen in Europa zur Vollbringung großer Aktionen von Weltbedeutung besitzen. Wenn diese beiden Völker die Entschlossenheit an den Tag legen werden, für den Frieden mit der gleichen Anspannung ihrer Kräfte zu kämpfen, mit der sie den Krieg führten, so kann man den Frieden in Europa für gesichert halten. Wenn Sie so den Grundstein für ein einheitliches, demokratisches und friedliebendes Deutschland legen, vollbringen Sie gleichzeitig ein großes Werk für ganz Europa, indem Sie ihm einen festen Frieden gewährleisten.

Sie brauchen nicht daran zu zweifeln, dass Sie, wenn Sie diesen Weg einschlagen und den Frieden festigen, eine große Sympathie und aktive Unterstützung aller Völker der Welt finden werden, darunter auch des amerikanischen, englischen, französischen, polnischen, tschechoslowakischen, italienischen Volkes, schon gar nicht zu reden vom friedliebenden Sowjetvolk. Ich wünsche Ihnen Erfolg auf diesem neuen glorreichen Wege.

Es lebe und gedeihe das einheitliche, unabhängige, demokratische, friedliebende Deutschland!

Josef W. Stalin: Werke. Bd. 15. 2. Aufl. Dortmund 1976, S. 102 f.

4 „Im stalinistisch-leninistischen Operationssaal: Der Nächste bitte ..."

Karikatur aus der Hannoverschen Presse vom 4. Juli 1952.

5 „Die SED wird der siegreichen Lehre Stalins stets die Treue bewahren"

Aus dem Telegramm des Zentralkomitees (ZK) der SED an das ZK der Kommunistischen Partei der Sowjetunion (KPdSU) zum Tod Stalins vom 6. März 1953. Das Zentralkomitee gehörte innerhalb der Struktur der SED zu den obersten Entscheidungsgremien und bestimmte die gesamte politische Tätigkeit der Partei:

Die Festigung und Stärkung der Deutschen Demokratischen Republik, deren Bildung einen Wendepunkt in der Geschichte Europas bedeutete, begründet sich auf die weisen Lehren Stalins. Das deutsche Volk dankt es Lenin und Stalin, dass sie das größte geistige Erbe der deutschen Nation, die Lehre von Marx und Engels, in ihrem wahren Gehalt wiederhergestellt und weiterentwickelt haben.

So ist das Ableben J. W. Stalins, das die ganze fortschrittliche Menschheit mit tiefem Schmerz erfüllt, ein besonders schwerer Verlust für die deutsche Nation, die um die Neugestaltung ihres Lebens ringt.

Das Zentralkomitee der Sozialistischen Einheitspartei Deutschlands gelobt an der Bahre des großen unsterblichen Führers:

Die Sozialistische Einheitspartei Deutschlands wird sich noch fester und geschlossener um das von Stalin geschmiedete Zentralkomitee der Kommunistischen Partei der Sowjetunion zusammenschließen; die Sozialistische Einheitspartei Deutschlands wird der siegreichen Lehre J. W. Stalins stets die Treue bewahren. [...]

Dokumente der Sozialistischen Einheitspartei Deutschlands. Bd. 4. Berlin 1954, S. 296–298. Zit. nach: Deuerlein, a. a. O., S. 130.

Planwirtschaft und der erste Fünfjahrplan

6 **Werbeplakat für den ersten Fünfjahrplan 1951–55.**

7 Hauptaufgaben des ersten Fünfjahrplans

Beschluss des III. Parteitags der SED vom 24. Juli 1950 über den ersten Fünfjahrplan, ein von der Sowjetunion übernommenes Instrument der Planung aller volkswirtschaftlichen Aktivitäten.

Die Hauptaufgaben des ersten Fünfjahrplans zur Entwicklung der Volkswirtschaft der Deutschen Demokratischen Republik für die Jahre 1951 bis 1955 sind:

1. Im Interesse des gesamten deutschen Volkes und des Kampfes um die Einheit des demokratischen Deutschlands ist eine schnelle Entwicklung der Produktionskräfte der Republik zu gewährleisten. Bis zum Ende des Jahrfünfts muss die friedliche Industrieproduktion im Verhältnis zum Stand des Jahres 1950 ein Ausmaß von 190 Prozent erreichen. Die vorgesehene Erhöhung der industriellen Produktion bedeutet die Verdoppelung der Produktion im Vergleich zum Jahre 1936. Außerdem ist eine weitere Zunahme der landwirtschaftlichen Produktion und eine entsprechende Entwicklung des Transportwesens, des Handels und des Handwerks zu sichern. Der volkseigene Sektor, dem die wichtigste Bedeutung in der Wirtschaft zukommt, ist zu entwickeln und zu festigen. Gleichzeitig ist im Interesse des Volkes die Privatinitiative und die Initiative des Unternehmertums im Rahmen der Gesetze zu nutzen.

2. Auf der Grundlage des Wachstums der Produktion und durch die Beseitigung der schweren Kriegsfolgen muss der Vorkriegslebensstandard der Bevölkerung erreicht und zum Ende des Fünfjahrplans bedeutend überschritten werden. Das gilt im Besonderen für den Verbrauch von Nahrungsmitteln und wichtigen Industriewaren pro Kopf der Bevölkerung. [...]

Zit. nach: Deuerlein, a.a.O., S. 110 f.

8 Von der SBZ/DDR geleistete Reparationen und Besatzungskosten bis Dezember 1953

Art der Leistung	Betrag in Mio. US-$
Demontagen	2436,0
Lieferungen aus der laufenden Produktion	2614,3
Lieferungen aus der SAG Wismut[1]	1584,5
Rückkauf von SAG-Unternehmen	382,0
Illegale Beschlagnahmungen	352,1
Besatzungsgeld	1240,0
Außenhandelsverluste der SBZ/DDR	400,0
Transport der Reparationsgüter über Derutra[2]	133,3
Verdeckte Reparationen	266,7
Zwischensumme	9408,9
Besatzungskosten	5914,1
Vermutliche Gesamtkosten bis Ende 1953	15323,0

Matthias Judt (Hrsg.): DDR-Geschichte in Dokumenten. Bonn 1998, S. 116.

1 SAG: Sowjetische Aktiengesellschaft
2 Deruta: Deutsch-russische Transport AG

9 Anteil sozialistischer Betriebe an der Produktion

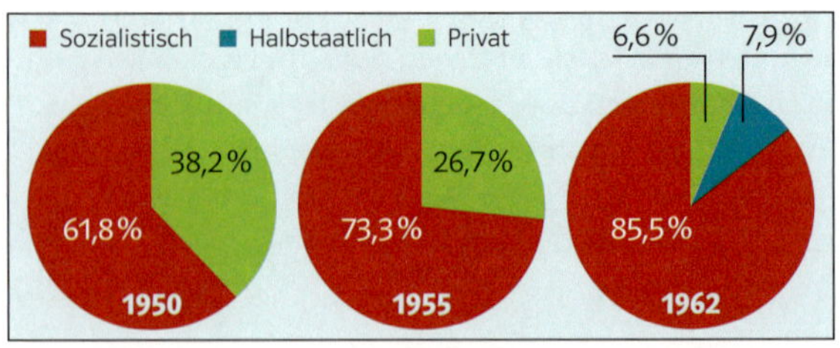

Nach: Arne Andersen: Der Traum vom guten Leben. Frankfurt/M. 1997, S. 139.

10 Versorgung der DDR-Bevölkerung 1949 bis 1953 (1950 = 100 %)

Artikel	1949	1950	1951	1952	1953
Fleisch/Fleischwaren	47	100	129	182	206
Fisch/Fischwaren	79	100	172	142	174
Fette (insg.)	56	100	146	164	164
Trinkmilch (2,5 % Fett)	70	100	121	128	138
Eier	57	100	172	261	276
Weißzucker	92	100	114	133	127
Obertrikotagen	94	100	200	293	362
Untertrikotagen	74	100	168	188	218

Bundesarchiv Berlin, DE 1, Nr. 12 561, Bl. 123.

Der Volksaufstand vom 17. Juni 1953

11 Erhöhung der Arbeitsnormen

Mithilfe von Arbeitsnormen wurde in der DDR-Planwirtschaft die zu leistende Arbeit in einem bestimmten Zeitraum festgelegt. Am 28. Mai 1953 beschloss der Ministerrat neben drastischen Preissteigerungen, die später zurückgenommen wurden, eine Erhöhung dieser Normen:

Der von der II. Parteikonferenz der Sozialistischen Einheitspartei Deutschlands gefasste und von der gesamten werktätigen Bevölkerung begrüßte Beschluss zur Schaffung der Grundlagen für den Aufbau des Sozialismus in der Deutschen Demokratischen Republik erfordert die Stärkung der sozialistischen Industrie […]. Da die Erhöhung des Lebensstandards unserer Bevölkerung und die Weiterentwicklung der technischen Basis der Produktion unmittelbar zusammenhängen, ist es notwendig, die Erfolge der Arbeit weit mehr als bisher für den Aufbau neuer Betriebe, für den Bau neuer Wohnungen und kultureller Einrichtungen auszuschöpfen und einen erheblichen Teil der Ergebnisse der Arbeit für die Realisierung dieser großen Aufgaben zu verwenden. […] Das Ziel dieser Maßnahmen ist, die Arbeitsnormen mit den Erfordernissen der Steigerung der Arbeitsproduktivität und der Senkung der Selbstkosten in Übereinstimmung zu bringen und zunächst eine Erhöhung der für die Produktion entscheidenden Arbeitsnormen im Durchschnitt um mindestens 10 % bis zum 30. Juni 1953 sicherzustellen. […] Nur auf diesem Wege ist es – so lehren uns die Erfahrungen der Sowjetunion – möglich, die […] notwendige Entwicklung der Arbeitsproduktivität zu erreichen.

Zit. nach: Torsten Diedrich: Der 17. Juni 1953 in der DDR. Berlin 1991, S. 205 ff.

12 Streikforderungen

Die SED nahm die Normenerhöhung nicht zurück und löste damit heftige Proteste in der Bevölkerung aus – vor allem in der Arbeiterschaft. Nach einem Streikbeschluss von Ostberliner Bauarbeitern kam es am 16. Juni 1953 überall in der DDR zu Arbeitsniederlegungen, unter anderem in Bitterfeld. In einem Telegramm des dortigen Streikkomitees an die DDR-Regierung vom 16. Juni 1953 heißt es:

An die sogenannte Deutsche Demokratische Regierung in Berlin-Pankow: Wir Werktätigen des Kreises Bitterfeld fordern von Ihnen:
1. Sofortigen Rücktritt der sogenannten Deutschen Demokratischen Regierung, die sich durch Wahlmanöver an die Macht gebracht hat. 2. Bildung einer provisorischen Regierung aus den fortschrittlichen Werktätigen. 3. Zulassung sämtlicher großer demokratischer Parteien Westdeutschlands. 4. Freie und geheime direkte Wahlen spätestens in vier Wochen. 5. Freilassung sämtlicher politischer Gefangener (direkt politischer, sogenannter „Wirtschaftsverbrecher" und konfessionell Verfolgter). 6. Sofortige Abschaffung der Zonengrenzen und Zurückziehung der Volkspolizei. 7. Sofortige Normalisierung des sozialen Lebensstandards. 8. Sofortige Auflösung der sogenannten „National-Armee". 9. Keine Repressalien gegen auch nur einen Streikenden.

Der Morgen, Beilage vom 16./17. Juni 1953.

13 Demonstranten ziehen durch das Brandenburger Tor in den Westteil Berlins, 17. Juni 1953

14 Der Leipziger Platz in Ostberlin am 17. Juni 1953

Der Volksaufstand vom 17. Juni 1953 wurde von sowjetischen Truppen blutig niedergeschlagen. Im Lauf des Tages verhängte die Sowjetarmee den Ausnahmezustand und besetzte Straßen und Teile der Innenstadt. Ausschnittsvergrößerung eines Foto von Wolfgang Albrecht.

15 „Wir wollen Demokratie"

Aus einem Zeitzeugen-Interview von 1993 mit Heinz Kliem, der 1953 als Bauarbeiter an der Berliner Stalinallee, dem Vorzeigeprojekt des sozialistischen Wohnungsbaus, beschäftigt war. Am 16. Juni 1953 waren von dort aus die ersten Bauarbeiter vor das Haus der Ministerien gezogen, wo sie den Rücktritt der Regierung forderten:

Die allgemeine Versorgungslage war miserabel. Da hat sich natürlich etwas aufgestaut. Der Bauarbeiter war mit der Situation […] unzufrieden. Aus diesem Grunde wurden dann auch am 15. Juni 1953, abends, so um circa 15/16 Uhr, die Leute auf unserer Baustelle zusammengetrommelt. […] Wir sind dann [am 16. Juni] mit unserer Berufskleidung die Straße langgegangen. […] Wir bewegten uns dann gemeinsam in Richtung Stalinallee. Berlin war eine große Baustelle. Zumindest in dem Bereich Stalinallee waren überall auf den Gerüsten und Neubauten Kollegen am Arbeiten. Als wir vorbeizogen, haben wir gerufen: „Kollegen, wir streiken, reiht euch ein. Wir fordern Senkung der Normen und Erhöhung der Löhne." Die meisten kamen von den Gerüsten und von den Baustellen herunter. Unser Zug war eine riesengroße Gruppe. Das sammelte sich so an und ehe wir uns versahen, waren es einige Tausend Demonstranten. […] In den Nachrichten hat der RIAS abends schon gesagt, dass die Bauarbeiter im Block E-Nord und Fernheizwerk die Arbeit niedergelegt hätten. Das war aber nur eine ganz kurze Meldung. Der RIAS hat das an dem Tag nicht ausgeschlachtet und das hat mich eigentlich gewundert. Hinterher habe ich gewusst, dass eigentlich die ganze DDR in Aufruhr war. Ich habe das von Bekannten vom Stahlwerk Riesa erfahren. Die hatten allerdings überwiegend am 17. Juni gestreikt und nicht am 15. und 16. Juni wie die Bauarbeiter. Sie nahmen wahrscheinlich diese kleinen Meldungen zum Anlass, um zu streiken. […]

Im Bereich der Ministerien […] waren nicht nur Bauarbeiter, sondern sehr viele, und ich nehme an, auch aus den Westsektoren. Das konnte man schon sehen. Damals typisch, dicke Kreppschuhe und ein Igelschnitt. Das waren die, die aus dem Westen kamen. Es gibt immer Leute, die suchen eine Gelegenheit. Die Mehrzahl derer aber, die dort marschiert sind, waren die, die auf die miserable Situation hinweisen wollten. Die wollten vielleicht auch, was der 16. Juni schon gezeigt hat, die Regierung stürzen. Sie forderten: „Wir wollen jetzt Demokratie und freie Wahlen." […] Dann kamen – nach meiner Schätzung zwischen 11 und 12 Uhr – die ersten russischen Lkws mit Soldaten. Die Soldaten sind heruntergesprungen und haben mit Gewehren in die Luft geschossen. […] Alle versuchten jetzt, in die Seitenstraßen zu entkommen.

Dann kamen auch Panzer. […] Aber sie sind nicht in die Menschen reingefahren. Die Panzer haben sich eben nur als Militärmacht dargestellt. […] Der Kommandant verhängte den Ausnahmezustand. Wenn mehr als drei Leute auf der Straße zusammenstanden, sollten sie erschossen werden.

Zit. nach: Gerhard Beier: Wir wollen freie Menschen sein. Der 17. Juni 1953: Bauleute gingen voran. Frankfurt/M. und Wien 1993, S. 64 ff.

Fortsetzung des Neuen Kurses

16 „Der neue Kurs und die Aufgaben der Partei"

Beschluss des ZK der SED vom 26. Juli 1953:

Getragen von der hohen Verantwortung für die beschleunigte Herstellung der Einheit Deutschlands, für die Erhaltung des Friedens in Europa und für das Wohlergehen der Bevölkerung der Deutschen Demokratischen Republik, hat die Sozialistische Einheitspartei Deutschlands […] eine Änderung des politischen Kurses in der Deutschen Demokratischen Republik vorgeschlagen, die von der Regierung angenommen wurde […]. Das Wesen des neuen Kurses besteht darin, in der nächsten Zeit eine ernsthafte Verbesserung der wirtschaftlichen Lage und der politischen Verhältnisse in der Deutschen Demokratischen Republik zu erreichen und auf dieser Grundlage die Lebenshaltung der Arbeiterklasse und aller Werktätigen bedeutend zu heben. Durch die Steigerung der Erzeugung der Nahrungs- und Genussmittelindustrie und der Leichtindustrie auf Kosten der Schwerindustrie; durch die Entfaltung der Initiative des privaten Handels und der Privatindustrie sowie durch die Förderung der bäuerlichen Wirtschaften soll eine Verbesserung der materiellen Lage der Bevölkerung erzielt werden. Das gesamte öffentliche Leben soll weiter demokratisiert und gleichzeitig der Verkehr der Deutschen von Ost und West erleichtert werden. […]

Der faschistische Putschversuch am 17. Juni ist gescheitert. Die Mehrheit der Bevölkerung der DDR, besonders der Arbeiterklasse, hat die Provokateure nicht unterstützt, sondern energisch zurückgewiesen. […] Der Versuch der Feinde des deutschen Volkes, die Partei und die Regierung durch die faschistische Provokation von der Durchführung des neuen Kurses abzubringen, ist gescheitert. Die Generallinie der Partei war und bleibt richtig. […]

Die Partei hat die in der Vergangenheit begangenen Fehler erkannt, anerkannt und offen ausgesprochen, um allen das Wesen des neuen Kurses verständlich zu machen und seine Durchführung zu erleichtern.

Dokumente der Sozialistischen Einheitspartei Deutschlands. Band IV. Berlin (Ost) 1954, S. 449 ff.

Flucht aus der DDR und Mauerbau

17 Grenzpolizisten riegeln Westberlin vom Ostteil der Stadt ab, 14. August 1961

Wie hier in der Bernauer Straße wurde vom 13. August 1961 an entlang der Sektorengrenze Stacheldraht ausgelegt. Kurz danach begann der Bau der Berliner Mauer.

18 Drohgebärden, 20. August 1961

Nachdem die USA am 19. August 1961 ihre Sicherheitsgarantie für die Westsektoren bekräftigt hatten, ließen sie tags darauf Panzer an der Grenze zum Osten Berlins auffahren.

19 Flüchtlinge aus der DDR in die Bundesrepublik und nach Westberlin 1952–1962 (in Prozent)

Jahr	Anzahl der Flüchtlinge	Bis unter 14 Jahre	14 bis unter 18 Jahre	18 bis unter 25 Jahre	25 bis unter 45 Jahre	45 bis unter 65 Jahre	65 Jahre und älter
1952	182 000	17,8	11,1	23,7	29,3	16,7	1,4
1953	331 000	22,7	11,8	14,2	30,0	18,8	2,5
1954	184 000	21,0	12,9	15,2	29,4	17,2	4,3
1955	253 000	17,4	9,6	25,5	27,0	16,5	4,0
1956	279 000	17,5	9,4	22,1	27,4	18,9	4,7
1957	262 000	16,5	9,2	26,5	26,2	16,7	4,9
1958	204 000	17,3	8,1	22,7	25,2	20,5	6,2
1959	144 000	15,4	7,1	25,8	21,7	20,6	9,4
1960	199 000	17,4	5,7	25,7	23,4	20,7	7,1
1961	207 000	17,3	5,3	26,6	23,9	19,6	7,3
1962	21 000	8,7	4,6	25,4	21,9	13,6	25,8

20 Die berufliche Struktur des Flüchtlingsstroms 1952–1961 (in Prozent)

Berufsgruppe	1952–1957	1958	1959	1960	1961*
Pflanzenbau und Tierwirtschaft	7,6	4,5	5,0	7,4	6,1
Industrie und Handwerk	20,7	19,3	20,1	21,3	22,3
Technik	1,9	2,1	2,4	2,6	2,9
Handel und Verkehr	11,8	11,8	12,0	11,8	12,0
Haushalts- und Gesundheitsdienst, Körperpflege	4,9	5,8	5,3	4,8	4,7
Verwaltungs- und Rechtswesen	2,9	4,4	3,8	3,5	3,3
Geistes- und Kunstleben	1,5	2,6	2,0	1,9	1,6

** 1. Halbjahr*

Nach: Ralf Rytlewski/Manfred Opp de Hipt (Hrsg.): Die Deutsche Demokratische Republik in Zahlen. 1945/1949–1980. München 1987, S. 33; Gerhard A. Ritter/Manfred Niehuss: Wahlen in Deutschland 1946–1990. Ein Handbuch. München 1991, S. 46; Rainer A. Müller (Hrsg.): Deutsche Geschichte in Quellen und Darstellung. Bd. 10. Stuttgart 1998, S. 403.

21 „Eine solche Drohung gibt es nicht“

Der Staatsratsvorsitzende Walter Ulbricht (W. U.) am 31. Juli 1961 im Gespräch mit dem britischen Journalisten Mark Wilson (M. W.):

M. W. Können Sie mir Ihre Meinung sagen zu Meldungen über die Abwanderung von Menschen aus Ostdeutschland nach Westdeutschland? Von westdeutscher Seite wird behauptet, dass es sich um 1 000 Personen täglich handelt. Stimmt das?

W. U. Diese Zahlenangaben gehören mit zur psychologischen Kriegführung gegen die DDR. […] Das ist keine politische Emigration, sondern schmutziger Menschenhandel, der mit den verwerflichsten Mitteln betrieben wird, in den die Bonner Behörden, das westdeutsche Monopolkapital und auch die US-amerikanischen Agentenzentralen, die meist von Westberlin aus arbeiten, große Geldmittel investieren. […] Die Organisationen des Menschenhandels scheuen vor kriminellen Mitteln, vor Erpressung und Nötigung, ja vor Kinderraub und gewaltsamer Entführung nicht zurück. […]

M. W. Gibt es von Ihrer Seite, Herr Ulbricht, irgendeine Drohung, die Grenzen zu schließen?

W. U. Eine solche Drohung gibt es nicht. […]

M. W. Es gibt also überhaupt keine Frage, dass etwa die Grenzen geschlossen werden sollen? Ist es richtig zu

sagen: Sie hätten heute nicht die Absicht, die Grenzen zu schließen?
W. U. Das ist richtig. Voraussetzung ist, dass die andere Seite friedliche Absichten bezeugt, indem sie zu normalen Beziehungen übergeht. [...]

Neues Deutschland vom 2. August 1961. Zit. nach: Jürgen Theil (Hrsg.): Das geteilte Deutschland 1949–1961. Quellen zur Geschichte und Politik. Stuttgart 1997, S. 100.

22 „Zur Sicherung des europäischen Friedens, zum Schutze der Deutschen Demokratischen Republik"

Beschluss des Ministerrats – de jure die Regierung der DDR – vom 12. August 1961 über verschärfte Kontrollen an der Grenze zwischen West- und Ostberlin. Unterstützt wurde die Maßnahme von den Staaten des Warschauer Vertrags, die der DDR in einer gemeinsamen Erklärung vorschlugen, Berlin abzuriegeln. In der Nacht auf den 13. August schlossen Einheiten der Nationalen Volksarmee (NVA), Volkspolizei und sogenannte „Kampfgruppen" die Sektorenübergänge.

In Westdeutschland ist eine Verschärfung der Revanchepolitik mit sich steigernden Gebietsforderungen gegenüber der Deutschen Demokratischen Republik und den Nachbarstaaten Deutschlands erfolgt, die in enger Verbindung steht mit der beschleunigten Aufrüstung und Atombewaffnung der westdeutschen Bundeswehr. Es wird eine systematische Bürgerkriegsvorbereitung durch die Adenauer-Regierung gegenüber der Deutschen Demokratischen Republik betrieben. Bürger der Deutschen Demokratischen Republik, die Westdeutschland besuchen, sind in zunehmendem Maße terroristischen Verfolgungen ausgesetzt. Von westdeutschen und Westberliner Agentenzentralen wird eine systematische Abwerbung von Bürgern der Deutschen Demokratischen Republik und ein regelrechter Menschenhandel organisiert. [...] Aus all diesen Gründen beschließt der Ministerrat der Deutschen Demokratischen Republik in Übereinstimmung mit dem Beschluss des Politischen Beratenden Ausschusses der Staaten des Warschauer Vertrages zur Sicherung des europäischen Friedens, zum Schutze der Deutschen Demokratischen Republik und im Interesse der Sicherheit der Staaten des sozialistischen Lagers folgende Maßnahmen:
Zur Unterbindung der feindlichen Tätigkeit der revanchistischen und militaristischen Kräfte Westdeutschlands und Westberlins wird eine solche Kontrolle an den Grenzen der Deutschen Demokratischen Republik einschließlich der Grenze zu den Westsektoren von Groß-Berlin eingeführt, wie sie an den Grenzen jedes souveränen Staates üblich ist. Es ist an den Westberliner Grenzen eine verlässliche Bewachung und eine wirksame Kontrolle zu gewährleisten, um der Wühltätigkeit den Weg zu verlegen. Diese Grenzen dürfen von Bürgern der Deutschen Demokratischen Republik nur noch mit besonderer Genehmigung passiert werden. Solange Westberlin nicht in eine entmilitarisierte neutrale Freie Stadt verwandelt ist, bedürfen Bürger der Hauptstadt der Deutschen Demokratischen Republik für das Überschreiten der Grenzen nach Westberlin einer besonderen Bescheinigung.

Zit. nach: Wolfgang Lautemann/Manfred Schlenke (Hrsg.): Geschichte in Quellen. Bd. 7: Die Welt seit 1945. Bearb. v. Helmut Krause und Karlheinz Reif. München 1980, S. 70 f.

Arbeitsvorschläge

○●●/●●● a) Erläutern Sie die Merkmale der SED als „Partei neuen Typs" (M1) und diskutieren Sie, inwiefern der gewählte Staatsname „Deutsche Demokratische Republik" zutrifft.

○●● b) Ordnen Sie das Foto M2 und die Karikatur M4 in den historischen Kontext der Jahre 1949 bis 1955 ein.

○●● c) Weisen Sie die ideologische und politische Abhängigkeit der DDR von der Sowjetunion anhand der Materialien M1–M5 nach.

●●● d) Vergleichen Sie anhand von M6–M10 die wirtschaftliche Lage in den Anfangsjahren der DDR mit derjenigen der Bundesrepublik.

○○●/○●● e) Zeigen Sie die Ursachen und den Verlauf des Juni-Aufstands auf (M11–M15) und erläutern Sie seine Folgen anhand von M16–M22.

○●● f) Analysieren Sie die Flüchtlingszahlen (M19, M20). Beachten Sie bei der Untersuchung der Schwankungen das jeweilige Jahr der Flucht sowie die Alters- und Berufsstruktur.

Grundwissen: Die Geschichte der DDR 1949–1961

Die Gründung der DDR und die antifaschistisch-demokratische Umwälzung

Am 7. Oktober 1949, dem Gründungstag der DDR, war die deutsche Teilung endgültig besiegelt. Die provisorische Volkskammer beauftragte den ersten Ministerpräsidenten Otto Grotewohl mit der Regierungsbildung und setzte die von der → Sozialistischen Einheitspartei Deutschlands (SED) vorbereitete und vom sogenannten → Volksrat ausgearbeitete Verfassung in Kraft. Die SED war 1946 aus einer Zwangsvereinigung von KPD und SPD hervorgegangen. In den Jahren nach der Staatsgründung bis 1952 setzte die Einheitspartei eine „antifaschistisch-demokratische Umwälzung" in Gang. Diese zeichnete sich dadurch aus, dass verstaatlichte Betriebe die Wirtschaft beherrschten, die im Rahmen eines → Fünfjahrplans sowjetische Planungsmethoden anwandten, dass die Gleichschaltung der nicht kommunistischen Parteien weiter voranschritt und dass die Wähler fortan ausschließlich die Einheitsliste der → „Nationalen Front" vorgelegt bekamen.

Aufbau des Sozialismus und Ostintegration

→ 3 S. 525

Otto Grotewohl (1894–1964)
Erster Ministerpräsident der DDR (1949–1964).

In bewusster Abweichung vom stalinistischen Modell hielt die DDR zumindest formal am Mehrparteiensystem und einer zunächst noch überwiegend privat betriebenen Landwirtschaft fest. Nicht zuletzt, weil Stalin – der in den ersten Jahren, etwa in seinem Glückwunschtelegramm vom 13. Oktober 1949, noch nicht offen vom Aufbau des Sozialismus in der DDR sprach – sich die deutsche Einheit als Option offen halten wollte. Erst nachdem die Wiedervereinigung kein strategisches Ziel mehr sein konnte, erhielt die SED im Juli 1952 aus Moskau die Genehmigung, den „Aufbau des Sozialismus" zu verkünden.

Unter der Führung Walter Ulbrichts, der als Generalsekretär der SED seit 1950 zur bestimmenden Person geworden war, kopierte die DDR von nun an das sowjetische Modell unter dem 1952 verkündeten Motto „Von der Sowjetunion lernen, heißt siegen lernen". 1954 erhielt die DDR erweiterte Souveränitätsrechte, die aber durch die Stationierung von Sowjettruppen und durch die Anerkennung der Vier-Mächte-Verantwortung für Berlin eingeschränkt blieben. Adenauers Politik der Westintegration fand damit ihre Entsprechung in Ulbrichts Politik der → Ostintegration.

Die SED – eine „Partei neuen Typs"

→ 1 – 2 S. 524

Parallel begann die sogenannte → „Stalinisierung" der DDR, zu der an erster Stelle die 1950 beschlossene Definition der SED als → „Partei neuen Typs" gehörte. Die SED – das heißt letztlich die Parteispitze – beanspruchte von nun an die politische Führungsrolle, die sie nicht aus Wahlen, sondern aus Lenins Parteitheorie des → „demokratischen Zentralismus" ableitete. Diese beinhaltete die Wahl der übergeordneten Parteiorgane durch die Mitglieder, aber auch deren uneingeschränkte Entscheidungsbefugnis nach der Wahl sowie die Pflicht der untergeordneten Parteiorgane zu „straffer Parteidisziplin". Letztere wurde als Voraussetzung für die „Kampfkraft" der Partei betrachtet. Der Anspruch der SED auf das Deutungsmonopol gegenüber der wissenschaftlichen Weltanschauung des → Marxismus-Leninismus mündete folgerichtig in einen totalitären Dogmatismus, wie er sich etwa im Refrain eines Parteilieds niederschlug: „Die Partei, die Partei, die hat immer Recht." Unter den Funktionsträgern verfestigte sich eine bürokratisch zentralistische Herrschaftspraxis.

Auf diesen ideologischen Grundlagen entfaltete sich in den 1950er-Jahren hinter der Fassade eines sozialistischen Mehrparteienstaates zunehmend eine stalinistische Einparteienherrschaft, der die „bürgerlichen Parteien" (CDU, LDP, NDPD, DBD) sich als Block-Parteien der Nationalen Front anschlossen.

Die ⇨Volkskammer – das Parlament der DDR – hatte nur eine Scheinfunktion, weil die Sitzverteilung bereits vor Wahlen feststand. Mithilfe der zentralistischen Kaderpolitik und der Verflechtung von Partei- und Regierungsämtern lenkte die Partei Staatsapparat, Justiz und Wirtschaft. Indem sie Medien, Bildungs- und Kultureinrichtungen kontrollierte, bestimmte sie die veröffentlichte Meinung. Die Kontrolle der Bevölkerung sollte durch Massenorganisationen wie den ⇨Freien Deutschen Gewerkschaftsbund (FDGB), die ⇨Freie Deutsche Jugend (FDJ) und die ⇨Jungen Pioniere sowie das Anfang 1950 gegründete ⇨Ministerium für Staatssicherheit (MfS oder Stasi genannt) garantiert werden. Personelle „Säuberungen" – also das zwangsweise Ausschalten bestimmter Funktionsträger aus der SED – waren bei dieser Reorganisation des Staats- und Parteiapparats an der Tagesordnung.

Wirtschaftliche Ostintegration und Errichtung der Planwirtschaft

➔ 8 - 10 S. 526 f.

Nach Kriegsende fehlten der DDR nicht nur Rohstoffe und Grundstoffindustrien, das Land litt auch an den umfangreichen Demontagen und Reparationen, die von der Sowjetunion als Wiedergutmachung für ihre Kriegsschäden eingefordert wurden. Der Kalte Krieg hatte zu einer wachsenden Abschottung der DDR-Wirtschaft gegenüber den westlichen Märkten und zur Einbindung in den vergleichsweise rückständigen osteuropäischen Wirtschaftsraum geführt. Dies verstärkte sich, als die DDR 1950 dem ⇨Rat für Gegenseitige Wirtschaftshilfe (RGW) beitrat. Nach dem Scheitern der Stalin-Noten begann 1952 auch im wirtschaftlichen Bereich der Aufbau des Sozialismus mit der Einführung der Planwirtschaft (auch: Zentralverwaltungswirtschaft). Gemäß marxistisch-leninistischer Lehre wird dabei das Ziel verfolgt, durch eine Abschaffung des Eigentums an Produktionsmitteln die Klassengegensätze in der Gesellschaft zu überwinden und eine „sozialistische Menschengemeinschaft" zu schaffen, in der Gleichheit und Solidarität die Sozialbeziehungen prägen und das Interesse an Privateigentum hinfällig wird. Die Planwirtschaft der DDR regelte das Verhältnis von Produktion und Konsum fortan nicht weiter über den kapitalistischen Markt, sondern über eine zentrale Planungsbehörde (⇨Staatliche Plankommission). Diese erarbeitete Pläne für eine nach sozialen Kriterien gelenkte Preisbildung bzw. die Subventionierung des Grundbedarfs.

Ausbau der Schwerindustrie und Probleme der zentralen Planung und Lenkung

➔ 7 S. 526

Walter Ulbricht (1893–1973)
Generalsekretär der SED (1950–1971).

Bei der politischen Umsetzung der Planwirtschaft folgte die SED dem sowjetischen Modell und setzte vorrangig auf den Ausbau der Schwerindustrie. Zudem forcierte sie die Kollektivierung der Landwirtschaft durch die Gründung von ⇨Landwirtschaftlichen Produktionsgenossenschaften (LPG). Die Verlierer waren neben dem traditionell gut eingeführten Konsumgütersektor auch Branchen wie der Energiesektor und die Textilindustrie. Der Lebensstandard blieb bald deutlich hinter dem der Bundesrepublik zurück. Fett, Fleisch und Zucker mussten rationiert werden. Es gab Klagen über Versorgungsengpässe und steigende Preise. Zusätzlich wurden die ⇨Arbeitsnormen erhöht und Prämien für individuelle Höchstleistungen ausgesetzt, um die ehrgeizigen Plansolls zu erfüllen oder sogar überzuerfüllen. Die zentralisierte Planungsbürokratie ließ den Betrieben kaum Spielräume. Eine Orientierung an der Mengenplanung führte dazu, dass Firmen ihre wirklichen Leistungsreserven möglichst zu verschleiern suchten, um die Planungsvorgaben erfüllen zu können und so in den Genuss von Prämien zu kommen: Qualität der Produkte, Produktivität und Rentabilität wurden entsprechend vernachlässigt. Zudem wurden die Preise nach politisch-ideologischen Prioritäten festgesetzt und orientierten sich nicht an der Knappheit bestimmter Güter. Allen Problemen zum Trotz konnte zwischen 1950 und 1960 ein beachtliches Wirtschaftswachstum erzielt werden, was in den darauffolgenden Jahrzehnten nie mehr eintrat.

Stalins Tod und die Wirtschaftskrise des Jahres 1953

→ 4 - 5 S. 525

Stalin war im öffentlichen Leben der DDR allgegenwärtig. Der Kult um den Diktator war ein sichtbarer Beleg für die politische Abhängigkeit des Landes von der UdSSR. Als Stalin am 5. März 1953 starb, befand sich die DDR mitten in einer ökonomischen und gesellschaftlichen Krise. Nachdem Einsparungen und Appelle zum Konsumverzicht nicht zur Erhöhung der Arbeitsproduktivität geführt hatten, setzte die SED auf Preissteigerungen, strich Subventionen und erhöhte die Arbeitsnormen, was die Lebensverhältnisse der Arbeitnehmerhaushalte massiv verschlechterte.
Die Folge war eine Abstimmung mit den Füßen: Der Anteil der Arbeiter in der SED sank drastisch, während die Flüchtlingszahlen in der ersten Hälfte des Jahres 1953 sprunghaft anstiegen. Das verschärfte die Wirtschaftsmisere zusätzlich. Moskau dachte sogar über eine Preisgabe der DDR zugunsten eines neutralen Gesamtdeutschlands nach dem Modell der Stalin-Noten nach. Unmittelbar forderte die neue Sowjetführung einen Kurswechsel in der DDR, worauf die überrumpelte SED-Spitze allerdings mit weiteren Preissteigerungen und einer erneuten Erhöhung der Arbeitsnormen um zehn Prozent reagierte. Die Flüchtlingszahlen stiegen weiter.

Normerhöhungen als Anlass des Volksaufstands vom 17. Juni 1953

→ 11 - 12 S. 527
→ 15 S. 528 f.

Auf Druck der Sowjets lenkte die SED schließlich ein: Sie kündigte unter anderem die Förderung der Konsumgüterindustrie, Lockerungen beim innerdeutschen Reiseverkehr sowie Rechtssicherheit an (⇒ „Neuer Kurs“). Die jüngsten Preissteigerungen wurden zurückgenommen, nicht aber die Normerhöhungen, da eine Steigerung der niedrigen Arbeitsproduktivität unverzichtbar erschien. Viele Arbeiter empfanden dies als Provokation. Am Morgen des 16. Juni zogen die Bauarbeiter der Ostberliner Stalinallee vor das Haus der Ministerien: Forderungen nach dem Rücktritt der Regierung und einem Generalstreik wurden laut. Am 17. Juni verbreitete sich die Protestbewegung und dehnte sich in den folgenden Tagen auf über 560 Orte der DDR aus. Allein am 17. Juni beteiligten sich über 500 000 Menschen an Streiks und über 400 000 an Demonstrationen. Dabei waren neben wirtschaftlichen und sozialpolitischen Forderungen auch Rufe nach freien Wahlen und der deutschen Einheit zu hören.

Niederschlagung und Folgen des Volksaufstands

→ 14 S. 528
→ 16 S. 529

Nachdem Volkspolizei und Stasi die Kontrolle über die Situation verloren hatten, wurde der ⇒ Volksaufstand vom 17. Juni 1953 von Sowjettruppen niedergeschlagen. Mehr als 50 Protestierende wurden erschossen und 40 sowjetische Soldaten wegen Befehlsverweigerung hingerichtet. 3 000 Demonstranten wurden von der Sowjetarmee festgenommen, es folgten weitere 13 000 Verhaftungen durch die Organe der DDR. Nur das gewaltsame Vorgehen der Roten Armee hatte die SED vor dem Sturz durch die Volksbewegung gerettet. Die erste Massenerhebung gegen ein kommunistisches Regime nach 1945 war von Panzern niedergewalzt worden, und der Westen war den Aufständischen nicht zu Hilfe gekommen. Die völlige Abhängigkeit des Regimes vom Schutz durch die Sowjetunion hatte die Ideologie vom „Arbeiter- und Bauernstaat DDR“ tief erschüttert. Allerdings musste sich die Bevölkerung auch damit abfinden, dass ein Aufstand keine Aussicht auf Erfolg haben würde, solange der Westen nicht eingriff und die UdSSR der SED Rückendeckung bot. Die Parteiführung erkannte ihrerseits, wie wichtig die Grundversorgung der Bevölkerung für ihr politisches Überleben war und setzte eine Drosselung der Schwerindustrie zugunsten der Produktion von Konsumgütern und Nahrungsmitteln durch. Der Lebensstandard verbesserte sich und die Flüchtlingszahlen gingen zurück. Parallel wurde die Partei auf allen Ebenen „gesäubert“ und das Spitzelsystem des MfS ausgebaut.

Nikita S. Chruschtschow (1894–1971)
Parteichef der KPdSU (1953–1964) und ab 1958 auch Ministerpräsident der UdSSR (bis 1964).

→ 19 - 20 S. 530

Zwei-Staaten-Theorie zementiert deutsche Teilung

Mitte der 1950er-Jahre war in der DDR eine mit sowjetischer Hilfe äußerlich stabilisierte SED-Herrschaft anzutreffen, der es an Zustimmung in der Bevölkerung allerdings deutlich mangelte. Mit der Zwei-Staaten-Theorie, die der neue sowjetische Parteichef Nikita Chruschtschow 1954 in Ostberlin verkündete, hatte die Sowjetunion definitiv die Abkehr von ihrer Wiedervereinigungspolitik vollzogen: Demnach sollte eine Lösung der deutschen Frage künftig Sache der beiden völkerrechtlich voneinander getrennten Staaten sein. Die deutsche Teilung konnte damit vorerst als zementiert gelten, was zu weiterer Unzufriedenheit in der Bevölkerung führte.

Zwischen resignativer Grundstimmung und militärischer Aufrüstung

Die resignative Grundstimmung löste sich auch nicht, als im Frühjahr 1956 aus Moskau die Nachricht kam, dass Chruschtschow sich auf dem XX. Parteitag der ⇒ KPdSU von Stalin distanziert und dessen Herrschaftsmethoden verurteilt habe. Während in Polen und Ungarn die unter Stalin abgesetzten Reformkommunisten (⇒ Reformkommunismus) für kurze Zeit wieder an die Macht kamen, brachte die SED den Prozess der Entstalinisierung nur zögernd voran. Als Ende 1956 die blutige Niederschlagung des ⇒ Ungarischen Volksaufstands zeigte, wie eng trotz Entstalinisierung die Grenzen des vermeintlichen „Tauwetters" („Tauwetterpolitik") gezogen blieben, ging die SED dazu über, politische Gegner gezielt auszuschalten. Statt der erhofften Liberalisierung blieb die Machtkonzentration in ⇒ Politbüro und ⇒ Zentralkomitee (ZK) erhalten. Mit der Integration in das Militärbündnis Warschauer Pakt (1955) und dem Ausbau der 1956 aufgestellten ⇒ Nationalen Volksarmee (NVA) begann zudem eine umfassende militärische Aufrüstung der DDR. Ermutigt durch eine wachsende Industrieproduktion beschloss die SED ein erhöhtes Tempo bei der „Vollendung der sozialistischen Produktionsverhältnisse" und verkündete gegenüber der Bundesrepublik die Devise: „Überholen ohne einzuholen". Die Pläne sollten durch eine forcierte Verdrängung privater mittelständischer Betriebe sowie die Vollendung der Zwangskollektivierung in der Landwirtschaft verwirklicht werden. Die häufig unter psychischem und physischem Druck erzwungenen Umstrukturierungen führten zu einer neuen Flüchtlingswelle: Während 1959 im Monatsdurchschnitt noch 12 000 DDR-Bürger ihr Land verlassen hatten, waren es im April 1961 schon 30 000. Krisenverschärfend wirkte, dass diese in der Regel sehr gut ausgebildet und jung (50 Prozent unter 25 Jahre) waren.

→ 18 S. 529
→ 21 - 22 S. 530 f.

Der Bau der Berliner Mauer im August 1961

Um den Flüchtlingsstrom aufzuhalten, forderte die SED eine Sicherung der Staatsgrenze nach Westberlin (die deutsch-deutsche Grenze zwischen der DDR und der Bundesrepublik war schon in den 1950er-Jahren befestigt worden). Offiziell leugnete die DDR-Führung aber solche Pläne. „Niemand hat die Absicht, eine Mauer zu errichten", meinte Walter Ulbricht im Juli 1961 auf einer Pressekonferenz. Seinen ursprünglichen Widerstand gegen das Vorhaben gab der Warschauer Pakt angesichts der sich verschärfenden Krise in der DDR im Sommer 1961 dann endgültig auf.
Am 13. August 1961 begannen paramilitärische Betriebskampfgruppen, Volkspolizei und NVA den Westteil Berlins abzuschotten. Die Sektorenübergänge wurden geschlossen, Stacheldraht wurde entlang des Grenzstreifens verlegt, später begann der Bau der ⇒ Berliner Mauer. Dieses über die Jahre immer weiter ausgebaute Grenzsicherungssystem teilte Berlin bis 1989 (**→ s. Kap. 11.3**) in zwei Teile. Die Mauer, von der DDR-Propaganda als „antifaschistischer Schutzwall" bezeichnet, beendete die Massenflucht aus der DDR. Bis 1989 starben an ihr mindestens 136 Menschen bei Fluchtversuchen aus Ostberlin. Wie schon beim Volksaufstand 1953 beschränkten sich die Westmächte 1961 auf Protestnoten und folgenlose Drohgebärden.

Geschichte erinnern: Die Aufarbeitung der Stasi-Vergangenheit

1 Das Emblem des Ministeriums für Staatssicherheit

„Schild und Schwert der Partei": Das Ministerium für Staatssicherheit (MfS)

Das Ministerium für Staatssicherheit (MfS/Stasi) war das innenpolitische Überwachungs- und Repressionsorgan der SED, das vorrangig dem Machterhalt des Staatsapparats diente. Das 1950 als In- und Auslandsgeheimdienst der DDR gegründete Ministerium beschäftigte bereits im ersten Jahr rund 2700 Mitarbeiter. Bis 1989 sollte ihre Zahl auf circa 91000 offizielle und 174000 inoffizielle Mitarbeiter (IM) anwachsen. Leiter des Ministeriums war von 1957 bis 1989 Erich Mielke. Als Ermittlungsbehörde für „politische Straftaten" kontrollierte das MfS die Bevölkerung der DDR in allen gesellschaftlichen Bereichen, und setzte dazu Mittel der Überwachung, des psychischen Terrors und der sogenannten „Zersetzung" von Oppositionellen, Regimekritikern und „feindlich-negativen Kräften" ein.

Das Spitzelsystem der Stasi durchsetzt die Gesellschaft

Die Stasi nahm mit großem Aufwand Post-, Telefon- und Personenkontrollen sowie -überwachungen vor. Sie verfügte über eigene Untersuchungsgefängnisse und konnte willkürlich Menschen verhaften. Somit agierte sie unkontrolliert im rechtsfreien Raum. Ihr Überwachungsnetz funktionierte vor allem über die Spitzeldienste von IMs, die aus allen Schichten der Bevölkerung freiwillig akquiriert oder zu diesen Tätigkeiten gezwungen wurden – etwa wenn sie sich durch persönliche oder politische Verfehlungen erpressbar gemacht hatten. Weigerten sich die Betroffenen, als IM tätig zu sein, drohten ihnen oft mehrjährige Haftstrafen, die staatlich verordnete Trennung von den eigenen Kindern, Diskriminierungen auf allen gesellschaftlichen Ebenen sowie Nachteile bei der Studienplatzvergabe oder im Berufsleben.
Durch die Einrichtung der meist im Verborgenen agierenden IMs wurden sämtliche gesellschaftliche Ebenen der DDR mit Spitzeln durchsetzt. Neben Fällen, in denen Arbeiter ihre Kollegen und Bewohner ihre Nachbarn bespitzelten, gab es auch solche, in denen Familienmitglieder enge Verwandte oder sogar die eigenen Eltern bzw. Kinder ausspähten. Entsprechende Erkenntnisse wurden durch das MfS in Form einer zentral angelegten und geführten Personenkartei erfasst und dokumentiert. Innerhalb der DDR-Bevölkerung führte das Spitzelsystem zu einem permanenten und allgegenwärtigen Klima des Misstrauens und der Angst.

Die Aufarbeitung der STASI-Unterlagen

Nachdem das Ministerium im Zuge des Mauerfalls Anfang 1990 ersatzlos aufgelöst wurde, trat am 29. Dezember 1991 das Stasi-Unterlagen-Gesetz (StUG) in Kraft. Zentrales Anliegen war die Aufarbeitung der unrechtmäßigen Tätigkeiten des MfS und die vollständige Öffnung der Stasi-Unterlagen. Sichergestellt wurde dies durch das eigens eingerichtete Amt des Bundesbeauftragten für die Unterlagen des Staatssicherheitsdienstes der ehemaligen DDR (BStU), das heute nach seinem Leiter auch Jahn-Behörde genannt wird (zuvor Gauck- bzw. Birthler-Behörde). Diese Behörde ist bis heute damit beschäftigt, mehr als 111 Kilometer Aktenmaterial sowie mehr als 1,4 Millionen Fotos zu sichten, und Privatpersonen, die von der Stasi ausgespäht wurden, aber auch Wissenschaftlern und Journalisten auf Anfrage zugänglich zu machen. Dies ist ein beschwerliches Unterfangen, da kurz bevor die Stasi-Zentralen 1989/90 durch Demonstranten besetzt wurden, Tausende Dokumente durch den Machtapparat vernichtet wurden, die nun unter Einsatz von Spitzentechnologie in mühsamer Arbeit von zahlreichen Spezialisten rekonstruiert werden.

2 Zersetzungsmethoden gegen Jürgen Fuchs

Der Schriftsteller Jürgen Fuchs (1950–1999) veröffentlichte gesellschaftskritische Lyrik und Prosa in der DDR. 1975 wurde er aus der SED ausgeschlossen und erhielt ein Berufsverbot. Von 1976 bis 1977 war Fuchs in der Untersuchungshaftanstalt in Berlin-Hohenschönhausen inhaftiert. Danach wurde er nach West-Berlin abgeschoben, wo er weiterhin von Stasi-Agenten überwacht wurde. Nach 1989 arbeitete Fuchs für den Forschungsbereich des BStU – verließ aber dessen Beirat 1997 aus Protest gegen die Beschäftigung ehemaliger MfS-Mitarbeiter. In seiner Publikation „Unter Nutzung der Angst" (1994) schilderte er die Funktionsweise von Mfs-Zersetzungsmaßnahmen. Eine im Buch veröffentlichte MfS-Aktennotiz von 1982 lautet:

Im Zeitraum von Ende August bis Ende September 1982 wurden in konzentrierter Form spezielle Maßnahmen mit dem Ziel realisiert, F.[1] zu verunsichern und in seinem Handlungsspielraum zu beeinträchtigen. Das betraf u.a.:

F. wurde kontinuierlich, vor allem in den Nachtstunden, in seiner Wohnung angerufen, ohne dass sich der Anrufer meldete. Gleichzeitig wurde jeweils der Fernsprechanschluss zeitweilig blockiert. Im Namen von F. wurde eine Vielzahl von Bestellungen von Zeitungen, Zeitschriften, Prospekten, Offerten u. dgl. aufgegeben, darunter auch Bestellungen, die zur Kompromittierung des F. geeignet sind. Mehrfach wurden Taxis und Notdienste [...] vorwiegend nachts zur Wohnung des F. bestellt. Mit einer Vielzahl von Dienstleistungsunternehmen und anderen Einrichtungen wurden zu unterschiedlichen Tageszeiten einschließlich der Wochenenden, Besuche [...] vereinbart[2] [...]

Die dazu durchgeführten Überprüfungen ergaben, dass sich F. angesichts der von den beauftragten Unternehmen veranlassten Aktivitäten, der wiederholten Störungen und des massiven [...] Eintreffens von Materialien unterschiedlichster Art belästigt fühlt und darüber verärgert ist. Bisher wurden seinerseits keine Bemerkungen bekannt, wonach er die eigentlichen Urheber für diese Belästigungen in Maßnahmen des MfS sieht.

Jürgen Fuchs: Unter Nutzung der Angst – Die „leise Form" des Terrors – Zersetzungsmaßnahmen des MfS. In: BStU (Hrsg.): BF informiert, Nr. 2/1994. Berlin 1994, S. 39.

1 F: Abkürzung für „Fuchs"
2 Es folgt eine Auflistung von mehr als 20 Einzelposten wie beispielsweise „Beratung von Wohnungs- und Kücheneinrichtung", „Möbeltransport", „Ungezieferbekämpfung" oder „Buchung von Reisen".

3 Jürgen Fuchs: „Das Schlimme"

DAS SCHLIMME ist nicht
In einer Zelle zu sitzen
Und verhört zu werden
Erst danach
Wenn du wieder vor einem Baum stehst
Oder eine Flasche Bier trinkst
Und dich freuen willst
Richtig freuen
Wie vorher
Erst dann

Jürgen Fuchs: Tagesnotizen – Gedichte. Hamburg 1979, S. 10.

Arbeitsvorschläge

a) Skizzieren Sie die staatstragende Funktion des MfS in der DDR.
b) Recherchieren Sie die Biografie Erich Mielkes und erläutern Sie seine herausragende Rolle als Geheimdienstchef im DDR-Staatsapparat.
c) Charakterisieren Sie das Vorgehen des MfS gegenüber Jürgen Fuchs. (M2)
d) Erläutern Sie die Botschaft des Gedichts M3, indem Sie sich in die Lage des Sprechers versetzen.
e) Besuchen Sie die Internetauftritte von Stasi-Gedenkstätten bzw. ehemaligen Hafteinrichtungen des MfS und informieren Sie sich über die einstigen Lebens- bzw. Haftbedingungen vor Ort. Fassen Sie Ihre Ergebnisse anschließend in einer Präsentation zusammen.
f) Stellen Sie nach einer Internetrecherche das Personenschicksal einzelner in den Stasi-Unterlagen verzeichneter Opfer des MfS im Kursverband dar.
g) Informieren Sie sich über die Aufgaben und die Untersuchungsergebnisse des „Bundesbeauftragen für die Unterlagen des Staatssicherheitsdienstes der ehemaligen Deutschen Demokratischen Republik". Begründen Sie anschließend schriftlich, ob die Arbeit dieser Behörde auch mehr als 20 Jahre nach der Auflösung der Stasi noch wichtig ist.

10.5 Neue Ostpolitik im Rahmen der internationalen Entspannungspolitik

A) In welcher Weise wandelte sich die Außen- und Deutschlandpolitik der sozialliberalen Koalition gegenüber der Ära Adenauer?
B) Welche Entwicklungen vollzogen sich in der internationalen Entspannungspolitik der späten 1960er- und 1970er-Jahre und inwieweit war die neue Ostpolitik Teil dieser Entwicklungen?

Die Anerkennung zweier deutscher Staaten

1 „... und der mitgelieferte Damokles-Brieföffner", 1969
Karikatur von Wolfgang Hicks zum Vertragsvorschlag der DDR über die Aufnahme gleichberechtigter Beziehungen mit der Bundesrepublik. Unter dem Damokles-Schwert stehen (v. l.): Horst Ehmke, Bundesminister für besondere Aufgaben, Bundeskanzler Willy Brandt, Außenminister Walter Scheel und der SPD-Fraktionsvorsitzende Herbert Wehner.

2 Alleinvertretungsanspruch – ein Berührungstabu
Die Bundesrepublik erhob seit ihrer Gründung den Anspruch, die einzig rechtmäßige Vertreterin gesamtdeutscher Interessen zu sein. Die Sozialpsychologen Margarete und Alexander Mitscherlich (vgl. M13, S. 307) äußerten sich 1967 zur Deutschlandpolitik der CDU, deren deutschlandpolitische Grundposition vom Alleinvertretungsanspruch bestimmt wurde:

Der Krieg ging verloren. So gewaltig der Berg der Trümmer war, den er hinterließ, so lässt sich nicht verleugnen, dass wir trotzdem diese Tatsache nicht voll ins Bewusstsein dringen ließen. Mit dem Wiedererstarken unseres politischen Einflusses und unserer Wirtschaftskraft meldet sich jetzt mehr und mehr unbehindert eine Fantasie über das Geschehene. In etwas vergröberter Formulierung ließe sich sagen, dass durch die Verleugnung der Geschehnisse im Dritten Reich deren Folgen nicht anerkannt werden sollen. [...] Nach dieser Interpretation des Weltgeschehens haben wir dann natürlich auch „Ansprüche", z. B. auf die verlorenen Ostgebiete jenseits der Oder-Neiße-Linie. Zwar hat uns das Beharren auf diesen Fantasien in der politischen Realität keinen Schritt weiter gebracht; die Kluft zwischen den beiden deutschen Staaten hat sich unnötig vertieft; wir bestehen jedoch auf der Idee eines Rechtsanspruches, den wir in einem Friedensvertrag zur Geltung zu bringen hätten. [...]
Ein Tabu ist entstanden, ein echtes Berührungstabu. Es ist verboten, die Anerkennung der gegenwärtigen Grenzen beider deutscher Staaten als ein Faktum zu diskutieren, von dem man zunächst einmal auszugehen hat. Im Berührungstabu ist der Traum enthalten, es könnte sich doch noch durch unabsehbare Glücksfälle fügen, dass zurückzuholen ist, was sträflich Hybris aufs Spiel gesetzt und vertan hat. Es ist tatsächlich ein gefährlicher Traum, statt der Anstrengung, nationale Grenzen ihres Charakters der Barrieren vor einem freien Verkehr zu entkleiden [...], den „Alleinvertretungsanspruch" höher einzuschätzen und während zwanzig Jahren sich nicht um eine vernünftige Koexistenz zu bemühen.

Alexander Mitscherlich/Margarete Mitscherlich: Die Unfähigkeit zu trauern. München 1967, S. 13–17.

3 „Die Einheit der Nation wahren"
Auszug aus der Regierungserklärung Willy Brandts am 28. Oktober 1969. Von 1966 bis 1969 war Brandt Vizekanzler in der Großen Koalition unter Kanzler Kurt Georg Kiesinger (CDU) gewesen. Unter der Absicht „mehr Demokratie wagen" zu wollen bildete er eine fünf Jahre währende Koalitionsregierung mit der FDP.

Aufgabe der praktischen Politik in den jetzt vor uns liegenden Jahren ist es, die Einheit der Nation dadurch zu wahren, dass das Verhältnis zwischen den Teilen Deutschlands aus der gegenwärtigen Verkrampfung gelöst wird. [...] 20 Jahre nach Gründung der Bundesrepublik Deutschland und der DDR müssen wir ein weiteres

Auseinanderleben der deutschen Nation verhindern; also versuchen, über ein geregeltes Nebeneinander zu einem Miteinander zu kommen.
Dies ist nicht nur ein deutsches Interesse, denn es hat seine Bedeutung auch für den Frieden in Europa und für das Ost-West-Verhältnis. Unsere und unserer Freunde Einstellung zu den internationalen Beziehungen der DDR hängt nicht zuletzt von der Haltung Ostberlins ab. Im Übrigen wollen wir unseren Landsleuten die Vorteile des internationalen Handels und Kulturaustausches nicht schmälern.
Die Bundesregierung [...] bietet dem Ministerrat der DDR erneute Verhandlungen beiderseits ohne Diskriminierung auf der Ebene der Regierungen an, die zu vertraglich vereinbarter Zusammenarbeit führen sollen. Eine völkerrechtliche Anerkennung der DDR durch die Bundesregierung kann nicht in Betracht kommen. Auch wenn zwei Staaten in Deutschland existieren, sind sie doch füreinander nicht Ausland, ihre Beziehungen zueinander können nur von besonderer Art sein. [...] Die Lebensfähigkeit Berlins werden wir weiterhin sichern.

Bulletin des Presse- und Informationsamtes der Bundesregierung, Nr. 132, 29.10.1969, S. 1121–1128.

Die Debatte um den Grundlagenvertrag

4 „Verletzung des Heimatrechts"

Entschließung des Bundes der Vertriebenen am 11. März 1972 zum Moskauer (12. August 1970) und Warschauer Vertrag (7. Dezember 1970). In den Gewaltverzichtsverträgen zwischen der Bundesrepublik und der Sowjetunion bzw. Polen hatte die deutsche Seite die Oder-Neiße-Linie als westliche Grenze Polens anerkannt und auf Gebietsansprüche jenseits der Oder verzichtet.

Der Moskauer und der Warschauer Vertrag stehen im Widerspruch zu europäischen und deutschen Interessen, die vor dem Gemeinwohl der Völker vertretbar sind. Durch diese Verträge handeln wir unseren Verpflichtungen für ganz Deutschland zuwider, gefährden wir die Verantwortung der Verbündeten für Deutschland als Ganzes, hindern wir die europäische Einigung, bedrohen wir die Freiheit und Sicherheit der Bundesrepublik Deutschland und Europas.
Die Versammelten wenden sich gegen den Verzicht auf einen gerechten Frieden und auf freie Selbstbestimmung, die Legalisierung von Massenvertreibungen und Annexionen, die Anerkennung der Gewaltherrschaft in Mitteldeutschland, die Minderung des Status' von Berlin. Sie verurteilen die Verletzung des Rechtes auf Freizügigkeit vom und zum angestammten Wohnsitz und auf freie Entfaltung in der Heimat, der Menschen- und Gruppenrechte der Deutschen in der Heimat, der Pflicht zum Schutze der Individualrechte und des Eigentums der Ostdeutschen.
Sie fordern, diese Verträge nicht zu ratifizieren, dafür aber praktische und wirksame Fortschritte bei der Vertiefung der wirtschaftlichen, technologischen, kulturellen und menschlichen Beziehungen anzustreben und in einer sich wandelnden Welt auf einen gerechten Frieden und tragbaren Ausgleich zwischen Deutschland und den östlichen Nachbarn hinzuwirken. Sie bekennen: „Ja zum Frieden – Nein zur Unfreiheit!"

Heinrich von Siegler (Hrsg.): Dokumentation zur Deutschlandfrage. Band VII: Von Januar 1971 bis zum Inkrafttreten der Ostverträge im Juni 1972. Bonn/Wien/Zürich 1972, S. 544–555.

5 Spontaner Kniefall Willy Brandts zum Gedenken an die Opfer des Warschauer Gettoaufstands von 1943, 7. Dezember 1970
Der Kniefall fand vor der Unterzeichnung des Warschauer Vertrags statt und gilt als Symbol der Entspannungspolitik.

6 Zwei deutsche Staaten – zwei Staaten in Deutschland

Im Grundlagenvertrag verpflichteten sich die Bundesrepublik und die DDR zum gleichberechtigten Aufbau gutnachbarlicher Beziehungen und zur Anerkennung der bestehenden innerdeutschen Grenze. Zudem rückte die Bundesrepublik vom Alleinvertretungsanspruch ab. Der CDU-Vorsitzende Rainer Barzel (1924–2006) kommentierte die bevorstehende Verabschiedung des Vertrags am 15. Dezember 1972 im Bundestag:

Ich muss ein Wort zu der Ankündigung des Herrn Bundeskanzlers sagen, am 21. Dezember, also in der kommenden Woche, den Grundvertrag unterschreiben zu lassen, also eine Unterschrift zu leisten, obwohl der Schießbefehl andauert, obwohl sich die DDR an den Verkehrsvertrag, dem wir zugestimmt hatten, nicht hält. Trotz dieser Erfahrung wollen Sie einen so weitgehenden Vertrag ohne verbindlich gesicherte, ausreichende menschliche Erleichterungen unterschreiben. Dies bleibt festzuhalten: Dieser Vertrag – schlecht und eilig ausgehandelt, ohne angemessene Leistung und Gegenleistung – soll, so wird gesagt, dem Frieden dienen. Frieden aber [...] ist doch nach einem berühmten Wort des Präsidenten Kennedy eine Sache der Menschenrechte. Ebenso sieht es doch die Satzung der Vereinten Nationen, auf die dieser schlechte Vertrag vielfach Bezug nimmt. Über dieses Problem wird später im Einzelnen zu sprechen sein wie über Ihre neue Formel von den zwei deutschen Staaten. Es hieß vor Kurzem noch: zwei Staaten in Deutschland. Wieder ein anderer Anfang, wieder genau wie 1969. Darüber wird im Einzelnen zu sprechen sein.

Was wir Ihnen vorwerfen, Herr Bundeskanzler, ist dies: Mit der Unterschrift unter den Grundvertrag bereiten Sie der DDR den Weg in die UNO, ohne dass diese auch nur die mindesten Zusicherungen gemacht hätte – ganz zu schweigen von Verbindlichkeiten –, den Bürgern der DDR die in der UNO-Charta beschworenen Menschenrechte zu gewährleisten. Diesen Vorwurf müssen wir Ihnen heute und rechtzeitig machen. [...]

Demokraten, wenn sie wie dieses ganze Haus zum Frieden entschlossen sind, müssen oft und manchmal für lange Zeit Unrecht hinnehmen. Aber Demokraten sollten dies nie bestätigen. Sonst verwischen sie die Grundlage der Grundsätze, auf denen sie selber stehen. Der geistige Kampf um das ganze Deutschland hört doch mit diesem Vertrag nicht auf, der politische auch nicht. Wer soll den geistigen und politischen gewinnen, wenn in diesen Grundansätzen und Grundlagen Verwischung statt Klarheit eintritt?

Zit. nach: Irmgard Wilharm (Hrsg.): Deutsche Geschichte 1962–1983. Dokumente in zwei Bänden. Frankfurt/Main 1985, S. 68.

7 Mit dem Grundgesetz vereinbar?

Die Bayerische Staatsregierung ließ nach der Unterzeichnung des Grundlagenvertrags vom Bundesverfassungsgericht überprüfen, ob dieser gegen das im Grundgesetz verankerte Gebot der staatlichen Einheit Deutschlands und das Wiedervereinigungsgebot verstoße. Im Urteil des BVG vom 31. Juli 1973 heißt es:

Das GG [...] geht davon aus, dass das Deutsche Reich den Zusammenbruch 1945 überdauert hat und weder mit der Kapitulation noch durch Ausübung fremder Staatsgewalt in Deutschland durch die alliierten Okkupationsmächte noch später untergegangen ist. Das Deutsche Reich existiert fort, besitzt nach wie vor Rechtsfähigkeit, ist allerdings als Gesamtstaat mangels Organisation, insbesondere mangels institutionalisierter Organe, selbst nicht handlungsfähig. [...]

Mit der Errichtung der Bundesrepublik wurde nicht ein neuer westdeutscher Staat gegründet, sondern ein Teil Deutschlands neu organisiert. [...] Die Bundesrepublik umfasst also, was ihr Staatsvolk und ihr Staatsgebiet anbelangt, nicht das ganze Deutschland [...].

Sie beschränkt staatsrechtlich ihre Hoheitsgewalt auf den „Geltungsbereich des Grundgesetzes", fühlt sich aber auch verantwortlich für das ganze Deutschland. Die DDR gehört zu Deutschland und kann im Verhältnis zur Bundesrepublik nicht als Ausland angesehen werden. Deshalb war z. B. der Interzonenhandel und ist der ihm entsprechende innerdeutsche Handel nicht Außenhandel. [...] Die Wiedervereinigung ist ein verfassungsrechtliches Gebot. Es muss jedoch den zu politischem Handeln berufenen Organen der Bundesrepublik überlassen bleiben, zu entscheiden, welche Wege sie zur Herbeiführung der Wiedervereinigung als politisch richtig und zweckmäßig ansehen. Ein breiter Raum politischen Ermessens besteht hier besonders für die Gesetzgebungsorgane. Das BVG kann dem Gesetzgeber erst entgegentreten, wenn er die Grenzen dieses Ermessens eindeutig überschreitet, wenn seine Maßnahme also rechtlich oder tatsächlich einer Wiedervereinigung in Freiheit offensichtlich entgegensteht. [...]

Aus dem Wiedervereinigungsgebot folgt zunächst: Kein Verfassungsorgan der Bundesrepublik darf die Wiederherstellung der staatlichen Einheit als politisches Ziel aufgeben, alle Verfassungsorgane sind verpflichtet, in ihrer Politik auf die Erreichung dieses Ziels hinzuwirken – das schließt die Forderung ein, den Wiedervereinigungsanspruch im Innern wachzuhalten und nach außen beharrlich zu vertreten – und alles zu unterlassen, was die Wiedervereinigung vereiteln würde. Die Bundesregierung hat allerdings in eigener Verantwortung zu entscheiden, mit welchen politischen Mitteln und auf welchen politischen Wegen sie das nach dem GG rechtlich gebotene Ziel der Wiedervereinigung zu erreichen oder ihm wenigstens näher zu kommen versucht.

Zit. nach: Wolfgang Lautemann/Manfred Schlenke (Hrsg.): Geschichte in Quellen. Die Welt seit 1945. München 1980, S. 560 f.

Internationale Sicherheitspolitik zwischen Aufrüstung und Entspannung

8 Die Notwendigkeit „flexibler Reaktion"

Wegen ihres enormen Zerstörungspotenzials haben Nuklearwaffen eine moralische wie strategische Sonderstellung als Massenvernichtungswaffe inne. Nuklearstrategien standen daher während des Kalten Kriegs im Mittelpunkt sicherheitspolitischer Interessen. Auf die US-Strategie der „massiven Vergeltung" folgte 1967 die sogenannte „flexible Reaktion" im Rahmen der NATO, die der US-Verteidigungsminister Robert McNamara 1968 folgendermaßen erläuterte:

Wir haben argumentiert, dass nur das Vorhandensein solcher ausgewogenen Streitkräfte einen Aggressor über jeden Zweifel hinaus davon überzeugen würde, dass die Allianz ihm, ganz gleich welche Anstrengungen er unternimmt oder zu unternehmen droht, immer mit den entsprechenden Mitteln entgegentreten kann. […] Die Vereinigten Staaten sind immer der festen Überzeugung gewesen, dass die Drohung mit einer unglaubwürdigen Maßnahme keine wirksame Abschreckung darstellt. Die politischen Führer des Westens sind sich alle der Gefahren wohl bewusst, die mit dem Einsatz taktischer Atomsprengkörper verbunden sind – und das Gleiche gilt auch für die Führer der Mitgliedstaaten des Warschauer Pakts. Die Sowjetführer würden wahrscheinlich nicht glauben, dass die NATO-Mächte unverzüglich damit einverstanden wären, diese großen Gefahren in Kauf zu nehmen, um einer plötzlichen und begrenzten, mit konventionellen Mitteln geführten Aggression entgegenzutreten. Und wenn die Sowjets die Drohung mit einer sofortigen atomaren Reaktion auf eine begrenzte Aggression für unglaubwürdig hielten, so könnten sie durchaus versucht sein, in irgendeiner Krisensituation mit einer begrenzten Aggression vorzufühlen […] und so Stück für Stück das zu erlangen, was sie mit einem überraschenden, massiven, totalen Angriff auf das NATO-Bündnis auf einen Schlag nicht erreichen können.

Ernst-Otto Czempiel/Carl-Christoph Schweitzer: Weltpolitik der USA nach 1945. Bonn 1989, S. 285.

9 Rüstungsausgaben der Supermächte (in Mrd. US-$; Preise von 1980)

	1965	1969	1985
USA	135	183	205
UdSSR	81	112	146

Niedersächsische Landeszentrale für politische Bildung (Hrsg.): Frieden – Freiheit – Sicherheit. Hannover 1988, S. 42.

10 Der Rüstungswettlauf

Karikatur von Horst Haitzinger, 1981.

11 **„Thema: Sicherheit"**
Plakat von Klaus Staeck aus dem Jahr 1981.

12 Der Sowjetmarschall Sokolowski über die Militärstrategie der UdSSR (1969)

Ein wichtiger Grundsatz der sowjetischen Militärdoktrin besteht darin, dass der Weltkrieg, falls er von den Imperialisten entfesselt wird, zwangsläufig zu einem Raketen- und Kernwaffenkrieg wird, d.h. zu einer Auseinandersetzung, in der Kernwaffen das Hauptkampfmittel und Raketen das wichtigste Mittel zu ihrer Beförderung ins Ziel sind. Der Masseneinsatz von Atom- und Wasserstoffwaffen mit der unbegrenzten Möglichkeit, sie in wenigen Minuten mithilfe von Raketen in jedes Ziel zu bringen, ermöglicht es, innerhalb kürzester Zeit durchschlagende militärische Erfolge auf jede Entfernung und auf einem gewaltigen Gebiet zu erzielen. Es ist eine logische Gesetzmäßigkeit des Krieges, dass dieser, sollte er von den aggressiven Kreisen der USA ausgelöst werden, sofort auf das Territorium der Vereinigten Staaten von Amerika übergreifen wird. […] Durch einen Krieg würden viele Hundert Millionen Menschen umkommen und die meisten Überlebenden würden in der einen oder anderen Weise der radioaktiven Verseuchung ausgesetzt sein. Darum plädieren wir für die Unannehmbarkeit eines nuklearen Weltkrieges, für die Notwendigkeit, ihn zu verhindern, für die Durchführung der allgemeinen Abrüstung und für die Zerstörung der Kernwaffenbestände. […]

Wassili D. Sokolowski (Hrsg.): Militär-Strategie. Köln 1969, S. 275–277, 294. Dt. Übersetzung: W. Meermann, J.W. Lomov, H. Hackenberg, M. Pörschmann.

13 Abkommen zwischen den Vereinigten Staaten von Amerika und der Sowjetunion zur Verhinderung eines Atomkriegs (1973)

Art. 1. Die Vereinigten Staaten und die Sowjetunion stimmen darin überein, dass es ein Ziel ihrer Politik ist, die Gefahr eines Atomkrieges und der Anwendung von Kernwaffen zu beseitigen. Dementsprechend vereinbaren die Vertragsparteien, sich so zu verhalten, dass die Entstehung von Situationen, die eine gefährliche Verschlechterung ihrer Beziehungen verursachen könnten, verhindert wird, dass militärische Konfrontationen vermieden werden und dass der Ausbruch eines Atomkrieges zwischen ihnen sowie zwischen jeder der beiden Vertragsparteien und anderen Ländern ausgeschlossen ist.
Art. 2. Die Vertragsparteien vereinbaren, […] von der Voraussetzung auszugehen, dass jede Vertragspartei sich in Situationen, die den Weltfrieden und die internationale Sicherheit gefährden könnten, der Androhung und Anwendung von Gewalt gegenüber der anderen Vertragspartei, gegenüber den Verbündeten der anderen Vertragspartei und gegenüber sonstigen Ländern enthalten wird.

Czempiel/Schweitzer, a.a.O., S. 330.

Fortschritte und Rückschläge der Entspannungspolitik

14 Aus der KSZE-Schlussakte (1975)

Auf Initiative des Warschauer Pakts fand am 3. Juli 1973 in Helsinki die erste „Konferenz für Sicherheit und Zusammenarbeit in Europa" (KSZE) statt. Die Unterzeichnung der Schlussakte durch 35 Staaten war Endpunkt des KSZE-Prozesses: Darin wurde die politische und wirtschaftliche Zusammenarbeit in Europa verabredet. Zudem verpflichteten sich alle Staaten, die Menschenrechte zu achten.

IV. Die Teilnehmerstaaten werden die territoriale Integrität eines jeden Teilnehmerstaates achten. Dementsprechend werden sie sich jeder mit den Zielen und Grundsätzen der Charta der Vereinten Nationen unvereinbaren Handlung gegen die territoriale Integrität, politische Unabhängigkeit oder Einheit eines jeden Teilnehmerstaates enthalten, insbesondere jeder derartigen Handlung, die eine Androhung oder Anwendung von Gewalt darstellt. […]

V. Die Teilnehmerstaaten werden Streitfälle zwischen ihnen mit friedlichen Mitteln auf solche Weise regeln, dass der internationale Frieden und die internationale Sicherheit sowie die Gerechtigkeit nicht gefährdet werden. Sie werden bestrebt sein, nach Treu und Glauben und im Geiste der Zusammenarbeit eine rasche und gerechte Lösung auf der Grundlage des Völkerrechts zu erreichen. Zu diesem Zweck werden sie Mittel wie Verhandlung, Untersuchung, Vermittlung, Vergleich, Schiedsspruch, gerichtliche Regelung oder andere friedliche Mittel eigener Wahl verwenden, einschließlich jedes Streitregelungsverfahrens, auf das sich die beteiligten Parteien vor Entstehen des Streitfalles geeinigt haben.

Europa-Archiv, Jg. 1975, S. D439–D440.

15 Der NATO-Doppelbeschluss

Helmut Schmidt (SPD) war nach dem Rücktritt Willy Brandts am 16. Mai 1974 zum Bundeskanzler gewählt worden. Zu dieser Zeit modernisierte die Sowjetunion ihre atomaren Mittelstreckenraketen. Schmidt sah das militärische Gleichgewicht in Europa in Gefahr und forderte Gegenmaßnahmen. Am 12. Dezember 1979 verabschiedete die NATO den sogenannten Doppelbeschluss: Einerseits bot sie dem Warschauer Pakt die beidseitige Begrenzung von Mittelstreckenraketen an, andererseits drohte sie, ebenfalls aufzurüsten. Auszug aus der Regierungserklärung Schmidts vom 9. April 1981:

Mit unseren Bündnispartnern stehen wir vor der Aufgabe, das militärische Gleichgewicht zwischen Ost und West zu gewährleisten und – wo dies nötig ist – es wieder herzustellen. […] Bei den Mittelstreckenwaffen ist das Gleichgewicht durch sowjetische Aufrüstung wesentlich beeinträchtigt worden. […] Heute […] verfügt die Sowjetunion über mehr als 600 eurostrategische Raketen. […] Auf westlicher Seite steht in Europa, abgesehen von 18 französischen Raketen, dem nichts Vergleichbares gegenüber. […] Dieses erhebliche militärische Übergewicht stellt eine erhebliche politische Gefährdung dar. Das Bündnis hat vor anderthalb Jahren mit dem sogenannten Doppelbeschluss eine neue Komponente in die Sicherheitspolitik eingeführt. Wir wollen nicht zuvor amerikanische Nachrüstung, um erst danach über Rüstungsbegrenzung zu verhandeln. Vielmehr suchen wir, und zwar auf deutschen Vorschlag, schon bevor die erste neue amerikanische Waffe in Stellung gebracht wird, Verhandlungen mit dem Ziel eines militärischen Gleichgewichts auf einem möglichst niedrigen Niveau.

Alfred Mechtersheimer (Hrsg.): Nachrüstung? Dokumente und Positionen zum NATO-Doppelbeschluss. Reinbek b. Hamburg 1981, S. 34 ff.

Arbeitsvorschläge

●●● a) Informieren Sie sich über den Begriff des „Damokles-Schwerts" und setzen Sie sich auf der Grundlage dieser Informationen mit der Darstellung der Deutschlandpolitik Brandts in der Karikatur M1 auseinander.

○●●/●●● b) Erläutern Sie, welche Haltungen zum Alleinvertretungsanspruch der Bundesrepublik aus den Quellen M2 und M3 deutlich werden. Diskutieren Sie, welche politischen Schwierigkeiten und Folgen aus den jeweiligen Haltungen erwachsen.

○○●/●●● c) Fassen Sie die Positionen zum Grundlagenvertrag, die in M4, M6 und M7 zum Ausdruck kommen, zusammen und benennen Sie die von den jeweiligen Gruppierungen bzw. Personen identifizierten Probleme. Vergleichen Sie die Positionen anschließend miteinander.

○●● d) Recherchieren Sie zu den Ereignissen im Warschauer Getto 1939 bis 1945 und charakterisieren Sie auf dieser Basis Brandts Kniefall (M5). Analysieren Sie das Foto auch im Hinblick auf die Reaktionen auf diese spontane Aktion.

○●●/●●● e) Analysieren Sie die Karikatur „Der Rüstungswettlauf" (M10) und das Poster „Thema: Sicherheit" (M11) und beurteilen Sie die westdeutsche Darstellung der internationalen politischen Lage – auch im Hinblick auf die in M9 gegebenen statistischen Informationen.

●●● f) Vergleichen Sie die Eigen- und die Fremdwahrnehmung der USA und der UdSSR sowie deren Strategiekonzepte in M8, M12 und M13 und beurteilen Sie die jeweiligen Bemühungen zur Vermeidung eines (Atom-)Kriegs.

○●● g) Arbeiten Sie Fortschritte und Rückschläge der Entspannungspolitik heraus, wie sie aus M14 und M15 ersichtlich werden.

Grundwissen: Neue Ostpolitik im Rahmen der internationalen Entspannungspolitik

→ 3 S. 538 f.

Kurt Georg Kiesinger (1904–1988)
Bundeskanzler der ersten Großen Koalition (1966–1969) und CDU-Vorsitzender (1967–1971).

Die Große Koalition zerbricht an der Deutschland- und Ostpolitik

Ludwig Erhards Nachfolger Kurt Georg Kiesinger einigte sich mit Willy Brandt am 1. Dezember 1966 auf eine Große Koalition aus CDU/CSU und SPD, um die wirtschaftliche Rezession zu überwinden. Die Koalition hatte erstaunlich schnelle Erfolge zu verzeichnen und sorgte mit ihrer Wirtschaftspolitik für einen neuen Aufschwung. Deren Kern bildete das sogenannte Stabilitätsgesetz von 1967: Darin wurden Preisstabilität, ein hoher Beschäftigungsstand, außenwirtschaftliches Gleichgewicht und Wirtschaftswachstum als Ziele der Wirtschaftspolitik definiert („magisches Viereck"). Spannungen innerhalb der Koalition erwuchsen allerdings aus den unterschiedlichen Auffassungen zur Deutschland- und Ostpolitik: Während die SPD die Entspannungssignale aus Washington und Moskau aufnehmen und Verhandlungen mit der DDR einleiten, den Alleinvertretungsanspruch aufgeben sowie die Oder-Neiße-Grenze anerkennen wollte, gingen diese Absichten der CDU/CSU-Mehrheit deutlich zu weit. Damit waren die Tage der Großen Koalition gezählt.

Der Beginn der sozialliberalen Ära

Ende der 1960er-Jahre hatte der linksliberale Flügel der FDP mit seiner Forderung nach einem „sozialen Liberalismus" und einer Erneuerung der Bundesrepublik in der Partei das Übergewicht gewonnen. Zudem war die Oppositionspartei auf die Entspannungsinitiativen der SPD eingeschwenkt und forderte die Anerkennung der seit 1945 geschaffenen Realitäten sowie eine Entkrampfung der Beziehungen zwischen der Bundesrepublik und der DDR. Auf dieser Grundlage einigten sich SPD und FDP nach der Bundestagswahl im September 1969 auf die Bildung einer sozialliberalen Koalition. Willy Brandt wurde neuer Bundeskanzler. Nach 20 Jahren mussten CDU und CSU erstmals die Regierungsverantwortung abgeben.

→ 1 - 2 S. 538

Willy Brandt (1913–1992)
Geb. Herbert Frahm; Bundeskanzler (1969–1974) und langjähriger SPD-Vorsitzender (1964–1987).

Die neue Ostpolitik im Zeichen der Entspannung

Außen- und deutschlandpolitisch stellte die sozialliberale Ära einen Gegenentwurf zur Ära Adenauer dar: Auf Adenauers Politik der Westintegration folgte nun die Einbettung der Bundesrepublik in ein Netz friedenssichernder Abkommen mit den Staaten des Ostblocks. Den äußeren Rahmen für diese „neue Ostpolitik" Willy Brandts und seines Außenministers Walter Scheel (FDP) bildete die internationale Entspannungsstrategie (Entspannungspolitik), die sich in den USA und der Sowjetunion herausgebildet hatte. So wie Adenauer die von den Westalliierten gewünschte Westintegration aus Überzeugung akzeptiert hatte, trieb Brandt nun aus Überzeugung den von den USA gewünschten Ausgleich mit dem Ostblock voran. In seiner Regierungserklärung sprach er programmatisch zum ersten Mal von „zwei Staaten in Deutschland". Ausgangspunkt für die nun folgende Politik gegenüber der DDR war die Einschätzung, dass ein direkter Sturz des SED-Regimes aussichtslos sei. Demzufolge müsse die DDR als Realität respektiert werden, ohne sie juristisch anzuerkennen. Unterhalb der juristischen Anerkennung gebe es genügend Handlungsspielraum, die kommunistische Herrschaft zu verändern und ihre Auswirkungen auf die DDR-Bürger erträglicher zu gestalten. Brandts Pressesprecher Egon Bahr kleidete diese Strategie in die Formel vom „Wandel durch Annäherung". Sie setzte Verhandlungsbereitschaft gegenüber der DDR-Regierung voraus, was deren faktische Anerkennung, den Verzicht auf die Hallstein-Doktrin sowie die Anerkennung der europäischen Nachkriegsgrenzen bedingte.

→ 4 - 7 S. 539 ff.

Die Ergebnisse der neuen Ostpolitik und der Grundlagenvertrag von 1972

Ergebnisse der neuen Ostpolitik waren die Unterzeichnung des Nichtverbreitungsvertrags über Kernwaffen 1969, die Anerkennung der deutsch-deutschen und der deutsch-polnischen Grenze sowie die Formulierung von Gewaltverzichtsvereinbarungen in den Verträgen von Warschau und Moskau 1970. 1971 kamen das Vier-Mächte-Abkommen sowie das Transitabkommen über Berlin hinzu, in denen die Präsenz der Westmächte, die Bindungen Westberlins an die Bundesrepublik sowie Reiseerleichterungen für Westberliner vereinbart wurden.
Zur gesamtdeutschen Zäsur wurde schließlich der Grundlagenvertrag von 1972, in dem die Bundesrepublik die DDR als gleichberechtigten und souveränen Staat anerkannte, ohne dass damit ihre völkerrechtliche Anerkennung als Ausland verbunden gewesen wäre. Denn als Teil Deutschlands war sie Inland, und ihre Grenzen zur Bundesrepublik waren den Ländergrenzen in der Bundesrepublik „ähnlich" – so ein von Bayern initiiertes Verfassungsgerichtsurteil. Damit war die deutsche Zweistaatlichkeit international anerkannt, was zur Folge hatte, dass die DDR und die Bundesrepublik am 18. September 1973 als 133. und 134. Staat in die Vereinten Nationen aufgenommen wurden. Im innerdeutschen Verhältnis intensivierten sich die zwischenmenschlichen Kontakte: Zwischen 1970 und 1973 stieg die Zahl der bundesdeutschen Besucher in der DDR und Ostberlin von zwei auf mehr als acht Millionen an, die Zahl der Telefongespräche zwischen Ost und West stieg zwischen 1970 und 1980 von 700 000 auf mehr als 23 Millionen.

→ 8 S. 541
→ 12 - 13 S. 542

Internationale Politik im Zeichen der Rüstungskontrolle

Das sogenannte „atomare Patt" – also der ungefähre Gleichstand der nuklearen Massenvernichtungswaffen zwischen den USA und der Sowjetunion – ließ anfangs der 1970er-Jahre die Aussichtslosigkeit eines weiteren Rüstungswettlaufs erkennen. Hinzu kamen die enormen finanziellen Belastungen, die insbesondere von der UdSSR nicht mehr zu verkraften waren. Unter diesen Voraussetzungen fanden sich Washington und Moskau 1972 und 1979 zu zwei SALT-Abkommen zusammen (Strategic Arms Limitation Talks: Gespräche zur Begrenzung strategischer Rüstung). Die Verträge legten jedoch nur Obergrenzen für die Raketensysteme fest, ohne die bereits vorhandenen riesigen Vernichtungspotenziale anzutasten; von Abrüstung konnte noch immer nicht die Rede sein. Auch die Verhandlungen, die die NATO und der Warschauer Pakt über eine Verminderung der konventionellen Streitkräfte – Heer, Luftwaffen- und Marineeinheiten ohne Nuklearwaffen – führten, kamen jahrelang nicht von der Stelle.

→ 14 S. 542 f.

Kooperation im Rahmen des KSZE-Prozesses

Dennoch war der Entspannungswille auf beiden Seiten ehrlich, und das politische Klima verbesserte sich merklich. Seinen Niederschlag fand das neue Denken in einer Reihe von Verträgen: Die Bundesrepublik vereinbarte mit der Sowjetunion, Polen, der DDR und der ČSSR den Verzicht auf eine gewaltsame Veränderung der bestehenden Grenzen sowie gute nachbarschaftliche Zusammenarbeit. Die von den vier Siegermächten ausgehandelte Berlin-Regelung bestätigte die Bindungen Westberlins an die Bundesrepublik, verneinte aber gleichzeitig eine staatliche Zusammengehörigkeit. Die Konferenz für Sicherheit und Zusammenarbeit in Europa (KSZE), an der fast alle europäischen Staaten, dazu die USA und Kanada teilnahmen, verpflichtete in ihrem Schlussdokument von 1975 alle Unterzeichnerstaaten zur Beachtung der politischen Grundrechte ihrer Bürgerinnen und Bürger und bekundete ihren Willen, die Grenzen in Europa durchlässiger zu machen. Während die gleichzeitig vereinbarte Steigerung des Ost-West-Handels nicht vorankam, wurde das Leben in einigen Ostblockländern langsam, aber stetig freizügiger.

Erich Honecker (1912–1994)
Generalsekretär des ZK der SED und Staatschef der DDR (1971–1989).

Die DDR zwischen äußerer Anerkennung und Schikanen im Innern

Mit dem Abschluss des Grundlagenvertrags erweiterte sich auch der außenpolitische Spielraum des DDR-Politbüros um Erich Honecker. Dieser hatte 1971 Walter Ulbricht als SED-Generalsekretär abgelöst. Wie die Bundesrepublik gehörte die DDR zu den Unterzeichnerstaaten der KSZE-Schlussakte von Helsinki, was einerseits den Höhepunkt ihrer außenpolitischen Erfolge bildete, andererseits eine innenpolitische Liberalisierung erzwang. Unter Berufung auf die KSZE-Schlussakte forderten DDR-Bürger die Gewährung von Menschenrechten und insbesondere das Recht auf Freizügigkeit. Die Folge war eine deutliche Steigerung der Zahl der Ausreiseanträge: von 13 000 im KSZE-Jahr 1975 auf 20 000 im folgenden Jahr. Schikanen gegen Ausreisewillige führten zu wachsenden Protesten. Die Ausbürgerungen der Regimekritiker Wolf Biermann im Jahr 1976 und Rudolf Bahro im Jahr 1977 führten zu Solidarisierungserklärungen namhafter Autorinnen und Autoren. In den folgenden Jahren verließen viele prominente Musiker, Schauspieler und Schriftsteller die DDR.

Deutschlandpolitische Kontinuität unter Schmidt

In der Bundesrepublik setzte Helmut Schmidt die Politik Willy Brandts fort, nachdem Brandt infolge einer Affäre um einen DDR-Spion im Kanzleramt 1974 seinen Rücktritt eingereicht hatte (Guillaume-Affäre). Schmidt erzielte vor allem in Wirtschafts-, Handels- und Kreditfragen Erfolge. 1978 und 1980 einigten sich die Bundesrepublik und die DDR auf eine Verbesserung der Verkehrswege. Für Bonn waren diese Abkommen mit hohen finanziellen Belastungen verbunden (Transitpauschalen, Straßenbenutzungspauschalen, Postpauschalen usw.), denn die DDR ließ sich ihre Kooperationsbereitschaft teuer bezahlen. Solange man aber „menschliche Erleichterungen" für die DDR-Bürger erwirken und am Prinzip des „Wandels durch Annäherung" festhalten wollte, gab es zu dieser Politik keine Alternative. Sie hatte kurzfristig allerdings weniger den Wandel der DDR als vielmehr, wenn auch ungewollt, die Stabilisierung des SED-Regimes zur Folge.

→ 10 S. 541
→ 15 S. 543

Helmut Schmidt (*1918)
SPD-Politiker und fünfter Kanzler der Bundesrepublik (1974–1982).

Die neue „Eiszeit" und der NATO-Doppelbeschluss

Der Entspannungsoptimismus in Ost und West verflog in den ausgehenden 1970er-Jahren, nachdem die Sowjetunion ungeachtet aller Verständigungsbemühungen ihre Aufrüstung unvermindert fortgesetzt hatte. Bonn und Ostberlin waren jedoch bestrebt, ihre eigenständige Kooperationspolitik nicht in den Sog der internationalen Klimaverschlechterung geraten zu lassen. Wachsende Besorgnis erregte die Stationierung neuer sowjetischer Mittelstreckenraketen vom Typ SS-20, deren atomare Sprengköpfe auf die Bundesrepublik gerichtet waren. Auf Initiative von Helmut Schmidt verabschiedete die NATO deshalb Ende 1979 den sogenannten NATO-Doppelbeschluss: Würde die Sowjetunion in Verhandlungen nicht zu bewegen sein, ihre Mittelstreckenraketen in Europa wieder abzubauen, sollte die Zahl der eigenen Raketenbasen auf dem Boden der Bundesrepublik entsprechend erhöht werden. Als die Sowjetunion dieses Verhandlungsangebot ablehnte, endete im Januar 1980 die Entspannungspolitik. Der US-amerikanische Präsident Ronald Reagan nannte die UdSSR ein „Reich des Bösen" und setzte eine beispiellose Aufrüstung der Vereinigten Staaten in Gang.

Ende der sozialliberalen Ära

Helmut Schmidt geriet am Beginn der 1980er-Jahre durch Massenproteste gegen seine Nachrüstungsinitiative innenpolitisch zunehmend in Bedrängnis. Aus Protest gegen die Stationierung amerikanischer Pershing-II-Raketen in Deutschland schlossen sich kirchliche Kreise, Prominente wie Carl Friedrich von Weizsäcker, Heinrich Böll, Günter Grass und Joseph Beuys mit Politikern wie Erhard Eppler (SPD) sowie den Gründungsmitgliedern der Grünen Petra Kelly und Gert Bastian zusammen. Zwischen 1981 und 1983 kam es immer wieder zu Blockaden von Atomwaffenlagern und Munitionsdepots, zu Friedenswochen, ➔ Ostermärschen und anderen Massendemonstrationen.

Intensivierung der Beziehungen zur DDR unter Kohl

Im Gegensatz zu seiner Wende in der Wirtschaftspolitik setzte Helmut Kohl (CDU) in der Außen- und Deutschlandpolitik auf Kontinuität zu seinem Amtsvorgänger Helmut Schmidt. Obwohl die Friedensbewegung nach Kohls Amtsantritt heftiger als zuvor gegen die Stationierung amerikanischer Mittelstreckenraketen protestierte, wurde sie mit der Stimmenmehrheit der Koalitionsparteien 1983 im Bundestag für den Fall beschlossen, dass die Genfer Verhandlungen zwischen den USA und der Sowjetunion über einen beiderseitigen Abbau der Mittelstreckenpotenziale in Europa ergebnislos verlaufen sollten. In der Deutschlandpolitik zeichnete sich sogar eine Intensivierung der Beziehungen zur DDR ab. Franz Josef Strauß (CSU) vermittelte den ersten Milliardenkredit westdeutscher Banken an die DDR, der 1984 von Bundesbürgschaften in Höhe von knapp zwei Milliarden DM ergänzt wurde. Die DDR honorierte dieses Entgegenkommen ihrerseits durch Konzessionen bei den „menschlichen Erleichterungen". Unter anderem wurden die Selbstschussanlagen und Bodenminen an der innerdeutschen Grenze abgebaut und die Ausreisemöglichkeiten für DDR-Bürger erweitert.

Honeckers Besuch in der Bundesrepublik

Nachdem Honecker 1987 erstmals die Bundesrepublik besucht hatte, wurden zahlreiche politische Häftlinge aus DDR-Gefängnissen freigelassen. Der ➔ Schießbefehl an der Grenze zur Bundesrepublik wurde zumindest vorübergehend außer Kraft gesetzt, der deutsch-deutsche Reiseverkehr wuchs deutlich an. 500 Anträge auf Städtepartnerschaften wurden gestellt, von denen allerdings nur etwa ein Drittel realisiert wurden. Mehr als hundert Maßnahmen im Zusammenhang mit sportlichen Begegnungen, Jugend- und Kulturaustausch sowie zur Rückführung von Kulturgütern wurden unter Kohl in Gang gesetzt. Deutlicher konnte die Kontinuität zur sozialliberalen Ostpolitik kaum sein.

16 Helmut Kohl empfängt Erich Honecker im September 1987 in Bonn
Der lange vorbereitete Besuch galt als ein großer außenpolitischer Erfolg des DDR-Staatschefs.

Testen Sie Ihre Sachkompetenz

a) Bilden Sie aus den unten aufgeführten Ländern für das Zeitalter des Kalten Kriegs relevante Gruppierungen:

DDR · Finnland · Schweden · Österreich · Frankreich · China · USA · Rumänien · Japan · Polen · Türkei · Nord-Korea · Kanada

b) Ordnen Sie die folgenden Begriffe mindestens einer der beiden Wirtschaftsordnungen in der Bundesrepublik und der DDR zu:

RGW · Verstaatlichung · Fünfjahrplan · Tarifautonomie · soziale Marktwirtschaft · „Wohlstand durch Wettbewerb" · LPG · Arbeitsnorm · Mitbestimmungsgesetz

c) Das vorliegende Schulbuch ordnet die Geschichte nach 1945 im Kapitel 7 in fünf, zeitlich aufeinander folgende Unterkapitel. Entwickeln Sie eine andere Einteilung und versuchen Sie, sich dabei auf die deutsche Geschichte zu beschränken. Wie würden dann die Kapitelüberschriften lauten?

Geschichte kreativ

1 Am 11. Mai 1968 erschien im Kölner Stadtanzeiger dieses Foto unter dem Titel „Küsst euch doch im Grüngürtel".
Die beiden Küssenden waren Schauspieler, was aber die Fußgänger nicht wussten. Foto von Wolfgang Drehsen.

a) Überlegen Sie sich, was die einzelnen Fußgänger gerade denken. Was könnte beispielsweise die Dame mit dem Hut zu ihrem Mann sagen?

b) Welche Aussagen lassen sich über die bundesdeutsche Gesellschaft von 1968 sagen, wenn der Akt eines öffentlichen Kusses bewusst – wie hier im Bild – als Skandal inszeniert worden ist?

Operatoren-Training

(alle Operatoren auf einen Blick finden Sie auf S. 634–641)

a) AFB II, Operator „analysieren":

Analysieren Sie das folgende Material unter dem Aspekt der Formierung der Blöcke.

Während einer Sitzung des Alliierten Kontrollrats am 20.3.1948 sind den Notizen des US-amerikanischen Vertreters Lucius D. Clay zufolge folgende Worte gewechselt worden:

[Marschall Sokolowskij, der sowjetische Vertreter:] „Wenn hier kein Verlangen besteht, die Erklärung der Regierungen von drei Ländern[1] zu besprechen, die Deutschlands Nachbarn sind, Ländern, die unter der Aggression Hitlers am allermeisten zu leiden hatten, dann beweist das nur erneut, dass die Vertreter Großbritanniens, Frankreichs und der Vereinigten Staaten den Kontrollrat nicht als ein Organ einer Viermächte-Verwaltung des besetzten Deutschlands ansehen. Sie betrachten den Kontrollrat bloß als einen geeigneten Schirm, hinter dem sie ihre in Westdeutschland einseitig ergriffenen Maßnahmen verbergen können, die sich gegen die Interessen sowohl der friedlichen Länder als auch jener friedliebenden Deutschen richten, die für die friedliche Einheit und Demokratisierung ihres Landes eintreten […]"

Ich[2] erwiderte: „[…] Wenn es einen solchen Schirm gibt, und ich denke, er existiert tatsächlich, dann doch sicher nicht auf der Westseite der Demarkation zwischen der amerikanischen und der sowjetischen Zone. Marschall Sokolowskij wirft uns vor, wir handelten nicht im wahren Interesse des deutschen Volkes. […] [Doch] hege ich, was meine Person anlangt, keine Zweifel darüber, dass ein immer größer werdender Teil dieses Volkes selbst weiß, wo seine wahren Interessen liegen."

Lucius D. Clay: Entscheidung in Deutschland. Frankfurt am Main 1950, S. 394 ff. Zit. nach: Herbert Michaelis/Ernst Schraepler (Hrsg.): Ursachen und Folgen. Vom deutschen Zusammenbruch 1918 und 1945 bis zur staatlichen Neuordnung Deutschlands in der Gegenwart. Bd. 26. Die staatliche Neuordnung Deutschlands. Berlin 1978, S. 41.

1 gemeint sind Jugoslawien, Polen, Tschechoslowakei
2 gemeint ist Lucius D. Clay

Hinweise: Der Operator „analysieren" fordert Sie auf, Materialien oder historische Sachverhalte kriterienorientiert bzw. aspektgeleitet zu erschließen. Die genauen Erschließungstechniken haben Sie im Geschichtsunterricht trainiert, sie umfassen zum Beispiel die Bearbeitung einer Abfolge bestimmter „W-Fragen". Dabei sollten Sie stets die angesprochene „Kriterienorientierung" bzw. „Aspektleitung" im Auge behalten.

b) AFB II, Operator „charakterisieren":

Charakterisieren Sie die SED-Herrschaft.

Hinweise: Beim Charakterisieren sollen Sie historische Sachverhalte in ihren Eigenarten beschreiben und diese dann unter einem bestimmten Gesichtspunkt zusammenfassen.

Lösungsvorschläge zum Operatoren-Training

zum Arbeitsvorschlag a), Operator „analysieren":
Entsprechend der obigen Hinweise sollten Sie bei der Beantwortung der Aufgabe die angesprochene „Kriterienorientierung" bzw. „Aspektleitung" im Auge behalten. Das ist hier die „Formierung der Blöcke" als Entstehungsphase des Ost-West-Konflikts. So könnten Sie also aus der Quelle vor allem herausarbeiten, dass es eine hier schon scharf gewordene Auseinandersetzung zweier Seiten gab, nämlich der USA mit Großbritannien und Frankreich einerseits und der UdSSR andererseits. Obwohl diese vier gegen Hitler in einer bis zum Kriegsende und darüber hinaus währenden Koalition gestanden, und ihre Zusammenarbeit in die Form des Alliierten Kontrollrats gegossen hatten, brachen die Gegensätze in diesem gemeinsamen Gremium so auf, dass man sich unlautere Einseitigkeiten vorwarf, Misstrauen bekundete und sich schließlich so entzweite, dass die Sitzung vom 20. März 1948 die letzte werden sollte.

zum Arbeitsvorschlag b), Operator „charakterisieren":
Hier käme es darauf an, die Eigenart der SED dadurch zu charakterisieren, dass Sie die typischen Abweichungen von unserem heutigen Demokratie- und Parteienverständnis ansprechen. Das wären also zum Beispiel die Relativierung innerparteilicher und allgemeiner Wahlen durch den sogenannten „demokratischen Zentralismus" oder der gesamtstaatliche Führungsanspruch der SED als „Partei neuen Typs" hinter der Fassade eines Scheinpluralismus der Blockparteien.

11 Epochenjahr 1989

Problemaufriss

Das Epochenjahr 1989 gilt heute als das wichtigste Datum der Weltgeschichte nach dem Ende des Zweiten Weltkriegs. Der Mauerfall am 9. November 1989 beendete nicht nur die deutsche Teilung, sondern leitete auch den Untergang der Sowjetunion und damit das Ende des Kalten Kriegs ein. Ihm vorausgegangen waren der durch Michail Gorbatschow eingeleitete politische und gesellschaftliche Reformprozess in der UdSSR und der revolutionäre Aufbruch in Mittelosteuropa – vor allem in Polen und der Tschechoslowakei. Wie schon die Umstürze der kommunistischen Regime in Warschau und Prag verlief schließlich auch der Zusammenbruch der SED-Herrschaft friedlich und evolutionär: Montagsdemonstrationen, Mahnwachen und Friedensgebete auf der einen und die „Abstimmung mit den Füßen" – die Flucht Tausender vor allem junger Menschen aus der DDR – auf der anderen Seite ebneten der friedlichen Revolution in der DDR und dem Vollzug der deutschen Einheit am 3. Oktober 1990 den Weg.
Trotz dieses seltenen historischen Glücksfalls fällt die Bilanz der deutschen Wiedervereinigung auch nach über 20 Jahren mühevoller Wandlungsprozesse uneinheitlich aus. Im Westen Deutschlands hat sich wenig, im Osten fast alles verändert: vom Wirtschafts- und Sozialsystem über die politische Ordnung bis hin zum Alltag. Die Probleme vieler Ost- wie Westdeutscher im Umgang mit diesen Veränderungen dauern an.

Was Sie in diesem Kapitel erwartet

Abnahme der Militärparade zum 40. Jahrestag der DDR
Nachdem bereits Zehntausende aus ihrem Land in Richtung Westen geflüchtet waren und während Oppositionelle Mahnwachen abhielten, ließ sich die Partei- und Staatsführung um Erich Honecker (2. v. r.) am 7. Oktober 1989 zum 40. Jahrestag der DDR unbeirrt feiern. Unter den Gästen war auch der sowjetische Staatschef Gorbatschow (2. v. l.). Dieser warb – von der Menge mit „Gorbi, Gorbi!"-Sprüchen bejubelt – für seine Reformpolitik, stieß bei Honecker jedoch auf taube Ohren.

Proteste am Rande der Feierlichkeiten zum 40. Jahrestag der DDR
Am Abend des 7. Oktober 1989 bekundeten mehr als 2000 Menschen vor dem Ostberliner Palast der Republik ihren Unmut über die DDR-Führung, die hier mit ihren Gästen den offiziellen Festakt zum Jahrestag beging. Die Protestdemonstration wurde von der Polizei in Richtung des Bezirks Prenzlauer Berg abgedrängt. Dort kam es zu massiven Gewaltanwendungen durch die Sicherheitskräfte. Über 1000 Demonstranten wurden verhaftet.

Online-Link
430089-1101
alle Online-Materialien zum Kapitel 11

Politik

Die unautorisierte Aussage des ZK-Mitglieds Günter Schabowski, DDR-Bürgern sei ab sofort Reisefreiheit gewährt („Das tritt nach meiner Kenntnis… ist das sofort, unverzüglich"), verbreitete sich wie ein Lauffeuer. Menschenmassen drängten sich am 9. November 1989 an den Berliner Grenzübergängen. Die überforderten Grenzbeamten hoben schließlich die Schlagbäume – und 28 Jahre nach ihrer Errichtung fiel die Mauer.

1980

12. Dezember 1979
NATO-Doppelbeschluss

25. Dezember 1979
Beginn der sowjetischen Intervention in Afghanistan

August 1980
Massenproteste und Gründung der unabhängigen Gewerkschaft Solidarność in Polen

Januar 1981
Ronald Reagan wird US-amerikanischer Präsident

Dezember 1981
Verhängung des Kriegszustands in Polen

1. Oktober 1982
konstruktives Misstrauensvotum gegen Helmut Schmidt; Helmut Kohl wird Bundeskanzler der BRD

März 1983
Die Grünen ziehen erstmals in den Bundestag ein

Oktober 1983
im Bonner Hofgarten protestieren 500 000 Menschen gegen den NATO-Doppelbeschluss

Kultur/Gesellschaft

Die Band „Nena" war Stellvertreterin einer neuen Musikrichtung. Mit ihrem Hit „99 Luftballons" schwappte die Neue Deutsche Welle sogar über den Atlantik und feierte Erfolge in den USA. Foto von 1982.

1980

Januar 1977
Veröffentlichung der Petition „Charta 77" in der Tschechoslowakei

Juni 1979
Papst Johannes Paul II. besucht Polen

1979
Michael Ende veröffentlicht „Die unendliche Geschichte"

1980
die Olympischen Spiele in Moskau werden von westlichen Staaten boykottiert

8. Dezember 1980
John Lennon wird erschossen

August 1981
MTV geht auf Sendung

November 1981
Michael Jackson veröffentlicht das Album „Thriller"

1982
Nicole gewinnt mit „Ein bisschen Frieden" den Eurovision Song Contest

1983
Udo Lindenberg tritt erstmals in Ostberlin auf

Wirtschaft/Umwelt

Der erste „Personal Computer" der Firma IBM von 1981 war ein entscheidender Schritt zur Digitalisierung des privaten und beruflichen Lebens.

1980

1981
IBM verkauft den ersten PC

1982
der erste CD-Spieler wird seriell gefertigt

September 1983
Motorola bringt das erste kommerzielle Mobiltelefon auf den Markt

November 1983
Höhepunkt der Flick-Affäre um illegale Parteispenden an CDU/CSU, FPD und SPD

1985 – 1990 – 1995

März 1985
Michail Gorbatschow wird Generalsekretär des Zentralkomitees der KPdSU

1985
Genfer Abrüstungskonferenz

1986
Gorbatschow verkündet „Glasnost" und „Perestroika"

1988
Ende der sowjetischen Intervention in Afghanistan

September 1987
Staatsbesuch Erich Honeckers in Bonn

September/Oktober 1987
Barschel-Affäre

Dezember 1987
Unterzeichnung der INF-Verträge zwischen der UdSSR und den USA

Dezember 1989
Samtene Revolution in der Tschechoslowakei; in Rumänien wird Diktator Nicolae Ceauşescu hingerichtet

Februar 1989
„Runder Tisch" in Polen

Juni 1989
Massaker auf dem Platz des Himmlischen Friedens in Peking

10. September 1989
DDR-Bürger fliehen über geöffnete ungarische Grenze in den Westen

9. November 1989
Öffnung der innerdeutschen Mauer

1990
Unabhängigkeit von Litauen, Lettland und Estland

12. September 1990
2+4-Vertrag zur Einheit Deutschlands zwischen den beiden deutschen Staaten und den ehemaligen Siegermächten

3. Oktober 1990
deutsche Einheit

August 1991
Augustputsch in Russland scheitert am Widerstand der Bevölkerung

Dezember 1991
Gründung der Gemeinschaft Unabhängiger Staaten (GUS)

1985 – 1990 – 1995

Januar 1984
Start des Privatfernsehens in der BRD

August 1984
die Olympischen Spiele in Los Angeles werden von den Ostblockstaaten boykottiert

1985
Boris Becker gewinnt das Tennisturnier von Wimbledon

1985
der Schauspieler Rock Hudson stirbt an Aids

1986/87
Historikerstreit um die Einzigartigkeit des Holocausts

August 1988
Geiseldrama von Gladbeck

4. September 1989
erste Montagsdemonstration in Leipzig

1990
Gorbatschow erhält den Friedensnobelpreis

14. Oktober 1990
der Komponist und Dirigent Leonard Bernstein stirbt

1991
das World Wide Web wird weltweit allgemein zugänglich

Mai 1992
der deutsch-französische Sender ARTE geht auf Sendung

1995
Jeanne-Claude und Christo verhüllen den Reichstag

1985 – 1990 – 1995

1984
in der BRD wird der vorzeitige Ruhestand mit 58 Jahren möglich

1984/85
Margaret Thatcher setzt sich im britischen Bergarbeiterstreik durch

Januar 1986
die US-amerikanische Raumfähre Challenger explodiert nach dem Start

April 1986
Super-GAU im Kernkraftwerk Tschernobyl

19. Oktober 1987
am „schwarzen Montag" fallen die Börsenkurse um 20 Prozent

März 1989
der Öltanker Exxon Valdez verursacht vor Alaska eine Umweltkatastrophe

30. November 1989
tödliches Attentat auf den Vorstandssprecher der Deutschen Bank Alfred Herrhausen durch die RAF

31. Januar 1990
McDonald's öffnet seine erste russische Filiale in Moskau

1. Juli 1990
Währungsunion in der DDR: die Deutsche Mark wird gesetzliches Zahlungsmittel

August 1990
der Einmarsch irakischer Truppen in Kuwait markiert den Beginn des Zweiten Golfkriegs

Mai 1991
die Deutsche Bahn nimmt den ICE in Betrieb

11.1 Revolutionen in Osteuropa

A) Welche waren die wichtigsten Wegmarken der Oppositionsbewegung in Polen, in der Tschechoslowakei und in anderen Ostblockstaaten vor 1989?
B) Was unterschied die Revolution in Rumänien von denen in Polen und der ČSSR?

Die Oppositionsbewegung in Polen

1 **Solidarność-Demonstration am Rande des dritten Besuchs von Papst Johannes Paul II. in Polen, Juni 1987**

2 Aktionsprogramm der Solidarność

Die Solidarność („Solidarität") war eine unabhängige und selbstverwaltete Gewerkschaft in Polen. Sie war im August 1980 aus einer Streikbewegung von Danziger Werftarbeitern hervorgegangen und im Dezember 1981 verboten worden. Aus der Illegalität heraus wirkte sie – auch unterstützt von der katholischen Kirche – entscheidend am politischen Umbruch in Polen mit. Am 17. April 1981 veröffentlichte die Gewerkschaft folgendes Aktionsprogramm:

I. Grundwerte

[...] Wir sind aus dem Protest gegen Unrecht, Erniedrigung und Ungerechtigkeit entstanden. Wir sind eine unabhängige, selbstverwaltete Gewerkschaft der Werktätigen aus allen Regionen und allen Berufen. Wir verteidigen die Rechte, die Würde und die Interessen der gesamten Arbeitswelt. Wir wollen das Leben in unserem Land in Übereinstimmung mit den Idealen des Patriotismus, der sozialen Gerechtigkeit und der Bürgerdemokratie formen. Als eine Gewerkschaft hegen wir nicht die Absicht, die Aufgaben der Staatsgewalt zu übernehmen, doch wollen wir die Interessen der Werktätigen vor dieser vertreten. Daher werden wir die Rechte des Menschen, des Bürgers und des Arbeiters verteidigen. Zugleich entziehen wir uns nicht der Verantwortung für das Schicksal unserer Nation und unseres Staates.

1. Die besten Traditionen der Nation, die ethischen Prinzipien des Christentums, der politische Auftrag der Demokratie und die sozialistische Gesellschaftsidee – dies sind die vier Hauptquellen unserer Inspiration. Wir fühlen uns dem Erbe der ganzen polnischen Kultur tief verbunden, die in die europäische Kultur eingebettet ist und starke Verbindungen mit dem Katholizismus hat, die aber verschiedene religiöse und weltanschauliche Traditionen in sich vereinigt. [...]

2. Die Idee der Vereinigung der Werktätigen verleiht den Werten einen hohen Rang, die aus der Tätigkeit in der Ge-

meinschaft erwachsen. Diese Werte sind die Solidarität – wir haben sie als Namen unserer Gewerkschaft gewählt –, die Kollegialität und die Fähigkeit, sich einzusetzen und Opfer zu bringen sowohl für die Gewerkschaftsgemeinschaft wie auch für das weitere Interesse der Gesellschaft. Auch die Idee der Brüderlichkeit der Werktätigen in ihrer gemeinsamen Front gegen Ausbeutung, mit welchen Schlagworten auch immer die Ausbeutung verschleiert werden soll, sollte solch ein Wert sein.

3. Unsere grundlegende Gewerkschaftsaufgabe – die Verteidigung der Werktätigen – beruht auf dem Prinzip der Wahrung sozialer Gerechtigkeit. [...] Aus dem Prinzip der sozialen Gerechtigkeit, aus der Würde des Individuums folgt, dass alle Menschen in ihrem tiefsten Wesen gleich sind. Daher werden wir soziale Gleichheit anstreben. Aus dem Prinzip der Gleichheit folgt, dass im öffentlichen Leben uneingeschränkte Demokratie eingehalten werden muss. [...]

4. Unsere Gewerkschaftstätigkeit erfordert es, die in der Verfassung der Volksrepublik Polen niedergelegten Bürgerrechte zu beachten, wie das Recht auf freie Meinungsäußerung, die Rede- und Pressefreiheit, das Recht auf ehrliche Information, die Versammlungs- und die Koalitionsfreiheit. [...]

II. Politische Ursachen der Krise [...]

1. Der vorherrschende Zug dieses Systems ist das Fehlen demokratischer Mechanismen zur Entscheidungsfindung, von Verantwortung für getroffene Entscheidungen und von Wechsel bei Leuten in führenden Positionen. Entscheidungen, die die ganze Gemeinschaft betreffen, werden von Partei- und Verwaltungsgremien getroffen, die keiner gesellschaftlichen Kontrolle unterliegen. [...]

2. Die bürokratischen Regierungsmethoden machen es unmöglich, Irrtümer zu berichtigen.

3. Im bürokratischen System der Regierung des Landes und der Leitung der Wirtschaft hat sich eine exklusive Schicht von Herrschenden etabliert, die keiner Kontrolle vonseiten der Beherrschten unterliegen. Die Leute im Machtapparat treffen Entscheidungen eher im Hinblick auf ihre persönlichen Interessen, ihre materiellen Privilegien und ihre Karriere als im Hinblick auf die Interessen der Gesellschaft. [...]

4. All dies führte dazu, dass Polen keine Chance hatte zu sozialökonomischen Reformen und zur Rettung vor der Krise.

Zit. nach: Europa-Archiv, Jg. 36/1981, S. D460–D462.

3 „Wir verwerfen und verurteilen dieses System"

Auszug aus dem Beschluss des Sejms – einer von zwei Kammern des polnischen Parlaments – über die Verurteilung der kommunistischen Diktatur vom 18. Juni 1998:

Man kann für die Verbrechen keine kollektive Verantwortung einführen, aber wir wollen auch keine kollektive Verantwortungslosigkeit.

In der Anerkennung der Tatsache, dass es für das Wohl des Staates und der Nation erforderlich ist:

- die polnische Freiheit und Demokratie auf dem Fundament der Wahrheit zu errichten,
- den Helden Ehre zu erweisen und die Verbrecher zu verurteilen,
- die Spaltung zu überwinden,
- die neue Generation vor dem Totalitarismus zu warnen,

gibt der Sejm der Republik Polen eine Bewertung des kommunistischen Systems in Polen ab.

Die kommunistische Diktatur wurde in Polen gewaltsam gegen den Willen der Nation von der Sowjetunion und Josef Stalin auferlegt. Die Polen betreffenden Entscheidungen wurden ohne Beteiligung der polnischen Regierung getroffen, und die Beibehaltung der Jaltaer Ordnung nach dem Zweiten Weltkrieg verletzte grundlegende Rechte und Freiheiten, insbesondere das Recht der Nationen und Staaten auf Unabhängigkeit und demokratische Entwicklung. Das Polen auferlegte System führte ein Wirtschaftsmodell ein, das auf eine Utopie basierte und das Land auszehrte. Dieses System, das mit Gewalt, Lüge sowie der Androhung einer sowjetischen Intervention aufrechterhalten wurde, diente der Sicherung fremder Interessen.

Wir verwerfen und verurteilen dieses System. Wir halten die Polnische Vereinigte Arbeiterpartei für die Organisation, die im höchsten Maße und bis zum Schluss für das Andauern und die Gestalt des kommunistischen Systems in Polen verantwortlich war, auf dem viele Verbrechen und Vergehen lasten.

Über die gesamte Zeit, in der die Volksrepublik Polen existierte, trat der Unfreiheit und Verletzung des Rechts auf Leben und Würde Widerstand aus der Öffentlichkeit und dem Untergrund entgegen. Die Arbeit der Gesellschaft dauerte fort. Die Gesellschaft bemühte sich, die ihr auferlegten Bedingungen mit ihren Bestrebungen und Zielen in Einklang zu bringen. Trotz der Behinderungen wurde eine materielle und geistige Nationalkultur geschaffen. Symbole des Widerstands gegen die Unfreiheit waren der bewaffnete und zivile Widerstand in der Nachkriegszeit [...] sowie die Streiks 1980, die den Anstoß für die Gewerkschafts- und Unabhängigkeitsbewegung „Solidarność" gaben.

[...]

All denen, die zur Wiedergewinnung der Freiheit und Unabhängigkeit Polens beigetragen haben, oft um den Preis ihres Lebens, die Leid, Erniedrigungen, Unfreiheit, Ausweisung und Not, Verfolgungen und Schikanen ertragen mussten, all denen, die dem Vaterland einen guten Dienst erwiesen haben, danken wir im Namen Polens. Der Sejm der Republik Polen unternimmt alles Mögliche, um das Unrecht wieder gutzumachen, das unter den kommunistischen Regierungen entstanden ist. Dies halten wir für eine moralische Verpflichtung und Schuld denjenigen gegenüber, die die Freiheit nicht mehr erlebt haben.

Gazeta Wyborcza 142 (2738) vom 19. Juni 1998. In: Polen und wir, Nr. 3, 1998, S. 7. Übersetzung: Mark Brüggemann; zit. nach: U.A.J. Becher, W. Borodziej, R. Maier (Hrsg.): Deutschland und Polen im zwanzigsten Jahrhundert. Hannover 2001, S. 305 f.

Tschechoslowakei: Von der Charta 77 zur Samtenen Revolution 1989

4 Die Charta 77

Auszug aus einer Erklärung der tschechoslowakischen Bürgerrechtsbewegung vom 1. Januar 1977, die weltweit Aufsehen erregte. Aus Protest gegen Menschenrechtsverletzungen in ihrem Land setzten 200 Personen, vor allem Intellektuelle, Universitätsangehörige und Kirchenvertreter, ihre Unterschriften unter das Dokument – unter anderem Jan Patočka, Philosophieprofessor; Václav Havel, Schriftsteller und nach 1989 Staatspräsident; Jiří Hájek, Professor und ehemaliger Außenminister der Tschechoslowakei.

Die Freiheit der öffentlichen Meinungsäußerung wird von der Zentralverwaltung aller Kommunikationsmittel sowie der publizistischen und kulturellen Einrichtungen unterdrückt. Keine politische, philosophische oder wissenschaftliche Ansicht, auch keine künstlerische Äußerung, die nur ein wenig vom engen Rahmen der offiziellen Ideologie oder Ästhetik abweicht, kann veröffentlicht werden. [...] Viele wissenschaftlich und kulturell Tätige sowie andere Bürger werden nur deshalb diskriminiert, weil sie vor Jahren Ansichten veröffentlicht oder offen ausgesprochen haben, die von der gegenwärtigen politischen Macht verurteilt werden.

Die Bekenntnisfreiheit [...] wird von machthaberischer Willkür systematisch eingeschränkt: durch Beschneidung der Tätigkeit von Geistlichen, über denen dauernd die Drohung des Entzugs oder des Verlusts der staatli-

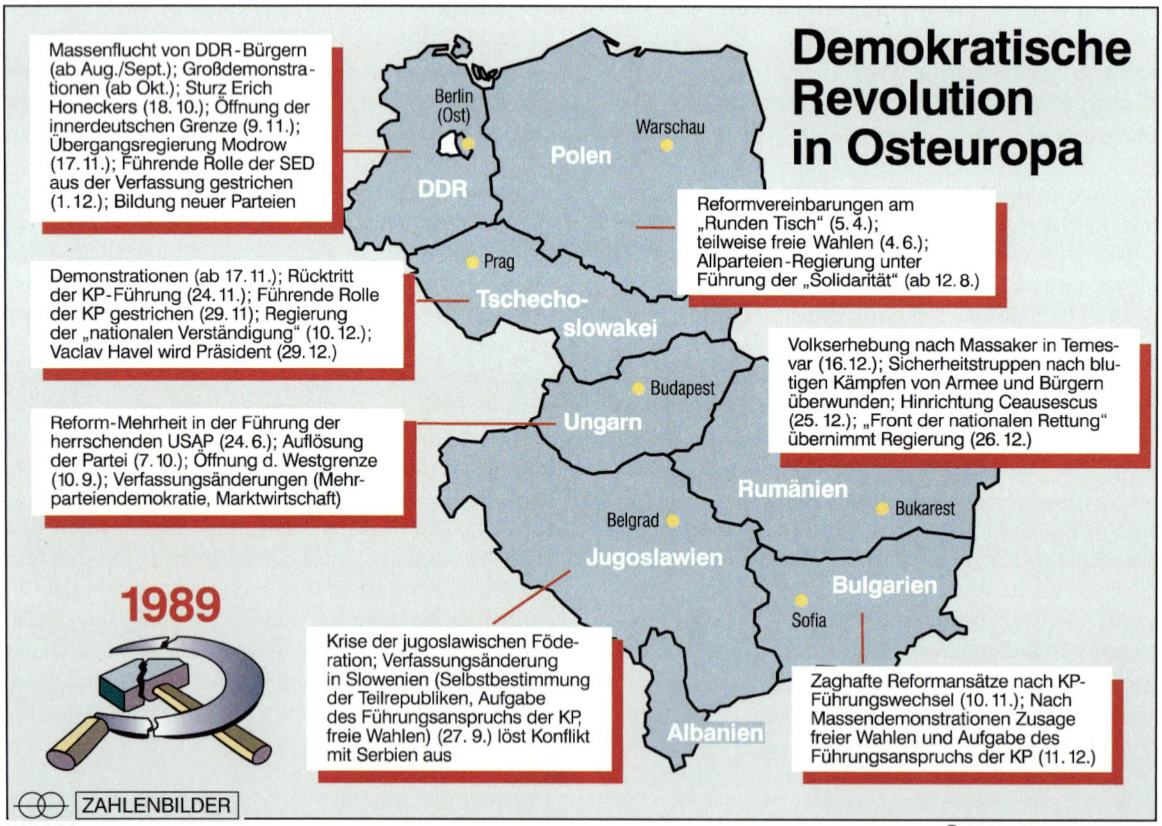

701 890

5 Demokratische Revolution in Osteuropa 1989

chen Billigung der Ausübung ihrer Funktion schwebt; durch existenzielle oder andere Repressalien gegenüber Personen, die ihr religiöses Bekenntnis durch Wort oder Tat bekunden; durch Unterdrückung des Religionsunterrichts und Ähnliches.

Das Instrument der Einschränkung und häufig auch der völligen Unterdrückung einer Reihe von bürgerlichen Rechten ist ein System faktischer Unterordnung sämtlicher Institutionen und Organisationen im Staat unter die politischen Direktiven des Apparats der regierenden Partei und unter die Beschlüsse machthaberisch einflussreicher Einzelpersonen. [...]

Weitere Bürgerrechte [...] werden auch dadurch bedenklich verletzt, dass das Innenministerium auf unterschiedlichste Weise das Leben der Bürger kontrolliert, zum Beispiel durch Abhören von Telefonen und Wohnungen, durch Kontrolle der Post, durch persönliche Überwachung, durch Hausdurchsuchungen, durch Aufbau eines Netzes von Informanten aus den Reihen der Bevölkerung (oft mittels unstatthafter Drohungen oder umgekehrt Versprechungen gewonnen) und so weiter. [...]

In Fällen politisch motivierter Strafverfolgung verletzen Ermittlungs- und Justizorgane die Rechte der Beschuldigten und ihrer Verteidigung. [...] In den Gefängnissen behandelt man solcherart verurteilte Menschen auf eine Weise, welche die Menschenwürde der Inhaftierten verletzt, ihre Gesundheit gefährdet und darauf abzielt, sie moralisch zu zerbrechen.

[Verletzt wird auch das Recht], sein Land frei zu verlassen; unter dem Vorwand des „Schutzes der nationalen Sicherheit" [...] wird dieses Recht an verschiedene unstatthafte Bedingungen geknüpft. Willkürlich verfahren wird auch bei der Erteilung von Einreisevisa an Angehörige fremder Staaten, von denen viele die Tschechoslowakei zum Beispiel nur deshalb nicht besuchen können, weil sie beruflich oder freundschaftlich mit bei uns diskriminierten Personen verkehrt haben. [...]

Zit. nach: Europa-Archiv, Jg. 32/1977, S. D355–D358.

6 „Eine verbrecherische und verabscheuungswürdige Organisation"

Auszug aus dem tschechischen „Gesetz über die Rechtswidrigkeit des kommunistischen Regimes und über den Widerstand dagegen" vom 9. Juli 1993:

In dem Bewusstsein, dass ein frei gewähltes Parlament die Pflicht hat, sich mit dem kommunistischen Regime auseinanderzusetzen, wird durch dieses Parlament festgestellt, dass die Kommunistische Partei der Tschechoslowakei, ihre Führung und ihre Mitglieder die Verantwortung tragen für die Handhabung der Macht in unserem Lande in den Jahren 1948–1989, namentlich für die planmäßige Zerstörung traditioneller Werte der europäischen Zivilisation, für die bewusste Aushöhlung der Menschenrechte und Freiheiten, für den moralischen und wirtschaftlichen Verfall, der mit Justizverbrechen und Terror gegen Andersdenkende einherging, für die Ablösung einer funktionierenden Marktwirtschaft durch eine Kommandowirtschaft, für die Außerkraftsetzung der herkömmlichen Grundsätze des Eigentumsrechts, für den Missbrauch von Erziehung, Bildung, Wissenschaft und Kultur zu politischen und ideologischen Zwecken, für die rücksichtslose Zerstörung der Natur, und verkündet, dass es in seiner weiteren Tätigkeit von dem folgenden Gesetz ausgehen wird.

§ 1 (1) Das kommunistische Regime und diejenigen, die es aktiv durchsetzten, haben

a) den Bürgern jegliche Möglichkeit zur politischen Willensäußerung verweigert, [...]

b) die Menschenrechte systematisch und auf Dauer verletzt, [...]

c) die Grundprinzipien des demokratischen Rechtsstaats sowie internationale Verträge missachtet und auf diese Weise praktisch den Willen und die Ziele der kommunistischen Partei und ihrer Vertreter über das Gesetz gestellt,

d) die Bürger mit allen Machtmitteln verfolgt, und zwar insbesondere:

- sie hingerichtet oder ermordet, [...]
- ihnen willkürlich ihr Eigentum entzogen bzw. sie in ihren Eigentumsrechten beeinträchtigt,

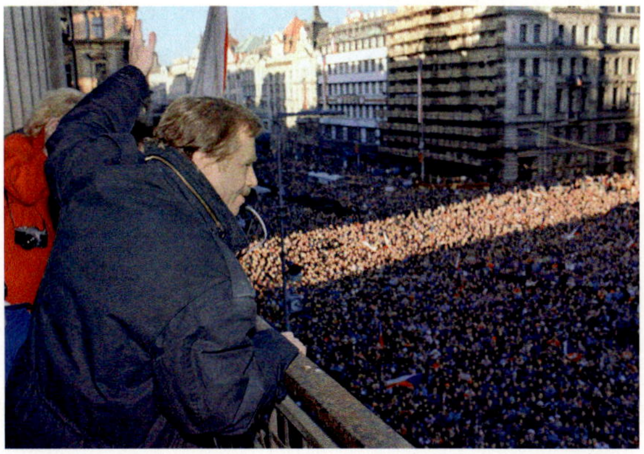

7 Menschenmenge jubelt Václav Havel auf dem Wenzelsplatz zu, 10. Dezember 1989

Kurz zuvor hatte sich die neue tschechoslowakische Regierung konstituiert, zwei Wochen später wurde Havel zum Staatspräsidenten gewählt.

– ihnen die Ausübung ihres Berufs, ihres Gewerbes oder ihres Amtes unmöglich gemacht und sie von akademischer bzw. beruflicher Bildung ausgeschlossen,
– sie daran gehindert, nach Belieben Auslandsreisen zu unternehmen und nach Belieben zurückzukehren, [...]
e) nicht gezögert, zur Erreichung ihrer Ziele Verbrechen zu begehen bzw. deren straffreie Begehung zu ermöglichen, und denen ungerechtfertigte Vorteile verschafft, die sich an Verbrechen und Verfolgungen beteiligt haben,
f) sich mit auswärtigen Mächten verbündet und vom Jahre 1968 an den beschriebenen Zustand mithilfe von deren Okkupationstruppen abgesichert.
(2) Für die begangenen Verbrechen und die übrigen in Absatz 1 angeführten Sachverhalte tragen diejenigen die volle Verantwortung, die das kommunistische Regime als Funktionäre, als Organisatoren oder damit durchgesetzt haben, dass sie sich als politische oder ideologische Aufwiegler betätigt haben.
§2 (1) Insbesondere aufgrund der in §1 Abs. 1 dieses Gesetzes angeführten Sachverhalte war das auf der kommunistischen Ideologie basierende Regime, das vom 25. Februar 1948 bis zum 17. November 1989 in der Tschechoslowakei über die Leitung des Staates und die Geschicke der Bürger entschied, verbrecherisch, illegitim und verabscheuungswürdig.
(2) Die Kommunistische Partei der Tschechoslowakei war eine verbrecherische und verabscheuungswürdige Organisation und analog zu ihr auch andere, auf ihre Ideologie gestützte Organisationen, deren Tätigkeit auf die Unterdrückung der Menschenrechte und des demokratischen Systems abzielte.

Sbirka zákon České republiky, Jg. 1993, Teil 51 vom 30. Juli 1993, Ziff. 198/1993. Zit. nach: Berichte zu Staat und Gesellschaft in der Tschechischen und in der Slowakischen Republik. Hrsg. vom Vorstand des Collegium Carolinum, H. 1. München 1994, S. 37–39. Übers.: Norbert Vierbücher.

Arbeitsvorschläge

○○●/○●● a) Nennen Sie die im Aktionsprogramm in M2 formulierten Forderungen und Ziele und charakterisieren Sie das Selbstverständnis der Solidarność.

●●● b) Vergleichen Sie M2 und M3 im Hinblick auf die von den Verfassern identifizierten Ursachen und Verantwortlichen für die Situation Polens und reflektieren Sie diese kritisch.

○○● c) Geben Sie die jeweilige Kritik am kommunistischen System der Tschechoslowakei in M4 und M6 wieder.

●●● d) Stellen Sie einen vergleichenden, tabellarischen Überblick über die Revolutionen in Polen und der Tschechoslowakei auf der Basis von M1–M7 zusammen. Welche Vergleichskriterien lassen sich identifizieren?

○○●/○●● e) Informieren Sie sich ausgehend von M5 über die Revolution in einem weiteren Ostblockstaat. Vergleichen Sie die dortige Situation anhand der oben entwickelten Kriterien mit der Revolution in Polen oder der Tschechoslowakei und stellen Sie die Ergebnisse Ihrem Kurs vor.

Grundwissen: Revolutionen in Osteuropa

Papst Johannes Paul II. (1920–2005)
Bürgerlicher Name Karol Józef Wojtyła; 1978 zum Papst der römisch-katholischen Kirche ernannt.

→ 1 - 3 S. 554 ff.

Lech Wałęsa (*1943)
Vorsitzender der Gewerkschaft Solidarność (1980–1990) und Staatspräsident Polens (1990–1995); Friedensnobelpreis 1983.

Der Fall des Eisernen Vorhangs

Über vierzig Jahre nachdem Winston Churchill festgestellt hatte, ein „Eiserner Vorhang" habe sich auf Europa herabgesenkt, wurden die gesicherten Grenzanlagen zwischen West- und Osteuropa für einen ersten kurzen Moment geöffnet. Am 19. August 1989 fand nahe der ungarischen Stadt Sopron ein sogenanntes „Paneuropäisches Frühstück" statt, in dessen Rahmen der ungarische Außenminister Horn und der österreichische Außenminister Mock symbolisch den Grenzzaun zwischen beiden Ländern zerschnitten. Bis dahin waren alle Versuche gescheitert, die kommunistischen Diktaturen Osteuropas zu reformieren und die sowjetische Fremdherrschaft abzuschütteln. Die Aufstände der Jahre 1953 in der DDR, 1956 in Ungarn und 1968 in der Tschechoslowakei waren von der sowjetischen Armee mit aller Härte niedergeschlagen worden. Nach dem Prager Frühling (1968) vertrat die Sowjetunion konsequent die nach dem damaligen KPdSU-Chef benannte Breschnew-Doktrin. Ihr zufolge war sie berechtigt, zur Verteidigung sozialistischer Regime in verbündeten Staaten militärisch zu intervenieren. Die Chancen für eine Regierungsübernahme durch oppositionelle Kräfte waren in den Staaten des Warschauer Pakts daher gering. Erst im Epochenjahr 1989 gelang den Oppositionsbewegungen der Durchbruch. Schon ein halbes Jahr nach den Ereignissen von Sopron gehörte der Eiserne Vorhang ebenso der Vergangenheit an wie der große Systemkonflikt des 20. Jahrhunderts. Wesentlich forciert wurde diese Entwicklung durch die zumeist friedlichen Revolutionen in den ehemaligen Satellitenstaaten der UdSSR.

Solidarność in Polen

Nach dem Zweiten Weltkrieg geriet Polen in den Einflussbereich der Sowjetunion. Die sozialistische Volksrepublik war Gründungsmitglied des Warschauer Pakts und des Rats für Gegenseitige Wirtschaftshilfe. Gegen die Auferlegung des sowjetischen Modells äußerte die polnische Bevölkerung in verschiedenen Aufständen ihren Unmut. 1956 und in den 1970er-Jahren führten Versorgungsmängel und Preiserhöhungen, aber auch die starken Eingriffe der kommunistischen Partei in die Religionsausübung zu landesweiten Arbeiteraufständen. Die Wahl des Krakauer Kardinals Karol Wojtyła zum Papst im Herbst 1978 erzeugte ein neues nationales und religiöses Selbstbewusstsein in der Bevölkerung. Der erste Besuch von Papst Johannes Paul II. in Polen (1979) löste eine enorme Mobilisierung und Euphorisierung der Menschen aus. Die Kirche nutzte dies, um auf wirtschaftliche und soziale Missstände sowie auf die Diskriminierung der Gläubigen und Verstöße gegen die Menschenrechte aufmerksam zu machen.

Die Konflikte zwischen Staatsmacht und Bevölkerung spitzten sich im August 1980 zu. Kräftige Preiserhöhungen hatten – ausgehend von der Danziger Lenin-Werft – landesweite Streiks und schließlich die Gründung der unabhängigen Gewerkschaft Solidarność („Solidarität") unter Leitung des Elektrikers Lech Wałęsa zur Folge. Ihr traten bis zum Herbst 1981 circa zehn Millionen Polen bei. Der polnische Regierungschef General Wojciech Jaruzelski verhängte am 13. Dezember 1981 das Kriegsrecht. Er bezweckte damit vor allem ein Verbot der Solidarność, welches er 1982 auch verfügte. Die Mitglieder der Gewerkschaft wurden kriminalisiert und zu Tausenden interniert, Streiks und Demonstrationen untersagt. Der schwerwiegende Vertrauensbruch zwischen Staat und Bevölkerung, die sich verschärfende Versorgungskrise, anhaltende Unruhen, der Politikwechsel in der Sowjetunion sowie weltweite Proteste leiteten Ende der 1980er-Jahre dann den Systemwechsel in Polen ein.

Ab August 1988 fanden Gespräche zwischen der kommunistischen Führung und der noch verbotenen Solidarność statt. Ein „Runder Tisch" – der erste seiner Art – vereinbarte erste teilweise freie Wahlen für den 4. Juni 1989. Während die Welt auf die blutige Niederschlagung der Studentenproteste auf dem Platz des Himmlischen Friedens in Peking schaute, erzielte die Solidarność in Polen an diesem Tag einen Erdrutschsieg. Tadeusz Mazowiecki wurde der erste nicht kommunistische Ministerpräsident Polens nach dem Zweiten Weltkrieg und führte innerhalb kurzer Zeit wegweisende Reformen durch. Im Dezember 1990 erfolgte die Wahl Lech Wałęsas zum Staatspräsidenten Polens, 1991 kam es schließlich zu den ersten wirklich freien Wahlen.

→ 4 S. 556 f.
→ 6 S. 557 f.

Václav Havel (*1936)
Schriftsteller und Politiker; Präsident der Tschechoslowakei (1989–1992) und der Tschechischen Republik (1993–2003).

Charta 77 und Samtene Revolution in der Tschechoslowakei

Am 21. August 1968 hatten Truppen des Warschauer Vertrags gewaltsam den Reformkurs des damaligen Ersten Sekretärs der Kommunistischen Partei der Tschechoslowakei Alexander Dubček beendet. Die Hoffnung der Tschechen und Slowaken auf einen „Sozialismus mit menschlichem Antlitz", wie Dubček ihn verkündet hatte, war damit zerschlagen worden. Viele Menschen resignierten und zogen sich ins Private zurück. Dagegen wollte der junge Student Jan Palach im Januar 1969 ein Zeichen setzen und verbrannte sich auf dem Prager Wenzelsplatz selbst. Mit dieser Tat protestierte er gegen die brutale Niederschlagung des Prager Frühlings. 20 Jahre nach Palachs Freitod versammelten sich eine Woche lang täglich Zehntausende Menschen zum Gedenken auf dem Wenzelsplatz. Sie waren dem Aufruf unabhängiger Bürgerinitiativen wie der sogenannten Charta 77, die auf eine gleichnamige, 1977 veröffentlichte Petition gegen die Menschenrechtsverletzungen des kommunistischen Regimes zurückging, gefolgt.

Mit der Gründung der Charta 77 hatten Künstler, Intellektuelle und Ex-Kommunisten versucht, die Resignation der tschechoslowakischen Gesellschaft zu durchbrechen. Ihre Verfasser waren in der Folge den Repressionen der Staatsmacht ausgesetzt: In der sogenannten Palach-Woche des Jahres 1989 wurde der Schriftsteller Václav Havel, einer der Initiatoren der Charta 77 und führender Vertreter der Opposition, wegen seiner Teilnahme an einer der Gedenkveranstaltungen verhaftet. Tausende Bürger unterschrieben daraufhin Petitionen für die Freilassung Havels – und protestierten erstmals wieder aktiv gegen das kommunistische Regime.

Die Palach-Woche gilt als Vorbote der Samtenen Revolution des Jahres 1989 und als Bindeglied zwischen 1969 und 1989. Die Beseitigung der kommunistischen Herrschaft erfolgte in der Tschechoslowakei innerhalb weniger Wochen und größtenteils gewaltfrei. Unter dem Eindruck der Ereignisse in den anderen Ostblockstaaten begannen Ende November Verhandlungen zwischen der Opposition und der Regierung. Anfang Dezember wurde erstmals seit 1948 eine nicht kommunistische Regierung ernannt. Am 28. Dezember erfolgte die Wahl Alexander Dubčeks zum Parlamentsvorsitzenden, einen Tag später wurde Václav Havel Staatspräsident.

Nicolae Ceauşescu (1918–1989)
Von 1967 bis zu seiner Hinrichtung im Dezember 1989 Staatschef Rumäniens.

→ 5 S. 556

Revolutionen in anderen Staaten des Ostblocks

Zu demokratischen, überwiegend friedlich verlaufenden Revolutionen und zur Ablösung der prosowjetischen Regime kam es auch in Ungarn und Bulgarien. Eine Ausnahme bildete Rumänien. Im Dezember 1989 schlugen friedliche Demonstrationen hier in blutige Straßenschlachten um. Über 1 000 Rumänen verloren ihr Leben. Der rumänische Diktator Nicolae Ceauşescu wurde gestürzt und gemeinsam mit seiner Frau am 25. Dezember 1989 hingerichtet. Zahlreiche demokratische Reformen und die ersten freien Wahlen vom 20. Mai 1990 veränderten Rumänien grundlegend. Die Auswirkungen der über vierzig Jahre währenden Diktatur belasten das Land allerdings auch heute noch schwer.

11.2 Der Zusammenbruch der Sowjetunion

A) Welche innen- und außenpolitischen Ziele verfolgte der sowjetische Präsident Michail Gorbatschow?
B) Mit welchen Mitteln setzte er seine Ziele politisch um und welche unlösbaren Schwierigkeiten traten hierbei zutage?

Neues politisches Denken

1 Perestroika und Glasnost

Michail Gorbatschow wurde im März 1985 zum Generalsekretär des ZK der KPdSU ernannt. Auf dem XXVII. Parteitag der KPdSU im Februar 1986 führte Gorbatschow die Reformkonzepte Glasnost („Offenheit") und Perestroika („Umgestaltung") ein. Am 2.11.1987 hielt er anlässlich des 70. Jahrestags der Oktoberrevolution eine historische Rede:

Genossen! Eine feste Basis für den beschleunigten Vormarsch in allen Richtungen kann nur durch grundlegende Veränderungen in der Wirtschaft geschaffen werden. Auch die Umgestaltung selbst wird ihre ganze Stärke nur dann erreichen, wenn sie die ganze Volkswirtschaft von Grund auf aufrüttelt. Das seinerseits ist verknüpft mit tief greifenden Wandlungen im Wirtschaftsmechanismus, im gesamten System der Wirtschaftsleitung. Die im ganzen Land eingeleitete Wirtschaftsreform verfolgt das Ziel, in den nächsten zwei bis drei Jahren den Übergang vom übermäßig zentralisierten und weisungsgebundenen Leitungssystem zu einem demokratischen System zu sichern, das vorwiegend auf ökonomischen Methoden, auf einem normalen Verhältnis von Zentralleitung und Selbstverwaltung beruht. Ein solches System setzt eine bedeutende Erweiterung der Selbstständigkeit von Vereinigungen und Betrieben, ihre Umstellung auf volle wirtschaftliche Rechnungsführung und Eigenfinanzierung sowie die Ausstattung der Arbeitskollektive mit den dazu nötigen Rechten voraus. […]

Jeder Mensch besitzt seine sozialen Erfahrungen, seinen Stand von Wissen und Bildung, seine Besonderheiten bei der Rezeption des Geschehens. Daher rührt das ungewöhnlich breite Spektrum der Meinungen. Wir sind für eine mannigfaltige öffentliche Meinung, für ein reiches geistiges Leben. Wir brauchen keine Angst davor zu haben, schwierige Probleme der gesellschaftlichen Entwicklung offen aufzuwerfen und zu lösen, Kritik zu üben und zu diskutieren. Gerade unter solchen Bedingungen setzt sich die Wahrheit durch, formen sich richtige Entscheidungen. […]

Der Marxismus-Leninismus als schöpferische Lehre ist keine Sammlung fertiger Rezepte und doktrinärer Vorschriften. Dem engstirnigen Dogmatismus abgeneigt, sichert die marxistisch-leninistische Lehre eine aktive Wechselwirkung der bahnbrechenden theoretischen Gedanken mit der Praxis. […]

Die brennendsten und dringendsten Bedürfnisse führten uns an den Schluss über die Notwendigkeit der Umgestaltung heran. Aber je tiefer wir in unsere Probleme eindrangen […], desto klarer wurde, dass die Umgestaltung auch einen umfassenderen gesellschaftlich politischen und historischen Zusammenhang hat. Die Umgestaltung ist nicht nur das Abschütteln von Stagnation und Konservatismus der vorausgehenden Perioden und die Ausbesserung zugelassener Fehler, sondern auch die Überwindung historisch begrenzter, überholter Züge der Gesellschaftsorganisation und der Arbeitsmethoden. […]

Zwei Schlüsselprobleme der gesellschaftlichen Entwicklung bestimmen das Schicksal der Umgestaltung. Das sind die Demokratisierung des gesamten gesellschaftlichen Lebens und eine radikale Wirtschaftsreform. Unsere Hoffnung auf die revolutionäre Läuterung und Wiedergeburt besteht darin, die gewaltigen sozialen Ressourcen des Sozialismus durch Aktivierung der Persönlichkeit, des Faktors Mensch zu erschließen.

Presseabteilung der Botschaft der UdSSR in Zusammenarbeit mit der Informationsagentur Nowosti (Hrsg.): Abschied vom Sozialismus. Sowjetunion heute, Sonderausgabe im November 1989. Zit. nach: Andreas Grünberg: Wir sind das Volk – Der Weg zur deutschen Einheit, Stuttgart 1992, S. 14 f.

Das Ende des Kalten Kriegs

2 Ein friedliches und demokratisches Europa

Auszug aus der Rede Michail Gorbatschows vor dem Europarat in Straßburg vom 6. Juli 1989. Es war der erste Auftritt eines osteuropäischen Staatschefs bei der Staatenorganisation:

[…] Ich weiß, dass im Westen manche Leute das Haupthindernis [für die Idee der europäischen Einigkeit] im Vorhandensein von zwei sozialen Systemen sehen. Aber die Schwierigkeit liegt eher woanders, nämlich in der weit verbreiteten Überzeugung (vielleicht sogar in politischer Zielsetzung), dass unter Überwindung der Spaltung Europas „Überwindung des Sozialismus" zu verstehen sei. Das

ist jedoch ein Kurs auf Konfrontation, wenn nicht auf etwas noch Schlimmeres. Bei derartigen Verhaltensweisen wird es keine europäische Einheit geben.
Die Zugehörigkeit der Staaten Europas zu verschiedenen sozialen Systemen ist eine Realität. Und die Anerkennung dieser historischen Gegebenheit, die Respektierung des souveränen Rechtes jedes Volkes, nach eigenem Gutdünken die Gesellschaftsordnung zu wählen, ist die wichtigste Voraussetzung für den normalen Ablauf des europäischen Prozesses. Die gesellschaftliche und politische Ordnung hat sich in diesem oder jenem Land in der Vergangenheit verändert und kann sich auch in Zukunft ändern. Dies ist jedoch ausschließlich die Sache dieser Völker selbst, ihrer eigenen Wahl. Jegliche Einmischung in die inneren Angelegenheiten, jegliche Versuche, die Souveränität der Völker einzuschränken – sowohl der Freunde und Verbündeten als auch von sonst jemandem – sind unzulässig.
Unterschiede zwischen den Staaten lassen sich nicht beseitigen. Sie sind, wie es gelegentlich wiederholt gesagt wurde, sogar wohltuend. Natürlich unter der Bedingung, dass der Wettbewerb zwischen verschiedenen Gesellschaftsformen auf die Herbeiführung besserer materieller und geistiger Lebensbedingungen der Menschen orientiert ist.
Dank der Umgestaltung wird sich die UdSSR an einem solchen redlichen, gleichen und konstruktiven Wettbewerb voll und ganz beteiligen können. Bei allen jetzigen Mängeln, bei allem Zurückbleiben kennen wir die Stärken unserer Gesellschaftsordnung, die sich aus ihren wesentlichen Charakteristika ergeben, gut. Wir sind überzeugt, dass wir es verstehen werden, sie zum eigenen Nutzen und zum Nutzen Europas zu realisieren.
Es ist an der Zeit, die Postulate des Kalten Krieges, da Europa als ein in „Einflussbereiche" und jemands „Vorfelder" eingeteilter Schauplatz der Konfrontation, als Objekt der militärischen Auseinandersetzungen, als Kriegsschauplatz betrachtet wurde, ad acta zu legen. [...]
Ich möchte in Anwesenheit der europäischen Parlamentarier, das heißt ganz Europas, unsere einfachen und klaren Haltungen zu Abrüstungsfragen erneut zur Sprache bringen. Sie sind das Ergebnis des neuen Denkens und wurden im Namen unseres ganzen Volkes in einem Beschluss des Kongresses der Volksdeputierten der UdSSR gesetzmäßig verankert:
- Wir sind für eine kernwaffenfreie Welt, für die Vernichtung aller Atomwaffen zu Beginn des kommenden Jahrhunderts; [...]
- wir sind für die radikale Reduzierung konventioneller Rüstungen und Streitkräfte auf das Niveau der vernünftigen defensiven Hinlänglichkeit, die jede Anwendung militärischer Gewalt gegen andere Staaten zwecks Angriffs ausschließt;
- wir sind für den vollständigen Abzug aller ausländischen Truppen von den Territorien anderer Länder; [...]
- wir sind für die Liquidierung der Militärblöcke und das unaufschiebbare Zustandekommen des politischen Dialogs zwischen ihnen zu diesem Thema, für die Schaffung einer Atmosphäre des Vertrauens, die alle Überraschungen ausschließt;
- wir sind für eine tiefschürfende, konsequente und effektive Kontrolle über alle Verträge und Abkommen, die zu Abrüstungsfragen geschlossen werden können. [...]

Die Europäer können den Herausforderungen des kommenden Jahrhunderts nur unter Vereinigung ihrer Anstrengungen gerecht werden. [...] Sie brauchen ein Europa – ein friedliches und demokratisches, das all seine Mannigfaltigkeit erhält und sich an allgemeine humanistische Ideale hält, aufblüht und der ganzen restlichen Welt die Hand reicht. Ein Europa, das sicher in den morgigen Tag schreitet. In einem solchen Europa sehen wir unsere eigene Zukunft.

Dokumente der Botschaft der UdSSR in Zusammenarbeit mit der Informationsagentur Nowosti, Nr. 20, 10. Juli 1989.

3 „Die Hand zur Freundschaft reichen"

Aus der Pariser Erklärung der 16 Staaten der NATO und der sechs Staaten des Warschauer Pakts am Rande des KSZE-Gipfels vom 19. November 1990:

Die Staats- und Regierungschefs [...], hocherfreut über den historischen Wandel in Europa; befriedigt über die in ganz Europa zunehmende Verwirklichung der gemeinsamen Verpflichtung zu pluralistischer Demokratie, Rechtsstaatlichkeit und Menschenrechten, die für den Fortbestand der Sicherheit auf dem Kontinent wesentlich sind; in Bekräftigung der Feststellung, dass das Zeitalter der Teilung und Konfrontation, das mehr als vier Jahrzehnte gedauert hat, zu Ende ist, dass sich die Beziehungen zwischen ihren Ländern verbessert haben und dass dies zur Sicherheit aller beiträgt; [...] überzeugt, dass diese Entwicklung Teil eines fortwährenden Prozesses der Zusammenarbeit sein muss, um die Strukturen für einen zusammenwachsenden Kontinent zu schaffen, geben folgende Erklärung ab: Die Unterzeichnerstaaten erklären feierlich, dass sie in dem anbrechenden neuen Zeitalter europäischer Beziehungen nicht mehr Gegner sind, sondern neue Partnerschaften aufbauen und einander die Hand zur Freundschaft reichen wollen.

Zit. nach: Europa-Archiv, Jg. 1990, S. 654.

4 Von der Sowjetunion zur Gemeinschaft Unabhängiger Staaten (GUS)

Arbeitsvorschläge

○○●/○●● a) Erläutern Sie die Grundzüge von Gorbatschows neuer Politik und die Gründe für seinen Kurswechsel anhand von M1. Zeigen Sie daran das Revolutionäre im Vergleich zur bisherigen Politik der Sowjetunion auf.

○●● b) Erläutern Sie Gemeinsamkeiten und Unterschiede in der Rede Gorbatschows von 1989 (M2) und der Pariser Erklärung von 1990 (M3) und daraus resultierende Probleme.

○○●/○●● c) Informieren Sie sich ausgehend von der Karte M4 über einen bewaffneten Konflikt auf dem Gebiet der ehemaligen Sowjetunion nach 1991 und ordnen Sie die Rolle Russlands innerhalb des Konflikts ein.

Grundwissen: Der Zusammenbruch der Sowjetunion

„Das Vaterland geht unter"

Am 23. Juli 1991 wandte sich Michail S. Gorbatschow als Präsident der Sowjetunion mit einem Aufruf an die Bürger seines Landes. Darin heißt es: „Ein großes, unerhörtes Unglück hat sich ereignet. Das Vaterland, unser Land, der große Staat, der uns von der Geschichte, der Natur und unseren ruhmreichen Vorfahren zur Bewahrung anvertraut wurde, geht unter, wird zerstört, versinkt in Finsternis und Nichtsein." Wenige Wochen später im Umfeld des sogenannten Augustputsches versuchten Gegner Gorbatschows, den Machtverlust der sowjetischen KP aufzuhalten und die alte Sowjetunion wiederherzustellen. Zu diesem Zeitpunkt war Michael Gorbatschow seit sechs Jahren Generalsekretär der KPdSU. Während seiner Amtszeit vollzogen sich in atemberaubendem Tempo Veränderungen in der Sowjetunion und der Welt, die zum Aufregendsten gehören, was im 20. Jahrhundert passierte.

Glasnost und Perestroika

→ 1 S. 561

Michail Gorbatschow (*1931)
Als Generalsekretär der KPdSU leitete er tief greifende Reformen ein (1985–1991). Die US-Zeitschrift Time wählte ihn 1998 zum Mann des Jahrzehnts.

Als der 54-jährige Gorbatschow 1985 die politische Verantwortung in der Sowjetunion übernahm, konnten die bevorstehenden epochalen Veränderungen nicht vorausgeahnt werden. Der neue Generalsekretär hatte eine steile Parteikarriere hinter sich, bekleidete seit 1971 höchste Parteiämter. Unmittelbar nach seiner Wahl zum Generalsekretär ergriff er Maßnahmen, um die anhaltende Stagnation der Breschnew-Zeit (Leonid Breschnew war von 1964 bis 1982 Parteichef der KPdSU gewesen) zu überwinden. Gorbatschow erkannte, dass die gravierenden wirtschaftlichen Probleme und die Unzufriedenheit der sowjetischen Bevölkerung systembedrohend waren. Um die Zukunft des Sowjetsystems zu sichern, forderte er ein „neues Denken" und grundsätzliche Veränderungen in Staat und Gesellschaft. Zunächst ließ er eine große Anzahl alter Parteikader auswechseln. Gleichzeitig begann eine demokratische und marktwirtschaftliche Öffnung des Landes. Die Leitgedanken seines Reformkurses erläuterte der neue Generalsekretär den Delegierten des XXVII. Parteitages der KPdSU im Frühjahr 1986 anhand der Schlüsselbegriffe „Glasnost" (Offenheit, Transparenz der Entscheidungen) und „Perestroika" (Umbau, Umgestaltung).

In bis dahin unbekannter Offenheit erfolgte eine Auseinandersetzung mit Tabuthemen der sowjetischen Geschichte – etwa den Säuberungen der Stalinzeit, dem Hitler-Stalin-Pakt von 1939 oder dem Massaker von Katyn, bei dem der sowjetische Geheimdienst im Frühjahr 1940 mehrere Tausend polnische Offiziere ermordet hatte. Systemkritiker wurden unter Gorbatschow aus den Gefängnissen entlassen und rehabilitiert. Die staatliche Kontrolle über Medien, Kunst und Kultur wurde gelockert. Anlässlich der Tausendjahrfeier der Christianisierung Russlands (1988) kam es zur Aussöhnung mit der Kirche. Kampagnen gegen Amtsmissbrauch und Korruption, Maßnahmen gegen mangelnde Disziplin am Arbeitsplatz und den weitverbreiteten Alkoholmissbrauch sollten die Menschen aus ihrer Lethargie reißen und die Sowjetunion stabilisieren. 1988 trat ein Gesetz in Kraft, das es ermöglichte, unrentable Betriebe zu schließen bzw. zu privatisieren. Eigenverantwortung der Betriebsleitungen, wirtschaftliche Rechnungsführung und Marktorientierung waren die hierin verankerten Prinzipien und zeugten vom Versuch eines gezielten Umbaus der Gesellschaft. Doch all diese Maßnahmen und Appelle konnten die Auswirkungen der jahrelangen Misswirtschaft nicht beseitigen. Im Gegenteil: Die ökonomische Krise nahm am Ende der 1980er-Jahre beängstigende Dimensionen an. Um die Grundversorgung der Bevölkerung mit Lebensmitteln zu gewährleisten, musste das Ausland um Hilfe gebeten werden. Erhebliche Zweifel an der Ernsthaftigkeit der Politik des neuen Denkens kamen im Zusammenhang mit dem schweren Reaktorunglück im

Atomkraftwerk von Tschernobyl im April 1986 auf. Das Krisenmanagement der Regierung bestand zunächst vor allem im Verschweigen und Bagatellisieren des Unfalls, der zur radioaktiven Verseuchung riesiger Landstriche und Zehntausender Menschen geführt hatte.

Außenpolitik im Zeichen von Abrüstung und Entspannung

→ 2 - 3 S. 561 f.

Während die Politik von Glasnost und Perestroika ins Stocken geriet und im Land zunehmend mit Skepsis betrachtet wurde, erwarb sich Gorbatschow für sein neues Denken auf außenpolitischem Terrain hohe Anerkennung. Seine Politik hatte einen wesentlichen Anteil an der Beendigung des Kalten Kriegs. Gemeinsam mit Außenminister Eduard Schewardnadse wurde das Konzept von einer Sicherheitspartnerschaft mit dem Westen entwickelt und vorangetrieben. Abrüstung statt Aufrüstung, Kooperation statt Konfrontation bestimmten die internationalen Beziehungen in der zweiten Hälfte der 1980er-Jahre. Schon das erste Treffen zwischen Gorbatschow und dem US-amerikanischen Präsidenten Ronald Reagan im November 1985 in Genf belebte den seit einigen Jahren stagnierenden Abrüstungs- und Entspannungsprozess. Die Verhandlungen zur Rüstungsbegrenzung wurden zügig fortgesetzt, auf den atomaren Bereich ausgedehnt und durch Rüstungskontrollvereinbarungen ergänzt. Der Durchbruch erfolgte 1987 mit der Unterzeichnung des sogenannten „INF-Vertrags", in dem sich die USA und die UdSSR zur Vernichtung aller nuklearen Mittelstreckenraketen verpflichteten. Bei ihrem neuen außenpolitischen Kurs ließ sich die sowjetische Führung auch von der Erkenntnis leiten, dass der Erfolg ihrer Reformpolitik im Innern wesentlich von einer Minimierung der enormen Rüstungsausgaben abhing. Das neue Denken und Handeln führte 1988 zur Beendigung der fast zehn Jahre andauernden sowjetischen Intervention in Afghanistan (Afghanistankrieg oder Sowjetisch-Afghanischer Krieg). Damit war die seit 1968 geltende Breschnew-Doktrin aufgehoben und der Weg für die friedlichen Revolutionen des Jahres 1989 bereitet. Gorbatschows Engagement würdigte das Nobelpreiskomitee 1990 mit dem Friedensnobelpreis.

Das Ende der Sowjetunion

→ 4 S. 563

Boris Jelzin (1931–2007)
Erster Präsident der Russischen Föderation (1991–1999) und erstes demokratisch gewähltes Staatsoberhaupt in der Geschichte Russlands.

Im Jahr 1991 spitzte sich die Krise in der UdSSR dramatisch zu. Die Versorgungslage mit Grundnahrungsmitteln war katastrophal. Eine Streikwelle in den sibirischen Kohlerevieren beschleunigte den wirtschaftlichen Niedergang. In vielen Sowjetrepubliken hatten sich politische Kräfte formiert, die eine Loslösung von Moskau anstrebten. Sie nutzten die Meinungsfreiheit, die ihnen Glasnost nun gewährte, um unterdrückte Forderungen nach Selbstbestimmung durchzusetzen. Die drei baltischen Staaten Estland, Lettland und Litauen riefen 1990 als erste Teilrepubliken ihre Unabhängigkeit aus. Ein Jahr später mündeten Nationalitätenkonflikte im Kaukasus in einen offenen Krieg. Die letzte Etappe des Auflösungsprozesses der UdSSR leitete der Putsch gegen Gorbatschow (Augustputsch) im August 1991 ein. Der Versuch hoher Staats- und Parteifunktionäre, das alte System mit Gewalt zu retten, scheiterte jedoch innerhalb weniger Tage am mutigen Widerstand der Bevölkerung. Vor den Augen der Weltöffentlichkeit zeigte sich Boris Jelzin – seit Juni Präsident der Russischen Föderation – als Demokrat und entschiedener Verteidiger der Freiheit. Nach der Niederschlagung des Augustputsches ließ er die Verantwortlichen verhaften und die KPdSU in Russland verbieten. Am 8. Dezember beschlossen die Russische Republik, die Ukraine und Weißrussland den Austritt aus der seit 1922 existierenden Union der sozialistischen Sowjetrepubliken. Sie gründeten die Gemeinschaft Unabhängiger Staaten (GUS), der bald weitere ehemalige Sowjetrepubliken beitraten. Am 25. Dezember 1991 trat Michail Gorbatschow zurück. Sein Ziel, die Sowjetunion mithilfe der Politik von Glasnost und Perestroika zu stabilisieren, hatte er verfehlt.

11.3 Die Vereinigung der beiden deutschen Staaten 1989/90

A) Welche politischen Veränderungen in Europa begünstigten die Opposition in der DDR und welche Ausprägungen nahm die dortige Protestbewegung an?
B) Welche Positionen nahmen die ehemaligen Siegermächte, die Bundesregierung und die Regierung der DDR gegenüber den Forderungen nach Wiedervereinigung ein?
C) In welchen Schritten wurde die deutsche Wiedervereinigung politisch hergestellt?

„Wir wollen raus!" – „Wir bleiben hier!"

1 DDR-Bürger flüchten bei Sopron über die ungarisch-österreichische Grenze, 19. August 1989
Die Grenzöffnung zwischen Ungarn und Österreich Ende Juni hatte neue Fluchtmöglichkeiten für DDR-Bürger geschaffen. Allerdings wurde die Grenze nach wie vor bewacht, festgenommene Flüchtlinge wurden in die DDR abgeschoben.

2 Motive ausreisewilliger DDR-Bürger

Im Sommer 1989 schnellte die Zahl der Ausreiseanträge von DDR-Bürgern in die Höhe. In einem Bericht des MfS vom 9. September 1989 heißt es dazu:

Als wesentliche Gründe/Anlässe für Bestrebungen zur ständigen Ausreise […] werden angeführt:
- Unzufriedenheit über die Versorgungslage;
- Verärgerung über unzureichende Dienstleistungen;
- Unverständnis für Mängel in der medizinischen Betreuung und Versorgung;
- Eingeschränkte Reisemöglichkeiten innerhalb der DDR und nach dem Ausland;
- Unbefriedigende Arbeitsbedingungen und Diskontinuität im Produktionsablauf;
- Unzulänglichkeiten/Inkonsequenz bei der Anwendung/Durchsetzung des Leistungsprinzips sowie Unzufriedenheit über die Entwicklung der Löhne und Gehälter;
- Verärgerung über bürokratisches Verhalten von Leitern und Mitarbeitern staatlicher Organe, Betriebe und Einrichtungen sowie über Herzlosigkeit im Umgang mit Bürgern;
- Unverständnis über die Medienpolitik der DDR.

Hierzu im Einzelnen:
Unzufriedenheit über die Versorgungslage: Den größten Umfang im Motivationsgefüge nimmt die Kritik an der Versorgung der Bevölkerung ein. Auf Unverständnis stoßen vor allem anhaltende Mängel bei der kontinuierlichen Versorgung mit hochwertigen Konsumgütern (Pkw, Möbel, Textilien, Schuhe, Heimelektronik usw.) sowie Ersatzteilen, mit Baustoffen und Baumaterialien sowie mit bestimmten Waren des täglichen Bedarfs (z. B. hochwertige Lebensmittel, Frischobst, Gemüse, häufig wechselnde Artikel der „1000 kleinen Dinge"[1]). […]
Die betreffenden Personen verweisen insbesondere auf das damit verbundene „Schlangestehen", das Herumlaufen und die Suche nach bestimmten Artikeln […]. Es wird Kritik am sogenannten doppelten Währungssystem, an Intershops[2], Valutahotels[3] und an „Privilegien" für Devisenbesitzer[4] geübt. Der vorgenannte Personen-

kreis zweifelt – häufig unter Verweis auf die Beständigkeit bzw. Zunahme derartiger Erscheinungen – generell an der Lösung dieser die Bürger bewegenden Probleme.
Verärgerung über unzureichende Dienstleistungen: [...] Es wird insbesondere auf fehlende bzw. begrenzte Kapazitäten bei Reparatur- und Dienstleistungen verwiesen. Fehlende Ersatzteile, z. T. lange Wartezeiten sowie die kundenunfreundliche Behandlung der Bürger im Dienstleistungsbereich, in Gaststätten sowie in Verkaufseinrichtungen stehen im Mittelpunkt kritischer Äußerungen. [...] Abschließend wird darauf hingewiesen, dass die angeführten motivbildenden Faktoren z. T. verknüpft sind mit illusionären Vorstellungen über die „westliche Lebensweise", insbesondere der Erwartung eines Lebens mit „besserer" materieller Sicherstellung und „besseren" beruflichen Verdienstmöglichkeiten, von mehr „Freizügigkeit" zur Verwirklichung eines eigenen Lebensstils auf der Grundlage eines egoistischen Konsum- und Besitzstrebens [...].
Im untrennbaren Zusammenhang damit wirken aktuelle Entwicklungstendenzen in anderen sozialistischen Staaten [...], die zunehmend zu Zweifeln an der Perspektive und Sieghaftigkeit des Sozialismus überhaupt führen.

Zit. nach: Volker Gransow/Konrad H. Jarausch (Hrsg.): Die deutsche Vereinigung. Dokumente zu Bürgerbewegung, Annäherung und Beitritt. Köln 1991, S. 58–60.

1 *„1000 kleine Dinge": Inoffizieller Name eines Wirtschaftsprogramms zugunsten der DDR-Konsumgüterindustrie.*
2 *Intershop: Einzelhandelskette in der DDR, deren Waren nur mit konvertierbaren Währungen wie D-Mark und US-Dollar bezahlt werden konnten. Das Sortiment bestand vor allem aus Westprodukten.*
3 *Valutahotel: Hotel, das nur mit konvertierbaren Währungen (= Devisen bzw. Valuta) bezahlt werden konnte. Der geläufige Name für die westdeutsche Währung in der DDR war Valutamark (VM).*
4 *Devisenbesitzer: Person, die im Besitz von Geld in einer konvertierbaren Währung des westlichen, nicht sozialistischen Auslands war.*

3 Aufbruch 89 – Neues Forum

Infolge der Ausreisewelle und der anhaltenden Proteste gegen den Wahlbetrug vom 7. Mai 1989 kam es in der DDR immer wieder zu Demonstrationen für Reise- und Versammlungsfreiheit. Parallel zur anwachsenden Demonstrationsbewegung bildeten sich inoffizielle Diskussionsgruppen, Bürgerinitiativen und Parteien. Eine der wichtigsten war das „Neue Forum". In dessen Gründungsappell vom 9. September 1989 heißt es:

In unserem Lande ist die Kommunikation zwischen Staat und Gesellschaft offensichtlich gestört. Belege dafür sind die weitverbreitete Verdrossenheit bis hin zum Rückzug in die private Nische oder zur massenhaften Auswanderung. [...] Im privaten Kreis sagt jeder leichthin, wie seine Diagnose lautet und nennt die ihm wichtigsten Maßnahmen. Aber Wünsche und Bestrebungen sind sehr verschieden und werden nicht rational gegeneinander gewichtet und auf Durchführbarkeit untersucht. Auf der einen Seite wünschen wir uns eine Erweiterung des Warenangebots und bessere Versorgung, andererseits sehen wir deren soziale und ökologische Kosten und plädieren für die Abkehr von ungehemmtem Wachstum. Wir wollen Spielraum für wirtschaftliche Initiative, aber keine Entartung in eine Ellenbogengesellschaft. Wir wollen das Bewährte erhalten und doch Platz für Erneuerung schaffen, um sparsamer und weniger naturfeindlich zu leben. Wir wollen geordnete Verhältnisse, aber keine Bevormundung. Wir wollen freie, selbstbewusste Menschen, die doch gemeinschaftsbewusst handeln. Wir wollen vor Gewalt geschützt sein und dabei nicht einen Staat von Bütteln und Spitzeln ertragen müssen. Faulpelze und Maulhelden sollen aus ihren Druckposten vertrieben werden, aber wir wollen dabei keine Nachteile für sozial

4 Protestversammlung in der Ostberliner Zionskirche gegen die Durchsuchung der Umweltbibliothek durch die Stasi, 26. November 1987

In der Umweltbibliothek hatten sich die DDR-Umweltinitiativen miteinander vernetzt.

Schwache und Wehrlose. Wir wollen ein wirksames Gesundheitswesen für jeden; aber niemand soll auf Kosten anderer krankfeiern. Wir wollen an Export und Welthandel teilhaben, aber weder zum Schuldner und Diener der führenden Industriestaaten noch zum Ausbeuter und Gläubiger der wirtschaftlich schwachen Länder werden. Um all diese Widersprüche zu erkennen, Meinungen und Argumente dazu anzuhören und zu bewerten, allgemeine von Sonderinteressen zu unterscheiden, bedarf es eines demokratischen Dialogs über die Aufgaben des Rechtsstaates, der Wirtschaft und der Kultur. Über diese Fragen müssen wir in aller Öffentlichkeit, gemeinsam und im ganzen Land, nachdenken und miteinander sprechen. Von der Bereitschaft und dem Wollen dazu wird es abhängen, ob wir in absehbarer Zeit Wege aus der gegenwärtigen krisenhaften Situation finden. Es kommt in der jetzigen gesellschaftlichen Entwicklung darauf an,

- dass eine größere Anzahl von Menschen am gesellschaftlichen Reformprozess mitwirkt,
- dass die vielfältigen Einzel- und Gruppenaktivitäten zu einem Gesamthandeln führen.

Wir bilden deshalb gemeinsam eine politische Plattform für die ganze DDR, die es Menschen aus allen Berufen, Lebenskreisen, Parteien und Gruppen möglich macht, sich an der Diskussion und Bearbeitung lebenswichtiger Gesellschaftsprobleme in diesem Land zu beteiligen. Für eine solche übergreifende Initiative wählen wir den Namen NEUES FORUM […].

Wir rufen alle Bürger und Bürgerinnen der DDR, die an einer Umgestaltung unserer Gesellschaft mitwirken wollen, auf, Mitglieder des Neuen Forums zu werden.

Zit. nach: Gransow/Jarausch, a. a. O., S. 60 f.

Der 40. Jahrestag der DDR und der Beginn der Montagsdemonstrationen

5 „Die Umgestaltung ist lebensnotwendig“

Der 40. Gründungstag der DDR wurde am 7. Oktober 1989 mit einem Staatsakt gefeiert. Am Vorabend der Feierlichkeiten gab es eine Festveranstaltung im Ostberliner Palast der Republik, an der auch Michail Gorbatschow teilnahm. In seiner Grußansprache sagte er:

[…] Natürlich hat die DDR, wie jedes andere Land, ihre eigenen Entwicklungsprobleme, die ihre Durchdenkung und ihre Lösung erfordern. Sie sind sowohl vom inneren Bedürfnis der Gesellschaft zur ständigen Weiterentwicklung hervorgerufen als auch vom allgemeinen Prozess der Modernisierung und Erneuerung, der jetzt im gesamten sozialistischen Lager vorgeht. […] Wir zweifeln nicht daran, dass die Sozialistische Einheitspartei Deutschlands mit ihrem intellektuellen Potenzial, ihren reichen Erfahrungen und ihrer politischen Autorität imstande ist, in Zusammenarbeit mit allen gesellschaftlichen Kräften Antwort auf die Fragen zu finden, die durch die Entwicklung der Republik auf die Tagesordnung gestellt wurden und die ihre Bürger bewegen. […]

Die Versuche der Uniformierung und Standardisierung in den Fragen der gesellschaftlichen Entwicklung, einerseits der Nachahmung, andererseits der Aufzwingung von irgendwelchen verbindlichen Mustern, gehören der Vergangenheit an. […] Die Auswahl der Entwicklungsformen ist eine souveräne Angelegenheit eines jeden Volkes. Vor allen Dingen sollten unsere westlichen Partner davon ausgehen, dass die Fragen, die die DDR betreffen, nicht in Moskau, sondern in Berlin entschieden werden. Die DDR ist ein souveräner Staat, sie unternimmt selbstständig Maßnahmen, die verschiedene Aufgaben des Schutzes ihrer Interessen, ihre Innen- und Außenpolitik betreffen.

Es ist uns bekannt, welch großes Interesse in der DDR unseren Angelegenheiten, den radikalen Umgestaltungen in der Sowjetunion, entgegengebracht wird. Die Umgestaltung [= Perestroika] ist ein äußerst schwieriges Werk, das von der Partei und dem Volk die größte Anspannung aller physischen, geistigen und moralischen Kräfte erfordert. Aber sie ist für uns lebensnotwendig und – wir sind fest davon überzeugt – sie wird unser Land zu neuen Erfolgen führen und das reiche Potenzial des Sozialismus unvergleichlich weiter entfalten. Demokratisierung, Offenheit [= Glasnost], sozialistischer Rechtsstaat, freie Entwicklung aller Völker und ihre gleichberechtigte Mitbestimmung in den Angelegenheiten, die das ganze Land betreffen, würdige Lebensbedingungen für die ganze Bevölkerung und garantierte Rechte für jeden, umfassende Möglichkeiten für das Schöpfertum eines jeden Menschen, das erstreben wir, und von diesen Zielen lassen wir uns leiten. […] Wenn es uns gelingt, alles zu verwirklichen, was wir uns heute vorgenommen haben, bedeutet das die endgültige Trennung von der Ära des „Kalten Krieges“ und den Beginn einer wirklich friedlichen Periode in der europäischen Geschichte.

Uns vereinen die Ideale des Sozialismus und des Friedens. Grußansprache von Michail Gorbatschow, Generalsekretär des ZK der KPdSU und Vorsitzender des Obersten Sowjets der UdSSR. In: Neues Deutschland, 9./10. Oktober 1989. Zit. nach: Gransow/Jarausch, a. a. O., S. 73 f.

6 „Vorwärts immer, rückwärts nimmer“

Unmittelbar vor Gorbatschow, am 6. Oktober 1989, hatte DDR-Staatschef Erich Honecker folgende Festansprache im Palast der Republik gehalten:

[…] Die DDR ist das Werk von Millionen, von mehreren Generationen, die in harter Arbeit ihren Arbeiter- und

Bauern-Staat aufgebaut haben, einen Staat mit moderner Industrie und Landwirtschaft, mit einem sozialistischen Bildungswesen, mit aufblühender Wissenschaft und Kultur. […] Heute ist die DDR ein Vorposten des Friedens und des Sozialismus in Europa. Dies zu keiner Zeit zu verkennen, bewahrt uns, sollte aber auch unsere Feinde vor Fehleinschätzungen bewahren.

Gerade zu einer Zeit, da einflussreiche Kräfte der BRD die Chance wittern, die Ergebnisse des Zweiten Weltkrieges und der Nachkriegsentwicklung durch einen Coup zu beseitigen, bleibt ihnen nur erneut die Erfahrung, dass an diesen Realitäten nichts zu ändern ist, dass sich die DDR an der Westgrenze der sozialistischen Länder in Europa als Wellenbrecher gegen Neonazismus und Chauvinismus bewährt. An der festen Verankerung der DDR im Warschauer Pakt ist nicht zu rütteln.

Wenn der Gegner derzeit in einem noch nie gekannten Ausmaß seine Verleumdungen gegen die DDR richtet, dann ist das kein Zufall. In 40 Jahren DDR summiert sich zugleich die vierzigjährige Niederlage des deutschen Imperialismus und Militarismus. Der Sozialismus auf deutschem Boden ist ihm so unerträglich, weil die vordem ausgebeuteten Massen hier den Beweis erbringen, dass sie fähig sind, ihre Geschicke ohne Kapitalisten selbst zu bestimmen. […]

[…] Wir werden unsere Republik in der Gemeinschaft der sozialistischen Länder, durch unsere Politik der Kontinuität und Erneuerung auch künftig in den Farben der DDR verändern. […] So viel steht fest, für uns gilt die in der Gründerzeit der DDR geprägte Losung: Vorwärts immer, rückwärts nimmer. […]

Neues Deutschland, 9./10. Oktober 1989.

7 Leipziger Montagsdemonstration vom 9. Oktober 1989

Obwohl sie mit einem Großeinsatz staatlicher Kräfte rechnen mussten, versammelten sich an diesem Abend in Leipzig rund 70 000 Menschen und leiteten damit das Ende der SED-Herrschaft ein.

Die Debatte um die deutsche Vereinigung nach dem Mauerfall vom 9. November 1989

8 Wer will die deutsche Vereinigung?

Schon kurz nach der Öffnung der Mauer am 9. November 1989 und dem Ende des SED-Regimes begannen die Spekulationen über eine sich anbahnende deutsche Vereinigung. Die New York Times schrieb dazu am 19. November 1989:

Niemand war auf den plötzlichen Aufbruch und die unerwartete Öffnung der Mauer vorbereitet. Daher sollte es nicht überraschen, dass den guten Nachrichten viel beunruhigende Spekulation über ein gefürchtetes altes Thema folgte: die deutsche Wiedervereinigung. [...] Aus vielen verschiedenen, aber guten Gründen ist kaum jemand dafür, dass eine Wiedervereinigung stattfindet. Man sehe sich zunächst einmal Ostdeutschland an. Seine kommunistischen Führer lehnen dezidiert eine politische Vereinigung ab, obwohl sie engere Wirtschaftsbeziehungen mit Westdeutschland begrüßen. Stärkere politische Bindungen würden sowohl ihre Machterhaltung als auch die Identität der DDR als sozialistischen Staat gefährden. Sogar die Oppositionsführer [der Bürgerbewegungen] wollen die Vereinigung nicht. Sie halten an dem Glauben an den Sozialismus fest; sie wollen ihren Staat reformieren statt ihn abzuschaffen und sie möchten Elemente eines freien Marktes mit einem umfassenden sozialen Sicherheitsnetz verbinden.

Man sollte auch Westdeutschland bedenken, dessen Bevölkerung schon fürchtet, durch den massiven Exodus aus dem Osten überschwemmt zu werden. [...] Für Herrn Kohl steht Wiedervereinigung jetzt nicht auf der Tagesordnung. Obwohl Präsident Mitterrand sagt, dass er die deutsche Wiedervereinigung nicht fürchtet, will Frankreich sie nicht. Eine Vereinigung erschwert die Pariser Priorität eines schnellen Fortschritts der westeuropäischen Wirtschaftsintegration. Ein neues Vaterland mit 80 Millionen Deutschen würde das Gleichgewicht in der EG noch mehr in die westdeutsche Richtung verschieben. Großbritannien teilt die französischen Sorgen davor, dass ein vergrößertes Deutschland die wirtschaftliche Supermacht Europas wird. Die Warnung von Premierministerin Thatcher vor vorschnellem Gerede über die Wiedervereinigung entspringt dem traditionellen englischen Wunsch, das kontinentale Gleichgewicht durch Widerstand gegen den Aufstieg eines übergroßen Rivalen zu erhalten.

Wie die Westeuropäer haben die Polen und andere Osteuropäer bittere historische Erinnerungen an frühere Großdeutschlands, deren Drang nach dem Osten auf ihre Kosten erfolgte. Und Polen ist ganz besonders besorgt, dass ein neu vereinigtes Vaterland die „verlorenen Gebiete" im jetzt polnischen Schlesien und Ostpreußen wiederverlangt.

Washington will die Wiedervereinigung nicht, da sie die amerikanische Militärpräsenz in Westdeutschland beenden und die NATO ohne adäquaten Ersatz auflösen würde. [...] Schließlich hat die Sowjetunion [...] Angst vor einem Nationalismus, der aus der deutschen Vereinigung erwachsen könnte. Michail Gorbatschow ist ebenso besorgt, dass ein geeintes Deutschland eher sein Gewicht in Osteuropa als in einem vereinigten Westeuropa geltend machen würde. [...]

Inzwischen bleibt das Hauptziel von Deutschen und Nicht-Deutschen die Integration Westdeutschlands in

9 „Deine 100 Jahre waren aber schnell vorbei, Erich!"

Karikatur aus der Stuttgarter Zeitung vom 16. November 1989. Angespielt wird auf eine Aussage Erich Honeckers vom 19. Januar 1989. Im Wortlaut sagte er: „Die Mauer wird so lange bleiben, wie die Bedingungen nicht geändert werden, die zu ihrer Errichtung geführt haben. Sie wird auch noch in 50 und auch in 100 Jahren noch bestehen bleiben, wenn die dazu vorhandenen Gründe nicht beseitigt sind."

Westeuropa und die Schaffung eines Europas mit wirklich offenen Grenzen. Gäbe es ein besseres Ende für die qualvolle deutsche Geschichte oder eine größere Hoffnung für Europa?

Zit. nach: Gransow/Jarausch, a. a. O., S. 99 f.

10 Kohls Zehn-Punkte-Programm

Am 28. November 1989 überraschte Bundeskanzler Helmut Kohl die Öffentlichkeit mit einem „Zehn-Punkte-Programm zur Überwindung der Teilung Deutschlands und Europas". Er reagierte damit auf den Vorschlag des zwei Wochen zuvor eingesetzten Ministerpräsidenten der DDR Hans Modrow, eine „Vertragsgemeinschaft" zwischen den beiden deutschen Staaten zu etablieren:

1. Zunächst sind Sofortmaßnahmen erforderlich, die sich aus den Ereignissen der letzten Wochen ergeben, insbesondere durch die Fluchtbewegung und die neue Dimension des Reiseverkehrs. [...]
2. Die Bundesregierung wird wie bisher die Zusammenarbeit mit der DDR in allen Bereichen fortsetzen, die den Menschen auf beiden Seiten unmittelbar zugutekommt. [...]
3. Ich habe angeboten, unsere Hilfe und unsere Zusammenarbeit umfassend auszuweiten, wenn ein grundlegender Wandel des politischen und wirtschaftlichen Systems in der DDR verbindlich beschlossen und unumkehrbar in Gang gesetzt wird. [...]
4. Ministerpräsident Modrow hat in seiner Regierungserklärung von einer Vertragsgemeinschaft gesprochen. Wir sind bereit, diesen Gedanken aufzugreifen. [...]
5. Wir sind aber auch bereit, noch einen entscheidenden Schritt weiter zu gehen, nämlich konföderative Strukturen zwischen beiden Staaten in Deutschland zu entwickeln mit dem Ziel, eine Föderation, d. h. eine bundesstaatliche Ordnung in Deutschland zu schaffen. Das setzt aber eine demokratisch legitimierte Regierung in der DDR zwingend voraus. [...] Wie ein wiedervereinigtes Deutschland schließlich aussehen wird, das weiß heute niemand. Dass aber die Einheit kommen wird, wenn die Menschen in Deutschland sie wollen, dessen bin ich sicher.
6. Die Entwicklung der innerdeutschen Beziehungen bleibt eingebettet in den gesamteuropäischen Prozess, d. h. immer auch in die West-Ost-Beziehungen. Die künftige Architektur Deutschlands muss sich einfügen in die künftige Architektur Gesamteuropas.
7. Die Anziehungs- und Ausstrahlungskraft der Europäischen Gemeinschaft ist und bleibt eine entscheidende Konstante der gesamteuropäischen Entwicklung. Wir wollen und müssen sie weiter stärken.
8. Der KSZE-Prozess ist ein Herzstück dieser gesamteuropäischen Architektur. Wir wollen ihn vorantreiben und die bestehenden Foren nutzen [...].
9. Die Überwindung der Trennung Europas und der Teilung Deutschlands erfordern weitreichende und zügige Schritte in der Abrüstung und Rüstungskontrolle.
10. Mit dieser umfassenden Politik wirken wir auf einen Zustand des Friedens in Europa hin, in dem das deutsche Volk in freier Selbstbestimmung seine Einheit wiedererlangen kann.

Bulletin der Bundesregierung vom 28. 11. 1989.

11 Staatenbund und Volksentscheid

Der „Drei-Stufen-Plan" zur Einigung, vorgelegt von der Bürgerinitiative „Demokratie jetzt" am 14. Dezember 1989, war eine Antwort auf die in der DDR immer weiter anwachsende Volksbewegung für die Wiedervereinigung:

Nach unserer Überzeugung kann eine „Wiedervereinigung" durch den Anschluss der Deutschen Demokratischen Republik an die Bundesrepublik Deutschland die deutsche Frage nicht lösen. [...] Diese neue Einheit kann nur das Ergebnis eines Prozesses der gegenseitigen Annäherung und der politischen und sozialen Reformen in beiden deutschen Staaten sein. [...]

Erste Stufe:

Durchführung grundlegender politischer und gesellschaftlicher Reformen in der DDR in einem Reformbündnis mit unseren osteuropäischen Nachbarn. [...] Einleitung von sozialen und gesellschaftspolitischen Reformen in der Bundesrepublik Deutschland, die zu mehr sozialer Gerechtigkeit, zur deutlichen Dämpfung der Arbeitslosigkeit und zu mehr Umweltverträglichkeit in Produktion und Konsumtion führen. [...] Einberufung einer Deutschen Nationalversammlung aus Bürgerinnen und Bürgern beider Staaten zur Annäherung und demokratischen Willensbildung in der nationalen Frage.

Zweite Stufe:

Ausbau des Grundlagenvertrages zwischen der Bundesrepublik und der DDR durch einen Nationalvertrag. Zusammenschluss zu einem Staatenbund und Schaffung einer dualen deutschen Staatsbürgerschaft. [...]

Dritte Stufe:

Abschluss der Entmilitarisierung und des Rückzugs der alliierten Mächte. [...] Volksentscheid über die politische Einheit in einem Bund Deutscher Länder. Schaffung einer einheitlichen deutschen Staatsbürgerschaft. International bindende Verpflichtungen zur Mitwirkung am Entstehen einer neuen solidarischen Weltwirtschaftsordnung. International bindende Verpflichtung zur vollen Realisierung einer umweltschützenden Produktionsweise.

Zit. nach: Gransow/Jarausch, a. a. O., S. 110 f.

Die Wiederherstellung der deutschen Einheit 1990

12 Aus dem deutsch-deutschen Einigungsvertrag vom 31. August 1990

Am 23. August 1990 hatte das DDR-Parlament dem Beitritt der DDR zum Geltungsbereich des Grundgesetzes nach Art. 23 GG mit Wirkung vom 3. Oktober 1990 („Tag der Deutschen Einheit") zugestimmt. Voraussetzung für das Inkrafttreten des Einigungsvertrags war der 2+4-Vertrag.

Die Bundesrepublik Deutschland und die Deutsche Demokratische Republik – […] in dankbarem Respekt vor denen, die auf friedliche Weise der Freiheit zum Durchbruch verholfen haben, die an der Aufgabe der Herstellung der Einheit Deutschlands unbeirrt festgehalten haben und sie vollenden, im Bewusstsein der Kontinuität deutscher Geschichte und eingedenk der sich aus unserer Vergangenheit ergebenden besonderen Verantwortung für eine demokratische Entwicklung in Deutschland, die der Achtung der Menschenrechte und dem Frieden verpflichtet bleibt, in dem Bestreben, durch die deutsche Einheit einen Beitrag zur Einigung Europas und zum Aufbau einer europäischen Friedensordnung zu leisten, in der Grenzen nicht mehr trennen und die allen europäischen Völkern ein vertrauensvolles Zusammenleben gewährleistet, […] – sind übereingekommen, einen Vertrag über die Herstellung der Einheit Deutschlands mit den nachfolgenden Bestimmungen zu schließen:

[…] Art. 3. Mit dem Wirksamwerden des Beitritts tritt das Grundgesetz für die Bundesrepublik Deutschland […] in den Ländern Brandenburg, Mecklenburg-Vorpommern, Sachsen, Sachsen-Anhalt und Thüringen sowie in dem Teil des Landes Berlin, in dem es bisher nicht galt, in Kraft. […]

Art. 8. Mit dem Wirksamwerden des Beitritts tritt in dem in Art. 3 genannten Gebiet Bundesrecht in Kraft. […]

Art. 17. Die Vertragsparteien bekräftigen ihre Absicht, dass unverzüglich eine gesetzliche Grundlage dafür geschaffen wird, dass alle Personen rehabilitiert werden können, die Opfer einer politisch motivierten Strafverfolgungsmaßnahme oder sonst einer rechtsstaats- und verfassungswidrigen gerichtlichen Entscheidung geworden sind. Die Rehabilitierung dieser Opfer des SED-Unrechts-Regimes ist mit einer angemessenen Entschädigungsregelung zu verbinden. […]

Art. 23. (1) Mit dem Wirksamwerden des Beitritts wird die bis zu diesem Zeitpunkt aufgelaufene Gesamtverschuldung des Republikhaushalts der DDR von einem nicht rechtsfähigen Sondervermögen des Bundes übernommen, das die Schuldendienstverpflichtungen erfüllt. […]

Art. 31. (1) Es ist Aufgabe des gesamtdeutschen Gesetzgebers, die Gesetzgebung zur Gleichberechtigung von Männern und Frauen weiterzuentwickeln. […]

Anlage III: Die Enteignungen auf besatzungsrechtlicher bzw. besatzungshoheitlicher Grundlage (1945 bis 1949) sind nicht mehr rückgängig zu machen. Die Regierungen der Sowjetunion und der DDR sehen keine Möglichkeit, die damals getroffenen Maßnahmen zu revidieren.

Die Regierung der Bundesrepublik Deutschland nimmt dies im Hinblick auf die historische Entwicklung zur Kenntnis.

Bulletin des Presse- und Informationsamts der Bundesregierung vom 6. September 1990, Nr. 104, S. 877–888.

13 „Ein Vaterland"

Karikatur von Peter Brookes, erschienen am 24. Februar 1990 in dem britischen Magazin The Spectator.

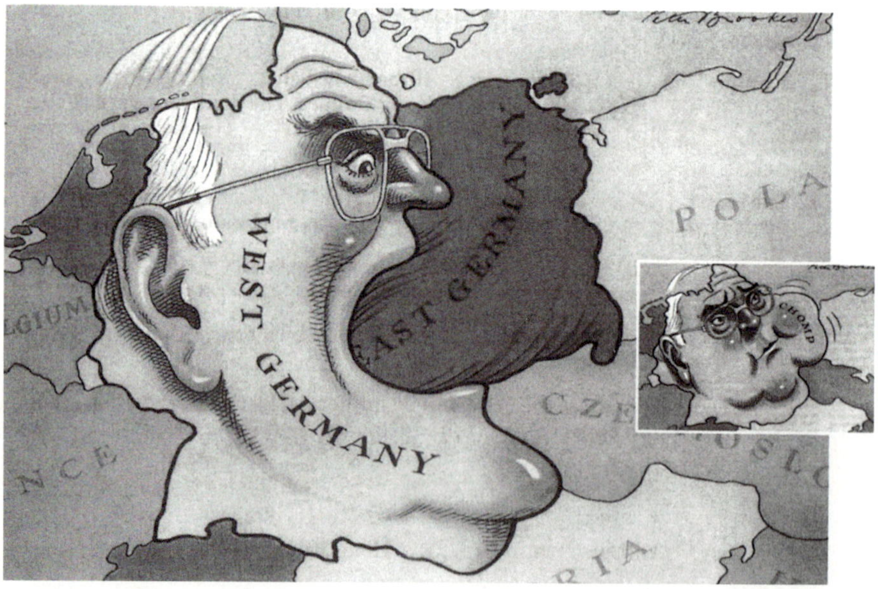

14 Die wichtigsten Vertragsinhalte des 2+4-Vertrags vom 12. September 1990

Der Vertrag war das Ergebnis mehrerer Verhandlungsrunden zwischen den beiden deutschen Staaten und den ehemaligen vier Siegermächten („2+4"). Er schuf die außenpolitischen Voraussetzungen für die deutsche Einheit und trat an die Stelle eines Friedensvertrags.

Arbeitsvorschläge

●●● a) Beurteilen Sie den Charakter des Wandels in der DDR im Herbst 1989 anhand der Motive ausreisewilliger DDR-Bürger (M2) und des Gründungsappells des Neuen Forums (M3): Prüfen Sie, ob in den Texten eine revolutionäre oder eine reformerische Stimmung zum Ausdruck kommt. Setzen Sie sich dabei auch mit der Wortwahl in M3 auseinander.

○●●/●●● b) Vergleichen Sie die Darstellung der Situation in der DDR in den Reden Gorbatschows in M5 und Honeckers in M6 zum 40. Jahrestag der DDR mit der Stimmung in der Bevölkerung in M2 und M3 und erklären Sie die Unterschiede.

●●● c) Formulieren Sie Ihren ersten Eindruck zum Foto M7 und vergleichen Sie Ihren Eindruck mit der Darstellung der Situation in M3, M5 und M6.

○●● d) Erläutern Sie die Aussage der Karikatur M9.

○●●/●●● e) Vergleichen und prüfen Sie die in M8 genannten internationalen Einstellungen zur deutschen Vereinigung und stellen Sie sie dem weiteren Gang der Ereignisse gegenüber.

●●● f) Prüfen Sie, inwiefern den in M8 deutlich werdenden internationalen Befürchtungen gegenüber einer deutschen Einheit in Kohls Zehn-Punkte-Programm (M10), im deutsch-deutschen Einigungsvertrag (M12) und in den grafisch dargestellten Inhalten des 2+4-Vertrags (M14) zu begegnen versucht wird.

●●● g) Bewerten Sie – ausgehend von M8, M10 und M11 – den tatsächlichen Weg der deutschen Vereinigung.

●●● h) Interpretieren Sie die Karikatur M13 anhand der Methode auf S. 350 und nehmen Sie Stellung zu der in der Karikatur geäußerten Kritik auf Basis der Materialien M10–M12 und M14.

Grundwissen: Die Vereinigung der beiden deutschen Staaten 1989/90

Helmut Kohl (*1930)
Langjähriger CDU-Vorsitzender (1973–1998) und Bundeskanzler (1982–1998).

Hans-Dietrich Genscher (*1927)
Bundesaußenminister (FDP) unter den Kanzlern Schmidt (1974–1982) und Kohl (1982–1992).

→ 2 S. 566 f.
→ 7 S. 569

Teilung als Normalität?

Während die DDR in den 1980er-Jahren eine existenzbedrohende Krise durchlief, verzeichnete die Bundesrepublik seit 1986/87 einen nachhaltigen Wirtschaftsaufschwung, der die Arbeitslosigkeit reduzierte und den Staatshaushalt stärkte. Gleichzeitig schienen sich viele Westdeutsche endgültig mit der Teilung Deutschlands abgefunden und auf dieser Grundlage eine eigenständige Identität ausgebildet zu haben. Die Teilung wurde, vor allem von jungen Menschen, zusehends als Normalzustand wahrgenommen. Folgerichtig empfand man gegenüber den westlichen Nachbarstaaten oft eine größere Nähe als gegenüber der „fernen" DDR. Mit dem Besuch Erich Honeckers 1987 erlebte die Bundesrepublik den ersten offiziellen Auftritt eines SED-Parteichefs, womit für viele die Teilung endgültig besiegelt war.

Die DDR-Führung verliert ihre Autorität

Die Veränderungen der 1980er-Jahre in den Staaten Osteuropas und der sowjetische Kurswechsel mit Gorbatschows „neuem Denken" hatten unmittelbare Folgen für die DDR. Einerseits fühlte sich die seit den 1980er-Jahren offener agierende Opposition durch Gorbatschows Reformpolitik und durch die Reformen in Polen und der ČSSR ermutigt. Andererseits isolierte sich die SED-Führung angesichts der wirtschaftlichen und politisch-gesellschaftlichen Doppelkrise sowohl von den reformkommunistischen Staaten als auch vom Westen. Die SED geriet in der zweiten Hälfte der 1980er-Jahre in eine umfassende Legitimationskrise gegenüber der eigenen Bevölkerung. Diese wurde in einem wachsenden Ausreisedruck seit 1984 für jedermann wahrnehmbar.

Mit der Öffnung der ungarisch-österreichischen Grenze war das Ende des Eisernen Vorhangs eingeläutet. Innerhalb weniger Wochen flüchteten Tausende DDR-Bürger über Ungarn und Österreich in die Bundesrepublik. Dennoch hielt die SED an ihrem starren Kurs der Reformverweigerung fest. So wurden – wie schon in den Jahrzehnten davor – die Ergebnisse der im Mai 1989 abgehaltenen Kommunalwahlen gefälscht. Zudem unterstützte das Politbüro die chinesische Regierung, die im Juni 1989 Studentendemonstrationen in Peking blutig hatte niederschlagen lassen. Das Signal an die DDR-Opposition war unmissverständlich, aber es blieb ohne Wirkung. Oppositionsgruppen, die sich an den Stimmenauszählungen zu den Kommunalwahlen beteiligt hatten, deckten erstmals die Manipulationen in der Öffentlichkeit auf und erhoben auf breiter Front amtlichen Einspruch. So geriet die SED auch innenpolitisch in die Isolation und verlor ihre letzte Autorität.

„Wir wollen raus!" – „Wir bleiben hier!"

Vor diesem Hintergrund stieg die Zahl der Ausreiseanträge allein im Sommer 1989 auf 120 000. DDR-Bürger, die nicht auf die Genehmigung des Antrags warten wollten, suchten Zuflucht in den bundesrepublikanischen Botschaften in Ostberlin, Prag und Warschau. Als die „Botschaftsflüchtlinge" durch Vermittlung von Bundesaußenminister Genscher im September die Ausreisegenehmigung erhalten hatten, füllten sich die Botschaften binnen weniger Tage erneut mit Ausreisewilligen. Nachdem auch diese in Sonderzügen ausreisen durften, kam es am Dresdner Hauptbahnhof zu gewalttätigen Konflikten zwischen Ordnungskräften und Demonstranten. Eine revolutionäre Stimmung verbreitete sich, die in den allwöchentlichen ⇨ Montagsdemonstrationen seit dem 4. September ihren Höhepunkt fand. Bei den Montagsdemonstrationen wurden – zunächst von Tausenden, später von Zehntausenden, dann von Hunderttausenden – Reise- und Versammlungsfreiheit sowie weitere innere Reformen gefordert. Dem Ruf der Ausreisewilligen „Wir wollen raus!“ entgegnete nun der trotzige Gegenruf der Reformwilligen: „Wir bleiben hier!“

Gründung politischer Vereinigungen in der DDR

Ermutigt durch die Massenproteste kam es bald zur Gründung politischer Parteien und Organisationen wie der Sozialdemokratischen Partei in der DDR (SDP), dem Demokratischen Aufbruch, dem Neuen Forum oder Demokratie Jetzt. Mit dem Entstehen dieser organisierten politischen Opposition hatte die SED ihr Macht- und Meinungsmonopol endgültig verloren, was den begonnenen revolutionären Prozess weiter beschleunigte. Eine besondere Rolle spielten die evangelischen Gemeinden, die den Oppositionsgruppen Kirchen und Gemeindesäle für Versammlungen bereitstellten, sich mit Friedensgebeten und Mahnwachen aber auch aktiv in die Protestbewegung einbrachten. Größtenteils arbeiteten die neuen politischen Kräfte nicht auf eine Wiedervereinigung hin, sondern erhoben Forderungen nach Neuwahlen und einer umfassenden Demokratisierung der DDR.

Fall der Berliner Mauer

→ 5 – 6 S. 568 f.
→ 8 S. 570 f.

Entgegen den Hoffnungen der SED-Führung konnte der Machtverlust der Partei auch durch die Feierlichkeiten zum 40. Gründungstag der DDR im Oktober 1989 nicht gebremst werden – im Gegenteil: Gorbatschow forderte Honecker bei seinem Staatsbesuch nachdrücklich auf, die Politik der Reformverweigerung zu beenden. Außerdem störten Demonstranten die Feier mit den Rufen „Gorbi, Gorbi“ und „Wir sind das Volk“. Diese unerwartete Wendung war für die SED-Spitze ein so schwerer Misserfolg, dass sie sich zum Handeln gezwungen sah: Honecker wurde wenige Tage später gestürzt und durch Egon Krenz ersetzt. Dieses sogenannte „Wendehals“-Manöver war jedoch zu durchsichtig, als dass es zur Befriedung hätte beitragen können. Sowohl die Flucht- als auch die Demonstrationsbewegung schwollen weiter an und mündeten Anfang November in bislang ungekannte Massendemonstrationen in Leipzig und Ostberlin, wo jeweils eine halbe Million Menschen auf den Straßen waren. Als auch die Rücktritte von Ministerrat und SED-Politbüro nicht

15 Maueröffnung am Potsdamer Platz in Berlin, 12. November 1989

deeskalierend wirkten und die Massenflucht in die Bundesrepublik Rekordzahlen – am 8. November 500 Ausreisende pro Stunde – erreichte, kapitulierte die SED und verkündete am 9. November 1989 die Öffnung der Berliner Mauer.

Fehlende Konzepte

Mit der Maueröffnung war die deutsche Einigung keineswegs vorentschieden, denn für die Bundesrepublik, die westlichen Regierungen und die Sowjetunion kam der Zusammenbruch des DDR-Regimes völlig überraschend. Man war auf die neue Situation strategisch gänzlich unvorbereitet, zumal sich die Welt spätestens seit den 1980er-Jahren an die deutsche Teilung als stabilisierendes Element der internationalen Ordnung gewöhnt hatte. Entsprechend uneinheitlich waren die Reaktionen: Während es in Moskau sowohl Befürworter einer friedlich-diplomatischen Option auf der einen als auch – insbesondere in der Generalität – Anhänger einer gewaltsamen „chinesischen Lösung" auf der anderen Seite gab, zeigten sich London und Paris hauptsächlich besorgt über ein möglicherweise erstarkendes Deutschland im Herzen Europas. Die USA dagegen sahen den Zusammenbruch des Kommunismus in Osteuropa in greifbare Nähe gerückt und begrüßten die Entwicklung uneingeschränkt. Politische Konzepte für die entstandene Lage gab es nirgendwo.

→ 10 – 11 S. 571

„Wir sind das Volk!" – „Wir sind ein Volk!"

Die derart unvorbereitete Bundesregierung reagierte angesichts der komplizierten Lage zunächst zurückhaltend. Die deutsche Einigung geriet erst auf die Tagesordnung, als bei den Demonstrationen in ostdeutschen Städten Ende November neben die alten Parolen „Keine Gewalt" und „Wir sind das Volk" immer häufiger die neuen Parolen „Wir sind ein Volk" und „Deutschland einig Vaterland" traten. Als Reaktion auf die neue politische Situation legte Bundeskanzler Kohl Ende November sein „Zehn-Punkte-Programm" vor, das nach einer Phase der Konföderation zwischen beiden deutschen Staaten langfristig auch die staatliche Einheit in Aussicht stellte, allerdings im Rahmen des europäischen Einigungsprozesses. Auf dieser Grundlage entstand im Dezember der Plan einer „Vertragsgemeinschaft" mit der DDR, der dann allerdings von der rasanten Entwicklung überrollt wurde.

Hans Modrow (*1928)
SED-Politiker; von November 1989 bis April 1990 Vorsitzender des Ministerrats der DDR.

Der Runde Tisch in Ostberlin

Da auch die neue DDR-Regierung unter dem Reformkommunisten Hans Modrow die Ausreisewelle nicht aufhalten konnte, setzte sich der Niedergang des buchstäblich ausblutenden Staates in erhöhtem Tempo fort. In dieser Situation berief Modrow die bis dahin kriminalisierten Oppositionsgruppen unter der Moderation von Kirchenvertretern an einen Runden Tisch, um eine neue Verfassung, freie Wahlen sowie die Auflösung des MfS vorzubereiten. Nach dem unerwarteten Sturm der Bürgerbewegung auf die Berliner Stasi-Zentrale im Januar 1990 und angesichts des Ausreisedrucks, der sogar die reiche Bundesrepublik zunehmend in Schwierigkeiten brachte, rückte die Perspektive einer schnellen Einigung rasch näher.

→ 12 S. 572
→ 14 S. 573

Rechtliche und politische Grundlagen der Wiedervereinigung

Für die Wiederherstellung der deutschen Einheit gab es zwei verfassungsrechtliche Möglichkeiten: entweder die staatliche Neugründung mit neuer Verfassung oder den Beitritt der DDR zum Gebiet der Bundesrepublik. Dass sich letztere Option verwirklichte, hatte drei Gründe: Zunächst artikulierte sich in der DDR der Wille zu einer schnellen Einigung immer lauter, am deutlichsten in der Volkskammerwahl vom 18. März 1990, bei der die für den Beitritt plädierende Allianz für Deutschland (ein Wahlbündnis aus CDU, Demokratischer Aufbruch und dem CSU-Ableger DSU) 47,8 Prozent der Wählerstimmen bekam. Auf dieses überdeutliche Votum reagierend

trat nun – zweitens – auch die Bundesregierung entschiedener für eine schnelle Einigung ein. Dafür wurden schließlich – drittens – im 2+4-Vertrag zwischen den beiden deutschen Staaten und den vier Siegermächten des Zweiten Weltkriegs die diplomatischen Voraussetzungen geschaffen. Gegen eine Zahlung von 20 Milliarden DM stimmte die wirtschaftlich angeschlagene Sowjetunion der vollen Souveränität Deutschlands, ihrem NATO-Beitritt sowie dem Abzug der sowjetischen Truppen aus der DDR zu.
Nachdem die USA, die Sowjetunion, Großbritannien und Frankreich auf ihre alliierten Vorbehaltsrechte verzichtet hatten, konnte die Bundesregierung mit der neu gewählten DDR-Regierung unter Lothar de Maizière eine Wirtschafts-, Währungs- und Sozialunion vereinbaren und damit die wichtigste innerdeutsche Voraussetzung für die Einigung schaffen.

Lothar de Maizière (*1940)
CDU-Politiker; von April bis Oktober 1990 der erste demokratisch gewählte und zugleich letzte Ministerpräsident der DDR.

Die Wiederherstellung der deutschen Einheit

Bundestag und Volkskammer ratifizierten im September den Einigungsvertrag nach Art. 23 des Grundgesetzes. Am 3. Oktober 1990 trat dann die staatliche Einigung in Kraft. Durch die friedliche Revolution der Ostdeutschen ging der deutsche Nationalstaat – anders als 1871 – nicht aus Kriegen hervor, sondern aus einer „Kraft der Selbstbefreiung“ – so der Leipziger Historiker Hartmut Zwahr. Hinzu kamen die internationalen Vereinbarungen und die Zustimmung der Nachbarn, insbesondere Frankreichs und Polens. Die rasch ermöglichte Einbeziehung der DDR mittels einer Wiederherstellung ihrer Bundesländer festigte die föderale Struktur der Berliner Republik, die sich danach konsequent auf den Weg zu einer supranational orientierten Demokratie begab, in der das Nationalstaatsprinzip deutlich zurückgetreten und die fest in übernationale Zusammenschlüsse wie die UNO, die Europäische Union und die NATO eingebunden war und ist. Aus internationaler Perspektive betrachtet ist das geeinte Deutschland damit aus der Randlage, die die beiden deutschen Staaten im Ost-West-Konflikt innehatten, in das Zentrum eines sich vereinigenden Europas gerückt.

16 „Vorher – nachher“
Karikatur von Karl-Heinz Schoenfeld (undatiert).

11.4 1990/2010 – 20 Jahre deutsche Wiedervereinigung

A) Welche wirtschaftlichen, politischen und mentalitätsgeschichtlichen Entwicklungen, Erfolge und Probleme kennzeichnen den Prozess der Wiederannäherung von West- und Ostdeutschland seit der politischen Wiedervereinigung von 1990?

Wahrnehmung und Bewertung der Einheit

1 **Titelbild des Nachrichtenmagazins Der Spiegel vom 13. Februar 1995**

2 Sieben Kardinalfehler der Vereinigungspolitik

Seit dem Beitritt der ehemaligen DDR zum Geltungsbereich des Grundgesetzes sind mittlerweile mehr als zwanzig Jahre vergangen. Doch noch immer tut sich die deutsche Gesellschaft mit den nachfolgenden Wandlungsprozessen schwer. Dies drückt sich vor allem in den anhaltenden öffentlichen Debatten um die Wiedervereinigung aus. Altbundeskanzler Helmut Schmidt (SPD) diskutierte schon 1993 in seinem Buch „Handeln für Deutschland“ die aus seiner Sicht wesentlichen Fehler der Vereinigungspolitik:

Die naive Unterschätzung der voraussehbaren Schwierigkeiten der wirtschaftlichen Vereinigung war der erste Kardinalfehler. Daraus sind weitere Fehlentscheidungen und Unterlassungen erwachsen [...].

Der naive Glaube, Marktwirtschaft an sich werde schon in wenigen Jahren (Kohl: „Bis 1994!“) die ehemalige DDR in ein wirtschaftlich blühendes Land verwandeln, war der zweite Kardinalfehler.

Der dritte Kardinalfehler lag in der De-facto-Aufwertung der alten Mark (Ost) auf etwa das Dreifache. Damit ist die Wettbewerbsfähigkeit auch derjenigen ostdeutschen Unternehmen untergraben worden, deren Produkte qualitativ für den deutschen, den gemeinsamen europäischen und für den Weltmarkt durchaus geeignet waren, wenn sie nur im Preis wettbewerbsfähig geblieben wären. [...]

Der vierte Kardinalfehler war der im Einigungsvertrag liegende Verzicht auf einen weitreichenden generellen Finanzausgleich zugunsten der neuen Länder. [...] Die heutige finanzielle Abhängigkeit der östlichen Bundesländer hat für sie gefährliche politische und psychologische Konsequenzen. Sie sind gegenüber der Bundesregierung [...] in die Rolle ständiger Bittsteller gedrängt. [...] Viele Ostdeutsche fühlen sich vom Westen beherrscht.

Ein ähnlicher psychologischer Effekt geht zwangsläufig von der Arbeit der Treuhandanstalt aus, und damit bin ich beim fünften Kardinalfehler. [...] Im Ergebnis ist sie [die Treuhandanstalt] für die Landesregierungen und die Landtage aller östlichen Bundesländer eine überaus mächtige, mit großen Kompetenzen und Finanzmitteln ausgestattete Nebenregierung, die lediglich vom Bundesfinanzminister abhängt. [...]

Der sechste Kardinalfehler liegt auf einem benachbarten Feld, nämlich in der Vermögensregelung aufgrund des Einigungsvertrages. [...] Es wäre weitaus vernünftiger gewesen, statt des Rückerstattungsprinzips vielmehr das Entschädigungsprinzip zur Regel zu machen. Schließlich haben die Erben der ehemaligen Eigentümer bis zum Jahre 1989 mit der Rückgabe des früheren Eigentums ihrer Eltern oder Verwandten gar nicht rechnen können; sie wären sehr froh gewesen, wenn ihnen nunmehr durch Gesetz eine angemessene Entschädigung zugesagt worden wäre. Offenkundig beruht die Verankerung des fehlerhaften Rückgabeprinzips auf einer rücksichtslosen Eigentumsideologie, die durchaus auch von Interessen inspiriert wurde. [...]

Für den siebten Kardinalfehler sind in erster Linie die Verbände der Arbeitgeber und die Gewerkschaften verantwortlich, allerdings ist auch die Bundesregierung nicht schuldlos. [...] Die Explosion der Lohnstückkosten hat besonders diejenigen Unternehmen der ehemaligen DDR getroffen, deren Produkte ohnehin kaum wettbewerbsfähig waren. Ende 1989 lag das monatliche durchschnittliche Einkommen im Osten bei 1170 Mark (Ost), Anfang 1992 war es auf 2090 DM (West) gestiegen. Für diejenigen, die ihren Arbeitsplatz behalten konnten, war das eine fabelhafte Verbesserung. Für Millionen anderer war es der wichtigste Grund für den Verlust ihres Arbeitsplatzes. [...]

Wahrscheinlich ist die hohe Arbeitslosigkeit, deren Ende für viele gar nicht abzusehen ist, der wichtigste der Negativfaktoren, die zu Beginn des Jahres 1993 die gedrückte Stimmung im Osten Deutschlands ausmachen. [...]

Helmut Schmidt: Handeln für Deutschland. Wege aus der Krise. Reinbek b. Hamburg 1993, S. 29–35.

3 „Irrtümer über die deutsche Einheit"

Der Theologe und Philosoph Richard Schröder war Mitglied der letzten Volkskammer der DDR. 2010 setzte er sich mit vermeintlichen Fehlern bei der deutschen Wiedervereinigung auseinander:

Wenn mich Journalisten nach dem Stand der deutschen Einheit fragen, ist regelmäßig die erste Frage: „Was ist verkehrt gemacht worden?" und die zweite: „Wann ist die deutsche Einheit vollendet?" Meine erste Antwort auf die zweite Frage: Wenn ihr mit der unsinnigen Fragerei aufhört. Was soll denn das sein: die vollendete Einheit oder die viel gesuchte „innere Einheit"? Ost und West ein Herz und eine Seele? Nord und Süd sind doch in Deutschland auch nicht ein Herz und eine Seele, SPD und CDU auch nicht. Dieses und jenes Kunstwerk kann vollendet werden, auch ein Bauwerk oder ein Tagewerk, aber doch nicht menschliche Beziehungen, auch nicht kollektive. Denn nur Beendetes kann vollendet sein. Zur ersten Frage könnte auch ich einiges nennen [...] Warum wird die deutsche Einheit mit Vorliebe unter „Pleiten, Pech und Pannen" abgehandelt? [...] Ich sehe den Grund für den schlechten Ruf der deutschen Einheit in einer Reihe von Irrtümern über die deutsche Einheit.

Hinterher vergisst man [...] schnell, welche Befürchtungen seinerzeit die Entscheidung beeinflusst haben, vor allem dann, wenn sie nicht eingetreten sind. Uns hat 1990 sehr intensiv die Frage beschäftigt, was denn passieren soll, wenn Gorbatschow gestürzt wird. Das veranlasste zur Eile in Sachen deutscher Einheit. Diejenigen, die damals heftig für die langsamere Gangart votierten, verstummten, als Gorbatschow 1991 tatsächlich gestürzt wurde. Heute ist dieser Gesichtspunkt bei den Kritikern des Einigungsprozesses völlig vergessen. Wir hatten damals auch die Sorge, die DDR könnte ohne die Orientierung an einer schnellen Einigung im Chaos versinken. [...] Sie war auch nicht unbegründet. Nach der Herbstrevolution und der Maueröffnung war die DDR ein Staat in Auflösung, denn das einzige Reformkonzept, das im Osten breite Zustimmung fand, hieß: deutsche Einheit. Die DDR war ein Staat ohne Nation, eine Gesellschaft ohne ein eigenständiges Zusammengehörigkeitsgefühl ihrer Bürger. [...]

Wir haben erhebliche Probleme in Deutschland, es sind aber gesamtdeutsche Probleme, die sich im Osten verschärft oder geballt zeigen. Alle diese Probleme, bis hin zu den hohen Arbeitslosenzahlen, kommen auch im Westen vor, allerdings sind die betroffenen Regionen dort kleiner. Und unsere Probleme sind zu einem großen Teil unerfreuliche Folgen erfreulicher Entwicklungen. Wir werden im Durchschnitt älter, aber darauf ist das

4 Ost-West-Wanderungen 2001–2006

	Abwanderung Ost–West	Abwanderung West–Ost	Saldo
2001	230200	138100	-92100
2002	216200	139400	-76800
2003	195200	137500	-57700
2004	185900	133400	-52500
2005	175100	128000	-47100
2006	173600	122900	-50700

Nach: Bundesministerium für Verkehr, Bau und Stadtentwicklung: Jahresbericht der Bundesregierung zum Stand der deutschen Einheit 2008, Stand: 24. September 2008, S. 19.

5 Ergebnisse einer Umfrage des Meinungsforschungsinstituts Emnid zur deutschen Einheit 2009

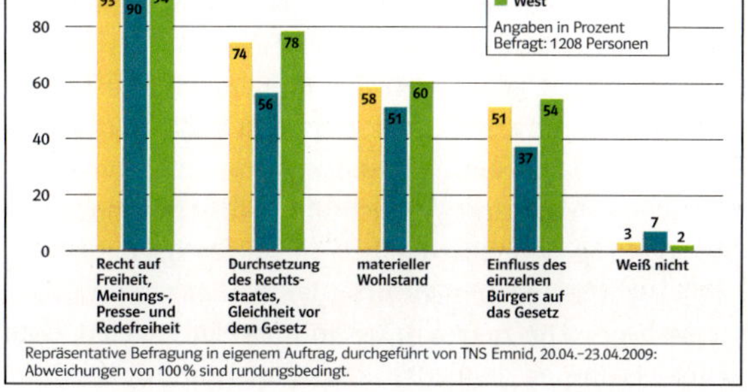

Rentensystem nicht eingestellt. Die Medizin kann viel mehr leisten als früher, aber das kostet Geld und verlangt nach einer Gesundheitsreform. Schwere und eintönige Arbeit nehmen uns heute Maschinen ab. Aber es ist nicht leicht, für die eingesparten Arbeitsplätze Ersatz zu schaffen. Die deutsche Einheit wurde unerwartet möglich, aber das kostet viel Geld. Der Eiserne Vorhang ist gefallen und mit ihm die latente Weltkriegsgefahr. Aber nun schützt er auch nicht mehr den reichen Westen vor der östlichen Armut und der Konkurrenz der niedrigen Lohnkosten in unseren östlichen Nachbarstaaten.

Richard Schröder: Die wichtigsten Irrtümer über die deutsche Einheit. Freiburg im Breisgau 2010, S. 9–11, 30.

6 Mittelwerte der allgemeinen Unterstützung von Demokratie als Staatsidee in Ost- und Westdeutschland 1992–2008

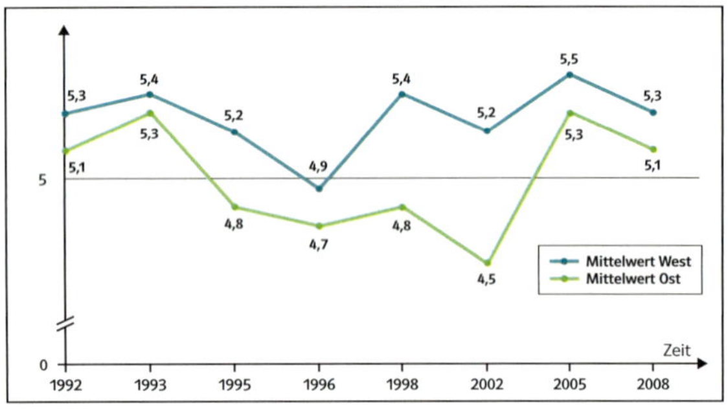

Gefragt wurde: „Was würden Sie, im Vergleich zu anderen Staatsideen, zur Idee der Demokratie sagen? […] Die Zahl 6 bedeutet, dass Demokratie die beste vorstellbare Staatsidee ist, die Zahl 1 bedeutet, dass Demokratie die schlechteste vorstellbare Staatsidee ist. Mit den Zahlen dazwischen können Sie Ihre Meinung abstufen."

Bettina Westle/Oskar Niedermayer: Orientierungen gegenüber der Demokratie. In: Steffen Kühnel et al. (Hrsg.): Wähler in Deutschland. Sozialer und politischer Wandel, Gender und Wahlverhalten. Wiesbaden 2009, S. 16.

7 „Das neue Deutschland"

Der Politikwissenschaftler Klaus Schroeder äußert sich 2010 über das Zusammenwachsen der deutschen Gesellschaft:

So schnell und erfolgreich die „äußere Einheit" nach 1990 hergestellt wurde, so schleppend verläuft der Prozess der „inneren Einheit": das Zusammenwachsen der Deutschen. Insgesamt hat sich die politische und mentale Spaltung zwischen den beiden Teilgesellschaften im Laufe der vergangenen zwanzig Jahre eher verfestigt als verflüchtigt. Die neuen Institutionen sind vielen Ostdeutschen fremd geblieben. Die Ernüchterung über die Realität führte nicht nur bei Ewiggestrigen zu einer Renaissance sozialistischen Gedankenguts, wonach die kapitalistische Bundesrepublik von sozialer Kälte beherrscht werde, auch ostdeutsche Normalbürger sahen sich als vom Westen bzw. vom Kapitalismus unterdrückt und ausgebeutet. […]

Trotz aller Kritik im Detail und einem Unbehagen an der Einheit generell ist sich jedoch eine sehr breite Mehrheit in den östlichen und eine Mehrheit in den westlichen Bundesländern darin einig, die Wiedervereinigung eher mit Freude als mit Sorge zu betrachten. Zurück in die reale Vergangenheit will im Osten nur eine kleine Minderheit, etwa jeder Zehnte. Die anderen, die zur nostalgischen Verklärung der DDR neigen, sehnen sich nach einer im Nachhinein konstruierten und idealisierten Gesellschaft zurück, die ihnen das verlorene Vertraute zumindest in den Träumen wiedergibt. Anders sieht es im Westen aus: Hier beurteilt eine absolute Mehrheit die Zeit vor 1989 besser als die Zeit nach der Wiedervereinigung. Die Dimension von „Westalgie" übertrifft – von der Öffentlichkeit kaum beachtet – insofern die der „Ostalgie".

Eine breite Mehrheit der Ostdeutschen möchte die heutigen Lebensverhältnisse nicht missen und keineswegs mehr mit denen in der DDR tauschen, aber sie fühlen sich oft von ihren Landsleuten missverstanden. Sie beklagen insbesondere eine fehlende Anerkennung ihrer Lebensleistung, die jedoch weder bezogen auf West- noch auf Ostdeutsche pauschal erfolgen kann. Es geht um die individuelle Lebensleistung, der Anerkennung gebührt, keineswegs um die Gleichsetzung von System und Lebenswelt. Gerade an dieser Differenzierung mangelte es in den vergangenen zwanzig Jahren. […]

Klaus Schroeder: Deutschland nach der Wiedervereinigung. In: Aus Politik und Zeitgeschichte, Nr. 30–31/2010, S. 18 f.

War die DDR ein Unrechtsstaat?

8 Interview mit Gesine Schwan vom 17. Mai 2009

Im Vorfeld der Bundespräsidentenwahl 2009 entwickelte sich eine heftige Debatte um die Bewertung der DDR als Unrechtsstaat. Im Mai des Jahres kam es zu einem öffentlichen Schlagabtausch zwischen Marianne Birthler, der damaligen Bundesbeauftragten für die Stasi-Unterlagen, und Gesine Schwan, der damaligen SPD-Kandidatin für das Amt des Bundespräsidenten:

TS[1]: Sie haben kürzlich dafür plädiert, den Begriff Unrechtsstaat aus der Debatte über die DDR zu verbannen.

Schwan: Nein, ganz und gar nicht. Ich habe die DDR in keiner Weise beschönigt, wie vielleicht mancher meinen könnte, der eine kurze Zusammenfassung der Debatte gelesen hat, die ich in Mecklenburg-Vorpommern mit der Linkspartei geführt habe. Ich habe dort gesagt: Die DDR war kein Rechtsstaat. Es gab keine Gewaltenteilung. Sie war ein Staat, in dem Willkür und Unsicherheit begünstigt wurden. Die Justiz war ausdrücklich ein Instrument der SED und damit nicht unabhängig. Das hat zu einer allgemeinen Verunsicherung der Bevölkerung geführt. Das heißt aber doch nicht, dass jede einzelne Handlung etwa im Arbeits- oder Verkehrsrecht unrecht war. Es heißt ja auch nicht, dass in unserem Rechtsstaat jede einzelne Handlung dem Gerechtigkeitsempfinden entspricht oder unanfechtbar gerecht ist. Es gibt systemische Probleme [...] Aber die entscheidende Wasserscheide ist: Wo kein Rechtsstaat ist, wird Willkür begünstigt.

TS: Warum lehnen Sie den Begriff Unrechtsstaat ab?

Schwan: Weil Unrechtsstaat ein diffuser Begriff ist. Er impliziert, dass alles unrecht war, was in diesem Staat geschehen ist. So weit würde ich im Hinblick auf die DDR nicht gehen.

Gerd Appenzeller, Stephan Haselberger und Hans Monath: Vorsicht! Ich bin die andere! Gesine Schwan im Gespräch. In: Der Tagesspiegel, 17. Mai 2009.

1 TS: Der Tagesspiegel

9 Marianne Birthler: „Liebe Ossiversteher!"

Die DDR keinen Unrechtsstaat nennen zu dürfen, beleidigt den wachen Verstand. [...] Es wäre abwegig, Gesine Schwan vorzuwerfen, sie verharmlose die SED-Diktatur. Die streitbare Antikommunistin hat das politische System der DDR öffentlich und schonungslos bereits zu einer Zeit kritisiert, als dies vielen, auch in der SPD, noch sauer aufstieß. Und auch heute konstatiert Gesine Schwan für die DDR „fehlende Menschen- und Bürgerrechte, keine Gewaltenteilung, keine unabhängige Justiz, keine freien Wahlen" [...]. Die DDR war eine Diktatur – und deren Wesen besteht ja gerade darin, dass die politische Macht des Staates nicht demokratisch durch das Volk legitimiert ist. Der Staat war allein das Instrument der Herrschaft der führenden Partei – ihr vollständig unterworfen. Das Volk hatte weder theoretisch noch praktisch die Möglichkeit, an diesem Machtverhältnis vorbei Einfluss auf staatliches Handeln zu nehmen. [...] Sie war [...] ein Unrechtsstaat. Ein Staat, dessen Existenz schon auf Unrecht und auf der Verletzung von Menschenrechten beruhte, der seine Bürger staatlicher Willkür unterwarf und ihrer Rechte beraubte, der allein festlegte, was falsch und richtig war, der Schulen, Universitäten, Medien und Gewerkschaften gleichschaltete, der Menschen mit abweichendem Verhalten zu Feinden erklärte und verfolgte, der das eigene Volk einmauerte und Menschen, die vor ihm flüchten wollten, erschoss – und all dies, um die Macht der SED zu sichern. Die DDR ist ein Unrechtsstaat, und zwar nach allen denkbaren Definitionen. [...] Wer den Ostdeutschen aus Zartgefühl nicht sagen will, was nun mal über das politische System, in dem sie gelebt und gelitten haben, zu sagen ist, macht sie – wieder einmal – zu unmündigen Empfängern politischer oder auch pädagogischer Fürsorge.

Marianne Birthler: Die Ossiversteher. In: Die Zeit, Nr. 28/2.7.2009.

Arbeitsvorschläge

●●● a) Interpretieren Sie das Spiegel-Titelbild von 1995 (M1) im Hinblick auf seine Kritik an der Wiedervereinigung. Nutzen Sie die Arbeitsschritte zur Interpretation von Bildquellen auf S. 30 f.

○○●/○●● b) Nennen Sie die sieben von Helmut Schmidt identifizierten Kardinalfehler der Vereinigungspolitik (M2) und stellen Sie sie Richard Schröders Punkten zur Verteidigung der deutschen Einheit (M3) gegenüber.

●●● c) Beurteilen Sie die Wiedervereinigung auf der Basis der Standpunkte in M1–M3. Beziehen Sie auch die Statistiken in M4 und M5 und Klaus Schroeders Thesen zum Zusammenwachsen der deutschen Gesellschaft (M7) in Ihre Beurteilung mit ein.

○○●/○●●/●●● d) Skizzieren Sie die beiden Positionen in der Birthler-Schwan-Kontroverse (M8 und M9), beziehen Sie den politischen Hintergrund der jeweiligen Position ein, setzen Sie die Position in Bezug zu den Aussagen der Statistik in M6 und nehmen Sie abschließend kritisch Stellung zu der Debatte.

Grundwissen: 1990/2010 – 20 Jahre deutsche Wiedervereinigung

Ein andauernder Gestaltungsprozess

Das 20. Jubiläum der deutschen Wiedervereinigung im Jahr 2010 regte zu einer Rückbesinnung, Aufarbeitung und Neubewertung des historischen Ereignisses an. Fernsehdokumentationen riefen die ungläubige Begeisterung der Menschen vom 9. November 1989 oder die emotionale Silvesterfeier des gleichen Jahres am Brandenburger Tor ins kollektive und individuelle Gedächtnis zurück. Festredner würdigten die historische Bedeutung des Einigungsprozesses, verwiesen allerdings auch auf seine Komplexität und vermeintliche Fehlentwicklungen. Zeitzeugen durchdachten von Neuem ihre persönliche Lebensgeschichte. Die Bilanz ist vielfältig, individuell, ambivalent und mit Sicherheit noch nicht abgeschlossen. Unumstößlich ist die Feststellung, dass 20 Jahre Vereinigungsgeschichte Deutschland nachhaltig verändert haben. Dem historischen Glücksfall von 1989 folgte ein schwieriger Prozess der Gestaltung der Einheit, welcher bis heute andauert.

Politische Erfolge der Wiedervereinigung

Es ist unstrittig, dass der Einigungsprozess den Menschen insbesondere in den neuen Bundesländern viel abverlangt hat. Gemessen an der Dimension der Aufgabe ist der Prozess der deutschen Wiedervereinigung jedoch eine bemerkenswerte Erfolgsgeschichte. Die deutsche Frage konnte mit friedlichen Mitteln gelöst werden. Die fünf neuen Bundesländer haben heute demokratische Landesverfassungen, und ihre Institutionen von Staat, Politik und Kultur sind nach den Werten und Normen des Grundgesetzes organisiert. Erstmals seit Jahrhunderten leben Deutsche in anerkannten Grenzen, umgeben von Nachbarn, die mit uns in NATO und EU vereinigt sind. Deutschland ist ein entscheidender Faktor gesamteuropäischer Stabilität und eine tragfähige Brücke zwischen West- und Osteuropa. Freie Wahlen, Presse- und Reisefreiheit, „Stasi raus" und „Deutschland einig Vaterland" waren zentrale Forderungen ostdeutscher Demonstranten im Herbst 1989. Sie sind heute erfüllt. Befragt nach ihrer persönlichen Lage seit der deutschen Einheit antwortet die Mehrheit der Ostdeutschen: „gut" oder „kann nicht klagen".
Die Bevölkerung der neuen Bundesländer konnte in den letzten 20 Jahren deutliche Wohlstands- und Wohlfahrtsgewinne erfahren. Das verfügbare Durchschnittseinkommen je Einwohner wuchs von 1991 bis 2007 um 85 Prozent. Die Altersbezüge vervierfachten sich von 1990 bis 1999. Die Ausstattungsstandards der Haushalte – vom Kühlschrank über das Auto bis hin zu Unterhaltungselektronik – haben längst westdeutsches Niveau erreicht. Noch 1990 starben Ostdeutsche im Schnitt sechs Jahre früher als ihre Landsleute in den alten Bundesländern. Heute ist das nicht mehr der Fall. Ein Grund dafür ist die deutlich verbesserte Umweltsituation. Mit enormen Kosten konnten die verheerenden ökologischen Schäden beseitigt werden, die Uranbergbau, Braunkohleabbau oder chemische Industrie hinterlassen hatten. Medizinische Versorgung, Bildungs- und Forschungslandschaft wurden nach modernen Standards umstrukturiert, innovative Industrien angesiedelt, eine zukunftsfähige Infrastruktur entwickelt. Zahlreiche marode Städte und Dörfer zwischen Ostsee und Erzgebirge erhielten nach 1990 ihr Gesicht wieder. Die Erfolge beim Aufbau der neuen Bundesländer sind beachtlich. Man kann durchaus „blühende Landschaften" (➔ **vgl. S. 584 f.**) finden, wie sie Helmut Kohl im Juli 1990 versprochen hatte. So verwundert es nicht, dass sich die meisten Ostdeutschen heute keine Rückkehr zur sozialistischen Ordnung der DDR wünschen.

→ 2 - 3 S. 578 ff.
→ 8 - 9 S. 580 f.

Öffentliche Kontroversen um die deutsche Einheit

Die zwei Jahrzehnte Vereinigungsgeschichte stehen auch für zahlreiche, meist sehr emotional geführte Auseinandersetzungen. Zu öffentlichen Debatten führte zum Beispiel der wirtschaftspolitische Weg zur deutschen Einheit mit all seinen Folgen. Schon seit den frühen 1990er-Jahren wurde diesseits und jenseits der früheren Grenze diskutiert, was „uns" die Einheit gekostet habe und welchen Nutzen sie bringe („Super-Gau deutsche Einheit"). Im Zentrum anderer Kontroversen stand und steht der Umgang mit der DDR-Vergangenheit (etwa die Birthler-Schwan-Debatte) und der jeweils aktuelle Stand der sogenannten „inneren Einheit".

→ 4 - 6 S. 579 f.

Identitäts- und Anpassungskrise in den neuen Bundesländern

Der Ausruf Willy Brandts „Jetzt wächst zusammen, was zusammengehört" versinnbildlicht die Hoffnungen und Wünsche vieler Deutscher in Ost und West im Epochenjahr 1989. Als im Prozess des „Zusammenwachsens" erste Schwierigkeiten auftauchten, wichen die große Euphorie und das Gefühl der Zusammengehörigkeit rasch der Ernüchterung. Distanz und Fremdheit zwischen Ost- und Westdeutschen stellten sich ein. Begriffe wie „Besserwessi" und „Jammerossi" machten die Runde. Die Klage über die „Mauer in den Köpfen" wurde lauter.

Die Erwartungen eines zweiten Wirtschaftswunders konnten zunächst nicht erfüllt werden. Vielmehr spürten etliche Menschen in den neuen Ländern eine tief gehende Identitäts- und Anpassungskrise, die sie als Folge der Übernahme der politischen, sozialen und wirtschaftlichen Ordnung der alten Bundesrepublik erlebten. Während Westdeutschland einen „Wiedervereinigungsboom" verzeichnen konnte, empfanden Ostdeutsche das neue System als ungerecht und kalt. Fast alle Ostdeutschen mussten den Arbeitsplatz wechseln, viele mit Phasen der bis dahin weitgehend unbekannten Arbeitslosigkeit. Seit 1990 verließen etwa drei Millionen Ostdeutsche ihre Heimat. Alle mussten umlernen, am Arbeitsplatz, auf Ämtern, im privaten Bereich. Selbst der Sprachgebrauch änderte sich.

→ 7 S. 580

Ostalgie prägt Bilder von der DDR

Die neuen Verteilungschancen der Nachwendezeit öffneten in Ostdeutschland die Schere sozialer Ungleichheit merklich. Die gravierenden Veränderungen in der Gesellschaft während der 1990er-Jahre und eine empfundene „Gerechtigkeitslücke" mündeten häufig in Politikverdrossenheit. Gleichzeitig führten Enttäuschung und Frustration zu einer rückblickend verklärten Sicht auf die DDR. Diese zeigte sich in den 1990er-Jahren unter anderem in der Wiederauflage von DDR-Produkten oder in sogenannten Ostalgie-Partys. Die heute wieder abgeebbte Ostalgie-Welle hat die öffentliche Debatte der Wiedervereinigungsepoche stark bestimmt. Forscher erklären diese DDR-Nostalgie nicht mit der Ablehnung der Wiedervereinigung durch die Ostdeutschen, sondern mit dem Wunsch nach größerer sozialer Sicherheit oder Gerechtigkeit.

Nationales Verbundenheitsgefühl

Tatsächlich zeigte sich in den vergangenen zwei Jahrzehnten trotz zahlreicher Probleme auch immer wieder eine Verbundenheit zwischen allen Deutschen. Fest in der kollektiven Erinnerung verankert ist die große Hilfsbereitschaft vieler Menschen beim Oderhochwasser 1997 oder bei der Jahrhundertflut der Elbe 2002. 2006 feierte Deutschland gemeinsam die Fußballweltmeisterschaft im eigenen Land mit einem Fahnenmeer aus Schwarz-Rot-Gold. Im gleichen Jahr meinten zwei Drittel der Deutschen im Rahmen einer Meinungsumfrage: „Auch wenn es nach wie vor Unterschiede zwischen Ost- und Westdeutschland geben mag – letztlich haben sich Ost- und Westdeutsche doch ziemlich aneinander gewöhnt."

Geschichte erinnern: „Blühende Landschaften“

Espenhain im November 1988

Espenhain ist ein kleiner Ort südlich von Leipzig. Hier trafen sich am 13. November 1988 in der Ortskirche 250 Umweltaktivisten der Region, um mit der Aktion „Eine Mark für Espenhain“ auf die verheerende ökologische Situation in ihrer Heimat aufmerksam zu machen. Denn Espenhain war einer der dreckigsten Orte der DDR. Das dortige Braunkohlekraftwerk und die benachbarten Chemieanlagen setzten täglich 4 Tonnen Teer, 4,4 Tonnen Schwefelwasserstoff und 20 Tonnen Schwefeldioxid frei. Der Schwefeldioxidausstoß pro Kopf der Bevölkerung war damals der höchste weltweit. Der nahe gelegene Fluss Pleiße wurde stündlich mit 4000 Kubikmetern schadstoffhaltigem Abwasser belastet. Insgesamt 20 Braunkohletagebaue, 27 Brikettfabriken, Großkraftwerke und Chemiefabriken führten die Region rund um Leipzig in den 1980er-Jahren an den Rand einer ökologischen Katastrophe. Umweltdaten zu veröffentlichen oder gar gegen die Umweltverschmutzung zu protestieren, war in der DDR verboten. Trotzdem trugen sich bis 1989 über 100 000 Menschen in die Protestlisten der Espenhainer Umweltaktivisten ein.

Das Versprechen der „blühenden Landschaften“

Nach der friedlichen Revolution von 1989 hofften viele Menschen in der ehemaligen DDR, dass die Unterschiede der Lebensverhältnisse in Ost und West schnell überwunden sein würden. Diese Hoffnung wurde genährt, nachdem Helmut Kohl am 1. Juli 1990 versprach: „Durch eine gemeinsame Anstrengung wird es uns gelingen, Mecklenburg-Vorpommern und Sachsen-Anhalt, Brandenburg, Sachsen und Thüringen schon bald wieder in blühende Landschaften zu verwandeln, in denen es sich zu leben und zu arbeiten lohnt.“ Um das Versprechen der „blühenden Landschaften“ zu erfüllen, sollten Transferleistungen in dreistelliger Milliardenhöhe von West nach Ost fließen.

In der Zeit der Wiedervereinigungseuphorie wurde das Schlagwort der „blühenden Landschaften“ zur Metapher für ein schnelles, zweites Wirtschaftswunder. Mahnende Stimmen fanden zunächst kaum Gehör. Doch schon bald wurde jeder Rückschlag in der wirtschaftlichen Entwicklung Ostdeutschlands, jede Nachricht über steigende Arbeitslosigkeit in den neuen Ländern, jede Information über noch bestehende Einkommensunterschiede zwischen Ost und West mit der Frage kommentiert, wo die vom Bundeskanzler versprochenen „blühenden Landschaften“ blieben.

Der Widerspruch zwischen dem Versprechen und der Realität

Gerade im wirtschaftlichen und sozialen Bereich konnten viele Ostdeutsche trotz der umfangreichen Subventionen lange Zeit keine „blühenden Landschaften“ entdecken. Hauptgrund dafür waren die Folgen eines dramatischen Entindustrialisierungsprozesses. Die DDR-Wirtschaft war strukturell durch große Industriekombinate mit veralteten Produktionsanlagen geprägt. Im Zuge der Privatisierung des DDR-Volksvermögens waren diese Kombinate in fast 14 000 Betriebe zerschlagen worden. Industrieunternehmen, die die Wirtschaftskraft von Regionen durch ihr großes Angebot an Arbeitsplätzen stärken, verschwanden fast vollständig. Die verkleinerten Betriebe wurden mehrheitlich von westdeutschen oder internationalen Firmen übernommen, sodass staatliche Transferleistungen, die dazu bestimmt waren, ostdeutsche Landschaften zum „Blühen“ zu bringen, letztlich von diesen Unternehmen abgeschöpft wurden. Bis heute produzieren viele ostdeutsche Betriebe als „verlängerte Werkbänke“ westdeutscher Unternehmen. Kleine und mittlere Betriebe dominieren die Wirtschaft in Ostdeutschland.

1 Braunkohle- und Chemierevier in Espenhain 1990 / Markkleeberger See 2011
Der rechts abgebildete Markkleeberger See entstand von 1999 bis 2006 durch die Flutung des ehemaligen Braunkohletagebaus Espenhain und ist Teil des Leipziger Neuseenlands. Fotos: Lutz Knauth.

Blühende Landschaften in den neuen Bundesländern

Allerdings sind mittlerweile auch „blühende Landschaften" in den neuen Bundesländern zu finden. Einzelne Regionen und Branchen verzeichnen Erfolge in der wirtschaftlichen Entwicklung: Hierzu zählen erneuerte Wachtumskerne der Chemie in Bitterfeld und Leuna, der Optik in Jena, der Automobilindustrie in Leipzig oder auch der Nahrungsmittel- und Solarindustrie. Über das Verkehrsprojekt „Deutsche Einheit" erfolgte seit 1992 die Modernisierung des maroden Straßen- und Schienennetzes. Verfallene Innenstädte wurden aufwändig saniert. Die Ostseeküste und das Erzgebirge, aber auch Städte wie Dresden, Leipzig und Weimar entwickelten sich zu gesamtdeutschen und internationalen Touristenzielen. Das Schlagwort „blühende Landschaften" verlor seinen negativen Beiklang: Während 1998 noch 54 Prozent der Ostdeutschen meinten, es gebe die „blühenden Landschaften" nicht, sind heute 39 Prozent der Meinung, dass diese mancherorts Wirklichkeit geworden sind.
Auch der Südraum von Leipzig erfuhr seit 1990 eine grundsätzliche Wandlung zum Positiven. Die maroden Großbetriebe in Espenhain und Umgebung sind stillgelegt und zurückgebaut worden. Heute gemessene Schwefeldioxid-Konzentrationen entsprechen denen in den alten Bundesländern. In der Pleiße gibt es wieder Fische und sogar Flusskrebse. Seit 1993 werden die Restlöcher von 17 ehemaligen Tagebauen geflutet und renaturiert. Dadurch entsteht die größte künstliche Seenkette Europas. Das sogenannte Leipziger Neuseenland soll sich laut Aussagen der Investoren in den nächsten Jahren zu einem der attraktivsten Freizeit-Regionen Deutschlands entwickeln und zu einem bedeutenden Wirtschaftsfaktor der Region werden.

Arbeitsvorschläge

a) Recherchieren Sie Entwicklungen des wirtschaftlichen Strukturwandels in Ihrer Region und deren Folgen für Mensch und Natur. Stellen Sie Ihre Ergebnisse im Kurs vor und entwerfen Sie gemeinsam eine geeignete Präsentationsform (Übersichtskarte, Schautafel, Schulhompage) für Ihre Erkenntnisse.
b) Diskutieren Sie im Kurs Ursachen von strukturellen Wandlungsprozessen.
c) Positionieren Sie sich zu Bundeskanzler Kohls Versprechen von den „blühenden Landschaften", auch mit Blick auf die obigen Fotos. Meinte Kohl mit seiner Aussage solcherlei Veränderungen, wie sie auf den Fotos sichtbar werden?

Testen Sie Ihre Sachkompetenz

a) Stellen Sie die signifikanten Unterschiede der Reformbewegungen in den Ländern Polen, Sowjetunion, ČSSR und DDR dar, indem Sie repräsentative Figuren für die Reformbewegung in dem jeweiligen Land entwickeln. Dabei können Sie sich Gedanken zu der Kirchenzugehörigkeit, dem Alter, dem Bildungsstand und dem soziologischen Milieu machen, ebenso auch zu den Protest- und Organisationsformen.

b) Große Worte: Wer hat sie wann gesprochen und was war damit gemeint? Sieben der folgenden Zitate kennen Sie aus den Kapiteln 7 und 8 dieses Buchs, die anderen drei Zitate müssen Sie recherchieren.

„Jetzt wächst zusammen, was zusammen gehört."
„Wir sind das Volk!"
„Wir sind ein Volk!"
„Niemand hat die Absicht, eine Mauer zu errichten."
„Wir bleiben hier!"
„Das tritt nach meiner Kenntnis… ist das sofort, unverzüglich."
„Den Sozialismus in seinem Lauf halten weder Ochs noch Esel auf."
„Vorwärts immer, rückwärts nimmer."
„Wer zu spät kommt, den bestraft das Leben."
„Die Mauer muss weg!"

Geschichte kreativ

a) Kopieren Sie die unten stehende Tabelle (mit neun Zeilen und zwei Spalten) in Ihren Geschichtsordner. Ordnen Sie dann die rechts stehenden Begriffe der jeweiligen Überschrift zu. Wenn Sie dann die Anfangsbuchstaben in der richtigen Reihenfolge sortieren, finden Sie die Namen zweier Staatschefs, die Sie bestimmt kennen…

Trabi – EVG-Vertrag – Interhotel – RAF – D-Mark – Union der Sozialistischen Sowjetrepubliken – NATO-Doppelbeschluss – Berliner Fernsehturm – Rat für Gegenseitige Wirtschaftshilfe – Achtundsechziger – Erhard, Ludwig – HO-Läden – LPG – Arbeitslosigkeit – United States of America – Chrustschow, Nikita

DDR	BRD
…	…
…	…
…	…
…	…
…	…
…	…
…	…
…	…

Operatoren-Training

(alle Operatoren auf einen Blick finden Sie auf S. 634–641)

a) AFB II, Operator „gegenüberstellen":

Skizzieren Sie die wirtschaftlichen und administrativen Defizite der DDR in Hinblick auf die Lebensqualität ihrer Bürger und stellen Sie diese den Wünschen der DDR-Bürger gegenüber.

Hinweise: Der Operator „gegenüberstellen" verlangt das „Skizzieren" ergänzt um eine argumentierende Gewichtung. Das bedeutet, dass Sie auch dann „skizzieren" müssten, wenn die Aufgabe folgendermaßen gestellt wäre: „Stellen Sie die Wünsche der DDR-Bürger bezüglich ihrer Lebensqualität den wirtschaftlichen und administrativen Defiziten der DDR gegenüber."

b) AFB I, Operator „aufzählen":

Zählen Sie in chronologischer Reihenfolge die Länder Osteuropas auf, in denen ab 1989 demokratische Revolutionen stattfanden.

Hinweise: Die Operation „aufzählen" verlangt den Verzicht auf Kommentare oder ausführliche Erläuterungen Ihrerseits. Die Definition des Operators betont, dass Sie „zielgerichtet Informationen zusammentragen" sollen.

c) AFB II, Operator „nachweisen":

Weisen Sie anhand zweier Beispiele osteuropäischer Revolutionen nach, inwiefern die Definitionsmerkmale einer Revolution erfüllt sind.

Hinweise: Der Operator „nachweisen" sieht vor, dass Sie Aussagen (zum Beispiel Urteile, Thesen, Wertungen) durch Argumente stützen, die auf historischen Beispielen und anderen Belegen gründen.

d) AFB II, Operator „einordnen":

Ordnen Sie folgende Liste von Jahreszahlen nach von Ihnen definierten Typen solcher Jahre (z.B. Jahr eines Herrscher- oder Herrschaftswechsels, Jahr einer Staatsentstehung oder Ähnliches). Ordnen Sie dann das Jahr 1989 in diese Typologie ein: 1789, 1803, 1815, 1830, 1848, 1866, 1871, 1888, 1890, 1905, 1914, 1917, 1918, 1919, 1929, 1930, 1933, 1934, 1939, 1941, 1945, 1948, 1949, 1953, 1955, 1957, 1961, 1968, 1972.

Hinweise: Der Operator „einordnen" erfordert, dass Sie einen oder mehrere historische Sachverhalte in einen historischen Zusammenhang stellen. Dieser Zusammenhang ist selten ein für allemal vorgegeben, sondern kann konstruiert werden.

e) AFB III, Operator „diskutieren":

Diskutieren Sie: War die DDR ein Unrechtsstaat?

Hinweise: Der Operator „diskutieren" fordert Sie auf, zu einer historischen Problemstellung oder These eine Argumentation zu entwickeln, die zu einer begründeten Bewertung führt. Besonders zu beachten ist beim „Diskutieren", dass sich Ihre abschließende Bewertung schlüssig aus Ihrer Argumentation ergibt, oder, mit anderen Worten, dass Ihre Argumente der Grund für Ihre Bewertung sind. Denn nur dann ist Ihre Bewertung eine „begründete Bewertung".

Lösungsvorschläge zum Operatoren-Training

zum Arbeitsvorschlag a), Operator „gegenüberstellen":
Das Besondere der Gegenüberstellung können Sie im vorliegenden Fall dadurch erledigen, dass Sie das Missverhältnis zwischen gewünschter und erlebter Realität des DDR-Alltags aufzeigen.

zum Arbeitsvorschlag b), Operator „aufzählen":
Im vorliegenden Fall sollten „Osteuropa" und „demokratische Revolutionen" als Zielmarken im Auge behalten. Das schließt die Nennung Russlands, aber erst recht Südafrikas aus.

zum Arbeitsvorschlag c), Operator „nachweisen":
Hier wäre zu beachten, dass Sie die Merkmale einer umfassenden und tiefgreifenden politischen und gesellschaftlichen Umwälzung jeweils nennen, die eine Revolution erst zu einer solchen machen.

zum Arbeitsvorschlag d), Operator „einordnen":
Das Jahr 1989 kann als „Revolutionsjahr" typisiert werden und lässt sich damit den Jahren 1789, 1830, 1848, 1917 und 1918 zuordnen. Es liegt nun in Ihrer Hand, eine weitere Unterteilung etwa in „unmittelbar erfolgreiche" und „nicht unmittelbar erfolgreiche" Revolutionen vorzunehmen. Auch die Frage, ob die Aufstände der Jahre 1953 und 1968 in die Liste aufgenommen werden, sollte von Ihnen argumentativ begründet werden. Als weitere Typisierung könnten Sie beispielsweise die Entstehung neuer Staatsformen auf deutschem Boden mit den Jahren 1815, 1866, 1871, 1919, 1933, 1948, 1949 und 1990 nennen.

zum Arbeitsvorschlag e), Operator „diskutieren":
Sie könnten die Bezeichnung „Unrechtsstaat" ablehnen, indem Sie die DDR vom nationalsozialistischen Staat als dem ungleich rechts- und gerechtigkeitswidrigeren abgrenzen, auf den Unterschied der Bewertung „Die DDR war kein Rechtsstaat" und „Die DDR war ein Unrechtsstaat" verweisen oder den Mangel an Differenzierung beklagen, den die Bewertung „Die DDR war ein Unrechtsstaat" enthält. Sie diskutieren besonders dadurch im guten oder sehr guten Notenbereich, wenn Sie zeigen, dass Ihnen die Gegenargumente Ihrer eigenen Bewertung bewusst sind und Sie diese Gegenargumente zur Begründung Ihrer eigenen Bewertung stichhaltig entkräften oder sie zumindest relativieren können.

Einleitung – Abiturvorbereitung mit dem Elementarwissen

Liebe Schülerinnen und Schüler,
die kommenden Seiten dieses Buchs unter dem Titel „Abitur kompakt" wurden für Sie entwickelt, damit Sie sich zielsicher auf das Abitur im Fach Geschichte vorbereiten können. Doch auch wenn gerade das folgende Elementarwissen dazu einlädt, die Inhalte fürs Zentralabitur zu „pauken", sollten Sie eines im Blick behalten: Mit reiner Vielwisserei und dem Abspulen-Können auswendig gelernter Fakten können Sie die „big points" eines Abiturs in Geschichte nicht machen. Denn der Geschichtsunterricht in der Qualifikationsphase der Oberstufe stellt höhere Anforderungen. Er zielt darauf ab, bei Ihnen ein *Geschichtsbewusstsein* zu erzeugen, das wissenschaftlich-rational, erfahrungs- und quellengestützt ist und Sie zu kritischen, begründeten Urteilen befähigt. Es liegt auf der Hand, dass man mit Faktenwissen allein solche Ziele nicht erreichen wird. Insofern ist das Pauken mit dem Elementarwissen kein Ersatz für Ihren Geschichtsunterricht und die Arbeit mit den Materialen und dem Grundwissen dieses Geschichtsbuchs, kein Ersatz für das Training der Methoden der Quelleninterpretation und des Fällens und Begründens fundierter Sach- und Werturteile über historische Fragen.
Gleichwohl kann Ihnen das Elementarwissen gute Dienste leisten. Sie können sich schnell darüber informieren, was Sie in den einzelnen Unterkapiteln gelernt haben: Auf der linken Seite finden Sie für jedes Unterkapitel einen zusammenfassenden Text, der die wichtigsten Ereignisse, Strukturen und Prozesse des Unterkapitelthemas rekapituliert. Auf der rechten Seite stehen übersichtliche Visualisierungen dieser Inhalte nach der Art ausführlicher Tafelbilder.
Bitte beachten Sie bei der Vorbereitung auf das Abitur mit dem Elementarwissen – wie überhaupt in der gesamten Phase der Abiturvorbereitung –, dass der Überblick wichtiger ist, als es die Details sind. Wenn Sie versuchen, sich besonders viele Einzelheiten zu merken, kann es leicht passieren, dass Sie „den Wald vor lauter Bäumen nicht mehr sehen". Dann haben Sie, trotz vieler Details, eine weitere Chance auf „big points" verschenkt, denn im Abitur ist es – um im Bild zu bleiben – von größerer Wichtigkeit, sich zwischen Wäldern bewegen zu können als zwischen Bäumen.
Vielleicht mögen Sie Albert Einsteins Erkenntnis beherzigen, dass Bildung das ist, was übrig bleibt, wenn man alles vergessen hat.

4.1 Deutschland unter Napoleon 1800 bis 1815

Während der napoleonischen Herrschaft wurde Deutschland territorial, politisch und sozial umgestaltet und modernisiert. Nach Napoleons Sieg über Österreich besetzte er die linksrheinischen Gebiete. Die betroffenen Fürsten sollten nun vom Reich für ihre Gebietsverluste entschädigt werden. Auf einem Reichstag zu Regensburg 1803 wurden daher weitreichende territoriale Veränderungen vorgenommen (Reichsdeputationshauptschluss): Die meisten geistlichen Fürstentümer wurden aufgehoben (Säkularisation), kleinere Gebiete wurden mittelgroßen Territorien zugeschlagen, ebenso die meisten freien Reichsstädte (Mediatisierung). Auf diese Weise wurde die territoriale Zersplitterung Deutschlands in über 1000 souveräne Staaten, wie sie seit dem Westfälischen Frieden von 1648 existierten, beseitigt. In Deutschland gab es nun nur noch etwa 30 Staaten und einige freie Reichsstädte.

1806 schloss Napoleon 16 süd- und westdeutsche Staaten zum Rheinbund zusammen, die sich vom Heiligen Römischen Reich Deutscher Nation lossagten. Daraufhin legte der römisch-deutsche Kaiser Franz II. die Kaiserwürde nieder. Die Fürsten des Rheinbunds erlebten eine Rangerhöhung durch Napoleons Gnaden. Als Gegenleistung mussten sie für die napoleonischen Kriegszüge Truppen stellen und diese mit Lebensmitteln versorgen.

In den Rheinbundstaaten, in denen nun der Code civil galt, kam es in der Folgezeit zu folgenreichen Modernisierungen. Auch andere deutsche Länder, allen voran Preußen, erlebten weitreichende Reformen, deren Leitbild der selbstverantwortliche, mündige Staatsbürger war. Umgestaltet wurden der staatliche Regierungs- und Verwaltungsapparat, die kommunale Selbstverwaltung, die Armee und das Bildungssystem. Bauernbefreiung und Gewerbefreiheit sollten neue ökonomische Initiativen freisetzen, die Judenemanzipation sollte traditionelle Diskriminierungen beseitigen. Manche traditionellen ständischen Privilegien wurden beseitigt, das Bildungssystem grundlegend erneuert. Durch diese Reformen erlebten viele deutsche Staaten eine fundamentale, in die Zukunft weisende Modernisierung. Die in manchen Staaten wie Preußen oder Österreich abgegebenen Verfassungsversprechungen wurden jedoch nicht eingelöst.

1812 wendete sich mit seinem Russlandfeldzug das Blatt für Napoleon. Der Feldzug endete in einem Fiasko. In den Folgejahren wurde Napoleon durch eine Koalition europäischer Mächte besiegt. In dieser Zeit entwickelte sich in Deutschland immer stärker ein Nationalgefühl, das einerseits das Joch der Fremdherrschaft abschütteln wollte und andererseits einen deutschen Nationalstaat zu errichten suchte.

Auf dem Wiener Kongress 1814/15 wurde über eine Neuordnung Europas beraten. Der österreichische Außenminister Klemens Fürst von Metternich zielte auf eine Restauration der alten, vorrevolutionären Ordnung, um Europa vor revolutionären Erschütterungen zu bewahren. Die von Napoleon getroffene deutsche „Flurbereinigung" (s.o.) wurde indes nicht rückgängig gemacht, die 1803 entmachteten Fürsten hatten also das Nachsehen. Metternich schloss mit den Monarchen von Russland und Preußen die Heilige Allianz. Diese Allianz vertrat den Gedanken der Restauration, das Prinzip der „Legitimität" der fürstlichen Herrschaft sowie das Versprechen der gegenseitigen Solidarität (gerichtet gegen die nationalen Freiheitsbestrebungen).

Auf dem Wiener Kongress wurde auch der Deutsche Bund geschaffen. Dabei handelte es sich um einen lockeren Staatenbund auf deutschem Boden, dem 35 Staaten und vier freie Städte angehörten. Vielen Fürsten ging es dabei um die Abwehr demokratischer Bedrohungen, andere ließen Verfassungen zu, die dem Prinzip der Volkssouveränität ansatzweise Rechnung trugen.

Qualifikationsphase

- **Kompetenzerwerb** (Sachkompetenz/ Handlungskompetenz/ Methodenkompetenz/ Urteilskompetenz) durch:
  - Unterricht
  - Geschichte und Geschehen (Arbeitsvorschläge, Leitfragen etc.)
  - Exkursionen
  - eigene Lektüre

→

Vorbereitung auf das Abitur

1. **eigene Unterlagen**
2. **Geschichte und Geschehen**
   - Elementarwissen
   - Methodenseiten
   - Operatorenübersicht/ Operatoren-Training
   - Probeklausuren

→

Erfolgreiches Abitur!

dazu nötig:
- vertiefte Erkenntnisse zur (deutschen) Geschichte des 19. und 20. Jahrhunderts
- Kenntnis um das „Handwerk" des Historikers (Quellenanalyse, historische Fragestellungen)
- Fähigkeit, Klausuren erfolgreich zu bearbeiten (Aufgaben und Operatoren verstehen, Quellenanalyse, angemessenen Text verfassen, historisches Urteil fällen)
- Geschichtsbewusstsein

---

innerstaatliche Reformen unter Napoleon (vor 1814):
- Bauernbefreiung
- Gewerbefreiheit
- Militärreform
- Bildungsreform
- Judenemanzipation
- kommunale Selbstverwaltung

→

Befreiungskriege

→

Wiener Kongress (1814/15):
- Neuordnung Europas
- Sicherung vorrevolutionärer Strukturen
- Abwehr nationaler und liberaler Strömungen
- Gleichgewicht der europäischen Mächte (Pentarchie)

↓

Folgen des Wiener Kongresses:
- **lange Friedensordnung wird geschaffen**
- **Gründung des Deutschen Bunds**
- **Stärkung der fürstlichen Macht**
- **einige ständische Verfassungen**
- **Repressionen gegen nationale, liberale und demokratische Bewegungen**
- **Gründung der Heiligen Allianz**

→

Heilige Allianz:
- Legitimität der Fürsten
- Restauration
- Solidarität der Fürsten

4.2 Nationalliberale Bewegung und restaurative Politik 1815–1832

Getragen vom Besitz- und Bildungsbürgertum entwickelte sich seit den Befreiungskriegen gegen die napoleonische Herrschaft in Deutschland die nationalliberale Bewegung. Diese Bewegung gewann über die Jahre immer mehr Anhänger, die später im Wesentlichen die Revolution von 1848/49 trugen.

Die nationale Bewegung zielte auf die Schaffung eines deutschen, selbstbestimmten Nationalstaats. Damit stellte sie den auf dem Wiener Kongress geschaffenen Deutschen Bund – ein lockeres Staatenbündnis der Fürsten – infrage und somit die bestehenden Herrschaftsverhältnisse. Auch die von der nationalen Bewegung propagierte Volkssouveränität konkurrierte mit dem Prinzip der fürstlichen Legitimität („von Gottes Gnaden").

Die liberale Bewegung forderte die Gewährung von elementaren Menschenrechten, die Gewaltenteilung und eine Verfassung, die auch den Fürsten binden sollte. Während die Linksliberalen und Demokraten die rechtliche und politische Gleichheit aller Bürger forderten, schwebte den anderen liberalen Strömungen eher ein Zensuswahlrecht vor, das das Wahlrecht an Bildung und Besitz band.

Gemeinsam war den nationalen und liberalen Kräften, dass sie die bestehenden Herrschaftsstrukturen ablehnten und das Prinzip der Selbstbestimmung bejahten.

Schon kurz nach dem restaurativen Wiener Kongress machte die nationalliberale Opposition auf sich aufmerksam: Auf dem Wartburgfest 1817 warfen einige Hundert oppositionelle Studenten reaktionäre Schriften ins Feuer. Die Ermordung des Dichters Kotzebue durch einen Studenten im Jahr 1819 war der Anlass, im Deutschen Bund die Karlsbader Beschlüsse zu verabschieden. Diese staatlichen Maßnahmen zielten auf eine Bücher- und Pressezensur, die Universitätsüberwachung sowie auf die „Demagogenverfolgung", also auf die Verfolgung von Anhängern nationaler und liberaler Ideen.

Mit der Julirevolution in Frankreich erhielt die Opposition neuen Schwung: In Frankreich verfolgte König Ludwig XVIII. eine restaurative Politik, gegen die die Pariser Bevölkerung im Juli 1830 revoltierte. Der König musste abdanken. Diese Revolution wirkte in vielen europäischen Staaten wie eine Initialzündung. Vielerorts kam es zu Revolten, auf die die westlichen Staaten eher mit gemäßigten Reformen reagierten, die deutschen und osteuropäischen eher mit harten Repressionen. Nur wenige deutsche Staaten gewährten ihren Untertanen nun Verfassungen.

Besonders heftig waren die Kämpfe im von Russland beherrschten Kongresspolen. Nachdem der polnische Reichstag den Zaren zeitweilig für abgesetzt erklärt hatte, kam es zur Intervention russischer Truppen, die in Warschau ein Massaker anrichteten. Viele Polen flüchteten ins Exil.

1832 trafen sich im pfälzischen Hambach Zehntausende Vertreter der nationalliberalen Bewegung. Von diesem politischen Großereignis aufgeschreckt reagierten die Landesherren mit den bekannten Maßnahmen: mit Militär und polizeistaatlichen Repressionen. Die Hauptredner des Hambacher Fests wurden, sofern man ihrer habhaft werden konnte, zu langjährigen Haftstrafen verurteilt.

Einige Anhänger der liberalen Bewegung resignierten und zogen sich angesichts verstärkter obrigkeitsstaatlicher Repression ins unpolitische „biedermeierliche" Leben zurück, andere wanderten in freiere Staaten wie die Schweiz, Frankreich, England oder in die USA aus.

4.3 „Einheit und Freiheit" in der deutschen Revolution von 1848/49

Bei der Märzrevolution von 1848 überlagerten sich sozialökonomische mit politischen Spannungen: Durch den einsetzenden Eisenbahnbau und die Dampfschifffahrt wurden Arbeitsplätze vernichtet. Die Massenarmut (Pauperismus) nahm zu, verschärft durch schlechte klimatische Bedingungen und daraus resultierende Missernten. Und trotz polizeistaatlicher Repressionen hatten sich im Untergrund revolutionäre bürgerliche Zirkel organisiert.

Den äußeren Anstoß für die Massenproteste in weiten Teilen des Deutschen Bunds bildete die Februarrevolution in Frankreich. Viele Regierungen in den deutschen Kleinstaaten gaben diesem „Druck der Straße" rasch nach und versprachen weitreichende Reformen. In Österreich musste Fürst von Metternich flüchten. In Berlin kam es durch versehentlich abgegebene Schüsse von Soldaten auf eine Massenversammlung zu tagelangen Barrikadenkämpfen, bis der König Friedrich Wilhelm IV. einlenkte. In dieser Situation tagte ein Vorparlament, das die Wahl einer Nationalversammlung beschloss.

Diese trat dann als Frankfurter Paulskirchenversammlung am 18. Mai 1848 in Frankfurt in der Paulskirche zusammen. Die Abgeordneten waren in der Regel gebildete bürgerliche Honoratioren, die sich bald in eine kleine linke Fraktion, eine große liberale Mitte und in eine konservative Fraktion schied.

Die Paulskirchenversammlung beriet über die künftige deutsche Verfassung, über die Grundrechte und die Frage der Zentralgewalt. Erbittert debattiert wurde über das Problem, welche Gebiete künftig zu einem deutschen Nationalstaat gehören sollten. Dabei kristallisierten sich zwei Modelle heraus: erstens die großdeutsche Lösung, also die deutschen Staaten unter Einschluss der deutschen Gebiete Österreichs, zweitens die kleindeutsche Lösung ohne die deutschsprachigen Teile Österreichs.

An der Frage, ob Schleswig zu Dänemark oder zum Deutschen Bund gehören sollte, schieden sich ebenfalls die Geister: Sollte das Selbstbestimmungsrecht der Völker gelten oder ein aggressiver deutscher Nationalismus, der Schleswig vereinnahmen wollte, triumphieren?

Im Herbst 1848 siegte in Wien die Gegenrevolution. Damit fiel die großdeutsche Lösung als Option weg. Im Frühjahr 1849 verabschiedete die Paulskirchenversammlung die Paulskirchenverfassung als erste demokratische Verfassung für den kleindeutschen Staat. Gleichzeitig wählte sie den preußischen König zum künftigen deutschen Kaiser. Dieser lehnte allerdings diese Krone ab, sie wurde ihm ja nicht von seinesgleichen angeboten. Damit war die Nationalversammlung gescheitert. Ein Rumpfparlament floh nach Stuttgart, bei Rastatt verschanzten sich kleine Reste, die dann durch das Militär aufgerieben wurden.

Gemeinhin wird von einem „Scheitern" der Revolution gesprochen. Und gemessen an ihrem Ziel, einen demokratischen deutschen Nationalstaat zu schaffen, ist die Nationalversammlung tatsächlich gescheitert. Allerdings blieben die liberalen rechtsstaatlichen Ideen lebendig und wurden nicht vollständig beseitigt. Auch die Pressefreiheit und andere geforderte Grundrechte wurden nicht vollständig zurückgenommen. Schwurgerichte wurden eingerichtet. Die von der Obrigkeit ernannten Schultheißen gehörten nun der Vergangenheit an und die spätere (klein)deutsche Einigung (1871) vollzog sich in den Bahnen, die in der Paulskirche vorbereitet worden waren.

das System Metternich:
- Sicherung der traditionellen Ordnung mit polizeistaatlichen Mitteln
- Betonung der fürstlichen Legitimität und Souveränität
- Bekämpfung des „Umsturzes"
- österreichische Vorherrschaft im Deutschen Bund

liberale Bewegung:
- gegen staatliche Willkürherrschaft
- für politische Gleichheit, Gewaltenteilung und Verfassungen
- für Menschenrechte, Sicherung des Eigentums, freie Marktwirtschaft

nationale Bewegung:
- nationale deutsche Einheit
- Volkssouveränität
- Ablehnung des Deutschen Bunds

- Massenproteste – werden bisweilen repressiv verfolgt
- polizeistaatliche Maßnahmen, Zensur von Büchern und Presse
- Versammlungs- und Vereinigungsverbote
- aber: einige Verfassungen werden gewährt
- Auswanderung von Künstlern und Schriftstellern
- politische Unruhe und Unzufriedenheit besteht fort
- revolutionäre Grundstimmung bei Teilen der Bevölkerung

- soziale Spannungen, Missernten, Pauperismus
- ungelöste Probleme der Bauernbefreiung
- Fortbestehen vieler adeliger Privilegien
- liberale Zirkel im Untergrund aktiv
- Anstoß durch Februarrevolution in Frankreich

äußere Probleme:
- Druck der Straße lässt nach
- Bauern scheiden aus revolutionärer Front aus
- Paulskirchenversammlung hat kein eigenes Militär
- Sieg der Gegenrevolution in Wien und Berlin
- preußischer König lehnt Kaiserkrone ab

Paulskirche 1848/49
- Ausarbeitung einer Verfassung
- Grundrechte
- Zentralgewalt
- Klärung des deutschen Staatsgebiets

innere Probleme:
- Abgeordnete der Paulskirche verschenken wertvolle Zeit
- großdeutsche oder kleindeutsche Lösung?
- Schleswig-Frage

- Nationalversammlung scheitert an ihren eigenen Zielen (Demokratie, Rechtsstaat, Nationalstaat)
- spätere deutsche Einigung von 1871 vollzieht sich in Bahnen, die die Nationalversammlung vorgezeichnet hat
- Macht des Adels schwindet
- trotz Sieg der Gegenrevolution: Deutschland wird allmählich ein Rechts- und Verfassungsstaat

5.1 Reichsgründung von oben: Die deutsche Einigung von 1871

1849 hatte die Reaktion über die Revolution gesiegt, zahlreiche demokratische Rechte wurden nun wieder aufgehoben. Allerdings war bei vielen Mensch der Wunsch, eine deutsche Einheit zu schaffen, ungebrochen. Die nationale Bewegung reflektierte sich etwa in der Gründung der Deutschen Fortschrittspartei 1861 sowie im Allgemeinen Deutschen Arbeiterverein 1863. Doch als der neue preußische König Wilhelm I. den „erzreaktionären Junker" Bismarck zum preußischen Ministerpräsidenten ernannte, um den Widerstand des preußischen Abgeordnetenhauses gegen den Heeresetat zu brechen, schienen sich die schlimmsten Befürchtungen der Liberalen zu bestätigen.

Bismarcks Ziel war eine Einigung Deutschlands unter preußischer Führung. Die Krise um Schleswig und Holstein, bei der Dänemark das Territorium Schleswigs beanspruchte, kam ihm dabei zupass. Das Ergebnis des von Bismarck forcierten Deutsch-Dänischen Kriegs (1864) stärkte das siegreiche Preußen.

Wegen Kompetenzstreitigkeiten bei der Verwaltung Schleswigs und Holsteins kam es dann 1866 zum Krieg zwischen Preußen und Österreich. Nach seinem Sieg bei Königgrätz annektierte Preußen einige norddeutsche Länder und schuf den Norddeutschen Bund, der etwa bis zur Mainlinie reichte. Der Deutsche Bund hörte auf zu existieren. Mit süddeutschen Staaten wurden Schutzbündnisse abgeschlossen. Diese kamen beim Deutsch-Französischen Krieg von 1870/71 zum Tragen.

Der Krieg mit Frankreich wurde von Bismarck bewusst heraufbeschworen. Bismarck kürzte hierzu eine diplomatische Depesche (Emser Depesche) zum preußischen Thronverzicht in Spanien in einer Weise, durch die sich Frankreich gedemütigt sah und daraufhin Preußen den Krieg erklärte. Im Kriegszug gegen Frankreich traten an die preußische Seite auch die süddeutschen Fürsten.

Der rasche Sieg über Frankreich (unter anderem bei Sedan) löste in Deutschland eine nationale Begeisterung aus, der bislang bei vielen Bürgern unbeliebte Bismarck avancierte zum nationalen Helden. Damit war der Boden für die Gründung des Deutschen Reichs geebnet. Der „Erbfeind" Frankreich war geschlagen, Frankreich musste Elsaß-Lothringen abtreten (langfristig eine der zahlreichen Ursachen für den Ersten Weltkrieg) und eine gewaltige Kriegsentschädigung bezahlen. Der französische Kaiser Napoleon III. geriet in deutsche Gefangenschaft.

Nach erbitterten Verhandlungen unter den deutschen Fürsten wurde am 18. Januar 1871 im Spiegelsaal von Versailles der preußische König Wilhelm I. zum Deutschen Kaiser ernannt. Die Reichsgründung war somit ein Werk der deutschen Fürsten und nicht ein Ergebnis der nationalen und liberalen Bewegung. Die Vorbehalte in der liberalen Bewegung gegenüber der autoritären und reaktionären Politik Bismarcks schwanden indes angesichts der nationalen Euphorie, die die Reichsgründung auslöste. Ein lang erstrebtes politisches Ziel vieler Menschen war in Erfüllung gegangen. Die andere Seite der Medaille war jedoch, dass ein aggressiver Militarismus breite Bevölkerungsschichten erfasste. Dafür stehen die zahlreichen Feiern am „Sedanstag" sowie die Gründung zahlloser Kriegervereine im Deutschen Kaiserreich mit Millionen von Mitgliedern. Auf diesem Boden keimten die folgenreichen deutschen Weltmachtsfantasien.

5.2 Innenpolitische Grundlagen des Deutschen Kaiserreichs

Die Verfassung des Deutschen Kaiserreichs atmete den Geist des Obrigkeitsstaats. Allerdings konnte in den gut vierzig Jahren des Kaiserreichs auch das zarte Pflänzchen des Parlamentarismus ein wenig sprießen. Dem Reichstag wurden nur wenige Kompetenzen eingeräumt, er konnte nicht den Reichskanzler bzw. die Regierung wählen, der Reichskanzler wurde vom Kaiser bestimmt und ernannt. Aber Gesetze konnten weder gegen den Reichstag noch gegen den Bundesrat (also gegen die 25 Bundesstaaten) oder gegen den Willen des Kaisers verabschiedet werden. Hier musste sich der Reichskanzler bei Gesetzesvorhaben Mehrheiten sowohl beim Reichstag als auch beim Bundesrat suchen, und gegen den kaiserlichen Willen konnte er auch nicht agieren. Der Kaiser hatte das Recht der Reichstagsauflösung. Während bei Reichstagswahlen das gleiche und allgemeine Wahlrecht galt, gab es bei Wahlen in einzelnen Bundesstaaten (etwa in Preußen) noch ein Wahlrecht, das an Besitz und Steuerzahlung gebunden war.

Im Kaiserreich entwickelten sich die Grundmuster des Parteiensystems, das noch in der Weimarer Republik und in der Bundesrepublik wirksam blieb. Den konservativen Parteien standen liberale Parteien, das katholische Zentrum und die Sozialdemokratie gegenüber. Im Kaiserreich wuchs allmählich der Grad der politischen Partizipation im Rahmen von Parteien und Vereinen. Allerdings genossen nicht alle Menschen die gleichen staatsbürgerlichen Rechte, wie etwa nationale Minderheiten.

Sozial und politisch diskriminiert blieben insbesondere in den ersten zwei Jahrzehnten des Kaiserreichs die Sozialdemokraten und die religiöse Minderheit der Katholiken. In der Sicht Bismarcks galten beide Gruppen als „Reichsfeinde", die mit Ausnahmegesetzen überzogen wurden:

Die kulturelle und soziale Stellung der Katholiken wurde im Kaiserreich im Rahmen des „Kulturkampfs" durch den Kanzelparagraf beschnitten, durch die Einführung der Zivilehe und die Einführung der staatlichen Schulaufsicht, die die geistliche Aufsicht ablöste. Katholische Geistliche, die sich gegen diese Maßnahmen wandten, mussten mit harten Repressalien rechnen. – Ähnlich erging es den Sozialdemokraten, die durch das Sozialistengesetz (1878–1890) schikaniert wurden. Partei und Arbeitervereine wurden entweder verboten oder polizeilich überwacht, Ausweisungsbefehle ruinierten berufliche Existenzen und soziale Beziehungen, Gewerkschaftsmitglieder mussten mit betrieblichen und staatlichen Sanktionen rechnen. Diese repressiven Maßnahmen erreichten ihr Ziel letztlich nicht. Sie schweißten vielmehr den Kreis der Diskriminierten zusammen und erweiterten deren Wirkungsradius.

Reichskanzler Bismarck versuchte durch seine Sozialgesetze (Kranken- und Rentenversicherung, Unfallversicherung), die Arbeiterschaft mit der bestehenden sozial ungerechten Klassengesellschaft auszusöhnen. Doch auch diese Maßnahmen erreichten ihr Ziel nicht. Die sozialistische Arbeiterbewegung konnte im Kaiserreich ihre Basis kontinuierlich verbreitern, die SPD wurde schließlich bei den Reichstagswahlen 1912 die stärkste Partei im deutschen Reichstag.

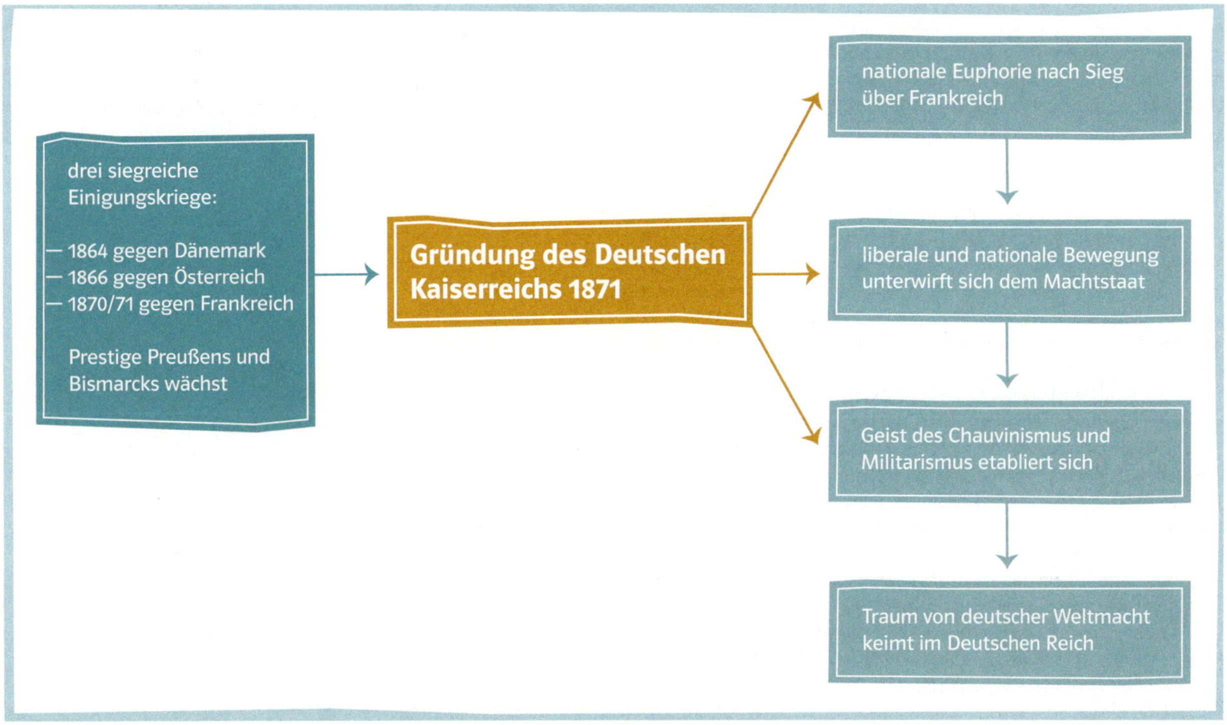
drei siegreiche Einigungskriege:
– 1864 gegen Dänemark
– 1866 gegen Österreich
– 1870/71 gegen Frankreich
Prestige Preußens und Bismarcks wächst
Gründung des Deutschen Kaiserreichs 1871
nationale Euphorie nach Sieg über Frankreich
liberale und nationale Bewegung unterwirft sich dem Machtstaat
Geist des Chauvinismus und Militarismus etabliert sich
Traum von deutscher Weltmacht keimt im Deutschen Reich

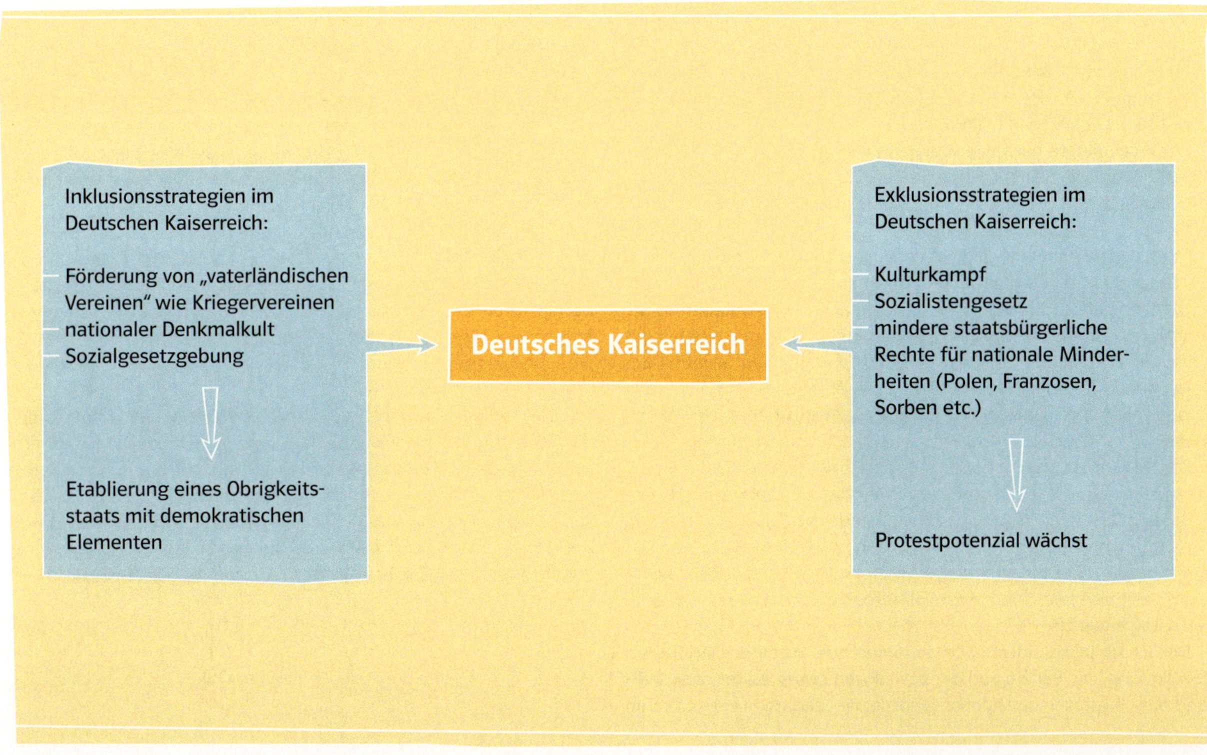
Inklusionsstrategien im Deutschen Kaiserreich:
– Förderung von „vaterländischen Vereinen" wie Kriegervereinen
– nationaler Denkmalkult
– Sozialgesetzgebung
Etablierung eines Obrigkeitsstaats mit demokratischen Elementen
Deutsches Kaiserreich
Exklusionsstrategien im Deutschen Kaiserreich:
– Kulturkampf
– Sozialistengesetz
– mindere staatsbürgerliche Rechte für nationale Minderheiten (Polen, Franzosen, Sorben etc.)
Protestpotenzial wächst

5.3 Außenpolitische Grundlagen des Deutschen Kaiserreichs

Durch die Gründung des Deutschen Kaiserreichs 1871 sahen andere Länder das europäische Gleichgewicht gestört – man betrachtete das mächtige Reich mit Misstrauen. Reichskanzler Bismarck verwies hingegen darauf, das Reich sei „saturiert". Sein Ziel waren also nicht Gebietserweiterungen, sondern die Wahrung des Status quo. Dafür glaubte er Frankreich durch ein System aus defensiven Bündnisverträgen politisch isolieren zu müssen. Dem diente das 1873 geschlossene Dreikaiserabkommen: Deutschland, Österreich-Ungarn und Russland verpflichteten sich darin zu einem friedlichen Interessenausgleich.

Die Balkankrise seit 1875 gab Bismarck die Chance, als „ehrlicher Makler" bei der Konfliktregelung keine eigenen Interessen zu verfolgen. Infolge der Schwäche des Osmanischen Reichs richteten insbesondere Russland sowie Österreich-Ungarn begehrliche Blicke auf den Balkan. Auf dem Berliner Kongress 1878 wurden hierzu Lösungen entwickelt.

Da die Balkankrise das Dreikaiserabkommen von 1873 hinfällig werden ließ, handelte Bismarck mit Österreich-Ungarn den geheimen Zweibund aus. Er sah vor, dass sich im Falle eines russischen Angriffs die beiden Partner militärisch unterstützen sollten, 1882 trat Italien diesem Bündnis bei (Dreibund). Im 1887 zwischen Deutschland und Russland geschlossenen Rückversicherungsvertrag versicherten sich die Länder Neutralität, sollte einer der Bündnispartner angegriffen werden. Sollte also Frankreich Deutschland angreifen, würde sich Russland neutral verhalten.

Bismarcks kompliziertes Bündnisgeflecht zerfiel 1890. Der junge Kaiser Wilhelm II. nötigte den alten Reichskanzler zum Rücktritt und sprach selbst von einer „neuen Ära", in der Deutschland sich politisch nicht durch viele Bündnisse einengen lassen, sondern selbst – wie die anderen Mächte auch – Großmachtpolitik betreiben sollte. Diese Neuausrichtung war mit einer Abkehr von der Politik der defensiven Bündnisse verbunden. So kam es 1892 zu einer Annäherung zwischen Frankreich und Russland. Die forcierte deutsche Aufrüstung, vor allem die Flottenpolitik des Admirals Tirpitz, irritierte wiederum England, das nun seinerseits massiv seine Seestreitmächte aufrüstete und mit Deutschland ein fatales Wettrüsten zur See auslöste.

5.4 Gesellschaft im Kaiserreich

Das Deutsche Kaiserreich war gekennzeichnet durch schroffe Klassengegensätze. Adel, Bürgertum und Arbeiterschaft bildeten streng geschiedene soziale Gruppen mit eigenen Hierarchien, Normen und Werten. Ein sozialer Aufstieg von einer Gruppe in die nächste war kaum möglich. Dies manifestierte sich auch in den ländlichen und städtischen Lebens- und Wohnformen.

Der Adel bildete nach wie vor die in Politik, Verwaltung und Militär dominierende Schicht. Vor allem auf dem Land spielte der Adel dank ausgedehntem Landbesitz auch eine ökonomisch dominierende Rolle.

Stark segmentiert war das Bürgertum: Ärzte, Rechtsanwälte, Bankiers, Unternehmer und Großhändler trennten Welten von der anwachsenden Masse der kleinen Angestellten, Händler oder niedrigen Beamten. Statusdifferenzierungen spielten im Bürgertum eine eminent wichtige Rolle. Gemeinsam war den unterschiedlichen Gruppen des Bürgertums hingegen eine überwiegend obrigkeitshörige Haltung zu den mächtigen sozialen und politischen Institutionen des Kaiserreichs.

Die zahlenmäßig größte soziale Schicht bzw. Klasse bildete die mit der Industrialisierung entstandene Arbeiterschaft. Die meisten Arbeiter lebten auch noch im Kaiserreich am Rande des Existenzminimums, sie wurden in vielfältiger Weise sozial und politisch diskriminiert. Immer mehr Arbeiter fanden ihre politische Heimat bei der SPD, die im Laufe des Kaiserreichs von einer Splitterpartei zur stärksten Partei im Reichstag anwuchs.

Der im 18. Jahrhundert noch dominierende Anteil der ländlichen Bevölkerung, der Bauern und der besitzlosen Landarbeiter, sank während des 19. Jahrhunderts. Insbesondere die Landarbeiter wurden im Kaiserreich als rechtlose Randgruppe betrachtet, die einfach nur zu gehorchen hatte. Viele Angehörige dieser Unterschicht wanderten in die Städte ab und suchten sich als Dienstmädchen oder Arbeiter eine neue Stellung.

Das Kaiserreich war durchdrungen vom Geist des Militarismus (und später vom Geist des Imperialismus). Adlige Offiziere genossen hohes Ansehen, auch eine Folge der drei Einigungskriege. Diese Militarisierung des Denkens übertrug sich auch auf das zivile Leben und die bürgerliche Festkultur und Werteordnung.

Sozial diskriminiert waren noch immer die Frauen. Sie übten in der Regel untergeordnete Dienste aus, waren politisch rechtlos und hatten keinerlei Aufstiegsmöglichkeiten. Frauenarbeit galt in gehobenen bürgerlichen Kreisen zwar als nicht „standesgemäß", die Masse der Frauen war aber aus purer ökonomischer Not dazu gezwungen. Die Frauenbewegung erreichte im Kaiserreich bescheidene politische Erfolge, etwa das Recht zum Studium.

Eine antijüdische Haltung gehörte im Kaiserreich insbesondere bei Bürgern und Landbewohnern zur selbstverständlichen kulturellen Norm. Die deutschen Juden wurden zwar im 19. Jahrhundert formal den übrigen Bürgern rechtlich gleichgestellt, religiös (und verdeckt sozial) motivierte Diskriminierungen gehörten aber zu ihrem Alltag. Der religiös motivierte Antijudaismus wurde bereits im 19. Jahrhundert durch einen rassistisch begründeten Antisemitismus abgelöst.

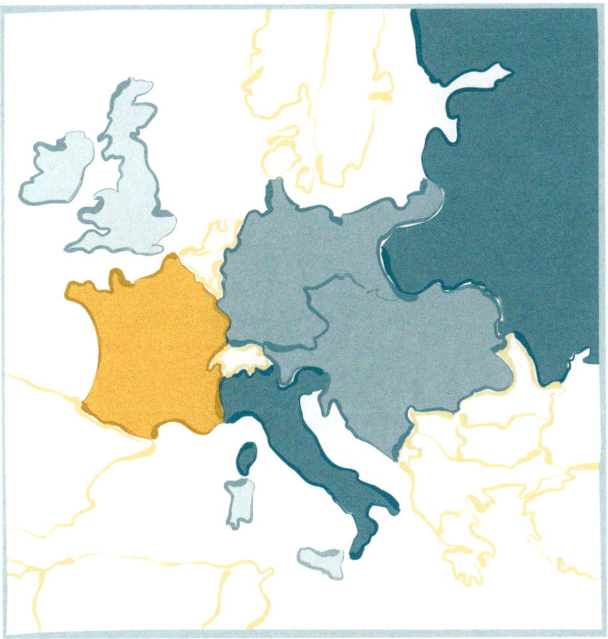

Adlige
(beherrschen weitgehend Politik und Militär)

Bürgertum
(sozial stark abgestuft)

Arbeiterschaft
(Masse der Gesellschaft, sozial und politisch diskriminiert)

Landbevölkerung
(Bauern, rechtlose Landarbeiter und Tagelöhner)

- Werte- und Normengefüge wird von Adel und Großbürgertum dominiert
- Geist des Militarismus durchdringt Gesellschaft
- Arbeiter artikulieren zunehmend selbstbewusst ihre Interessen
- soziale Diskriminierung Minderbegüterter

- Oberschicht verteidigt selbstbewusst soziale und politische Privilegien
- kaum Aufstiegschancen zwischen den sozialen Schichten
- Frauen formulieren und begründen zögerlich, aber zunehmend selbstbewusst ihre Interessen
- offene Judenfeindlichkeit

6.1 Rückblick auf den Beginn der Industrialisierung

Der Industrialisierungsprozess lässt sich in zwei große Phasen einteilen: In der ersten Phase, die im ausgehenden 18. Jahrhundert vor allem in England einsetzte, standen die Textil- und Schwerindustrie im Mittelpunkt – bei letzterer vor allem der Maschinen- und Eisenbahnbau. In der zweiten Phase, der sogenannten Hochindustrialisierung oder zweiten industriellen Revolution (in Deutschland um 1880/1890), bildeten die Chemie- und die Elektroindustrie die industriellen Leitsektoren.

Begünstigt wurde die Industrialisierung durch die demografische Entwicklung; landwirtschaftliche Innovationen ermöglichten eine breitere Ernährungsgrundlage und bildeten so eine wichtige Voraussetzung für ein beschleunigtes Bevölkerungswachstum. Neben einem großen Arbeitskräftereservoir („industrielle Reservearmee") waren die Erschließung wichtiger Ressourcen (Baumwolle, Eisenerz, Kohle), bahnbrechende Erfindungen (Dampfmaschine, Baumwollspinnmaschinen und neue Verfahren der Eisenverarbeitung) sowie eine beachtliche Anhäufung an Kapitalmitteln (zur Finanzierung neuer Technologien, Fabriken, Bergwerke, Eisenhütten und Eisenbahntrassen) unabdingbar für das industrielle Wachstum. Ein verbreiterter Bankensektor und die Möglichkeit zur Gründung von Aktiengesellschaften schufen zudem neue Finanzierungsmöglichkeiten.
Durch die industrielle Revolution veränderten sich die Formen des Zusammenlebens und der Arbeit fundamental. Die Gesellschaften wandelten sich von Agrar- zu Industriegesellschaften. Ständische Strukturen wurden abgelöst durch neuartige Klassenstrukturen. In manchen Ländern ging die konfliktreiche industrielle Revolution auch mit einer sozialen und politischen Umwälzung einher (zum Beispiel 1848/49). Neue Kommunikationsmedien (unter anderem Telegrafen, Massenmedien) und -strukturen sowie der systematische Ausbau der Verkehrsinfrastruktur (Eisenbahn und Dampfschifffahrt) ermöglichten den Transport von Menschen und Gütern in einem bisher nicht gekannten Ausmaß und Tempo. Bedingt durch eine starke Zuwanderung wuchsen viele Städte rasant. Hier manifestierten sich die neuen Klassengegensätze und die Verarmung breiter sozialer Schichten (Pauperismus) in erschreckender Art und Weise.

Die Industrialisierung war begleitet von einem Mentalitätswandel, der von einem neuartigen Gewinnstreben und einer hohen ökonomischen Innovations- und Risikobereitschaft gekennzeichnet war. Während der Industrialisierung veränderte sich auch die Rolle des Staates. Theoretiker des Wirtschaftsliberalismus verwiesen den Staat in eine „Nachtwächterrolle"; er solle nicht in das soziale wie ökonomische Geschehen eingreifen, das ungezügelte individuelle Gewinnstreben diene letztlich der Herbeiführung eines Allgemeinwohls (Adam Smith), die „unsichtbare Hand" von Marktkräften (Angebot und Nachfrage) schaffe den Ausgleich zwischen den Bedürfnissen und Interessen der verschiedenen Akteure auf dem Markt. Der Staat solle lediglich auf die Einhaltung der Rechtsordnung achten, die nötige Infrastruktur bereitstellen und den äußeren Schutz gewährleisten.

Die Industrialisierung wird bisweilen als zweiter großer Einschnitt in der Menschheitsgeschichte (nach der neolithischen Revolution vor etwa 10 000 Jahren) gedeutet. Viele Ökonomen sind der Meinung, gegenwärtig vollziehe sich durch die Informationstechnologie eine dritte, digitale Revolution, die die Lebens- und Arbeitsverhältnisse sowie die globalen Austauschbeziehungen erneut grundlegend verändere.

6.2 Die soziale Frage und die Arbeiterbewegung

In der zweiten Hälfte des 19. Jahrhunderts wurden die sozialen Missstände, die mit der industriellen Revolution einhergingen, auf verschiedenen Ebenen diskutiert. Verantwortungsbewusste Unternehmer sorgten sich um das Wohlergehen, aber auch um die Loyalität ihrer Stammbelegschaft. Daher richteten sie Kranken- und Pensionskassen ein, um qualifizierte Arbeiter an die Firma zu binden. Die Beiträge wurden paritätisch, also vom Unternehmen wie auch vom Arbeitgeber aufgebracht. Dieses Modell wurde später von der staatlichen Sozialversicherung übernommen. Einige Unternehmen errichteten Werkswohnungen – vor allem für Facharbeiter –, um deren enge Bindung an das Unternehmen zu sichern.

Auch die katholische und die evangelische Kirche versuchten, der sozialen Frage durch verschiedene soziale Einrichtungen zu begegnen, nachdem sie im Zuge der Säkularisation an Einfluss verloren hatten: Diakonie und Innere Mission, Kolpingwerk und das „Rauhe Haus" bemühten sich um verwahrloste junge Arbeiter, allerdings war die Reichweite dieser humanitären und christlich motivierten Maßnahmen sehr begrenzt.

Marx und Engels entwickelten in der Nachmärzzeit mit dem Marxismus ein theoretisches Modell, das die krisenhafte Entwicklung des Kapitalismus und der bürgerlichen Gesellschaft grundsätzlich analysierte. Sie vertraten die Auffassung, dass die Herrschaft der oberen sozialen Klasse (Bourgeoisie) notwendigerweise ihrem Ende zugehe. Die Klassengegensätze zwischen der Bourgeoisie und den abhängig beschäftigten Arbeitern (Proletariat) würden sich permanent verschärfen; damit würde die Macht einer zunehmend selbstbewussten Arbeiterklasse wachsen.

Marx' und Engels' „Manifest der kommunistischen Partei" wurde zu einer wichtigen Grundlage der sich allmählich selbst organisierenden Arbeiterbewegung. Die Selbsthilfeorganisationen der Arbeiterschaft galten jahrzehntelang als illegal. Da sie sowohl von Unternehmen wie vom Staat bekämpft wurden, schweißten sich die Arbeiterorganisationen stärker zusammen und bekamen immer stärkeren Zuspruch. Bismarcks „Gesetz wider die gemeingefährlichen Bestrebungen der Sozialdemokratie" (Sozialistengesetz) erreichte seine Ziele ebenso wenig wie sein Versuch, die Arbeiterschaft durch innovative Sozialgesetze stärker an den Staat zu binden. Die Sozialdemokratie wurde im Deutschen Kaiserreich zur stärksten Partei, die Arbeiterorganisationen und die Gewerkschaften wuchsen kontinuierlich an – zumal es ihnen gelang, konkrete soziale Verbesserungen für die Arbeiterschaft zu erkämpfen.

Die politischen und sozialen Eliten des Kaiserreichs bekämpften die Sozialdemokratie weiterhin mit allen Mitteln. Umgekehrt standen große Teile der Arbeiterbewegung dem Klassenstaat feindlich gegenüber. Diese Frontstellung wurde im Ersten Weltkrieg teilweise überbrückt, nachdem die Sozialdemokraten den Kriegskrediten für den Ersten Weltkrieg zugestimmt hatten („Burgfrieden"). In der Weimarer Republik brachen die Gegensätze schließlich umso heftiger auf.

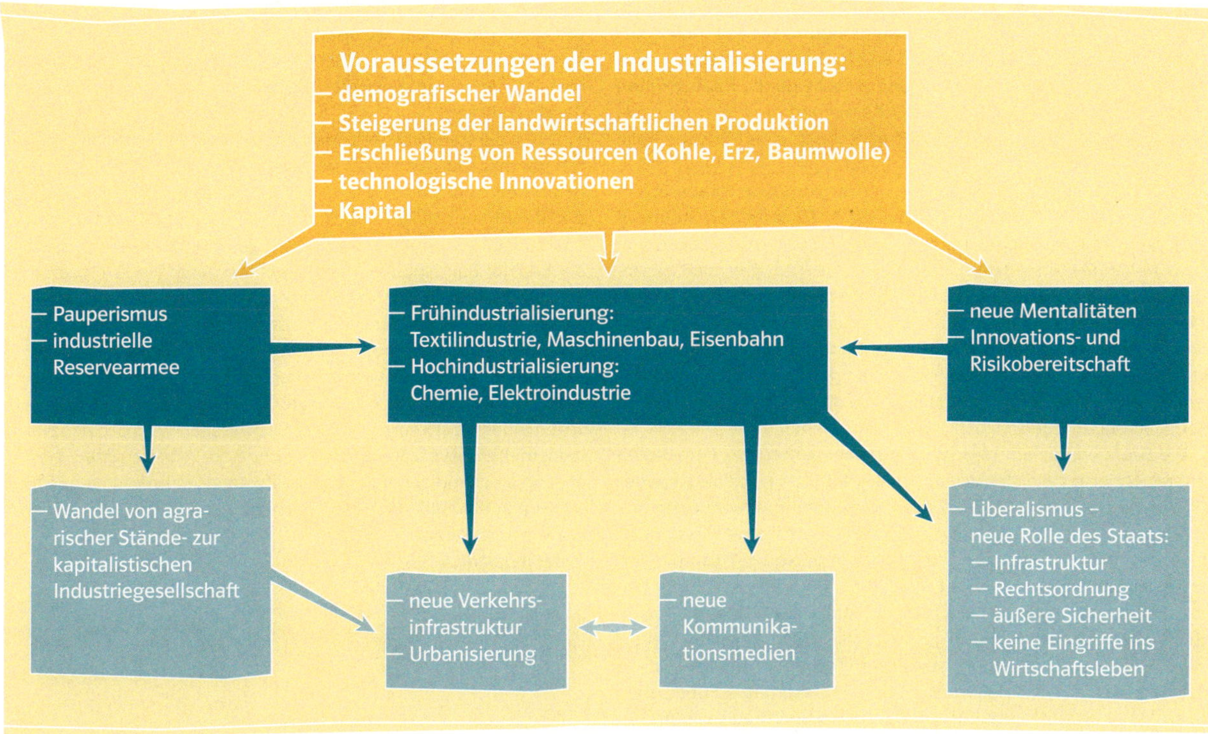
Voraussetzungen der Industrialisierung:
– demografischer Wandel
– Steigerung der landwirtschaftlichen Produktion
– Erschließung von Ressourcen (Kohle, Erz, Baumwolle)
– technologische Innovationen
– Kapital
– Pauperismus
– industrielle Reservearmee
– Frühindustrialisierung: Textilindustrie, Maschinenbau, Eisenbahn
– Hochindustrialisierung: Chemie, Elektroindustrie
– neue Mentalitäten
– Innovations- und Risikobereitschaft
– Wandel von agrarischer Stände- zur kapitalistischen Industriegesellschaft
– neue Verkehrsinfrastruktur
– Urbanisierung
– neue Kommunikationsmedien
– Liberalismus – neue Rolle des Staats:
– Infrastruktur
– Rechtsordnung
– äußere Sicherheit
– keine Eingriffe ins Wirtschaftsleben

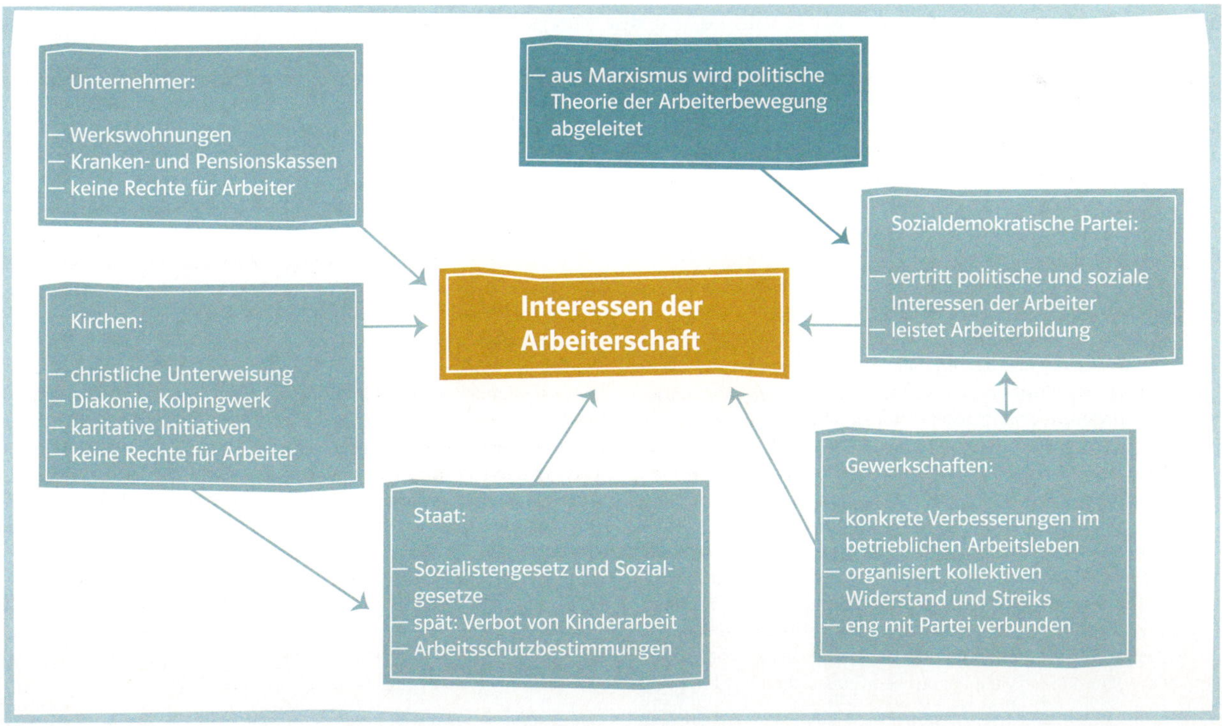
Unternehmer:
– Werkswohnungen
– Kranken- und Pensionskassen
– keine Rechte für Arbeiter
– aus Marxismus wird politische Theorie der Arbeiterbewegung abgeleitet
Sozialdemokratische Partei:
– vertritt politische und soziale Interessen der Arbeiter
– leistet Arbeiterbildung
Interessen der Arbeiterschaft
Kirchen:
– christliche Unterweisung
– Diakonie, Kolpingwerk
– karitative Initiativen
– keine Rechte für Arbeiter
Staat:
– Sozialistengesetz und Sozialgesetze
– spät: Verbot von Kinderarbeit
– Arbeitsschutzbestimmungen
Gewerkschaften:
– konkrete Verbesserungen im betrieblichen Arbeitsleben
– organisiert kollektiven Widerstand und Streiks
– eng mit Partei verbunden

6.3 Hochindustrialisierung im Kaiserreich – Deutschlands Aufstieg zum Industriestaat

Die Hochindustrialisierung – auch zweite industrielle Revolution genannt – vollzog sich in Deutschland erst in den beiden letzten Jahrzehnten vor dem 20. Jahrhundert. Eine entscheidende Rolle spielten hierbei der Maschinenbau, die Großchemie und die Elektrotechnik. Diese Branchen sollten auf dem Weltmarkt rasch eine führende Rolle übernehmen.

Zuvor schuf der Eisenbahnbau die infrastrukturellen Voraussetzungen für den wirtschaftlichen Aufschwung. Er förderte den Steinkohlenbergbau, die Stahlindustrie sowie den Maschinenbau; diese drei industriellen Sektoren begünstigten und beschleunigten sich gegenseitig. Zudem ermöglichte die Eisenbahn den kostengünstigen und raschen Transport von industriellen Gütern. Förderlich hierfür war, dass die inneren Zollschranken im Deutschen Bund allmählich abgeschafft wurden und die einzelnen Staaten sich auf gemeinsame Normen verständigten. Mit der Reichsgründung wurde die Vereinheitlichung noch weiter vorangetrieben.

Die Gründerkrise um 1873 (Bankenzusammenbrüche, Firmenpleiten) schockierte viele Menschen und verschärfte die soziale Lage der Arbeiterschaft. Sie ließ den Ruf nach staatlichen Interventionen lauter werden, auch bei denen, die zuvor wirtschaftsliberale Positionen hochgehalten hatten. Schutzzölle bevorzugten von 1879 an die heimische Stahlindustrie und die Landwirtschaft vor der ausländischen Konkurrenz und sicherten die soziale und politische Stellung der adligen Großgrundbesitzer.

Durch die optische und insbesondere chemische Industrie sowie durch die Elektroindustrie erfuhr die Industrialisierung im Deutschen Reich kurz vor der Jahrhundertwende einen wichtigen Schub. Die Großchemie konnte sich mit ihren innovativen Produkten rasch eine führende Stellung auf dem Weltmarkt sichern. Der vielfältig einsetzbare Elektromotor löste die schwerfällige Dampfmaschine ab und trat seinen Siegeszug an. Gewaltige Stromnetze entstanden und versorgten die rasch angewachsenen Städte mit elektrischer Energie. All dies vollzog sich in einer die Zeitgenossen schier überwältigenden Geschwindigkeit.

Durch die standardisierte Massenproduktion konnten die Stückkosten gesenkt und der Export begünstigt werden. Mit den steigenden Ausfuhren wuchs auch die deutsche Handelsflotte. Manche Firmen und Banken entwickelten sich unter diesen Umständen zu international tätigen Unternehmen. Ein wichtiges internationales Projekt war der Bau der Bagdadbahn, der maßgeblich durch die 1870 gegründete Deutsche Bank finanziert und vorangetrieben wurde. Daneben vollzogen sich in der Phase der Hochindustrialisierung auch Konzentrations- und Konzernbildungsprozesse. Kartelle dienten der Absicherung der Gewinne und dazu, die Konkurrenten vom Markt fernzuhalten. Solche Syndikate gab es etwa im Ruhrgebietsbergbau sowie in der chemischen Industrie (IG Farben). Schließlich stiegen während der zweiten industriellen Revolution auch die Löhne der Arbeiterschaft merklich an. Entsprechend den höheren Qualifikationsanforderungen differenzierte sich das Bildungssystem aus und neue Berufe entstanden im Banken- und Versicherungswesen, der staatlichen Verwaltung sowie in der Industrie.

6.4 Die Industrialisierung verändert das Leben der Menschen

In der Phase der Hochindustrialisierung entstanden industrielle Wachstums- und Ballungsräume in verschiedenen Teilen Deutschlands. Das Alltagsleben und die sozialen Verhältnisse der Menschen wandelten sich gerade in diesen Regionen auf revolutionäre Weise. Viele Zeitgenossen beklagten die dramatische Umweltverschmutzung, andere meinten, dass man diese im Interesse der industriellen Entwicklung billigend in Kauf nehmen müsse. Die von Umweltbelastungen betroffenen Gewerbe (etwa die Fischerei) konnten ihre Interessen kaum gegen mächtigere Industrien geltend machen. Ein Umweltbewusstsein existierte im ausgehenden 19. Jahrhundert noch nicht.

Die verschiedenen Handwerksbereiche profitierten von oder litten unter der Hochindustrialisierung in sehr unterschiedlicher Weise. Handwerkliche Kleinbetriebe, die sich spezialisierten, konnten bisweilen gut überleben, andere mussten unter kümmerlichen Bedingungen Reparaturarbeiten durchführen, um sich über Wasser halten zu können. Ähnliches gilt für landwirtschaftliche Betriebe; viele Bauernhöfe, die nicht über die Mittel zur Finanzierung technischer Innovationen verfügten, rutschten zu kärglichen Subsistenzbetrieben herab.

Die zweite industrielle Revolution war gekennzeichnet von einer dramatischen Migration und Urbanisierung, also der Wanderung der (oft verarmten) Landbevölkerung in die Städte. In diesen urbanen Ballungsräumen wurden zahlreiche wie weitreichende soziale und infrastrukturelle Einrichtungen und Innovationen entwickelt. Um das Jahr 1900 entstanden in vielen deutschen Großstädten nicht nur neue Wohnsiedlungen, sondern auch Schulen, Krankenhäuser und leistungsfähigere Bahnhöfe; aus Theatern wurden lebhaft besuchte Kinos, Filme wurden Teil der bürgerlichen Kultur. Lichtdurchflutete Kaufhäuser standen für eine neue Konsum- und Erlebniswelt.

Die Hochindustrialisierung ging auch einher mit einer neuen Arbeitsdisziplin, mit rigiden Kontrollen der streng getakteten Arbeitszeit und der individuellen Arbeitsleistung.

Frauen waren in der ersten Phase der Industrialisierung noch vorwiegend in der Landwirtschaft tätig; dies änderte sich allmählich in der Phase der Hochindustrialisierung. Allerdings wurden Frauen in der Industrie in der Regel deutlich schlechter entlohnt als die Männer; viele Frauen versuchten sich durch untergeordnete Tätigkeiten als Dienstmädchen oder als Fabrikarbeiterin eine bescheidene Existenz zu sichern. Nur wenige Frauen konnten sich auf die vermeintlich traditionelle Frauenrolle („Kinder, Küche, Kirche") konzentrieren; dies war nur dann möglich, wenn die Frauen mit einem materiell gut situierten Ehemann verheiratet waren. Für die Masse der Frauen war es ein unerreichbares bürgerliches Rollenbild; sie war zum Überleben zur Erwerbsarbeit gezwungen. Schwangerschaften mussten daher möglichst reduziert oder vermieden werden.

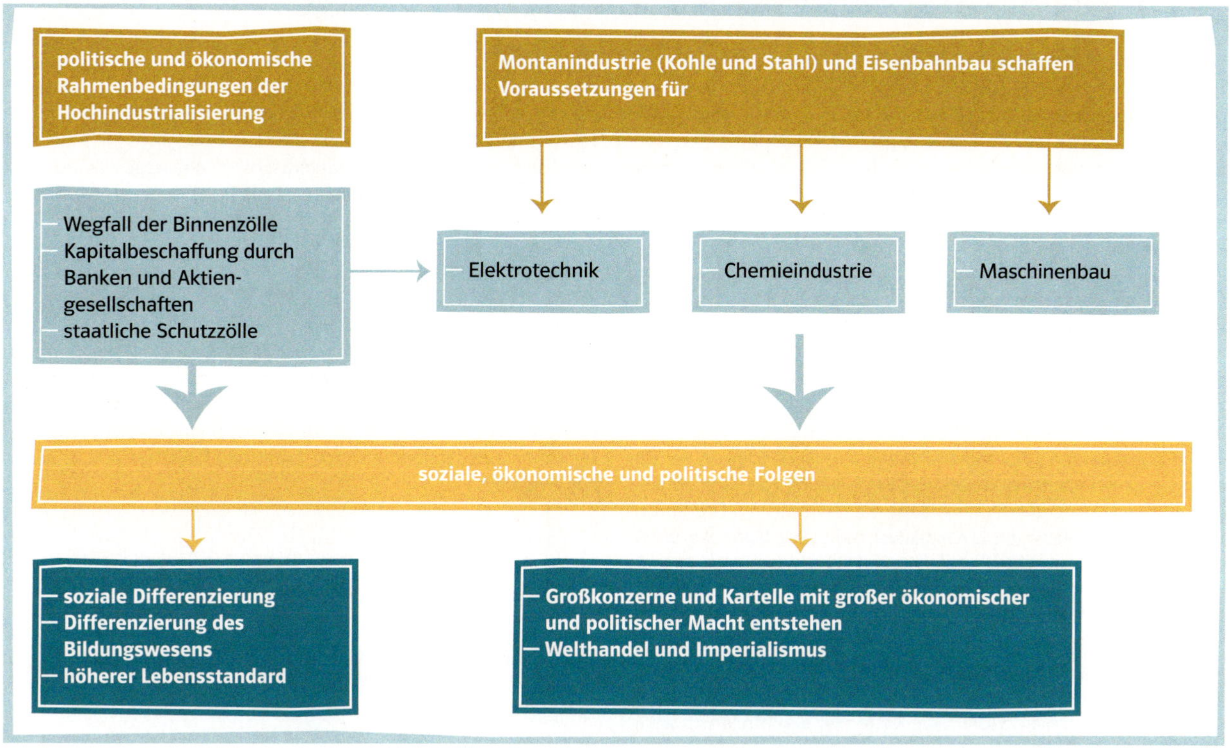
politische und ökonomische Rahmenbedingungen der Hochindustrialisierung
Montanindustrie (Kohle und Stahl) und Eisenbahnbau schaffen Voraussetzungen für
– Wegfall der Binnenzölle
– Kapitalbeschaffung durch Banken und Aktiengesellschaften
– staatliche Schutzzölle
– Elektrotechnik
– Chemieindustrie
– Maschinenbau
soziale, ökonomische und politische Folgen
– soziale Differenzierung
– Differenzierung des Bildungswesens
– höherer Lebensstandard
– Großkonzerne und Kartelle mit großer ökonomischer und politischer Macht entstehen
– Welthandel und Imperialismus

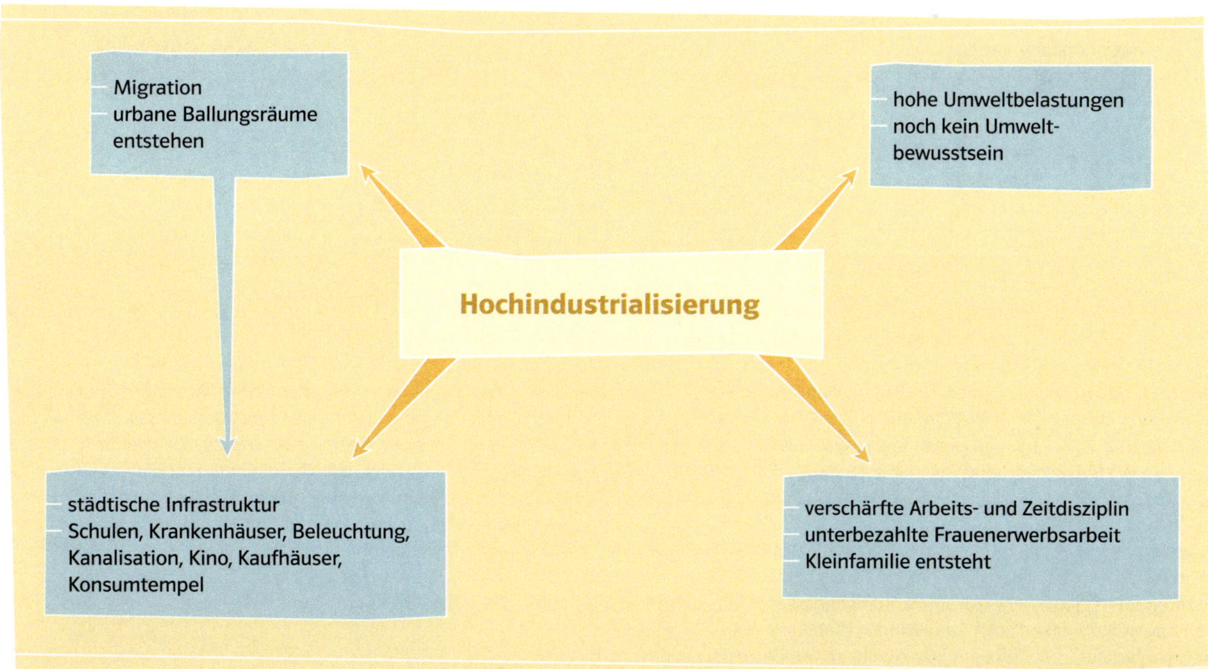
Hochindustrialisierung
– Migration
– urbane Ballungsräume entstehen
– hohe Umweltbelastungen
– noch kein Umweltbewusstsein
– städtische Infrastruktur
– Schulen, Krankenhäuser, Beleuchtung, Kanalisation, Kino, Kaufhäuser, Konsumtempel
– verschärfte Arbeits- und Zeitdisziplin
– unterbezahlte Frauenerwerbsarbeit
– Kleinfamilie entsteht

7.1 Ursachen und Theorien des Imperialismus

Technische und industrielle Errungenschaften (etwa die Dampfschifffahrt und die Telegrafie) ermöglichten im 19. Jahrhundert eine neue Qualität der europäischen kolonialen Expansion. In den letzten beiden Jahrzehnten des 19. Jahrhunderts dehnten die industrialisierten Nationen Europas sowie die USA, Japan und Russland ihre Herrschaftsgebiete in drastischer Weise aus. Die früheren Kolonialmächte Portugal, Spanien und die Niederlande gerieten ins Hintertreffen. Bei den neuen imperialistischen Ländern rückten neben ökonomischen Interessen auch Aspekte des nationalen Prestiges in den Vordergrund. An die Stelle der „indirekten Herrschaft", bei der lokale politische Eliten eine wichtige Rolle spielten, rückte nun die „direkte Herrschaft" der Kolonialmächte; man vertraute nicht mehr den lokalen Autoritäten, sondern entwickelte eigene Herrschaftsstrukturen, die indigene Herrschaften unterdrückte oder beseitigte. Dabei spielte die überlegene Waffentechnologie der Kolonialmächte eine wichtige Rolle.

Die Zeitgenossen betonten unablässig die Notwendigkeit der Gewinnung neuer Absatzmärkte und der Erschließung von Rohstoffquellen und Siedlungsgebieten für die eigene Bevölkerung. Legitimiert wurde die imperiale Politik durch die (vermeintliche) kulturelle, soziale und politische Überlegenheit der eigenen Nation oder „Rasse" über die „primitiven" kolonialisierten Völker. Diesen gegenüber habe man eine „Kulturmission", die dem Wohle aller Völker, insbesondere der unterentwickelten, diene.

Tatsächlich war die koloniale Expansion vor allem für das Deutsche Reich ein klares Verlustgeschäft. Die Gewinne aus der kolonialen Ausbeutung wurden privatisiert, die Kosten für die Infrastrukturpolitik (etwa den aufwendigen Eisenbahnbau oder die Militäreinsätze) hatten demgegenüber die Kolonialmächte bzw. die Steuerzahler zu tragen.

Der Imperialismus wird bisweilen als „Ventil" für innenpolitische soziale Spannungen in den imperialistischen Nationen gedeutet, durch das Klassenkonflikte gleichsam nach außen abgelenkt werden sollten. Das nationale Prestige, das durch die imperialistische Expansion gewonnen wurde, sollte innenpolitische Problemlagen überdecken oder verschleiern („Sozialimperialismus"). Sozial unterprivilegierte Menschen konnten sich nun mit ihrer „mächtigen" Nation identifizieren und dadurch von der Verfolgung ihrer eigenen vitalen Interessen abgelenkt werden. Immerhin ging es ihnen sozial und materiell erheblich besser als den Angehörigen „primitiver Völker", die „zivilisiert", versklavt oder gar ausgerottet wurden.

Auf der Berliner Afrika-Konferenz von 1885 wurden Regeln für den künftigen Erwerb von Kolonien aufgestellt und politisch-wirtschaftliche Interessensphären abgesteckt. Dem Sklavenhandel wurde ein formeller Riegel vorgeschoben. Dem Wettlauf um die letzten „weißen" Flecken" auf der Weltkarte wurde damit kein Riegel gesetzt, er setzte nun erst recht ein.

7.2 Der Imperialismus Großbritanniens und der USA

Die Weltmachtstellung Amsterdams wurde im 18. Jahrhundert durch die Vorherrschaft Londons abgelöst. England gründete vor allem seit dem 17. Jahrhundert Handels- und Siedlungskolonien in Übersee. Entsprechend wurde der Flottenbau vorangetrieben, der unter anderem dem Schutz der Kolonien und Handelsinteressen dienen sollte. Zu Beginn des 19. Jahrhunderts, als der Konkurrent Frankreich in Nordamerika teilweise ausgeschaltet war, verfügte England über weitreichende koloniale Besitzungen, die als Absatzgebiet für englische Industriegüter dienen sollten. Die englische Politik setzte bei der Ausweitung ihres Besitzes bevorzugt auf informelle Mittel. Zum Schutz des Handels griff die britische Regierung aber auch zu militärischen Mitteln – etwa beim Ersten Opiumkrieg in China (1839–1842). Dabei verfolgte die britische Regierung das Interesse eines Freihandelsimperialismus: Alle Nationen sollten ungehinderten Zugang zu allen Märkten haben.

Seit dem ausgehenden 19. Jahrhundert stand Großbritannien auch beim Wettlauf um Afrika an erster Stelle. Cecil Rhodes lieferte hierfür die klassisch gewordene ideologische Rechtfertigung: „Ich behaupte, dass wir die erste Rasse in der Welt sind und dass es für die Menschheit umso besser ist, je größere Teile der Welt wir bewohnen." Nachdem England sich erfolgreich die Kontrolle des Suezkanals gesichert hatte, besetzte es Ägypten (1882); es folgte eine Reihe weiterer Staaten. Man wollte eine zusammenhängende Kette von Gebieten von Ägypten bis nach Südafrika gewinnen (Kap-Kairo-Plan). Dabei geriet man erneut in Konflikt mit Frankreich. Im frühen 20. Jahrhundert herrschte das Britische Empire über ein Viertel der Erde.

Die US-amerikanischen kolonialen Bestrebungen galten zunächst der Vollendung der Binnenkolonisation auf dem nordamerikanischen Kontinent. Dabei wurde der spanische Einfluss im Süden der USA zurückgedrängt. Die Inbesitznahme gewaltiger spanischer sowie indianischer Gebiete wurde ideologisch mit dem Begriff „Manifest Destiny" (amerikanische Mission) untermauert. Die Monroe-Doktrin (1823) forderte von den Europäern, dass sie sich aus den inneramerikanischen Konflikten heraushalten sollten („Amerika den Amerikanern"), so wie sich die Amerikaner auch nicht in Konflikte in der alten Welt einmischen wollten. Die US-Amerikaner vertrieben die Spanier auch aus dem Pazifik und betrachteten ferner Mittelamerika als ihre Einflusssphäre, in der sie ihre Politik und ihre Interessen legitimerweise verfolgen könnten. Roosevelt erweiterte 1904 die Monroe-Doktrin. Er hielt fest, dass die USA es sich wünschen, ihre „Nachbarländer stabil, geordnet und blühend zu sehen. Jedes Land, dessen Bewohner sich gut betragen, kann unserer herzlichen Freundschaft sicher sein." „Chronisches Fehlverhalten" könne jedoch die Intervention einer zivilisierten Nation erfordern. Die Amerikaner müssten dann die Rolle eines „Weltpolizisten" einnehmen. Dabei würden die US-Amerikaner nicht nur im eigenen Interesse handeln, sondern auch im Interesse der betroffenen Nationen sowie „im Interesse der Menschlichkeit allgemein."

zeitgenössische Motive:

- Rohstoffquellen
- Absatzmärkte
- Siedlungsgebiete
- kulturelle Mission
- „Schürfrechte" für die Zukunft sichern
- Wohlstandsmehrung

ideologische Grundlagen:

- Nationalismus
- Sozialdarwinismus
- Rassismus
- Sendungsbewusstsein
- Missionierung

historische Ursachen:

- Festigung der Nationalstaaten
- Hochindustrialisierung
- Kapital und Technik verfügbar
- Kapitalinvestitionen
- Sicherung von Einflussgebieten
- nationale Konkurrenz und Prestigepolitik
- Sozialimperialismus

Imperialismus

Folgen:

- **Verschärfung internationaler Spannungen**
- **„Europäisierung" der Welt**
- **willkürliche Grenzziehungen in Kolonien**
- **„Stellvertreterkriege" zwischen den Nationalstaaten**
- **gewisse Modernisierungen in Kolonien**

USA:

- Binnenkolonisation
- Zurückdrängung Spaniens
- Manifest Destiny
- Monroe-Doktrin
- Mittelamerika und Pazifik als „Hinterhof"
- Recht auf Intervention im Interesse der „Menschlichkeit"

- gemeinsame Freihandelsinteressen
- globale Orientierung
- weltweit Stützpunkte

Großbritannien:

- Ablösung der früheren Kolonialreiche Spaniens, Portugals und Hollands
- indirekte und direkte Herrschaft
- Ausschaltung Frankreichs in Nordamerika
- Interventionen in China und Afrika

britischer und US-amerikanischer Imperialismus

- **Einflusssphären sind räumlich getrennt – keine kolonialen Konflikte zwischen GB und USA**
- **gemeinsame Politik im 20. Jahrhundert**
- **seit Mitte des 20. Jhs. Verlust kolonialer Machtstellungen**

7.3 Der deutsche Imperialismus

Der erste Reichskanzler des Deutschen Kaiserreichs, Otto von Bismarck, stand der Kolonialpolitik zunächst skeptisch bis ablehnend gegenüber. Er betrachtete Deutschland nach den Einigungskriegen und der Gründung des Deutschen Reichs (1871) als „saturiert". Bismarck sah den politisch konfliktträchtigen Charakter und das finanzielle Risiko einer Kolonialpolitik. Allerdings gab Bismarck dem Druck kolonialpolitischer Befürworter allmählich nach, die die finanziellen und politischen Chancen von kolonialen „Erwerbungen" betonten. Privatwirtschaftlichen Unternehmungen von Kolonialgesellschaften, die den finanziellen und militärischen Herausforderungen ihrer Unternehmungen nicht gewachsen waren, bot er Unterstützung an. Ihre „Erwerbungen" – vornehmlich in Afrika – wurden fortan als „Schutzgebiete" betrachtet, bis sie förmlich zu deutschen Kolonien wurden.

Unter Bismarcks Nachfolgern und unter dem „Neuen Kurs" des jungen Kaisers Wilhelm II. nahm die deutsche Kolonialpolitik eine neue imperialistische Qualität an, die dem nationalen und imperialen Prestigebedürfnis Rechnung tragen und zugleich die Zustimmung der Masse der Bevölkerung finden sollte (Sozialimperialismus, Herrschaftslegitimation). Die frühere behutsame Politik wich nun einer Linie, die internationale Konflikte bewusst in Kauf nahm, um vermeintlichen nationalen Geltungsansprüchen mehr Gewicht zu verschaffen.

Unter anderem intervenierte Deutschland massiv und unverhältnismäßig in China, nachdem ein deutscher Botschaftsangehöriger getötet worden war. Es zwang China zu Handlungen, die für das Land demütigend waren.

Ein wichtiges Kolonialprojekt war der vom Deutschen Reich projektierte Bau der Bagdadbahn von Konstantinopel bis Bagdad (beschlossen 1903). Der Bau berührte russische wie englische Interessen in der Region, die von Deutschland leichtfertig ignoriert wurden. Bis zum Ersten Weltkrieg wurde das erste Teilstück fertiggestellt. Insgesamt war die deutsche Kolonialpolitik für das Deutsche Reich – betrachtet man nur die ökonomische Seite – ein Verlustgeschäft.

Die Durchsetzung kolonialer Ansprüche war in der Regel mit Gewalthandlungen gegen die indigene Bevölkerung verbunden, die in den offiziellen Verlautbarungen als „Erziehungsmaßnahmen" oder als „legitime Strafen" dargestellt wurden. Solche repressiven Aktionen waren indes keine deutsche Besonderheit, sondern gängige Praxis auch der anderen Kolonialmächte.

Antikoloniale Aufstände wie etwa der Herero in Deutsch-Südwestafrika (1904–1907), die aus ihren Besitzungen vertrieben werden sollten, wurden brutal niedergeschlagen. Viele Herero wurden rücksichtslos in die Wüste getrieben, wo sie zum großen Teil umkamen. Ähnlich erging es den aufständischen Nama. Ein Aufstand in Deutsch-Ostafrika (1905–1907) gegen die Arbeitspflicht wurde ebenso grausam unterdrückt, dabei kamen wahrscheinlich Hunderttausende von Afrikanern ums Leben. Viele Historiker bezeichnen das als Völkermord. Auf die Entschädigungsforderungen der Nachkommen der von den Genoziden betroffenen Völker reagierte die Bundesrepublik Deutschland bislang hinhaltend.

7.4 Ausblick: Verschärfung internationaler Spannungen und Niedergang der Kolonialreiche

Manche Historiker werten den Imperialismus als „Vorspiel des Ersten Weltkriegs". Der Berliner Kongress (1878) konnte zwar zunächst Konflikte zwischen den europäischen Großmächten beilegen. Seit den 1890er-Jahren rückten alte Konflikte aber wieder in den Vordergrund und trugen zu einer angespannten Situation bei. Das britische Bestreben, ein zusammenhängendes Kolonialreich von Kairo bis nach Südafrika zu errichten, stieß mit französischen Interessen im Süd-Sudan zusammen (Faschoda-Krise). Der Konflikt konnte beigelegt werden und führte später (1904) zur Entente cordiale zwischen England und Frankreich.

In Marokko trafen französische auf deutsche Interessen. Nachdem das Deutsche Reich ein Kanonenboot in die umstrittene Region entsandt hatte, intervenierte England entsprechend der Entente cordiale für die französische Seite (1911). Deutschland musste sich zurückziehen und eine peinliche diplomatische Niederlage hinnehmen.

Der Erste Weltkrieg hatte viele Ursachen, eine war sicherlich die prestigeträchtige imperiale Konkurrenz um die Beherrschung möglichst großer Teile der Welt. Dieser Wettlauf hat eine rationale Verständigung bei den innereuropäischen Konflikten am Vorabend des Ersten Weltkriegs erschwert.

Durch den Versailler Vertrag verlor Deutschland seine Kolonien, sie wurden zu Mandatsgebieten des neu errichteten Völkerbunds. Der Ruf nach „deutschen Kolonien" wurde jedoch schon kurz nach dem Ersten Weltkrieg wieder laut. Auch andere Staaten strebten weiter nach Kolonien, so konnte sich Japan angesichts der inneren Krise und Schwäche Chinas die Mandschurei (seit 1931) einverleiben und seine Festlandsbesitzungen in Ostasien vergrößern.

Mit der Unabhängigkeit Indiens (1947) begann das Ende des gewaltigen Britischen Empires. In Afrika entwickelten sich zahlreiche Befreiungsbewegungen, die allermeisten afrikanischen Länder erlangten 1960 (dem „Jahr Afrikas") – oft nach blutigen Kämpfen gegen die jeweiligen Kolonialmächte – die staatliche Unabhängigkeit. 1990 wurde Namibia in die Unabhängigkeit entlassen. 1997 gab Großbritannien vertragsgemäß Hongkong an China zurück, es bildet heute eine Sonderverwaltungszone mit einer relativen Autonomie.

Das Zeitalter des Imperialismus kann damit als beendet gelten. Allerdings wirken die positiven (Modernisierung) wie prekären Folgen (willkürliche Grenzziehungen, Ausplünderung von Ressourcen) des Imperialismus bis in die unmittelbare Gegenwart nach.

Motive und Ziele:

- privates Gewinnstreben
- staatliche Prestigepolitik
- zusätzliche Herrschaftslegitimation
- Sozialimperialismus

deutsche Kolonialpolitik:

private Initiativen
↓
dt. Schutzgebiete
↓
Kolonien

Folgen:

- deutsche Verwicklung in internationale Konflikte
- finanzielles Zuschussgeschäft
- Konkurrenz zu Frankreich und England verschärft sich
- Aufrüstung

- dt. Kolonien: u. a. Deutsch-Südwestafrika, Deutsch-Ostafrika, Kamerun, Togo, Bismarck-Archipel, Kaiser-Wilhelm-Land
- dt. Kolonialprojekte: Bagdadbahn, Marokko, Besetzung des chin. Tsingtao, Pachtvertrag mit Kiautschou

Ende des Imperialismus

Koloniale Konflikte vor dem Ersten Weltkrieg:

- Faschoda-Krise 1898 (mündet in Entente cordiale)
- Marokko-Krisen 1905/1911

→

Erster Weltkrieg:

verstärkt Widerstände in Kolonien

→

Zwischen den Weltkriegen:

- Erste Erhebungen in Kolonien
- Deutschland verliert Kolonien durch Versailler Vertrag
- Japan erobert Mandschurei

→

Unabhängigkeitskriege nach 1945:

- 1947: Unabhängigkeit Indiens
- 1960: die meisten afrikanischen Staaten werden unabhängig

Folgen des Imperialismus

- willkürliche Grenzziehungen, die ethnische Konflikte bis in die Gegenwart auslösen
- politische Instabilität: Staatszerfall in einigen ehemaligen Kolonien
- unterschiedliche Modernisierungsgrade in ehemaligen Kolonialbesitzungen
- andauernde wirtschaftliche Ausplünderung durch Industriestaaten
- ökonomische und politische Abhängigkeit von ehemaliger Kolonialmacht im Zuge der Globalisierung

8.1 Kriegsursachen und Kriegsbeginn

Der Erste Weltkrieg wird bisweilen als „Urkatastrophe des 20. Jahrhunderts" bezeichnet. Und tatsächlich sind die weltgeschichtlich bedeutsamen Prozesse des 20. Jahrhunderts ursächlich mit dem Ersten Weltkrieg verknüpft: der Versailler Vertrag, die krisenhafte Entwicklung nicht nur in Deutschland, sondern auch in einer Reihe anderer europäischer Staaten, das Scheitern der Weimarer Demokratie und der Sieg des Nationalsozialismus, der Zweite Weltkrieg und die anschließende Teilung der Welt im Kalten Krieg.

Während der erste Reichskanzler des Deutschen Kaiserreichs, Otto von Bismarck, das Deutsche Reich als „saturiert" ansah, erstrebten seine Nachfolger und Kaiser Wilhelm II. eine Weltmachtrolle für das Deutsche Reich. Deutschland sollte global expandieren und eine wesentliche Rolle in der Weltpolitik spielen. Entsprechend aggressiv trat der deutsche Kaiser bei internationalen Konflikten auf. Die deutsche Kriegsflotte wurde systematisch ausgebaut und das englische Misstrauen gegenüber der deutschen Politik in Kauf genommen. Auch mischte sich die deutsche Politik in zahlreiche internationale und koloniale Konflikte ein. Die Folge war ein konfliktträchtiges Wettrüsten insbesondere zwischen Deutschland und England. England schloss 1904 ein Abkommen mit Frankreich, die Entente cordiale. 1907 folgte die Triple Entente, die nun auch Russland mit einbezog. Deutschland war damit von Gegnern umschlossen. Die Rüstungsbemühungen im feindlichen Ausland führten dazu, dass in Deutschland immer intensiver Überlegungen zu einem militärischen Präventivschlag gegen die Entente angestellt wurden.

Die Krisenstimmung in Europa wurde durch den Ersten und den Zweiten Balkankrieg zusätzlich angeheizt. 1912 drängten verbündete Balkanvölker die Türkei aus ihren europäischen Besitzungen, in einem weiteren Krieg 1913 kämpften diese Balkanvölker gegeneinander um die gewonnenen Territorien. Als am 28. Juni 1914 ein serbischer Nationalist den österreichisch-ungarischen Thronfolger und seine Frau im „Attentat von Sarajewo" ermordete, wirkte dieses Ereignis wie ein Funke im Pulverfass. Österreich stellte, auf die Rückendeckung durch das Deutsche Reich vertrauend („Blankoscheck"), an Serbien unerfüllbare Forderungen. Die politischen Eliten im Deutschen Reich sahen in einem Krieg ein Mittel, um die weitere Demokratisierung des Reichs zu verhindern und drängten entsprechend darauf, energisch gegen die Serben vorzugehen. Die Vermittlungsversuche Englands wurden von Deutschland weitgehend torpediert. Am 28. Juli 1914 erklärte Österreich-Ungarn Serbien den Krieg. Da die Serben, die ein Großserbisches Reich erstrebten und territoriale Ansprüche an Österreich-Ungarn richteten, mit Russland verbündet waren, reagierte das Zarenreich mit einer Generalmobilmachung. Um dem russischen Aufmarsch zuvorzukommen, erklärte Deutschland am 1. August Russland den Krieg, zwei Tage später Frankreich und am 4. August England. Deutsche Armeen waren bereits am 2. August in Luxemburg und am Tag danach ins neutrale Belgien eingedrungen.

Angesichts der Bündnisautomatik entwickelte sich aus einem lokalen Konflikt rasch ein gewaltiger Flächenbrand: der Erste Weltkrieg.

8.2 Der Erste Weltkrieg als „moderner" Krieg

1914 waren Millionen von Menschen in vielen europäischen Staaten bereit, für „ihre" Nation zu sterben. Vor allem die harte Realität des Krieges desillusionierte viele Soldaten jedoch bald. Die Kriegsbegeisterung war ohnehin keine allgemeine, wie es der Mythos will, sie war eher beschränkt auf höhere soziale Schichten wie das akademische Bildungsmilieu.

Im Ersten Weltkrieg bedeutete „Realität des Krieges" die Absage an den vermeintlich heldenhaften und ehrenvollen Kampf von „Mann gegen Mann". Der Krieg wurde mittels extrem kostenaufwendiger modernster Technologie geführt: mit weitreichenden Artilleriegeschützen, Flugzeugen, U-Booten (uneingeschränkter U-Boot-Krieg) und chemischen Waffen (Gaskrieg seit 1915). Gerade die chemischen Waffen waren nicht selten für die eigenen Truppen ebenso gefährlich wie für den Feind.

Um diesen technisch anspruchsvollen Krieg führen zu können, wurden die Volkswirtschaften der betreffenden Länder so weit wie nur möglich auf die Kriegführung ausgerichtet, vor allem unter Einsatz weiblicher Arbeitskräfte. Die Ausrufung des „totalen Kriegs" hatte auch zur Folge, dass sich die Versorgung der Zivilbevölkerung mit Lebensmitteln ganz erheblich verschlechterte.

Der von deutscher Seite geplante Bewegungskrieg erstarrte nach dem Scheitern des Schlieffen-Plans, der einen raschen Vormarsch und Sieg im Westen vorsah, um die dann frei werdenden Kräfte Russland entgegensetzen zu können, rasch in einem Stellungskrieg (Schützengräben). Dieser Stellungskrieg zeichnete sich durch ernorm hohe Verluste an Menschenleben und durch Materialschlachten aus, bei denen keine Seite einen entscheidenden Durchbruch erzwingen konnte. Von alliierter Seite kamen schließlich modernste Panzer (Tanks) zum Einsatz, die den verlustreichen Stellungskrieg in Bewegung bringen sollten. Doch auch diese brachten keine kriegentscheidenden Erfolge. Ebenfalls keinen kriegsentscheidenden Einsatz hatte die mit gewaltigen finanziellen Mitteln bis 1914 aufgestellte Kriegsflotte.

Lediglich im Osten konnte die Oberste Heeresleitung (OHL) im Kampf gegen Russland Erfolge verbuchen. Doch obwohl der russische Vormarsch gestoppt werden konnte und die Mittelmächte Deutschland und Österreich tief im „Feindesland" standen, waren sie von einem Sieg über das Zarenreich weit entfernt.

Bei der propagandistischen Kriegführung geriet Deutschland durch den Einmarsch ins neutrale Belgien im Sommer 1914 und durch eine Reihe von dort begangenen Verbrechen (Geiselerschießungen, Vernichtung der Bibliothek von Löwen) rasch ins Hintertreffen. Auch wenn dies von der deutschen Propaganda innerhalb Deutschlands anders kommuniziert wurde, war der Krieg eben kein Verteidigungskrieg, sondern ein aggressives Unternehmen, das die Gegenseite als barbarisch brandmarken konnte.

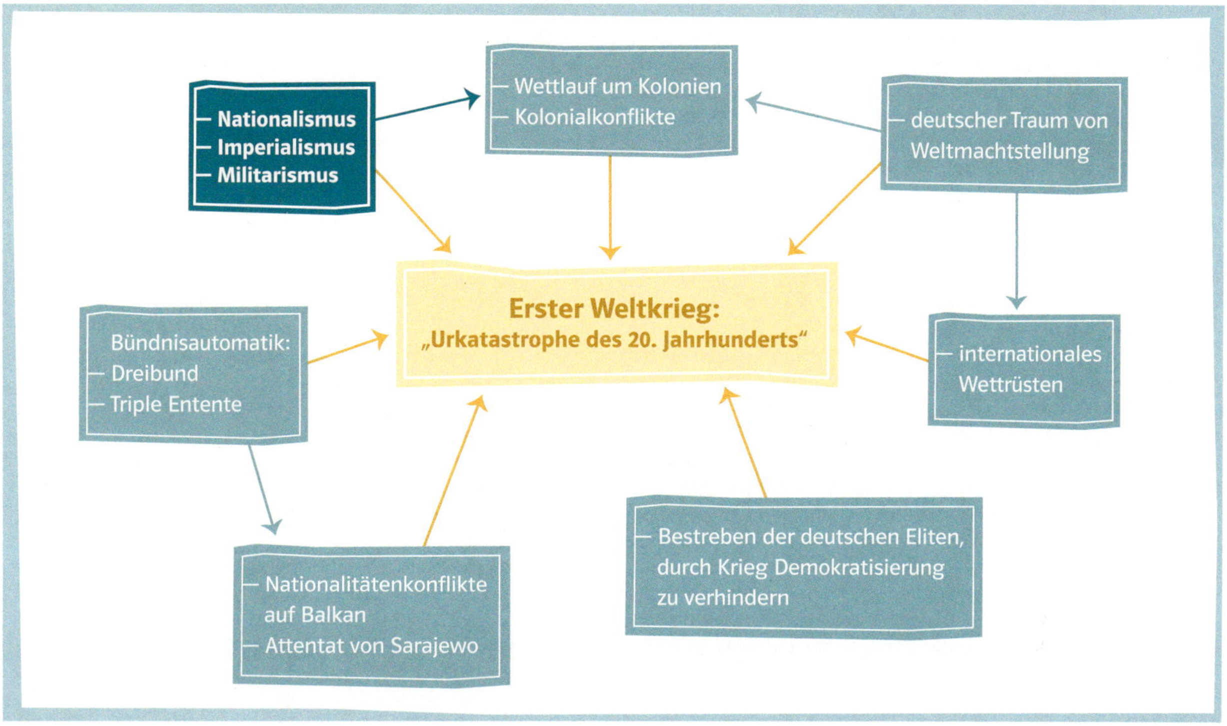

- Nationalismus
- Imperialismus
- Militarismus
- Wettlauf um Kolonien
- Kolonialkonflikte
- deutscher Traum von Weltmachtstellung
Erster Weltkrieg:
„Urkatastrophe des 20. Jahrhunderts“
Bündnisautomatik:
- Dreibund
- Triple Entente
- internationales Wettrüsten
- Bestreben der deutschen Eliten, durch Krieg Demokratisierung zu verhindern
- Nationalitätenkonflikte auf Balkan
- Attentat von Sarajewo

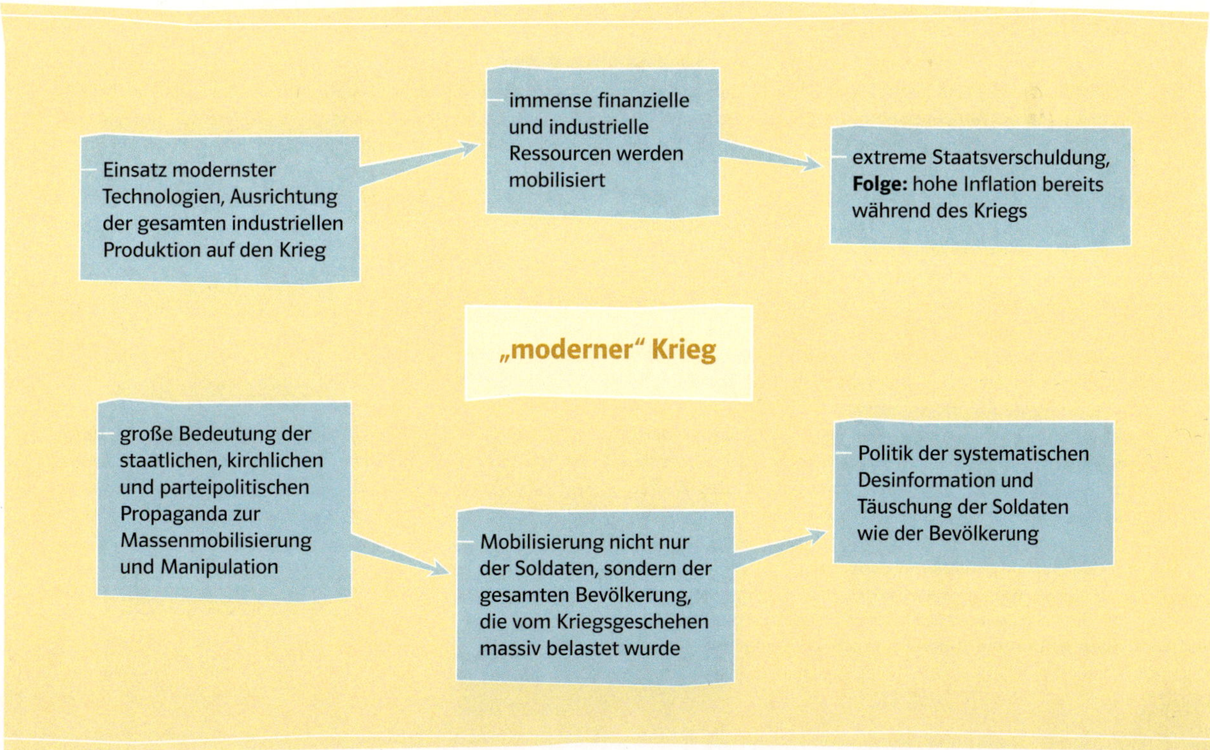

Einsatz modernster Technologien, Ausrichtung der gesamten industriellen Produktion auf den Krieg
immense finanzielle und industrielle Ressourcen werden mobilisiert
extreme Staatsverschuldung, Folge: hohe Inflation bereits während des Kriegs
„moderner“ Krieg
große Bedeutung der staatlichen, kirchlichen und parteipolitischen Propaganda zur Massenmobilisierung und Manipulation
Mobilisierung nicht nur der Soldaten, sondern der gesamten Bevölkerung, die vom Kriegsgeschehen massiv belastet wurde
Politik der systematischen Desinformation und Täuschung der Soldaten wie der Bevölkerung

8.3 Epochenjahr 1917

Im Jahr 1917 vollzogen sich zwei weltgeschichtliche Ereignisse:

1) Die USA traten aus politischen wie ökonomisch motivierten Gründen in den Krieg auf Seiten der Entente gegen die Mittelmächte ein: Hätten England und Frankreich den Krieg gegen die Mittelmächte verloren, hätten die Amerikaner die hohen Kredite, die sie England und Frankreich gewährt hatten, abschreiben müssen. Weiterhin profitierte das US-amerikanische Kapital von der Kriegspolitik. Zudem wollte der US-amerikanische Präsident Woodrow Wilson durch den Krieg eine neue, den Interessen der verschiedenenen Nationen entsprechende demokratische Weltordnung etablieren. Die Leitideen hierzu formulierte er 1918 in seinen 14 Punkten.

2) Im zaristischen Russland kam es zu zwei Revolutionen, deren Ergebnisse die Geschichte des 20. Jahrhunderts maßgeblich beeinflussen sollten. Die nach diesen Revolutionen im Jahr 1922 gegründete Union der Sozialistischen Sowjetrepubliken (UdSSR) entwickelte sich zu einem welthistorisch entscheidenden Machtfaktor.

In Russland hatten im Frühjahr 1917 sozialrevolutionäre Kräfte angesichts der desaströsen materiellen und innenpolitischen Verhältnisse in der Februarrevolution den Zar zur Abdankung gezwungen (er wurde 1918 mit Billigung der neuen sowjetischen Führung von seinen Bewachern erschossen). Die neue Regierung der Sozialrevolutionäre (Provisorische Regierung) meinte aber den Krieg gegen die Mittelmächte fortführen zu müssen, obgleich die Versorgungsprobleme kaum mehr zu lösen waren. Sie verlor dabei zunehmend den Rückhalt der kämpfenden Truppen wie der leidenden Bevölkerung. Daher konnten die marxistischen Bolschewiki unter Wladimir Iljitsch Uljanow (Lenin) im Oktober 1917 durch einen gewaltsamen Militärputsch („Oktoberrevolution“) in Petrograd die Provisorische Regierung entmachten.

Im Januar 1918 ließen die Bolschewiki dann die im November 1917 gewählte verfassunggebende Versammlung gewaltsam auflösen. Lenin versprach den unterdrückten Massen Frieden und Land, dem konnten die anderen politischen Kräfte wenig Überzeugenderes entgegenhalten. Weiterhin bot die neue bolschewistische Regierung den Mittelmächten einen sofortigen Waffenstillstand an. – Um ihre Herrschaft in Russland sichern zu können, akzeptierte die neue Regierung den Separatfrieden von Brest-Litowsk („Raubfrieden“), durch den weite Teile des ehemaligen russischen Staatsgebiets den Mittelmächten preisgegeben wurden. (Im späteren Versailler Vertrag wurden diese von Deutschland diktierten Friedensbedingungen wieder annulliert.) Allerdings erfüllten sich Lenins Hoffnungen auf eine rasche Stabilisierung der bolschewistischen Herrschaft nicht, denn das Land versank in einen Bürgerkrieg zwischen Anhängern der alten zaristischen Ordnung, die von den Westmächten unterstützt wurden, und den bolschewistischen Truppen.

Auch für Deutschland war 1917 ein wichtiges Jahr: Die Bevölkerung litt dramatisch an den Kriegsfolgen („Hungerwinter“). Im Februar nahm Deutschland den „uneingeschränkten U-Boot-Krieg“ auf, der mit der im März 1917 veröffentlichten Zimmermann-Depesche zum folgenreichen Kriegseintritt der USA führte. Anders als von der Obersten Heeresleitung (OHL) indendiert, konnte der U-Boot-Krieg aber nicht die alliierte Seeblockade gegen Deutschland brechen. 1917 verkündeten sozialdemokratische und linksliberale Kräfte in Deutschland durch eine Friedensresolution die Idee eines Verständigungsfriedens. Dieser Idee hielten die nationalistischen Konservativen die Idee eines Siegfriedens entgegen, der aber schon zu diesem Zeitpunkt unrealistisch geworden war.

8.4 Das Kriegsende

Der Separatfrieden von Brest-Litowsk im Frühjahr 1918 sollte die deutsche Kriegführung aus der fatalen Zweifrontenlage befreien. Doch die daran anschließende Westoffensive scheiterte im August 1918 und die erschöpften deutschen Truppen mussten sich zurückziehen.

Am 29. September 1918 gestand die Oberste Heeresleitung ihre militärische Niederlage ein und forderte von der deutschen Regierung die Aufnahme sofortiger Waffenstillstandsverhandlungen mit den Alliierten. Dabei zog sich die OHL aus der politischen Verantwortung heraus: Die Mitglieder der neuen zivilen Regierung, die jetzt an die Macht kam, sollten für die militärische Niederlage der Truppen geradestehen. Tatsächlich wurde die spätere demokratisch legitimierte Regierung in der Weimarer Republik mit den gewaltigen Problemen behaftet, die die kaiserliche Führung zu verantworten hatte.

Anfang Oktober trat Reichskanzler Graf Hertling zurück, er wurde abgelöst durch Prinz Maximilian von Baden. Durch innere Reformen suchte man nun die eigene Verhandlungsposition bei den Waffenstillstandsverhandlungen mit den Alliierten zu verbessern: Mit den Oktoberreformen des neuen Reichskanzlers wurde aus der konstitutionellen Monarchie eine parlamentarische. Der Waffenstillstand wurde dann am 11. November 1918 im französischen Compiègne unterzeichnet (der Zentrumspolitiker Matthias Erzberger, der die deutschen Verhandlungen geführt hatte und den Vertrag unterschrieb, wurde 1921 Opfer eines Anschlags von rechtsnationalistischen Gruppen). Der Krieg, der Millionen Todesopfer gekostet und das alte Europa der Monarchien zerstört hatte, war vorbei.

USA 1917

- seit Kriegsbeginn Kredite und Waffenlieferungen an England und Frankreich
- kriegentscheidender Kriegseintritt der USA

Russland 1917

- schwere Kriegsniederlagen Russlands
- Februarrevolution und Abdankung des Zaren
- Provisorische Regierung führt Krieg fort
- Enttäuschung der Massen ermöglicht Oktoberrevolution der Bolschewiki

Deutschland 1917

- uneingeschränkter U-Boot-Krieg
- Zimmermann-Depesche
- Spaltung der Arbeiterbewegung in SPD und USPD (wegen Haltung zu Kriegskrediten)
- Friedensresolution (SPD, Zentrum, Linksliberale) scheitert gegenüber der konservativ-nationalistischen Idee eines Siegfriedens

---

- Kriegseintritt der USA 1917

→

- Friede von Brest-Litowsk bringt nicht die erhoffte militärische Entlastung

→

- Westoffensive 1918 scheitert, Dolchstoß-Legende wird geboren

→

- Hoffnung, innere Reformen würden Verhandlungen mit Alliierten begünstigen: daher Parlamentarisierung des Deutschen Reichs

→

- Waffenstillstand Nov. 1918 unterzeichnet von Matthias Erzberger

→

- Kriegsniederlage wird Demokraten, Sozialisten und Kommunisten angelastet
- OHL entzieht sich der Verantwortung
- Weimarer Demokratie wird mit Kriegsfolgeproblemen behaftet

8.5 Politischer Umbruch in Deutschland – vom Kaiserreich zur Weimarer Republik

Spätestens nach den gescheiterten Westoffensiven im Spätsommer 1918 musste klar sein, dass der Krieg für Deutschland verloren war. Gleichwohl gab die Marineführung am 25. Oktober 1918 den militärisch wie politisch absurden Befehl, zu einer „Entscheidungsschlacht" gegen England auszufahren. Daraufhin verweigerten die Matrosen den Gehorsam. Es kam zu Verhaftungen, die aber die Rebellion nur weiter anstachelten. Soldaten und Arbeiter wählten kurz darauf in Hafenstädten je einen Arbeiter- und Soldatenrat, der in den jeweiligen Städten die politische Macht übernahm. Die revolutionäre Stimmung breitete sich wie im Sturm auf das gesamte Deutsche Reich aus und innerhalb weniger Tage übernahmen Arbeiter und Gewerkschaftsführer vielerorts die politische Macht, während sich die Repräsentanten der alten Ordnung klammheimlich zurückzogen.

In Berlin verkündete der letzte Reichskanzler des Kaiserreichs, Prinz Maximilian von Baden, am 9. November eigenmächtig den Rücktritt des Kaisers und ernannte – ebenfalls eigenmächtig – den Führer der stärksten Reichstagsfraktion, Friedrich Ebert (SPD), zum neuen Reichskanzler. Noch am 9. November rief Philipp Scheidemann (SPD) die Republik aus. Diese stand nun vor ungeheuren Problemen, die die alte kaiserliche Regierung nicht gelöst hatte. Wie sollte man mit den „ungehorsamen" Revolutionären umgehen, wie sollte die neue politische Ordnung aussehen?

Friedrich Ebert bildete mit prominenten Repräsentanten der Sozialdemokratie und der von der SPD abgespaltenen USPD einen Rat der Volksbeauftragten. Dieser Rat sollte die Wahl zu einer Nationalversammlung vorbereiten, die ihrerseits eine neue Verfassung ausarbeiten sollte. Auch beim Reichskongress der Arbeiter- und Soldatenräte im Dezember 1918 votierte eine große Mehrheit für die Wahl einer Nationalversammlung. Die Arbeiter- und Soldatenräte, die nach dem Kriegsende vielerorts die Verwaltung übernommen hatten, lösten sich bald wieder auf.

Nach der Wahl im Reichskongress kam es in Berlin zu einem Aufstand der Linksradikalen (Teile der USPD und die von der SPD abgespaltene, eben erst gegründete Kommunistische Partei Deutschlands, KPD), die sich gegen die Wahlen zur Nationalversammlung richteten. Demokratiefeindliche Freikorps schlugen diesen Januaraufstand nieder. Die Führer des kommunistischen Spartakusbunds Rosa Luxemburg und Karl Liebknecht wurden verhaftet und ermordet. Dadurch vertiefte sich die verhängnisvolle Spaltung der Arbeiterbewegung.

Die Wahl zur Nationalversammlung (erstmalig durften auch Frauen wählen) fand im Januar 1919 statt. Bei ihr erreichte die SPD fast 38 Prozent der Stimmen, das Zentrum fast 20 Prozent und die linksliberale DDP 18,5 Prozent. Die monarchistisch-konservativen Kräfte blieben deutlich in der Minderheit.

Die Nationalversammlung wählte die neue Regierung, bestehend aus Parteien der Weimarer Koalition (SPD, Zentrum, DDP), und wählte Friedrich Ebert zum Reichspräsidenten. Sie beriet über eine neue Verfassung, die einen starken, über den Parteien stehenden Reichspräsidenten mit Sondervollmachten (Recht zur Auflösung des Reichstags, Notverordnungsrecht nach Artikel 48 sowie Wahl auf 7 Jahre) vorsah, das reine Verhältniswahlrecht bei Parlamentswahlen sowie die Grundrechte. Im August unterschrieb Friedrich Ebert die Verfassungsurkunde und die Weimarer Republik war geboren.

8.6 Friedensverträge 1919–1930

Im Herbst 1918 kapitulierten die Mittelmächte (Bulgarien, das Osmanische Reich, Österreich-Ungarn und Deutschland) in kurzer Folge. Für Deutschland unterschrieb am 11. November 1918 eine zivile Delegation unter dem Staatssekretär Matthias Erzberger den Waffenstillstand von Compiègne. Im Januar 1919 wurde in Paris eine Friedenskonferenz eröffnet, an der 32 Siegerstaaten teilnahmen. Die Kriegsverlierer waren zu den Verhandlungen nicht zugelassen.

Die entscheidenden Weichenstellungen wurden vom „Rat der Vier" (USA, England, Frankreich, Italien) erörtert und entschieden. Dem US-amerikanischen Präsidenten Wilson ging es darum, einen Völkerbund zur friedlichen Schlichtung territorialer Konflikte zu schaffen, außerdem sollten in Europa neue Staaten gebildet werden, um dem Prinzip der nationalen Selbstbestimmung Rechnung zu tragen. Frankreich wollte Deutschland militärisch und ökonomisch schwächen, der Rhein sollte die Westgrenze Deutschlands bilden. Die Kolonialmacht England wollte die deutsche Flottenkonkurrenz ausschalten. Vor allem England und die USA traten den französischen Zielen entgegen, auch wenn sie das französische Sicherheitsinteresse akzeptierten.

Als im Mai 1919 die Bedingungen des Versailler Vertrags in Deutschland bekannt wurden, ging ein Sturm der Entrüstung quer durch alle Parteien hindurch. Man hatte im Vertrauen auf Wilsons 14 Punkte mit einem „milden Frieden" gerechnet und war nun völlig entsetzt.

Deutschland sollte vor allem im Westen und Osten Gebiete abtreten, die allgemeine Wehrpflicht abschaffen und das Heer auf 100 000 Mann abrüsten, teilweise von den Siegern besetzt werden, hohe Reparationsleistungen und Sachleistungen entrichten, die Kriegsflotte und Handelsschiffe ausliefern. Als juristische und moralische Begründung diente der Kriegsschuldartikel 231, mit dem Deutschland die alleinige Kriegsschuld übernehmen sollte. In Deutschland wurde sogar diskutiert, ob man die Kampfhandlungen wieder aufnehmen sollte. Nach erbitterten Debatten musste sich eine neue deutsche Regierung den Bedingungen fügen und den Vertrag unterzeichnen.

Ziel aller Parteien war es nun, auf politischem Wege eine Revision von einzelnen Vertragsbestimmungen zu erreichen. Tatsächlich konnte die wirtschaftlich erschütterte Weimarer Republik in der Folgezeit eine Reduzierung der Reparationsleistungen bewirken. Um dem Ausland die Zahlungsunfähigkeit zu demonstrieren, ließ man die kriegsbedingte Inflation in astromische Höhen ansteigen (Hyperinflation). Als Deutschland seinen Zahlungsverpflichtungen nicht gänzlich nachkam, besetzten 1923 belgische und französische Truppen das Ruhrgebiet (Ruhrkrise). Die deutsche Regierung rief darauf zu Generalstreiks, dem passiven Widerstand, auf. US-amerikanische Experten prüften nun die deutsche Zahlungsfähigkeit und entwickelten 1924 einen neuen Zahlungsplan (Dawes-Plan), der mit hohen US-amerikanischen Krediten an Deutschland verknüpft war.

Die Regierung unter Stresemann glaubte, dass eine Revision des Versailler Vertrags eher zu erringen war, wenn man Frankreich politisch entgegenkäme. In den Verträgen von Locarno (1925) erkannte Deutschland die vom Versailler Vertrag geschaffene deutsche Westgrenze an (nicht aber die neue Ostgrenze zu Polen). Deutschland wurde nun in den Völkerbund aufgenommen (1926). 1929 wurde ein neuer Zahlungsplan entwickelt, der Young-Plan, der von rechtsnationalistischen Kreisen erbittert bekämpft wurde.

- Matrosenmeuterei breitet sich rasch aus
- Arbeiter- und Soldatenräte übernehmen Macht
- Chancen zur Demokratisierung
- Arbeiter- und Soldatenräte lösen sich rasch wieder auf
- Rücktritt des Kaisers, Ausrufung der Republik, Rat der Volksbeauftragten
- Entscheidung für parlamentarische Demokratie, Wahl zur Nationalversammlung
- Aufstände von Linksradikalen, die von demokratiefeindlichen Freikorps niedergeschlagen werden
- Vertiefung der Spaltung der Arbeiterbewegung SPD – USPD – KPD
- Nationalversammlung erarbeitet Verfassung (allgemeines Wahlrecht / Volkssouveränität / Reichspräsident und Reichstag kontrollieren sich gegenseitig / elementare Grundrechte)

(zunächst) breite Basis für neue demokratische Ordnung: Weimarer Koalition (sozialdemokratisch geführte Reichsregierung mit Friedrich Ebert als Reichspräsident) steht vor schwierigsten Aufgaben

Versailler Vertrag 1919
- **Gebietsabtretungen**
- **Rüstungsbeschränkungen**
- **demilitarisierte Zonen**
- **Reparationen**
- **Art. 231: dt. Alleinschuld**

- neue Nationalstaaten entstehen
- Annulierung des Vertrags von Brest-Litowsk
- liefert Argumente für nationalistische Agitation gegen junge Demokratie und Republik
- provoziert politische Morde
- Destabilisation der Weimarer Demokratie

- Inflation soll dt. Zahlungsunfähigkeit demonstrieren, **Folge:** frz. Ruhrbesetzung und passiver dt. Widerstand 1923

↔

- Erfüllungspolitik mit dem Ziel der friedlichen Revision
- Dawes-Plan 1924/Young-Plan 1929 zur Regelung der Reparationsfrage
- Vertrag von Locarno: Anerkennung der Westgrenze
- Beitritt zum Völkerbund
- → Deutschland wird wieder diplomatisch „salonfähig“

9.1 Politische Voraussetzungen des Nationalsozialismus 1920–1933

Die Weimarer Republik war von Beginn an mit zahlreichen Problemen und Belastungen konfrontiert, an denen sie letztlich scheiterte: die massive Staatsverschuldung und eine damit zusammenhängende Inflation, die Forderungen des Versailler Vertrags wie beispielsweise die zu leistenden Reparationszahlungen und Gebietsabtretungen, das zerstörte internationale Ansehen oder die nötige Versorgung von Hunderttausenden Kriegsinvaliden. Das alles waren Hinterlassenschaften des Kaiserreichs, für deren Lösung jetzt Demokraten verantwortlich gemacht wurden.

Führende Repräsentanten des Kaiserreichs (in der Verwaltung, der Justiz, den Universitäten, im Militär, in Industriellenkreisen), die immer noch in führenden Stellungen waren, lehnten die Demokratie ab und bekämpften sie vehement. Sie schufen den geistig-politischen Nährboden, auf dem sich antidemokratische Kräfte entfalten konnten. Diese wollten die Kriegsniederlage nicht hinnehmen und machten für die militärische Niederlage und die Kriegsfolgen demokratische Kräfte verantwortlich (Dolchstoßlegende). In dieser Stimmung ereigneten sich mehrere politische Morde, die in nationalistischen Kreisen auf mehr oder weniger offene Zustimmung stießen. 1920 und 1923 erlebte die junge Weimarer Republik Putschversuche (den Kapp-Lüttwitz-Putsch und den Hitler-Ludendorff-Putsch), die aber scheiterten.

Der Hitler-Ludendorff-Putsch sorgte dafür, dass die Nationalsozialistische Deutsche Arbeiterpartei (NSDAP), deren Parteivorsitzender Adolf Hitler war, bundesweit Bekanntheit erlangte. Doch bis 1929 war die NSDAP nur eine von zahlreichen nationalistischen und antisemitischen Splitterparteien, die gegen die Erfüllungspolitik, den Versailler Vertrag, die Reparationen und gegen den Parlamentarismus hetzten.

Die letzte Phase der Weimarer Republik war geprägt durch eine deutliche Verunsicherung, ausgelöst durch die Weltwirtschaftskrise seit 1929, was wiederum die antidemokratische Stimmung begünstigte. Demokratische Parteien verloren an Rückhalt und die letzte Regierung, die im Reichstag eine Mehrheit hatte, scheiterte 1930 an der Kompromissunwilligkeit der beteiligten Kräfte. Reichspräsident Hindenburg und ihm nahestehende einflussreiche Kreise nutzten die Situation, um die Macht des Reichstags mittels Notverordnungen systematisch auszuhöhlen und eine autoritäre Staatsform zu etablieren. Heinrich Brüning wurde Kanzler einer Präsidialregierung, die letztlich nur dem Reichspräsidenten verantwortlich war. Allerdings erwiesen sich diese Präsidialregierungen als nicht in der Lage, die ökonomischen Probleme der Republik zu meistern, Brünings Sparpolitik (Deflationspolitik) verschärfte vielmehr die ökonomische Situation und förderte die Massenarbeitslosigkeit.

In dieser sich verschärfenden Situation wurden die Nationalsozialisten, die inzwischen beachtliche Wahlerfolge feiern konnten, durch die zeitweise Zusammenarbeit mit bürgerlich-konservativen Kräften („Harzburger Front" von 1931) gleichsam hoffähig. Der antidemokratische Kult der Gewalt entlud sich seit 1930 immer mehr in bürgerkriegsähnlichen Zuständen, Wahlkämpfe wurden immer häufiger mit Fäusten und Waffen ausgetragen.

Von seinem Beraterkreis und aus Industriellenkreisen wurde Hindenburg nun bedrängt, Adolf Hitler zum Kanzler einer Präsidialregierung zu ernennen. Doch Hindenburg lehnte anfänglich ab. Nach dem politischen Scheitern der Kabinette unter Brüning, Papen und Schleicher gab Hindenburg dem Drängen jedoch nach und ernannte Hitler am 30. Januar 1933 zum Reichskanzler mit einer Regierung, in der die NSDAP nur zwei Minister stellte. Die NSDAP schien damit „gezähmt" bzw. von weniger radikalen Kräften „eingerahmt".

9.2 Die nationalsozialistische Ideologie

Die NS-Ideologie war als Theorie nicht stimmig, sondern eher eine Ansammlung von traditionellen Ressentiments gegen die Moderne. Sie stellte sich grundsätzlich gegen alle elementaren Errungenschaften und Herausforderungen der Amerikanischen und Französischen Revolution, sie war also gegen die universalen Menschenrechte, gegen die Gewaltenteilung, gegen die Demokratie und gegen die auf Konkurrenz basierende kapitalistische Marktwirtschaft. Die NSDAP wollte auch die politischen und sozialen Ergebnisse der Revolution von 1918 rückgängig machen.

Der „nationale Sozialismus" im Parteinamen der NSDAP blieb immer nebulös. So entsprach der (begrenzte) Antikapitalismus der NSDAP, der sich gegen das „raffende Kapital" der Börsen, Banken oder Spekulanten (im Gegensatz zum „schaffenden Kapital" der Industrie oder des Handwerks) richtete, keineswegs einer „sozialistischen" Haltung. Vielmehr wurden alle (international orientierten) sozialistischen Bestrebungen vehement bekämpft. Das galt für Parteien wie SPD und KPD aber auch für Gewerkschaften und Arbeitervereine.

Ein Kernpunkt der nationalsozialistischen Ideologie war das hierarchische Führerprinzip, an dessen oberster Position Adolf Hitler als „Führer und Reichskanzler" stand: das System von Führer und Gefolgschaft, wobei die Willensbildung von oben nach unten durchgesetzt wird, sowie das System von Befehl und unbedingtem Gehorsam.

Gegen die modernen Prinzipien Demokratie, Gewaltenteilung, Pluralismus und Menschenrechte proklamierte der Nationalsozialismus die „Volksgemeinschaft", also die Gemeinschaft von Menschen vermeintlich gleicher und rassisch edler und wertvoller ethnischer Abstammung („Arier"). Alle Menschen dieser Volksgemeinschaft würden gleiche Interessen und Werthaltungen verbinden, gleichgültig, welchen sozialen Schichten sie angehören. Als „Schicksalsgemeinschaft" müsste dieses Volk der Arier im Daseinskampf der Völker um die Erweiterung seines Lebensraums kämpfen (Sozialdarwinismus). Bedroht sei die arische Volksgemeinschaft durch den „Bazillus" des fremden Bluts – damit waren in erster Linie Juden gemeint. Also gelte es, die Rasse rein zu halten und das gefährliche Fremde „gnadenlos auszumerzen" (Rassismus, Antisemitismus).

Dieses rassistische, vulgärdarwinistische Modell bildet die Basis nationalsozialistischen Denkens, es hatte mörderische Konsequenzen für Millionen von Menschen. Die Vorstellung einer rassisch einheitlichen wie gesunden Volksgemeinschaft hatte ferner Folgen für zahllose Menschen, die den daraus abgeleiteten Normen nicht entsprachen: homosexuell veranlagte Menschen, die als rassisch minderwertig erklärten Roma sowie geistig Behinderte, die als unheilbar Kranke und als Last für die Volksgemeinschaft betrachtet wurden.

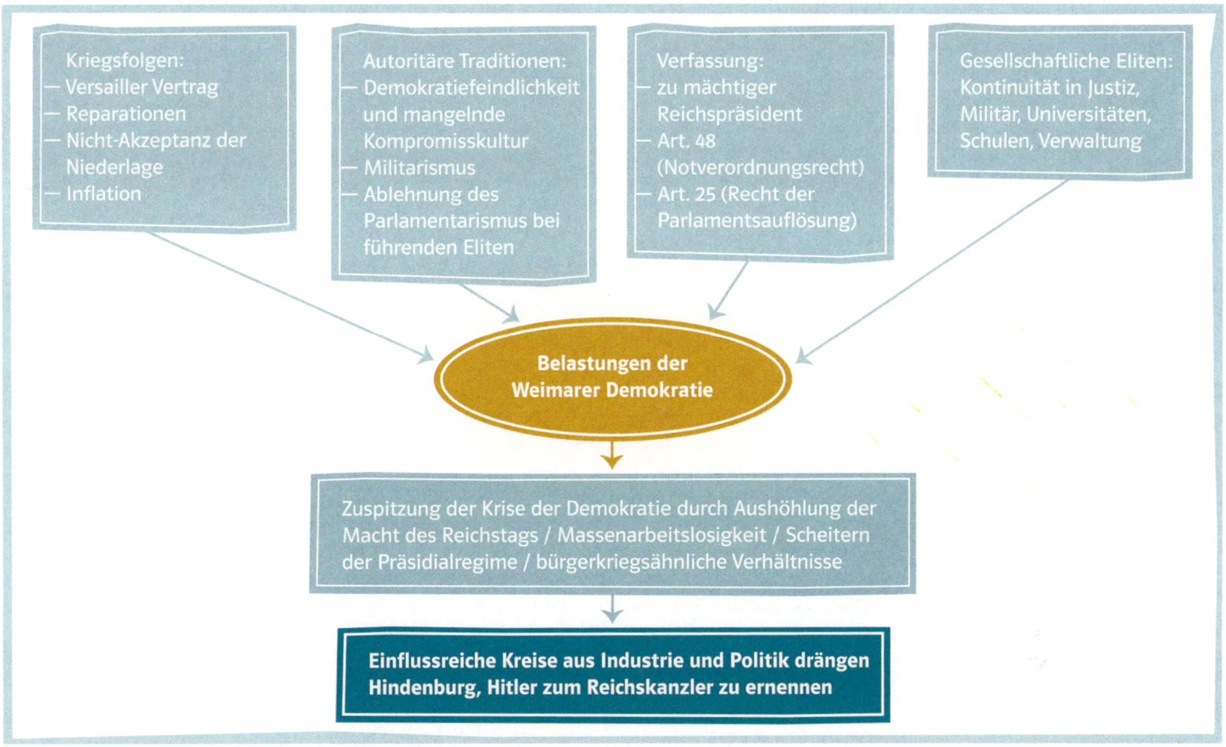
Kriegsfolgen:
– Versailler Vertrag
– Reparationen
– Nicht-Akzeptanz der Niederlage
– Inflation
Autoritäre Traditionen:
– Demokratiefeindlichkeit und mangelnde Kompromisskultur
– Militarismus
– Ablehnung des Parlamentarismus bei führenden Eliten
Verfassung:
– zu mächtiger Reichspräsident
– Art. 48 (Notverordnungsrecht)
– Art. 25 (Recht der Parlamentsauflösung)
Gesellschaftliche Eliten:
Kontinuität in Justiz, Militär, Universitäten, Schulen, Verwaltung
Belastungen der Weimarer Demokratie
Zuspitzung der Krise der Demokratie durch Aushöhlung der Macht des Reichstags / Massenarbeitslosigkeit / Scheitern der Präsidialregime / bürgerkriegsähnliche Verhältnisse
Einflussreiche Kreise aus Industrie und Politik drängen Hindenburg, Hitler zum Reichskanzler zu ernennen

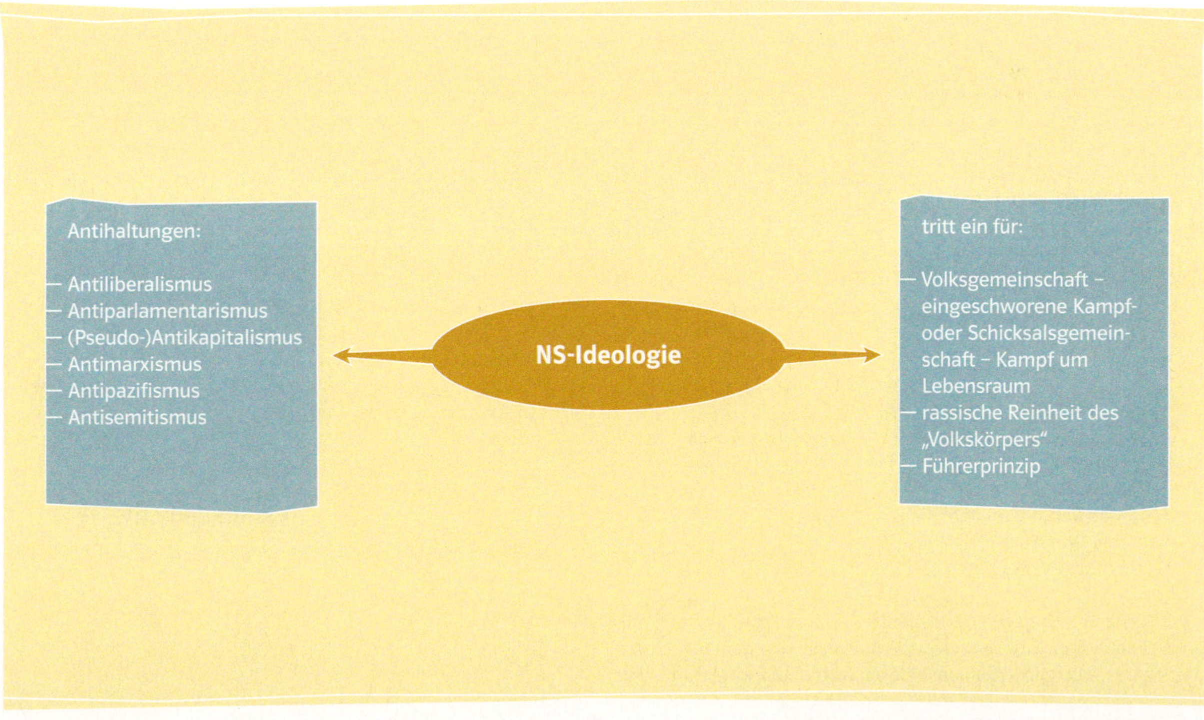
Antihaltungen:
– Antiliberalismus
– Antiparlamentarismus
– (Pseudo-)Antikapitalismus
– Antimarxismus
– Antipazifismus
– Antisemitismus
NS-Ideologie
tritt ein für:
– Volksgemeinschaft – eingeschworene Kampf- oder Schicksalsgemeinschaft – Kampf um Lebensraum
– rassische Reinheit des „Volkskörpers"
– Führerprinzip

9.3 Das Ende des Rechts- und Verfassungsstaats in Deutschland 1933/34

Den Nationalsozialisten gelang es rasch nach der Ernennung Hitlers zum Reichskanzler, die politische und soziale Macht in Deutschland zu monopolisieren und die demokratischen und rechtsstaatlichen Strukturen der Weimarer Republik zu zerschlagen. Dafür brauchte Hitler zunächst eine Zweidrittelmehrheit im Parlament, um die ihm notwendig erscheinenden Verfassungsänderungen durchzuführen. Aus diesem Grund überzeugte er Hindenburg, am 5. März 1933 Neuwahlen abhalten zu lassen.

In der Nacht vom 27. auf den 28. Februar 1933 brannte das Reichstagsgebäude. Als Brandstifter wurden die Kommunisten bezeichnet. Die Nationalsozialisten nutzten die Gunst der Stunde, um von Hindenburg eine rasche Notverordnung zum „Schutz von Volk und Staat" („Reichstagsbrandverordnung") zu erwirken, die zentrale Grundrechte außer Kraft setzte und Sondervollmachten für die Reichsregierung schuf. Damit wurden der nationalsozialistische Terror gegen politische Gegner und der Ausnahmezustand legalisiert.

Bei den Reichstagswahlen im März erreichte die NSDAP lediglich 43,9 Prozent der Stimmen, war also auf eine Koalition mit der DNVP angewiesen, um auf eine einfache Mehrheit im Parlament zu kommen. Am 23. März wurde dann das Ermächtigungsgesetz verabschiedet, das die Reichsregierung ermächtigte, ohne parlamentarische Zustimmung selbst Gesetze zu erlassen. Dies war das Ende der parlamentarischen Demokratie und der Gewaltenteilung. Möglich wurde das Gesetz, weil die kommunistischen Mandate zuvor annulliert worden waren und die anderen Parteien außer der SPD geschlossen für das Ermächtigungsgesetz stimmten.

Durch ein Gleichschaltungsgesetz wurden in den Länderparlamenten die Sitze entsprechend den Sitzverhältnissen im Reichstag festgelegt. In allen Ländern herrschte nun die NSDAP mit der DNVP. Damit wurde eine Opposition durch die Reichsländer ausgehebelt.

Durch das „Gesetz zur Wiederherstellung des Berufsbeamtentums" vom 7. April 1933 wurde der Beamtenapparat von Juden und oppositionellen Kräften „gesäubert". Am 2. Mai wurden die Gewerkschaften zerschlagen. Damit wurden Oppositionskräfte auch im vorparlamentarischen Bereich beseitigt. In der Folgezeit lösten sich die bürgerlichen Parteien selbst auf, die SPD wurde verboten, die Einparteiendiktatur war damit rasch etabliert.

Bereits im März 1933 war das Ministerium für Volksaufklärung und Propaganda unter Joseph Goebbels eingerichtet worden. Mit diesem Apparat wurde der Kunst- und Kulturbetrieb gleichgeschaltet. Wer im Kulturbetrieb oder journalistisch tätig werden wollte, musste nun Mitglied in Organisationen sein, die vom Ministerium kontrolliert wurden.

Die innerparteiliche Opposition innerhalb der NSDAP bzw. der SA, die sich eine besondere Rolle im neuen System erhofft hatte, wurde durch die Morde im Umkreis des „Röhm-Putsches" von 1934 beseitigt. Hitler entledigte sich bei dieser Gelegenheit mithilfe der SS und der Reichswehr seiner innerparteilichen Konkurrenten aus der SA und früheren Widersacher aus dem konservativen Milieu.

Unmittelbar vor dem Tod Hindenburgs im Sommer 1934 schaffte Hitler das Amt des Reichspräsidenten per Gesetz ab. Hitler vereinigte in seiner Person nun das Amt des Reichspräsidenten und das des Reichskanzlers als „Führer und Reichskanzler". Die Angehörigen der Reichswehr wurden auf seine Person vereidigt. Hitler besaß nun die uneingeschränkte Macht in Deutschland.

9.4 Das Herrschaftssystem des NS-Staats

Im NS-Staat gehörten Kompetenzgerangel und Meinungsverschiedenheiten zur Tagesordnung. Neben den staatlichen Verwaltungs- und Regierungsstellen wurden parallel auch zahlreiche Parteigliederungen etabliert, die bezüglich ihrer Kompetenzen miteinander konkurrierten. Dies lag nicht zuletzt daran, dass Hitler als „Führer" häufig keine klaren Anweisungen gab bzw. neben staatlichen Behörden Parteieinrichtungen mit Sondervollmachten schuf.

Innerhalb des diktatorischen Einparteiensystems des „Dritten Reichs" sollten oppositionelle Kräfte eingeschüchtert und/oder ausgeschaltet werden. Diesem Ziel dienten als Institutionen die Gestapo und die bereits 1933 eingerichteten Konzentrationslager („Schutzhaft"), als gesetzliche Maßnahmen vor allem das Heimtückegesetz. Die Nationalsozialisten konnten sich ferner auf zahlreiche Denunzianten aus der Bevölkerung verlassen, die tatsächliche oder vermeintliche Gegner des Systems an Parteistellen verrieten.

Andererseits mussten die Nationalsozialisten auch um die Zustimmung der Bevölkerung werben, um ihre weitreichenden politischen und militärischen Weltmachtziele durchführen zu können. Tatsächlich fand das Regime relativ rasch eine breite Zustimmung in der Bevölkerung. Gründe dafür waren die erfolgreiche Revisionspolitik, als Bestimmungen des Versailler Vertrags gebrochen wurden und das Ausland diese Vertragsverletzungen hinnahm. Ferner stieß der rassistische Kampf gegen Minderheiten durchaus auf Zustimmung. Und schließlich gelang den Nationalsozialisten eine deutliche Reduzierung der Arbeitslosenzahlen. Möglich wurde dies etwa durch den Reichsarbeitsdienst (RAD), die militärische Aufrüstung, die Wiedereinführung des Wehrdienstes sowie durch die konjunkturelle Erholung. Diese Erfolge gab es aber nicht ohne Preis: Die Löhne stagnierten auf niedrigem Niveau und die Arbeitszeit wurde verlängert. Und der Wirtschaftsaufschwung durch Rüstungsproduktion war mit einer massiven Staatsverschuldung verbunden, die durch die spätere Kriegführung wieder behoben werden sollte.

Die Gleichschaltung der öffentlichen Meinung durch einheitliche ideologische Informationen diente der Herrschaftssicherung des NS-Regimes (etwa durch den „Volksempfänger"). Betrieben wurde diese öffentliche Gleichschaltung vor allem durch das Propagandaministerium und die Deutsche Arbeitsfront. Neben den Medien erfolgte die Massenmanipulation auch durch die nationalsozialistische Festkultur mit ihren gewaltigen Aufmärschen. Diese sollten Gemeinschaftserlebnisse stiften und die Bevölkerung in nationalsozialistische Aktivitäten einbinden. Zugleich wurden auf diese Weise die Menschen unterschwellig auf den künftigen Krieg vorbereitet, indem sie bei diesen mit großem logistischem Aufwand inszenierten, disziplinierten Massenveranstaltungen gleichsam militaristische Praktiken und Denkmuster einübten.

„Machtergreifung" 1933/34

Ministerium für Volksaufklärung und Propaganda
- Kontrolle der Medien
- Bücherverbrennungen

Neuwahlen zum Reichstag März 1933
- Ziel: Zweidrittelmehrheit

Notverordnung zum Schutz von Volk und Staat
- Beseitigung der Grundrechte
- Legalisierung des Terrors
- Schutzhaft / Konzentrationslager

Ermächtigungsgesetz:
- Macht des Reichstags beseitigt
- Regierung kann Gesetze erlassen
- Aufhebung der Gewaltenteilung

Gleichschaltung der Länder

Gesetz zur Wiederherstellung des Berufsbeamtentums

Verbot der Gewerkschaften

Verbot bzw. Selbstauflösung aller Parteien außer der NSDAP

„Röhm-Putsch" 1934:
- Beseitigung innerparteilicher Gegner

Tod Hindenburgs 1934:
- Hitler wird „Reichskanzler und Führer"
- Vereidigung der Reichswehr auf Hitler

↓

- **Monopolisierung der Macht im politischen und vorpolitischen Raum**
- **Ausschaltung der politischen Institutionen der Weimarer Demokratie**
- **Aushöhlung der Verfassung**
- **Beseitigung politischer Gegner**
- **Monopolisierung des Kulturbetriebs**

„Doppelstaat":
staatliche Institutionen konkurrieren mit Parteigliederungen =
„Polykratie" und Kompetenzgerangel,
„Führer" hat das letzte Wort

Sicherung der Macht durch:

Einschüchterung, Repression und Terror (weitgehend staatlicher und juristischer Kontrolle entzogen)
- KZ / Schutzhaft
- Heimtückegesetz
- Gestapo (Überwachung des „Volkskörpers")
- Denunziationswesen
- Willkürherrschaft

↔

Zustimmung zum NS-Regime, Integration
- Kraft durch Freude
- Festkultur, Massenveranstaltungen
- Gemeinschaftserlebnisse
- Jugendorganisationen
- Volksempfänger
- Arbeitsbeschaffungsmaßnahmen (RAD, Rüstungsproduktion)

Problem Staatsverschuldung, sollte durch eine künftige Kriegsbeute bezahlt werden

9.5 NS-Außenpolitik bis 1939

Laut seiner offiziellen Verlautbarungen verfolgte das NS-Regime eine Politik der friedlichen Revision des Versailler Vertrags. Tatsächlich aber – und das machte Hitler in internen Erklärungen unmissverständlich klar – ging es in der NS-Außenpolitik nicht nur um eine Wiedererlangung der internationalen Gleichberechtigung Deutschlands. Hitler beschwor vielmehr die führende Rolle der „arischen Rasse" in der Weltpolitik.

Zunächst aber ging es nach der „Machtergreifung" darum, das vom Nationalsozialismus verunsicherte europäische Ausland zu beschwichtigen. Dem dienten das in größter Eile mit dem Vatikan ausgehandelte Reichskonkordat (1933), das das NS-Regime diplomatisch aufwertete, sowie der Nichtangriffspakt mit Polen (1934).

Als Hitler einigermaßen sicher im Sattel saß und das Saarland mit großer Abstimmungsmehrheit dem Deutschen Reich eingefügt worden war, wurden in der Außenpolitik tiefere Nadelstiche gegen die früheren Kriegsgegner gesetzt – die jetzigen Maßnahmen verstießen eklatant gegen die Bestimmungen des Versailler Vertrags. 1935 wurde die allgemeine Wehrpflicht wieder eingeführt, die deutsche Armee (jetzt als „Wehrmacht" bezeichnet) wurde drastisch vergrößert. Rasch darauf folgte das britisch-deutsche Flottenabkommen, das eine deutsche maritime Wiederaufrüstung ermöglichte. 1936 wurde das entmilitarisierte Rheinland von deutschen Truppen besetzt, was die Alliierten zähneknirschend hinnahmen. Im selben Jahr unterstützten die Deutschen den Putsch der spanischen Faschisten gegen die spanische Republik (Legion Condor) und erprobten die neue deutsche Luftwaffe bei der Auslöschung der baskischen Stadt Guernica. In dieser Zeit wurde die Achse Berlins mit dem faschistischen Italien geschmiedet (Achse Berlin–Rom). 1938 kam es zu dem „Anschluss" Österreichs an das Deutsche Reich, der in Deutschland wie in Österreich frenetisch bejubelt wurde. Dann setzte die Nadelstichpolitik gegen die junge Tschechoslowakei im überwiegend von Deutschen besiedelten Sudetenland ein. Vor dieser erpresserischen Politik mussten nicht nur die Tschechen kapitulieren, hier gaben auch die Alliierten nach. Auf der Münchner Konferenz 1938 billigten sie Hitlers Forderungen (Appeasementpolitik). Dies geschah in der Hoffnung, dass die Nationalsozialisten nun endlich ihre Ziele erreicht hätten, ohne dass es zu einem erneuten Krieg gekommen wäre. Erst als die Nationalsozialisten im Frühjahr 1939 die „Rest-Tschechei" besetzten, entschlossen sich England und Frankreich zu einer deutlicheren Haltung gegenüber der aggressiven Revisionspolitik Deutschlands und gaben Garantieerklärungen gegenüber dem bedrohten Polen ab.

Da die Westmächte der UdSSR unter ihrem Diktator Josef Stalin misstrauten, kam es zu keiner Vereinbarung zwischen der UdSSR und den westlichen Staaten. Stalin wollte aber vor einem befürchteten Angriff des nationalsozialistischen Deutschlands noch Zeit gewinnen und schloss daher mit den Deutschen einen Vertrag. Dieser Hitler-Stalin-Pakt (August 1939), der in einem geheimen Zusatzprotokoll eine Aufteilung Polens zwischen Deutschland und der Sowjetunion vorsah, ermöglichte Hitler den Angriff auf Polen im September 1939.

9.6 Der Zweite Weltkrieg

Am 1. September 1939 wurde Polen vom Deutschen Reich überfallen und rasch erobert. In weiteren „Blitzkriegen" wurden bis Juni 1940 Dänemark, Norwegen, die Benelux-Länder sowie Nordfrankreich besetzt. Gemeinsam mit Italien kämpfte die Wehrmacht, insgesamt wenig erfolgreich, auf dem Balkan, in Griechenland und in Teilen Nordafrikas.

Der Versuch, die Lufthoheit über England zu gewinnen, scheiterte an der englischen Abwehr, der Plan einer Invasion musste daher aufgegeben werden.

Seit 1940 bestand ein Bündnis zwischen dem Deutschen Reich und Japan (Achse Berlin–Rom–Tokio), das 1941 den US-amerikanischen Flottenstützpunkt in Pearl Harbor auf Hawaii angriff. Daraufhin erklärten Deutschland und Italien auch den USA den Krieg. Damit manövrierten sich beide Partner in eine militärisch letztlich hoffnungslose Situation.

Im Juni 1941 begann das Unternehmen „Barbarossa", ein Vernichtungsfeldzug gegen die Sowjetunion. Ziel war die Gewinnung neuen „Lebensraums" für die „arische Rasse". Die Vertreibung und Vernichtung der „minderwertigen" slawischen Bevölkerung sowie die systematische Ausplünderung Russlands gehörten zum zentralen strategischen Konzept der deutschen Kriegführung. An den zahllosen Verbrechen, die Deutsche in Polen und in der Sowjetunion (und andernorts) verübten, war entgegen anders lautender Behauptungen nicht selten auch die Deutsche Wehrmacht maßgeblich beteiligt, keineswegs nur die SS. Das Unternehmen „Barbarossa" endete für Deutschland katastrophal mit der Schlacht von Stalingrad, bei der Hitlers 6. Armee im Winter 1942/1943 vollständig aufgerieben wurde. Hunderttausende Menschen, sowjetische und deutsche Soldaten und unzählige sowjetische Zivilisten starben allein bei dieser Schlacht. Nach Stalingrad rief Joseph Goebbels zum „totalen Krieg" auf.

Da immer mehr deutsche Männer in die Wehrmacht eingezogen wurden und damit nicht mehr in ihren Betrieben arbeiten konnten, wurden nun männliche und weibliche Kriegsgefangene und Zwangsarbeiter in immer größerem Umfang zu Sklavenarbeiten in der deutschen Landwirtschaft und vor allem der Rüstungsindustrie eingesetzt. Da Deutschland nur über begrenzte Ressourcen verfügte und an eine Selbstversorgung (etwa mit Benzin) nicht zu denken war, war die deutsche Kriegswirtschaft der der Alliierten dennoch weit unterlegen.

Nachdem die „Luftschlacht über England" verloren worden war, die deutsche Kriegführung in Afrika unter anderem von England zum Stillstand gebracht werden konnte und der deutsche Vormarsch in der Sowjetunion stockte, wendete sich das Blatt endgültig. Durch zahllose Bombenangriffe Englands und der USA wurden vor allem deutsche Städte zerstört, weniger indes Industrieanlagen. 1943 wurde die 6. Armee in Stalingrad eingekesselt, im selben Jahr landeten die Alliierten auf Sizilien. Italien kapitulierte rasch. 1944 landeten die Alliierten in der Normandie, befreiten Frankreich und rückten rasch gegen die Reichsgrenze vor. Zeitgleich rückte die Rote Armee gegen Westen vor und gelangte 1945 aufs Reichsgebiet. Hitler beging am 30. April 1945 Selbstmord, sein Nachfolger Admiral Dönitz musste am 8. Mai bedingungslos kapitulieren. – Im Pazifik ging der Krieg noch weiter, bis die Amerikaner zwei verschiedene Atombomben, einen völlig neuen Waffentyp, mit verheerenden Folgen an den japanischen Städten Hiroshima und Nagasaki erprobten. Im September 1945 kapitulierte daraufhin auch Japan. Der Zweite Weltkrieg, der schätzungsweise 55 Millionen Menschen das Leben gekostet hatte, war vorbei.

außenpolitische Ziele des NS-Regimes:
- Revision des Versailler Vertrags
- „Lebensraum" im Osten
- Germanisierungspolitik im Osten

Täuschungsmanöver und friedliche Maßnahmen:
- „Friedensreden" Hitlers
- Reichskonkordat 1933, dadurch Aufwertung des NS-Systems
- Nichtangriffspakt mit Polen 1934
- Saarabstimmung 1935
- Hitler-Stalin-Pakt 1939

Unfriedliche Maßnahmen / Vertragsbrüche / militärische Aktionen:
- Enthüllung der wahren Ziele gegenüber Generälen Feb. 1933
- Einführung der allg. Wehrpflicht 1935
- dt.-brit. Flottenabkommen 1935
- Remilitarisierung des Rheinlands 1936
- Unterstützung des Franco-Putsches in Spanien (Bombardierung von Guernica) 1936/37
- „Anschluss" Österreichs 1938
- Sudetenkrise 1938, Besetzung der „Rest-Tschechei" 1939
- Angriff auf Polen 1939

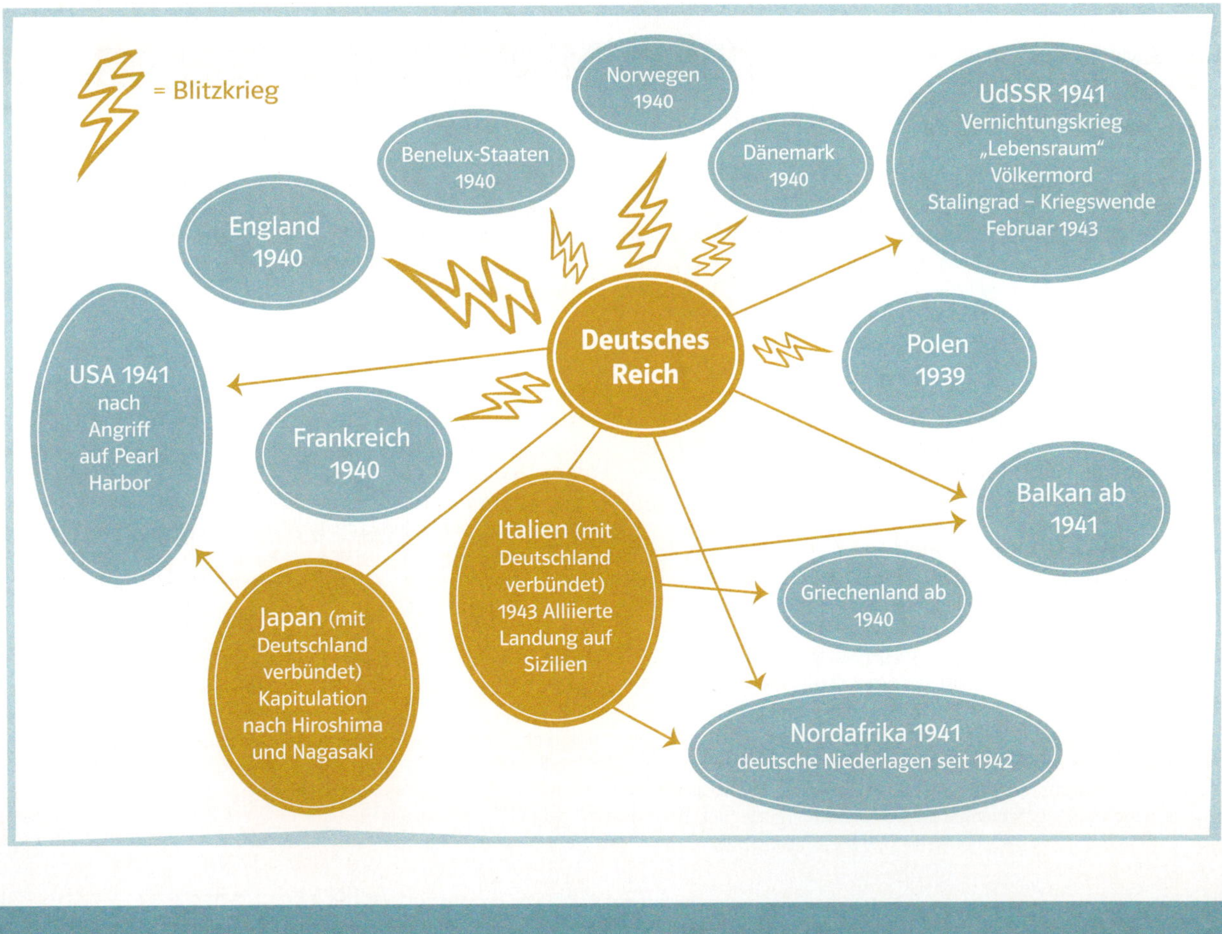

9.7 Der Völkermord an den europäischen Juden

Der rassistisch begründete Antisemitismus bildete den Kern der nationalsozialistischen Ideologie. Der Antisemitismus selbst war in den Gesellschaften Europas weit verbreitet, insbesondere bei bürgerlichen Zwischenschichten. Mit dem Machtantritt der Nationalsozialisten gewann diese Haltung aber eine neue Qualität: Die antijüdischen Maßnahmen des NS-Regimes wurden nicht nur staatlich organisiert und legitimiert, sie nahmen auch seit 1933 kontinuierlich an Schärfe zu und erreichten letztlich mit dem Holocaust, dem Mord an über fünf Millionen europäischen Juden, ein Ausmaß, wie es in keinem anderen Land der Welt je existiert hatte.

Am 1. April 1933 wurde erstmalig zu einem Boykott jüdischer Geschäfte, Anwälte und Ärzte aufgerufen. In der Folgezeit wurden Juden aus dem kulturellen und wirtschaftlichen Leben ausgegrenzt, ihre Möglichkeiten zur Erwerbs- und Berufstätigkeit wurden stark eingeschränkt, wenn nicht sogar völlig verhindert. Die 1935 verabschiedeten Nürnberger Gesetze verboten Ehen und sexuelle Kontakte zwischen Juden und Nichtjuden. Am 9. November 1938 organisierte die SA, als Reaktion auf ein von einem deutschen Juden ausgeführten Attentat, die Reichspogromnacht. Bei dieser wurden zahlreiche Synagogen zerstört, jüdische Geschäfte wurden geplündert und Juden misshandelt. 30 000 jüdische Deutsche wurden in KZs inhaftiert.

Mit dem Kriegsbeginn 1939 setzten auch die Überlegungen zur „Lösung der Judenfrage" ein, die sich zur „Endlösung der Judenfrage" (Wannsee-Konferenz 1942) ausweiten sollten. Die militärischen Niederlagen der deutschen Armeen nach den ersten Kriegsjahren forcierten diese Überlegungen aller Wahrscheinlichkeit nach. In Polen wurden systematisch Massenmorde an jüdischen Intellektuellen durchgeführt und Juden massenhaft deportiert. Während des Vernichtungskriegs gegen die UdSSR wurden Millionen von Juden erschossen, deportiert und in Vernichtungslagern fabrikmäßig getötet. Den „Höhepunkt" erreichten diese Maßnahmen mit den Planungen der Wannsee-Konferenz. Zahlreiche Behörden und Betriebe bis hin zur Reichsbahn waren an den Massenmorden beteiligt.

Von dieser Politik waren indes nicht nur Juden betroffen, sondern auch andere soziale und nationale Gruppen, die in der rassistischen Ideologie als „minderwertig" galten: Sinti und Roma, Angehörige von slawischen Völkern („Untermenschen"), Homosexuelle, „Bibelforscher" (Zeugen Jehovas) und andere. Um die Maßnahmen zu tarnen, wurden die Vernichtungslager vorwiegend im Osten (vor allem in Polen) eingerichtet. Dort mussten zahllose Deportierte, die nicht sofort „selektiert" wurden, in deutschen Betrieben Zwangsarbeit leisten. Die wenigsten überlebten.

Durch die schrittweise Ausdehnung der Exklusion von Juden aus dem sozialen, wirtschaftlichen und politischen Leben „gewöhnten" sich große Teile der deutschen Bevölkerung daran und nahmen dies eher gleichgültig hin. Auch deshalb, weil zahlreiche Bürger von den „Arisierungsmaßnahmen" wirtschaftlich profitierten.

Die nach 1945 von vielen Menschen aufgestellte Behauptung, man habe von dem millionenfachen Mord nichts gewusst, ist aus heutiger Sicht nur schwer vorstellbar. Das aus diversen Gründen: Viele Diskriminierungspraktiken fanden ganz öffentlich statt. Juden „verschwanden" aus der Nachbarschaft. Das System der Konzentrationslager und der zahlreichen Nebenlager umfasste trotz der Konzentration auf den Osten große Teile des Staatsgebiets des Deutschen Reichs. Organisatorisch waren einige Hunderttausend Menschen in die Tötungsmaschinerie eingebunden, darunter zahlreiche Wehrmachtsangehörige.

9.8 Opposition und Widerstand

Schon kurz nach Hitlers Ernennung zum Reichskanzler wanderten zahlreiche Künstler, Literaten und Politiker, die nun um ihr Leben fürchten mussten, aus ihrer deutschen Heimat aus. Sie setzten – sofern möglich – vom Ausland aus ihre Kritik an der nationalsozialistischen Diktatur fort, auch wenn sie nur einen begrenzten Einfluss auf die Geschehnisse im Deutschen Reich hatten.

Innerhalb Deutschlands leisteten den wohl massivsten Widerstand gegen die NS-Diktatur von Beginn an deutsche Kommunisten, obwohl oder gerade weil sie seit dem Reichstagsbrand als politische Feinde am vehementesten verfolgt wurden. Sie erbrachten dafür einen hohen Blutzoll. Die Sozialdemokratie suchte einen Weg zwischen Anpassung (um die Organisation zu retten) und Widerstand. Auch zahlreiche Sozialdemokraten bezahlten ihren Einsatz mit Folter und Tod.

Die Haltung der Kirchen war ambivalent. Ein Großteil der Pfarrer, Priester und Bischöfe arrangierte sich mit den neuen Verhältnissen. Das 1933 zwischen dem Deutschen Reich und dem Vatikan geschlossene Konkordat schwächte eine potenzielle Opposition ab. Weite Teile der evangelischen und auch der katholischen Kirche begrüßten den Wandel zu einem autoritären Staatsverständnis. Sie kritisierten zwar den Rassismus und die nationalsozialistische Uminterpretation der Bibel (wie es etwa die evangelische Bekennende Kirche tat), verstanden sich aber nicht als politische Widerstandsorganisation. Die Solidarität mit den bedrängten Juden beschränkte sich auf vereinzelte Aktionen; mit Sozialdemokraten oder Kommunisten wollte man ohnedies nichts zu tun haben. Dennoch prangerten vereinzelte Priester und Pfarrer das verbrecherische Regime an. Sie fanden wenig Rückendeckung durch ihre Kirche.

Engagiert traten einzelne Privatpersonen oder bürgerliche Gruppen wie etwa die Weiße Rose dem NS-Regime entgegen. Die meisten bezahlten ihren Einsatz mit dem Leben.

Unter den Militärs gab es erst seit 1938 hörbaren, wenn auch vereinzelten Einspruch gegen einen erneuten Krieg. Die Wortführer wurden von Hitler rasch kaltgestellt, das Gros der Soldaten und Offiziere war von den raschen Blitzkriegen 1939/1940 fasziniert und Hitler daher treu ergeben. Vor allem die Gräueltaten von SS und Teilen der Wehrmacht beim Krieg im Osten lösten bei einzelnen Soldaten und Offizieren später vereinzelte Widerstandshandlungen aus, die schließlich in der Formierung eines militärischen Widerstands mündeten. Im Umkreis des Offiziers Graf Stauffenberg wurden Attentats- und Putschpläne ausgearbeitet. Doch am 20. Juli 1944 scheiterte ein Attentat auf Hitler. Hunderte von Verschwörern bezahlten den Attentatsversuch mit Folter und Tod.

Über die organisierten Gruppen hinaus gab es in Deutschland durchaus viele soziale Netzwerke, deren Angehörige nicht bereit waren, das nationalsozialistische Unrecht passiv hinzunehmen. Sie konnten aber in der Bevölkerung kaum mit Unterstützung und Sympathie rechnen, im Gegenteil: Viele Menschen, die Widerstand in unterschiedlichster Form leisteten, wurden Opfer diensteifriger Denunzianten innerhalb der deutschen Bevölkerung.

Das Ausmaß des verbrecherischen Geschehens ist grafisch kaum darstellbar. Historiker debattieren bis heute, ob das verbrecherische Geschehen erklärbar oder „historisch einmalig" und damit unerklärbar bleiben muss.

1933: Boykott und Berufsverbote

1935: Nürnberger Gesetze

9. November 1938: Reichspogromnacht / Ausreiseverbote / „Arisierung" des jüdischen Vermögens

1941/42: „Endlösung der Judenfrage" – systematische „fabrikmäßige" Ermordnung der Juden nach Wannsee-Konferenz

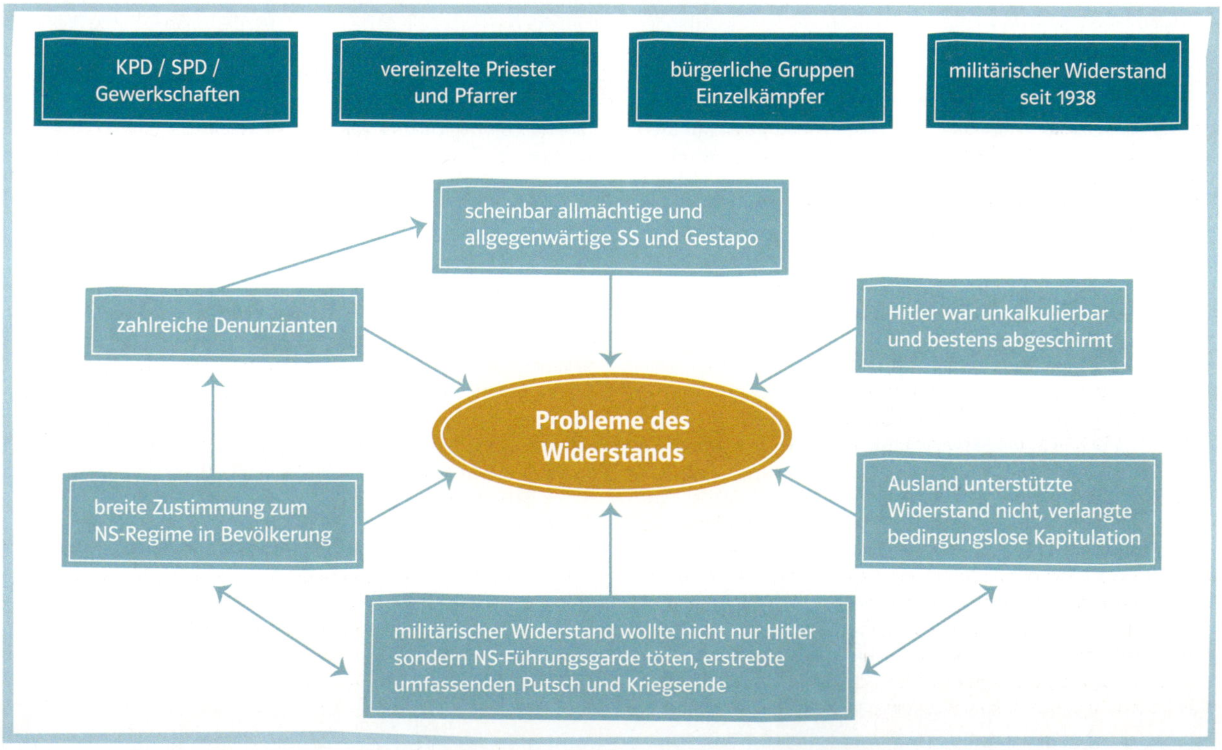

9.9 Der Nationalsozialismus – Vergangenheit, die nicht vergeht?

Der nationalsozialistische Zivilisationsbruch hatte nicht nur unbeschreibbares Elend und Unrecht in der Vergangenheit zur Folge, er prägt auch die gegenwärtigen politischen Verhältnisse noch immer zumindest untergründig. Auch die Spaltung der Welt in zwei rivalisierende Machtblöcke (Kalter Krieg) seit 1945, die seit 1991 allmählich überwunden werden konnte, kann als Folge des Zweiten Weltkriegs gedeutet werden. Die 1948 erfolgte Gründung des Staats Israels ist ebenfalls eng mit der Zeit des Nationalsozialismus verknüpft.
Manche beklagen heute eine „Übersättigung" mit NS-Themen in Schule und Medien, durch die öffentliche Erinnerungskultur und -politik. Was hat die nachwachsende Enkel-Generation der Täter und Opfer noch mit diesem Thema zu tun? Warum soll sie sich damit immer wieder auseinandersetzen?
Auf diese schwierige Frage kann man verschiedene Antworten versuchen:

- Obgleich über die Geschichte des NS unüberschaubar viele Studien verfasst wurden, sind heute immer noch zahlreiche historische Fragen nicht überzeugend geklärt. Erst kürzlich haben mächtige Institutionen wie etwa das Bundeskriminalamt oder das Auswärtige Amt ihre eigene Rolle bzw. aktive Mitarbeit im NS-System aufgearbeitet.
- Die außenpolitischen Beziehungen zwischen der Bundesrepublik und Israel können ohne Kenntnisse um den Holocaust nicht angemessen reflektiert werden.
- Wir sind es den Kinder und Enkeln der verschiedenen Opfergruppen schuldig, dass wir uns darüber solide informieren, wie und warum unsere Vorfahren gehandelt haben.
- Es gibt in Europa und den USA nach wie vor Individuen und Gruppen, die sich zur nationalsozialistischen Ideologie bekennen. Deren (Schein-)Argumente zugunsten dieser Ideologie lassen sich am einfachsten mit fundierter Kenntnis um die Schrecken des nationalsozialistischen Terrors entkräften.
- Autoritäre Gesellschaften und Staaten (wie etwa China oder Russland) setzen sich nicht offen und kritisch mit ihrer eigenen Geschichte auseinander. Die politisch Mächtigen vermitteln ihrer Bevölkerung ein Geschichtsbild, das gegenwärtige ungerechte Verhältnisse rechtfertigt. In diesen Gesellschaften gibt es daher heute noch gravierende Menschenrechtsverletzungen. Wer also frühere Verbrechen beschweigt oder verdrängt, wird eher bereit sein, gegenwärtige Missstände hinzunehmen.
- Wer sich nicht erinnern will, steht in der Gefahr, (unbewusst) Früheres zu wiederholen. Eine bewusst reflektierte Geschichte immunisiert ein wenig davor, politische Strukturen und Denkmuster zu reproduzieren, die menschenverachtend waren und sind. Die Täter von damals waren „ganz normale" Menschen wie wir, deshalb gibt es derartige inhumane Strukturen und Denkmuster heute noch genau so wie vor 60 oder 80 Jahren.

10.1 Teilung Europas und Formierung der Blöcke

Bereits während des Zweiten Weltkriegs, als zwischen den USA, Großbritannien und der UdSSR Beratungen über die Weltordnung nach dem Sieg über das nationalsozialistische Deutschland stattfanden, zeichnete sich die Teilung der Welt in zwei Blöcke ab (Bipolarität). Nachdem Churchill und Roosevelt in der Atlantik-Charta (1941) und auf der Kriegskonferenz in Casablanca (1943) Grundsätze ihrer internationalen Politik formuliert hatten, folgten Konferenzen mit Stalin in Teheran (1943) und Jalta (1945). Auf diesen Treffen wurden die gemeinsamen Kriegsziele der „Großen Drei" festgelegt, unter anderem die bedingungslose Kapitulation Deutschlands. Daneben wurden auch die gegenseitigen Einflusssphären – Asien und Osteuropa sollten sowjetisches Interessengebiet werden – abgesteckt.

Die militärisch und ökonomisch dominierenden USA waren an der Herstellung eines freien Weltmarkts interessiert sowie an der Durchsetzung eines globalen Friedens- und Sicherheitssystems. Die Sowjetunion war durch den Krieg ökonomisch stark geschwächt und teilweise zerstört worden. Sie wollte ihre Einflussgebiete durch von ihr dominierte Satellitenstaaten absichern und zugleich ihre ökonomischen Verluste durch Demontagen ausgleichen. Die USA und die Sowjetunion unterstellten sich gegenseitig aggressiv-expansionistische Absichten. Die Vorstellungen über eine demokratische Ordnung waren in Ost und West entgegengesetzt: Den östlichen „Volksdemokratien" und den westlichen parlamentarischen Demokratien lagen völlig verschiedene politische Ordnungsmodelle zugrunde.

Das gegenseitige Misstrauen verstärkte sich in den folgenden Jahren und mündete vereinzelt in offene Feindschaft. Die USA entwickelten eine Eindämmungspolitik (Containment), die ihren Ausdruck in der Truman-Doktrin (1947) fand. Diese bedeutete eine völlige Abkehr von der früheren amerikanischen Kooperationsbereitschaft mit der Sowjetunion und machte den Antikommunismus zur führenden Leitidee der Amerikaner. Jedes weitere sowjetische Vordringen sollte verhindert werden. Die Sowjets deuteten die amerikanische Politik als imperialistisch; sie ziele sogar auf die Vernichtung der Sowjetunion ab. Daher beschleunigte die UdSSR die „Sowjetisierung" Osteuropas. Entsprechend interpretierte sie den Marshallplan (1948) als Teil der imperialistischen US-Strategie und verbot den Ländern in ihrem Einflussbereich die Annahme von amerikanischen Hilfsmaßnahmen. Die Amerikaner wollten ihrerseits mit dem Hilfsprogramm eine Liberalisierung des Handels im Interesse des amerikanischen Kapitals erreichen; die Finanzspritzen für zerstörte westeuropäische Ökonomien sollten auch den amerikanischen Unternehmen nützen.

Die USA verfolgten immer konsequenter den Weg der Demonstration militärischer Stärke. Resultat dieser Politik war die Gründung der NATO, zu der sich zehn europäische Staaten mit den USA und Kanada zusammenschlossen (1949); im Kriegsfall sollten sich diese Staaten gegenseitig Beistand leisten. In der östlichen Welt wurde daraufhin als Gegenstück der Warschauer Pakt (1955) gegründet. Im Osten wie im Westen führte dies zu einer inneren Integration der Lager. Kritiker dieser Politik galten auf beiden Seiten oft als Verräter; ihnen wurde vorgeworfen, die Interessen der jeweiligen Gegenseite zu vertreten. Die fatale Lagermentalität führte in den folgenden Jahrzehnten zu einer ungeheuren militärischen Aufrüstung der beiden Blöcke und zu zahlreichen Stellvertreterkriegen, bei denen sich kleinere Staaten gegenseitig bekriegten, die jeweils vom Osten beziehungsweise vom Westen politisch und militärisch unterstützt wurden.

Warum Auseinandersetzung mit dem Nationalsozialismus?

- (reflektierte) Solidarität mit Israel, Lebensrecht des Staats
- gegenwärtige Situation in Europa und der Welt ist geprägt von NS- und Weltkriegsvergangenheit
- Kultur des Schweigens und Tabuisierung legitimiert auch gegenwärtiges Unrecht, hält autoritäre Denkmuster lebendig
- Verantwortung für Gegenwart und Zukunft und bewusste Wahrnehmung autoritärer und ungerechter Verhältnisse und Strukturen

Geschichte schärft politisches Bewusstsein: aus Geschichte können Kriterien zur Wahrnehmung und Beurteilung gegenwärtiger Verhältnisse und Strukturen abgeleitet werden

Anti-Hitler-Koalition zerbricht rasch nach Kriegsende

USA

- Politik der Westintegration der westl. Staaten
- Eindämmung/Containment
- Marshallplan/Open-Door-Politik
- Truman-Doktrin
- Aufrüstung und Gründung der NATO

UdSSR

- Interesse an Satellitenstaaten zur Sicherung des eigenen Territoriums
- Abgrenzung vom westlichen Demokratiemodell
- sowj. Führungsanspruch
- Ablehnung des Marshallplans
- Aufrüstung und Gründung des Warschauer Pakts

Viele „Stellvertreterkriege" nach dem Zweiten Weltkrieg

10.2 Deutschland nach dem Krieg

Im Gegensatz zum Kriegsende 1918 besetzten die vier Siegermächte Deutschland 1945 vollständig. Ihre Militärgouverneure übernahmen die Regierungsgewalt. Die Potsdamer Konferenz (1945) proklamierte vier Leitprinzipien: Denazifizierung, Demilitarisierung, Dezentralisierung und Demokratisierung; geklärt wurden auch Grundfragen der Dekartellisierung und der Demontagen, die als Reparationen dienen sollten. Allerdings gab es zwischen den westlichen Besatzungsmächten und der Sowjetunion keinen Konsens über die inhaltliche Ausgestaltung dieser Grundprinzipien.

Im Nürnberger Kriegsverbrecherprozess wurden die Hauptkriegsverbrecher verurteilt; in Spruchkammerverfahren mussten Erwachsene Auskunft über ihre Haltung im „Dritten Reich" geben, allerdings galt diese Praxis als wenig effektiv und als ungerecht. Viele belastete Menschen konnten durch die Maschen schlüpfen. In der DDR wurden auch Angehörige früherer wirtschaftlicher und sozialer Eliten sowie politisch-ideologische Gegner der SED abgeurteilt.

Die Siegermächte mussten sich um die Repatriierung von Millionen Kriegsgefangenen, um das Schicksal von Millionen Zwangsarbeitern und sonstiger „Displaced Persons" und um die Unterbringung von Millionen Flüchtlingen und Vertriebenen bemühen. Angesichts der wenig intakten Infrastruktur und der beträchtlichen Zerstörung von Wohnraum durch die alliierten Bombenangriffe war dies ein gewaltiges Problem. Die Lebensverhältnisse waren außerordentlich bedrückend, nicht zuletzt aufgrund der extrem beengten Wohnverhältnisse und anhaltenden Versorgungsprobleme.

Die Reichsmark hatte infolge der nationalsozialistischen Inflationspolitik ihren Wert verloren. Die Menschen waren daher auf die primitive Tausch- und Naturalwirtschaft angewiesen. Der illegale Schwarzmarkt blühte. Eigentumsdelikte gehörten zum Alltag und waren überlebensnotwendig. Für ein geordnetes Wirtschaftsleben war eine neue Währung unabdingbar; ebenso für die Auszahlung der ökonomischen Hilfeleistungen, die der Marshallplan (1948) vorsah. Aus diesen Gründen führten die Amerikaner 1948 in den drei westlichen Zonen eine Währungsreform durch. Da das neue Geld auch in den Berliner Westsektoren gelten sollte, dies aber nicht mit der Sowjetunion abgesprochen worden war, verhängten die Sowjets eine Blockade über Berlin. Die Stadt wurde über eine Luftbrücke fast ein Jahr lang durch Flugzeuge („Rosinenbomber") versorgt. Diese humanitäre Aktion vertiefte die Spannungen zwischen Ost und West, förderte den Antikommunismus im Westen und begünstigte die Politik der Westintegration.

Vor allem für Flüchtlinge und Vertriebene, für ausgebombte Menschen, für überlebende KZ-Häftlinge und Zwangsarbeiter, die oft alles verloren hatten und ein völlig neues Leben beginnen mussten, war 1945 eine „Stunde null". Für viele Deutsche änderte sich zunächst nur wenig. Der Traum von der deutschen Weltmachtstellung war jedoch endgültig ausgeträumt, der Führer-Mythos erledigt und der Radikalnationalismus delegitimiert. Unter diesen Vorzeichen hatte eine künftige Demokratie in Deutschland bessere Ausgangsbedingungen als nach 1918.

10.3 Die Geschichte der Bundesrepublik 1949–1966

Die Ausgangsbedingungen für eine stabile demokratische Ordnung waren nach 1945 beziehungsweise 1949 erheblich günstiger als nach dem Ersten Weltkrieg. Im Parlamentarischen Rat, der im Jahr 1948 unter der Oberaufsicht der westlichen Militärgouverneure das Grundgesetz – die vorläufige Verfassung der Bundesrepublik – beriet, gab es trotz zahlreicher unterschiedlicher Interessen und Konzeptionen einen grundsätzlichen Konsens über die künftige rechtliche und politische Grundordnung.

Beträchtliche Differenzen zwischen der CDU und der SPD gab es hinsichtlich der Frage, ob man die Wiederherstellung der deutschen Einheit oder die Westintegration als wichtigstes politisches Ziel verfolgen sollte. Der erste Bundeskanzler der Bundesrepublik, Konrad Adenauer, beschwor zwar das Ziel der deutschen Einheit; tatsächlich verfolgte er aber primär das Ziel der Westintegration. Weitere Ziele der deutschen Außenpolitik waren die Gewinnung äußerer Sicherheit, die politische Gleichberechtigung sowie die Wiedererlangung einer völkerrechtlichen Souveränität. Erreicht werden sollten diese Ziele durch eine „Politik der Stärke" gegenüber der Sowjetunion, die nur durch die enge Anlehnung an die Politik der Westalliierten möglich schien. Damit wurde die Wiederherstellung der deutschen Einheit in die ferne Zukunft geschoben. Die Ablehnung der Stalin-Noten (1952), die unter bestimmten Bedingungen die deutsche Wiedervereinigung versprachen, sowie die strikte Politik der Nichtanerkennung der DDR und die Hallstein-Doktrin (1955) entsprachen dieser antikommunistischen Grundorientierung.

Auf der Linie der Westintegration lag der deutsche Beitritt zur Montanunion, der einen politischen und ökonomischen Interessenausgleich vor allem mit Frankreich ermöglichte. Auch der NATO-Beitritt und die umstrittene Wiederbewaffnung beziehungsweise Gründung der Bundeswehr (beides 1955) sowie die Schaffung der Europäischen Wirtschaftsgemeinschaft (1957) entsprachen dieser Politik.

Einen gewissen inneren Interessenausgleich ermöglichten die wirtschaftspolitischen Weichenstellungen unter der Kanzlerschaft Ludwig Erhards. Die soziale Marktwirtschaft verhieß einen Mittelweg zwischen ungezügeltem Kapitalismus und sozialistischer Planwirtschaft. Sozialstaatliche Leistungen sollten soziale Härten abmildern und dem inneren Frieden dienen. Erstaunlich gut – auch durch den Lastenausgleich – gelang die Integration von Millionen von Flüchtlingen und Vertriebenen. Dies war auch möglich durch das sogenannte „Wirtschaftswunder", also durch die rasche ökonomische Aufwärtsentwicklung, die nicht nur durch niedrige Löhne und Sozialleistungen möglich war, sondern auch durch den Koreakrieg und die Unterbewertung der D-Mark, die den deutschen Export begünstigte. In den 1950er-Jahren kurbelten verschiedene Konsumwellen auch die Binnennachfrage an, zunächst die „Fresswelle" (Nahrungsmittel), dann die „Konsumgüterwelle" (Bekleidung und Haushaltseinrichtungen), die Massenmotorisierung und die „Reisewelle" und schließlich der Traum vom „Häuschen im Grünen". Diese unpolitischen, ausschließlich am Konsum ausgerichteten Lebensstile gerieten allerdings in den späten 1960er-Jahren zunehmend in die Kritik, damit war auch eine politische Neuorientierung verbunden.

Probleme der Bevölkerung:
– Traumatisierungen
– Zerstörung von Wohnraum und Infrastruktur
– Integration der Flüchtlinge
– Hunger, geringe medizinische Versorgung
– Schwarzmarkt und Tauschwirtschaft
– allmähliche Rückkehr der Kriegsgefangenen
– Berlin-Blockade nach Währungsreform
tief greifender Mentalitätsbruch:
– Führer-Mythos beseitigt
– Weltmachttraum erledigt
– gute Bedingungen für Demokratisierung und Westintegration
Maßnahmen der Siegermächte:
Potsdamer Konferenz 1945:
– Denazifizierung (Nürnberger Prozess, Spruchkammern)
– Demilitarisierung
– Dezentralisierung
– Demokratisierung
politischer Neuanfang
„Stunde Null"?
– Übernahme der Regierungsgewalt in Deutschland durch die Alliierten
– erst allmählich Etablierung von Landesregierungen unter alliierter Kontrolle
keine „Stunde Null", da:
– weitgehend intakte Industrieanlagen
– viele Menschen behielten ihren Besitz, (kapitalistische) Eigentumsverhältnisse blieben im Westen erhalten
– Infrastruktur musste nicht neu geschaffen, sondern nur repariert werden
– Antikommunismus blieb im Westen wichtige Integrationsideologie
Westintegration – Verfestigung der dt. Teilung
Wirtschaftliche Hilfsmaßnahmen:
– Care-Pakete
– Marshallplan, ERP
– Währungsreform

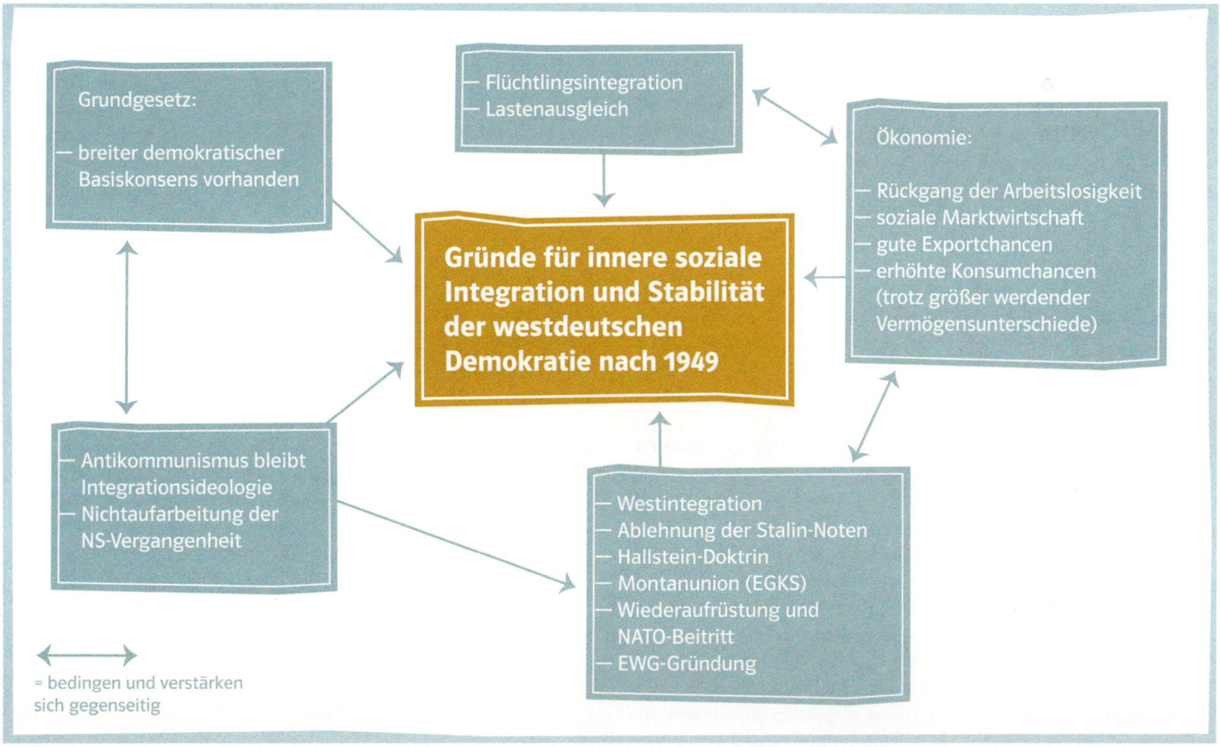
Grundgesetz:
– breiter demokratischer Basiskonsens vorhanden
– Flüchtlingsintegration
– Lastenausgleich
Ökonomie:
– Rückgang der Arbeitslosigkeit
– soziale Marktwirtschaft
– gute Exportchancen
– erhöhte Konsumchancen (trotz größer werdender Vermögensunterschiede)
Gründe für innere soziale Integration und Stabilität der westdeutschen Demokratie nach 1949
– Antikommunismus bleibt Integrationsideologie
– Nichtaufarbeitung der NS-Vergangenheit
– Westintegration
– Ablehnung der Stalin-Noten
– Hallstein-Doktrin
– Montanunion (EGKS)
– Wiederaufrüstung und NATO-Beitritt
– EWG-Gründung
= bedingen und verstärken sich gegenseitig

10.4 Die Geschichte der DDR 1949–1961

Die Startbedingungen der DDR waren ungleich schwieriger als die der Bundesrepublik. Die Ostzone musste ebenfalls Millionen von Flüchtlingen und Vertriebenen aufnehmen, die aber bisweilen in den Westen weiterwanderten. Die materiellen Voraussetzungen waren deutlich schlechter, da die Ostzone über weniger Bodenschätze verfügte als die Westzonen. Die Enteignung des Großgrundbesitzes („Junkerland in Bauernhand") hatte zunächst fatale Folgen, da die neuen „Bauern" nicht über die nötigen Kenntnisse und Qualifikationen verfügten. Außerdem war die Ostzone beziehungsweise die DDR stärker als der Westen Deutschlands mit Reparationsforderungen der Sowjetunion und Demontagen belastet, und es gab nicht die humanitären und finanziellen Hilfsmaßnahmen, die im Westen die schlimmste Not linderten.

Die politischen Partizipationschancen waren angesichts der Zwangsvereinigung von SPD und KPD zur SED und der Statistenrolle, zu der die „bürgerlichen" Parteien verurteilt waren, gering. Es gab keine unabhängigen Arbeiterorganisationen, mit denen die Erwerbstätigen ihre Interessen verfechten konnten.

Trotz aller Mängel und Reibungsverluste, die mit der Umstellung auf die staatliche Planwirtschaft verbunden waren, erzielte die DDR durchaus ein kleines Wirtschaftswunder. Ein politisches „Tauwetter", das sich viele Menschen beim Tod des sowjetischen Diktators Stalin (5. März 1953) erhofft hatten, trat nicht ein. Staatliche Forderungen zum Konsumverzicht (geringere Löhne) bei einer gleichzeitigen Erhöhung der Arbeitsnormen führten zu einem spontanen Arbeiteraufstand am 17. Juni 1953, der sich auf die gesamte DDR ausweitete. Die SED-Führung war zunächst wie gelähmt, aber sowjetische Panzer schlugen den Aufstand rasch nieder. Die „Rädelsführer" wurden verhaftet und in drakonischer Weise verurteilt. Das Spitzelwesen (Stasi) wurde nun systematisch ausgebaut; dementsprechend fand die Staatsführung noch weniger Zustimmung in der Bevölkerung.

In den Folgejahren flohen immer mehr Menschen aus der DDR in den Westen. Vor allem junge und gut qualifizierte Arbeitskräfte kehrten der DDR den Rücken. Für die DDR-Ökonomie war das außerordentlich fatal. Die Warschauer-Pakt-Staaten ermöglichten der SED-Führung 1961 den Bauer der Mauer, um den Flüchtlingsstrom nach Westen zu beenden. Die Westalliierten begrenzten ihre Reaktion – ähnlich wie beim Volksaufstand vom 17. Juni 1953 – auf rhetorische Drohgebärden. Die Garantie des Viermächtestatus für ganz Berlin verwandelte sich unter der Hand in eine Garantie für Westberlin. Offenbar waren die Westalliierten nur wenig an der deutschen Einheit interessiert, da sie einem ökonomisch starken, wiedervereinigten Deutschland argwöhnisch gegenüberstanden. In der DDR resignierte ein großer Teil der Bevölkerung und zog sich gleichsam in die innere Emigration zurück. Die Legitimationsprobleme des SED-Staates konnten auch in den folgenden Jahrzehnten nicht behoben werden.

10.5 Neue Ostpolitik im Rahmen der internationalen Entspannungspolitik

Durch den Arbeiteraufstand vom 17. Juni 1953 und durch den Mauerbau 1961 wurde deutlich, dass der Westen weder willens noch in der Lage war, konkrete Schritte zu einer Wiedervereinigung Deutschlands zu unternehmen. Im Gegenteil, die internationalen Spannungen nahmen beständig zu und erreichten in der Kubakrise 1962 ihren vorläufigen Höhepunkt. Die Hallstein-Doktrin (der Alleinvertretungsanspruch der Bundesrepublik) verhinderte eine flexible deutsche Außenpolitik.

Vor diesem Hintergrund wurde in der sozialliberalen Koalition nach 1969 eine neue Ostpolitik entwickelt, die international durch die Entspannungspolitik der USA und der Sowjetunion flankiert war. Willy Brandt und Egon Bahr suchten einen „Wandel durch Annäherung" durch offizielle Kontakte und Gespräche. Damit wurde die DDR zwar nicht völkerrechtlich, aber de facto anerkannt. Das schloss auch die Anerkennung der polnischen Westgrenze ein. Ergänzt wurde die Entspannungspolitik durch Gewaltverzichtserklärungen mit der DDR, Polen, der UdSSR und der ČSSR. Gegen diese Politik opponierten insbesondere die Vertriebenenverbände und die CDU/CSU, die einen „Verrat" an deutschen Interessen beklagten.

Auf internationaler Ebene gab es Bestrebungen, den atomaren Rüstungswettlauf zu begrenzen, der insbesondere die Sowjetunion massiv belastete. Die SALT-Abkommen (1969 bis 1979) legten Obergrenzen für Raketensysteme fest. Allerdings tasteten sie die bisherigen Vernichtungspotenziale nicht an. Von großer Bedeutung war die Konferenz für Sicherheit und Zusammenarbeit in Europa (KSZE) in Helsinki (1975), an der auch die USA und Kanada teilnahmen. Die Schlussdokumente verpflichteten alle Unterzeichner, die europäischen Grenzen durchlässiger zu machen und die Menschenrechte zu respektieren. Der KSZE-Prozess führte so mancherlei menschliche Erleichterungen in den verkrusteten Ost-West-Beziehungen herbei. Viele Oppositionelle und Dissidenten – etwa in der DDR – konnten sich in den Folgejahren auf die Helsinki-Dokumente beziehen.

Auf die Stationierung neuer sowjetischer Mittelstreckenraketen reagierte die Bundesregierung mit dem NATO-Doppelbeschluss (1979): Sollte die Sowjetunion nicht ihre neuen Raketenbasen abbauen, würde der Westen seine Rüstungsbestände entsprechend aufstocken. Als die UdSSR nicht einlenkte, kam die Entspannungspolitik – und mit ihr auch die sozialliberale Politik unter dem Brandt-Nachfolger Helmut Schmidt – an ihr vorläufiges Ende. 1983 setzte die neue Regierung unter Helmut Kohl (CDU) die sozialliberale Außen- und Deutschlandpolitik fort. Auf westdeutsche Wirtschaftshilfen reagierte die DDR mit weiteren menschlichen Erleichterungen und erweiterten Ausreisemöglichkeiten. Der Reise- und Warenverkehr zwischen Ost und West wurde intensiviert, und es kam zu vereinzelten kulturellen Kontakten. Die Stabilität des DDR-Regimes erhöhte sich dadurch nicht.

DDR: schwierige Startbedingungen und Krisenphänomene

- kaum Rohstoffe
- Demontagen und Reparationen
- keine Teilnahme am Marshallplan
- Wegfall der Handelsbeziehungen mit dem Westen

- Verstaatlichung und wenig effektive Planwirtschaft
- Monopolisierung der Staatsgewalt durch SED
- geringe landwirtschaftliche Produktivität durch Bodenreform

17. Juni 1953:

- geringe politische Partizipationschancen
- geringe Löhne und Konsumchancen
- Normerhöhungen durch SED
- kein Streikrecht
- Arbeiteraufstand

- Massenverhaftungen
- Repression durch Stasi
- Resignation und innere Emigration
- Auswanderung oder Flucht
- keine innere Stabilisierung

Mauerbau 1961:

- keine nennenswerte Reaktion der Westalliierten

Ausgangslage:

- Wiedervereinigungshoffnungen haben sich nicht erfüllt, bisherige Politik ist gescheitert
- SED-Herrschaft lässt sich nicht von außen beseitigen
- Mauer ist traurige Realität
- nach Kubakrise Annäherungen zwischen West und Ost
- Aufrüstung löst keine Probleme und Konflikte
- unterschiedliche Lebensstandards in Ost und West

bisherige Deutschlandpolitik ist gescheitert

neue Ausrichtung der Deutschland- und Entspannungspolitik:

- Politik ohne Illusionen
- Politik der „kleinen Schritte"

praktische Schritte:

- Gesprächskontakte intensivieren
- Polenbesuch Willy Brandts
- Gewaltverzichtserklärungen
- Anerkennung der Westgrenze Polens

Konkrete Folgen dieser deutschen Politik:

- mehr menschliche Kontakte und Reiseverkehr
- ökonomische Zusammenarbeit
- gegenseitige Besuche auf Regierungsebene
- aber: keine völkerrechtliche Anerkennung der DDR

internationale Ebene:

- Rüstungskontrollverhandlungen zwischen USA und UdSSR
- Konferenz für Sicherheit und Zusammenarbeit in Europa (Helsinki-Prozess 1975), Betonung der Menschenrechte
- aber: neuer Rüstungswettlauf seit den 1980er-Jahren, NATO-Doppelbeschluss

11.1 Revolutionen in Osteuropa

Als der österreichische und der ungarische Außenminister im August 1989 die Grenze zwischen ihren Ländern öffneten und damit DDR-Flüchtlingen den Weg in den Westen ermöglichten, war dies das Ende der langen wie beklemmenden Ära des Kalten Kriegs. Seit den 1950er-Jahren waren Aufstände gegen die sowjetische Vorherrschaft regelmäßig an den Militärinterventionen der UdSSR gescheitert – unter anderem in der DDR (1953), in Polen und Ungarn (1956) sowie in der Tschechoslowakei (1968). Alle weiteren demokratischen Reformbestrebungen wurden in den Ländern des Ostblocks massiv unterdrückt.

Mit den dramatischen Ereignissen des Jahres 1989 änderte sich dies schlagartig: Durch die Reformpolitik Gorbatschows, der die UdSSR durch die Politik der Perestroika und Glasnost zu reformieren suchte (vgl. Kap. 8.2), bekamen Dissidentengruppen in den sowjetischen Satellitenstaaten massiv Rückendeckung und einen Auftrieb, der schließlich zum Zusammenbruch des Ostblocks und der Sowjetunion beitrug. Die Oppositionsbewegungen knüpften einerseits an den früheren gescheiterten Aufständen gegen die (indirekte) sowjetische Herrschaft an, andererseits fanden sie einen gewissen Rückhalt im Westen – auch durch den KSZE-Prozess. Zudem waren die Regime in den Ostblockstaaten durch ihre eigene Politik hinreichend delegitimiert.

Breite Oppositionsgruppen hatten sich bereits lange vor 1989 in allen sowjetischen Satellitenstaaten formiert – etwa die Charta 77 in der Tschechoslowakei. Sie wurden durch die politische Repression eher gefestigt. Die Oppositionsbewegung in Polen blickte bereits auf mehrere gescheiterte Arbeiteraufstände zurück, als sie 1980 die illegale Gewerkschaft Solidarność errichtete. Für sie war es ein Glücksfall, dass 1978 ein Pole Papst wurde (Johannes Paul II.), der der Arbeiter-Opposition offen Rückhalt verlieh. Versorgungskrisen verschärften in Polen zusätzlich die Legitimationsdefizite des sozialistischen Regimes.

Die barbarische Niederschlagung der Demonstrationen von chinesischen Dissidenten im Juni 1989 durch die Pekinger Führung schadete dem gesamten sozialistischen Lager. Sie delegitimierte erneut die autoritären wie reformunwilligen Systeme des Ostblocks. Repressive Maßnahmen gegen Dissidenten stärkten somit nicht die autoritären Regime, sondern begünstigen ungewollt den offenen wie untergründigen Widerstand.

Erstaunlich war, dass die Revolutionen in Polen, der DDR, der Tschechoslowakei und in Ungarn fast völlig unblutig verliefen. Lediglich in Rumänien kam es zu Straßenschlachten mit zahlreichen Toten. Die anderen Ostblockregime resignierten oder dankten angesichts des massenhaft öffentlich artikulierten Unmuts mehr oder minder freiwillig ab. Sie hatten keine überzeugenden Konzepte mehr anzubieten, um die vielfältigen sozialen und wirtschaftlichen Probleme ihrer Länder zu bewältigen.

Diese Prozesse in den sowjetischen Satellitenstaaten wirkten auf die Sowjetunion zurück und beschleunigten seit 1989 deren innere Erosion. Das Jahr 1989 gilt daher in manchen historischen Darstellungen als das Ende des „kurzen 20. Jahrhunderts" (1914/18–1989).

11.2 Der Zusammenbruch der Sowjetunion

Als Michail Gorbatschow 1985 Generalsekretär der KPdSU wurde, setzte nicht nur eine neue Ära in der Geschichte des Ostblocks ein, auch die Epoche des Kalten Kriegs kam an ihr Ende. Die Sowjetunion war durch den weltweiten Rüstungswettlauf in eine tiefe ökonomische Krise geraten. Zugleich war sie in den Afghanistankrieg verstrickt (seit 1979) und stagnierte in ihrer wirtschaftlichen Entwicklung. Die inneren Verhältnisse waren durch die vorangegangenen autoritären Regierungen in eine lähmende Stagnation, ja Lethargie verfallen.

Gorbatschows Politik zielte auf eine fundamentale Umgestaltung der Sowjetunion; Kernpunkte waren die Einleitung eines Demokratisierungsprozesses und der Umbau der Wirtschaftsordnung hin zu mehr Eigeninitiative und Eigenverantwortung. Das schloss auch die Reprivatisierung sozialisierter Betriebe ein. Seine zentralen Leitgedanken waren Perestroika (Umbau, Umgestaltung) und Glasnost (Offenheit, Transparenz). Auch forderte Gorbatschow eine kritische Aufarbeitung der sowjetischen Geschichte. Die staatliche Kontrolle über die Medien sollte gelockert werden, eine öffentliche Diskussion auch von Tabuthemen sollte möglich sein.

Allerdings ließen sich die verkrusteten sowjetischen Strukturen nicht so rasch aufbrechen wie erhofft. Die Wirtschaftskrise nahm in den Folgejahren noch dramatischere Ausmaße an. Die Reaktorkatastrophe in Tschernobyl (1986) versuchten die sowjetischen Behörden – wie andere Katastrophen zuvor – zu verschleiern und zu bagatellisieren. Gorbatschows innenpolitische Bilanz war dementsprechend ernüchternd, nicht jedoch seine Außenpolitik. Erfolgreich trieb er die Abrüstung und die weltweite Entspannungspolitik voran. Die sowjetische Intervention in Afghanistan wurde abgebrochen. Gorbatschow öffnete damit (indirekt) den Weg zu den dramatischen politischen und vor allem unblutigen Umwälzungen in den sowjetischen Satellitenstaaten (u. a. in Polen, Ungarn, der Tschechoslowakei und in der DDR) im Jahr 1989.

In der Sowjetunion selbst nahmen die sozialen Spannungen angesichts der miserablen materiellen Verhältnisse zu. Zugleich wurden die jahrzehntelang repressiv unterdrückten nationalen Spannungen in dem Vielvölkerreich (vor allem in den drei baltischen Staaten wie auf dem Kaukasus) wieder lebendig. Estland, Lettland und Litauen erklärten nach gewaltigen Demonstrationen 1990 ihre Unabhängigkeit von der Sowjetunion; weitere Sowjetrepubliken trennten sich in der Folgezeit ebenfalls von der UdSSR. In dieser Situation der inneren Erosion der Sowjetunion putschten im August 1991 Repräsentanten der alten Ordnung gegen Gorbatschow, allerdings in ziemlich dilettantischer Weise. Der Putsch scheiterte rasch am Widerstand der Bevölkerung. Die führende Figur dieses Widerstands, Boris Jelzin, löste als demokratisch gewähltes Staatsoberhaupt Gorbatschow ab und ließ die KPdSU verbieten. Mehrere Republiken, die sich von der UdSSR abgespalten hatten, gründeten 1991 mit Russland die Gemeinschaft Unabhängiger Staaten (GUS). Man vereinbarte eine ökonomische und politische Kooperation. Zu einer vollständigen Demokratisierung wie in den baltischen oder den meisten westlichen Staaten des ehemaligen Ostblocks, die in den Folgejahren den Anschluss an die EU und an die NATO vollzogen, kam es in den GUS-Staaten jedoch nicht.

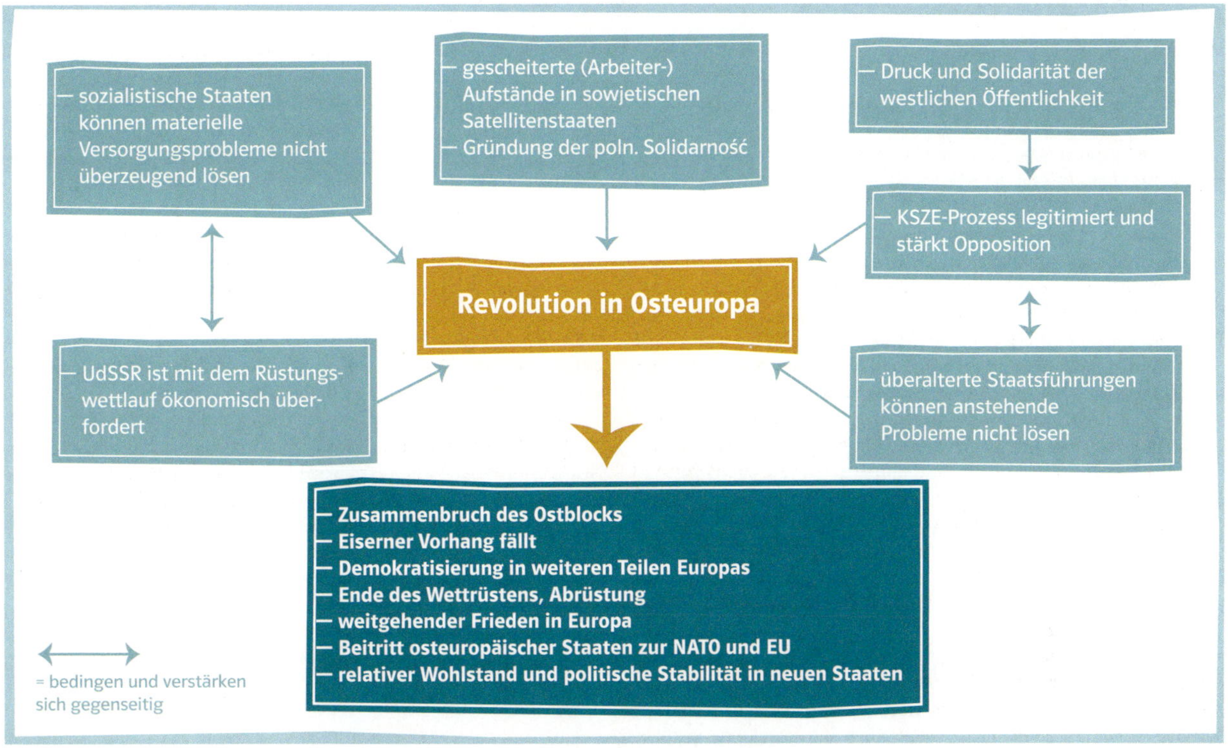
– sozialistische Staaten können materielle Versorgungsprobleme nicht überzeugend lösen
– gescheiterte (Arbeiter-) Aufstände in sowjetischen Satellitenstaaten
– Gründung der poln. Solidarność
– Druck und Solidarität der westlichen Öffentlichkeit
– KSZE-Prozess legitimiert und stärkt Opposition
Revolution in Osteuropa
– UdSSR ist mit dem Rüstungswettlauf ökonomisch überfordert
– überalterte Staatsführungen können anstehende Probleme nicht lösen
– Zusammenbruch des Ostblocks
– Eiserner Vorhang fällt
– Demokratisierung in weiteren Teilen Europas
– Ende des Wettrüstens, Abrüstung
– weitgehender Frieden in Europa
– Beitritt osteuropäischer Staaten zur NATO und EU
– relativer Wohlstand und politische Stabilität in neuen Staaten
= bedingen und verstärken sich gegenseitig

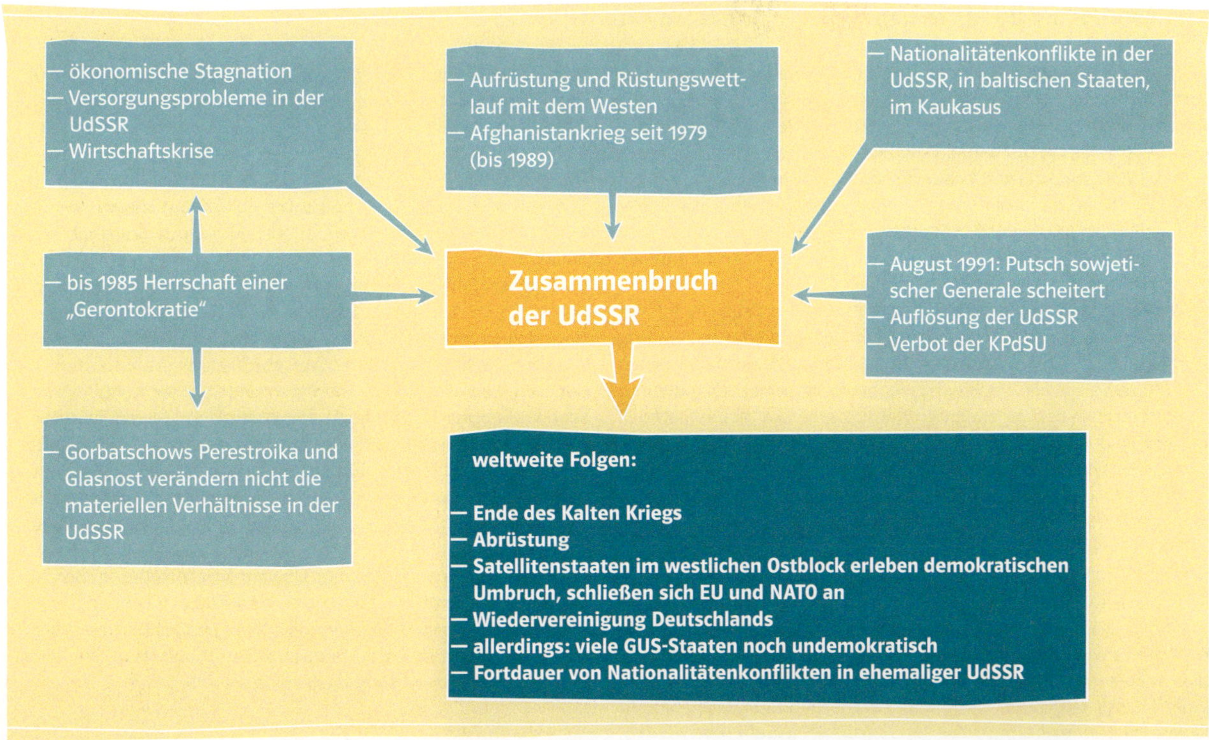
– ökonomische Stagnation
– Versorgungsprobleme in der UdSSR
– Wirtschaftskrise
– Aufrüstung und Rüstungswettlauf mit dem Westen
– Afghanistankrieg seit 1979 (bis 1989)
– Nationalitätenkonflikte in der UdSSR, in baltischen Staaten, im Kaukasus
– bis 1985 Herrschaft einer „Gerontokratie“
Zusammenbruch der UdSSR
– August 1991: Putsch sowjetischer Generale scheitert
– Auflösung der UdSSR
– Verbot der KPdSU
– Gorbatschows Perestroika und Glasnost verändern nicht die materiellen Verhältnisse in der UdSSR
weltweite Folgen:
– Ende des Kalten Kriegs
– Abrüstung
– Satellitenstaaten im westlichen Ostblock erleben demokratischen Umbruch, schließen sich EU und NATO an
– Wiedervereinigung Deutschlands
– allerdings: viele GUS-Staaten noch undemokratisch
– Fortdauer von Nationalitätenkonflikten in ehemaliger UdSSR

11.3 Die Vereinigung der beiden deutschen Staaten 1989/90

Während die Teilung der beiden deutschen Staaten von immer mehr Menschen als Normalität wahrgenommen wurde, verschärfte sich in der DDR die Legitimationskrise der SED-Herrschaft. Durch Gorbatschows Reformpolitik wurden einerseits Oppositionelle in der DDR ermuntert, andererseits verschärfte sich die „Doppelkrise" der DDR – die Isolierung gegenüber dem Westen wie gegenüber ihren sozialistischen Bruderstaaten.

Als im August 1989 zeitweise die Grenze zwischen Österreich und Ungarn geöffnet wurde, flüchteten Tausende DDR-Bürger in den Westen. Großen Unmut und Protest hatten bereits die offenkundige Fälschung von Wahlergebnissen und die Solidaritätsbekundung der DDR-Führung für die chinesischen Machthaber ausgelöst, nachdem diese Studentendemonstrationen in Peking gewaltsam hatten niederschlagen lassen. Die Zahl der Ausreiseanträge in der DDR stieg daraufhin rapide an. Viele DDR-Bürger suchten Zuflucht in den westdeutschen Botschaften in Prag und Warschau. Parallel beteiligten sich immer mehr Menschen an den Montagsdemonstrationen in verschiedenen Städten der DDR, und es bildeten sich oppositionelle Vereinigungen – besonders im Umkreis der evangelischen Kirche. Weder die Ablösung Erich Honeckers durch Egon Krenz noch der Rücktritt des Ministerrats der DDR brachten die Massenproteste zum Erliegen. Die DDR-Führung kapitulierte schließlich und verkündete am 9. November 1989 die Öffnung der Berliner Mauer.

Für die Sowjetunion wie für den Westen kam der Zusammenbruch des SED-Regimes völlig überraschend; politische Konzepte für diese Situation waren nicht entwickelt worden. Frankreich und England standen einer deutsch-deutschen Einigung eher reserviert gegenüber. Anders als die USA fürchtete man ein erstarkendes Deutschland.

Die neue DDR-Regierung unter dem Reformkommunisten Hans Modrow schuf einen „Runden Tisch" mit den Oppositionsgruppen, um über die weitere Entwicklung zu beraten. Die Ausreisewelle war nach der Maueröffnung deutlich angeschwollen und die DDR drohte „auszubluten". In der DDR wurden die Stimmen, die für eine Wiedervereinigung plädierten, immer zahlreicher. In den sogenannten Zwei-plus-vier-Gesprächen (zwei deutsche Staaten, vier Siegermächte) wurden daraufhin rasch die Voraussetzungen für eine Vereinigung geklärt. Die Bundesrepublik sollte mit 20 Milliarden DM die Rückkehr der sowjetischen Soldaten finanzieren und die Bundeswehr deutlich abrüsten, im Gegenzug sollte das vereinte Deutschland die volle Souveränität erlangen. Mit der DDR-Regierung unter Lothar de Maizière wurde zunächst eine Wirtschafts-, Währungs- und Sozialunion vereinbart und ein Einigungsvertrag ausgehandelt. Die staatliche Einigung trat dann am 3. Oktober 1990 in Kraft.

Der neue deutsche Nationalstaat entstand nicht wie im 19. Jahrhundert als Folge von Einigungskriegen, sondern aus der „Kraft der Selbstbefreiung". In den neuen Bundesländern wurden die alten föderalen Strukturen (die Länder) wieder etabliert, die nun auch in die supranationalen Zusammenschlüsse wie die NATO und die EU integriert wurden. Gewaltige Transferzahlungen in die neuen Bundesländer trugen zu einer raschen Modernisierung der maroden Infrastruktur bei. Allerdings trauern einige Modernisierungsverlierer in den neuen Bundesländern noch den alten Verhältnissen nach.

11.4 1990/2010: 20 Jahre deutsche Wiedervereinigung

Die Bilanz der deutschen Einheit wird immer wieder kontrovers debattiert – zuletzt anlässlich des 20. Jubiläums der Wiedervereinigung. Auf der einen Seite beklagen die Kritiker des Vereinigungsprozesses das Ausbleiben rascher sozialer und materieller Veränderungen („blühende Landschaften"), auf der anderen Seite verweisen die Befürworter auf die Beseitigung der autoritären, undemokratischen politischen Strukturen der DDR und die beachtliche materielle und infrastrukturelle Umkrempelung der Verhältnisse in den fünf neuen Bundesländern.

Wie jeder Modernisierungsprozess hat auch die deutsche Einheit „Verlierer" und „Gewinner" hervorgebracht. Die Wiedervereinigung wird heute von den politischen Akteuren, ökonomischen Nutznießern und Modernisierungsopfern entsprechend unterschiedlich gedeutet: So geht es auch den sogenannten „Wendeverlierern" heute materiell zwar meist deutlich besser als zu DDR-Zeiten – ihr messbarer Lebensstandard stimmt in etwa mit dem der alten Länder überein und sie profitieren von sozialstaatlichen Leistungen –, allerdings prangern sie grundsätzliche strukturelle Probleme der marktwirtschaftlich organisierten Gesellschaft an, etwa das Defizit an sozialer Gerechtigkeit.

Viele Ostdeutsche haben trotz ihrer Qualifikationen und Lebensleistungen im Zuge der staatlich-politischen Eingliederung der DDR in die Bundesrepublik ihre Arbeit verloren und sind seither auf staatliche Transferzahlungen angewiesen. Ihre ökonomischen und sozialen Probleme äußern sich in den vergangenen Jahren verstärkt in einer Skepsis gegenüber der parlamentarischen Demokratie und in nostalgischen Sichtweisen auf die DDR. Ausdruck dessen war unter anderem die Ostalgie-Welle, die vor allem Anfang der 2000er-Jahre die früheren Verhältnisse verklärte und den autoritären Charakter des SED-Staats in den Hintergrund treten ließ. Auch Rechtsextremismus und Ausländerfeindlichkeit sind in Ostdeutschland überdurchschnittlich verbreitet und nicht selten auf diese ökonomischen und sozialen Problemlagen zurückzuführen. Offenkundig werden die Probleme vor allem an zahlreichen früheren Industriestandorten, deren Bewohner im Zuge des Deindustrialisierungsprozesses mehr und mehr abgewandert sind („sterbende Städte"), sowie in den ländlichen, wirtschaftlich noch immer unterentwickelten Regionen Ostdeutschlands.

Auf der anderen Seite besitzen Mecklenburg-Vorpommern, Brandenburg, Sachsen-Anhalt, Thüringen und Sachsen heute demokratische Verfassungen. Ihre Institutionen werden von den Normen und Werten des Grundgesetzes geprägt. Schon kurz nach der Wiedervereinigung wurden die völlig maroden ostdeutschen Städte und Verkehrswege mittels großer Transferleistungen umfassend modernisiert, Umweltschäden nachhaltig beseitigt. Ostdeutsche Städte und Dörfer unterscheiden sich in ihrem Erscheinungsbild kaum noch von ihren westdeutschen Pendants. Obwohl viele Betriebe in den neuen Bundesländern nur als „verlängerte Werkbänke" westdeutscher oder internationaler Unternehmen produzieren und zahlreiche frühere Industriestandorte im Osten Deutschlands schrumpfen, gleichen sich Ost und West auch wirtschaftlich stetig an.

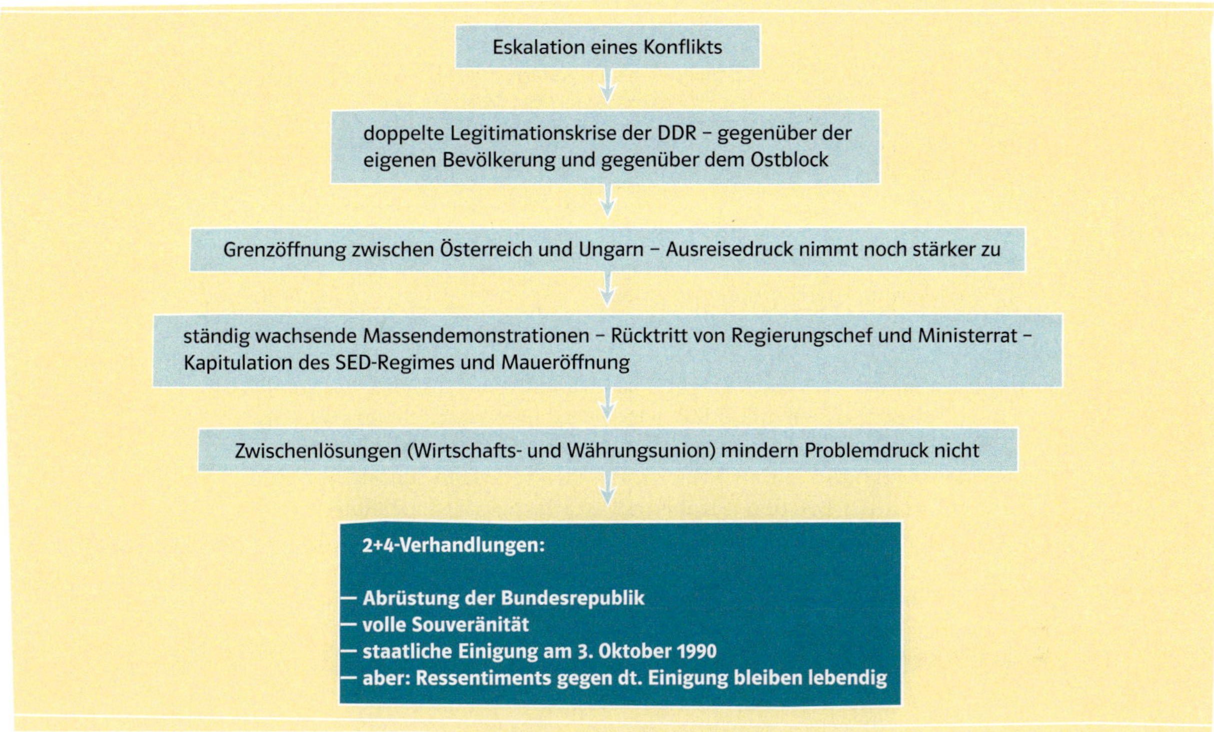
Eskalation eines Konflikts
doppelte Legitimationskrise der DDR – gegenüber der eigenen Bevölkerung und gegenüber dem Ostblock
Grenzöffnung zwischen Österreich und Ungarn – Ausreisedruck nimmt noch stärker zu
ständig wachsende Massendemonstrationen – Rücktritt von Regierungschef und Ministerrat – Kapitulation des SED-Regimes und Maueröffnung
Zwischenlösungen (Wirtschafts- und Währungsunion) mindern Problemdruck nicht
2+4-Verhandlungen:
– Abrüstung der Bundesrepublik
– volle Souveränität
– staatliche Einigung am 3. Oktober 1990
– aber: Ressentiments gegen dt. Einigung bleiben lebendig

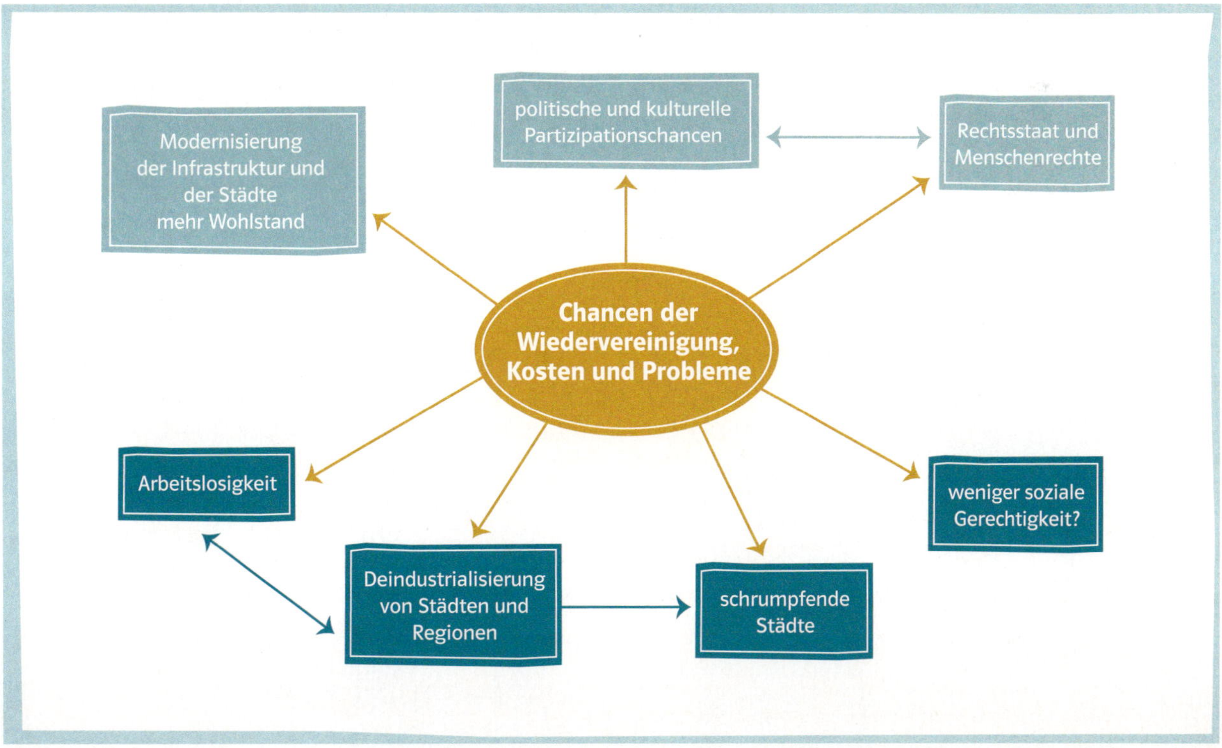
Chancen der Wiedervereinigung, Kosten und Probleme
Modernisierung der Infrastruktur und der Städte mehr Wohlstand
politische und kulturelle Partizipationschancen
Rechtsstaat und Menschenrechte
Arbeitslosigkeit
Deindustrialisierung von Städten und Regionen
schrumpfende Städte
weniger soziale Gerechtigkeit?

Klausur: Die deutsche Revolution von 1848 – am König gescheitert?

Friedrich Wilhelm IV., an Christian von Bunsen, den preußischen Botschafter in London, am 7. Mai 1849

Sie sind von den Eindrücken der Revolution von 1848 überwältigt. Sie haben dem scheußlichen Bastard von Mensch und Teufel einen ehrlichen Namen „Teutschland" gegeben – ich hingegen habe vom 18. bis 19. März bis heute nichts darin erkannt als den Abfall von Gott. [...] Ich sage, wäre es der Paulskirchlichen Majorität wirklich um die Sache zu tun gewesen, so gebot der gesunde Menschenverstand so gut als ein Quentchen Rechtsgefühl und ein Lötchen Glauben an die Ehrlichkeit meiner offiziellen Äußerungen diesen Patrioten, zuvor die Zustimmung der rechtmäßigen Obrigkeiten einzuholen. Ich frage warum nicht? Haben Sie sich das denn nicht gefragt? Alles Ding hat eine Ursach. Also auch dies Ding. – Warum nicht? Die Antwort ist mir nicht zweifelhaft – weil diese Patrioten (!) die Revolution, die Souveränität teutscher Nation unwiderruflich dadurch befestigen wollten, dass sie dem Narren, dem Preußenkönig, ein Hundehalsband umschnallten, das ihn unauflöslich an die Volkssouveränität fesselte, der Revolution von 48 leibeigen macht! Das, teuerster Freund, ist des Pudels Kern; dieses schnöden Pudels einzige Entschuldigung [...]. Daher rührt mein Bescheid an die [...] Deputation der Paulskirche. Des Bescheides Sinn ist: „Ich kann Euch weder ja noch nein antworten. Man nimmt nur an und schlägt nur aus eine Sache, die geboten werden kann, – und Ihr da habt gar nichts zu bieten: das mach ich mit meines Gleichen ab; jedoch zum Abschied die Wahrheit: gegen Demokraten helfen nur Soldaten; adieu!"

Zit. nach: Leopold von Ranke, Aus dem Briefwechsel Friedrich Wilhelms IV. mit Bunsen, Leipzig 1873, S. 270ff.

Aufgabenstellung

Interpretieren Sie das vorliegende Material, indem Sie

1. es analysieren,
2. es in den historischen Kontext der Jahre 1848/1849 einordnen und innerhalb dieses Kontexts erläutern und
3. sich vor dem Hintergrund der weiteren Entwicklungen kritisch mit den Auffassungen des Autors zu Herrschaft, Recht und Nation auseinandersetzen.

Zugelassene Hilfsmittel

Wörterbuch zur deutschen Rechtschreibung

Notizen

Hinweise und Tipps zur Bearbeitung der Klausur

Thema und Problemfrage, Erkenntnisinteresse, Material

Problemfrage: Die deutsche Revolution von 1848 – am König gescheitert?

Erkenntnisinteresse: Zu beurteilen, ob und inwiefern das Verhalten des preußischen Königs die Demokratisierungsversuche in der Revolution von 1848 hat scheitern lassen.

Material: Brief Friedrich Wilhelms IV. an Bunsen, den preußischer Botschafter in London, 7. Mai 1849

Arbeitsschritte zu einer gelungenen Geschichtsklausur

Für gewöhnlich bestehen Geschichtsklausuren mit einer Quelle als Material aus drei Teilaufgaben: 1. der *Analyse*, 2. der *Erläuterung im historischen Kontext* und 3. der *Beurteilung* bzw. *kritischen, begründeten Stellungnahme*. Diese Teile bilden zusammengenommen die Quelleninterpretation.

Ihren Arbeitsprozess während der Klausur stellen Sie sich dabei am besten als „Interpretationsspirale" vor. Das bedeutet, dass man sich gedanklich und vom Arbeitsprozess her zwar im Kreis, aber doch vom Niveau her „nach oben" bewegt. Die drei Teilaufgaben müssen also nicht unbedingt in einer bestimmten Reihenfolge nacheinander abgearbeitet und „abgehakt" werden. Sie können vielmehr ebenso gut (und vielleicht: besser) auf Konzeptpapieren vorläufige Antwortideen zu jeder Teilaufgabe ungeordnet so notieren, wie Sie Ihnen im Laufe der Arbeit einfallen. Vor der endgültigen Niederschrift der Klausur sollten Sie allerdings Ihre Notizen und Gedanken in eine nachvollziehbare, an der Reihenfolge der Teilaufgaben ausgerichtete Ordnung bringen.

Zu Aufgabe 1 (äußere Quellenanalyse):

Da es sich um eine Quelle handelt, ist zunächst darauf zu achten, dass jede Quellenanalyse aus zwei Teilen bestehen sollte, der *äußeren* und der *inneren Quellenanalyse*. Für die äußere Quellenanalyse ist der Katalog der sogenannten „W-Fragen" in den Blick zu nehmen. Folgende „W-Fragen" sind hier relevant:

a) Die Frage-Frage: Wonach suche ich überhaupt? Was ist mein historisches Untersuchungsproblem? Oder kurz gesagt: Was ist eigentlich die Frage?
b) Die Wer-Frage fragt nach dem Autor.
c) Die Für-wen-Frage fragt nach dem Adressaten.
d) Die erste Was-Frage fragt nach der Quellenart.
e) Die zweite Was-Frage fragt nach der Textsorte.
f) Die dritte Was-Frage fragt nach dem Thema.
g) Die Wann-Frage fragt nach dem unmittelbaren historischen Kontext bzw. Anlass.
h) Die Warum-Frage fragt nach der Intention.

Zu a) Die Frage-Frage: Was ist eigentlich das Problem, was ist die Grundfrage?

Es empfiehlt sich, die Klausurarbeit mit einem Mindmap zu beginnen, das die Aspekte des Klausurthemas „Die deutsche Revolution von 1848 – am König gescheitert?" unter genauer Berücksichtigung des Erkenntnisinteresses entfaltet und festhält, vielleicht sogar, bevor man die Quelle selber liest und untersucht.

Das Mindmap könnte folgende Aspekte aufweisen:

- Begriff „Revolution": Umwälzung des politischen Systems; (wie gut) passt dieser Begriff und seine Definition auf die Geschehnisse von 1848?
- Begriff „deutsche Revolution": Revolution getragen vom deutschen Volk? Was/Wer ist das deutsche Volk?
- Die Frage „am König gescheitert?" gestattet zwei Hypothesen: 1. Das Scheitern der Revolution ist vom König bewirkt worden. 2. Das Scheitern der Revolution ist nicht durch den König bewirkt worden.
- Erhebung des deutschen Volkes gegen ungerechte oder undemokratische Herrschaft? Gegen Monarchie?
- Begriff „Scheitern": Wann ist eine Revolution gescheitert? Wenn alte Machthaber sich gegen Revolutionäre behaupten? Warum/Woran ist diese Revolution denn gescheitert?

Im Fortgang Ihrer Klausurbearbeitung sollten Sie zuweilen zur Problemfrage und diesem Mindmap zurückkehren und es ergänzen. Damit vermeiden Sie es, vor lauter Quellenarbeit das Thema aus den Augen zu verlieren. Auch empfiehlt es sich, eine kurze Stichwortliste oder Ähnliches darüber anzufertigen, welche Erkenntnisse man von der Untersuchung der Quelle erwartet. Inhalt, Schreiber und Adressat des Briefs müssten in irgendwelchen Zusammenhängen zur deutschen Revolution von 1848 stehen. In welchen? Auch hierzu ist es hilfreich, sich vorab eine Stichwortliste von Vermutungen anzufertigen, die Sie bei der weiteren Klausurbearbeitung im Auge behalten.

Zu b) Die Wer?-Frage: der Autor/die Autorin

Wenn wir uns als Historiker mit historischen Quellen beschäftigen, müssen wir uns fragen, wie zuverlässig und glaubwürdig der Autor von seiner Person und Stellung her ist oder sein kann. Daher interessieren hier folgende Teilfragen, die immer im Zusammenhang des Klausurthemas daraufhin zu prüfen sind, ob sie etwas Relevantes für die Interpretation „abwerfen“:

- Wie heißt der Verfasser? Welche Ämter oder öffentliche Funktionen hat er?
- Welche Machtmittel oder Einflussmöglichkeiten hat er? Welchen sozialen oder politischen Gruppen gehört er an?
- Welche Absichten und Eigeninteressen hat er von seiner Person oder seiner Funktion her?
- Ist er als Verfasser ein „Insider“? Oder hat er nur zufällig oder beiläufig etwas, was er mitbekommen hat, aufgeschrieben? Ist er überhaupt in der Lage oder willens, etwas objektiv mitzuteilen?

Ermitteln Sie für Ihre Klausur zunächst aus der Quellenüberschrift und der Literaturangabe Hypothesen über relevante Merkmale der Person des Autors, indem Sie die *Teilaspekte der Wer-Frage* durchgehen. Was für die Klausur brauchbar ist, entscheidet sich dabei an der Problemfrage.

(Mögliche) Antwort auf die Wer-Frage

An der Angabe „Friedrich Wilhelm IV.“ zusammen mit dem Briefdatum „7. Mai 1849“ erkennt man, dass es sich um einen zur Zeit der Revolution amtierenden Herrscher handelt. Die Literaturangabe enthält den Hinweis „preußischer Botschafter in London“, was andeutet, dass der Verfasser der Quelle der preußische König sein könnte, der an seinen Botschafter in London schreibt, was offenbar regelmäßig vorkam, da die Literaturangabe von einem „Briefwechsel“ spricht.

Weiterhin ergeben sich folgende Antworthypothesen auf die *Teilaspekte der Wer-Frage*:

Als König hat Friedrich Wilhelm große Macht, die er in einer Revolution wahrscheinlich verteidigen will (= Eigeninteresse). Als Spross einer Dynastie (vgl. z.B. die Angabe „IV.“) fühlt er sich evtl. zum Herrschen geboren. Deswegen könnte es sein, dass er die guten Seiten der Revolution verschweigt und das Schlechte hervorhebt.

Zu c) Die Für-wen-Frage: der Adressat

Da die Quelle für die Augen und Ohren des Adressaten bestimmt war, muss die Klausurbearbeitung klären, in welchem Verhältnis der Autor zu diesem Adressaten stand. Hatte der Autor Anlass, irgendwelche Rücksichten zu nehmen? Hatte er als Empfänger seiner Botschaft jemanden, den er auf seine Seite ziehen oder auf andere Weise manipulieren wollte?

(Mögliche) Antwort auf die Für-wen-Frage

An der Amtsbezeichnung des Adressaten in der Quellenüberschrift, „preußischer Botschafter in London“, lässt sich das Wichtigste ablesen: Der Adressat war ein Amtsträger in königlich-preußischen Diensten und erfüllte die Funktion eines Botschafters Preußens in Großbritannien. In dieser Stellung hat er die Anweisungen des Königs und dessen Regierung zu befolgen. Um seinen außenpolitischen Auftrag erfüllen zu können, stand er offensichtlich in regelmäßigen Briefkontakt zum König, wie man anhand der Literaturangabe unter der Quelle vermuten kann, wo von einem „Briefwechsel“ die Rede ist.

Zu d) Die erste Was-Frage: Quellenart

In der Klausurbearbeitung sollten Sie eine Unterscheidung machen zwischen Informationen, die der Autor unbeabsichtigt der Nachwelt vermittelt hat, und solchen, die absichtlich hinterlassen wurden. Erstere müssten in der Klausur als Dokumente oder Überrestquellen, die anderen als Monumente oder Traditionsquellen bezeichnet werden. Die genannte Absicht nennt man Überlieferungsabsicht. Typisch für Schriftstücke mit Überlieferungsabsicht ist es, das eigene Handeln zu rechtfertigen und sich in ein gutes Licht zu setzen. Demgegenüber sind Dokumente ohne Überlieferungsabsicht meist weniger „geschönt“, es sei denn, der Autor der Quelle hat zum Adressaten der Quelle ein so spezielles Verhältnis, dass er es für nötig erachtet zu „flunkern“.

(Mögliche) Antwort auf die erste Was-Frage

Briefe sind meist Dokumente oder Überrestquellen. Friedrich Wilhelm IV. hatte wahrscheinlich nicht die Absicht, diese briefliche Äußerung an die Nachwelt zu richten. Wir dürfen also eine gewisse Ehrlichkeit erwarten.

Zu e) Die zweite Was-Frage nach der Textsorte oder Textquellengattung

Das vorliegende Material ist der Textsorte „Brief“ zuzuordnen, im Unterschied zu Akten sind Briefe meist keine Schriftstücke staatlicher Stellen, sondern privater Natur: Ein Mensch teilt einem anderen seine Gefühle oder Einstellungen in einer bestimmten Situation mit. Dementsprechend steht bei einer solchen Textquelle als Klausurtext die Subjektivität und Individualität des Briefautors als hauptsächliche Interpretationsrichtung im Vordergrund.

Für Ihre Klausurbearbeitung kann es hilfreich sein, die Textsorte nicht (oder nicht nur) anhand der Kategorien „Akten", „Zeitungen", „Briefe", „Reden" usw., sondern auch anhand folgender Kategorien zu erfassen: normative vs. deskriptive Textquellen (z. B. Gesetzestext vs. Reportage), interne vs. öffentliche Textquellen (z. B. Geheimdienstdossier vs. Regierungserklärung) oder Selbstzeugnis vs. Fremdzeugnis (z. B. Autobiografie vs. Biografie) usw. Briefe wiederum sollte man danach unterscheiden, ob sie eher sachorientiert (informativ), adressatenorientiert (appellativ) oder ich-orientiert (expressiv) sind; andererseits differenziert man zwischen Privatbriefen, offenen Briefen (z. B. Leserbriefen) und Geschäftsbriefen.

(Mögliche) Antwort auf die zweite Was-Frage

Die Überschrift „Friedrich Wilhelm IV. an Bunsen, preußischer Botschafter in London" und der Ausdruck „teuerster Freund" zeigen den Briefcharakter. Der Text ist dementsprechend in der Ich-Form gehalten („ich frage" usw.). Auch inhaltlich lässt sich ein Brief-Merkmal finden: Friedrich Wilhelm offenbart seinem „Freund" Bunsen seine subjektive Einstellung. Folglich empfiehlt sich als Interpretationsrichtung, die Subjektivität und inneren Einstellungen des Königs zu fokussieren.

Zur Gegenkontrolle müsste man sich fragen, inwiefern die vorliegende Quelle typische Merkmale eines Aktenstücks aufzeigt und eine entsprechende Interpretationsrichtung nahe legt. Dabei fällt auf, dass sowohl Friedrich Wilhelm als auch Bunsen wichtige staatliche Ämter bekleiden. Außerdem geht es in der Quelle um Friedrich Wilhelms Entscheidung, ob er eine bestimmte Krone tragen wolle, was Teil eines zentralen staatlichen Entscheidungsprozesses ist. Es geht weiterhin um „Obrigkeiten", „Volkssouveränität" und einen „Bescheid an die Deputation der Paulskirche" – alles staatliche Fragen. Hier weist die Quelle Merkmale einer Akte auf und legt nahe, nach Verlauf, Motiven und Gründen der königlich-staatlichen Entscheidung über das Ansinnen der Paulskirche als zu fragen.

Merkmale anderer Textsorten weist das Klausurmaterial nicht auf. Daher ist die Quelle abschließend typologisch als Brief mit einigen Akten-Merkmalen zu bezeichnen. Außerdem passt auch die Beschreibung der Quelle als „internes" Dokument und als „Selbstzeugnis". Weiterhin ist der Brief eher expressiv, weil der König seine subjektiven Gefühle und Einstellungen hinsichtlich der angebotenen Krone zum Ausdruck bringt. Zwar könnte es auch möglich sein, dass Friedrich Wilhelm seinen Freund Bunsen letztlich ebenfalls von seiner königlichen Meinung überzeugen will (appellativ), jedoch hat der König die Zustimmung Bunsens nicht nötig. Dementsprechend schreibt der König ziemlich offen und unverblümt und benutzt kaum manipulative Stilmittel, etwa um Bunsen für sich zu gewinnen. Weiterhin ist die Quelle der Form nach ein Privatbrief, also nicht offen für eine über Bunsen hinausgehende Leserschaft. Nur die Ämter der beiden, preußischer König und preußischer Botschafter, geben dem Schreiben Friedrich Wilhelms eine geschäftsmäßige Note.

Zu f) Die dritte Was-Frage nach dem Thema

Nach dem Lesen der Quelle das Thema anzugeben ist nur scheinbar leicht. Denn in Klausuren wird dabei ein Fehler allzu schnell gemacht: die Position oder These des Autors zu benennen, anstatt nur zu sagen, worum es in der Quelle inhaltlich geht.

Oft geht es in Quellen des Geschichtsunterrichts in der Oberstufe thematisch um bestimmte politische Programme und Ziele, um politische Rückblicke oder Ausblicke, so dass man die Ausdrücke „Außenpolitik", „Verteidigungs-/Kriegspolitik", „Innenpolitik", „Wirtschaftspolitik" oder „Deutschlandpolitik" gut für eine allgemeine Themenangabe benutzen kann. Zwar wäre eine Eingrenzung und Präzisierung, die sich an eine so allgemeine Themenangabe anschließt, wünschenswert, jedoch steigt damit auch das Risiko, dass man das eigentliche Thema der Quelle mit seiner eigenen Formulierung nicht ganz genau trifft. Eine Formulierungshilfe für Quellen mit schwierig zu greifendem Thema wären etwa folgende Phrasen:

„In der vorliegenden Quelle geht es um die Frage, ob und inwiefern ..."

„Thematisch dreht sich in der vorliegenden Quelle alles um ..."

Nicht selten empfiehlt es sich, zunächst mit einer vorläufigen Themenformulierung zu arbeiten und die endgültige Festlegung erst nach vollständiger Quellenanalyse und eventuell sogar nach der vollständigen Quelleninterpretation vorzunehmen.

(Mögliche) Antwort auf die dritte Was-Frage

In der vorliegenden Quelle äußert sich der preußische König Friedrich Wilhelm zur Frage der Annahme oder Ablehnung der angebotenen Krone und liefert entsprechende Begründungen.

Zu g) Die Wann-Frage: engerer historischer Kontext bzw. Anlass

Zur äußeren Quellenanalyse gehört auch ein kurzer Hinweis auf den engeren historischen Kontext bzw. die situativen Umstände der Quelle. Um dem Interpretationsschritt „Eine Quelle in ihrem historischen Kontext erläutern" nicht vorzugreifen, muss

man sich den Unterschied zwischen engerem und weiterem historischen Kontext klarmachen. Dieser Unterschied wird oft auch als der Unterschied zwischen „Ursache" und „Anlass" aufgefasst. Sollte man Ihnen beispielsweise Österreichs Kriegserklärung an Serbien 1914 als zu interpretierende Quelle vorlegen, so gilt das Attentat von Sarajevo als Anlass, keineswegs aber als Ursache dieser Quelle und damit als Ursache des Ersten Weltkriegs. Auf die Ursachen des Kriegs (etwa die Rivalität der europäischen Großmächte) aber einzugehen, ist in der Quellenanalyse nicht erforderlich. Da der Unterschied zwischen Ursache und Anlass aber nicht immer so klar zu greifen ist wie in diesem Beispiel, spricht man besser von engerem und weiterem historischen Kontext einer Quelle. Dabei ist mitgedacht, dass von „sehr eng" bis „sehr weit" ein weites Spektrum fließender Übergänge liegt.
Um den Überblick über die verschiedenen Zeitpunkte zu behalten, die bei der Rekonstruktion unterschieden werden müssen, hilft folgende Liste:

- t1 = Zeitpunkt des Abfassens der Quelle
- t2 = Zeitpunkt, zu dem die berichteten Ereignisse geschehen sind
- t3 = Zeitpunkt, zu dem der Adressat die Quelle zur Kenntnis nimmt
- t4 = Zeitpunkt der heutigen Interpretation

(Mögliche) Antwort auf die Wann-Frage

Friedrich Wilhelm hatte Ende März 1849 von der ersten demokratisch gewählten deutschen Nationalversammlung, die in der Paulskirche zu Frankfurt tagte, die Krone eines deutschen Kaisers angeboten bekommen. Nachdem er sie abgelehnt hatte und damit den Verfassungsentwurf der Paulskirche zu Fall gebracht hatte, flammten in Südwestdeutschland revolutionäre Tendenzen wieder auf. Diese sogenannte „Reichsverfassungskampagne" wurde jedoch unter maßgeblicher Beteiligung preußischer Truppen mit Waffengewalt niedergeschlagen. Vor dem Hintergrund dieser Ereignisse entstand die vorliegende Quelle.

Zu h) Die Warum-Frage nach der Intention

Ähnlich wie beim historischen Kontext ist auch die Intention an dieser Stelle nur sehr knapp, sozusagen noch „oberflächlich" anzugeben. Denn ein tieferes Eingehen auf Intentionen gehört in den Teil „Quellen beurteilen" (Aufgabe 3), erst dort befasst man sich intensiver mit den Motiven, Interessen und Perspektiven einer Quelle bzw. ihres Autors und bewertet sie auch. Die jedoch an dieser Stelle anzugebende „unmittelbare" Intention verhält sich zur tiefer liegenden Intentionen wie der Anlass zur Ursache (s.o.). Wenn die vorliegende Quelle beispielsweise eine Rede Hitlers anlässlich der Taufe eines Schlachtschiffs auf den Namen „Bismarck" ist, dann reicht es, als Intention anzugeben, Hitler wolle die Namensgebung „Bismarck" begründen.
Oft kann man als Intention allgemein feststellen, dass der Autor sich selbst oder sein Tun, Wollen oder Denken seinem Adressaten erklären und es vor ihm rechtfertigen will oder dass er umgekehrt etwas kritisieren will. Bei betont neutral gehaltenen Akteneinträgen, Protokollnotizen oder ähnlichen in dienstlich-staatlichen Zusammenhängen entstandenen Texten steht weniger die Intention des Autors, als vielmehr die seiner Behörde oder seines Staats im Vordergrund. Der Autor hat dann eben nur seine Aufgabe erledigt und verrät uns dabei wenig bis gar nichts von seinen eigenen Intentionen - die wir oft auch nicht wissen müssen, weil sie mitunter auch reichlich uninteressant sein könnten.

(Mögliche) Antwort auf die Warum-Frage

Friedrich Wilhelm will sich seinem Freund Bunsen gegenüber dafür rechtfertigen, dass er die deutsche Kaiserkrone in der angebotenen Form ablehnt.

Zu Aufgabe 1 (innere Quellenanalyse)

Die innere Quellenanalyse ist eine Gliederung und Inhaltsangabe des Quellentexts durch den Filter der historischen Problemfrage. Um hierzu eine gute Klausurantwort erstellen zu können, empfiehlt es sich, den Quellentext zunächst nach Sinnabschnitten zu gliedern, für diese Sinnabschnitte Überschriften zu finden und dann die zentralen Aussagen jedes Abschnitts etwas detaillierter durch Paraphrasen, in indirekter Rede oder durch wörtliche Zitate wiederzugeben. Sowohl die Gliederung als auch die Inhaltswiedergabe sind mit Zeilenangaben zu versehen.

(Mögliche) Antwort zur inneren Quellenanalyse

Friedrich Wilhelms Brief an Bunsen lässt sechs Sinnabschnitte erkennen (Z. 1–5, Z. 6–12, Z. 12–21, Z. 22/23, Z. 23–27, Z. 27/28): Der König beschreibt erstens Bunsens Haltung bzw. die Haltung der Revolutionäre (das zweimal zu Satzanfang auftauchende, dementsprechend großgeschriebene „Sie" lässt offen, ob der König „Sie, Bunsen" oder „sie, die Revolutionäre" meint) als Teufelszeug (s. Z. 1–5) und bewertet dann deren Verzicht auf die Einholung der „Zustimmung der rechtmäßigen Obrigkeiten" (Z. 11) als „Abfall von Gott" (Z. 5), Verstoß gegen den „gesunde(n) Menschenverstand"

(Z. 8) und gegen das „Rechtsgefühl" (Z. 8/9) sowie als Vertrauensentzug (Z. 9/10). Ein dritter Sinnabschnitt beschäftigt sich mit der angenommenen Ursache für dieses Verhalten der Revolutionäre. Der König unterstellt nämlich der Paulskirche, ihn an die Volkssouveränität ketten zu wollen (Z. 15–19). Dass er als König daraus die Konsequenz eines ablehnenden Bescheids an das Frankfurter Parlament zieht, ist Gegenstand des vierten Abschnitts. Diese Entscheidung begründet Friedrich Wilhelm im Folgenden: Seiner Ansicht nach gab es für ihn nichts zu entscheiden, da die Paulskirche nichts anzubieten gehabt hätte (Z. 24–26). Der Preußenkönig schließt seinen Brief mit einer Gewaltandrohung gegen die demokratischen Revolutionäre: „gegen Demokraten helfen nur Soldaten" (Z. 27) und verabschiedet sich von Bunsen mit einem „adieu" (Z. 28).

Zu Aufgabe 2:

Die Februarrevolution 1848 in Frankreich löste auch in Deutschland Unruhen aus, in deren Folge Metternich aus Wien fliehen musste und in Berlin nach Barrikadenkämpfen mit Todesopfern der preußische König Friedrich Wilhelm IV. Verfassungsänderungen zusagte und eine liberale Regierung einsetzte. Außerdem versprach er: „Fortan geht Preußen in Deutschland auf", womit er den nationalen Forderungen entgegenkam. Im Mai wurde eine deutsche Nationalversammlung demokratisch gewählt und in die Frankfurter Paulskirche einberufen. Auf diese Revolution und diese „Paulskirche" bezieht sich Friedrich Wilhelm in seinem Brief an Bunsen.
Obwohl schon im Sommer 1848 die reaktionären Kräfte wiedererstarkten und Reformen zurückgenommen wurden, verabschiedete die Nationalversammlung eine Reichsverfassung im Sinne einer „kleindeutschen" Lösung. Diese hätte den Preußenkönig als Kaiser des neuen Deutschland gegenüber Österreich privilegiert. Doch im April 1849 lehnte Friedrich Wilhelm die angebotene Kaiserkrone ab, dies ist der im Brief erwähnte „Bescheid an die Deputation der Paulskirche". Eine anschließende zweite revolutionäre Welle („Reichsverfassungskampagne") konnte das Werk der Paulskirche nicht mehr retten und wurde gewaltsam niedergeschlagen. Hieran und auch am Auseinandertreiben des Stuttgarter Rumpfparlaments im Juni 1849 waren Truppen des preußischen Königs maßgeblich beteiligt. Damit wurde die königliche Drohung am Ende des Briefs tatsächlich realisiert: Soldaten gegen Demokraten.

Zu Aufgabe 3

Den deutschen Revolutionären von 1848 gelang weder die Errichtung eines deutschen Nationalstaats noch die Demokratisierung. Im Laufe der weiteren Entwicklung setzten sich reaktionäre Tendenzen und nur zum geringeren Teil konstitutionelle, dann aber meist aufgezwungene Verfassungen in den deutschen Einzelstaaten durch. In dieser Hinsicht ist die deutsche Revolution gescheitert, aber ist sie am preußischen König gescheitert?
Der König zeigt auch im vorliegenden Brief, dass er die Idee der Volkssouveränität gänzlich ablehnt und von der Legitimität des Gottesgnadentums restlos überzeugt ist. Die Nationalversammlung hat in seinen Augen offenbar überhaupt keine Rechte oder auch nur Berechtigung. Seine liberalen Zugeständnisse vom März 1848 waren entweder reine Taktik der Revolutionsbekämpfung oder aber gnädig, jedoch widerruflich gewährt worden. Indem der König von der Paulskirche verlangt, sich vor der Gründung des deutschen Staats „die Zustimmung der rechtmäßigen Obrigkeiten einzuholen", offenbart er seine Ablehnung des Gedankens, es könnte noch eine andere Rechtsquelle geben als Gott und die von ihm eingesetzten Fürsten oder es könnte noch jemand anderes herrschaftsberechtigt sein als ebendiese Fürsten.
Demgegenüber scheint er die Idee einer deutschen Nation nicht gänzlich abzulehnen. Er bezeichnet in seinem Brief den Begriff „Teutschland" als „ehrlich" und nimmt ihn in Schutz vor dem revolutionären „Bastard". Dies passt zu seinem Märzversprechen, Preußen möge in Deutschland „aufgehen", und zu seiner Drohung am Schluss des Briefs, die sich gegen die „Demokraten", nicht aber gegen die „Nationalen" richtet.
Aus heutiger Sicht ist Friedrich Wilhelms Auffassung als undemokratisch und antiparlamentarisch abzulehnen. Er stellt seine Interpretation des angeblichen göttlichen Willens über den in Wahlen und im Parlament artikulierten Willen des Volks und lehnt es ab, in letzter Instanz an Recht und Gesetz gebunden zu sein. Damit verstößt er gegen Grundprinzipien des demokratischen Rechtsstaats.
Es erscheint fraglich, ob eine Annahme der Kaiserkrone durch Friedrich Wilhelm IV. das Blatt nachhaltig zu Gunsten der Revolution gewendet hätte. Der kleindeutschen Lösung stand nicht nur Österreich entgegen, sondern auch die Skepsis des europäischen Auslands, das freilich die großdeutsche Lösung ebenso oder noch stärker als Gefährdung des Gleichgewichts der Mächte angesehen hätte. Demzufolge wären kriegerische Auseinandersetzungen mit ungewissem Ausgang wohl kaum zu vermeiden gewesen. Aber auf dieses nachvollziehbare Friedensargument bezieht sich Friedrich Wilhelm IV. in der vorliegenden Quelle zumindest nicht. Daher lehne ich seine Auffassung und seine Argumente unter Berufung auf die angeführten demokratischen und rechtsstaatlichen Grundideen der Volkssouveränität und der Grundrechte ab.

Einleitung – Operatoren im Fach Geschichte

Im Fach Geschichte verteilen sich die Leistungsanforderungen auf drei Anforderungsbereiche (AFB) mit gestuftem, aufeinander aufbauendem Schwierigkeitsgrad:

- **Reproduktion (AFB I)**: geordnete, sinnvoll strukturierte Widergabe von historischen Sachverhalten
- **Reorganisation und Transfer (AFB II)**: selbstständige Erklärung und Erläuterung von historischen Sachverhalten unter Rückgriff auf gelernte Inhalte/Übertragung dieser Sachverhalte auf vergleichbare Zusammenhänge und Strukturen
- **Reflexion und Problemlösung (AFB III)**: Problematisierung, eigenständige Deutung, kritische Reflexion und begründete Bewertung von Quellenaussagen, Darstellungen und ihrer historischen Bedeutung

Diesen drei Bereichen sind in den Arbeitsanweisungen einer Klausur bestimmte Verben, sogenannte Operatoren, zugeordnet. Diese Operatoren signalisieren Ihnen, welche verschiedenen Elemente, Schritte, Fähigkeiten und Fertigkeiten von Ihnen bei der Lösung einer Aufgabe erwartet werden.

In einer Klausur werden alle drei Anforderungsbereiche – üblicherweise in drei Aufgaben – abgedeckt. Je nach Operator können diese sich überschneiden und verschiedene Lösungsschritte von Ihnen verlangen. Und anders als in diesem Buch werden in einer Klausur die drei Anforderungsbereiche nicht durch Symbole gekennzeichnet. Sie sollten die einzelnen Operatoren also identifizieren und dem jeweiligen Anforderungsbereich zuordnen können.

Die Funktion der einzelnen Spalten

Die Benennung des Operators bzw. der Gruppe von Operatoren.*	Diese Spalte gibt die offizielle Erläuterung für jeden Operator wieder.*	Hier werden Ihnen klar gegliederte Arbeitschritte zur Bearbeitung eines Arbeitsauftrags, der einen oder mehrere Operatoren aufgreift, vorgeschlagen.

Anforderungsbereich I (Reproduktion)

	Operator	Erläuterung	Arbeitsschritte
AFB I	**nennen, aufzählen**	zielgerichtet Informationen zusammentragen, ohne diese zu kommentieren	• Identifizieren Sie die in der Aufgabe genannten Informationen im Text anhand ihrer besonderen Merkmale. • Stellen Sie die Informationen zusammen und ordnen Sie sie.
AFB I	**bezeichnen, schildern, skizzieren**	historische Sachverhalte, Probleme oder Aussagen erkennen und zutreffend formulieren	• Identifizieren Sie den historischen Sachverhalt/das historische Problem/die historische Aussage. • Schreiben Sie den betreffenden Sachverhalt/das Problem/die Aussage in eigenen Worten und logisch verknüpft auf. • Nennen Sie alle zum Sachverhalt gehörenden Fakten. *Begriffsklärung:* ***historischer Sachverhalt*** *= z.B. Die Gründung des Deutschen Kaiserreichs 1871* ***historisches Problem*** *= z.B. Soll Deutschland eine parlamentarische Demokratie oder eine Räterepublik werden (1918)?* ***historische Aussage*** *= z.B. „Niemand hat die Absicht, eine Mauer zu errichten." (Ulbricht 1961)*
AFB I	**aufzeigen, beschreiben, zusammenfassen, wiedergeben**	historische Sachverhalte unter Beibehaltung des Sinns auf Wesentliches reduzieren	• Identifizieren Sie den historischen Sachverhalt. • Schreiben Sie den betreffenden Sachverhalt in eigenen Worten und logisch verknüpft auf. • Nennen Sie nur die unbedingt notwendigen Fakten. Beschränken Sie Ihre Beschreibung auf das Wesentliche. • Wiederholen Sie sich nicht.

* Quelle: Operatorenübersicht des Ministeriums für Schule und Weiterbildung des Landes Nordrhein-Wesfalen, Stand: 18.8.2006

	Auf den „Testen, trainieren, kreieren"-Seiten finden Sie operatorenbasierte Aufgaben und Lösungshinweise. Hier werden Sie auf die jeweilige Seite verwiesen.	Die Illustrationen sind Angebote, sich jeden Operator individuell merken zu können.	Hier werden die wesentlichen Anforderungen des jeweiligen Anforderungsbereichs nochmals zusammengefasst. Benannt werden auch die Leistungen, welche bei dem jeweiligen Anforderungsbereich nicht gefordert werden.

	Aufgabenbeispiele	visuelle Merkhilfen	für Leistungen im AFB I gilt allgemein
	➔ s. Operatoren-Training Kap. 1, S. 89 / Kap. 4, S. 259 / Kap. 11, S. 587	1. 2. 3.	+ strukturierte, präzise, treffende Wiedergabe von Sachverhalten/Problemen/Aussagen + eigene Formulierungen verwenden + nur in vollständigen Sätzen formulieren + immer im Präsens formulieren - Verzicht auf Erläuterung (AFB II) oder Kommentierung (AFB III) der wiedergegebenen Informationen - Zitate nur in Ausnahmefällen bei besonders markanter Formulierung im Originaltext (die in Ausnahmefällen benutzen Zitate unbedingt kenntlich machen!)
	➔ s. Operatoren-Training Kap. 4, S. 259 ➔ s. Operatoren-Training Kap. 5, S. 295		
	➔ s. Operatoren-Training Kap. 2, S. 165 ➔ s. Operatoren-Training Kap. 6, S. 337 ➔ s. Operatoren-Training Kap. 8, S. 421		

Anforderungsbereich II (Reorganisation und Transfer)

	Operator	Erläuterung	Arbeitsschritte
AFB II	**analysieren, untersuchen**	Materialien oder historische Sachverhalte kriterienorientiert bzw. aspektgeleitet erschließen	• Stellen Sie zu dem Ihnen vorliegenden Material gezielt Fragen nach vorgegebenen oder eigenen Aspekten. • Suchen Sie nach wichtigen Merkmalen bzw. Antworten im Material. • Stellen Sie diese Merkmale bzw. Antworten strukturiert zusammen und legen Sie Ihre Ergebnisse dar. • Arbeiten Sie dadurch Strukturen im Bezug auf die Fragestellung heraus. • Begründen Sie die gewonnenen Ergebnisse gegebenenfalls.
	begründen, nachweisen	Aussagen (zum Beispiel Urteil, These, Wertung) durch Argumente stützen, die auf historischen Beispielen und anderen Belegen gründen	• Fassen Sie die zu stützende Aussage kurz zusammen. • Suchen Sie nach wichtigen Merkmalen bzw. Antworten im Material. • Stützen und erläutern Sie diese durch Ihr Hintergrundwissen.
	charakterisieren	historische Sachverhalte in ihren Eigenarten beschreiben und diese dann unter einem bestimmten Gesichtspunkt zusammenfassen	• Nennen Sie den zu charakterisierenden Sachverhalt. • Suchen Sie im Material nach Merkmalen, Eigenarten oder Informationen, die den Sachverhalt beschreiben. • Ordnen Sie diese Merkmale, Eigenarten oder Informationen und fassen Sie sie systematisch unter bestimmten Gesichtspunkten zusammen. • Arbeiten Sie abschließend individuelle typische Wesenszüge des Sachverhalts heraus.
	einordnen	einen oder mehrere historische Sachverhalte in einen historischen Zusammenhang stellen	• Nennen Sie den einzuordnenden Sachverhalt und die zugehörigen, im Material enthaltenen Informationen. • Stellen Sie im engeren und weiteren historischen Zusammenhang Ihre Kenntnisse zum Sachverhalt dar. • Zeigen Sie, wie diese Kenntnisse sich zu den im Text gegebenen Informationen verhalten, bezüglich Wortwahl, Vollständigkeit, Wertung der Darstellung etc. • Ziehen Sie aus diesem Verhältnis von ihren Kenntnissen und den Informationen im Text Schlüsse über den Aussagewert der Quelle und über ihren Verfasser.
	erklären	historische Sachverhalte durch Wissen und Einsichten in einen Zusammenhang (Theorie, Modell, Regel, Gesetz, Funktionszusammenhang) einordnen und begründen	• Geben Sie den zu erklärenden Sachverhalt und die zugehörigen, im Material enthaltenen Informationen kurz und strukturiert wieder. • Ordnen Sie diesen historischen Sachverhalt durch Ihr Hintergrundwissen in einen Zusammenhang ein. • Begründen Sie, warum Sie den historischen Sachverhalt in diesen Zusammenhang eingeordnet haben. • Erkennen Sie Unterschiede in der Darstellung des Sachverhalts in der Quelle im Verhältnis zu Ihrem Verständnis des Sachverhalts. • Ziehen Sie hieraus Schlüsse über den Aussagewert der Quelle und über ihren Verfasser.

<table>
<tr><th></th><th>Aufgabenbeispiele</th><th>visuelle Merkhilfen</th><th>für Leistungen im AFB II gilt allgemein</th></tr>
<tr><td></td><td>➔ s. Operatoren-Training Kap. 10, S. 549</td><td></td><td rowspan="5">+ kontinuierlich einen Bezug zur Quelle herstellen durch Textverweise, Zitate oder deutliche Bezüge zu den Aussagen des Autors
+ historische Informationen unter dem Blickwinkel der Quelle verarbeiten
+ eigenes Hintergrundwissen angemessen mit den Aussagen des Textes verknüpfen
+ zwischen Informationen, die im Kontext des Textes relevant sind und solchen, die es nicht sind, unterscheiden
+ davon ausgehen, dass der Leser nichts über den historischen Hintergrund weiß und ihm diesen dementsprechend erläutern

- nicht auswendig Gelerntes abspulen
- Verzicht auf Kommentierung (AFB III) der wiedergegebenen Informationen</td></tr>
<tr><td></td><td>➔ s. Operatoren-Training Kap. 5, S. 295
➔ s. Operatoren-Training Kap. 11, S. 587</td><td>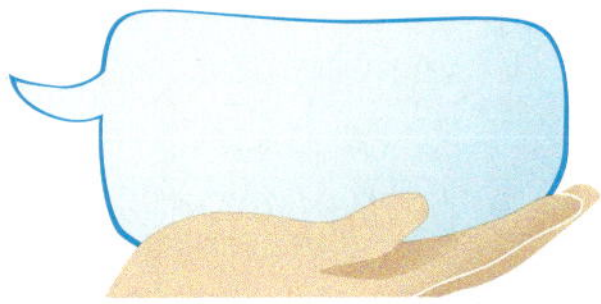</td></tr>
<tr><td></td><td>➔ s. Operatoren-Training Kap. 10, S. 549</td><td></td></tr>
<tr><td></td><td>➔ s. Operatoren-Training Kap. 4, S. 259
➔ s. Operatoren-Training Kap. 11, S. 587</td><td></td></tr>
<tr><td></td><td>➔ s. Operatoren-Training Kap. 4, S. 259</td><td></td></tr>
</table>

	Operator	Erläuterung	Arbeitsschritte
AFB II	**erläutern**	wie erklären, aber durch zusätzliche Informationen und Beispiele verdeutlichen	• wie Operator „erklären", zusätzlich: • Gestalten Sie Ihre Erläuterung ausführlicher, indem Sie sie mit Beispielen und detaillierter dargelegten Informationen weiter anreichern.
	herausarbeiten	aus Materialien bestimmte historische Sachverhalte herausfinden, die nicht explizit genannt werden, und Zusammenhänge zwischen ihnen herstellen	• Geben Sie den herauszuarbeitenden Sachverhalt kurz wieder. • Suchen Sie die direkt genannten und indirekt angedeuteten im Material enthaltenen Informationen bzw. Aussagen hierzu. • Erläutern Sie die Zusammenhänge, zum Beispiel Intentionen oder politische Grundhaltungen mithilfe Ihres Hintergrundwissens.
	gegenüberstellen	wie skizzieren, aber zusätzlich argumentierend gewichten	• wie Operator „skizzieren", zusätzlich: • Charakterisieren sie beide Sachverhalte/Probleme/Aussagen in strukturierter Weise jeweils nach den im Text enthaltenen Informationen. • Erläutern Sie diese Informationen auf der Basis Ihres Hintergrundwissens.
	widerlegen	Argumente dafür anführen, dass eine Behauptung zu Unrecht aufgestellt wird	• Fassen Sie den zu widerlegenden Sachverhalt/die Aussage kurz zusammen. • Suchen Sie nach passenden Aspekten im Material hierzu und stellen Sie diese kurz dar. • Zeigen Sie, gestützt auf ihr mit Beispielen angereichertes Hintergrundwissen, dass die Grundaussage falsch bzw. zu Unrecht aufgestellt ist.

Anforderungsbereich III (Reflexion und Problemlösung)

	Operator	Erläuterung	Arbeitsschritte
AFB III	**beurteilen**	den Stellenwert historischer Sachverhalte in einem Zusammenhang bestimmen, um ohne persönlichen Wertebezug zu einem begründeten Sachurteil zu gelangen	• Stellen Sie zu dem Ihnen vorliegenden Material gezielt Fragen nach vorgegebenen oder eigenen Kriterien oder Aspekten. • Suchen Sie nach wichtigen Merkmalen bzw. Antworten im Material. • Stellen Sie diese Merkmale bzw. Antworten strukturiert zusammen und legen Sie Ihre gewonnenen Ergebnisse dar. • Arbeiten Sie dadurch Strukturen im Bezug auf die Fragestellung heraus. • Begründen Sie die gewonnenen Ergebnisse gegebenenfalls.
	bewerten, Stellung nehmen	wie Operator „beurteilen", aber zusätzlich mit Offenlegen und Begründen eigener Wertmaßstäbe, die Pluralität einschließen und zu einem Werturteil führen, das auf den Wertvorstellungen des Grundgesetzes basiert	• wie Operator „beurteilen", zusätzlich: • Ordnen Sie die den Sachverhalt/die Hypothese etc. in ein ethisches Wertesystem begründend ein. • Treffen Sie eine Unterscheidung zwischen dem Wertesystem der Entstehungszeit des Textes und der Zeit, in der Sie verhaftet sind. • Vertreten Sie eine eigene, nach vorgegebenen oder selbst gewählten, begründeten Normen betont subjektiv formulierte Ansicht.

	Aufgabenbeispiele	visuelle Merkhilfen	für Leistungen im AFB II gilt allgemein
	→ s. Operatoren-Training Kap. 1, S. 89		
	→ s. Operatoren-Training Kap. 6, S. 337		
	→ s. Operatoren-Training Kap. 1, S. 89 → s. Operatoren-Training Kap. 11, S. 587		→ s. S. 637
	→ s. Operatoren-Training Kap. 8, S. 421		

	Aufgabenbeispiele	visuelle Merkhilfen	für Leistungen im AFB III gilt allgemein
	→ s. Operatoren-Training Kap. 5, S. 295 → s. Operatoren-Training Kap. 9, S. 486 f.		→ s. S. 641
	→ s. Operatoren-Training Kap. 3, S. 221 → s. Operatoren-Training Kap. 7, S. 373	 + GG	

	Operator	Erläuterung	Arbeitsschritte
AFB III	**entwickeln**	gewonnene Analyseergebnisse synthetisieren, um zu einer eigenen Deutung zu gelangen	• Geben Sie den zu diskutierenden Sachverhalt/die Hypothese/die Behauptung/die Meinung/das Urteil/die Wertung sehr kurz wieder. • Geben Sie Ihre zuvor gewonnenen Analyseergebnisse kurz wieder. • Entwickeln Sie eine eigene Bewertung/eigene Kategorien/eigene Begrifflichkeiten, die über das im Unterricht Erarbeitete hinausgehen. • Gründen Sie Ihre Bewertung auf Hintergrundwissen und Forschungsergebnissen zur Problemstellung, wobei eigene und fremde Lösungsansätze deutlich zu kennzeichnen sind.
	sich auseinandersetzen, diskutieren	zu einer historischen Problemstellung oder These eine Argumentation entwickeln, die zu einer begründeten Bewertung führt	• Geben Sie den zu diskutierenden Sachverhalt/die Hypothese/die Behauptung/die Meinung/das Urteil/die Wertung sehr kurz wieder. • Nennen Sie verschiedene Positionen der wissenschaftlichen Fachdiskussion. • Nennen Sie auf dieser Basis differenziert Argumente für und gegen die historische Problemstellung oder These (Aufbau der Argumentation dialektisch oder steigernd). • Prüfen Sie die Argumente kritisch auf innere Logik auf der Grundlage Ihrer historischen Kenntnisse. • Wägen Sie zwischen den Positionen der wissenschaftlichen Fachdiskussion begründet und sorgfältig ab. • Formulieren Sie eine auf der Grundlage Ihrer fachlicher Kenntnisse und Einsichten beruhende, wertende, widerspruchsfreie Einschätzung und fällen Sie ein ausgewogenes Urteil.
	(über)prüfen	Aussagen (Hypothesen, Behauptungen, Urteile) an historischen Sachverhalten auf ihre Angemessenheit hin untersuchen	• Geben Sie die zu prüfenden Aussagen kurz wieder. • Prüfen Sie die Aussagen kritisch auf innere Logik und auf der Grundlage Ihrer historischen Kenntnisse. • Nennen Sie die von Ihnen herangezogenen Kriterien zur sachlichen Beurteilung. • Treffen Sie Aussagen über die Richtigkeit, Angemessenheit, Wahrscheinlichkeit, Zumutbarkeit, Anwendbarkeit der Aussagen. • Formulieren Sie abschließend eine in der Sache objektive und begründete Ansicht zu dem Sachverhalt/der Hypothese usw.
	vergleichen	auf der Grundlage von Kriterien historische Sachverhalte problembezogen gegenüberzustellen, um Gemeinsamkeiten, Unterschiede, Teil-Identitäten, Ähnlichkeiten, Abweichungen oder Gegensätze zu beurteilen	• Geben Sie die zu vergleichenden historischen Sachverhalte wieder. • Nennen Sie die eigenen/vorgegebenen Vergleichsaspekte. • Trennen Sie wesentliche von unwesentlichen Vergleichsaspekten. • Stellen Sie gleiche, ähnliche und unterschiedliche Merkmale der zu vergleichenden Sachverhalte heraus. • Formulieren Sie eine abschließende Einschätzung zum Beispiel zur Vergleichbarkeit der Phänomene, zur Analyseleistung, zur Machbarkeit des Vergleichs.

	Aufgabenbeispiele	visuelle Merkhilfen	für Leistungen im AFB III gilt allgemein
	→ s. Operatoren-Training Kap. 8, S. 421		
	→ s. Operatoren-Training Kap. 3, S. 221 → s. Operatoren-Training Kap. 11, S. 587		+ Fragen und Problemstellungen begründet bewerten + Argumentationsstrategien in Texten erkennen und bewerten + Beziehungen herstellen (zum Beispiel die in einem Text vertretene Positionen in umfassendere, theoretische Zusammenhänge stellen) + eine eigene strukturierte, multiperspektivische und problembewusste historische Argumentation entfalten + ein eigenes Urteil bilden und vertreten + die eigene Urteilsbildung unter Beachtung historischer bzw. gegenwärtiger moralischer und normativer Kategorien reflektieren + Präsentation von selbstständigen Lösungen, Deutungen, Bewertungen, eigenständigen Argumentationen, Folgerungen, Begründungen und Wertungen
	→ s. Operatoren-Training Kap. 4, S. 259		
	→ s. Operatoren-Training Kap. 7, S. 373		

Glossar mit Sachregister

Hinter den Glossarbegriffen finden sich die Nummern der Seiten, auf denen der Begriff genannt wird. **Gefettet** sind die Seiten, auf denen der Begriff mit dem Symbol ⇨ als Glossarbegriff gekennzeichnet wird.

14-Punkte-Programm Von US-Präsident Woodrow Wilson im Januar 1918 vorgestelltes Programm für eine Friedensordnung in Europa nach dem ➔ Ersten Weltkrieg. Darin skizzierte er auch die Idee des ➔ Völkerbunds. 400, 412 f., **416**, 606, 608

2+4-Vertrag Staatsvertrag zwischen der DDR, der Bundesrepublik Deutschland, den USA, Frankreich, Großbritannien und der Sowjetunion von 1990, der die Wiedervereinigung Deutschlands ermöglichte. Deutschland erlangte dadurch wieder seine volle Souveränität. 572 f., **577**

Ablassbrief Der Erwerb eines A. von der Kirche diente im 15. und 16. Jh. dazu, sich von seinen Sünden freizukaufen und die Zeit im Fegefeuer zu verkürzen oder zu vermeiden. Hier knüpft u.a. die Kritik der Reformation an. Mit dem Ablasshandel finanzierte die Kirche aufwändige Prachtbauten und ihren luxuriösen Lebenswandel. 17, **53**, 60

Achse Berlin–Rom Von dieser Achse sprach der italienische Diktator Mussolini 1936 nach dem gemeinsamen deutsch-italienischen Vorgehen im spanischen Bürgerkrieg (1936–1939). 1939 schlossen Italien und Deutschland den „Stahlpakt", ein wirtschaftlich-militärisches Bündnis. 457, **458**, 614

Achse Berlin–Rom–Tokio Dreimächtepakt vom September 1940 zwischen Deutschland, Italien und Japan. Deutschland wollte damit einen Eintritt der USA in den ➔ Zweiten Weltkrieg auf der Seite von Großbritannien verhindern. **465**, 614

ADAV s. ➔ Allgemeiner Deutscher Arbeiterverein

Akkulturation „Hineinwachsen" eines Menschen in eine (neue) Umwelt und Kultur, sei es durch Sozialisation bei Kindern oder Jugendlichen oder durch die Nachahmung und Übernahme der Kultur eines neuen Landes etwa durch einen Flüchtling; auch verstanden als die Anpassung von gesellschaftlichen Kulturen an andere Kulturen. **144** f.

Aktion T4 Die Abkürzung steht für Tiergartenstr. 4 (in Berlin). Hier wurden seit 1939 Tötungsmaßnahmen im Rahmen der Euthanasie an geistig und/oder körperlich behinderten Menschen geplant und organisiert. **473**, 481

al-Andalus Arabischer Name für den von Muslimen seit 711 bis 1492 beherrschten Teil Spaniens und Portugals mit dem politischen und kulturellen Zentrum Cordoba. 103, 133, **149**

Alleinvertretungsanspruch Die Bundesrepublik erhob in den 1950er- und 1960er-Jahren den Anspruch, für das ganze dt. Volk zu sprechen. Mit der ➔ neuen Ostpolitik wurde dieser Anspruch allmählich zurückgenommen. 518, **523**, 538, 540, 544, 622

Allgemeiner Deutscher Arbeiterverein (ADAV) Die erste dt. Arbeiterpartei, 1863 gegründet von Ferdinand Lassalle. Vereinigte sich 1875 mit der Sozialdemokratischen Arbeiterpartei (SDAP) zur Sozialistischen Arbeiterpartei Deutschlands (SAP). 209, **314**

Alliierte (Erster Weltkrieg) vgl. ➔ Entente **390**, 397, 399, 409, 416, 606

Alliierter Kontrollrat vgl. ➔ Berliner Deklaration 504, **510**

al-Qaida weltweit agierendes islamistisch orientiertes Terrornetzwerk, das sich für zahlreiche Terroranschläge (u.a. am 11. Sept. 2001 in New York) verantwortlich erklärte. Ihr Gründer und ideologischer Anführer, Osama bin Laden, wurde 2011 von amerikanischen Spezialeinheiten in Pakistan aufgespürt und getötet. 158, **163**

Ancien Régime (franz.: alte Ordnung) V. a. Bezeichnung für die Feudalgesellschaft und Herrschaftsordnung in Frankreich vor der Französischen Revolution 1789. **234**, 236

Anschluss Österreichs Bezeichnung für die im März 1938 durch den Einmarsch der ➔ Wehrmacht in Österreich herbeigeführte Annexion Österreichs an das Deutsche Reich. Die meisten Österreicher begrüßten diesen Schritt, der einen erneuten Bruch des ➔ Versailler Vertrags darstellte. **458**, 614

Anti-Hitler-Koalition Bezeichnung für das Bündnis der Großmächte USA, Großbritannien und Sowjetunion im ➔ Zweiten Weltkrieg, das gegen Hitler-Deutschland und seine Verbündeten gerichtet war. **466**, 498

Antijudaismus Religiös motivierte Judenfeindlichkeit in Abgrenzung zum rassisch motivierten ➔ Antisemitismus. 289 f., **293**, 441

Antisemitismus A. meint als weit gefasster Sammelbegriff Judenfeindlichkeit im Allgemeinen. In einer engeren Definition meint A., insbesondere in Abgrenzung zum religiös motivierten ➔ Antijudaismus, die Ablehnung alles Jüdischen aus rassischen Gründen. Die Rasseideologen des späten 19. und des 20. Jhs. behaupteten fälschlicherweise, dass alle Juden zur „Rasse" der Semiten gehörten, sie also Abkömmlinge des biblischen Sem sein, einem der Söhne Noahs. Der Antisemitismus des ➔ Nationalsozialismus gipfelte im ➔ Holocaust. 289 f., **293**, 428, 432, 437, 450 f., 470, 472

Appeasementpolitik (appeasement (engl.): Beschwichtigung) Insbesondere Großbritannien gab dem dt. Drängen auf eine Revision des ➔ Versailler Vertrags wiederholt nach. Man hoffte, dadurch den Frieden in Europa sichern zu können. Höhepunkt der A. war das ➔ Münchner Abkommen 1938. **457**, 614

Arbeiter- und Soldatenräte Nach dem Zusammenbruch des Kaiserreichs im Oktober 1918 übernahmen in vielen Städten und Fabriken A. kurzfristig die legislative und exekutive Macht. Sie lösten sich nach dem Reichsrätekongress vom Dezember 1918 auf. vgl. ➔ Novemberrevolution (1918) **457**, 614

Arbeitsnorm Als A. gilt in der ➔ Planwirtschaft eine festgelegte Menge der vom Arbeiter innerhalb einer festgelegten Zeitspanne zu produzierenden Güter. 527, **533** f., 622

Arier In der nationalsozialistischen Rassenideologie Bezeichnung für die „höherwertige" nordische Rasse, die das Recht habe, „minderwertige" Rassen zu verdrängen oder zu vernichten. 436 f., **441**, 472, 475, 610

Arierparagraf Paragraf 3 des Gesetzes zur Wiederherstellung des Berufsbeamtentums von 1933: „Beamte, die nicht arischer Abstammung sind, sind in den Ruhestand zu versetzen." **447**

Arisierung Verschleiernder Begriff aus der Zeit des ➔ Nationalsozialismus für die gewaltsame Enteignung von Juden. 447, **475**, 616

Atlantik-Charta Von Churchill und Roosevelt 1941 beschlossene Erklärung über die Grundsätze der Kriegs- und Nachkriegspolitik. Grunddokument der ➔ Vereinten Nationen. 492, **499**, 618

Atombombe Wurde während des ➔ Zweiten Weltkriegs von den USA im geheimen Manhattan-Projekt entwickelt. Die Wirkungsweise der A. wurde zunächst auf US-amerikanischem Territorium in Indianergebieten getestet und schließlich an den dicht bevölkerten japanischen Städten Hiroshima und Nagasaki im August 1945 mit verheerenden Wirkungen praktisch erprobt. 1949 testete die UdSSR ihre erste

A. Im → Kalten Krieg rüsteten sich die USA und die UdSSR mit Tausenden atomarer Sprengköpfe auf, um die andere Seite von einem Angriff abzuhalten. **467**, 489, 614

Attentat vom 20. Juli 1944 Von hohen Offizieren geplantes und von Oberst von Stauffenberg durchgeführtes Attentat auf Adolf Hitler, das scheiterte. Zahlreiche Widerständler wurden anschließend hingerichtet. 479, **481**, 616

Attentat von Sarajevo Ein serbischer Nationalist ermordete am 28. Juni 1914 den österreichisch-ungarischen Thronfolger in Sarajevo. Das Attentat verschärfte die Spannungen zwischen Österreich und Serbien und diente als Auslöser für den → Ersten Weltkrieg. 380, **386**, 404

Aufklärung Philosophische und literarische Reformbewegung des 17. und 18. Jahrhunderts, die kritisch zum traditionellen Denken im religiösen und politischen Bereich stand, die Ständeordnung kritisierte, freie Meinungsäußerung und religiöse Toleranz forderte sowie auf die Kraft des rationalen Arguments und die Erziehung der Menschen vertraute. 169, 184 f., **192** f., 200, 210, 219

Augustputsch (1991) Mitglieder und Funktionäre der → KPdSU putschten im August 1991 gegen die Reformpolitik Gorbatschows. Sie befürchteten einen Zerfall der Sowjetunion. Der Putschversuch scheiterte nach kurzer Zeit, beschleunigte aber das Ende der Sowjetunion und der Regierung von Gorbatschow. **564** f.

Auschwitz Größtes → Konzentrations- und → Vernichtungslager im → „Dritten Reich", es wurde 1941 errichtet. Etwa 1,1 Mio. Menschen wurden dort ermordet. 469, **474**, 482 f.

Bagdadbahn Aus imperialistischen Motiven vom Deutschen Kaiserreich geplante Eisenbahnlinie von über 1600 km Länge zwischen dem türkischen Konya bis nach Bagdad, deren Bau 1903 begann und nach mehreren Bauunterbrechungen 1940 abgeschlossen wurde. **325**, 340, 365 f., 398, 402

Balkankriege U.a. bedingt durch die Schwäche des → Osmanischen Reichs eskalierten in den Jahren 1912 und 1913 ethnische Konflikte und nationalistische Grenzansprüche der Balkanstaaten, die in zwei Kriegen ausgefochten wurden. Die nicht gelösten Konflikte der beiden B. waren eine der Ursachen für den → Ersten Weltkrieg. **385**, 404

Balkankrise Bedingt durch die Krise des → Osmanischen Reichs lehnten sich in den 1870er-Jahren die vom Osmanischen Reich besetzten Balkanstaaten gegen die Fremdherrschaft auf. Da die europäischen Großmächte außer Deutschland wirtschaftliche und politische Interessen auf dem Balkan hatten, drohte die Situation zu eskalieren. Eine vorläufige friedliche Regelung wurde auf dem Berliner Kongress 1878 erreicht. 282, **286**, 594

BDM s. → Bund Deutscher Mädel

Befreiungskriege Kämpfe oder nationale Erhebungen in den von Napoleon besetzten Gebieten Europas zwischen 1813 und 1815, die zum Sturz Napoleons führten. Höhepunkt der Kriege war die Völkerschlacht bei Leipzig. **211**, 229, 236, 244, 590

Berlin-Blockade Als die Westalliierten im Juni 1948 ihre Währungsreform in den Westsektoren Berlins durchführten, reagierte die UdSSR darauf mit einer Sperrung der Zufahrtswege nach Berlin. Die Stadt wurde daraufhin mit Flugzeugen der US-Amerikaner und der Briten aus der Luft versorgt (Luftbrücke), bis die UdSSR im Mai 1949 die B. beendete. **521**, 620

Berliner Afrika-Konferenz Um das → „Scramble for Africa" in „rechtliche" Bahnen zu lenken, trafen sich Vertreter der Kolonialmächte 1884/85 auf der B. Territoriale Ansprüche mussten von nun an dokumentiert werden, Rechte der einheimischen Völker sollten respektiert werden. Damit wurde die Aufteilung Afrikas faktisch legitimiert. 343 f., **349**, 370, 400

Berliner Deklaration Erklärung der Oberbefehlshaber am 5. Juni 1945, dass sie Deutschland in vier Besatzungszonen aufteilen und dass sie die oberste Regierungsgewalt in Deutschland übernehmen würden. Angelegenheiten, die Deutschland als Ganzes beträfen, würden durch einen Alliierten Kontrollrat, zusammengesetzt aus vier Militärgouverneuren, entschieden. **510**

Berliner Kongress (1878) vgl. → Balkankrise 285, **286**, 370, 394, 402

Berliner Mauer Da Anfang der 1960er-Jahre die Fluchtbewegung aus der DDR über Berlin in den Westen anschwoll, beschlossen die SED und die Warschauer-Pakt-Staaten 1961 den Bau einer Mauer zwischen Ost- und Westberlin. Ihr Bau wurde am 13. August 1961 eingeleitet. 1989 fiel die Mauer im Rahmen der → friedlichen Revolution. 529, **535**, 576, 622, 626

Besatzungsstatut Seit der Gründung der Bundesrepublik Deutschland am 23. Mai 1949 regelte ein B. die Beziehungen zwischen den Siegermächten und der Bundesrepublik. Es beschränkte den Handlungsspielraum der neuen Regierung. Die volle Souveränität erlangte die Bundesrepublik erst durch die Wiedervereinigung 1990. **520** f.

Besatzungszone Nach dem → Zweiten Weltkrieg wurde Deutschland von den zunächst drei, später vier Besatzungsmächten (den USA, Großbritannien, der UdSSR und später Frankreich) vollständig besetzt, die sich das Territorium Deutschlands in B. aufteilten. Die Besatzungsmächte übernahmen in ihren B. die legislative und exekutive Gewalt. 503, **510**, 520

Biedermeier Epoche zwischen 1815 und 1848, in der sich Teile des Bürgertums in den privaten Bereich zurückzogen und die unpolitische häusliche Geselligkeit kultivierten. 226, **248**, 590

Binnenmarkt Bezeichnung für den nationalen Markt eines Landes. **323**, 325, 434

Binnenwanderung Wanderung aus strukturschwachen (etwa landwirtschaftlichen) Regionen eines Landes in Regionen, die sich industrialisieren, etwa im 19. Jh. von Pommern ins Ruhrgebiet. **334**

Bipolarität „Zweiteilung der Welt". Sie entstand rasch nach dem → Zweiten Weltkrieg durch das Misstrauen zwischen den USA und der UdSSR. vgl. → Kalter Krieg **501**, 618

Blitzkrieg Bezeichnung für eine militärische Strategie, die einen raschen Sieg erstrebt und einen (materialaufwendigen) → Stellungskrieg wie im → Ersten Weltkrieg zu vermeiden sucht. **465**, 614, 616

blockfreie Staaten Organisation von Staaten, die ausdrücklich keinem Militärbündnis (→ NATO, → Warschauer Pakt) angehörten und die sich im → Kalten Krieg neutral verhielten. Die 1961 gegründete Bewegung ging auf eine Initiative von Tito (Jugoslawien), Nasser (Ägypten), Sukarno (Indonesien) und Nehru (Indien) zurück. Nach dem Ende des Kalten Kriegs verloren die B. an Bedeutung. **501**

Bolschewiki (russ.: Mehrheitler) Marxistische Anhänger Lenins in der russischen Sozialdemokratie. Sie vertraten im Gegensatz zu den Menschewiki (russ.: Minderheitler) radikalere Forderungen und Strategien, die sie in der → Oktoberrevolution von 1917 umsetzten. 393–395, **397**, 398 f., 406

Bourgeoisie Im → Marxismus meint B. die Kapital besitzende Klasse, die die politischen und sozialen Teilhaberechte des → Proletariats abzuwehren versucht. 307–309, **313**, 396

Boxeraufstand Chinesische Widerstandsbewegung im Jahr 1900 gegen die koloniale Durchdringung Chinas durch europäische Mächte. Die Volksbewegung der Boxer unterstützte die massiv bedrängte chinesische Regierung. Dies führte zu einer Intervention der Kolonialmächte in China, die Massaker unter den Boxern und Zivilisten anrichteten. 362, **365**

Breschnew-Doktrin 1968 postulierte der Generalsekretär der → KPdSU, Breschnew, die Doktrin, dass sich die UdSSR um die inneren Angelegenheiten ihrer sozialistischen Bruderstaaten kümmern müsse, wenn die sozialistische Ordnung gefährdet sei. Auf diese Weise legitimierte er den Einmarsch in Prag zur Niederschlagung des ➔ Prager Frühlings 1968. Die Doktrin wurde von Michail Gorbatschow im Rahmen seiner ➔ Perestroika-Politik aufgehoben. **559**, 565

Bulle, päpstliche Päpstliche (Rechts-)Urkunde, die feierlich ausgefertigt und gesiegelt wird. 23–25, 29, 55, **127**

Bund Deutscher Mädel (BDM) Wurde 1930 als Teil der 1926 gegründeten ➔ Hitler-Jugend geschaffen. Im ➔ „Dritten Reich" stieg der Anteil weiblicher Mitglieder in der HJ kontinuierlich an (1939 ca. die Hälfte aller Mitglieder). **453**

Bundestag Im 19. Jh. Bezeichnung für die ➔ Bundesversammlung des ➔ Deutschen Bunds, seit 1949 Volksvertretung der Bundesrepublik Deutschland. 231, **237**, 274, 520, 577

Bundesversammlung (in Frankfurt am Main) Zentrale Institution, die 1815 mit der ➔ Deutschen Bundesakte für den ➔ Deutschen Bund gegründet wurde. Synonym als Bundestag bezeichnet. Die Regierungen des Deutschen Bunds schickten Gesandte zur B. in Frankfurt am Main, die dort die Angelegenheiten des Deutschen Bunds berieten. Mit dem Ende des Deutschen Bunds löste sich die B. auf. In der Bundesrepublik wählt die B. seit 1949 den Bundespräsidenten. 231 f., **237**

Burenkriege Kriege zwischen Großbritannien und den Buren (meist niederländische Siedler) auf dem Gebiet des heutigen Südafrika 1880–1881 und 1899–1902, die mit der Einverleibung der Burenrepubliken in das Britische Empire endeten. **357**

Cash crop (engl.: Geld-Pflanze) Nutzpflanze, die für den lukrativen Export produziert wird. **367**

Charta 77 1977 veröffentlichten tschechoslowakische Intellektuelle, Künstler und Dissidenten ein Papier, in dem sie Menschenrechtsverletzungen anprangerten. Diese Bürgerrechtsbewegung bereitete die spätere friedliche Umwälzung in den sozialistischen Ländern vor. 556, **560**, 626

chinesische Lösung s. ➔ Lösung, chinesische

Code civil Auch: Code Napoleon. Bürgerliches Recht, das durch Napoleon 1804 in Frankreich eingeführt wurde. Der C. wurde in vielen französisch besetzten Gebieten eingeführt bzw. diente als Vorbild für die Gesetzgebung. **205**, 211, 228, 234, 558

Containment s. ➔ Eindämmungspolitik

DAF s. ➔ Deutsche Arbeitsfront

dar al-Islam Land, in dem islamisches Recht gilt, Land des Friedens. **112** f.

Dawes-Plan Regelte 1924 die dt. Reparationszahlungen an die Alliierten und war mit US-amerikanischen Krediten an Deutschland verbunden. **419**, 608

demokratischer Zentralismus s. ➔ Zentralismus, demokratischer

Demontage Die Siegermächte des ➔ Zweiten Weltkriegs vereinbarten als dt. Reparationsleistungen u. a. den Abbau von Industrieanlagen. Solche D. wurden v. a. in der sowjetischen ➔ Besatzungszone durchgeführt. **499**, 520, 522, 526, 533, 618, 620, 622

Deutsch-Dänischer Krieg Erster der drei ➔ Einigungskriege von 1864. Anlass war die rechtswidrige Integration von Schleswig in den dänischen Staat 1863. 1864 rückten daher preußische und österreichische Truppen gegen Dänemark vor und besiegten es. **270**, 592

Deutsche Arbeitsfront (DAF) Nach dem Verbot der Gewerkschaften (2. Mai 1933) vom NS-Regime eingerichtete Organisation, die zugleich Arbeitgeber- und Arbeitnehmerinteressen vertreten sollte. Tatsächlich setzte sie aber primär Arbeitgeberinteressen durch 453, **447**, 612

Deutsche Bundesakte Verfassung des 1815 geschaffenen ➔ Deutschen Bunds. 230–233, **237**

deutsche Ostgebiete s. ➔ Ostgebiete, deutsche

Deutscher Bund 1815 auf dem Wiener Kongress geschaffener Staatenbund unter österreichischem Vorsitz. Ihm gehörten 35 dt. Staaten und vier freie Städte an. In der Zeit der ➔ Frankfurter Nationalversammlung hörte er kurzfristig auf zu existieren. Endgültig aufgelöst wurde der D. nach dem ➔ Preußisch-Österreichischen Krieg von 1866. 230-233, **237**, 245, 247, 257, 260, 265, 269-271, 279, 588, 590, 592, 598

Deutsch-Französischer Krieg Dritter der drei ➔ Einigungskriege von 1870/71. Auslöser für den Krieg war unmittelbar die ➔ Emser Depesche. Noch während des Kriegs, der mit der Niederlage Frankreichs endete, wurde im Januar 1871 das Deutsche Kaiserreich gegründet. 261 f., 267, 270, **271**, 592

deutsch-sowjetischer Nichtangriffspakt s. ➔ Hitler-Stalin-Pakt

direct rule In einer Kolonie werden die traditionellen Herrschaftsstrukturen zerstört und durch die der Kolonialmacht ersetzt. Bei der indirect rule bedient sich die Kolonialmacht hingegen lokaler Eliten zur Durchsetzung kolonialer Herrschaftsinteressen. **347**, 600

direkte Herrschaft s. ➔ direct rule

Direktorium Nach dem Sturz der ➔ Jakobinerherrschaft etablierte sich 1794 in Frankreich das aus fünf Männern bestehende D. als Regierungsform. Das D. richtete ein scharfes ➔ Zensuswahlrecht ein und entmachtete den ➔ Nationalkonvent. Das D. wurde 1799 durch den Staatsstreich Napoleons abgelöst. **205**

Displaced Persons Menschen, die zwischen 1933 und 1945 nach Deutschland verschleppt wurden (Kriegsgefangene, KZ-Häftlinge, ➔ Zwangsarbeiter) und nach Ende des Kriegs in ihre Heimat zurückkehren wollten. **511**, 620

Dolchstoßlegende V. a. von nationalistischen, antirepublikanischen Gruppen in der ➔ Weimarer Republik verbreitete Vorstellung, dass das dt. Heer im ➔ Ersten Weltkrieg „im Felde unbesiegt" gewesen sei und vielmehr „von hinten" durch die kriegsunwillige Heimatfront „erdolcht" worden sei. 413, **432**, 610

Dominion (engl.: Herrschaftsgebiet) Bezeichnung für die sich selbst verwaltenden britischen Kolonien seit Anfang des 20. Jhs. **356**

Dreibund Geheimes Bündnis von 1882 zwischen dem Deutschen Reich, Österreich-Ungarn und Italien. Ziel war es, Frankreich zu isolieren. Italien trat 1914 aus dem D. aus. **287**, 594

Dreikaiserabkommen Vereinbarung von 1873 zwischen Russland, Österreich und Deutschland. Sie einigten sich darauf, bei Unstimmigkeiten gemeinsame friedliche Absprachen zu treffen. **286** f., 594

Dreikaiserbund Abkommen von 1881, welches das ➔ Dreikaiserabkommen von 1873 ablöste. 284, **287**

Dreimächtepakt s. ➔ Achse Berlin–Rom–Tokio

Drittes Reich Selbstbezeichnung des NS-Regimes. Das „D." folgte demzufolge auf das mittelalterliche Deutsche Reich und das „zweite" Deutsche Reich zwischen 1871 und 1918. **452**, 471, 484

East India Company Die bedeutendste der Handelskompanien zur Zeit des ➔ Kolonialismus. Die E. wurde durch einen Freibrief geschaffen, den die britische Königin 1600 Londoner Fernkaufleuten ausstellte. Die E. betrieb Handel zwischen Großbritannien, Südafrika und dem Fernen Osten und besaß das Recht, eigenständig Kriege zu führen und Recht zu sprechen. **356**

EGKS s. ➔ Europäische Gemeinschaft für Kohle und Stahl

Eindämmungspolitik Im ➔ Kalten Krieg strebten die USA danach, die territoriale „Eindämmung" (engl.: containment) des Kommunismus zu erreichen. Ausdruck dieser Politik waren die ➔ Truman-Doktrin, der ➔ Marshallplan und die zahlreichen Stellvertreterkriege. **500**, 618

Einigungskriege Der ➔ Deutsch-Dänische Krieg (1864), der ➔ Preußisch-Österreichische Krieg (1866) und der ➔ Deutsch-Französische Krieg (1870/71). Die drei E. führten dazu, dass im Januar 1871 das Deutsche Kaiserreich gegründet wurde. 264–266, **270**, 288, 292, 594

Einigungsvertrag Vertrag von 1990 zwischen den beiden dt. Staaten. Dabei wurde die DDR aufgelöst und ihr Beitritt zur Bundesrepublik Deutschland am 3. Oktober 1990 (Tag der Deutschen Einheit) beschlossen. 572, **577** f., 626

Einsatzgruppe Das NS-Regime setzte in Polen und in der Sowjetunion bestimmte Spezialeinheiten ein, die Zivilisten, Partisanen, Kommunisten und „rassisch Minderwertige" aufspüren und ermorden sollten. 467 f., **473**, 475

Eiserner Vorhang Ursprünglich Begriff aus der Theaterwelt: Der eiserne Vorhang trennt im Brandfall die Bühne vom Publikumsraum. In der Geschichte meinte er während des ➔ Kalten Kriegs die Grenze zwischen „dem Westen" und den Ostblockstaaten in Europa. Geprägt wurde der Begriff von Winston Churchill, der ihn wiederum von Joseph Goebbels übernommen hatte. 488, 493, **500**, 559, 574

Emser Depesche (Depesche: Telegramm) Benannt nach dem Kurort Bad Ems. Telegramm, das Bismarck 1870 im Konflikt um den vakant gewordenen spanischen Thron derart kürzte und inhaltlich verschärfte, dass sich Frankreich provoziert sah und Deutschland den Krieg erklärte. Die E. wird daher von manchen Historikern als Auslöser für den ➔ Deutsch-Französischen Krieg gesehen. 266, **270**, 592

Endlösung Verschleiernder, euphemistischer Ausdruck für die systematische Vernichtung der Juden, beschlossen auf der ➔ Wannsee-Konferenz am 20. Januar 1942. **473**, 474 f., 616

Entente Bezeichnung für die militärischen Gegner der ➔ Mittelmächte (allen voran Deutschland) im ➔ Ersten Weltkrieg, insbesondere Russland, Großbritannien, Frankreich und seit 1917 auch die USA. Die Bezeichnung geht auf die ➔ Triple Entente zurück. Eine alternative Bezeichnung ist „Alliierte". **391**, 604, 606

Entente cordiale (franz.: herzliches Einvernehmen) Friedliche vertragliche Einigung 1904 von Großbritannien und Frankreich über koloniale Interessengegensätze und -gebiete v.a. in Afrika. Bereitete die ➔ Triple Entente von 1907 vor. **370**, 384, 602, 604

Entnazifizierung Nach dem ➔ Zweiten Weltkrieg wollten die alliierten Siegermächte die dt. Gesellschaft vom ➔ Nationalsozialismus befreien. Dazu richteten sie sogenannte Spruchkammern ein, die mit Laienrichtern die E. durchführen sollten. Am konsequentesten wurde die E. in der sowjetischen ➔ Besatzungszone durchgeführt. 506, **510** f.

Erfüllungspolitik Außenpolitik der ➔ Weimarer Republik seit 1921 bis zum Ende der ➔ Ruhrkrise 1923. Man wollte versuchen, um jeden Preis den Forderungen der Siegermächte nachzukommen, um damit deren Unerfüllbarkeit zu demonstrieren. Die E. wurde 1930 von Heinrich Brüning wieder aufgenommen. **418**, 434

Erklärung der Menschenrechte Bereits die amerikanische Unabhängigkeitserklärung von 1776 enthielt wichtige Menschenrechte, ebenso die E. der frz. ➔ Nationalversammlung 1789. Die Generalversammlung der ➔ Vereinten Nationen formulierte 1948 die Allgemeine Erklärung der Menschenrechte. 169, 195, 197, **198**, 206, 212–214, 219

Erklärung über das befreite Europa vgl. ➔ Konferenz von Jalta 493, **499**

Ermächtigungsgesetz Der Reichstag stimmte am 23. März 1933 diesem Gesetz zu, das die Weimarer Verfassung änderte und das die ➔ legislative Macht des Parlaments auf die Reichsregierung übertrug. Damit war die Gewaltenteilung aufgehoben und die NS-Diktatur etabliert. 443, **445** f., 612

erste Marokko-Krise s. ➔ Marokko-Krisen

erster Balkankrieg s. ➔ Balkankriege

Erster Weltkrieg s. ➔ Weltkrieg, Erster

Euratom s. ➔ Europäische Atomgemeinschaft

Europäische Atomgemeinschaft (Euratom) Wurde 1957 von Italien, Frankreich, Deutschland und den Beneluxstaaten gegründet. Ziel war die gemeinsame Förderung der Kernenergie, die damals als Zukunftstechnologie galt. **521**

Europäische Gemeinschaft für Kohle und Stahl (EGKS) 1951 wurde die EGKS (auch: Montanunion), Vorläufer der ➔ Europäischen Wirtschaftsgemeinschaft, gegründet. Dieser Wirtschaftsverband garantierte, dass Kohle und Stahl zollfrei zwischen Deutschland, Italien, Frankreich und den Beneluxstaaten gehandelt werden konnte. **521**, 620

Europäische Verteidigungsgemeinschaft (EVG) Der Vertrag über eine gemeinsame europäische Verteidigungsarmee – anstelle nationaler Armeen – wurde zwar von den Beneluxstaaten, Italien, Frankreich und Deutschland 1952 unterzeichnet, er scheiterte aber am Veto der französischen Nationalversammlung. **521**

Europäische Wirtschaftsgemeinschaft (EWG) Wurde 1957 durch die Römischen Verträge zwischen Deutschland, Italien, Frankreich und den Beneluxstaaten gegründet. Ziel war es, den wirtschaftlichen Integrationsprozess innerhalb Europas voranzutreiben. Dazu wurden die Ein- und Ausfuhrzölle schrittweise abgebaut. Hat den späteren Binnenmarkt und die Wirtschafts- und Währungsunion maßgeblich vorbereitet. 488, **521**, 620

Europarat Wurde 1949 in Straßburg gegründet, diskutiert v.a. Demokratie- und Menschenrechtsfragen. Nicht zu verwechseln mit dem Europäischen Rat. **521**, 561

EVG s. ➔ Europäische Verteidigungsgemeinschaft

Evolutionstheorie Theorie, die die Entstehung und die Entwicklung der Arten mit dem Prozess der Evolution erklärt. Erstmals durch Charles Darwin in seinem 1859 veröffentlichten Buch „On the Origin of Species" dargestellt. vgl. ➔ Sozialdarwinismus **349**

EWG s. ➔ Europäische Wirtschaftsgemeinschaft

Exekutive Ausführende Gewalt (Regierung, Polizei, Administration). In der Staatstheorie eine der drei Gewalten. vgl. ➔ Judikative, ➔ Legislative 188 f., 199, **244**, 411

Exkommunikation Ausschluss aus einer religiösen Gemeinschaft, etwa wegen religiösen oder sozialen Fehlverhaltens. Der Exkommunizierte erhält keine Sakramente, also keine Gnadenmittel der Kirche. Ändert der Bestrafte sein Verhalten, kann er wieder in die Gemeinschaft aufgenommen werden. 116, **121** f.

Familienclans (Florenz) Der Begriff der Familie konnte sowohl einen einzelnen Hausstand als auch einen großen Sippenverband mit Dutzenden von Hausständen umfassen. Im 15. Jahrhundert stieg die Bedeutung der Kernfamilie inklusive der direkten Abstammungslinie stark an, doch blieb die Bedeutung der Großfamilie (bis heute) erhalten. **27**

Faschoda-Krise In Faschoda (heute: Kodok, Republik Südsudan) kollidierten 1898 die britischen mit den französischen Kolonialinteressen. Schließlich einigten sich Großbritannien und Frankreich friedlich. Diese Lösung bereitete die spätere ➔ Entente cordiale vor. **357**, 370, 602

FDGB s. → Freier Deutscher Gewerkschaftsbund

FDJ s. → Freie Deutsche Jugend

Februarrevolution (1848) Revolutionäre Unruhen in Frankreich im Februar 1848, die zum Sturz des Monarchen führten. Die F. löste die fast europaweite → Märzrevolution von 1848 aus. **246**, 254, 590

Februarrevolution (1917) Revolution in Russland zur Zeit des → Ersten Weltkriegs. Durch die F. wurde die Zarenherrschaft in Russland beendet. Die Duma, das russische Parlament, installierte eine Provisorische Regierung, die den Krieg gegen Deutschland fortführte. **399**, 606

Frankfurter Nationalversammlung s. → Nationalversammlung, Frankfurter

Frauenwahlrecht Frauen erlangten in Deutschland das aktive und passive Wahlrecht (sie konnten also wählen und selbst gewählt werden) durch die → Novemberrevolution 1918, sie konnten es erstmalig bei den Wahlen zur → Nationalversammlung 1919 ausüben. Das passive Wahlrecht wurde Frauen 1933 wieder entzogen. **293**

Freie Deutsche Jugend (FDJ) Massenorganisation in der DDR, die die Jugend erfasste und im sozialistischen Sinne zu prägen suchte. **533**

Freier Deutscher Gewerkschaftsbund (FDGB) 1945 von der → KPD gegründete Massenorganisation in der DDR, die die Arbeitnehmer erfasste und ideologisch zu prägen suchte. Der FDGB war ein wichtiger Teil des staatlichen Machtapparats. **533**

Freihandelsimperialismus Der F. zielte auf den ungehinderten Zugang (v. a. Großbritanniens) zum gesamten Weltmarkt, er wurde z. B. in den → Opiumkriegen praktiziert. Der F. diente der Sicherung britischer Absatzmärkte in Regionen, in denen Großbritannien keine → direkte Herrschaft ausübte. vgl. → Freihandelspolitik 352, **356**, 400

Freihandelspolitik Der Handel zwischen souveränen Staaten, der nicht durch Handelshemmnisse wie Zölle beschränkt ist, wird als Freihandel bezeichnet. F. wird insbesondere von Liberalen gefordert. Das Gegenteil von Freihandel ist der Protektionismus. vgl. → Schutzzollpolitik **282**

Freikorps Antirepublikanische, paramilitärische Freiwilligenverbände, die sich nach dem → Ersten Weltkrieg aus ehemaligen Reichswehrtruppen formierten und vorrangig linksorientierte Arbeiteraufstände (teilweise im Regierungsauftrag) brutal bekämpften. vgl. → Januaraufstand (1919) **409**, 432 f., 608

Friedensresolution (1917) Der Zentrumspolitiker Matthias Erzberger regte im Sommer 1917 im dt. Reichstag diese Resolution an. Sie setzte auf einen Verständigungsfrieden statt auf den bislang propagierten Siegfrieden. Unterstützt wurde die F. von den Parteien (Linksliberale, → Zentrumspartei, SPD), die später die Weimarer Koalition bilden sollten. 395–397, **399**, 432, 606

friedliche Revolution s. → Revolution, friedliche

Führerprinzip Entscheidungsverfahren innerhalb der → NSDAP und ihrer Unterorganisationen. Entscheidungsprozesse verlaufen nicht demokratisch, sondern von „oben" nach „unten", da der „Führer" der jeweiligen Einheit die richtigen Entscheidungen trifft. Oberster Führer war als „Führer und Reichskanzler" Adolf Hitler. **439** f., 610

Führerstaat Im → Nationalsozialismus Bezeichnung für einen hierarchisch strukturierten Staatsaufbau, in dem die Willens- und Entscheidungsbildung von oben nach unten verläuft. Auf jeder Ebene gibt es Führer, deren Weisungen für die jeweils unteren Ebenen verbindlich sind. Der Wille des obersten Führers (Hitler) ist nicht anfechtbar. vgl. → Führerprinzip **440**, 445, 449 f., 452

Führungssektor Industrieller Bereich, der im Zuge der Industrialisierung jeweils eine dominierende Rolle spielt (etwa Textilindustrie, Eisenbahnbau etc.). **303**, 343

Fünfjahrplan Wirtschaftspläne in der DDR seit 1951 nach sowjetischem Vorbild. F. wurden von einer → Staatlichen Plankommission aufgestellt mit genauen Vorgaben für die Produktion von Gütern und Dienstleistungen sowie für den Ressourcenverbrauch. vgl. → Planwirtschaft 526, **532**

Geheime Staatspolizei (Gestapo) Herrschaftsinstrument des NS-Regimes zur Verfolgung politischer Gegner. Entstand 1933 durch die Umwandlung der politischen Polizei der → Weimarer Republik und hatte weitreichende Machtbefugnisse. 449 f., **452**, 475, 479, 481, 612

geheimes Zusatzprotokoll vgl. → Hitler-Stalin-Pakt 456, **458**, 614

Gemeinschaft Unabhängiger Staaten (GUS) Politisches Bündnis, das 1991 nach dem Zerfall der UdSSR aus Russland und den früheren Sowjetrepubliken (mit Ausnahme der baltischen Staaten) gebildet wurde. 563, **565**, 624

Generalstände Versammlung der Vertreter der drei Stände (Klerus, Adel, Dritter Stand), die vom französischen König zur Steuerbewilligung oder bei wichtigen Anlässen einberufen wurde. Um der Finanzkrise Ende der 1780er-Jahre Herr zu werden, ließ König Ludwig XVI. 1789 die G. wählen, deren Dritter Stand sich dann zur → Nationalversammlung erklärte. **193** f., 198,

geozentrisches Weltbild s. → Weltbild, geozentrisches

Germanisierung Bezeichnung für eine Politik des nationalsozialistischen Deutschlands, die in den besetzten Ostgebieten im „Großdeutschen Reich" ein kulturell, rassisch und sprachlich einheitliches Siedlungsgebiet schaffen wollte. Andere, „nicht germanische" Kulturen und Völker sollten dabei verdrängt oder vernichtet werden. 448, 454, 457, **466**

Gesetz zur Wiederherstellung des Berufsbeamtentums Dieses im April 1933 erlassene Gesetz ermöglichte es den Nationalsozialisten, alle ihnen politisch und rassisch missliebigen Beamten zu entlassen. Damit wurde auch der öffentliche Dienst gleichgeschaltet (→ Gleichschaltung). **447**, 472, 612

Gestapo s. → Geheime Staatspolizei

Glasnost (russ.: Transparenz, Offenheit) Teil der → Perestroika-Politik von Gorbatschow, der in der Sowjetunion eine freie Diskussion zu historischen und gegenwärtigen Problemen zuließ. 561, **564** f., 624

Gleichschaltung Prozess der Monopolisierung der Macht durch den → Nationalsozialismus seit 1933. Setzte mit dem → Ermächtigungsgesetz 1933 ein und wurde mit der G. des Beamtenapparats, der Länder, Medien, Vereine, Interessenorganisationen etc. fortgesetzt. 443 f., **446**, 447 f., 481, 612

großdeutsche Lösung s. → Lösung, großdeutsche/kleindeutsche

Große Depression Bezeichnung für die Wirtschaftskrise zwischen 1873 und 1896. Auch als „Gründerkrise" bezeichnet. vgl. → Gründerzeit, → Gründerkrach **303**, 318, 324

Gründerkrach Bezeichnung für den Börsenkrach von 1873, der die → Gründerzeit beendete. Die folgende → „Große Depression" wird auch als „Gründerkrise" bezeichnet. 262, 319, **324**

Gründerzeit Epoche zwischen den 1840er-Jahren und dem Börsenkrach von 1873 (→ Gründerkrach), in der es in Mitteleuropa zu einem raschen Wirtschaftsaufschwung mit zahlreichen Firmengründungen kam. **323** f.

Grundgesetz für die Bundesrepublik Deutschland Wurde am 23. Mai 1949 vom → Parlamentarischen Rat verabschiedet. Der Begriff „Grundgesetz" (und nicht „Verfassung") sollte die Vorläufigkeit dieser Verfassung zum Ausdruck bringen. Das G. gilt bis heute. 421, **520**, 540, 572, 576–578, 582, 620, 626

Grundlagenvertrag (1973) Der Vertrag zwischen der Bundesrepublik Deutschland und der DDR 1973 war Teil der ➔ neuen Ostpolitik unter Bundeskanzler Willy Brandt. Mit dem G., der die DDR als gleichberechtigt anerkannte, waren viele weitere Verträge verbunden, die etwa Reiseerleichterungen zwischen der DDR und der Bundesrepublik beinhalteten. 539 f., **545** f.

GUS s. ➔ Gemeinschaft Unabhängiger Staaten

Habsburger Monarchie Die Habsburger waren eine europäische Herrscherfamilie, die 1804 das Kaisertum Österreich und 1867 dessen Nachfolger, die Doppelmonarchie Österreich-Ungarn, gründeten. Als H. werden die europäischen Herrschaftsgebiete der österreichischen Habsburger bis 1918 bezeichnet. **256**

Hallstein-Doktrin Benannt nach dem Staatssekretär im Auswärtigen Amt, Walter Hallstein. Die 1955 formulierte Doktrin meinte, dass diplomatische Beziehungen eines anderen Staats mit der DDR von der Bundesrepublik als „unfreundlicher Akt" wahrgenommen würden (vgl. ➔ Alleinvertretungsanspruch). Mit der ➔ neuen Ostpolitik wurde die H. fallen gelassen. 518, **523**, 544, 620, 622

Hambacher Fest Treffen von 20 000 bis 30 000 Liberalen auf dem Hambacher Schloss 1832, auf dem nationale Einheit, Rechte und Verfassungen gefordert wurden. Die Wortführer des H. wurden anschließend polizeilich verfolgt. 240–242, **248**, 590

Hegemonialmacht s. ➔ Hegemonie

Hegemonie Militärische oder politische Vorherrschaft. **237**, 501

Heilige Allianz Politischer Zusammenschluss von 1815 der Monarchen von Russland, Österreich und Preußen, die gemeinsam ihre Herrschaft stabilisieren wollten. Frankreich trat der Allianz 1818 bei. **237**, 246, 588

Heiliges Land Allgemein die Bezeichnung für ein unter religiösen Gesichtspunkten wichtige Region. In der Regel wird darunter Israel verstanden, das den Juden von Gott versprochen wurde. Für die drei monotheistischen Religionen Judentum, Christentum und Islam gilt Jerusalem als heiliger Ort. **137**

Heiliges Römisches Reich Deutscher Nation Bezeichnung für dt. Gebiete bzw. den Herrschaftsbereich der römisch-deutschen Kaiser seit dem Hoch- bzw. Spätmittelalter. Es wurde 1806 durch die Niederlegung der Kaiserkrone durch Kaiser Franz II. aufgelöst. **210**, 234, 588

Heimtückegesetz Gesetz von 1934, das Kritik an der NS-Regierung unter Strafe stellte. Bereits 1933 wurden Sondergerichte gebildet, die Verstöße gegen „Heimtücke" aburteilen sollten. **452**, 612

heliozentrisches Weltbild s. ➔ Weltbild, heliozentrisches

Herero Hirtenvolk in Südafrika/Namibia, das zwischen 1904 und 1908 in Konflikt mit den dt. Kolonisatoren geriet und in einem Völkermord durch dt. Truppen größtenteils vernichtet wurde. 360 f., **365** f., 602

Herrschaft, direkte s. ➔ direct rule

Herrschaft, indirekte vgl. ➔ direct rule

Hitler-Jugend (HJ) Die 1926 gegründete HJ wurde 1933 durch das Verbot anderer Jugendorganisationen zur „Staatsjugend". Durch die 1939 eingeführte Zwangsmitgliedschaft stieg die Zahl der HJ-Mitglieder auf über acht Mio. **453**

Hitler-Ludendorff-Putsch Versuch Adolf Hitlers und Erich Ludendorffs, ausgehend von München das demokratische System der ➔ Weimarer Republik zu stürzen. An dem hastig und dilettantisch durchgeführten Putschversuch nahmen neben anderen paramilitärischen Gruppen u. a. die ➔ SA und zahlreiche Mitglieder der ➔ NSDAP teil. Der Putschversuch scheiterte am 9. November 1923. **433**, 610

Hitler-Stalin-Pakt Pakt vom 23. August 1939 zwischen der Sowjetunion und dem Deutschen Reich. Er erleichterte den dt. Überfall auf Polen vom 1. September 1939, da die Sowjetunion für diesen Fall ihre Neutralität zugesichert hatte. In einem geheimen Zusatzprotokoll wurde die Aufteilung Polens zwischen der UdSSR und dem Deutschen Reich vereinbart. 455 f., **458**, 480, 614

HJ s. ➔ Hitler-Jugend

Hohenzollern Deutsche Herrscherdynastie. Besonders bedeutsam wurde die brandenburgische Linie seit dem 17. Jh., aus der die preußischen Könige und deutschen Kaiser hervorgingen. 266, **270**

Holocaust Als H. (griech.: vollständig verbrannt) wird die Ermordung der europäischen Juden im ➔ Nationalsozialismus verstanden, die seit 1941 systematisch und fabrikmäßig organisiert wurde. Alternativ wird auch der Begriff Schoah (hebr.: Unheil, große Katastrophe) benutzt. 470, **472**, 475, 482, 484 f., 616

Hoover-Moratorium Internationales Zahlungsmoratorium des amerikanischen Präsidenten Hoover von 1931 im Rahmen der ➔ Weltwirtschaftskrise, durch das Zahlungsverpflichtungen für ein Jahr ausgesetzt wurden. Davon waren die dt. Reparationsverpflichtungen betroffen, aber auch die Schulden, die z. B. Großbritannien und Frankreich an die USA zurückzahlen mussten. **434**

Humanismus Kulturelle und wissenschaftliche Bestrebung zwischen Mittelalter und Früher Neuzeit, in der in den neu gelesenen griechischen und lateinischen Texten der Antike ein freieres Menschenbild gefunden wurde; stand bisweilen traditionellen Autoritäten in Kirche und Staat kritisch gegenüber. 34–36, **40** f., 52 f., 184, 192

Hyperinflation (1923) Letzte und völlig unkontrolliert verlaufende Phase der seit 1914 stattfindenden Inflation in Deutschland, an deren Ende eine Goldmark des Jahres 1914 nur noch ein Billionstel ihres ursprünglichen Wertes besaß. Die H. wurde 1923 durch eine Währungsreform beendet. **418**, 608

Imperialismus (imperium (lat.): Macht, Herrschaft, Reich) Das Bestreben eines Staats, seine Herrschaft auf benachbarte und entfernte Regionen auszudehnen. Im engeren Sinne meint I. die Epoche zwischen 1880 und 1914, in der europäische Staaten, die USA und Japan weltweit um koloniale Einflussgebiete rivalisierten. vgl. ➔ Kolonialismus 287, 342, 344 f., **347**, 352, 356, 362, 371, 594, 600, 602

indirekte Herrschaft vgl. ➔ direct rule 347, 400

INF-Verträge vgl. ➔ NATO-Doppelbeschluss **565**

Inquisition Kirchliche Gerichtsverfahren gegen Christen, die im Verdacht standen, von der „richtigen" Lehre abgewichen zu sein. Die Verfahren, bei denen auch Folter angewandt wurde, konnten mit einem Freispruch, begrenzten Strafen, aber auch mit der Verbrennung der Opfer ausgehen. **63**, 192

Investiturstreit vgl. ➔ Wormser Konkordat

Islamismus Entstand in einer politischen und sozialen Krise des Islam. Betont die Ablehnung von „westlichen" Lebensformen wie Individualismus, Zivilgesellschaft und die Aufklärung, fordert die Einheit von Religion und Staat sowie die ernste Beachtung des muslimischen Rechts; Islamisten lehnen allerdings nicht die technischen Errungenschaften der modernen Zivilisation ab. 154, **162**, 163

Jakobinerherrschaft Begriff aus der Zeit der Französischen Revolution. Der politische Klub (Parteien gab es noch nicht) der Jakobiner stand politisch eher links, er vertrat die Interessen des aufgeklärten Bürgertums und der armen, unterprivilegierten Sansculotten, er strebte die Republik an und vertrat im Sinne von Rousseau das Ideal der sozialen Gleichheit. Unter dem Jakobiner Robespierre kam es angesichts der inneren und äußeren Bedrohung der Revolution 1792–1794 zur Terrorherrschaft gegen tatsächliche oder vermeintliche Gegner der Revolution. 198, **199**

Januaraufstand (1919) Versuch revolutionärer und kommunistisch orientierter Arbeiter im Januar 1919, die provisorische Regierung Ebert-Scheidemann durch Aufstände in Berlin zu stürzen. Wurde im Regierungsauftrag durch ➔ Freikorps blutig niedergeschlagen. **409** f., 608

Judenemanzipation Befreiung der jüdischen Minderheit von rechtlichen Diskriminierungen, setzte v. a. seit der Aufklärung im 18. Jh. ein. Eine wichtige Etappe war das Judenedikt von 1812 im Rahmen der ➔ Preußischen Reformen, das die Juden staatsrechtlich den übrigen Bürgern gleichstellte. De facto bestanden aber zahlreiche Diskriminierungen fort. **211**, 235, 293, 588

Judenfrage In der antisemitischen Literatur des 19. Jhs. galten Juden als nicht assimilierungsfähig und ihre Existenz als Hindernis für die innere Nationsbildung. Die Antisemiten forderten daher die Verdrängung und Diskriminierung von dt. Juden. Diese Vorstellungen wurden von den Nationalsozialisten rassenbiologisch zugespitzt. s. ➔ Endlösung **473**, 616

Judenreferat Bezeichnung für eine bestimmte Abteilung in der ➔ Gestapo im ➔ Reichssicherheitshauptamt. Hier wurde die ➔ „Endlösung der Judenfrage" organisatorisch vorbereitet. **473**

Judenstern Juden mussten seit 1939 im besetzten Polen einen gelben Stern nach Art des Davidsterns an ihrer Kleidung tragen, seit 1941 auch im Deutschen Reich. **473**

Judikative Rechtsprechende Gewalt (Gerichte). In der Staatstheorie eine der drei Gewalten. vgl. ➔ Exekutive, ➔ Legislative 189, 196, **244**

jüdische Vornamen s. ➔ Vornamen, jüdische

Julirevolution (1830) Reaktionäre Maßnahmen des franz. Monarchen lösten im Juli 1830 Barrikadenkämpfe in Paris aus. Obwohl der König gestürzt wurde, scheiterte die demokratische Massenbewegung. Es folgte die Einrichtung einer konstitutionellen Monarchie (Julimonarchie). Löste in weiteren europäischen Ländern soziale und politische Unruhen aus. **246** f., 590

Junge Pioniere Die Pionierorganisation „Ernst Thälmann" war die DDR-Massenorganisation für Kinder vom ersten bis zum siebten Schuljahr. Ihre Losung war „Für Frieden und Sozialismus: Seid bereit! – Immer bereit!". Obwohl die Mitgliedschaft formal freiwillig war, waren fast alle Schulkinder eingetragene Mitglieder. **533**

Kalif Nachfolger des Propheten. Ein K. war Herrscher über ein Kalifat. Die K. verstanden sich als religiöse und politische Führer des Islam. Mit der Gründung der Türkischen Republik 1924 wurde das Kalifat abgeschafft. 95–99, **101**, 102 f.

Kalter Krieg Weltpolitische Situation zwischen 1945 und dem Ende der 1980er-Jahre, wird auch als Ost-West-Konflikt bezeichnet. In dieser „bipolaren Weltordnung" standen sich das kommunistische Lager (Sowjetunion und ihre Satellitenstaaten) und das demokratische und kapitalistische Lager (USA und ihre Verbündeten) feindselig gegenüber. **397**, 484, 488, 499, 501, 533, 541, 540, 561 f., 565, 577, 604, 624

Kapitalismus Wirtschaftsordnung, bei der sich die Produktionsmittel im Privateigentum befinden. Die ökonomischen Akteure konkurrieren miteinander auf dem Markt. Der K. formierte sich insbesondere durch die Industrialisierung. 68, 74, 301, **304**, 313, 344 f., 369, 440, 494, 499 f., 596, 620

Kapp-Lüttwitz-Putsch Als im Jahr 1920 eine Marinebrigade aufgelöst werden sollte, putschten unter der Führung von Kapp und Lüttwitz Freikorps. Die Reichsregierung flüchtete nach Stuttgart. Die Putschisten mussten angesichts des Widerstands der Beamten und eines Generalstreiks der Gewerkschaften rasch aufgeben. **433**, 610

Karlsbader Beschlüsse Staatliche Reaktion auf das tödliche Attentat auf den konservativen Dichter Kotzebue 1819. Die K. beinhalteten eine verschärfte Pressezensur, das Verbot der Burschenschaften sowie eine Überwachung oppositioneller Bestrebungen. 240, **245**, 248, 590

Kartell In der Wirtschaft eine Vereinbarung (etwa zur Preisbestimmung) oder der Zusammenschluss von Unternehmen, um sich den Markt aufzuteilen und gegenseitige Konkurrenz zu vermeiden. **325**, 598

KdF s. ➔ Kraft durch Freude

Klassenwahlrecht Wahlrecht, bei dem die Wähler entsprechend ihres Vermögens, ihres gesellschaftlichen Status etc. in Klassen eingeteilt werden. Je nach Klasse besitzt eine einzelne Stimme mehr oder weniger Gewicht. **297**

kleindeutsche Lösung s. ➔ Lösung, großdeutsche/kleindeutsche

Kolonialismus Begriff für die Besiedlung und Inanspruchnahme fremder Territorien durch militärisch überlegene Länder. Mit der „Entdeckung" Amerikas durch Christoph Kolumbus 1492 begannen die Europäer, andere Regionen der Erde als Wirtschafts-, Siedlungs- und Militärkolonien zu nutzen. Der ➔ Imperialismus zwischen 1880 und 1914 gilt als letzte Phase des K. **347**, 368

Kolonialrevision Ziel der dt. Kolonialverbände, nach dem verlorenen ➔ Ersten Weltkrieg die ehemaligen dt. Kolonien wiederzuerlangen. **370**

Kominform Kurzform für Kommunistisches Informationsbüro. Das K. wollte unter der Führung der ➔ KPdSU die weltweite Zusammenarbeit aller Kommunistischen Parteien organisieren und existierte von 1947 bis 1956. 497, **501**

Kommunismus Politische Ideologie einer klassenlosen und besitzlosen Gesellschaft. Im K. gibt es keine herrschende Klasse, alle Menschen sind gleich. Es gilt das Motto „Jeder nach seinen Bedürfnissen". Eine Vorstufe zum K. ist der ➔ Sozialismus. 307 f., **314**, 439, 500, 576

Kommunistische Partei der Sowjetunion (KPdSU) Staatspartei im Einparteiensystem der Sowjetunion seit der ➔ Oktoberrevolution 1917. 1991 wurde sie verboten. 524 f., **535**, 559, 561, 564f., 624

Kommunistische Partei Deutschlands (KPD) Die KPD wurde von Vertretern des ➔ Spartakusbunds zum Jahreswechsel 1918/19 gegründet. Die KPD lehnte die kapitalistische Demokratie grundsätzlich ab und propagierte ein ökonomisches und soziales Modell, das sich an der Sowjetunion orientierte. Im NS-Deutschland wurden die KPD-Mitglieder als politische Feinde verfolgt. In der DDR wurde sie 1946 mit der SPD zur ➔ SED zwangsvereinigt. In der Bundesrepublik wurde sie 1956 verboten, aber erst 1968 aufgelöst. 293, **409**, 432, 435, 445, 452, 480, 524, 532, 608, 610, 622

Konferenz für Sicherheit und Zusammenarbeit in Europa (KSZE) Konferenz, die auf Initiative des ➔ Warschauer Pakts 1973 erstmalig tagte und eine Annäherung der beiden Blöcke im ➔ Kalten Krieg beschloss. Neben der UdSSR waren fast alle europäischen Staaten sowie die USA und Kanada beteiligt. In der in Helsinki unterzeichneten KSZE-Schlussakte von 1975 wurden für alle beteiligten Staaten die Menschenrechte als verbindlich erklärt. Auf diese Schlussakte von Helsinki konnten sich in der Folgezeit auch Dissidenten aus dem Ostblock beziehen. 542, **545** f., 622, 624

Konferenz von Jalta Zweites von insgesamt drei Gipfeltreffen der USA (Roosevelt), der UdSSR (Stalin) und Großbritanniens (Churchill) im Februar 1945 auf der Halbinsel Krim. Dort wurde die Aufteilung des besiegten Deutschlands beschlossen und eine „Erklärung über das befreite Europa" unterzeichnet, die die Möglich-

Marokko-Krisen Im Zeitalter des → Imperialismus konkurrierten Frankreich und Deutschland in den beiden M. (1905/06 und 1911) um Einfluss im nordafrikanischen Marokko. Durch die Entsendung des dt. Kanonenboots „Panther" (Panthersprung) 1911 eskalierte die Situation und Deutschland isolierte sich politisch, die diplomatischen Beziehungen zwischen Frankreich und Großbritannien wurden hingegen gestärkt. 368, **370**, 385

Marshallplan Hilfsprogramm des US-amerikanischen Außenministers George C. Marshall aus dem Jahr 1947 für den wirtschaftlichen und politischen Wiederaufbau Europas. Gleichzeitig diente dieser Plan der → Eindämmungspolitik der USA und verfestigte somit die Spaltung Europas. 494 f., 498, **500** f., 618, 620

Marxismus Politische und ökonomische Theorie aus dem 19. Jh. v. a. von Karl Marx, der zufolge sich die Geschichte als Geschichte von Klassenkämpfen verstehen lässt, die in den Sieg des → Kommunismus münden werden. 307, **313** f., 440, 596

Marxismus-Leninismus Weiterentwicklung des → Marxismus durch Lenin. Offizielle politische Ideologie der Sowjetunion und später auch ihrer → Satellitenstaaten. 524, **532**, 561

Märzrevolution (1848) Fast europaweite revolutionäre Erhebungen im März 1848. Die stark bedrängten Fürsten gaben häufig den liberalen Forderungen nach und ernannten „Märzminister". In Deutschland führte die M. zur Wahl der → Frankfurter Nationalversammlung. 225 f., 249, **254**, 590

Mediatisierung Im Zuge des → Reichsdeputationshauptschlusses (1803) verloren viele Städte und kleinere Herrschaften ihre Reichsunmittelbarkeit, sie wurden in neu geschaffene Mittelstaaten eingegliedert (mediatisiert). **234**, 588

Mehrheitswahlrecht Bei einer Wahl, etwa eines Parlaments, enthält der Kandidat das Mandat, der die relative oder absolute Mehrheit der Stimmen in einem Wahlkreis erlangt hat. Die Stimmen für die unterlegenen Kandidaten gehen verloren. vgl. → Verhältniswahlrecht **281**, 410

Mein Kampf Zweibändiges Buch von Adolf Hitler. Den ersten, 1925 erschienenen Band von „Mein Kampf" verfasste Hitler in der Haft nach dem → Hitler-Ludendorff-Putsch. Der zweite Band erschien 1927. Hitler schildert in dem Buch nicht nur seinen (vielfach verfälscht dargestellten) Lebensweg, sondern breitet auch seine politisch-weltanschaulichen Grundüberzeugungen aus. **439**, 472

Merkantilismus Wirtschaftsordnung im Absolutismus. Der Staat fördert die einheimische Wirtschaft, den Export von Fertigwaren und belegt Einfuhren mit Schutzzöllen (→ Schutzzollpolitik). **303**, 305

MfS s. → Ministerium für Staatssicherheit

Ministerium für Staatssicherheit (MfS/Stasi) War das zentrale Überwachungsinstrument der SED gegenüber der eigenen Bevölkerung. Spitzeldienste leisteten sowohl offizielle Mitarbeiter als auch informelle Mitarbeiter (IMs). Das MfS hatte erheblich mehr Mitarbeiter als die nationalsozialistische → Gestapo. **533** f., 536 f., 566 f., 576, 622

Ministerium für Volksaufklärung und Propaganda Das „Propagandaministerium" wurde im nationalsozialistischen Deutschland im März 1933 unter Joseph Goebbels eingerichtet. Es diente der politischen Lenkung und Kontrolle der Presse, Literatur, der bildenden Kunst, des Theaters und Films. **448**, 450, 453, 473, 612

Missionierung (Christentum) Bemühung vor allem von Mönchen, den christlichen Glauben zu verbreiten bzw. „Heiden" zum Christentum zu bekehren. Als erste Missionare gelten Petrus und Paulus. Im Gegensatz zum Christentum kennen das Judentum und der Islam den Missionsgedanken nicht. 77, 81, **86**

Mittelmächte Bezeichnung für das Bündnis aus Deutschland und Österreich-Ungarn im → Ersten Weltkrieg. Später gehörten noch Bulgarien und das → Osmanische Reich dazu. Gegner der Mittelmächte war die → Entente. **391**, 397, 399, 416, 604, 608

Monopol Bezeichnung für eine Marktsituation, bei der es für ein Gut nur einen Anbieter (also keinen Wettbewerb zwischen verschiedenen Produzenten) gibt. 71, **75**, 303

Monroe-Doktrin 1823 vom US-amerikanischen Präsidenten Monroe proklamierter Grundsatz, sich nicht in europäische Angelegenheiten einzumischen. Umgekehrt sollten sich die Europäer aus Angelegenheiten des gesamten amerikanischen Kontinents heraushalten. 354 f., **357**, 600

Montagsdemonstrationen Friedliche Proteste in der DDR gegen die SED-Herrschaft im Herbst 1989. Die erste M. fand am 4. September in Leipzig statt. In den folgenden Wochen fanden auch in anderen Städten der DDR M. statt. vgl. → Revolution, friedliche 550, 569, **574**, 626

Montanunion s. → Europäische Gemeinschaft für Kohle und Stahl

Morgenthau-Plan Plan des US-amerikanischen Finanzministers Henry M. Morgenthau 1944 über das Nachkriegsdeutschland. Um zu verhindern, dass das hochindustrialisierte Deutschland wieder einen Angriffskrieg beginnt, sollte Deutschland weitgehend deindustrialisiert und territorial aufgeteilt werden. Dieser Plan wurde nicht realisiert. **510**

Moskauer Vertrag s. → Verträge von Warschau und Moskau

Münchner Abkommen 1938 zwischen Deutschland, Italien, Frankreich und Großbritannien geschlossenes Abkommen, in dem die → Sudetenkrise im dt. Interesse geregelt wurde. vgl. → Appeasementpolitik **458**, 614

Nahost-Konflikt Konflikte und (bislang sechs) Kriege in der Region Palästina, die vor allem durch die Einwanderung von Juden nach Palästina und durch die Gründung des Staates Israel (1948) entstanden. Diese Konflikte sind bis heute ungelöst. **162**

Nama Volk in Südafrika/Namibia, das zunächst mit der dt. Kolonialtruppe bis 1904 gegen die → Herero kämpfte. Die N. wandten sich dann von den Deutschen ab und führten einen Guerillakrieg gegen sie. Dabei kam etwa die Hälfte der N. ums Leben. In der Kolonialliteratur abwertend als „Hottentotten" bezeichnet. 366, **367**, 602

Nationale Front 1949 in der DDR ins Leben gerufener Zusammenschluss der Massenorganisationen und Parteien der DDR. In der Theorie sollten alle wichtigen gesellschaftlichen Gruppen auf diese Weise einen politischen Einfluss erlangen. In der Praxis änderte die N. an der politischen Vormachtstellung der SED aber nichts. **532**

Nationale Volksarmee (NVA) 1956–1990 die Armee der DDR. 531, **535**

Nationalismus Hochschätzung des eigenen Landes bzw. der eigenen Kultur, oft verbunden mit der Geringschätzung oder Herabwürdigung anderer Völker. 161 f., 211, **244** f., 256, 348, 390, 431, 454, 483, 590

Nationalkonvent Nach der Französischen Revolution löste der N. 1792 die Nationalversammlung als → Legislative ab. Er hatte bis zur Etablierung des → Direktoriums 1795 Bestand. **199**, 202

Nationalsozialismus Politische Ideologie, die aus der Kriegsniederlage im → Ersten Weltkrieg geboren wurde. Sie lehnte Demokratie und Parlamentarismus, den politischen Liberalismus und Pazifismus ab. Anhänger des N. traten ein für die Schaffung einer → „Volksgemeinschaft" und für das → Führerprinzip. Sie propagierten einen militanten Antimarxismus und → Antisemitismus und forderten → „Lebensraum" für die „höherwertigen" → Arier. vgl. → NSDAP **439**, 443, 449, 453, 462 f., 471, 478, 480 f., 483-485, 502, 504, 610

Nationalsozialistische Deutsche Arbeiterpartei (NSDAP) 1920 gegründete rechtsradikale und antidemokratische Partei. Sie wollte eine ➔ „Volksgemeinschaft" etablieren, vertrat das ➔ Führerprinzip und rassistische Vorstellungen. Seit 1921 war Adolf Hitler ihr Parteivorsitzender. Von 1933 bis 1945 war die NSDAP die einzige zugelassene Partei in Deutschland. 419, 427–429, **432**, 433–439, 443, 445–447, 452 f., 480, 502, 610, 612

Nationalversammlung Allgemein ist eine N. eine Versammlung gewählter Abgeordneter, die eine Verfassung ausarbeiten. 196–198, 200 f., 204–207, **255**, 405 f., 408–410, 571, 590, 599

Nationalversammlung, Frankfurter Die Frankfurter ➔ Nationalversammlung trat am 18. Mai 1848 zusammen, sie entwickelte die demokratische ➔ Paulskirchenverfassung, die aber nicht in Kraft trat. Die F. wurde 1849 aufgelöst. 225 f., 248, 250 f., **255**, 256 f., 265 f.

NATO s. ➔ Nordatlantischer Verteidigungspakt

NATO-Doppelbeschluss Den Staaten des ➔ Warschauer Pakts wurde 1979 von der ➔ NATO das Angebot gemacht, auf beiden Seiten die Anzahl von Mittelstreckenraketen zu begrenzen. Im andern Fall würden die USA neue Raketensysteme in Westeuropa stationieren. Eine Vereinbarung kam nicht zustande, eine massive Aufrüstung auf beiden Seiten war die Folge. Erst 1987 gelang die Unterzeichnung der INF-Verträge (Intermediate Range Nuclear Forces), die vorsahen, alle Raketen mit mittlerer und kürzerer Reichweite in Europa zu verbieten und die bestehenden zu vernichten. 543, **546**, 622

neue Ostpolitik s. ➔ Ostpolitik, neue

Neuer Kurs Programm der SED-Führung vom 11. Juni 1953. Darin wurden z. B. Erleichterungen beim innerdeutschen Reiseverkehr, die Rücknahme von Preiserhöhungen und die Förderung der Konsumgüterindustrie versprochen. Dass mit dem N. die jüngst erfolgte Erhöhung der ➔ Arbeitsnormen aber nicht zurückgenommen wurde, führte zum ➔ Volksaufstand vom 17. Juni 1953. 529, **534**

Nichtangriffspakt (1934) Zur allgemeinen Überraschung schloss Hitler 1934 einen auf zehn Jahre befristeten Nichtangriffspakt mit Polen. Streitfragen mit Polen, die sich aus dem ➔ Versailler Vertrag ergaben (Status von Danzig, polnischer Korridor, Oberschlesien u. a.) sollten friedlich gelöst werden. **457**, 614

Nichtverbreitungsvertrag (1969) Auch: Atomwaffensperrvertrag. 1970 in Kraft getretener Vertrag, der das Verbot der Weiterverbreitung von Atomwaffen, aber das Recht zur friedlichen Nutzung der Kernenergie beinhaltet. Ist inzwischen von über 180 Staaten unterzeichnet worden. **545**

Nordatlantischer Verteidigungspakt (NATO) Wurde 1949 von nordamerikanischen und europäischen Staaten geschaffen, um sich gemeinsam vor der UdSSR im ➔ Kalten Krieg zu schützen. Die Bundesrepublik Deutschland trat 1955 der NATO bei. Daraufhin wurde von der UdSSR und ihren ➔ Satellitenstaaten der ➔ Warschauer Pakt als östliches Verteidigungsbündnis geschaffen. 488, **501**, 513, 521, 541, 545, 562, 577, 582, 618, 620, 624, 626

Norddeutscher Bund Nach der österreichischen Niederlage im ➔ Preußisch-Österreichischen Krieg 1866 annektierte Preußen einige dt. Mittelstaaten, u. a. das Königreich Hannover und das Herzogtum Nassau. Preußen löste den ➔ Deutschen Bund auf und schuf den N. **270** f., 279, 293, 323, 407, 592

Notverordnungsrecht Nach Artikel 48 der Weimarer Reichsverfassung konnte der Reichspräsident im Krisenfall eigenständig Gesetze in Kraft setzen, die aber auf Verlangen des Reichstags wieder außer Kraft gesetzt werden mussten. Durch die Kombination mit dem Artikel 25 der Reichsverfassung (Auflösung des Parlaments durch den Reichspräsidenten) wurde seit 1930 in Deutschland der Parlamentarismus allmählich ausgeschaltet. s. ➔ Präsidialregierung **411**, 434, 608

Novemberaufstand (1830) Repressive Maßnahmen des russischen Zaren lösten in ➔ Kongresspolen 1830 einen Aufstand aus, der von russischen Truppen niedergeschlagen wurde. 242, **247** f.

Novemberrevolution (1918) Revolution in Deutschland am Ende des ➔ Ersten Weltkriegs, die wesentlich zum Zusammenbruch des Kaiserreichs und zur Ausrufung der Republik am 9. November 1918 beitrug. Unmittelbarer Auslöser waren die Matrosenaufstände im Oktober 1918. vgl. ➔ Arbeiter- und Soldatenräte **408**

NSDAP s. ➔ Nationalsozialistische Deutsche Arbeiterpartei

Nürnberger Gesetze Mit diesen Gesetzen gaben die Nationalsozialisten auf ihrem Reichsparteitag in Nürnberg 1935 ihren diskriminierenden antisemitischen Maßnahmen eine juristische Grundlage. Sie stellten u. a. eheliche und sexuelle Beziehungen zwischen ➔ Ariern und Juden unter Strafe. **472**, 616

Nürnberger Prozess gegen die Hauptkriegsverbrecher Unter alliierter Leitung führte ein internationaler Gerichtshof 1945/46 einen Prozess gegen 22 dt. Hauptkriegsverbrecher. Zwölf wurden zum Tode verurteilt, drei freigesprochen, die übrigen zu Haftstrafen verurteilt. Der Gerichtshof entwickelte den Tatbestand „Verbrechen gegen die Menschlichkeit" als völkerrechtliches Verbrechen. 506 f., **510**, 620

NVA s. ➔ Nationale Volksarmee

Oberste Heeresleitung (OHL) Die höchste Kommandoebene der dt. ➔ Reichswehr im ➔ Ersten Weltkrieg. Formal lag der Oberbefehl über die Reichswehr in den Händen des Kaisers, tatsächlich aber bei den wechselnden Chefs des Generalstabs, die weitgehend die politische Führung im Kaiserreich übernahmen. 388, 395, **399**, 400 f., 414 f., 418, 432 f., 604, 606

OECD vgl. ➔ Organisation for European Economic Cooperation

OEEC s. ➔ Organisation for European Economic Cooperation

OHL s. ➔ Oberste Heeresleitung

Oktoberrevolution (1917) Als O. wird der Putsch der marxistischen ➔ Bolschewiki gegen die ➔ Provisorische Regierung im Oktober 1917 (nach gregorianischem Kalender) bezeichnet. Diese „Revolution" bedeutete die entscheidende politisch-soziale Umwälzung in Russland auf dem Weg zur Gründung der Union der Sozialistischen Sowjetrepubliken (UdSSR) im Jahr 1922. 344, 395, **399**, 407, 606

Olympia (Griechenland) Zu Ehren des Gottes Zeus fanden hier in der Antike periodisch Fest- und Wettspiele statt. „Olympiade" meint den zeitlichen Zwischenraum zwischen den Festen. Während der Spiele musste eine Waffenruhe eingehalten werden. Die Veranstaltungen festigten den politischen und kulturellen Zusammenhalt der (oft verfeindeten) griechischen Stadtstaaten. **172**

Open-Door-Politik ➔ Freihandelspolitik, wird traditionell v. a. von den USA verfolgt. **500**

Opiumkriege Kriege zwischen dem chinesischen Kaiserreich und Großbritannien 1839–1842 und 1856–1860. Großbritannien erzwang sich die Möglichkeit, in China den lukrativen Opiumverkauf zu betreiben. **365**, 600

Organisation for European Economic Cooperation (OEEC) Diese internationale Organisation wurde 1948 von 16 Staaten zur Umsetzung des ➔ Marshallplans gegründet, sie wurde 1961 in OECD (Organisation for Economic Cooperation and Development) umbenannt. 394, **500** f., 520

Osmanisches Reich Um 1300 im Gebiet der heutigen Türkei geschaffenes Imperium, das auf dem Balkan, im Vorderen Orient und in Afrika stark expandierte. Es erlebte im 18. und 19. Jh. seinen Niedergang und wurde 1923 durch die Republik Türkei abgelöst. 26, 85 f., 125, 150–152,

161, **237**, 286, 325, 344, 356, 370, 383, 385, 416, 594, 598

Ostermärsche Protestform der westeuropäischen und dt. Friedensbewegung, die insbesondere gegen die militärische Aufrüstung nach dem → Zweiten Weltkrieg wie gegen die Atomgefahr protestierte. **547**

Ostgebiete, deutsche Bezeichnung für die ehemals dt. Gebiete östlich von Oder und Neiße vor 1945. Durch den → Warschauer Vertrag wurde die Oder-Neiße-Linie als Grenze und 1990 durch den → 2+4-Vertrag auch völkerrechtlich anerkannt. 507, **511**, 538

Ostintegration Integration der DDR in das östliche, von der UdSSR dominierte Wirtschafts- und Verteidigungssystem. vgl. → Westintegration **532** f.

Ostpolitik, neue Umsetzung der von Egon Bahr konzipierten Entspannungspolitik unter Bundeskanzler Willy Brandt (seit 1969). Bahr hoffte, die starre Blockkonfrontation im → Kalten Krieg durch einen „Wandel durch Annäherung" aufbrechen zu können. Die O. nahm dabei Abschied von der → Hallstein-Doktrin. Konkrete Folge dieser Politik waren u. a. die → Verträge von Warschau und Moskau 1970 und der → Grundlagenvertrag. **544** f., 622

Ostrakismus Durch das „Scherbengericht" (Teilnehmer der Versammlung ritzen Namen in eine Tonscherbe) konnten Bürger einer → Polis für zehn Jahre aus der Stadt verbannt werden, wenn sie für politisch gefährlich oder aus anderen Gründen als unerwünscht galten. **181**

Ost-West-Konflikt s. → Kalter Krieg

Papstrevolution Der Begriff geht auf den Historiker Eugen Rosenstock-Huessy (*1931) zurück. Der Autor bezeichnete damit den päpstlichen Anspruch während des Investiturstreits, Bischöfe einzusetzen und gegebenenfalls auch weltliche Herrscher absetzen zu können. Dieser heftige Konflikt wurde im → Wormser Konkordat beigelegt. **120**

Pariser Verträge (1955) Mit den P. erlangte die Bundesrepublik die Souveränitätsrechte nach dem → Zweiten Weltkrieg weitgehend zurück. Das Besatzungsstatut wurde aufgehoben. **521**, 523

Parlamentarischer Rat 65 Delegierte, die von den Landtagen entsandt worden waren, erarbeiteten 1948/49 auf der Grundlage alliierter Vorgaben (Frankfurter Dokumente) das → Grundgesetz. **520**, 620

Partei neuen Typs Meint eine kommunistische Partei, in der das Prinzip des → demokratischen Zentralismus herrscht, also oppositionelle Strömungen diszipliniert bzw. ausgeschaltet werden. 524, **532**

passiver Widerstand s. → Widerstand, passiver

Patronage Im Zentrum dieses Netzwerks steht der Patron, der jene, die sich ihm anschließen, mit Ämtern, Einnahmequellen und guten Beziehungen versorgt. Im Gegenzug muss der jeweilige Schützling seine Position einsetzen, um die Macht und das Ansehen seines Patrons zu mehren. **27**

Paulskirchenverfassung 1848 und 1849 von der → Frankfurter Nationalversammlung erarbeitete erste demokratische Verfassung Deutschlands. Sie scheiterte u. a. an der Weigerung des preußischen Königs, die Kaiserkrone aus der Hand der bürgerlichen Volksvertreter anzunehmen. 251 f., **257**, 269, 590

Pauperismus Massenarmut im → Vormärz, bedingt durch Bauernbefreiung, Bevölkerungswachstum, fehlende Arbeitsplätze und schlechte klimatische Bedingungen. **254**, 590, 596

Pax Britannica Die P., angelehnt an die antike Pax Romana, legitimierte im 19. Jh. die Herrschaft und den → Freihandelsimperialismus des Britischen Empires in der Welt. Wer sich der P. nicht unterordnen wollte, musste mit militärischen Gegenmaßnahmen rechnen. 352, 354, **356**

Perestroika (russ.: Umbau) Leitbegriff Gorbatschows für die von ihm 1986 initiierte Reformpolitik. Er forderte eine fundamentale Umgestaltung der Wirtschaft und demokratische Reformen im Staat. Folgenreich war die damit verbundene Aufhebung der → Breschnew-Doktrin, die es den sozialistischen Bruderstaaten ermöglichte, eigene Reformen umzusetzen. vgl. → Glasnost 561, **564** f., 624

Peripherie In der politischen Theorie die Regionen, die im Umfeld, am Rand eines Machtzentrums liegen und von diesem abhängig sind, z. B. Mittelamerika als „Hinterhof" der USA. **370**

Petition of Rights Bezeichnung der Petition, die das englische Parlament 1628 an König Karl I. richtete; wichtige Etappe in der Durchsetzung der Menschenrechte. **193**

Petrograder Sowjet vgl. → Februarrevolution (1917) **398**

Phylen Jeder Bürger einer → Polis gehörte einem „Stamm", einer Phyle an, die als (auch militärische) Verwaltungseinheit in der Polis betrachtet wurde. Die Bedeutung des Begriffs ist jedoch wissenschaftlich nicht ganz gesichert. 176, **181**

Plankommission, Staatliche Organisierte die → Planwirtschaft in der DDR und entwarf die → Fünfjahrpläne. **533**

Planwirtschaft Auch: Zentralverwaltungswirtschaft. Wirtschaftsordnung, bei der Produktionsentscheidungen nicht von den Betrieben, sondern von einer zentralen staatlichen Behörde getroffen werden. Die Betriebe befinden sich nicht in Privat-, sondern in Staatseigentum. **522**, 527, 533, 620, 622

Polis Bezeichnung für einen antiken griechischen Stadtstaat, zu ihm gehörte in der Regel ein bestimmtes Umland 170–172, **180**

Politbüro Höchstes politisches Führungsgremium, de facto die Regierung der DDR (oder anderer kommunistischer Staaten). Das P. setzte sich aus Mitgliedern des → Zentralkomitees der SED zusammen. **535** f., 546, 574 f.

Potsdamer Konferenz Auch: Dreimächtekonferenz. Konferenz der UdSSR, den USA und Großbritannien vom 17. Juli bis 2. August 1945 in Potsdam. Beraten und beschlossen wurde über die Besatzungspolitik und die dt. Zukunft. Leitende Prinzipien waren die vier großen Ds: Denazifizierung (s. → Entnazifizierung), Demilitarisierung, Demokratisierung, Dezentralisierung. 503, **510** f., 620

Prager Frühling Bezeichnung für → reformenkommunistische Bestrebungen in der Tschechoslowakei. 1968 wurde die Zensur aufgehoben, demokratische Prozesse in Gang gesetzt und das Wirtschaftsleben liberalisiert. Truppen des → Warschauer Pakts bereiteten dem P. im August 1968 ein gewaltsames Ende. **559** f.

Präsidialkabinett s. → Präsidialregierung

Präsidialregierung Regierungsform in der → Weimarer Republik, in der die Regierung nicht vom Vertrauen des Parlaments, sondern vom Reichspräsidenten abhängig ist. Solche Regierungen besaßen im Parlament keine Mehrheit, sondern wurden lediglich von anderen Parteien geduldet. Von 1930 bis 1933 wurde Deutschland von P. regiert, die sich auf das →Notverordnungsrecht der Weimarer Reichsverfassung berufen konnten. 426, 429, **434** f., 610

Preußische Reformen s. → Reformen, Preußische

Preußisch-Österreichischer Krieg Zweiter der drei → Einigungskriege von 1866. Konflikte um die Verwaltung Schleswigs verschärften den preußisch-österreichischen Dualismus der Zeit. Nach der österreichischen Niederlage wurde der → Deutsche Bund aufgelöst und der → Norddeutsche Bund errichtet. 265, **270**

Proletariat Im ➔ Marxismus Bezeichnung für die rechtlose Arbeiterschaft, die sich ihrer Interessen allmählich bewusst wird und sich organisiert. 306–309, **313**, 394, 404, 596

Propagandaministerium s. ➔ Ministerium für Volksaufklärung und Propaganda

Provisorische Regierung vgl. ➔ Februarrevolution (1917) 393 f., **398**, 606

RAD s. ➔ Reichsarbeitsdienst

Rat Ein Gremium, das über (politische) Themen diskutiert und diese zur Abstimmung stellt. vgl. ➔ Sowjet 404, 408

Rat für Gegenseitige Wirtschaftshilfe (RGW) 1949 gegründeter wirtschaftlicher Zusammenschluss der sozialistischen Staaten, wurde 1989 im Zuge der Revolutionen in Osteuropa aufgelöst. 488, **533**

Reaktion vgl. ➔ Restauration **237**, 240, 245 f., 256, 269, 592

Reformen, Preußische Als Reaktion auf die Niederlage Preußens 1806 gegen Napoleon verfügte der preußische König seit 1807 weitreichende Reformen (Bauernbefreiung, Militärreform, Bildungsreform, kommunale Selbstverwaltung, Gewerbefreiheit und ➔ Judenemanzipation). Die R. waren die Grundlage für wesentliche Modernisierungsprozesse im Deutschland des 19. Jhs. **211**, 235 f.

Reformkommunismus Reformkommunistische Bestrebungen gab es häufig in der Sowjetunion und in ihren ➔ Satellitenstaaten (vgl. ➔ Ungarischer Volksaufstand, ➔ Prager Frühling, ➔ Charta 77, ➔ Solidarność, ➔ Perestroika). Gemeinsam sind ihnen die Zielvorstellung eines „Sozialismus mit menschlichem Antlitz", die Respektierung der Menschenrechte und die wirtschaftliche Liberalisierung bei gleichzeitiger Wahrung des Führungsanspruchs der kommunistischen Partei. **535**

Reichsarbeitsdienst (RAD) Diesen Dienst mussten im nationalsozialistischen Deutschland seit 1935 alle männlichen und weiblichen Arbeitskräfte im Alter von 18 bis 25 Jahren ableisten, er diente der Festigung der ➔ „Volksgemeinschaft". **453**, 612

Reichsdeputationshauptschluss Napoleon veranlasste 1803 mit dem R. die Auflösung zahlreicher geistlicher Fürstentümer (➔ Säkularisation) und die Integration vieler Städte und kleinster bislang souveräner Staaten in Mittelstaaten (➔ Mediatisierung). 228, 234

Reichskonkordat Vertrag zwischen dem Vatikan und dem Deutschen Reich 1933. Während das Deutsche Reich der katholischen Kirche eine freie Religionsausübung in Deutschland zusagte, opferte der Vatikan die ➔ Zentrumspartei, die sich im Sommer 1933 selbst auflöste. **457**, 480, 614

Reichskulturkammergesetz Im ➔ „Dritten Reich" durften nur diejenigen als Künstler oder Schriftsteller arbeiten, die in einer Unterkammer der Reichskulturkammer Mitglied waren. vgl. ➔ Gleichschaltung **448**

Reichspogromnacht Am 9. November 1938 wurden Synagogen und jüdische Geschäftshäuser in Deutschland und Österreich in Brand gesetzt und geplündert, 30 000 Juden wurden inhaftiert. Auslöser für die R. war ein Anschlag eines Juden auf einen dt. Diplomaten. **472**, 616

Reichssicherheitshauptamt (RSHA) Das R. entstand im Herbst 1939 durch die Zusammenführung von ➔ Sicherheitspolizei und ➔ Sicherheitsdienst. Die Einsatzgruppen des R. verfolgten politische Gegner des Regimes und organisierten die rassistisch motivierten Massaker in den im ➔ Zweiten Weltkrieg besetzten Gebieten. 468, **473**, 475

Reichstagsbrandverordnung Verordnung vom 28. Februar 1933, vom Reichspräsidenten Paul von Hindenburg unmittelbar nach dem Reichstagsbrand erlassen, setzte wesentliche Grundrechte der Verfassung außer Kraft und legalisierte den nationalsozialistischen Terror. 442, **445** f., 480, 612

Reichswehr Armee des Deutschen Kaiserreichs und der Weimarer Republik. Durch den ➔ Versailler Vertrag wurde sie auf 100 000 Mann begrenzt, 1935 in ➔ Wehrmacht umbenannt. 411, **435**, 447 f., 457, 612

Renaissance frz. „Wiedergeburt". Damit werden vor allem künstlerische Bestrebungen bezeichnet, die an antiken Kunst- oder Kulturformen anknüpfen und diese produktiv wiederbeleben wollen. Die R. entwickelte im Übergang vom Mittelalter zur Frühen Neuzeit ein freieres Menschenbild, in der der Mensch als individueller „Schöpfer" verstanden wurde. 20, 33–36, 38 f., **40**, 41 f., 51

Restauration Die Wiederherstellung eines früheren politischen Zustands, etwa die Wiedereinsetzung einer Herrscherdynastie nach einer Revolution. Im engeren Sinne wird die Zeit nach dem ➔ Wiener Kongress als Phase der R., beziehungsweise als Phase der „Reaktion" bezeichnet. 224 f., **236**, 246, 588

Revolution, friedliche Bezeichnung für die vom Volk der DDR getragene Revolution, die 1989 zum Ende der SED-Herrschaft und zum Fall der Mauer führte. Im Gegensatz zu anderen derartigen Umstürzen in der Geschichte verliefen die f. ohne Blutvergießen. 550, **577**, 584

Revolution, industrielle Beschleunigter Wandel von der Agrar- zur Industriegesellschaft, der im 18. Jh. einsetzte und sich v. a. in der zweiten Hälfte des 19. Jhs. in großen Teilen Europas durchsetzte. Wird manchmal untergliedert in erste und zweite industrielle Revolution, wobei letztere Phase in Deutschland etwa mit der Gründung des Deutschen Kaiserreichs 1871 zusammenfällt. **281**, 300, 303, 305, 313, 596, 598

RGW s. ➔ Rat für Gegenseitige Wirtschaftshilfe

Rheinbund Nach der preußischen Niederlage 1806 fasste Napoleon eine Reihe von dt. Mittelstaaten zum R. zusammen, sie mussten Napoleon Truppen stellen und ihn unterstützen. **211**, 212, 228, 234, 235 f., 588

Rheinlandbesetzung (1936) Als im Frühjahr 1936 die ➔ Wehrmacht in das entmilitarisierte Rheinland einzog und damit gegen den ➔ Versailler Vertrag verstieß, vertrauten die Siegermächte des ➔ Ersten Weltkriegs den Friedensbeteuerungen Hitlers. vgl. ➔ Appeasementpolitik 454, **457**, 614

Röhm-Putsch Von der NS-Propaganda geprägter Begriff. Mit Unterstützung der ➔ Reichswehr und der ➔ SS ließ Adolf Hitler im Sommer 1934 die Führung der ➔ SA ermorden, weil er fürchtete, dass die SA zu mächtig werden könnte. Offiziell wurde behauptet, der SA-Führer Ernst Röhm hätte gegen Hitler putschen wollen. **448**, 612

Rote Armee Bezeichnung für die russische/sowjetische Armee seit der ➔ Oktoberrevolution 1917. **465**, 467, 499, 509, 534, 614

Rückversicherungsvertrag 1887 auf drei Jahre abgeschlossener Geheimvertrag zwischen Russland und dem Deutschen Reich, der Deutschland die russische Neutralität im Falle eines französischen Angriffs zusicherte. 284, **287**, 383, 594

Ruhrkrise Da Deutschland 1922 mit seinen Reparationszahlungen in Rückstand geraten war, besetzten Frankreich und Belgien im Januar 1923 das Ruhrgebiet. Die dt. Regierung rief darauf zum ➔ passiven Widerstand auf. Die Besetzung des Ruhrgebiets endete gemäß des ➔ Dawes-Plans im Sommer 1925. **418**, 608

Runder Tisch Ein runder Tisch symbolisiert die Gleichberechtigung aller Verhandlungspartner einer Sitzung. Der erste R. wurde 1989 in Polen etabliert. **560**, 576, 624

SA s. ➔ Sturmabteilung

Sakramente Bezeichnung für einen Ritus in der christlichen Theologie, der die (unsichtbare) Gegenwart Gottes darstellt bzw. symbolisiert.

Die evang. Theologie kennt zwei Sakramente (Taufe und Abendmahl), die katholisch fünf weitere (Ehe, Priesterweihe, Firmung, Buße und Krankensalbung). **52**

Säkularisation (Verweltlichung) 1803 wurden durch den → Reichsdeputationshauptschluss zahlreiche geistliche Herrschaften in staatlichen Besitz übergeführt. **234**, 588, 596

SALT-Abkommen Abkürzung für Strategic Arms Limitation Talks. Abrüstungsabkommen zwischen den USA und der UdSSR zur Begrenzung der strategischen Waffen (gemeint waren Interkontinentalraketen und Mittelstreckenraketen) zwischen 1969 und 1979. **545**, 622

Samtene Revolution Bezeichnung für die friedliche Revolution 1989 in der Tschechoslowakei, die den Übergang zur Demokratie durch friedliche Massendemonstrationen und gewaltige Menschenketten erzwang. **560**

Satellitenstaat Ein S. steht in einem ökonomischen und v..a. politischen Abhängigkeitsverhältnis zu einem größeren, der die Rahmenbedingungen für die politischen Entscheidungen des S. vorgibt. Im Kontext des → Kalten Kriegs meint der Begriff S. der UdSSR die Staaten des → Warschauer Pakts. 495, **499**, 559, 618, 624

Scharia Islamisches Recht, das sich an dem Koran und der → Sunna orientiert. Allerdings gibt es von der S. sehr unterschiedliche Formen und Interpretationen. 97, **101**, 162, 213 f.

Schießbefehl Die Grenzsoldaten der DDR hatten die Anweisung, auf Flüchtlinge scharf zu schießen. 540, **547**

Schiiten Richtung innerhalb des Islam, die nur einen Blutsverwandten von Muhammad als → Kalifen anerkennen. Die Schiiten erkennen in Ali, dem Schwiegersohn von Muhammad, dessen rechtmäßigen Nachfolger. vgl.→ Sunniten 98, **103**

Schlieffen-Plan Ein nach Generalfeldmarschall Alfred Graf von Schlieffen benannter militärischer Plan von 1905. Er sah vor, dass im Fall eines Kriegs zwischen Deutschland auf der einen, und Frankreich und Russland auf der anderen Seite (Zweifrontenkrieg) zunächst Frankreich über das neutrale Belgien angegriffen und besiegt werden sollte, um nach kurzer Zeit die frei werdenden Truppen gegen Russland einsetzen zu können. Der Schlieffen-Plan scheiterte im → Ersten Weltkrieg dramatisch. **386**, 390, 604

Schoah vgl. → Holocaust

Schutzbrief Auf der Basis von kaiserlichen S. schlossen in der Epoche des → Imperialismus Kaufleute und Kolonisatoren in Afrika „Schutzverträge“ mit der einheimischen Bevölkerung ab, die die dt. Herrschaft absichern und die Bevölkerung in ein Abhängigkeitsverhältnis zu den „Schutzherren“ bringen sollten. 358, **364**

Schutzstaffel der NSDAP (SS) 1925 als paramilitärischer Arm der → NSDAP gegründet, diente zunächst dem persönlichen Schutz Adolf Hitlers. Bis zum → Röhm-Putsch 1934 unterstand sie der → SA. Die S. organisierte maßgeblich die → Konzentrationslager. 448, **452**, 467–469, 472–475, 481, 612, 614, 616

Schutzzollpolitik Durch Schutzzölle sollen heimische Produktionsbereiche vor billigen ausländischen Konkurrenzprodukten geschützt werden, indem diese bei ihrer Einfuhr mit Zöllen belegt werden. Die S. ist eine Maßnahme des Protektionismus. vgl. → Freihandelspolitik **280**

Scramble for Africa (scramble (engl.): Gedrängel) Gemeint ist der Wettlauf der europäischen Kolonialmächte im Zeitalter des → Imperialismus um Kolonien. **349**

SD s. → Sicherheitsdienst

SED s. → Sozialistische Einheitspartei Deutschlands

Seidenstraße Netz von Handelsverbindungen (Karawanenstraßen), das den Mittelmeerraum mit Ostasien verband. Die Seidenstraße fungierte nicht nur als System für den Warenverkehr, sondern diente auch dem kulturellen Austausch und dem → Wissenstransfer. 80, **86**

Seldschuken Bezeichnung für Mitglieder einer muslimischen Fürstendynastie, die seit 1040 in Mittelasien ein Großreich errichteten. Sie drangen nach der Schlacht von Manzikert (1071) nach Anatolien vor. 134, **136**, 161

Separatfrieden von Brest-Litowsk Im Frühjahr 1918 schlossen Sowjetrussland und das Deutsche Reich einen Separatfrieden. Sowjetrussland musste erhebliche Gebietsabtretungen hinnehmen, insgesamt ein Territorium mit 60 Mio. Einwohnern. Die sowjetische Regierung wollte durch den erzwungenen Frieden die Ergebnisse der → Oktoberrevolution stabilisieren, die → Mittelmächte versprachen sich dadurch eine militärische Entlastung. **399**, 401, 606

Sicherheitsdienst (SD) 1931 gegründeter Geheimdienst der → NSDAP, führte Spionage und verdeckte Operationen durch. **473**, 475

Sicherheitspolizei Im → Nationalsozialismus war die Polizei in zwei Behörden unterteilt, die der → Schutzstaffel unterstanden: die Ordnungspolizei und die S. Die S. vereinte die Kriminalpolizei und die → Gestapo. **473**, 475

Solidarnośc Diese polnische Gewerkschaftsbewegung entstand 1980 aus einer Streikbewegung polnischer Arbeiter. Sie war maßgeblich an der politischen Wende 1989 in Polen beteiligt. Ihr Anführer Lech Wałęsa wurde später Staatspräsident des demokratischen Polens. 554 f., **559** f., 624

Sonderkommando Im → Vernichtungslager → Auschwitz-Birkenau eingesetzte Gruppen jüdischer Häftlinge, die Hilfsdienste bei der Ermordung ihrer Mithäftlinge leisteten. Auch die Mitglieder der S. wurden später ermordet. 469, **474**

Sowjet (russ.: → Rat) Ursprünglich Bezeichnung für die gewählten Arbeiter- und Soldatenräte in den russischen Revolutionen 1905 und 1917, später wurden Verwaltungsorgane in der UdSSR als S. bezeichnet. 395, **398**

Sozialdarwinismus Rassistisch inspirierte Übertragung der biologischen → Evolutionstheorie auf das Leben der Völker. Dabei wird pseudowissenschaftlich legitimiert, dass das „stärkere“ Volk das „schwächere“ Volk überwinden dürfe. Mit dem S. wurde im → Imperialismus die Unterdrückung einheimischer Völker und später im → Nationalsozialismus die Vernichtung „lebensunwerter“ Menschen und Völker legitimiert. vgl. → Lebensraum **348**, 440, 610

soziale Marktwirtschaft s. → Marktwirtschaft, soziale

Sozialgesetzgebung (Bismarcks) Mit Bismarcks S. wurde seit 1883 in Deutschland die Kranken-, Unfall- und Rentenversicherung für Arbeitnehmer eingeführt. Diese Maßnahme sollte – letztlich ohne Erfolg – die ideologische Differenz der sozialistisch orientierten Arbeiterschaft zum Deutschen Kaiserreich verringern. 277, **281**

Sozialismus Als Gegenmodell zum → Kapitalismus entwickelte Gesellschaftsordnung, nach der alle Produktionsmittel (Grund und Boden, Maschinen, Fabriken) ins Gemeineigentum überführt werden. Die Grundwerte der Freiheit und Gleichheit werden verwirklicht, es existiert eine Herrschaft des → Proletariats. Es gilt das Motto „Jeder nach seinen Notwendigkeiten“. Der S. ist eine Vorstufe zum → Kommunismus. **314**, 395, 439, 497, 527, 532 f., 561, 569 f.

Sozialismus mit menschlichem Antlitz vgl. → Prager Frühling **560**

Sozialistengesetz Von Bismarck 1878 veranlasstes Verbot aller sozialistischen Parteiorganisationen, der parteinahen Gewerkschaften und der sozialistischen Parteipresse. Die Sozialdemokratische Arbeiterpartei (SAP) selbst wurde aber nicht verboten. Das S. wurde 1890 nicht mehr verlängert. 276 f., **281**, 292, 309, 314, 592, 596

Sozialistische Einheitspartei Deutschlands (SED) Staatspartei der DDR, 1946 in der sowjetischen ➔ Besatzungszone durch die Zwangsvereinigung von ➔ KPD und SPD gegründet. Die SED organisierte sich entsprechend den Prinzipien des ➔ demokratischen Zentralismus und besetzte die entscheidenden Funktionsstellen in den staatlichen Organen und gesellschaftlichen Bereichen. 524–527, 529, **532**, 533–535, 544, 546, 550, 569, 574–576, 581, 620, 622, 626

Spartakusbund Seit 1914 kleine Gruppierung innerhalb der dt. Sozialdemokratie. Mitglieder waren u.a. Rosa Luxemburg und Karl Liebknecht. Aus dem Spartakusbund formierte sich zum Jahreswechsel 1918/19 die ➔ Kommunistische Partei Deutschlands. **314**, 404, 408 f., 608

SS s. ➔ Schutzstaffel der NSDAP

Staatliche Plankommission s. ➔ Plankommission, Staatliche

Stalingrad Russische Stadt (heute: Wolgograd), in der die dt. ➔ Wehrmacht im Winter 1942/43 eine vernichtende Niederlage erlebte. Obwohl sich die dt. Kriegsniederlage schon vorher abzeichnete, symbolisiert die Schlacht von S. die Wende im Kriegsgeschehen des ➔ Zweiten Weltkriegs. 461 f., **467**, 481, 614

Stalinisierung S. meint die Disziplinierung oder Ausschaltung innerparteilicher Opposition in den ➔ Satellitenstaaten der UdSSR von 1946 bis zum Tod Stalins 1953. **532**

Stalin-Noten Die Vorbereitungen zur Einrichtung der ➔ EVG waren Anlass für die beiden S. im Jahr 1952. Stalin bot darin die Wiedervereinigung Deutschlands an, wenn es im Gegenzug neutral würde. 515, **521**, 533 f., 620

Stasi s. ➔ Ministerium für Staatssicherheit

Stellungskrieg Die vorherrschende Form der Kriegführung im ➔ Ersten Weltkrieg, meint das völlige Ausbleiben nennenswerter Gebietsgewinne aufgrund festgefahrener Frontlinien. Nach dem Scheitern des ➔ Schlieffen-Plans erstarrte der Krieg an der Westfront bereits 1914 zum S. 388, **390**, 604

Strafexpedition Aktion, bei der das „Fehlverhalten" einer Gruppe (etwa eines kolonialisierten Volks, das sich gegen seine Besatzer wehrt) durch militärische Gewalt „bestraft" wird. **366**

Strategic Arms Limitation Talks s. ➔ SALT-Abkommen

Stunde Null Verbreiteter Mythos, dass Deutschland nach dem ➔ Zweiten Weltkrieg wieder bei „null" anfing. Dieser Mythos ignoriert, dass die im NS-Deutschland entstandenen gewaltigen industriellen Kapazitäten kaum zerstört waren und dass die Deutschen nicht nur ihre hohen Qualifikationen, sondern auch ihre historisch-politischen Erfahrungen in die neue Ordnung einbrachten. **510**, 620

Sturmabteilung (SA) Diese paramilitärische Kampf- und Propagandatruppe der ➔ NSDAP wurde 1920 gegründet. Als „Ordnertruppe" führte das brutale Auftreten der stark wachsenden SA (400.000 Mann im Januar 1933) seit 1930 bürgerkriegsähnliche Zustände herbei. Die SA wurde 1934 infolge des ➔ Röhm-Putsches entmachtet und verlor bis zum Ende des ➔ Zweiten Weltkriegs zunehmend an Bedeutung. **435**, 446–448, 452, 472, 612, 616

Subsistenzbetriebe Landwirtschaftliche Betriebe, deren Erträge nur zur Selbstversorgung ausreichen. **334**, 598

Sudetenkrise Das Sudetenland (benannt nach dem Gebirgszug Sudeten) lag bis 1938 auf dem Gebiet der Tschechoslowakei. Da dort mehrheitlich Deutsche lebten, forderte Deutschland die Abtretung dieser Grenzregion und drohte mit einem Einmarsch. Mit dem ➔ Münchner Abkommen wurde die S. durch das erzwungene Nachgeben der tschechischen Regierung beigelegt. **458**

Sunna vgl. ➔ Schiiten

Sunniten Neben den ➔ Schiiten bilden die S. (von sunna: Tradition) eine der Hauptrichtungen des Islam, etwa 90%. Nach ihrem Selbstverständnis sind sie die rechtgläubigen Muslime. 97, 98, **103**

Synode s. ➔ Konzil

Temporalien Bezeichnung für (vergängliche) Güter oder Rechte, über die etwa die Kirche oder eine Herrschaft verfügt. 116, **121**

Triple Entente (entente (franz.): Einvernehmen) 1907 geschlossenes Militärbündnis von Russland, Großbritannien und Frankreich. Baute auf die ➔ Entente cordiale auf. **384** f., 604

Truman-Doktrin Erklärung von US-Präsident Harry S. Truman von 1947, dass die USA allen von der Sowjetunion bedrohten Staaten zu Hilfe kommen würden. vgl. ➔ Eindämmungspolitik 496, 498, **500**, 618

Tschernobyl 1986 ereignete sich im Atomkraftwerk T. (Ukraine) ein Super-GAU (größter anzunehmender Unfall). Die Zahl der Opfer dieser Katastrophe und deren langfristigen Folgen sind bis heute noch nicht absehbar. **565**, 624

Tyrannis Herrschaft eines Einzelnen, der hierzu aber nicht durch seine adlige Abkunft legitimiert ist. Sie war in vielen griechischen ➔ Polites verbreitet; der Begriff T. bekam erst später seine negative Konnotation. 20, **181**

U-Boot-Krieg, uneingeschränkter Als U. werden Angriffe von U-Booten auf gegnerische Militär- und Handelsschiffe bezeichnet, die ohne Vorwarnung stattfinden. Im ➔ Ersten Weltkrieg begann Deutschland 1915 mit dem U., brach ihn aber wieder ab. Als sich die Versorgungslage immer mehr zuspitzte, nahm die ➔ OHL den U. am 1. Februar 1917 wieder auf. Dies führte im April 1917 zum Kriegseintritt der USA aufseiten der ➔ Entente. 389, **397**, 604, 606

Ulama (auch: ulema) Gelehrter, der den Koran, die Hadithen und das islamische Recht sowie die arabische Sprache studiert hat. 96, **102**

Umma Gesamtheit der gläubigen muslimischen Welt, die sich zur Gemeinde Muhammads bekennt. **101**, 102 f., 137, 214

Ungarischer Volksaufstand In Ungarn forderten 1956 Teile der Partei und Intellektuelle demokratische Reformen. Ein Generalstreik erzwang eine neue Regierung, die Ungarn für neutral erklärte. Daraufhin marschierten sowjetische Truppen auf, die in tagelangen Kämpfen den Aufstand niederschlugen. Der Westen schaute trotz Hilfeersuchens der ungarischen Regierung tatenlos zu. **535**

UNO s. ➔ Vereinte Nationen

Urbanisierung Verstädterung, vollzog sich in Deutschland v..a. durch ➔ Binnenwanderung in der 2. Hälfte des 19. Jhs. **325**, 598

Vereinte Nationen (UNO) Die V. (engl.: United Nations Organization) wurden 1946 als internationale Organisation zur Sicherung des Weltfriedens, der Einhaltung des Völkerrechts und zum Schutz der Menschenrechte gegründet. Bis 2011 sind der UNO 192 Staaten beigetreten. 212 f., **219**, 493, 499, 521, 542, 545, 577

Verhältniswahlrecht Bei einer Wahl, etwa eines Parlaments, enthält jede Partei eine Anzahl von Sitzen entsprechend ihrem Stimmanteil in der Bevölkerung. vgl. ➔ Mehrheitswahlrecht **410**, 608

Vernichtungslager Eine Type von ➔ Konzentrationslagern, die ab 1941 ausschließlich für die Massenvernichtung von europäischen Juden und anderen als „minderwertig" eingestuften sozialen Gruppen errichtet wurde. Das bekannteste V. ist ➔ Auschwitz-Birkenau. **467**, 469 f., 473–475, 616

Versailler Vertrag 1919 unterzeichneter Friedensvertrag nach dem ➔ Ersten Weltkrieg, der

Personenregister

Hinter den Namen finden sich die Lebensdaten und die Nummern der Seiten, auf denen die Person genannt wird. **Gefettet** sind die Seiten, auf denen die Person in der Marginalspalte mit Bild vorgestellt wird.

Bildquellennachweis

Umschlag Mauritius Images (Hans-Peter Merten), Mittenwald; **13.o.** Ullstein Bild GmbH (NMSI/Science Museum), Berlin; **13.u.** Getty Images (The Bridgeman Art Library), München; **14.M.** Ullstein Bild GmbH (Alinari Archives), Berlin; **14.o.** AKG (Rabatti/Domingie), Berlin; **14.u.** Ullstein Bild GmbH (Granger Collection), Berlin; **17.2** AKG (Electa), Berlin; **17.3** AKG (Erich Lessing), Berlin; **18.4** AKG (Rabatti - Domingie), Berlin; **19.6** Ullstein Bild GmbH (Roger Viollet), Berlin; **23.12** Interfoto, München; **27.16** Bridgeman Art Library Ltd., Berlin; **28.17** AKG (Rabatti - Domingie), Berlin; **29.18** AKG, Berlin; **29.u.** Ullstein Bild GmbH (AISA), Berlin; **30.1** AKG, Berlin; **32.1 li.; 32.1 re.** Bühler, Dr. Christoph, Heidelberg; **34.5** AKG (British Library), Berlin; **35.9** AKG (Erich Lessing), Berlin; **37.12** AKG (Musée du Louvre), Berlin; **40** AKG (Rabatti - Domingie), Berlin; **41** AKG (Rabatti - Domingie), Berlin; **42.1** AKG, Berlin; **44.4** Corbis (The Gallery Collection), Düsseldorf; **45.8** Ullstein Bild GmbH (Imagno), Berlin; **47.10** BPK, Berlin; **51** AKG, Berlin; **52** AKG, Berlin; **53** Corbis (David Lees), Düsseldorf; **54.2** BPK, Berlin; **55.4** Ullstein Bild GmbH (AISA), Berlin; **56.7** Ullstein Bild GmbH (KPA), Berlin; **57.9** AKG, Berlin; **60** Gutenberg-Museum, Mainz; **61.13** AKG (akg-images), Berlin; **63.14** AKG, Berlin; **65.4** AKG (British Library), Berlin; **68** nach: Hermann Kinder/Werner Hilgemann: dtv-Atlas Weltgeschichte, Band 1. Grafische Gestaltung: Harald und Ruth Bukor. © 1964 Deutscher Taschenbuch Verlag, München.; **70.12** AKG, Berlin; **72.15** BPK, Berlin; **75** Ullstein Bild GmbH, Berlin; **81.8** Ullstein Bild GmbH (Granger Collection), Berlin; **83.12** Edition Salzgeber; **87.15** Ullstein Bild GmbH, Berlin; **92.M.** Bridgeman Art Library Ltd. (Archives Charmet), Berlin; **92.o.** Ullstein Bild GmbH (CARO/Bastian), Berlin; **92.u.** Ullstein Bild GmbH (AISA), Berlin; **95.6 li.; 95.6 re.** Kunsthistorisches Museum (MK 7283), Wien; **97.9** The Chester Beatty Library, Dublin; **98.13** Bridgeman Art Library Ltd., Berlin; **101.18** FOCUS (Roland & Sabrina Michaud), Hamburg; **106.1** Bridgeman Art Library Ltd., Berlin; **108.6** The Trustees of the Chester Beatty Library, Dublin; **111.13** Bayerisches Nationalmuseum/Depositum Orban-Sammlung der Ludwig Maximilians-Universität München; **113.14** shutterstock (Natalia Bratslavsky), New York, NY; **115.6** AKG, Berlin; **117.10** Rheinisches Bildarchiv, www.museenkoeln.de/rba.de, Köln; **118.14** AKG, Berlin; **121.17** AKG, Berlin; **123.6** AKG, Berlin; **124.8** AKG, Berlin; **125.10** Staats- und Universitätsbibliothek Hamburg, Cod. hebr. 37, 27R; **132.9** AKG Berlin/British Library; **135.14** AKG, Berlin; **144.17** AKG (British Library), Berlin; **145.18** Corbis (Brooks Kraft), Düsseldorf; **147.3** Getty Images (SSPL), München; **148.6** Wellcome Library (Or Arabic MS 155), London; **149.7** Biblioth.que nationale de France, Paris; **150.1** VISUM Foto GmbH (Rainer Hackenberg), Hamburg; **159.18** Picture-Alliance (EPA), Frankfurt; **161** Ullstein Bild GmbH, Berlin; **162** Ullstein Bild GmbH (Granger Collection), Berlin; **167.o.** Ullstein Bild GmbH (Roger Viollet), Berlin; **167.u.** Bergmoser + Höller Verlag, Aachen; **168.M.** Ullstein Bild GmbH (Archiv Gerstenberg), Berlin; **168.o.** AKG, Berlin; **168.u.** Wikimedia Foundation Inc. (PD), St. Petersburg FL; **172.7** BPK, Berlin; **173.11** Bernisches Historisches Museum (S. Rebsamen), Bern; **174.14** BPK, Berlin; **181.24** AKG (Brüning), Berlin; **185.3** iStockphoto (Hulton Archive), Calgary, Alberta; **186.8** AKG, Berlin; **194.1** AKG, Berlin; **195.4** AKG, Berlin; **199.8** AKG, Berlin; **201.5** Bridgeman Art Library Ltd., Berlin; **202.6** AKG, Berlin; **204.8** AKG, Berlin; **205** Bridgeman Art Library Ltd. (Musee Carnavalet), Berlin; **206.2** Ullstein Bild GmbH (Granger Collection), Berlin; **210.o.** AKG (Museum für Völkerkunde), Berlin; **210.u.** BPK, Berlin; **212.1** Dream Maker Software, Colorado; **215.9** Ullstein Bild GmbH (Unkel), Berlin; **216.10** Picture-Alliance (epa/Shane), Frankfurt; **217.13** Picture-Alliance (epa/Danny Rose), Frankfurt; **220.1** Dream Maker Software, Colorado; **225.o.; 225.u.** AKG, Berlin; **226.M.** AKG, Berlin; **226.o.** Ullstein Bild GmbH, Berlin; **226.u.** DB Museum, Nürnberg; **229.5** AKG, Berlin; **234** AKG, Berlin; **235.12** Picture-Alliance (Mary Evans Picture Library), Frankfurt; **236** AKG, Berlin; **241.7** AKG, Berlin; **241.8** Staatskanzlei Rheinland-Pfalz, Mainz; **243.12** AKG, Berlin; **245.13** AKG, Berlin; **246.14** Interfoto (AISA), München; **246.o.** AKG (Erich Lessing), Berlin; **248.o.** AKG, Berlin; **248.u.** Ullstein Bild GmbH (Archiv Gerstenberg), Berlin; **250.4** Historisches Museum, Frankfurt; **255** AKG, Berlin; **257.12** AKG, Berlin; **261.o.; 261.u.** AKG, Berlin; **262.M.** Vincent van Gogh, "Die Sternennacht", 1889, New York, Museum of Modern Art, Foto: akg-images; **262.o.; 262.u.** AKG, Berlin; **264.2** BPK, Berlin; **267.7** BPK (Hermann Buresch), Berlin; **269** AKG, Berlin; **270** Corbis, Düsseldorf; **275.3** Ullstein Bild GmbH (Granger Collection), Berlin; **278.10** BPK, Berlin; **281.11 li.; 281.11 re.** Deutsches Historisches Museum, Berlin; **285.7** Ullstein Bild GmbH (Granger Collection), Berlin; **287.8** AKG, Berlin; **288.2** Günther-Arndt, Prof. Dr. Hilke, Berlin; **289.4** AKG, Berlin; **292.7** Ullstein Bild GmbH (histopics), Berlin; **293.o.** Ullstein Bild GmbH (Roger Viollet), Berlin; **293.u.** Ullstein Bild GmbH, Berlin; **294.1** BPK, Berlin; **297.o.; 297.u.** AKG, Berlin; **298.M.** Getty Images (SSPL), München; **298.o.** Deutsches Historisches Museum, Berlin; **298.u.** BASF SE, Unternehmensarchiv, Ludwigshafen/Rhein; **300.1** Bridgeman Art Library Ltd., Berlin; **304** AKG (North Wind Picture Archives), Berlin; **305.4** AKG, Berlin; **305.o.** Wikimedia Foundation Inc. (PD), St. Petersburg FL; **306.2** AKG, Berlin; **311.9** AKG, Berlin; **312.10** AKG, Berlin; **313.o.; 313.u.** AKG, Berlin; **314.o.; 314.u.** AKG, Berlin; **317.6** Deutsches

Historisches Museum, Berlin; **320.11** AKG, Berlin. © Stichting Herman Heijenbrock, Heino [Herman Heijenbrock: Hochofen in Hörde]; **321.13** Ullstein Bild GmbH (Imagebroker.net), Berlin; **324** Ullstein Bild GmbH, Berlin; **325** AKG (akg-images), Berlin; **327.2** Imago, Berlin; **328.1** Interfoto, München; **330.5** Deutsches Museum, München; **331.8** AKG, Berlin; **331.9** Deutsches Historisches Museum, Berlin; **334.11** Ullstein Bild GmbH, Berlin; **339.o.** AKG, Berlin; **339.u.** www.reichskolonialamt.de; **340.M.** AKG (RIA Nowosti), Berlin; **340.o.** AKG, Berlin; **340.u.** Ullstein Bild GmbH, Berlin; **342.1** Ullstein Bild GmbH (Granger Collection), Berlin; **344.5** BPK, Berlin; **348** Ullstein Bild GmbH (Granger Collection), Berlin; **349** Corbis (Hulton-Deutsch Collection), Düsseldorf; **350.1** BPK, Berlin; **353.5** Ullstein Bild GmbH (Granger Collection), Berlin; **356** Corbis (Bettmann), Düsseldorf; **357.8** The Journal, Detroit; **358.2** AKG, Berlin; **359.3** BPK, Berlin © VG Bild-Kunst, Bonn 2011 [Thomas Theodor Heine: Kolonialmächte, 1904]; **360.5** AKG, Berlin; **361.8** BPK, Berlin; **364** Ullstein Bild GmbH, Berlin; **365.11** Ullstein Bild GmbH (Archiv Gerstenberg), Berlin; **366.12** Ullstein Bild GmbH, Berlin; **366.u.** AKG, Berlin; **367** Picture-Alliance, Frankfurt; **368.1** BPK, Berlin; **372.1** Picture-Alliance (dpa), Frankfurt; **375.o.** BPK, Berlin; **375.u.** art archive (Imperial War Museum), London; **376.M.** Corbis (Bettmann), Düsseldorf; **376.o.** art archive (Imperial War Museum), London; **376.u.** Ullstein Bild GmbH (Granger), Berlin; **379.3** BPK, Berlin; **382.12** Stehle, Karl, München; **383** AKG, Berlin; **384.13** AKG, Berlin; **387.3** art archive (The Art Archive), London; **387.4** Corbis (Hulton-Deutsch Collectio), Düsseldorf; **388.5** Ullstein Bild GmbH (Alfred Gross), Berlin; **388.6** Ullstein Bild GmbH (Photos 12), Berlin; **389.8; 389.9** Ullstein Bild GmbH, Berlin; **393.3** Corbis (Swim Ink 2, LLC), Düsseldorf; **394.7** Ullstein Bild GmbH, Berlin; **397.12** Corbis, Düsseldorf; **398** AKG, Berlin; **399** BPK, Berlin; **401** AKG, Berlin; **402.1** AKG (album), Berlin; **405.3** Ullstein Bild GmbH (Georg Haeckel), Berlin; **406.5** AKG, Berlin © VG Bild-Kunst, Bonn 2011 [Cesar Klein: Aufruf des Rates der Volksbeauftragten zur Wahl der Nationalversammlung, 1919]; **408** Ullstein Bild GmbH, Berlin; **410.9** Ullstein Bild GmbH, Berlin; **410.u.** AdsD/Friedrich-Ebert-Stiftung, Bonn; **413.3** Deutsches Historisches Museum, Berlin; **414.5** Bayerische Staatsbibliothek, München; **416** Corbis, Düsseldorf; **417.8** BPK, Berlin; **418** AKG, Berlin; **419.9** Ullstein Bild GmbH (Stary), Berlin; **423.o.** Süddeutsche Zeitung Photo, München; **423.u.** Corbis (Hulton-Deutsch Collection), Düsseldorf; **424.M.** Ullstein Bild GmbH, Berlin; **424.o.** Picture-Alliance (dpa), Frankfurt; **424.u.** Ullstein Bild GmbH (SV-Bilderdienst), Berlin; **428.6** BPK, Berlin; **433.12** BPK (Heinrich Hoffmann), Berlin; **433.u.** Ullstein Bild GmbH (W. Frentz), Berlin; **434** AKG, Berlin; **435.o.** Ullstein Bild GmbH, Berlin; **435.u.** Picture-Alliance, Frankfurt; **436.2** AKG (Heinrich Hoffmann), Berlin; **438.4** BArch, Plak 003-002-046, Grafiker: René Ahrlé; **439.6** Süddeutsche Zeitung Photo, München; **441.7** Deutsches Historisches Museum, Berlin; **442.2** AKG, Berlin; **444.7** Süddeutsche Zeitung Photo (Scherl), München; **446.9 li.** Ullstein Bild GmbH (Heinrich Hoffman), Berlin; **446.9 re.** © Rheinisches Bildarchiv, rba_c005173 © VG Bild-Kunst, Bonn 2011 [Karl Schmidt-Rottluff, Lupinen (Rittersporn) am Fenster, 1924]; **447.10** BPK, Berlin; **451.6** Deutsches Historisches Museum, Berlin; **452** Ullstein Bild GmbH (W. Frentz), Berlin; **453.o.** Ullstein Bild GmbH (W. Frentz), Berlin; **453.u.** Ullstein Bild GmbH (Heinrich Hoffman), Berlin; **456.7** AKG, Berlin; **458.8** BPK (Bayerische Staatsbibliothek/Heinrich Hoffmann), Berlin; **460.5** BPK, Berlin; **462.10** BPK (Georgi Zelma), Berlin; **465.14** BPK (Arthur Grimm), Berlin; **467.16** Wikimedia Foundation Inc. (PD/Federal government of the United States), St. Petersburg FL; **472.11** Ullstein Bild GmbH (SZ Photo), Berlin; **473.o.** Süddeutsche Zeitung Photo (Rue des Archives/AGIP), München; **473.u.** Süddeutsche Zeitung Photo, München; **474.12** AKG, Berlin; **474.u.** Ullstein Bild GmbH, Berlin; **477.1 li.; 477.1 M.; 477.1 re.** Klett-Archiv (Martin Wicke), Stuttgart; **479.3** AKG (Wittenstein), Berlin; **481.5** Ullstein Bild GmbH, Berlin; **485.3** Ullstein Bild GmbH (Karwasz), Berlin; **486.1** BArch, Plak 003-023-022-T1, Grafiker:o.Ang.; **489.o.** Corbis (Bettmann), Düsseldorf; **489.u.** Ullstein Bild GmbH (Jansson), Berlin; **490.M.** Getty Images (Bill Eppridge/Time Life Pictures), München; **490.o.** Ullstein Bild GmbH (Keystone), Berlin; **490.u.** NASA, Washington, D.C.; **492.1** Corbis (Bettmann), Düsseldorf; **496.9** Mirko Szewczuk; **497.13; 497.14** Deutsches Historisches Museum, Berlin; **499.o.** Ullstein Bild GmbH, Berlin; **499.u.** Corbis (Swim Ink), Düsseldorf; **500.o.; 500.u.** Ullstein Bild GmbH, Berlin; **502.2** Historisches Archiv der Stadt, Köln; **504.5** AKG, Berlin; **507.9** Ullstein Bild GmbH (Nowosti), Berlin; **509.12** Ullstein Bild GmbH, Berlin; **512.1** AKG, Berlin; **513.4** Picture-Alliance (dpa/Alfred Hennig), Frankfurt; **515.7** Felix Mussil, Frankfurt; **517.14** Helga Lade Fotoagentur (Röhrig), Frankfurt; **520.o.** Interfoto (PHOTOAISA), München; **520.u.** AKG, Berlin; **522** Ullstein Bild GmbH (Sven Simon), Berlin; **524.2** Deutsches Historisches Museum (Martin Schmidt), Berlin; **525.4** Haus der Geschichte (Peter Leger (Künstler)), Bonn; **526.6** AKG, Berlin; **527.13** Ullstein Bild GmbH, Berlin; **528.14** Ullstein Bild GmbH, Berlin; **529.17** Landesarchiv Berlin (Horst Siegmann, LAB_F Rep.290_76092), Berlin; **529.18** AKG (Gert Schütz), Berlin; **532** Ullstein Bild GmbH, Berlin; **533** AKG, Berlin; **535** Ullstein Bild GmbH (Sipa), Berlin; **536.1** Ullstein Bild GmbH (Probst), Berlin; **538.1** Haus der Geschichte (Wolfgang Hicks (Künstler)), Bonn; **539.5** Ullstein Bild GmbH, Berlin; **541.10** Haitzinger, Horst, München; **542.11** © VG Bild-Kunst, Bonn 2011 [Klaus Staeck: Plakat, Thema Sicherheit]; **544.o.** Konrad-Adenauer-Stiftung e. V., Sankt Augustin; **544.u.** Ullstein Bild GmbH, Berlin; **546.o.** AKG, Berlin; **546.u.** J.H. Darchinger/Friedrich-Ebert-Stiftung; **547.16** Picture-Alliance (dpa),

Frankfurt; **548.1** Wolfgang Drehsen, Lohmar-Geber; **551.o.** Ullstein Bild GmbH (Sven Simon), Berlin; **551.u.** Schoelzel, Andreas, Berlin; **552.M.** Ullstein Bild GmbH (Jazz Archiv Hamburg), Berlin; **552.o.** Ullstein Bild GmbH (Röhrbein), Berlin; **552.u.** Ullstein Bild GmbH (NMSI/Science Museum), Berlin; **554.1** Corbis (Peter Turnley), Düsseldorf; **556.5** Bergmoser + Höller Verlag, Aachen; **557.7** Getty Images (AFP/Lubomir Kotek), München; **559.o.** Ullstein Bild GmbH (Probst), Berlin; **559.u.** Ullstein Bild GmbH (Poly-Press), Berlin; **560.o.** Ullstein Bild GmbH (SIPA), Berlin; **560.u.** Ullstein Bild GmbH (Kucharz), Berlin; **564** Corbis (Shepard Sherbell), Düsseldorf; **565** Corbis (Bernard Bisson), Düsseldorf; **566.1** Ullstein Bild GmbH (AP), Berlin; **567.4** OSTKREUZ (Harald Hauswald), Berlin; **569.7** Süddeutsche Zeitung Photo (AP), München; **570.9** Baaske Cartoons, Müllheim; **572.13** Peter Brookes/The Times/NI Syndication; **573.14** Bergmoser + Höller Verlag (Nachzeichnung: Renaud Scapin) , Aachen; **574.o.; 574.u.** Ullstein Bild GmbH (Vario-Press), Berlin; **575.15** laif (Heiko Specht), Köln; **576** Ullstein Bild GmbH (Jüschke), Berlin; **577.16** Schoenfeld, Karl-Heinz, Potsdam; **577.o.** Ullstein Bild GmbH (P/F/H), Berlin; **578.1** Der Spiegel, Hamburg; **585.1 li.; 585.1 re.** Lutz Knauth, Leipzig; **635** Klett-Archiv (Lorenz Richter), Stuttgart

Sollte es in einem Einzelfall nicht gelungen sein, den korrekten Rechteinhaber ausfindig zu machen, so werden berechtigte Ansprüche selbstverständlich im Rahmen der üblichen Regelungen abgegolten.

Alaska
Grönland
dän.
Jan Mayen
1929 norw.
Reykjavik
ISLAND
1918 unabh. Kgr.
in Personalunion mit Dänemark
NORWEGEN
SCHWEDEN
KANADA
Labrador
1927 neufundl.
NEUFUNDLAND
IRISCHER
FREISTAAT
1921 Domin.
GROSS-
BRIT.
London
DÄN.
Danzi
NL.
B.
L.
DEUTSCH.
REICH
Paris
FRANK-
REICH
S.
ÖST.
TSCH
UN
JUGO
Quebec
Ottawa
Chicago
New York
Washington
San Francisco
VEREINIGTE
STAATEN
Los Angeles
New Orleans
Rom
ITALIEN
PORTU-
GAL
SPANIEN
Azoren
port.
Tanger
internat.
Gibraltar
brit.
Malta
brit.
Madeira
port.
Bermuda-In.
brit.
Kanarische In.
span.
Bahama-In.
brit.
Atlantischer
Rio
de
Oro
Liby
ita
MEXIKO
Habana
KUBA
Mexiko City
Jungfern In.
1917 USA
Jamaika
brit.
H.
DOM.
REP.
Brit.-
Hond.
Franz. Westafrika
Guadelupe franz.
Martinique franz.
GUATEMALA
HONDURAS
EL SALVADOR
NICARAGUA
Kapverdische In.
port.
Dakar
Gambia
Port.-Guinea
Curaçao
ndl.
Clipperton
1931 franz.
COSTA RICA
Caracas
Trinidad
brit.
PANAMÁ
VENEZUELA
Sierra Leone
Gold-
Küste
Togo
Nigeria
LIBERIA
Brit.-
Guayana
Ndl.
Frz.-
KOLUMBIEN
Ozean
Kamerun
Rio Muni
Galápagos-In.
ecuad.
ECUADOR
Fernando-Noronha-In.
bras.
Franz.
Ascension
brit.
BRASILIEN
Pazifischer
PERU
Lima
Ang
St. Helena
brit.
BOLIVIEN
Süd-
West
Afrik.
Rio de Janeiro
Walfischbai
südafrikan.
Ozean
PARAGUAY
Sao Paulo
Sala y Gómez
Oster-I.
chil.
CHILE
URUGUAY
Kapstadt
Buenos Aires
Santiago
Montevideo
Tristan da Cunha
brit.
ARGENTINIEN
Gough-I.
brit.
Staaten mit Kolonialbesitz
Belgien
Dänemark
Frankreich
Großbritannien
Italien
Japan
Niederlande
Portugal
Spanien
USA
Mandatsgebiete des Völkerbundes 1920
IRAK 1918 – 1939 unabhängig gewordene Staaten
Falkland-In.
brit.
Südgeorgien
brit.
Bouvet-I.
1929 norw.
Südsandwich-In.
brit.
Südshetland-In.
brit.
Südorkney-In.
brit.